Samba Server Administration

Craig Hunt
LINUX Library

Samba Server Administration

Craig Hunt LINUX Library

Roderick W. Smith

NETWORK PRESS®
SYBEX

Titel der Originalausgabe: Linux Samba Server Administration. By Roderick W. Smith.
Authorized translation from English language Edition. Original copyright © SYBEX, Inc. 2000.
Translation copyright © SYBEX-Verlag GmbH, 2001.
Übersetzer: Frank Gehrke, Günter Klappheck, Michael Theis

Projektmanagement: Katja Roth
Satz: Renate Felmet-Starke, Willich
Produktion: Mathias Kaiser Redaktionsbüro, Düsseldorf
Umschlaggestaltung/Farbreproduktionen: .eps GmbH, Düsseldorf
Belichtung, Druck und buchbinderische Verarbeitung: Bercker Graphische Betriebe, Kevelaer

ISBN 3-8155-0324-8
1. Auflage 2001

Printed in Germany

Für Catherine, die von allen ihren Freunden
an der Ostküste vermisst wird.

Inhaltsverzeichnis

Inhaltsverzeichnis

Danksagung

Ein Buch „passiert" nicht „einfach so". An jedem Punkt auf dem Weg vom Anfang des Projekts bis zu dessen Ende stehen Leute, die außer dem Autor ebenfalls ihren Einfluss haben. Dieses Buch begann mit Craig Hunts Konzeption für eine Serie von Titeln zum Thema Linux-Systemadministration und sein Einfluss auf dieses Buch hielt durch seine Kommentare und Vorschläge, die er für jedes Kapitel machte, an. Maureen Adams (*aquisitions editor*) half, das Buch nach seiner Unterbrechung wieder auf Kurs zu bringen. Tom Cirtin (*development editor*) leitete die Entwicklung des Buches, speziell durch die kritischen ersten paar Kapitel. Shannon Murphy koordinierte (als *production editor*) die Arbeit vieler weiterer Menschen, die ihre Überlegungen zu diesem Buch beigetragen haben. Die Redakteure Carol Henry und Pete Gaughan und die Korrektoren Jennifer Campbell, Erika Donald, Nanette Duffy, Laurie O'Connell, Nancy Riddiough und Nathan Whiteside halfen, meine Grammatik und meine Orthografie auf Kurs zu halten. Elizabeth Zinkann (*technical edior*) überprüfte den Text auf technische Fehler und stellte sicher, dass er bezüglich der dargestellten Informationen komplett ist. Nila Nichols, Spezialistin für elektronisches Publizieren, setzte mein schnödes Manuskript in das wunderschöne Buch um, das es am Ende wurde. Ich bin ihnen allen dankbar.

Roderick Smith
Oktober 2000

Vorwort

Microsoft Windows nimmt einen Löwenanteil im Markt für Desktop-Betriebssysteme ein. Die Mehrheit der Clients, die sich mit einem LINUX-Server verbinden, sind Microsoft Windows-Clients. Daraus folgt, dass eine effektive Bedienung solcher Clients eine Hauptaufgabe für jeden LINUX-Systemadministrator ist. Samba ist ein wichtiges Tool, um diese Aufgabe zu lösen.

Die meisten der Netzwerkdienste, die durch einen LINUX-Server bereitgestellt werden, sind Standard-Internet-Dienste. Apache, DHCP, DNS und sendmail (alles Themen, die in der *Craig Hunt LINUX-Bibliothek* erörtert werden) sind Dienste, die auf Standard-Internet-Protokollen aufbauen. Samba ist anders. Es implementiert die Protokolle *NetBIOS-* und *Server Message Block* (*SMB*), die Microsoft für seine proprietären Netzwerke verwendet. Samba integriert nahezu nahtlos einen LINUX-Server in ein Microsoft-Netzwerk. Dies macht Samba zu einer außerordentlich wichtigen Komponente im Werkzeugkasten eines LINUX-Systemadministrators.

1999 besuchte ich zwei Vorträge, die von *Andrew Tridgell* auf der *Open Source Software Convention* (*Anm. d. Übers.: Eine jährlich vom Verlag O'Reilly organisierte Tagung, die Firmen und Entwickler der Open Source-Gemeinde zusammenbringt*) gehalten wurden. Da ich zu der Zeit bereits wusste, dass ich ein Buch über Samba in die *Craig Hunt LINUX-Bibliothek* aufnehmen wollte, erstaunte mich etwas, was er dort sagte. Andrew, einer der Führungsköpfe des Samba-Entwicklerteams, erzählte, er würde häufiger gefragt werden, ein Buch über Samba zu schreiben, er selber denke aber, das beste Buch über Samba könne nur von einem Systemadministrator geschrieben werden, nicht von einem Software-Entwickler. Ich musste ihm zustimmen und ich hatte so viel Glück, einen Autor mit den Qualifikationen eines Systemadministrators zu finden, der wirklich weiß, wie man gute Bücher schreibt. Dieser Autor ist Rod Smith.

Rod ist der Autor mehrerer Bücher, die alle LINUX als zentrales Thema haben. Er hat über LINUX-Hardware, LINUX-Netzwerke und LINUX-Applikationen geschrieben und alle seine Bücher sind hoch angesehen. Ich war erfreut, einen Autor mit seinen Fähigkeiten zu finden, dem ebenfalls klar ist, wie wichtig es ist, Bücher in Top-Qualität für den LINUX-Systemadministrator zu entwickeln – was der ganze Grund dafür ist, dass die *Craig Hunt LINUX-Bibliothek* geschaffen wurde. Nachdem ich sein erstes Kapitel durchgelesen hatte, wusste ich, dass wir die richtige Person gefunden haben, *LINUX – Samba-Serveradministration* zu schreiben. Ich hoffe, Sie haben genauso viel Spaß beim Lesen dieses Buches wie ich ihn hatte.

Craig Hunt
Oktober 2000

Einführung

Einführung

Netzwerke haben unsere Welt verändert. Vom schnellen Austausch von EMails zwischen Personen, die Tausende von Kilo metern voneinander entfernt leben, bis hin zur gemeinsamen Nutzung von Dateien zwischen zwei Computern eines einfachen Netzwerks zu Hause – die Möglichkeit, Computer miteinander zu verbinden, beeinflusst sowohl unsere Arbeit als auch unsere Freizeit. Neben der Verbreitung von Netzwerken fand jedoch auch eine Verbreitung verschiedener Netzwerk*protokolle* statt. Allein auf dem Gebiet der gemeinsamen Nutzung von Dateien sind für Kleincomputer vier verschiedene Protokolle in Gebrauch: *Micrsoft*s und *IBM*s *SMB/CIFS*, *Novell*s *IPX/SPX*, *Sun*s *NFS* und *Apple*s *AppleTalk*. Jedes dieser Protokolle ist einmalig und nicht kompatibel zu den anderen. In Umgebungen, in denen verschiedene Betriebssysteme verwendet werden, kann es daher schwierig werden, verschiedene Protokolle zu unterhalten, speziell dann, wenn Sie Computer verschiedener Hersteller auf die gleichen Dateien zugreifen lassen müssen.

Nun tritt LINUX auf den Plan. Von Enthusiasten in weltweiter Zusammenarbeit entwickelt – möglich gemacht durch das globale Internet –, enthält LINUX Unterstützung für die meisten gebräuchlichen Netzwerkprotokolle. Insbesondere unterstützt LINUX *Samba*, ein Paket, welches es UNIX-ähnlichen Betriebssystemen erlaubt, an SMB/CIFS-Netzwerken teilzuhaben, die in der Vernetzung von Windows-Computern eine große Rolle spielen. Mit Samba und LINUX‘ weiteren Netzwerkprotokollen kann ein einzelner Computer Aufgaben übernehmen, für die man andernfalls zwei oder mehr Computer mit zwei oder mehreren verschiedenen Betriebssystemen benötigte. Tatsächlich ist die Kombination von Samba und LINUX so gut, dass es häufig erstrebenswert ist, LINUX an Stelle eines Windows 2000-Servers zu verwenden – selbst in einem Netzwerk, das ansonsten komplett Microsoft-dominiert ist! LINUX und Samba bieten eine beneidenswerte Flexibilität und Stabilität. Dieses Buch unterstützt Sie dabei, Ihren LINUX-Server dahingehend zu konfigurieren, mit Windows, OS/2 oder DOS-Systemen in einem Netzwerk zusammenzuarbeiten, das das SMB/CIFS-Protokoll verwendet.

Ein LINUX-Computer, auf dem Samba läuft, kann die meisten Funktionen eines Windows File Servers übernehmen, und das auf eine Art, dass die Benutzer den Unterschied überhaupt nicht erkennen können, ob sie nun einen Samba- oder einen Windows 2000-Server verwenden. Vom administrativen Standpunkt aus betrachtet sind die beiden Systeme ziemlich verschieden, da Samba LINUX-Dateisysteme und Merkmale für die Netzwerkverwaltung verwendet, statt Windows-Entsprechungen. Diese Unterschiede bieten sowohl Herausforderungen als auch Möglichkeiten. Samba enthält fortgeschrittenen Code, um die Herausforderungen auszugleichen, so wie beispielsweise Leistungsmerkmale für den automatisierten Umgang im Unterschied von Anforderungen an Dateinamen zwischen LINUX-Dateisystemen und den Protokollen SMB/CIFS. Möglichkeiten bieten sich in Sambas feinstrukturierten Konfigurationsoptionen und den Netzwerk- und Dateisystem-Leistungsmerkmalen von LINUX, die die Sicherheit und Nutzbarkeit Ihres Netzwerk-Servers verbessern helfen.

Für wen ist dieses Buch bestimmt?

Dieses Buch ist für erfahrene LINUX- oder UNIX-Administratoren, die nur wenig Erfahrungen im Umgang mit Samba haben. Vielleicht müssen Sie in einem bestehenden LINUX-Netzwerk Windows-Rechner integrieren? Oder Sie müssen Server-Aufgaben übernehmen, die zuvor von einem Windows NT-Server erledigt wurden?

Wenn Sie ein Neuling in Bezug auf LINUX sind, aber Erfahrungen in der Administration von UNIX haben, sollten Sie nur wenige Probleme mit diesem Buch – oder mit LINUX allgemein – haben. Wenn die LINUX-/UNIX-Welt komplett neu für Sie ist, sollten Sie sich mit zusätzlicher Literatur beschäftigen, z.B. mit *LINUX – Das Buch* (SYBEX, 2001).

LINUX – Samba Server-Administration enthält alle Informationen, die Sie benötigen, um Samba für ein Windows-Netzwerk zu konfigurieren. Es deckt die grundlegenden Konzepte von SMMB/CIFS-Netzwerken ab, erklärt die Konfiguration von Samba und bietet Tipps, um Ihr Samba-Netzwerk bestmöglich zu betreiben.

Wie dieses Buch aufgebaut ist

Dieses Buch ist in vier Themenbereiche gegliedert – *Funktionsweisen*, *Grundlegende Konfiguration*, *Fortgeschrittene Konfiguration* und *Wartung und Pflege* – und schließt mit drei Anhängen ab. Jedes Thema umfasst zwischen zwei und vier Kapitel mit einer Gesamtzahl von 17 Kapiteln. Wenn Samba völlig neu für Sie ist, können Sie dieses Buch mit Kapitel 1 beginnend bis zu seinem Ende durcharbeiten, um einen allgemeinen Einblick in Datei- und Druckerfreigaben unter Windows und über die Besonderheiten, wie Samba in ein solches Netzwerk passt, zu erhalten. Wenn Sie bereits ein wenig mit Samba vertraut sind, könnten Sie einige Kapitel auslassen, speziell diejenigen zu Beginn dieses Buches. Wenn ein Kapitel stark auf den Inhalten eines anderen Kapitels aufbaut, wird entsprechend darauf hingewiesen, so dass Sie nicht unvorbereitet in dieses Kapitel einsteigen.

Teil 1: Funktionsweisen

Teil 1 legt den *theoretischen Grundstein* für den Rest des Buches. In seinen zwei Kapiteln werden die Protokolle SMB/CIFS, sowie die ihnen zugrunde liegende Protokolle NetBIOS und NetBEUI vorgestellt, und es wird dargestellt, wie diese Protokolle zusammenarbeiten. Sie lesen über die Entwicklung dieser Protokolle und deren Verhältnis zu anderen Protokollen, die in der UNIX-Welt mehr üblich sind, wie z.B. TCP/IP und NFS. Unterschiede zwischen LINUX und Windows stellen gewisse Herausforderungen dar, wenn es darum geht, dass LINUX Dateien für Windows-Computer zur Verfügung stellt; diese Themen werden in Teil 1 besprochen. Viele der in späteren Kapiteln dargestellten Optionen beziehen sich auf diese Herausforderungen und die Möglichkeiten, die diese Unterschiede einem bieten.

Teil 2: Grundlegende Konfiguration

Die fünf Kapitel des zweiten Teils decken die *Grundlagen* der Samba-Konfiguration ab. Sie lernen, wie Sie Samba installieren, wie Sie es mithilfe GUI-basierter Tools und der Datei `smb.conf` konfigurieren, wie Dateifreigaben vorbereitet werden, wie Druckerfreigaben vorbereitet werden und wie man Samba als Client statt als Server einsetzt. Da es sich hierbei um die Kernfunktionen von Samba handelt, sollten die fünf Kapitel des zweiten Teils ausreichen, die Software für die meisten grundlegenden Aufgaben zum Laufen zu bringen. Wenn Ihre Ansprüche nicht sehr bescheiden sind, sollten Sie jedoch nicht auf diesem Level stehen bleiben; folgende Kapitel decken weitere wichtige Themen ab.

Teil 3: Fortgeschrittene Konfiguration

Die im dritten Teil berücksichtigten Themen sind: *Automatisierung*, *Samba als NBNS-Server*, *Domänen*, *Browsing*, *Performanceverbesserung* und Sambas *Zusammenarbeit mit anderen Netzwerkprotokollen*. Einige dieser Themen mögen für jemanden, der nicht mit Windows-Netzwerken vertraut ist, merkwürdig klingen. Grundlegende Definitionen werden jedoch in *Kapitel 1: Eine Einführung in SMB/CIFS* erbracht – sorgen Sie sich also nicht, wenn einige Begriffe noch neu für Sie sind. Obwohl es Ihnen vermutlich gelingen wird, einen LINUX-Computer bereits mit dem im zweiten Teil dargestellten Material als Samba-Server zum Laufen zu bringen, wird es Ihnen erst Teil 3 ermöglichen, eine Feinabstimmung Ihrer Samba-Konfiguration vorzunehmen. NBNS kann beispielsweise unnötigen Broadcast-Verkehr reduzieren, was in größeren Netzwerken ziemlich wichtig sei kann. Das Verständnis von Domänen und vom Browsing hilft Ihnen, Ihr Netzwerk und den Platz, den der Samba-Server in diesem einnehmen soll, zu organisieren.

Teil 4: Wartung und Pflege

Die Administration eines Netzwerk-Servers beinhaltet mehr, als diesen aufzusetzen; Teil 4 widmet sich der notwendigen Wartung und den Vorbereitungen für solche Wartungen. Die vier Kapitel dieses Teils decken die Themenbereiche *Sicherheit*, *Benutzerkontenverwaltung*, *Backups* und *Problembehebung* ab. Viele sicherheitsrelevante Fragen sind natürlich im Zusammenhang mit Samba und denen im Zusammenhang mit anderen Servern ähnlich; andere können jedoch unter Samba anders gehandhabt werden als durch andere Server, wie zum Beispiel die Frage nach Besitzverhältnissen an Dateien. Sie sollten ebenfalls einige Gedanken daran verschwenden, wie Benutzerkonten auf einem Samba-Server angelegt und verwaltet werden, sowohl vom Standpunkt des Komforts als auch vom Standpunkt der Sicherheit aus. Da es ein Netzwerk-Dateifreigabe-Protokoll implementiert, kann Samba dazu verwendet werden, Datensicherungen anderer Computer innerhalb des Netzwerks vorzunehmen.

Anhänge

Dieses Buch beinhaltet drei Anhänge. Der erste ist eine Referenz für die Samba-Konfiguration. Diese Referenz gibt eine übersichtliche Darstellung der Optionen, die in der Datei `smb.conf` verwendet werden können, und ihrer Funktionen. Anhang B behandelt Themen, die Clients betreffen, die nicht unter Windows laufen, sondern Betriebssysteme wie OS/2 oder BeOS verwenden. Der letzte Anhang enthält die GNU GPL im englischen Original; dies ist die Lizenz, unter der Samba steht.

Konventionen in diesem Buch

Dieses Buch verwendet bestimmte typografische Elemente, um es Ihnen zu vereinfachen, wichtige Informationen als solche zu erkennen, und um Missverständnissen vorzubeugen:

- Normaler Fließtext wird in Proportionalschrift dargestellt.
- *Kursive Hervorhebungen* betonen technische Begriffe, die zum erstenmal in einem Kapitel verwendet werden, englische Fachbegriffe, die noch nicht zum „normalen“ deutschsprachigen Duktus gehö-

ren, Firmen- und Produktnamen und Menüeinträge (sie werden ebenfalls verwendet, um bestimmte Informationen zu *betonen*) sowie Querverweise.

- Eine nicht-proportionale Schrift wird für Konfigurationsoptionen, Eingaben unter LINUX im Textmodus, Datei- und Befehlsnamen und Internet-URLs verwendet.
- *Kursive nicht-proportionale Schrift* deutet auf Variablen hin – Informationen, die sich von einem System oder bei der Ausführung eines Befehls zum anderen unterscheiden, wie z.B. der Name eines Computers oder eine Prozessnummer.
- **Fette nicht-proportionale Schrift** zeigt Informationen, die Sie in den Computer eingeben, im Regelfall an der LINUX-Eingabeaufforderung. Dieser Text kann ebenfalls kursive Elemente enthalten, um anzuzeigen, dass diese durch für Sie entsprechende Werte ersetzt werden sollen.

Zusätzlich zu diesen typografischen Konventionen, die auf einzelne Wörter oder ganze Absätze angewendet werden können, finden Sie folgende Hervorhebungen innerhalb des Textes:

Ein Hinweis enthält Informationen, die nützlich oder interessant sind, aber mit dem aktuellen Hauptthema nur am Rande zu tun haben. Ein Hinweis kann sich beispielsweise nur für bestimmte Netzwerke interessant sein oder auf überholte Optionen hinweisen.

Ein Tipp bietet Informationen, die nicht immer offensichtlich sind, die Ihnen beispielsweise helfen, Zeit zu sparen, oder die Sie vor frustrierenden Erfahrungen bewahren können. Ein Tipp könnte beispielsweise beschreiben, wie Sie Einschränkungen umgehen oder wie Sie ein Leistungsmerkmal dazu verwenden können, ungewöhnliche Aufgaben zu erledigen.

Warnungen beschreiben potenzielle Fallstricke und Gefahren. Wenn Sie es unterlassen, Warnungen zu beachten, kann dies dazu führen, dass Sie eine Menge Zeit investieren müssen, um durch Fehler verursachte Probleme auszumerzen, bis hin dazu, dass SieIhr System komplett neu aufsetzen müssen

Textkästen

Wie ein Hinweis, nur länger. Textkästen bieten Ihnen zusätzliche nützliche Informationen und Ratschläge, die ansonsten nicht in den normalen Diskussionsfluss hineinpassen würden.

Anm. d. Übers.

Lieber Leser, liebe Leserin,

als Übersetzer haben wir uns bemüht, das Originalwerk den Konventionen der deutschen Sprache anzupassen. Häufig gibt es jedoch keine adäquaten Begriffe für eine Reihe von Fach-Termini.

Wir möchten uns in diesem Zusammenhang auch bei den Leserinnen dieses Buches entschuldigen, die nur in den seltensten Fällen „persönlich" angesprochen werden. Eine Umsetzung „geschlechtsneutraler" Darstellungen ist im Deutschen leider nicht möglich, so dass beispielsweise *the user* im Allgemeinen als *der Benutzer* von uns übersetzt wird, ohne hiermit jedoch das weibliche Geschlecht missachten zu wollen. Eine Darstellung in der Form: *der/die Benutzer/in* erscheint auf die Dauer jedoch zu sperrig. Weiterhin haben wir uns in einigen Fällen erlaubt, die vom Autor dargestellten Informationen zu ergänzen, zu aktualisieren oder auf Besonderheiten hinzuweisen, die für den deutschen Sprachraum gelten.

Teil 1

Funktionsweisen

- Die Entwicklung von Windows-Netzen und Samba
- SMB/CIFS-Technologie und -Struktur
- Die Integration von SMB/CIFS mit TCP/IP
- Sambas Dämonen
- Lösen von Konflikten von Dateisystemmerkmalen

Eine Einführung in SMB/CIFS

KAPITEL 1

Samba wurde als Mittel entwickelt, mit UNIX-Rechnern Netzwerkdienste anbieten können. wie sie in IBM- und Microsoft-Netzwerken benutzt werden. Vermutlich lesen Sie dieses Buch, weil Sie genau dies mithilfe eines LINUX-Rechners tun wollen. Wer mit Windows-Netzwerken bereits vertraut ist, der kann dieses Kapitel wahrscheinlich überspringen oder vielleicht nur nach spezifischen Informationen zu Samba überfliegen. Auf der anderen Seite ist aber vielleicht noch wenig Erfahrung mit Windows-Netzwerkprotokollen vorhanden, zum Beispiel bei einem UNIX-Systemadministrator, der sich plötzlich um eine neue Gruppe von Windows-Clients sorgen muss, oder bei jemandem, der sein erstes Netzwerk zu Hause aufbauen will. In solchen Fällen ist es empfehlenswert, das vorliegende Kapitel sorgfältig zu lesen, da es einen Großteil der theoretischen Grundlagen darstellt für das, was im Rest des Buches folgt. Ohne ein Verständnis für das Kernprotokoll und die Terminologie bei Windows-Netzwerken wird es eine sehr zeitaufwendige Arbeit, Samba so zu konfigurieren, dass es für ein Windows-Netzwerk passt.

Dieses Kapitel beschreibt die Geschichte und grundlegende Technologien, die hinter Windows-Netzwerken stehen, speziell das *Server Message Block (SMB)*-Protokoll, auch *Common Internet File System (CIFS)* genannt, und seine Beziehung zu anderen Netzwerkprotokollen wie TCP/IP. In diesem Kapitel wird die Entstehung dieser Protokolle und ihre Entwicklung im Laufe der Jahre beschrieben. Außerdem werden die bei der Beschreibung von Windows-Netzwerken gebräuchlichen Begriffe vorgestellt und inwiefern diese ihren Gegenstücken bei TCP/IP Netzwerken entsprechen. Schließlich werden Gemeinsamkeiten und Unterschiede zwischen Windows-Netzwerkprotokollen und einigen anderen allgemeinen Netzwerkprotokollen, die dem Leser bereits bekannt sein mögen besprochen.

HINWEIS

Da CIFS der neue offizielle Name des SMB-Protokolls ist, findet man mal den einen und mal den anderen Namen. In diesem Buch wird meist SMB/CIFS benutzt, um deutlich zu machen, dass diese beiden Namen weitestgehend gleichwertig sind. In einigen wenigen besonderen Fällen wird einer der beiden Namen dem anderen vorgezogen und allein benutzt, etwa dann, wenn die Entwicklung von SMB vor CIFS besprochen wird oder CIFS, wie es in Windows 2000 benutzt wird.

Windows-Netzwerke und die Entwicklung von Samba

Windows hat seine eigene Netzwerkgeschichte, unabhängig von der Entstehung von TCP/IP, das den meisten UNIX- und LINUX-Systemadministratoren vertraut ist. Es ist wichtig, einiges über diese Geschichte zu wissen, wenn man Samba kennen lernen will, weil die ursprünglichen Entscheidungen zum Design von SMB/CIFS bis heute Einfluss haben. Seit die ursprünglichen Protokolle festgelegt wurden, haben Microsoft und andere immer größere Anstrengungen unternommen, sie mit der jetzt vorherrschenden TCP/IP-Netzwerkprotokollfamilie kompatibel zu machen. Diese andauernden Bemühungen sind Teil von dem, was Samba möglich macht, aber TCP/IP mit Windows-Netzwerkprotokollen zu verbinden, ist nicht immer elegant.

Die grundlegenden Protokolle: NetBIOS, NetBEUI und SMB

Mitte der 80er Jahre wollte IBM Netzwerke in den Handel bringen. Dies waren keine weltumspannende Netzwerke, wie sie auf Mainframes und Minicomputern jener Tage auftauchten, sondern Netze für kleine Büros. Diese Netzwerke stellten grundsätzliche Dienste zur Produktivitätssteigerung im Bürobereich zur Verfügung, wie den gemeinsamen Zugriff auf Dateien und Drucker. In solchen Netzwerken konnten mehrere Computer auf Dateien zugreifen, die auf einem zentralen Server gespeichert waren, oder auf einem gemeinsamen Drucker drucken. Ziel war eine Steigerung der Produktivität, indem die Notwendigkeit, Dateien auf Disketten herum zu reichen, eingeschränkt wurde.

Die damaligen Desktop Computer von IBM sind die Vorfahren heutiger *x86*-Computer. Wie die heutigen PCs benutzen die PCs der mittleren 80er Jahre ein *Basic Input/Output System* (*BIOS* - Basis Ein-/Ausgabesystem), um Anwendungsprogrammen und Betriebssystemen den Zugriff auf die Ressourcen der Geräte zu ermöglichen. Ein Programm oder Betriebssystem konnte einen BIOS-Aufruf (*BIOS call*) vornehmen, beispielsweise um auf der Festplatte zu lesen oder um Informationen auf dem Bildschirm darzustellen. Die Ingenieure von IBM sahen das Netzwerk als eine Erweiterung der Computer-Hardware an und so nannten sie die grundlegenden Protokolle, die sie entwickelten, *NetBIOS*. Diese Protokollfamilie wurde 1984 freigegeben. Heute ist NetBIOS eine Sammlung von Protokollen, die in Verbindung mit einer Reihe von anderen Protokollen benutzt werden kann. Es sitzt in der Mitte des Protokoll-Stacks, der von Windows-Netzwerken benutzt wird, wie in Kürze beschrieben.

NetBIOS selbst ist weitgehend unzulänglich als Netzwerkprotokoll. Seine Erweiterung ist bekannt als das *NetBIOS Extended User Interface* (*NetBEUI – erweiterte NetBIOS Benutzerschnittstelle*) und wurde 1985 veröffentlicht. Obgleich ursprünglich eine Erweiterung von NetBIOS, wird NetBEUI heute oft als Transportschicht der unteren Ebene in einem Netzwerk-Schichtenmodell betrachtet, wie in *Abbildung 1.1* dargestellt.

NetBEUI konkurriert nun mit der weiter verbreiteten Protokollfamilie *Transmission Control Protocol/Internet Protocol* (*TCP/IP*- Übertragungssteuerungsprotokoll/Internetprotokoll). Die Unterschiede zwischen diesen Protokollen werden später in diesem Kapitel im Abschnitt *SMB/CIFS und TCP/IP* diskutiert. Für den Augenblick aber bleibt festzuhalten, dass NetBEUI ein gutes Protokoll für den Einsatz in kleinen Netzwerken, aber nur eingeschränkt skalierbar ist. Man kann NetBEUI nicht für weltumspannende Netzwerke wie das Internet verwenden, da es, neben anderen Unzulänglichkeiten, nur eine begrenzte Anzahl von Computern unterstützt (nämlich 255). Auf der anderen Seite können diese realen Probleme manchmal auch Vorteile in sich bergen. Wenn ein Windows-Netzwerk zum Beispiel intern nur NetBEUI benutzt, ist es weniger anfällig für Angriffe aus dem Internet.

Abbildung 1.1: NetBEUI liegt zwischen NetBIOS und der Netzwerk-Hardware der untersten Schicht

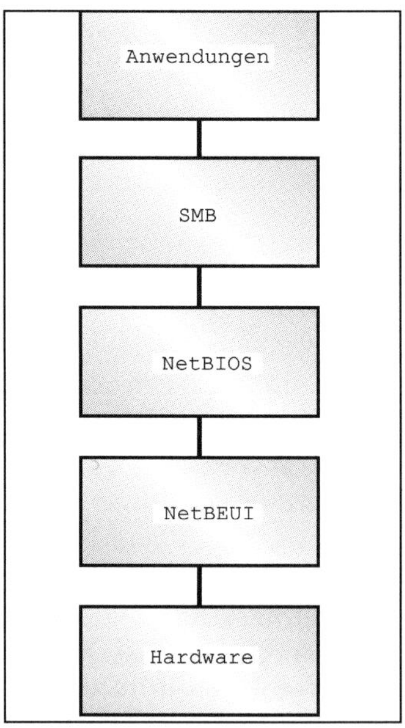

Das letzte Kernprotokoll für Windows-Netzwerke ist SMB. In der Tat leitet sich der Name Samba von SMB ab. SMB stellt auf hohem Niveau Konzepte oberhalb von NetBIOS bereit. *Abbildung 1.1* zeigt, dass sich SMB zwischen Benutzeranwendungen und NetBIOS schiebt. Dies ist analog dazu, wie sich DOS für viele Funktionen zwischen Anwendung und BIOS legt.

DOS stellt Konzepte und Dienste bereit, wie etwa Dateien und die Möglichkeit, darauf zuzugreifen. Ähnlich stellt SMB/CIFS Mechanismen zur gemeinsamen Nutzung von Dateien (*File Sharing*) zur Verfügung, die es einem Computer erlauben, auf die Dateien eines anderen zuzugreifen.

Für den durchschnittlichen Endanwender sind diese Details weitestgehend belanglos. Der typische Benutzer von Windows 98 oder Windows 2000 unserer Tage (oder von Windows für Workgroups vor ein paar Jahren) will ein Icon *Netzwerkumgebung* anklicken, um auf Dateien zuzugreifen. NetBEUI oder TCP/IP, NetBIOS und SMB arbeiten zusammen, um solche Aktionen zu ermöglichen. Als Administrator jedoch muss man etwas von diesen Protokollen verstehen, um Alternativen abschätzen zu können und ein angemessenes Protokoll und eine passende Konfiguration für sein Netzwerk zu finden. Erst im Jahre 2000 wurde NetBEUI für LINUX verfügbar und zwar durch *Procom Technology* (`http://www.procom.com`). In den meisten Fällen wird man Samba mit TCP/IP statt mit NetBEUI laufen lassen, aber wer will, der kann auch NetBEUI benutzen. Die Folgen, die sich aus einer solchen Konfiguration ergeben, werden ausführlich später in diesem Kapitel im Abschnitt *SMB/CIFS und TCP/IP* besprochen.

Die Entwicklung des SMB-Protokolls

Windows-Netzwerke haben sich über einen langen Zeitraum entwickelt, wie andere computerbezogene Standards auch. Weil jedes beliebige Netzwerk aus einer Mischung von Clients und Servern bestehen kann, die diverse Varianten der verschiedenen SMB-Protokolle verwenden, gehört zur Verbindungsaufnahme zwischen solchen Computern eine Festlegung des zu benutzenden Levels des SMB-Protokolls. So sendet der Client eine Liste der Protokolle, die er versteht, an den Server, dieser antwortet mit dem fortgeschrittensten Protokoll aus dieser Liste, das er selbst versteht. Die wichtigsten Protokoll-Level sind in *Tabelle 1.1* zusammengefasst.

Tabelle 1.1: SMB-Dialekte

NAME	BESCHREIBUNG
CORE	Originalversion von SMB. Ohne Unterstützung von Benutzernamen und langen Dateinamen.
COREPLUS	Effizientere Implementierung von CORE.
LANMAN1	Moderne Implementierung mit Unterstützung von Benutzernamen und langen Dateinamen.
LANMAN2	LANMAN1 mit Erweiterungen.
LANMAN2.1	Geringfügige Erweiterungen zu LANMAN2.
NT1	LANMAN-Dialekt wie bei WINDOWS NT implementiert.
CIFS	Geringfügige Modifikationen des NT1-Protokolls, benutzt von Windows 2000.

Samba versteht alle diese Dialekte, auch wenn Samba in der Version 2.0.7 CIFS nur unvollständig unterstützt. (CIFS wird in diesem Kapitel weiter unten im Abschnitt *SMB/CIFS Terminologie* diskutiert.) Daher kann Samba genutzt werden, um Ressourcen mit den ältesten oder den aktuellsten Betriebssystemen, die Windows-Netzwerkprotokolle verstehen, teilen zu können. Im Falle sehr alter SMB-Implementierungen aber, wie CORE oder COREPLUS, ist vielleicht die Samba-Konfiguration so anzupassen, dass sie keine Benutzernamen verlangt. *Kapitel 14: Sicherheitserwägungen* behandelt Sicherheitsoptionen von Samba.

Das Erscheinen von Samba

Die Existenz von Samba gründet im Jahr 1991 und begann an der *Australian National University* in Canberra. Ein graduierter Student namens *Andrew Tridgell* begann eine Reimplementierung des SMB-Protokolls. Tridgell hatte Zugang zu SMB-Servern, die unter VMS und Ultrix (einer UNIX Variante für DEC Minicomputer und Mainframes) liefen. Er benutzte Packet-Sniffer und ein wenig Eingebung, um herauszubekommen, was das Protokoll tat. Das erste Release von Samba erschien 1992, aber unter einem abweichenden Namen (SMB-Server). Zwei Jahre später begann das Interesse an Samba zu wachsen, teilweise, weil zur gleichen Zeit das Interesse an LINUX stieg und Samba sich als nützlich erwies, LINUX in Windows Netzwerke zu integrieren.

Über die Jahre entwickelte sich Samba und unterstützt nun viele – aber bisher noch nicht alle – Leistungsmerkmale von SMB/CIFS, wie sie auf Windows-Rechnern implementiert sind. Die Fähigkeiten von Samba werden mit denen von Windows weiter unten in diesem Kapitel im Abschnitt *Die Möglichkeiten von Samba* verglichen.

Während dieses Buch geschrieben wurde, war die aktuelle Version von Samba die Version 2.0.7. Wer eine besonders alte LINUX-Distribution mit einer Samba Version vor 2.0 benutzt, dem sei ein Upgrade von Samba empfohlen. Obwohl ein großer Teil des Inhalts dieses Buches für Samba 1.9.*x* zutrifft, gilt dies für einige Teile nicht. Andrew Tridgell und andere arbeiten aktiv an zukünftigen Ausgaben von Samba. Eine davon wird allgemein als *Samba TNG* (für *The Next Generation – Die nächste Generation*) bezeichnet. Diese Version implementiert Features, die dabei helfen, Samba in einer Windows NT oder 2000 Domänen-Umgebung zu betreiben, wie in *Kapitel 10: Konfiguration von Domänen* beschrieben. Andere Änderungen werden an der Hauptlinie 2.0.*x* vorgenommen. (*Hinweis der Übersetzer*: Am 29.1.2001 ist ein Alpha2-Release von Samba 2.2.0 erschienen.) Diese Ausgabe mag einige der Änderungen von Samba TNG beinhalten, aber ihre genaue Natur ist noch unklar.

Mit Windows 2000 hat Microsoft neue Schwerpunkte in seinen Netzwerkprotokollen gesetzt. Es gibt eine Reihe neuer Protokolle einschließlich der *Active Directory Services* (*ADS*), ein Ersatz für *Windows Internet Name Service* (*WINS*), und das *Distributed File System* (*DFS*), ein Ersatz für die Kernprotokolle von SMB/CIFS zum gemeinsamen Zugriff auf Dateien. In einem Netzwerk, das ausschließlich aus Rechnern unter Windows 2000 besteht, wird kein SMB/CIFS benutzt, wie man es heute kennt. Mitte des Jahres 2000 waren solche Netzwerke jedoch ziemlich selten und so wird Samba weiterhin nützlich bleiben. Unterstützung für die neuen Protokolle von Microsoft wird ohne Zweifel Einzug in die LINUX-Welt halten, sei es über Samba oder andere Pakete.

SMB/CIFS in verschiedenen Umgebungen

Heute werden SMB und verwandte Protokolle meistens in Netzwerken eingesetzt, die von Windows-Rechnern dominiert werden. Windows ist aber nicht das einzige Betriebssystem, das SMB und verwandte Protokolle unterstützt. Man kann diese unter einer großen Zahl von Betriebssystemen einsetzten, einschließlich der folgenden:

Windows Windows für Workgroups, Windows 9*x* und Windows NT (einschließlich Windows 2000) unterstützen alle SMB direkt. Da diese Betriebssysteme so weit verbreitet sind, werden SMB und seine Verwandten oft auch als *Windows-Netzwerke* bezeichnet. In der Tat wird dieser Begriff auch häufiger in diesem Buch benutzt.

OS/2 OS/2 4.0 und spätere Versionen von IBM enthalten SMB-Unterstützung. Details der Konfiguration unterscheiden sich von Windows, aber die grundsätzlichen Fähigkeiten von OS/2 sind ähnlich. Darüber hinaus wurde Samba nach OS/2 portiert, so dass man einen Samba-Server unter OS/2 installieren kann, wenn einem die Art und Weise nicht gefällt, wie die SMB-Konfiguration unter OS/2 gehandhabt wird, oder wenn man eine ältere Version von OS/2 einsetzt, die keine SMB-Unterstützung beinhaltet.

DOS Man kann einen SMB-Client für MS-DOS unter `ftp://ftp.microsoft.com/bussys/Clients/` erhalten. Man benötigt zwei Dateien, `DSK3-1.EXE` und `DSK3-2.EXE`, die sich beide im selben FTP-Verzeichnis befinden.

BeOS BeOS-Unterstützung für SMB existiert, ist aber noch sehr neu. Unter BeOS 5 wird eine Komponente namens WON benutzt, um einen BeOS-Rechner als SMB-Client laufen zu lassen. Samba wurde nach BeOS portiert und erlaubt es einem BeOS-Rechner, als SMB-Server zu laufen.

MacOS Ein Hilfsprogramm namens *DAVE* eines Drittanbieters ist erhältlich über *Thursby Software Systems* (`http://www.thursby.com`). DAVE arbeitet unter MacOS fast genauso wie Samba unter LINUX, und bietet sowohl Client- als auch Server-Funktionalität. Bis Mitte 2000 war DAVE nur verfügbar für MacOS bis Version 9. MacOS X basiert auf einem UNIX-Kern. Es steht zu erwarten, dass Samba womöglich unter MacOS X laufen wird.

Amiga Eine Portierung von Samba ist für das Betriebssystem Amiga verfügbar und gibt ihm so SMB-Kompatibilität und insbesondere Server-Unterstützung. Amigas Unterstützung für SMB-Clients ist jedoch nur schwach ausgeprägt.

VMS VMS ist ein Betriebssystem, das hauptsächlich auf DEC-Mainframes und -Minicomputern eingesetzt wird. Samba ist für VMS verfügbar und ermöglicht, einem solchen Rechner als SMB-Server zu arbeiten. Unterstützung für VMS-Clients ist deutlich beschränkt.

UNIX Samba läuft auf fast allen UNIX-Rechnern und erlaubt es ihnen, als SMB-Server zu arbeiten. Das Arbeiten als Client wird unterschiedlich unterstützt. Alle UNIX-Systeme können `smbclient` benutzen, was aber unpraktisch ist. Einige können ein Paket namens `smbwrapper` benutzen, welches das Mounten eines Dateisystems simuliert.

Samba läuft selbstverständlich unter LINUX. Einen Samba-Server unter LINUX zu installieren und zu konfigurieren, ist Schwerpunkt dieses Buches. Die Unterstützung von SMB-Clients unter LINUX ist verschieden von der unter anderen UNIX-Varianten. Noch während des Jahres 2000 hatte das Paket `smbwrapper` Probleme mit der LINUX-Bibliothek `glibc` und lief deshalb nicht unter LINUX. Unter LINUX wird ein SMB-Dateisystem üblicherweise über ein Programm namens `smbmount` in den Verzeichnisbaum eingebunden (gemountet), was in *Kapitel 7: LINUX als SMB/CIFS-Client* beschrieben wird. In den meisten Betriebssystemen, für die Samba verfügbar ist, erlaubt ein Programm namens `smbclient` den gemeinsamen Zugriff auf Ressourcen über eine Benutzerschnittstelle ähnlich zu der von textbasierten FTP-Clients. Der Gebrauch von `smbclient` wird ebenfalls in *Kapitel 7: LINUX als SMB/CIFS-Client* beschrieben.

Selbstverständlich ist Samba nicht das einzige Netzwerkprotokoll, das von diesen unterschiedlichen Betriebssystemen benutzt wird. Erfahrene LINUX-Systemadministratoren sind sicherlich mit TCP/IP vertraut und sehr wahrscheinlich auch mit dem gemeinsamen Zugriff auf Dateien und Drucker über das *Network File System* (*NFS*) und den *line printer daemon* (*LPD*), vielleicht sogar mit *Novell-* oder *AppleTalk*-Netzwerken, die beide ihren eigenen Protokoll-Stack benutzen. Der Einsatz des Wissens über diese Netzwerke im Vergleich zu SMB sollte helfen, Samba zu verstehen.

SMB/CIFS und TCP/IP

SMB/CIFS kann auf NetBEUI oder TCP/IP aufsetzen. SMB/CIFS ist also keine Alternative zu TCP/IP, vielmehr ist TCP/IP eine der Möglichkeiten, ein SMB/CIFS-Netzwerk zu betreiben. Da NetBEUI traditionell von

LINUX nicht unterstützt wird, setzt Samba typischerweise *nur* auf TCP/IP auf. Kürzlich (im Februar 2000 - Anm. der Übersetzer) hat allerdings *Procom Technology* (`http://www.procom.com`) einen NetBEUI basierten Protokoll-Stack für LINUX herausgegeben. Dieser arbeitet mit Samba zusammen und erlaubt den Einsatz von Samba in Netzwerken, die ausschließlich NetBEUI einsetzen.

Seit einiger Zeit hat sich allerdings Microsoft mehr und mehr von NetBEUI gelöst und dem TCP/IP Protokoll-Stack angenähert. In den meisten Fällen gibt es daher keinen Bedarf für den Einsatz von NetBEUI unter LINUX. Einige sicherheitsbewusste Systemadministratoren sind sich aber der Tatsache bewusst, dass SMB, aufgesetzt auf TCP/IP, das SMB-System anfällig macht für Attacken aus dem Internet. Wer ein Protokoll einsetzen will, das nicht über das Internet beeinflusst werden kann, mag NetBEUI anstelle von TCP/IP für sein SMB/CIFS-Netzwerk in Erwägung ziehen.

Die populärsten „reinen" TCP/IP-Protokolle für den gemeinsamen Zugriff auf Dateien und Drucker sind, speziell in der LINUX/UNIX-Welt, NFS für den Zugriff auf Dateien und `lpd` zur Ansteuerung von Druckern. Folgende Aufstellung beinhaltet einige eher kritische Unterschiede zwischen diesen Protokollen und SMB/CIFS.

Authentifizierung Sowohl NFS als auch `lpd` arbeiten mit einem Sicherheitsmodell, welches unter der Bezeichnung *trusted hosts* bekannt ist. Jeder Computer, der einen Dienst eines anderen Computers beansprucht und sich unter einer diesem bekannten IP-Adresse meldet, erhält spezifizierte Zugriffsmöglichkeiten auf ihn. Man kann sein LINUX-System zum Beispiel so konfigurieren, dass der Computer mit der IP-Adresse 192.168.4.43 Zugriff auf die Verzeichnisse `/home` und `/opt` erhalten kann.

Auch wenn Samba ähnlich konfiguriert werden kann, erfolgt die Athentifizierung unter Samba (und allgemein unter SMB/CIFS) üblicherweise über eine Kombination Benutzername/Passwort – jeder Anwender, der über einen korrekten Benutzernamen und ein gültiges zugehöriges Passwort verfügt, kann auf eine gemeinsame Ressource zugreifen. Beide Methoden können für Samba eingesetzt werden, was die Sicherheit erhöhen kann. Auf der anderen Seite endet dieser Ansatz oft damit, dass man sich eine Reihe von Passwörtern ausdenkt und diese auf einer Vielzahl von miteinander vernetzten Computern speichert, was potenziell ein Sicherheitsproblem für sich darstellt.

Eigenschaften des Dateisystems SMB/CIFS wurde vor dem Hintergrund der Gegebenheiten eines DOS- und später eines OS/2- und Windows-Dateisystems entwickelt. Als solches enthält es Eigenschaften wie das Hidden- oder das System-Attribut (bzw. Hidden- oder System-Bit) für Dateien, nicht aber die UNIX gemäßen Informationen über Besitzer von und Rechte an Dateien. Auf der anderen Seite ist NFS vom Design her ein Protokoll für den gemeinsamen Zugriff auf Dateien in einem UNIX-Dateisystem, somit enthält es typische Features von UNIX, nicht aber solche von DOS/Windows. Allgemein gilt also NFS ist das beste Protokoll für den gemeinsamen Zugriff auf Dateien unter LINUX/UNIX und SMB/CIFS in reinen Windows-Netzwerken. Samba unternimmt eine ganze Menge, damit LINUX scheinbar wie ein Windows-System arbeitet, und hat in den meisten Fällen Erfolg. Da es Eigenschaften des Dateisystems durch einen DOS/Windows-Filter zwingt, ist SMB/CIFS auf der anderen Seite eine schlechte Wahl, will man gemeinsame Zugriffe auf Dateien zwischen UNIX-Systemen realisieren.

Monolithisches Protokoll SMB/CIFS behandelt sowohl gemeinsame Zugriffe auf Dateien als auch auf Drucker. Für Samba kann die Konfiguration dafür komplett in einer Datei, `smb.conf`, erfolgen (für verschiedene Funktionen können aber auch Hilfsdateien zur Konfiguration benutzt werden). Im Gegensatz dazu sind die ursprünglichen Protokolle zum gemeinsamen Zugriff auf Dateien und Drucker unter LINUX voneinander getrennt und verlangen daher unterschiedliche Konfigurationsdateien. Darüber hinaus unterstützt SMB/CIFS ein paar besondere Netzwerkeigenschaften, die eigene Protokolle unter LINUX erfordern, einschließlich Nachrichtenaustausch (*Messages*) und ein Zeitprotokoll zur Synchronisierung der Systemzeiten.

Vollständigkeit der Implementierung Samba ist ein sehr nützliches Werkzeug, aber es ist noch nicht vollständig. Wie im späteren Abschnitt *Browsing* beschrieben, gibt es Features wie Backup-Master-Browser in Samba nicht. Die Unterstützung von LINUX für NFS und `lpd` auf der anderen Seite ist durchaus vollständig. Um dies klarzustellen: Die Lücken im Support von Samba für SMB/CIFS sind vergleichsweise unbedeutend, können aber in seltenen Fällen signifikant sein.

Abgesehen von diesen Unterschieden haben SMB/CIFS und NFS/`lpd` beinahe dieselbe Funktionalität. Welche Protokolle besser geeignet sind, hängt weitestgehend vom zugrunde liegenden Netzwerk ab. Netzwerke, die von Windows-Rechnern dominiert werden, arbeiten typischerweise am besten unter SMB/CIFS, solche mit überwiegend UNIX/LINUX-Rechnern arbeiten am besten mit NFS/`lpd`. Man kann auch beide Protokollfamilien mischen. Tatsächlich kann ein Server seine Dateien und Drucker sowohl über SMB/CIFS als auch über NFS/`lpd` zur Verfügung stellen. Es ist sogar möglich, diese Mischung um die Protokollfamilien IPX/SPX von Novell oder AppleTalk von Apple zu ergänzen; sie stören einander nicht.

Unterschiede zu Novell Netzwerken

Novell entwickelte eine Reihe von Netzwerkprotokollen um etwa dieselbe Zeit wie IBM oder Apple, in der Mitte der 80er Jahre. Das Ergebnis ist eine vollständige Familie von Netzwerk-Werkzeugen, die mit NetBEUI, NetBIOS und SMB/CIFS auf Windows-Seite und mit TCP/IP, NFS und lpd auf der Seite von UNIX/LINUX konkurrieren. Im Folgenden werden einige Schlüsselkomponenten eines Novell-Netzwerks kurz beschrieben.

IPX *Internet Packet Exchange* (*IPX*) ist eines der Kernprotokolle in einem Novell Netzwerk. Grob gesprochen kann man es mit dem *Internet Protocol* (*IP*) von TCP/IP vergleichen.

SPX *Sequenced Packet Exchange* (*SPX*) liegt oberhalb von IPX, ähnlich dem *Transmission Control Protocol* (*TCP*) in einem TCP/IP-Netzwerk, das auf IP aufsetzt.

NCP Das *NetWare Core Protocol* (*NCP*), *NetWare* ist die Netzwerk-Software von Novell, ist das Protokoll für den gemeinsamen Zugriff auf Dateien. Vereinfacht dargestellt ist es vergleichbar mit SMB/CIFS oder NFS.

Novell-Netzwerksoftware wurde ursprünglich für DOS, später auch im Windows-Umfeld entwickelt. Insofern unterstützt es Zugriffsrechte auf oder Besitz an Dateien nicht in der Art wie UNIX – obwohl es Rechte und Besitz an Dateien sehr wohl schon seit seinen Anfängen kennt (*Anm. d. Übers.*). Der Ansatz von Novell ist allerdings sehr effizient, häufig lässt sich über Novell ein schnellerer Zugriff auf Dateien realisieren als über SMB/CIFS oder NFS.

LINUX enthält Unterstützung für Novell-Netzwerkprotokolle. Um einen LINUX-Rechner zu einem Novell-Server zu machen, benötigt man eines von zwei Paketen: mars_nwe oder lwared, beide erhältlich über ftp://sunsite.unc.edu/pub/LINUX/system/filesystems/ncpfs/. Die meisten LINUX-Distributionen enthalten mindestens eines der beiden. Man kann LINUX-Rechner als Client eines Novell-Netzwerks einsetzen, indem man das Kernel-Modul ncpfs installiert. In jedem Fall muss die Unterstützung für IPX in den LINUX-Kernel integriert werden. Man kann, allerdings nur unter Windows, SMB/CIFS an den Novell-Netzwerkstack binden. LINUX unterstützt dies nicht.

Unterschiede zu Netzwerken unter AppleTalk

Mitte der 80er Jahre entwickelte Apple ein Netzwerkprotokoll für seine Macintosh-Rechner. Unter dem Namen *AppleTalk* erschienen, war das Protokoll ursprünglich dazu vorgesehen, einem Netzwerk von Macintosh-Rechnern den gemeinsamen Zugriff auf einen Drucker des Typs *Apple LaserWriter* zu ermöglichen, der seinerzeit recht teuer war.

Ethernet-Hardware war seinerzeit nicht so verbreitet wie heutzutage und so nutzte Apple proprietäre Hardware. Diese Hardware wird heute als *LocalTalk* bezeichnet, auch wenn frühe Dokumentationen den Begriff *AppleTalk* für Hard- und Software benutzen. Seit jener Zeit wurde AppleTalk so angepasst, dass es mit Ethernet-Hardware zusammenarbeitet, eine Kombination, die oft als *EtherTalk* bezeichnet wird.

AppleTalk setzt sich zusammen aus einer Familie von Netzwerkprotokollen, sehr ähnlich den anderen Netzwerkprotokollen für Büronetze. Zu seinen entscheidenden Komponenten gehören die folgenden:

DDP Das *Datagram Delivery Protocol* (*DDP*) ist das Herzstück von AppleTalk. Grob gesehen ist es vergleichbar mit TCP/IP oder NetBEUI.

AFP Das *AppleTalk Filing Protocol* (*AFP*) ist AppleTalks Protokoll für den gemeinsamen zugriff auf Dateien, grob gesehen gleich zu setzen mit NFS oder den entsprechenden Komponenten von SMB/CIFS.

PAP Das *Printer Access Protocol* (*PAP*) ist AppleTalks Protokoll für den gemeinsamen Zugriff auf Drucker. Es ist ähnlich dem `lpd` bzw. den entsprechenden Komponenten von SMB/CIFS.

In den letzten Jahren hat Apple AppleTalk so angepasst, dass es auf TCP/IP arbeitet, so wie heute auch NetBIOS auf TCP/IP aufsetzen kann. LINUX unterstützt beide Varianten, das originale AppleTalk (auf Ethernet-Basis oder, mit der seltenen LocalTalk-Hardware für *x86* Rechner, auf LocalTalk-Basis) und AppleTalk, das auf TCP/IP aufsetzt. In den meisten Fällen muss der LINUX-Kernel unter Einbeziehung von DDP-Unterstützung neu kompiliert werden. AppleTalk, das auf TCP/IP aufsetzt, arbeitet ohne diese Unterstützung, aber man kann sich ohne DDP-Unterstützung mit einem *Chooser* von Macintosh keine LINUX-Rechner anzeigen lassen und das Drucken funktioniert ohne DDP-Unterstützung überhaupt nicht.

Außerdem braucht man das Paket *Netatalk*, das man über `http://thehamptons.com/anders/netatalk/` beziehen kann, das aber auch vielen LINUX-Distributionen beiliegt. Netatalk gibt einem LINUX-Rechner die Funktionalität eines File- und Druckservers für Macintosh-Rechner, außerdem ist der Druck auf AppleTalk-Druckern möglich. Aber noch im Jahr 2000 war die Unterstützung dafür, einen LINUX-Rechner als AppleTalk-Client laufen zu lassen, recht primitiv und unzuverlässig. Wer diese Funktionalität jedoch braucht sollte auf dem Macintosh-Rechner Unterstützung für NFS oder SMB/CIFS installieren, was kurz im *Anhang B: Betriebssystemspezifische Fragen* diskutiert wird.

Die Fähigkeiten von AppleTalk beim gemeinsamen Zugriff auf Dateien sind vergleichbar mit denen von SMB/CIFS. AppleTalk benutzt zum Beispiel Benutzername und Passwort für sein Sicherheitskonzept. Macintosh unterstützt auch Features für sein Dateisystem, die denen von Windows gleichen, wie das „hidden bit", aber keine Rechte oder den Besitz an Dateien, wie sie unter UNIX benutzt werden. Zusätzlich verwendet MacOS zwei *Zweige* (*forks*) für jede Datei, einen *Datenzweig* (*data fork*) und einen *Ressourcenzweig* (*resource fork*). Der Datenzweig enthält die Daten wie etwa ASCII-Texte oder Daten eines Kalkulationsblattes. Der Ressourcenzweig enthält spezielle Informationen wie etwa Icons oder Programmcode. Um solche Zweige nachzubilden, erstellt Netatalk in jedem Verzeichnis, das für einen gemeinsamen Zugriff vorgesehen ist, ein verstecktes Unterverzeichnis. Die Ressourcenzweige erhalten in diesem versteckten Unterverzeichnis einen dem Datenzweig im ursprünglichen Verzeichnis entsprechenden Namen.

AppleTalk-Netzwerke haben grundsätzlich die gleichen Vor- und Nachteile wie auch NetBIOS-Netzwerke. AppleTalk unterstützt ein *Zonenkonzept*, vergleichbar mit den Workgroups oder Domänen von NetBIOS. AppleTalk-Netzwerke können nicht in der gleichen Weise erweitert werden wie TCP/IP-Netzwerke mit Domänen von theoretisch beliebiger Größe. Betreibt man Netzwerke mit ausschließlich DDP-basiertem AppleTalk, werden dessen Pakete nicht über einen TCP/IP-Router weitergeleitet (*geforwarded*). Somit sind DDP-basierte AppleTalk-Netzwerke vergleichsweise sicher gegenüber externen Attacken, wie auch reine NetBEUI-Netzwerke.

Wer mehr über LINUX-Rechner als AppleTalk-Server wissen will, der lese das Buch *Linux: Networking for Your Office* (Sams, 2000) desselben Autors.

Integration von TCP/IP und SMB/CIFS

Der Netzwerkaufbau, wie er in *Abbildung 1.1* dargestellt wird, zeigt eine ziemlich grundlegende Struktur. Ein wesentliches Manko der Abbildung ist, dass sie keine systemübergreifende Darstellung ist, weil sehr wenige Betriebssysteme außer Microsoft-Betriebssyteme NetBEUI unterstützen. UNIX-basierte Systeme verwenden NetBEUI traditionell nicht. Stattdessen verwenden sie zum Betreiben von Netzwerken TCP/IP, worauf auch das Internet aufbaut. Wegen der Popularität des Internets haben Microsoft und IBM ihre Betriebssysteme um TCP/IP-Unterstützung erweitert und es ermöglicht, SMB und NetBIOS an TCP/IP statt an NetBEUI zu binden. Das Ergebnis ist eine Netzwerkstruktur, die im Wesentlichen mit *Abbildung 1.1* vergleichbar ist, aber mit TCP/IP anstelle von NetBEUI. Diese Konstellation wird oft als *NetBIOS over TCP/IP* (NetBIOS auf TCP/IP) oder kurz *NBT* bezeichnet. Die meisten Internet-Protokolle werden über Standardisierungsdokumente definiert, die als *Requests for Comments* (*RFC*s – etwa *Aufforderungen zu Kommentaren*) bekannt sind. NBT wird durch zwei RFCs, 1001 und 1002, definiert, die Methoden zur Implementierung NetBEUI-ähnlicher Funktionalitäten auf TCP/IP skizzieren.

Einer der wesentlichsten Unterschiede zwischen NetBIOS/NetBEUI und TCP/IP ist die Adressierung von Rechnern. TCP/IP benutzt vier Byte lange *IP-Adressen*, wie etwa 192.168.33.12 , um Computer zu identifizieren. Host-Namen (Computernamen), die von Anwendern benutzt werden, um Rechner zu benennen, werden in *IP-Adressen* übersetzt und diese numerischen Adressen benutzt man in den Datenpaketen, die über das Netzwerk versandt werden. NetBIOS dagegen benutzt konsequent die Namen. In einem NetBIOS/NetBEUI-Netzwerk werden Pakete von oder zu einem Computer, der als LARCH im Netz bekannt ist, die Adresse LARCH im Datenpaket wortwörtlich enthalten. Um NetBIOS mit TCP/IP verwenden zu können, muss der unter NetBIOS benutzte Name in eine IP-Adresse umgewandelt werden, bevor das Datenpaket abgeschickt werden kann.

Um die Kluft zwischen diesen unterschiedlichen und inkompatiblen Adressierungsvarianten überwinden zu können, ist NBT in der Lage, eine IP-Adresse aus einem NetBIOS-Namen abzuleiten und einen NetBIOS-Namen in einem lokalen Netzwerk zu registrieren. Es gibt in der Tat zwei Varianten, wie Namenauflösung und -eintragung behandelt werden: Rundruf (*broadcast*) und NBNS. In einem Netzwerk mit Rundruf kann ein Computer einen Namen an das gesamte Netzwerk versenden, entweder um den Namen einzutragen oder um herauszufinden, welcher Computer diesen Namen trägt. Dieser Ansatz wird in *Abbildung 1.2* dargestellt. In einem Netzwerk mit NBNS kann einer der Rechner als *NetBIOS Name Service-* (*NBNS* – etwa *NetBIOS-Namensdienst*) Server dienen und alle Namensauflösungen durchführen. Dieser Ansatz entspricht der üblichen Praxis unter TCP/IP, eine Maschine alle Anfragen nach Auflösung bezüglich des *Domain Name System* (*DNS*-- etwa *System von Domänennamen*) bearbeiten zu lassen, und ist in *Abbildung 1.3* dargestellt.

In Netzwerken mit Rundruf und solchen mit NBNS *registrieren* die einzelnen Rechner ihre Namen. Das bedeutet, dass anstelle einer Zuweisung eines Namens durch einen zentralen DNS-Server dieser Vorgang vom jeweiligen Computer selbst initiiert wird, der versucht, einen lokal festgelegten Namen zu benutzen. In einem Netzwerk mit Rundruf kann er diesen Namen verwenden, wenn kein anderes System antwortet, dass dieser Name bereits vergeben ist. In einem NBNS-basierten Netzwerk erlaubt oder missbilligt der NBNS-Server den Gebrauch dieses Namens. Dieses Thema wird ausführlicher in *Kapitel 9: Samba als NBNS-Server* erklärt.

Abbildung 1.2: Namensauflösung und -eintragung per Rundruf verlangt keine zentrale Verwaltung, verbraucht aber einen großen Teil an Netzwerkressourcen

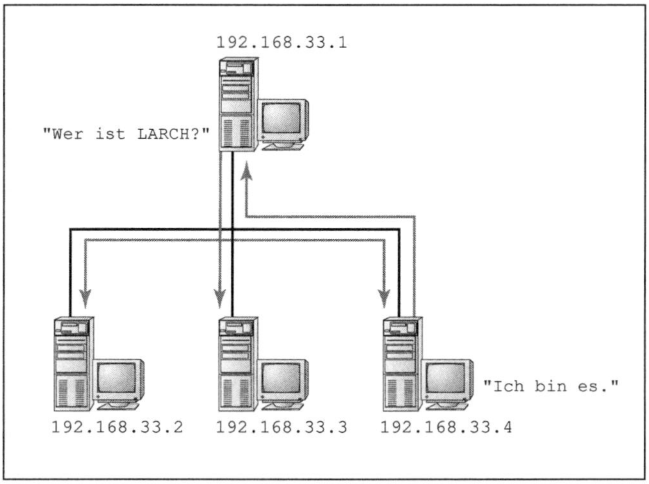

Abbildung 1.3: NBNS vermindert die Netzwerklast, die mit Namensauflösung verbunden ist, verlangt aber einen Computer, der für diese Aufgabe abgestellt ist

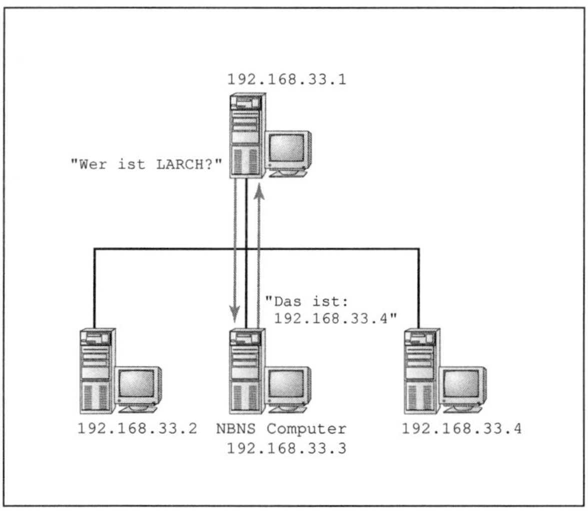

HINWEIS

Auch unter TCPIP wird ein Name lokal festgelegt und der Rechner kann diesen Namen benutzen, wenn er sich auf der Basis spezieller Protokolle gegenüber anderen Computern identifiziert. Wenn dieser lokal definierte Name nicht mit dem beim DNS-Server des Netzes festgelegten Namen übereinstimmt, kann es Probleme geben. Zum Beispiel könnte man einem Computer den Namen `larch.dreiraumco.com` *geben, aber beim DNS-Server von* `dreiraumco.com` *mag dieser Name auf einen anderen Rechner als diesen* `larch` *verweisen oder gar nicht vergeben sein. Wenn in dieser Situation ein anderer Computer mit* `larch` *Verbindung aufnehmen will, wird dies fehlschlagen.*

Microsoft hat die NBNS-Funktionalität in einem Dienst implementiert, den sie *Windows Internet Name Service* (*WINS*) nennen. Samba kann auch so konfiguriert werden, dass es wie ein NBNS-Server arbeitet, was in *Kapitel 9: Samba als NBNS-Server* beschrieben ist.

HINWEIS

Windows 2000 löst die Aufgabe der Namensauflösung weitgehend unabhängig von Rundruf oder NBNS. Im Standardfall versucht Windows 2000 den Internet Hostnamen des Computers zur Namensauflösung heranzuziehen. Versucht man zum Beispiel, mit dem Rechner `LARCH` *in einem SMB/CIFS-Netzwerk Kontakt aufzunehmen, benutzt Windows 2000 den zugewiesenen DNS-Server, um die IP-Adresse von* `LARCH` *zu erhalten. Schlägt dieser Versuch fehl, greift Windows 2000 auf Rundruf zurück oder auf einen NBNS-Server, falls es einen kennt. Samba kann so konfiguriert werden, dass es sich entsprechend verhält.* Kapitel 9: Samba als NBNS-Server *stellt dieses Thema ausführlicher dar.*

CIFS, die jüngste Version von SMB, ist in der Hauptsache eine Formalisierung der Erweiterungen von SMB, die Microsoft während der 90er Jahre implementiert hat. In der Mitte des Jahrzehnts, als ein Großteil des ursprünglichen Programmcodes von Samba geschrieben wurde, war SMB nicht gut dokumentiert. Durch CIFS wurde dieser Missstand behoben und SMB wandelte sich gegenüber früher zu einem eher offiziellen TCP/IP-basierten Protokoll. CIFS liegt nun als RFC vor, die Arbeit daran ist aber zur Zeit noch nicht abgeschlossen.

SMB/CIFS-Terminologie

Es ist wichtig, bestimmte Begriffe zu verstehen, wenn man über Samba oder SMB/CIFS-Technologie liest oder darüber diskutiert. Einige dieser Begriffe werden denjenigen, die häufig mit anderen Netzwerkprotokollen arbeiten, wahrscheinlich vertraut sein. Einige sind einzigartig für SMB/CIFS.

Clients, Server und Shares

Die Begriffe *Client* und *Server* sind sicher nicht ausführlich zu erklären, da sie auch in anderen Netzwerkumgebungen benutzt werden. Glücklicherweise haben sie, bezogen auf Samba und SMB/CIFS, die gleiche Bedeutung wie auch anderswo. Zur Erinnerung hier eine kurze Zusammenfassung:

- Ein *Server* ist ein Programm, das Anfragen aus dem Netz entgegennimmt und beantwortet. Server können entweder auf ihrem Computer vorhandene Daten ausgeben oder Daten von einem anderen Computer entgegennehmen, wobei in der Regel der andere Computer diesen Datentransfer initiiert. Der Großteil der Funktionalität von Samba liegt auf der Server-Seite, auch wenn das Samba-Paket einige Client-Programme beinhaltet.
- Ein *Client* befindet sich am anderen Ende des Datentransfers mit einem Server. Er initiiert den Datentransfer, oft unter direkter menschlicher Aufsicht. Im Falle von Samba zum Beispiel benutzt ein Mensch typischerweise ein Anwendungsprogramm, um Dateien zu laden oder zu speichern, ein Dokument zu drucken oder eine ähnliche Aktion auszuführen. Der SMB/CIFS-Client nimmt dann diesen Auftrag entgegen und leitet ihn an den Samba-Server weiter.

Die Begriffe Client und Server werden im Hinblick auf die individuelle Situation beim Datentransfer definiert. In einem größeren Zusammenhang können zwei miteinander verbundene Computer diese Rollen tauschen oder auch beide gleichzeitig ausfüllen – betrachtet man zum Beispiel ein kleines Netzwerk mit zwei Computern, die beide über einen Drucker mit gemeinsamer Nutzung über SMB/CIFS verfügen. Wenn der Benutzer des einen Rechners (nennen wir ihn wieder `LARCH`) auf dem Tintenstrahldrucker des anderen Rechners (vielleicht `MAPLE`) drucken will, dann ist `LARCH` der Client und `MAPLE` der Server. Wenn zur selben Zeit der Benutzer von `MAPLE` auf dem Laserdrucker von `LARCH` drucken will, dann sind die Verhältnisse genau umgekehrt. In diesem Fall arbeiten beide Computer gleichzeitig als Client und als Server. Viele kleine Netzwerke sind im Wesentlichen in dieser Art konfiguriert – jeder Computer kann beide Versionen des Protokolls fahren, Client- und Server-Version. Solch ein Netzwerk wird auch als *peer-to-peer*-Netzwerk (wörtlich etwa *Gleicher zu Gleichem*) bezeichnet, weil jeder Computer gleichberechtigt zu jedem anderen ist. Andere Netzwerke sind in einer *Client-Server*-Konfiguration eingerichtet, in denen einige Rechner hauptsächlich Client-Programme einsetzen und andere meist als Server fungieren.

Die Server in einem Client-Server-Netzwerk arbeiten als zentrale Verwaltungsstelle für Datenspeicherung, Druck und andere Funktionen. Dieses Design ist für große Netze besser geeignet, weil die Zentralisierung die Administration erleichtert. Verlässt etwa ein Benutzer die Firma, dann müssen in einem Client-Server-Netzwerk nur die Passwörter und Zugänge (*Accounts*) an den Servern gelöscht werden, von denen es typischerweise nicht viele gibt. In einem peer-to-peer-Netzwerk müssen möglicherweise Passwörter und Accounts auf allen Rechnern gelöscht werden.

Auf der anderen Seite erfordert die zentrale Struktur der Client-Server-Netze besondere Sorgfalt bezüglich der Datenintegrität auf den Servern. Hängt sich ein Server auf, dann ist das ein ernsteres Problem als der Absturz eines Computers im peer-to-peer-Netz. Aus diesem Grunde ist die Zuverlässigkeit des Betriebssystems auf den Servern eines Client-Server-Netzes eminent wichtig. Erfreulicherweise hat sich LINUX einen ausgezeichneten Ruf als zuverlässiges Betriebssystem erworben, einer der Faktoren, die es zu einer guten Wahl als Basis für einen Samba-Server machen.

Wenn man Samba für die gemeinsame Nutzung von Ressourcen konfiguriert, wird den Clients kein vollständiger Zugriff auf alle Ressourcen eines Computers gegeben. Stattdessen erhält er Zugang zu festgelegten Verzeichnissen und Drucker-Queues. Diese Ressourcen nennt man *Shares* (gemeinsame Ressourcen oder in der Windows-Terminologie auch *Freigaben*). (In UNIX-basierten NFS-Netzen wird häufig der Begriff *export* in fast der gleichen Weise benutzt. Anmerkung der Übersetzer: Die Kleinschreibung ist bewusst gewählt, da sich der Begriff *export* von Befehlen/Dateinamen ableitet, die ebenso geschrieben werden müssen.) Man kann zum Beispiel Zugang zu den Verzeichnissen `/home/samba/winprogs` und `/home/samba/shared-data` gewähren, beide sind dann eigenständige Shares. Der Client-Computer kann dann unabhängig voneinander auf beide Verzeichnisse zugreifen. Darüber hinaus bietet Samba ein großes Maß an Flexibilität, um den Zugang zu jedem einzelnen Share zu konfigurieren. Möglicherweise braucht jeder Netzwerkbenutzer Zugang zum Verzeichnis `/home/samba/winprogs` aber nur eine Auswahl an Benutzern oder Computern darf Zugang zum Verzeichnis `/home/samba/shared-data` haben. Diejenigen, die Zugang zum letztgenannten Share haben, müssen möglicherweise in zwei Gruppen eingeteilt werden, solche, die im Share-Verzeichnis schreiben dürfen, und solche, die nicht schreiben dürfen. Man kann all dies über die Samba-Konfigurationsdatei und die LINUX-eigenen Dateirechte steuern.

Arbeitsgruppen und Domänen

Windows-Netzwerke wurden traditionell um das Konzept der *Workgroup* (Arbeitsgruppe) herum entwickelt. Eine Arbeitsgruppe ist eine Anzahl von Computern, die miteinander verbunden werden, um Netzwerk-Aufgaben zu ermöglichen. Zum Beispiel könnte man eine Arbeitsgruppe für eine Abteilung haben. Jede Arbeitsgruppe hat einen Namen, und wenn man das Fenster *Netzwerkumgebung* öffnet, zeigt Windows automatisch die Arbeitsgruppe, der ein Computer angehört. (Unter Windows 2000 muss eventuell zusätzlich das Icon *Benachbarte Compter* angeklickt werden.) Es ist daher einfach, Shares in seinem eigenen lokalen Netz zu browsen. Man kann auch nach anderen Arbeitsgruppen suchen, muss aber ein paar Mausklicks mehr machen, man muss eben das Icon *Gesamtes Netzwerk* in der *Netzwerkumgebung* anklicken.

HINWEIS

Wie tief man suchen kann, hängt von einer Reihe von Faktoren ab, wie der Anordnung der Subnetze und Router im lokalen Netz, der An- oder Abwesenheit eines Master-Browsers und so weiter. Einige davon werden später in diesem Kapitel kurz beschrieben und dann ausführlicher später im Buch – speziell in den Kapiteln 9: Samba als NBNS-Server, 10: Konfiguration von Domänen und 11: Lokales und geroutetes Browsen. *Auch wenn man das Icon* Netzwerkumgebung *nicht benutzen kann, um nach Computern zu browsen, kann man möglicherweise trotzdem auf deren Shares über deren Internet-Adressen zugreifen. Aus diesem Grunde sollte ein Samba-Server vor unautorisiertem Zugriff von Außen abgesichert sein, wie in* Kapitel 14: Sicherheitserwägungen *beschrieben.*

Arbeitsgruppen sind ziemlich primitive Netzwerk-Strukturen. Im Kern sind sie einfach nur Gruppen von Computern, die sich damit melden, dass sie denselben Arbeitsgruppennamen haben. Angenommen, man hat eine Arbeitsgruppe namens VERKAUF im Netz, die sich aus Computern der Verkaufsabteilung zusammensetzt. Sind einige dieser Computer falsch konfiguriert mit dem Namen VERKAF als Arbeitsgruppennamen, dann hat man plötzlich eine Arbeitsgruppe VERKAF in seinem Netz. Es ist keine besondere Struktur oder zentrale Konfiguration nötig, um eine Arbeitsgruppe zu pflegen.

Im Gegensatz dazu ist eine Windows *Domäne* (etwa Gebiet) eine Arbeitsgruppe mit einer zumindest minimalen zentralen Konfiguration. Speziell zu einer Domäne gehört mindestens ein Domänen-Controller. Ein Domänen-Controller kann eingesetzt werden, um den Zugang der Benutzer zu den Ressourcen der Domäne zu kontrollieren (Samba kann als Domänen-Controller konfiguriert werden). *Abbildung 1.4* illustriert die Rolle eines Domänen-Controllers in einer Windows-Domäne. Jeder Server übergibt das Recht auf eigenständige Authentisierung an den Domänen-Controller. Dieser Ansatz ist ziemlich bequem, da er eine zentrale Authentisierung der Passwörter und Accounts erlaubt.

Abbildung 1.4: Der Domänen-Controller stellt die Authentifizierung der Benutzer zur Verfügung, aber die einzelnen Server können den Zugang zu ihren Shares immer noch sperren

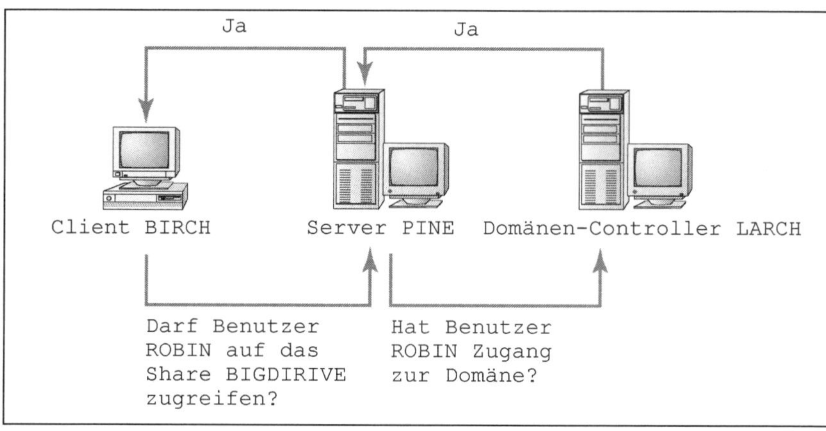

Ein Punkt, der potenziell für Verwirrung sorgt, ist die Tatsache, dass ein und dasselbe Wort – *Domäne* – benutzt wird um sowohl Windows Netzwerkkonstrukte als auch solche des Internets zu beschreiben. Auch wenn eine Internet-Domäne keine zentralisierte Authentifizierung beinhalten muss, wie es eine Windows NT-Domäne tut, bestehen gleichwohl Ähnlichkeiten zwischen den beiden. Eine Internet-Domäne ist, wie eine Windows Netzwerkdomäne auch, eine Ansammlung von Computern. Eine Internet-Domäne besitzt ein hierarchisches Namenssystem, um eindeutige Namen in einem globalen Netzwerk zu garantieren. Der Name für die Internet-Domäne muss an zentraler Stelle registriert sein und endet mit einer Abkürzung der Form `.com` oder `.net`, die die zentrale Authorität der Domäne benennt. Zum Beispiel ist `upenn.edu` die Domäne der *Universität von Pennsylvania*.

HINWEIS

Auch wenn man ein TCP/IP-Netz betreibt, das nicht mit dem Internet verbunden ist, kann man einen fiktiven Domänennamen vergeben, um interne Netzwerkfunktionalitäten zu gewährleisten. Dieser sollte dann mit einem Kürzel enden, das im Internet nicht gültig ist, wie etwa `.banane` *anstelle von* `.com` *oder* `.net`.

Aufgrund der hierarchischen Struktur kann eine Internet-Domäne in *Unterdomänen* (*Subdomains*) aufgegliedert werden. An der Universität von Pennsylvania zum Beispiel sind `psych.upenn.edu` und `cis.upen.edu` die Subdomänennamen für die psychologische bzw. die Informatik-Fakultät. Eine Windows-Netzwerkdomäne kann nicht in kleinere Einheiten aufgebrochen oder zu größeren Einheiten zusammengeführt werden.

Sowohl Windows-Domänen als auch Internet-Domänen können aus mehreren physikalisch getrennten Subnetzen bestehen – d.h., Router oder Bridges verbinden die verschiedenen Gruppen von Computern des einen Netzes. Die Anzahl der Computer in einer einzelnen Windows-Arbeitsgruppe, nicht in Windows-Domänen, ist stark beschränkt auf 255. Eine Internet-Domäne kann potenziell mehrere Millionen Computer vereinen.

Generell bezeichnet der Begriff Domäne in diesem Buch eine Windows- Netzwerkdomäne und keine Internet-Domäne. Eine Internet-Domäne wird auch als solche bezeichnet. Wer mehr über Internet-Domänen wissen will, der lese *LINUX DNS Server Administration* von Craig Hunt (Sybex, 2000).

TIPP

Um Verwirrung zu vermeiden, kann man sein Netzwerk in der Weise aufbauen, dass die Windows-Domänen mit den Internet-Domänen oder -Subdomänen zusammenfallen. Angenommen man administriert das Netz der Firma Dreiraum, die die Internet-Domäne `dreiraumco.com` *hat registrieren lassen. Man will das Netzwerk konfigurieren, und um dies zu modularisieren, will man Subdomänen einrichten. Daher legt man die drei Subdomänen* `raum1.dreiraumco.com`, `raum2.dreiraumco.com` *und* `raum3.dreiraumco.com` *an. Diese Namen können bei der Konfiguration der*

Maschinen für das Windows-Netzwerk wiederverwendet werden, indem man Arbeitsgruppen oder Domänen mit den Namen `RAUM1`, `RAUM2` *und* `RAUM3` *erstellt. Ein einzelner Computer könnte dann im Internet die Adresse* `ws1.raum2.dreiraumco.com` *haben und gleichzeitig der Computer* `WS1` *in der Domäne* `RAUM2` *des Windows-Netzwerks sein.*

Browsen im Netzwerk

Der Begriff *browsen* (etwa herumstöbern) ist hier und da in diesem Kapitel schon gefallen, nun ist es Zeit, ihn zu erklären. Die meisten Leute denken beim NetBIOS-Browsen an Begriffe, die mit Aktionen an einem Windows-Client-Computer verbunden sind. Speziell unter Windows 9*x* oder NT4 zeigt ein Doppelklick auf *Netzwerkumgebung* eine Liste der Computer in der eigenen Arbeitsgruppe, wie in *Abbildung 1.5* gezeigt. Unter Windows 2000 erhält man gegebenenfalls die entsprechende Funktionalität über einen zusätzlichen Doppelklick auf das Icon *Benachbarte Computer*. Man kann dann auf einen dieser Computer doppelklicken, um seine Shares zu sehen, oder auf das Icon *Gesamtes Netzwerk*, um alle Arbeitsgruppen und Domänen zu sehen, auf die der Rechner unmittelbar Zugriff hat.

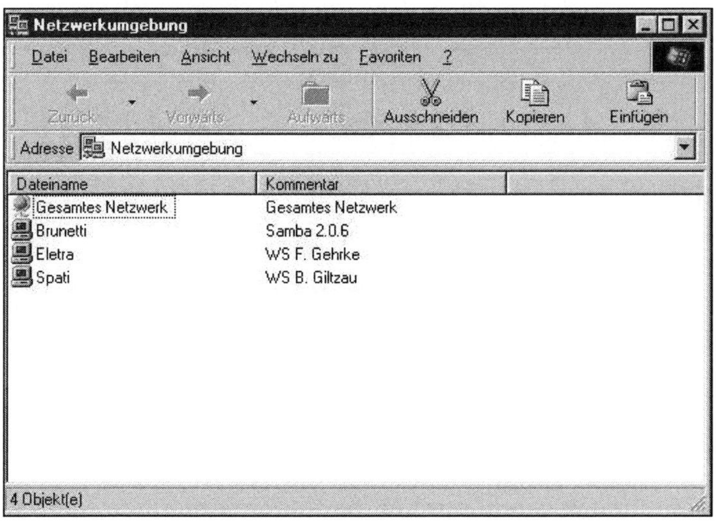

Abbildung 1.5: Die *Netzwerkumgebung* erlaubt das Browsen nach Netzwerkressourcen auf fast die gleiche Weise, wie man dies für Verzeichnisse einer Festplatte tut

Browsen im Netzwerk funktioniert ähnlich wie das Browsen nach den Verzeichnissen auf einer Festplatte, es gibt aber einige wichtige Unterschiede:

- Jeder vorhandene Computer mag einem Zugriff auf seine Shares geben oder auch nicht. Tatsächlich kann man in Abhängigkeit von verschiedenen Konfigurationseinstellungen einige Shares benutzen, andere aber nicht. Es kann sogar sein, dass man einige Shares nicht sieht.
- Man kann nach Netzwerkdruckern browsen. Um aber einen solchen Drucker zu benutzen, muss ein Treiber auf dem Client-Computer installiert sein.
- Computer können im Netz auftauchen und wieder verschwinden, wenn sie ein- und ausgeschaltet werden oder wenn Netzwerkprobleme auftreten und behoben werden.

WARNUNG

Verwechseln Sie nicht das Browsen in der Netzwerkumgebung mit dem Browsen im Web mithilfe eines Browsers wie dem Netscape Navigator. Auch wenn es Ähnlichkeiten gibt, die Möglichkeiten dieser beiden Arten des Browsens, sind ziemlich unterschiedlich. Zum Beispiel sind die Möglichkeiten zum Datentransfer beim Web-Browsen vergleichsweise mühselig und rudimentär. Auf der anderen Seite hat man beim Browsen im Web mit Netscape Zugang zu einer viel größeren Zahl von Computern, vorausgesetzt der Rechner, an dem man arbeitet, hat vollen Zugang zum Internet. Die aktuellsten Versionen von Windows verwischen die Grenze zwischen diesen beiden Typen des Browsens, aber die zugrunde liegenden Netzwerkprotokolle und -möglichkeiten bleiben ziemlich unterschiedlich.

Die Struktur eines SMB/CIFS-Netzwerks

Nachdem nun einige grundlegenden Begriffe und Technologien, die zu einem Windows Netzwerk gehören, ebenso wie einige Strukturen, die in diesen Netzwerken benutzt werden, erklärt worden sind, ist es an der Zeit, tiefer einzusteigen und einige der lästigen aber notwendigen Details eines Windows-Netzwerks zu beleuchten. Dieser Abschnitt behandelt die NetBIOS-Namensvergabe für Computer und Netzwerke, namenbezogene Dienste und Domänen-Kontrolle.

Namensregeln für NetBIOS-Computer und -Netzwerke

Wie auch die Namen für Hosts und Domänen des Internet, unterliegen NetBIOS-Namen gewissen Einschränkungen:

- NetBIOS-Namen können Groß- und Kleinbuchstaben, Ziffern und die folgenden Sonderzeichen enthalten:
  ! @ # $ % ^ & ( ) - ' { } . ~
- NetBIOS-Namen dürfen nicht mehr als 15 Zeichen lang sein.

Als allgemeine Regel gilt, dass es am besten ist, Sonderzeichen in NetBIOS-Namen zu vermeiden, weil dies den Anwender verwirren kann – insbesondere der Punkt (.), der für Internet-Hostnamen eine spezielle Bedeutung hat. Darüber hinaus ist es allgemein eine gute Idee, den gleichen Namen als Hostnamen für das Internet (ohne den Namen der Domäne) und als NetBIOS-Namen für den Rechner zu benutzen. Diese Praxis hilft, einen großen Teil an Verwirrung zu vermeiden, wenn man dabei ist, sein Netzwerk in Gang zu erhalten. Da von den genannten Sonderzeichen in Internet-Namen nur der Bindestrich (-) erlaubt ist, fallen die anderen bei der Namensvergabe unter den Tisch, wenn man den gleichen Namen für beide Umgebungen benutzen will. Die Regeln gelten gleichermaßen für Namen von Arbeitsgruppen und Domänen wie für Namen von NetBIOS-Rechnern.

Wie das Internet, unterscheidet NetBIOS bei Namen keine Groß- und Kleinschreibung. `LARCH`, `Larch` und `larch` beziehen sich auf denselben Computer. Viele Dienstprogramme stellen NetBIOS-Namen in Großbuchstaben dar, obwohl in der *Netzwerkumgebung* von Windows nur der erste Buchstabe groß geschrieben wird (siehe *Abbildung 1.5*). Internet-Namen werden allgemein klein geschrieben und diese Konvention wird auch in diesem Buch benutzt (da einige Firmen die Namen ihrer Website gemischt schreiben, wird in einem solchen Fall deren URL hier auch so dargestellt).

Hierarchische und flache Namensstrukturen

Der vollständige Name eines Rechners im Internet (*fully qualified domain name* – vollqualifizierter Domänenname – kurz *FQDN* genannt), besteht aus mehreren durch Punkte getrennte Namen wie in `larch.raum2.dreiraumco.com`. Die am weitesten rechts stehende Komponente (hier also `.com`) nennt den Namen der *Toplevel-Domain* (wörtlich etwa Domäne der obersten Schicht). Jede Toplevel-Domäne kann eine ganze Reihe zusammengehörende Domänen beinhalten. Jede von ihnen kann (muss aber nicht) in mehrere *Subdomänen* aufgegliedert werden. Diese können immer weiter aufgeteilt werden, bis schließlich der tatsächliche

Rechnername erreicht ist. Diese logische Hierarchie erlaubt eine riesige Zahl von Rechnern, die den gleichen Namen tragen aber in unterschiedlichen Domänen oder Subdomänen sind. Zum Beispiel muss `larch.raum2.dreiraumco.com` nicht der einzige Rechner `larch` in der Domäne `dreiraumco.com` sein, es kann auch einen `larch.raum1.dreiraumco.com` oder sogar einen `larch.dreiraumco.com` geben. Natürlich darf es auch Maschinen mit dem Namen `larch` in vollkommen unabhängigen Domänen geben oder `larch` ist der Name einer Domäne oder Subdomäne. Diese hierarchische Struktur begründet teilweise den Erfolg von TCP/IP; denn es ist fast beliebig erweiterbar. Es erlaubt auch jeder Domäne, ihre eigene interne Struktur selbst zu verwalten.

NetBIOS dagegen benutzt einen *flachen Namespace* (Namenraum), was bedeutet, dass jeder Rechner im Netzwerk einen Namen hat und es keine Namen für Konstrukte auf höherer Ebene gibt, wie z.B. Domänennamen. Wer den obigen Abschnitt über Arbeitsgruppen und Domänen gelesen hat, den mag diese Aussage überraschen, denn Windows Arbeitsgruppen und Domänen wurden als Gruppierung von Computern definiert, ähnlich den Internet-Domänen. Eine Struktur von Arbeitsgruppen oder Domänen ist jedoch eine Illusion, wie die *Abbildung 1.6* illustriert. Jeder Computer weiß einfach nur, zu welcher Arbeitsgruppe oder Domäne er gehört, und ein Netzwerk-Browser wie *Netzwerkumgebung* kann diese Informationen nutzen, um das *Vorhandensein* einer hierarchischen Struktur darzustellen, anstelle einer mit nur zwei Ebenen.

Abbildung 1.6: Eine wirklich hierarchische Organisation wie die des Internets (links) ist wesentlich flexibler als ein flacher Namensraum, wie er von NetBIOS benutzt wird

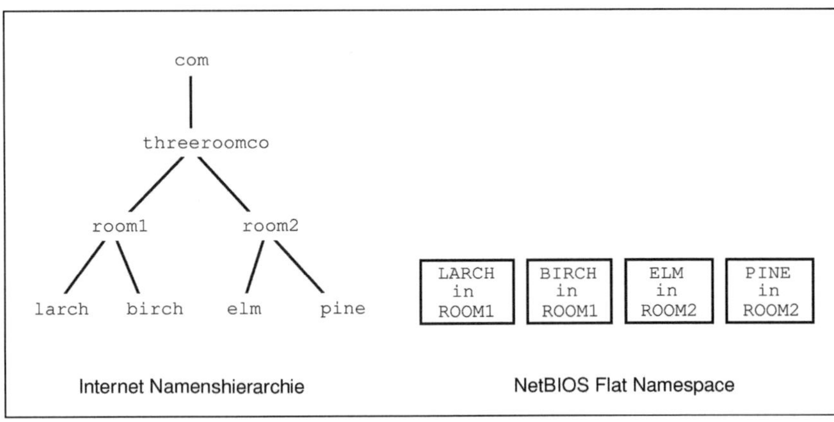

Man kann einen NetBIOS-Namen nicht für zwei Rechner im selben Subnetz aber in unterschiedlichen Windows Arbeitsgruppen oder Domänen verwenden. Macht man es doch, wird man wahrscheinlich nur einen der beiden Rechner sehen oder eine bizarre Vermischung von beiden, wie das Kommentarfeld des einen Rechners und die Shares des anderen. Wo

ein TCP/IP-Netzwerk mit identischen Rechnernamen in verschiedenen Subdomänen vorliegt, muss einer der beiden zumindest unter NetBIOS geändert werden..

NetBIOS ist weitestgehend ein lokales Netzwerkprotokoll, das für den Einsatz in kleinen Netzen gedacht ist. Dies schlägt sich insbesondere bei den Namensregeln und ihren Beschränkungen nieder. Insbesondere in zwei Situationen ist man darin eingeschränkt, Namen doppelt vergeben zu können:

In einem einzelnen Subnetz Benutzt das Netzwerk einen Rundruf zur Namensauflösung, dann kann der Rundruf jeden Computer im physikalisch autonomen Netzwerksegment erreichen, nicht jedoch darüber hinaus. Verwendet man Router oder ähnliche netzwerkverbindende Hardware zwischen Netzwerksegmenten, können gleiche Namen in den unterschiedlichen Segmenten auftreten. Diese Anordnung funktioniert am besten, wenn jedes Netzwerksegment Basis für eine eigene NetBIOS-Arbeitsgruppe oder -Domäne ist.

In Netzwerken, die von einem einzelnen NBNS-Server bedient werden Selbst weit gestreute Netzwerke können einer gemeinsamen NetBIOS-Arbeitsgruppe oder -Domäne angehören und so Namenskonflikte herbeiführen, wenn ein NBNS-Server für die Domäne oder Arbeitsgruppe benutzt wird. Werden jedoch zwei unterschiedliche Arbeitsgruppen oder Domänen verwaltet, die jede ihren eigenen NBNS-Server hat, kann derselbe Name für individuelle Rechner in den unterschiedlichen Domänen oder Arbeitsgruppen benutzt werden, nicht aber innerhalb einer dieser Strukturen.

Als Beispiel betrachten wir wieder die fiktive Domäne `dreiraumco.com`. Angenommen, jeder ihrer drei Räume enthält ein Subnetz und diese Subnetze sind durch einen Router verbunden. In dieser Situation kann der gleiche NetBIOS-Name für einen Computer in jedem der drei Räume benutzt werden, wenn die NetBIOS-Computer so konfiguriert sind, dass sie einen Rundruf zur Namensauflösung benutzen. Jeder Raum beherbergt effektiv seine eigene Arbeitsgruppe oder Domäne, auch wenn der gleiche Name für die Arbeitsgruppe oder Domäne gewählt wurde. Ist jedoch ein Computer als NBNS-Server abgestellt und sind alle Computer so konfiguriert, dass sie diesen benutzen, dann muss jeder Computer einen eindeutigen Namen haben.

In dieser Anordnung spielen andere Faktoren neben der Benennung ebenfalls eine Rolle. Insbesondere das Browsen und die Domänen-Controller benötigen oft eine besondere Konfiguration, um in einer Netzwerkumgebung mit Routern zu funktionieren.

Es ist Fakt, dass die besondere Konfiguration, die das NetBIOS-Protokoll zur Namensvergabe verlangt, um gerouted zu werden, das Internet insgesamt davor bewahrt hat, dass sich durch NetBIOS erzeugtes Chaos in ihm verbreiten konnte. Die fiktive Domäne `dreiraumco.com` kann einen Computer namens `LARCH` enthalten und dieser Name erzeugt keinen Konflikt mit dem gleichen Namen eines anderen Computers in der fiktiven Domäne pangaea.edu,weil diese beiden Internet-Domänen physikalisch getrennt sind und bisher keine Schritte unternommen haben, um ihre NetBIOS-Netzwerke zu vereinen.

Ressourcentypen

Weiter oben im Abschnitt *Namensregeln für NetBIOS-Computer und -Netzwerke* wurde gesagt, dass NetBIOS-Namen maximal 15 Zeichen (oder Bytes) lang sein dürfen. Dies ist nicht ganz richtig. In der Tat benutzt NetBIOS 16 Zeichen lange Namen, aber dieses 16. Byte wird zur Codierung des Ressourcentyps genutzt (falls notwendig, füllt der Computer Namen, die kürzer als 15 Zeichen sind, mit Leerzeichen auf). Der Computer kann dann den gleichen 15 Zeichen langen Namen mehrfach benutzen, einmal für jeden Ressourcecode, der mit einer Ressource verbunden ist, die der Computer anmelden will. Effektiv sieht das Netz den Computer als mehrere Computer gleichzeitig mit Namen, die identisch sind, ausgenommen vom Typecode.

Die folgende Tabelle erläutert die Ressourcentypen für einzelne Computer. Einige dieser Werte werden von Samba nicht benutzt, wie in der Tabelle auch angezeigt. Die wichtigsten Dienste sind 00 (der von allen mit NetBIOS ausgestatteten Computern benutzt wird) und 20 (der anzeigt, dass der Computer einen oder mehrere Datei- oder Drucker-Shares zur Verfügung stellt).

Tabelle 1.2: NetBIOS Ressourcetypen

RESSOURCE	WERT(HEXADEZIMAL)	FUNKTION
Standard Workstation -Dienst	00	Hauptname des Computers.
Messenger (WinPopup)-Dienst	03	Persönlicher Nachrichtendienst ähnlich talk. Wird in *Kapitel 7:LINUX als SMB/CIFS-Client* beschrieben.
RAS Server-Dienst	06	Ein Server, der Zugriff auf Windows über Modem erlaubt (*Remote Access Server* – etwa Server für Zugriff aus der Ferne).
Domänen-Masterbrowser-Dienst	1B	Ein Computer, der die Namen anderer Computer sammelt, die dann von den Browsern eines Clients genutzt werden

RESSOURCE	WERT(HEXA-DEZIMAL)	FUNKTION
		können. Wird in *Kapitel 11: Lokales und geroutetes Browsen* beschrieben.
Masterbrowser-Dienst	1D	Wie Domain Masterbrowser, aber in seiner Reichweite eingeschränkt auf ein einzelnes Subnetz. Wird in *Kapitel 11: Lokales und geroutetes Browsen* beschrieben.
NetDDE	1F	Dynamischer Datenaustausch im Netz (*DDE* = *Dynamic Data Exchange*; wird auch als *DDA* = *Dynamischer Datenaustausch* bezeichnet). Wird eingesetzt, damit Anwendungen über das Netz Daten austauschen können. Wird von Samba nicht unterstützt.
Datei- und Druckdienste	20	Gemeinsamer Zugang zu Daten und Druckern. Wird in den *Kapiteln 5: Konfiguration zur Freigabe (Share) von Dateien und 6: Druckerfreigaben konfigurieren* beschrieben.
RAS Client-Dienst	21	Ein Client für einen Zugriff über Modem, nicht zu verwechseln mit Ressourcetyp 06, dem RAS Server-Dienst. Wird von Samba nicht unterstützt.
Network Monitor Agent	BE	Werkzeug und Protokoll zur Anzeige der Netzwerkleistung. Wird von Samba nicht unterstützt.
Network Monitor Utility	BF	Ähnlich dem Network Monitor Agent wird von Samba nicht unterstützt.

In Ergänzung zu den Ressourcecodes die für Ressourcen für einzelne Computer zur Verfügung stehen, gibt es auch solche die mit Arbeitsgruppen oder Domänen verbunden sind. Da sich Computer in Verbindung mit Arbeitsgruppen oder Domains im Netz anmelden, kommen diese Codes in der Praxis von den einzelnen Computern. Die Codes kündigen nur die gruppenbezogenen Ressourcen an, die der Computer zur Verfügung stellt.

Tabelle 1.3: NetBIOS gruppenbezogene Ressourcen

RESSOURCE	WERT(HEXADEZIMAL)	FUNKTION
Standard Workstation Group	00	Name der Domäne oder Arbeitsgruppe; wird einmal von jedem Client benutzt.
Logon (WINS/NBNS) Server	1C	Server, der die Authentisierung der Benutzer bei einer Domäne überwacht. Wird beschrieben in *Kapitel 10:Konfiguration von Domänen*
Normal Group Name	1E	Gruppenname der während einer Browser-Auswahl benutzt wird. Diese werden in *Kapitel 11: Lokales und geroutetes Browsen* beschrieben.
Group Name	20	Wird gelegentlich als Doppel des Gruppenwertes der Workstation benutzt.

Wie auch die Ressourcen für einzelne Computer werden nicht alle Gruppenressourcen von allen Computern benutzt. Die meisten Computer werden die Einträge 00 (Standard Workstation Group) und 1E (Normal Group Name) benutzen. Dient ein Computer als Masterbrowser, was in Kürze beschrieben wird, wird auch der Eintrag 1C benutzt werden.

Ein Computer kann auch eine Ressource in Verbindung mit dem Namen eines Benutzers anmelden. Dies geschieht normalerweise in Zusammenhang mit dem Code 03 und wird für Nachrichtenübermittlung benutzt (Messenger (WinPopup) -Dienste). Erlaubt ein Rechner Messenger-Dienste, dann akzeptiert er Nachrichten, die er dem spezifizierten Benutzer unmittelbar anzeigt.

HINWEIS

Es gibt Überschneidungen bei den Codes, die für Rechner-, Gruppen- und Benutzerressourcen unter NetBIOS benutzt werden. Zum Beispiel kann sich ein Computer zweimal mit dem Code 00 anmelden – einmal, um seine Anwesenheit als individueller Computer zu melden, und zum anderen, um seine Anwesenheit in einer Domäne oder Arbeitsgruppe zu dokumentieren.

Man kann diese Codes unter Windows oder LINUX mit einem von zwei Befehlen, abhängig vom Betriebssystem, prüfen. Dies kann etwa im Rahmen von Troubleshooting (Problembehebung) geschehen. Hat man beispielsweise ein System so konfiguriert, dass es die Funktionalität eines

NBNS-Server übernehmen soll, dies aber nicht funktioniert, kann man dieses und andere Systeme auf diese Weise prüfen. Hier nun die Befehle für diese Abfrage:

Für LINUX:

```
nmblookup -SR name
```

Für Windows:

```
NBTSTAT -a NAME
```

Die Ausgabe der beiden Befehle ist ähnlich, aber nicht identisch. In beiden Fällen ist *name* der NetBIOS-Name des Zielcomputers. Im Folgenden ist beispielhaft dargestellt, wie der Status von SPEAKER unter LINUX abgefragt wird:

```
$ nmblookup -SR speaker
querying speaker on 192.168.1.255
192.168.1.1 speaker<00>
Looking up status of 192.168.1.1
received 9 names
        SPEAKER            <00> -            M <ACTIVE>
        SPEAKER            <03> -            M <ACTIVE>
        SPEAKER            <20> -            M <ACTIVE>
        ..__MSBROWSE__.<00> -                M <ACTIVE>
        RINGWORLD          <00> - <GROUP>    M <ACTIVE>
        RINGWORLD          <1b> -            M <ACTIVE>
        RINGWORLD          <1c> - <GROUP>    M <ACTIVE>
        RINGWORLD          <1d> -            M <ACTIVE>
        RINGWORLD          <1e> - <GROUP>    M <ACTIVE>
num_good_sends=0  num_good_receives=0
```

Diese Ausgabe zeigt, dass der SPEAKER genannte Computer sich dreimal, unter Verwendung der Codes 00, 03 und 20 registriert hat. ..__MSBROWSE__. ist einmal angemeldet und RINGWORLD fünfmal mit den Codes 00, 1B,1C, 1D und 1E. Die SPEAKER betreffenden Fälle melden den Computer so an, dass er Messenger-Nachrichten empfangen kann und dass er Datei- und Druckdienste zur Verfügung stellt. (Der Name ..__MSBROWSE__. ist ein spezieller Name, der einer Domäne oder Arbeitsgruppe einen Masterbrowser ankündigt, wie er in Kürze beschrieben wird. Die Punkte in diesem Namen sind in Wahrheit nicht druckbare Sonderzeichen, die NBTSTAT oder nmblookup zur besseren Lesbarkeit als Punkte darstellen.) RINGWORLD ist in diesem Fall der Name der Domäne, zu der SPEAKER gehört. Die fünf zugehörigen Codes registrieren den

Rechner als Mitglied der Domäne (00 und 1E) und kündigen an, dass er Browser-Dienste zur Verfügung stellt, was in diesem Fall die beiden Dienste als Masterbrowser für Subnetze und als Domänen-Masterbrowser einschließt (1B bis 1D).

Die Bedeutung von PDCs

Ein *Primärer Domänencontroller* (*PDC*) ist ein Computer, der in der Lage ist, Authentifizierungsanfragen für eine Domäne zu handhaben, wie weiter oben beschrieben und in *Abbildung 1.4* gezeigt. Dieser Begriff wird bisweilen ausschließlich für die Anmeldung in einem Windows NT-Netzwerk benutzt und nicht auch für Windows 9*x*-Netzwerke. Ein *Backup Domänencontroller* (*BDC*) erfüllt eine vergleichbare Aufgabe, existiert aber im Wesentlichen, was auch sein Name aussagt, als Ausfallsicherung für den PDC. Läuft das Netzwerk fehlerlos, kann der BDC die Authentifizierng von Benutzern zur Entlastung des PDC durchführen. (In der Regel wird die Anfrage von dem Server, PDC oder BDC, beantwortet, der sich als erster meldet. Änderungen an Benutzerkonten können jedoch nur auf dem PDC vorgenommen werden.)

HINWEIS

Windows 9x und Windows NT verwenden unterschiedliche Techniken bei der Authentifizierung. Samba unterstützte die Authentifizierung von Windows 9x bereits sehr gut, bevor es überhaupt die Authentifizierung von Windows behandelte. Seit Version 2.0.5a unterstützt Samba grundlegende PDC-Funktionalitäten sowohl für Windows 9x als auch für Windows NT. Für eine vollständige PDC-Unterstützung benötigt man aktuellere Versionen von Samba. Die PDC-Konfiguration wird in Kapitel 10: Konfiguration von Domänen *besprochen. Bis einschließlich Version 2.0.7 unterstützt Samba keinen BDC, aber es gibt diese Unterstützung in einigen in der Entwicklung befindlichen Samba-Versionen. Falls solche Dienste wichtig sind, sollten Windows NT-Computer sowohl als PDC als auch als BDC eingesetzt werden, möglicherweise hilft auch die aktuellste (eventuell experimentelle) Samba-Version.*

Das Vorhandensein eines PDC ist das entscheidende Merkmal, das eine Domäne von einer Arbeitsgruppe unterscheidet, wie zuvor in diesem Kapitel beschrieben. Allgemein lässt sich sagen, dass Domänen leichter zu verwalten sind als Arbeitsgruppen. Das liegt daran, dass Domänen eine zentrale Datenbank für Passwörter haben, somit ist es in einer Domäne einfacher, einen Benutzer hinzuzufügen, zu löschen oder sein Passwort zu ändern, als in einer Arbeitsgruppe – insbesondere dann, wenn Benutzer gewöhnlich an mehreren Computern arbeiten. Wenn sie richtig konfiguriert sind, bieten Domänen außerdem mehr Sicherheit, weil es praktikabler ist, wenn potenziell unsichere Passwort-Dateien auf Windows

9x-Computern gelöscht werden können. Es ist daher in den meisten Fällen empfehlenswert, Samba oder einen Windows NT- oder Windows 2000-Computer als PDC zu konfigurieren.

Sambas Unterstützung für PDCs ist rudimentär. Es behandelt das zentrale Anmelden, aber Microsoft hat Werkzeuge zur *remote configuration* (ferngesteuerte Konfiguration) implementiert, die kaum, wenn überhaupt, von Samba unterstützt werden. Dies ist jedoch ein Schwerpunkt der augenblicklichen Bemühungen bei der Entwicklung von Samba, so wird Samba wahrscheinlich in naher Zukunft in diesem Bereich besser da stehen.

Die Bedeutung von NBNS-Servern

Falls es ihn gibt, funktioniert ein NetBIOS Name Service (NBNS auch als WINS bekannt) -Server fast wie ein DNS-Server; er beantwortet Anfragen eines Client-Rechners nach der IP-Adresse eines spezifizierten Computers. NBT unterstützt insgesamt vier Methoden zur Namensauflösung. Diese Methoden, die unten beschrieben werden, nennt man auch *node types* (Knotentypen), in Anlehnung an das Verhalten eines Computers (im Netz auch ein Knoten), der einen anderen Computer ausfindig machen muss.

b-node Der Computer sendet einen Rundruf an alle Computer eines Subnetzes, um den Zielrechner zu lokalisieren. Dieser Ansatz ist grob gesehen vergleichbar damit, dass man zu einem Bürogebäude geht und über ein Megaphon nach jemanden aus einem bestimmten Büro fragt, damit er einem zeigt, wo es ist.

p-node Der Computer schickt eine Anfrage an den NBNS-Server des Netzwerks, um die Adresse des gewünschten Computers zu erfragen. Dies ist vergleichbar damit, in einem Bürogebäude eine Übersichtstafel zu lesen, um ein bestimmtes Büro zu finden.

m-node Der Computer sendet einen Rundruf und, falls dieser Versuch nicht erfolgreich war, eine Anfrage an den NBNS-Server.

h-node Der Computer schickt eine Anfrage an den NBNS-Server. Kennt der den Namen des Zielcomputers nicht, sendet der nachfragende Rechner einen Rundruf. Computer, die diese Methode verwenden, werden auch *Hybridknoten* genannt.

Die meisten Windows-Clients sind als h-nodes konfiguriert. Da Rundrufe alle Computer veranlassen, etwas zu tun, neigen sie dazu, sehr kostspielig zu sein, was Netzwerkressourcen angeht. Die meisten Computer antworten faktisch nicht auf Rundrufe, aber sie *erhalten* sie. Die Benutzung eines NBNS-Server reduziert im Gegensatz dazu den Einsatz von Netzwerkressourcen, weil der Namensfindungsprozess nur eine Punkt-zu-Punkt-Kommunikation benötigt. Speziell dann, wenn in einem Netzwerk Switches anstelle von Hubs eingesetzt werden, hilft eine solche

Punkt-zu-Punkt-Kommunikation, die Bandbreite eines Netzwerkes beizubehalten. Rundrufe werden auch nicht von Routern weitergeleitet; somit kann man keine Namensauflösung mittels Rundruf benutzen, wenn ein Netzwerk aus verschiedenen Subnetzen besteht (es gibt, verbunden mit Samba, einige Möglichkeiten, dies zu umgehen, aber es ist in der Regel einfacher, NBNS zu benutzen.)

Wie bei den Domänen-Controllern kann es sowohl einen primären als auch einen Backup-NBNS-Rechner für eine Domäne oder Arbeitsgruppe geben. Auch wenn Samba für den Einsatz als primärer NBNS konfiguriert werden kann, zur Zeit kann es nicht als Backup-NBNS arbeiten (sowohl in Domänen als auch in Arbeitsgruppen können NBNS-Computer eingesetzt werden).

NetBIOS-Browsing

Browsen mag aus der Sicht des Anwenders recht einfach erscheinen, wenn alles wie erwartet läuft, es kann aber tatsächlich aus Sicht eines Netzwerks eine ziemlich komplexe Angelegenheit sein. Um sicherzustellen, dass Browsen einwandfrei funktioniert, muss ein Computer als *Masterbrowser* dienen. Dieser ist für die Pflege einer Liste aller anderen Comuter im Netzwerk zuständig, die auch als *Browse-Liste* bekannt ist. Die Browse-Liste enthält nur die erreichbaren Rechner, nicht die Shares der einzelnen Maschinen. Angenommen ein Benutzer will nach der Share ALEX auf dem Computer KUNDA suchen. Der Client-Computer fordert vom Masterbrowser eine Liste aller Computer, einschließlich KUNDA, an. Klickt der Anwender dann auf den Eintrag KUNDA, fordert der Client direkt bei KUNDA eine Liste der verfügbaren Shares an, die vermutlich ALEX einschließt.

Faktisch sind mehrere Arten von Masterbrowsern verfügbar – nämlich *Domänen-Masterbrowser* und *lokale Masterbrowser*. Die lokalen Masterbrowser bedienen Anfragen zum Browsen in einem Subnetz, ein Domänen-Masterbrowser solche für eine gesamte Domäne, auch wenn diese aus einer Vielzahl von Subnetzen besteht. Wenn sich eine Domäne über mehrere Subnetze erstreckt, muss jeder lokale Masterbrowser über die anderen Subnetze informiert werden, um die Browse-Listen über die Subnetzgrenzen hinweg synchronisieren zu können. Diese Punkte werden ausführlicher im *Kapitel 11: Lokales und geroutetes Browsen* besprochen. Normalerweise wird ein Masterbrowser nicht ausdrücklich bestimmt. Stattdessen befolgen die Computer eines Netzwerks bestimmte Regeln, um festzulegen, welcher von ihnen als Masterbrowser dienen soll. Diese Prozedur ist auch als *election* (Auswahl) bekannt. Bei einer Auswahl werden verschiedene Faktoren in Betracht gezogen, wie das Betriebssystem auf jedem Rechner, die Zeitdauer, seit der jeder Computer läuft, und (als eine Art letzte Chance) der Name jeder Maschine. Man kann einer LINUX-Rechner so einrichten, dass er eine solche (Aus-)Wahl zum Masterbrowser gewinnt (oder verliert), was in *Kapitel 11: Lokales und geroutetes Browsen* beschrieben wird. LINUX-Rechner könne als lokale oder Domänen-Masterbrowser arbeiten, nicht aber als Backupbrowser (der Computer, der die Aufgabe des Masterbrowsers übernimmt, falls dieser ausfällt).

Geht ein Computer ins Netz, dann kann erwartet werden, dass er seine Anwesenheit bei seinem lokalen Masterbrowser anmeldet. Genauso ist zu erwarten, dass ein Computer, wenn er heruntergefahren wird, bei seinem lokalen Masterbrowser ankündigt, dass er bald nicht mehr erreichbar sein wird. Wenn natürlich ein Computer abstürzt, wird die letztgenannte Benachrichtigung nicht mehr stattfinden können, aber der lokale Masterbrowser wird womöglich feststellen können, dass dieser Computer nicht mehr im Netz ist und ihn aus seiner Browse-Liste streichen. Wegen der Art und Weise, wie Browsen bewerkstelligt wird, ist es möglich, dass eine Windows Browse-Liste fehlerhafte Angaben enthält, sowohl auf dem Masterbrowser als auch auf den individuellen Client-Computern. Wenn ein Masterbrowser seine Liste aktualisiert, dann unterrichtet er nicht automatisch alle Clients über die Änderungen. Daher muss man gegebenenfalls in einem geöffneten Windows Netzwerk-Browser den Menüpukt *Ansicht->Aktualisieren* wählen, um die neuesten Informationen vom Masterbrowser zu erhalten. Verfügt der Masterbrowser selbst über veraltete Informationen, dann ist auch diese Maßnahme nicht angemessen. Auch wenn ein Computer nicht in einer Browse-Liste erscheint, kann auf ihn zugegriffen werden, wenn man seinen Namen in einem Dialog in ein Eingabefeld für Adressen eingibt und bestätigt. Wenn zum Beispiel der Computer `KUNDA` nicht in einer Browse-Liste erscheint, kann man immer noch auf sein Share `ALEX` zugreifen indem man `\\KUNDA\ALEX` in ein solches Adressfeld eingibt.

Sambas Möglichkeiten

Samba kann die meisten der in einem Windows-Netzwerk verfügbaren Hauptaufgaben übernehmen, einschließlich der besonders kritischen des File- und des Druck-Servers (*Tabelle 1.4* gibt eine Übersicht über die Möglichkeiten von Samba). Die Kapitel des *Teils 2: Wesentliche Konfiguration* behandeln die Konfiguration von Samba für diese beiden Aufgaben. *Teil 3: Fortgeschrittene Konfiguration* ist den verbleibenden Aufgaben und einigen wenigen zusätzlichen Punkten aus unterschiedlichen Bereichen gewidmet. Soll ein Samba-Server in ein bestehendes Windows-Netzwerk eingebunden werden, deckt wahrscheinlich *Teil 2* den Großteil des dazu benötigten Wissens ab.

Tabelle 1.4: Sambas Möglichkeiten in einem Windows Netzwerk

AUFGABE	ERFÜLLT SAMBA
Fileserver	Ja
Druck-Server	Ja
Lokaler Masterbrowser	Ja
Domänen Masterbrowser	Ja
Lokaler Backupbrowser	Nein
Primärer Domänencontroller (PDC) für Windows 9*x*	Ja
Primärer Domänencontroller (PDC) für Windows NT	Ja (verlangt aber Version 2.0.5a oder höher; eingeschränkte Möglichkeiten)
Backup Domänencontroller (BDC)	Nein
Primärer NBNS/WINS- Server	Ja
Sekundärer NBNS/WINS- Server	Nein

WARNUNG

Ein Samba-Server kann bisweilen in einem funktionierenden Netzwerk die Rolle eines Masterbrowsers an sich reißen. Passiert dies, wird das Netzwerk mit etwas Glück normal weiterarbeiten. Stellt man jedoch nach dem Hinzufügen eines Samba-Servers in einem Netzwerk auf irgendeinem Computer Probleme beim Browsen fest, dann kann man in der Konfigurationsdatei `smb.conf` *im Abschnitt* `[global]` *die folgenden Zeilen einfügen:* `os level = 1`, `preferred master = No` *und* `domain master = No`. *Diese Optionen sollten sicherstellen, dass Samba niemals die Rolle des Masterbrowsers übernehmen wird. Zu Einzelheiten vergleiche man* Kapitel 11: Lokales und geroutetes Browsen.

Zusammenfassung

Die grundlegenden Strukturen und Protokolle für Windows-Netz werke gleichen denen, die von traditionellen UNIX und LINUX Netzwerk-Tools benutzt werden, unterscheiden sich aber von diesen. Auch wenn es möglich ist, einen einfachen Samba-Server einzurichten, ohne die Einzelheiten eines Windows-Netzwerkprotokolls zu verstehen, ist dieses Verständnis zwingende Voraussetzung im Falle komplexer Netzwerke, oder wenn der Samba-Server kritische aber transparente Dienste übernehmen soll, wie etwa die Funktion als NBNS-Server.

Strukturen und Komponenten eines Windows-Netzwerks entsprechen denen in anderen Netzwerktypen wie TCP/IP, Novell oder AppleTalk. Alle Netzwerke brauchen Mittel für die Namensauflösung, die Organisation und so weiter. Auch wenn sich die Namensregeln und die Konfiguration in Details unterscheiden, kann die Erfahrung bei der Konfigurierung von TCP/IP-Äquivalenten zu NetBIOS-Strukturen nützlich sein, um zu verstehen, was Protokolle tun. Vorsicht beim Ziehen von Parallelen ist jedoch geboten, denn es gibt kritische Unterschiede. Diese Unterschiede werden in den nachfolgenden Kapiteln des Buches besprochen.

Einbinden von SMB/CIFS in LINUX

KAPITEL

2

LINUX wurde UNIX nachgebildet und wurde nicht als Windows-Netzwerk-Server konzipiert. Auch wenn gewisse Aspekte von UNIX und Windows zusammenfallen, unterscheiden sich beide Systeme in vielen Details. Samba muss daher diese Unterschiede überwinden, um etwa Dateien effektiv in einem Windows-Netzwerk zur Verfügung stellen zu können. Entworfen als reines LINUX-Paket, muss Samba in die übliche Struktur eines LINUX-Servers eingebunden sein. Diese Aufgabe ist nicht so Furcht einflößend wie die, ein LINUX-Dateisystem wie ein Windows-Dateisystem aussehen zu lassen. Es ist aber dennoch hilfreich, einiges über die interne Struktur von Samba zu wissen, bevor man das System konfiguriert. Im Lauf des Jahres 2000 unterlag Samba einer Reihe von Veränderungen; den Versionen 2.0.x liegt die eine Struktur zugrunde, aber die jüngsten Entwicklerversionen stützen sich auf eine andere. Beide werden in diesem Kapitel behandelt.

Dieses Kapitel beschreibt die grundlegenden Prinzipien, die einzuhalten sind, um Samba unter LINUX zum Laufen zu bringen. Dies schließt die Einbindung von SMB/CIFS in TCP/IP-Netzwerke und einen Überblick über die Dämonen (Anmerkung der Übersetzer: Die Dämonen dürfen nicht verwechseln werden mit den Domänen, die im ersten Kapitel vorgestellt wurden.) von Samba und deren Aufgaben ein. Zusätzlich werfen wir einen Blick auf die unterschiedlichen Vorgaben zu Dateinamen und Dateiattributen unter LINUX und Windows und darauf wie sich Samba bemüht, diese Unterschiede zu überbrücken.

SMB/CIFS auf TCP/IP

Die in *Kapitel 1: Eine Einführung in SMB/CIFS* erwähnt, ist die typische Methode, Samba unter LINUX einzusetzen, die, Samba als oberste Schicht des TCP/IP-Netzwerk-Stacks zu verwenden. In der Vergangenheit baute Windows auf einem konkurrierenden Netzwerk-Stack, NetBEUI, auf. Heutzutage ist jedoch TCP/IP ein üblicher, wenn auch nicht universeller, Netzwerk-Stack für den Einsatz von SMB/CIFS, auch für eine Windows-Plattform. Dieser Abschnitt beschreibt die Vor- und Nachteile von TCP/IP als Transportmittel für SMB/CIFS und die Grundlagen dafür, beide miteinander zu verbinden.

TCP/IP gegen NetBEUI als Transportprotokoll

TCP/IP und NetBEUI erfüllen grundsätzlich die gleichen Aufgaben. Insbesondere sind beide Beispiele für *Protokol-Sstacks* (Stack heißt wörtlich Stapel). Allgemein kann ein Netzwerk-Stack über das *ISO/OSI-Referenz-*

modell (*International Standardization Organisation* – internationale Standardisierungsorganisation der UNO; *Open System Interconnection* – etwa Verbindung offener Systeme) beschrieben werden, das in *Abbildung 2.1* dargestellt ist. Das OSI-Modell ist ein theoretischer Rahmen für jeden Netzwerk-Stack - TCP/IP, NetBEUI, AppleTalk oder irgendeinen anderen. In der Praxis wird das OSI-Modell oft in der ein oder anderen Weise vereinfacht. TCP/IP wird zum Beispiel oft mit nur vier Schichten (*Layer*) beschrieben, von denen einige Zusammenfassungen von OSI-Schichten sind.

In *Abbildung 2.1* kann man sehen, wo Samba in diesem Modell anzusetzen ist. Auch wenn TCP/IP so dargestellt wird, als belege es nur eine Untermenge des OSI-Modells. Tatsächlich kann man sich aber TCP/IP auch denken, als belege es das gesamte Modell; dies genau tut es, wenn in Verbindung mit TCP/IP Samba und die Hardwaretreiber *Teil* von TCP/IP werden.

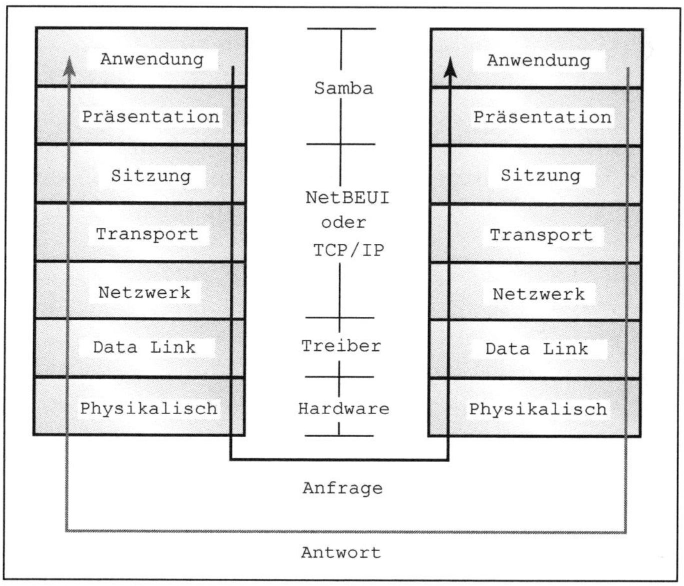

Abbildung 2.1: Daten werden im Netzwerk-Stack des sendenden Computers von oben nach unten durchgereicht und dann von unten nach oben im Netzwerk-Stack des Zielcomputers

Es gibt einige entscheidende Unterschiede zwischen TCP/IP und NetBEUI:

Adressierung TCP/IP benutzt vier Byte lange *IP-Adresse* um Computer zu identifizieren. Diese werden üblicherweise in einer Drei-Punkt-Notation (*dotted-quad notation*) mit vier durch Punkte getrennte Dezimalzahlen ausgedrückt, wie etwa 192.168.43.9. Um Namen mit eindeutigen Zahlenquadrupeln zu verbinden, baut TCP/IP auf das *Domain Name System* (*DNS*). NetBEUI andererseits benutzt Rechnernamen direkt für die Adressierung. Dieser Ansatz ist auf eine Art einfacher, weil keine Umwandlung von Namen in Zahlen notwendig ist, aber das Vertrauen auf eine eindeutige Namensvergabe schränkt die Ausbaufähigkeit des System deutlich ein. NetBEUI-Netzwerke sind auf 255 Computer beschränkt im Vergleich zu etwa vier Milliarden, die wegen der vier Byte langen IP-Adressen von TCP/IP (theoretisch) erlaubt sind.

Routing Nahezu alle Netzwerkprotokolle können *geroutet* werden, d.h. ihre Pakete können von einem Netzwerk zu einem anderen weitergeleitet werden. In der Tat wurde TCP/IP, mit der Idee, routen zu können, entwickelt. Und genau das ist Teil dessen, was das Internet möglich macht. Die Einschränkungen, denen NetBEUI bei der Adressierung unterliegt, ziehen es nach sich, dass es nicht einfach ist, NetBEUI-Daten zu routen. Um genauer zu sein, ein Paket kann geroutet werden, es erfordert aber extra Aufwand, dies zu tun. Die Grenze von 255 Computern beschränkt auch die Größe des Netzwerks beim Routen von NetBEUI-Daten. In der Praxis werden daher NetBEUI-Daten selten geroutet und das Protokoll wird daher häufig als nicht routebar angesehen.

Protokoll der obersten Schicht Theoretisch können beliebig viele Dienstprogramme aufsetzend auf NetBEUI oder TCP/IP erstellt werden. In der Praxis unterstützt aber TCP/IP eine Menge solcher Werkzeuge mehr als NetBEUI. Programme wie Webbbrowser, FTP-Programme, Telnet und andere laufen auf TCP/IP, nicht aber auf NetBEUI. Aus diesem Grunde nutzen die meisten vernetzten Computer TCP/IP. Das normale Protokoll der obersten Schicht des OSI-Modells ist für NetBEUI SMB/CIFS und dieses Protokoll läuft unter TCP/IP genau so gut wie unter NetBEUI.

Die Eigenheiten von NetBEUI bei der Adressierung und beim Routing werden gewöhnlich als Einschränkungen verstanden. In einigen Fällen sind diese „Einschränkungen" jedoch von Vorteil. Bindet man SMB/CIFS-Dienste *ausschließlich* an NetBEUI, können die so konfigurierten Computer nicht aus dem Internet über die oben genannten Dienste angegriffen werden. Setzt man andererseits SMB/CIFS zusammen mit TCP/IP ein, dann kann ein Cracker von irgendwo auf dieser Welt möglicherweise in dieses System über einen Bug (Fehler) in der Implementierung von SMB/CIFS oder ein ungeeignetes Passwort (*weak password*) eindringen. Dies ist in erster Linie Grund dafür, zumindest in Erwägung zu ziehen, NetBEUI für die Samba-Dienste zu Grunde zu legen.

HINWEIS

Die Presse benutzt häufig den Begriff „Hacker", wenn sie sich auf verschiedene Formen der Computerkriminalität bezieht. Dieser Begriff hat aber einen älteren und eher ehrenhaften Hintergrund: Ein Hacker ist eine Person, die Computerprogramme aus Lust an deren Entstehung schreibt. Viele Leute, die maßgeblich an der Entwicklung von LINUX und Samba beteiligt sind, sehen sich selbst als Hacker in diesem traditionellen Sinne. Daher wird an dieser Stelle der Begriff „Cracker" im Zusammenhang mit Computerkriminalität verwendet.

Es sei daran erinnert, dass der Einsatz von NetBEUI als Grundlage für SMB/CIFS-Verbindungen die Sicherheit von Diensten, die nichts mit Samba zu tun haben, wie Webserver, Login über Telnet und so weiter, nicht gewährleisten kann. Es gibt aber Wege, ein Netzwerk ohne den Einsatz von NetBEUI abzusichern. Diese schließen ein:

- den Einsatz von Firewalls, um unerwünschte Zugriffe von Außenstehenden auf den SMB/CIFS-Server abzublocken,
- die Konfiguration des Systems mit geeigneten Passwörtern (*good passwords*) und der regelmäßigen Änderung dieser Passwörter,
- die Benutzung von Samba Features wie host allow und host deny und andere rechnerbezogene Sicherheitsmerkmale,
- die Möglichkeit, das lokale Netz nicht mit dem Internet insgesamt zu verbinden.

Mit Ausnahme der letzten Option kann natürlich keine der genannten Methoden garantieren, dass ein SMB/CIFS-Netzwerk nicht gecrackt werden kann. Und selbst die letzte Option hilft nicht bei Diebstahl oder einem verärgerten Angestellten mit Insiderwissen.

Mehr Informationen zum Thema Sicherheit unter Samba finden Sie in *Kapitel 14: Sicherheitserwägungen*. Es ist *entschieden* anzuraten, eine Firewall einzurichten und weitere Maßnahmen zur Sicherheit des Netzes und insbesondere des LINUX-Servers zu ergreifen. Zwei exzellente Bücher zum Thema Sicherheit sind *Maximum Security*, 2. Auflage (Sams, 1998) und *Practical UNIX and Internet Security* 2. Auflage (O'Reilly, 1996).

Wie man TCP/IP unter Windows an SMB/CIFS bindet

Die Standard-Installation von Samba bindet TCP/IP an LINUX. Da dies auch eine gewöhnliche Konfiguration unter Windows ist, ist es das Einfachste, TCP/IP für SMB/CIFS-Netzwerke einzusetzen. Sprechen schwerwiegende Gründe dafür, NetBEUI zu verwenden, kann das Angebot eines Drittanbieters, *Procom Technology*, helfen (`http://www.procom .com`). Der NetBEUI-Stack für LINUX von Procom zwingt allerdings dazu, den Kernel und das Samba-Paket neu zu kompilieren, was die Unterstützung von NetBEUI im Vergleich zur TCP/IP-basierten Samba-Installation recht langatmig werden lässt.

Um die Standardinstallation auf der Basis von TCP/IP nutzen zu können, muss man sich versichern, dass die Clients richtig konfiguriert sind. SMB/CIFS mag an einem Windows-Rechner an TCP/IP gebunden sein oder nicht. Dieser Abschnitt stellt dar, wie man sich vergewissern kann, dass ein Windows-Rechner TCP/IP anstelle von NetBEUI benutzt. Falsche Anbindungen von Diensten können eine schlechte Leistung des

Netzwerkes nach sich ziehen (insbesondere dann, wenn man ein Share öffnet oder mit dem Browsen beginnt) oder im schlimmsten Fall dazu führen, dass sämtliche Netzwerkdienste nicht verfügbar sind. Es ist daher von entscheidender Bedeutung, dass die Windows Client-Rechner SMB/CIFS richtig an TCP/IP binden.

Windows 9*x*

Windows 9*x* bindet SMB/CIFS automatisch an TCP/IP, aber diese Bindung kann eventuell unwirksam bleiben. Wenn also NetBEUI installiert ist, könnte Windows versuchen, dieses anstelle von TCP/IP zu benutzen, was zu einer schlechteren Leistung führt oder sogar dazu, dass Samba-Server im Netzwerk nicht mehr erreicht werden können. Es sei deshalb empfohlen, NetBEUI zu entfernen, wenn man NetBIOS mit TCP/IP verwenden will. Da NetBEUI normalerweise nicht von irgendeinem anderen Protokoll benutzt wird, verursacht dieser Schritt keine Probleme, wenn das gesamte Netzwerk TCP/IP anstelle von NetBEUI benutzt.

WARNUNG

Benutzt man NetBEUI als Grundlage für SMB/CIFS-Netzwerke, sollte man sich versichern, dass NetBEUI auch installiert ist, entfernen Sie aber `in keinem Fall` *TCP/IP! Dies verhindert den Einsatz anderer Netzwerkprotokolle, einschließlich Browsen im Web und FTP.*

Um NetBEUI zu entfernen, öffnet man die Windows-*Systemsteuerung* und doppelklickt das Icon *Netzwerk*. Ein Dialog ähnlich zu dem in *Abbildung 2.2* dargestellten wird geöffnet. Man sucht den Eintrag *NetBEUI*, markiert ihn durch Anklicken und bestätigt das Löschen durch Anklicken des Buttons *Entfernen*. Windows entfernt das Protokoll unmittelbar. Klickt man abschließend auf *OK*, fragt Windows nach, ob der Rechner neu gestartet werden soll.

Abbildung 2.2: Netzwerkprotokolle werden im Windows-Dialog *Netzwerk* aufgelistet

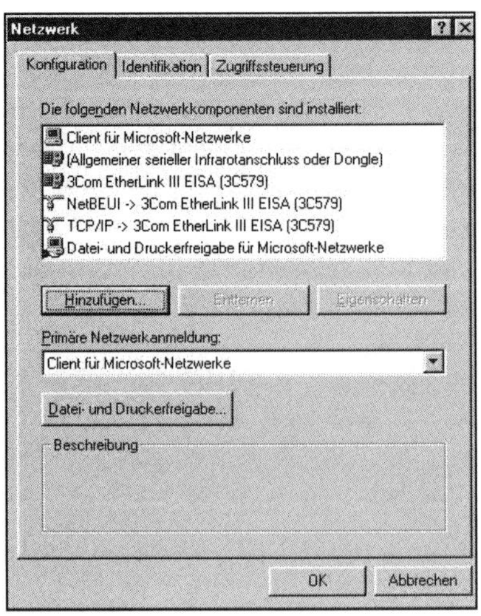

Abbildung 2.2 zeigt, dass NetBEUI an eine Netzwerkkarte des Typs *3Com Etherlink III EISA (3C579)* gebunden ist, die noch ein zweites Mal in der Liste auftaucht. An Ihrem Computer sollten Sie eine Verknüpfung mit der Netzwerkkarte sehen, über die Sie verfügen. Ist der Treiber für die Karte nicht installiert, sollten Sie dies nachholen. Beachten Sie die Dokumentation zur Netzwerkkarte oder schauen Sie in ein Buch über Windows für weitere Informationen.

Wenn der Dialog aus *Abbildung 2.2* anzeigt, dass das IPX ODI-Protokoll von Novell oder das IPX/SPX-kompatible Protokoll installiert ist, kann jedes davon aus den gleichen Gründen und auf die gleiche Weise entfernt werden, wie das NetBEUI-Protokoll. All diese Protokolle – IPX ODI, IPX/SPX und NetBEUI – sollten natürlich nur entfernt werden, wenn sie nicht gebraucht werden.

Zeigt der Dialog *Netzwerk* keinen Eintrag *TCP/IP* wie in *Abbildung 2.2* unterhalb von NetBEUI, dann kann man die TCP/IP-Unterstützung für diesen Computer durch Ausführen der folgenden Schritte hinzufügen:

1. *Hinzufügen* im Dialog *Netzwerk* anklicken.
2. Im Dialog *Netzwerkkomponententyp wählen*, der sich dann öffnet, den Eintrag *Protokoll* wählen und *Hinzufügen* anklicken.
3. Im Dialog *Netzwerkprotokoll auswählen* als Hersteller *Microsoft* und als Protokoll *TCP/IP* selektieren (siehe *Abbildung 2.3*).

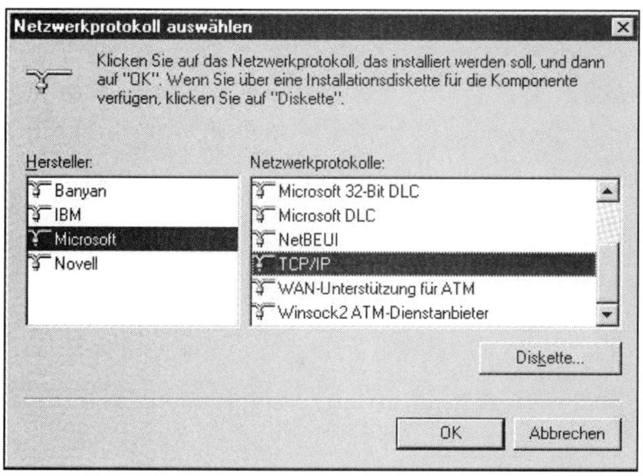

Abbildung 2.3: Man kann aus einer Vielzahl von Protokollen wählen, aber nur wenige werden allgemein gebraucht, darunter TCP/IP

4. *OK* anklicken. Windows fragt dann möglicherweise nach der Installations-CD. Hat Windows die TCP/IP-Software installiert, möchte es den Computer neu booten.

Abbildung 2.2 zeigt weiter, dass der Computer sowohl als *Client für Microsoft Netzwerke* als auch für *Datei- und Druckerfreigabe für Microsoft-Netzwerke* bereitsteht. Dahinter stehen die SMB/CIFS-Pakete für Client einerseits und Server andererseits. Falls ein Computer ausschließlich als Client arbeiten soll, kann das überflüssige Paket entfernt werden (Client-Software ist aber auch auf einem Server nützlich, man sollte dieses Paket also an seinem Platz belassen). Soll ein Paket hinzugefügt werden, geschieht dies in fast der gleichen Weise wie das Hinzufügen des TCP/IP-Protokolls. Anstatt den Eintrag *Protokoll* im Dialog *Netzwerkkomponententyp wählen* zu selektieren, muss man entweder den Eintrag *Client* oder den Eintrag *Dienst* wählen. Danach muss dann das entsprechende Microsoft-Paket ausgewählt werden. Einmal installiert, sollten diese Dienste automatisch an TCP/IP oder NetBEUI gebunden sein.

Um sicher zu sein, dass SMB/CIFS an TCP/IP gebunden ist, kann man die folgenden Schritte ausführen:

1. Wahl von *TCP/IP* im Dialog *Netzwerk* (siehe *Abbildung 2.2*).
2. Anklicken des Buttons *Eigenschaften*, um den Dialog *Eigenschaften von TCP/IP* zu öffnen.
3. Wahl der Registerkarte *Bindungen*, die in *Abbildung 2.4* gezeigt wird. Hier muss das Kontrollkästchen *Client für Microsoft-Netzwerke* aktiviert sein. Soll der Windows-Rechner als Server-Funktionen übernehmen, muss außerdem das Kontrollkästchen *Datei- und Druckerfreigabe für Microsoft-Netzwerke* aktiviert sein.

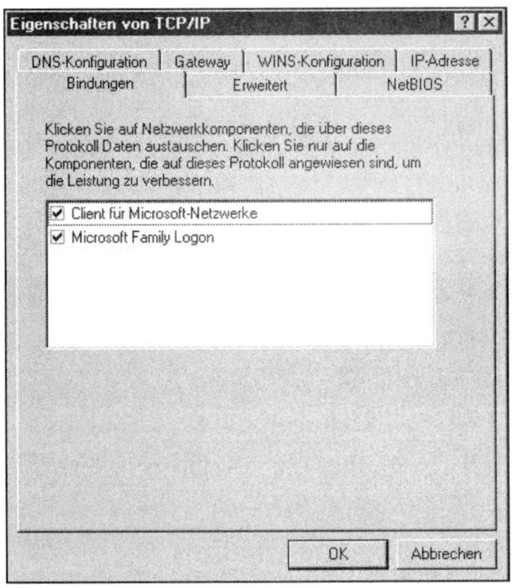

Abbildung 2.4: Client- und Server-Dienste werden über die Registerkarte *Bindungen* des Dialogs *Eigenschaften von TCP/IP* an TCP/IP gebunden

Windows NT 4

Windows NT 4 benutzt Optionen zur Netzwerk-Konfiguration, die denen von Windows 9*x* sehr ähnlich sind, aber doch wieder verschieden genug, um in einigen Fällen Verwirrung stiften zu können. Wie bei Windows 9*x* auch, lassen sich eine Reihe potenzieller Probleme vermeiden, wenn man das NetBEUI-Protokoll entfernt, falls es installiert ist, aber nicht gebraucht wird. Um dies zu tun, muss man sich als Administrator anmelden und die folgenden Schritte ausführen:

1. Doppelklick auf dem Icon *Netzwerk* in der *Systemsteuerung*, um den Dialog *Netzwerk* zu öffnen.
2. Klick auf das Register *Protokolle,* um die Registerkarte zu öffnen. Sie wird derjenigen entsprechen, die in *Abbildung 2.5* dargestellt ist.

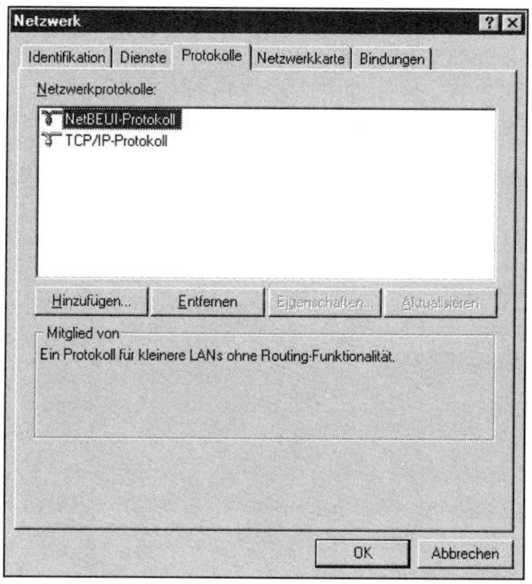

Abbildung 2.5: Unter Windows NT kann man ein Protokoll über die Registerkarte *Protokolle* im Dialog *Netzwerk* entfernen oder hinzufügen

3. Auswahl des Eintrags *NetBEUI Protokoll.*
4. Anklicken des Buttons *Entfernen.* Windows erwartet eine Bestätigung und entfernt dann das Protokoll. Windows fordert nach diesem Schritt wahrscheinlich dazu auf, den Rechner neu zu starten.

Muss TCP/IP-Unterstützung hinzugefügt werden, dann kann das über die gleiche Dialogbox geschehen. Dazu muss der Button *Hinzufügen* anstelle von *Entfernen* angeklickt und das entsprechende Protokoll aus der Liste gewählt werden, die Windows anzeigt.

Um sicherzustellen, dass das SMB/CIFS-Protokoll installiert ist, muss die Registerkarte *Dienste* im Dialog *Netzwerk* gewählt und die Liste der verfügbaren Dienste untersucht werden. Der *Server-Dienst* stellt Server-

Features zur Verfügung, der *Arbeitsplatzdienst* SMB/CIFS-Client-Funktionalitäten. Der Erstgenannte kann problemlos weggelassen werden, wenn der Computer nur als Client genutzt werden soll. Soll ein Dienst hinzugefügt werden, muss der Button *Hinzufügen* angeklickt und das entsprechende Protokoll aus der Liste gewählt werden. Windows wird nach der Installation des neuen Protokolls wahrscheinlich nachfragen, ob der Rechner neu gestartet werden soll.

Wird TCP/IP, nicht aber NetBEUI oder IPX/SPX installiert, wird Windows NT SMB/CIFS automatisch an TCP/IP binden. Sind mehrere Protokolle installiert und soll nur SMB/CIFS-Features angebunden werden, kann dies über die Registerkarte *Bindungen* geschehen (siehe *Abbildung 2.6*). Windows versucht, die Protokolle (TCP/IP oder NetBEUI) in der Reihenfolge anzubinden, in der sie für jeden Dienst aufgeführt sind. Man kann ein Protokoll aktivieren, deaktivieren oder innerhalb der Liste verschieben, indem man es auswählt und den entsprechenden Button im Dialog anklickt.

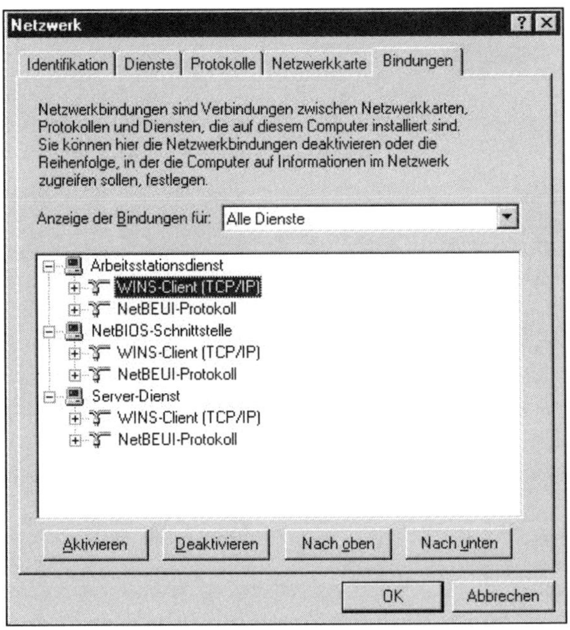

Abbildung 2.6: Windows NT ermöglicht eine genaue Kontrolle über die Reihenfolge, in der das Betriebssystem die Netzwerk-Stacks mit dem SMB/CIFS-Client oder -Server zu verbinden versucht

TIPP

Man kann die Bindungen von Windows NT als primitives Hilfsmittel bei der Zugangskontrolle benutzen. Zum Beispiel kann man TCP/IP an einem Arbeitsplatz (einer Workstation) einsetzen, um Zugang zu einem Samba-Server zu ermöglichen, es aber auf der Server-Seite entfernen, um das Risiko eines Eindringens aus dem Internet klein zu halten. Gleichzeitig kann man NetBEUI am Server aktivieren, um lokalen Zugang über NetBEUI zu gewährleisten.

Windows 2000

Im Standardfall benutzt Windows 2000 TCP/IP für seine SMB/CIFS-Netzwerke. Ist der Windows 2000-Computer für NetBEUI konfiguriert und will man dies ändern, so unternimmt man als Administrator die folgenden Schritte:

1. Über die Systemsteuerung öffnet man das Fenster *Netzwerk- und DFÜ-Verbindungen*.
2. Über einen Rechtsklick auf das Icon *LAN-Verbindung* öffnet man ein Popup-Menü, aus dem man den Punkt *Eigenschaften* wählt. Dies öffnet den Dialog *Eigenschaften von LAN-Verbindung*, der dem Dialog *Netzwerk* unter Windows 98 entspricht, wie er in *Abbildung 2.2.* gezeigt wird.
3. Man wählt das NetBEUI-Protokoll aus der Liste.
4. Der Button *Deinstallieren* muss angeklickt werden, woraufhin Windows 2000 eine Bestätigung will, die man dann gibt.
5. Sehr wahrscheinlich wird Windows 2000 dann vorschlagen, den Rechner neu zu starten, was man dann tun sollte.

Muss TCP/IP oder NetBEUI-Unterstützung hinzugefügt werden, benutzt man ebenfals den Dialog *Eigenschaften von LAN-Verbindung*. Die Vorgehensweise entspricht der, die für Windows 9x und NT 4 beschrieben wurde, man klickt den Button *Installieren* an, wählt *Protokolle*, klickt den Button *Hinzufügen* an und wählt das Protokoll aus der Liste, die Windows 2000 anbietet.

Sind sowohl TCP/IP als auch NetBEUI installiert und will man sichergehen, dass Windows 2000 TCP/IP für SMB/CIFS nimmt, dann muss man als Administrator die folgenden Schritte durchführen:

1. Aus der Systemsteuerung heraus öffnet man das Fenster *Netzwerk- und DFÜ-Verbindungen*.
2. Über einen Rechtsklick auf das Icon *LAN-Verbindung* öffnet man ein Popup-Menü, aus dem man den Punkt *Eigenschaften* wählt. Dies öffnet den Dialog *Eigenschaften von LAN-Verbindung*, der dem Dialog *Netzwerk* unter Windows 98 entspricht, wie er in *Abbildung 2.2.* gezeigt wird.
3. Man wählt *Internetprotokoll (TCP/IP)* und klickt auf den Button *Eigenschaften*.
4. Im Dialog *Eigenschaften von Internetprotokoll (TCP/IP)* klickt man den Button *Erweitert*.

5. Im Dialog *Erweiterte TCP/IP-Einstellungen* klickt man schließlich das Register *WINS* an, das dem in *Abbildung 2.7* dargestellten gleichen wird.
6. Um nun TCP/IP für SMB/CIFS-Netzwerke zu nutzen, muss das Optionsfeld *NetBIOS über TCP/IP aktivieren* gewählt werden.

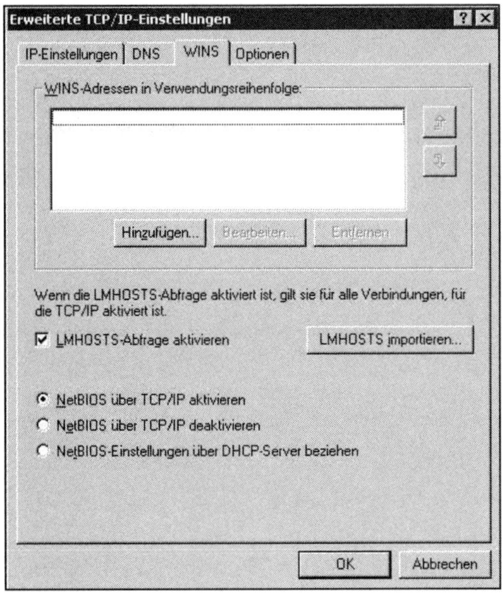

Abbildung 2.7: Die Registerkarte *WINS* steuert vornehmlich die Namensauflösung, erlaubt es aber auch, TCP/IP für NetBIOS zu aktivieren oder zu deaktivieren

Features von LINUX, die für Samba benötigt werden

Will man Samba unter LINUX laufen lassen, müssen bestimmte Feature vorhanden und Pakete installiert sein: Dies schließt die Folgenden ein:

TCP/IP Networking Die Unterstützung für TCP/IP muss im LINUX-Kernel eingebunden sein, einschließlich der Unterstützung für die vorhandene Netzwerkkarten. Die Kernel aller größeren LINUX-Distributionen sind für TCP/IP-Netze geeignet konfiguriert. (Anm. der Übersetzer: Die genannte Option findet man bei der Kernelkonfigurierung unter dem Punkt *Networking Options*).

SMB File System Support Falls man SMB/CIFS-Shares in das Dateisystem seines LINUX-Rechners mounten will, muss der Support für das SMB-Dateisystem in den Kernel eingebunden sein. Diese Option erscheint unter dem Punkt *File System Support* bei der Kernelkonfiguration und dort im Unterpunkt *Network File Sytem* (NFS – Netzwerk Dateisystem). Bei allen größeren LINUX-Distrubutionen ist diese Unterstützung standardmäßig aktiviert, aber man muss dies beachten, wenn man den Kernel neu kompiliert. Man braucht diesen Support *nicht* zu aktivieren, wenn man SMB/CIFS Shares (d.h. hier natürlich Verzeichnisse) nicht mounten will oder nur Drucker als SMB/CIFS Shares braucht.

Samba Alle größeren LINUX-Distributionen werden mit einem Samba-Paket ausgeliefert, aber das Paket kann standardmäßig installiert sein oder auch nicht. Ist Samba nicht installiert oder will man eine aktuellere Version als die mitgelieferte, dann muss man sich diese besorgen und die Samba Software installieren. *Kapitel 3: Installation von Samba* deckt diesen Punkt detailliert ab.

Im Rahmen dieses Buches können nicht alle grundlegenden Details einer Netzwerkkonfiguration unter LINUX abgehandelt werden. Wer Hilfe bei dieser Aufgabe braucht, der schlage bei den LINUX HOWTO-Dokumenten nach, die bei allen LINUX-Distributionen dabei sind, oder in einem Buch über Grundlagen von LINUX-Netzwerken wie *LINUX Network Servers 24seven* (Sybex, 1999) von Craig Hunt oder *LINUX: Networking for Your Office* (Sams, 2000) von Roderick W. Smith.

Samba-Dämonen

Unter LINUX laufen die meisten Netzwerk-Server als *Dämonen*. Das Wort Dämon stammt aus dem Griechischen und bedeutet *Helfer* und LINUX-Dämonen helfen in der Tat beim Betreiben eines Netzwerks durch die Bereitstellung von Diensten. Dämonen arbeiten typischerweise unbeachtet im Hintergrund. Sie werden durch spezielle Konfigurationsdateien (smb.conf im Falle von Samba) eingestellt, konfiguriert eben, und das System wird so eingerichtet, dass die Dämonen automatisch beim Hochfahren des Systems starten. Ist alles einmal eingerichtet, braucht man sich um die Dämonen direkt nicht weiter zu kümmern. Falls ein Dämon ein Problem erkennt, wird der Fehler typischerweise in eine Log-Datei geschrieben, wie beispielsweise /var/log/messages. Die meisten Dämonen, Samba eingeschlossen, können für Monate laufen, ohne Beachtung zu verlangen, vorausgesetzt, die Konfiguration ist in Ordnung.

Traditionell nutzte Samba zwei Dämonen, smbd und nmbd, um seine Aufgaben als Server wahrnehmen zu können. Die jüngsten in Entwicklung befindlichen Samba-Versionen spalten diese jedoch in eine Reihe kleinerer Dämonen auf. Beide Varianten werden in diesem Abschnitt beschrieben, der einen Überblick über die Samba-Dämonen und ihre Funktionalität bietet.

Anweisungen, wie man einen Samba-Dämonen startet oder stoppt, werden hier nicht dargestellt. Zu diesen Informationen lesen Sie den Abschnitt *Der Betrieb von Samba* in *Kapitel 3: Installation von Samba*.

HINWEIS

Ergänzend zu den hier beschriebenen Dämonen enthält das Samba-Paket einen weiteren Dämon namens Samba Web Administration Tool (SWAT), *das eine lokale oder ferngesteuerte Verwaltung von Samba über einen Webbrowser erlaubt. SWAT wird in* Kapitel 4: Die Tools der GUI Konfiguration und die Datei smb.conf *beschrieben. Daneben gibt es noch das globale Administrationstool* Webmin (www.webmin.com), *mit dem sich neben Samba auch alle anderen Funktionen eine LINUX – Servers Remote steuern und konfigurieren lassen.*

Samba 2.0.x

Die heute, Anfang 2001, aktuelle stabile Version von Samba ist 2.0.7. Diese und andere Versionen der Reihe 2.0.x nutzen zwei Dämonen, nmbd und smbd. Frühere Samba-Versionen gebrauchten diese Konfiguration ebenfalls. Allgemein gilt, dass nmbd die erste Identifikation zwischen Computern behandelt und smbd die Kernfunktionalitäten für den gemeinsamen Zugriff auf Dateien und Drucker.

Es ist möglich, den einen Dämon unabhängig vom anderen laufen zu lassen. Wenn man das aber tut, werden dem System einige wichtige Funktionen nicht zur Verfügung stehen. Wenn einer der Dämonen abstürzt oder nicht startet, der andere aber normal läuft, wird man fremdartiges Verhalten bei den Netzwerkverbindungen beobachten können. So kann es zum Beispiel sein, dass man einen Rechner in der Windows *Netzwerkumgebung* sehen, sich aber nicht bei ihm anmelden kann. Oder man könnte daran gehindert sein, nach einem Computer zu browsen, aber dennoch Zugang zu seinen Shares erhalten, indem man sich auf einem anderen Weg bei ihm anmeldet. Bei solchem Verhalten sollte man überprüfen, ob auch beide Dämonen laufen.

Das Programm smbd verbraucht typischerweise etwa 1 MByte RAM für jede Verbindung, die es betreut. Dieser Bedarf kann ansteigen, wenn diese Verbindung genutzt wird. Für jede Verbindung erzeugt smbd eine neue Instanz von sich (*spawn*), wenn man also den Befehl ps benutzt, um sich die laufenden Prozesse anzusehen, ist es nicht ungewöhnlich, smbd mehrfach in der Liste wiederzufinden. Wegen des Speicherbedarfs von smbd ist es wichtig, dass ein Samba-Server genug Speicher besitzt, um all seine Clients bedienen zu können. In einem großen Netzwerk mit Dutzenden oder gar Hunderten von Clients können mehrere Hundert Megabyte an RAM für den Samba-Server vonnöten sein. In einem kleinen Netz mit nur wenigen Clients mag ein Server mit 16 bis 32 MByte angemessen sein, obwohl es wahrscheinlich das Beste ist, mindestens 64 MByte auch in einem kleinen Server einzusetzen.

nmbd: der NetBIOS Name-Browser-Dämon

Das Programm nmbd versteht das **name** browser-Protokoll von NetBIOS, daher der Programmname. Diese Dienste sind kritisch, wenn ein Samba-Server auf Rundrufe bezüglich einer NetBIOS-Anfrage zur Namensauflösung antworten muss oder wenn der Computer als NBNS/WINS-Server fungieren soll. Man kann viele Details der Einstellungen für nmbd über Sambas wesentliche Konfigurationsdatei smb.conf festlegen. Ein Großteil des restlichen Buches beschreibt Details dieser Konfiguration.

Auch wenn das Programm nmbd gewöhnlich als Dämon angesehen wird, ist seine Grundeinstellung so festgelegt, dass es *nicht* als Dämon läuft. Man muss den Schalter -D bei seinem Aufruf benutzen, um es wirklich als Dämon zu starten.

HINWEIS

Gewöhnlich nutzt `nmbd` *den UDP-Port 137, um nach Verbindungen Ausschau zu halten. Dieses Verhalten kann mithilfe des Schalter* `-p` *überschrieben werden. Es besteht aber selten Grund dazu, weil die Client-Rechner nicht darauf eingestellt sind, diesen ungewöhnlichen Port zu nutzen.*

Es folgt eine Liste der von nmbd bereitgestellten Dienste:

Response to Name Broadcasts (etwa: Antwort auf Rundrufe zur Namensauflösung) Wie in *Kapitel 1: Eine Einführung in SMB/CIFS* beschrieben, werden in einem Windows Netzwerk *ohne* NetBiOS Name Server (NBNS) von den Clients Broadcasts an alle Computer im Netz versandt, mit dem Ziel, einen bestimmten Rechner zu lokalisieren. Ist zum Beispiel ein Windows-Rechner so konfiguriert, dass er ein Share des Computers `LARCH` mounten soll, dann sendet er einen Rundruf an alle Computer und fragt sie, welcher von ihnen `LARCH` heißt. Läuft `nmbd` und ist es dafür konfiguriert, auf diesen Namen zu reagieren, wird es die Anfrage beantworten.

Standardmäßig antwortet `nmbd` auf Anfragen zum TCP/IP-Host-Namen eines Computers, es kann aber auch so konfiguriert werden, dass es auf Anfragen nach anderen Namen antwortet. Dazu muss die Konfigurationsdatei `smb.conf` editiert werden oder der Name zusammen mit dem Schalter `-p` beim Aufruf an `nmbd` übergeben werden.

NBNS Duty (NBNS-Aufgaben) Man kann `nmbd` so konfigurieren, dass es als NBNS-Server arbeitet und Anfragen zur Identifizierung anderer Computer bearbeitet. Wenn in dieser Konstellation der Rechner `ELM` Kontakt zu `LARCH` aufnehmen will, fragt er den Computer, auf dem `nmbd` läuft, nach der Adresse von `LARCH`. `nmbd` antwortet dann mit der vier Byte langen IP-Adresse von `LARCH`. Zusätzlich wird `nmbd`, wenn es in dieser Weise konfiguriert ist, automatisch eine Gegenüberstellung (ein

Mapping) von NetBIOS-Namen und IP-Adressen erstellen, so dass der Dämon korrekt antworten kann, wenn er nach diesen Namen gefragt wird.

NBNS Proxy (etwa NBNS Stellvertreter) Manchmal möchte man `nmbd` als *Proxy* für Broadcasts zur Auflösung von NetBIOS-Namen einsetzen. Angenommen, man hat zwei Subnetze, wie es in *Abbildung 2.8* dargestellt wird. Da sie durch einen Router verbunden sind, können Anfragen zu NetBIOS-Namen nicht vom einen ins andere Subnetz gelangen. Verwendet man nun `nmbd` als NBNS-Proxy, ermöglicht dies jedoch Rundrufe zu NetBIOS-Namen, indem man in jedem Subnetz ein System einsetzt, das als Proxy für Systeme im anderen Subnetz antwortet. Diese Konstellation wird in *Kapitel 9: Samba als NBNS-Server* beschrieben. Dieses Feature ist bestens geeignet, wenn man ein großes Subnetz hat, das bereits für den Einsatz von Rundrufen bei Namensauflösungen konfiguriert ist, und man einige wenige Rechner eines anderen Subnetzes zu einer Arbeitsgruppe oder Domäne des großen Subnetzes hinzufügen will. Wenn aber das größere Subnetz bereits für den Einsatz eines NBNS konfiguriert ist, gibt es keinen Grund, einen Proxy einzurichten.

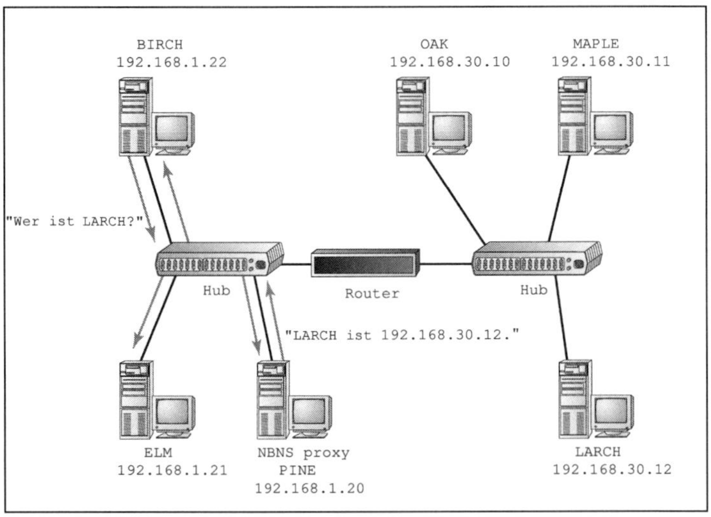

Abbildung 2.8: Ein NBNS-Proxy ermöglicht die Erweiterung eines Broadcast-basierten Netzwerks mit minimalem Aufwand

Masterbrowser Duty (Masterbrowser-Aufgaben) nmbd kann als Masterbrowser entweder für ein lokales Subnetz oder für ein komplettes Windows-Netzwerk fungieren. In diesem Fall pflegt nmbd eine Liste von SMB/CIFS-Servern im Netz und gibt diese Liste an jeden Computer weiter, der danach fragt. Dies unterscheidet sich von der Funktion als NBNS-Server. Im Falle NBNS wird die IP-Adresse eines Computers zurückgegeben (die eigene oder die eines anderen Rechners), als Masterbrowser gibt nmbd eine Liste mit Computernamen zurück.

Share Browsing Will man die Shares eines Samba-Server browsen, ist es nmbd, das die Liste mit den verfügbaren Shares an den Client-Rechner zurückgibt. Dies ist wiederum verschieden von der Funktion als Masterbrowser, in der eine Liste von Computern im Netzwerk zurückgegeben wird.

`smbd`: der SMB/CIFS-Dämon

Der Dämon, der für Samba einen Großteil der schweren Aufgabe des Datei- und Drucker-Sharings erledigt, ist `smbd`, der SMB/CIFS-Dämon. Dieses Programm ist an den TCP-Port 139 gebunden und beantwortet alle Anfragen für einen Zugriff auf Dateien und Drucker. Zu seinen Aufgaben gehören die folgenden:

Authentifizierung Eine der ersten Aufgaben, die `smbd` für jede Verbindung ausführt, ist die Authentifizierung. Wenn Benutzername und Passwort des Nachfragenden nicht zu dem passen, was Samba gemäß Konfiguration akzeptieren darf, wird der Zugang verweigert.

Datei-Sharing `smbd` beinhaltet alle Dienste für den gemeinsamen Zugriff auf Dateien – es nimmt Dateien von Clients entgegen, senden Dateien an Clients, löscht Dateien für Clients und so weiter.

Drucker-Sharing Diese Aufgabe ist aus Sicht eines Netzwerks ähnlich dem File-Sharing. Beim Drucker-Sharing sendet der Client dem Server eine Datei, die nicht gespeichert, sondern gedruckt wird.

Zeit-Server Samba kann als Zeit-Server für Windows-Clients eingesetzt werden. Unter Windows lässt sich (im DOS-Fenster) `NET TIME \\HOSTNAME /YES /SET` eingeben, um die Systemzeit des Windows-Rechners auf die Zeit zu setzen, die auf dem LINUX-Rechner `HOSTNAME` gilt. In der Datei `smb.conf` muss die Option `time server = Yes` gesetzt werden, um die Zeit-Server-Funktion zu aktivieren.

HINWEIS

Man kann das Paket `xntpd` *unter LINUX benutzen (*`http://www.eecis.udel.edu/~ntp/`*), um die LINUX-Uhr mit dem Signal einer Atomuhr auf irgendeiner der verschiedenen diesbezüglichen Websites im Internet zu synchronisieren. Fügt man dann den Befehl* `NET TIME` *in einer Windows-Startdatei ein, werden die Windows-Rechner im Netz eine leidlich exakte Systemzeit haben, die jedes Mal vom Zeit-Server neu eingestellt wird, wenn sie neu booten.*

Samba TNG

The Next Genaration (TNG) ist der Name, der einem in Entwicklung befindlichen Zweig von Samba gegeben wurde, der dazu auserkoren ist, verbesserte Features der Domänen von Windows NT in Samba einzubeziehen. Da es sich um ein Entwicklungs-Release handelt, ist es nicht so stabil wie das Samba der Hauptlinie und sollte daher nicht in kritischer Umgebung eingesetzt werden. Neben den Änderungen zur Unterstützung des Domänen-Konzepts wurde in Samba TNG die Arbeit der beiden Samba-Dämonen auf verschiedene zusätzliche Dämonen verteilt:

`smbd`	File-Sharing-Server. Sollte immer gestartet werden.
`nmbd`	Server für das Namen-Browsen. Sollte immer gestartet werden.
`browserd`	Dieser Dämon stellt Funktionen für das Browsen nach Namen bereit. Sollte eingesetzt werden, wenn Samba als Masterbrowser arbeiten soll.
`lsarpcd`	Protokoll für die Login-Sicherheit. Sollte eingesetzt werden, wenn man sichere Passwörter braucht (*encrypted passwords*).
`samrd`	Behandelt Passwortänderungen von Windows NT. Sollte eingesetzt werden, wenn man sichere Passwörter braucht.
`spoolssd`	Spool-Dienste zum Drucken für Clients unter Windows NT.
`srvsvcd`	Server-Dienste für das Browsen. Sollte immer gestartet werden.
`svcctld`	Dämon zur Steuerung der Dienste. Sollte eingesetzt werden, um Dienste ferngesteuert zu starten oder zu stoppen.
`winregd`	Ein weiterer Dämon für Passwortänderungen. Sollte eingesetzt werden, wenn man sichere Passwörter braucht.
`wkssvcd`	Dienste für die Arbeitsstationen. Sollte eingesetzt werden, wenn das Browsen korrekt arbeiten soll.

Um die vollständige Funktionalität von Samba TNG zu erhalten, müssen alle diese Dämonen gestartet werden. Die Startskripte von Samba, die den meisten LINUX-Distributionen beiliegen, sind zum jetzigen Zeitpunkt der Situation nicht angepasst, da sie nur `smbd` und `nmbd` starten. Die alten Startdateien müssen daher geändert oder durch neue ersetzt werden, um dieser explosionsartigen Vermehrung der Dämonen Rechnung zu tragen (wenn das Dämonen-Model von Samba TNG in eine zukünftige endgültige Version von Samba Eingang findet und in die LINUX-Distributionen einbezogen werden, dann wird sich zweifellos auch diese Situation ändern und die Distributionen werden den Start der notwendigen Dämonen automatisieren).

Warum sollte man Samba TNG einsetzten? Hier die zur Zeit vorrangigsten Gründe dafür:

- Man benötigt fortgeschrittene Feature der Domänen-Controller in einem Windows NT-Netzwerk, wie etwa die ferngesteuerte Kontrolle über die Samba-Dienste. Grundlegende Funktionalitäten für Domänen unter Windows NT 4 gibt es jedoch seit Samba in der Version 2.0.5a oder später, dafür braucht man Samba TNG nicht.
- Man setzt Clients unter Windows 2000 in einer von einem Samba-Server verwalteten Domäne ein. Man kann zwar Windows 2000-Clients mit Samba-Servern ab der Version 2.0.6 einsetzen, aber

Samba arbeitet bis einschließlich Version 2.0.7 nicht als Domänen-Controller für Windows 2000-Clients. Samba TNG beinhaltet diesen Support.

Bevor man Samba TNG einsetzt, sollte man nach einer aktuelleren Ausgabe der Hauptentwicklungslinie Ausschau halten. Mag sein, dass einige der Features von Samba TNG in eine Version 2.2 oder 3.0 Eingang finden. Ob dann die Struktur der Dämonen aus Samba TNG benutzt werden wird, muss man erst einmal sehen. Samba TNG wurde bis Ende 2000 immer noch als experimentell eingestuft, daher sei ausdrücklich darauf hingewiesen, dass man es nicht für Server einsetzen sollte, die mit kritischen Aufgaben betraut sind. Falls notwendig sollte man besser einen Rechner unter Windows NT 4 oder Windows 2000 als Domänen-Controller konfigurieren und einen oder mehrere Computer mit Samba 2.0.*x* als File- oder Drucker-Server in dieser Domäne einsetzen (*Kapitel 10: Konfiguration von Domänen*, behandelt Domänen-Controller ausführlicher).

Beseitigung von Konflikten zwischen Dateisystemen

Eine der Schwierigkeiten, die dem Einsatz von LINUX-Rechnern als File Server für DOS-, Windows- oder OS/2-Clients innewohnen, liegt in der Tatsache begründet, dass diese Systeme unterschiedliche Konventionen für Dateinamen und -attribute benutzen. LINUX folgt den UNIX-Konventionen. DOS, Windows und OS/2 haben einen anderen Hintergrund und verwenden daher Regeln, die zu LINUX inkompatibel sind. Es gibt zusätzliche Unterschiede zwischen diesen drei wichtigsten Betriebssystemen für Samba-Clients, speziell bezüglich der Längenbeschränkung für Dateinamen. Samba muss daher verschiedene Regeln unterstützen, um Dateinamen und -attribute zwischen den Dateisystemen, die aus UNIX und aus DOS abgeleitet wurden, übersetzen zu können.

WARNUNG

Manche Leute benutzen eine Dual-Boot-Option zwischen LINUX und Windows (oder anderen Betriebssystemen) zum Starten ihres Rechners und wollen dann aus den beiden Betriebssystemen heraus jeweils auf dieselben Dateien zugreifen. Manchmal ist es auch wünschenswert, ein ZIP-, ein Disketten-Laufwerk oder ein sonstiges Laufwerk für austauschbare Datenträger mit LINUX zu teilen, selbst wenn dieser Datenträger über eine File Allocation Table (FAT – Dateizuordnungstabelle) verwaltet wird. In beiden Fällen filtert LINUX die Features des FAT-Dateisystems durch sein eigenes. Daher können bestimmte Merkmale des zugrunde liegenden Dateisystems verloren gehen. Zum Beispiel gehen das Hidden-Bit und das System-Bit des FAT-Dateisystems verloren, wenn über Samba ein gemeinsamer Zugriff auf Dateien ermöglicht ist. In seltenen Fällen kann dies ein ernsthaftes Problem darstellen.

Dateinamenlänge und Groß-/Kleinschreibung

Einer der augenscheinlichsten Unterschiede zwischen Betriebssystemen ist die Konvention für Dateinamen. Länge des Namens und Behandlung von Groß-/Kleinschreibung sind die beiden Merkmale, die in diesem Zusammenhang von Bedeutung sind. Die verschiedenen Betriebs- und Dateisysteme unterstützen verschiedene Längen. `ext2` unter LINUX erlaubt Namen mit bis zu 256 Zeichen Länge. SMB/CIFS erlaubt bis zu 127 Zeichen für Dateinamen, aber einige Betriebssysteme, namentlich DOS, haben wesentlich restriktivere Einschränkungen. Samba muss einen Weg finden, lange Dateinamen in kürzere umzuwandeln, oder sie einfach weglassen, wenn der Client sie nicht akzeptiert.

Bezüglich der Behandlung der Groß-/Kleinschreibung kennen Betriebssysteme drei Arten der Handhabung dieser Frage:

case-sensitive (Unterscheiden von Groß-/Kleinschreibung) Wenn Groß- und Kleinbuchstaben als unterschiedliche Zeichen behandelt werden, wird das Dateisystem auch als *case-sensitive* bezeichnet. In solchen Dateisystemen sind die Dateien mit den Namen `BigFile.txt` und `bigfile.TXT` verschieden. Beide Dateien können im selben Verzeichnis existieren und gibt man den Namen der einen Datei ein, wo nur die andere vorhanden ist, provoziert dies eine Fehlermeldung wie „file not found". LINUX ist ein solches case-sensitives System, auch wenn es sich beim Zugriff auf Dateien eines andern Dateisystems wie etwa FAT anders verhalten kann. Ein Samba-Server arbeitet jedoch gewöhnlich mit Dateien eines `ext2`-Dateisystems unter LINUX und diese behandelt LINUX case-sensitive.

case-retentive (Schreibweise erhaltend) In einem solchen Dateisystem bleibt die gewählte Schreibweise des Dateinamens erhalten, aber das Dateisystem unterscheidet bei der Identifizierung nicht zwischen Groß- und Kleinbuchstaben. Man kann zum Beispiel eine Datei unter dem Namen BigFile.txt speichern und unter dem Namen bigfile.TXT wieder öffnen. Existiert ein Dateiname, kann man keine zweite Datei mit dem gleichen Namen erstellen, wenn sich dieser vom ursprüngliche Namen nur in der Groß-/Kleinschreibung unterscheidet. Windows und OS/2 benutzen solche case-retentiven Dateisysteme und behandeln auch SMB/CIFS-Shares auf diese Weise.

case-insensitive (Kein Unterscheiden von Groß-/Kleinschreibung) Ein solches Dateisystem behandelt Groß- und Kleinbuchstaben gleichberechtigt und konvertiert sie beim Speichern zu Groß- oder zu Kleinbuchstaben. Gibt man beispielsweise den Namen BigFile.txt in einem Dialog *Datei Speichern unter ...* ein, wird die Datei unter dem Namen BIGFILE .TXT oder aber bigfile.txt gespeichert. DOS behandelt Zugriffe auf Dateien in dieser Weise, wie auch OS/2, wenn es FAT-Dateisysteme benutzt. In diesen Fällen werden Großbuchstaben beim Speichern verwendet. Greift LINUX auf ein case-insenstives Dateisystem zu (zum Beispiel auf FAT-formatierte Disketten oder CD-ROM gemäß Standard ISO-9660), dann konvertiert es standardgemäß Großbuchstaben in kleine.

Samba enthält eine große Zahl an Optionen zur Konfiguration der Konvertierung von Dateinamen zwischen case-sensitiven Dateisystemen mit 256 Zeichen langen Namen und solchen mit kürzeren Namen, case-retentive oder case-insensitive, je nachdem, wie sie von den Clients erwartet werden.

FAT-Dateiattribute

DOS verwendet FAT als einziges Dateisystem. Betriebssysteme, die von DOS abstammen, wie OS/2 und alle Windows-Versionen, haben Eigenheiten des FAT-Dateisystems ihren verfeinerten Dateisystemen wie dem *High-Performance File System* (*HPFS* – Hochleistungs-Dateisystem) von OS/2 oder dem *NT File System* (*NTFS*) von Windows NT hinzugefügt. FAT-Dateiattribute werden jeweils durch ein Bit repräsentiert, das als Teil der Dateibeschreibung auf der Platte gespeichert wird. Es folgt die Beschreibung einiger Dateiattribute, wie sie von FAT und anderen Dateisystemen von Microsoft und IBM benutzt werden. (Einzelheiten zur Konfiguration für solche FAT-Dateiattribute findet man in *Kapitel 5: Konfiguration zur Freigabe (Share) von Dateien*).

Hidden-Bit

Ist das H*idden-Bit* gesetzt, ist diese Datei für die meisten Programme unsichtbar. Programme haben tatsächlich die Wahl, solche Dateien anzuzeigen oder auch nicht, und so kann der Anwender das Hidden-Bit in vielen Programmen außer Kraft setzen. LINUX jedoch kennt das Hidden-Bit nicht. Unter LINUX (und allgemein unter UNIX) wird ein entsprechender Effekt erreicht, indem man den Dateinamen mit einem Punkt (.) beginnen lässt, wie etwa bei `.bashrc`.

Samba kann so konfiguriert werden, dass es diesen so genannten *dot files* (*Punktdateien*) das Hidden-Bit anhängt, wenn ein Verzeichnis für den gemeinsamen Zugriff genutzt wird. (Samba hängt das Hidden-Bit *nicht* an die Dateien . oder .., die das aktuelle Verzeichnis und dessen Elternverzeichnis repräsentieren.) Samba kann das Hidden-Bit auch als UNIX-gemäßes Recht zum Ausführen der Datei für den Rest der Welt (alle Nichtbesitzer) speichern, aber diese Konfiguration kann einige unwesentliche Probleme nach sich ziehen, wenn auf diese Dateien dann unter LINUX zugegriffen wird; insbesondere wenn jemand zufällig versuchen sollte dann eine Datei zu starten, die ursprünglich von einem Samba-Client verborgen (hidden) wurden, ist das Auftreten eines Fehlers wahrscheinlich – aber keiner, der dem Server oder seinen Dateien Schaden zufügen kann.

Archiv-Bit

Das Archiv-Bit wird benutzt, um dem Betriebssystem anzuzeigen, dass die Datei gesichert werden muss. Normalerweise setzt ein Programm das Archiv-Bit. wenn es den Inhalt einer Datei geändert hat. Programme zur Datensicherung (Backup-Programme) können dieses Bit dann folgerichtig einsetzen, um nur solche Dateien zu sichern, deren Inhalt sich geändert hat. Es gibt keine Entsprechung für dieses Feature in einem UNIX-gemäßen Dateisystem, aber Samba kann das Archiv-Bit als Ausführungsrecht des Dateibesitzers speichern. Wie beim Speichern des Hidden-Bit kann dies dazu führen, dass eine Datei, die keine Programmdatei ist, als ausführbar unter LINUX erscheint, was zu Verwirrungen führen kann oder zu Fehlermeldungen, wenn ein Anwender versucht diese Datei als Programm auszuführen.

System-Bit

DOS und verwandte Betriebssysteme benutzen das *System-Bit*, um Dateien zu kennzeichnen, die für das System selbst zwingend notwendig sind oder aber für das System eine besondere Bedeutung haben. Es kann unter Umständen vorkommen, dass man solche Systemdateien auf einem Samba-Server speichern muss. Will man in diesem Fall das System-Bit erhalten, kann man Samba so konfigurieren, dass es das System-Bit als Ausführungsrecht für die Besitzergruppe speichert. Wie beim Hidden-Bit und beim Archiv-Bit kann das dazu führen, dass die Datei unter LINUX wie eine Programmdatei erscheint, aber der Versuch, diese Datei auszuführen, endet wieder mit einer Fehlermeldung.

Read-Only-Bit

Das *Read-Only-Bit* (*Nur Lesen* oder *schreibgeschützt*) signalisiert, dass eine Datei nur gelesen, nicht aber geändert oder gelöscht werden kann. Diese Bedeutung ist ähnlich dem Schreibrecht unter LINUX, aber nicht gleichbedeutend damit. Ist unter DOS das Read-Only-Bit gesetzt, dann ist unter LINUX das Schreibrecht *nicht* aufgehoben. Samba führt die entsprechende Übersetzung automatisch durch. Wichtiger dabei ist noch, dass unter DOS und seinen Nachkommen eine Datei, für die das Read-Only-Bit gesetzt ist, nicht gelöscht werden kann. Unter LINUX jedoch wird das Recht zum Löschen einer Datei an das Verzeichnis gebunden, in dem sich die Datei befindet.

Samba kann so konfiguriert werden, dass es beim Versuch, Dateien zu löschen, dem DOS-Ansatz bei der Behandlung des Read-Only-Bits folgt und gegebenenfalls nicht löscht, indem man in der Datei `smb.conf` den Parameter `delete readonly = No` setzt. Dies ist die Grundeinstellung. Ändert man dies auf `Yes`, folgt Samba den LINUX-Standards und löscht gegebenenfalls auch, wenn das Read-Only-Bit gesetzt ist.

Eigentum und Rechte

UNIX-Systeme, einschließlich LINUX, besitzen zwei Merkmale, die unter DOS oder Windows *9x* unbekannt sind – *Eigentum an Dateien* (*ownership*) und *Rechte* (*permissions*). Wer in der Verwaltung eines LINUX-Systems bereits Erfahrung hat, muss nur noch lernen, wie Samba diese Dinge intern handhabt. Für wen LINUX Neuland ist, der muss die Anwendung dieser Konzepte kennen lernen, um die Sicherheit an seinem Samba-Server zu erhöhen.

Dateisicherheit unter LINUX

Man kann sich die Einstellungen zur Sicherung einer Datei unter LINUX durch Eingabe des Befehls `ls -l` anzeigen lassen. Das Ergebnis wird etwa wie folgt aussehen.

```
-rw-r—     1 katha    users          1846  Jan  23   2001 titel.txt
```

Zum Verständnis der Sicherheitsphilosophie von UNIX-Systemen sind die Spalten eins, drei und vier dieser Ausgabe von Interesse. Die erste Spalte, -rw-r——, stellt die *Rechtetabelle* (*permission string*) der Datei dar. Sie beschreibt die Zugriffsrechte, die bestimmten Kategorien von Benutzern gewährt werden. Der dritte Eintrag, `katha`, nennt den

Benutzernamen des Dateibesitzers. Die vierte Spalte enthält den Namen der Gruppe, der die Datei gehört. Diese drei Einträge legen fest, wer auf die Datei zugreifen darf und auf welche Weise.

Allgemein gilt, dass derjenige, der eine Datei erstellt, auch deren Besitzer wird. Der Besitzer hat gewöhnlich übergeordnete Zugriffsrechte auf die Datei, wie in Kürze beschrieben wird. Die Gruppe, der die Datei gehört, ist üblicherweise die Login-Gruppe des Dateibesitzers. Beide Merkmale können unter LINUX mithilfe des Befehl `chown`, oder bezogen auf die Gruppe mit `chgrp`, geändert werden. Eine Datei kann nur einen Besitzer und nur eine Besitzergruppe haben.

Die Rechtetabelle besteht aus vier Teilen:

- Das erste Zeichen kennzeichnet den Dateityp. Zum Beispiel zeigt d als erstes Zeichen an, dass die betreffende Datei ein Verzeichnis (directory) ist. Im obigen Beispiel erfolgt keine Kennzeichnung (dargestellt durch einen Bindestrich -), was bedeutet, dass die Datei eine gewöhnliche Datei ist.
- Die Zeichen zwei bis vier kennzeichnen in dieser Reihenfolge die Rechte zum Lesen (*read*), Ändern, also Schreiben (*write*), und Ausführen (*execute*) der Datei bezogen auf den Dateibesitzer. In unserem Beispiel zeigt die Zeichenfolge rw- an, dass der Dateibesitzer die Datei lesen und ändern, aber nicht ausführen kann; rwx würde das Recht zum Lesen, Ändern und Ausführen anzeigen. Die Rechte zum Lesen und Ausführen haben keine Entsprechung in einem FAT-Dateisystem, auch wenn alle FAT-Dateisysteme als lesbar eingestuft werden.
- Die Zeichen fünf bis sieben kennzeichnen in dieser Reihenfolge die Rechte zum Lesen (*read*), Schreiben (*write*) und Ausführen (*execute*) der Datei bezogen auf die Gruppe der Dateibesitzer. In unserem Beispiel zeigt die Zeichenfolge r— an, dass die Mitglieder der Gruppe der Dateibesitzer die Datei lesen, aber nicht ändern und ausführen können. Wenn also benjamin Mitglied der Besitzergruppe ist, darf er die Datei lesen, aber nicht ändern (schreiben).
- Die letzten drei Zeichen kennzeichnen in dieser Reihenfolge die Rechte zum Lesen (*read*), Schreiben (*write*) und Ausführen (*execute*) der Datei bezogen auf alle anderen Benutzer des Systems (oft auch *world permissions* oder *Rechte für den Rest der Welt* genannt). In unserem Beispiel bedeutet —-, dass der Rest der Welt keine Rechte an dieser Datei hat. Alle Anwender, die nicht katha heißen und nicht der Gruppe users angehören, können auf diese Datei nicht zugreifen.

HINWEIS

Eine Ausnahme bezogen auf die Rechte für den Rest der Welt ist der Benutzer `root`*, auch bekannt als Superuser oder Systemverwalter. Dieser hat vollen Zugriff auf alle Dateien auf diesem Computer, unabhängig von den Zugriffsrechten (Hinweis der Übersetzer: Die Prüfung, ob ein Benutzer der Superuser ist oder nicht, erfolgt über die Benutzernummer – die* `uid`*. Die Benutzernummer von root ist 0 – Honni soit qui mal y pense!).*

Die Rechtetabelle kann alternativ durch drei oder vier oktale Ziffern dargestellt werden, wie beispielsweise `640` oder `0640`. Jede der letzten drei Ziffern ist die oktale Darstellung der drei Rechte für (in dieser Reihenfolge) Besitzer, Besitzergruppe, Rest der Welt. Beispielsweise entspricht `rw-` der binären Darstellung `110`. Dies entspricht wiederum im oktalen System der `6` und damit der `6` in `640`. Entsprechend ist r– gleichbedeutend mit der binären Darstellung `100`, was der oktalen `4` entspricht.

In einer Mehrbenutzerumgebung kann man die UNIX-mäßigen Dateirechte und das Eigentum an Dateien für Sicherheitszwecke benutzen. Laufen in einer Firma ein halbes Dutzend Projekte, kann man sechs Gruppen erstellen und die betroffenen Angestellten der entsprechenden Gruppe zuordnen. Man kann dann die Zugriffsrechte auf Dateien und Verzeichnisse so festlegen, dass der Zugriff auf Dateien von der Mitgliedschaft in einer Gruppe abhängt. Während Dateien nur einer Gruppe gehören können, können Benutzer Mitglied verschiedener Gruppen sein. Somit ist es möglich, Mitarbeiter, die an zwei oder mehr Projekten beteiligt sind, den Zugriff auf die Dateien der unterschiedlichen Projekte zu gewähren.

LINUX-Dateisicherheit unter Samba

Im Kern folgt Samba dem Sicherheitsmodell für Dateien, wie es unter LINUX existiert. Jeder, der ein Samba-Share mountet, tut dies als spezieller LINUX-Benutzer. Daher werden die Zugriffsrechte angewandt, die diesem Benutzer zustehen. Nehmen wir als Beispiel wieder die Datei, die der Benutzerin `katha` der Gruppe `users` gehört und die die Rechtetabelle `0640` aufweist. Wenn `katha` ein Share mountet, kann sie die Beispieldatei lesen und ändern. Auf der anderen Seite kann der Benutzer `benjamin`, der ebenfalls der Gruppe `users` angehört, die Datei lesen, aber nicht ändern. Für `benjamin` erscheint die Datei auf einem Windows-Rechner wie eine Read-Only- Datei. Für einen Benutzer, der der Gruppe `users` nicht angehört, erscheint die Datei in der Auflistung des Verzeichnisinhaltes, auf sie kann aber in keiner anderen Weise zugegriffen werden – unter Windows erhält man eine Nachricht mit dem Inhalt „Zugriff verweigert“.

Ein erfahrener Verwalter eines LINUX-Systems sollte keine Mühe haben, ein einfaches System mit Sicherheitskonzepten für Samba-Server einzurichten, die auf den Benutzernamen basieren, insbesondere dann, wenn dieser Server hauptsächlich als „Lagerstätte" für die Dateien der einzelnen Benutzer dient. Betrachten Sie Samba als ein weiteres Anwendungsprogramm, dann liegen Sie nicht besonders falsch. Wer nicht so vertraut ist mit den Sicherheitskonzepten unter LINUX, der sollte sich mit diesen vertraut machen, um zu lernen, was sie können. Die folgende Tabelle fast ein paar Rechte und deren Bedeutung zusammen.

Tabelle 2.1: LINUX-Rechte und ihre Anwendung

RECHT	BEDEUTUNG
0666	Vollständiger Schreib- und Lesezugriff für alle Benutzer. Nützlich für Verzeichnis-Shares ohne besondere Sicherheitsbedürfnisse.
00664	Vollständiger Schreib- und Lesezugriff für alle Benutzer der Besitzergruppe und den Benutzer selbst, reiner Lese-Zugriff für alle anderen Benutzer. Nützlich für gemeinsame Projekte auf einer Ebene mit geringen Sicherheitsansprüchen.
0644	Schreib- und Lesezugriff für den Dateibesitzer, Lesezugriff für alle anderen Benutzer. Nützlich in einer Umgebung mit wenig oder gar keinen vertraulichen Informationen, und wenn der Zugang zu den Daten anderer Benutzer hilfreich ist.
0640	Schreib- und Lesezugriff für den Dateibesitzer, Lesezugriff für die Besitzergruppe, keine Rechte für alle anderen. Nützlich in Zusammenhang mit gemeinsamen Projekten bei einer moderaten Sicherheitslage.
0600	Schreib- und Lesezugriff für den Dateibesitzer, keine Rechte für alle anderen Benutzer. Nützlich bei gemeinsam genutzten Dateien, die einen hochwertigen Schutz benötigen.
0440	Ausschließlicher Lesezugriff für den Besitzer und die Besitzergruppe, kein Zugriff für andere. Nützlich für gemeinsam genutzte Programmdateien oder Daten, die nicht geändert werden müssen.

In den meisten Fällen brauchen Dateien, die man auf einem Samba-Server speichert, kein Ausführungsrecht, zumindest nicht aus der Sicht von LINUX (Samba mag diese Bits gebrauchen, um Archiv-Bit, System-Bit oder Hidden-Bit zu speichern, wie es weiter oben im Abschnitt *FAT Dateiattribute* beschrieben wurde). Verzeichnisse sind jedoch ein besonderer Fall. Da es keinen Sinn macht, Verzeichnisse auszuführen, benutzt LINUX das Recht auf Ausführung im Falle von Verzeichnissen, um zu signalisieren, dass man Informationen über die Dateien in diesem Verzeichnis abrufen darf. Dies ist aus Praxissicht eine zwingende Notwendigkeit, um auf Verzeichnisse zugreifen zu können; so wird das Recht r an Verzeichnissen gewöhnlich immer mit dem Recht x verbunden sein.

Samba bietet eine ganze Reihe von Möglichkeiten, um die Art, wie es die Dateirechte unter LINUX einsetzt, ändern zu können. Diese Optionen ermöglichen eine Flexibilität bei der Absicherung von Dateien, wie sie unter LINUX alleine nicht erreicht werden kann. Zum Beispiel:

- Man kann die Rechte an Dateien, die ein Anwender erstellt, auf der Basis eines „Share-by-Share" festlegen. Zum Beispiel können die Dateien im Heimatverzeichnis des Anwenders sehr eingeschränkten Rechten (wie zum Beispiel der Kombination 0600) unterworfen werden, wohingegen die Dateien in einem Share-Verzeichnis wesentlich weniger strengen Rechten unterliegen können (beispielsweise 0664 oder 0666).
- Man kann die Rechte, die einem durch einen Benutzer für ein erstelltes Verzeichnis zugewiesen werden, genauso festlegen wie für eine gewöhnliche Datei. (Da das x-Recht für ein Verzeichnis so wichtig ist, werden dadurch zum Beispiel aus den Rechten 0644 die Rechte 0755.)
- Man kann den *effektiven Benutzernamen* ändern, über den auf ein Share zugegriffen wird. Man kann zum Beispiel einen einzigen Benutzernamen für alle Zugriffe auf ein oft gebrauchtes Share festlegen, um zu vermeiden, dass es verschiedene Dateibesitzer für Dateien in diesem Share gibt. Wird der Besitzername in dieser Weise festgelegt, dann kann ein einzelner Benutzer mit seinem gewöhnlichen Benutzernamen einloggen. Einmal angemeldet erstellt Samba Dateien mit dem effektiven Benutzernamen und gewährt Zugriff über die entsprechenden Rechte, die dem effektiven Benutzernamen zugewiesen sind.
- Man kann eine Liste mit Namen von Benutzer festlegen, die auf ein Share zugreifen dürfen oder auch nicht oder die darauf schreiben dürfen oder nicht. Diese Einstellung ist unabhängig von den Besitzverhältnissen und Rechten unter LINUX.
- Man kann eine Liste mit Computernamen festlegen, die darüber Schreibzugriff auf ein Share haben oder auch nicht. Diese Einschränkung funktioniert fast genau so wie die benutzerbezogene Einschränkung aus dem vorhergehenden Punkt.

Kapitel 5: Konfiguration zur Freigabe (Share) von Dateien und *14: Sicherheitserwägungen* behandeln diese Aspekte zur Sicherheit und zu Rechten in größerer Ausführlichkeit.

Samba und die Sicherheit auf Dateiebene unter Windows NT/2000

Zwischen den Dateirechten unter LINUX und den „Share-by-share-Erweiterungen“ von Samba kann man sich ein Sicherheitskonzept zurecht schneidern, das den meisten Ansprüchen genügt. Diese Sicherheitsmodelle lassen sich aber schlecht mit den Sicherheits-Features vereinbaren, die für Windows NT verfügbar sind (dies schließt Windows 2000 ein). Diese Windows-Systeme kennen Konzepte zum Eigentum an Dateien und zu Gruppen, wie sie ähnlich unter LINUX vorhanden sind. Anstelle einer Rechtetabelle kennen diese Betriebssysteme jedoch eine *Access Control List* (*ACL* – etwa Zugriffssteuerungsliste. (Hinweis der Übersetzer: In der deutschen Terminologie für diese Windows-Systeme kennt man *Rechte* und *Berechtigungen*). Während letztere an Dateien geknüpft sind und den Rechten unter LINUX entsprechen, sind die genannten Rechte von allgemeiner Natur und regeln den Zugriff auf andere Ressourcen des Systems, wie beispielsweise die Benutzerverwaltung.)

Eine ACL ist eine Liste von Benutzern oder Benutzergruppen, die Zugriff auf bestimmte Dateien haben oder auch nicht. Da eine ACL eine *Liste* ist, kann sie mehrere Einträge enthalten. Diese Eigenschaft der ACLs erlaubt ein feiner gegliedertes Sicherheitsmodell, als es unter LINUX verfügbar ist. Man kann eine gleichwertige Funktionalität auf Verzeichnisbasis durch den Einsatz von Samba erhalten, aber man kann diese Rechte nur schwer direkt aus Windows heraus verändern. Zur Lösung dieses Problems ist in Samba ein eingeschränkter ACL-Support implementiert, der ständig erweitert wird. Unter Samba 2.0.7 kann man zwischen LINUX und Windows-Benutzern und -Gruppen konvertieren und die LINUX-Rechte über die ACL-Steuerung setzen.

Partitionen, Mount-Points und Shares

Sehr erfahrene LINUX-Systemadministratoren installieren LINUX über mehrere Partitionen. Zum Beispiel können `/usr/local`, `/home` und `/var` neben dem Wurzelverzeichnis `/` in jeweils einer eigenen Partition untergebracht sein. Samba beachtet diese Besonderheiten nicht, abgesehen von ihrer Wirkung in einem LINUX Dateisystem (unmountet man zum Beispiel das Dateisystem auf einer Partition, dann wird es für Samba unerreichbar).

Samba erlaubt es, jedes Verzeichnis als Share einzurichten, was man an einem LINUX-Rechner für eben diesen Zweck freigeben will. Man kann mehrere Shares für ein und denselben Computer einrichten. Jedes Share erscheint auf Client-Seite als eigener Punkt (zum Beispiel als eigenständiger Eintrag in einer Browse-Liste). Man kann auch einen Share von einem verschachtelten Verzeichnisbaum exportieren. So lassen sich beispielsweise `/winprogs` und `/winprogs/utils` als jeweils eigenständige Shares festlegen. Das erstgenannte Share wird das Verzeichnis `utils` als Unterverzeichnis seiner Wurzel beinhalten. Der eigenständige Export von `/winprogs/utils` hat keinen Einfluss auf seine Verfügbarkeit über ein anderes Share.

TIPP

Man kann diese Fähigkeit, verschachtelte Shares zu exportieren, zum Feintuning der Zugriffskontrolle nutzen. Angenommen, für die meisten Dateien des Verzeichnisses `/winprogs` *wird lediglich lesender Zugriff benötigt. Dann kann dieses Verzeichnis read-only exportiert werden. Für Situationen, in denen schreibender Zugriff auf das Verzeichnis* `/winprogs/utils` *benötigt wird, kann man dieses mit Lese- und Schreibrechten exportieren. Der Zugang über das erstgenannte Share erlaubt nun nur einen lesenden Zugriff, was wünschenswert ist, wenn man ein versehentliches Löschen oder Ändern der Dateien verhindern will, auch wenn ein Zugang mit Lese- und Schreibrechten über ein anderes Share möglich ist. Entsprechend kann man den Zugang zum Verzeichnis* `/winprogs/utils` *für bestimmte Benutzer einschränken, jedoch das Verzeichnis* `/winprogs` *für alle Benutzer nur lesbar verfügbar machen.*

Unter DOS, Windows oder OS/2 wird jeder Partition und jedem Laufwerk für austauschbare Datenträger ein eindeutiger *Laufwerksbuchstabe* (*drive letter*) zugeordnet, beginnend mit C:. (A: und B: sind reserviert für das erste und, wenn vorhanden, zweite Diskettenlaufwerk.) Abhängig vom Betriebssystem und den Optionen, die man für den Zugriff auf Samba Shares festgelegt hat, kann man ein Share über einen Laufwerksbuchstaben mounten oder auch nicht. Unter Windows gibt es prinzipiell zwei Wege, um auf ein Share zuzugreifen, Mounten und Browsen.

Wenn man ein Share mountet, verknüpft man es mit einem Laufwerksbuchstaben, indem man das Share mit der rechten Maustaste anklickt und aus dem sich öffnenden Popup-Menü den Punkt *Netzlaufwerk verbinden* wählt. Danach kann man das Laufwerk benutzen wie eine lokale Festplatte. Alternativ kann man in einer *MS-DOS Eingabeaufforderung* den Befehl `NET USE` eingeben, um dasselbe Ziel zu erreichen.

Mithilfe des Browsens kann man ein Share über die *Netzwerkumgebung* finden und auf eine darin enthaltene Datei zugreifen, ohne das Share mounten zu müssen. Auf Dateien kann man aber auch zugreifen, wenn man ihren Namen auf der Befehleszeile in der Form `\\HOST\SHARE\PATH\FILE` eingibt, wobei *HOST* der NetBIOS-Name des Computers ist, *SHARE* der Name des Shares und \PATH\FILE Name und Pfad der Datei bezogen auf die Wurzel des Shares.

TIPP

Wenn man ein Share mountet, sollte man einen Laufwerksbuchstaben vergeben, der weit hinter dem letzten aktuell vom Computer benutzten liegt. An einem Rechner, der die Laufwerke C: *bis* E: *kennt, könnte man einem Share den Namen* M: *geben. Diese Vorgehensweise stellt (in eingeschränktem Maße) sicher, dass man den Namen für das Share später nicht ändern muss, wenn lokale Laufwerke hinzufügt oder entfernt werden. Es kann außerdem hilfreich sein, die Mount-Points für das gesamte Netz, in dem die Client-Konfiguration nicht einheitlich sein mag zu standardisieren. Man beachte aber, dass Windows den Namen* Z: *intern benutzt, daher sollte man niemals* Z: *als Mount-Point nutzen.*

Das Mounten eines Shares erleichtert manchmal den Zugriff auf Dateien, weil man sich weniger durch weitverzweigte Ordner wühlen muss. Einige ältere Programme, speziell DOS-Programme, benötigen in jedem Fall einen Laufwerksbuchstaben, so dass man ein Share in diesem Falle unbedingt mounten muss. Nichtsdestotrotz kann das Browsen ein bequemer und schneller Weg sein, Zugang zu einem Share zu erlangen, speziell wenn man es nicht regelmäßig benutzt.

Zusammenfassung

Samba dient als Brücke zwischen der LINUX- und der Windows-Welt, die Unterschiede bei Features zum Netzwerk und zu den Dateisystemen aufweisen. Diese muss Samba überwinden. Einiges von dieser Arbeit ist durch die Integration von SMB/CIFS-Netzwerken in den TCP/IP-Standard erledigt worden. Dieser Teil erlaubt es LINUX-Rechnern, SMB/CIFS ohne NetBEUI zu benutzen.

Sambas Anteil an der Überwindung dieser Kluft ist nach wie vor von substanzieller Natur. Seine zwei Dämonen (und weitere bei Samba TNG) müssen sich auf ein Dateisystem einstellen, dem bestimmte Leistungsmerkmale fehlen wie case-sensivity oder UNIX-gemäße Dateirechte, das aber auf der anderen Seite auch Features besitzt (wie das Hidden- oder das System-Bit), die ein UNIX-Dateisystem nicht kennt. Alles in allem erledigt Samba seine Aufgabe bemerkenswert gut und erlaubt es einem Systemverwalter sogar, Sicherheits-Merkmale von LINUX einzusetzen und Sambas Erweiterungen zur Sicherheit für eine flexible Zugangskontrolle auf Shares zu nutzen.

Teil 2

Grundlegende Konfiguration

- Die Beschaffung von Samba
- Installation von Binär- und Quellpaketen
- Speicherorte installierter Dateien
- Der Betrieb von Samba
- Konfiguration Sambas mithilfe grafisch orientierter Hilfsprogramme
- Editieren der Datei `smb.conf`
- Grundlegende Konfigurationsoptionen
- Dateifreigaben einrichten
- Der Umgang mit Besitzverhältnissen und Rechten
- Dateifreigabe-Szenarien
- Erzeugen von Druckerwarteschlangen und Druckerfreigaben
- Druckerzugriffskontrolle
- Druckerfreigabe-Szenarien
- Der Gebrauch von `smbclient`
- Der Gebrauch von `smbmount`
- Der Gebrauch von `smbprint`

Installation von Samba

KAPITEL 3

Der erste Schritt, um Samba verwenden zu können, ist die Installation der Software auf Ihrem Computer. Dieser Schritt ist glücklicherweise in der Regel recht einfach, da das Samba-Paket Bestandteil der meisten wichtigen Distributionen ist. Dennoch gibt es Situationen, in denen Sie selber Maßnahmen ergreifen müssen, um Samba zu installieren.

Zum einen besteht die Möglichkeit, dass Samba nicht auf jedem System installiert ist, *obwohl* es Bestandteil der wichtigen LINUX-Distributionen ist. Darüber hinaus: Samba wird ständig weiterentwickelt. Wenn bei einer neueren Version wichtige Leistungsmerkmale hinzugefügt oder wenn Fehlerkorrekturen durchgeführt wurden, mag der Fall gegeben sein, dass sie eine Aktualisierung vornehmen müssen. Wenn Sie ein brandneues Samba wünschen (das heißt, die aktuellste Version), werden Sie sich in der Regel den Quellcode beschaffen und diesen selber kompilieren müssen.

TIPP

*Diese Entwicklerversionen bergen jedoch die Gefahr in sich, sich potenziell an ihnen die „Finger zu verbrennen“, daher ist die Bezeichnung brandneu an dieser Stelle gar nicht so unberechtigt (*Anm. d. Übers.*: Im englischen Sprachraum werden diese Versionen als* bleeding edge *bezeichnet).*

Dieses Kapitel beschreibt die verschiedenen Möglichkeiten, wie Sie sich Samba besorgen und installieren können. Die Möglichkeiten reichen von der einfachen Installation von Ihrer LINUX-Distributions-CD bis hin zur Beschaffung und Kompilierung des Quellcodes. Darüber hinaus finden Sie in diesem Kapitel die Beschreibung einiger Schlüsseldateien für die Konfiguration von Samba sowie Methoden, wie Samba eingesetzt wird, nachdem Sie es installiert haben.

Die Beschaffung von Samba

Samba ist ein Software-Paket, das sehr einfach zu beschaffen ist. Mit an Sicherheit grenzender Wahrscheinlichkeit ist es Bestandteil der von Ihnen verwendeten LINUX-Distribution, aber unter Umständen möchten Sie eine aktuellere Version der Software verwenden. Als Faustregel kann die Empfehlung ausgesprochen werden, die Version, die vom LINUX-Distributor Ihrer Wahl vertrieben wird, einzusetzen. Solche Pakete beinhalten häufig Startskripte, die für die Distribution angepasst wurden, und Sie werden weniger wahrscheinlich mit Problemen konfrontiert werden, wie zum Beispiel inkompatiblen Bibliotheken, wenn Sie sich an die Verwendung von Binärdateien halten, die für die von Ihnen eingesetzte Distribution erstellt wurden.

Alternativ hierzu können Sie Samba selbst kompilieren. Dieser Ansatz kann dann von Vorteil sein, wenn Sie das Programm Ihren individuellen Bedürfnissen anpassen müssen, wie beispielsweise mit einer *NetBEUI*-Unterstützung (`http://wwww.procom.com`), oder wenn Sie ungewöhnliche Compiler-Laufzeitoptionen hinzufügen oder entfernen wollen.

Samba als Bestandteil Ihrer Distribution

Jede der wichtigeren LINUX-Distributionen enthält eine oder mehrere Samba-Paketdateien. *Tabelle 3.1* fasst die Namen zusammen, die von den beliebtesten Distributionen verwendet werden. Weiter unten in diesem Kapitel finden Sie beschrieben, wie Sie überprüfen können, ob diese Pakete auf Ihrem System installiert sind. Wenn dies nicht der Fall sein sollte, verwenden Sie einfach Ihre Installations-CDs und installieren die relevanten Pakete.

Tabelle 3.1: Die Namen der Samba-Pakete in beliebten Distributionen

DISTRIBUTION	SAMBA-PAKETE
Caldera eDesktop 2.4	samba-2.0.6-2.i386.rpm
	samba-doc-2.0.6-2.i386.rpm
Corel LINUX 1.2	samba-common_2.0.7-2-cl-1.1_i386.deb
	samba_2.0.7-2-cl-1.1_i386.deb
	samba-doc_2.0.7-2-cl-1.1_all.deb
Debian GNU/LINUX 2.2	samba-common_2.0.7-3.deb
	samba-doc_2.0.7-3.deb
	samba_2.0.7-3.deb
LINUX Mandrake 7.1	samba-2.0.6-4mdk.i586.rpm
	samba-client-2.0.6-4mdk.i586.rpm
	samba-common-2.0.6-4mdk.i586.rpm
LINUXPPC 2000	samba-2.0.6-12.ppc.rpm
	samba-client-2.0.6-12.ppc.rpm
	samba-common-2.0.6-12.ppc.rpm
Red Hat LINUX 7.0	samba-2.0.7-21ssl.i386.rpm
	samba-client-2.0.7-21ssl.i386.rpm
	samba-common-2.0.7-21ssl.i386.rpm
Slackware LINUX 7.1	samba.tgz (Samba 2.0.7)
Storm LINUX 2000	gnosamba_0.3.3-0.slink.0_i386.deb
	samba-doc_2.0.5a-1_all.deb
	samba-common_2.0.5a-1_i386.deb
	samba_2.0.5a-1_i386.deb
SuSE LINUX 6.4	ksamba-0.3.4-90.i386.rpm
	samba-2.0.6-80.i386.rpm

DISTRIBUTION	SAMBA-PAKETE
TurboLINUX 4.0	gtksamba-0.3.2pl1-2.i386.rpm samba-2.0.6-20000313.i386.rpm samba-nsswitch-2.0.6-20000313.i386.rpm
Yellow Dog LINUX 1.2	samba-2.0.6-8.ppc.rpm samba-client-2.0.6-8.ppc.rpm samba-common-2.0.6-8.ppc.rpm

Die meisten dieser Distributionen verwenden weitestgehend standardisierte Konventionen bei der Vergabe der LINUX-Paketnamen. Im Einzelnen enthalten die Paketnamen folgende Elemente, die in der Regel durch Bindestriche (-), Unterstriche (_) oder Punkte (.) voneinander getrennt sind:

- Den Namen des Pakets, wie z.B. `samba` oder `samba-client`.
- Die Versionsnummer: Diese lautet bei den meisten der in Tabelle 3.1 aufgeführten Distributionen `2.0.6`.
- Eine Revisionsnummer: Diese reflektiert geringfügige Überarbeitungen, die für die jeweilige Distribution spezifisch sind. Die Revisionsnummer wird beispielsweise dann erhöht, wenn eine Änderung im Speicherort der Dokumentationsdateien der Distribution vorgenommen oder wenn ein Fehler in einem Startup-Skript behoben wurde.
- Einen Code für die jeweilige Distribution, wie beispielsweise `mdk` für *Mandrake*. Nicht alle Distributionen verwenden solche Distributionscodes.
- Einen Code für die jeweilige Prozessorarchitektur, wie beispielsweise `i386` für den *Intel 80386* oder folgende Prozessoren oder `ppc` für den *PowerPC*-Prozessor.
- Einen Dateityp: `rpm` steht für eine Datei, die mithilfe des *Red Hat Package Manager* (*RPM*) verwaltet wird, `deb` für ein *Debian*-Paket oder `tgz` für eine `tar`-Datei, die mithilfe des Kompressionsprogramms `gzip` erstellt wurde (auch als *Tarball* bekannt).

Wie Sie der Tabelle entnehmen können, teilen die einzelnen Distributionen Samba in verschiedene Pakete auf. *Red Hat* und die meisten seiner Derivate beispielsweise stellen die Pakete `samba`, `samba-client` und `samba-common` zur Verfügung. Sie sollten alle drei Pakete installieren (wenn Sie keine Client-Funktionen zu verwenden planen, können Sie jedoch die Installation des Pakets `samba-client` auslassen). *Debian*-basierte Distributionen enthalten die Pakete `samba`, `samba-common` und `samba-doc`. Auch hier gilt die Empfehlung, alle drei Pakete zu installieren. Andere Distributionen wie *SuSE 6.4* und *Storm LINUX 2000* enthalten zusätzliche Pakete, die Samba-bezogene Funktionalitäten bieten, wie zum Beispiel grafisch orientierte Konfigurationshilfen. Solche Pakete verursachen in den wenigsten Fällen Probleme, werden jedoch auch nicht detailliert in diesem Buch besprochen.

Wenn Sie mit einer aktuelleren Distribution arbeiten als die in *Tabelle 3.1* aufgeführten, ist die Wahrscheinlichkeit groß, dass der Basisname des Pakets derselbe geblieben ist, jedoch die Versions- oder Revisionsnummer größer ist.

Wenn Sie mit einer Distribution arbeiten, die nicht in *Tabelle 3.1* aufgeführt ist, ist die Wahrscheinlichkeit dennoch groß, dass sie Samba-Pakete enthält, die ähnlich benannt sind wie die in der Tabelle dargestellten. Eine Möglichkeit, nach Samba-Paketen zu suchen, besteht darin, Ihre LINUX-Installations-CD zu mounten und nach diesen mithilfe des Befehls `find` zu suchen:

```
$ mount /dev/cdrom /mnt/cdrom

$ find /mnt/cdrom -name "*amba*"
```

TIPP

Passen Sie den Namen des von Ihnen verwendeten Mountpoints Ihres CD-ROM-Lauwerks gegebenenfalls an.

WARNUNG

Wenn in Ihrem Netzwerk Windows 2000-Clients vorhanden sein sollten, sollten Sie nur Samba in der Version 2.0.7 oder höher verwenden. Samba in der Version 2.0.5a oder niedriger hat ernsthafte Schwierigkeiten mit Windows 2000-Clients und selbst Version 2.0.6 ist in dieser Hinsicht nicht perfekt.

Updates Ihres LINUX-Distributors

Auch wenn Samba Bestandteil der von Ihnen verwendeten Distribution ist, möchten Sie vielleicht eine aktualisierte Version des Programms verwenden. In diesem Fall ist der einfachste Weg, diese von Ihrem Distributor zu beziehen. Typischerweise finden Sie einen Update-Bereich auf der Web-Seite Ihres Distributors oder dieser bietet einen FTP-Service. Aktualisierte Pakete können Fehlerkorrekturen, verbesserte Funktionalitäten, bessere Setup-Routinen oder Ähnliches bieten.

Sollten Sie automatisch Updates beziehen, wenn diese zur Verfügung stehen? Dies ist eine schwierige Frage, deren Beantwortung auf zwei gegensätzliche Weisen erfolgen kann:

- „Was nicht kaputt ist, muss nicht repariert werden“ (*Anm. d. Übers.: Oder wie man in der UNIX-Welt allgemein sagt: Never change a running system – Ändere nie ein laufendes System*). Diese Aussage trifft häufig auf Software-Updates zu. Wenn Ihre aktuelle Samba-Installation zu Ihrer Zufriedenheit läuft, warum sollen Sie diese dann aktualisieren? Ein Update birgt immer das Risiko neuer Probleme in sich.
- „Fehlerkorrekturen können wichtig sein“. Aktualisierte Versionen von Samba beinhalten häufig Fehlerkorrekturen. Manche dieser Fehlerkorrekturen beheben ernsthafte Probleme – meist im sicherheitsrelevanten Bereich. Um Problemen aus dem Weg zu gehen, ist es ratsam, die aktuellsten Fehlerkorrekturen einzuspielen.

Als Minimalkonsens kann empfohlen werden, regelmäßig die Samba-Web-Seiten und die der von Ihnen verwendeten Distributionen zu überprüfen, um sich über Sicherheitslücken, die bekannt geworden sind, zu informieren. Wenn ein Sicherheitsproblem oder ein anderer schwerwiegender Fehler vorhanden sein sollte, machen Sie ein Update. Wenn keine solcher Probleme in Versionen behoben sind, die aktueller sind, als die von Ihnen verwendete, ist eine Aktualisierung auch nicht als kritisch zu betrachten. Entscheiden Sie selbst, ob Sie ein Update vornehmen wollen, indem Sie die Unterschiede der einzelnen Versionen vergleichen.

Wie beschaffe ich die aktuellste Version von Samba?

In der Regel steht die jeweils aktuellste Version von Samba nicht bei den einzelnen Distributoren als Bestandteil der jeweiligen Distribution oder als Update zur Verfügung. Zwischen dem Erscheinen einer neuen Version und dem Zeitpunkt, wann diese für eine Distribution kompiliert wird, liegt häufig eine gewisse Zeitspanne. Hieraus folgt, dass Sie nach einer anderen Quelle Ausschau halten müssen als der Web-Site Ihres LINUX-Distributors.

TIPP

Wie bereits weiter oben in diesem Kapitel erwähnt, enthalten Samba-Pakete, die für spezielle Distributionen zusammengestellt wurden, typischerweise Erweiterungen, die die Zusammenarbeit von Samba mit der jeweiligen Distribution optimieren helfen sollen – hierzu gehören insbesondere Startup-Skripte und Skripte für das Beenden von Samba, die an die jeweilige Distribution angepasst wurden. Wenn Sie ein aktuelles Samba-Paket verwenden wollen, welches nicht in Hinblick auf die von Ihnen verwendete Distribution erstellt wurde, installieren Sie zunächst ein Programmpaket, welches für Ihre Distribution zusammengestellt wurde. Sichern Sie die distributionsspezifischen Skripte (Sie finden diese später in diesem Kapitel im Abschnitt Distributionsabhängige Startup-Skripte *beschrieben) und entfernen Sie das Paket. Nach der Installation des aktualisierten*

Samba können Sie nun die distributionsspezifischen Skripte für den Start und für das Beenden von Samba verwenden (diese Vorgehensweise wird bei Samba TNG nicht anwendbar sein, da dieses mehr Dämonen verwendet, als Samba 2.0.x).

Im Folgenden finden Sie einige Quellen, von denen Sie eine aktualisierte Samba-Version beziehen können:

RPMFind Die Web-Site `http://rufus.w3.org/LINUX/RPM/` ist eine hervorragende Quelle, wenn Sie nach Software-Paketen im RPM-Format suchen. Die meisten der RPMs, die von dieser Site erhältlich sind, sind für spezifische LINUX-Distributionen bestimmt, einige jedoch sind allgemeinerer Natur. Wenn Sie auch keine aktuellere Samba-Version für die von Ihnen verwendete Distribution finden, so besteht die Möglichkeit, dass Sie aktuellere RPM-Pakete für andere D0istributionen von hier herunterladen können, die Sie auf Ihrem System einsetzen können.

Debian Unter `http://www.debian.org/distrib/packages` finden Sie eine von *Debian* gepflegte Datenbank mit Software-Paketen. Dieses stammen überwiegend aus der aktuellen stabilen *Debian*-Version oder aus Betatest-Veröffentlichungen. In den meisten Fällen können *Debian*-Pakete auf anderen auf *Debian* basierenden Distributionen wie *Corel LINUX* oder *Storm LINUX* ohne weitere Modifikationen verwendet werden.

Weitere Distributoren Überprüfen Sie die Web-Sites anderer LINUX-Distributoren, die dasselbe Paketformat verwenden, wie der von Ihnen bevorzugte Distributor. Benutzer von *Red Hat* können beispielsweise die Seiten von *Mandrake* durchsuchen (`http://www.LINUX-mandrake.com/de/`). In den meisten Fällen stellt ein Blick auf die *RPMFind*-Seiten jedoch die effektivste Methode dar, RPM-Pakete für auf diesem Paketformat basierende Distributionen zu finden.

Freshmeat Die Web-Site von *Freshmeat* (`http://freshmeat.net/`) ist ein guter Anlaufpunkt, aktuelle Software-Erscheinungen in unterschiedlichen Formaten zu lokalisieren.

Die Samba-Site Die ultimative Quelle für Samba ist natürlich deren eigene Web-Site, `http://www.samba.org` (tatsächlich finden sich auf dieser Site Links zu einer Liste von Mirrors, aus der Sie den für Sie am dichtesten liegenden auswählen können). Sie erhalten hier den Quellcode oder vorkompilierte Binaries für eine Reihe weit verbreiteter LINUX-Distributionen. Die allerneueste Version – speziell das allerneueste Entwicklerpaket – ist meist nur als Quellpaket erhältlich.

Welche Quelle auch immer Sie verwenden wollen, Sie müssen sich für eine Paketform entscheiden. Diejenigen Pakete, die am einfachsten zu installieren sind, sind die, die in Binärform für die von Ihnen verwendete Distribution vorliegen (oder zumindest für die entsprechende Architektur, wie z.B. *Intel x86* oder *PowerPC*). Die meisten vorkompilierten Binärpakete sind als RPMs oder als *Debian*-Pakete erhältlich, wobei Sie Samba ebenfalls in Form eines *Tarballs* erhalten können. Alternativ können Sie Samba auch im Quellcode beziehen – wiederum in Paketform oder als Tarball. Im Folgenden werden diese verschiedenen Optionen beschrieben.

Installation eines Binärpakets

Die Prozeduren für die Installation von Samba variieren substanziell zwischen den einzelnen LINUX-Distributionen. Die meisten Distributionen verwenden heutzutage RPM-Dateien oder *Debian*-Pakete, *Slackware* hingegen verwendet Tarballs. Einige andere, wie beispielsweise *Stampede LINUX*, verwenden ihr eigenes proprietäres Format. Als allgemeine Regel gilt: Wenn Sie Binärpakete verwenden wollen, beschaffen Sie sich solche in einem Format, das von der von Ihnen verwendeten Distribution favorisiert wird. Wenn nötig, können Sie ein Format in ein anderes konvertieren, indem Sie das Programm `alien` verwenden. Oder Sie können einen Tarball installieren (alle LINUX-Distributionen können mit Tarballs umgehen). Die saubersste Lösung ist in jedem Fall, das korrekte Paketformat zu verwenden.

Installation eines RPM-Pakets

Die meisten aktuellen LINUX-Distributionen verwenden das RPM-Format, *Debian*-Pakete werden jedoch immer populärer. Glücklicherweise gestaltet sich die Installation von RPM-Paketen sehr einfach.

WARNUNG

Die Aktualisierung von RPM-Paketen führt in einigen Fällen dazu, dass Konfigurationsdateien überschrieben werden. Sichern Sie daher die Dateien `smb.conf` *und* `smbpasswd` *(Sie finden diese im Allgemeinen in* `/etc` *oder* `/etc/samba.d`*) vor der Aktualisierung einer lauffähigen Samba-Installation. Wenn Sie eine Aktualisierung auf eine Samba-Version vornehmen, die nicht für die von Ihnen verwendete Distribution erstellt wurde, sollten Sie ebenfalls die Startup-Skripte sichern; Sie finden diese später in diesem Kapitel im Abschnitt* Distributionsabhängige Startup-Skripte *beschrieben.*

Die Verwendung befehlszeilenorientierter Hilfsprogramme

Um Samba von der Befehlszeile aus zu installieren oder zu aktualisieren, verwenden Sie einen Befehl wie folgt:

```
# rpm -Uvh samba-2.0.6-9.i386.rpm
```

Wenden Sie den Befehl rpm jeweils auf alle Pakete, die Sie aktualisieren wollen, an oder geben Sie mehrere Pakete gleichzeitig an, indem Sie diese durch Leerzeichen trennen. Das Programm rpm sollte durch die Darstellung einer Reihe von Rauten (*Hash*-Zeichen: #) den Fortschritt der Installation bis zu deren Abschluss anzeigen.

Die Verwendung des Parameters -U legt fest, dass eine Paket-Aktualisierung erfolgen soll, womit rpm angewiesen wird, zunächst automatisch das bereits vorhandene Paket zu entfernen, bevor die neue Version installiert wird. Wenn Sie eine Reihe von Paketen einer Distribution mit deren Entsprechungen einer anderen Distribution ersetzen wollen, entfernen Sie erstere zunächst manuell, bevor Sie die neuen Pakete installieren. Dies mindert die Wahrscheinlichkeit, dass durch unterschiedliche Paketbezeichnungen oder -Inhalte Konflikte entstehen. Eine typische Befehlsfolge für eine solche Situation wäre:

```
# rpm -e samba

# rpm -Uvh samba-2.0.6-9.i386.rpm
```

Wenn der Befehl rpm -U keine bereits vorhandenen Pakete finden kann, werden die Pakete ohne weitere (Fehler)-Meldung installiert. In einer solchen Situation könnten Sie jedoch auch die Befehlsfolge rpm -ivh an Stelle von rpm -Uvh verwenden.

Durch die Eingabe von rpm -qi kann verifiziert werden, dass das Paket installiert wurde; der Befehl gibt Informationen darüber aus, wann und auf welchem Computersystem das Binärpaket generiert wurde. Folgendes Listing zeigt die Ausgabe dieses Befehls.

```
$ rpm -qi samba
```

```
Name          : samba              Vendor: Caldera Systems, Inc.
Version       : 2.0.6              Distribution: OpenLINUX 2.4
Release       : 2                  Build Host: bm.calderalabs.com
Install Date  : 2000-04-01T19:54:26Z Build Date: 2000-02-17T22:50:49Z
Size          : 3763927            Source RPM: samba-2.0.6-
2.src.rpm
Group         : Server/Network
Copyright     : Andrew Tridgell, John H Terpstra; GPL.
Packager      : Klaus Singvogel <klaus@caldera.de>
URL           : http://samba.org/samba
Summary       : SMB client and server.
```

Die Ausgabe dieses Befehls beinhaltet ebenfalls eine erweiterte, englischsprachige Zusammenfassung darüber, worum es sich bei Samba handelt, deren Darstellung jedoch im vorhergehenden Listing vermieden wurde.

Die Verwendung grafisch orientierter Hilfsprogramme

Viele LINUX-Distributionen bieten grafisch orientierte Hilfsprogramme (*graphical user interface tools – GUI-Tools*), die Sie bei der Installation, dem Entfernen, der Aktualisierung und der Abfrage von Informationen zu Paketen unterstützen. *Red Hat* und *Mandrake* beispielsweise werden mit *Gnome RPM* ausgeliefert (*Abbildung 3.1*). Um mithilfe von *Gnome RPM* zusätzliche Pakete zu installieren, verfahren Sie wie in den folgenden Schritten beschrieben:

Abbildung 3.1: Gnome RPM ist eines mehrerer GUI-Tools für die Verwaltung von Paketen eines RPM-basierten LINUX-Rechners

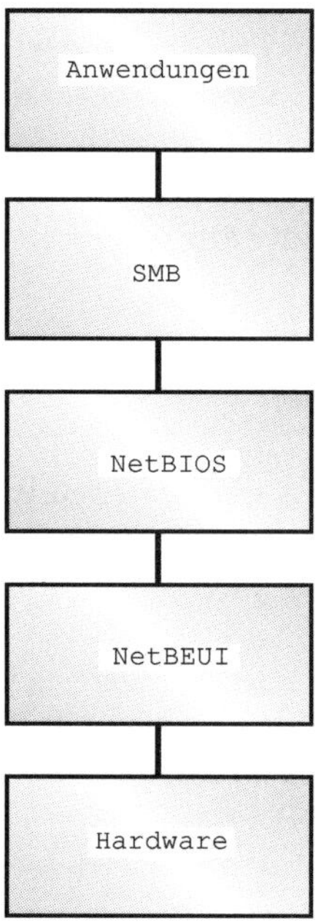

1. Rufen Sie als Benutzer *root* das Programm *Gnome RPM* durch Eingabe von `gnorpm` in einem Terminalfenster auf.
2. Klicken Sie im Hauptfenster des Programms die Schaltfläche *Installieren*. Ein Dialogfenster wird geöffnet, in dem Sie RPM-Pakete auswählen können.
3. Klicken Sie die Schaltfläche *Hinzufügen* im Dialogfenster *Installieren*. Wählen Sie die gewünschten Dateien im Dateiauswahl-Fenster.

Beachten Sie die Möglichkeit, mehrere Dateien gleichzeitig auszuwählen. Klicken Sie nach Beendigung Ihrer Auswahl die Schaltfläche *Schließen*.

4. Überprüfen Sie, ob tatsächlich alle von Ihnen gewünschten Dateien in den ihnen zugeordneten Kontrollkästchen als angewählt gekennzeichnet sind und klicken Sie dann die Schaltfläche *Installieren*. *Gnome RPM* installiert nun die von Ihnen gewünschten Pakete.

Sie können *Gnome RPM* ebenfalls dazu verwenden, ähnlich der zuvor dargestellten Weise RPM-Pakete zu aktualisieren, zu löschen oder Informationen über diese abzufragen. GUI-basierte Konfigurationstools in anderen Distributionen, wie z.B. *Caldera* oder *SuSE* unterscheiden sich in Details, haben aber ähnliche Funktionalitäten.

Die Installation von Debian-*Paketen*

Debian-Pakete sind nicht kompatibel zu RPM-Paketen, jedoch sind die zugrunde liegenden Funktionsprinzipien beider Pakettypen gleich. Verwenden Sie den Befehl `dpkg` für die Installation von *Debian*-Paketen, wie in folgendem Beispiel dargestellt:

```
# dpkg -i samba_2.0.6-cl-1.1_i386.deb
```

Diese Befehlszeile bewirkt die Installation des Pakets `samba_2.0.6-cl-1.1_i386.deb`.

Vor dem Ausführen dieses Befehls kann es notwendig sein, ein älteres Paket zu entfernen. Verwenden Sie hierzu die Option `-r` des Befehls dpkg, wie in folgendem Beispiel dargestellt:

```
# dpkg -r samba
```

Einige Debian-basierte LINUX-Distributionen wie zum Beispiel *Corel-LINUX* enthalten GUI-basierte Frontends zu `dpkg`, ähnlich dem Programm *Gnome RPM* für RPM-basierte Systeme. Wenn Sie sich im Umgang mit GUI-basierten Tools sicherer fühlen als an der Befehlszeile, verwenden Sie diese Frontends zur Vereinfachung Ihrer administrativen Tätigkeiten.

Die Installation eines Tarballs

Wenn Sie mit *Slackware LINUX* oder einer anderen Distribution arbeiten, die auf Tarballs basiert, können Sie Samba installieren, indem Sie das Standard-Utility `tar` verwenden. Diese Methode kann ebenfalls angewandt werden, wenn Sie einen Tarball innerhalb einer Distribution installieren wollen, die normalerweise ein Tool zur Paketverwaltung verwendet. Die Verwendung von RPM- oder *Debian*-Paketen sei jedoch ausdrücklich empfohlen, wenn die von Ihnen verwendete Distribution eines dieser Dateiformate unterstützt.

WARNUNG

Wenn Sie in einem Slackware-basierten System eine neue Version von Samba über eine alte Version installieren, überschreiben die neuen Dateien höchstwahrscheinlich die bereits vorhandenen. Wenn Sie jedoch einen Tarball in einem System installieren, welches normalerweise auf Paketen basiert, oder wenn Sie einen Tarball installieren, der mit einer anderen Verzeichnisstruktur als der Ihres aktuellen Systems erstellt wurde, resultieren hieraus doppelt vorhandene Samba-Dateien. Dies kann zu beträchtlichen Verwirrungen führen, da Sie in die Situation geraten könnten, weiterhin die alten Binaries statt der neu installierten zu verwenden. Aus diesem Grunde sollten Sie vor der Installation von Samba-Binaries aus einem Tarball zunächst die alten Pakete so gut wie möglich entfernen. Überprüfen Sie zunächst die Verzeichnisstruktur innerhalb des Tarballs, indem Sie den Befehl `tar tvfz samba.tgz` *eingeben. Dieser Befehl zeigt alle Dateien, die in einem Tarball enthalten sind, einschließlich deren vollständiger Pfade.*

Die Installation von Tarballs ist eine recht unkomplizierte Sache. Führen Sie als Benutzer *root* Befehlsfolgen angelehnt an das folgende Beispiel aus, bei dem davon ausgegangen wird, dass sich der Tarball `samba.tgz` im Verzeichnis `/root` befindet:

```
# cd /

# tar xvfz /root/samba.tgz
```

Beachten Sie hierbei, dass die erste Befehlszeile (`cd /`) äußerst wichtig ist; ohne Eingabe dieser Zeile würden die Dateien unterhalb des aktuellen Verzeichnisses installiert werden und nicht innerhalb des Verzeichnisbaums an den erwarteten Stellen (in Fällen, in denen ein Tarball unterhalb einer bestimmten Verzeichnisebene installiert werden soll, folgen Sie den Installationsanweisungen des entsprechenden Pakets).

Kompilieren des Quellcodes

Es gibt Fälle, in denen die Installation von Binärdateien nicht ange bracht ist. Solche Situationen können auftreten:

- Wenn Sie den Quellcode irgendwie modifizieren müssen – einschließlich ungewöhnlicher Compiler-Optionen –, müssen Sie den Quellcode selber kompilieren, es sei denn, Sie finden ein Binary, das exakt die von Ihnen geforderten Modifikationen beinhaltet.
- Wenn Sie aktualisierte Sofware-Bibliotheken (*Libraries*) installiert haben, die nicht kompatibel zu den Standardbibliotheken sind, müssen Sie ebenfalls von den Quelldateien ausgehend installieren (diesen Situation ist aus zwei Gründen eher unwahrscheinlich: Solche aktualisierten Bibliotheken würden höchstwahrscheinlich andere Pakete als Samba beeinflussen und Sie können mehrere Versionen der meisten Bibliotheken gleichzeitig installieren).
- Wenn Sie LINUX auf einem Rechner mit einer ungewöhnlichen Prozessorarchitektur verwenden, können Sie nicht die Binaries für *Intel x86*-basierte Systeme, die am weitesten verbreitet sind, verwenden. Unter Umständen finden Sie vorkompilierte Binaries für die Architektur Ihres Computers; sollte dies jedoch nicht der Fall sein, können Sie den Code selber kompilieren.

Es gibt zwei hauptsächliche Methoden, Samba aus den Code-Quellen zu kompilieren: Verwenden Sie den Quellcode aus einem RPM-Quellcode-Paket oder beschaffen Sie sich den Quellcode in Form eines Tarballs. Wenn Sie das Kompilat aus einem RPM-Quellcode-Paket erzeugen wollen, ist es verhältnismäßig schwierig, Änderungen am Quellcode vorzunehmen, so dass die Verwendung eines Tarballs vorzuziehen ist, da sich die Quellen hier einfacher anpassen lassen.

Kompilieren RPM-basierter Quellcodepakete

Wenn Sie Samba selber kompilieren wollen, da Sie Standardbibliotheken ersetzt haben oder mit einer ungewöhnlichen Hardware-Architektur arbeiten, für die Sie keine Binärpakete finden können, ist die einfachste Methode, Samba innerhalb einer RPM-basierten Distribution zu installieren, *RPM-basierte Quellcodepakete* zu verwenden. Diese fassen den originalen Quellcode, Patches und Installationsskripte in einer einzigen Datei zusammen. Solche Pakete können von Binärpaketen anhand ihres

Namens unterschieden werden, der statt der Komponente `i386`, `ppc` oder einem anderen Architekturcode das Element `src` als Bestandteil des Dateinamens enthält.

Um ein binäres RPM-Paket aus einem Quell-RPM-Paket zu erstellen, geben Sie einen Befehl folgender Form ein:

```
# rpm -rebuild samba-2.0.6-9.src.rpm
```

Dieser Befehl generiert ein Binärpaket aus `samba-2.0.6-9.src.rpm`. Das resultierende Binärpaket wird einen ähnlich lautenden Dateinamen besitzen, mit dem Unterschied, dass anstatt des Namensteils `src` ein Architekturcode im hinteren Bereich des Dateinamens zu finden sein wird. Das Binärpaket erscheint irgendwo unterhalb des Verzeichniszweigs `/usr/src` üblicherweise in einem Verzeichnis, dessen Name sich an den Namen der von Ihnen verwendeten Distribution anlehnt. Wenn Sie beispielsweise *Caldera eDesktop 2.4* verwenden, erscheint das Binary im Verzeichnis `/usr/src/OpenLINUX/RPMS/i386` (*Caldera*s Distributionen hießen vormals *OpenLINUX*). Wechseln Sie nun in dieses Verzeichnis oder verschieben Sie die Datei in ein Verzeichnis Ihrer Wahl und installieren Sie sie, wie Sie dies mit einem beliebigen anderen RPM-Binary auch tun würden.

HINWEIS

Das Generieren eines Binär-RPMs aus einem Quell-RPM ist kein narrensicherer Vorgang. Wenn Ihnen ein kritisches Entwicklerwerkzeug fehlt, wird dieser Prozess fehlschlagen. Ebenso können spezifische architektonische Eigenheiten des von Ihnen verwendeten Rechners, der Bibliotheken oder des Environments dazu führen, dass dieser Vorgang fehlschlägt. Glücklicherweise wird Samba auf einer breiten Palette an LINUX-Computern und Computern, die ein anderes Betriebssysteme verwenden, gestestet, so dass es eher unwahrscheinlich ist, dass Sie auf Grund der von Ihnen verwendeten Arbeitsumgebung auf Probleme stoßen werden.

Kompilieren von Quellen aus einem Tarball

Wenn Sie aus irgendwie gearteten Gründen den Samba-Quellcode modifizieren müssen oder ungewöhnliche Compiler-Optionen verwenden müssen, die nicht standardmäßig in einem Quell-RPM gesetzt sind, sind Sie am besten damit beraten, Samba direkt aus einem Tarball zu kompilieren, der die Quellen enthält. Hierbei sei Ihnen empfohlen, den Tarball direkt von der Samba-Web-Site oder von einer Site herunterzuladen, die Quellcode für das von Ihnen speziell verwendete LINUX-System bereitstellt.

HINWEIS

Es ist durchaus möglich, den Quellcode in einem Quell-RPM zu modifizieren, jedoch äußerst mühsam. Eine solche Modifikation für einen einzelnen Samba-Server vorzunehmen, ist vermutlich nicht den Aufwand wert. Wenn Sie mehr Informationen zu diesem Thema wünschen, seien Sie auf das RPM HOWTO verwiesen, welches Bestandteil aller größeren LINUX-Distributionen ist.

Der Vorgang für das Kompilieren von Samba aus seinen Quellen kann wie folgt beschrieben werden:

1. Beschaffen Sie sich den Tarball mit den Quellen von der Site Ihrer Wahl.
2. Wechseln Sie in das Verzeichnis /usr/src oder ein ähnlich geeignetes Verzeichnis.
3. Entpacken Sie die Dateien aus dem Tarball, indem Sie einen Befehl wie folgt eingeben:

```
# tar xvfz ~/samba-2.0.7.tar.gz
```

Dieser Befehl erzeugt ein neues Verzeichnis, in dem sich der Samba-Quellcode befindet.

4. Wechseln die in das Quellcode-Verzeichnis.
5. Lesen Sie die Datei `README` im Quellcode-Verzeichnis. Diese Datei enthält unter Umständen wichtige Informationen zu der speziellen Samba-Version, die Sie sich beschafft haben.
6. Der eigentliche Quellcode befindet sich in einem Verzeichnis `source` unterhalb des Samba-Verzeichnisses. Wechseln Sie in dieses.
7. Geben Sie `./configure` ein, um den `Makefile` und weitere kritische Konfigurationsdateien für das von Ihnen verwendete System zu konfigurieren (die verschiedenen Optionen, die Sie mit `./configure` verwenden können, werden nach Darstellung dieses Vorgangs beschrieben).
8. Geben Sie `make` ein, um die Samba-Distribution zu generieren.
9. Geben Sie `make install` ein, um Samba zu installieren.

HINWEIS

Abhängig von der Rechtesituation im Verzeichnis `/usr/src` *können Sie die unter 1bis 8 beschriebenen Schritte als einfacher Benutzer ausführen. Schritt 9* muss *jedoch vom Benutzer* root *ausgeführt werden.*

Konfigurationsoptionen werden an den zuvor in Schritt 7 beschriebenen Konfiguratonsbefehl angehängt. Die Eingabe von `./configure --with-pam` bewirkt beispielsweise die Unterstützung des *Pluggable Authentication Module* (*PAM*), eine Bibliothek für die Benutzerauthentifizierung, die Verwendung auf den meisten LINUX-Systemen findet. Die meisten Konfigurationsoptionen sind in zwei Ausprägungen vorhanden: Eine Variante aktiviert das genannte Leistungsmerkmal, die andere deaktiviert es. Sie haben generell den gleichen Namen, verwenden jedoch das Präfix `with` oder `without`, wie zum Beispiel `--with-pam` und `--without-pam`. Im folgenden die wichtigsten Optionen, dargestellt in ihrer Standardeinstellung:

`--without-smbwrapper` Das Paket `smbwrapper` wird dazu verwendet, SMB/CIFS-Shares zu mounten. LINUX kann stattdessen das Kernel-basierte `smbfs` verwenden; weiterhin bestehen einige Inkompatibilitäten zwischen `smbwrapper` und der `glibc`, so dass diese Option deaktiviert bleiben sollte.

`--without-afs` Das *Andrew File System* (*AFS*) ist ein Netzwerk-Dateisystem, welches von der *Carnegie-Mellon University* stammt. Diese Option kann deaktiviert bleiben, es sei denn, Sie planen, über Samba AFS-Mounts freizugeben.

`--without-dfs` Bei *DFS* handelt es sich um eine aktualisierte Form des *AFS*. Beachten Sie, dass es sich bei *DFS nicht* um *Microsoft DFS* (*Distributed File System*) handelt.

`--without-msdfs` Sie können die Unterstützung von *Microsoft DFS* hinzufügen, wenn Sie diese Option ändern. Vermutlich werden Sie dies nicht müssen; wenn ja, wissen Sie wahrscheinlich, warum.

`--without-krb4` und `--without-krb5` Diese Optionen deaktivieren die Unterstützung von *Kerberos 4* und *5* (*Kerberos* ist ein Netzwerk-Protokoll für die Authentifizierung und Sicherheit). Wenn Sie eine dieser Optionen aktivieren, müssen Sie das Basisverzeichnis von *Kerberos* angeben, wie in `--with-krb4=/pfad/zu /verzeichnis`. Wenn Sie *Kerberos* nicht in Ihrem Netzwerk verwenden, können Sie diese Option getrost ignorieren. Wenn Sie mehr über Kerberos herausfinden wollen, beachten Sie bitte die Web-Site `http://web.mit.edu/kerberos/www`.

`--without-automount` Automounting unterstützt das automatische Einhängen und wieder Aushängen von Partitionen in ein Computersystem. LINUX-Distributionen zeigen eine zunehmende Tendenz, Automounter zu verwenden, so dass Sie vermutlich dieses Leistungsmerkmal nutzen möchten.

`--without-smbmount` Bei `smbmount` handelt es sich um das Programm, welches von LINUX verwendet wird, um SMB-/CIFS-Shares zu mounten. Die Aktivierung dieser Option sei also empfohlen.

`--without-ldap` Das *Lightweight Directory Access Protocol* (*LDAP*) dient dazu, Informationen wie zum Beispiel Benutzerpräferenzen über ein Netzwerk zu verbreiten. Die Unterstützung dieses Protokolls ist noch weitestgehend experimentell, so dass eine Aktivierung an dieser Stelle nicht empfohlen werden kann, es sei denn, Sie möchten diese ausprobieren.

`--without-nt5ldap` *Windows 2000* (ursprünglich bekannt als *Windows NT 5*) beinhaltet eine *LDAP*-Unterstützung, die jedoch von *Microsoft* auf eigene Art und Weise implementiert ist. Diese Option versetzt Samba dazu in die Lage, *Microsofts* Version von *LDAP* zu unterstützen. Wie bei der einfachen *LDAP*-Unterstützung kann eine Aktivierung nicht empfohlen werden, es sei denn, Sie wollen mit dieser herumexperimentieren.

`--without-nis` Das *Network Information System* (*NIS*) ist eine Methode, Passwörter in einem UNIX-Netzwerk verteilt zu verwalten. Wenn Ihr Netzwerk *NIS* verwendet, sollte diese Option von Ihnen aktiviert werden.

`--without-nisplus` *NIS+* ist ein Nachfolgeprotokoll von *NIS*. Ändern Sie diese Option dahingehend, dass die Unterstützung aktiviert ist, wenn Ihr Netzwerk *NIS+* verwendet.

`--without-nisplus-home` *NIS+* beinhaltet ein Leistungsmerkmal, welches es einem System erlaubt, das Heimatverzeichnis eines Benutzers in einem verteilten Netzwerk von UNIX-Systemen zu lokalisieren. Wenn Sie diese Option ändern und damit dieses Leistungsmerkmal aktivieren, ist Samba dazu in der Lage, automatisch die richtigen Heimatverzeichnisse von Benutzern in einem solchen Netzwerk zu mounten.

`--without-ssl` *Secure Sockets Layer* (*SSL*) ist eine Methode, Netzwerkverbindungen zu verschlüsseln. Die Aktivierung dieser Option erlaubt es Samba, *SSL* zu verwenden. Solche Formen der Konfiguration werden in *Kapitel 14: Sicherheitserwägungen* erläutert.

`--without-syslog` Im Normalfall erstellt Samba seine eigenen Logdateien. Wenn Sie diese Option aktivieren, können Sie Samba-Konfigurationsoptionen dazu verwenden, dass Loginformationen an den Log-Dämon des Systems (`syslogd`) gesendet werden, statt in zusätzlichen, Samba-eigenen Dateien protokolliert zu werden.

`--without-netatalk` *Netatalk* ist ein separates Paket, mit dessen Hilfe es möglich ist, mithilfe des *AppleTalk*-Protkolls als Datei-Server für *Macintosh*-Rechner zu dienen. *Netatalk* sollte separat von Samba verwendet werden.

`--without-quotas` Die Änderung dieser Option erlaubt es Samba, besser die Unterstützung von dem einzelnen Usern zugestandenem Speicherplatz (sog. *Disk Quotas*) zu verwalten.

`--prefix=/usr/local/samba` Das Verzeichnis, in dem Architektur-unabhängige Dateien gespeichert sind.

`--eprefix=/usr/local/samba` Das Verzeichnis, in dem Architekturabhängige Dateien gespeichert sind.

`--bindir=eprefix/bin` Der Speicherplatz für von Benutzern ausführbare Binärdateien.

`--sbindir=eprefix/bin` Der Speicherplatz für vom Administrator ausführbare Binärdateien.

`--libexec=eprefix/libexec` Der Speicherplatz für ausführbare Programme.

`--datadir=prefix/share` Der Speicherplatz für Architektur-unabhängige, nur lesbare Datendateien.

`--libdir=eprefix/lib` Der Speicherplatz für Programmbibliotheken.

`- -includedir=prefix/include` Der Speicherplatz für Samba-spezifische Include-Dateien.

`- -infodir=prefix/info` Der Speicherplatz für Dateien, die zusätzliche Informationen enthalten.

`- -mandir=prefix/man` Der Speicherplatz für die Samba-Handbuchseiten.

`- -with-sambaconfdir=prefix/lib` Der Speicherplatz für Sambas Konfigurationsdatei `smb.conf`.

`- -with-privatedir=prefix/private` Der Speicherplatz für die sensitive, verschlüsselte Passwortdatei `smbpasswd`.

`- -with-swatdir=prefix/swat` Der Speicherplatz für den Dämon des *Samba Web Administration Tool* (*SWAT*); dieser wird benötigt, wenn Samba mithilfe eines Web-Browsers administriert werden soll.

TIPP

Laden Sie das Konfigurationsskript in einen Editor Ihrer Wahl, um zu überprüfen, ob seit Drucklegung dieses Buches weitere Konfigurationsoptionen hinzugekommen sind.

Standardmäßig installiert sich Samba vollständig unterhalb des Verzeichnisses `/usr/local/samba`. Dies ist der übliche Speicherplatz für Pakete, die Sie für Ihr eigenes System (also *lokal*) generiert haben, den Sie üblicherweise auch nicht ändern sollten. Wenn Sie ein erfahrener Administrator sind, für den es Gründe gibt, Dateien an anderen als den üblichen Orten abzuspeichern, können Sie die Speicherorte jedoch auch Ihren Bedürfnissen entsprechend anpassen.

HINWEIS

Die meisten LINUX-Distributionen kompilieren Samba mit Optionen, die nicht standardmäßig gesetzt sind, um den besonderen Leistungsmerkmalen und Netzwerkkonfigurationen der jeweiligen Distribution am besten zu entsprechen. Zum Beispiel: Wenn eine Distribution PAM *als Authentifizierungsmechanismus verwendet, enthält ihr Samba-Paket ebenfalls* PAM-*Unterstützung. Die meisten Distributionen ändern ebenfalls den Speicherort für Samba-Dateien vom standardmäßigen* `/usr/local/samba` `in` *typischerweise* `/usr`. *Weitere Anpassungen werden normalerweise bezüglich der Speicherorte von Konfigurationsdateien vorgenommen, so dass diese häufig unter* `/etc`, `/etc/samba.d` *oder an ähnlichen Speicherorten zu finden sind.*

Auffinden wichtiger Dateien

Wenn Sie Samba aus dem Quellcode selbst kompilieren, können Sie steuern, an welchen Speicherorten Samba sich installiert, indem Sie entsprechende Konfigurationsoptionen setzen. Wenn Sie jedoch eine Binärdistribution verwenden, sind diese Speicherorte weitestgehend außerhalb Ihrer Kontrolle. Aus diesem Grunde ist es wichtig, dass Sie wissen, wo Sie nach kritischen Dateien suchen müssen – speziell die Konfigurationsdatei `smb.conf`, die die meisten Merkmale Sambas regelt.

Häufig verwendete Installationsverzeichnisse

Das Standard-Installationsverzeichnis für Samba lautet `/usr/local/samba`. Wenn es ohne weitere Modifikationen direkt von seinem Quellcode aus kompiliert wird, installiert sich Samba in dieses Verzeichnis und erzeugt eine Reihe von Unterverzeichnissen, in denen weitere Dateien gespeichert werden. Standardmäßig finden sich Sambas Binärdateien unter `/usr/local/samba/bin`. Um die Samba-Binaries aufrufen zu können, müssen Sie eines der folgenden drei Dinge tun:

- Fügen Sie Sambas Binärverzeichnis Ihrem Suchpfad für Befehlsdateien hinzu.
- Erzeugen Sie in einem Verzeichnis, welches bereits Bestandteil Ihres Suchpfads ist, Links zu den Samba-Binärdateien, zum Beispiel in `/usr/bin` oder `/usr/local/bin`.
- Geben Sie jeweils beim Aufruf eines Samba-Binaries den kompletten Pfadnamen mit an, wie in einem Startup-Skript.

Die meisten LINUX-Distributionen verwenden nicht das Samba-Standardinstallationsverzeichnis. Stattdessen finden sich die Samba-Binaries und anderen Dateien direkt in Verzeichnissen, die konventionell für Dämonen, Libraries und so weiter verwendet werden. Wenn Sie aus irgendwie gearteten Gründen einmal nach Ihren Samba-Binaries suchen müssen, gibt es verschiedene Methoden, dies zu tun:

Das Programm `whereis` Verwenden Sie das Hilfsprogramm `whereis` in der Form `whereis progname`, um den Speicherort für das Programm `progname` zu finden. Dieser Befehl gibt ebenfalls die Speicherorte der Handbuchseiten und, wenn vorhanden, der Quelldateien des gesuchten Programms aus. Der Befehl **whereis** funktioniert nur dann, wenn sich das Programm, nach dem Sie suchen, in einem gültigen Suchpfad befindet.

Das Programm `find` Mithilfe des Befehls `find` können Sie ein Programm lokalisieren, welches an beliebiger Stelle in Ihrem Computer abgespeichert ist. Geben Sie beispielsweise ein: `find / -name progname`, so wird die Datei `progname` gefunden, gleich an welchem Ort innerhalb des Dateisystems sie sich befindet. Hiermit unterscheidet sich dieser Befehl von `whereis`, der nicht alle Verzeichnisse durchsucht. Die Kehrseite ist, dass ein Suchlauf mit `find` wesentlich mehr Zeit in Anspruch nimmt, bis er ein Ergebnis ausgibt, als `whereis`. Beachten Sie auch die Handbuchseiten zum Befehl `find`.

Der Paketinhalt Verwenden Sie die Paketdatenbank, die von `rpm` oder `dpkg` gepflegt wird, um Dateien zu lokalisieren. In einer RPM-basierten Distribution könnten Sie beispielsweise den Befehl `rpm -ql paketname` eingeben (vorausgesetzt natürlich, Sie kennen den Namen des Paketes), um eine Liste der im Paket `paketname` enthaltenen Dateien zu erhalten. Wenn nötig, können Sie das Ausgabewirrwar mithilfe des Befehls `grep` filtern, indem Sie eine Pipeline in der Form: `rpm -ql samba | grep smbd` bilden, wenn Sie beispielsweise ausschließlich nach dem Speicherort der Datei `smbd` suchen. Auf *Debian*-basierten Systemen würde die Eingabe des Befehls `dpkg-deb -c package.deb` den Inhalt der Paketdatei `package.deb` ausgeben.

HINWEIS

Die meisten Distributionen bieten Dokumentationsdateien für die verschiedenen Pakete im Verzeichnis `/usr/doc`. *Jedes Paket verfügt üblicherweise über sein eigenes Unterverzeichnis, wie zum Beispiel* `/usr/doc/samba`. *Dort, sowie auf der Samba-Web-Site* `http://www.samba.org` *finden Sie die Samba-eigene Dokumentation.*

Wenn wie in den meisten LINUX-Distributionen installiert, finden sich die Samba-relevanten Dateien üblicherweise über eine Reihe von Verzeichnissen verteilt, wie zum Beispiel in `/usr/bin`, `/usr/doc/samba` und `/usr/man`. Aus diesem Grunde kann es sehr mühsam sein, diese Dateien einzeln zu lokalisieren, um sie zu aktualisieren oder zu entfernen – genau um diese Aufgabe zu erfüllen, wurden Paket-Manager wie RPM entwickelt.

Konfigurationsdateien

Samba hängt von einer Handvoll kritischer Konfigurationsdateien ab. In den meisten LINUX-Distributionen finden sich diese in `/etc`, `/etc/samba.d` oder einem ähnlichen Unterverzeichnis von `/etc`. Wenn Sie Samba selbst kompilieren und den Standard-Speicherort für diese Dateien nicht modifizieren, sucht Samba im Verzeichnis `/usr/local/samba/lib` nach diesen. Zu den kritischen Konfigurationsdateien gehören die folgenden:

`smb.conf` Bei dieser Datei handelt es sich um die wichtigste Konfigurationsdatei Sambas. Fast alle Konfigurationsoptionen werden in ihr gesetzt – Optionen, die von den beiden Dämonen `nmbd` und `smbd` verwendet werden. Ein Großteil des Rests dieses Buches ist dem Inhalt dieser Datei gewidmet.

`smbpasswd` Samba verwendet diese Datei nicht immer, aber wenn dies der Fall ist, ist sie von entscheidender Wichtigkeit. Sie enthält verschlüsselte Passwörter für Benutzerkonten. Sie ist in mancherlei Hinsicht mit den Standard-LINUX-Dateien `passwd` oder `shadow` zu vergleichen, jedoch werden die Benutzernamen und Passwörter in `smbpasswd` ausschließlich von Samba verwendet. Samba verwendet diese Datei nur, wenn Sie es dahingehend konfiguriert haben, verschlüsselte Passwörter zu verwenden.

`smbusers` Hierbei handelt es sich um eine weitere optionale Datei. Wenn sie vorhanden ist und Sie Samba dahingehend konfiguriert haben, sie zu verwenden, enthält diese Datei Abbildungen (*Mappings*) von Windows-Netzwerk-Accounts auf LINUX-Accounts. Sie können Samba beispielsweise dahingehend konfigurieren, dem Benutzer mit dem Windows-Netzwerknamen `ZasiH` Zugriff auf das LINUX-Konto `karsten` zu gewähren. *Kapitel 15: Account-Verwaltung* beschreibt die Optionen zum Benutzernamen-Mapping ausführlich.

`lmhosts` Im Konzept ähnlich der LINUX-Standarddatei `/etc/hosts`, bietet `lmhosts` ein Mapping von *NetBIOS*-Namen auf IP-Adressen. Optionen, die Sie in `smb.conf` setzen können, legen fest, ob die Datei `lmhosts` verwendet werden soll.

Zusätzlich zu diesen Samba-Konfigurationsdateien können Sie eigene, benutzerdefinierte Konfigurationsdateien hinzufügen. Es ist möglich, eine Konfigurationsdatei in einer anderen einzuschließen. So können Sie beispielsweise für jeden – oder einzelne – Benutzer angepasste Konfigurationsdateien anlegen und diese über die Hauptkonfigurationsdatei `smb.conf` einbinden.

Wenn Ihr Samba-Binary seine Konfigurationsdateien an einem bestimmten Speicherort erwartet, der Ihnen nicht gefällt, können Sie die Samba-Dämonen mithilfe der Option `-s` anweisen, an anderer Stelle nach `smb.conf` zu suchen. Sie können dann weitere Optionen innerhalb von `smb.conf` dazu verwenden, in den von Ihnen bevorzugten Verzeichnissen nach weiteren Konfigurationsdateien zu suchen. Angenommen, Sie möchten, dass Samba im Verzeichnis `/etc/samba-configs` nach Konfigurationsdateien sucht. Sie könnten hierzu die Samba-Dämonen mit Befehlszeilen wie den folgenden aufrufen:

```
# nmbd -s /etc/samba-configs/smb.conf -D

# smbd -s /etc/samba-configs/smb.conf -D
```

Normalerweise würden Sie diese Formen des Aufrufs in Startup-Skripten verwenden. Da die meisten LINUX-Distributionen mit ihren eigenen Startup-Skripten aufwarten, sollten Sie diese dahingehend modifizieren, dass Sie die gewünschten Effekte erzielen.

Der Betrieb von Samba

Bevor Sie Samba verwenden können, müssen Sie dieses starten. Es gibt mehrere Wege, dies zu tun. Welcher hiervon der beste ist, hängt von der von Ihnen verwendeten Distribution ab, da die meisten Distributionen über ein Startup-Skript in der einen oder anderen Form verfügen. Generell kann empfohlen werden, diese Startup-Skripte zu verwenden. Es gibt jedoch Fälle, in denen Sie das normale Skript umgehen wollen, entweder wenn Sie Samba mit ungewöhnlichen Parametern aufrufen wollen, um diese beispielsweise zu testen, oder wenn Sie es aus Sicherheitserwägungen oder Gründen der Ressourcenschonung durch `inetd` oder einen anderen Superserver laufen lassen wollen.

Der manuelle Aufruf von Samba

Um Samba manuell aufzurufen, starten Sie die Samba-Dämonen als Benutzer *root* von der Eingabezeile. Die folgenden Befehlszeilen stellen die einfachste Form des Aufrufs dar:

```
# nmbd -D

# smbd -D
```

Aufrufparameter für nmbd

Jeder der beiden Samba-Dämonen bietet in der Version 2.0.x verschiedene Parameter für den Aufruf. Die für `nmbd` zur Verfügung stehenden Parameter beinhalten die folgenden:

`-D` Startet das Programm im Dämon-Modus. Dies ist der übliche Weg, Samba zu nutzen, jedoch nicht die Standardeinstellung.

`-a` Wenn eine neue Verbindung hergestellt ist, werden Log-Nachrichten für diese Verbindung an die Samba-Logdatei angehängt. Dies ist die Standardeinstellung.

`-o` Überschreibt die Log-Datei bei jeder neuen Verbindung. Dieses Verhalten steht im Gegensatz zu dem Verhalten beim Start mit dem Parameter `-a` und ist nicht der Standard.

`-h` Zeigt Hilfeinformationen zu dem Dämon an.

`-v` Zeigt die Versionsnummer des Dämonen an.

`-H` *Dateiname* Verwendet *Dateiname* als `lmhosts`-Datei.

`-d` *Debuglevel* Setzt den angegebenen *Debuglevel*; dieser definiert sich über eine Ganzzahl zwischen null und zehn. Das Anheben des Debuglevels erhöht die Anzahl der Log-Einträge. Nützliche Werte für Endbenutzer liegen zwischen null und drei; Werte oberhalb drei werden hauptsächlich von Samba-Entwicklern genutzt. Ein Wert von eins ist für den Alltagsgebrauch von Samba empfehlenswert. Der Standardwert ist null.

`-l` *Logdatei*Verwendet die Datei *Logdatei* für die Protokollierung. In der Praxis hängt Samba die Erweiterung `.nmb` an den von Ihnen angegebene Logdatei-Namen an. Der Standardwert hängt von den verwendeten Compiler-Optionen ab. Verbreitet sind:

```
/var/log/samba.d/smb.nmb
/usr/samba/var/log.nmb
/var/log/log.nmb
```

`-n` *Name* Setzt den *NetBIOS-Namen* des Computers auf *Name*. Diese Option hebt die Option `netbios name` in der Datei `smb.conf` auf.

`-p` *Port* Setzt die UDP-*Port*-Nummer, auf die `nmbd` wartet. Der Standardwert beträgt 137; wenn Sie keine speziellen Gründe hierfür haben, sollten Sie diesen Wert nicht ändern.

`-s` *Dateiname* Setzt den Namen der Konfigurationsdatei, die verwendet werden soll. Dieser Name lautet standardmäßig `smb.conf` in einem bei der Kompilierung angegebenen Verzeichnis, wie im Abschnitt *Kompilieren von Quellen aus einem Tarball* beschrieben.

`-i` *Scope* Setzt das von `nmbd` zu verwendende *NetBIOS-Scope*. *NetBIOS-Scopes* werden selten verwendet, so dass Sie diesen Parameter vermutlich nicht ändern müssen.

In den meisten Fällen reicht es, `nmbd` nur mit der Option `-D` aufzurufen, aber es gibt Situationen, in denen Sie weitere Optionen hinzufügen möchten. Speziell die Option `-s` kann nützlich sein, wenn Sie mit verschiedenen Samba-Konfigurationen herumexperimentieren wollen.

Aufrufparameter für `smbd`

Der zweite Samba-Dämon, `smbd`, bietet eine Auswahl an Aufrufparametern, von denen die meisten mit denen von `nmbd` identisch sind. Besonders die Parameter `-D`, `-a`, `-o`, `-h`, `-v`, `-d`, `-l`, `-p`, `-s` und `-i` haben identische Bedeutungen sowohl für `nmbd` als auch für `smbd` (mit der

Ausnahme, dass die Standard-Protokolldatei das Suffix .smb für smbd verwendet, statt .nmb, wie dies der Fall bei nmbd ist). Darüber hinaus unterstützt smbd folgende weitere Optionen:

-P Diese Option aktiviert den passiven Modus, in dem Samba keinen Netzwerkverkehr sendet.

HINWEIS

Dieses Leitungsmerkmal ist für den ausschließlichen Gebrauch durch die Samba-Entwickler entwickelt und sollte nicht mit der Option -p *(achten Sie auf die Schreibweise) verwechselt werden.*

-O *Socket-Optionen Socket-Optionen* beeinflussen Details der Wirkungsweise Sambas. Das Setzen bestimmter Socket-Optionen kann manchmal die Leistung von Samba verbessern – oder aber auch herabsetzen; die optimalen Einstellungen variieren hierbei von Netzwerk zu Netzwerk. Sie können diese Optionen auch in der Datei smb.conf setzen, wie in *Kapitel 12: Tuning von Samba* beschrieben, oder Sie setzen sie mithilfe dieses Parameters in der Befehlszeile. Beachten Sie, nicht die beiden Optionen -O und -o zu verwechseln.

Wie es auch bei nmbd der Fall ist, können Sie smbd normalerweise ausschließlich mit dem Parameter -D verwenden. Andere Parameter, wie -s und -O, können dann nützlich sein, wenn Sie mit Ihrer Samba-Konfiguration experimentieren.

Dämonen von Samba TNG

Die aktuellsten Entwicklerversionen von Samba sind bekannt als *The Next Generation* (*TNG* – d*ie nächste Generation*). Das Samba TNG-Paket enthält verschiedene zusätzliche Dämonen. Diese Dämonen übernehmen einige der Funktionalitäten von nmbd und smbd aus den 2.0.x-Versionen Sambas und fügen weitere Funktionalitäten hinzu, die für die Unterstützung von *Windows-Domains* notwendig sind. Wenn Sie Samba TNG oder eine von Samba TNG abgeleitete Version verwenden wollen, ist es möglich, dass Sie diese Dämonen starten müssen. Diese unterstützen Parameter, die ähnlich denen von nmbd und smbd lauten. Da sich Samba TNG zum Zeitpunkt der Erstellung dieses Buches noch aktiv in Entwicklung befindet, sollte jeder dieser Dämonen zunächst mit dem Parameter -h von Ihnen aufgerufen werden, um herauszufinden, welche Optionen von der von Ihnen verwendeten Version unterstützt werden. Der Abschnitt *Samba TNG* in *Kapitel 2: Einbinden von SMB/CIFS in LINUX* gibt Ihnen detailliertere Auskunft über die Leistungsmerkmale von Samba TNG.

HINWEIS

Abgesehen von der Tatsache, dass Samba TNG einige zusätzliche Dämonen verwendet, sind der Startvorgang und Konfigurationsdetails die gleichen, wie für 2.0.x-Versionen von Samba. Sie können dieselbe Datei `smb.conf` *für Samba TNG verwenden wie für Samba 2.0.x. Zukünftige Versionen Sambas mögen einige zusätzliche Parameter für* `smb.conf` *hinzufügen, aber dennoch sollten ältere Konfigurationsdateien weiter funktionieren.*

Samba beenden

Sie können Samba mithilfe des Befehl `kill` beenden, so wie Sie jedes andere Programm beenden können. Zwei Methoden sind hierfür verwendbar:

- Geben Sie `killall nmbd ; killall smbd` ein, um alle Instanzen von sowohl `nmbd` als auch `smbd` zu beenden, oder
- geben Sie ein `ps ax | grep mbd`, um sich alle laufenden Instanzen von `nmbd` und `smbd` anzeigen zu lassen, und beenden Sie dann jede einzelne Instanz durch `kill Prozessnumer`.

WARNUNG

Unter LINUX beendet der Befehl `killall` *alle laufenden Instanzen des genannten Programms. In manchen UNIX-Systemen kann der Befehl eine andere Bedeutung haben. Lesen Sie vor Gebrauch des Programms die Online-Hilfe, speziell bei Verwendung eines Nicht-LINUX-Systems.*

Sie sollten es vorziehen, die Samba-Dämonen mithilfe des Signals `SIGTERM` (Signalnummer `15`) (wie in `kill -15 Prozessnummer`), statt mithilfe des Signals `SIGKILL` (Signalnummer `9`) zu beenden. Letzteres kann dazu führen, dass *Shared Memory* in einem inkonsistenten Stadium hinterlassen wird. Wenn Sie den Server anweisen wollen, neue Konfigurationsoptionen aus `smb.conf` einzulesen, können Sie dies mithilfe des Signals SIGHUP (Signalnummer `1`) tun. Wenn Sie auf diese Weise verfahren, werden bestehende Verbindungen davor geschützt, getrennt zu werden. Bestehende Sitzungen bleiben bezüglich ihrer Einstellungen unverändert, aber neue Sitzungen verwenden die Änderungen, die an der Datei `smb.conf` vorgenommen wurden.

Wenn die von Ihnen verwendete Distribution ein Startup-Skript anbietet, wie im folgenden Abschnitt beschrieben, sollten Sie dieses Skript verwenden, um Samba zu beenden, indem Sie den Parameter `stop` angeben. Zum Beispiel:

```
# /etc/rc.d/init.d/samba stop
```

Der genaue Speicherort und Name des Start-/Stop-Skripts variiert von Distribution zu Distribution, wie folgender Abschnitt zeigt.

Gebräuchliche Startup-Skripts

Die meisten LINUX-Distributionen stellen Startup-Skripte für Dämonen und andere Programme, die zur Boot-Zeit abgearbeitet werden sollen, in den Verzeichniszweig `/etc/rc.d`. In den meisten Distributionen enthält dieses Verzeichnis Unterverzeichnisse, die als `/etc/rc.d/rc1.d`, `/etc/rc.d/rc2.d` und so weiter bis `/etc/rc.d/rc6.d` bezeichnet sind. Jedes Unterverzeichnis enthält Start-/Stop-Skripts, die mit bestimmten *Runleveln* korrespondieren. Jeder *Runlevel* wiederum korrespondiert mit einem bestimmten Satz laufender Dienste. Zum Beispiel: In *Red Hat LINUX* (sowie in vielen anderen Distributionen) ist Runlevel 3 ein Textmodus, der den Multi-User-Betrieb erlaubt, wohingegen Runlevel 5 einen Multi-User-Betrieb mit einem X-basierten grafischen Login bietet.

Der Runlevel, in dem ein Computer läuft, wird in der Datei `/etc/inittab` spezifiziert. Diese Datei enthält eine Zeile in der Form:

```
id:5:initdefault:
```

Die Zahl (in diesem Beispiel die 5) repräsentiert den Runlevel des Computers. Wenn ein LINUX-System einen angegebenen Runlevel erreicht, werden die Startup-Skripte im entsprechenden Runlevel-Verzeichnis unterhalb `/etc/rc.d` abgearbeitet. Wenn ein Computer heruntergefahren wird oder durch Aufruf des Befehls `init` in einen niedrigeren Runlevel wechselt, arbeitet der Computer die Skripte der höheren Runlevel ab, um Dienste zu stoppen, die in den niedrigeren Runleveln nicht zur Verfügung stehen.

Steuerung des Aufrufs

In den meisten LINUX-Distributionen sind die Inhalte der Verzeichnisse `/etc/rc.d/rc?.d` eigentlich Links auf Skripte, die an anderer Stelle lokalisiert sind, als in `/etc/rc.d` oder `/etc/rc.d/init.d`. Sie können den Aufruf von Samba auf folgende drei Arten steuern:

Editieren des Startup-Skripts Sie können das Startup-Skript in `/etc/rc.d`, `/etc/rc.d/init.d`, oder wo immer sonst es sich befindet, editieren. Wenn Sie beispielsweise bestimmte Aufrufparameter hinzufügen wollen, wie im vorherigen Abschnitt *Der manuelle Aufruf von Samba* beschrieben, können Sie die gewünschten Änderungen in diesem Startup-Skript hinzufügen. Das Startup-Skript heißt aller Wahrscheinlichkeit nach `samba` oder `smb`.

Erzeugen oder Löschen von Links Wenn Sie verhindern wollen, dass Samba beim Hochfahren des Rechners gestartet wird, können Sie dessen Link im entsprechenden Verzeichnis `/etc/rc.d/rc?.d` entfernen. Dieser Link hat vermutlich einen Namen der Form `S??samba` oder `S??smb`, wobei es sich bei ?? um eine Zahl handelt. Der Name des Skripts zum Beenden von Samba hat dieselbe Form, nur dass er mit einem `K` statt mit einem `S` beginnt. Ebenso können Sie einen entsprechenden symbolischen Link erzeugen, um Samba zu starten, wenn es dieses nicht tut.

WARNUNG

Seien Sie vorsichtig bei der Nummerierung des Samba-Startup-Skripts; die Zahlen, die dem Buchstaben `S` *folgen, legen die Startreihenfolge fest. Stellen Sie sicher, dass Samba erst dann gestartet wird, wenn das Netzwerk hochgefahren wurde.*

Editieren eines Steuerskripts Es gibt Fälle, in denen ein zusätzliches Skript Steuerungsfunktionen dafür übernimmt, welche Startup-Skripte ausgeführt werden sollen. In *SuSE-LINUX* zum Beispiel enthält die Datei `/etc/rc.config` Variabenzuweisungen in der Form `START_SMB="yes"`, die festlegen, welche Startup-Skripte abgearbeitet werden sollen, wenn das System hochfährt. Sie können dieses Steuerungsskript direkt editieren oder dies einem (semi-) grafisch basierten Konfigurations-Tool wie *SuSE*s `YasT` überlassen.

TIPP

Wenn Sie ein Samba-Paket verwenden, welches für eine andere Distribution als die von Ihnen verwendete bestimmt ist, könnten die Startup-Skripts des Samba-Pakets für die von Ihnen verwendete Distribution ungeeignet sein. In diesem Falle können Sie unter Umständen ein Startup-Skript einer früheren Samba-Version für Ihre Distribution verwenden; oder verwenden Sie das Startup-Skript eines anderen Dämonen als Grundlage dafür, Samba auf Ihrem System zu starten.

Die meisten Samba-Startup-Skripts starten sowohl den Dämon `nmbd` als auch `smbd`. Sollte die Eigenschaft von Samba TNG, mehrere Dämonen zu verwenden, in die Veröffentlichung von Samba Einzug nehmen, werden die Skripte mit an Sicherheit grenzender Wahrscheinlichkeit alle nötigen Dämonen starten.

Sie können die Start-/Stop-Skripts dazu verwenden, Samba manuell zu starten oder zu beenden, indem Sie dem Skript den entsprechenden Parameter `start` oder `stop` übergeben. Einige Skripte nehmen weitere Parameter entgegen, wie z.B. `restart`, welcher den Dämon zunächst stoppt und dann neu startet. Wenn die von Ihnen verwendete Distribution dieses Merkmal unterstützt, sollten Sie diese Skripte verwenden, statt Samba mithilfe des Befehls `kill` zu beenden. Diese Skripte führen manchmal zusätzlich zum Starten Sambas kleine aber nützliche Aufgaben aus oder übergeben nützliche Parameter an die Samba-Dämonen.

Einige Distributionen, wie z.B. *Slackware*, bedienen sich einer völlig anderen Methode, Dämonen zu starten. Statt einzelne Startup-Skripts im Verzeichnisbaum `/etc/rc.d` zu verwenden, stützen sich diese Distributionen auf ein oder zwei monolithische Startup-Skripts. In *Slackware* enthalten die Skripte `/etc/rc.d/inet1` und `/etc/rc.d/inet2` Befehle, um Dämonen wie Samba zu starten. Andere Distributionen, einschließlich derer, die normalerweise individualisierte Dämon-Startup-Skripts verwenden, beinhalten ebenfalls Universal-Startup-Skripte (im Allgemeinen `rc.local` oder `boot.local` genannt), die sich irgendwo im Verzeichnisbaum `/etc/rc.d` befinden. Unter Umständen möchten Sie diese Skripte verwenden, wenn Sie Probleme mit den individualisierten Startup-Skripts haben – beispielsweise wenn Sie Samba TNG selbst kompiliert haben und Sie nicht versuchen möchten, die Startup-Skripts dahingehend modifizieren zu müssen, um diese Version Sambas zu verwalten. Auf jeden Fall können Sie Befehle zum Aufruf von Dämonen hinzufügen, wie im Abschnitt *Der manuelle Aufruf von Samba* in diesem Kapitel beschrieben.

GUI-basierte Steuerungsskripts

Die meisten LINUX-Distributionen bieten grafisch basierte Konfigurations-Tools, um zu steuern, welche Dämonen mit dem Hochfahren des Systems gestartet und angehalten werden sollen. Zum Beispiel: *Abbildung 3.2* zeigt das Hilfsprogramm `LINUXconf`, welches Bestandteil von *Red Hat*, *Mandrake* und einigen weiteren LINUX-Distributionen ist. Mit `LINUXconf` können Sie festlegen, dass Samba automatisch startet, indem Sie folgende Schritte durchführen:

1. Aktivieren Sie das Register *System* und klicken Sie *Dienste.*
2. Klicken Sie im Register *Dienstkontrolle* den Eintrag *smb.*
3. Klicken Sie das Kontrollfeld *Automatic* in der Zeile *Startup.*
4. Klicken Sie die Schaltfläche *Start*, wenn Sie Samba zusätzlich zum nächsten Systemstart sofort starten wollen.
5. Klicken Sie *Bestätigen*, um die Änderungen wirksam werden zu lassen.

WARNUNG

Grafisch basierte Konfigurations-Tools sind teilweise ziemlich pedantisch bezüglich des Formats der Konfigurationsdateien. Es ist nicht ungewöhnlich, dass `LINUXconf` *abstürzt, wenn Sie eine Option wählen, die eine Konfigurationsdatei liest, die Sie per Hand konfiguriert haben. Wenn Sie beabsichtigen, ein grafisch basiertes Tool zu verwenden, ist es empfehlenswert, dass Sie ausschließlich dieses Tool für die Systemkonfiguration verwenden, um solche Probleme zu vermeiden.*

Grafisch basierte Konfigurations-Tools wie `LINUXconf` unterscheiden sich bezüglich ihrer Bedienung von Werkzeug zu Werkzeug. Die Schritte, die Sie mit einem anderen Tool wie *SuSE*s `YaST` oder *Caldera*s `COAS` durchführen müssen, unterscheiden sich von den hier dargestellten. In allen Fällen konfigurieren diese Hilfsprogramme jedoch das System, indem sie die in diesem Abschnitt beschriebenen Startup-Dateien editieren oder indem Sie entsprechende Links anlegen oder löschen.

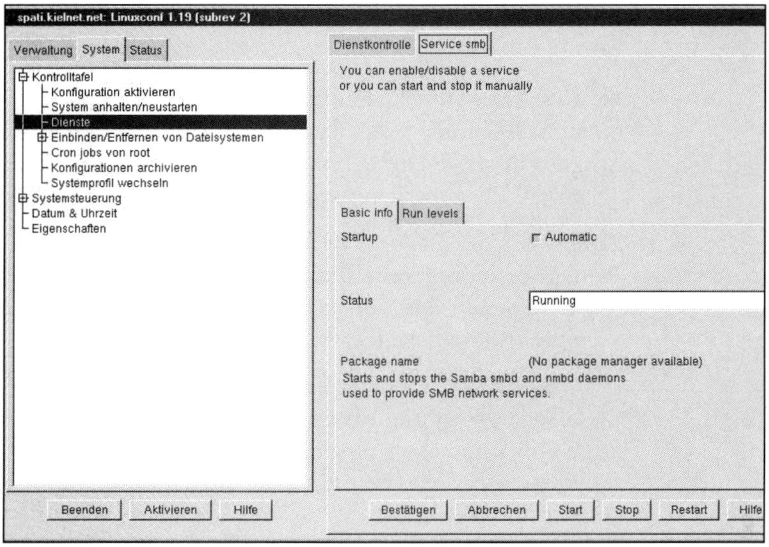

Abbildung 3.2: `Linuxconf` und andere grafisch basierte Konfigurations-Tools erlauben es, den Start und das Beenden von Dämonen zu konfigurieren, ohne genau zu wissen, wo sich die Startup-Dateien befinden

HINWEIS

Einige grafisch basierte Konfigurations-Tools wie `Linuxconf` *bieten die Möglichkeit, im Textmodus aufgerufen zu werden.*

Starten von Samba durch `inetd`

Es ist möglich, Samba vom Superserver `inetd` starten zu lassen. Folgende Vorteile bietet der Aufruf von Samba durch `inetd`:

- Die Sicherheit des Servers wird verbessert. Speziell wenn Sie *TCP Wrappers* oder einen noch sichereren Ersatz für `inetd` verwenden, können Sie die Sicherheit Ihres Samba-Servers verbessern, indem Sie eingehende Verbindungen zum Server beschränken. Samba beinhaltet jedoch eine große Zahl an Sicherheitsmerkmalen, so dass dieser Vorteil vergleichsweise klein ist, wenn Sie Ihre Samba-Konfiguration mit der entsprechenden Sorgfalt durchführen.
- Ressourcen werden effizient eingesetzt. Wenn Ihr Samba-Server nur unregelmäßig genutzt wird, kann der Start von Samba durch `inetd` den Einfluss auf den Arbeitsspeicher des Servers minimieren. Dieser Vorteil wird jedoch zunichte gemacht, wenn ein oder mehrere Benutzer ständig mit dem Samba-Server verbunden sind.
- Sie erhalten eine zentrale Kontrolle. Aus administrativen Gründen kann es sein, dass Sie die Datei `/etc/inetd.conf` verwenden wollen, um alle Server-Dienste zentralisiert zu steuern.

Es gibt jedoch auch substanzielle Nachteile, Samba durch `inetd` zu starten:

- Das Antwortverhalten ist langsamer. Wenn durch `inetd` gestartet, nimmt Samba etwas Reaktionszeit in Anspruch, wenn eine Anfrage gestellt wird. Diese Tatsache kann Missfallen beim Anwender hervorrufen, der möglicherweise einen unverzüglichen oder nahezu unverzüglichen Zugriff auf seine Samba-Shares erwartet.
- Das Browsing kann unzuverlässig sein. Samba-Server erscheinen manchmal nicht oder antworten nur sehr langsam, wenn Samba durch `inetd` gestartet wird.

Alles in allem kann nicht empfohlen werden, Samba durch `inetd` laufen zu lassen. Wenn die Auswirkung auf den Arbeitsspeicher durch den Betrieb von Samba so substanziell ist, dass Sie sich versucht fühlen, `inetd` zu verwenden, um diese Auswirkung zu minimieren, sollten Sie stattdessen die Vergrößerung des auf dem Server zur Verfügung stehenden Arbeitsspeichers in Erwägung ziehen. Die Sicherheitsvorteile, die Samba durch `inetd` gewinnt, sind ziemlich gering, so dass Sie die Systemsicherheit lieber durch `ipchains` oder einen externen Firewall-Rechner erhöhen sollten. Wenn Sie Samba von `inetd` aus verwenden und mit einem unzuverlässigen Betrieb konfrontiert werden, versuchen Sie, Samba direkt aufzurufen. Vermutlich werden die Probleme verschwinden.

Wenn Sie Samba trotz der erwähnten Nachteile von `inetd` aus starten müssen, führen Sie die folgende Schritte aus:

1. Deaktivieren Sie alle Samba-Startup-Skripts wie diejenigen, die Sie in `/etc/rc.d/rc?.d` finden. Beenden Sie alle laufenden Samba-Prozesse.
2. Stellen Sie sicher, dass die Datei `/etc/services` alle notwendigen Einträge für alle benötigten SMB/CIFS-TCP/IP-Ports enthält (die meisten LINUX-Distributionen verfügen bereits über die notwendigen Einträge). Insbesondere sollten folgende Einträge vorhanden sein:

```
netbios-ns   137/tcp   # NETBIOS Name Service
netbios-ns   137/udp
netbios-dgm  138/tcp  # NETBIOS Datagram Service
netbios-dgm  138/udp
netbios-ssn  139/tcp  # NETBIOS Session Service
netbios-ssn     139/udp
```

3. Editieren Sie `/etc/inetd.conf` dahingehend, dass Samba gestartet wird. Die hierzu notwendigen Zeilen sehen in etwa wie folgt aus:

```
netbios-ssn   stream  tcp  nowait  root  /usr/sbin/smbd  smbd
netbios-ns    dgram   udp  wait    root  /usr/sbin/nmbd  nmbd
```

Dieses Beispiel zeigt den Aufruf von Samba durch `tcpd`, den *TCP Wrappers Dämon*. Einige Systeme rufen Samba jedoch direkt auf. Im Grossen und Ganzen ist der Gebrauch von *TCP Wrappers* jedoch vorzuziehen, da dies die Sicherheit erhöhen kann. Wenn notwendig, passen Sie die Pfade zu `tcpd` und/oder den Samba-Dämonen Ihrer Systemkonfiguration an.

4. Finden Sie die Prozess-ID der aktuellen Instanz von `inetd` durch Eingabe von:

```
ps ax | grep inetd.
```

5. Senden Sie `inetd` das Signal `SIGHUP`, so dass dieses seine Konfigurationsdatei neu einliest. Dies ist möglich durch einen Befehl in folgender Form, wobei `pid` die in Schritt 4 herausgefunde Prozess-ID ist:

```
# kill -SIGHUP pid
```

Wenn Sie einen Ersatz für `inetd` verwenden, wie zum Beispiel `xinetd` (`http://synack.net/xinetd/`), können Sie ähnliche Schritte ausführen. Deren Konfiguration unterscheidet sich jedoch von Distribution zu Distribution im Detail.

WARNUNG

Der Dämon `nmbd` *läuft nicht besonders gut von* `xinetd` *aus, obwohl* `smbd` *dieses in akzeptabler Form tut;* `nmbd` *läuft wiederum von* `inetd` *aus gut. Dieses Problem wird vermutlich entweder in einer zukünftigen Version von* `xinetd` *oder von Samba behoben werden. Wenn Sie Samba von* `xinetd` *aus laufen lassen wollen, müssen Sie* `nmbd` *entweder unabhängig oder von* `inetd` *aus starten, wobei* `smbd` *von* `xinetd` *gestartet werden kann.*

Zusammenfassung

Der Betrieb von Sambar die meisten LINUX-Systeme ist die Installation von Samba ein fach, da diese bereits automatisch während der Installation des LINUX-Systems erfolgt. Wenn Sie Samba nachträglich installieren müssen, ist dieses am einfachsten, wenn Sie den Paket-Manager der von Ihnen verwendeten Distribution verwenden. In Ausnahmefällen möchten Sie vielleicht doch Samba installieren, indem Sie die Quellpakete für das von Ihnen verwendete System verwenden. Dieser Vorgang ist nicht schwieriger als das Kompilieren und Installieren anderer Quellcode-Pakete auch, aber es ist wichtig, dass Sie sich über kritische Kompilier-Optionen bewusst sind, wie beispielsweise die Unterstützung eines Leistungsmerkmals wie *PAM*.

Der Betrieb von Samba ist ebenfalls einfach, wenn Sie sich eng an die Standardkonfiguration der von Ihnen verwendeten Distribution halten. Viele Distributionen eröffnen die Möglichkeit, den Start von Samba bereits während der Installation festzulegen. Bei anderen haben Sie die Möglichkeit, diese Option durch das Editieren von Konfigurationsdateien oder durch den Einsatz grafisch basierter Konfigurations-Tools festzulegen.

Die Tools der GUI-Konfiguration und die Datei smb.conf

KAPITEL

4

In diesem Kapitel werden die Grundlagen der Samba-Konfiguration behandelt. Samba wird in einer einzelnen Datei mit dem Namen `smb.conf` konfiguriert, die üblicherweise im Verzeichnis `/etc`, `/etc/samba.d` oder unter `/usr/local/samba/lib` zu finden ist. Bei manchen Systemen kann die Datei natürlich auch an einem anderen Speicherort abgelegt sein.

Das Kapitel beginnt mit einer Beschreibung der Konfiguration durch direkte Bearbeitung der Datei `smb.conf`. Diese Methode bietet zwar äußerst flexible Konfigurationsmethoden, sie ist aber auch sehr fehleranfällig. Es folgen dann zwei einfachere, wenn auch weniger flexible Methoden der Samba-Konfiguration: das GUI-Konfigurations-Tool `linuxconf` und das *Samba Web Administration Tool* (SWAT). Schließlich finden Sie in diesem Kapitel auch eine Beschreibung wichtiger Konfigurationsoptionen, die für allgemeine Zwecke reserviert sind. Diese Optionen beziehen sich nicht auf spezifische Datei- oder Drucker-Freigaben (Shares), doch ihre Funktionen sind für den Server dennoch wichtig.

Samba durch Bearbeitung der Datei `smb.conf` *konfigurieren*

Die Datei `smb.conf` ist das Herzstück der Samba-Konfiguration. Es ist äußerst wichtig, dass Sie verstehen, wie die Datei bearbeitet werden kann, um auch das von Ihnen gewünschte Konfigurationsergebnis zu erhalten. Sollten Sie noch nicht mit Samba gearbeitet haben und bisher eher mit den GUI-Konfigurations-Tools vertraut sein, bevorzugen Sie es vielleicht, statt einer direkten Bearbeitung der Datei `smb.conf` ein Tool wie `linuxconf` oder SWAT heranzuziehen. Es ist jedoch empfehlenswert, zumindest die Grundlagen der Konfiguration von `smb.conf` zu kennen, denn dadurch können Sie auch ein tiefer gehendes Verständnis für die Wirkungsweise der GUI-Tools entwickeln.

In diesem Buch erfolgt die Beschreibung der Konfigurationsoptionen überwiegend anhand der Terminologie der Features von `smb.conf`. Auch SWAT verwendet diese Terminologie, und `linuxconf` bedient sich im Allgemeinen ähnlicher Begriffe, so dass es keine Probleme bereiten dürfte, basierend auf den Beschreibungen in diesem Buch eine Option in einem GUI-Tool zu finden. Denken Sie daran, dass speziell bei `linuxconf` Features fehlen, die nur dann verfügbar sind, wenn Sie die Datei `smb.conf` direkt bearbeiten.

Die Struktur der Datei smb.conf

Ein Beispiel für eine sehr kleine Datei smb.conf sehen Sie im folgenden Listing. Diese Basisdatei ist durch und durch zweckmäßig. Damit wird – zumindest auf einigen Netzwerken – ein nutzbarer Samba-Server produziert; doch es steckt noch mehr drin, als das, was für eine minimale Funktionalität erforderlich ist: Sie sehen hier auch einige wichtige Features der Datei smb.conf.

Listing 4.1: Beispiel für eine einfache smb.conf-Datei

```
[global]
        workgroup = RINGWORLD
        hosts allow = 192.168.1. 192.168.2.23

[homes]
        comment = Home Directories
        writeable = Yes
        browseable = No
```

Jede Sektion beginnt mit einem Sektionsnamen (zum Beispiel [global] im vorhergehenden Listing) und endet mit dem Beginn des nächsten Sektionsnamens ([homes]) oder aber dem Ende der Datei, was auch immer als Nächstes folgt. Wie Sie sehen, gibt sich Samba im Umgang mit dem Dateiformat von smb.com recht großzügig. Es wird nicht nach Klein- und Großschreibung unterschieden und auch *whitespace characters* (Leerzeichen, Tabulatoren etc.) werden ignoriert. Die meisten Anwender formatieren wie auch die meisten GUI-Tools für die Samba-Konfiguration Sektionsnamen mit eingerückten Parametern, um eine leichtere Lesbarkeit zu gewährleisten.

Die verschiedenen Einträge in der Datei smb.conf

In der Datei smb.conf werden im Wesentlichen drei Typen von Einträgen unterschieden: Sektionsnamen, Parameter und Kommentare.

Sektionsnamen Bei den Namen in eckigen Klammern (zum Beispiel [global] und [homes]) handelt es sich um *Sektionsnamen*. Diese Namen markieren den Beginn einer *Freigabedefinition* (engl. *share definition*), wobei jede eine Konfiguration für eine freigegebene Ressource wie ein Verzeichnis oder einen Drucker, auf das bzw. durch den ein Zugriff auf Samba möglich ist, festgelegt wird. Die Sektion [global] setzt Standards für alle freigebebenen Ressourcen. Es finden sich hier Parameter, die für die allgemeine Konfiguration des Servers von Bedeutung sind.

Parameter Jeder Samba-*Parameter* ist ein Variablenname, im Beispiel vom vorhergehenden Listing sind das workgroup oder writeable. Einem Parameter kann ein Wert zugewiesen werden, wie RINGWORLD oder Yes. Auf Parameter und Ihre Werte trifft Folgendes zu:

- Sie können Leerzeichen enthalten. Der Parameter wird von seinem Wert durch ein Gleichheitszeichen (=) abgetrennt.
- Es wird kein Unterschied zwischen Groß- und Kleinschreibung gemacht; `workgroup` entspricht `WORKGROUP`. Doch bekanntlich bestätigen Ausnahmen die Regel: Einige Werte können dann groß-/kleinsensitiv sein, wenn sich der Wert auf etwas bezieht, was wiederum selbst groß-/kleinsensitiv ist. Handelt es sich bei einem Parameter beispielsweise um eine Pfadangabe oder einen Dateinamen auf einem LINUX-Server, ist dieser Parameter groß-/kleinsensitiv, da LINUX bei Dateinamen zwischen Groß- und Kleinschreibung unterscheidet.

Kommentare Kommentaren wird eine Raute (#) oder ein Strichpunkt (;) vorangestellt. Jeder Text, der auf eines dieser Zeichen folgt, wird von Samba ignoriert. Mithilfe von Kommentaren können Sie beim Erstellen einer Freigabe oder beim Festlegen einer Option ihr Anliegen näher dokumentieren und erläutern, speziell dann, wenn Sie etwas probieren, was später zu Missverständnissen führen könnte.
Sie können Kommentare auch verwenden, um temporär Freigaben oder Parameter aus der Datei `smb.conf` zu entfernen. Sie müssen dabei aber an den Beginn *jeder* Zeile der Freigabe ein Kommentarzeichen setzen, also bei den Abschnittsüberschriften und allen Parametern. Falls Sie eine Zeile beim Auskommentieren übersehen, wird diese Bestandteil der vorhergehenden Definition.

HINWEIS

Es gibt auch einen Parameter `comment`. *Damit können Sie einen Text festlegen, der einer Freigabe (einem Share) zugeordnet wird und von den Client-Computern eingesehen werden kann.*

TIPP

Eine einfachere Möglichkeit, eine Freigabe auszuschalten, bietet die Verwendung des Parameters `available = No`. *Damit wird die Freigabe aus den Browser-Listen entfernt und ein Zugriff auf die Freigabe verhindert.*

Parameterwerte

Auch wenn das Basisformat der Datei `smb.conf` recht einfach zu sein scheint, können Sie mit dieser Datei natürlich auch komplexere Konfigurationen durchführen, denn die Datei unterstützt eine große Anzahl an Parametern (die meisten Parameter werden näher im weiteren Verlauf dieses Buches behandelt; eine Zusammenfassung der Parameter finden Sie in *Anhang A: Referenzführer zur Konfiguration*). Auch können die Werte, die Sie Parametern zuweisen, zur Komplexität der Datei beitragen. Die Parameter und ihre Werte können verschiedene Formen annehmen, wie in den folgenden Abschnitten erläutert wird.

Zeichenstring Ein *String* setzt sich aus mehreren Zeichen zusammen, im Allgemeinen Zahlen und Buchstaben, manchmal auch Interpunktionszeichen, Leerzeichen usw. (Sie müssen keine besonderen Feldbegrenzerzeichen verwenden, um Leerzeichen in einen Wert mit einzubeziehen, doch wenn Sie möchten, können Sie den ganzen String in Anführungszeichen setzen.) In gewissem Sinne handelt es sich bei allen Werten um Strings, doch es gibt auch Werte, die auf besondere Art und Weise interpretiert werden.

Einige Zeichen haben eine spezielle Bedeutung, wie z.B. Anführungszeichen, die einen String umgeben (was von Samba ignoriert wird), oder Kommentarzeichen, durch die veranlasst wird, dass Samba den Rest der Zeile ignoriert. Auch das Backslash-Zeichen (\) verdient nähere Beachtung; damit können Sie einen String auf der nächsten Zeile fortsetzen. Dieses Zeichen werden Sie verwenden, wenn Sie eine lange Liste von Optionen wie z.B. Computernamen mit einbeziehen und die Zeilen in der Datei kürzer als 80 Spalten halten möchten.

Listen Eine *Liste* ist eine Gruppe von mehreren Werten, die durch Kommas oder Leerzeichen voneinander getrennt werden. Im Beispiel vom vorhergehenden Listing wird dem Parameter `hosts allow` eine Liste von zwei Werten zugewiesen: `192.168.1.` und `192.168.2.23`. Wie in *Kapitel 14: Sicherheitserwägungen* beschrieben wird, teilt die Option `hosts allow` Samba mit, nur Verbindungen mit Computern innerhalb des Netzwerks `192.168.1.0` und mit dem Computer mit der IP-Adresse `192.168.2.23` zu akzeptieren. Der abschließende Punkt bei dem Eintrag `192.168.1.` ist unbedingt notwendig, um das gesamte Subnetz im Adressraum von `192.168.1.0` zu spezifizieren, *nicht* um die Elemente in der Liste voneinander abzutrennen. In einigen Fällen werden Sie auch nur ein Komma oder ein Leerzeichen verwenden (das wird zusammen mit den Parametern in den entsprechenden Kapiteln dieses Buches näher erläutert).

Boolesche Werte Ein *boolescher* Parameterwert kann einen von zwei Werten akzeptieren. Dieser kann als `Yes`, `True` oder `1` für eine positive Bedingung oder `No`, `False` oder `0` für eine negative festgelegt werden. Im Beispiel vom vorhergehenden Listing handelt es sich bei den Parametern `writeable` oder `browseable` um boolesche Werte.

Variablen Samba unterstützt Variablen in Parameterwerten. Variablen können verwendet werden, um Konfigurationsdetails auf der Basis Share-by-Share oder User-by-User anzugleichen. In Samba wird Variablen ein Prozentzeichen (%) vorangestellt. In der folgendenTabelle sehen Sie eine Zusammenfassung der Variablen, die von Samba unterstützt werden.

Tabelle 4.1: Von Samba unterstützte Variablen

VARIABLE	BEDEUTUNG
%a	das Betriebssystem des Client (Architektur). Dabei kann es sich um OS2 (OS/2), Samba, UNKNOWN, WfWg (Windows für Workgroups oder DOS), Win2K (Windows 2000), Win95 (Windows 95 oder 98) oder WinNT (Windows NT) handeln.
%d	die Prozess-ID des aktuellen Server-Prozesses
%g	die primäre Gruppe von %u
%G	die primäre Gruppe von %U
%h	der DNS-Name des Servers
%H	das Home-Verzeichnis von %u
%I	die IP-Adresse des Client-Rechners
%L	der NetBIOS-Name des Servers
%m	der NetBIOS-Name des Client-Rechners
%M	der DNS-Name des Client-Rechners
%N	der Name des NIS-Home-Directory-Servers
%p	der Pfad zum Home-Verzeichnis des Benutzers
%P	der Pfad zum Root-Verzeichnis des aktuellen Dienstes
%R	vergebener SMB-Protokoll-Level; das kann CORE, COREPLUS, LANMAN1, LANMAN2 oder NT1 sein.
%S	der Name des aktuellen Share (Freigabename)
%T	aktuelles Datum und Zeit
%u	effektiver LINUX-Benutzername
%U	verlangter Benutzername (das muss nicht derselbe wie bei %u sein)
%v	Samba-Version

Einige dieser Parameter sind an bestimmten Punkten undefiniert. So bleibt z.B. `%u` undefiniert, bis Sie auf einen Share zugegriffen haben. Das kommt daher, dass dieser Wert beispielsweise durch den Parameter `force user` gesetzt werden kann. Dagegen ist `%U` der Benutzername, den der Client bei Aufnahme der Arbeitssitzung verlangt. Er ist so vor einem Zugriff auf bestimmte Shares verfügbar, doch nicht vor einem Einloggen auf dem Server. Sie können mithilfe von Variablen viele interessante Effekte hervorrufen. Hier ein paar Beispiele:

- Erstellen von separaten Protokolldateien auf jeden Client-Rechner durch den Parameter `log file` wie zum Beispiel bei `log file = /var/log/samba/log.smb.%m`.
- Erstellen von Share-Optionen, die auf bestimmte Benutzer, Maschinen oder Client-Betriebssysteme zugeschnitten sind, durch Verwendung des Parameters `include` wie z.B. bei `include = /etc/samba.d/smb.conf.%a`.

- Erstellen von Freigaben, die auf bestimmte Benutzer, Maschinen oder Gruppen zugeschnitten sind, durch Verwendung des Parameters `path`, wie in `path = /home/samba/%G`, um eine Freigabe für bestimmte Gruppen zu erstellen. (Beachten Sie, dass dieses Beispiel nicht mit der Option %g funktionieren würde, da dieser Wert solange undefiniert ist, bis auf den Share ein Zugriff erfolgt.)

HINWEIS

Bestimmte Freigaben führen einen solchen Ersatz automatisch durch, wie im folgenden Abschnitt Privilegierte Freigaben *beschrieben wird.*

- Anzeigen von Informationen auf dem aktuellen Host in einem Kommentar zu einer Freigabe oder an anderer Stelle wie in `server string = Samba server on %h`.

Privilegierte Freigaben

Samba erkennt einige Freigabenamen (*share names*) als privilegiert an.

`[global]` In dieser Sektion, die bereits weiter oben im Abschnitt *Die verschiedenen Einträge in der Datei* `smb.conf` kurz erwähnt wurde, sind Parameter für die allgemeine Funktionalität des Servers enthalten. Man kann hier nicht von einer Freigabe in dem Sinne sprechen, wie sie bei den anderen Sektionen der Fall ist. Es ist eher ein Platzhalter für Standardoptionen und globale Konfigurationsoptionen. Einige Parameter können nur in der Sektion `[global]` benutzt werden und nirgendwo sonst.

`[homes]` Diese Freigabe ist eine Abbildung des Home-Verzeichnisses eines jeden Benutzers. Standardmäßig sieht ein Benutzer bei einem Samba-Server nur sein Home-Verzeichnis und kein anderes sonst. (Natürlich haben Benutzer auch Zugriff auf Home-Verzeichnisse anderer Benutzer. Das ist über die Vergabe von Rechten und Samba-Einstellungen geregelt; der Freigabename wird dabei direkt eingegeben). Erläuterungen zu Dateifreigaben finden Sie in *Kapitel 5: Konfiguration zur Freigabe (Share) von Dateien.*

`[printers]` Diese Sektion erlaubt einen allgemeinen Zugriff auf Drucker, die in der Datei `/etc/printcap` des Servers definiert sind. Erläuterungen zu Druckerfreigaben finden Sie in *Kapitel 6: Druckerfreigaben konfigurieren.*

`[netlogon]` Windows-Computer versuchen, auf dieses Share zuzugreifen, wenn sie sich bei einem Samba-Server anmelden. Ist der Share vorhanden und auch entsprechend konfiguriert, versucht der Client, mithilfe des Parameters `logon script` die entsprechende Batch-Datei zu starten. Diese Prozedur ermöglicht es Ihnen, ein einheitliches Set an Optionen für alle Ihre Systeme oder Logon-Scripts, die für jeden Benutzer einmalig sind (zum Beispiel durch `logon script = %U.bat`) zu erstellen. Die verfügbaren Möglichkeiten werden ausführlicher in *Kapitel 8: Automatisierung* erläutert.

Bei allen anderen Shares handelt es sich um einfache Datei- oder Druckerfreigaben. Solange Sie nicht Variablen verwenden, um einen Zugriff für bestimmte Benutzer einzuschränken, sehen alle Benutzer in diesen Abschnitten die gleichen Dateien oder können auf gleiche Weise auf eine Druckerfreigabe zugreifen.

Die Lesbarkeit Ihrer Konfigurationsdatei gewährleisten

Die Datei `smb.conf` kann leicht unlesbar werden, speziell dann, wenn Sie sich auf die Bereitschaft von Samba verlassen, Dateien ohne Respekt vor Trennzeichen (whitespaces) zu analysieren (zu parsen) und wenn Sie die Möglichkeit nutzen möchten, für eine Reihe von Parametern mehrere Synonyme zu verwenden. Im Folgenden sind ein paar einfache Schritte erläutert, die Sie dabei unterstützten sollen, Ihre Datei `smb.conf` zusammenhängend und verständlich zu halten:

Versuchen Sie, Konsistenz zu bewahren. Ganz egal, wie Sie sich entscheiden, Ihre Datei zu formatieren, die Formatierungen müssen konsistent erfolgen. Eine inkonsistente Formatierung kann dazu führen, dass die Datei schwieriger zu analysieren ist.

Rücken Sie Parameter ein. Folgen Sie den allgemeinen Konventionen, Parameter eingerückt anzuordnen, doch lassen Sie die Freigabenamen bzw. Abschnittsüberschriften dabei außen vor. Dadurch können Sie Freigaben leichter lokalisieren, wenn Sie die Konfigurationsdatei überprüfen.

Verwenden Sie Kommentare. Obwohl die meisten Samba-Parameter dahingehend konzipiert sind, weitgehend selbsterklärend zu sein, sollten Sie doch auch durch den Einsatz von Kommentaren näher erläutern, wem ein Zugriff auf eine Freigabe gewährt werden *soll*, was eine Variable bedeutet usw. Es kann nämlich ganz leicht passieren, dass man versehentlich eine Freigabe erstellt, auf die dann Benutzer zugreifen, die das eigentlich nicht sollen, oder die anderweitig nicht so arbeitet, wie es eigentlich ursprünglich beabsichtigt war. Wenn Sie Ihr Anliegen dokumentieren, ist man später leichter dazu in der Lage, Fehler zu identifizieren.

WARNUNG

Das Konfigurations-Tool SWAT GUI, das weiter unten in diesem Kapitel beschrieben wird, vernichtet alle Kommentare, die Sie in der Datei `smb.conf` *platziert haben.*

Arbeiten Sie mit konsistenten Parameternamen. Viele Parameter haben Synonyme und manche haben auch Antonyme (meistens *boolesche* Werte, bei denen die Parameter auf eine von zwei entgegengesetzte Arten festgelegt werden können). Verwenden Sie nur einen Namen. Anderenfalls kann es zu nicht beabsichtigten Verwirrungen führen, da man leicht vergessen kann, dass es sich bei den beiden Namen um Synonyme handelt.

Ihre Konfigurationsdatei testen

Wenn Sie Ihre Konfigurationsdatei `smb.conf` „per Hand“ erstellen, können sich leicht Fehler einschleichen, die die Datei unbenutzbar machen. Setzen Sie das Hilfsprogramm `testparm` ein, um zu testen, ob die Datei im logischen Aufbau korrekt ist, wie bei folgendem Beispiel zu sehen ist:

```
# testparm /etc/smb.conf
```

Ist die Datei korrekt, antwortet das Programm `testparm`, indem es einen Output anzeigt, der in etwa wie folgt aussehen kann:

```
Load smb config files from /etc/smb.conf
Processing section "[homes]"
 Processing section "[printers]"
Loaded services file OK.
Press enter to see a dump of your service definitions
```

Das Programm `testparm` identifiziert jede der Freigaben in der Datei `smb.conf` und Sie können kontrollieren, dass alle Shares identifiziert sind, von denen Sie denken, dass Sie das auch sein sollten. Drücken Sie die Eingabetaste, um Ihre Freigabedefinitionen zu sehen (was `testparm` als *service definitions* bezeichnet), befreit von Kommentaren und unwichtigen Formatierungsdetails.

Wenn jedoch ein Problem auftaucht, wird dieses von `testparm` identifiziert, wie folgendes Beispiel zeigt:

```
Load smb config files from smb.conf
Unknown parameter encountered: "netbos name"
Ignoring unknown parameter "netbos name"
Processing section "[homes]"
Processing section "[printers]"
Loaded services file OK.
Press enter to see a dump of your service definitions
```

In diesem Beispiel wird Ihnen mitgeteilt, dass die Datei `smb.conf` einen falsch geschriebenen Ausdruck enthält: nämlich `netbos name` statt `netbios name`. Das Programm `testparm` hat diesen Parameter als „unbekannten

Parameter“ identifiziert und Sie darüber hinaus informiert, dass dieses falsch geschriebene Wort ignoriert wird. Natürlich sollten Sie die Sache korrigieren, bevor Sie die fehlerhafte Datei verwenden.

Mit `linuxconf` *von Red Hat Samba konfigurieren*

Red Hat Linux ist eine der populärsten und einflussreichsten LINUX-Distributionen. Zusätzlich zu der weitverbreiteten „reinen“ Form hat *Red Hat Linux* eine Auswahl an Spin-off-Distributionen hervorgebracht, inklusive *Linux Mandrake* (`http://www.mandrake.com`), *LinuxPPC* (`http://www.linuxppc.com`) und *Yellow Dog* (http://www.yellowdoglinux.com/ydl_home.html). Alle diese Distributionen sind mit einem GUI-Konfigurations-Tool mit dem Namen `linuxconf` ausgestattet. Einige Ausführungsdetails unterscheiden sich, was den Ablauf betrifft, bei den verschiedenen Distributionen, doch das Herzstück von `linuxconf` bleibt immer gleich. Sie können damit Ihren LINUX-Computer verwalten, indem Sie ein auf Text basierendes und Menü-gesteuertes Tool verwenden, oder ein auf X basierendes Tool oder über einen Web-Browser (auch von einem Computer aus, auf dem Linux nicht installiert ist). In der folgenden Abbildung sehen Sie die wesentlichen `linuxconf`-Konfigurationsoptionen für Samba.

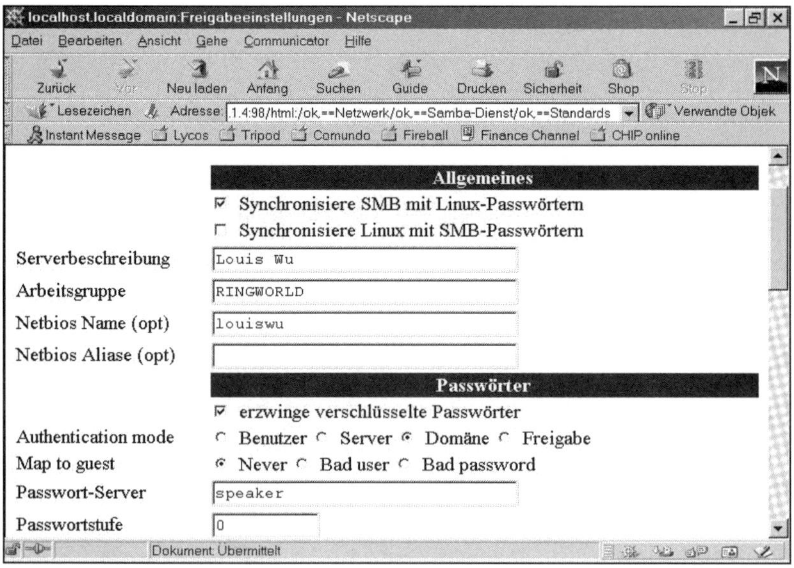

Abbildung 4.1: Sie können von jedem Computer aus über einen Web-Browser einen mit `linuxconf` ausgestatteten Computer verwalten

HINWEIS

Bis zur Version 6.2 beinhaltet Red Hat einen `linuxconf`-Modul für Samba. Dieses Modul wurde jedoch mit der Version Red Hat 7.0 entfernt. Die Anweisungen in diesem Kapitel beziehen sich noch auf die Distributionen, die `linuxconf` verwenden, inklusive LinuxPPC und Linux Mandrakel

`linuxconf` *lokal oder entfernt verwenden*

Wenn Sie bereits mit der `linuxconf`-Konfiguration für Ihr System vertraut sind, möchten Sie es vielleicht auch für die Konfiguration von Samba verwenden. Um `linuxconf` lokal zu verwenden, geben Sie am Shell-Prompt `linuxconf` ein. Wenn LINUX dabei im Textmodus abläuft, erhalten Sie auch die entsprechende Oberfläche von `linuxconf`. Wenn Sie unter X den Befehl in einem xterm- oder einem anderen Befehlsfenster eingeben, erhalten Sie die allgemeine GUI-Version der Utility. Sie sollten nicht irgendwelche speziellen Konfigurationsbefehle ausführen müssen, um auf `linuxconf` mittels eines dieser Verfahren zugreifen zu können.

Um auf `linuxconf` von einem Netzwerk-Computer aus zuzugreifen, konfigurieren Sie zunächst den `linuxconf`-Server, um einen Fernzugriff zu akzeptieren. Gehen Sie hierzu wie folgt vor:

1. Stellen Sie sicher, dass die Datei `/etc/services` eine Zeile enthält, die den von `linuxconf` verwendeten Port definiert.

   ```
   Linuxconf 98/tcp
   ```

2. Ebenso muss in der Datei `/etc/inetd.conf` des Computers ein `linuxconf`-Eintrag existieren. Die meisten Distributionen, die `linuxconf` enthalten, sind mit einem entsprechenden Eintrag ausgestattet, doch Sie sollten verifizieren, dass er vorhanden ist. Der entsprechende Eintrag lautet:

   ```
   linuxconf  stream tcp wait root /bin/linuxconf linuxconf -http
   ```

3. Wenn Sie an die Datei `/etc/inetd.conf` einen `linuxconf`-Eintrag hinzufügen müssen, starten Sie den `inetd`-Dämon erneut. Zum Beispiel:

   ```
   # ps ax | grep inetd
   379 ?        S      0:00 inetd
    # kill -SIGHUP 379
   ```

4. An diesem Punkt sollte `linuxconf` schon so weit ablauffähig sein, dass es zunächst Netzwerkverbindungen akzeptiert, sie jedoch auch unverzüglich wieder abbricht. Damit dieses Arrangement auch wirklich nützlich ist, müssen Sie ein paar Extraoptionen hinzufügen. Das

können Sie am einfachsten durchführen, indem Sie `linuxconf` selbst lokal verwenden. Starten Sie zunächst `linuxconf` und wählen Sie aus dem erweiterbaren Menü im linken Bereich von *Abbildung 4.2 Verwaltung>Netzwerk>Verschiedenes>Linuxconf Netzwerkzugriff.*

HINWEIS

Nicht alle `linuxconf`-Utilities sehen genauso aus wie die in Abbildung 4.2 *dargestellte. Speziell Linux Mandrake verwendet anstelle einer erweiterbaren Liste im linken Bereich eher ein grafisches Menüsystem. Was die Funktionalität des Programms betrifft, gibt es jedoch keine Unterschiede.*

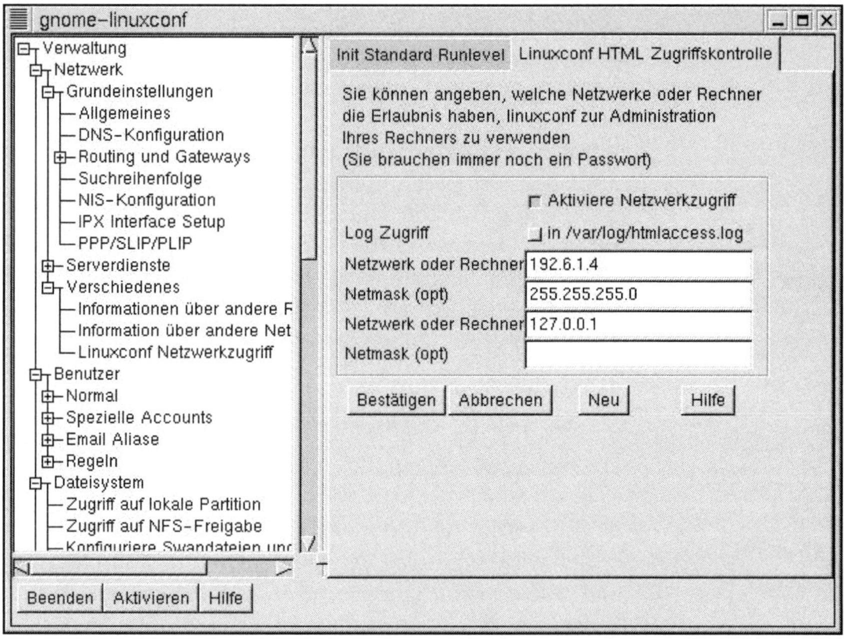

Abbildung 4.2.: Sie können einen Fernzugriff auf `linuxconf` durch `linuxconf` selbst bewerkstelligen

5. Klicken Sie in das Kontrollkästchen *Aktiviere Netzzugriff* im rechten Bereich des Fensters. Dann nehmen Sie folgende Einträge vor, wie in *Abbildung 4.2* zu sehen ist.
   A. Geben Sie in das erste Feld im rechten Bereich die IP-Adresse des *Netzwerks* ein, dem Sie einen `linuxconf`-Zugriff bewilligen möchten. Beachten Sie, dass es sich dabei wirklich um eine *Netzwerk*adresse handelt; sie endet mit `.0`.
   B. Geben Sie in das erste *Netmask (opt)*-Feld die Subnetzmaske des Netzwerks ein, dem Sie einen `linuxconf`-Zugriff ermöglichen möchten.
   C. Geben Sie in das nächste Feld *Netzwerk oder Rechner* `127.0.0.1` ein (die Adresse des *Localhost* – des lokalen Computers). Durch diesen Schritt haben Sie Zugriff von Ihrem eigenen Computer aus, unabhängig von Ihren Haupt-Netzwerkverbindungen.

6. Klicken Sie auf die Schaltfläche *Bestätigen.*

7. Klicken Sie anschließend auf die Schaltfläche *Beenden*, um das `linuxconf`-Fenster zu verlassen. Das Programm informiert Sie daraufhin, dass der bisherige Systemstatus nicht mit dem übereinstimmt, was Sie konfiguriert haben.

8. Klicken Sie auf die Schaltfläche *Aktivieren*, um Ihre Änderungen aktualisieren zu lassen. Nach einer kurzen Pause wird `linuxconf` ausgeblendet.

Anstatt wie in Schritt 5 A und B eine Netzwerkadresse festzulegen, haben Sie auch die Möglichkeit, die IP-Adressen der entsprechenden Computer einzugeben, die einen `linuxconf`-Zugriff haben sollen. Gehen Sie dabei genauso vor wie bei der Eingabe der Adresse `127.0.0.1` in Schritt 5C. Als allgemeine Regel gilt: Je weniger Computern Sie Zugriff gewähren, desto besser bzw. sicherer.

WARNUNG

`linuxconf` *selbst ist ein Netzwerk-Server. Wenn ein Zugriff darauf von einem fernen Web-Browser aus erfolgt, ist es erforderlich, dass Ihr eingegebenes Administrator-Passwort im Klartext durch das Netzwerk übertragen wird. Es empfiehlt sich daher,* `linuxconf` *nur dann, wenn es absolut notwendig ist, über einen entfernten Zugriff zu verwenden. Im Idealfall sollte ein Zugriff auf diese Weise nur von dem lokalen Netzwerk aus erfolgen, in dem sich der Server selbst befindet.*

Sobald `linuxconf` ablauffähig ist und auf das Akzeptieren eines Remote-Zugriffs hin konfiguriert wurde, können Sie damit arbeiten, indem Sie `http://servername:98` in das URL-Eingabefeld eines Remote-Browsers eingeben, wobei es sich bei `servername` um den Host-Namen des Servers handelt. Anschließend werden Sie als Erstes eine allgemeine Einführungsseite mit einer *Start*-Schaltfläche sehen. Wenn Sie auf diese Schaltfläche klicken, werden Sie von `linuxconf` nach Ihrem Benutzernamen und Passwort gefragt. Normalerweise können Sie hier `root` eingeben sowie das `root`-Passwort. Wenn Sie Ihr System so konfiguriert haben, dass auch anderen Benutzern ein Zugriff auf `linuxconf` gewährt wird, können Sie stattdessen deren Benutzernamen und Passwörter eingeben. Zu diesem Zeitpunkt können Sie die Menüstruktur von `linuxconf` durchblättern, indem Sie im Browser auf Links klicken, bis Sie eine Konfigurationsseite finden (siehe *Abbildung 4.1*).

Eine Tour durch die Samba-Optionen von `linuxconf`

Die Hauptoptionen von Samba sind aufgelistet unter *Verwaltung>Netzwerk>Serverdienste>Samba-Dienst*. Es gibt fünf Gruppen von `linuxconf`-Konfigurationsoptionen: *Standards*, *Standardeinstellungen für*

Home der Benutzer, *Standardeinstellungen für Drucker*, *Netlogon setup* und *Freigaben*. Diese Optionen werden kurz in den folgenden Abschnitten beschrieben, doch um nähere Details zu erfahren, sollten Sie auch die entsprechenden Kapitel in diesem Buch konsultieren.

Standards

In *Abbildung 4.1* sehen Sie die *Standard*-Optionen, betrachtet aus der Perspektive einer Web-basierenden `linuxconf`-Oberfläche. Diese Optionen stehen in Beziehung mit den Einstellungen in der Sektion `[global` der Datei `smb.conf`. Im Folgenden finden Sie Beschreibungen zu einigen wichtigen Optionen (weitere Optionen, die ähnlich fortgeschrittene Features abdecken, werden in den verschiedenen Kapiteln im Laufes dieses Buches behandelt).

Serverbeschreibung Damit wird der Parameter `comment` für die Freigabe `[global]` gesetzt. Leider bewirkt dieser Parameter nicht allzu viel. Das liegt daran, dass für Server der Parameter `server string` gesetzt werden muss, um das Feld `Comment`, wie es von einem Windows-Client aus gesehen wird, anzupassen. Diese Unstimmigkeit wird eventuell in einer zukünftigen Version von `linuxconf` behoben werden.

Arbeitsgruppe Dieses Feld setzt den Parameter `workgroup`. Wie Sie weiter unten in diesem Kapitel nachlesen können, ist dieser Parameter sehr wichtig, wenn alle Ihre Computer untereinander zugreifen und Ressourcen teilen sollen.

Netbios Name* und *Netbios Aliase Über diese Felder werden der primäre NetBIOS-Name und die NetBIOS-Aliase für den Computer festgelegt. Standardmäßig entnimmt Samba diese Werte dem Host-Namen des Computers, doch Sie können sie hier auch explizit setzen.

Erzwinge verschlüsselte Passwörter Aktivieren Sie dieses Kontrollkästchen, wenn Sie für Ihr Netzwerk verschlüsselte Passwörter verwenden möchten. Weitere Informationen dazu finden Sie weiter unten in diesem Kapitel im Abschnitt *Passwort-Verschlüsselung*.

Authentication Mode Als allgemeine Regel hat sich bewährt, dass `Benutzer` der beste Authentifizierungsmodus für einen Samba-Server ist. Wenn Ihr Netzwerk eine Domäne anstelle einer Workgroup verwendet (wie in *Kapitel 1: Eine Einführung in SMB/CIFS* beschrieben), dann werden Sie wahrscheinlich den Server- oder Domänen-Authentifizierungsmodus verwenden wollen. Sie müssen dann den NetBIOS-Namen des primären Domänen-Controllers in das Feld `Password-Server` eingeben. Wenn Samba die Share-by-Share Zugriffskontrollen von Windows 9x emulieren soll, dann können Sie den Freigabe-Authentifizierungsmodus verwenden, doch dieser Vorgang kann auch viel administrative Kopfschmerzen bereiten. Diese Optionen werden näher in *Kapitel 14: Sicherheitserwägungen* behandelt.

Erlaube Rechner und ***Verweigere Rechner*** In diese Felder, die in *Kapitel 14: Sicherheitserwägungen* beschrieben werden, können Sie die Namen oder IP-Adressen von Hosts eingeben, um so festzulegen, ob deren Zugriff erlaubt oder verweigert wird.

Show All Available Printers Wenn Sie diese Option aktivieren, erstellt Samba Freigaben für alle die Drucker, die in der Datei `/etc/printcap` aufgelistet sind. Anderenfalls müssen Sie für jeden Drucker individuelle Druckerfreigaben erstellen.

Standardeinstellungen für Home der Benutzer

In Abbildung 4.3 sehen Sie den Konfigurationsdialog, der verwendet wird, um die Sektion `[homes]` zu konfigurieren. Wie bereits weiter oben erwähnt, definiert die Sektion `[homes]` eine Dateifreigabe, die sich für jeden Benutzer dynamisch ändert. Im Speziellen wird jedem Benutzer ein Zugriff auf sein oder ihr *Home*-Verzeichnis gewährt. Die Details, die Sie durch `linuxconf` konfigurieren können, beinhalten Folgendes:

Kommentar/Beschreibung Der hier eingegebene String wird als Erläuterungstext angezeigt, wenn die Freigabe in Windows angezeigt wird.

Diese Freigabe ist aktiviert Aktivieren Sie dieses Kontrollkästchen, wenn Sie einen Zugriff auf *Home*-Verzeichnisse ermöglichen wollen. Anderenfalls lassen Sie das Kontrollkästchen unmarkiert.

Im Browser sichtbar Im Gegensatz zu den meisten anderen Shares muss der Share `[homes]` *nicht* auf sichtbar gesetzt sein. Sie sollten deshalb dieses Element deaktiviert lassen. Wenn Sie es einschalten, werden die Benutzer zwei identische Shares sehen, einen mit dem Namen `homes` und einen mit dem entsprechenden Benutzernamen des Benutzers.

Zugriffsoptionen In diesem Register können Sie den Zugriff auf individuelle Shares steuern, indem Sie entweder bestimmten Rechnern über die Optionen `Erlaube Rechner` und `Verweigere Rechner` den Zugriff gestatten bzw. verweigern oder über die Option `freier Zugriff` allen eingebundenen Rechnern zuweisen.

Benutzer Klicken Sie auf das Register *Benutzer*, um Optionen zu setzen, die sich auf individuelle Benutzer beziehen. Sie können Listen für Benutzer, die einen schreibgeschützten oder einen Lesen/Schreiben-Zugriff haben sollen, festlegen (read-only- und read/write), außerdem Listen für Benutzer, die eine Verbindung zu dem Share haben oder nicht haben sowie die maximale Anzahl an gleichzeitigen Verbindungen, die Samba für den Share akzeptiert.

Scripts Sie können Skripts konfigurieren, die von Samba ausgeführt werden, wenn ein Benutzer das erste Mal eine Verbindung herstellt oder die Verbindung abbricht. Diese Optionen werden in *Kapitel 8: Automatisierung* beschrieben.

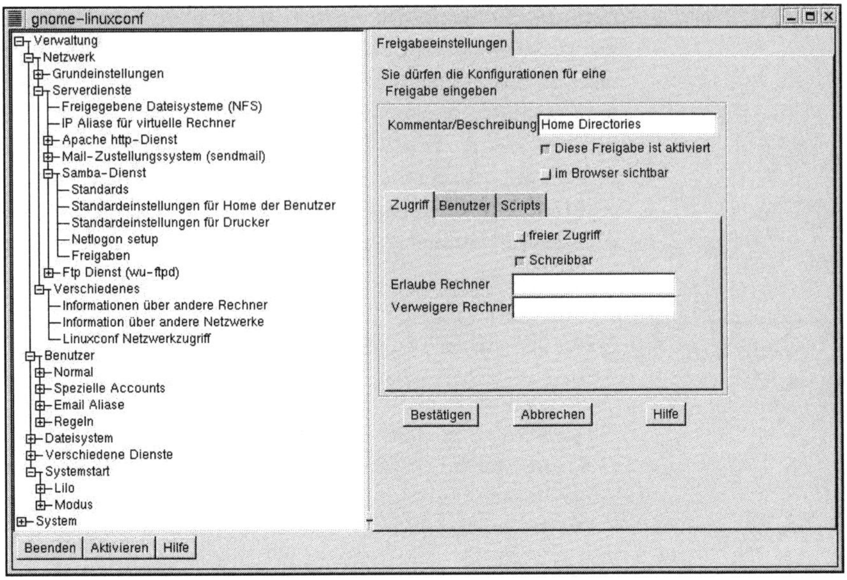

Abbildung 4.3: `linuxconf`**-Eingabeseite zur Festlegung von Standardeinstellungen für Home der Benutzer**

Im Allgemeinen bilden die Standardeinstellungen für die Festlegung eines Home-Verzeichnisses pro Benutzer eine bewährte Grundlage. Sie können diese Optionen ändern, wenn Sie den Zugriff auf Benutzer-Shares einschränken oder ein paar wundersame Dinge in Bezug auf Benutzernamen oder Skripts durchführen oder aber überhaupt keinen Zugriff auf den Benutzer-Account gewähren möchten.

Standardeinstellungen für Drucker

Die Setup-Optionen für Drucker sind recht einfach, sie enthalten lediglich drei modifizierbare Optionen.

Kommentar/Beschreibung Wie bei *Home*-Verzeichnissen auch können Sie hier einen String eingeben, um den Drucker ausführlicher zu beschreiben. Da es sich dabei um das standardmäßige Drucker-Setup handelt, das alle Drucker in Ihre Datei `/etc/printcap` exportiert, ist dieses Feld nicht sehr nützlich, um einen Drucker vom anderen zu unterscheiden.

Diese Freigabe ist aktivert Aktivieren Sie dieses Kontrollkästchen, wenn Sie alle Drucker, die in der Datei `/etc/printcap` aufgeführt sind, freigeben möchten. Wenn von der Freigabe nur einige, jedoch nicht alle Drucker betroffen sind, müssen Sie für jeden Drucker, den Sie freigeben möchten, eine separate Freigabe erstellen.

Freier Zugriff Schalten Sie diese Option ein, wenn es Benutzern erlaubt werden soll, auf Ihren freigegebenen Druckern zu drucken, ohne dass ein Passwort erforderlich ist.

Die von linuxconf verwendeten Standardoptionen kontrollieren alle Druckerfreigaben als ein monolithisches Ganzes. Es gibt eine Reihe von zusätzlichen Optionen, die Sie zusammen mit Druckerfreigaben verwenden können, doch linuxconf gewährt Ihnen keinen Zugriff auf diese Optionen. Wenn Sie Ihre Druckerfreigaben ausführlicher konfigurieren möchten, müssen Sie entweder SWAT verwenden oder eine manuelle Konfiguration vornehmen. Eine Beschreibung der erweiterten Drucker-Konfigurationsoptionen finden Sie in *Kapitel 6: Druckerfreigaben konfigurieren*.

Netlogon setup

Wenn Sie einen [netlogon]-Share erstellen möchten, können Sie linuxconf dazu verwenden. In *Abbildung 4.4* werden die entsprechenden linuxconf-Module angezeigt. Im Folgenden finden Sie eine kurze Beschreibung der Optionen, die Sie festlegen können (in den *Kapiteln 8: Automatisierung* und *10: Konfiguration von Domänen* finden Sie weitere Details zu diesen Features).

netlogon share title Der Standardname für den Share ist netlogon, doch Sie können diese Standardvorgabe auch ändern, indem Sie hier einen anderen Wert festlegen.

Diese Freigabe ist aktiviert Aktivieren Sie dieses Kontrollkästchen, um die Freigabe zu ermöglichen.

Freigabeverzeichnis Geben Sie das Verzeichnis ein, das Sie als netlogon-Verzeichnis verwenden möchten. Das kann jedes Verzeichnis auf dem Computer sein.

Arbeitsgruppe Logon Server Diese Option aktiviert den Parameter domain logons, wodurch Samba als Domänen-Controller agieren kann. Um diese Funktionalität jedoch vollständig zur Wirkung kommen zu lassen, müssen Sie zusätzliche Parameter festlegen, wie in *Kapitel 10: Konfiguration von Domänen* beschrieben wird.

Logon script Sie können hier den Namen des Skripts für den Client festlegen, das abläuft, wenn ein Zugriff auf netlogon erfolgt.

Logon path Sie können hier das Verzeichnis festlegen, in das LINUX die Windows-Profile speichert, das sind entscheidende Windows-Konfigurationsdateien.

Logon drive Hier geben Sie den Laufwerksbuchstaben (z. B. M:) an, den Windows für die Zuweisung des Logon-Homeverzeichnisses verwenden soll. Diese Option betrifft *nur* Windows NT-Clients.

Logon home Das ist der Windows-Netzwerkpfad zu dem Home-Verzeichnis des Benutzers.

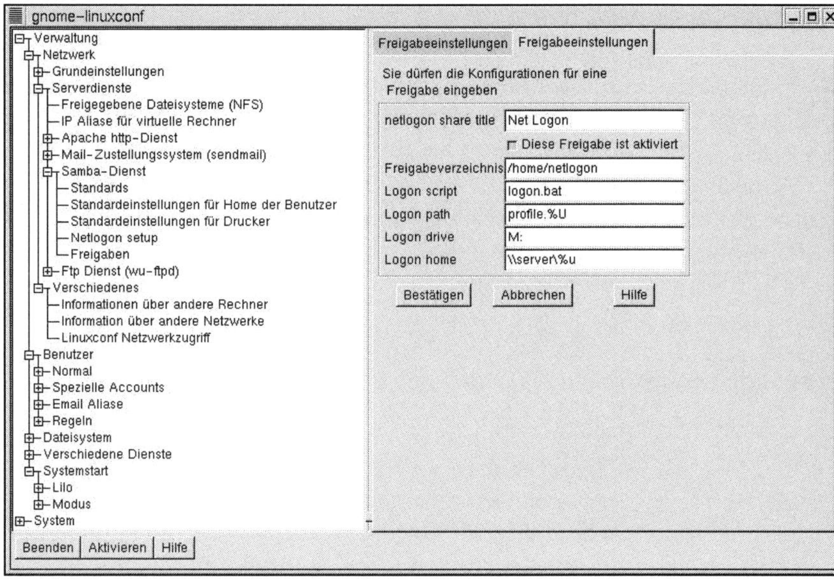

Abbildung 4.4: Das Eingeben von Information für `[netlogon]` in `linuxconf` ist sehr einfach

Freigaben

Dieser Konfigurationsbildschirm dient zur Erstellung und Verwaltung von Freigaben. Ausgenommen sind Freigaben, die über die Definition `[home]`eingerichtet wurden. Sie können eine vorhandene Definition doppelt anklicken, um sie zu bearbeiten oder auf *Neu* klicken, um eine Neue zu erstellen. Im Anschluss präsentiert `linuxconf` die in *Abbildung 4.5* dargestellten Optionen, und Sie können die Definition für eine Freigabe eingeben. Normalerweise verwenden Sie dieses Register, um einen Share anzulegen, in dem Programme oder Datendateien abgelegt werden, auf die eine Gruppe von Leuten innerhalb Ihres Netzwerks Zugriff haben soll.

Folgende Optionen sind im Konfigurationsbildschirm von *Freigaben* zu finden:

Freigabename Dieser Name wird dazu verwendet, den Share zu identifizieren.

Kommentar/Beschreibung Dies ist das Kommentarfeld, das in Windows neben den Freigaben des Computers angezeigt wird.

Diese Freigabe ist aktiviert Aktivieren Sie dieses Kontrollkästchen, um die Freigabe zu ermöglichen.

Im Browser sichtbar Wenn Sie diese Option ausgeschaltet lassen, werden die Benutzer den Share in der Liste der Freigaben für den Computer nicht sehen können. Sie können jedoch nach wie vor auf den Share zugreifen, indem Sie seinen Namen direkt in das Adressenfeld eines Datei-Browser unter Windows eingeben.

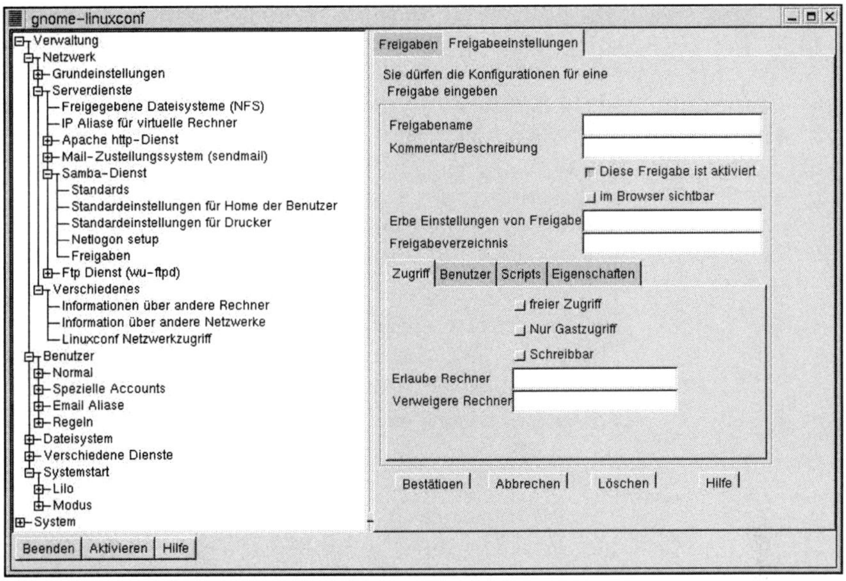

Abbildung 4.5: Es sind mehr Optionen für individuelle Freigaben als für Home-Shares (siehe *Abbildung 4.3*) verfügbar

Erbe Einstellungen von Freigabe Diese Einstellung verwendet den Parameter copy, um Parameter von einem vorhandenen Share zu kopieren. Sie können entsprechend Parameter bearbeiten oder hinzufügen, um die gewünschte Wirkung zu erhalten.

Freigabeverzeichnis Geben Sie den Namen des Verzeichnisses ein, das als Wurzel des exportierten Share dienen soll.

Zugriff Verwenden Sie dieses Register, um festzulegen, welche Computer auf den Share zugreifen können. Sie können den Zugriff pro Maschine durch die Felder *Erlaubte Rechner* und *Verweigere Rechner* regeln sowie *freien Zugriff* oder *Nur Gastzugriff* ermöglichen. Vergewissern Sie sich, dass die Option *Schreibar* aktiviert ist, wenn Sie es Benutzern ermöglichen wollen, Daten auf den Share zu kopieren.

Benutzer Setzen Sie in diesem Register die Zugriffs-Kontrolloptionen nach Benutzern (user-by-user), inklusive einer Liste von Benutzern, denen Zugriff gewährt wird, sowie Einschränkungen pro Benutzer in Hinblick auf Lese- und Schreibzugriff.

Scripts Verwenden Sie dieses Register, um Skripts festzulegen, die Samba ausführt, wenn auf den Share zugegriffen wird und wenn der Zugriff auf die freigegebene Ressource durch den Client beendet wird.

Eigenschaften Die Optionen hier beinhalten die Befähigung, die Verbindung als ein spezieller LINUX-Benutzer oder eine spezielle LINUX-Gruppe zu erzwingen, sowie die Festlegung für einen Gast-Account pro Share sowie eine Limitierung darauf, wie viele Verbindungsherstellungen auf den Share gleichzeitig erlaubt sind.

Tipps für die Konfiguration von `linuxconf`

Der Einsatz von `linuxconf` bietet eine gute Möglichkeit, einen Samba-Server grundlegend einzurichten, doch den Möglichkeiten dieses Programms sind auch Grenzen gesetzt. Eine schwerer wiegende Limitierung ist beispielsweise, dass kein voller Zugriff auf alle Samba-Optionen zur Verfügung gestellt wird. Sie werden daher vielleicht ein anderes Tool verwenden wollen, wie SWAT oder einen Text-basierten Editor, um die Konfiguration zu erhalten, die genau auf Ihre Situation zugeschnitten ist. In `linuxconf` ist speziell der Umgang mit Druckerfreigaben unzulänglich: Sie können mit `linuxconf` keine Printer-by-Printer-Anpassungen auf Druckerfreigaben erstellen. Und Sie haben keinen Zugriff auf wichtige Druckeroptionen wie z.B. `postscript`, was bei der Lösung von Problemen helfen kann, die von einigen PostScript-Druckertreibern in Windows verursacht werden.

Das Programm `linuxconf` kann nicht alle die Synonyme und Antonyme verstehen, die von Samba zur Verfügung gestellt werden. So ist z.B. `read only` ein Antonym für `writable`. Sie können festlegen, dass ein Share nur lesbar (read-only) ist, indem Sie entweder `read only = Yes` oder `writable = No` verwenden. (Samba akzeptiert auch `writeable` als ein Synonym für `writable`.) Wenn Sie jedoch eine Freigabe manuell erstellen und Sie verwenden `read only = Yes` oder `writeable = No`, kann `linuxconf` diese Option nicht aufnehmen. Stattdessen wird jeder Parameter beibehalten, den das Programm nicht versteht; das heißt, Sie können also die Utility getrost verwenden, um Features anzupassen, die es *versteht* – auch auf Shares, die fortgeschrittene Features verwenden. Der Nachteil ist, dass Sie kein Feature entfernen können, das von `linuxconf` zwar prinzipiell unterstützt wird, es aber mit solchen Parametern eingerichtet wurde, die `linuxconf` nicht versteht. So können Sie z.B. nicht den Parameter `read only = Yes` entfernen. Sie haben jedoch die Möglichkeit, die entsprechende Option auszuwählen, um den Parameter `writable = Yes` hinzuzufügen, den `linuxconf` nach dem vorhandenen Parameter `read only = yes` einfügt. Samba verwendet im Allgemeinen bei Synonymen den zuletzt eingetragenen Parameter, so dass der Effekt der gleiche ist. Sollten Sie jedoch zu einem späteren Zeitpunkt die Datei `smb.conf` in ihrer Textversion lesen, kann der Ergebnis verwirrend sein. Hinzu kommt, dass neben den für `linuxconf` unbekannten Parameternamen jegliche Kommentare beibehalten werden, die Sie eventuell in die Datei `smb.conf` zu den Parametern eingefügt haben.

Die meisten `linuxconf`-Installationen akzeptieren standardmäßig keine entfernten Anmeldungen über einen Web-Browser. Es ist zu empfehlen, diese Standardvorgabe keinesfalls dahingehend zu ändern, dass ein Fernzugriff ermöglicht wird. Vielmehr möchten Sie wahrscheinlich den Sicherheits-Level weiter erhöhen, indem Sie die `linuxconf`-Zeile in `/etc/inetd.conf` auskommentieren und `inetd` neu starten. Dadurch können

Unbefugte davon abgehalten werden, auch in der Zukunft aufgedeckte Fehler bei der Implementierung zu versuchendes Netzwerkzugriffs auszunutzen. Der Abschnitt *Den Zugriff auf SWAT einschränken* weiter unten in diesem Kapitel beinhaltet Informationen darüber, wie die Sicherheit erhöht und der Zugriff auf SWAT begrenzt werden kann. Die meisten dieser Techniken lassen sich ebenso auf einen Zugriff auf `linuxconf` innerhalb eines Netzwerks anwenden.

WARNUNG

Wenn Sie der Auffassung sein sollten, dass sowieso niemand auf die Idee kommt, über `linuxconf` *in ein System einzubrechen, beachten Sie bitte Folgendes: Die Firewall-Software des Autors dieses Buches hat mehrere Versuche aufgezeichnet, über* `linuxconf` *auf seinen Computer zuzugreifen. Da aber auf diesem speziellen System* `linuxconf` *überhaupt nicht unterstützt wurde, waren die Zugriffsversuche auch nicht erfolgreich.*

Leider passiert es manchmal, dass `linuxconf` abstürzt, wenn es einen Fehler in den Konfigurationsdateien entdeckt, die das Programm handhaben soll. Manchmal passiert sogar ein Crash, wenn fehlerfreie Konfigurationsdateien vorliegen. Es ist in der Praxis des Autors schon vorgekommen, dass `linuxconf` auf einem System immer dann abgestürzt ist (einem Macintosh, auf dem LinuxPPC 2000 mit Samba 2.0.7 abläuft), wenn der Versuch stattfand, auf die Standard-Konfigurationsmodule von Samba zuzugreifen – unabhängig davon, wie einfach die Datei `smb.conf` konstruiert war. Ein anderer Computer (eine x86-Maschine, auf der Mandrake 7.0 mit Samba 2.0.6 abläuft) konnte mit dieser Situation wunderbar umgehen. Wenn `also linuxconf` auf mysteriöse Weise abstürzen sollte, konfigurieren Sie Samba manuell oder verwenden Sie ein anderes Tool wie z.B. SWAT.

Samba-Konfiguration unter Verwendung von SWAT

Das *Samba Web Administration Tool (SWAT)* ist standardmäßig Bestandteil von Samba, obwohl für die Durchführung normaler Samba-Operationen der Einsatz dieses Tools nicht zwingend erforderlich ist. Wenn Sie die Administration von Samba über entfernte Zugriffe steuern müssen, ein Fernzugriff auf andere LINUX-Konfigurationsoptionen jedoch nicht erforderlich ist, ist die Verwaltung mit SWAT für die Sicherheit Ihres Systems weniger bedrohlich als die mit `linuxconf`, da mit SWAT ein direkter administrativer Zugriff auf weniger LINUX-Features zur Verfügung gestellt wird.

SWAT ist ein Konfigurations-Tool, das sehr Netzwerk-orientiert ist. Darüber hinaus gewährleistet es einen umfassenden Zugriff auf Samba-Features und es ist – was den Status der Datei `smb.conf` betrifft – weniger pingelig. Wenn SWAT jedoch als ein Verwaltungs-Tool für Netzwerke verwendet wird, kann dies Möchtegern-Cracker leicht in Versuchung führen. Es gibt jedoch Möglichkeiten, den Zugriff auf eine bestimmte Gruppen von Maschinen zu beschränken. So müssen für das Ausführen von SWAT bestimmte autorisierte Passwörter – ähnlich dem `root`- Passwort- verwendet werden.

Die anfängliche Konfiguration von SWAT

Die Konfiguration von SWAT funktioniert vergleichbar der Konfiguration von `linuxconf` für einen Netzwerkzugriff. Überprüfen Sie zunächst die Datei `/etc/inetd.conf`. Hier sollte eine Befehlszeile enthalten sein, die ähnlich wie die folgende aussieht:

```
swat  stream  tcp  nowait.400  root  /usr/sbin/swat swat
```

Sollte diese Zeile nicht vorhanden oder auskommentiert worden sein, dann fügen Sie sie hinzu bzw. entfernen Sie die Kommentarsymbole.

Stellen Sie auch sicher, dass die folgende Zeile in der Datei `/etc/services` auf dem Server enthalten ist:

```
swat            901/tcp
```

Sobald diese beiden Dateien korrekt konfiguriert sind, starten Sie `inetd` erneut, indem Sie die Prozess-ID verwenden, die auf dem Output des Befehls `ps` basiert:

```
# ps ax | grep inetd

379 ?        S      0:00 inetd

# kill -SIGHUP 379
```

Wenn das erledigt ist, wird SWAT auf Ihrem Computer ablaufen, und man kann darauf von jedem System aus zugreifen, das auch auf Port 901 des Servers Zugriff hat.

Um SWAT zu verwenden, öffnen Sie einen Web-Browser und geben Sie in das URL-Feld des Browsers `http://Servername:901` ein (*Servername* ist der DNS-Name oder die IP-Adresse des Samba-Servers). Funktioniert alles entsprechend, werden Sie, wie hier gezeigt wird, von SWAT nach einem Passwort gefragt:

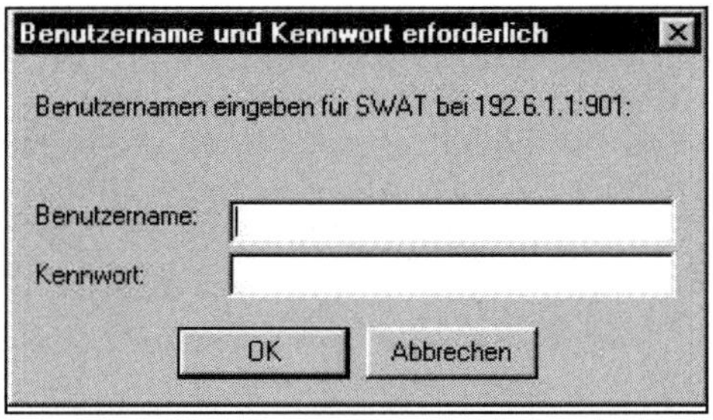

Geben Sie einen korrekten Benutzernamen ein sowie ein Passwort, um die Hauptseite von Samba aufzurufen (siehe *Abbildung 4.6*). Von hier aus können Sie auf alle SWAT-Konfigurationsoptionen zugreifen, die im Folgenden kurz beschrieben werden. Wie bei einem Fernzugriff auf `linuxconf` können Sie auch auf SWAT von jedem Betriebssystem (OS) aus zugreifen, das einen Web-Browser unterstützt – LINUX, Windows, MacOS, BeOS und sogar DOS.

Abbildung 4.6: Die Konfigurationsoptionen von SWAT sind in verschiedene Gruppen unterteilt und sind ähnlich den von `linuxconf` verwendeten

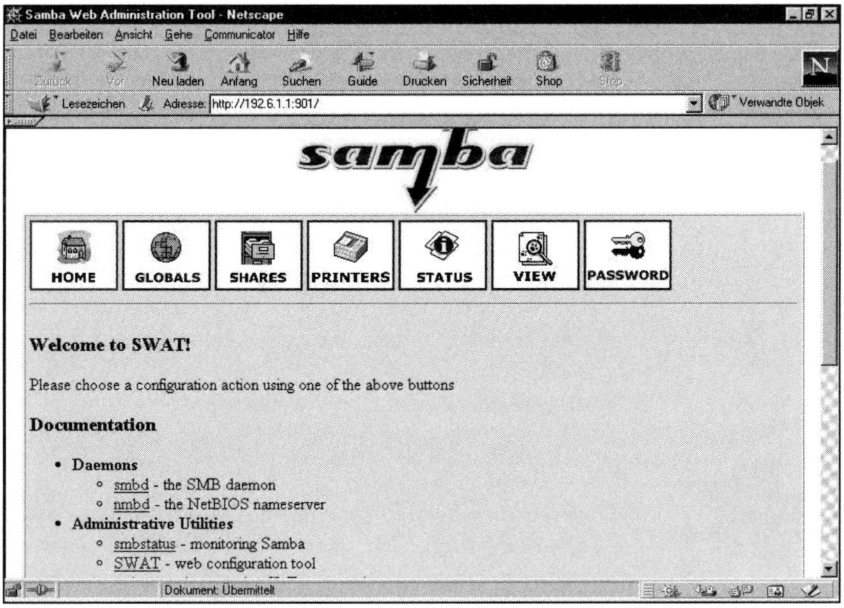

Den Zugriff auf SWAT einschränken

Es ist dringend zu empfehlen, entsprechende Schritte zu unternehmen, um einen Zugriff auf SWAT einzuschränken. Für diese Zugriffsbeschränkung stehen verschiedene Möglichkeiten zur Verfügung, einige davon werden in den folgenden Abschnitten beschrieben. Im Allgemeinen haben sich TCP-Wrapper als guter Ausgangspunkt bewährt, um den Zugriff auf SWAT zu begrenzen. Wenn man auf Ihren Samba-Server über das Internet als Ganzes zugreifen kann, sollten Sie Ihrem Netzwerk eine externe Firewall vorschalten; oder Sie sollten zumindest mithilfe von `ipchains` den Zugriff auf den SWAT-Port (901) von außerhalb Ihres lokalen Netzwerks blockieren. Je mehr Barrieren Sie aufbauen, desto besser, auch wenn es dabei zu Redundanzen kommt – denn dann kann ein Fehler in einem Sicherheits-Tool durch ein anderes Tool, das eine ähnliche Funktion ausführt, aufgehoben werden.

Passwörter

Um Zugriff auf SWAT zu erhalten, müssen Sie über ein LINUX-Passwort verfügen. Gewöhnlich müssen Sie eine Benutzer-ID für `root` und das `root`-Passwort eingeben. Wenn in der Datei `smb.conf` jedoch für andere Benutzer die Erlaubnis enthalten ist, in diese Datei zu schreiben, können diese Benutzer durch Verwendung von SWAT die Konfiguration von Samba verändern. Benutzer ohne Schreibzugriff auf `smb.conf` können mithilfe von SWAT den Status des Servers kontrollieren, die Datei `smb.conf` überprüfen (sofern Sie für den Benutzer lesbar ist) und Passwörter ändern. Stellen Sie sicher, dass sowohl das `root`-Passwort geschützt ist sowie jedes andere Passwort, das für eine Modifizierung der Samba-Konfiguration verwendet werden kann.

WARNUNG

SWAT akzeptiert Passwörter, die in reiner Textform (also nicht verschlüsselt) übermittelt werden. Abhängig von Ihrer Netzwerkkonfiguration könnten Ihre Passwörter so durch Benutzer Ihres lokalen Netzwerkes „ausspioniert" werden. Auch wenn Sie SWAT über einen entfernten Rechner administrieren, kann man sich mit entsprechenden Packet-Sniffer-Tools Ihr Passwort relativ leicht schnappen. Es ist daher dringend zu empfehlen, SWAT nicht von einem entfernten Computer aus zu verwenden.

Vielleicht können Sie auch der Versuchung nicht widerstehen, einen speziellen Samba-Account anzulegen und den Besitz der Datei `smb.conf` diesem Account zu übertragen. Sie können damit die Datei `smb.conf` mit SWAT bearbeiten, ohne das `root`-Passwort in Textform zu senden. Oberflächlich gesehen erhöhen Sie so scheinbar die Systemsicherheit. Bei der Leistungsstärke von Samba stellt dies jedoch keine große Verbesserung des Schutzes verglichen mit der Klartextübermittlung des Root-Passworts da. Ein Cracker, der Zugriff auf die Datei `smb.conf` erhält, kann schnell `root`-Zugriff erwerben, indem er das `/etc`-Verzeichnis mit `root`-Privilegien exportiert. Und einer, der Böses will, hat dann die Möglichkeit, die Dateien `/etc/passwd` und `/etc/shadow` zu bearbeiten. Die Samba-Dämonen selbst müssen, um voll funktionsfähig zu sein, unter der Benutzerkennung `root` ablaufen, so dass die Verwendung eines anderen Users als `root` zur Bearbeitung der Datei `smb.conf` wenig Schutz gewährt.

Externe Firewalls

Wenn Ihr lokales Netzwerk über einen Firewall-Computer verfügt, konfigurieren Sie ihn dahingehend, einen Zugriff auf Port 901 zu blockieren. Dadurch können Außenstehende davon abgehalten werden, auf SWAT zuzugreifen.

Lokale `ipchains`

Bei `ipchains` handelt es sich um ein Packet-Filter-Tool für LINUX. Sie können es verwenden, um einen Zugriff auf Port 901 auf dem lokalen Server-Computer zu blockieren. Ausnahmen bilden nur Zugriffe von explizit zugelassenen Adressen. Angenommen, Sie möchten Samba vom Server selbst (`localhost` oder `127.0.0.1`) und von einem anderen Computer mit einer IP-Adresse von `192.168.3.23` aus verwalten. Durch die folgenden `ipchains`-Befehle kann diese Konfiguration ermöglicht werden:

```
# ipchains -A input -p tcp -s 127.0.0.1 901 -j ACCEPT

# ipchains -A input -p tcp -s 192.168.3.23 901 \

  -j ACCEPT

# ipchains -A input -p tcp -s 0/0 901 -j DENY
```

HINWEIS

Weitere Informationen über `ipchains` *können Sie dem ipchains-HOWTO-Dokument von LINUX entnehmen. Beachten Sie, dass ab der LINUX-Kernel-Version 2.3x das Packet-Filtering erweitert und verändert wird. Alle Kernel ab 2.3 und höher verwenden dazu nicht mehr* `ipchains` *sondern das Tool mit der Bezeichnung* `iptables`. *Falls Sie bereits diese Kernelversionen verwenden, so müssen Sie unter Umständen die obigen Befehle und Konfigurationseinstellungen den Erfordernissen des Tools* `iptables` *anpassen.*

TCP Wrappers

Sie können SWAT durch TCP Wrappers starten, indem Sie den Aufruf an `/usr/sbin/swat` in der Datei `/etc/inetd.conf` durch einen Aufruf an `/usr/sbin/tcpd` ersetzen. Verwenden Sie dann die üblichen Steuerungsanweisungen von TCP Wrappers in `/etc/hosts.deny` und `/etc/hosts.allow`, um einen Zugriff auf SWAT einzuschränken. Um wie oben bei dem Beispiel für `ipchains` den Zugriff auf SWAT auf localhost und 192.168.3.23 zu beschränken, erstellen Sie eine Datei `/etc/hosts.deny`, die folgenden Eintrag enthält:

```
swat: ALL EXCEPT 192.168.3.23 127.0.0.1
```

Zusätzliche Kontrollen

Es stehen noch weitere Netzwerk-Sicherheitssysteme zur Verfügung, mit denen man den Zugriff auf SWAT einschränken kann. So kann z.B. `xinetd`, ein Ersatz für die Kombination inetd/TCP Wrappers, den Zugriff basierend auf einer Ethernet-Karte, auf der eine Anfrage ankommt, einschränken. Beide, TCP Wrappers und `xinetd`, bieten erweiterte Optionen an, mit deren Hilfe man nur bestimmten Benutzern Zugriff auf Server erlaubt, die auf dem Computer ablaufen.

Logout

SWAT enthält keine bestimmte Funktion, um sich aus dem Tool auszuloggen. Es ist daher wichtig, dass Sie Ihren Web-Browser schließen, sobald Sie die Arbeit mit SWAT abgeschlossen haben. Denn wenn Sie dies versäumen und Ihren Computer dann unbeaufsichtigt lassen, könnten andere Ihren Web-Browser dazu verwenden, Samba neu zu konfigurieren.

Eine Tour durch die SWAT-Optionen

Die SWAT-Optionen sind in sieben Gruppen aufgeteilt: *Home*, *Globals*, *Shares*, *Printers*, *Status*, *View* und *Password* (siehe *Abbildung 4.6*). Einige dieser Gruppen kontrollieren Features, die denen von `linuxconf` ähnlich sind. Doch die Möglichkeiten von SWAT gehen noch über die von `linuxconf` hinaus. Eine Beschreibung der zusätzlichen Optionen werden Sie weiter unten in diesem Kapitel sowie im weiteren Verlauf des Buches finden.

In allen Konfigurationsseiten von SWAT, die eine Änderung der Optionen ermöglichen, befindet sich eine Schaltfläche mit dem Namen *Commit Changes*. Sie müssen auf diese Schaltfläche klicken, damit Samba auch Ihre Änderungen in die Datei `smb.conf` schreiben kann.

Home

Die Konfigurationsgruppe *Home* (siehe *Abbildung 4.6*) ist die erste Ansicht, die Sie erhalten, nachdem Sie einen Benutzernamen und ein Passwort angegeben haben. Von dieser Seite aus können Sie zur Samba-Dokumentation wechseln, inklusive der Handbuchseiten (*man*-Seiten) zu Samba und verschiedenen zusätzlichen Dateien. Sie können hier auch eine der sechs anderen Konfigurationsgruppen aufrufen.

Globals

Die Gruppe *Globals* ermöglicht es, Konfigurationsoptionen festzulegen, die in der Sektion `[global]` der Datei `smb.conf` enthalten sind. Die *Abbildung 4.7* zeigt die Konfigurationsseite *Globals* an.

Abbildung 4.7: In SWAT verwenden Sie HTML-Features wie Schaltflächen und Texteingabefelder, um Konfigurationsoptionen festzulegen

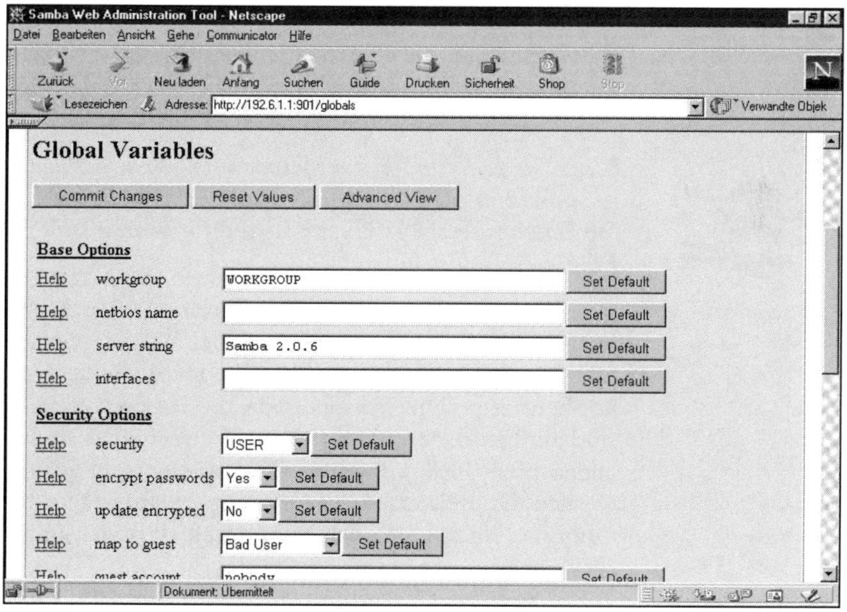

Die ersten *Globals*-Optionen entsprechen denen, die Sie auch über die Standard-Konfigurationsseite in `linuxconf` festlegen können: Sambas NetBIOS-Name, Workgroup, Sicherheitsmodus usw. Andere `[global]`-

Optionen werden weiter unten in diesem Kapitel im Abschnitt *Wichtige allgemeine Konfigurationsoptionen* beschrieben sowie in späteren Kapiteln, speziell in *Teil 3*.

TIPP

Standardmäßig werden in SWAT nur die Samba-Konfigurationsoptionen angezeigt, die auch am häufigsten verwendet werden. Auf den Seiten Globals, Shares *und* Printers *können Sie auf die Schaltfläche* Advanced View *klicken, um sich „esoterischere" Optionen anzeigen zu lassen.*

Die Seite *Globals* ist nicht verfügbar, wenn Sie auf SWAT als einfacher Benutzer zugreifen.

Shares

Über die Seite *Shares* können Sie Dateifreigaben (*file shares*) definieren. Wenn Sie die Seite das erste Mal öffnen, zeigt SWAT nur eine Handvoll Optionen an. Um sich weitere Share-Optionen anzeigen zu lassen, müssen Sie eines der beiden folgenden Dinge tun:

- Geben Sie einen Share-Namen in das erste Textfeld ein und klicken Sie auf *Create Share*. Damit wird ein neuer Share mit dem von Ihnen festgelegten Namen erstellt. Sie haben auch die Möglichkeit, diesen Share zu bearbeiten.
- Wählen Sie einen vorhandenen Share aus dem Listenfeld aus und klicken Sie auf *Choose Share*, um die aktuelle Konfiguration des Share anzuzeigen und diese Konfiguration zu bearbeiten.

HINWEIS

*Wenn Sie nach der ersten Methode vorgehen, schließen Sie den Share-Namen **nicht** in eckige Klammern ([]) ein, wie Sie dies tun würden, wenn Sie die Datei* `smb.conf` *in einem Texteditor bearbeiten. SWAT fügt die eckigen Klammern selbst hinzu.*

`linuxconf` verwendet einen Konfigurations-Panel, um den Share `[homes]` festzulegen, und einen anderen Panel für alle anderen Dateifreigaben. SWAT verwendet dagegen dieselbe *Shares*-Seite, um beides zu konfigurieren. Die Optionen, die Sie für Dateifreigaben setzen können, sind ähnlich denen, die in `linuxconf` verfügbar sind, doch sie sind anders angeordnet. In *Kapitel 5: Konfiguration zur Freigabe (Share) von Dateien* werden die meisten dieser Optionen ausführlicher behandelt, zu einigen Optionen finden Sie auch Erläuterungen in den folgenden Kapiteln dieses Buches.

Die Seite *Shares* ist nicht verfügbar, wenn Sie auf SWAT als einfacher Benutzer zugreifen.

Printers

SWAT bietet ausgefeiltere Kontrollmöglichkeiten über Druckerfreigaben (*printer shares*), als dies bei `linuxconf` der Fall ist. In SWAT können Sie Einstellungen für individuelle Drucker anpassen und nicht nur alle Druckerfreigaben als ein monolithisches Ganzes kontrollieren. SWAT ermöglicht Ihnen auch einen Zugriff auf alle Drucker-Konfigurationsparameter von Samba. Damit können Sie den Zugriff auf Drucker-Shares beschränken, die Befehle, die Samba für das Einreihen von Druckaufträgen verwendet, anpassen usw. Die Optionen zur Druckerkonfiguration werden in *Kapitel 6: Druckerfreigaben konfigurieren* behandelt.

Die Seite *Printers* ist nicht verfügbar, wenn Sie auf SWAT als einfacher Benutzer zugreifen.

Status

Die Seite *Status* ermöglicht es, sich den Status des Samba-Servers anzeigen zu lassen und diesen anzupassen. Ein paar Haupt-Features dieser Seite beinhalten Folgendes:

Dämonen anhalten, starten und neu starten Abhängig vom aktuellen Status der Samba-Dämonen können Sie die Dämonen anhalten, starten und neu starten (siehe *Abbildung 4.8*). Samba stellt diese Funktionalität für jeden Dämon separat zur Verfügung.

Individuelle Verbindungen aufheben Der Bereich *Active Shares* (in *Abbildung 4.8* nicht zu sehen) zeigt die Verbindungen zum Server an. Diese Informationen können Sie auch der Tabelle *Active connections* entnehmen, doch sie sind hier nicht so ausführlich wie unter *Active shares*.

Geöffnete Dateien Im unteren Bereich der Seite *Status* (der ebenfalls nicht in Abbildung 4.8 zu sehen ist) sehen Sie eine Liste der geöffneten Dateien. Diese Information ist hilfreich, wenn Sie den Benutzer einer Datei herausfinden möchten, beispielsweise um die Datei zu schließen oder die Verbindung zu beenden, da Sie das Dateisystem aushängen möchten. Überprüfen Sie dazu die Spalte *PID* in dieser Tabelle, lokalisieren Sie diese PID dann in der Spalte *Active Connections* und heben Sie die Verbindung auf.

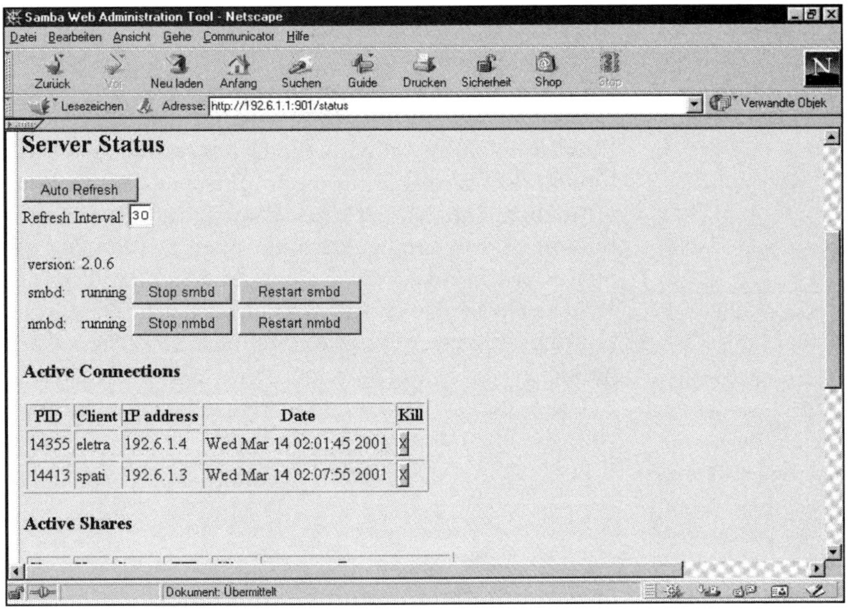

Abbildung 4.8: Über die Seite *Status* von SWAT können Sie die Samba-Dämonen und -Verbindungen kontrollieren

Wenn Sie auf SWAT als einfacher Benutzer zugreifen, können Sie zwar alle auf dieser Seite dargestellten Informationen sehen, doch haben Sie nicht die Möglichkeit, eine davon zu ändern. SWAT stellt nicht die entsprechenden Schaltflächen zur Verfügung, mit denen Sie Änderungen hervorrufen könnten.

View

In der Seite *View* wird der Inhalt der Datei `smb.conf` als Text dargestellt. Gewöhnlich zeigt SWAT eine bearbeitete Version der Datei an. Es fehlen die Befehle, die nicht eingestellt werden müssen – also die Befehle, die sich auf ihre Standardwerte stützen. Sie können im oberen Bereich der Seite auf die Schaltfläche *Full View* klicken, um sich die gesamte Datei anzeigen zu lassen, inklusive der Standardwerte. Die Konfiguration der Datei `smb.conf` kann hier jedoch nicht geändert werden. Um Konfigurationsänderungen „per Hand" vorzunehmen, müssen Sie einen Texteditor verwenden.

Die Seite *View* können Sie sowohl als einfacher, als auch als administrativer Benutzer verwenden. (Sie müssen jedoch eine Leseberechtigung für die Datei `smb.conf` haben.)

Password

Verwenden Sie die Seite *Password* (siehe *Abbildung 4.9*), um Ihr Samba-Passwort zu ändern. Wenn Sie auf SWAT als `root` zugreifen, können Sie durch Anklicken der entsprechenden Schaltflächen Benutzer hinzufügen, löschen sowie für Benutzer Freigaben einrichten und diese wieder aufheben. Im Wesentlichen handelt es sich bei dieser Seite um eine Schnittstelle zu dem Programm `smbpasswd`.

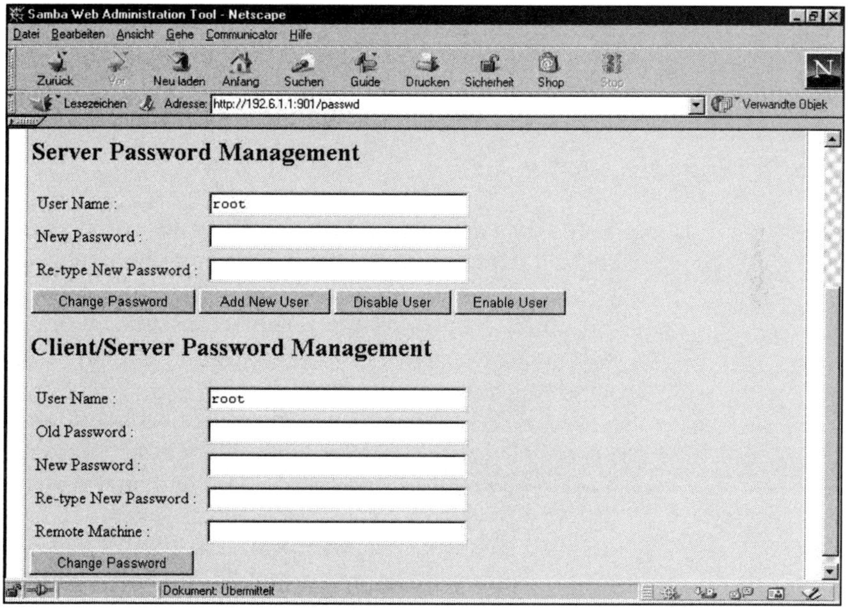

Abbildung 4.9: Die Seite *Password* ermöglicht einen einfachen Zugriff auf die verschlüsselte Passwort-Datei von Samba

WARNUNG

Die Password-*Seite von SWAT ändert nicht die regulären Passwörter von LINUX. Wenn Ihr Netzwerk so konfiguriert ist, dass es für den Zugriff auf Samba Passwörter in Textform verwendet, wird die Seite* Password *für Sie zwecklos, doch Sie wird von SWAT nach wie vor angezeigt.*

Um ein Benutzerkonto (*Account*) anzupassen, geben Sie in der Feld *User Name* den Account-Namen ein. Wenn Sie das Account-Passwort ändern möchten, geben Sie das entsprechende Passwort in das Feld *New Password* und dann in das Feld *Re-type New Password* ein und klicken Sie auf die Schaltfläche *Change Password*. Wenn Sie als einfacher Benutzer auf SWAT zugreifen, geben Sie Ihr altes Passwort in das Feld *Old Password* ein, das ebenfalls nicht in *Abbildung 4.9* zu sehen ist.

Um einen Benutzer hinzuzufügen, geben Sie den entsprechenden Benutzernamen und das Passwort (zweimal) ein und klicken Sie auf die Schaltfläche *Add New User*. Beim Löschen sowie beim Deaktivieren und beim Aktivieren eines Benutzers müssen Sie das Passwort nicht eingeben.

Der Bereich *Client/Server Password Management* ermöglicht es, SWAT auf einem Computer ablaufen zu lassen, um die Benutzerinformation auf einem anderen Server anzupassen. Bei diesem Server kann es sich um einen anderen Samba-Server handeln (in diesem Fall wird nur das verschlüsselte Passwort des Samba-Servers geändert) oder um einen Windows NT- oder Windows 2000-Computer (in diesem Fall wird das Login-Passwort des Windows-Computers geändert).

Empfehlungen für die Arbeit mit SWAT

SWAT kann sich als exzellentes Tool zur Samba-Konfiguration erweisen, speziell dann, wenn Sie noch nicht mit der Samba-Administration vertraut sind und die Optionsnamen Ihnen noch nicht so geläufig sind. Um jedoch aus Samba das Optimale herauszuholen, müssen Sie einige Eckpunkte der Samba-Konfiguration verstehen, beispielsweise sollten Sie wissen, was Variablen darstellen.

Die SWAT-eigene Netzwerknatur macht das Tool zumindest potenziell gefährlich. Wie schon weiter oben im Abschnitt *Den Zugriff auf SWAT einschränken* erwähnt, ist es dringend zu empfehlen, Ihren SWAT-Server zu schützen, indem ein Zugriff von außen so weit wie möglich eingeschränkt wird. Idealerweise sollten Sie TCP Wrappers, `xinetd`, `ipchains` oder entsprechende andere Tools einsetzen, um den Zugriff nur auf die localhost-Adresse (127.0.0.1) zu beschränken. Dadurch können Sie SWAT nur lokal und nicht von irgendeinem anderen Computer aus verwenden. Sollten Sie dennoch Zugriff auf SWAT von anderen Computern aus benötigen, beschränken Sie die Zugriffsmöglichkeit auf eine limitierte Gruppe von Computern innerhalb Ihres lokalen Netzwerks. Und wenn Sie Samba von einem Computer aus konfigurieren müssen, der nicht Bestandteil Ihres lokalen Netzwerks ist, bearbeiten Sie die Datei `smb.conf` mit einem Texteditor und verwenden Sie ein Sicherheitsprotokoll zum Einloggen wie z.B. SSH. (Arbeiten Sie *nicht* mit Telnet, denn dabei werden alle Daten inklusive den Passwörtern, in einer unverschlüsselten Form übergeben.)

Wenn Sie Samba auf einem Server starten, auf den Ihre lokalen Benutzer keinen regulären Anmeldezugriff haben, können Sie Ihren Netzwerkbenutzern über die Seite *Password* von SWAT ermöglichen, ihre Samba-Passwörter zu ändern. Dieses Features mag auf den ersten Blick bequem sein, doch Sie sollten dieser Bequemlichkeit die Tatsache gegenüber stellen, dass eventuell einer, der Böses will, sich mit entsprechenden Packet-Sniffer-Tools Ihr Passwort auf einem lokalen Netzwerk relativ leicht schnappen kann.

Eine andere Möglichkeit besteht darin, einen SSH-Server zu starten und die Benutzer-Shell von Samba so zu konfigurieren, dass das Programm `smbpasswd` aufgerufen wird. Die Benutzer können dann über SSH Ihre Samba-Passwörter einstellen. (Beachten Sie, dass bei dieser Vorgehensweise die Verwendung von Telnet nicht sicherer als der Einsatz von SWAT ist; es ist die Verschlüsselung von SSH, die in diesem Fall den Vorteil ausmacht.) In *Kapitel 15: Account-Verwaltung* werden Passwörter und Details zur Verwaltung von Benutzerkonten näher beschrieben.

Ob Sie nun SWAT für Ihre alltägliche Samba-Konfiguration verwenden oder nicht – es ist in jedem Fall sinnvoll, sich ein wenig mit den Möglichkeiten der „manuellen" Konfiguration der Datei `smb.conf` auseinander zu setzen. Glücklicherweise werden in SWAT die gleichen Begriffe zur Beschreibung der Konfigurationsoptionen verwendet wie in `smb.conf`, so dass das einmal Erlernte beide Bereiche abdeckt. Wenn SWAT in einer Datei `smb.conf` liest, interpretiert es die Parameter-Synonyme und -Antonyme korrekt und schreibt eventuell eine geänderte Datei unter Verwendung anderer Parameternamen. Angenommen die ursprüngliche `smb.conf`-Datei beinhaltet den Share-Parameter `read only = No`. SWAT zeigt in der Web-Darstellung den Wert `Writeable` korrekt als `Yes` an. Wenn Sie diesen Wert nicht ändern, bevor Sie Ihre Änderungen übergeben, wird SWAT eine `smb.conf`-Datei schreiben, die keinen `read only`-Parameter enthält, sondern den Parameter `writeable = Yes`.

WARNUNG

Leider hat die Verarbeitung der Datei `smb.conf` *durch SWAT auch die Auswirkung, dass dabei alle Kommentare entfernt werden. Sie sollten deshalb nicht mit SWAT arbeiten, wenn in Ihrer Konfigurationsdatei wichtige Kommentare enthalten sind.*

Ein Feature, das von SWAT nicht korrekt gehandhabt wird, ist die Verwendung von Variablen innerhalb des `include`-Parameters. Dieser Parameter ermöglicht es, eine Konfigurationsdatei in eine andere einzubeziehen. In Samba können Sie Variablen in diesen Parameter-Wert setzen, um die Konfiguration von Samba für individuelle Benutzer, Clients usw. anzupassen. Leider verfälscht SWAT diese `include`-Anweisungen, so dass sie keine Auswirkungen mehr haben. Sie können sie manuell korrigieren, wenn Sie nur eine oder zwei davon verwenden, doch wenn Sie sehr auf dieses Feature bauen, werden Sie es wahrscheinlich einfacher finden, die Datei `smb.conf` jeweils manuell zu bearbeiten.

Allgemeine wichtige Konfigurationsoptionen

An dieser Stelle wissen Sie schon ein bisschen Bescheid, welche Art von Optionen in der Datei `smb.conf` enthalten sind. Der überwiegende Rest dieses Buches ist – beginnend mit diesem Abschnitt – den spezifischen Parametern der Datei gewidmet und wie man aus ihnen das Beste herausholen kann. Wir beginnen diese Beschreibung mit einigen wichtigen Parametern, die in der Sektion `[global]` der Datei `smb.conf` zu finden sind.

Server-Identifizierung

Wie bereits in *Kapitel 1: Eine Einführung in SMB/CIFS* beschrieben, werden Computer in einem Windows-Netzwerk durch den NetBIOS-Namen identifiziert. Diese Computer gehören auch zu einer Workgroup oder Domäne, dabei handelt es sich im Wesentlichen um einen von mehreren Computern in einem Netzwerk gemeinsam genutzten Namen. Wenn keine anderen Anweisungen vorliegen, verwendet Samba den TCP/IP-Hostname des Computers (minus dem Domänennamen) als NetBIOS-Namen des Computers. Wenn Ihr Computer beispielsweise passend als `gingko.pangaea.edu` konfiguriert ist, verwendet Samba `GINGKO` als NetBIOS-Namen. Samba weiß jedoch nicht, was als Workgroup- oder Domänenname verwendet werden soll, so dass Sie dies explizit konfigurieren müssen. (Anderenfalls verwendet Samba einen Standardnamen, basierend auf den Optionen zur Kompilierzeit, doch in der Regel ist das `WORKGROUP`.)

Sie können auch die Verwendung des TCP/IP-Namens überschreiben und ein paar andere, namensbezogene Optionen setzen.

`Workgroup` Verwenden Sie diese Option, um den Workgroup- oder Domänennamen des Computers festzulegen. Die Auswahl ist von der Konfiguration des Netzwerks als Ganzes abhängig, obgleich es auch ein paar Samba-Optionen gibt, die die Erkennung des Netzwerks durch LINUX beeinflussen.

`netbios name` Legen Sie den NetBIOS-Namen des Computers fest oder überschreiben Sie ihn mit diesem Parameter. Sie sollten diese Option festlegen, auch wenn Sie für TCP/IP und NetBIOS die gleichen Namen verwenden. Dies ist einmal der Vollständigkeit halber zu empfehlen und auch um Probleme zu vermeiden, sollte der TCP/IP-Name Ihres Systems einmal nicht korrekt konfiguriert sein.

`netbios aliases` Sie können zwei oder mehrere Namen für Ihren Samba-Server bestimmen, indem Sie den Parameter `netbios aliases` verwenden. Es ist nicht zwingend notwendig, diesen Parameter zu setzen, doch Sie brauchen ihn beispielsweise, um zwei oder mehrere Server in einen zu konsolidieren. Der Standardwert ist ein Null-String, es sind also keine Aliase definiert.

HINWEIS

Die Variable `%L` *übernimmt für die meisten Operationen den Aliasnamen. Als Bestandteil von* `server string` *verwendet* `%L` *allerdings* `netbios name`.

`server string` Der Parameter `server string` setzt einen kurzen, identifizierenden String, der im Kommentarfeld des Netzwerk-Browsers von Windows angezeigt wird, wenn Sie eine detaillierte Sicht ermöglichen und ein Fenster öffnen, das die Server in einer Workgroup anzeigt. Dieser String beeinflusst auf keine andere Weise die Funktion von Samba. Standardmäßig ist `%v` vorgegeben (`%v` als Variable für die Versionsnummer von Samba). Es ist als Sicherheitsmaßnahme zu empfehlen, den String zu ändern und die Versionsnummer zu entfernen. In *Abbildung 4.10* können Sie die Auswirkung des Parameters `server string` mit der Zuweisung `Samba server on %L` für den Server `TEELA` sehen. Dieser Server hat zusätzlich die Anweisung `netbios alias = TEELAALIAS`, so dass er zweimal in der Browser-Liste angezeigt wird.

Abbildung 4.10: Der Parameter `server string` setzt den Text, der im Kommentarfeld in der Browser-Liste des Windows-Netzwerks angezeigt wird

time server Über diese boolesche Option kann sich Samba selbst als Zeit-Server auf dem SMB/CIFS-Netzwerk anmelden. Sie können dann den Befehl NET TIME auf einem Windows-Client verwenden, um die vom Samba-Server bereitgestellte Zeit zu ermitteln. Der Standardwert ist No.

include Der Parameter include passt, in Verbindung mit dem Parameter netbios alias, eine Datei smb.conf für jeden von zwei oder mehreren Aliasen an. Sie können die Variable %L in einem include-Parameter verwenden, um für jeden Alias angepasste Konfigurationsdateien zu laden. Das Statement include = smb.conf.%L lädt beispielsweise Konfigurationsdateien, die Shares für jeden Alias beinhalten, wie zum Beispiel smb.conf.gingko und smb.conf.biloba.

Achten Sie bei der Verwendung des include-Parameters besonders darauf, diesen so zu platzieren, dass er auch das ausführt, was Sie wollen. Im Wesentlichen werden die Inhalte der angegebenen Datei die Anweisung include ersetzen. Wenn also die entsprechende Datei Share-Definitionen enthält, sollten Sie die include-Anweisung *hinter* das Ende der Sektion [global] in der Hauptdatei einfügen. Weder SWAT noch linuxconf können den Parameter include entsprechend handhaben. Wenn Sie also dieses Feature verwenden wollen, sollten Sie die Datei smb.conf und die durch include angesprochenen Dateien per Hand bearbeiten.

HINWEIS

Samba setzt den NetBIOS-Namen in diesem Zusammenhang in Kleinbuchstaben. Wenn Sie also netbios name = GINGKO *und den zuvor als Beispiel festgelegten* include-*Parameter verwenden, sollten Sie eine Konfigurationsdatei mit dem Namen* smb.conf.gingko *erstellen, um eine Übereinstimmung mit* netbios name *herbeizuführen.*

Betrachten Sie beispielsweise folgende Sektion [global] einer smb.conf-Datei:

```
[global]
        workgroup = ARBORETUM
        netbios name = GINGKO
        netbios aliases = BILOBA
        server string = Stinky tree
        time server = Yes

include = smb.conf.%L
```

Durch diese Definition wird der Server im Windows-Netzwerk unter zwei Namen angezeigt: GINGKO und BILOBA. Beide Computer sind Bestandteil der Workgroup oder Domäne ARBORETUM. In der Detail-Ansicht eines Windows-Browsers haben beide Computer den Kommentar „Stinky tree“. Der Server agiert zusätzlich als Zeit-Server für das Netzwerk. Abhängig von den Inhalten der Dateien `smb.conf.gingko` und `smb.conf.biloba` sowie den restlichen Inhalten von `smb.conf` kann dieser Computer völlig unterschiedliche Shares unter seinen beiden Aliasen haben.

Logging-Optionen

Sollte in Zusammenhang mit Ihrem Samba-Setup irgendetwas nicht funktionieren, bieten die Protokoll-Eigenschaften von Samba eine gute Möglichkeit, das Problem zu erkennen und damit zu korrigieren. Gewöhnlich sendet Samba Berichte (*reports*) von wichtigen Systemereignissen an Protokolldateien. Der Speicherort dieser Dateien ist abhängig von den Optionen zur Kompilierzeit, doch üblicherweise befinden sich die Dateien im Verzeichnis `/var/log` oder `/var/log/samba`. Es können auch mehrere Protokolldateien von Samba benutzt werden.

`log.nmb` oder `nmbd` Dies sind gängige Standardnamen, die von dem Dämon `nmbd` verwendet werden. Sie können den Log-Namen ändern, indem Sie den Parameter `-l run-time` auf `nmbd` ändern. Dabei fügt `nmbd` an den von Ihnen bereitgestellten Dateinamen die Erweiterung `.nmb` hinzu.

`log.smb` **oder** `smbd` Dies sind gängige Standardnamen, die von dem Dämon `smbd` verwendet werden. Sie können diesen Namen ändern, indem Sie den Parameter `-l run-time` auf `smbd` ändern. Im Gegensatz zu `nmbd` wird durch `smbd` der Dateiname, den Sie durch `-l` übergeben, in keiner Weise geändert. Diese Datei speichert allgemeine Informationen der Smbd-Operationen, wie z. B. Zeitangaben über den Beginn und das Ende der Operationen.

`log.smb.*` Die meisten Samba-Konfigurationen erstellen ein ganzes Set an Protokolldateien, eine für jeden Client-Computer. Dabei wird der NetBIOS-Name des Client-Computers als letzter Bestandteil des Dateinamens verwendet. Diese Dateien speichern Verbindungsinformationen von einzelnen Clients. Sie können den Namen festlegen, der für die Erstellung von Protokolldateien in der Datei `smb.conf` verwendet wird.

Die Logging-Optionen in der Datei `smb.conf` haben im Wesentlichen Auswirkung auf alle drei vorhergehenden Log-Dateitypen; der Parameter `log file` betrifft jedoch nur den letzten dieser drei Dateitypen. Folgende Parameter stehen zur Verfügung:

`log file` Geben Sie den Namen der Protokolldatei mit dieser Option an. Es ist nicht ungewöhnlich, die Variable `%m` (den NetBIOS-Namen des Clients) als einen Bestandteil des Parameters `log file` zu finden. Die

Verwendung von `%m` bewirkt die Erstellung von verschiedenen Protokolldateien für jeden Client, was speziell dann hilfreich ist, wenn Sie Verbindungsprobleme für bestimmte Clients beheben möchten.

`debug level` Der *debug level* oder *log level* ist eine Zahl von 0 bis 10, was die Menge an Informationen darstellen soll, die in die Protokolldatei geschrieben werden. Ein Wert von 0 bedeutet keine Informationen, 1 ist Standard und die Zahl 3 repräsentiert alles das, was Sie wahrscheinlich jemals als Administrator benötigen werden. Die Zahl 10 spiegelt ein extrem detailliertes Aufzeichnungsprotokoll wider, das nur für Samba-Programmierer von Nutzen ist. Die Standardvorgabe von 1 ist für die meisten Zwecke ausreichend. Ein Synonym für diesen Parameter ist `log level`.

`max log size` Wenn die Protokolldatei den Wert `max log size` (in Kilobytes) überschreitet, benennt Samba die alte Datei mit einer `.old`-Erweiterung um und öffnet eine neue Protokolldatei. Mit dieser Option kann verhindert werden, dass die Protokolldateien von Samba die Kapazität einer Festplatte überschreiten und dadurch zum Überlauf bringen.

`debug timestamp` Für gewöhnlich schreibt Samba in die Protokolldatei die Zeiten, zu denen Operationen auftreten. Setzen Sie diesen Parameter jedoch auf `No`, unterlässt Samba diese Protokollierung. Dadurch kann die Größe einer Protokolldatei reduziert werden.

`debug pid` Normalerweise bezieht Samba die Prozess-ID (PID) von `smbd` nicht in die Protokolldatei mit ein. Wenn Sie für alle Verbindungen eine einzelne Protokolldatei verwenden, kann die Einbeziehung dieser Information jedoch hilfreich sein, um so zu verfolgen, welcher Dämon (und folglich auch welche Verbindung) zu jedem Log-Eintrag gehört. Das Hinzufügen von `debug pid = Yes` ermöglicht dieses Verhalten.

`debug uid` Wenn Sie Samba so konfiguriert haben, dass es unter mehrfachen Benutzer-IDs (UIDs) ablaufen kann, möchten Sie diese Information vielleicht auch in die Protokolldateien mit einbeziehen. Durch das Hinzufügen von `debug uid = Yes` zu der Datei `smb.conf` haben Sie dieses Ziel auch schon erreicht.

`syslog` Samba führt normalerweise selbst Buch über seine Daten. Sie haben jedoch die Möglichkeit, Samba so zu konfigurieren, dass es anstelle oder zusätzlich zu seinen eigenen Protokollaufzeichnungen den Syslog-Dämon von LINUX verwendet. Bei dieser Konfiguration spezifiziert der Parameter `syslog` die durch den Dämon gesendeten log levels, so wie `debug level` eine Kontrolle durch die Samba-eigenen Protokolldateien erwirkt. Um den Parameter `syslog` zu verwenden, müssen Sie ein paar weitere System-Konfigurationsoptionen anpassen:

Kompilierungsoptionen Kompilieren Sie Samba mit der Option `–with-syslog`, was in *Kapitel 3: Installation von Samba* beschrieben ist. Ob das von Ihnen verwendete Samba-Binary mit dieser Option kompiliert wurde, ist offen.

Syslog-Konfiguration Der Syslog-Dämon von LINUX muss dahin gehend konfiguriert werden, das Logging von anderen Dämonen zu akzeptieren. Fügen Sie dazu die folgende Zeile in der Datei `/etc/syslog.conf` hinzu und nehmen Sie die entsprechenden Anpassungen vor, um die Datei anzugeben, die die vom Dämon generierten Meldungen erhalten soll.

```
daemon.*        /var/log/messages
```

`syslog only` Wenn Sie Protokollinformationen *nur* durch den System Logger senden möchten, setzen Sie diese Option auf `Yes`. Wenn Sie diese Option bei Ihrem Standardwert `No` belassen, protokolliert Samba Informationen in seiner eigenen Log-Datei, ob Sie den Parameter `syslog nun` verwenden oder nicht.

`status` Samba verwaltet eine Statusdatei, die Informationen über aktive Verbindungen enthält. Sie können diese Datei über den Befehl `smbstatus` lesen. Wenn Sie von seinem Standardwert `Yes` abweichen und `status = No` setzen, ist Samba nicht in der Lage nachzuvollziehen, welche Verbindungen aktiv sind. Sie sollten diesen Parameter daher nicht ändern.

Für die meisten Konfigurationen können die Standard-Protokoll optionen beibehalten werden. Achten Sie jedoch besonders darauf, Speicherorte für Protokolldateien festzulegen, die wirklich existieren. Das gilt besonders, wenn Sie ein Samba-Binary verwenden, das eigentlich Bestandteil einer anderen als der von Ihnen verwendeten Distribution ist, oder wenn Sie eine Datei `smb.conf` von einem Computer auf einen anderen kopieren. Ein Binary könnte mit Optionen kompiliert sein, um `/var/log/samba` als Speicherort für die Protokolldatei zu verwenden, doch die Ziel-Distribution hat dieses Verzeichnis eventuell nicht und verwendet dafür `/var/log/samba.d`. Korrigieren Sie diesen Unterschied, indem Sie den Parameter -l verwenden sowie den Konfigurationsdatei-Parameter `log file`.

Ein Überblick über Sicherheitsmerkmale

Samba beinhaltet ein ganzes Bündel an Sicherheitsoptionen, die im Laufe von *Kapitel 14: Sicherheitserwägungen* beschrieben werden. Ein paar Sicherheitsmerkmale sind jedoch von Beginn an von ausschlaggebender Wichtigkeit.

Die Sicherheitsmodelle von Samba

Windows-Betriebssysteme verwenden eines von zwei Sicherheitsmodellen: In DOS, OS/2 und Windows 9x verlangt der Server keinen Benutzernamen, doch es wird ein separates Passwort für den Zugriff auf jede Ressource benötigt. In Windows NT und Windows 2000 erfordert der Server eine Mischung aus Benutzername und Passwort, die einen Zugriff auf alle Shares des Computers gewähren, mit implementierter Share-by-Share-Kontrolle unter Verwendung des internen Sicherheitsmodells des Betriebssystems. Samba unterstützt eine Vielfalt an Sicherheitsoptionen, um beide Sicherheits-Arrangements zu emulieren. Das zweite Modell entspricht eher der Natur eines Samba-Servers, der auf LINUX abläuft, da es sehr eng mit den gegebenen Sicherheits-Features von LINUX übereinstimmt. Zwei weitere Arrangements sind Erweiterungen des zweiten Modells; sie werden in Windows-Domänen verwendet. Alle vier Sicherheits-Arrangements werden mit dem Parameter `security` eingestellt. Folgende Werte sind dabei möglich:

Share Diese Sicherheitsoption versucht, das Sicherheitsmodell von Windows 9x zu emulieren. Samba überprüft, ob das Passwort gültig ist, indem es dieses mit einer Benutzerliste vergleicht, die über den Parameter `username` zur Verfügung gestellt wird, sowie mit dem durch den Client gelieferten Benutzernamen, sofern der Client einen Namen gesendet hat.

User Das Sicherheitsmodell auf Benutzerebene entspricht genau dem *LINUX*-eigenen Sicherheitsmodell und gilt daher für die Verwendung mit Samba als bevorzugte Sicherheitsoption. Es ist auch Standard in den Versionen Samba 2.0 und höher. In diesem Modell fordert Samba sowohl einen Benutzernamen als auch ein Passwort. Wenn das Passwort mit dem übereinstimmt, das für den Benutzer gespeichert ist, gewährt Samba einen Zugriff auf alle Computer-Shares.

Server Das Sicherheitsmodell auf Server-Ebene arbeitet exakt so wie das auf Benutzerebene, außer dass Samba einen anderen SMB/CIFS-Server verwendet, um Benutzer zu beglaubigen. Wenn die Option `security = Server` verwendet wird, müssen Sie auch den Namen des Passwort-Servers über den Parameter `password server` festlegen.

WARNUNG

Sie sollten den Parameter `password server` *niemals verwenden, um auf den Namen des Computers zu verweisen, den Sie konfigurieren. Damit setzen Sie eine endlose Schleife in Gang, was ernsthafte Probleme verursachen kann.*

Domain Das Sicherheitsmodell auf Domänenebene arbeitet exakt so wie das auf Server-Ebene, außer dass es sich bei dem Passwort-Server um den primären Domänen-Controller (*PDC*) handelt und der Samba-Server sich bei der Domäne anmelden muss, die durch den PDC verwaltet wird. Wenn Sie mit dem Sicherheitsmodell auf Domänenebene arbeiten, können Sie `password server = *` festlegen, damit Samba den PDC automatisch lokalisieren kann.

HINWEIS

Wenn Sie das Sicherheitsmodell auf Domänen- oder Server-Ebene verwenden, muss der beglaubigte Benutzer nach wie vor ein Konto auf dem LINUX-Server haben. Wenn beispielsweise der Benutzer `lorax` *vom Passwort-Server genehmigt wird, der Benutzer jedoch kein Konto auf dem Samba-Server hat, kann* `lorax` *auf Ressourcen nur als Gast zugreifen.*

Das Sicherheitsmodell auf Server- oder Domänenebene kann sich als sehr geeignet erweisen, doch es kann auch den Vorgang der Authentifizierung etwas verlangsamen. Außerdem kann damit auch ein Sicherheitsrisiko vorliegen. Ein Störenfried mit physischem Zugriff auf Ihr Netzwerk kann in der Lage sein, den Passwort-Server zu entfernen, einen anderen Computer auf dieser Adresse einzurichten und somit völligen Zugriff auf jeden Computer erhalten, der den Passwort-Server zur Authentifizierung verwendet. Wenn Sie also nur einen oder zwei Samba-Server haben, empfiehlt sich eher das Sicherheitsmodell auf Benutzerebene.

Passwort-Verschlüsselung

Die Passwort-Verschlüsselung ist eine der Quellen, aus der die meisten Probleme resultieren, auf die neue Samba-Administratoren stoßen können. Windows für Workgroups 3.1, Windows 95 vor dem OEM Service Release 2 (OSR2) und Windows NT vor der Version 4 Service Pack 3 – alle senden unverschlüsselte Passwörter (bzw. Passwörter, die in *Klartext* vorliegen). Windows 95 OSR2, Windows 98, Windows NT 4 Service Pack 3 und spätere Versionen sowie Windows 2000 senden dagegen Passwörter in verschlüsselter Form. Samba hat mit diesen verschiedenen Handhabungen Schwierigkeiten, und zwar aus folgenden Gründen:

- Standardmäßig akzeptiert Samba nur Passwörter, die in Klartext übergeben werden. Sie müssen den Parameter `encrypt passwords = Yes` setzen, damit Samba verschlüsselte Passwörter akzeptieren kann.
- Wenn Sie Ihre Einstellungen auf die Verwendung von Passwörtern in Klartext ausgerichtet haben, verwendet Samba die normalen Authentifizierungsprozeduren von LINUX, so dass das System automatisch konfiguriert ist, die SMB/CIFS-Verbindungen von gültigen LINUX-Benutzern zu akzeptieren. Wurde jedoch eine Verwendung von verschlüsselten Passwörtern festgelegt, benötigt Samba eine separate Passwort-Datenbank, die Sie erstellen und verwalten müssen.

Auf lange Sicht gesehen ist es einfacher und sicherer, Samba so zu konfigurieren, dass es verschlüsselte Passwörter in einem Netzwerk verwendet, das über eine große Anzahl an Maschinen verfügt, die standardmäßig mit verschlüsselten Passwörtern umgehen. In *Kapitel 14: Sicherheitserwägungen* wird diese Konfiguration ausführlich behandelt. An dieser Stelle daher nur eine kurze Erläuterung dazu, wie Sie diese Methode verwenden können:

- Fügen Sie den Parameter `encrypt passwords = Yes` in Ihre Datei `smb.conf` ein.
- Erstellen Sie eine Datei `smbpasswd`, die sich normalerweise im selben Verzeichnis befindet, wie die Datei `smb.conf`. Samba ist mit einem Skript namens `mksmbpasswd.sh` ausgestattet, um solch eine Datei aus der Datei `/etc/passwd` zu erstellen. Da zunächst alle Passwörter ungültig sind, müssen Sie sie auf irgendeine Art und Weise setzen. Alternativ dazu können Sie jeweils Benutzer hinzufügen, indem Sie den Befehl `smbpasswd -a username` ausführen lassen. Wenn Sie den Befehl aktivieren, bevor Sie eine Datei `smbpasswd` erstellt haben, erstellt der Befehl die Datei und fügt Benutzer der neuen Datei hinzu.

TIPP

Wenn Sie eine große Anzahl an Benutzern zu verwalten haben, können Sie den Parameter `update encrypted` *verwenden, um automatisch* `smbpasswd`*-Einträge aktualisieren zu lassen. Siehe auch* Kapitel 14: Sicherheitserwägungen.

Wenn Sie dagegen Passwörter in Klartextform verwenden möchten, müssen Sie neuere Versionen von Windows umkonfigurieren, damit die Passwörter ohne Verschlüsselung gesendet werden. Samba ist mit verschiedenen Dateien ausgestattet, die Sie bei der Durchführung dieser Aufgabe unterstützen können. Die Dateien befinden sich normalerweise in einem Samba-Dokumentationsverzeichnis wie `/usr/doc/samba-2.0.7/docs` und werden benannt als `WinVer_PlainPassword.reg`, wobei `WinVer` eine Windows-Version ist, wie z.B. `Win95`. Kopieren Sie diese Dateien auf eine FAT-Floppy Disk und schieben Sie diese Floppy dann in den entsprechenden Windows-Computer. Öffnen Sie dann die Disk und klicken Sie die passende Datei doppelt an. Wenn Sie den Computer dann neu starten, wird dieserr Passwörter in Klartext senden.

Zusammenfassung

Die Samba-Konfiguration ist beides – nämlich einfach und schwierig zugleich. Viele LINUX-Distributionen sind mit einer Datei `smb.conf` ausgestattet, die es dem System ermöglicht, auf einfache Weise mit nur wenigen Modifikationen, wie z.B. die entsprechende Festlegung der Workgroup, zu funktionieren. Wenn Sie ein GUI-Konfigurations-Tool wie `linuxconf` oder SWAT verwenden, können Sie Ihren Samba-Server auf vielfältige und nützliche Art und Weise konfigurieren. Das sollte Ihnen, sobald Sie sich mit den in diesem Kapitel hervorgehobenen grundlegenden Prinzipien auseinandergesetzt haben, auch ohne allzu große Schwierigkeiten gelingen. Tatsächlich können Sie in SWAT die meisten Aufgaben durchführen, die Sie auch durch Bearbeiten der Datei `smb.conf` in einem Texteditor bewerkstelligen können.

Im weiteren Verlauf dieses Buches werden die subtileren Gesichtspunkte der Samba-Konfiguration erörtert. Der Hauptschwerpunkt liegt dabei in der manuellen Bearbeitung der Datei `smb.conf`.

Konfiguration zur Freigabe (Share) von Dateien

KAPITEL

5

Für die meisten Installationen ist ein Datei-Server der einzige und hauptsächliche Grund für einen Einsatz von Samba. Es ist daher sehr wichtig, dass Sie ein tiefer gehendes Verständnis dafür entwickeln, wie Samba mit der Freigabe von Dateien umgeht, also wie Sie festlegen können, welche Verzeichnisse gemeinsam genutzt werden, welche Berechtigungen Samba-Benutzer haben, wie Samba Dateinamen und Dateiattribute im „FAT-Stil" behandelt und vieles mehr. Dieses Kapitel bietet Ihnen ein grundlegendes Fundament, auf das Sie bauen können, wenn Sie Dateien unter Samba freigeben möchten. Spätere Kapitel behandeln verwandte Themen wie beispielsweise die auf die Dateifreigabe bezogene Automatisierung (*Kapitel 8: Automatisierung*), Performanzsteigerung (*Kapitel 12: Tuning von Samba*) und wie man Samba als einen Client verwenden kann, der nicht zur Microsoft-Familie gehört (*Anhang B: Betriebssystemspezifische Fragen*).

Zu Beginn des Kapitels werden Sie zunächst ein paar Beispiele für Dateifreigaben sehen; außerdem erfahren Sie, welche Parameter der Datei `smb.conf` dafür zuständig sind. Darauf folgt eine Abhandlung über die kritische Interaktion des Sicherheitskonzepts, wie es unter LINUX üblich ist, mit Dateifreigaben unter Samba. Schließlich werden Sie eine Reihe von Szenarien überprüfen, die die Verwendung von Samba in spezifischen Situationen illustrieren. Sie können vielleicht auch eines dieser Szenarien als Modell für Ihre eigene Samba-Konfiguration heranziehen.

Dateifreigaben konfigurieren

Mit Samba ist eine einfache Dateifreigabe nicht schwer zu konfigurieren. Gewöhnlich erstellen Sie auch für einen einfachen Daten-Server eine Sektion `[global]` in der Datei `smb.conf`. Sobald die Sektion `[global]` grundlegend konfiguriert ist, wie in *Kapitel 4: Die Tools der GUI-Konfiguration und die Datei* `smb.conf` beschrieben, müssen darüber hinaus nur ein paar Zeilen mehr hinzugefügt werden, um einen Share zu erstellen – darin können auch Optionen mit enthalten sein, den Share noch nützlicher zu gestalten. Im nächsten Abschnitt wird zunächst ein einfaches Beispiel erläutert, das dann bearbeitet und dahingehend erweitert wird, die Optionen zu demonstrieren.

Beispiel für eine einfache Dateifreigabe

Die einfachste Dateifreigabe (File Share), die möglich ist, besteht aus einer einzelnen Zeile, ein Share-Name in eckigen Klammern, zum Beispiel so:

```
[test]
```

Diese Definition erstellt einen Share, der einen Nur-Lesen-Zugriff (*read-only*) auf das LINUX-Verzeichnis `/tmp` zur Verfügung bereitstellt (die Standardwerte). Diese Art Zugriff ist natürlich nur begrenzt nützlich.

Um diese Freigabe also sinnvoller zu gestalten, fügen Sie weitere Zeilen hinzu, um die von Ihnen gewünschten Parameter zu definieren. Zum Beispiel:

```
[test]

        comment = Testfreigabe auf %L

        volume name = TEST

        path = /home/samba/test

        writeable = Yes
```

Jeder dieser Parameter fügt etwas dem Share hinzu, obwohl nur der Parameter `path` wirklich wichtig ist.

`comment` Der Parameter `comment` ist für die Samba-Operation nicht wirklich von Bedeutung, doch er kann Benutzern bei der Lokalisierung ihrer Shares helfen. Dieser Parameter fügt einen Kommentar hinzu, der sichtbar wird, wenn die Detail-Ansicht in einem Windows Datei-Browser aktiv ist, wie man in der folgenden Abbildung sehen kann. Sie können in einen Kommentarwert Variablen mit einbeziehen, doch einige sind nicht verwendbar, da sie so lange als nicht definiert gelten, bis jemand auf den Share zugegriffen hat. (Eine Liste der Variablen finden Sie in *Tabelle 4.1* in *Kapitel 4: Die Tools der GUI-Konfiguration und die Datei* `smb.conf`.)

Abbildung 5.1: Das Kommentarfeld ist nur in der Detail-Ansicht von Windows sichtbar

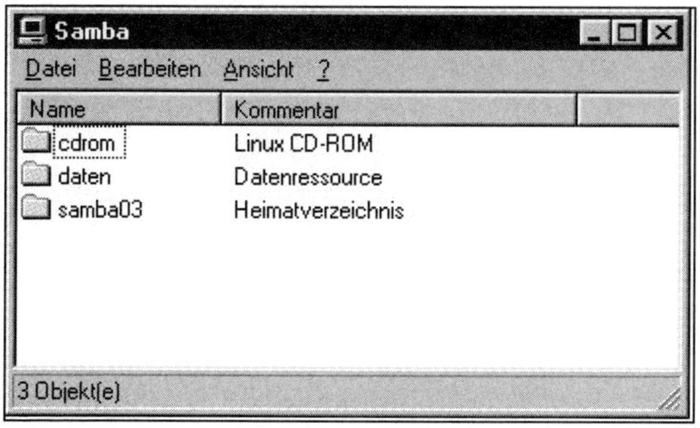

`volume name` Dieser Parameter hat, wie auch der Parameter `comment`, eher eine kosmetische Wirkung. Wenn Sie einem Samba-Share mithilfe der Map-Funktion ein Laufwerksbuchstaben zuweisen , setzt der Parameter `volume name` den DOS/Windows-Namen, der von diesem Volume (diesem Laufwerk) verwendet wird. Dieser Name ist nur in ganz seltenen Situationen wichtig. Wenn Sie beispielsweise eine CD-ROM exportieren, die ein Utility zur Installation von Software enthält, ist dieses Utility eventuell nur funktionsfähig, wenn der Volume-Name korrekt gesetzt ist.

`path` Der Parameter `path` spezifiziert, welcher Verzeichnisbaum freigegeben wird. (Ein Synonym für `path` ist `directory`.) Im Prinzip können Sie jedes Verzeichnis freigeben, das auf Ihrem LINUX-Computer vorhanden ist, doch es gibt auch ein paar Verzeichnisse, die keine gute Auswahl für Freigaben sind. So eignen sich beispielsweise Windows-Clients nicht für einen Zugriff auf Ihren Verzeichnisbaum `/usr`. Es ist allgemein üblich, eines oder mehrere Unterverzeichnisse unter `/home/samba` für Samba-Shares zu erstellen, doch Sie können auch `/mnt` freigeben (um Zugriff auf Wechselmedien zu ermöglichen) oder `/tmp` oder ein anderes Verzeichnis. Wenn Sie keinen speziellen Pfad festlegen, gibt Samba `/tmp` frei.

Sie können Variablen in der Anweisung `path` verwenden, was dann sinnvoll ist, wenn Sie Shares mit speziellen Inhalten für bestimmte Benutzer erstellen möchten. So erstellt beispielsweise `path = /home/samba/%g` einen Share, der auf ein Verzeichnis zugreift, das nach der primären LINUX-Gruppe des Benutzers benannt ist. Das kann sinnvoll sein, wenn Sie Shares für einzelne Gruppen von Benutzern erstellen. So können Sie z.B. für die Administration einer Universität eigene Benutzergruppen für Verwaltung, Lehrkörper und Studenten erstellen, wobei jede Gruppe mit einem Samba-Share verbunden ist.

`writeable` Dieser Parameter kontrolliert, ob Samba Benutzern erlaubt, auf einen Share zu schreiben. Der Standardwert ist `No`, was sicherstellt, dass Benutzer ein exportiertes Dateisystem nicht beschädigen können. Sie werden diesen Parameter für freigegebene Programmverzeichnisse oder Ähnliches bei seinem Standardwert belassen wollen, doch viele Shares machen auch einen Schreibzugriff erforderlich. Synonyme für `writeable` sind `writable` und `write ok`; `read only` ist ein Antonym. Das *Samba Web Administration Tool* (*SWAT*, beschrieben in *Kapitel 4: Die Tools der GUI-Konfiguration und die Datei* `smb.conf`) verwendet `writeable`, so dass Sie das auch so tun sollten, um Verwirrungen zu vermeiden.

Sie können mit der Erstellung von sinnvollen Dateifreigaben beginnen, indem Sie einfach die vorangegangenen Informationen nutzen, speziell auch dann, wenn Sie Variablen als Bestandteil des Wertes `path` einsetzen. Sie können eine Benutzernamen-Variable (`%U` oder `%u`) in dem Wert `path` einsetzen, um einen Share zu erstellen, der für jeden Benutzer individuell und einmalig zur Verfügung gestellt wird. Doch die Samba-Programmierer sind schon einen Schritt weiter als Sie gegangen: Es gibt nämlich einen speziellen Share mit dem Namen `[homes]`, der genau diese Aufgaben erledigt.

Home Directory Shares

Wie bereits in *Kapitel 4: Die Tools der GUI-Konfiguration und die Datei* smb.conf erwähnt, beinhaltet Samba die Unterstützung für einen Share mit dem Namen [homes]. Dieser Share ist ähnlich wie folgendes Listing definiert:

```
[%U]

        volume name = %U

        path = %H
```

Wie in *Tabelle 4.1* von *Kapitel 4: Die Tools der GUI-Konfiguration und die Datei* smb.conf erläutert, ist %U eine Variable für den Benutzernamen des Benutzers, der den Dienst anfordert und %H ist das Home-Verzeichnis des Benutzers. Daher erscheint die Share-Definition in einem Netzwerk-Browser unter dem Benutzernamen des Benutzers, hat den selben Benutzernamen wie der Volume-Name und hat das Home-Verzeichnis des Benutzers als root-Verzeichnis des Share. [homes] bietet eine schnelle und unkomplizierte Möglichkeit, diese Definition zu erstellen, ohne dass man dabei die Bedeutungen der einzelnen Variablen wissen muss.

Es gibt jedoch ein paar Unterschiede zwischen dem vorhergehenden Beispiel eines Share und dem „wahren" Share [homes]. Diese Unterschiede beziehen sich auf Browsing-Optionen, Konventionen zur Vergabe von Namen sowie die Zugangsmöglichkeiten für andere Benutzer. Wie im folgendem Abschnitt beschrieben wird, hat der Parameter browseable eine spezielle Bedeutung in dem Share [homes]. Dieser Parameter hat seine gewöhnliche Bedeutung in der Share-Definition [%U].

Tatsächlich kann man auf einen Share [homes] unter zwei Namen zugreifen: Über HOMES sowie über den Benutzernamen des Benutzers. Angenommen, der Benutzer (bzw. die Benutzerin) susani möchte auf ihr Home-Share auf dem Server WARLOCK zugreifen. Sie kann dies entweder unter \\WARLOCK\SUSANI oder \\WARLOCK\HOMES tun. Wenn marcusc auf \\WARLOCK\HOMES zugreift, kann er die Dateien von susani nicht finden; er findet seine eigenen Dateien. Wenn ein Benutzer den Share-Namen des Share [homes] eines anderen Benutzers eingibt, wird ein Zugriff gewährt. Die Restriktionen, die sich dabei ergeben können, basieren auf zusätzlichen Samba-Parametern und LINUX-Berechtigungen. Auf den Beispiel-Share [%U] kann jedoch nur der Besitzer des Share zugreifen.

Unter Windows wird bei der Anzeige eines Samba-Servers nur der Name von einem Share [homes] angezeigt. Um auf einen anderen Share [homes] zuzugreifen, muss der Benutzer den kompletten Pfad auf diesen

Share in ein Adressfeld oder etwas Ähnliches eingeben. Ein Beispiel für den Zugriff auf einen Share [homes] sehen Sie in der folgenden Abbildung.

Abbildung 5.2: Windows 9.x ermöglicht es, einen Pfad zu einem Share einzugeben, der nicht in der von Samba zur Verfügung gestellten Browse-Liste angezeigt wird

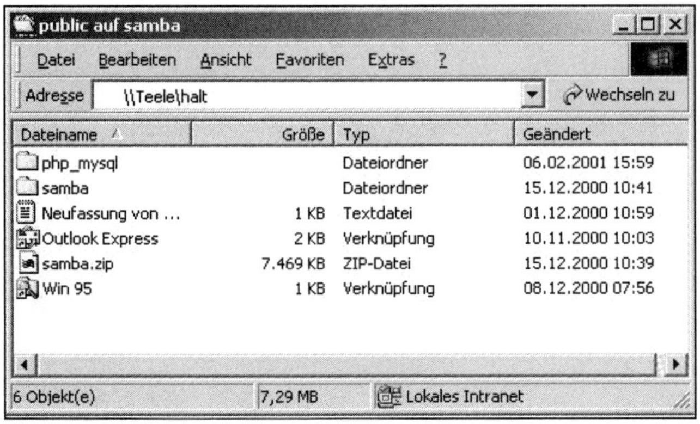

Browsing-Optionen

Die Netzwerkfunktionen unter Windows sind sehr Browser-orientiert. Das heißt, die Benutzer lokalisieren häufig Netzwerk-Ressourcen über das Netzwerk-Symbol auf ihren Desktops, das eher wie ein Datei-Manager für lokale Festplatten funktioniert. Samba beinhaltet Optionen, die die Art und Weise der Interaktion mit Browsern beeinflussen. Einige dieser Optionen haben Auswirkung auf Operationen des Browser „hinter den Kulissen"; sie werden in *Kapitel 11: Lokales und geroutetes Browsen* näher erläutert. Andere wiederum sind wichtig, wenn Sie individuelle Shares konfigurieren. Mit diesen Parametern können Sie folgende Anforderungen steuern:

`hosts allow` **und** `hosts deny` Dabei handelt es sich um Sicherheitsoptionen, die Sie entweder auf einen gesamten Server anwenden können (durch Platzieren in der Sektion `[global]` der Datei `smb.conf`) oder aber auf individuelle Shares. Verwenden Sie diese Parameter, um ganze Listen von Hosts oder Netzwerken festzulegen, auf die Sie einen Zugriff gewähren bzw. verweigern möchten. Wenn ein Share beispielsweise sensiblere Daten enthält, auf die nur eine Handvoll Computer Zugriff haben sollte, können Sie diese Computer in dem Parameter `hosts allow` auflisten. Nur die hier aufgeführten Computer und keine anderen können dann auf den Share zugreifen. Der Share wird zwar nach wie vor in den Browse-Listen der Computer angezeigt, doch ein Zugriffsversuch der nicht autorisierten Computer wird eben nicht erfolgreich sein. Synonyme für die Optionen `hosts allow` und `hosts deny` sind `allow hosts` bzw. `deny hosts`.

`valid users` **und** `invalid users` Diese Parameter arbeiten in vielerlei Hinsicht wie die Parameter `hosts allow` und `hosts deny`, verwenden jedoch für die Zuweisung Benutzernamen statt Rechnernamen. Sie können oft die LINUX-eigenen Berechtigungen verwenden, um ähnliche Ergebnisse zu erhalten, doch diese Parameter sind einfacher zu konfigurieren, wenn Sie einer zufälligen Benutzergruppe einen Share-Zugriff verweigern möchten. Wenn Sie beispielsweise `taliaw` von einem Share fern halten möchten, können Sie dies so festlegen: `invalid users = taliaw`.

`browseable` Über diese boolesche Option wird festgelegt, ob ein Share in Browse-Listen angezeigt wird oder nicht. Der Standardwert ist hier `Yes` und üblicherweise belässt man es auch bei dieser Standardvorgabe, so dass also der Share in den Browse-Listen erscheint. Mit der Einstellung `No` wird der Share verborgen, was aber nicht heißt, dass er nicht verfügbar ist. Auch wenn die Einstellung für einen Share `browseable = No` lautet, können Sie auf den Share über den Namen zugreifen. Ein unüblicher Fall sind die Shares `[homes]`. Wenn vorhanden, wird ein Share `[homes]` immer unter den Benutzernamen seiner Besitzer angezeigt. Die Option `browseable` kontrolliert, ob der Share unter dem Namen `HOMES` sichtbar ist. Um Konfusionen zu vermeiden, ist es üblich, die Einstellung `browseable = No` für `[homes]` zu verwenden. Ein Synonym für `browseable` ist `browsable`.

`available` Der Standardwert dieses Parameters ist `Yes`. Wenn Sie hier die Einstellung `No` festlegen, verschwindet der Share effektiv vom Server. Verwenden Sie diese Option, wenn Sie einen Share tatsächlich temporär entfernen möchten und nicht nur mit der Option `browseable = No` die Anzeige unterdrücken.

Sie können diese Browsing-Optionen als Bestandteil eines Sicherheitsplans für Ihren Samba-Server verwenden – speziell die Optionen `hosts allow`, `hosts deny`, `valid users` und `invalid users`. Die Option `browseable` ist, abgesehen von ihrer allgemeinen Verwendung in dem Share `[homes]`, hauptsächlich dazu nutzbar, Überhäufungen zu reduzieren. Wenn Sie einen Server mit einer großen Anzahl an Shares haben, von denen ein paar selten verwendet werden und dies auch noch von Benutzern, die die Namen der Shares kennen, setzen Sie `browseable = No`, um die Browse-Listen übersichtlicher zu machen und somit Konfusionen, die durch eine Überhäufung von Share-Namen hervorgerufen werden, zu vermeiden. Auch wenn Ihre Clients alle so konfiguriert sind, dass sie bereits beim Booten dem Share einen Laufwerksbuchstaben zuordnen, kann der Share auf `browseable = No` konfiguriert werden, um Unübersichtlichkeiten in der Browse-Liste des Servers zu vermeiden.

Dateinamen-Optionen

Eine der Herausforderungen, denen Samba-Entwickler gegenüberstehen, ist die Tatsache, dass unter LINUX (oder UNIX im Allgemeinen), Dateinamen anders behandelt werden als unter DOS, Windows oder OS/2 (also den Samba-Clients, die am häufigsten vorkommen). Um möglichst effektiv als Server für diese Clients operieren zu können, beinhaltet Samba Optionen, die Dateien so aufbereiten, wie es von den Clients erwartet wird. Für viele dieser Optionen gibt es jedoch nicht nur den einen „Königsweg", die Übersetzung zu handhaben. Darüber hinaus verlangsamen einige dieser Übersetzungs-Features Samba. Wenn Sie also die in Frage kommende Option nicht benötigen, werden Sie es vielleicht bevorzugen, die Option zu deaktivieren. Samba stellt eine Reihe von Parametern für die Datei `smb.conf` zur Verfügung, die Sie dazu verwenden können, diese Features zu aktivieren bzw. zu deaktivieren, genau wie es Ihren Anforderungen entspricht.

Die Dateinamen-Parameter der Datei `smb.conf` kann man alle in eine der folgenden drei Kategorien einordnen: Optionen zur Schreibweise von Dateinamen, Optionen zur Länge von Dateinamen sowie Optionen zum Verbergen von Dateinamen. Alle diese Optionen werden in den folgenden Abschnitten beschrieben. Die meisten dieser Optionen beziehen sich auf die Share-Ebene, so dass Sie die Optionen nur auf einer Share-by-Share-Basis festlegen können; oder aber sie sind in der Sektion `[global]` zu finden, wo man sie auf alle Shares beziehen kann.

HINWEIS

Wenn Sie das Tool SWAT für die Samba-Konfiguration heranziehen, werden die meisten dieser Dateinamen-Optionen nur angezeigt, wenn Sie die Schaltfläche Advanced View *ausgewählt haben.*

TIPP

Da viele dieser Optionen in einer heterogenen Betriebssystemumgebung auf verschiedene Werte gesetzt sind, werden Sie vielleicht den Parameter `include` *mit der Variable* `%a` *(Client-Betriebssystem) verwenden wollen, um einzeln für jedes Client-Betriebssystem Optionen zu setzen. Eine Konfigurationsdatei für einen Samba-Client könnte festlegen, dass* `case sensitive = Yes` *und* `hide dot files = No` *gelten soll. Sie könnten einen Dateinamenabgleich durchführen, um Dateien mit der Erweiterung* `*.html` *zu* `*.htm` *für einen DOS-Client zu verkürzen. In* Kapitel 4: Die Tools der GUI-Konfiguration und die Datei `smb.conf` *wird der Parameter* `include` *näher erläutert.*

Bei Dateinamen zwischen Groß- und Kleinschreibung unterscheiden

Wie bereits in *Kapitel 2: Einbinden von SMB/CIFS in LINUX* erläutert wurde, verwenden LINUX-Systeme Dateisysteme, die *case sensitive* sind, d.h., bei denen zwischen Groß- und Kleinschreibung unterschieden wird. Windows ist dagegen ein Betriebssystem, das *case retentive* ist, d.h., die Schreibweise der Buchstaben wird beibehalten. Um die Sache noch ein bisschen komplizierter zu gestalten, verwenden DOS-Computer Dateisysteme, in denen alle Dateinamen in nur einer Schreibweise gespeichert werden (beim normalen FAT-Dateisystem von DOS ist dies Großschrift). Standardmäßig emuliert Samba Dateisystem-Features von Windows, die Schreibweise wird also beibehalten. Da diese Einstellung in den meisten Umgebungen mit Windows- und OS/2-Clients gut funktioniert, können Sie voraussichtlich alle Dateinamen-Optionen bei ihren Standardvorgaben belassen. Sollten Sie jedoch für die Schreibweise von Dateinamen unter Samba Anpassungen vornehmen wollen, können Sie dazu verschiedene Optionen heranziehen.

`preserve case` Standardmäßig ist diese Option auf `Yes` eingestellt, wodurch Samba mitgeteilt wird, die Schreibweise beizubehalten, die der Client verwendet hat. Wenn der Client beispielsweise eine Datei mit dem Namen `MiXEd.uP` erstellt hat, speichert Samba die Datei exakt auf diese Art und Weise. Mit der Einstellung `No` konvertiert Samba die Dateinamen zu der Schreibweise, die durch den Parameter `default case` definiert ist.

`short preserve case` Diese Option arbeitet weitgehend wie der Parameter `preserve case`, doch `short preserve case` bezieht sich nur auf Dateinamen, die auf das kurze (8.3) Dateinamenformat von DOS limitiert sind. Der Standardwert ist bei diesem Parameter `Yes`.

`default case` Dieser Parameter spezifiziert die Schreibweise, zu der Samba Dateien konvertiert, wenn `preserve case` oder `short preserve case` auf `No` gesetzt ist. Wenn der Parameter `default case` auf seinen Standardwert `Lower` gesetzt ist, wird ein Dateiname wie `MiXEd.uP` als `mixed.up` gespeichert. Wenn als Einstellung `Upper` ausgewählt ist, wird die Datei als `MIXED.UP` gespeichert. Diese Option hat normalerweise keinen Einfluss darauf, wie Sie auf Dateien zugreifen können; ihre Rolle liegt mehr darin, das Erscheinungsbild von Dateilistings in Ordnung zu bringen und den Zugriff von LINUX aus zu erleichtern.

`case sensitive` Über diesen Parameter, dessen Standardwert `No` ist, kann kontrolliert werden, wie Samba die Schreibweise (Groß/-Kleinschreibung) von Dateinamen behandelt. Angenommen, der Server beherbergt eine Datei mit dem Namen `MiXEd.uP`. Wenn `case sensitive = No`, können Clients exakt diesen Namen verwenden oder aber `MIXED.UP`, `mixed.up`, `miXEd.UP` oder irgendeine andere Schreibweise. Wenn der Parameter `case sensitive` auf `Yes` gesetzt ist, müssen Clients, die einen Zugriff auf die Datei versuchen, den Namen exakt in der gleichen Schreibweise übermitteln, wie Sie vom Server vorgeben ist. Sie können mit der Einstellung `case sensitive = Yes` arbeiten, wenn auf den Share hauptsächlich oder insgesamt von LINUX oder einem anderen Betriebssystem, das ähnlich die Schreibweise von Dateinamen interpretiert, zugegriffen wird. Wenn DOS, Windows oder OS/2-Clients involviert sind, sollten Sie diesen Parameter bei seiner Standardvorgabe `No` belassen. Leider führt die Standardvorgabe auch dazu, dass der Ablauf von Samba verlangsamt wird. Ein Synonym für diesen Parameter ist `casesignames`.

Bei dem soeben beschriebenen Umfeld ist der Parameter `case sensitive` die wichtigste Option. Die anderen drei Parameter sind eher für kosmetische Aspekte von Bedeutung. Nur durch `case sensitive` kann ein Zugriff auf eine Datei für einen Client verwehrt werden, wenn durch einen Anwendungs-Code die Schreibweise zwischen dem Lesen eines Dateinamens vom Server und der Ausführung eines Befehls zum Öffnen einer Datei geändert wird. Dieses Verhalten kommt eher in DOS-Programmen als in Windows-Programmen vor.

Unterschiedliche Dateinamenlängen verwalten

Windows 9x ist in der Lage, Dateien bis zu einer Länge von 128 Zeichen auf einer lokalen Festplatte zu speichern, doch LINUX kann Dateien mit dem zweifachen Umfang auf seinem Dateisystem ext2 speichern. Und was noch wichtiger ist: DOS kann nur 8.3-Dateinamen bewältigen! Wenn Sie einen Samba-Server nur von DOS-Clients aus verwenden, stellt diese Tatsache noch kein Problem dar. (Alle Dateien auf den Shares des Server werden Dateinamen im 8.3-Format haben, die durch DOS erstellt wurden.) Wenn Sie aber auf der anderen Seite verschiedene Client-OSs verwenden oder wenn Sie DOS-Programme (die 8.3-Dateinamen erwarten) unter Windows starten (was lange Dateinamen erstellen kann), dann stellt dies Samba schon vor größere Aufgaben. Es muss in der Lage sein, Dateinamen zwischen ihren tatsächlichen längeren und kürzeren Formen zu konvertieren – so genannte *mangled* oder *munged* Dateinamen. Samba beinhaltet mehrere Parameter, die beeinflussen, wie und wann Samba diese Dateinamensumsetzung (Mangling) ausführt.

`mangled names` Wenn dieser Parameter auf seinen Standardwert `Yes` gesetzt ist, veranlasst dies Samba, lange Dateinamen zu kurzen Dateinamen im 8.3-Format zu konvertieren, wenn eine Kommunikation mit DOS oder anderen Betriebssystemen, die kurze Dateinamen anfordern, stattfindet. So kann zum Beispiel ein Name wie longfilename.txt für einen DOS-Client als LONGF~A7.TXT angezeigt werden. Wenn Sie diesen Wert auf `No` setzen, erscheint eine Datei mit einem langen Namen entweder mit einem gekürzten Dateinamen (wie LONGFILE.TXT) oder aber überhaupt nicht – das ist jeweils abhängig vom Client-Betriebssystem.

`mangling char` Definiert das Zeichen, das Samba bei der Kürzung von Namen als Platzhalter-Zeichen verwendet. Standardmäßig ist dies die Tilde (~).

`mangle case` Der Standardwert dieser Option ist `No`, womit Samba kurze Dateinamen beibehält, wenn sie an Clients gemeldet werden. Wenn der Parameter auf `Yes` gesetzt ist, passt Samba Dateinamen an, die nicht gänzlich dem festgelegten Wert von `default case` entsprechen. Betrachten Sie noch einmal das Beispiel `MiXEd.uP`: Wenn `mangle case = No`, gibt Samba den Namen der Datei an DOS-Clients als `MiXEd.uP` wieder. Ist dagegen der Parameter `mangle case` auf `Yes` gesetzt, würde der Name in diesem Fall `MIXED~F3.UP` lauten. Im Allgemeinen empfiehlt es sich, diesen Parameter auf seinem Standardwert zu belassen.

`mangled stack` Wenn ein DOS-Client auf eine Datei mit einem langen Dateinamen unter LINUX zugreift, weiß der DOS-Client nichts von dem wirklichen langen Dateinamen. Daher kann der Client also die Datei laden, speichern und wieder laden, und dabei immer denselben abgekürzten Dateinamen verwenden. Um solche Zugriffe zu beschleunigen, verwaltet Samba eine Liste (*stack*, dtsch. Stapel) der zuvor angepassten 8.3-Dateinamen. Der Parameter `mangled stack` bestimmt die Größe dieses Stapels, standardmäßig ist dies der Wert 50. Wenn Ihr Netzwerk eine große Anzahl an DOS-Clients hat, sollten Sie diesen Wert eventuell erhöhen. Sie können den Wert auch belassen oder aber reduzieren. Wenn Sie den Wert für die Größe des Stapels erhöhen, kann dies Dateizugriffe unter Verwendung von angepassten Dateinamen beschleunigen, doch damit werden auch Sambas Speicheranforderungen erhöht und andere Dateizugriffe verlangsamt.

TIPP

DOS und andere 16-Bit-Windows-Programme verwenden 8.3-Dateinamen, auch wenn sie unter Windows 9x, NT oder 2000 ablaufen. Sie werden folglich die Liste angepasster Dateinamen auch für diese Betriebssysteme einsetzen. Halten Sie sich diese Tatsache vor Augen, bevor Sie die Größe des Stapels anpassen.

`mangled map` Sie können für die Anpassung der Dateinamen zusätzliche Regeln mit diesem Parameter festlegen. Diese Anweisung besteht aus einer Reihe von eingeklammerten Dateinamen-Musterpaaren. Samba ersetzt jeden Dateinamen, der mit dem ersten Teil des Paares übereinstimmt, mit dem Äquivalent, das durch das zweite Paar festgelegt wurde. Betrachten Sie folgendes Beispiel:

```
mangled map = (*.html *.htm) (*.jpeg *.jpg)
```

Damit wird veranlasst, dass Samba jede Erweiterung `.html` mit `.htm` und jede Erweiterung `.jpeg` mit `.jpg` ersetzt. Beachten Sie, dass sich diese Regeln auf *alle* Dateinamen beziehen, ob sie nun normalerweise angepasst werden müssen oder nicht. Um bei dem vorherigen Beispiel zu bleiben: Hier würden Sie alle Dateien mit der Erweiterung `.html` als Dateien mit der Erweiterung `.htm` sehen, auch von Windows- oder LINUX-Clients aus.

Die soeben beschriebenen Optionen können sich als sehr wichtig erweisen, wenn Sie DOS-Clients verwenden. Die Standardparameter können ziemlich gut mit DOS-Clients arbeiten, obwohl es durchaus auch der Fall sein kann, dass einige Programme besser funktionieren wenn `mangle case = Yes` eingestellt ist. Vielleicht möchten Sie auch ein paar spezielle Regeln über den Parameter `mangled map` zuweisen, wenn Ihr Server Dateien enthält, die davon profitieren könnten. Wenn Sie mit Windows-Clients arbeiten, ist die Namens-Anpassung weniger wichtig, solange Sie nicht eine große Anzahl an 16-Bit-Programmen von Windows verwenden.

Verborgene Dateien verwalten

Unter LINUX-Shells werden normalerweise Dateien versteckt, die mit einem Punkt, engl. dot (.), beginnen – so genannte *Dot-Dateien*. Auf diese Dateien kann der Benutzer nach wie vor zugreifen, doch sie tauchen in den meisten Verzeichnis-Listings nicht auf, wodurch Unübersichtlichkeiten in Datei-Listings vermieden werden können. In den meisten SMB/CIFS Client-Betriebssystemen wird derselbe Effekt durch ein *Hidden-Bit* erreicht, das als Flag mit dem Dateinamen verbunden ist. Samba beinhaltet mehrere Optionen, die sich sowohl auf den Umgang mit Dot-Dateien von LINUX auswirken als auch auf die Hidden-Bits, die von SMB/CIFS unterstützt werden. Zusätzlich bietet Samba Optionen an, mit denen bestimmte Dateien für den Client als total unsichtbar gesetzt werden können und so die Möglichkeiten des Hidden-Bit noch übertreffen.

`hide dot files` Standardmäßig setzt Samba das SMB/CIFS Hidden-Bit für alle Dot-Dateien in einem Share. Im Allgemeinen ist dieses Verhalten wünschenswert, da es für Windows-Clients gewöhnlich nicht notwendig ist, Dot-Dateien zu sehen, speziell in Home-Shares. Wenn Sie jedoch `hide dot files = No` festlegen, kann Samba die Hidden-Bits für DOT-Dateien nicht setzen, so dass diese in den Verzeichnis-Listings von Windows angezeigt werden. So können Sie diese Option zur Vermeidung überquellender Dateiauflistungen in einem Share verwenden. Andererseits müssen Sie den Parameter auf No setzten, wenn Sie mit einer Windows-Anwendung arbeiten, die solche DOT-Dateien anlegen kann und für den Ablauf als unversteckte Dateien erwartet.

`hide files` Dieser Parameter legt eine Liste von Dateien fest, die durch Samba versteckt werden sollen. Sie können die Platzhalter (* und ?) zur Festlegung der Dateinamen sowie einen Slash (/) als Platzhalter für Leer*zeichen* (d.h. nicht einfach einen Leerraum einfügen) verwenden. Mit der Option `hide files = Mail/News/*.rpm` können Sie beispielsweise die Verzeichnisse *Mail* und *News* sowie alle Dateien mit der Erweiterung .rpm von LINUX verstecken lassen. Bei der Zuweisung dieser Option führt Samba einen Abgleich der Dateien mit dem Parameter `case sensitive` durch. Standardmäßig ist ein Null-String vorgegeben, d.h. es werden keine Dateien versteckt (abgesehen von Dot-Dateien, hier gilt die Einstellung des Parameters `hide dot files`).

`veto files` Dieser Parameter arbeitet exakt so wie der Parameter `hide files`, außer dass auf diese Dateien überhaupt nicht vom Client aus zugegriffen werden kann. Es ist quasi so, als würden sie überhaupt nicht auf dem Server existieren. Standardmäßig ist ein Null-String vorgegeben, es sind also keine Dateien als veto deklariert. Wenn Sie jedoch z. B. `veto files = *.txt` festlegen, wird kein Versuch, auf Dateien zugreifen, die mit .txt enden, erfolgreich sein, auch wenn Sie den Dateinamen direkt in ein Dialogfeld zum Öffnen von Dateien oder in einen Befehls-Prompt auf dem Client eingeben.

`delete veto files` Wenn Sie ein Verzeichnis entfernen, das Dateien enthält, die als veto deklariert sind, entfernt Samba üblicherweise diese Dateien nicht und kann auch nicht das gesamte Verzeichnis entfernen. Von Windows aus gesehen scheint das Verzeichnis leer zu sein und kann nicht gelöscht werden. Wenn Sie jedoch `delete veto files = Yes einfügen`, werden die Dateien entfernt, wenn ein Client ein Verzeichnis löscht, das diese Dateien enthält.

Sperren von Dateien

Alle Multitasking-Betriebssysteme sehen sich mit einem potenziellen Konflikt konfrontiert: Zwei oder mehrere Programme könnten gleichzeitig versuchen, auf eine Datei zuzugreifen. In einigen Fällen bereitet dies keine Probleme, da die Zugriffe auf einer Nur-Lesen-Basis beruhen (read-only). Wenn jedoch zwei Programme in eine Datei schreiben oder wenn ein Programm in eine Datei schreibt, während ein anderes sie liest, können Fehler auftreten. Die Programme können inkompatible Änderungen in die Datei schreiben oder ein Programm, das die Datei liest, nimmt die von dem anderen Programm geschriebenen Änderungen überhaupt nicht wahr. Um diese Probleme zu vermeiden, implementieren Betriebssysteme verschiedene Typen von *Dateisperrung* (file locking), durch die ein Programm eine Datei ganz oder teilweise sperren und so verhindern kann, dass eine Datei durch ein anderes Programm geändert wird.

Wie dies schon bei Dateinamen der Fall ist, unterscheiden sich auch die Mechanismen zur Dateisperrung unter Windows und LINUX, so dass eine Anzahl von Samba-Konfigurationsparametern nur dafür da ist, diese Kluft zu überbrücken.

`share modes` Diese Option ermöglicht eine gesamte Dateisperrung mittels des Verfahrens, das Microsoft für die Windows-Welt entwickelte. Wenn sie aktiviert ist, kann ein Client-Programm eine Sperrung für eine ganze Datei anfordern. Der Standardwert ist `Yes` und es empfiehlt sich, diese Einstellung nicht zu ändern.

`locking` Diese Option ermöglicht eine partielle Dateisperrung im Microsoft-Stil. Wenn sie aktiviert ist, kann ein Client-Programm eine Sperrung nur für einen Teil der Datei anfordern. Der Standardwert ist `Yes` und es empfiehlt sich, diese Einstellung nicht zu ändern.

`strict locking` Standardmäßig ist für diese Option `No` festgelegt, was Samba veranlasst, Sperr-prüfungen nur auszuführen, wenn Clients dies anfordern. Da die meisten Client-Anwendungen eine solche Sperrung immer zu dem Zeitpunkt anfordern, wenn sie benötigt wird, leben Sie mit dieser Standardeinstellung ganz gut. Da einige Client-Anwendungen eine solche Sperrprüfung jedoch nicht immer anfordern, wenn sie benötigt werden, kann es unter Umständen zu einer Dateibeschädigung durch den gleichzeitigen Zugriff mehrerer Anwender auf die Datei kommen. Setzen Sie den Parameter auf `Yes`, so wird vor jeder Operation eine solche Sperrprüfung durchgeführt und dadurch eventuelle Dateibeschädigungen durch fehlerhaft programmierte Anwendungen reduziert. Diese Einstellung reduziert jedoch die Verarbeitungsgeschwindigkeit von Samba.

`blocking locks` Wenn ein Client versucht, eine Datei zu öffnen, dies jedoch auf Grund einer Dateisperrung nicht gelingt, kann der Client eine Art automatische Wahlwiederholung veranlassen – es wird in kurzen regelmäßigen Abständen immer wieder überprüft, ob die Datei nicht doch zu öffnen ist. Wenn eine Unterstützung für blocking locks vorhanden ist, kann der Client dem Server mitteilen, wie lange der Client bereit ist, auf die Verfügbarkeit einer Datei zu warten. Der Server kann die Anforderung auf die Datei geöffnet halten und, wenn die Datei in der angegebenen Zeit verfügbar wird, dies dem Client mitteilen. Der Standardwert für diese Option ist `Yes`, doch Sie können die Option auch deaktivieren, sofern dies notwendig ist.

`oplocks` Ein *opportunistisches Locking* (oder *oplocks*) ist ein Mechanismus, der es einem Client ermöglicht, Änderungen, die an einer Datei durchgeführt werden, zunächst lokal zu speichern. Dieses Feature kann die Performance verbessern, da nicht sofort ständig jede Änderung Paket für Paket über das Netz zum Server transportiert werden muss. Wenn ein oplock gewährt wird, kann der Server jederzeit ein Update vom Client anfordern und dieses Feature kann dazu verwendet werden, ein

Update zu erzwingen, wenn ein anderer Client versuchen sollte, die Datei zu lesen. Standardmäßig unterstützt Samba opportunistisches Locking; wenn Sie diese Möglichkeit deaktivieren möchten, legen Sie `oplocks = No` fest. Bei dieser Konfiguration verweigert Samba jede Anforderung, einen oplock auf eine Datei zu erhalten. Das verringert zwar die System-Performance, doch es kann auch zu mehr Sicherheit führen, wenn Ihre Benutzer regelmäßig auf Dateien durch Samba zugreifen, wie auch von LINUX-Programmen oder irgendeinem anderen Server aus.

`level2 oplocks` Bei einem traditionellen oplock verliert der erste Client das oplock, wenn ein zweiter Client auf die Datei zugreift. Mit der Einstellung `level2 oplocks = Yes` wird der oplock von einem Lese-Schreib-oplock zu einem Nur-Lesen-oplock degradiert. Das bedeutet, dass weitere Clients ihren Nur-Lesen-Zugriff auf die Datei zwischenspeichern können. Wenn der erste Client Änderungen schreibt, werden alle anderen Clients von dieser Änderung benachrichtigt. Durch den Einsatz von level2 oplocks kann die Ausführung von bestimmten Dateitypen wie beispielsweise Programmdateien verbessert werden. Diese Unterstützung ist neu und standardmäßig in Samba 2.0.7 auf `No` gesetzt; doch in künftigen Versionen von Samba wird dies wahrscheinlich durch `Yes` ersetzt werden.

`kernel oplocks` Oplocks können nützlich sein bei der Organisation und Verwaltung von gemeinsamen Dateizugriffen durch Windows-Clients. Beachten Sie, dass bis zur LINUX-Kernel-Version 2.2 oplocks nicht unterstützt weden und deshalb auch nicht von den Anwendungen genutzt werden kann. Setzen Sie also nur dann den Parameter auf `Yes`, wenn die LINUX-Version oplock unterstützt, ansonsten verwenden Sie den Wert `No`.

WARNUNG

Ohne die Unterstützung von kernel oplock kann es in einem LINUX-System zu unkontrollierten Zugriffen kommen, wenn eine Datei geöffnet wird, auf die Samba einen oplock gewährt hat. Um dieses Problem zu vermeiden, können Sie `set oplocks = No` *festlegen oder den Parameter* `veto oplock files` *verwenden (der weiter unten in diesem Abschnitt beschrieben wird), um oplock nur für bestimmte Dateien zu verweigern.*

`fake oplocks` In früheren Samba-Versionen wurde die Möglichkeit des opportunistischen Locking nicht unterstützt. Stattdessen unterstützten sie die Option `fake oplocks`, was Samba veranlasste, oplocks zu beanspruchen, obwohl sie überhaupt nicht verfügbar waren. Setzen Sie die Option `fake oplocks` in Samba-Versionen, die höher als 2.0.0 sind, nicht auf `Yes`. Die Option ist bei moderneren Versionen von Samba unnötig und kann auch zur Dateizerstörung führen.

`veto oplock files`Über diese Option können Sie eine Liste von Dateien festlegen, auf die niemals oplocks gewährt werden sollen. Identifizieren Sie die Dateien mit Dateinamen (inklusive Wildcards, wenn gewünscht) und verwenden Sie als Trennzeichen einen Slash (/),wie bei den Parametern `hide files` oder `veto files` beschrieben (siehe auch der Abschnitt *Verborgene Dateien verwalten* weiter oben in diesem Kapitel). Falls nur auf wenige Dateien gleichzeitig über LINUX und Samba Zugriff gewährleistet werden soll, so ist diese Option dem Parameter `setting oplocks = No` vorzuziehen.

`lock directory` Samba speichert sowohl eine Auswahl an Dateien, die sich auf das Locking beziehen, in diesem Verzeichnis als auch ein paar andere Funktionen wie z.B. Browser-Listen. Der Standard ist eine Option zur Kompilierzeit, zum Beispiel `/var/lock/samba` oder `/usr/local/samba/locks`. Sie können die Standardeinstellungen unter Verwendung dieses Parameters überschreiben.

In den meisten Fällen können Sie für diese Parameter die Standardeinstellungen belassen. Unter Umständen werden Sie aber auch Werte anpassen müssen (speziell die Werte, die sich auf oplocks beziehen), wenn Sie gleichzeitigen Zugriff auf Dateien von LINUX- und Windows-Clients benötigen. Die meisten dieser Parameter können global oder Share-by-Share zugewiesen werden. Die Parameter `kernel oplocks` und `lock directory` sind jedoch globale Optionen; sie müssen daher in der Sektion `[global]` der Datei `smb.conf` erscheinen.

Festlegen von Eigentumsverhältnissen und Berechtigungen

Für eine Reihe von Netzen – speziell große Netze mit vielen Benutzern und komplexen Sicherheitsanforderungen – ist eines der raffinierteren Aspekte der Samba-Konfiguration die Integration von Sicherheitsmodellen durch Samba wie sie unter UNIX und Microsoft gepflegt werden. Wie bereits in *Kapitel 2: Einbinden von SMB/CIFS in LINUX* ausgeführt wurde, unterscheiden sich die Sicherheitsmodelle von LINUX und Windows. Verglichen mit Windows 9x ist das Sicherheitsmodell von LINUX ziemlich anspruchsvoll, so dass also bei einem Samba-Server eine differenziertere Zugangssteuerung als bei einem Server von Windows 9x möglich ist. Unter Windows NT und 2000 werden jedoch ACLs (Abk. für access control lists) unterstützt, die eine Alternative zur LINUX-eigenen Sicherheit anbieten. Diese Zugriffskontrolle unterscheidet sich vom Sicherheitsmodell von LINUX und auf eine bestimmte Art und Weise ist es auch flexibler. Wenn Sie also ein erfahrener Windows NT-Administrator sind, mag es vielleicht ein bisschen Zeit in

Anspruch nehmen, bis Sie sich an die Sicherheits-Features von LINUX gewöhnt haben. Sollten Sie aber schon Erfahrungen mit LINUX- oder UNIX-Dateiberechtigungen gesammelt haben, sollte es Ihnen keine Schwierigkeiten bereiten, Ihren LINUX-Server zu veranlassen, das zu tun, was Sie in dieser Hinsicht wollen.

Samba bietet wichtige Ergänzungen zu dem Repertoire an Dateiberechtigungen, das unter LINUX angeboten wird (siehe auch im Abschnitt *Browsing-Optionen* weiter oben in diesem Kapitel). So bieten speziell die Parameter `hosts allow`, `hosts deny`, `valid users` und `invalid users` eine Möglichkeit, den Zugriff auf bestimmte Shares mit Mitteln zu regeln, die über die Kontrollmöglichkeiten der unter LINUX verfügbaren Eigentumsverhältnisse und Berechtigungen hinausgehen. So können Sie beispielsweise einem bestimmten Benutzer oder jemandem von einem speziellen Computer den Zugriff auf ein Share verweigern. Diese Möglichkeiten werden detailliert in *Kapitel 14: Sicherheitserwägungen* behandelt.

Samba-Optionen für Eigentumsverhältnisse und Berechtigungen

Samba bietet verschiedene Optionen an, die beeinflussen, wie LINUX-Dateinamen und Berechtigungen von Servern verwendet werden. Sie können diese Optionen einsetzen, um mit ihrer Hilfe eine Sicherheitskonfiguration zu erstellen, die in Ihrer Netzwerkumgebung arbeiten kann.

Kontrolle von Eigentumsverhältnissen

Auf einem LINUX-Server hat jede Datei einen Eigentümer und eine Gruppe. Jeder Benutzer hat Rechte, Dateien zu lesen und zu schreiben. Diese Rechte basieren auf der ID des Benutzers und der Gruppen, zu denen der Benutzer gehört. Sie können den Eigentümer und die Gruppe verbunden mit Zugriffen auf einen Share anpassen, indem Sie die im Folgenden beschriebenen Parameter der Datei `smb.conf` dafür einsetzen.

`force user` In der Regel senden Sie, wenn Sie eine Verbindung zu einem Samba-Server herstellen möchten, Ihren Benutzernamen und das Passwort und können dann auf Dateien zugreifen oder Dateien erstellen, indem Sie die Berechtigungen verwenden, die mit diesem Benutzernamen verbunden sind. Wenn Sie sich beispielsweise unter dem Namen `susani` verbinden, werden alle von Ihnen erstellten Dateien zum Eigentum des LINUX-Benutzers `susani` und Sie können die vorhandenen Dateien lesen, die von `susani` gelesen werden können. Durch den Parameter `force user` kann dies geändert werden. Dieser Freigabe-Parameter legt einen Benutzernamen fest, der als Standardbenutzer für alle Benutzer verwendet wird, die auf die Freigabe zugreifen. Wenn ein Share beispielsweise den Parameter `force user = marcusc` beinhaltet, dann ereignen sich alle Zugriffe innerhalb dieses Share so, als ob `marcusc` den Zugriff verursacht hätte, auch wenn `susani` mit ihrem Benutzernamen und Passwort die Verbindung hergestellt hat. Auf den Share kann also jeder autorisierte Benutzer zugreifen, der einen gültigen Benutzernamen und ein gültiges Passwort anbietet.

TIPP

Der Parameter `force user` *wird oft verwendet, um einen Share zu erstellen, auf den eine bestimmte Gruppe von Benutzern zugreifen darf. Sie können einen Share unter einem Benutzernamen erstellen und dann mithilfe des Parameters* `force user` *allen Benutzern erlauben, Dateien in diesem Share anzulegen, ohne sich dabei um die Eigentumsverhältnisse der erstellten Dateien kümmern zu müssen. Ich empfehle Ihnen, einen „Dummy"-Account zu verwenden, der wenig Zugriffsmöglichkeiten auf das System außerhalb des Zielverzeichnisses hat, wenn Sie diesen Parameter verwenden. Damit reduzieren Sie das Risiko eines eventuellen Missbrauchs oder das Auftreten von Fehlern, die Ärger verursachen könnten.*

`force group` Dieser Parameter arbeitet weitgehend wie der Parameter `force user`, jedoch wird hier ein Gruppenname festgelegt, der als Standard-Primärgruppe für alle Benutzer verwendet wird, die auf die Freigabe zugreifen. Hier wird auch spezifiziert, welche Dateien gelesen werden können und in welche Dateien man schreiben kann, basierend jeweils auf den Eigentumsverhältnissen und Berechtigungen der Gruppe. Sie können die Parameter `force user` und `force group` zusammen verwenden, um ein paar ungewöhnliche Effekte hervorzurufen. Ein Beispiel: Auch wenn der Benutzer `susani` gar nicht zu der Gruppe `ranger` gehört, können Sie `force user = susani` und `force group = ranger` verwenden, um Benutzern, die sich mit dem Share verbinden, Berechtigungen zu erteilen, die äquivalent mit `susani` *und* der Gruppe `ranger` sind.

WARNUNG

Ein Bug in Samba vor der Version 2.0.5 setzt die Gruppe von Dateien, die erstellt werden, wenn `force user` *aktiv ist, gleich mit der Gruppe des Benutzers, der auf den Share zugegriffen hat. In späteren Versionen von Samba wird die Gruppe so gesetzt, dass sie mit dem Benutzer übereinstimmt, dessen Identität durch* `force user` *erzwungen wird. Um sich bezüglich der Gruppe, die in einem Share verwendet wird, absolut sicher zu sein, sollte man den Parameter* `force group` *verwenden.*

WARNUNG

Die Gruppenparameter `force user` *und* `force group` *werden standardmäßig nicht gesetzt. Diese Features sind sehr leistungsstark und dadurch auch potenziell gefährlich. Hier ein Beispiel für eine Konfiguration, die Probleme verursachen könnte: Betrachten Sie ein Verzeichnis, das in LINUX weltweit beschreibbar ist, doch mit* `force user = root` *exportiert wurde. Wenn sich ein Benutzer über einen gültigen Shell-Account einloggt und einen symbolischen Link von dem Share auf* `/etc` *erstellt, dann kann jeder, der diesen Share benutzt, die sensitiven Konfigurationsdateien bearbeiten – wenn Samba erlaubt, dass man Links außerhalb eines Share folgen darf (also* `wide links = Yes`*, was Standard ist). Auch wenn Sie ein paar andere Benutzernamen neben* `root` *festlegen, können Schäden entstehen, da ein Mutwilliger die Dateien eines anderen Benutzers zerstören könnte.*

Kontrolle von Berechtigungen

Wie bereits in *Kapitel 2: Einbinden von SMB/CIFS in LINUX* im Abschnitt *Dateisicherheit unter LINUX* beschrieben wurde, wird jeder Benutzerzugriff auf eine Datei durch die Dateiberechtigungen geregelt (auch als Modus der Datei bezeichnet). Dieser Modus wird durch eine drei- oder vierstellige Zahl wie z.B. 644 oder 0750 dargestellt. Samba kann die für die Kennzeichnung des Ausführungsrechts unter LINUX reservierten Bits verwenden, um die unter DOS und Windows verwendeten Dateiattribute zu speichern. Dies wird ebenfalls in *Kapitel 2* beschrieben und nochmals im Abschnitt *Unter FAT verwendete Dateiattribute* weiter unten in diesem Kapitel behandelt. Verschiedene Parameter beeinflussen die Art und Weise, wie Samba Dateiberechtigungen behandelt.

`create mask` Sie können den Parameter `create mask` verwenden, um den Umfang der zulässigen Modi zu limitieren. Diese Maske ist eine drei- oder vierstellige Zahl, die die Bits repräsentiert, die in einer erstellten Datei gesetzt werden könnten. Jedes Bit, das nicht in dem Wert `create mask` vorhanden ist, wird bei der Erstellung der Datei aus den Berechtigungen für die Datei entfernt. Der Standardwert für `create mask` ist 0744, wodurch ein Nur-Lesen-Zugriff auf alle Dateien durch Nicht-Eigentümer gewährt wird. Über diese Maske kann Samba auch das Archiv-Bit in der Datei speichern, jedoch nicht die Hidden-Bits oder System-Bits (siehe auch *Unter FAT verwendete Dateiattribute* weiter unten in diesem Kapitel). Der Nachteil dieser Methode besteht besonders bei den Dateien, die unter LINUX ebenfalls das Leserecht beanspruchen, darin, dass alle neu angelegten Dateien zusätzlich für den Besitzer das Ausführungsrecht ausweisen. Wenn diese Tatsache eine Beeinträchtigung darstellt und das Vorhandensein des Archiv-Bits von Windows-Clients unwichtig ist, können Sie `create mask = 0644` (oder einen Wert, der noch mehr einschränkt) setzen, um das Ausführungsrecht zu eliminieren. Ein Synonym für `create mask` ist `create mode`.

`directory mask` Diese Option arbeitet wie der Parameter `create mask`, doch der bezieht sich auf Verzeichnisse anstatt auf reguläre Dateien. In LINUX werden Verzeichnisse gewöhnlich mit einem Ausführungsrecht festgelegt, so dass der Standardwert in der Maske für Verzeichnisse 0755 ist. Ein Synonym für diesen Parameter ist `directory mode`.

HINWEIS

Sowohl der Parameter `create mask` *als auch der Parameter* `directory mask` *setzen die maximal möglichen Berechtigungen für eine Datei oder ein Verzeichnis. Betrachten Sie als Beispiel die Festlegung* `create mask = 0644` *für eine Datei, die sonst die zugestandenermaßen etwas seltsamen 0606-Berechtigungen haben würde. Die Berechtigungen des Besitzers (die erste 6) werden nicht verändert, da die Maske alle Bits in der Benutzerberechtigung enthält. Die Gruppenberechtigungen bleiben von der ursprünglichen 0 unverändert, da die Maske nur Bits aufheben kann und bei 0 keine Bits gesetzt sind. Die World-Berechtigungen werden von 6 (rw-) auf 4 (r—) reduziert, da der Maske das Schreib-Bit fehlt. Das Ergebnis ist daher 0604.*

`force create mode` Dieser Parameter funktioniert ähnlich wie `create mask`, doch anstatt Bits festzulegen, die in den endgültigen Berechtigungen vorhanden sein *können*, spezifiziert der Parameter `force create mode` Bits, die vorhanden sein *müssen*. Im Extremfall würden, wenn Sie `force create mode = 0777` setzen, alle Dateien 0777-Berechtigungen haben, auch wenn der Client versucht hat, eine Nur-Lesen-Datei zu erstellen. Standardmäßig ist der Parameter auf den Wert `0000` gesetzt. Wenn über `force create mode` weiterreichende Berechtigungen als über `create mask` festgelegt werden, haben die Einstellungen von `force create mode` Vorrang.

TIPP

Wenn Ihre Benutzer regelmäßig Dateien in einem freigegebenen Verzeichnis austauschen, Sie Ihr System aber so konfiguriert haben, den korrekten Benutzernamen des Benutzers zu erhalten, anstatt den Parameter `force user` *zu verwenden, möchten Sie vielleicht* `force create mode = 0660` *einstellen. Diese Konfiguration stellt sicher, dass die Mitglieder einer Gruppe alle in Dateien schreiben können, die von irgendeinem Mitglied der Gruppe erstellt wurde.*

`force directory mode` Dieser Parameter funktioniert ähnlich wie `force create mode`, er bezieht sich jedoch auf Verzeichnisse. Der Standardwert ist `0000`.

`security mask` Dieser Parameter kontrolliert, welche Sicherheits-Bits von LINUX durch Benutzer über Windows NT Sicherheis-Richtlinien manipuliert werden können (siehe auch *Kapitel 14: Sicherheitserwägungen*). Wenn dieser Parameter nicht explizit eingestellt wird, erfolgt standardmäßig ein Abgleich mit dem Wert von `create mask`.

`directory security mask` Dieser Parameter ist das Äquivalent von `security mask`, er bezieht sich jedoch auf Verzeichnisse.

`force security mode` Dieser Parameter erzwingt die Sicherheits-Bits von LINUX, wenn ein Benutzer die Sicherheitsoptionen durch die Windows NT Sicherheits-Richtlinien manipuliert. Er hat standardmäßig denselben Wert wie die Option `force create mode`.

`force directory security mode` Dieser Parameter ist das Äquivalent von `force security mode`, doch er bezieht sich auf Verzeichnisse anstatt auf Dateien.

`inherit permissions` Gewöhnlich werden Datei- und Verzeichnisberechtigungen durch Optionen wie `force create mode` und `create mask` festgelegt. Der Parameter `inherit permissions` überschreibt jedoch diese Einstellungen und veranlasst, dass die Berechtigungen von dem übergeordneten (Eltern-)Verzeichnis geerbt werden. Wenn ein Verzeichnis beispielsweise Berechtigungen von 0750 hat, dann wird jedes Unterverzeichnis, das in diesem Verzeichnis erstellt wird, dieselben Berechtigungen haben. Für Dateien werden die Berechtigungen vom Eltern-Verzeichnis genommen, mit der Ausnahme, dass Ausführungsberechtigungen über eine Zuordnung zu den DOS-eigenen Attributen `hidden`, `system` und `archive` gesetzt sind. Das LINUX-Bit `set user ID (suid)` kann nicht geerbt werden.

Beispiele für die Verwendung

Sie können auch außergewöhnlichere Dinge mit den Eigentums- und Berechtigungsoptionen tun. Angenommen, Sie möchten einem Benutzer (sagen wir mal dem Supervisor) vollen Lese-/Schreibzugriff auf alle Home-Shares des Benutzers sowie einen Nur-Lesen-Zugriff für andere Mitglieder der Gruppe des Benutzers gewähren. Sie könnten dazu eine Share-Definition wie die Folgende erstellen:

```
[homes]
        comment = Home-Verzeichnisse
        include = /etc/samba/smb.conf.%U
        create mask = 0640
        writeable = Yes
        browseable = No
```

Dann könnten Sie eine Hilfs-Konfigurationsdatei anlegen `/etc/samba/smb.conf.superv` (wobei `superv` der Benutzername des Supervisor ist). Diese Datei würde eine einzige Zeile enthalten:

```
force user = %S
```

Die Variable %U in der Zeile include der Hauptdatei smb.conf veranlasst Samba, nach einer Datei zu suchen, die mit dem Benutzernamen endet, der von dem Benutzer des Share geliefert wird. Wenn diese Datei nicht gefunden wird, ignoriert Samba die Anweisung include. Ist die Datei dagegen vorhanden, wird sie von Samba gelesen und Samba bezieht deren Inhalt an diesem Punkt in die Datei mit ein. Wenn superv sich mit einem Benutzer-Share verbindet, liest Samba die Datei smb.conf.superv und durch die dort enthaltene Zeile force user wird veranlasst, dass Samba die Verbindung so behandelt, als ob sie von %S kommen würde. Im Falle des Share [homes] ist der Share-Name (%S) derselbe wie der Benutzername des Share-Besitzers. Auf diese Weise gewährt Samba superv dieselbe Berechtigung, wie sie der Besitzer des Share hat.

Der Parameter create mask veranlasst, dass alle Dateien mit 0640-Berechtigungen erstellt werden (Ausnahme: Das Client-Programm hat Nur-Lesen-Berechtigungen festgelegt). Die Dateien können also von anderen Mitgliedern der Gruppe gelesen werden, die Mitglieder können jedoch nicht in die Dateien schreiben. Das Endergebnis ist, dass superv und der Besitzer des Share beide vollen Lese-/Schreibzugriff auf den Share haben, während andere Gruppenmitglieder einen Nur-Lese-Zugriff auf dessen Dateien haben (die Home-Verzeichnisse müssen selbst entsprechende Berechtigungen haben, wie zum Beispiel 0750).

WARNUNG

Trickreiche Konfigurationen wie die soeben beschriebene können passend sein, doch sie können auch Fallen beinhalten, in die man leicht stolpern kann. Wenn es beispielsweise gewöhnlichen Benutzern erlaubt wird, neue Dateien im Verzeichnis /etc/samba *zu erstellen, könnten diese Benutzer Dateien anlegen, mit denen sie sich selbst erweiterte Privilegien oder gar einen Superuser-Zugriff erschleichen! Darüber hinaus könnte – um bei obigem Beispiel zu bleiben –* superv *Dateien hinzufügen oder löschen und diese Änderungen sehen dann wie die aus, die von normalen Benutzern des Share gemacht werden, was von der Sicherheitsperspektive aus betrachtet nicht unbedingt wünschenswert ist.*

Interaktionen mit anderen Diensten

Wenn Sie durch Samba die entsprechenden Festlegungen für Dateibesitz und Berechtigungen einstellen, haben die dafür zuständigen Optionen manchmal auch Einfluss auf andere LINUX-Dienste. Wenn die Benutzer beispielsweise Telnet oder secure shell (SSH) verwenden können, um auf einen Samba-Server zuzugreifen, können sie die Berechtigungen ihrer Dateien durch normale Shell-Befehle von LINUX, wie z.B. chmod, anpassen. Sollten Sie zur Festlegung einer freigegebenen Ressource force user konfigurieren, um eine spezifische Benutzer-ID zu verwenden, dann kann dieser Benutzer auf Dateien in diesem freigegebenen Verzeichnis zugreifen. Das mag kein Problem darstellen, wenn das freigegebene Verzeichnis volle Schreibberechtigung von Samba hat. Doch wenn Sie in Samba `use writeable = No` festgelegt haben, wird ein Benutzer trotzdem vollen Schreibzugriff von einer LINUX-Shell aus haben, obwohl der Benutzer von Samba aus einen Nur-Lesezugriff hat. Ähnlich können Sie `valid users` oder `invalid users` verwenden, um den Zugriff auf einen Share zu beschränken, doch wenn die LINUX-Berechtigungen für diesen Share permissiv eingestellt sind, sind auch Benutzer, denen dies nicht gestattet ist, in der Lage, auf den Share von einer LINUX-Shell aus zuzugreifen. Aus diesen Gründen empfiehlt es sich generell, bei allen sensitiven Datenverzeichnissen eine restriktive Zuordnung der Besitzverhältnisse und Rechte zu verwenden. Wenn viele Benutzer auf diese Verzeichnisse zugreifen, können Sie die Parameter `force user` und `valid users` oder `invalid users` verwenden, um den Zugang zu den Verzeichnissen zu regeln.

Ähnliche Betrachtungen können Sie anstellen, wenn Sie den Samba-Server in Verbindung mit anderen Netzwerk-Servern wie NFS und Netatalk für UNIX und Macintosh verwenden wollen. In diesen Fällen ist es im Allgemeinen am besten, primär auf die LINUX-eigenen Sicherheits-Features zu vertrauen und nicht auf die in Samba verfügbaren, um einen Share-Zugriff zu kontrollieren. Wenn Sie eine benötigte Anzahl von LINUX-Benutzern, Gruppen und Berechtigungen so generieren, dass sie zusammen über die gewünschten Sicherheitseffekte verfügen, kann diese Zusammenstellung von Regeln auch mit Samba, NFS, Netatalk und anderen Netzwerk-Servern arbeiten. Ein Einsatz des Parameters `inherit permissions` kann speziell in dieser Situation sinnvoll sein, da Server, die nicht mit Samba ablaufen, gewöhnlich Berechtigungen auf eine Art und Weise erstellen, die dem Verhalten von Samba ähneln, wenn `inherit permissions = Yes` gesetzt ist.

Unter FAT verwendete Dateiattribute

Wie bereits in *Kapitel 2: Einbinden von SMB/CIFS in LINUX* beschrieben, kann Samba Dateiattribute, wie sie unter DOS üblich sind, speichern, indem es dafür die Bits verwendet, die unter LINUX normalerweise für die Kennzeichnung des Ausführungsrechts reserviert werden. (Windows und OS/2 verwenden dieselben DOS-eigenen Attribute.) Dieses Feature wird durch drei Parameter der Datei `smb.conf` kontrolliert:

`map archive` Wenn `map archive = Yes` (das ist der Standard), setzt LINUX das Ausführungsrecht für den Besitzer der Datei, wenn ein Client das DOS Archiv-Bit setzt. Gewöhnlich wird das Archiv-Bit festgelegt, wenn eine Datei nicht gesichert wurde, so dass dieses Bit beim Erstellen der Datei gesetzt wird und dann wieder entfernt wird, wenn ein Backup-Programm das System sichert.

`map system` Wenn `map system = Yes`), setzt LINUX das Ausführungsrecht für die Benutzergruppe, wenn ein Benutzer das DOS System-Bit setzt. Microsoft-Betriebssysteme verwenden das System-Bit, um eine Handvoll von Dateien zu identifizieren, die eine spezielle Bedeutung für das Betriebssystem haben. Standardmäßig ist der Parameter auf `No` gesetzt.

`map hidden` Wenn `map hidden = Yes`), setzt LINUX das Ausführungsrecht für alle Anderen („den Rest der Welt"), wenn ein Client das DOS Hidden-Bit setzt. Wenn das Hidden-Bit gesetzt ist, zeigen die meisten Programme die Datei nicht als präsent an, obwohl der Benutzer von bestimmten Programmen aus die Datei nach wie vor lesen kann. Der Standardwert dieses Parameters ist `No`.

WARNUNG

Wenn Sie ein Verzeichnis exportieren, das ausführbare LINUX-Programme enthält wie z.B. Programme, die mit Quelltext oder Shell-Skripts kompiliert wurden, können Samba-Clients diese Dateien als versteckt oder als Systemdateien oder als Dateien mit gesetztem Archiv-Bit ansehen. Wenn ein Client-Programm diese Bits dann identifiziert (oder wenn Sie z.B. ein Backup-Utility von DOS auf dem Share verwenden), können diese Änderungen bewirken, dass die Datei von LINUX aus nicht mehr ausführbar ist. Sie können dieses Problem leicht korrigieren, aber das ist ein Ärgernis und kann in manchen Fällen zu anderen schwierig zu behebenden Fehlern führen.

Die Standardwerte für diese Dateiattribut-Parameter sind für viele Konfigurationen sinnvoll, doch sie müssen nicht immer die ideale Einstellung sein. Es ist unwahrscheinlich, dass Clients Dateien zu speichern haben, für die System-Bits gesetzt sind. Das Hidden-Bit wird auch sehr selten verwendet. Und obwohl das Archiv-Bit gewöhnlich verwendet wird, ist es am wichtigsten, wenn Sie eine Backup-Software verwenden, die auf Windows basiert. Es bestehen gute Chancen, dass Sie für das Backup des Samba-Server LINUX-Software einsetzen und so das Archiv-Bit gar nicht benötigen.

Der Parameter `create mask` kann (und standardmäßig tut er das auch) einige dieser Bits oder alle Bits entfernen. Speziell der Standardwert `0744` von `create mask` ist in Zusammenhang mit den Standardwerten für diese `map`-Parameter redundant, da er die Ausführungsrechte für die Benutzergruppe und die Ausführungsrechte für alle anderen entfernt, während das Ausführungsrecht für den Besitzer der Datei beibehalten wird. Wenn Sie `create mask = 0644` festlegen, kann Samba das Archiv-Bit nicht setzen, auch wenn die Einstellung `map archive = Yes` vorliegt. Ähnlich kann der Parameter `force create mode` die `map`-Einstellungen überschreiben. Durch den Wert `force create mode = 0755` werden Archiv-, System- und Hidden-Bits für alle Dateien gesetzt, auch wenn Sie deren Parameter auf `No` gesetzt haben.

HINWEIS

Es kommt in LINUX selten vor, dass man Dateien sieht, für die ein Ausführungs-Bit gesetzt wurde, jedoch kein entsprechendes Lese-Bit. Sie müssen eventuell solche Dateien in Samba erstellen, wenn Sie ein System- oder ein Hidden-Bit speichern möchten, jedoch bereits einen Lesezugriff für Benutzer verweigert haben, die nicht Eigentümer oder Mitglieder der zur Datei zugehörigen Gruppe sind. Angenommen Sie möchten die Hidden-, Archiv- und System-Bits speichern, doch einen Zugriff für alle Benutzer verweigern, die nicht zur Gruppe der Datei gehören. Sie könnten dazu `create mask = 0751` *festlegen. Wenn Sie dann die Hidden- und Archiv-Bits in einem Client setzen, jedoch nicht das System-Bit, wird die Datei die Berechtigungen von* `-rwxr—x` *(das ist* `0741`*) annehmen.*

Windows NT und Windows 2000 unterstützen ACLs, wodurch zusätzliche Sicherheits-Features zur Verfügung gestellt werden. Sie können Shares mit ACL-ähnlichen Sicherheitsrestriktionen erstellen, indem Sie die Parameter `valid users` und `invalid users` verwenden, wie bereits weiter oben im Abschnitt *Browsing-Optionen* beschrieben wurde. Windows NT-Clients kann man einen Zugriff auf die Sicherheitsoptionen von LINUX mit der Festlegung `nt acl support = Yes` (was Standard ist) gewähren. Diese Clients können dann auf die gewünschten Informationen über das in *Abbildung 5.3* gezeigte Dialogfenster für Dateiberechtigungen zugreifen. Sie können mit diesem Zugriff nicht alles das tun, was Sie mit eigentlichen ACLs ausführen können, doch Sie haben die Möglichkeit, die Lese- und Schreib-Bits für den Besitzer, die Gruppe und alle anderen Benutzer der Datei zu kontrollieren. In *Kapitel 14: Sicherheitserwägungen* werden die ACL-bezogenen Leistungsmerkmale von Samba ausführlicher behandelt.

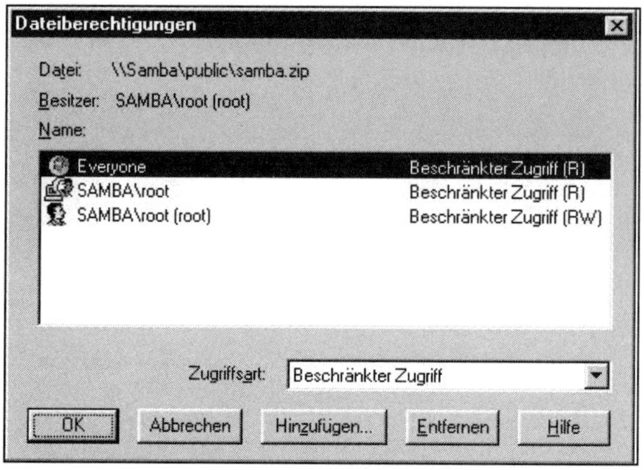

Abbildung 5.3: Samba kann Windows NT-Clients LINUX-Berechtigungen so präsentieren, als ob es sich um ACLs mit „beschränktem Zugriff“ handeln würde

Eine Vorschau auf Netzwerksicherheit

Samba beinhaltet zahlreiche Sicherheits-Features, die ausführlich in *Kapitel 14: Sicherheitserwägungen* behandelt werden, doch es gibt ein paar herausragende Merkmale und einige spezielle Parameter der Datei `smb.conf`, die Sie von Beginn an kennen lernen sollten. Eines davon ist der Mechanismus, den Zugriff eines Benutzers auf die Dateien eines anderen Benutzers zu kontrollieren. Wenn Ihr System nur wenige Benutzer hat, die einen relativ ungehinderten Zugriff auf die jeweils anderen Dateien haben, können Sie die Parameter `create mask`, `force create mode` und ihre äquivalenten Verzeichnisparameter verwenden, um eine einigermaßen offene Umgebung einzurichten, in der alle Benutzer die Dateien der jeweils anderen Benutzer lesen und schreiben können. Auf der anderen Seite werden Sie vielleicht in einer Hochsicherheits-Umgebung genaue Standard-Sicherheitsoptionen verwenden wollen, wie etwa `create mask = 0600`, um den Zugriff auf Dateien in den Home-Verzeichnissen der Benutzer einzuschränken.

Symbolische Links

Ein auf Netzwerke bezogenes Sicherheitsmerkmal, das bei Samba-Servern, jedoch nicht bei Windows-Servern auftritt, hat mit *Links* zu tun, speziell mit *symbolischen Links*. Diese speziellen Dateien erlauben es einer Datei, als ein Stand-in für eine andere Datei zu agieren. Angenommen, Sie haben eine Datei mit dem Namen *report.wpd*, die in Ihrem Verzeichnis *papers* abgelegt ist. Wenn es Ihnen nun ermöglicht werden soll, auf diese Datei vom Verzeichnis *important* aus zuzugreifen, können Sie einen Link erstellen, so dass *important/report.wpd* auf *papers/report.wpd* Zugriff hat. In LINUX verwenden Sie den Befehl `ln`, um Links zu erstellen (`ln -s` erstellt *symbolische Links*, die in den Beschreibungen dieses Abschnitts im Vordergrund des Interesses stehen). Der Befehl `ln` arbeitet weitgehend wie der Befehl `cp`, der für das Kopieren von Dateien verwendet wird. Mit folgendem Befehl kann beispielsweise ein symbolischer Link erstellt werden:

```
$ ln -s papers/report.wpd important/report.wpd
```

Sie können keine LINUX-Links von einem Client-Computer durch Samba erstellen.

HINWEIS

Windows beinhaltet ein Feature, das ähnlich wie Links funktioniert. Dieses Feature ist bekannt unter dem Namen Shortcuts (Verknüpfungen). Da Windows Shortcuts als einfache Dateien implementiert, können Sie Shortcuts von Windows-Clients auf Samba-Servern erstellen. Diese Shortcuts können auf Dateien auf demselben Server verweisen, auf Dateien auf dem Client sowie auf Dateien auf anderen Servern. Ähnlich können sich Shortcuts auf einem Client auf Dateien auf einem Samba-Server beziehen.

Wie in Samba Links behandelt werden, wird durch zwei Parameter gesteuert:

`follow symlinks` Dieser boolesche Parameter kontrolliert, ob Samba symbolischen Links folgt. Wenn als Einstellung `No` festgelegt ist, wird jeder Versuch, auf einen symbolischen Link zuzugreifen, fehlschlagen. Dies ist eine sinnvolle Sicherheitsmaßnahme, um Benutzer daran zu hindern, in freigegebenen Verzeichnissen symbolische Links zu sensitiven Daten in den Verzeichnissen anderer Benutzer oder in Systemverzeichnissen zu setzen. Eng verflochtene Sicherheitsmaßnahmen auf dem LINUX-Computer können auch einen solchen Missbrauch verhindern, aber vielleicht möchten Sie diese Option als zusätzliche Maßnahme einsetzen – speziell auf Shares, in denen Sie den Parameter `force user` gesetzt haben. Der Parameter `follow symlinks` hat keine Auswirkung auf den Umgang von Samba mit so genannten *harten Links* (diese werden ohne den Parameter `-s` zu `ln` erstellt).

`wide links` Dieser Parameter beeinträchtigt Links zu *Verzeichnissen* außerhalb der freigegebenen Verzeichnisstruktur. Speziell wenn `wide links = No` festgelegt ist, wird Samba keinen Links zu Verzeichnissen folgen, die außerhalb des normalen Share-Baumes liegen, doch die Links innerhalb dieses Baumes werden nach wie vor funktionieren. Wenn Sie beispielsweise das LINUX-Verzeichnis `/usr/samba/share` freigeben, dann wird ein Link von diesem Share zu dem Verzeichnis `/usr/local directory` misslingen, jedoch wird ein Link zu `/usr/samba/share/somedir/anotherdir` erfolgreich sein. Der Parameter beeinflusst jedoch nicht symbolische Links zu *Dateien* außerhalb der feigegebenen Verzeichnisstruktur.

Durch beide Parameter – so ohl durch `follow symlinks = No` als auch durch `wide links = No` – werden Dateizugriffe verlangsamt, so dass Sie selbst zwischen den potenziellen Sicherheitsvorteilen gegenüber den Nachteilen, die durch eine verminderte Leistungsfähigkeit entstehen, abwägen müssen. Diese Parameter funktionieren auf Share-Ebene, sie können also für individuelle Shares unterschiedlich gesetzt werden.

Zugriffskontrolle User-by-User

Sie haben bereits verschiedene Parameter kennen gelernt, über die festgelegt wird, wem der Zugriff auf einen Share gewährt wird. Zusätzlich zu den Parametern `valid users` und `invalid users` wie auch `hosts allow` und `hosts deny` verdienen es in diesem Zusammenhang noch folgende Parameter, erwähnt zu werden:

`admin users` Über diesen Parameter können Sie einen oder mehrere Benutzernamen spezifizieren. Diese Benutzer erhalten `root`-Privilegien, wenn sie auf den Share zugreifen. In den meisten Fällen wird diese Option nicht benötigt; Sie können andere Mittel einsetzen, um bestimmten Benutzern Zugriffsmöglichkeiten, die über die normale Ebene hinausgehen, einzuräumen, wie z.B. durch den Parameter `write list`. Es ist zu empfehlen, `admin users` - wenn überhaupt – dann nur sparsam zu verwenden, da die Option sehr viel Power hat und daher bei einer verfehlten Konfiguration Probleme hervorrufen kann.

`write list` Wenn der Parameter `writeable` auf `No` festgelegt ist, haben Benutzer keine Möglichkeit, in einen Share zu schreiben. Trotzdem möchten Sie vielleicht für einen oder mehrere Benutzer eine Schreibberechtigung gewähren und das können Sie mit dem Parameter `write list` tun. So verleiht beispielsweise `write list = susani` der Benutzerin `susani` einen Schreibzugriff auf einen Share, der sonst als Nur-Lesen markiert ist. In diesem Szenario kann `susani` allerdings nicht ihre eigenen auf LINUX basierenden Berechtigungen überwinden. Ohne die Berechtigung, Dateien in einem Share zu erstellen (z.B. weil ein anderer Benutzer Besitzer des Verzeichnisses ist und 0750 Berechtigungen hat) kann auch die Präsenz von `susani` in `write list` ihr nicht ermöglichen, in das Verzeichnis zu schreiben.

`read list` Der Parameter `read list` bildet das Gegenteil zu dem Parameter `write list`. Er legt eine Liste von Benutzern fest, die einen Nur-Lesen-Zugriff auf den Share erhalten sollen. Für die in `read list` aufgeführten Benutzer bedeutet der Share im Endeffekt dasselbe, wie ein mit `writeable = No` erstellter Share. Wie auch bei `write list` überschreibt dieser Parameter nicht die in LINUX vorgegebenen Regeln für Dateiberechtigungen.

`username` Dieser Parameter auf Share-Ebene spezifiziert eine Liste von Benutzernamen. Anhand dieser Benutzernamen wird dann überprüft, ob ein geliefertes Passwort gültig ist. Sie können diese Option verwenden, wenn der Client-Computer keine Benutzernamen oder Benutzernamen, die nicht korrekt sind, sendet. Das Festlegen von `username` verlangsamt allerdings die Authentifizierung und erhöht das Sicherheitsrisiko. Ganze Gruppen von Benutzern können folgendermaßen festgelegt werden:

- Wenn vor dem Benutzernamen das Zeichen `@` steht (wie bei `@users`), dann wird der Name auf alle Benutzer in der LINUX-Gruppe (in `/etc/group`) oder der NIS-Gruppe erweitert.

- Wenn vor dem Benutzernamen ein Pluszeichen steht (wie bei `+users`), dann wird der Name auf alle Benutzer in der LINUX-Gruppe dieses Namens erweitert.
- Wenn vor dem Namen ein &-Zeichen steht (wie bei `&users`), dann wird der Name auf die entsprechende NIS-Gruppe erweitert.

Wenn z.B. `username = susani` festgelegt ist, dann testet `@rangers` die Passwörter von `susani` sowie von allen Mitglieder der Gruppe `rangers`. Dieser Parameter wird im Allgemeinen in Zusammenhang mit der Einstellung `security = Share` verwendet. Die Synonyme dieses Parameters sind `user` und `users`.

WARNUNG

Die Benutzerliste in `/etc/group` *muss explizit angegeben werden. Samba fügt nicht automatisch Benutzer hinzu, deren Einträge in* `/etc/passwd` *darauf hinweisen, dass sie Mitglieder einer Gruppe sind, wenn sie nicht in der Zeile* `/etc/group` *dieser Gruppe aufgelistet sind.*

Zugriff auf Gastebene

Die Netzwerkstruktur unter SMB/CIFS beinhaltet das Konzept eines so genannten *Gastbenutzers* (engl. guest user). Es handelt sich dabei um einen Benutzer, der über kein Passwort verfügt, dem Sie aber dennoch Zugriff auf das System gewähren möchten. Natürlich ist es am sichersten, solche Konfigurationen ganz zu vermeiden, doch das ist in der Praxis nicht immer möglich. Zusätzlich möchten Sie vielleicht einen Gastzugriff auf Shares ermöglichen, die keinen strengen Sicherheitsanforderungen unterliegen, wie z.B. freigegebene Drucker auf einem Netzwerk, das nicht mit dem Internet verbunden ist. Sie können Ihren Benutzern das (Netzwerk-)Leben ein wenig leichter machen, indem Sie Zugriffe auf Gastebene ermöglichen, denn die Benutzer sind nicht gezwungen, sich die Passwörter für diese Shares merken zu müssen. Und hier sehen Sie die Parameter, mit deren Hilfe ein Gastzugriff kontrolliert werden kann:

`map to guest` Mit diesem globalen Parameter kann kontrolliert werden, wie Samba den Zugriff auf einen Gast-Account regelt. Folgende Optionen stehen dazu zur Verfügung:

- Wenn `map to guest = Never`, dann lehnt Samba Verbindungsanfragen mit einem ungültigen Benutzernamen oder einem ungültigen Passwort ab. Dies ist die Standardeinstellung. Ein Zugriff auf Gastebene kann damit im Endeffekt nicht stattfinden, auch wenn Sie andere Optionen für Gastzugriffe ermöglichen.
- Die Einstellung `Bad User` bedeutet, dass Samba einen Zugriffsversuch abweist, wenn ein ungültiges Passwort zusammen mit einem gültigen Benutzernamen angeboten wird. Wenn der Benutzername nicht

bekannt ist, akzeptiert Samba die Verbindung und der Benutzer wird in den guest account aufgenommen.

- Bei der Einstellung `map to guest = Bad Password` stimmt Samba bei einem Verbindungsversuch über ein falsches Passwort den Zugriff mit dem guest account ab, ob der Benutzername nun gültig ist oder nicht. Dieses Arrangement kann speziell für Benutzer ermüdend sein, die ihre korrekten Benutzernamen angeben, jedoch ihr Passwort falsch einTIPPpen.

`guest account` Dieser Parameter auf Share-Ebene spezifiziert den Namen des LINUX-Account, der für den Gastzugriff verwendet wird. In einigen Fällen bietet sich `nobody` als eine gute Wahl für diesen Account an und in der Tat ist `nobody` auch die Standardvorgabe für `guest account`. In anderen Fällen möchten Sie vielleicht einen „Dummy-Account" verwenden, der mehr Zugriffsmöglichkeiten bietet als `nobody`. Für den Fall, dass ein Gastbenutzer die Berechtigung haben soll, z.B. bestimmte Dateien einer Gruppe zu lesen, können Sie einen speziellen Gast-Account einrichten, der zu dieser Gruppe gehört.

`guest ok` Dieser Parameter ermöglicht, wenn er auf `Yes` gesetzt ist, einen Gastzugriff auf den Share. Der Standardwert für diesen Parameter ist `No`. Das heißt, auch wenn Sie `map to guest` auf `Bad User` oder `Bad Password` gesetzt haben, wird ein Gastzugriff nicht funktionieren. Um einen Gastzugriff auf den Share zu ermöglichen, *müssen* Sie also die Einstellung `guest ok = Yes` vornehmen.

`guest only` Wenn für einen Share `guest only = Yes` festgelegt ist, werden alle Zugriffe auf diesen Share wie Gastzugriffe behandelt. Für diese Option ist die Einstellung `guest ok = Yes` erforderlich. Wenn Sie auf den Share mit einem gültigen Benutzernamen zugreifen, wird der Zugriff akzeptiert oder verweigert, abhängig von der Genauigkeit des eingegebenen Passwortes und der bei dem globalen Parameter `map to guest` getroffenen Einstellung. Wenn Sie einen ungültigen Benutzernamen eingeben, wird ein Zugriff akzeptiert, vorausgesetzt, dass `map to guest` nicht auf `Never` gesetzt ist.

Abhängig von Ihrem Client-Betriebssystem, werden Sie eventuell nach wie vor nach einem Benutzernamen und einem Passwort gefragt, wenn Sie versuchen, auf einen Gast-Share zuzugreifen. Doch je nach dem, welche Einstellungen Sie für die vorangegangenen Parameter getroffen haben, wird Ihnen ein Zugriff gewährt werden, unabhängig davon, was Sie eingeben. Mit Ausnahme des globalen Parameters `map to guest` beziehen sich alle diese Parameter auf Share-Ebene, so dass sie auch auf der Basis Share-by-Share gesetzt werden können.

Betrachen Sie beispielsweise einen Share, der Datendateien enthält, die Sie für alle Benutzer Ihres Netzwerks verfügbar machen möchten, auch wenn diese Benutzer keine Accounts auf dem Samba-Server haben. Sie könnten dazu `map to guest = Bad User` festlegen und dann einen Share wie den Folgenden erstellen:

```
[guest]
        comment = Alle Benutzer sind willkommen
        path = /home/samba/guest
        guest account = nemo
        writeable = No
        write list = marcusc, susani
        guest ok = Yes
        guest only = Yes
```

Diese Definition ermöglicht jedem Benutzer den gleichen, wenn auch limitierten (Nur-Lesen) Zugriff auf den Share. Alle Dateien in dem Verzeichnis müssen laut obiger Definition für den Benutzer `nemo` lesbar sein. Beachten Sie auch, dass sich `marcusc` und `susani` in `write list` befinden, so dass sie einen Lese-/Schreibzugriff auf den Share haben (vorausgesetzt, dass `nemo`, der Gastbenutzer, einen Schreibzugriff auf das Verzeichnis `/home/samba/guest` hat). Diese beiden Benutzer können daher die Dateien in diesem freigegebenen Verzeichnis warten. Durch die Zeile `guest only = Yes` haben alle anderen Benutzer einen Nur-Lesen-Zugriff mit den Berechtigungen, die `nemo` auf dem Computer gewährt werden. Da die Sektion [global] `map to guest = Bad User` beinhaltet, müssen Benutzer, die Accounts auf dem System haben, gültige Passwörter präsentieren, wenn sie ihre normalen Benutzernamen verwenden. (Wenn das der einzige Gast-Share auf dem Computer ist, mag die Einstellung `map to guest = Bad Password` die bessere Auswahl darstellen, da so verhindert wird, dass Gastbenutzer abgewiesen werden, wenn Sie eine Anmeldung mit einem Benutzernamen versuchen, der von einem gültigen Benutzer verwendet wird.)

Einsatzbeispiele für Freigabe-Lösungen

Viele der oben beschriebenen Parameter lassen sich noch besser verstehen, wenn man ihren Einsatz praktisch verfolgen und analysieren kann. In diesem Abschnitt werden eine Reihe von Freigabeszenarien beschrieben, so wie sie Tag für Tag auch in der betrieblichen Praxis wiederzufinden sind. Jedes dieser Szenarien enthält eine kleine, aber vollständige Konfigurationsdatei `smb.conf` als Lösungsansatz sowie eine detaillierte Beschreibung der Verwendung und Auswirkungen der eingesetzten Konfigurationsparameter.

Freigabe als Programm- und Daten-Server

In vielen Netzwerken wird ein zentraler Server mit den wichtigsten allgemein gebräuchlichen Programmen wie Text- und Bildverarbeitung, Verwaltungs-Tools und ähnlichen Anwendungen eingerichtet, über den die einzelnen Benutzer die Programme aufrufen können. In vielen Fällen dient ein solcher Programm-Server gleichzeitig als Daten-Server, auf dem die einzelnen Benutzer in gesondert ausgewiesenen Verzeichnissen ihre Dateien abspeichern können. Eine solche Lösung ist bequem einzurichten und erleichtert die Administration. Verglichen mit einer gesonderten Programminstallation auf jedem einzelnen Client dürfte die Zugriffsgeschwindigkeit etwas langsamer sein. Auch kann es bei einer unbegrenzten Anzahl von potenziellen Programmbenutzern schwieriger werden, die jeweiligen Lizenzlimitierungen einzuhalten bzw. die Einhaltung zu gewährleisten.

Ein etwas ernsthafteres Problem bei der serverseitigen Programminstallation stellen die Programme dar, deren Installationsdateien sowohl in das dem Programm zugeordnete Programmverzeichnis wie auch in den jeweiligen Windows-Ordner kopiert werden. In diesen Fällen hilft nur eine erneute Programminstallation für jeden Client extra. Solcher Zusatzaufwand lässt die Server-Installation von Programmen überflüssig erscheinen. Es gibt jedoch eine Reihe von Programmen, bei deren Installation keine zusätzlichen Dateien ins Windows-Verzeichnis kopiert werden müssen und die daher sinnvoller Weise auf dem Server installiert werden sollten.

Im folgenden Listing wird ein Beispiel der Datei `smb.conf` zur Konfiguration eines Programm- und Daten-Servers abgebildet.

```
[global]
        workgroup = EF
        netbios name = WARLOCK
        server string = Samba server on %L
        encrypt passwords = Yes
        log file = /var/log/samba/log.%m
[homes]
        comment = Home-Verzeichnisse
        writeable = Yes
        browseable = No
        create mask = 0664
        directory mask = 0775
[winprogs]
        comment = Windows-Programme
        path = /home/samba/winprogs
        force user = winuser
        write list = susani
        read only = Yes
        create mask = 0600
        directory mask = 0700
```

Listing 5.1: Eine `smb.conf`-Datei für die Freigabe von Programmen und Dateien

Die Definition im vorhergehenden Listing ist ziemlich geradlinig aufgebaut. Beachten Sie Folgendes:

- Die Sektion `[global]` beinhaltet sortierte Konfigurationsoptionen, die in *Kapitel 4: Die Tools der GUI-Konfiguration und die Datei* `smb.conf` beschrieben werden. Der NetBIOS-Name des Computers ist `WARLOCK`, auch wenn der TCP/IP-Name der Maschine ein anderer sein sollte. Samba erstellt für jeden Client, der mit dem Computer verbunden ist, eine andere Log-Datei.
- Die Home-Verzeichnisse der Benutzer sind explizit so eingestellt, dass sie über eine Schreibberechtigung verfügen, jedoch nicht in der Browserliste angezeigt werden. Durch diese Kombination können

Benutzer in ihre Home-Verzeichnisse schreiben und gleichzeitig wird verhindert, dass in der Rechnerauflistung unter dem Windows-Client die Freigabe `HOME` enthalten ist. Samba präsentiert automatisch einen Home-Share, der nach dem Benutzer benannt ist, jedoch auch mit `browseable = No`.

- Mit den Parametern `create mask` und `directory mask` in dem Share `[homes]` werden sehr liberale Zugriffsmethoden gesetzt. Dieses Arrangement ist für eine Umgebung geeignet, in der Benutzer in der Lage sein müssen, auf einfache Weise zusammenzuarbeiten, indem die Dateien der jeweils anderen Benutzer gelesen und beschrieben werden dürfen. Sie können separate LINUX-Gruppen für jede zusammenhängende Gruppe erstellen. Die Mitglieder können so die Dateien lesen und schreiben, die den Mitgliedern der Gruppe gehören, doch die Dateien von Verzeichnissen anderer Gruppen können sie nur lesen.
- Der Share `winprogs` stützt sich auf einen Benutzer, der als `winuser` bekannt ist. Die Datei `/etc/passwd` auf dem LINUX-Server muss mit einem Benutzer dieses Namens konfiguriert werden, doch der Benutzer muss keine Login-Möglichkeiten haben – und in der Tat *sollte* er das auch nicht. Setzen Sie die Shell des Benutzers auf etwas wie `/dev/null`, so dass niemand sich mit diesem Benutzernamen einloggen kann, und machen Sie das Passwort des Benutzers unbrauchbar.
- `susani` hat Schreibprivilegien in dem Share `winprogs`, doch für jeden anderen Benutzer handelt es sich um einen Nur-Lesen-Share. Die Parameter `create mask` und `directory mask` stellen sicher, dass die Dateien, die `susani` erstellt, nur durch `winuser` lesbar sind, was für diesen Share in Ordnung geht, da auf ihn nur unter Verwendung der Berechtigungen von `winuser` zugegriffen werden kann. Wenn Sie möchten, dass Benutzer diese Dateien auch über Shell-Accounts von LINUX erhalten können, müssen Sie diesen Aspekt der Konfiguration modifizieren.

Im Ganzen gesehen bietet das vorhergehende Arrangement einen guten Ausgangspunkt für viele Samba-Konfigurationen. Sie können es natürlich auf vielfältige Weise variieren, um die Sicherheitsmöglichkeiten sowie andere Optionen Ihren individuellen Anforderungen anzupassen.

Dateien auf einem Hochsicherheits-Zentral-Rechner verwenden

Einige Installationen erfordern für Benutzerdateien wesentliche Sicherheitsmaßnahmen. Die Standardeinstellungen von Samba sind in dieser Hinsicht relativ nachlässig und sie können sogar *noch weniger* restriktiv gestaltet werden (beim vorhergehenden Beispiel durch Festlegen von `create mask = 0664` in dem Share `[homes]`). Um das Sicherheitsnetz für Benutzer-Freigaben fester zu knüpfen, können Sie eine Datei `smb.conf` ähnlich der im folgenden Listing verwenden.

```
[global]
        workgroup = EF
        netbios name = WARLOCK
        server string = Magic Group File Sever
        encrypt passwords = Yes
        log file = /var/log/samba/log.%m
        hosts allow = 192.168.3. 10.45.23.5 10.48.98.10
[homes]
        comment = Home-Verzeichnisse
        writeable = Yes
        browseable = No
        valid users = %U
        create mask = 0600
        directory mask = 0700
        follow symlinks = No
```

Listing 5.2: Konfiguration eines Datei-Servers für Benutzerdaten mit hohen Sicherheitsanforderungen

Diese Definition unterscheidet sich nicht sehr von der im vorhergehenden Listing, was die Inhalte der Sektionen `[global]` und `[homes]` betrifft. Folgende Punkte sollten Sie bei dieser Konfiguration näher betrachten:

- Der Parameter `server string` verwendet einen Namen, der bewusst seine Funktion als hochsensitiver Samba-Server verschleiert. Es hat keinen Sinn, Ihren Server und damit seine Verwundbarkeiten potenziellen Crackern anzukündigen.

- Dieser Server verwendet verschlüsselte Passwörter. Das war auch beim ersten Beispiel-Listing der Fall, doch der Einsatz von verschlüsselten Passwörtern ist in einer Hochsicherheits-Umgebung noch angebrachter.
- Diese Definition verwendet den globalen Parameter `hosts allow`, um den Zugriff auf das Netzwerk `192.168.3.0/24` und auf zwei Computer außerhalb dieses Netzwerks einzuschränken. In einer realen Konfiguration sollten Sie auch Maßnahmen wie z.B. den Einsatz von Firewalls treffen, um einen Zugriff auf den Samba-Server zu versagen.
- Der Share `[homes]` verwendet `valid users = %U`, um Logins nur auf den Besitzer des Share zu beschränken. Ohne diesen Parameter könnten sich andere Benutzer bei dem Share anmelden, obwohl es eigentlich auf Grund von anderen Aspekten der Definition nicht möglich sein dürfte, dessen Dateien zu lesen.
- Der Share `[homes]` setzt die Masken für Dateien und Verzeichnisse auf `0600` beziehungsweise `0700`. Dieses Feature hält andere Benutzer davon ab, Dateien zu lesen, die durch diesen Share erstellt wurden, auch wenn sie anstelle von Samba über einen Shell-Login gehen.
- Der Parameter `follow symlinks = No` verlangsamt zwar den Zugriff, doch er stellt sicher, dass Benutzer keinen symbolischen Links folgen können, die außerhalb ihrer zugewiesenen Verzeichnisse sind.

Der Sicherheitsaspekt ist mit der Konfiguration von Samba noch lange nicht ad acta gelegt. Sie sollten beispielsweise auf einem Hochsicherheits-Server alle Dienste, die nicht benötigt werden, deaktivieren. Setzen Sie die entsprechenden Eigentums- und Berechtigungs-Features ein, um „Schnüffeleien" über Shell-Logins zu vermeiden. Verwenden Sie für einen Shell-Zugriff Protokolle wie SSH anstelle von Telnet, erzwingen Sie Regeln zur Passwortänderung und treffen Sie weitere Maßnahmen, die Ihre individuellen Sicherheitsanforderungen erfüllen. Einige dieser Merkmale werden in *Kapitel 14: Sicherheitserwägungen* untersucht, doch das Thema „Server-Sicherheit" ist so komplex, dass eine ausführliche Abhandlung aller in Frage kommenden Aspekte den Rahmen dieses Buches sprengen würde.

Datei-Server für „die Erben von DOS"

Ein Netzwerk mit einer Anzahl von DOS-Computern hat in Bezug auf die Freigabe von Dateien Anforderungen, die sich von denen eines Netzwerks mit Windows- oder OS/2-Computern unterscheiden. So benötigt DOS beispielsweise keine Unterstützung von langen Dateinamen, doch einige Standardwerte von Samba funktionieren am besten mit Computern, die lange Dateinamen verstehen können. Ein einfacher Server für die Dateien von Benutzern, die ältere DOS-Computer verwenden, kann über eine Datei `smb.conf` konfiguriert werden, die ähnlich wie im folgenden Listing aufgebaut ist.

```
[global]
        workgroup = EF
        netbios name = WARLOCK
        server string = Samba-Server auf %L
        encrypt passwords = No
        security = Share
        log file = /var/log/samba/log.%m
[%m]
        comment = Home-Verzeichnisse
        path = /home/samba/%m
        username = susani, @lurker
        writeable = Yes
        short preserve case = No
         default case = Upper
        create mask = 0775
        directory mask = 0775
```

Listing 5.3: Eine Datei `smb.conf` für einen DOS Netzwerk-Server

Diese Definition unterscheidet sich in wesentlichen Punkten von den vorhergehenden, wobei Folgendes hervorzuheben ist:

- `encrypt passwords` ist auf `No` gesetzt, da SMB/CIFS-Clients unter DOS standardmäßig keine verschlüsselten Passwörter verwenden. Eine unter Umständen nicht gewünschte Konsequenz dieser Einstellung ist, dass es Windows-Clients modernerer Versionen nicht möglich ist, auf den Server zuzugreifen, bis Sie deren Einstellungen für verschlüsselte Passwörter deaktivieren, wie im Abschnitt *Passwort-Verschlüsselung* in *Kapitel 4: Die Tools der GUI-Konfiguration und die Datei* `smb.conf` beschrieben.
- `security` ist auf `Share` gesetzt, da bestimmte Clients älteren Datums keine Benutzernamen senden. Wenn Sie es mit einer neueren SMB/

CIFS-Implementierung für DOS zu tun haben, können Sie security = User sowie einen etwas konventionelleren Share [homes]verwenden.

- Anstelle eines Share [homes] verwendet diese Definition einen Share mit dem Namen [%m], womit für jeden Client-Computer ein einzelner Share erstellt wird. Das ist ein effektiver Lösungsweg, wenn eine Eins-zu-Eins-Verbindung zwischen Client-Computern und ihren Benutzern vorliegt, doch diese Herangehensweise ist nicht ohne Nachteile. So können Sie zum Beispiel nicht auf den Share eines Computers von einem anderen Computer aus zugreifen, abgesehen davon, dass Sie auch keine symbolischen Links innerhalb der Shares installieren können. Sogar das Spezifizieren eines Share durch Namen (um dadurch über die Browser-Liste zugreifen zu können) funktioniert nicht.
- Der Parameter username legt die Benutzer fest, die auf den Pseudo-Home-Share zugreifen könnten. Der Wert dieses Parameters (susani, @lurker) gewährt der Benutzerin susani sowie allen Benutzern in der Gruppe lurker einen Zugriff. Wenn der Benutzer ein Passwort im Client-System eingibt, wird dieses Passwort anhand der Passwörter für jeden spezifizierten Benutzer geprüft.
- Die Parameter short preserve case = No und default case = Upper zwingen Samba, kurze Dateinamen (8.3) zu speichern und dabei ausschließlich Großbuchstaben zu verwenden. Diese Optionen unterstützen die Dateien eines Samba-Servers dabei, auf konsistentere Art und Weise in eine DOS-Umgebung überzugehen, als dies mit den Standardwerten der Fall wäre. In den meisten Fällen sind diese Optionen jedoch nicht zwingend notwendig. Wenn auf die Dateien sowohl von LINUX als auch von DOS aus zugegriffen werden soll, möchten Sie vielleicht den Parameter default case auslassen, dessen Standardwert Lower ist. Das macht die Case-Unterscheidung konsistenter, doch die Dateinamen der Dateien werden im Gegensatz zu DOS in LINUX-typischen Kleinbuchstaben angeordnet sein.
- Der Wert 0755 des Parameters create mask gestattet es DOS-Clients, für alle Dateien Hidden-, Archiv- und System-Bits zu setzen. Diese Option ist voraussichtlich nicht erforderlich und es liegt auch kein Grund zu der Annahme vor, dass sie für DOS-Clients eher benötigt wird als für Windows-Clients. Vielleicht gibt es Situationen, in denen ein Bedarf danach vorliegt und dies kann dann als gutes Beispiel für den Einsatz der Option herhalten.

Insgesamt lässt sich feststellen, dass eine Konfiguration wie im vorhergehenden Listing sehr außergewöhnlich ist. Die meisten DOS-Systeme arbeiten gut mit einem konventionellen Share [homes] von Samba zusammen, obwohl Sie vielleicht speziell die case-Optionen des Listings einsetzen möchten. Sie können jedoch einen vergleichbaren Share, definiert über eine Sektion [%m], auch zur Lösung weiterer Anforderungen gut verwenden. Wenn z.B. eine Freigabe für einen einzelnen Computer definiert werden soll, um dort beispielsweise rechnerspezifische Treiber bereitzustellen, kann ein Share [%m] dazu gut seinen Beitrag leisten.

Freigaben in einer Multi-Protokoll-Umgebung

Eine der Stärken von LINUX als Server-Plattform liegt darin, dass es so viele Protokolle unterstützt. Über Samba werden SMB/CIFS-Netzwerke unterstützt, mit Netatalk können AppleTalk-Computer eingebunden werden. Für UNIX-Systeme steht NFS und für Novell-Netze `mars_nwe` und `lwared` zur Verfügung. Wenn Samba innerhalb einer solchen Multi-Protokoll-Umgebung eingesetzt werden soll, müssen Sie sicherstellen, dass Ihre Sicherheitsanforderungen und Freigabe-Einstellungen mit jeder einzelnen Protokollumgebung zusammenarbeiten. Angenommen, Sie möchten einen für jeden Benutzer freigegebenen Share zum Austauschen von Daten innerhalb des gesamten heterogenen Netzes einrichten. Unter Samba steht Ihnen mit dem Parameter `force user` und der Festlegung eines bestimmten Benutzernamens eine einfache Konfigurationsmöglichkeit zum Zugriff auf eine solche Austauschfreigabe zur Verfügung. Sie müssen sich weder um aller Benutzer volle Lese- und Schreibberechtigung auf das Verzeichnis noch um Ausführungs-, Lese-, Schreib- und Löschberechtigungen für erstellte Dateien kümmern. Leider unterstützen nicht alle Netzwerkprotokolle diese Konfigurationsoptionen, so dass Sie letztendlich doch gezwungen werden, über LINUXspezifische Besitz- und Berechtigungszuweisungen den Zugriff auf ein solches Austauschverzeichnis zu garantieren. Sie können zwar weiterhin für die Samba-Definition den Parameter `force user` verwenden, müssen jedoch sicherstellen, dass der „erzwungene“ Benutzername keine Probleme bei den anderen Servern verursacht. Sie können zusätzlich über den Parameter `security mask` für alle Windows-NT-Clients sicherstellen, dass von dort die Zugriffberechtigungen auf die Dateien geändert werden können. So sind NT-Benutzer in der Lage, eventuell auftretende Sicherheitskonflikte einzelner Dateien selbst korrigieren zu können.

Eine weitere Herausforderung in heterogenen Netzwerken stellt die Interpretation und Übermittlung von Dateinamen dar. Besonders lästig kann dies in einer Apple-Umgebung werden, wenn Dateinamen besondere romanische Zeichen verwenden, wie es in vielen europäischen Sprachen üblich ist. Umgekehrt ermöglicht es Macintosh, sonst nicht zugelassene Zeichen wie etwa das Bullets-Zeichen (?.) im Dateinamen zu verwenden. Ein LINUX-Server bietet verschiedene Methoden an, diese Dateinamen zu interpretieren und zu verwalten. Dennoch sollte von vornherein auf die Verwendung länderspezifischer oder systemspezifischer Zeichen verzichtet werden. Für den einzelnen Client, der solche Dateien anlegt, mögen die verwendeten Dateinamen vielleicht aussagekräftiger wirken, für den Datenaustausch mit anderen Clients und Systemen stellen sie jedoch erhebliche Probleme dar.

Eine weitere Schwierigkeit ergibt sich daraus, dass die verschiedenen Clients unterschiedlich lange Dateinamen interpretieren. Neben den ursprünglichen DOS-Systemen, die eine 8.3 Längenbeschränkung aufweisen, sind die Macintosh-Dateinamen auf eine Länge von 31 Zeichen beschränkt. Das mag in den meisten Fällen ausreichen, es gibt jedoch viele Anwender, die heutzutage lange, selbsterklärende Dateinamen bevorzugen. Eine Lösungsmöglichkeit zur Verwaltung unterschiedlich langer Dateinamen besteht in der Reduzierung der Anzahl verwendeter Server. So können Sie z.B. das Programm DAVE der Firma *Thursby Software Systems* (`http://www.thursby.com`) verwenden, um von allen Macintosh-Rechnern auf LINUX Samba-Server zuzugreifen.

Die verschiedenen Clients und Server erstellen von Fall zu Fall Systemdateien, deren Beschädigung oder Verlust zur Beeinträchtigung des Systemablaufs führen würde. So legen z.B. OS/2-Clients Dateien mit der Bezeichnung `WP DATA. SF` an. Netatalk andererseits erstellt Verzeichnisse mit den Namen `.AppleDouble` und `Network Trash Folder`. Mit den Parametern `hide files` oder `veto files` können Sie diese Systemdateien verstecken bzw. ihre Anzeige unterdrücken. (Die Datei `WP DATA. SF` wird als versteckte Datei deklariert, wenn die Parameter `map hidden` und `create mask` entsprechend gesetzt sind. Beachten Sie, dass diese Werte nicht den Standardeinstellungen entsprechen. Das Verzeichnis `.AppleDouble` wird zwar über die Standardeinstellungen versteckt, wird jedoch wieder angezeigt, wenn Sie den Parameter `hide dot files` auf `No` setzen.)

LINUX-Server können auch als Mittler zwischen Netzwerksystemen, die nicht oder nur sehr aufwendig miteinander kommunizieren können, eingesetzt werden. Angenommen, Sie haben ein von Windows dominiertes Netzwerk mit einer geringen Anzahl an Macintosh-Computern. Wenn Sie nun möchten, dass Ihre Macintosh-Benutzer Zugriff auf Shares haben, die von Windows-Computern exportiert wurden, können Sie den LINUX-Computer als eine Art Übersetzer einsetzen. Verwenden Sie das Utility `smbmount` (siehe *Kapitel 7: LINUX als SMB/CIFS-Client*), um Freigaben des Windows-Computers zu mounten, und verwenden Sie dann Netatalk, um sie zu den Macintosh-Computern zu exportieren. Das ist ein nützlicher Trick mit begrenzter Verwendungsmöglichkeit.

Leider können Sie gegenwärtig nicht das Gegenteil tun, da der vorhandene LINUX-Client für AppleTalk-Dateifreigaben extrem primitiv ist. Eine bessere Lösung ist es, eine direkte Verbindung zwischen Client und Server herzustellen, eventuell durch die Verwendung von DAVE, um es den Macintosh-Computern zu ermöglichen, SMB/CIFS direkt zu verwenden. Der Einsatz von LINUX als Brücke zwischen zwei ansonsten inkompatiblen Netzwerkprotokollen resultiert in einem größeren Netzwerkverkehr und beinhaltet pozentiell mehr Probleme als dies bei einem direkten Zugriff der Fall ist.

Es gibt ein spezielles Merkmal, das plattformübergreifend ist – nämlich die Zeichen am Ende der Zeile in Textdateien. DOS, Windows und OS/2 verwenden alle eine Kombination von dem Zeichen für *carriage return* (Zeilenumbruch) und dem Zeichen für *line feed* (Zeilenvorschub) – oder abgekürzt CR/LF. LINUX und UNIX dagegen verwenden nur ein LF-Zeichen und Macintosh verwendet nur ein CR-Zeichen. Es werden mit vielen LINUX-Distributionen kleine Ulitily-Programme geliefert – `dos2UNIX`, `UNIX2dos`, `mac2UNIX` und `UNIX2mac` – die entsprechende Konvertierungen ausführen, um die Unterschiede aufzuheben. Zusätzlich gibt es eine Reihe von Editoren, die ein vorhandenes Fremdformat zur Kennzeichnung des Zeilenendes in dasjenige Format konvertieren, das der Betriebssystemplattform entspricht, unter dem der Editor arbeitet.

Ein letztes Merkmal bezieht sich auf die Dateisperrung. Mit viel Aufwand wurde in Samba ein Dateizugriffs- und -sperrverfahren entwickelt, das basierend auf der LINUX-eigenen Funktionalität zur Dateisperrung Samba-spezifische Lösungen verwendet, um den Anforderungen zu genügen. Wenn Sie jedoch Samba mit einem oder mehreren anderen Datei-Servern verwenden, können die anderen Server nicht die Dateisperrungs-Unterstützung von Samba für Features wie `oplocks` verwenden. Es kann daher zu Problemen wie Dateikorruption kommen, wenn Benutzer versuchen, von zwei verschiedenen Plattformen aus in dieselben Dateien zu schreiben. Das ist kein Problem, wenn Sie hauptsächlich Dateifreigaben für den Export plattformspezifischer Dateien oder auch die Home-Verzeichnisse von Benutzern verwenden. Wenn Sie jedoch freigegebene Verzeichnisse für einen Dateiaustausch von Benutzer zu Benutzer exportieren, können Probleme auftreten. Es ist möglich, dass durch den Parameter `oplocks = No` in Samba diese Schwierigkeiten reduziert oder ganz beseitigt werden können. Eine andere Möglichkeit liegt darin, den Benutzern von diesen Merkmalen zu erzählen und ihnen zu empfehlen, wann immer es möglich ist, nur in neue Dateien zu schreiben, anstatt vorhandene Dateien zu überschreiben. Natürlich ist die letzte Lösung, wenn auch nicht immer praktisch, die beste.

In *Kapitel 13: Integration von Samba in ein größeres Netzwerk* finden Sie weitere Informationen über die Ausführung von Samba und anderen Netzwerk-Servern – inklusive mehrerer spezifischer Dateifreigabe-Server.

Zusammenfassung

Freigaben von Dateien bilden das Kernstück der Samba-Server-Funktionalität. Zwar kann Samba auch für das Freigeben von Druckern eingesetzt werden, wie es im nächsten Kapitel beschrieben wird, jedoch bleibt der Hauptzweck eines Samba-Servers das Freigeben von Dateien. Glücklicherweise ist es sehr einfach, Samba in dieser Hinsicht zu konfigurieren, speziell wenn Ihre Anforderungen nicht extrem von dem abweichen, was im großen Durchschnitt gefordert wird.

Dieses Kapitel behandelte sowohl die grundlegenden Aspekte der Konfiguration für Dateifreigaben unter Samba als auch Themen wie die Sperrung von Dateien und den Umgang mit Dateinamen. Wenn Sie die in diesem Kapitel beschriebenen Optionen verwenden, können Sie das Verhalten Ihres Samba-Servers dahingehend anpassen, dass er optimal den Anforderungen Ihrer Clients Genüge tun kann. In der Tat bietet das vielfältige Angebot an Optionen in Samba Konfigurationsmöglichkeiten, wie sie unter Windows-Servern nicht durchführbar sind. Diese Flexibilität ist es auch, die Samba besonders hervorhebt.

Druckerfreigaben konfigurieren

KAPITEL 6

Obwohl die Freigabe von Dateien (beschrieben in *Kapitel 5: Konfiguration zur Freigabe (Share) in Dateien*) das am häufigsten verwendete Netzwerk-Feature von Samba ist, spielt auch die Freigabe von Druckern (*printer sharing*) in diesem Zusammenhang eine wichtige Rolle. Es ist sogar möglich, Samba exklusiv als Druck-Server einzusetzen, ohne dabei eine einzige Dateifreigabe zu konfigurieren. Beide Freigabetypen sind sich in vielerlei Hinsicht sehr ähnlich. In beiden Fällen werden Dateien zwischen Computern transferiert und Samba bewerkstelligt dies durch benannte Shares.

Druckerfreigaben sind in bestimmter Hinsicht einfacher als Dateifreigaben, da bei der Freigabe von Druckern Themen wie Dateinamens-Konventionen, Dateisperrung usw. keine Rolle spielen. Weiterhin gilt es zu bedenken, dass bei Druckerfreigaben der Kommunikationsprozess größtenteils nur einseitig abläuft: Die Clients übergeben die Dateien, die gedruckt werden sollen, an den Server, doch der Server übergibt die Dateien nicht wieder zurück an den Client, wie dies bei der Dateifreigabe der Fall ist. Demgegenüber sind bei der Freigabe von Druckern bestimmte Konfigurationsmerkmale involviert, die wiederum bei der Dateifreigabe nicht zu finden sind. Diese beziehen sich auf Details wie das Senden von Dateien durch die LINUX-Druckerwarteschlange, auf die Konfiguration dieser Warteschlange sowie auf die Auswahl von Windows-Druckertreibern. Bei der Druckerfreigabe von Samba werden folglich zusätzlich zu den Parametern, die zur Konfiguration von Dateifreigaben verwendet werden, noch Parameter mit einbezogen.

TIPP

Ein ungenutzter Computer (auch ältere 80486- oder 80386-Modelle) kann einen exzellenten Druck-Server ergeben, speziell wenn er mit ein paar zusätzlichen Karten für parallele Schnittstellen, seriellen Karten für serielle Drucker oder einer USB-Karte für USB-Drucker ausgestattet ist. Ein Samba-Druck-Server kann andere Pflichten erfüllen als ein Datei-Server, DHCP-Server usw., obwohl einige dieser Aufgaben die Kapazität von älterer Hardware überschreiten können. Wenn Sie nur die Funktionen als Druck-Server benötigen, möchten Sie vielleicht einen näheren Blick auf bestimmte Hardware-Komponenten von Druck-Servern werfen. Diese Geräte haben einen Ethernet-Port und eine oder mehrere parallele Schnittstellen und verstehen in der Regel verschiedene Netzwerk-Druckerprotokolle. Sie sind gewöhnlich kleiner und einfacher zu handhaben als ein dedizierter LINUX-Computer.

Dieses Kapitel beginnt mit einer Vorstellung der Druckerwarteschlangen-Konfiguration von LINUX. Von wenigen Ausnahmen abgesehen kann man davon ausgehen, dass, wenn Sie einen Drucker nicht ursprünglich von LINUX aus verwenden können, Sie auch nicht die Möglichkeit haben, ihn als Druck-Server für Windows-Rechner bereitzuhalten. Als Nächstes folgt eine Diskussion, wie man eine Samba-Druckerwarteschlange basierend auf Ihren vorhandenen LINUX-Druckerwarteschlangen einrichten kann, und im Anschluss daran finden Sie eine Beschreibung von wichtigen Optionen zur Druckersicherheit. Dieses Kapitel wird dann mit ein paar Beispielen zur Konfiguration von Druckerfreigaben beendet.

Druckerwarteschlangen erstellen

Samba operiert, indem es eine Datei vom Client-Computer akzeptiert und diese Datei dann durch das normale Druckerwarteschlangen-System von Samba sendet. Es ist folglich sehr wichtig, dass Sie eine Druckerwarteschlange auf dem LINUX-System für jeden Drucker konfiguriert haben, den Sie für eine Freigabe planen. Für die meisten Drucker gibt es zwei mögliche Typen von Warteschlangen: PostScript-Warteschlangen, die unter Verwendung einer Ghostscript-Konvertierung drucken, sowie Queues für Dateien, die bereits im druckerspezifischen Format vorliegen und ohne Konvertierung direkt an den Drucker weitergeleitet werden. Letztere werden auch als „raw"-Warteschlangen bezeichnet (diese beiden Typen sind im Wesentlichen gleich, wenn die native Sprache des Druckers PostScript ist). Jede Druckerwarteschlange hat ihre Vor- und Nachteile.

Sie können Samba auch als Fax-Server konfigurieren, wobei der „Drucker" ein Fax-Modem ist. Ein Büro, das viele Faxe von elektronisch generierten Dokumenten sendet, kann dabei eine einzelne Telefonleitung für Computer-generierte Faxe reservieren. LINUX wickelt diesen wie jeden anderen Druck-Job auch ab.

Ghostscript- und PostScript-Drucken

Traditionell haben UNIX-Computer PostScript-Drucker verwendet. Anstelle der Verwendung von Druck-APIs, wie in Windows üblich, generieren UNIX-Programme einen PostScript-Code, den die UNIX-Druckerwarteschlange dann in einer relativ unbehandelten Form an den Drucker übergibt. Wenn für einen Druck-Job eine Konvertierung durchgeführt werden muss, so wird dies durch ein Programm, das mit der Druckerwarteschlange verbunden ist, durchgeführt. Dieses Programm bezeichnet man als *Filter*.

Als ein UNIX-Klon, der viele UNIX-Programme ausführt, folgt LINUX diesem Modell; doch es gibt eine Reihe von LINUX-Benutzern, die über keine PostScript-Drucker verfügen. Daher sind alle wichtigen LINUX-Distributionen mit einem Programm des Namens *Ghostscript* ausgestattet. Bei diesem Programm handelt es sich um einen PostScript-

Übersetzer, der als Software auf dem lokalen Rechner und nicht auf dem Drucker abläuft. Ghostscript nimmt das von LINUX-Programmen generierte PostScript und wandelt es in ein Bitmap um – zusammen mit allen Steuerungsbefehlen, die ein spezielles Druckermodell benötigt, um dieses Bitmap zu drucken. Die LINUX-Druckerwarteschlange führt den Druck-Job mithilfe von Ghostscript unter Verwendung eines *intelligenten Filters* (*Smart Filter*) aus, der Ghostscript nur dann aufruft, wenn es nötig ist.

Das Ergebnis dieser Verarbeitung ist, dass jeder Drucker – sei es das neueste PostScript-Topmodel oder ein einfacher, billiger Tintenstrahldrucker – von LINUX als ein PostScript-Drucker behandelt werden kann. Da Samba ebenfalls ein LINUX-Programm ist, gilt diese Druckstrategie auch für Samba und alle Samba-Clients. Deshalb können Sie mithilfe von PostScript-Treibern auf Ihren Windows- oder anderen Samba-Clients jeden Drucker ansprechen, der als Druck-Server unter Samba verbunden ist, unabhängig davon, ob dieser Drucker selbst ein PostScript-Drucker ist. Sie müssen jedoch nicht alle Drucker als PostScript-Drucker freigeben, sondern Sie können auch so genannte Raw-Warteschlangen definieren. In diese Warteschlangen werden Dateien abgelegt, deren Daten bereits im spezifischen Druckformat vorliegen. Näheres wird im Abschnitt *Raw-Warteschlangen* weiter unten in diesem Kapitel erläutert. Das Einrichten und Konfigurieren von Druckertreibern unter Windows wird im Abschnitt *Windows-Druckertreiberinstallation* beschrieben. Im Folgenden wird zunächst die Konfiguration einer Druckerwarteschlange unter LINUX näher erläutert.

Bevor Sie jedoch einen Drucker, der nicht postscriptfähig ist, unter LINUX einbinden können, müssen Sie eine Reihe von druckerspezifischen Informationen herausfinden. Am wichtigsten sind die Angaben über die verwendete Hardware-Schnittstelle des Druckers und die emulierte Drucker-Befehlssprache, damit z.B. der entsprechende Ghostscript-Treiber ausgewählt werden kann. Nähere Informationen zu den Ghostscript-Druckertreibern entnehmen Sie der Support-Datenbank unter der Web-Adresse `http://www.linuxprinting.org/printer_list.cgi`.

Ghostscript von Aladdin oder GNU

Ghostscript ist in zwei Formen verfügbar: *Aladdin Ghostscript* und *GNU Ghostscript*. Erstere ist eine brandneue Version des Programms, auf die Sie unter der Web-Adresse `http://www.cs.wisc.edu/~ghost/` zugreifen können. Der Vertrieb des Programms erfolgt als Freeware, aber jeder, der ein kostenpflichtiges Software-Paket vertreibt, welches unter anderem Aladdin Ghostscript enthält, benötigt eine entsprechende Lizenz. Aus diesem Grund wird Aladdin Ghostscript auch nicht zusammen mit den LINUX-Distributionen veröffentlicht, sondern diese Distributionen enthalten GNU Ghostscript, welches unter der GPL, der General Public License, steht.

Nachdem eine aktuelle Version von Aladdin Ghostscript über einen bestimmten Zeitraum zur Verfügung stand, verändert Aladdin die entsprechenden Lizenzbedingungen. Aus der aktuellen Aladdin-Version wird jetzt die neue offizielle GNU Ghostscript-Version und die ursprüngliche Aladdin-Version wird ersetzt durch eine mit neuen Funktionen erweiterte Version. Falls Sie eine Reihe von neuen oder exotischen Druckern verwenden wollen, so benötigen Sie unter Umständen Aladdin Ghostscript, um diese Konfiguration erfolgreich durchzuführen. Wenn Sie jedoch ältere Drucker oder Drucker mit einer bereits seit längerer Zeit etablierten Druckerbefehlssprache wie z. B. *Hewlett Packards* PCL verwenden, so sollte die Konfiguration bereits mit GNU Ghostscript gelingen.

Ein GUI Druckerkonfigurations-Tool verwenden

Am einfachsten lässt sich in LINUX ein Drucker mithilfe eines grafisch orientierten Druckerkonfigurations-Tool einrichten. Die meisten LINUX-Distributionen verfügen über ein solches Tool, jedoch unterscheiden sich diese Tools je nach Distribution im Einzelnen. So enthält *Caldera eDesktop* das Modul `COAS` zum Konfigurieren von Druckern, während bei *SuSE* diese Funktionen in das allgemeine Konfigurations-Tool `YaST` integriert sind. Eine Reihe weiterer Distributionen (z. B. *Debian*, *Red Hat*, und Derivate von *Red Hat* wie *Mandrake* und *LINUXPPC*) bieten zum Konfigurieren von Druckern das Programm `printtool` an. In der folgenden Abbildung wird der Hauptmenübildschirm des Programms, das Sie mithilfe der Eingabe von `printtool` in einem Shell-Bildschirm aufrufen, angezeigt.

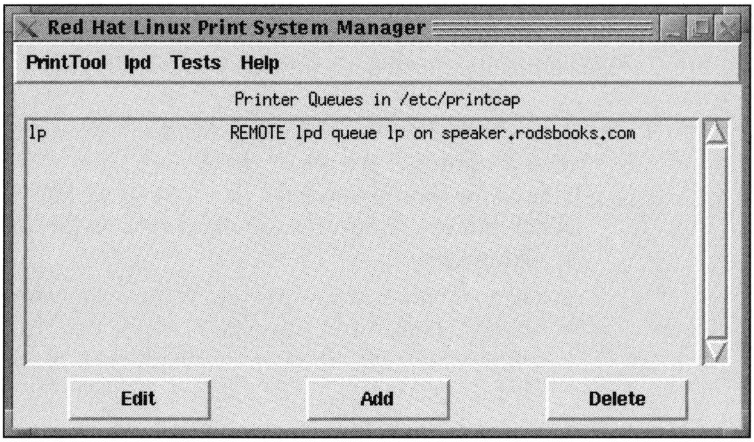

Abbildung 6.1: Das Hauptfenster von `printtool` unterstützt Sie dabei, Druckerwarteschlangen zu erstellen, zu löschen und zu bearbeiten sowie Tests an den vorhandenen Warteschlangen durchzuführen

Verwenden Sie folgende Schritte, um mit `printtool` eine neue Druckerwarteschlange einzurichten:

1. Starten Sie `printtool`.
2. Klicken Sie auf die Schaltfläche *Add* im Hauptfenster.
3. `printtool` zeigt ein Dialogfenster an, in dem Sie zunächst einmal den Typ der anzulegenden Druckerwarteschlange festlegen müssen. Sie haben die Auswahl zwischen *local printer*, *remote Unix queue* usw. Da Sie in der Regel einen Druck-Server einrichten wollen, markieren Sie die erste Option *Local Printer*. Falls Sie jedoch unter Samba eine Druckfreigabe für einen Drucker auf einem anderen Server einrichten wollen, markieren Sie die zutreffende Option aus der Liste. Bestätigen Sie anschließend mit *OK*.
4. Anschließend werden Sie in einem Textfenster über die Ergebnisse einer automatischen Suche nach installierten Drucker-Ports auf Ihrem System informiert. Falls Sie einen USB- oder RS-232-Drucker einsetzen wollen, können Sie dieses Fenster vollkommen ignorieren. Es bestehen sogar Zweifel, ob bei der Erkennung von parallelen Drucker-Ports dieses Programm exakt arbeitet. Sie sollten also nicht gleich besorgt sein, wenn in diesem Fenster nicht alle Ihre Drucker-Ports angezeigt werden. Erst im nächsten Fenster können Sie aus einer Auswahlliste den richtigen Port festlegen. Bestätigen Sie mit OK, um zu diesem Fenster zu gelangen.

TIPP

Die LINUX-Unterstützung für USB-Drucker ist bei den 2.2.x-Kernel-Serien noch nicht integriert. Erst ab der Kerne-Vversion 2.4.x wird die Einbindung von USB-Druckern unterstützt. Überprüfen Sie deshalb Ihre aktuell verwendete Kernel-Version, falls Schwierigkeiten bei der Integration von USB-Druckern auftreten, und aktualisieren Sie gegebenenfalls Ihr System.

5. Im nächsten Fenster, das weitgehend mit der folgenden Abbildung übereinstimmt, legen Sie die folgenden Optionen fest. In der Regel können Sie die verwendeten Standardwerte übernehmen, sie sollten jedoch immer überprüfen, ob diese auch in Ihrem System verwendet werden können:
   A. Legen Sie in dem Eingabefeld *Names* die Namen für die Druckerwarteschlangen fest (für eine Freigabe des Druckers unter Samba können Sie auch einen unterschiedlichen Namen verwenden).
   B. Im Eingabefeld *Spool Directory* legen Sie den Namen des Spool-Verzeichnisses fest.
   C. Mit der Option *Printer Device* legen Sie den Druckertreiber fest. In LINUX entsprechen diese Festlegungen den unterschiedlichen Treiberdateien, die LINUX in Kombination mit den angeschlossenen Drucker-Ports verwendet, wie z. B. **/dev/lp0** für die erste parallele Schnittstelle, **/dev/ttyS1** für die zweite serielle Schnittstelle usw.

D. Wenn Sie möchten, dass zusammen mit jedem Druck-Job die Header-Informationen, wie z.B. Job-Auftraggeber, eingefügt werden, deaktivieren Sie das Kontrollkästchen *Suppress Headers*. Klicken Sie jetzt noch *nicht* auf OK!

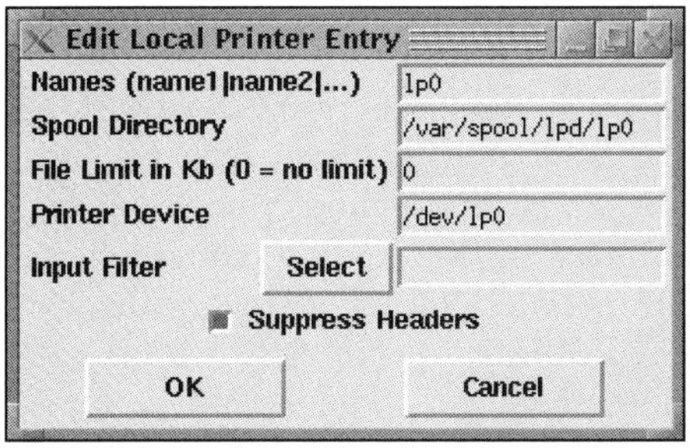

6. Klicken Sie auf die Schaltfläche *Select*, um sich Ihren Druckertyp auszuwählen. **printtool** zeigt das Dialogfenster *Configure Filter* an, wie in der folgenden Abbildung zu sehen ist.

   A. Das wichtigste Feature dieses Dialogfensters ist die Liste *Printer Type*, die sich im linken Bereich des Fensters befindet. Aus dieser Liste wählen Sie Ihren Drucker aus. Die Liste enthält keine Einträge für die überwiegende Mehrheit an Druckern, die heutzutage am Markt angeboten werden. Stattdessen wird darauf vertraut, dass Sie wissen, welche Hauptdrucker Ihr Drucker emuliert. So emulieren beispielsweise aktuell viele Laser-Drucker Hewlett-Packards Produktserie *LaserJet 4/5/6*, Sie würden also diesen Eintrag für einen dieser Laser-Drucker auswählen – auch für Modelle, die gar nicht von Hewlett-Packard hergestellt werden (diese Drucker verwenden die *Printer Command Language [PCL]* von Hewlett-Packard, Version 5e oder darüber).

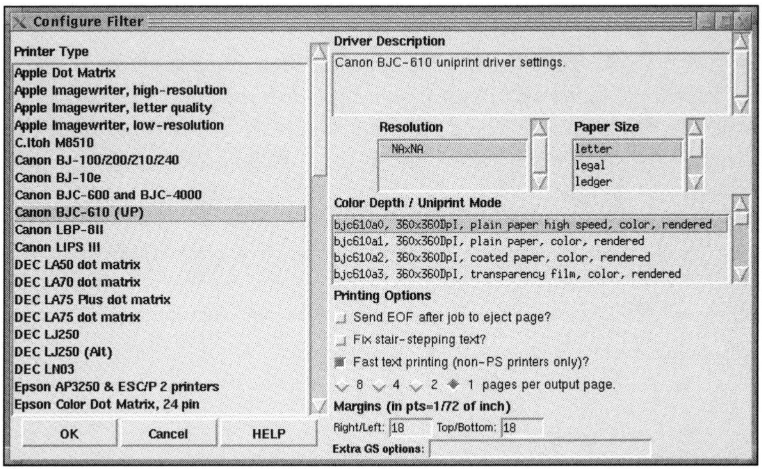

Abbildung 6.2: Wählen Sie im Dialogfenster *Configure Filter* den Ghostscript-Treiber aus und legen Sie die entsprechenden Optionen fest

HINWEIS

In der Liste Printer Type *ist für alle PostScript-Drucker ein einziger Eintrag vorhanden. Das Standard-Druckersystem von LINUX „weiß“ nichts über die spezifischen Features von individuellen PostScript-Druckern, so dass ein Eintrag genügt. Es gibt jedoch LINUX-Programme, die von bestimmten Drucker-Features „Ahnung haben“. Die PostScript-Treiber von Windows ermöglichen auch einen Zugriff auf diese Features.*

B. Sobald Sie einen Druckertyp ausgewählt haben, wird die rechte Seite des Dialogfensters entsprechend angepasst. Einige Modelle ermöglichen es, Festlegungen in Bezug auf Auflösung oder Papiergröße zu treffen, andere unterstützen diese Optionen nicht. Wiederum andere Drucker stellen verschiedene Optionen im Bereich *Color Depth/Uniprint Mode* zur Verfügung. Wählen Sie die Konfiguration aus, die Sie möchten.

C. Überprüfen Sie im Bereich *Printing Options* die Optionen, die Sie benötigen. Sie können z.B. Probleme beheben, wie das Nichterkennen des Seitenvorschubs vor jedem Druckjob oder das stufenweise Versetzen des Zeileneinzugs (in der folgenden Abbildung dargestellt) und ein paar Dinge mehr. Die Option *Fast Text Printing* sendet bereits im entsprechenden Druckformat vorliegende Dateien als Text an den Drucker, anstatt sie zu PostScript zu konvertieren. Diese Option kann den Ausdruck von Textdateien beschleunigen, aber wahrscheinlich hat sie keine Auswirkung auf den Ausdruck von Text von Windows-Clients aus.

D. Wenn Sie alle Optionen festgelegt haben, klicken Sie auf die Schaltfläche OK, um das Dialogfenster *Configure Filter* zu schließen.

7. Das Dialogfenster *Edit Local Printer Entry* sollte nun wieder angezeigt werden, diesmal mit einem Ghostscript-Treibernamen, der im Feld *Input Filter* aufgelistet ist. Klicken Sie auf *OK*, um diese Warteschlangen-Definition zu speichern.

8. Als Nächstes sollten Sie Ihre neue Warteschlange in der Hauptliste von `printtool` sehen; *Abbildung 6.1* zeigt beispielsweise eine definierte Druckerwarteschlange. Wählen Sie *lpd>Restart lpd*, um den `lpd`-Druckerdämon erneut zu starten.

9. Wählen Sie die Warteschlange aus, die Sie gerade definiert haben.

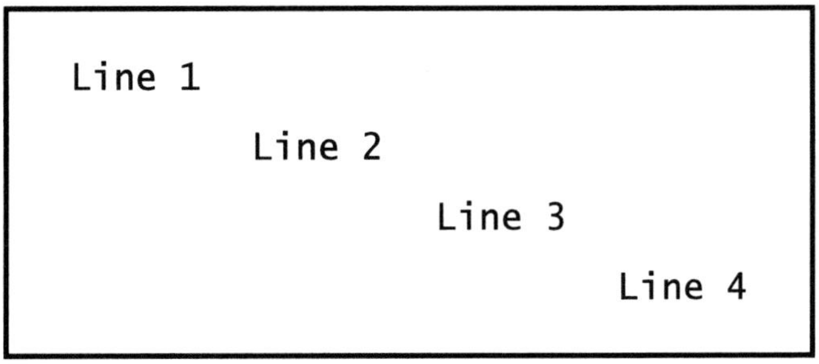

Abbildung 6.3: *Stair-stepping* (ein Treppeneffekt) ist ein von Druckern verursachter Effekt, die Endzeilen-Zeichen im DOS-Stil erwarten; diese setzen sich paarweise zusammen aus den Zeichen für *carriage return* und *line feed(* der Zeilenendemarke und einem Zeilenvorschub), wenn sie ausschließlich Endemarken empfangen, die dem UNIX-Format entsprechen

10. Das Menü *Tests* enthält drei Optionen: *Print ASCII test page*, *Print PostScript test page* und *Print ASCII directly to port*. Sie können diese Optionen verwenden, um Ihre neue Definition für eine Druckerwarteschlange zu testen. Vergewissern Sie sich, dass Ihr Drucker angeschaltet ist, und starten Sie dann die Tests.

    A: Die Option *Print ASCII test page* produziert eine Seite gefüllt mit ASCII-Text, inklusive zentriertem Text, vertikal angeordneten Ausrufezeichen und einer Reihe von Tipps und Lösungen für eventuell auftretende Probleme.

    B. Falls bei diesem Test kein Ausdruck erfolgt, die Anzeige Ihres Druckes jedoch ständig blinkt, drücken Sie zunächst die Seitenvorschub-Taste Ihres Druckers. Nach dem Testausdruck wechseln Sie wieder zurück bis Schritt 6. C und aktivieren die Option *Send EOF after Job to eject page*.

    C. Falls nicht nur der Ausdruck der Testseite unterbleibt, sondern auch keine Fehlersignale seitens des Druckers erkennbar sind, so probieren Sie die Option *Print ASCII directly to port*. Falls die Testseite erfolgreich gedruckt wird, liegt ein Fehler bei der Einrichtung der Warteschlange vor. Dieser Fehler tritt jedoch selten auf. Wird der Testausdruck nicht erstellt, überprüfen und ändern Sie gegebenenfalls die Schnittstellenzuweisung in Schritt 5 C oder fügen Sie einen zusätzlichen Druckertreiber Ihrem System hinzu.

D. Die Option *Print PostScript test page* arbeitet vergleichbar der Option *Print ASCII test page*. Beim Testausdruck wird jedoch eine vollständige PostScript-Seite erstellt. Neben anderen Funktionalitäten enthält diese Seite eine Reihe von Farbbeispielen, so dass Sie genau das Farbmanagment und die Farbeinstellungen Ihres Druckers justieren können. Falls der Test fehlschlägt, müssen Sie entweder einen anderen Drucker aus der Liste der Hauptdrucker auswählen oder die Druck-Optionen verändern. Eine zusätzliche Fehlerquelle kann eine veraltete Ghostscript-Version darstellen, so dass Sie auf eine neuere Version aktualisieren sollten.

11. Sind Sie mit den Testergebnissen und der Druckverarbeitung zufrieden, beenden Sie das Programm `printtool` über die Menüoption *PrintTool>Quit*.

In einigen Fällen ist es sinnvoll, mehrere Druckerwarteschlangen für einen Drucker einzurichten. So erspart es manchen Liter Tinte, wenn Sie für einen Tintenstrahldrucker eine Warteschlange definieren, die die Daten in Entwurfsqualität ausdruckt, während eine andere Warteschlange die endgültigen Dokumente in der bestmöglichen Qualität ausdruckt. Verwenden Sie bei der Definition der Warteschlangen unterschiedliche Namen für diese, senden Sie jedoch die Ausgabedaten über den gleichen Druckertreiber.

Eine Druckerwarteschlange manuell konfigurieren

Wenn Ihre Distribution kein GUI-basiertes Druckerkonfigurations-Tool beinhaltet oder wenn Sie die Konfiguration, die durch solch ein Tool produziert wird, verändern möchten, müssen Sie Ihre Druckerkonfiguration manuell bearbeiten. Die Schlüsseldatei in der Druckerkonfiguration der meisten LINUX-Systeme ist `/etc/printcap`. Diese Datei listet alle Druckerwarteschlangen auf, die für einen Computer definiert sind. Das folgende Listung zeigt ein Beispiel für eine Warteschlangendefinition in `/etc/printcap`.

```
lp|hp4000:\
        :sd=/var/spool/lpd/lp:\
        :mx#0:\
        :sh:\
        :sf:\
        :lp=/dev/lp0:\
        :if=/var/spool/lpd/lp/filter:
```

HINWEIS

Das im vorherigen Listing gezeigte Beispiel für eine Druckerwarteschlangendefinition wird auf BSD-basierten Drucksystemen verwendet. Solche Warteschlangen sind die am meisten verwendeten Druckdefinitionen für LINUX-Rechner. Einige wenige LINUX-Systeme benötigen jedoch eine andere Warteschlangen-Definition als hier aufgezeigt.

Technisch gesehen ist jeder Eintrag in `/etc/printcap` eine einzelne Zeile. Das Backslash-Zeichen (\ ) am Ende der meisten Zeilen signalisiert, dass der Inhalt der folgenden Zeile mit zu der aktuellen gehört und alle Einträge wie eine einzige Zeile interpretiert werden sollen. Einträge werden getrennt durch das Doppelpunkt-Zeichen (:). Jeder Eintrag stellt einen einzelnen Code oder eine Zuweisung eines Wertes durch ein Gleichheitszeichen (=) oder das Doppelkreuz (#) dar. Eine Gesamtübersicht aller möglichen Optionen finden Sie auf der `man`-Seite zu `printcap`. Im Folgenden werden die wichtigsten Optionen erläutert:

`lp|hp4000` Dieser String identifiziert die Warteschlange. Sie können mehrere Namen für eine einzelne Warteschlange festlegen, durch vertikale Leisten voneinander abgetrennt (|). Im Beispiel des vorherigen Listings kann die Warteschlange entweder unter Verwendung der Namen `lp` oder `hp4000` aufgerufen werden.

`sd` Diese Option richtet das *Spool-Verzeichnis* ein, in dem das System Dateien speichert, die gedruckt werden sollen.

`mx` Angabe der maximalen Dateigröße eines Druck-Jobs in Kilobytes. Mit dem Standardwert 0 gilt keine Größenbeschränkung. Mit einer angegebenen Größenbeschränkung können Sie Ihren Server vor einem Überschreiten der Speicherkapazität der Datenträger schützen.

`sh` Das ist die Option *suppress header*. Damit unterdrücken Sie die Ausgabe einer speziellen Header-Seite mit Informationen über den Job-Auftraggeber vor jedem Druck-Job.

`sf` Das ist die Option *suppress form feed*. Damit unterdrücken Sie die Ausgabe eines Seitenvorschubs nach jedem textbasierten Druck-Job. Diese Option kann sinnvoll sein, falls Sie eine Raw-Queue unter Samba definiert haben oder aber verhindern wollen, dass nach jedem Druck-Job unter LINUX eine leere Seite aufgenommen wird.

`lp` Mit dieser Option legen Sie die Gerätedatei fest, über die gedruckt werden soll. Wenn Sie über eine entfernte Unix-Queue drucken, so wird diese Option nicht verwendet, sondern stattdessen die Optionen `rm` und `rp` , die im folgenden beschrieben werden.

`rm` Über diese Option, die nicht im vorherigen Listing verwendet wird, legen Sie den Namen für einen entfernten Unix-Druck-Server fest. Falls Sie einen LINUX-Druck-Server konfigurieren, werden Sie diese Optionen nicht benötigen, dies kann jedoch der Fall sein, wenn Sie den LINUX-Server nur dazu verwenden, Druckaufträge „durchzureichen“. Falls Sie diese Option verwenden, müssen Sie ebenfalls einen Wert für die folgende Option `rp` setzen.

`rp` Wenn Sie `rm` verwenden, um einen entfernten Druck-Server zu spezifizieren, müssen Sie auch `rp` verwenden, über das Sie den Namen für die entfernte Queue festlegen.

`if` Über diese Option legen Sie den *Druckfilter* fest. Filterprogramme konvertieren einen Druck-Job in das gewünschte Ausgabeformat, bevor die Daten zum Ausdrucken an die festgelegte Geräteeinheit gesendet werden. Falls alle Ihre Druck-Jobs auf PostScript basieren, so können Sie als Druckfilter ein Skript verwenden, in dem Ghostscript zusammen mit den entsprechenden Parametern für Ihren festgelegten Drucker aufgerufen wird. Die meisten LINUX-Distributionen enthalten mindestens einen *intelligenten Druckfilter* (*Smart Filter*). Diese Filterprogramme analysieren im ersten Schritt den vorliegenden Dateityp und konvertieren dann die Daten für den entsprechend ausgewählten Druckertyp. Das grafische Druckerkonfigurations-Tool `printtools` verwendet standardmäßig den intelligenten Filter der Distributionen der Red Hat-Familie (vgl. Schritt 6 im vorhergehenden Abschnitt). Falls Sie einen intelligenten Filter einer anderen Distribution verwenden wollen, sollten Sie sich vorher mit der Dokumentation der Konfigurationsdetails vertraut machen, da solche Filter doch sehr unterschiedlich strukturiert sein können.

Weitere Konfigurationsmerkmale

Nachdem Sie die Datei `/etc/printcap` konfiguriert haben, sollte Ihr Drucker fehlerfrei arbeiten, vorausgesetzt, dass keine weitere filterbezogene Anpassung erforderlich ist. So kann es sich ergeben, dass für Ihren Drucker in dem zugewiesenen Druckfilter eine Reihe von Änderungen notwendig sind. Wenn Sie eine Druckerwarteschlange haben, die ursprünglich unter Verwendung eines grafisch basierten Tools konfiguriert wurde, überprüfen Sie die Datei, auf die über die Zeile `if` in der Datei `/etc/printcap` gezeigt wird. Bei dieser Zeile handelt es sich voraussichtlich um ein Skript, das andere Skripts aufruft oder andere Dateien für ihre Parameter lädt. Früher oder später werden Sie in dieser Abfolge auf Parameter stoßen, die an Ghostscript übergeben werden. Diese Parameter kontrollieren viele interessante Aspekte des Druckens, wie z.B. welcher Ghostscript-Treiber von der Warteschlange verwendet wird. In einem Red Hat-System werden diese Features durch die Datei `/var/spool/lpd/queuename/postscript.cfg` kontrolliert. Diese Datei enthält Zeilen wie die Folgenden:

```
GSDEVICE=laserjet
RESOLUTION=300x300
COLOR=
PAPERSIZE=letter
 EXTRA_GS_OPTIONS=""
```

Sie können diese Werte Ihren Anforderungen entsprechend anpassen. So kann z.B. eine Warteschlange auf eine falsche Ghostscript-Treiberdatei verweisen, nachdem Sie die neueste Ghostscript-Version installiert haben, um ein sehr neues Druckermodell verwenden zu können. In diesem Fall müssen Sie in der Zeile mit dem Parameter `GSDEVICE` auf die neue Ghostscript-Geräteeinheit verweisen. Sie können auch die Zeile `EXTRA_GS_OPTIONS` verwenden, um selten verwendete Ghostscript-Parameter mit einzubeziehen (diese Werte können Sie auch in das Dialogfenster *Configure Filter* von `printtool` eingeben, das weiter oben in *Abbildung 6.2* zu sehen ist).

Raw-Warteschlangen

Um Ihre Drucker als PostScript-Geräte freizugeben, sollten Sie, wie soeben beschrieben, eine konventionelle PostScript-Queue erstellen. Sie können jedoch auch Nicht-PostScript-Drucker als „raw"-Warteschlangen freigeben. Wenn Sie das tun, konfigurieren Sie Ihre Samba-Clients, auf das Druckermodell, das Sie haben, und nicht auf einen PostScript-Drucker zu drucken. Der Client sendet dann eine Datei, die Drucker-Codes enthält, die für das Modell des Druckers geeignet sind, und LINUX übergibt die Datei direkt an den Drucker, ohne dabei den Versuch zu machen, Ghostscript oder ein anderes Programm zur Konvertierung der Datei zu verwenden.

Raw-Warteschlangen haben, verglichen mit Ghostscript-gesteuerten Warteschlangen, verschiedene Vor- und Nachteile. Was beispielsweise die Geschwindigkeit betrifft, so drucken Raw-Warteschlangen bisweilen schneller aus als PostScript-Warteschlangen. Das kommt daher, dass native Windows-Treiber sich oft Features bedienen (wie z.B. integrierte Drucker-Fonts), die die Größe von Druckerdateien reduzieren können und folglich die Übertragungszeit über die parallele Schnittstelle minimieren. Für einige Drucker und Dateitypen lässt sich jedoch die Geschwindigkeit wesentlich mit PostScript-Warteschlangen optimieren, da PostScript eine Seite effizienter beschreiben kann als die native Druckersprache. Dies gilt bisweilen für komplexe Grafiken, speziell wenn der Treiber von Ghostscript für den Drucker effizient zugeschnitten ist.

In einigen Fällen kann die Reduzierung der Netzlast, die durch das Zugreifen auf den Netzwerkdrucker entsteht, von entscheidender Bedeutung sein. PostScript-Dateien gelten generell als wenig speicheraufwendig und damit auch als gut für die Reduzierung der Netzlast. Dies gilt um so mehr, wenn es sich bei den angeschlossenen Druckern um relativ einfache Geräte mit nur wenigen integrierten Druckerzeichensätzen handelt. Anders kann es mit der Netzlast aussehen, wenn Sie viele hochentwickelte PCL-Laserdrucker verwenden.

Die Verwendung einer Raw-Warteschlange verringert fast immer den Aufwand an CPU-Zeit, die der Server der Verarbeitung der Datei widmen muss. Das mag ein wichtiger Faktor sein, wenn Ihr Server verschiedene Drucker in Obhut hat oder wenn es sich um einen alten Computer mit begrenzter CPU-Leistungsstärke handelt. Auf der anderen Seite reduzieren Raw-Warteschlangen die CPU-Last auf dem Server in hohem Maße, indem Sie die CPU der Clients nutzen.

Die Ghostscript-Unterstützung für die meisten Drucker ist gut, aber nicht allumfassend. Einige Drucker, für die keine Ghostscript-Unterstützung verfügbar ist, können mit Windows-Clients unter Verwendung einer Raw-Warteschlange freigegeben werden. Die Windows-Clients benötigen dann eine entsprechende Treiber-Unterstützung. Diese Regel ist jedoch nicht universal. Wenn der Windows-Druckertreiber eine bidirektionale Kommunikation erfordert (was für einige einfache Laser-Drucker zutrifft), kann der Drucker nicht von einem LINUX-Computer aus freigegeben werden.

Kurz gesagt, welcher Warteschlangentyp für Sie am besten geeignet ist – ob „raw" oder PostScript – ist abhängig von Ihrem Netzwerk, Ihren Druckern sowie den Dateitypen, die Sie drucken. Vielleicht testen Sie erst einmal beide Typen, um dann festzustellen, welche für Ihre Anforderungen optimal arbeitet.

HINWEIS

Raw- und PostScript-Warteschlangen sind virtuell identisch, wenn es sich bei dem Drucker um einen PostScript-Drucker handelt. In diesem Fall sollte der Input-Filter einer PostScript-Warteschlange die PostScript-Dateien identifizieren und sie unbearbeitet an den Drucker übergeben. Einige PostScript-Treiber von Windows enthalten jedoch zusätzliche Informationen, die einen LINUX-Druckfilter „verwirren" können. Eine Möglichkeit, dieses Problem zu umgehen, ist die Verwendung einer Raw-Warteschlange für echte PostScript-Drucker, die durch Samba bedient werden müssen.

Eine Raw-Warteschlange kann genau so wie eine PostScript-Warteschlange konfiguriert werden. Der einzige Unterschied liegt darin, dass Sie die Filterdefinition auslassen müssen. Wenn Sie ein GUI-Konfigurations-Tool wie `printtool` verwenden, übergehen Sie einfach den Schritt zur Festlegung der Filterdefinition (Schritt 6 im Abschnitt *Ein GUI Druckerkonfigurations-Tool verwenden*). Wenn Sie die Definition „per Hand" erstellen, übergehen Sie die `if`-Zeile in der Datei `/etc/printcap`.

Fax-Warteschlangen

Theoretisch gesehen ist die Verwendung von Samba zur Erstellung einer „Drucker“-Definition, die wirklich als Fax-Warteschlange arbeitet, sehr einfach. Sie definieren eine Druckerwarteschlange, die die Daten durch ein Fax-Modem versendet. Die Daten wurden zuvor mithilfe eines Programmpakets wie z.B. *mgetty+sendfax* (das Bestandteil der meisten LINUX-Distributionen ist) konvertiert, ähnlich wie auch der Input-Filter einer Druckerwarteschlange arbeitet. Tatsächlich ist dieser Vorgang aber komplexer, und zwar aus folgenden Gründen:

- Das System muss die Ziel-Telefonnummer kennen. Diese Information kann eventuell der übermittelten Datei entnommen werden, wenn es sich um einen Brief handelt, bei dem die Fax-Nummer an einer offensichtlichen Stelle zu finden ist. In der Praxis ist es jedoch besser, eine interaktive Konfiguration zu aktivieren, die die Fax-Nummer anhand des Eintrags des Benutzers in einem Dialogfenster ermittelt.
- Die Fax-Konfiguration unter LINUX ist nicht so einfach, wie es sein könnte. Das Einrichten und Testen der meisten Fax-Pakete ist eher ermüdend.

Einige LINUX-Fax-Pakete wie z.B. *HylaFAX* (`http://www.hylafax.org/index.html`) beinhalten eine direkte Unterstützung für eine Client-/Server-Faxarchitektur. Wenn Sie ein solches Paket verwenden, besteht keine Notwendigkeit mehr, Samba in die Gleichung mit einzubeziehen. Der Gebrauch von Samba als Fax-Server kann aber dennoch einfach sein, wenn Sie ein zusätzliches Paket erwerben, das sich mit dem Samba-Fax-Server verbinden soll. Ein sehr nützliches Paket ist in dieser Hinsicht *Respond* (`http://www.boerde.de/~horstf/`), welches entweder über *mgetty+sendfax* oder über *HylaFAX* arbeitet.

Sie sollten zumindest drei Programme von der Haupt-Webseite von *Respond* herunterladen:

`Respond` Dieses Hauptpaket ist verfügbar in 16- oder 32-Bit-Versionen für Windows. Verwenden Sie `InfoZip`, `PKZip` oder ein ähnliches Utility, um das Programm zu dekomprimieren, und platzieren Sie das Programm `RESPOND.EXE` auf dem Client-Rechner in dem für Autostart-Funktionen vorgesehenen Systemordner unter dem Windows-Programmverzeichnis.

`printfax.pl` Diese Datei ist ein Perl-Skript, das den Fax-Prozess von LINUX aus kontrolliert. Laden Sie diese Datei herunter und legen Sie sie in dem Verzeichnis `/usr/local/bin` oder einem anderen geeigneten Binär-Verzeichnis ab.

`readme.txt` Dabei handelt es sich um die Respond-Dokumentation, in der Sie detailliertere Informationen zur Respond-Konfiguration erhalten können, als dies an dieser Stelle möglich ist.

Sobald Sie diese Dateien heruntergeladen und installiert haben, erstellen Sie einen speziellen Eintrag in der Datei `smb.conf` für die Fax-Warteschlange (dieser Eintrag ist im folgenden Listing zu sehen). Es werden einige spezielle Features verwendet, die weiter unten in diesem Kapitel im Abschnitt *Samba-Optionen für Druckerfreigabe* beschrieben werden.

```
[fax]
        comment = Fax
        postscript = Yes
        print command = ( /usr/local/bin/printfax.pl %I %s %U %m;
           rm %s ) &
        printable = Yes
        path = /var/spool/samba
```

Eventuell müssen Sie den Parameter `path` bearbeiten, um das Verzeichnis der Druckerwarteschlange von Samba festzulegen. Auch kann es nötig sein, den Speicherort des Programms `printfax.pl` für den Parameter `print command` anzupassen, wenn es woanders als unter `/usr/local/bin` abgelegt wurde. Schließlich können Sie Sicherheits-Features hinzufügen, den Namen der Fax-Warteschlangen ändern usw. Denken Sie daran, den Samba-Dämon erneut zu starten, damit der Share `[fax]` für Clients verfügbar gemacht werden kann.

HINWEIS

Theoretisch könnten Sie eine LINUX-Warteschlange erstellen, die das Skript `printfax.pl` *als ein Input-Filter ausführt. Die soeben beschriebene Konfiguration umgeht jedoch vollständig das Druckerwarteschlangen-System von LINUX und funktioniert für gewöhnlich recht gut.*

Um diese Konfiguration verwenden zu können, installieren und konfigurieren Sie entweder `mgetty+sendfax` oder `HylaFAX`. In Kurzform werden hier die Schritte beschrieben, die zur Konfiguration von `mgetty+sendfax` erforderlich sind:

1. *Installieren Sie das Paket.* Das Programmpaket wird je nach Distribution als `mgetty+sendfax`, `mgetty-sendfax` oder `mgetty` bezeichnet. Finden Sie das Paket nicht in Ihrer LINUX-Distribution, so können Sie es über die folgende Adresse beziehen: `http://alpha.greenie.net/mgetty/`.

2. *Konfigurieren Sie* `mgetty+sendfax`. Die meisten Distributionen legen die Konfigurationsdateien von `mgetty+sendfax` in `/etc/mgetty+sendfax` ab. Sie sollten wenigstens vier Dateien anpassen:

   - `fax.allow` enthält eine Liste von Benutzern, denen es erlaubt ist, Faxe zu senden. Platzieren Sie einen Benutzernamen pro Zeile in diese Datei.

- `faxheader` enthält die Header-Information für Ihre ausgehenden Faxe. Sie sollten diese so einrichten, dass Ihre Faxnummer mit aufgelistet ist.
- `sendfax.config` beinhaltet Informationen und Festlegungen für die verschiedenen Konfigurationseinstellungen Ihres Faxes. Die meisten der Konfigurationsoptionen sind ausführlich kommentiert. Ersetzen Sie den Eintrag für `fax-id` mit Ihrer Faxnummer. Achten Sie besonders auf den Eintrag für `fax-devices`. Hier muss der Dateiname Ihrer Faxgeräteeinheit ohne das vorangestellte `/dev/` eingetragen sein.
- `faxrunq.config` enthält weitere zusätzliche Konfigurationseinstellungen für das Fax. Legen Sie auf jeden Fall wie in der Datei `sendfax.config` den Dateinamen Ihrer Faxgeräteeinheit für den Eintrag bei der Option `fax-devices` fest.

3. *Starten Sie* `faxrunqd`. Dieser Daemon kontrolliert innerhalb des Fax-Queue-Verzeichnisses, ob neue Faxe angekommen sind. Bei der Installation des Pakets `mgetty+sendfax` wird dieses Verzeichnis normalerweise erstellt, in der Regel unter `/var/spool/fax`. Um Ihr System als Fax-Server zu verwenden, sollten Sie es so konfigurieren, dass beim Hochfahren des Systems `faxrunqd` gestartet wird, zum Beispiel durch Hinzufügen in `/etc/rc.d/rc.local` oder eine ähnliche Datei. Vergewissern Sie sich, dass an der Startzeile ein Und-Zeichen (&) mit einbezogen wird, da `faxrunqd` nicht eigenständig im Hintergrund startet.

An dieser Stelle ist der Server dahingehend konfiguriert, dass er Fax-Jobs akzeptiert und sie auf ihren Weg schickt. Sie müssen den Client konfigurieren, auf den Share `[fax]` zu drucken, als wäre er ein PostScript-Drucker. Dieser Prozess wird im Abschnitt *Windows-Druckertreiberinstallation* weiter unten in diesem Kapitel beschrieben.

Wenn Sie unter Windows Faxe drucken, zeigt Windows das in der folgenden Abbildung dargestellte Dialogfenster *Respond Query* an. Geben Sie die Ziel-Faxnummer an, den Namen des Empfängers und den LINUX-Benutzernamen des Senders sowie dessen echten Namen. Neben dem Feld *Fax-Number(s)* befindet sich das Symbol, das Sie anklicken können, um ein Adressbuch auf dem Windows-Client zu unterhalten. Sie können dem Adressbuch Empfänger hinzufügen oder eine Nummer für einen Eintrag in das Feld *Fax-Number(s)* aus dem Adressbuch auswählen. Nachdem Sie auf *OK* geklickt haben, kann sich eine Verzögerung bis zu einer Minute ergeben, bevor `faxrunq` das Fax „bemerkt“. Danach kann `mgetty+sendfax` das Fax versenden. Diese Verzögerung hat jedoch keine Auswirkung auf den Client.

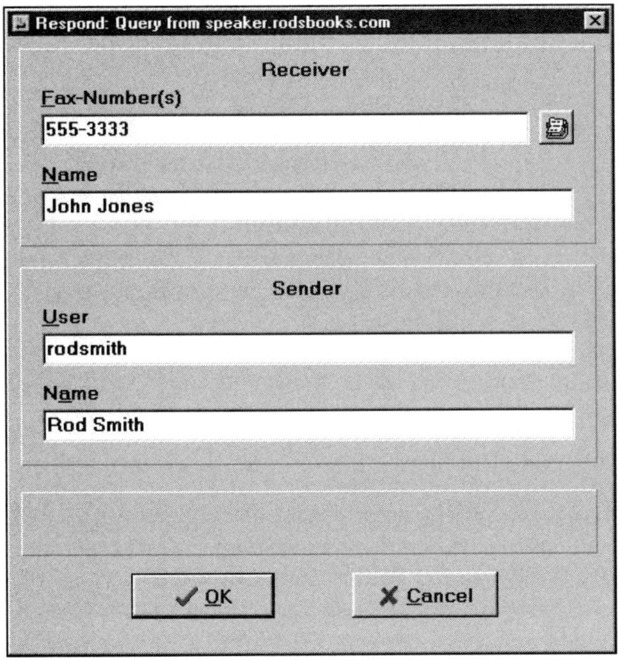

Abbildung 6.4: Das Programm *Respond* fordert von einem Windows-Benutzer eine Fax-Nummer und gibt diese Information zurück an den LINUX-Server

Druckerfreigaben konfigurieren

Druckerfreigaben sind weitestgehend zu handhaben wie Dateifreigaben. Sie beginnen ebenfalls mit einer Definition des entsprechenden Shares, so wie `[inkjet]`, gefolgt von einer Reihe von Parametern. Viele der Parameter, die in der Dateifreigabe (beim *File Sharing*) verwendet werden (wie in *Kapitel 5: Konfiguration zur Freigabe (Share) von Dateien* beschrieben) finden auch bei Druckerfreigaben Verwendung. Insbesondere Optionen, die der Zugriffskontrolle dienen (`valid users`, `hosts allow` und so weiter) finden sowohl bei Datei- als auch bei Druckerfreigaben Einsatz. Optionen für Dateifreigaben, die sich auf Faktoren wie Dateinamen und Besitzverhältnisse beziehen, besitzen entweder für Druckerfreigaben keine Gültigkeit oder wären nicht besonders nützlich, würde man sie hierfür anwenden. Auf Grund der vielen Ähnlichkeiten sei Ihnen zunächst die Lektüre von *Kapitel 5: Konfiguration zur Freigabe (Share) von Dateien* geraten, selbst wenn Sie planen, Samba ausschließlich als Drucker-Server einzusetzen.

Ein grundlegendes Beispiel für eine Druckerfreigabe

Im folgenden Listing sehen Sie ein grundlegendes Beispiel für die Definition einer Druckerfreigabe.

```
[inkjet]

        comment = Inkjet Printer

        path = /var/spool/samba

        printable = Yes
```

Die hier dargestellte Definition ist relativ „wortreich" – die Parameter `comment` und `path` sind beide optional. Der Schlüsselaspekt der Druckerdefinition liegt im Parameter `printable = Yes`. Dieser Parameter definiert den Share als Druckerfreigabe (ein Synonym für diese Option ist `print ok`). Zwei Überlegungen sollten Sie in Betracht ziehen:

Erstens: Der Parameter `path` spezifiziert den Speicherort des Druckerwarteschlangen-Verzeichnisses für Samba. Samba speichert Druckaufträge zunächst in diesem Verzeichnis, bevor sie an die Druckerwarteschlange von LINUX weitergereicht werden. Wenn Sie keine Pfadangabe machen, verwendet Samba das Verzeichnis `/tmp` für diese Aufgabe.

WARNUNG

Das Verzeichnis für den Druckerpfad sollte mit dem Sticky Bit *(*`t`*) versehen werden, um zu verhindern, dass ein User Dateien eines anderen löscht. Sie können dieses Bit durch Eingabe eines Befehls in der Form* `chmod 1777 /var/spool/samba` *oder* `chmod o+t /var/spool/samba` *setzen. Das Druckerpfadverzeichnis muss ebenfalls für alle Benutzer, die den exportierten Share verwenden könnten, beschreibbar sein. Wenn Sie den Befehl* `ls -l` *verwenden, um sich die Rechtesituation für das Verzeichnis anzeigen zu lassen, sollte diese wie folgt aussehen:* `drwxrwxrwt`*; das Schreibrecht für die Gruppe und „den Rest der Welt" sind jedoch optional, abhängig davon, wem erlaubt sein soll, die Druckerfreigabe zu nutzen.*

Darüber hinaus sollte der Name des Shares (`[inkjet]` im Listing weiter oben) dem Namen der LINUX-Druckerwarteschlange, mit der er verbunden ist, entsprechen. Diese Anforderung können Sie umgehen, wie in Kürze beschrieben, aber die einfachste Konfiguration verwendet denselben Namen für die LINUX- und für die Samba-Druckerwarteschlange.

Nachdem Sie eine Druckerfreigabe grundlegend definiert haben, können Sie diese von Windows aus anzeigen lassen, wie in folgender Abbildung dargestellt:

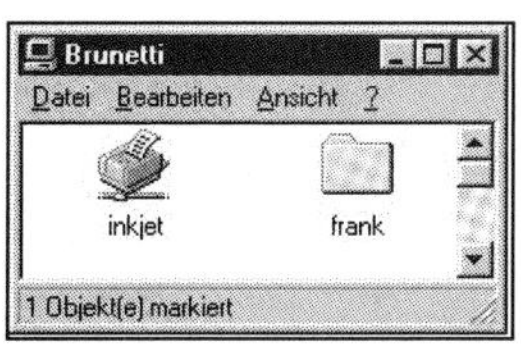

Der Drucker erscheint in derselben Browse-Liste wie die Dateifreigaben, Windows verwendet jedoch ein anderes Icon, um die Druckerfreigabe zu identifizieren. Aus dem Windows-Browser heraus können Sie die Druckerfreigabe nicht gut gebrauchen; Sie müssen sie zunächst mit einer lokalen Windows-Druckerwarteschlange verbinden, wie weiter unten im Abschnitt *Installation von Windows-Druckertreibern* beschrieben.

HINWEIS

Manchmal (speziell auf Windows NT-Clients) zeigt Windows eine Arbeitsmappe Drucker *zwischen den Freigaben des Samba-Servers an, diese Mappe ist jedoch leer. Drucker werden in allen Windows-Browsern auf derselben Ebene wie Dateifreigaben angezeigt.*

Alle oder nur einige Drucker freigeben

In einigen Fällen ist der LINUX-Computer der Server für mehrere Drucker. Er könnte beispielsweise LINUX-Warteschlangen für zwei Drucker, die an die parallelen Schnittstellen angeschlossen sind, einen USB-Drucker und einen AppleTalk-Drucker bieten. Sie könnten ebenfalls mehrere Warteschlangen für einen einzelnen Drucker erzeugen, beispielsweise wenn ein Tintenstrahldrucker unterschiedliche Auflösungen unterstützt. Wenn Sie PostScript-Druckerwarteschlangen für Nicht-PostScript-Drucker erzeugen, müssen Sie für jede Auflösung, die zur Verfügung gestellt werden soll, eine individuelle Warteschlange erzeugen. Weiterhin könnten Sie PostScript- basierte und *raw*-Warteschlangen für einzelne Drucker einrichten. Zieht man elle diese Möglichkeiten in Betracht, ist es nicht ungewöhnlich, auf einem LINUX-Computer ein halbes Dutzend oder mehr Warteschlangen zu finden. Sie müssen dann entscheiden, ob Sie diese alle freigeben möchten oder nur einige von ihnen.

Eine einfache Methode, alle Warteschlangen freizugeben ist, einen einzelnen Eintrag in der Datei `smb.conf` zu erzeugen, der den speziellen Namen `[printers]` hat. Dieser spezielle Freigabename erzeugt so viele Warteschlangen, wie Sie Einträge in Ihrer Datei `/etc/printcap` haben, und exportiert diese unter ihrem jeweiligen ersten Namenseintrag aus `/etc/printcap`. Sie müssen ebenfalls sicherstellen, dass der Parameter `load printer = Yes` gesetzt ist (was jedoch die Standardeinstellung ist). Wenn Sie `load printers = No` setzen, verhindert dies, dass der Share `[printers]` die Einträge aus `/etc/printcap` ausliest. In mancherlei Hinsicht ist der Share `[printers]` ähnlich dem Share `[homes]`, der für die Freigabe von Heimatverzeichnissen zuständig ist: `[homes]` erlaubt es jedem Benutzer, einen Share zu sehen, der den Login-Namen des Users trägt, `[printers]` zeigt so viele Druckerfreigaben an, wie das System Einträge in `/etc/printcap` hat.

Auch wenn der Share `[printers]` sehr praktisch sein kann, so hat er auch seine Nachteile:

Alle Shares verwenden identische Parameter Sie können die Parameter für einzelne Drucker nicht fein abstimmen, wenn Sie einen einzelnen Share [printers] verwenden. Sie könnten jedoch einen Share [printers] mit denjenigen Parametern erzeugen, die die meisten Drucker verwenden, und separate Shares für Drucker, die einer Anpassung bedürfen, bereitstellen. Beispielsweise könnte ein System, das über sechs Druckerwarteschlangen verfügt aber nur ungewöhnliche Parameter für die Druckerwarteschlange okidata verwenden muss, einen Share [printers] gefolgt von einem Share [okidata] anbieten. Der Client wird sechs verschiedene Shares sehen, wobei der Share [okidata] von der einmaligen Definition [okidata] abgeleitet wird, obwohl in der Datei /etc/printcap ein Eintrag okidata zu finden ist. Eine spezifische Freigabedefinition hat Vorrang vor einer gleichnamigen Warteschlange, die vom Share [printers] erzeugt wurde.

Alle Drucker sind verfügbar Wenn Sie die Definition [printers] verwenden, können Sie nicht auf einfache Weise Drucker ausschließen, die in der Datei /etc/printcap enthalten sind. Wenn Sie nur einige Drucker exportieren wollen, müssen Sie getrennte Definitionen für jeden Drucker definieren. Alternativ könnten Sie eine editierte Version von /etc/printcap unter einem anderen Namen abspeichern und den Samba-Parameter printcap name dazu verwenden, diese angepasste Version statt der Originaldatei zu benutzen.

Druckernamen können nicht angepasst werden Die Definition [printers] verwendet den jeweils ersten Namen des Druckers, der in /etc/printcap auftaucht. In vielen Systemen ist dieser Name kurz und potenziell verwirrend, wie zum Beispiel der Name lp. Wenn Sie Ihre Warteschlangen separat definieren, können Sie die Namen der Shares anpassen, wie in Kürze beschrieben. Ähnliche Effekte könnten Sie dadurch erzielen, die Reihenfolge der Namen in jeder Warteschlangendefinition in /etc/printcap zu ändern. Wenn eine Warteschlange ihre Namen beispielsweise in der Reihenfolge lp|lexmark|lexmark|lexmark-optra-45 anordnet, könnten Sie die Reihenfolge in lexmark-optra-45|lexmark|lp ändern, um die Warteschlange in Samba als lexmark-optra-45 freizugeben und den Gebrauch der anderen Namen unter LINUX weiter zu ermöglichen.

Wenn Sie dies vorziehen, können Sie alle Ihre Drucker individuell exportieren. Sie können sogar mehr als eine Samba-Druckerfreigabe für eine einzelne LINUX-Druckerwarteschlange erzeugen. Dieses tut man, um einen Share mit verschiedenen Optionen zu exportieren. Dies ist beispielsweise dann nützlich, wenn ein *Smart Filter* sowohl PostScript-Dateien als auch Dateien, die in der nativen Sprache des Druckers ausgegeben werden, verarbeiten utd die Filter mit einigen Windows-PostScript-Treibern Schwierigkeiten haben. Der Samba-Parameter postscript = Yes hilft in solchen Situationen. Aus diesem Grund könnten Sie zwei

Warteschlangen erzeugen wollen, eine, die diesen Parameter verwendet, und eine, die dieses nicht tut, um entweder PostScript oder den nativen Windows-Treiber des Druckers zu verwenden.

Sie können ebenfalls nur einige Ihrer Druckerwarteschlangen unter Samba exportieren. Wie bereits zuvor erwähnt, könnten Sie mehrere Warteschlangen für einen Tintenstrahldrucker erzeugen, um es unter LINUX zu erlauben, mit unterschiedlich großen Auflösungen zu drucken (unter LINUX wird die Auflösung bei den meisten Tintenstrahldruckern durch Parameter geregelt, die an Ghostscript übergeben werden; diese Parameter sind in die Druckerwarteschlangen-Definition codiert und für die meisten Anwendungen unverständlich). Unter Windows ist es wahrscheinlich einfacher, mithilfe des nativen Treibers des Druckers über eine Warteschlange vom Typ *raw* unter LINUX zu drucken, so dass es nicht notwendig ist, alle Warteschlangen für alle Drucker zu exportieren, wenn Sie nur diesen nativen Treiber verwenden wollen. Wenn Sie `linuxconf` verwenden, um Samba zu konfigurieren, können Sie ausschließlich den einzigen Share `[printers]` konfigurieren. SWAT hingegen erlaubt es Ihnen, den Share `[printers]`, individualisierte Shares oder beide zu erzeugen. Das Programm `linuxconf` ist in seiner Unterstützung von Druckerparametern extrem eingeschränkt. Wenn Sie also ein GUI-basiertes Konfigurationstool verwenden wollen, ist SWAT auf Grund seiner Überlegenheit eindeutig vorzuziehen. Beide dieser Tools werden in *Kapitel 4: Die Tools der GUI-Konfiguration und die Datei* `smb.conf` beschrieben.

Samba-Optionen für Druckerfreigabe

Wie bereits im Abschnitt *Druckerfreigaben konfigurieren* beschrieben, erkennt Samba viele Optionen sowohl für Datei- als auch für Druckerfreigaben, wie zum Beispiel den Parameter `path` und verschiedene Optionen zur Sicherheit. Es gibt jedoch auch Drucker-spezifische Parameter, um anzupassen, wie Samba Druckerfreigaben behandelt. Zu diesen Optionen gehören die folgenden:

`load printers` Hierbei handelt es sich um einen globalen Parameter boolescher Ausprägung, der standardmäßig auf `Yes` gesetzt ist. Wenn entsprechend konfiguriert, lädt Samba die Drucker, die in `/etc/printcap` gefunden werden für den Gebrauch mit dem Parameter `[printer]`.

`print ok` Dieser Parameter, für den es ebenfalls das Synonym `printable` gibt, identifiziert ein Share als Druckerfreigabe. Er wird für alle Druckerfreigaben benötigt.

`printcap name` Dieser Parameter spezifiziert den Namen der Drucker-Definitionsdatei. In manchen Samba-Installationen lautet der Standardwert `/etc/printcap`, es kann jedoch nicht schaden, diesen Parameter zu setzen, um sicherzugehen, dass die Verwendung richtig konfiguriert ist.

printer name Verwenden Sie diesen Parameter, um den Namen einer Druckerwarteschlange zu setzen, Wenn es sich bei Ihrem Drucker am LINUX-Server um einen Hewlett-Packard 4050 handelt, der lokal als lp bekannt ist, könnten Sie ein Share mit dem Namen [hp4050] erzeugen und printer name = lp verwenden, um den Share auf die entsprechende LINUX-Druckerwarteschlange zugreifen zu lassen, wobei den Client-Computern jedoch ein aussagekräftigerer Name bereitgestellt wird. Ein Synonym für diesen Parameter ist printer. Standardmäßig versucht Samba, eine LINUX-Druckerwarteschlange zu verwenden, die denselben Namen hat, wie die Definition des Shares, mit Ausnahme des speziellen Shares [printers].

min print space Samba kann Druckaufträge ablehnen, wenn der Server über nur noch mangelnden Speicherplatz verfügt. Sie können den Parameter min print space dazu verwenden, den Speicherplatz in Kilobyte festzulegen, der mindestens zur Verfügung stehen muss, damit ein Druckauftrag entgegengenommen wird. Wenn Sie beispielsweise min print space = 2000 setzen und ein Client versucht, einen Druckauftrag abzusetzen, wenn der Server nur noch 1.000 Kilobyte freien Speicher in der Spool-Partion von Samba zur Verfügung stehen hat, lehnt Samba die Ausführung des Druckauftrags ab. Der Standardwert beträgt 0, womit festgelegt wird, dass Samba diese Überprüfung nicht vornimmt.

postscript Viele Windows PostScript-Treiber setzen ein <STRG>+<D> an den Anfang jedes Druckauftrags. Diese Praxis kann LINUX-Druckfilter dahingehend „verwirren“, dass diese annehmen, es handele sich bei dem Druckauftrag um einen ASCII-Text. Das Resultat ist, dass PostScript-Code ausgedruckt wird, statt einer Seite, die durch diesen Code beschrieben wird. Sie können dieses Problem korrigieren, indem Sie postscript = Yes setzen, was bewirkt, dass Samba einen PostScript-Kommentar (%!) an den Anfang der Datei einfügt.

printing Dieser Parameter gibt den Namen des Drucksystems an, das Sie auf Ihrem LINUX-Server verwenden. Die Anpassung dieses Parameters beeinflusst die Werte verschiedener anderer Parameter; wenn printing falsch gesetzt wurde, kann dies dazu führen, dass das Ausdrucken nicht funktioniert, da Samba die falschen Druckbefehle verwendet. Die Standardeinstellung für diesen Parameter kann während der Kompilierung festgelegt werden und Samba-Pakete, die Bestandteil einer LINUX-Distribution sind, sollten entsprechend für diese Distribution konfiguriert sein. Aus diesem Grunde sollte es nicht notwendig sein, dass Sie den Parameter printing anpassen, es sei denn, Sie ersetzen das Standard-Drucksystem Ihrer Distribution durch ein anderes Drucksystem oder Sie verwenden ein Samba-Paket, welches für eine andere Distribution (die ein anderes Drucksystem verwendet) vorgesehen war. Gültige Werte für diesen Parameter sind Bsd, Aix, Lprng, Plp, Sysv, Hpux, Qnx, Softq und Cups. In Zukunft werden vermutlich weitere Optionen zu diesen hinzukommen.

`print command` Der Parameter `print command` spezifiziert den Befehl, der verwendet werden soll, um einen Druckauftrag an einen Drucker zu senden. Die Standardeinstellung hängt vom Parameter `printing` ab, basiert aber normalerweise auf `lpr`, da die meisten LINUX-Systeme das *BSD*- oder *LPRng*-Drucksystem verwenden. Sie können diesen Parameter anpassen, um bestimmte Effekte beim Drucken zu erzielen. Lesen Sie die `man`-Seiten Ihrer Druck-Software, um zu erfahren, welche Effekte hier möglich sind. Sie können diesen Parameter ebenfalls dazu verwenden, ein völlig anderes Programm für die Verarbeitung von Druckdateien zu verwenden. Die Fax-Warteschlange weiter unten in diesem Kapitel verwendet dieses Leistungsmerkmal, um den Druckauftrag mithilfe eines Perl-Skripts, das Ghostscript verwendet und `mgetty+sendfax` aufruft an ein entferntes Faxgerät zu versenden. Sie können verschiedene Variablen mit diesem Befehl verwenden, von denen `%s` (die Datei, die gedruckt werden soll) die wichtigste ist.

`lpq command` Auf einem vernünftig laufenden Samba-Server kann ein Client Informationen über Druckaufträge in der Druckerwarteschlange abrufen. Samba verwendet den LINUX-Befehl `lpq`, um diese Informationen zu erhalten, Sie können diesen Befehl und seine Optionen aber anpassen, um dem von Ihnen verwendeten Drucksystem zu entsprechen. Die Standardeinstellung des Parameters `lpq command` hängt somit vom Wert des Parameters `printing` ab. Sambas Interpretation der Ausgabe hängt ebenfalls vom Parameter `printing` ab. Die Variable `%p` bezieht sich auf den Druckernamen.

`lprm command` Dieser Parameter spezifiziert den Befehl, den Samba verwenden soll, wenn ein Client die Aufforderung stellt, einen Druckauftrag zu löschen. Sie können `%p` und `%j` verwenden, um sich auf den Druckernamen und die Nummer des Auftrags zu beziehen. Der Standardwert hängt vom Parameter `printing` ab.

`lppause command` Windows-Clients können einen Druckauftrag anhalten. Unter LINUX wird diese Aufgabe oft dadurch erreicht, dem Auftrag eine sehr geringe Priorität zu verleihen, wobei die Unterschiede jedoch von Drucksystem zu Drucksystem variieren. Der Standardwert für diesen Parameter ist normalerweise Null (es wird kein Befehl angegeben), aber `Sysv`, `Hpux` und `Softq` bieten entsprechende Befehle. `%p` und `%j` beziehen sich jeweils auf den Namen des Druckers und die Nummer des Druckauftrags.

`lpresume command` Dieser Parameter legt den Befehl fest, der verwendet werden soll, um einen Druckauftrag wieder aufzunehmen; er stellt also das Gegenstück zu `lppause command` dar.

`queuepause command` Zusätzlich zum Anhalten einzelner Druckaufträge können Windows-Clients anfragen, ganze Warteschlangen anzuhalten. Dieser Parameter gibt an, welchen Befehl Samba verwenden soll, eine Warteschlange anzuhalten. Der Standardwert dieses Parameters hängt vom Wert des Parameters `printing` ab. Ein `%p` im Wert bezeichnet den Namen der Druckerwarteschlange.

`queueresume command` Dieser Parameter legt den Befehl fest, der verwendet werden soll, um das Drucken in die durch den Wert `%q` spezifizierte Druckerwarteschlange wieder aufzunehmen; er stellt also das Gegenstück zu `queuepause command` dar.

Im Großen und Ganzen sind die Standardparameter für die meisten Installationen ausreichend; Sie *müssen* jedoch den Parameter `print ok = Yes` setzen, um einen Share zu einer Druckerfreigabe zu machen. In manchen Installationen kann die Notwendigkeit entstehen, weitere Parameter anzupassen, speziell dann, wenn das verwendete Samba-Paket nicht Ihrem LINUX-Drucksystem entspricht. Der Parameter `postscript` ist ebenfalls besonders nützlich, wenn Sie über einen PostScript-Drucker oder einen Drucker verfügen, der mit Ghostscript angesteuert wird und Ihr Windows-Druckertreiber ein `<STRG>+<D>` an den Anfang des Druckauftrags stellt.

LINUX-Drucksysteme

Die meisten aktuellen LINUX-Distributionen werden mit dem BSD-Drucksystem ausgeliefert, das den Druckbefehl `lpr` bietet. Dieses Drucksystem ist funktional und der Umgang mit ihm ist den meisten LINUX- und Unix-Administratoren vertraut. Einige wenige LINUX-Installationen verwenden Druckerkonfigurationen, die auf System V- (oder `SysV`-)Protokollen basieren, die einen geringfügig abweichenden Satz an Befehlen bieten, wie zum Beispiel den Befehl `lp` zum Drucken einer Datei. Das Drucken mit `SysV` ist den meisten Unix-Administratoren bekannt, jedoch weniger üblich in der LINUX-Welt.

Unglücklicherweise ist beiden Systemen ihr Alter anzumerken, sowohl in Bezug auf unflexibles Design als auch auf Grund ihres großen Potenzials, ein Sicherheitsrisiko darzustellen. Aus diesem Grund wurde in den letzten Jahren eine ganze Reihe Alternativen entwickelt. Einige, wie `LPRng` wurden bezüglich ihrer Handhabung in Hinblick auf Benutzer älterer Systeme entwickelt. `LPRng` wird mit *Caldera* und einer Reihe weiterer LINUX-Distributionen ausgeliefert.. In vielerlei Hinsicht emuliert es die Hilfsprogramme von BSD, jedoch wurden einige Optionen entfernt und andere hinzugefügt. `CUPS` ist ein neues System, das entwickelt wurde, um LINUX-Programmen mehr interaktive Leistungsmerkmale zu bieten – das heißt, CUPS leitet Informationen über die Leistungsmerkmale von Druckern an Programme weiter, ähnlich wie Windows-Druckertreiber dies tun.

Auf Grund von Samba Druckeroptionen können Sie so gut wie jedes LINUX-Drucksystem mit Samba verwenden. Wenn es sich hierbei um ein besonders exotisches System handelt, bleibt jedoch nicht aus, dass Sie genug dazu lernen müssen, um ein `print command`, `lpq command` und so weiter angeben zu können.

Windows-Druckertreiberinstallation

Bevor Sie von Windows aus drucken können, müssen Sie einen Windows-Druckertreiber installieren und eine lokale Warteschlange auf dem Windows-Client erzeugen. Dasselbe gilt für das Ausdrucken von DOS-, OS/2- oder LINUX-Clients – obwohl DOS-Druckertreiber meist Bestandteil der einzelnen Anwendungen sind und LINUX-Clients dahingehend konfiguriert werden können, ihre Ausdrucke auf einem PostScript-Drucker vorzunehmen, wenn der Server die Freigabe als PostScript-Gerät exportiert.

Die Details bei der Windows-Druckertreiberinstallation variieren von einem Treiber zum anderen, aber grundsätzlich kann man zwei Installationsmethoden unterscheiden: manuell und automatisch. Eine manuelle Konfiguration macht es erforderlich, dass Sie auf jedem Client-Computer einen Druckertreiber zur Verfügung stehen haben müssen (Sie können die Treiber auf einer Samba Dateifreigabe zur Verfügung stellen, wenn Sie wollen). Im Falle einer automatischen Konfiguration automatisieren Sie den Prozess der Treiberkonfiguration, indem Sie Samba so einrichten, dass es Treiberdateien für die Windows-Clients zur Verfügung stellt. Bevor Sie eine automatische Freigabe vornehmen, müssen Sie den Treiber auf zumindest einem Client manuell installieren.

Manuelle Treiberinstallation

Für Windows-Druckertreiber gibt es drei Hauptbezugsquellen: *Microsoft*, den Hersteller des jeweiligen Druckers und Drittanbieter. Die Windows-Installations-CD-ROM enthält eine breite Auswahl von Druckertreibern. Diese verfügen meist nicht über so viele Leistungsmerkmale wie die anderer Anbieter, sind aber meist ausreichend. Die von Microsoft zur Verfügung gestellten Treiber für Drucker der Serie *Apple LaserWriter* arbeiten besonders gut mit Druckern, die über Ghostscript angesteuert werden. Die meisten Drucker werden mit Windows-Treibern auf CD-ROM oder, im Falle älterer Drucker, Disketten ausgeliefert. Bei den meisten Herstellern können Sie Updates von deren Web-Site herunterladen und in manchen Fällen finden Sie auch Treiber von Drittanbietern. Dies trifft speziell auf PostScript-Drucker zu, da *Adobe* (`http://www.adobe.com`) generische PostScript-Treiber anbietet, die mit jedem PostScript-Drucker zusammenarbeiten. *Adobe*s Treiber verwendet Dateien vom Typ *Printer Page Discription* (*PPD*), um die Leistungsmerkmale für die einzelnen Drucker anzupassen.

WARNUNG

Der Adobe *PostScript-Treiber ist für den Gebrauch mit Druckern lizenziert, die über einen von Adobe geschriebenen PostScript-Interpreter verfügen. Sie verletzen* Adobes *Lizenzbestimmungen, wenn Sie den Treiber mit Ghostscript-gesteuerten Druckern oder mit Druckern, die einen PostScript-Klon verwenden, benutzen.*

Wenn Sie Treiber direkt vom Hersteller oder von einem Drittanbieter verwenden, sollten Sie deren Dokumentation beachten, um in Erfahrung zu bringen, wie diese zu installieren sind. Die Abläufe mögen den in Kürze beschriebenen stark ähneln, aber in manchen Fällen verwenden solche Treiber eigene Installationsroutinen.

TIPP

In manchen Fällen bieten Installationsroutinen von Hersteller-eigenen Treibern keine Möglichkeit, einen Drucker an einen Netzwerk-Druck-Server zu binden. Wenn Sie mit diesem Problem konfrontiert werden, geben Sie der Installationsroutine an, der Drucker sei lokal angeschlossen. Sie können das Problem später korrigieren, indem Sie das Ziel der installierten Druckerwarteschlange anpassen.

Um unter Windows 9x (die Prozedur für Windows NT ist recht ähnlich) einen von Microsoft bereit gestellten Druckertreiber zu installieren, führen Sie folgende Schritte aus:

1. Wählen Sie den Ordner *Drucker* in der *Systemsteuerung*.
2. Doppelklicken Sie das Icon *Neuer Drucker*, um den *Assistent für die Druckerinstallation* zu starten.
3. Klicken Sie die Schaltfläche *Weiter*. Die Anzeige ändert sich dahingehend, dass Sie zwischen *Lokaler Drucker* und *Netzwerkdrucker* wählen zu können. Wählen Sie die zweite Option.
4. Klicken Sie erneut die Schaltfläche *Weiter*. Sie können nun den Pfad zum Netzwerkdrucker eingeben, wie in *Abbildung 6.5* dargestellt. Der Pfad besteht aus dem NetBIOS-Namen des Samba-Servers und dem Namen des Drucker-Shares. Wenn Sie sich bezüglich der Pfadangabe unsicher sein sollten, können Sie die Schaltfläche *Durchsuchen* anklicken, um einen Browser zu öffnen, mit dessen Hilfe Sie den Share lokalisieren können. Wenn Sie aus DOS-Programmen drucken können wollen, stellen Sie sicher, dass für die Frage *Drucken Sie Dokumente mit Anwendungen für MS-DOS?* das Optionsfeld *Ja* aktiviert ist. Das Anklicken dieses Optionsfeldes verbindet die Freigabe automatisch mit einem virtuellen Druckerport für die Nutzung durch DOS-Programme.

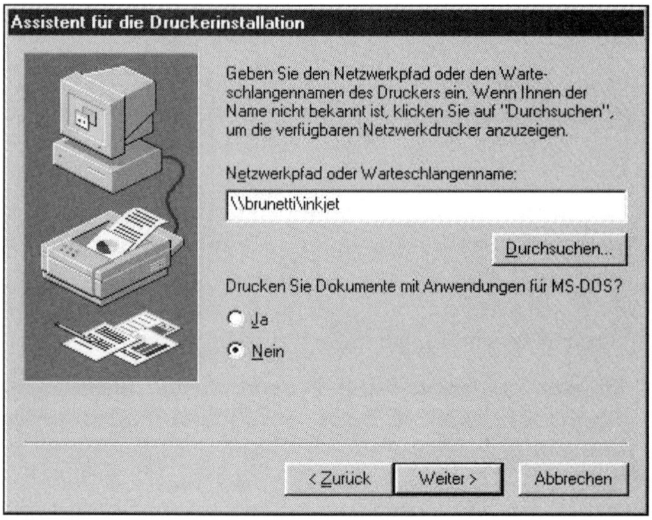

Abbildung 6.5: Sie müssen beim Hinzufügen eines Netzwerkdruckers seinen Host und den Namen des entsprechenden Shares angeben

5. Klicken Sie erneut die Schaltfläche *Weiter*. Der Assistent zeigt nun eine Liste mit Herstellern und Druckermodellen an (siehe *Abbildung 6.6*). Wählen Sie den Hersteller des Druckers und das exakte Modell des Druckers. Wenn Sie Ihre Ausdrucke durch Ghostscript filtern, ist die Wahl des *Apple LaserWriter* eine gute Wahl. Um Hersteller-eigene oder von Drittanbietern bereitgestellte Treiber zu installieren, klicken Sie die Schaltfläche *Diskette*. Die Installationsroutine fordert Sie auf, den Speicherort der neuen Dateien anzugeben und zeigt, nachdem Sie dies getan haben, statt der Hauptliste eine Liste mit Treibern, die sich in dem von Ihnen angegebenen Speicherort befinden.

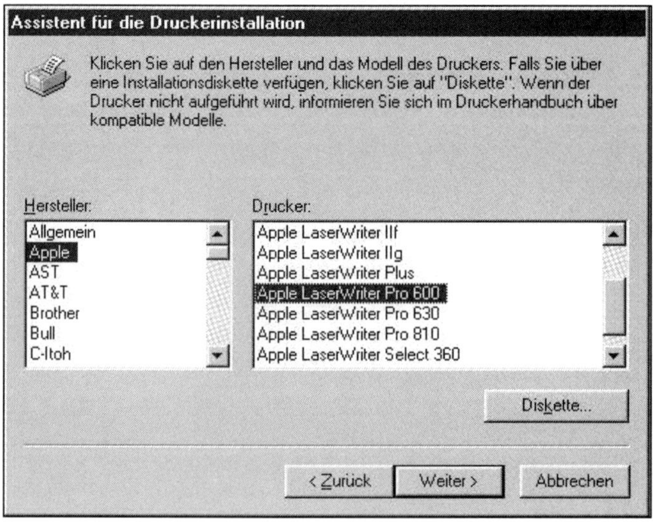

Abbildung 6.6: *Microsoft* bietet Treiber für eine breite Palette von Druckern; Sie können auch Hersteller-eigene Treiber installieren, indem Sie die Schaltfläche *Diskette* anklicken

6. Klicken Sie erneut die Schaltfläche *Weiter*. Windows fordert Sie auf, einen Namen für den Drucker einzugeben. Dieser Name muss in keinerlei Beziehung zum Namen des Druckertreibers oder zum Namen der Samba-Druckerwarteschlange stehen. Windows-Benutzer sehen diesen Namen als denjenigen der lokalen Druckerwarteschlange, so dass es empfehlenswert ist, einen aussagekräftigen Namen zu wählen, wie Beispielsweise *„Drucker im Büro LOSSE/ PETERSEN“*. Sie können ebenfalls einstellen, ob dieser Drucker als Standarddrucker verwendet werden soll.

TIPP

Wenn Sie Druckertreiber auf einer großen Zahl von Windows-Clients installieren, sollten Sie dieselben Namen für Warteschlangen auf allen Clients verwenden, die auf dieselbe Samba-Druckerwarteschlange drucken. Einheitliche Namen sind hilfreich, wenn Sie eventuell auftretende Fehler isolieren müssen.

7. Klicken Sie erneut die Schaltfläche *Weiter*. Windows gibt Ihnen die Möglichkeit, eine Testseite ausdrucken zu lassen, was Ihnen empfohlen sei. An dieser Stelle ist es möglich, dass Windows nach seiner Installations-CD verlangt. Legen Sie diese ein, woraufhin Windows den Treiber installiert und die Testseite ausdruckt, wenn Sie dieses gewünscht haben (*Am. d. Übers.: Auf Windows NT-Systemen empfiehlt es sich, den Inhalt des Verzeichnisses* `i386` *respektive des von Ihnen verwendeten Service-Packs von der Installations-CD auf die lokale Festplatte des Computers oder auf eine über das Netzwerk erreichbare Ressource zu kopieren, da die leidige Nachfrage nach der Installations-CD häufiger – nicht nur bei der Drucker-Installation – auftritt!*).
8. Windows fragt nach, ob der Ausdruck erfolgreich war. Wenn Sie dieses bestätigen, beendet Windows die Installation. Wenn Sie angeben, dass die Seite nicht korrekt ausgedruckt wurde, öffnet Windows eine Routine zur Problembehebung, die Ihnen unter Umständen ermöglicht, den Grund für das Problem herauszufinden. Sollten tatsächlich Probleme auftreten, stellt auch *Kapitel 17: Troubleshooting* eine Hilfe bei der Fehlerbeseitigung dar.

Ändern der Konfiguration von <STRG>+<D>

Wie bereits zuvor erwähnt, senden einige Windows-PostScript-Treiber ein <STRG>+<D> an den Anfang des Druckauftrags. Sie können diese Konfiguration wie folgt ändern:

1. Klicken Sie das neu installierte Drucker-Icon im Fenster *Drucker* mit der rechten Maustaste und wählen Sie aus dem Popup-Menü den Menüpunkt *Eigenschaften*. Dies öffnet den Dialog *Eigenschaften von Drucker XYZ*.

2. Klicken Sie das Register *PostScript* im Dialog *Eigenschaften ...*
3. Klicken Sie die Schaltfläche *Erweitert* in der unteren linken Ecke des Dialogs. Dies öffnet den Dialog *Erweiterte PostScript-Optionen*, den Sie in *Abbildung* 6.7 dargestellt finden.

Abbildung 6.7 Das Kontrollkästchen *STRG+D vor Auftrag senden* kann, wenn aktiviert, zu Problemen beim Ausdruck in Samba-Druckerwarteschlangen führen

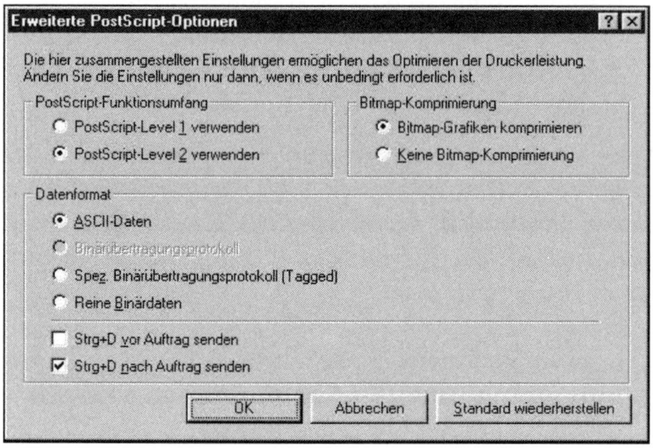

4. Sollte das Kontrollkästchen aktiviert sein, deaktivieren Sie es am unteren Rand des Dialogs. Die Einstellung *STRG+D nach Auftrag senden* ist normalerweise nicht schädlich (kann jedoch zu störenden Ausgaben am Ende eines Druckauftrags führen, wenn er durch Ghostscript gefiltert wird).
5. Klicken Sie im Dialog *Erweiterte PostScript-Optionen* die Schaltfläche *OK*, dann im Dialog *Eigenschaften*.

HINWEIS

PostScript-Treiber, die nicht von Microsoft *stammen, können über Dialoge verfügen, die von den hier dargestellten abweichen. Dies kann es erforderlich machen, dass Sie nach den entsprechenden Optionen suchen müssen.*

In den meisten Fällen ist es einfacher, den Parameter `postscript = Yes` für Ihre Samba-Druckerfreigaben zu setzen, statt potenziell Dutzende oder gar Hunderte von Windows-Clients umzukonfigurieren. Die Rekonfiguration der Clients macht dann Sinn, wenn Sie eine einzelne Samba-Druckerfreigabe dazu verwenden, sowohl von PostScript als auch durch einen nativen Druckertreiber nutzen zu lassen. In diesem Fall ist es wichtig, dass Ihr *Smart Filter* dazu in der Lage ist, sowohl die native Druckersprache als auch PostScript zu verstehen und entsprechend zu verarbeiten.

Automatische Treiberinstallation

Um Samba für eine automatische Treiberinstallation zu konfigurieren müssen Sie zunächst eine manuelle Installation auf einem der Clients vornehmen. Sie können dann spezielle Freigaben erzeugen, wie weiter unten beschrieben, und die Definition dahingehend anpassen, um eine automatisierte Treiberinstallation auf weiteren Clients zu erlauben.

WARNUNG

Seit Samba 2.0.7 funktioniert die automatisierte Treiberinstallation ausschließlich mit Windows 9x-Clients. Wenn Sie Windows NT- oder Windows 2000-Clients verwenden, `müssen` *Sie die manuelle Installationsmethode anwenden. Versuche, die hier beschriebenen automatisierten Methoden zu verwenden, werden nicht funktionieren und im schlimmsten Fall in einem Crash des Client-Computers enden.*

Um eine Druckerfreigabe zu erzeugen, die eine automatisierte Treiberinstallation ermöglicht, führen Sie folgende Schritte aus:

1. Erzeugen Sie eine Samba-Druckerfreigabe. Der Share muss nicht exakt über die Leistungsmerkmale verfügen, die er am Ende tatsächlich unterstützen soll, er muss jedoch auf die richtige Weise an den richtigen Drucker gebunden sein – wenn Sie zum Beispiel davon ausgehen, am Ende Ghostscript zu verwenden, sollten Sie den Share bereits mit Ghostscript einrichten.

2. Installieren Sie einen Druckertreiber auf einem einzelnen Windows 9x-Client-System und verbinden Sie ihn mit dem in Schritt 1 erzeugten Share. Testen Sie dieses Setup, um sicherzugehen, dass es tatsächlich in der gewünschten Form funktioniert.

3. Richten Sie ein Samba-Share mit dem Namen `[printer$]` ein. Beachten Sie, dass dieser Share diesen Namen haben *muss*, einschließlich des Dollar-Zeichens (`$`). Dieser Share sollte in etwa wie folgt aussehen, wobei der Parameter `path` natürlich auf jedes von Ihnen gewünschte Verzeichnis zeigen kann (vorzugsweise ein leeres Verzeichnis):

```
[printer$]
    path = /home/samba/druckerdateien
    public = Yes
    writable = No
    browseable = Yes
```

4. Lokalisieren Sie die Windows-`.INF`-Dateien, die Beschreibungen Ihres Druckertreibers beinhalten. Im Falle von Microsoft-Treibern haben diese Dateien normalerweise Namen in der Form `MSPRINT*.INF`. Entsprechende Beschreibungen in Dateien anderer Hersteller sind in

der Regel im selben Verzeichnis zu finden und tragen Namen in der Form `OEM*.INF` oder sind nach dem Druckerhersteller benannt wie `HP45.INF`.

TIPP *Wenn der Client dahingehend konfiguriert ist, sein Laufwerk C: frei zu geben, können Sie dieses Laufwerk mithilfe von* `smbmount` *in LINUX mounten, wie in* Kapitel 7: LINUX als SMB/CIFS-Client *beschrieben. Sie können dann LINUX-Tools wie* `grep` *dazu verwenden, die Treiberdateien zu suchen, indem Sie nach einer entsprechenden Zeichenkette suchen lassen. Um beispielsweise einen Drucker des Herstellers* Brother *zu installieren, wechseln Sie in das entsprechende Verzeichnis und geben Sie den Befehl* `grep Broth *.INF *.inf` *ein, um alle Dateien mit der Erweiterung* `.INF` *zu finden, die die Zeichenkette* Brother *enthalten (beachten Sie, dass Sie beide Schreibweisen von* `.INF` *in diesem Befehl verwenden müssen, da LINUX die Schreibweise unterscheidet, was Windows nicht tut).*

5. Nachdem Sie die entsprechende Datei mit der Erweiterung `.INF` gefunden haben, die Ihren Drucker spezifiziert, kopieren Sie diese in das Verzeichnis, das Sie in der Definition `[printer$]` angegeben haben.
6. Durchsuchen Sie die `.INF`-Datei und schreiben sich den exakten Namen des Druckertreibers, den Sie verwenden wollen, auf. Dieser Name erscheint in Anführungszeichen links in der Zeile, gefolgt von einem Gleichheitszeichen (=) und einer Liste mit Dateinamen. `MSPRINT.INF` enthält Namen wie *Apple LaserWriter Pro 600* und *Lexmark Optra E+*. Beachten Sie, dass Klein-/Großschreibung, Leerzeichen und ähnliche Einzelheiten äußerst wichtig sind, so dass Sie gegebenenfalls *Cut and Paste* dazu verwenden sollten, den Namen in eine leere Textdatei zu schreiben.
7. Geben Sie folgenden Befehl unter Verwendung entsprechender Ersetzungen für `MSPRINT.INF` und `Druckername` ein:

```
make_printerdef MSPRINT.INF „Druckername“ >> printers.def
```

TIPP *Wenn Sie keine entsprechende* `.INF`*-Datei für Ihren Drucker finden, können Sie einen Testausdruck von Ihrem installierten Drucker vornehmen. Dieser Ausdruck enthält die Namen der Dateien, die von dem Treiber verwendet werden. Sie können dann* `make_printerdef` *unter Verwendung eines beliebigen Druckernamens aufrufen und den resultierenden Eintrag auf die Dateien, die Sie im Testausdruck finden, abändern.*

8. Wenn Sie den Befehl `make_printerdef` aufrufen, zeigt dieser eine Liste von Dateien an, die von dem Treiber benötigt werden. Suchen Sie

diese Dateien auf dem Windows-Client, auf dem Sie den Treiber installiert haben und kopieren diese auf den Share [printer$]. Diese Dateien sollten sich alle im Verzeichnis C:\WINDOWS\SYSTEM befinden.

HINWEIS

Windows nimmt keine Unterscheidungen in der Schreibweise vor, LINUX tut dieses sehr wohl. In den meisten Fällen verwendet Windows Dateinamen in Kleinschreibung, selbst wenn diese in der Datei printers.def *in Großschreibung vorliegen. Wenn Sie im Zweifel sind, können Sie Links dazu verwenden, sowohl in Klein- als auch in Großschreibung Zugriff auf die Dateien zu nehmen.*

9. Fügen die in der Sektion [globals] in der Datei smb.conf folgenden Eintrag hinzu (wenn dieser noch nicht vorhanden sein sollte), wobei Sie die Pfadangaben Ihrer Situation entsprechend anpassen:

```
printer drive file = /home/samba/druckerdateien/printers.def
```

10. Fügen Sie der Druckerfreigabe, die die Treiber verwendet, die Sie konfigurieren, folgende Zeilen hinzu, wobei Sie diese dem von Ihnen verwendeten Drucker anpassen müssen:

```
printer driver = Druckername
printer driver location = \\%h\printer$
```

11. Starten Sie Samba neu.

Wiederholen Sie die zuvor beschriebenen Schritte für weitere Druckerfreigaben und Druckertreiber. Sie sollten jeden neu konfigurierten Drucker testen. Mit dem Hinzufügen von Druckerdefinitionen wächst die Datei printers.def in Ihrer Größe; diese Datei ist im Wesentlichen Sambas Entsprechung zu den Microsoft .INF-Dateien, die Druckertreiberinformationen enthalten. Sie sollten ebenfalls sicherstellen, dass User, die eine Verbindung mit dem Share [printer$] herstellen, die Dateien, die in ihm enthalten sind, lesen können. Setzen Sie die Rechte auf alle Dateien auf 0644 und auf das Verzeichnis auf 0755, um zu gewährleisten, dass dies der Fall ist.

Um einen Druckertreiber mithilfe der automatischen Druckerfreigabe zu installieren, führen Sie folgende Schritte aus:

1. Loggen Sie sich auf einem Windows-Client ein, auf dem Sie fraglichen Drucker noch nicht installiert haben.

2. Verwenden Sie die *Netzwerkumgebung*, um den Drucker zu suchen, den Sie installieren wollen.

3. Doppelklicken Sie das Drucker-Icon. Windows reagiert, indem es einen Dialog anzeigt, der nachfragt, ob Sie den Drucker installieren wollen.

4. Klicken Sie *Ja*. Der *Assistent für die Druckerinstallation* bietet die Möglichkeit, die Frage *Drucken Sie Dokumente mit Anwendungen für MS-DOS?* mit *Ja* oder *Nein* zu beantworten.

5. Klicken Sie die Schaltfläche *Weiter*. Windows fordert Sie auf, einen Namen für den Drucker einzugeben. Sie können diesen Namen frei wählen – vorzugsweise sollten Sie einen aussagekräftigen Namen wählen, wie Beispielsweise *„Drucker im Büro LOSSE/PETERSEN"*. Sie können ebenfalls einstellen, ob dieser Drucker als Standarddrucker verwendet werden soll. Wie bei der manuellen Konfiguration sei Ihnen empfohlen, einheitliche Namen für alle Clients zu verwenden, um Mehrdeutigkeiten bei der Fehlersuche in der Zukunft auszuschließen.

6. Klicken Sie *Weiter*. Sie haben nun die Möglichkeit, eine Testseite auszudrucken. Wählen Sie *Ja* oder *Nein* (wobei Sie zumindest auf den ersten ein oder zwei Rechnern, auf denen Sie diese Art der Installation durchführen, den Testausdruck vornehmen sollten).

7. Klicken Sie *Weiter*. Unter Umständen fordert Sie Windows auf, die Installations-CD einzulegen, was jedoch nicht für jede der Dateien, die in *printers.def* aufgeführt sind, der Fall sein muss. Nach Abschluss dieses Vorgangs fragt Windows, ob die Testseite korrekt ausgedruckt wurde. Wenn Sie dieses verneinen, öffnet Windows einen Dialog, der Sie unter Umständen beim Auffinden der Ursache unterstützt.

Wenn Ihr Netzwerk über eine große Zahl an Windows 9x-Clients verfügt, kann die automatische Druckerinstallation eine erhebliche Zeitersparnis bedeuten. Die Installation wird hierdurch nicht nur einfacher, sondern sie ist auch narrensicherer – die Wahrscheinlichkeit, dass ein User fälschlicherweise den verkehrten Treiber installiert, wird hierdurch erheblich reduziert. Obwohl das Drucken unter LINUX weitestgehend an PostScript-Geräte gebunden ist (oder an Geräte, die sich mithilfe von Ghostscript wie PostScript-Geräte verhalten), können Sie auf diese Weise jede beliebige Art von Druckertreibern installieren. Natürlich sollte der Typ der LINUX-Druckerwarteschlange, die Sie verwenden, dem Typ des Druckertreibers, den Sie auf diese Weise verteilen, entsprechen.

HINWEIS

Die automatische Treiberinstallation erlaubt es Ihnen nicht, *die Druckertreiber auf den Clients zu aktualisieren, indem Sie die Dateien auf dem Server ersetzen. Jeder Client kopiert relevante Druckertreiber auf seine eigene Boot-Partition, so dass Sie, wenn Sie Treiber aktualisieren wollen, den Installationsvorgang auf jedem Client wiederholen müssen.*

Zugriffskontrolle auf Drucker

Die Zugriffskontrolle auf Drucker ist unter Samba im Wesentlichen identisch mit der Zugriffskontrolle auf Dateifreigaben, zumindest in Bezug auf Sambas Konfigurationsoptionen. Normalerweise verwenden Sie jedoch nicht LINUX‘ Datei-Zugriffsrechte um den Zugriff auf Druckerfreigabe zu steuern, so wie Sie dies bei Dateifreigaben tun. LINUX-Druckerdämonen bieten zum Teil Zugriffskontrollmethoden, die mit Sambas Optionen interagieren können, so dass Sie diese Interaktionen verstehen sollten, wenn Sie eine Druckerfreigabe erstellen.

Warum sollten Sie jedoch überhaupt den Zugriff auf Drucker kontrollieren *wollen*? Schließlich kann ein potenzieller Eindringling in Ihr Netzwerk kritische Dateien von einem Drucker lesen, so dass es unangemessen erscheinen mag, scharfe Maßnahmen zum Schutz einer Druckerfreigabe oder sogar eines Servers, der ausschließlich als Drucker-Server dient, zu ergreifen. Es gibt drei gute Gründe, Ihren Drucker-Server zu schützen.

Durch den Schutz Ihres Drucker-Servers können Sie Zubehör sparen. Im Falle eines GAUs verfügen Sie über einen Drucker, der über einen großen Eingabeschacht und über teure Medien, Tinte oder Toner verfügt. Ein Farb-Sublimationsdrucker mit einem großen Eingabeschacht, indem sich teures Briefkopfpapier oder transparente Projektorfolien befinden ist genau so ein Drucker. Die Farb-Sublimationstechnologie ist bezogen auf jeden einzelnen Ausdruck sehr teuer, so dass Sie, wenn ein Unruhestifter einen Auftrag an diesen Drucker schickt, der nichts weiter produziert als pechschwarze Ausdrucke, leicht Hunderte oder gar Tausende von Euro für diesen unrechtmäßigen Ausdruck bezahlen müssten. Selbst auf einem einfachen Tintenstrahl- oder Laserdrucker kann das Resultat kostspielig sein. Obwohl Toner und Tinte typischerweise Druckkosten von weniger als 0,05 Euro verursachen, können komplett schwarze Ausdrucke leicht das zehnfache kosten.

Sie können sich ebenfalls vor potenziellen Server-Bugs schützen. *Wenn* Sie die aktuellste Version von Samba verwenden, ist die Wahrscheinlichkeit hoch, dass diese keine *bekannten* Fehler enthält, die eine Sicherheitslücke durch Druckerfreigaben bieten. Beachten Sie die Betonung: *Wenn* Sie die aktuellste Version verwenden und *bekannte* Fehler. Es ist denkbar, dass jemand einen Fehler in Samba entdeckt, der dazu ausgenutzt werden kann, dem Eindringling durch eine ungeschützte Druckerfreigabe vollen Zugriff auf den Server zu geben. Sie möchten sicherlich nicht das erste Opfer dieser Entdeckung sein.

Schließlich verfügen Sie über eine Methode, eine Zugriffspolitik durchzusetzen. Selbst in einem internen Netzwerk, das komplett vom Internet isoliert ist, kann es eine Politik geben, wer auf welchem Drucker ausdrucken darf. Sie möchten beispielsweise den Zugriff auf bestimmte Drucker, die hohe Kosten pro Ausdruck verursachen, ausschließlich denjenigen gewähren, die diesen Drucker tatsächlich benötigen.

Aus diesen Gründen sei Ihnen empfohlen, zumindest Minimalmaßnahmen zu ergreifen, um ein System, das anscheinend nur geringer Sicherungsmaßnahmen bedarf, wie zum Beispiel ein Druck-Server, zu sichern. Sie können mehr zu diesem Thema in *Kapitel 14: Sicherheitserwägungen* lesen und *Kapitel 5: Konfiguration zur Freigabe (Share) von Dateien* stellte bereits viele der in diesem Kapitel beschriebenen Konzepte vor.

Optionen für die Absicherung von Druckerfreigaben

Druckerfreigaben können mit normalen Zugriffskontroll-Parametern auf Share-Ebene gesichert werden. Speziell folgende Parameter dienen der Zugriffsbeschränkung auf Ihre Druckerfreigaben:

Gästedienste Die Parameter, die einen Zugriff auf Gästedienste steuern – `guest ok`, `guest account`, `guest only` und der globale Parameter `map to guest` – können auf Druckerfreigaben angewandt werden (siehe den Abschnitt *Gästezugang* in *Kapitel 5: Konfiguration zur Freigabe (Share) von Dateien*). In Kürze: Wenn Sie `map to guest = Bad User` oder `map to guest = Bad Password` setzen, können Sie für die Druckerfreigabe den Parameter `guest ok = Yes` setzen, um Personen einen Zugang zu ermöglichen, die über kein Passwort auf dem Samba-Server verfügen. Unter Umständen müssen Sie den Parameter `guest account` auf einen gültigen User setzen, wie in `guest account = walters`. Das Setzen der Gästeoptionen auf diese Weise öffnet den Samba-Server für einen potenziellen Missbrauch, aber in manchen Netzwerkumgebungen ist die potenzielle Gefahr gering und der Vorteil, den Sie dadurch gewinnen, keine Accounts für Druckerzugriffe pflegen zu müssen, ist substanziell.

`hosts allow` **und** `hosts deny` Diese Sicherheitsparameter erlauben es Ihnen, Computer oder Netzwerke aufzulisten, die Zugriff auf den Server oder den Share nehmen dürfen, bzw. denen der Zugriff verweigert werden soll. Zum Beispiel: Der Eintrag `hosts allow = .treeroomco.com` erlaubt es allen Computern aus der Domäne `threeroomco.com`, Zugriff auf das System zu nehmen. *Kapitel 14: Sicherheitserwägungen* beschreibt diese Parameter im Detail.

`valid users` **und** `invalid users` Diese Parameter funktionieren weitestgehend wie `hosts allow` und `hosts deny`, jedoch auf der Ebene individueller Benutzer. Wenn nur einige Benutzer Zugriff auf den Server nehmen können dürfen, könnten Sie einen Eintrag wie folgt vornehmen: `valid users = giorgio, niko, @athen`. Dieser Eintrag beschränkt die Benutzer `giorgio` , `niko` und alle Mitglieder der Arbeitsgruppe `athen` auf die Benutzung des Shares.

Mithilfe der Parameter `valid users` und `invalid users` kann eine Menge in Bezug auf Einschränkungen auf Druckerfreigaben erreicht werden. Diese Optionen können wie die Optionen `hosts allow` und `hosts deny` auf entweder den gesamten Server oder auf nur einzelne Shares angewandet werden. Ein Server kann somit sowohl einen Drucker, der für den Gebrauch durch eine großen Zahl an Usern (eventuell sogar Gästeanwender) vorgesehen ist, sowie einen Drucker, den nur eine Handvoll User verwenden können, beheimaten.

Interaktionen zwischen Samba-Optionen mit Optionen von `lpd`

LINUX' Drucksystem beinhaltet einen eigenen Satz an Werkzeugen, um den Zugang zu beschränken. Zum Beispiel: Das Standard-Drucksystem in den meisten Distributionen ist das BSD-Drucksystem, welches in der Datei `/etc/printcap` einen Parameter `rg` unterstützt. Dieser Parameter schränkt den Zugriff auf einen Drucker auf eine bestimmte Benutzergruppe ein. Die Angabe von `rg = athen` würde eine Druckerwarteschlange erzeugen, die nur von Mitgliedern der Gruppe `athen` nutzbar wäre. Dieser Parameter ähnelt dem Samba-Parameter `valid users`, wenn dieser mit Gruppen als Werte verwendet wird. Wenn Samba einen Druckauftrag für einen Client übermittelt, tut es dies mit den Rechten, die der User, der die entsprechende Freigabe nutzt, besitzt – es sei denn, Sie verwenden den Parameter `force user` oder `force group`, in welchem Falle Samba den angegebenen User- oder Gruppennamen verwenden würde. Im Regelfalle ist es empfehlenswert, die User-Identifikation unberührt zu lassen, wenn Samba zum Drucken verwendet wird, aber wenn Sie wirklich die durch das darunter liegende Drucksystem auferlegten Einschränkungen umgehen müssen, können Sie dies oftmals durch Verwendung dieser Optionen tun.

Betrachten Sie die Sicherheitsmerkmale von Samba und von `lpd` (oder welches Drucksystem Sie auch immer verwenden mögen) als aufeinander folgende Filter. Sie können Sambas Sicherheitsmerkmale dazu verwenden, bestimmte Arten unerwünschten Zugriffs auszufiltern, und die Leistungsmerkmale des zu Grunde liegenden Drucksystems für dieselbe Aufgabe verwenden – und zwar auf Zugriffe durch lokale Benutzer sowie durch Netzwerk-User. Jeder Zugriffsversuch muss sowohl den Sicherheitsüberprüfungen durch Samba als auch durch `lpd` standhalten.

Einige Szenarios für Druckerfreigaben

Das Verständnis für diese Thematik soll mithilfe einiger praktischer Beispiele gefördert werden. Verwenden Sie diese als Grundlage für Ihre eigenen Konfigurationen.

Alle lokalen Drucker mit Variationen freigeben

Angenommen, an Ihren LINUS-Computer sind drei Drucker angeschlossen: Ein PostScript-Farbsublimationsdrucker, ein PostScript-Laserdrucker und ein Tintenstrahldrucker, der die PCL-Sprachvariante „versteht“. Um alle drei Drucker mit ihren nativen Windows-Druckertreibern – PostScript für die ersten beiden, PCL für den dritten – nutzen zu können, müssen Sie zunächst drei LINUX-Druckerwarteschlangen vom Typ *raw* einrichten. Jede dieser Warteschlangen soll ihre Ausgabe an den Drucker ohne weitere Verarbeitung durchreichen. Die Warteschlangen heißen `farbsub`, `laser` und `tinte`. Diese Art der Konfiguration macht den Tintenstrahldrucker für eine Nutzung durch LINUX-Programme nahezu nutzlos, aber in diesem Beispiel fungiert der Computer als reiner Druck- und Datei-Server, so dass uns dieses Thema nicht beschäftigen sollte (sollten Sie das Beispiel erweitern wollen, legen Sie eine vierte Warteschlange an, die zunächst PostScript durch Ghostscript verarbeiten lässt, und senden Sie erst dann das Ergebnis an den Tintenstrahldrucker).

Da Farb-Sublimationsausdrucke sehr teuer sind, wollen Sie den Zugriff auf diesen Drucker auf einige wenige User beschränken, die speziell dazu autorisiert sein sollen, die hochwertigen Farbausdrucke, die dieser Drucker bietet, zu nutzen. Alle anderen User sollen Schwarz-/Weiß-Ausdrucke auf dem Laserdrucker und Farbausdrucke in geringerer Qualität auf dem Tintenstrahldrucker ausgeben dürfen.

Eine einfache Datei `smb.conf`, die diese Resultate erbringt, könnte wie folgt aussehen:

```
[global]
        workgroup = WORKGROUP
        server string = %h server
        encrypt passwords = Yes
        load printers = Yes
```

```
[printers]
        comment = All Printers
        path = /var/spool/samba
        print ok = Yes
        browseable = No

[farbsub]
        comment = Farbsublimationsdrucker
        path = /var/spool/samba
        valid users = losse, petersen, ute
        print ok = Yes
        browseable = Yes
```

Das Ergebnis dieser Konfiguration ist, dass jeder der drei an den Server angeschlossenen Drucker über das Netzwerk unter denselben Namen wie die internen Namen der Warteschlangen erreichbar ist – `farbsub`, `laser` und `tinte`. Der Share `[farbsub]` übersteuert die in der Sektion `[printers]` vorgenommenen Einstellungen, jedoch nur für den Share `[farbsub]`. Aus diesem Grunde ist dieser Drucker nur durch die drei User `losse`, `petersen` und `ute` nutzbar.

HINWEIS

Der Parameter `browseable` *hat geringfügig andere Bedeutungen für die Shares* `[printers]` *und* `[farbsub]`. *Für den Share* `[printers]` *würde die Einstellung* `browseable = Yes` *dazu führen, dass ein nutzloser Share*`[printers]` *auf den Client-Systemen zu finden wäre, darum wurde dieser Parameter auf* `No` *gesetzt. Es ist jedoch notwendig, den Parameter* `browseable = Yes` *für einzelne Druckerfreigaben zu setzen, da diese sonst nicht in der Netzwerkumgebung auftauchen würden.*

Die Shares in dieser Konfiguration nutzen beide nicht den Parameter `postscript`. Für den Share `[printers]` *kann* dieser Parameter nicht gesetzt werden, da er den Zugriff auf den Tintenstrahldrucker verhindern würde. Da die zu Grunde liegenden LINUX-Druckerwarteschlangen vom Typ *raw* sind, sollte für Samba nicht die Notwendigkeit bestehen, die Ausgabe, die für PostScript-Drucker gedacht ist, anzupassen. Wenn Sie Warteschlangen verwenden, die *Smart Filter* einschließen, und aus diesem Grund den Parameter `postscript = Yes` setzen müssten, könnten Sie den Share `[printers]` entfernen und an dessen Stelle zwei neue Shares erzeugen. Der eine könnte dann `[laser]` genannt werden, für den der Parameter `postscript = Yes` gesetzt wird, der andere `[tinte]`, für den dieser Parameter nicht verwendet würde.

Einen entfernten Drucker re-exportieren

Es ist möglich, einen Samba-Server als Brücke zwischen andernfalls inkompatiblen Netzwerken zu verwenden – entweder als tatsächliche Netzwerk-Brücke oder als virtuelle Brücke zwischen inkompatiblen Protokollen innerhalb einer einheitlichen Netzwerk-Hardware-Umgebung. Angenommen, in Ihrem Netzwerk finden sich Macintosh-Rechner, die unter MacOS laufen und AppleTalk verwenden, und x86-basierte Computer, die unter Windows laufen. Wenn Sie in AppleTalk-Drucker investiert haben, möchten Sie unter Umständen den Windows-Clients ebenfalls Zugriff auf diese Drucker geben. Wenn Sie in der Zukunft expandieren werden, entschließen Sie sich vielleicht, Ihrem Samba-Server Drucker hinzuzufügen, der dann ebenfalls als AppleTalk-Druck-Server auftreten könnte, indem er Netatalk verwendet. Sie könnten ebenfalls Zugriff auf Drucker, die auf Unix-Computern beheimatet sind, gewähren, auf denen kein Samba läuft.

Um konkret zu werden, nehmen wir an, Ihr Netzwerk verfügt über drei Drucker:

- einen PostScript-Laserdrucker, der mittels AppleTalk kommuniziert
- einen PostScript-Farblaserdrucker, der an einen Unix-Host angeschlossen und mittels `lpd` freigegeben ist
- einen PCL-Laserdrucker, der direkt an den LINUX-Computer angeschlossen ist.

Folgende Datei `smb.conf` würde es erlauben, alle drei Drucker mittels Samba zu nutzen:

```
[global]
        workgroup = WORKGROUP
        server string = %h server
        encrypt passwords = Yes

[apple-laser]
        comment = AppleTalk-Laserdrucker
        print command = pap -p lw630 %s; rm %s
        postscript = Yes
        path = /var/spool/samba
        print ok = Yes
        browseable = Yes
```

```
[color-ps]
comment = PostScript-Farblaser
        path = /var/spool/samba
        postscript = Yes
        print ok = Yes
        browseable = Yes

[pcl-laser]
        comment = PCL-Laserdrucker
        path = /var/spool/samba
        print ok = Yes
        browseable = Yes
```

Da jeder dieser Shares eindeutige Parameter benötigt, bedarf jeder seiner eigenen Definition; aus diesem Grunde gibt es keinen „allgemeinen" Share `[printers]`. Vom Standpunkt der Samba-Konfiguration aus ist der Share `[apple-laser]` am interessantesten, da er Daten von Windows-Clients an einen mithilfe von *AppleTalk* freigegebenen Drucker weiterleitet. Dieser Share verwendet den Parameter `print command`, um Druckdateien an den *AppleTalk*-Drucker `lw630` mithilfe des Befehls `pap`, der Bestandteil des Pakets *Netatalk* ist, weiterzuleiten. Wenn Sie den Parameter `print command` verwenden, denken Sie an die Variable `%s`, die angibt, welche Datei gedruckt werden soll. Viele Druckpakete, einschließlich `pap`, löschen Dateien, die von ihnen gedruckt wurden nicht, so dass es häufig notwendig ist, `rm %s` als Bestandteil von `print command` anzugeben.

Der Share `[color-ps]` exportiert Druckdateien an eine Warteschlange, die auf einem anderen Unix-Computer beheimatet ist. Dieser Share verwendet jedoch keinen Parameter `print command`. Dies liegt daran, dass man die Konfiguration in einer solchen Situation normalerweise so vornimmt, dass eine lokale LINUX-Warteschlange erzeugt werden kann, aber `/etc/printcap` mit `rm` und `rp` dahingehend konfiguriert, die entfernte Maschine und die entfernte Warteschlange anzugeben statt `lp` einen lokalen Duckerport angeben zu lassen (Sie könnten einen Appletalk-Drucker genau so konfigurieren, was es LINUX-Programmen erlauben würde, unter Nutzung einer normalen LINUX-Druckerwarteschlange Zugriff auf den AppleTalk-Drucker zu nehmen).

HINWEIS

Die Verwendung der Shares `[apple-laser]` *und* `[color-ps]`*kann zu vermehrtem Netzwerkverkehr führen. Der Druckauftrag muss vom Client an den LINUX-Server gesendet werden und dann vom LINUX-Server an den Drucker oder den entgültigen Druck-Server. Wenn LINUX als Brücke zwischen physikalisch getrennten Netzwerken mit Drucker und Samba-Clients auf entgegengesetzten Seiten der Brücke verwendet wird, ist dies jedoch nicht der Fall. Wenn sich jedoch alle Geräte in einem Netzwerk-Segment befinden, erhöht diese Konfiguration den Verkehr in diesem Netzwerksegment. Es könnte daher vorzuziehen sein, die entgültigen Zielsysteme dahingehend zu konfigurieren, SMB/CIFS-Druckaufträge direkt entgegen zu nehmen, oder die Clients dahingehend zu konfigurieren, Druckaufträge in der Form, die der entgültige Druck-Server erwartet, versenden zu lassen.*

Die Warteschlange `[pcl-laser]` unterscheidet sich von den beiden vorherigen, dass für sie nicht der Parameter `postscript = Yes` verwendet wurde. Der PCL-Drucker muss entweder eine Warteschlange vom Typ *raw* verwenden oder eine Warteschlange, die einen *Smart Filter* benutzt, die PCL von anderen Ausgaben unterscheiden kann und dieses ohne weitere Verarbeitung an den Drucker schickt.

Samba zur Verarbeitung von PostScript verwenden

Einer der Vorteile, LINUX als Druck-Server zu verwenden ist dass Sie problemlos zwei oder mehr Samba-Warteschlangen erzeugen können, die auf zwei oder mehrere verschiedene Weisen Daten verarbeiten können, um sie an einen einzelnen Drucker zu schicken. Ein Beispiel hierfür ist, einen Nicht-PostScript-Drucker zu exportieren und hierfür eine Warteschlange zu verwenden, die die native Sprache des Druckers entgegennimmt und eine, die das Ergebnis durch Ghostscript verarbeiten lässt. Letztere Warteschlange können Sie als PostScript-Warteschlange von Windows aus ansprechen.

Es gibt mehrere Vorteile, einen Drucker sowohl mit einer Warteschlange vom Typ *raw* als auch als virtuellen PostScript-Drucker zu exportieren:

- Wie bereits zuvor beschrieben, variiert der Gebrauch von Client-, Netzwerk- und Server-Ressourcen erheblich, abhängig vom Dateityp, den Sie drucken, davon, ob Sie PostScript oder einen Drucker-spezifischen Treiber einsetzen und davon, was für einen Drucker Sie verwenden. Wenn Sie erst ein wenig Erfahrungen hiermit gewonnen haben, können Sie den Ressourcengebrauch durch die Wahl einer entsprechenden Druckerwarteschlange für jeden Druckauftrag minimieren.
- Sie optimieren ebenfalls die Qualität. In den meisten Fällen ist der Ausdruck von farbigen Bitmaps besser, wenn Sie den nativen Treiber eines Druckers verwenden. Text jedoch wird meist gleich gut oder manchmal sogar besser ausgedruckt, wenn Sie PostScript verwenden.

- In einigen Fällen müssen Sie in PostScript ausdrucken. Angenommen, Sie arbeiten mit einem Desktop Publishing-Programm und importieren Dateien vom Typ *Encapsulated PostScript* (*EPS*); in einem solchen Fall kann es notwendig sein, den Ausdruck auf einen PostScript-Drucker schicken zu müssen oder ihn zunächst durch Ghostscript verarbeiten zu lassen. Sie könnten auch im World Wide Web auf PostScript-Dateien stoßen, die Sie vielleicht ausdrucken wollen. Oder Sie verwenden einen billigen Drucker und einen LINUX-Server als kostengünstige Alternative, Probeausdrucke von Dokumenten zu machen, die an ein Service-Büro gehen sollen, wo sie in hoher Qualität ausgedruckt werden sollen.

Alle diese Faktoren variieren substanziell von einem Drucker oder Netzwerk zum anderen, so dass das Vorhandensein beider Warteschlangentypen ein erheblicher Segen sein kann. Die enge Einbindung von Ghostscript in die LINUX-Druckerwarteschlange macht diese Form der Konfiguration zu einem Kinderspiel. Folgendes Listing ist ein Beispiel für eine Datei `smb.conf`, die denselben Drucker auf drei verschiedene Arten exportiert – raw, als PostScript-Drucker mit einer geringen Auflösung und als PostScript-Drucker mit einer hohen Auflösung.

```
[global]
        workgroup = ATHEN
        server string = %h server
        encrypt passwords = Yes
        load printers = Yes

[printers]
        comment = PostScript-Exports
        path = /var/spool/samba
        print ok = Yes
        browseable = No
        postscript = Yes

[inkjet-raw]
        comment = Raw- (Nicht-PostScript)- Export
        path = /var/spool/samba
        print ok = Yes
        browseable = Yes
```

Diese Konfiguration ist eine Variante des vorletzten Beispiels. Sie basiert auf dem Vorhandensein von drei `lpd`-Druckerwarteschlangen auf dem Server: Zwei mit Namen Ihrer Wahl (beispielsweise `inkjet360` und `inkjet720` für durch Ghostscript mit 360 dpi bzw. 720 dpi verarbeitete

Warteschlangen) und eine, die `inkjet-raw` heißt, die keinen Eingabefilter verwendet. Diese Konfiguration bietet unter Windows drei Druckerfreigaben an: `inkjet360`, `inkjet720` und `inkjet-raw`.

Windows-Clients sollten die von Microsoft oder dem Druckerhersteller zur Verfügung gestellten Druckertreiber verwenden, um Daten an das Gerät `inkjet-raw` zu senden. Sie können aus einer großen Auswahl einen beliebigen PostScript-Treiber für die Warteschlangen `inkjet360` und `inkjet720` verwenden. Die Treiber für *Apple LaserWriter* haben sich als hervorragend erwiesen. Da diese Windows-Treiber jedoch für andere Drucker geschrieben wurden als für den von Ihnen verwendeten, ist die Entsprechung mit Ihrem Drucker nicht perfekt.

Glücklicherweise ist die unter Windows eingestellte Druckerauflösung für PostScript-Drucker nicht so wichtig, wie dies der Fall für die meisten Nicht-PostScript-Drucker ist (obwohl sie beim Ausdrucken bestimmter Bitmaps wichtig sein kann). Sie legen die Auflösung des Ausdrucks stattdessen dadurch fest, dass Sie ihn in eine bestimmte Samba-Warteschlange ausgeben. Entsprechend reichen sogar PostScript-Treiber für Schwarz-/Weiß-Drucker normalerweise Farbinformationen unverändert weiter, obwohl dies nicht immer der Fall sein muss. Seitenrand-Informationen sind jedoch häufig unkorrekt, wenn Sie einen PostScript-Treiber mit beliebigen Druckern verwenden. Als Ergebnis kann es möglich sein, dass es Ihnen erlaubt ist, die von Ihnen definierten Seitenränder zu dicht an den Papierrand zu setzen – oder Sie können Ihre Seitenränder nicht in der gewünschten Breite definieren – wenn Sie einen PostScript-Treiber für einen Drucker verwenden, dessen Ausgaben zuvor von Ghostscript verarbeitet wurden. Ebenfalls ist es möglich, dass der von Ihnen verwendete Treiber Schriftarten unterstützt, die für Ghostscript nicht installiert sind, was dazu führt, dass diese in einer anderen Schriftart ausgedruckt werden, normalerweise Courier. Sie können Ghostscript jedoch Schriftarten hinzufügen, wenn Sie entsprechende Fonts gefunden haben. Beachten Sie hierzu auch die Dokumentation zu Ghostscript.

Windows-Applikationen nehmen häufig abhängig vom von Ihnen gewählten Druckertreiber feine Änderungen an ihren Seitenrändern, Schriftgrößen und so weiter vor. Aus diesem Grunde können Sie unterschiedliche Ergebnisse bezüglich der Seitenzahl und Schriftgrößen bei Ausdrucken in einerseits *raw*-, andererseits Ghostscript-basierten Druckerdefinitionen erhalten. Auf der anderen Seite können Sie erreichen, dass Ihre Dokumente mit einem einheitlichen Layout auf verschiedenen Druckern ausgegeben werden, wenn Sie Ghostscript und einen einheitlichen PostScript-Treiber für alle Drucker innerhalb Ihres Netzwerks verwenden.

Zusammenfassung

LINUX gibt einen hervorragenden Druck-Server ab. Sie können selbst einen alten 80486-Computer dazu verwenden, mehrere Drucker mit Samba zu bedienen und damit Ressourcen freisetzen, die an anderer Stelle dringender benötigt werden. Mit seinen feinen Kontrollmöglichkeiten ermöglicht es Samba, genau fest zu legen, wer im Einzelnen welchen Drucker verwenden kann.

LINUX' native Drucksysteme sind nicht durchgehend einheitlich; viele Systeme verwenden das BSD-Drucksystem, einige werden mittlerweile mit LPRng oder anderen Varianten ausgeliefert. Aus diesem Grunde variieren die genauen Befehle, die der Konfiguration unterliegen. Glücklicherweise kann sich Samba diesen Änderungen fast automatisch anpassen; wenn Sie jedoch irgendetwas Komplexeres angehen wollen, müssen Sie dir Möglichkeiten Ihres Drucksystems kennen.

LINUX als SMB/CIFS-Client

KAPITEL

7

Ein Großteil dieses Buches konzentriert sich auf die Verwendung eines LINUX-Computers als Server in einem Netzwerk mit Clients, die SMB/CIFS verwenden – höchstwahrscheinlich Windows-Computer. Es gibt jedoch auch (seltene) Fälle, in denen Sie einen LINUX-Computer als Client in einem SMB/CIFS-dominierten Netzwerk verwenden wollen. Glücklicherweise bieten sowohl LINUX selber als auch das Samba-Paket Features, die es Ihrem LINUX-Computer erlauben, als SMB/CIFS-Client zu fungieren. Obwohl diese Leistungsmerkmale nicht so ausgeprägt sind, wie die des Samba-Servers, sind sie dennoch funktional und zuverlässig.

Wenn Sie Ihren LINUX-Computer als SMB/CIFS-Client verwenden wollen, kann der dazugehörige Server ein beliebiges Betriebssystem verwenden, welches als SMB/CIFS-Server fungieren kann – Windows, OS/2, LINUX oder verschiedene weitere. Darum ist es möglich, dass Sie Samba als Netzwerkprotokoll in der Kommunikation von LINUX mit LINUX verwenden *können*. Für die meisten Funktionen ist jedoch die Verwendung anderer Protokolle vorzuziehen. Das *Network File System (NFS)* zum Beispiel unterstützt die Leistungsmerkmale des LINUX-Dateisystems wesentlich besser als SMB/CIFS, so dass NFS in der Regel die bessere Wahl für eine Dateifreigabe ist. Wenn Sie Samba-Unterstützung auf sowohl Client- als auch Server-Seite für andere Systeme benötigen, könnten Sie in Erwägung ziehen, Samba für LINUX-/LINUX-Druckerfreigaben zu verwenden, obwohl das LINUX-Drucksystem `lpd` diese Fähigkeit normalerweise standardmäßig enthält (es gibt einige Sicherheitsvor- und -Nachteile sowohl für `lpd`- als auch SMB/CIFS-Druckerfreigaben, von denen einige später in diesem Kapitel diskutiert werden):

Dieses Kapitel beginnt mit einem Überblick der Gründe, Samba als Client-Paket einzusetzen, einschließlich einiger möglicher Alternativen. Dann geht es dazu über, zwei Methoden des Dateizugriffs mit Samba als Client zu erläutern: Mithilfe der Programme `smbclient` und `smbmount`. Am Ende des Kapitels wird der Druckvorgang auf entfernte SMB/CIFS-Drucker mit Samba dargestellt.

Wann Samba als Client einsetzen?

Es ist nützlich, einige Dinge grundsätzlich zu verstehen, die Sie erreichen können, wenn Sie Samba als Client einsetzen. Mit diesem Wissen sind Sie besser dazu in der Lage, die für die spezifischen Client-Programme zur Verfügung stehenden Optionen einzusetzen. Dieser Abschnitt vermittelt Ihnen unter Umständen ebenfalls einen Eindruck über mögliche Einsatzgebiete von Samba als Client, die Sie vorher noch nicht in Betracht gezogen haben.

Ressourcenzugriff in einem Windows-Netzwerk

Eine der offensichtlichsten und allgemeinsten Rollen Sambas als Client ist es, Zugriff auf Windows-Netzwerkressourcen zu bieten. speziell Zugriff auf Dateien und Drucker. SMB/CIFS bietet ebenfalls weitere Dienste, wie Zeitsynchronisation, User-Authentifizierung und Browsing. Die meisten dieser Features werden jedoch nicht von Samba verwendet; so bietet Samba beispielsweise keinen Zugriff auf Windows-basierte Zeit-Server.

Die zwei am häufigsten von Ihnen durch SMB/CIFS bereitgestellten und von Ihnen unter LINUX genutzten Dienste sind also Datei- und Drucker-Shares. Beide Zugriffsverfahren werden später in diesem Kapitel detailliert vorgestellt. Beachten Sie, dass jeder andere hier beschriebene Gebrauch von Samba als Client in eine dieser beiden Kategorien fällt. Generell gesprochen können Sie jedoch Datei- und Drucker-Shares als Mittel für LINUX-User betrachten, direkt Zugriff auf Ressourcen zu nehmen, die auf Windows-Computern zur Verfügung stehen. Einige Beispiele für direkte Zugriffe durch User auf Ressourcen sind:

LINUX als Client in einem Client-/Server-Netzwerk In Ihrem Netzwerk könnte ein SMB/CIFS-Server vorhanden sein, auf dem User ihre Dateien abspeichern. Wenn einer oder mehrere Ihrer Client-Computer dahingehend konfiguriert sind, dass sie Dual-Boot-Maschinen sind, die alternativ Windows oder LINUX booten oder die permanent unter LINUX laufen, könnte es praktisch sein, Samba dazu zu verwenden, den Benutzern dieser Computer Zugriff auf die Dateien des entfernten Servers zu geben.

LINUX als Peer in einem Peer-to-Peer-Netzwerk Unter Umständen unterhalten Sie ein kleines Netzwerk, in dem von Zeit zu Zeit die Notwendigkeit entsteht, Dateien von einer Windows-Maschine lesen zu müssen, die normalerweise nur als Client fungiert oder als Peer in einer Peer-to-Peer-Konfiguration. Es ist äußerst einfach, eine solche Maschine dahingehend zu konfigurieren, dass sie SMB/CIFS-Dienste bieten kann. Nachdem dies geschehen ist, können Sie LINUX dazu verwenden, Zugriff auf diese Dateien zu nehmen. Die Alternative wäre, sich zu dem Zielcomputer zu begeben und die Dateien von diesem System ausgehend zu übertragen, was weniger bequem ist.

LINUX-/LINUX-Dateizugriff Es wurde bereits bemerkt, dass der Einsatz von Samba für die Freigabe zwischen LINUX-Maschinen eine weniger als ideale Lösung ist. In wenigen Ausnahmefällen mag diese Methode jedoch wünschenswert sein. Angenommen, Sie möchten Passwörter als Teil Ihrer Authentifizierung für die Freigabe von Dateien verwenden (NFS verwendet ein als *Trusted* – dt. *vertrauenswürdige – Hosts* bezeichnetes Modell, in dem die IP-Adresse des Clients das primäre Mittel für eine Authentifizierung ist). In solch einem Fall mag der Mangel von SMB/CIFS an Unix-ähnlichen Rechten und Besitzverhältnissen weniger Gewicht haben, als die Features zur Authentifizierung, die Samba bietet.

Zugriff auf Drucker-Shares Wenn Ihr Netzwerk bereits über Drucker verfügt, die mithilfe von SMB/CIFS freigegeben sind, ermöglichen Ihnen die Drucker-Client-Tools von Samba einen Zugriff auf diese Drucker, der genauso einfach ist wie der Zugriff auf lokale Drucker oder Netzwerkdrucker, die durch das Unix-Protokoll `lpd` freigegeben sind. Da die Nutzung von SMB/CIFS-Druckerfreigaben genauso wie die Freigaben von Dateien einer Authentifizierung durch Passwörter bedarf, ziehen Sie diese Methode eventuell sogar in einem LINUX- oder UNIX-dominierten Netzwerk vor.

Als allgemeine Regel kann formuliert werden, dass Samba am besten als Client in Netzwerken eingesetzt wird, die von Windows-Computern dominiert werden – entweder in einer Peer-to-Peer-Konfiguration oder in einer Client-/Server-Konfiguration, in der der Server ein Windows-Computer ist. Sie könnten jedoch Samba als Client eines Samba-Servers nutzen wollen, um die Verwendung unnötiger Protokolle zu reduzieren und hiermit beispielsweise NFS auszuschalten. Es mag Sicherheitsgründe dafür geben, die Verwendung von Samba als Client für einen Samba-Server zu verwenden, oder Sie ziehen es vor, Passwörter als Teil Ihres Authentifizierungssystems zu verwenden.

Auf Datei-Shares kann entweder zugegriffen werden, indem man einen FTP-ähnlichen Client mit dem Namen `smbclient` verwendet, oder indem diese ähnlich wie lokale Laufwerksfreigaben mithilfe eines Programms Namen `smbmount` in das lokale Dateisystem eingehängt (*gemountet*) werden.

LINUX als Übersetzer

Eine außergewöhnliche Rolle für Samba ist, seine Verwendung als „Übersetzer“ zwischen andererseits inkompatiblen Netzwerkprotokollen zu verwenden. Betrachten Sie das in *Abbildung 7.1* dargestellte Netzwerk, in dem ein LINUX-Computer als Brücke zwischen zwei Netzwerken dient: Ein Macintosh- (Appletalk-basiert) und ein Windows-Netzwerk (SMB/CIFS-basiert). Jedes der beiden Netzwerke verfügt über mehrere Computer und jeweils einen Drucker. Da AppleTalk und SMB/CIFS vollkommen unterschiedliche und nicht kompatible Protokolle sind, kann keine der beiden Computergruppen die Ressourcen der jeweils anderen Gruppe nutzen, selbst wenn die beiden Netzwerke den gleichen Typus Netzwerkkabel verwenden.

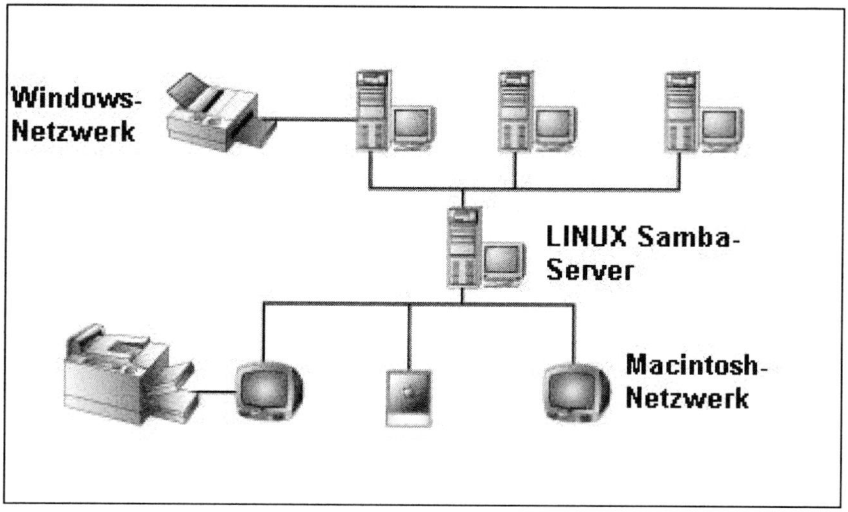

Abbildung 7.1: Windows- und Macintosh-Netzwerkprotokolle sind unterschiedlich, jedoch kann ein LINUX-Computer helfen, die Lücke zu überbrücken

HINWEIS

Abbildung 7.1 *zeigt die beiden Netzwerke als voneinander getrennt, jedoch mit dem LINUX-Computer verbunden. Eine solche Situation erfordert den Einsatz von zwei Netzwerkkarten im LINUX-Computer. Die Netzwerke könnten aber auch über dieselbe Verkabelung verfügen, so dass die Maschinen direkt miteinander kommunizieren könnten, wenn sie mit entsprechenden Client- und Server-Paketen ausgestattet sind. LINUX könnte jedoch weiterhin als Brücke zwischen den Protokollen SMB/CIFS und AppleTalk in dieser Situation dienen.*

Samba kann in einem Client nützlich sein, wenn Sie Netzwerke überbrücken, da Sie Samba dazu verwenden können, Ressourcen aus dem Windows-Netzwerk zu mounten. Sie können diese Ressourcen dann wieder freigeben (*re-exportieren*), indem Sie ein anderes Netzwerkpaket wie *Netatalk* für Macintosh-Netzwerke verwenden. Die Macs in *Abbildung 7.1* sähen beispielsweise die von den Windows-Maschinen exportierten Shares, als wenn diese lokal für den LINUX-Samba-Server wären. Ähnlich sähe es aus, wenn Netatalk dahingehend konfiguriert wäre, dass esDrucker-Shares freigibt. Die Windows-Clients könnten dann auf dem Apple-Drucker drucken.

Wie in *Kapitel 6: Druckerfreigaben konfigurieren* beschrieben, kann dieser Prozess in beide Richtungen erfolgen – d.h. die Macintosh-Rechner könnten ebenfalls auf den Windows-Druckern drucken. Da LINUX' Unterstützung für die Dateifreigabe von AppleTalk noch ziemlich in den Kinderschuhen steckt, ist der Zugriff von Windows-Computern auf Datei-Shares innerhalb eines AppleTalk-Netzwerks mit LINUX als Brücke jedoch noch nicht möglich. Wäre das Macintosh-Netzwerk ein Novell- oder ein Unix-Netzwerk, könnten die Datei-Shares an das Windows-Netzwerk exportiert werden.

HINWEIS

Abbildung 7.1 *zeigt ein Macintosh-Netzwerk, aber dasselbe Prinzip gilt ebenfalls für andere Netzwerktypen, wie zum Beispiel für aus UNIX-Systemen bestehende Netzwerke. Damit dies funktioniert, muss LINUX Server für das Nicht-Windows-Netzwerk bieten.*

Das Re-Exportieren von Shares wie hier beschrieben hat seine Nachteile. In erster Linie wird hierdurch die Effizienz beeinträchtigt, da für jeden Dateizugriff zwei Netzwerkzugriffe erforderlich sind. In *Abbildung 7.1* geschehen diese Netzwerkzugriffe auf physikalisch getrennte Netzwerke, so dass, auch wenn dieser Prozess einige Zeit in Anspruch nimmt, die Netzwerke nicht mit großen Mengen unnötigen Netzwerkverkehrs verstopft werden. Auf der anderen Seite kann der Effekt entstehen, dass jeweils zwei Übertragungen über ein Kabel erfolgen, wenn die beteiligten Maschinen die gleichen Netzwerkkabel nutzen. Dieses nimmt übermäßig viel Bandweite in Anspruch.

Wenn möglich, ist es vorzuziehen, LINUX als Server für beide Netzwerke zu verwenden, statt es als Brücke zu verwenden. Statt Shares eines Windows-Computers zu re-exportieren, sollten Sie die entsprechenden Dateien auf der LINUX-Maschine speichern und das entsprechende Verzeichnis für beide Netzwerke exportieren. Entsprechend können Sie den Netzwerkverkehr in Bezug auf Druckaufträge reduzieren, wenn Sie die Drucker direkt an den LINUX-Server anschließen.

Trotz dieser Empfehlungen muss es nicht immer praktisch oder sogar notwendig sein, Windows-Shares zu re-exportieren, indem sie mithilfe von Samba gemountet und dann mithilfe eines anderen Protokolls exportiert werden. Wenn Sie sich jedoch auf diese Technik stützen wollen, müssen Sie gegebenenfalls eine Umstrukturierung Ihrer Netzwerkarchitektur in Erwägung ziehen.

LINUX-Programme auf Windows-Dateien verwenden

Ein Grund, Windows-Shares unter LINUX zu mounten, ist, dass einzelne User LINUX-Computer verwenden und sie Zugriff auf die Windows-Dateien bekommen sollen. Der Haken bei dieser Idee ist, das der LINUX-User ein LINUX-Programm verwenden könnte, dass Daten verarbeitet, die ursprünglich auf einem Windows-Computer gespeichert waren. Die Betriebssystemvorlieben des Users sind an dieser Stelle irrelevant; es ist eine Frage der Verwendung, des richtigen Tools für diese Aufgabe zu verwenden..

Zum Beispiel: Betrachten Sie einen User, der eine PostScript-Datei erhalten oder erzeugt hat, diese aber in eine Datei des Typs *Adobe Portable Document Format* (PDF) umwandeln möchte. Eine Methode, dieses

Ziel zu erreichen, ist die Verwendung von Ghostscript. (`http://www.cs.wisc.edu/~ghost/`) , um PostScript in PDF zu konvertieren. Wenn Sie mit LINUX vertraut sind oder bereits *Kapitel 6: Druckerfreigaben konfigurieren* gelesen haben, wissen Sie, dass alle wichtigen LINUX-Distributionen mit Ghostscript ausgeliefert werden. Aus diesem Grunde, statt Ghostscript auf dem Client-Computer zu installieren, um eine einzige Konvertierung vorzunehmen, kann der User die Datei mithilfe von LINUX wie folgt konvertieren:

1. Konfigurieren Sie den Windows-Computer dahingehend, dasd das Laufwerk, auf dem die PostScript-Datei gespeichert ist, exportieret.
2. Loggen Sie sich auf dem LINUX-Computer ein.
3. Mounten Sie das freigegebene Windows-Laufwerk mit dem Befehl `smbmount` wie folgt:

   ```
   $ smbmount //windose/verzeichnis mountpoint
   ```

4. Verwenden Sie Ghostscript, um die Datei zu konvertieren. Der folgende Befehl konvertiert die Datei auf dem freigegebenen Laufwerk:

   ```
   $ ps2pdf mountpoint/testdatei.ps
   ```

5. Unmounten Sie die Windows-Freigabe durch einen Befehl wie:

   ```
   $ smbumount mountpoint
   ```

HINWEIS

Wie in Kapitel 8: Automatisierung *beschrieben, ist es möglich, spezielle Samba-Shares zu erzeugen, die Skripte für häufig auftretende Aufgaben ausführen.* Kapitel 8 *beinhaltet eine Beispielkonfiguration eines Drucker-Shares, der PostScript nach PDF konvertiert.*

Samba auf diese Weise in die Rolle eines Clients zu versetzen, kann eine bequeme Methode sein, die Stärken von LINUX gemeinsam nutzen zu können, während die User Ihre Dateien auf ihren lokalen Computern pflegen. Wenn Sie häufig solche Techniken einsetzen, wäre es vermutlich einfacher, die Festplattenkapazität Ihres LINUX-Servers zu erhöhen und es Ihren Usern zu ermöglichen, ihre Dateien direkt unter LINUX zu speichern.

LINUX als Backup-Server

Ein potenziell verlockender Einsatzbereich für Samba als Client ist die Verwendung des LINUX-Computers als Backup-Server. In diesem Zusammenhang werden die Begriffe *Client* und *Server* in etwas ungewöhnlicher Weise verwendet. Ein *Backup-Server* ist ein Computer, der die Daten anderer Computer sichert. Der Backup-Server kann Software verwenden, die technisch gesehen entweder Client- oder Server-Software ist, um die Datensicherung vorzunehmen. Um Samba in dieser Rolle zu verwenden, ist es häufig der bequemste Weg, Samba als Client zu verwenden. Sie konfigurieren jeden Computer in Ihrem Netzwerk dahingehend, dass er Ihre wichtigen Datenbereiche freigibt. Sie können dann einen `cron`-Job oder Skripte erzeugen, die Sie manuell aufrufen, um die Dateisysteme der Clients zu mounten und sie mithilfe von LINUX-basierten Backup-Tools zu sichern. Abhängig von der Größe Ihres Netzwerks und der Geschwindigkeit Ihrer Netzwerk- und Backup-Hardware, könnten Sie dazu in der Lage sein, komplette Sicherungen aller Ihrer Windows-Systeme in einer einzigen Nacht durchzuführen oder die Sicherung über mehrere Nächte zu verteilen – alles durch nur einen Backup-Server.

HINWEIS

Die Verwendung von Samba als Teil einer Backup-Strategie ist ein wichtiges Thema, dem das gesamte Kapitel 16: Backups *gewidmet ist.*

Auf entfernte Dateien mit `smbclient` *zugreifen*

Eines der am einfachsten einzusetzenden Samba Client-Programme heißt `smbclient`. Tatsächlich handelt es sich hierbei um den Kern für eine Reihe weiterer Programme, es kann jedoch direkt durch Endanwender verwendet werden und ist nützlich für Datenübertragungen innerhalb von SMB/CIFS-Netzwerken, die „ruckzuck" gehen sollen.

TIPP

Das Programm `smbclient` *ist ähnlich wie das Standard-, Textmodus-basierte LINUX-Programm* `ftp` *handhabbar. Wenn Sie wissen, wie man* `ftp` *verwendet, haben Sie nur wenige Schwierigkeiten im Umgang mit* `smbclient`. *Tatsächlich könnten Sie in Erwägung ziehen, gänzlich auf* `ftp` *zu verzichten und ausschließlich* `smbclient` *zu verwenden, wenn Ihr Netzwerk sowohl das SMB/CIFS- als auch das FTP-Protokoll verwendet. Eine*

Verminderung der von Ihrem Computer unterstützten Protokolle vergrößert die Sicherheit und verringertt die erforderlichen administratorischen Anstrengungen.

Auf entfernte Computer zugreifen

Der erste Schritt besteht im Aufruf von `smbclient`. Dieser Aufruf geschieht in seiner Grundform wie folgt:

```
$ smbclient //server/share
```

HINWEIS

Windows verwendet einen Backslash (\) bei der Identifizierung von Servern, LINUX hingegen verwendet Schrägstriche (/). Alternativ können Sie auch unter LINUX Backslashs verwenden, müssen deren Anzahl jedoch verdoppeln, wie z.B bei: `smbclient \\\\server\\share`. *Normalerweise haben Backslashs eine besondere Bedeutung für LINUX-Shells, die jedoch durch die Verdoppelung der Backslashs aufgehoben wird, womit es Samba erlaubt wird, die Backslahes wie Schrägstriche zu verarbeiten.*

In diesem Beispiel ist `server` der NetBIOS-Name des Servers und `share` der Name des Shares, auf den Sie zugreifen können. Beachten Sie, dass es sich bei `server` um den NetBIOS-Namen des Computers handelt, der nicht mit dem Maschinennamen unter TCP/IP übereinstimmen muss; bei `share` handelt es sich um den Freigabenamen – wie der Name eines Shares (ohne eckige Klammern) in der Datei `smb.conf` oder der Eintrag im Eingabefeld *Freigabename* des Registers *Freigabe* im Windows-Dialog *Eigenschaften* (siehe *Abbildung* 7.2). Der Freigabename muss in keinerlei Beziehung zum Laufwerksbuchstaben, zur Bezeichnung des Datenträgers (*Label*) oder zum LINUX-Verzeichnis, über das auf den Share zugegriffen wird, stehen.

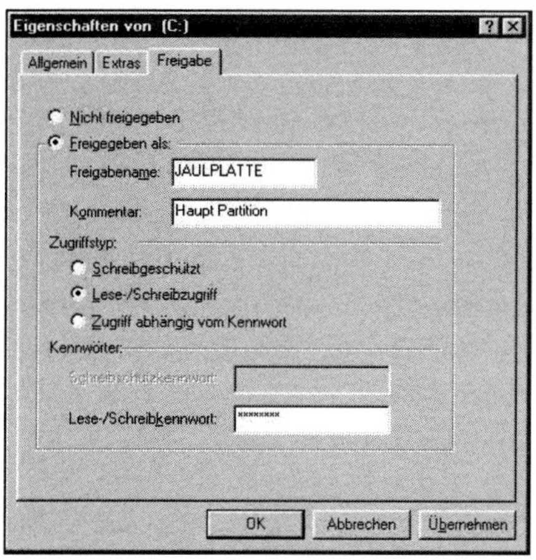

Abbildung 7.2: In Windows spezifizieren Sie den Freigabenamen eines Shares im Dialog *Eigenschaften* eines Laufwerks

Verschiedene Parameter stehen zur Verfügung, um festzulegen, wie smbclient eine Aufgabe erledigt:

password Wenn Sie das Passwort an das Programm weitergeben, indem Sie es direkt hinter dem Namen des Servers und des Dienstes angeben, verwendet smbclient dieses Passwort. Geben Sie beispielsweise ein: smbclient //eletra/jaulplatte geheim, sendet smbclient das Passwort geheim. Wenn Sie die Angabe des Passworts auslassen, fordert Sie smbclient interaktiv zu dessen Eingabe auf.

-s smb.conf Mit diesem Parameter können Sie den kompletten Pfad zur Datei smb.conf, die Sie verwenden wollen, angeben.

-O Socketoptionen Dieser Parameter reicht Socketoptionen an smbclient weiter. Diese Optionen sind die selben, wie die in *Kapitel 12: Tuning von Samba* beschriebenen.

-R Auflösungsreihenfolge Sie können smbclient anweisen, NetBIOS-Namen mithilfe von lmhosts, host, wins und bcast in der von Ihnen gewünschten Reihenfolge aufzulösen. Dieser Parameter übersteuert die Einstellungen durch den Parameter resolve order in der Datei smb.conf.

-M Servername Dieser Parameter ermöglicht es Ihnen, eine *WinPopup*-Nachricht an jeden Windows-Computer zu versenden, auf dem ein Programm wie WINPOPUP läuft, wie in *Abbildung 7.3* dargestellt. Sie können den für gewöhnlich angegebenen Namen eines Shares auslassen und den Namen des Servers hinter dem Parameter -M angeben; geben Sie beispielsweise ein: smbclient -M marvin, Tippen Sie die von Ihnen gewünschte Nachricht und schließen diese mit <STRG>+<D> ab. Wenn der Empfänger ein Programm wie WINPOPUP laufen hat, erscheint die Nachricht bei ihm in einem neuen Fenster.

Abbildung 7.3: Programme wie *Winpopup* (hier in Form eines Shareware-Klons) sind ein bequemer Weg, kurze Nachrichten an andere innerhalb des Netzwerks zu versenden

WARNUNG

Verwenden Sie WinPopup-Nachrichten nicht für die Versendung kritischer Informationen, da es keine Garantie gibt, dass der Empfänger die Nachricht sieht. Wenn der empfangene Computer kein `WINPOPUP` *(oder ähnliches) laufen lässt, verwirft das System die Nachricht einfach, so dass der Sender keine Gewähr dafür hat, dass sie durchgestellt wurde.*

`-N` Dieser Parameter unterdrückt die normale Passwort-Anfrage. Sie sollten sie nur verwenden, wenn Sie sicher sind, dass der Server kein Passwort benötigt.

`-n Name` Normalerweise sendet `smbclient` den TCP/IP-Hostnamen des Computers als NetBIOS-Namen. Sie können dieses Verhalten übersteuern, indem Sie diesen Parameter verwenden, der `Name` als NetBIOS-Namen versendet.

`-d Debuglevel` Der *Debuglevel* kann einen Wert zwischen `0` und `10` einnehmen, wobei `0` (keine Debug-Informationen) bis `3` am sinnvollsten erscheinen. Werte über `3` sind in erster Linie für Samba-Entwickler von Interesse.

`-p Port` Dieser Parameter legt fest, über welche TCP-Portnummer `smbclient` versucht, Verbindungen herzustellen. Der Standardwert ist `139`.

`-l Logdatei` Mithilfe dieses Parameters können Sie einen benutzerdefinierten Namen für eine *Logdatei* festlegen. Der Standardwert wird als Compiler-Laufzeitwert festgelegt, aber die Datei erscheint normalerweise in `/var/log`, `/var/log/samba` oder einem ähnlichen Verzeichnis.

`-h` Dieser Parameter veranlasst `smbclient`, eine kurze Liste seiner Optionen anzuzeigen.

`-I IP-Adresse` Sie können die IP-Adresse eines Servers mit diesem Parameter angeben. Normalerweise nutzt `smbclient` eine normale NetBIOS-Namensauflösung, um den genannten Server zu lokalisieren. Sie können den Parameter `-I` verwenden, um einen Server zu spezifizieren, der sich außerhalb Ihres lokalen Netzwerks befindet. Geben Sie die IP-Adresse wie folgt an: `192.168.4.43`.

`-U Username` Standardmäßig verwendet `smbclient` Ihren LINUX-User-Namen als denjenigen, unter dem die Verbindung zum gewünschten Share hergestellt wird. Mithilfe des Parameters `-U` kann diese Standardeinstellung übersteuert werden.

TIPP

Sie können, wenn Sie wollen, ein Prozentzeichen (%) und das Passwort an den User-Namen hängen. Die Befehlszeile

```
smbclient //spati/public -U walter%seinpasswort
```

verbindet den User `walter` *mithilfe des Passwortes* `seinpasswort`.

WARNUNG

Ein Passwort in einer Befehlszeile einzuschließen, macht dieses für jeden, der eventuell über Ihre Schulter linst oder der Einblick in die Befehls-History Ihrer Shell nehmen kann, lesbar. Wenn Sie diese Form in einem Shell-Skript verwenden, riskieren Sie ebenfalls potenziell die Preisgabe des Passworts. Seien Sie also bei der Verwendung dieser Methode vorsichtig.

`-L` Verwenden Sie diesen Parameter, um die auf einem Computer zur Verfügung stehenden Shares anzeigen zu lassen. Sie können hierbei die führenden Schrägstriche (`//`) beim Server-Namen und auch die Angabe eines Shares weglassen.

TIPP

Normalerweise können Sie eine Auflistung der zur Verfügung stehenden Shares ohne Angabe eines Passworts erhalten. Samba-Server verweigern manchmal die Ausgabe von Share-Listen, wenn Sie ein Passwort verwenden – selbst wenn dieses korrekt sein sollte. Aus diesem Grunde ist die Verwendung des Parameters `-N` *in Verbindung mit* `-L` *üblicherweise ein guter Ansatz.*

`-t Terminalcode` Dies ist eine vergleichsweise wenig getestete Option, die beeinflusst, wie `smbclient` Dateinamen interpretiert. Der Parameter ist hauptsächlich für den Gebrauch in Asien geplant. Mögliche Werte sind `sjis`, `euc`, `jis8`, `jeunet`, `hex` und `cap`.

`-b Buffergröße` Dieser Parameter steuert die Größe der Übertragungsbuffer. Der Standardwert ist `65520`, aber das Heruntersetzen (auf ca. `1200`) verbessert die Übertragungsgeschwindigkeit mit einigen Clients, einschließlich vieler Windows 9x-Systeme.

`-W Workgroup` `smbclient` übernimmt normalerweise den Namen der Workgroup von dem Parameter `workgroup` aus der Datei `smb.conf`. Mithilfe dieses Parameters können Sie diese Einstellung überschreiben.

`-T Taroptionen` Sie können `smbclient` dazu verwenden, in eine `tar`-Datei Ihres Systems zu schreiben oder aus einer solchen zu lesen. Wenn Sie dieses tun, können Sie mithilfe dieses Parameters Optionen an `tar` übergeben.

`-D Verzeichnis` Wechselt in das angegebene Verzeichnis auf dem LINUX-Computer, bevor mit den Operationen begonnen wird.

`-c Befehlszeile` Bei `Befehlszeile` handelt es sich um eine durch Semikola getrennte Liste mit Befehlen, die `smbclient` ausführen soll, statt Eingaben vom Benutzer entgegenzunehmen. Sie können dieses Feature zur Verwendung von `smbclient` in Skripten einsetzen.

Sie können diese Parameter dazu verwenden, um Feinabstimmungen am Verhalten von `smbclient` vorzunehmen und um Verbindungen zu exakt dem Computer herzustellen, den Sie wollen. Die Parameter `-U`, `-I` und `-W` sind speziell dann nützlich, wenn Sie eine Verbindung zu einem Computer herstellen wollen, der sich nicht in Ihrem lokalen Subnetz befindet, oder wenn Sie unterschiedliche Benutzernamen auf Ihrem LINUX-Client und dem Windows-Server verwenden. Wenn ein Befehlszeilenparameter Optionen einstellt, die auch mithilfe von smb.conf gesetzt werden können, haben die Befehlszeilenoptionen Vorrang.

Dateien übertragen

Nachdem die Verbindung zu einem entfernten Host hergestellt wurde, können Sie Befehle verwenden, die ähnlich denen sind, die auch für das LINUX-Hilfsprogramm ftp zu Verfügung stehen, um Dateien zu übertragen und zu manipulieren. Die Befehle, die am kritischsten für die Navigation durch das Dateisystem des Servers und für die Übertragung von Dateien sind, finden Sie im Folgenden aufgelistet:

Tabelle 7.1: Wichtige Befehle von smbclient

BEFEHL	BESCHREIBUNG
help oder ?	Zeigt eine Übersicht aller Befehle, die smbclient akzeptiert. Sie können diesen Befehl mit dem Namen eines weiteren Befehls verwenden, um eine Beschreibung des Befehls zu erhalten, z.B. help get.
dir oder ls	Gibt eine Liste der auf dem entfernten Host vorhandenen Dateien aus.
du	Zeigt den von allen Dateien im aktuellen Share des Servers in Anspruch genommenen Speicherplatz sowie den noch freien Speicherplatz an.
cd Verzeichnis	Wechselt in ein neues Verzeichnis auf dem Server.
lcd Verzeichnis	Wechselt in ein neues Verzeichnis auf dem Client.
pwd	Zeigt den aktuellen Verzeichnispfad inklusive des NetBIOS-Namens des Servers an.
get Dateiname	Überträgt eine einzelne Datei vom Server.
mget Dateien	Überträgt mehrere Dateien vom Server. Sie können die zu übertragenden Dateien entweder einzeln auflisten, wie z.B. durch mget datei1 datei2 datei3, oder Sie können Wildcards verwenden, wie z.B. mget datei*.
put Dateiname	Überträgt eine einzelne Datei auf den Server.
mput Dateien	Überträgt mehrere Dateien auf den Server. Wie bei mget können Sie die zu übertragenden Dateien entweder einzeln auflisten oder Wildcards verwenden.
prompt	Normalerweise fordert Sie smbclient bei der Übertragung mit mget oder mput zur individuellen Bestätigung jeder einzelnen Datei auf. Der Befehl prompt schaltet diese Funktion ein/aus.
more	Zeigt alle Dateien mithilfe des LINUX-Pagers more an.

BEFEHL	BESCHREIBUNG
`lowercase`	Standardmäßig verwendet `smbclient` bei der Übertragung der Dateien die von Ihnen verwendete Schreibweise. Wenn Sie den Befehl `lowercase` eingeben, konvertiert das Programm die Dateinamen jedoch in Kleinbuchstaben. Diese Option ist sehr praktisch, wenn Sie Dateien übertragen wollen, die in Großschreibung auf dem Server liegen.
`tar Befehle Dateiname`	Überträgt Dateien vom entfernten Host in eine `tar`-Datei auf dem Client oder aus einer `tar`-Datei vom Client auf den Server.
`print Dateiname`	Druckt eine Datei vom Client auf den Drucker des Servers (Sie müssen eine Verbindung zu einem Drucker-Share herstellen, um diesen Befehl verwenden zu können).
`translate`	Schaltet zwischen den LINUX- und DOS/Windows-Zeilenendemarken hin und her.
`exit` oder `quit` oder `q`	Beendet `smbclient`.

Im folgenden Listing zeigt der durch den Befehl `dir` ausgegebene Verzeichnisinhalt nützliche Informationen, einschließlich der Dateiattribute (D für *directory* – dt. *Verzeichnis*, A für *archive* – dt. *Archiv*, H für *hidden* – dt. *versteckt*, S für *System* und R für *read-only* – dt. *schreibgeschützt*). Ebenfalls wird die Größe der Dateien in Bytes, deren Erstellungsdatum und -Zeit angezeigt. Die Dateiübertragung gibt keinerlei Hinweise auf ihren Fortschritt, so dass Sie vermuten könnten, dass sich der Prozess aufgehängt hat, wenn Sie eine große Datei übertragen oder nur über ein langsames Netzwerk verfügen. In dem hier dargestellten Beispiel wurde eine einzelne Datei mithilfe des Befehls `get` übertragen und der gesamte Inhalt eines Verzeichnisses wurde mit `tar` kopiert. Das Ergebnis des letzteren Befehls ist eine Datei mit dem Namen `files.tar` auf dem Client, die den Inhalt des gesamten Verzeichnisses `\files\` des Servers enthält:

```
$ smbclient //northquad/east

Password:

smb: \> cd files

smb: \files\> dir

  .                                D       0  Tue Jun  6 12:15:
18 2000

  ..                               D       0  Tue Jun  6 12:15:
18 2000

icewm-1.0.3-1.i386.rpm           A   295554  Tue Jun  6 12:15:
```

```
40 2000
  icewm-switch.txt                A     1162  Tue Jun  6 12:15:
42 2000
  samba-2.0.7-20000425.i386.rpm   A  5924630  Tue Jun  6 12:16:
28 2000
  samba-2.0.7-20000425.src.rpm    A  4228351  Tue Jun  6 12:16:
36 2000
  samba-tng-alpha.2.5.3.tar.bz2   A  3036450  Tue Jun  6 12:16:
40 2000
                38668 blocks of size 65536. 19653 blocks available
smb: \files\> get samba-2.0.7-20000425.src.rpm
smb: \files\> tar c files.tar *
    295554 (  882.7 kb/s) \files\icewm-1.0.3-1.i386.rpm
      1162 (  283.7 kb/s) \files\icewm-switch.txt
   5924630 (  940.2 kb/s) \files\samba-2.0.7-20000425.i386.rpm
   4228351 (  920.9 kb/s) \files\samba-2.0.7-20000425.src.rpm
   3036450 (  915.5 kb/s) \files\samba-tng-alpha.2.5.3.tar.bz2
tar: dumped 5 files and directories
Total bytes written: 13487616
smb: \files\> exit
```

Entfernte Dateien manipulieren

Neben der Dateiübertragung können Sie auch eine Reihe verschiedener Manipulationen an Dateien auf dem Server vornehmen. Befehle zur Dateimanipulation schließen die Folgenden ein:

Tabelle 7.2: Befehle zur Dateimanipulation unter smbclient

BEFEHL	BESCHREIBUNG
rename Namealt Nameneu	Benennt eine Datei von Namealt in Nameneu um.
del Dateien oder rm Dateien	Löscht eine Datei oder Dateigruppe vom Server.
md Verzname oder mkdir Verzname	Legt ein neues Verzeichnis auf dem Server an.
rd Verzname oder rmdir Verzname	Löscht ein leeres Verzeichnis vom Server.
setmode Rechte	Setzt die angegebenen Rechte auf die entfernte Datei. Dieser Befehl entspricht grob dem DOS-/Windows-Befehl ATTRIB. Als Rechte stehen zur Verfügung: a (für *Archiv*), h (für

BEFEHL	BESCHREIBUNG
	hidden – dt. *versteckt*), s (für *System*) und r (für *read-only*, dt. *Nur-Lesen* oder *schreibgeschützt*), wobei diese durch ein vorangestelltes Plus- (+) oder Minuszeichen (-) gesetzt oder entfernt werden können. Die Eingabe von `setmode datei1 +sr` würde das System- und das Nur-Lesen-Attribut für die Datei `datei1` setzen.
`queue`	Zeigt den Inhalt der entfernten Druckerwarteschlange (dieser Befehl funktioniert nur mit Druckerwarteschlangen).
`cancel Job-ID`	Entfernt den angegebenen Druckauftrag aus der Druckerwarteschlange (dieser Befehl funktioniert nur mit Druckerwarteschlangen). Die *Job-ID* finden Sie mithilfe des Befehl `queue` heraus.

TIPP

Das Programm `smbclient` *reagiert auf die übliche Unix- oder LINUX-Konvention, ein im Vordergrund stehendes Programm mit* `<CTRL>+<Z>` *auszusetzen. Daher können Sie* `smbclient` *mit* `<CTRL>+<Z>` *in den Hintergrund stellen, um hierdurch zu Ihrer normalen Shell zurückzukehren. Wenn Sie Ihre lokalen Änderungen beendet haben, geben Sie* `fg` *ein, um* `smbclient` *wieder in den Vordergrund zu stellen.*

Entfernte Dateisysteme mounten

Obwohl `smbclient` ein bequemes Hilfsmittel dafür ist, schnelle Dateiübertragungen durchzuführen, ist es nicht der ideale Weg, um Zugriff auf entfernte Dateisysteme zu nehmen, wenn Sie diese Dateien direkt in einem LINUX-Programm bearbeiten möchten. Angenommen, Sie möchten *WordPerfect* unter LINUX verwenden, um eine Datei zu editieren, die auf einem Windows-Server abgespeichert ist. Um dieses Ziel mithilfe von `smbclient` zu erreichen, müssten Sie die Datei auf Ihren LINUX-Client übertragen, sie editieren und sie im Anschluss wieder mit `smbclient` auf die Windows-Maschine übertragen. Um diese Aufgabe zu vereinfachen – speziell, wenn Sie auf eine Reihe von Dateien Zugriff nehmen wollen – können Sie `smbmount` verwenden, um das entfernte Dateisystem zu mounten. Dieses Hilfsprogramm ermöglicht es Ihnen, ein SMB/CIFS-Share zu mounten, als sei dieser eine lokale Laufwerkspartition oder ein NFS-Export. In Einzelheiten unterscheidet sich dieser Vorgang jedoch von einem „normalen“ Mount-Vorgang, so dass dieser Abschnitt einer detaillierten Beschreibung des Hilfsprogramms `smbmount` gewidmet sein soll. Außerdem erlauben es neuere Versionen von Samba, den LINUX-Befehl mount an Stelle von smbmount zu verwenden, um ein SMB/CIFS-Share in das lokale Dateisystem einzuhängen.

Obwohl die meisten Darstellungen innerhalb dieses Buches recht gut für andere UNIX-Plattformen, auf denen Samba läuft, als für LINUX verwendet werden können, handelt es sich bei smbmount *um ein Tool, das einmalig für LINUX vorhanden ist. Es stützt sich auf den SMB/CIFS-Support im LINUX-Kernel. Nicht-LINUX-Systeme können ein Tool mit dem Namen* smbwrapper *verwenden, mit dem annähernd die gleichen Ziele erreicht werden können wie mit* smbmount*, nur auf eine andere Methode. Es gibt Anstrengungen,* smbmount *auf zumindest einige andere Plattformen zu portieren, so wie* FreeBSD.

Die Evolution von smbmount

Eines der Probleme mit dem Programm smbmount ist, dass es über die verschiedenen 2.0.x-Releases von Samba substanzielle Änderungen erfahren hat. Die Syntax, die mit älteren Versionen verwendet werden musste, funktioniert nicht mit neuren Versionen und umgekehrt. Dieses Kapitel konzentriert sich auf das Release 2.0.7, wenn Sie also mit einer älteren Version von smbmount arbeiten, könnten Sie eine andere Syntax benötigen. Es ist ebenfalls möglich, dass die Syntax sich in der Zukunft weiterhin ändern wird; seien Sie also darauf vorbereitet, die dann aktuelle Dokumentation zu lesen, wenn Ihre Version von Samba nicht so funktioniert, wie hier beschrieben.

Die man*-Seiten, die mit einigen Versionen von Samba ausgeliefert wurden, beschreiben* smbmount *nicht immer korrekt, sondern beziehen sich teilweise auf ältere Versionen. Seien Sie darauf vorbereitet, dass dies auch in Zukunft wieder geschehen kann.*

Versionen 2.0.0 – 2.0.3

Diese Versionen von Samba unterstützen smbmount, wobei eine recht komplexe Syntax zum Einsatz kommen muss. Diese lautet:

```
smbmount //server/share -c 'mount /mountpoint'
```

Sie können innerhalb der einfachen Anführungszeichen weitere Optionen angeben und hinter dem Namen des Mountpoints Spezifikationen bezüglich der Besitzverhältnisse und Rechte an dem gemounteten Dateisystem vornehmen. Die Optionen -u und -g setzen beispielsweise die

Benutzer- und Gruppen-IDs und `-f` die Rechtesituation (in oktaler Notation). Sie können ebenfalls den Benutzernamen angeben, unter dem der Zugriff auf den Server erfolgen soll, indem Sie den Parameter `-U` außerhalb der einfachen Anführungszeichen setzen.

Beachten Sie, dass die hier beschriebene Syntax einen Kernel der Serie 2.2.x oder später voraussetzt. Für Kernel der Serie 2.0.x verwendet `smbmount` eine Syntax, die eher derjenigen späterer Versionen von `smbmount` entspricht.

HINWEIS

Samba-Pakete mit der Versionsnummer 2.0.4 sind äußerst selten zu finden; alle wichtigen LINUX-Distributionen machten den Sprung von 2.0.3 auf 2.0.5 oder 2.0.5a.

Versionen 2.0.5 und 2.0.5a

Diese Versionen von Sambas `smbmount` verwenden eine vereinfachte Syntax. Sie lautet:

```
smbmount //server/share /mountpoint
```

Unglücklicherweise bieten diese Versionen keine Optionen für die Festlegung der Besitzverhältnisse und Rechte im gemounteten Dateisystem. Der Besitzer ist die Person, die den Befehl ausgeführt hat. Sie können jedoch den Parameter `-U` verwenden, um den Namen desjenigen Users festzulegen, unter dessen Kennung der Zugriff auf den Server erfolgen soll.

Die meisten Installationen der Version 2.0.5a enthalten unkorrekte `man`-Seiten, in denen ältere Versionen von `smbmount` beschrieben werden.

Versionen 2.0.6 – 2.0.7

Diese Versionen von `smbmount` verwenden eine Syntax, die ähnlich denen der Vorgängerversionen ist:

```
smbmount //server/share /mountpoint
```

Zusätzlich können Sie Parameter für die Änderung der Besitzverhältnisse und der Rechte an Dateien angeben, wie weiter unten beschrieben. Einige Installationen der Version 2.0.6 enthalten unkorrekte `man`-Seiten.

Auf diese Versionen von `smbmount` kann ebenfalls durch Verwendung des einfachen Befehls `mount` Zugriff genommen werden, indem als Dateisystemstyp `smbfs` angegeben wird, wie z.B. in:

```
mount -t smbfs //server/share /mountpoint
```

In der Praxis müssen Sie jedoch noch das Passwort in der Befehlszeile eingeben (wie weiter unten beschrieben).

Alle Versionen

In allen Fällen erfordert smbmount, dass die Unterstützung von SMB/CIFS in den Kernel kompiliert wurde. Diese Unterstützung ist bei den StandardKernel aller wichtigen Distributionen gegeben. Wenn Sie Ihren Kernel neu kompilieren wollen oder müssen, stellen Sie sicher, dass diese Unterstützung aktiviert ist. Die relevante Option finden Sie unter *Network File Systems>SMB Filesystem Support* oder *File Systems> Network File Systems>SMB Filesystem Support* im Konfigurationsmenü für den Kernel, abhängig von der Kernel-Version. Sie können diese Option entweder als Modul oder direkt in den Kernel kompilieren.

Wenn Sie Samba neu kompilieren, müssen Sie die Konfigurationsoption
—with-smbmount wie folgt verwenden:

```
# ./configure —with-smbmount
```

HINWEIS

Vermutlich möchten Sie weitere Parameter für die Kompilierung angeben. Beachten Sie hierzu Kapitel 3: Installation von Samba.

Technisch betrachtet war smbmount bis zur Version 2.0.6 von Samba kein offizieller Bestandteil des Software-Pakets. Der Status dieses Tools änderte sich jedoch mit der Version 2.0.6, was mit Grund für die Änderungen an den Vorgängerversionen war; man arbeitete daran, smbmount in das offizielle Paket zu integrieren. Trotz seines inoffiziellen Status war smbmount jedoch auch in älteren Versionen Bestandteil aller wichtigen Samba-Pakete.

Entfernte Shares mounten

In der Version 2.0.6 und neueren Versionen von Samba können Sie Shares mit entweder dem Programm smbmount oder mit mount in das lokale Dateisystem einhängen. Die Syntax von smbmount lautet:

```
smbmount //server/share /mountpoint [-o Optionen]
```

Die entsprechende Syntax für mount lautet:

```
mount -t smbfs //server/share /mountpoint [-o Optionen]
```

HINWEIS

Die Befehle `smbmount` *und* `mount` *erzielen dieselben Ergebnisse, jedoch auf geringfügig unterschiedliche Weisen. Wenn Sie das eine Tool dazu verwenden, ein Dateisystem zu mounten, müssen Sie seinen entsprechenden Befehl zum Wiederaushängen (*`smbumount` *oder* `umount`*) des Dateisystems verwenden. Der „gemischte Gebrauch" von* `smbmount` *und* `umount` *oder* `mount` *und* `smbumount` *ist nicht möglich.*

Sowohl für `smbmount` als auch für `mount` sind `server` und `share` die NetBIOS-Namen des Servers und des Shares; `mountpoint` ist der Verzeichniseintrag, über den auf den Share zugegriffen werden soll. Das Programm `smbmount` ist ein wenig heikel bezüglich der Besitzerrechte an dem Mountpoint; der User, der den Befehl `smbmount` verwendet, muss Besitzer dieses Verzeichnisses sein. Dies trifft selbst dann zu, wenn Sie einen Eintrag in `/etc/fstab` erzeugen, der es Benutzern erlaubt, Shares zu mounten.

TIPP

Wenn Sie beabsichtigen, einen SMB/CIFS-Share dauerhaft zu mounten können Sie in `/etc/fstab` *einen entsprechenden Eintrag erzeugen, wie weiter unten beschrieben. Die Erfahrung zeigt, dass* `smbmount` *eine bessere Lösung für das Mounten entfernten Shares durch einzelne User ist, als* `mount`.

Die für `smbmount` oder `mount -t smbfs` zur Verfügung stehenden Optionen lauten wie folgt:

Tabelle 7.3: Für `smbmount` und `mount -t smbfs` zur Verfügung stehende Optionen

OPTION	BEDEUTUNG
`Username=Name`	Diese Option legt den User-Namen fest, der auf dem Server verwendet werden soll. Wenn der User-Name unter Linux `ute` lautet, auf dem Server jedoch `utev`, könnte die entsprechende Userin in der Befehlszeile die Option `-o Username=utev` angeben. Wenn der User-Name nicht angegeben wird, verwendet `smbmount` den Wert der Umgebungsvariablen `USER`, bei dem es sich gewöhnlicherweise um den LINUX-Benutzernamen des Users handelt. Sie können ebenfalls eine NetBIOS-Workgroup durch einen vorangestellten Schrägstrich (/), ein Passwort durch ein vorangestelltes Prozentzeichen (%) oder beides verwenden, um die Anzahl der an `smbmount` zu übergebenden Parameter zu reduzieren. Die Angabe von `-o Username=utev/arbeitsgruppe%strenggeheim` stellt eine Verbindung zu der Maschine in der Workgroup `arbeitsgruppe` mit dem Passwort `strenggeheim` her.
`password=Passwort`	Wenn Sie diese Option nicht mit `smbmount` verwenden, fordert Sie das Programm auf, das Passwort einzugeben. Wenn Sie jedoch den Parameter bei der Verwendung von `mount` nicht angeben, kann dies versionsabhängig zu der Fehlermeldung führen, dass das Passwort falsch sei, ohne dass Sie überhaupt zur Eingabe eines Passworts aufgefordert werden.

WARNUNG

Das Einschließen des Passworts in der Befehlszeile kann eine sehr bequeme Angelegenheit sein, aber das Passwort wird hierdurch für jeden sichtbar, der Ihr System in seinem Blickfeld hat oder der Ihre Befehls-History einsehen kann. Ebenso besteht bei der Verwendung dieser Option in Skripten zum Mounten von SMB/CIFS-Shares die Gefahr, dass Ihr Passwort ausgespäht werden kann, wenn Ihre Skripte von anderen gelesen werden können.

`netbiosname=Name` Diese Option setzt den Namen, unter dem sich der Client beim Server anmeldet. Sein Standardwert ist der TCP/IP-Hostname Ihres Systems.

`uid=ID` Diese Option setzt den Besitzer der Dateien des gemounteten Dateisystems. Sie können entweder die numerische Benutzer-ID oder den Benutzernamen des Users als `ID` verwenden. Wenn Sie beispielsweise `uid=detlef` setzen, erscheinen alle Dateien als dem User `detlef` gehörend.

HINWEIS

Die Option `Username` *legt den Benutzernamen fest, den* `smbmount` *an den Server sendet, um Zugriff auf Dateien zu erhalten. Die Option* `uid` *hingegen legt den LINUX-User fest, dem die Dateien gehören, um diese innerhalb des LINUX-Dateisystems zu verwalten.*

`gid=ID` Um die Gruppenzugehörigkeit von Dateien eines gemounteten Dateisystems festzulegen, können Sie entweder die numerische Gruppen-ID oder den Gruppennamen angeben.

`port=Portnummer` Diese Option legt die Nummer des Netzwerkports fest, über den `smbmount` eine Verbindung herzustellen versucht. Den Standardwert `139` werden Sie vermutlich nie ändern müssen.

`fmask=Rechtemaske` Die Option `fmask` legt die auf entfernte Dateien anzuwendenden Rechte fest, wenn der entfernte Share gemountet wird. Die Angabe `fmask=640` setzt die Rechte auf `640` (`-rw-r-----`) für die Dateien im entfernten Dateisystem. Der Server kann jedoch Schreibrechte entfernen, indem er das Bit für den Schreibschutz setzt. Wenn es sich bei dem Server um einen LINUX- oder einen Unix-Computer handelt, auf dem Samba läuft, müssen die durch `fmask` festgelegten Rechte in keinerlei Beziehung zu den Rechten auf dem Server stehen.

WARNUNG

Angenommen, ein Samba-Server exportiert einen Share mit Rechten, die nur einer Userin, `ute`, *zugestanden werden. Wenn Ute diesen Share auf ein entferntes System mountet und eine freizügige* `fmask` *festlegt, sagen wir einmal* `666`, *kann auf diesen sorgfältig beschränkten Share von jedem User des Clients zugegriffen werden.*

`dmask=Rechtemaske` Legt die Rechte für ein entferntes Verzeichnis fest, wenn der entfernte Share gemountet wird. Diese Option entspricht `fmask`, nur dass sie auf Verzeichnisse, nicht auf Dateien Anwendung findet.

WARNUNG

Die Werte für Rechtemasken werden bei den Optionen `fmask` *und* `dmask` *anders interpretiert als die Parameter* `create mask` *und* `directory mask` *in der Datei* `smb.conf` *und die Option* `umask`, *die in Zusammenhang mit dem Befehl* `mount` *beim Mounten einer Reihe von Dateisystemen verwendet wird. Die Optionen* `fmask` *und* `dmask` *spezifizieren Bits, die auf dem gemounteten Dateisystem* `gesetzt` *werden, wohingegen* `create mask`, `directory mask` *und* `umask` *Bits spezifizieren, die aus der Rechtetabelle* `entfernt` *werden.*

`debug=Level` Diese Option legt den Debug-Level beim `smbmount`-gesteuerten Dateizugriff fest.

`ip=Ziel` Diese Option legt die numerische IP-Adresse oder den Host-Namen des Servers fest. Sie können diese Option dazu verwenden, eine Verbindung mit einem Computer herzustellen, der sich nicht in Ihrem lokalen Netzwerk befindet.

`workgroup=Gruppe` Diese Option legt die NetBIOS-Workgroup fest, der der Server angehört.

`socket=Optionen` Diese Option legt die Socket-Optionen für diese Sitzung fest. Socket-Optionen werden in *Kapitel 12: Tuning von Samba* beschrieben.

`guest` Diese Option veranlasst `smbmount`, kein Passwort zu verlangen; `smbmount` versucht einen Gäste-Login auf dem Server.

`ro` Mit dieser Option legen Sie fest, dass das entfernte Dateisystem schreibgeschützt gemountet werden soll, auch wenn ansonsten ein Schreibzugriff auf dieses möglich ist.

`rw` Mit dieser Option legen Sie fest, dass das entfernte Dateisystem mit einem Lese-/Schreibzugriff gemountet werden soll, wenn möglich. Dies ist die Standardeinstellung.

Zusätzlich zu diesen Optionen können Sie `mount -t smbfs` verwenden, um „normale" Optionen des Befehls `mount` zu verwenden, so wie zum Beispiel `user` oder `auto`. Diese Optionen sind besonders dann nützlich, wenn Sie einen Eintrag für einen Share in der Datei `/etc/fstab` erzeugen (wie weiter unten beschrieben).

Wenn Sie mehrere Optionen verwenden wollen, trennen Sie diese durch Kommata. Im Folgenden ein Befehl, der einen universellen Lese-/Schreibzugriff auf einen Share erlaubt:

```
$ smbmount //dokumentenserver/texte /mnt/texte
-o fmask=666,dmask=777
```

Dieser Befehl setzt die Rechtemaske für Dateien auf `666`, so dass alle User volle Lese-/Schreibrechte haben, und die Rechtemaske für Verzeichnisse auf `777`, so dass auch hier volle Lese-/Schreibrechte vorliegen und das Ausführungsbit gesetzt ist (was für einen normalen Zugriff auf ein Verzeichnis notwendig ist).

Standardmäßig sind in vielen Samba-Installationen die Programme `smbmnt` (`smbmnt` ist ein Hilfsprogramm zu `smbmount`) und `smbumount` mit konventionellen Ausführungsrechten versehen. Wenn normale User dazu in der Lage sein sollen/müssen, die Programme auszuführen, müssen diese Programme jedoch mit dem Bit *set user ID* (*suid*) für `root` versehen sein. Geben Sie hierzu folgenden Befehl ein:

```
$ chmod a+s /usr/bin/smbmnt /usr/bin/smbumount
```

Unter Umständen müssen Sie für diesen Befehl den Zugriffspfad zu diesen Dateien den auf Ihrem System gegebenen Umständen anpassen. Wenn nur der Benutzer `root` den Befehl `smbmount` verwenden können soll, können Sie die Rechtesituation unverändert lassen, was vom Standpunkt der Sicherheit aus betrachtet auch besser ist.

Sie können die Datei `/etc/fstab` dahingehend anpassen, entfernte Dateisysteme insofern zu berücksichtigen, dass diese bei jedem Neustart des Systems gemountet werden. Ein solcher Eintrag könnte wie folgt aussehen:

```
//dokumentenserver/texte /mnt/texte smbfs
Username=zasi,password=euro,fmask=666,dmask=777 0 0
```

WARNUNG

Ein Eintrag in der Datei `/etc/fstab` *für das automatisierte Mounten von Dateisystemen kann nicht funktionieren, wenn LINUX versucht, diese zu mounten, bevor die Netzwerkunterstützung gestartet wurde. Sie können dieses Problem umgehen, indem Sie die Option* `noauto` *in der Liste der Mount-Optionen verwenden und einen expliziten Mount-Befehl in ein entsprechendes Startup-Skript schreiben. Einige Versionen von Samba (einschließlich 2.0.5 und 2.0.7, jedoch nicht 2.0.6) können dazu führen, dass der Computer sich im Falle eines Reboots aufhängt, wenn gemountete SMB/CIFS-Dateisysteme nicht zuvor ausgehängt wurden, so dass man bei der Verwendung ständig gemounteter Dateisysteme Vorsicht walten lassen sollte.*

Eigenarten beim Zugriff auf gemountete Shares

Nachdem Sie einen Share gemountet haben, können Sie diesen genauso wie ein lokales Dateisystem verwenden – mit einigen wichtigen Einschränkungen. Betrachten Sie einen SMB/CIFS-Share in einem ersten Annäherungsversuch zunächst als eine VFAT-Partition, die Sie durch den LINUX-Dateisystemtyp `vfat` gemountet haben, wobei es jedoch einige Einschränkungen und Besonderheiten gibt.

Dateinamen Sie sind beim Vergeben von Dateinamen auf die Regeln von Windows beschränkt. Hierbei ist es am wichtigsten, zu beachten, dass Sie normalerweise keine zwei Dateien mit gleichem Namen innerhalb eines Verzeichnisses anlegen, die sich nur bezüglich Klein-/Großschreibung unterscheiden. Wenn in einem Verzeichnis eine Datei mit dem Namen `brief.txt` vorhanden ist, können Sie keine Datei `Brief.txt`, `Brief.TXT`, `brief.TXT` oder ähnliche Varianten mehr verwenden. Diese Einschränkung hat jedoch keine Gültigkeit, wenn es sich bei dem Server um einen LINUX- oder Unix-Computer handelt, auf dem Samba mit dem Parameter `case sensitive = Yes` in der Datei `smb.conf` läuft. Weiterhin ist zu beachten, dass SMB/CIFS-Dateinamen eine Länge von 128 Zeichen nicht überschreiten können.

Besitzverhältnisse und Rechte Diese Charakteristiken werden durch die Optionen `uid`, `gid`, `fmask` und `dmask` des Befehls `smbmount` festgelegt, nicht durch das entfernte Dateisystem. Eine Ausnahme bildet das „Schreib-Bit", welches durch das Setzen des Schreibschutz-Bits im entfernten Dateisystem entfernt werden kann. Sie können diese Charakteristiken Dateiweise festlegen. Wenn Sie sie für alle Dateien anpassen müssen, müssen Sie das Dateisystem aushängen und es erneut mit den neuen Optionen mounten.

Leistungsmerkmale von *Special Files* Sie können verschiedene *Special Files*, die von LINUX unterstützt werden, nicht auf einem SMB/CIFS-Share erzeugen. Hierzu gehören beispielsweise *Links* (sowohl *Hard Links* als auch *symbolische Links*) sowie *Gerätedateien* (*device files*).

Aktualisierungen des Dateisystems Wenn ein User auf dem Server oder ein anderer Client, der denselben Share von dem Server gemountet hat, Dateien oder Verzeichnisse auf dem Server hinzufügt, kann es sein, dass diese Änderungen für einige Minuten nicht unter LINUX auftauchen. Sie können eine Aktualisierung durch Anlegen einer eigenen Datei erzwingen.

Die meisten dieser Einschränkungen sollten einen beim Umgang mit SMB/CIFS-Shares nicht weiter beschäftigen. Es macht beispielsweise wenig Sinn, LINUX-Gerätedateien innerhalb eines Netzwerk-Dateisystems zu erzeugen. Die meisten solcher Shares sind dahingehend freigegeben, dass Zugriff auf sie genommen werden kann, ohne Client-basierte Sicherheitsmerkmale zu verwenden. Wenn nötig, können Sie denselben Share zwei- oder mehrmals mounten, wobei Sie unterschiedliche Besitzverhältnisse für den Zugriff unterschiedlicher User definieren könnten – in den meisten Fällen ist es jedoch ausreichend, das gewünschte Ergebnis durch das Festlegen entsprechender lokaler Besitzverhältnisse und Rechte innerhalb eines einzigen Mounts zu regeln.

GUI-basierte Browser

Wenn Sie die Verwendung GUI-basierter Tools für den Netzwerkzugang vorziehen, steht Ihnen eine Reihe solcher Werkzeuge für den Gebrauch unter LINUX für einen SMB/CIFS-Netzwerkzugriff zur Verfügung. In einigen Fällen versuchen diese Browser das Verhalten der Windows-*Netzwerkumgebung* zu emulieren, obwohl sie `smbmount` oder ein ähnliches Tool verwenden, um dieses Ziel zu erreichen. Ein GUI-basiertes Hilfsprogramm könnte beispielsweise ein Share an einem Punkt innerhalb Ihres Heimatverzeichnisses einhängen und dann einen Datei-Browser für dieses Verzeichnis öffnen. Als User könnten Sie stattdessen `smbmount` auf Befehlszeilenebene verwenden oder Ihren Window-Manager so konfigurieren, dass er dies für Sie tut, und dann einen Dateimanager genauso verwenden wie einen GUI-basierten Netzwerk-Browser. Ein GUI-basierter Netzwerk-Browser kann jedoch einen freundlicheren Eindruck gerade auf neue User machen.

Im Folgenden finden Sie Beispiele für GUI-basierte Netzwerk-Browser:

LinNeighborhood Dieser Browser ist ein Allzweck-Browser, der so konfiguriert werden kann, dass er mit einer Reihe verschiedener Dateimanager zusammenarbeitet. Seine Homepage finden Sie unter `http//www.bnro.de/~schmidjo`.

Kruiser Dieser Browser wurde für den Gebrauch innerhalb des populären KDE-Systems entwickelt. Sie finden ihn unter `http://devel-home.kde.org/~kruiser`.

xSMBrowser Auch hierbei handelt es sich um einen Allzweck-Browser, der vom Konzept und seinen grundlegenden Funktionalitäten *LinNeighborhood* stark ähnelt. Sie finden ihn unter `http://www.public.iastate.edu/~chadspen`.

LinNeighborhood als Beispiel

Wenn Ihre User Neulinge im Umgang mit LINUX sind, könnten Sie einen dieser Browser installieren und die User-Accounts so konfigurieren, dass dieses Tool einfach vom Desktop aus zu bedienen ist. Betrachten Sie *LinNeighborhood* als Beispiel. Wenn es konfiguriert wurde und richtig funktioniert, entspricht sein Hauptfenster in etwa dem in *Abbildung 7.4* dargestellten. Die Anzeige zeigt alle Server Ihres lokalen Netzwerks, deren Anzeige man so erweitern kann, dass die zur Verfügung stehenden Shares ausgegeben werden. Sie können einen Share doppelklicken, um einen Dateimanager für den entsprechenden Share zu öffnen.

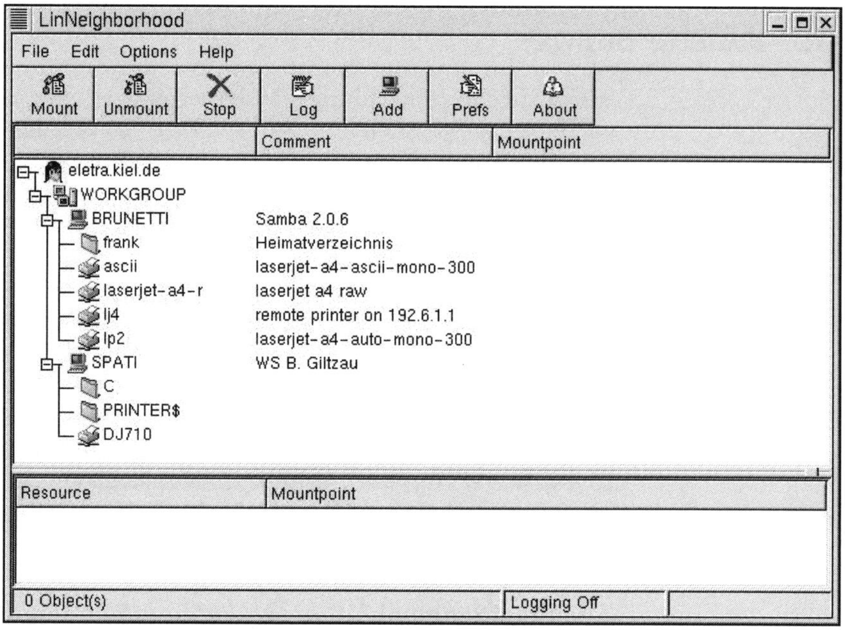

Abbildung 7.4: *LinNeighborhood* bietet eine leicht zu bedienende GUI-basierte Benutzerschnittstelle zur Darstellung der SMB/CIFS-Netzwerkumgebung

Bevor Sie *LinNeighborhood* auf diese Weise verwenden können, müssen Sie es zunächst konfigurieren. Klicken Sie hierzu die Schaltfläche *Prefs* im Hauptfenster oder wählen Sie im Menü *Options>Preferences*. Im Dialog *Preferences*, der nun geöffnet wird (siehe *Abbildung 7.5*) können Sie in vier verschiedenen Registern Optionen festlegen.

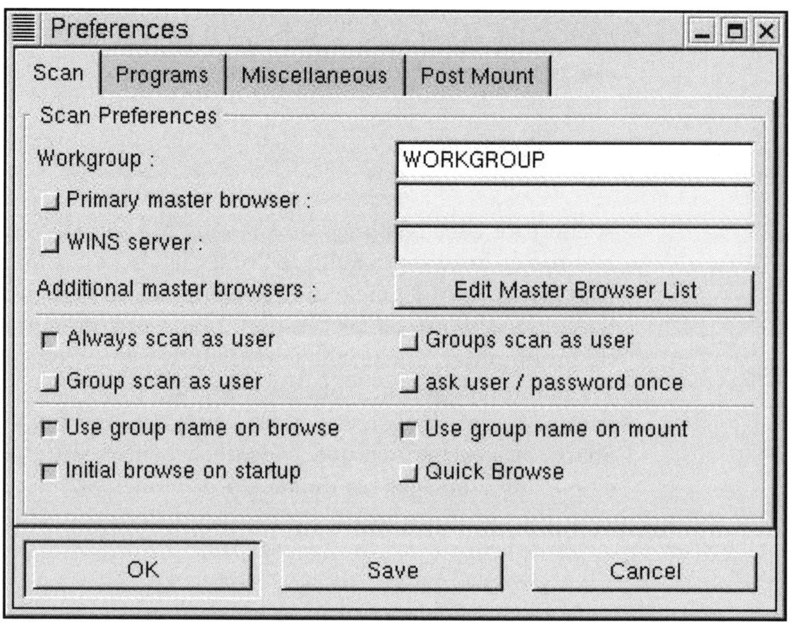

Abbildung 7.5: Vor dem Gebrauch von *LinNeighborhood* müssen Sie dieses mit den für Ihr Netzwerk spezifischen Optionen konfigurieren

Scan Das Register *Scan* zeigt Informationen, wie *LinNeighborhood* Netzwerk-Scans durchführt. Sie können beispielsweise den Standard-Arbeitsgruppennamen konfigurieren, den primären Masterbrowser und den WINS-Server einstellen und dem Programm mitteilen, wann und wie User-Namen zu benutzen sind. Einige Informationen wie die über den Masterbrowser, sollten direkt aus dem Netzwerk zu beziehen sein; diese Werte können dennoch in *LinNeighborhood* gesetzt werden, um die Performance zu optimieren oder Probleme innerhalb des Netzwerks zu beseitigen.

Programs In diesem Register können Sie *LinNeighborhood* mitteilen, welches Programm für das Mounten von Shares, für das Durchsuchen des Netzwerks und so weiter verwendet werden soll. Sie können hier ebenfalls angeben, mit welcher Samba-Version Sie arbeiten, so dass der Browser „weiß", wie welche Parameter an `smbmount` zu übergeben sind.

Miscellaneous Hier geben Sie an, wo Shares in das lokale Dateisystem einzuhängen sind. Sie können den Browser ebenfalls so konfigurieren, dass er bereits zuvor gemountete Shares beim Neustart automatisch neu mounten.

Post Mount Um mit verschiedenen Dateimanagern zusammenarbeiten zu können, muss *LinNeighborhood* mitgeteilt werden, wie ein Dateimanager gestartet werden soll. Dieses Charakteristikum können Sie im Register *Post Mount* einstellen. Wählen Sie den von Ihnen verwendeten Dateimanager und klicken Sie die Schaltfläche mit dem Pfeil, um den entsprechenden Befehl in das Editierfeld zu kopieren. Wenn Sie möchten, können Sie den Befehl dann Ihren individuellen Bedürfnissen anpassen. Wenn der von Ihnen bevorzugte Dateimanager nicht zu den unterstützten Typen gehört, editieren Sie den Befehl, um Ihren bevorzugten Dateimanager aufzurufen.

Wenn Sie das Programm konfiguriert haben, klicken Sie die Schaltfläche *Save*, um Ihre Änderungen zu speichern, und dann *OK*, um den Dialog zu schließen. Wenn das Hauptfenster von *LinNeighborhood* nicht die in Ihrem Netzwerk zur Verfügung stehenden Computer anzeigt, wählen Sie im Menü *Options | Browse Entire Network*, um die zur Verfügung stehenden Maschinen angezeigt zu bekommen. Geben Sie Ihren Netzwerk-Benutzernamen und das Passwort ein, wenn *LinNeighborhood* Sie hierzu auffordert. Wenn alles klappt, sollte das Ergebnis in etwa dem in *Abbildung 7.4* dargestellten entsprechen (nur dass die einzelnen Maschinen nicht dahingehend expandiert werden, dass deren zur Verfügung stehenden Shares angezeigt werden).

Um Zugriff auf einen Datei-Share zu nehmen, doppelklicken Sie diesen. *LinNeighborhood* reagiert hierauf mit dem Öffnen des in *Abbildung 7.6* dargestellten Dialogs. Sie können hier weitere Optionen eingeben oder editieren; klicken Sie danach die Schaltfläche *Mount*, um den Share in das lokale Dateisystem einzubinden. Nach einer kurzen Wartezeit sollte der Dateimanager geöffnet werden und den Inhalt des gemounteten Shares anzeigen. Sie sollten diesen Share auch im unteren Bereich des Hauptfensters von *LinNeighborhood* aufgelistet finden.

Abb. 7.6: *LinNeighborhood* ermöglicht die Angabe weiterer Optionen für den Befehl `smbmount`

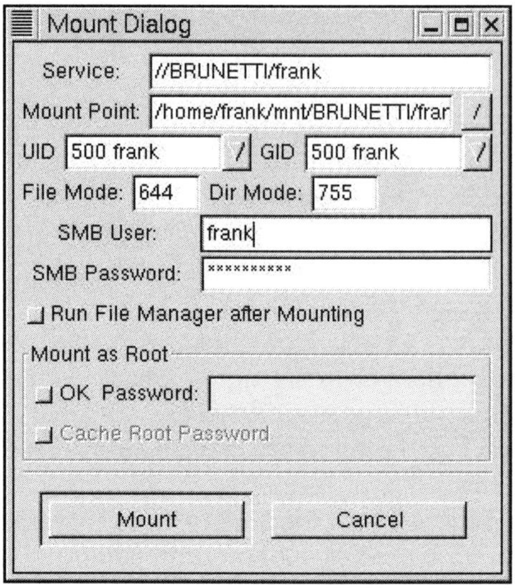

Nachdem Sie Ihre Arbeit mit dem Share beendet haben, können Sie ihn mithilfe von *LinNeighborhood* wieder von Ihrem System trennen. Wählen Sie entweder den entsprechenden Share und klicken Sie die Schaltfläche *Unmount* oder klicken Sie den Share mit der rechten Maustaste und wählen im nun erscheinenden Popup-Menü den Eintrag *Unmount*. Wenn noch eine Datei von dem Share auf dem Client geöffnet sein sollte, öffnet *LinNeighborhood* einen Dialog, in dem darauf hingewiesen wird, dass die Ressource noch in Anspruch genommen wird (*busy* ist). Beachten Sie, dass das Unmounten des Shares *nicht* den Dateimanager, der den Inhalt des Shares anzeigt, schließt; Sie müssen dieses selber tun.

Dateien auf entfernten Druckern ausgeben

Samba beinhaltet ein Client-Programm mit Namen `smbprint`, das es erlaubt, auf entfernte Druckerfreigaben zu drucken. Tatsächlich handelt es sich bei diesem Programm um ein Shell-Skript, das `smbclient` mit den entsprechenden Optionen aufruft, Dateien an eine Drucker zu senden. Das Skript `smbprint` ist dafür vorgesehen, als Eingabefilter für eine LINUX-Druckerwarteschlange oder von einem *Smart Filter*, der vom Eingabefilter aufgerufen wird, verwendet zu werden. Die meisten LINUX-Distributionen beinhalten Optionen, um SMB/CIFS-Drucker zu konfigurieren, wie weiter unten gezeigt.

Drucken einer Datei mit `smbclient`

Wenn Sie sich nicht damit belasten wollen, einen SMB/CIFS-Druckershare auf Ihrem Client-Computer zu konfigurieren, sondern nur einzelne Dateien auf einem entfernten Drucker zu drucken, können Sie diese Aufgabe mithilfe des Programms `smbclient` erledigen. Führen Sie hierzu folgende Schritte aus:

1. Rufen Sie `smbclient` unter Angabe des Namens der Druckerfreigabe auf dem Server auf, beispielsweise mit

   ```
   smbclient //tappan/lexmark
   ```

   um eine Verbindung mit dem Drucker `LEXMARK` auf dem Server `TAPPAN` herzustellen. Abhängig von der Konfiguration müssen Sie gegebenenfalls weitere Parameter angeben, um beispielsweise Ihren User-Namen zu setzen, und unter Umständen werden Sie aufgefordert, ein Passwort einzugeben.
2. Wenn es sich bei der zu druckenden Datei um eine reine Textdatei handelt, geben Sie `translate` ein, um die Zeilenschaltung zu aktivieren. Andererseits erhalten Sie unter Umständen einen „Treppeneffekt" in Ihrem Ausdruck.
3. Geben Sie den Druckbefehl für das Drucken der Datei ein. Um die Datei `gazebo.txt` zu drucken, würden Sie eingeben: `print gazebo.txt`.
4. Wenn Sie den Fortschritt Ihres Druckauftrags überwachen wollen, geben Sie den Befehl `queue` ein, um zu sehen, welche Druckaufträge sich vor Ihrem aktuellen Druckauftrag in der Warteschlange befinden. Wenn nötig, können Sie den Befehl `cancel` verwenden, um Druckaufträge zu löschen.

Beachten Sie, dass `smbclient` Dateien direkt in der Form, in der sie vorliegen, an den Drucker schicken; mit Ausnahme der optionalen Zeilenschaltung verarbeitet `smbclient` die zu druckende Datei in keinerlei Weise. Aus diesem Grunde müssen Sie Dateien gegebenenfalls zunächst verarbeiten lassen, bevor Sie sie durch `smbclient` zum Ausdruck bringen. Angenommen, der entfernte Drucker verwendet *Hewlett Packards* Druckersprache *Printer Command Language* (*PCL*) und Sie möchten eine PostScript-Datei auf diesem Drucker ausgeben. Hierzu könnten Sie zunächst Ghostscript verwenden, um die Datei nach PCL zu konvertieren, indem Sie eingeben:

```
$ gs -dNOPAUSE -r300 -dBATCH -sDEVICE=laserjet
-sOutputFile=datei.pcl datei.ps
```

Abhängig vom exakten Druckertyp, über den Sie verfügen, müssten Sie natürlich diese Befehlszeile anpassen, indem Sie ein anderes Gerät statt `laserjet` und unter Umständen eine andere Auflösung als 300 dpi angeben. Nachdem Sie dieses ausgeführt haben, können Sie die Datei mithilfe des Befehls `print` von `smbclient` versenden und sie sollte auf dem Drucker des Servers ausgegeben werden.

Eine LINUX-Druckerwarteschlange für den Gebrauch mit `smbclient` *konfigurieren*

Wenn Sie häufiger als gelegentlich Dateien über einen SMB/CIFS-Server ausdrucken wollen, sollten Sie unter Umständen eine LINUX-Druckerwarteschlange erzeugen, die Ihre Eingabe durch `smbclient` verarbeiten lässt. Dieses funktioniert genau so, wie bei einer „normalen" LINUX-Druckerwarteschlange, aber statt den Ausdruck an einen lokalen Drucker oder an einen Drucker zu senden, der durch das `lpd`-Protokoll freigegeben ist, erscheint der Ausdruck auf einen durch SMB/CIFS freigegebenen Drucker.

Kapitel 6: Druckerfreigaben konfigurieren beinhaltet eine Beschreibung, wie eine LINUX-Druckerwarteschlange einzurichten ist, sowohl mithilfe des GUI-basierten Konfigurationswerkzeugs `printtool` (welches Bestandteil von *Debian*, *Red Hat* und auf *Red Hat* basierenden Distributionen ist) als auch durch direktes Editieren der Datei `/etc/printcap` (beachten Sie den Abschnitt *Druckerwarteschlangen erzeugen*). Wenn Sie `printtool` oder ein ähnliches GUI-basiertes Konfigurationswerkzeug verwenden, können Sie eine SMB/CIFS-Druckerwarteschlange genau so erzeugen, als würden Sie eine lokale Druckerwarteschlange konfigurieren, jedoch mit folgenden Unterschieden:

- Wenn `printtool` Sie auffordert, den Typ der Warteschlange, die Sie konfigurieren wollen, anzugeben, wählen Sie *SMB/Windows95/NT Printer* an Stelle von *Local Printer*.
- Wenn Sie einen solchen Warteschlangentyp wählen, zeigt `printtool` eine Warnung bezüglich Passwort-Sicherheit an. Dieses Thema wird im nächsten Abschnitt diskutiert.
- Die Liste der zur Verfügung stehenden Optionen enthält einige, die einmalig für diesen Druckertyp sind, wie in *Abbildung 7.7* gezeigt. Die Angabe des Drucker-Servers und des Drucker-Shares, eines User-Namens und eines Passworts für den Zugriff auf den Drucker-Share

und der Name der Workgroup sind hier hervor zu heben. Sie können ebenfalls die IP-Adresse des Servers angeben, aber diese Option wird im Regelfall nicht benötigt; sie ist jedoch dann nützlich, wenn Sie versuchen, auf einen Server zu drucken, der sich nicht in Ihrem lokalen Netzwerk befindet.

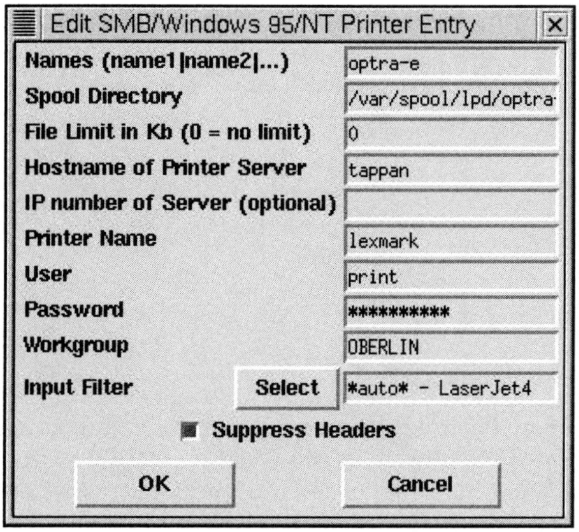

Abbildung 7.7: Geben Sie SMB/CIFS-Identifikations- und Sicherheitsinformationen an, um auf einen SMB/CIFS-Drucker zu drucken

Wenn Sie die Angaben dieser Informationen und damit die Konfiguration des Druckers abgeschlossen haben, erzeugt `printtool` einen entsprechenden Eintrag in der Datei `/etc/printcap`, der wie folgt aussehen könnte:

```
optra-e:\
        :sd=/var/spool/lpd/optra-e:\
        :mx#0:\
        :sh:\
        :if=/var/spool/lpd/optra-e/filter:\
        :af=/var/spool/lpd/optra-e/acct:\
        :lp=/dev/null:
```

Diese Warteschlange enthält eine Reihe „normal aussehender“ Optionen, einschließlich der Einträge `sd`, `mx`, `sh` und `if`. Der Eintrag `lp` ist ungewöhnlich; statt auf ein reguläres *printer device* (*Drucker-Gerätedatei*) zu zeigen, zeigt er auf `/dev/null`. Der Drucker-Dämon sendet die Datei niemals an ein konventionelles *Device* (*Gerät*); stattdessen veranlasst `smbprint` das Programm `smbclient` dazu, die Datei an den Server zu schikken. Sie finden hier ebenfalls einen Eintrag `af`, der ein *Accounting File* spezifiziert. Weder sein Name noch sein Speicherort sind wichtig, solange er keine bereits existierende Datei überschreibt.

Beachten Sie, dass die meisten Informationen, die Sie `printtool` übergeben, sich nicht in der Datei `/etc/printcap` wiederfinden. Stattdessen erscheinen diese Informationen in `/var/spool/warteschlangenname/.config`. Dieser Dateiname liegt hart-codiert im Skript `smbprint` vor. Folgendes Listing zeigt eine Datei, die die Informationen des in Abbildung 7.7 dargestellten Dialogs enthält:

```
share='\\tappan\lexmark'

hosTIPP=

user='print'

password='1passwort'

workgroup='OBERLIN'
```

Der *Smart Filter* der Standard-Druckerwarteschlange „weiß", dass er `smbprint` dazu verwenden muss, diese Aufträge zu verarbeiten. Im Falle von *Red Hat* und ähnlichen Distributionen „weiß" der Filter dies auf Grund des folgenden Eintrags in der allgemeinen Datei `.cfg` im Druckerwarteschlangenverzeichnis:

```
export PRINTER_TYPE=SMB
```

Dieser Eintrag kennzeichnet die Warteschlange als SMB/CIFS-Warteschlange. Andere Distributionen verwenden im Allgemeinen ähnliche Mechanismen, die sich jedoch in Details unterscheiden.

Wenn Sie nicht ein Drucker-Konfigurationstool wie `printtool` einsetzen, können Sie dennoch `smbprint` dazu verwenden, Ihre Druckaufträge zu verarbeiten. Um dies zu tun, führen Sie folgende Schritte durch:

1. Erzeugen Sie mithilfe der von Ihnen bevorzugten Methode eine Druckerwarteschlange. Denken Sie daran, das *Spool*-Verzeichnis zu erstellen.

2. Erzeugen Sie eine Datei `.config` im Spool-Verzeichnis des Druckers (typischerweise `/var/spool/lpd/warteschlangenname`). Dieser Eintrag sollte dem im vorletzten Listing entsprechen, jedoch mit entsprechenden Einträgen für Ihr Netzwerk.

HINWEIS

Die Details, welche Variablen in der Datei `.config` *aufgerufen werden, haben sich in der Vergangenheit geändert, was sie auch in der Zukunft wieder tun können. Wenn Sie mit Problemen konfrontiert werden, schauen Sie sich den Inhalt des Skripts* `smbprint` *an, um herauszufinden, welche Einträge erforderlich sind.*

3. Setzen Sie den Eintrag für `lp` in der Datei `/etc/printcap` auf `/dev/null`, wie im vorletzten Listing gezeigt.
4. Setzen Sie den Eintrag `if` in `/etc/printcap` auf das Skript `smbprint`. Unter Umständen müssen Sie zuerst mit dem Befehl `whereis` herausfinden, wo sich dieses Skript innerhalb des Dateisystems befindet.
5. Erstellen Sie einen Eintrag `af` in der Datei `/etc/printcap`. Der Name der Datei ist unwichtig, so lange diese Datei keine bereits existierende Datei überschreibt.
6. Starten Sie die Druckerwarteschlange neu.

Diese Beschreibung erzeugt eine einfache Druckerwarteschlange, die so lange gut funktioniert, wie es sich bei dem entfernten Drucker um einen PostScript-Drucker handelt und Sie ausschließlich PostScript-Dateien drucken. Wenn es notwendig ist, dass Sie Ihre Dateien zunächst durch Ghostscript verarbeiten lassen, müssen Sie den Aufruf von `smbprint` in Schritt 4 ersetzen. Verwenden Sie einen entsprechenden *Smart Filter* oder zumindest ein einfaches Skript, das die PostScript-Eingabe durch Ghostscript schickt und erst dann `smbprint` aufruft. Wenn Sie einen Smart Filter verwenden, beachten Sie dessen Dokumentation, um in Erfahrung zu bringen, wie dieser mit `smbprint` zusammenarbeitet.

Sicherheitsaspekte im Zusammenhang mit `smbprint`

Das Drucken unter SMB/CIFS funktioniert unter Verwendung eines anderen Sicherheitsmodells als dem des Standard-Druckverfahren `lpd` unter LINUX und Unix. Beim Drucken mit `lpd` arbeitet das System mit dem Modell der *Trusted* (dt. etwa *vertrauenswürdige*) *Hosts*, bei dem der Server einen Zugriff durch Clients auf Grund ihrer „vertrauenswürdigen" IP-Adressen ermöglicht. SMB/CIFS verwendet im Gegensatz hierzu ein Modell basierend auf der Kombination gültiger Benutzernamen/Passwörter (wenn Sie jedoch einen Samba-Server verwenden, können Sie dieses Modell auf verschiedene Weisen anpassen, wie in den *Kapitel 6: Druckerfreigaben konfigurieren* und *14: Sicherheitserwägungen* beschrieben).

Auf eine Art ist das Model *Benutzername/Passwort* beim Drucken über SMB/CIFS sicherer, da es die Einhaltung eines höheren Standards für die Authentifizierung erzwingt – im Gegensatz zum Prinzip der *Trusted Hosts*, welches durch *IP-Spoofing* (*Anm. d. Übers.: Manipulation bzw. Fälschung der eigenen IP-Adresse, um als Trusted Host zu erscheinen*) umgangen werden kann. Diese Bewertung schließt jedoch die Client-Seite der Gleichung aus. Für einen Client, und speziell für einen LINUX-Client, mag es sehr bequem sein, ein Passwort – oftmals in Form von Klartext – auf seiner Festplatte abzuspeichern. Im Falle von `smbprint` steht das Passwort in der Datei `.config`, die von jedem User, der Drucken möchte, einsehbar sein muss. Folglich haben alle User dieses Systems Zugriff auf zumindest ein Passwort auf dem Server, was eine potenzielle Bedrohung der Sicherheit bedeuten kann.

Wenn Sie über einen Windows 9x-Computer ausdrucken, operiert der Server normalerweise auf Share-Sicherheitsebene, was bedeutet, dass jeder Share über sein eigenes Passwort verfügt. Daher muss das auf dem LINUX-Client abgespeicherte Passwort kein größeres Sicherheitsrisiko darstellen; Sie müssen nur sicherstellen, dass der Server das Drucker-Passwort *nur* für den Drucker und für keinen weiteren anderen Share verwendet. Im schlimmsten Falle könnte sich somit jemand dieses Passwort aneignen, um von einem ansonsten nicht autorisierten Host Ausdrucke vorzunehmen.

Wenn es sich bei dem Drucker-Server jedoch um ein Windows NT-, Windows 2000- oder Samba-System handelt, ist die Standard-Sicherheitsebene jedoch auf Benutzerebene (oder einer anderen Ebene, die ähnlich funktioniert). In diesem Falle können unterschiedliche Benutzer dieselbe Ressource (wie zum Beispiel einen Drucker) durch Verwendung des eigenen Benutzernamens und Passworts nutzen. Sie müssen *einen* dieser Benutzernamen und Passwörter in der LINUX-Datei `.config` angeben. Um das Risiko einer Sicherheitslücke zu reduzieren, sollten Sie einen speziellen User auf dem Server anlegen. Geben Sie diesem User extrem eingeschränkte Login-Rechte und ein Heimatverzeichnis, welches nicht lesbar ist (Rechtemaske `000`, wenn der Server unter LINUX läuft). Sie können diesen User-Namen und sein Passwort dann für den Zugriff auf Drucker verwenden.

Abbildung 7.7 illustriert diesen Ansatz; die Abbildung zeigt den User-Namen `print`, der über einen Account mit nur beschränkten Rechten auf dem Server verfügt. Sollte sich eine nicht autorisierte Person das Passwort für den Druckerzugang aneignen, ist das Risiko eines Einbruchs erheblich reduziert. Alternativ könnten Sie den Share mit vollem Gäste-Zugriff erstellen und einen völlig ungültigen Benutzernamen mit eigenem Passwort auf dem Client-System bieten. Dieser Ansatz schließt die Bedrohung durch ein Passwort, welches von einem Client gestohlen wurde, komplett aus, erhöht jedoch das Risiko, welches durch Probleme, ausgelöst durch einen direkten Angriff auf den Drucker-Share selbst (beispielsweise in Form eines Endlosdrucks schwarzer Seiten), verursacht wird.

WARNUNG

Die schlimmste Methode, eine SMB/CIFS-Druckerfreigabe auf einem LINUX-Client zu konfigurieren ist die, den Benutznamen und das Passwort eines normalen Users in der Datei `.config` *zu verwenden. Dies erlaubt es jedem User, sich die Datei* `.config` *unter den Nagel zu reißen und Zugriff auf die Dateien des entsprechenden Users auf dem Server zu erhalten.*

Beachten Sie, dass die an dieser Stelle vorgebrachten Bedenken normalerweise bei Windows-Clients nicht angebracht sind, da diese die Netzwerkpasswörter der einzelnen User in verschlüsselter Form abspeichern. Nachdem ein User in einem Windows-System eingeloggt ist, leitet Windows dasselbe Passwort an alle Server weiter, so dass es keinen Bedarf dafür gibt, ein mit einem individuellen Drucker-Share verbundenes Passwort abzuspeichern. Die Speicherung von Passwörtern auf lokalen Systemen ist dennoch ein Sicherheitsthema, welches aus diesem Grunde gesondert in *Kapitel 14: Sicherheitserwägungen* besprochen wird.

Am Ende müssen Sie die Risiken, Drucker-Passwörter auf Clients abzuspeichern, gegen die, einen Gästezugang auf Drucker zu ermöglichen, selber abwägen – und diese wiederum gegenüber den Gefahren, andere Techniken für das Drucken über Netzwerke zu verwenden, wie `lpd` mit seinem *Trusted Hosts*-Sicherheitsmodell. Keine dieser Lösungen ist vom Standpunkt der Sicherheit den anderen Lösungen gegenüber eindeutig überlegen. Die Vorteile und Risiken variieren auf Grund unterschiedlicher Faktoren, wie zum Beispiel den Möglichkeiten eines Zugriffs auf den Server von außerhalb oder wie sehr Sie denjenigen trauen, die Zugang zu Clients haben, auf denen Passwörter gespeichert sind.

Zusammenfassung

Obwohl in erster Linie ein Server-Tool, beinhaltet Samba Unterstützung für einen Client-Zugang zu Windows-Netzwerken. Sie können diese Tools ebenfalls dazu verwenden, LINUX-Usern vollen Zugriff auf ein Peer-to-Peer-Netzwerk zu geben. Sie können ebenfalls Maßnahmen ergreifen, LINUX als Client innerhalb eines SMB/CIFS-basierten Client-/Server-Netzwerks einzusetzen. Darüber hinaus können Sie einen LINUX-Server so einrichten, dass er gelegentlich Zugriff auf die Laufwerke seiner Clients nimmt – beispielsweise in einem Backup-Szenario. Diese Tools – `smbclient`, `smbmount`, der einfache Befehl `mount` und `smbprint` – spielen ihre Stärke in LINUX-/Windows-Netzwerken aus, aber Sie können sie ebenfalls einsetzen, um

Samba gelegentlich als Client zu verwenden, um Zugriff auf einen Samba-Server zu nehmen. Dies ist speziell im Zusammenhang mit Drucker-Shares der Fall, wenn Sie ein Sicherheitsmodell das auf der Kombination User-Name/Passwort basiert, dem *Trusted Hosts*-Modell vorziehen.

Teil 3

Fortgeschrittene Konfiguration

- Automatisierung
- Server-seitige und Client-seitige Automatisierung
- Die Funktionen von NBNS
- Samba als NBNS-Server konfigurieren
- Eigenheiten verschiedener Betriebssysteme im Zusammenhang mit NBNS
- Die Struktur von Domänen
- Windows-Domänen verwalten
- Browsing
- Sambas Konfigurationsoptionen in Hinblick auf Browsing
- Browsing-Beispiele
- Überprüfen der Netzwerkleistung
- Flaschenhälse entdecken
- Sambas Optionen zur Leistungssteigerung
- Windows-Optionen zur Leistungssteigerung
- Samba und NFS oder `lpd`
- Samba und Netatalk
- Samba und verschiedene weitere Netzwerkprotokolle

Automatisierung

KAPITEL 8

Computer sind sehr gut, wenn es darum geht, sich wiederholende Aufgaben zu erledigen. Aus diesem Grunde macht es einfach Sinn, Netzwerk-Server wie Samba einzusetzen, um die Last bei der Ausführung von Routineaufgaben im Netz zu mindern. Wenn man einen Computer startet, sollte man nicht jedes Mal ein halbes Dutzend oder mehr Aktionen durchführen müssen, bevor man endlich produktiv arbeiten kann. LINUX-Benutzer sind schon immer in der Lage gewesen, Shell-Skripte einzusetzen, um ihr Login zu automatisieren – um einen Stamm an Programmen zu starten, nützliche Umgebungsvariable zu setzen und so weiter. Samba und SMB/CIFS enthalten ähnliche Features, damit solche Routineaufgaben ohne großen Aufwand erledigt werden können.

Man kann im Wesentlichen zwei Arten der Automatisierung unter Samba konfigurieren, Server-seitige und *Client-seitige* Automatisierung. Bei der Server-seitigen Automatisierung legt man man eine Reihe von Befehlen fest, die auf dem Server ausgeführt werden sollen, wenn bestimmte Ereignisse eintreten, etwa wenn ein Benutzer Zugang zu einem Share anmeldet. Bei client-seitiger bearbeitet man ein mit der Datei `AUTOEXEC.BAT` unter DOS oder Windows *9x* vergleichbares Login-Skript. Man kann dieses Skript nutzen, um eine allgemeingültige Konfiguration für alle Clients oder alle Benutzer festzulegen. Entsprechend kann man Windows-Clients so einrichten, dass ein Teil ihrer Konfiguration auf einem Samba-Server gespeichert wird, um so den einzelnen Benutzern die Möglichkeit zu geben, an jedem Computer im Netz in der gewohnten Umgebung zu arbeiten. Mit einer Mischung aus diesen beiden Arten der Automatisierung kann man ein Netzwerk so einrichten, dass es dem Benutzer eine freundliche und konsistente Arbeitsumgebung zur Verfügung stellt.

Dieses Kapitel gibt zunächst einen Überblick darüber, was Automatisierung alles beinhaltet, geht dann über zur Konfiguration der Server-seitigen Automatisierung, um schließlich die client-seitige Automatisierung zu beschreiben.

Einsatz von Automatisierung

Automatisierung kann auf verschiedene Weise genutzt werden, bisweilen ziemlich einfach. Es gibt aber auch viele Möglichkeiten, an die man in Verbindung mit File- oder Drucker-Servern zunächst einmal gar nicht denkt. Tatsächlich erlauben es die Features von Samba zur Automatisierung, LINUX und Windows in einer Weise zu integrieren, dass in einigen Netzwerkumgebungen ein konventionelles Anmelden bei einem LINUX-Rechner überflüssig wird.

Dynamische Konfiguration von Samba

Ein eher konventioneller Einsatz der Server-seitigen Automatisierung ist die dynamische Konfiguration von Samba bzw. seiner Systemumgebung. Angenommen, ein Samba-Server ist für den Zugriff auf bewegliche Datenträger wie Disketten oder Zip-Disketten konfiguriert. Um diesen Zugriff vergleichweise automatisch ablaufen zu lassen, kann ein `preexec`-Skript eingesetzt werden, um den Datenträger zu mounten, wenn ein Benutzer Verbindung zu einer Share aufnimmt, und ein `postexec`-Skript, dass den Datenträger unmountet, wenn er die Verbindung unterbricht. Dies hat den Effekt, dass ein Benutzer am Server eine Diskette einlegen kann, sich beim Share anmeldet und auf die Dateien auf der Diskette zugreifen kann. Hat er die Arbeit mit dem Share beendet, kann er die Verbindung schließen und die Diskette aus dem Laufwerk herausnehmen. Diese Prozedur ist nicht ohne Probleme, aber in einigen Situationen recht nützlich.

Auch wenn es technisch gesehen keine Automatisierung ist, seien hier die Variablen erwähnt, die in gewöhnlichen Share-Definitionen eingesetzt werden können, um allgemein verwendbare Konfigurationen zu erzeugen. Diese Methode ist besonders in Verbindung mit dem Parameter `include` sehr flexibel, mit dessen Hilfe andere Dateien in `smb.conf` eingebunden werden können. Um anwenderspezifische Parameter auf Benutzerbasis in die allgemeine Konfigurationsdatei einzubinden, kann man in ihr folgenden Eintrag verwenden:

```
include = smb.conf.%U
```

Dazu sollten spezielle Konfigurationsdateien für einzelne Benutzer erstellen wie etwa `smb.conf.katharina`. Existiert eine solche Datei für irgendeinen Benutzer nicht, ignoriert Samba diesen Paramter `include`.

Dynamische Konfiguration von Windows

Windows-Rechner haben die Fähigkeit, einen Teil ihrer Konfigurationsdaten von einem Netzwerk-Server zu beziehen. Insbesondere können sie Anmeldeskripte für das Netzwerk starten und Netzwerk-Benutzerprofile von einem Server beziehen. Samba kann mit diesen Fähigkeiten umgehen, um eine sinnvolle Konfiguration eines Windows-Computers zu erleichtern. So kann man zum Beispiel ein einziges Login-Skript für einzelne Computer oder Comptertypen bereitstellen (vielleicht ein Skript für Computer unter Windows 9*x* und ein anderes für solche unter Windows NT). Wie schon beim Einbinden von Dateien mittels `include` können für diese Anpassung Sambas Variablen eingesetzt werden, wenn die relevanten Skripte benannt werden. Diese Form der Anpassung wird ausführlicher im Abschnitt *Skripte für Netzwerk-Clients* beschrieben.

LINUX-Programme von Windows aus starten

Eine besonders exotische Form von Automatisierungsaufgaben veranlasst LINUX via Samba, Programme auf Anforderung eines Windows-Clients auszuführen. Diese Aufgaben können über die schon genannten Parameter `preexec` und `postexec` abgewickelt werden, die man jedem Share befügen kann. In den meisten Fällen jedoch werden solche Aufgaben mithilfe eines speziell angepassten Parameters `print command` für Druckerfreigaben erledigt.

Mithilfe des Parameters `print command` kann eine Datei zu einem Samba- Server gesandt werden, der für diese Datei oder auch unabhängig davon eine Reihe von Operationen ausführen kann. Er kann eine PostSript-Datei mit Ghostscript bearbeiten und das Ergebnis an einen anderen Share weiterleiten wie zum Beispiel in eine Adobe PDF-Datei (*Portable Document Format* – Plattformunabhängiges Datenformat zum Dokumentenaustausch – für Acrobat); man kann aber auch eine Datendatei versenden, deren Inhalt einer Datenbank hinzugefügt werden sollen, und den Server das Update erledigen lassen.

Man kann mithilfe solcher Parameter beinahe alles tun, was man sonst unter LINUX mit einzelnen Dateien durch ein Programm oder Skript erledigen lassen kann. Man ist noch nicht einmal auf einzelne Dateien beschränkt, da man ja Datei-Pakete (etwa als ZIP-Datei) an den Server schicken kann, dessen Server-seitiges Skript dieses dann entpacken und mit seinem Inhalt weiterarbeiten kann. Zusammengefasst kann man sagen, dass man nur durch seine Phantasie eingeschränkt ist, wenn es darum geht, Aufgaben die LINUX erledigen kann, mit Windows-Clients zu verbinden.

Server-seitige Automatisierung

Die meisten der eher komplexen Arten der Automatisierung fallen in die Kategorie der Server-seitigen Automatisierung. Für diese Aufgaben legt man in der Samba-Konfigurationsdatei `smb.conf` einen Befehl fest, der von LINUX ausgeführt werden soll. Dies kann ein einfacher Befehl, ein zusammengesetztes komplexeres Kommando oder ein Skript sein, über das noch komplexere Befehle ausführt werden. Bei Verwendung des Parameters `magic script` sendet der Client ein Skript, das vom Server ausgeführt werden soll.

WARNUNG

Da der Client bei Verwendung des Parameters `magic script` *das Skript sendet, sollte man beim Einsatz dieses Feature besonders auf die Sicherheitsaspekte achten. Es ist zum Beispiel selten eine gute Idee,* `force user = root` *zu benutzen, es ist aber eine besonders schlechte Idee, dies in Zusammenhang mit dem Parameter* `magic script` *für einen Share zu nutzen, das dies jedem, der auf den Share zugreifen kann, root-Rechte gibt.*

Noch einmal: Variable

Kapitel 4: Die Toold der GIU-Konfiguration und die Datei `smb.conf` hat den Gebrauch von Variablen in der Datei `smb.conf` eingeführt. Dieser Punkt ist im Zusammenhang mit Server-seitiger Automatisierung wichtig genug, dass er hier einen kurzen Rückblick verdient. Die folgende Tabelle nennt alle von Samba benutzten Variablen.

Man kann Variablen als Bestandteil eines Wertes für einen Parameter verwenden. Einige Variablen haben im Zusammenhang mit einigen Shares oder Parametern allerdings keine Bedeutung. `%s` ist nur sinnvoll in Verbindung mit Druck-Shares. `%u` ist nur sinnvoll, nachdem ein Benutzer Zugang zu einem Share erhalten hat, es ist beispielsweise für den Parameter `comment` undefiniert. `%U` dagegen ist bereits definiert, bevor ein Anwender eine Freigabe erhalten hat, und kann somit in Verbindung mit `comment` benutzt werden. Allgemein kann man sagen, dass `%a`, `%h`, `%H`, `%I`, `%m`, `%M`, `%s`, `%S`, `%T`, `%u` und %U die wichtigsten Variablen für eine Server-seitige Automatisierung von Samba sind.

Tabelle 8.1: Von Samba erkannte Variablen

VARIABLE	BEDEUTUNG
%a	Betriebssystem des Clients: kann sein OS2 (für OS/2), Samba, UNKNOWN, WfWg (Windows für Workgroups), Win2K (Windows 2000), Win95 (Windows 95 oder 98) oder WinNT (Windows NT)
%d	Prozess-ID des Servers
%g	Login-Gruppe von %u
%G	Login-Gruppe von %U
%h	(host) DNS-Name des Servers
%H	Homedirectory von %u
%I	IP-Adresse des Clients
%j	ID des Printjobs
%L	NetBIOS-Name des Servers
%m	NetBIOS-Name des Clients
%M	DNS-Name des Clients
%N	Name des NIS-Servers
%p	Pfad für das Wurzelverzeichnis des Shares (bei Automounting)

VARIABLE	BEDEUTUNG
%P	Pfad für das Wurzelverzeichnis des Shares
%R	vereinbarter SMB-Protokoll-Level: kann sein CORE, COREPLUS, LANMAN1, LANMAN2 oder NT1
%s	Name der Datei, die an einen Druck-Share gesandt wurde
%S	Name der Freigabe (des Shares)
%T	aktuelles Datum und aktuelle Zeit
%u	effektiver Benutzername unter LINUX
%U	Vereinbarter Benutzername (kann von %u abweichen)
%v	Version von Samba

Gebrauch von `preexec` *und* `postexec`

Die Parameter `preexec` und `postexec` legen Befehle fest, die Samba ausführen soll, wenn sich ein Benutzer mit einem Share verbindet oder diese Verbindung schließt. Beide Parameter können mit dem Schlüsselwort `root` verknüpft werden, um Befehle zu kennzeichnen, die Samba unter Verwendung von `root`-Rechten ausführen soll. (Ohne Schlüsselwort `root` werden die Befehle unter Beachtung der Rechte ausgeführt, die mit dem Share verbunden sind.) Samba startet diese Befehle in folgender, durch den Parameter festgelegten Reihefolge:

1. root preexec
2. preexec
3. postexec
4. root postexec

Zwischen der Ausführung der Befehle, die mit `preexec` bzw. `postexec` festgelegt wurden, liegen alle Zugriffe, die ein Benutzer auf das Share macht, zum Beispiel Kopieren und Löschen von Dateien. Diese Reihenfolge wird auch dann eingehalten, wenn man die Parameter bei der Definition eines Shares in der Datei `smb.conf` in anderer Folge auflistet.

Ein wichtiger zusätzlicher Parameter ist `preexec close`. Dies ist ein boolescher Parameter, der festlegt, ob ein von 0 verschiedener Rückgabewert eines durch `preexec` festgelegten Befehls die Freigabe schließen soll. (Ein von 0 verschiedener Rückgabewert zeigt ein fehlerhaftes Programmende an.) Voreingestellt ist für diesen Parameter der Wert `No`, setzt man aber `preexec` close = `Yes`, wird ein Programmfehler während der Ausführung des `preexec`-Skripts die Verbindung schließen. Dieses Feature kann eingesetzt werden, wenn es von kritischer Bedeutung ist, dass ein `preexec`-Skript fehlerfrei gelaufen ist, bevor die Freigabe erfolgt.

HINWEIS

Im Allgemeinen sollte man den Gebrauch von root preexec *und* root postexec *wann immer möglich vermeiden, weil diese Parameter potenzielle Sicherheitslücken darstellen. Das gilt insbesondere dann, wenn man zusammengesetzte Befehle oder Shell-Skripte auf diese Weise ausführen lässt.*

Was kann man nun mit diesen Parametern anfangen? Einige Beispiele dafür sind:

Erstellen von Log-Dateien Man Skripte schreiben, über die mithilfe von cat Log-Daten in spezielle Dateien geschrieben werden, um beispielsweise Fehlersuche zu ermöglichen oder Informationen für eine Kontoführung zu sammeln. Diese Log-Dateien können anstelle von aber auch zusammen mit den normalen Log-Dateien von Samba benutzt werden.

Schutz von LINUX-Dateien Unerfahrene Benutzer löschen bisweilen die Punkt-Dateien in einem Samba-Share. Als Schutzmaßnahme dagegen kann man preexec- und postexec-Skripte einfügen, die diese Punktdateien sichern und wiederherstellen. Es gibt jedoch einen negativen Nebeneffekt, wenn man dies so vorbereitet: Wenn ein Benutzer eine Shell öffnet und wieder schließt, während eine Verbindung über Samba besteht, werden alle Änderungen, die er an Punkt-Dateien vorzunehmen *beabsichtigt*, hinfällig. Um dieses Problem zu umgehen, kann das postexec-Skript so angepasst werden, dass es Dateien nur wiederherstellt, wenn das Original gelöscht wurde.

Mounten von Geräten Wenn über den Samba-Server Laufwerke für wechselbare Speichermedien benutzt werden, kann man das Medium durch ein preexec-Skript mounten und durch ein postexec-Skript unmounten lassen. Diese Konstellation hat aber zwei wesentliche Nachteile:

- Die meisten Clients lösen die Verbindung zum Share nicht rechtzeitig. Das Medium kann noch für einige Zeit gemountet bleiben, nachdem der Benutzer seine Arbeit damit abgeschlossen hat. Das kann besonders unangenehm bei Disketten sein, die so aus dem Laufwerk genommen werden können, wenn das Dateisystem noch in einem inkonsistenten Zustand ist.
- Wenn zwei Personen auf dasselbe Laufwerk zugreifen wollen, können sich die Befehle der preexec- und postexec-Skripte gegenseitig in die Quere kommen. Beendet einer der Benutzer seine Verbindung zum Laufwerk, wird der andere möglicherweise feststellen, dass plötzlich alle Dateien verschwunden sind. Dieses Problem kann man dadurch in den Griff bekommen, dass man die Skripte so schreibt, dass die Anzahl der Verbindungen mitverfolgt wird. Eine andere Möglichkeit zur Umgehung des Problems besteht im Einsatz des Parameters max connections = 1, der die Anzahl der Verbindungen zu einem Share auf eine beschränkt.

Vorbereiten von Freigaben Möglicherweise soll ein Share auf andere als den bisher beschriebenen Weisen vorbereitet werden, wie zum Beispiel Löschen temporärer Dateien oder bestimmte Festlegungen bezüglich Besitz und Rechten an Dateien.

Weiterverarbeitung von Dateien Man kann ein Share anlegen, das es einem erlaubt, Dateien hineinzukopieren, die nach dem Lösen der Verbindung zum Share weiter verarbeitet werden. Diese Technik kann man einsetzen, um eine Image-Datei für das Brennen einer bespielbaren CD-R zu erstellen oder Daten in einem selten genutzten Share zu komprimieren.

Ein Beispiel für den Gebrauch solcher Skripte gibt das nachfolgende Listing. Anwender in einem Windows-Netzwerk könen diese Share-Definition für das Erstellen einer Image-Datei zum Brennen einer CD-R nutzen. Die erzeugte Image-Datei unterstützt beide Formate für lange Dateinamen, das Windows-Format Joliet und das unter LINUX/UNIX benutzte Rock Ridge-Format. Es wird ins Heimatverzeichnis des Benutzers geschreiben, nachdem dieser sich beim Share abmeldet.

```
[cd-create]
        path = /home/samba/cd-create
        writeable = Yes
create mask = 0666
        directory mask = 0777
        max connections = 1
        short preserve case = No
        hide dot files = No
        preexec = rm -r /home/samba/cd-create/*
        postexec = mkisofs -a -J -r -log-file %H/log-%d.txt
            -o %H/image-%d.iso /home/samba/cd-create/
```

Ein Share zur Erzeugung einer CD-R Image-Datei aus Dateien, die auf einem Samba-Server gespeichert sind.

Einige der Schlüsselpunkte, die bei dieser Freigabe bedacht werden müssen, sind:

- Greift ein Benutzer auf den Share `[cd-create]` zu, veranlasst der Parameter `preexec` Samba dazu, sämtliche Dateien im Share zu löschen.
- Da alte Dateien über den Parameter `preexec` gelöscht werden, bleiben Dateien, die auf eine CD-R gebrannt werden, auf dem Server, bis die nächste Person eine CD-R erstellt. Dies kann von Nachteil sein, wenn

die CD sensible Daten enthält oder wenig Speicherplatz am Server zur Verfügung steht – es ist aber von Vorteil, wenn man nach Erstellung des Image den Inhalt der CD prüfen will, indem man unter LINUX eine Shell öffnet. Man kann, wenn einem das lieber ist, obige Definition auch so modifizieren, dass die Original-Dateien nach Erstellen der CD gelöscht werden, und den Parameter `preexec` aus dem Skript entfernen. Dann muss der Befehl `rm` hinter den Befehl `mkisofs` im Parameter `postexec` gesetzt werden, wobei beide Befehle durch ein Semikolon (;) voneinander zu trennen sind.

- Der Paramter `max connections` = 1 stellt sicher, dass nur ein Anwender zur Zeit das Share benutzen darf, und verhindert damit, dass sich zwei Anwender bei der Erstellung einer CD in die Quere kommen.
- Der Parameter `short preserve case = No` bewirkt die Umwandlung kurzer Dateinamen in Kleinbuchstaben, damit Unix- und LINUX-Anwender bequemer auf die CD-R zugreifen können.
- Der Parameter `hide dot files = No` erlaubt es Windows-Anwendern, alle Punkt-Dateien des Shares zu sehen, damit diese Dateien nicht versehentlich mit auf die zu erstellende CD gebrannt werden.
- Die Parameter `create mask = 0666` und `directory mask = 0777` stellen sicher, dass alle Anwender Dateien von anderen in diesem Share löschen können, einschließlich eventueller Unterverzeichnisse. Man muss ebenfalls dafür Sorge tragen, dass für das Startverzeichnis des Shares die Rechte in der Form 0777 vergeben sind.
- Beendet ein Anwender die Verbindung zum Share, führt Samba den Befehl `mkisofs` aus, wie im Parameter `postexec` festgelegt. Dieser Befehl erstellt im Heimatverzeichnis des Anwenders eine CD-Image-Datei namens `image-processid.iso`, und zusätzlich eine Log-Datei log-*processid*.txt, die dann die Ausgabe von `mkisofs` enthält. In beiden Fällen bezeichnet `processid` die Prozessnummer (process id – kurz pid), die für zwei Zugriffe auf das Share unterschiedlich sein sollte, um so sicherzustellen, das ein Anwender nicht versehentlich eine Image-Datei überschreibt.

Es gibt bei der Konfiguration aus dem vorstehenden Listing ein kleines Problem: Das CD-Image wird erst erstellt, wenn der Benutzer die Verbindung zum Share unterbricht, kann unter Umständen also erst eine ganze Weile, nachdem er alle das Share betreffenden Fenster geschlossen hat, erfolgen. Ein Anwender kann den Abbruch der Verbindung dadurch erzwingen, dass er den Client-Rechner neu startet. Eine andere Client-seitige Strategie kann es sein, ein Share zu mounten und explizit mit einem Laufwerksbuchstaben zu verbinden und es dann zu unmounten, anstatt es über die Netzwerkumgebung zu öffnen. Die obige Definition lässt sich dahingehend leicht erweitern, dass aus der resultierenden Image-Datei gleich eine CD zu brennen ist, um so mehr Sicherheiten zu erhalten oder andere nützliche Aufgaben einzubinden.

Benutzung von Pseudo-Druckern

Pseudo-Drucker ist ein Begriff, der für Samba-Druckerfreigaben verwandt wird, die den Parameter `print command` für das Einrichten eines „Druck"-Shares benutzen, dessen Ausgabe aber nicht an einen Drucker gesandt wird. *Kapitel 6: Druckerfreigaben konfigurieren* enthält zum Beispiel die Definition eines Shares, der die Ausgabe auf das mit einem LINUX-Rechner verbundene Faxmodem bewirkt. Dieser Share entspricht einem Pseudo-Drucker und ist ein gutes Beispiel für Automatisierung.

In mancherlei Hinsicht gleicht ein Pseudo-Drucker-Share einem Datei-Share, dessen Definition den Parameter `preexec` enthält. Die durch den Parameter `print command` festgelegten Befehle werden jedoch immer dann ausgeführt, wenn ein Client einen Druckauftrag an den Server sendet, statt zum Zeitpunkt der Verbindungsaufnahme zum Share. Im Prinzip kann sich ein Client mit dem Pseudo-Drucker einmal verbinden und dann mehrere Druckaufträge abschicken bevor er die Verbindung beendet. Jede Auftragsübermittlung führt zu einer erneuten Ausführung der Befehle, die durch den Parameter `print command` festgelegt wurden.

Ein weiterer wichtiger Unterscied zwischen den Parametern `print command` und `preexec` ist der, dass über den erstgenannten Parameter eine einzelne Datei gesandt wird (auf die mit der Variablen `%s` Bezug genommen werden kann), wohingegen im zweiten Fall bei einer konventionellen Dateifreigabe eine beliebige Anzahl von Dateien übertragen oder verändert werden kann. Eine Pseudo-Druckerfreigabe kann daher immer dann sinnvoll eingesetzt werden, wenn ein Anwender eine einzelne Datei an den Server senden will und von diesem erwartet, dass er sie in irgendeiner Form bearbeitet.

Ein Beispiel: Erstellen einer CD-R

Es gibt beträchtliche Überschneidungen bei potenziellen Einsätzen von Pseudo-Druckern und Freigaben, die reichlich Gebrauch machen von `preexec`- und `postexec`-Skripten. Das weiter oben skizzierte Erstellen einer CD kann über einen Pseudo-Drucker abgewickelt werden, dem man eine ZIP-Datei als Eingabe übergibt. Das folgende Listing zeigt die Definition eines solchen Samba-Share zur Konvertierung einer ZIP-Datei in eine CD-Image-Datei.

```
[cd-print]
        comment = Create a CD
        path = /var/spool/samba
        printable = Yes
        print command = /usr/local/bin/cdprint %P %d %s %H
```

Dieses Share erlaubt als Eingabe ein einzelne ZIP-Datei vom Client und bearbeitet sie über das Skript `cdprint`, das in `/usr/local/bin` abgelegt ist. Damit es richtig arbeitet, werden im Parameter `print command` die Werte einiger Samba-Variablen an das Skript übergeben. Das folgende Listing zeigt das Shell-Skript `cdprint`, das in Verbindung mit der vorhergehenden Share-Definition benutzt wird.

```
#!/bin/sh
# $1 = Wurzelverzeichnis des Shares (%P)
# $2 = Prozessnummer (%d)
# $3 = Dateiname (%s)
# $4 = Heimatverzeichnis des Benutzers (%H)
mkdir $1/$2
cd $1/$2
unzip ../$3
rm ../$3
mkisofs -a -J -r -log-file $4/log-$2.txt -o $4/image-$2.iso ./
cd ..
rm -r $2
```

HINWEIS

Shell-Skripte unter LINUX können Variablen beinhalten, die ihnen beim Aufruf übergeben werden. Diese Variablen erkennt man an einem Dollarzeichen (`$`) gefolgt von einer Nummer, die sich auf die Reihenfolge bezieht, in der diese Parameter an das Skript übergeben wurden. Also bezieht sich `$1` im Skript `cdprint` auf den ersten ihm von Samba übergebenen Parameter, `$2` auf den zweiten und so fort (der Begriff Parameter ist hier aus der Sicht des Skripts zu verstehen. Was für das Skript Parameter sind, sind für Samba Variablen).

Das Skript `cdprint` erstellt ein Unterverzeichnis in der Wurzel des Shares, macht dieses Verzeichnis zum aktuellen Verzeichnis, entpackt die übergebene Datei, löscht diese, führt den Befehl `mkisofs` aus und löscht abschließend das temporäre Verzeichnis, das den Inhalt der ZIP-Datei aufgenommen hatte. Das Ergebnis ist im Wesentlichen das gleiche wie bei dem zuvor dargestellten Share zur Erstellung einer CD, jedoch mit einigen feinen Unterschieden. Wird die ZIP-Datei auf einem LINUX- oder UNIX-Host erstellt, wird die daraus gebildete CD-Image-Datei Ausführungsrechte in ihrer Rock Ridge Erweiterung beibehalten. Ebenso wird die Schreibweise kurzer Dateinamen beibehalten.

Um diesen „Druck"-Share zur Erstellung einer CD nutzen zu können, muss die Datei in den Share kopiert werden, *ohne dass sie in irgendeiner Weise weiterbearbeitet wird.* Die meisten Druckertreiber unter Windows werden aber genau dies versuchen, daher muss sie in einer Weise an den Share übergeben werden, die keinen der üblichen Druckertreiber benutzt. Eine Möglichkeit, diese Aufgabe zu erledigen, kann die folgende Eingabe an der Befehlszeile sein:

```
C:> COPY FILE.ZIP \\SERVERNAME\CD-PRINT
```

Im Allgemeinen ist es am bequemsten eine solche Konfiguration zu nutzen, indem man eine DOS- oder Windows-Batchdatei anlegt, die jede Datei, die man ihr übergibt, unverändert an den Pseudo-Drucker unter Verwendung eines Befehls wie dem vorher genannten weiterleitet . Hier eine Batchdatei namens `CDPRINT.BAT`, die dies für die Queue `[cd-print]` am Server `USRMM` erledigt:

```
COPY %1 \\USRMM\CD-PRINT
```

Wer es wünscht, der kann dazu noch als Shortcut für diese Batchdatei ein Icon auf dem Desktop anlegen. Zieht man danach eine ZIP-Datei auf dieses Icon, erscheint wenig später eine Image-Datei im Heimatverzeichnis am Samba-Server, die nur noch darauf wartet, auf die CD gebrannt zu werden.

Konfiguration einer Queue für die Eingabe über Druckertreiber

In manchen Fällen mag es wünschenswert sein, die Eingabedaten direkt von einem Windows-Programm, etwa einem Editor, zu erhalten. Wenn das so ist, könnte man einen generischen Druckertrieber wählen, der seine Ausgabe an die Queue des Pseudo-Druckers als ASCII-Text sendet (aber mit zusätzlichen Wagenrückläufen – Carriage Returns – und Leerzeichen zur Positionierung von Text), so wie ihn Windows für vernünftig hält. Wenn die LINUX-seitigen Skripte mit diesen zusätzlichen Wagenrückläufen umgehen können, sollte es keine Probleme geben. Haben die Eingabedaten ein anderes Format, möchte man gerne eine anderen Druckertreiber verwenden. Zum Beispiel kann man ein Samba-Share erstellen, das Eingaben im PostScript-Format entgegennimmt, so wie viele andere Samba-Druck-Share, aber aus der Eingabe eine PDF-Datei erzeugt. Ein solcher Share kann mit einem ganz normalen Windows-Druckertreiber benutzt werden – auch wenn es angepasst werden muss, damit ein S+d am Anfang oder Ende des Druckauftrags weggelassen wird, wie in *Kapitel 6: Druckerfreigaben konfigurieren* beschrieben.

```
[pdf-create]

        comment = Create a PDF file

        path = /var/spool/samba

        printable = Yes

        print command = gs -dNOPAUSE -sDEVICE=pdfwrite -q
          -dBATCH -sOutputFile=%H/%s.pdf %s; rm %s
```

Das vorstehende Listing zeigt einen Share zur Erzeugung einer PDF-Datei aus einem Windows-Druckauftrag.

Man kann einen gewöhnlichen Windows-PostScript-Druckertreiber für diese Queue verwenden (Treiber für den Apple LaserWriter erfüllen diesen Zweck recht gut). „Druckt" man nun in diese Queue, leitet Samba das Ergebnis weiter an Ghostsript wobei dessen Ausgabe als Datei gespeichert wird, die nach der ursprünglichen Datei benannt ist, ergänzt um die Erweiterung `.pdf`. Solch eine Queue kann eine bequeme Alternative zu einem kommerziellen Werkzeug zur Erzeugung von PDF-Dateien sein, obwohl es nicht so flexibel ist, weil die Optionen von Ghostscript für die Ausgabe als PDF-Datei noch recht primitiv sind. Man kann entsprechende Shares mit anderen Ghostscript-Optionen benutzen, um Ausgaben in einem Bitmap-Format wie TIFF oder JPEG zu erhalten.

Wichtige Anmerkungen zu Pseudo-Druckern

Ein wichtiger Punkt, den man im Zusammenhang mit obigen Definitionen und allgemein mit Pseudo-Druckern beachten sollte, ist, dass man normalerweise einen ausdrücklichen Befehl zum Löschen der vom Client übergebenen Datei (`%s`) einbinden muss. Versäumt man dies, werden sich diese Dateien ansammeln, bis man keinen Platz mehr auf der Platte hat. Einige Befehle, die man einsetzt, werden diese Dateien automatisch löschen, die meisten aber nicht.

Es ist weiter wichtig, die Sicherheitsaspekte von Pseudo-Druckern – oder allgemein von Server-seitigen Skripten – zu verstehen. In beiden vohergehenden Beispielen werden Dateien im Heimatverzeichnis des Anwenders abgelegt und temporäre Dateien im Wurzelverzeichnis des Druck-Shares. Man kann leicht einen Pseudo-Drucker erstellen, der es einem böswilligen Individuum erlaubt, Unheil anzurichten, insbesondere dann, wenn das Skript durch Eingabe fehlerhafter Daten unterbrochen werden kann. Zum Beispiel werden im Share `[cd-print]` Dateien erzeugt, bei denen das Bit *set user ID* (*suid*) gesetzt sein könnte, etwa für solche Dateien, bei denen dieses Bit in der ZIP-Datei gesetzt ist. Wie beschrieben wird dieses Share mit den Einstellungen benutzt, die für den Benutzer gelten, der darauf zugreift, ergänzt man aber noch den Parameter `force user`, dann könnte daraus ein potenziell *extrem* gefährliches Share werden, falls ein böswilliges Individuum eine Datei mit gesetztem `suid`-Bit aus dem betreffenden Verzeichnis benutzen sollte, während es `mkisofs` bearbeitet.

Zusammengefasst: Wenn ein LINUX-Server Informationen die ein Windows-Client liefert, automatisch bearbeiten soll, dann ist ein Pseudo-Drucker ein ausgezeichnetes Mittel, um dieses Ziel zu erreichen, besonders dann, wenn man bereit ist, eine Reihe einfacher Skripte zu schreiben.

Gebrauch von Magic Scripts

Ein *magic script* (Zauberskript) ist eine Art der Server-seitigen Automatisierung, bei der ein vom Client übergebenes Skript ausgeführt wird. In der Datei `smb.conf` wird der Name eines Skripts genannt, das durch den Server zu starten ist, wenn der Client dieses in das Share schreibt. Man kann also ein Skript an den Server schicken und es unmittelbar ausführen lassen, vorausgesetzt, es kennt das Zauberwort (hat also den „magischen" Namen). Nach Ausführung des Skripts löscht es Samba aus dem Share, vorausgesetzt, die Rechtesituation im Verzeichnis erlaubt dies. Magic scripts sind eine ziemlich neue Erweiterung von Samba, sie sind also relativ unerprobt im Vergleich zu `preexec`- und `postexec`-Skripten oder Pseudo-Druckern. In einigen Netzwerkumgebunge laufen sie vielleicht auch gar nicht.

Um solche Skripte einsetzen zu können, müssen zwei besondere Parameter in der Datei `smb.conf` enthalten sein:

magic script = ***filename*** Dieser Parameter legt den Namen des Magic Scripts fest. Enthält die Definition eines Shares die Zeile `magic script = myfile`, dann führt der Server das Skript `myfile` aus, wenn der Anwender diese Datei geschrieben und geschlossen hat.

magic output = ***filename*** Falls das Skript Ausgaben erzeugt, leitet Samba diese in die im Parameter genannte Datei um. Dies erlaubt eine Prüfung der Ausgabe des Prozesses. Voreingestellter Dateiname ist der Name der Datei für das Skript mit der zusätzlich Erweiterung `.out`.

Ein großer Vorteil – aber auch eine große Gefahr – solcher Magic Scripts liegt darin, dass der Benutzer eines Shares beeinflussen kann, was es tut. Ein Anwender kann Dutzende oder Hunderte von LINUX -Skripten erstellen, die entsprechenden Aufgaben erledigen und sie dann in ein Verzeichnis eines geeignetes Shares kopieren, das unter Verwendung der beiden `magic`-Parameter definiert wurde, wo sie dann ausgeführt werden. Magic Scripts sind also erheblich flexibler als die vom Administrator festgelegten Automatisierungslösungen über `preexec`, `postexec` oder Pseudo-Drucker. Diese Flexibilität kann in einigen Umgebungen sehr nützlich sein. Wo allerdings ein im Wesentlichen abgeschotteter Server betrieben wird, zu dem ein Benutzer keine Zugriffsmöglichkeit über eine Shell haben soll, können Magic Scripts unerwünscht sein.

WARNUNG

Die Samba-Dokumentation warnt vor dem Einsatz von Magic Scripts wegen ihrer Uzuverlässigkeit und der potenziellen Sicherheitsprobleme. Es ist in der Tat sehr schwer, sie richtig zum Laufn zu bekommen. Üblicherweise funktionieren sie nicht mit Samba-Versionen vor 2.0.5.

Skripte für Netzwerk-Clients

Falls ein LINUX-Samba-Server als Domänen-Controller für Clients unter Windows 9*x* läuft, kann eine spezielle Windows-Batchdatei für die Kontrolle der Konfiguration der Windows-Clients eingesetzt werden. Tatsächlich erlaubt die Verwendng von Samba-Variablen (siehe die Tabelle zum Beginndes Kapitels) eine Feinabstimmung des *Anmelde-* oder *Login-Skripts* (wie diese Batch-Datei genannt wird) für jeden Client, jeden Benutzer oder Einheiten. Richtig eingesetzt, kann dieses Feature sehr mächtig sein. Angenommen, man will die Systemumgebung für jeden Benutzer geeignet anpassen, dann kann dies teilweise durch entsprechend angepasste Login-Skripte erfolgen. Man kann ähnliche Effekte erzielen, neben vielen anderen, indem man den Samba-Server für die Unterstützung von *wandernden Benutzerprofilen (roaming profiles)* konfiguriert. Dies erlaubt es den einzelnen Benutzern, ihre Grundeinstellungen für den Client-Computer auf dem Server zu speichern.

Sowohl Anmeldeskripten für Netzwerke als auch wanderende Profile setzen voraus, dass der Samba-Server als Login-Server konfiguriert ist – ein Punkt, der in *Kapitel 10: Konfiguration von Domänen* ausführlicher behandelt wird. Daher wird an dieser Stelle nur eine äußerst knappe Beschreibung der Konfiguration von Domänen-Controllern gegeben. Lesen Sie in jedem Fall *Kapitel 10: Konfiguration von Domänen*, wenn Sie dieses Feature anders als in der hier vorgestellten primitiven Variante benutzen wollen.

Grundlagen der Konfiguration eines Domänen-Controllers

Ein Domänen-Controller ist ein Computer, der die Authentifizierung von Anmeldungen an anderen Computern im Netz durchführt. Richtig konfiguriert erhöht er die Sicherheit im Netz, indem unauthorisierter Zugriff auf einen Client-Rechner erschwert wird. Er mindert auch einen Großteil der Kopfschmerzen eines Systemverwalters, weil er zum einen eine zentrale Passwort-Verwaltung ermöglicht und zum anderen die Konfiguration und, falls nötig, die Änderung von Login-Skripten.

Eine einache Samba-Konfiguration für einen Domänen-Controller sieht etwa folgendermaßen aus:

```
[global]
        workgroup = KATHA
        netbios name = USRMM
        security = User
        domain logons = Yes
        domain master = Yes
        wins support = Yes
```

Die entscheidenden Punkte dieser Konfiguration sind:

Wert des Parameters security ist *nicht* Share Sicherheit auf Ebene von Shares authentifiziert keine Benutzer und kann daher hier nicht verwandt werden. Normalerweise setzt man `security = User`, man kann aber auch `Server` oder `Domain` als Wert einsetzen, wenn die Authentifizierung in Verbindung mit einem anderen Domänen-Controller erfolgen soll.

`domain logons = Yes` Dies konfiguriert Samba so, das es Anmeldungen bei Domänen akzeptiert. Diese Einstellung ist erforderlich, soll ein Samba-Server als Domänen-Controller fungieren.

`domain master = Yes` Wie auch im Falle von `domain logons = Yes` muss dieser Parameter für Samba-Domänen-Controller den wert `Yes` haben.

`wins support = Yes` Dieser Parameter liefert die Unterstützung für den NetBIOS-Namensdienst (NBNS). Windows-Systeme erwarten üblicherweise, dass ein Primärer Domänen-Controller (PDC) NBNS unterstützt.

Sie können zum Thema Konfiguration von Domänen-Controllern mehr in *Kapitel 10:* Konfiguration von Domänen erfahren, einschließlich Informationen zur Konfiguration von Windows-Clients für die Anmeldung bei Domänen.

Erstellen eines Anmeldeskripts

Ein Anmeldeskript ist eine DOS/Windows-Batchdatei. Um ein solches Skript zu erstellen, muss man also mit der Sprache dieser DOS/Windows-Batchdateien vertraut sein. Solche Skripte können nützliche Aufgaben erfüllen wie das Mounten entfernter Shares (auch solcher Shares, die nicht auf dem zu konfigurierenden Samba-Server zur Verfügung stehen), Setzen von Umgebungsvariablen und so weiter. Als Beispiel hier ein einfaches Login-Skript, das das System so konfiguriert, dass das Heimatverzeichnis des Benutzers gemountet und dem Laufwerksbuchstaben M: zugewiesen sowie ein Fenster mit dem Windows Explorer dafür geöffnet wird:

```
NET USE M: \\USRMM\HOMES /YES

EXPLORER M:
```

HINWEIS

Da das Login-Skript ein Windows-Skript ist, benutzt es Windows-Befehle und muss Windows-Konventionen folgen. Man beachte in diesem Beispiel den Gebrauch des Backslash (\) im Netzwerknamen und des Schrägstriches (Slash: /), der einen Schalter des Befehls **NET USE** *kennzeichnet. Außerdem* **muss** *man für dieses Skript Windows-gemäße Zeilenendezeichen verwenden – Zeilenvorschub zusammen mit Wagenrücklauf. Erstellt man ein solches Skript unter LINUX, muss man darauf achten, es mit einem Tool wie* **unix2dos** *zu konvertieren, oder manuell an jedem Zeilenende das Zeichen* S+m *ergänzen, wenn dies der Editor zulässt. Allgemein ist es einfacher, solch eine Batchdatei unter Windows zu erstellen.*

Hat man ein solches Login-Skript erstellt, kann man es einem speziellen Share namens `[netlogon]` zuordnen. Die Definition dieses Shares sollte dem im folgenden Listing dargestellten gleichen. Es ist ein zimlich gewöhnliches Share und benutzt aus Sicherheitsgründen die Parameter writeable = No und `guest ok = No`, erlaubt es aber wegen des Parameters `write list = katha` der Benutzerin `katha` das Login-Skript zu verändern.

```
[netlogon]

        comment = Network Logon Service

        path = /home/samba/netlogon

        guest ok = No

        writeable = No

        write list = katha
```

Hat ein Windows-Anmeldeskript den Dateinamen /home/samba/netlogon/logon.bat, muss die Sektion [global] der Datei smb.conf eine Referenz auf dieses Login-Skript enthalten, wie:

```
logon script = logon.bat
```

Wann immer nun von einem Client aus Netzwerkzugang über den Samba-Server gesucht wird, wird die Datei logon.bat ausgeführt. Für sich genommen ist dies nicht besonders aufregend – schließlich kann man oft ähnliche Ergebnisse durch den Einsatz der Datei AUTOXEC.BAT oder den Ordner Autostart erzielen. Ein Login-Skript auf einem Samba-Server ist potenziell jedoch von größerem Ineresse, weil Samba-Variablen im Dateinamen des Skripts (in der Datei smb.conf) benutzt werden können. Legt man etwa den Namen als %U.bat fest, gibt Samba unterschiedliche Dateien an den Server weiter in Abhängigkeit vom Loginnamen des Anwenders – katha.bat für Benutzerin *katha*, alex.bat für den Benutzer *alex* und so fort. Entsprechend kann man die NetBIOS-Namen der Clients benutzen, Benutzergruppen, Codes der Betriebssysteme und so weiter, ja sogar Kombinationen dieser Variablen. Ein Netzwerk-Anmeldeskript hat den zusätzlichen Vorteil, dass es zentral verwaltet werden kann, so lässt sich etwa ein Skript, das möglicherweise von Hunderten von Clients benutzt wird einfach durch die Bearbeitung einer einzelnen Datei verändern.

HINWEIS

Variablen können als als Teil eines Namens für ein Login-Skript benutzt werden, nicht aber als Teil eines Wertes für einen Parameter, den man an ein Login-Skript übergibt.

Wie weiter oben erwähnt, ist es im Allgemeinen eine gute Sicherheitsvorkehrung, für den Share [netlogon] nur Lesezugriffe zuzulassen – dies kann aber unvorteilhaft sein, wenn man es den Anwendern erlauben will, ihre Anmeldeskripte selbst zu ändern. Daher mag man Schreibzugriffe auf das Share erlauben oder man benutzt zumindest den Parameter write list, um wenigstens einigen Benutzern diesen Zugriff zu erlauben. In diesem Fall sollte man sich aber vergewissern, dass man den Parameter force user *nicht* verwendet und die Rechte so gesetzt hat, dass ein Anwender die Dateien eines anderen nicht überschreiben kann.

Einrichten von wandernen Benutzerprofilen

Auch wenn Anmeldeskripte zum Einrichten einer Reihe von Konfigurationen sehr nützlich sind, kann man mit ihnen nicht alles erreichen, was man für die Anpassung des Systems für nützlich erachtet. Viele Einstellungen der graphischen Benutzerumgebung unter Windows werden über so genannte Profile konfiguriert – ein Bündel an Informationen, die sich auf die Positionierung von Icons, die Eigenschaften des Desktops oder

Ähnliches beziehen. Auch wenn solche Eigenschaften über Batchdateien festgelegt werden können, kann diese Methode sehr lästig werden, da die meisten Anwender nicht wissen, wie solche Batchdateien zu pflegen sind, und weil die Bearbeitung dieser Dateien die Benutzung eines Editors verlangt. Profile werden im Gegensatz dazu mehr oder weniger transparent über Windows gehandhabt – ein Anwender braucht nur das Bitmap für den Bildschirmhintergrund zu ändern und Windows wird sich daran erinnern.

HINWEIS

Viele LINUX-Systeme erlauben es dem Anwender, eine Datei mit Namen `~/.profile` *anzulegen, die Informationen für ein Login beinhaltet. Auch wenn der Hintergrund eines Windows-Profils und einer Datei* `~/.profile` *unter LINUX nahezu identisch ist, ist ihre Implementierung vollkommen verschieden.*

Benutzen Anwender routinemäßig immer denselben Computer, gibt es keine Probleme bei der Verwendung von Profilen, da sie gewöhnlich lokal gespeichert werden. In einigen Umgebungen wechseln Anwender jedoch häufig von einem Computer an einen anderen – zum Beispiel im universitären Bereich. In solchen Situationen kann man Samba so konfigurieren, dass es wandernde Profile unterstützt. Dazu muss ein zusätzliches Samba-Share eingerichtet werden, dessen Definition etwa wie folgt aussehen kann:

```
[profile]

        path = /home/samba/profile

        read only = No

        create mode = 0600

        directory mode = 0770

        browseable = No

        guest ok = No
```

Dieses Samba-Share dient also zum Speichern von wandernden Benutzerprofilen.

Zusätzlich muss die Sektion `[global]` in der Datei `smb.conf` um einen speziellen Eintrag ergänzt werden, der Samba (und den Windows-Clients) mitteilt, dass ein Share `[profile]` verfügbar ist. Für Samba-Versionen bis einschließlich 2.0.5a lautet dieser Eintrag

```
logon path = \\%L\PROFILE\%U
```

Ab Samba Version 2.0.6 ist `logon path` ersetzt durch `logon home` wie in folgender Zeile:

```
logon home = \\%L\PROFILE\%U
```

Hier einige Kernpunkte der vorstehenden Definitionen:

Backslashes im Wert für `logon path` bzw. `logon home` Die Werte für die Parameter `logon path` und `logon home` verlangen den Backslash (\), wie unter Windows üblich, anstelle von (/) ,der unter LINUX entsprechend benutzt wird. Passen Sie auf, dass Sie das richtig machen!

Unterverzeichnisname `%U` Die Variable `%U` dient dazu, ein Unterverzeichnis in der Wurzel des Shares `[profile]` nach dem Benutzer zu benennen. Dies erlaubt es jedem Benutzer, das eigene Profile zu verwenden. Man kann auch Profile für Gruppen oder andere Kategorien erstellen, aber solche Konfigurationen sind in der Regel weniger nützlich.

Automatisches Erzeugen von Verzeichnissen Man braucht die Verzeichnisse, in denen die Profile gespeichert werden, nicht zu erstellen, Samba erledigt dies automatisch. (Man *muss* allerdings das Verzeichnis erstellen, auf das der Wert des Parameters `path` im Share `[profile]` verweist. Es sollte *root* gehören und die Rechtemaske 777 aufweisen.)

Einsatz von wandernden Benutzerprofilen für Windows-Clients

Wenn solche Profile richtig konfiguriert sind, muss noch beim Windows-Client der Gebrauch von Profilen aktiviert sein. Dazu müssen folgende Schritte ausgeführt werden:

1. Doppelklick auf das Icon *Kennwörter* in der *Systemsteuerung*. Dies öffnet den Dialog *Eigenschaften von Kennwörter*.
2. Anklicken des Registers *Benutzerprofile*, dessen zugehöriges Registerblatt in *Abbildung 8.1* gezeigt wird.

Abbildung 8.1: Standardgemäß stellt Windows allen Anwendern den gleichen Desktop zur Verfügung; diese Einstellung lässt sich ändern

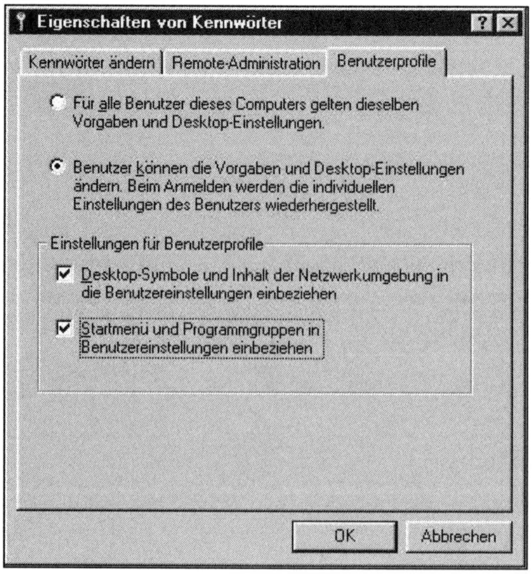

3. Wahl des 2. Optionsfeldes (*Benutzer können ...*).

HINWEIS

Ist der Computer `nicht` *für Domänen-Logins konfiguriert, speichert Windows die Profile lokal. Ist ein Computer jedoch für Domänen-Logins konfiguriert, wird versucht, das Profil lokal und beim Login-Server für die Domäne zu speichern. Es wird dann beim nächsen Login das aktuellere der beiden Profile benutzt.*

4. Aktivieren der beiden Kontrollkästchen unter *Einstellungen für Benutzerprofile* oder aber eines von beiden, wie es am besten passt.
5. Anklicken der Schaltfläche *OK*. Windows teilt einem mit, dass der Rechner neu gebootet werden muss, um die Änderungen zu aktivieren.
6. Nach dem Neustart wird nach dem Einloggen die folgende Dialogbox angezeigt. Man wählt *Ja*, um das Profil lokal *und* auf dem Server speichern zu lassen.

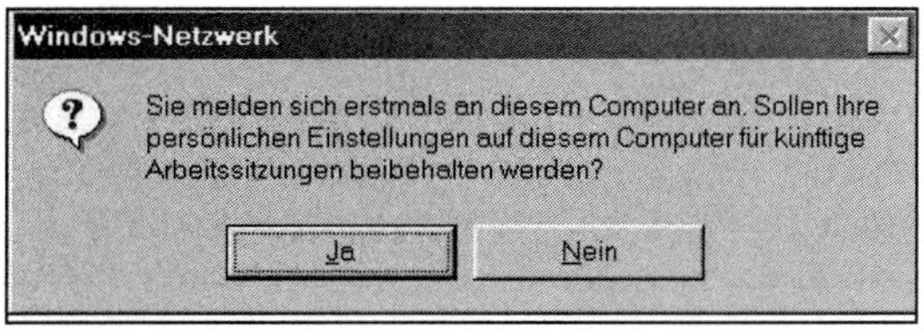

In dieser Einstellung speichert Windows nun die Profile lokal und auch auf dem Server. Führt man diese Schritte auch an einem anderen Rechner in dieser Art durch, können Konfigurationen zwischen diesen beiden Computern geteilt werden, vorausgestzt, man verwendet an beiden denselben Benutzernamen.

Probleme mit Anmeldeskripten und Benutzerprofilen

Anmeldeskripte und Benutzerprofile können sehr nützliche Hilfen in zahlreichen Netzwerkumgebungen sein. Man kann diese Features einsetzen, um Konfigurationen unabhängig von Maschinen zur Verfügung zu haben, wenn einzelne Anwender unterschiedliche Computer benutzen. Es sollten aber auch einige Dinge bedacht werden, wenn man dies tut:

Inkonsistente Hardware Wenn zwei Computer mit unterschiedlicher Hardware ausgestattet sind, mag das zu schlechten Ergebnissen führen, wenn eines der Features Hardware-abhängig ist. Zum Beispiel wird eine Konfiguration für einen Computer mit hochauflösendem Bildschirm nicht geeignet sein für einen Computer mit einem Bildschirm mit niedrigerer Auflösung, zumindest wird die Konfiguration nach „unten" angepasst.

Inkompatible Shortcuts Beinhaltet eine Konfiguration für einen Desktop Shortcuts zur Verwaltung von Objekten oder lokalen Daten eines Computers, werden diese Verknüpfungen nicht gut mit einem wandernden Profil zusammenarbeiten, ausgenommen dann, wenn alle Clients solche Dateien, die dem gleichen Zweck dienen, am gleichen Ort speichern. Daher ist es wichtig, Software konsistent zu installieren, wenn man sie lokal installiert (d.h. man sollte ein einheitliches Verzeichnis für die lokalen Installationen benutzen).

Unregelmäßigkeiten bei zeitgleicher Verwendung von Profilen Meldet sich ein Benutzer gleichzeitig von zwei Windows-Clients aus beim Netzwerk an, können sich Änderungen des Profils, die er an verschiedenen Clients vornimmt, gegenseitig überschreiben. Im Allgemeinen bleibt das Profil bestehen, das an dem Client benutzt wurde, an dem sich der Benutzer zuletzt abgemeldet hat.

Eigentümliches Zeitverhalten Wenn die Systemuhren zweier Clients unterschiedliche Zeiten anzeigen, kann man als Ergebnis ein eigentümliches Verhalten bei den Systemzeiten beobachten. So wird man insbesondere feststellen können, dass Änderungen der Systemzeit, die an dem Rechner vorgenommen wurden, der die frühere Systemzeit aufweist, nie gespeichert werden, wenn nur die Zeitdifferenz groß genug ist.

TIPP

Dieses Problem kann behoben werden, indem man dem Netzwerk-Anmeldeskript den Befehl `NET TIME \\SERVER /SET /YES` *hinzufügt, um alle Clients mit der Systemzeit von* `SERVER` *zu versorgen. Enthält die Datei* smb.conf *des Samba-Servers den Parameter* `time server = Yes`*, kann er als* Zeit-Server *im Netzwerk fungieren.*

Zusammenfassung

Automatisierung kann die Möglichkeiten eines Netzwerkes stark erweitern. Man kann die Parameter `preexec` und `postexec` einsetzen, um Routineaufgaben abzuwickeln, die mit dem Zugriff auf den Share verbunden sind, oder um einen ansonsten gewöhnlichen Share in ein Werkzeug zur Datenverarbeitung umzuwandeln. Man kann den Parameter `print command` benutzen und mehr oder weniger radikal die Funktion eines Samba-Druck-Shares ändern. Im Prinzip lässt sich der Parameter `magic script` benutzen, um einige extrem flexible Möglichkeiten der Skript-Verarbeitung bereitzustellen, in der Praxis funktioniert er aber häufig nicht. Für die Client-Seite können ein oder mehrere Anmeldeskripte und wandernde Profile angelegt werden, um Allgemein-Konfigurationen für Betriebssysteme, Gruppen, einzelne Benutzer oder andere Objekte zur Verfügung zu stellen. Auch wenn nicht immer nützlich – oder gar nicht wünschenswert – können diese Features in einigen Situationen eine immense Hilfe darstellen.

Samba als NBNS-Server

KAPITEL 9

Eines der wichtigsten Feature eines TCP/IP-basierten Windows-Netzwerks ist der *NetBIOS Name Service* (*NBNS*), den Microsoft *Windows Internet Name Service* (*WINS*) nennt. Wie in *Kapitel 1: Eine Einführung in SMB/CIFS* beschrieben, ist NBNS/WINS ein Hilfsmittel zur Konvertierung von NetBIOS-Namen in TCP/IP-Adressen. Als solches besitzt NBNS eine oberflächliche Ähnlichkeit zum *Domain Name Service* (*DNS*) des Internets. Es ist tatsächlich möglich, die beiden auf verschiedene Arten miteinander zu verknüpfen, und sowohl Samba als auch einige Versionen von Windows können DNS anstelle von NBNS benutzen.

HINWEIS

NBNS ist eines der wichtigsten Feature für TCP/IP-basierte *Windows-Netzwerke. Windows-Netzwerke, die ausschließlich auf NetBEUI aufbauen, nutzen kein NBNS.*

Dieses Kapitel dient als Einführung in NBNS – genauer: Es beschreibt, wie NBNS arbeitet, wann man es einsetzen sollte und wie man einen Samba-Server konfigurieren muss, damit er als NBNS-Server fungieren kann. Der erste Teil des Kapitels ist der Theorie von NBNS gewidmet und den Beziehungen zwischen den unterschiedlichen Technologien zur Benennung von Computern. Daran schließt eine Besprechung von praktischen Problemen bei der NBNS-Konfiguration von Samba und den Client-Betriebssystemen an.

NBNS verstehen

Um einen Samba-Server als NBNS-Server laufen zu lassen, sollte man verstehen, wie ein solcher Server funktioniert und wozu er eingesetzt werden kann. Außerdem kann es nützlich sein, zu wissen, inwiefern NBNS einigen der üblichen Alternativen gleicht, von ihnen abweicht und gegebenenfalls mit ihnen zusammenarbeitet. Wer diese Dinge verstanden hat, dem fällt es leichter, Samba als NBNS-Server oder -Client zu konfigurieren.

Funktionsweise von NBNS

Windows-Netzwerk-Protokolle wurden teilweise auf der Basis eines Systems zur Namensauflösung mittels Rundruf (broadcast) entwickelt. In dieser Konfiguration sendet ein Computer, der via Netz mit einem anderen kommunizieren will, einen Rundruf über das Netzwerk, der dann von allen Rechnern im Netz empfangen werden kann und nach der IP-Adresse des gewünschten Computers fragt. Angenommen, der Computer `KITHRUP` will mit dem Computer `JIJO` kommunizieren. Dann kann `KITHRUP` einen Rundruf an alle senden und nach der Adresse von `JIJO` fragen. Dieser Rundruf wird allerdings auch von anderen Computern im Netz empfangen, wie es die *Abbildung 9.1* zeigt. Eine solche Konfiguration vergeudet Netzwerkressourcen und kann daher langsam sein. Sie ist allerdings leicht einzurichten, da kein Computer als zentraler Namensserver benannt werden muss.

Abbildung 9.1: Namensauflösung über Rundruf verlangt die Aufmerksamkeit vieler Computer und kann daher zu einer hohen Netzwerkauslastung führen

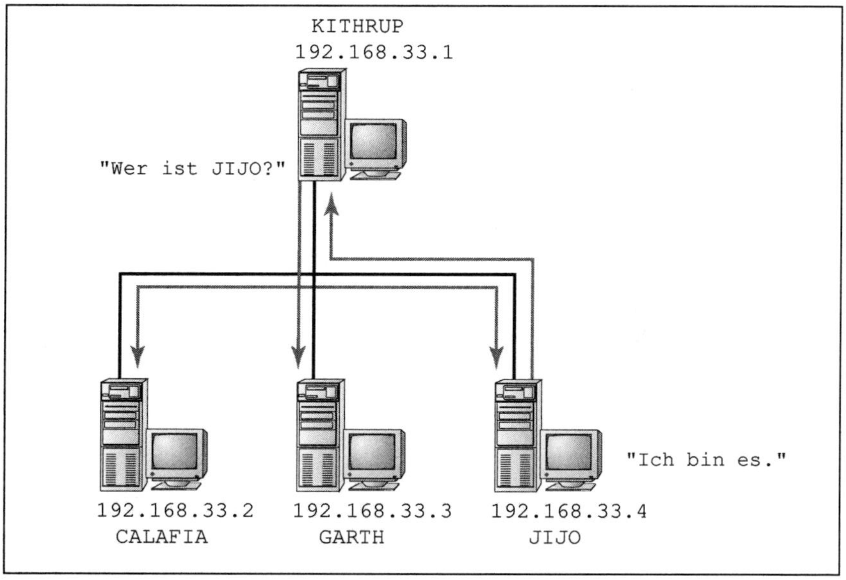

Ein effizienterer Weg, bezogen auf die Nutzung der Ressourcen, ist der Einsatz eines NBNS-Servers, wie er in *Abbildung 9.2* dargestellt wird. In dieser Situation kennt der Client die IP-Adresse des NBNS-Servers und kann diesen nach der IP-Adresse eines *jeden* Computers fragen. Vom Konzept her ist diese Konstellation fast identisch mit der Namensauflösung via DNS im Internet, auch wenn beide Protokolle inkompatibel sind.

Zusätzlich zu diesen Unterschieden bezüglich der Zeit für die Namensauflösung weichen Rundruf- und NBNS-Netzwerke bei der Behandlung der Situation voneinander ab, wenn ein Computer ans Netz geht. In einem Netzwerk mit Rundruf gibt diese Maschine den Namen, den sie benutzen will, allgemein bekannt, in dem Bemühen, diesen *registrieren* zu lassen. Beansprucht kein anderer Computer diesen Namen, beginnt der neu gebootete Computer bei Nennung dieses Namens zu reagieren. Versuchen zwei Computer, denselben Namen zu benutzen, müssen sie um das Recht, ihn zu verwenden, „kämpfen“, was manchmal zu Schwierigkeiten führt, auch nur einen der beiden zu erreichen. Im Gegensatz dazu lassen sich in einem NBNS-Netzwerk die einzelnen Rechner vom NBNS-Server registrieren, was jede Auseinandersetzung um die Namensvergabe im Keim erstickt.

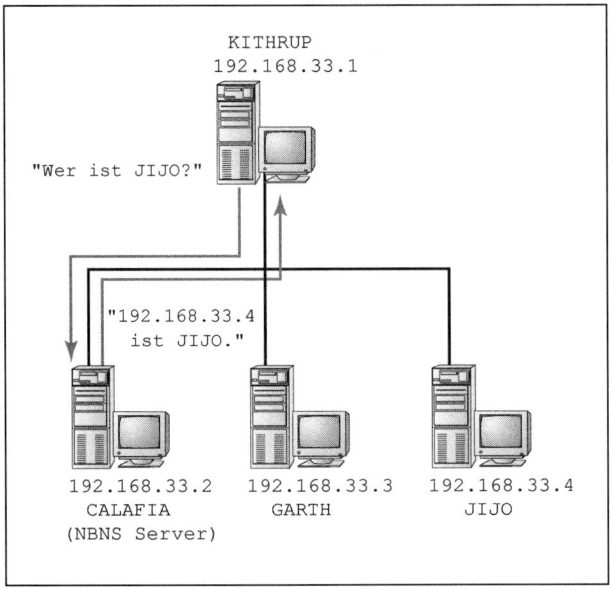

Abbildung 9.2: Namensauflösung mittels NBNS bedeutet eine geringere Netzwerkauslastung als Namensauflösung über Rundruf

Insgesamt bieten NBNS-Server eine Reihe von Vorteilen gegenüber einem Rundruf-Netzwerk:

Weniger Netzwerklast NBNS beinhaltet eine Punkt-zu-Punkt Nutzung des Netzwerks anstelle von allgemeinen Rundrufen. Insbesondere dann, wenn in einem Netzwerk ein Switch anstelle eines Hubs oder eines Ethernet mit Koaxilkabeln benutzt wird, kann dies die zusätzliche Netzwerkbelastung reduzieren. Datenverkehr von Punkt zu Punkt mindert außerdem den Aufwand aller Computer für die Beantwortung von Anfragen zur Namensauflösung, die sie nicht betreffen.

Arbeiten über Subnetzgrenzen hinweg Ist ein Netzwerk aus zwei oder mehreren Subnetzen zusammengesetzt, die über Router oder ähnliche Geräte verbunden sind, die Rundruf-Pakete abblocken, erlaubt es NBNS einem Windows-Netzwerk sich über alle Subnetze auszudehnen. Namensauflösung mittels Rundruf schränkt in diesem Falle die Nutzung der Hardware-Struktur auf zwei (oder mehr) voneinander unabhängige Netzwerke ein, jedes für eines der Subnetze. (Samba stellt einige Mechanismen bereit, die es erlauben, dieses Problem zu umgehen, aber gewöhnlich ist es besser, NBNS zu benutzen). Die Clients müssen die IP-Adresse des NBNS-Servers kennen, wodurch die Namensauflösung erfolgen kann, als ob die beiden Subnetze eines wären.

Größere Zuverlässigkeit Ist der NBNS-Server als solcher sehr stabil oder befindet sich im Netzwerk ein Ersatz-NBNS-Server, kann NBNS zuverlässiger als Rundruf sein, speziell in einem stark benutzen Netzwerk. In einem solchen Netz können Pakete verloren gehen, was dann zu Verzögerungen oder Fehlern bei der Namensauflösung führen kann.

In Netzwerken unter SMB/CIFS macht man bisweilen die Erfahrung, dass Computer auf mysteriöse Art und Weise aus der Windows-Netzwerkumgebung verschwinden oder von einigen Computern angesprochen werden können, von anderen jedoch nicht. Solche Probleme lassen sich oft dadurch lösen, dass man die Namensauflösung durch Rundruf ersetzt durch NBNS.

Auf der anderen Seite verlangt NBNS Mehraufwand bei der Konfiguration. Einer der Computer muss als NBNS-Server bereitgehalten werden und den anderen muss er als solcher bekannt gemacht werden. Wenn, was in Kürze beschrieben werden wird, in einem Netzwerk für die Zuweisung von IP-Adressen das *Dynamic Host Configuration Protocol* (*DHCP* – etwa Protokoll zur dynamischen Rechnerkonfiguration) Anwendung findet, kann ein Teil dieser Arbeit durch DHCP erledigt werden, was den Verwaltungsaufwand bei der Pflege eines NBNS-basierten Netzwerks deutlich reduzieren kann.

Wenn man Samba als NBNS-Server konfigurieren will, sollte man sich darüber im Klaren sein, dass Windows NT-Systeme bestrebt sind, NBNS-Server mit den zusätzlichen Funktionen als *primärer Domänen-Controller* (*PDC*) und als *Master-Browser* zu versehen. (Mehr Informationen zu Domänen findet man in *Kapitel 10: Konfiguration von Domänen*, zu Master-Browsern in *Kapitel 11: Lokales und geroutetes Browsen*.) Enhält ein Netzwerk Rechner unter Windows NT oder 2000 und dient einer dieser Rechner dabei als Server in irgendeiner der drei genannten Funktionen, ist es das Beste, ihm alle drei Funktionen zu übertragen. Daher sollte man es vermeiden, Samba als NBNS-Server zu konfigurieren, wenn ein Windows NT-Rechner im Netz bereits als PDC oder Master-Browser arbeitet. (Die Funktion als PDC ist in den meisten Fällen die wichtigere der beiden; die Funktion als Master-Browser kann völlig dynamisch wechseln.) Außerdem kann ein Rechner unter Windows NT sowohl als *primärer* als auch als zusätzlicher NBNS-Server (*Backup*-NBNS-Server) eingesetzt werden, ein Samba-Server jedoch nur als primärer NBNS-Server. Arbeitet ein Samba-Server als primärer NBNS-Server, kann es im Netz keinen zusätzlichen NBNS-Server geben. Daher mag man die Funktion des NBNS-Servers einem Rechner unter Windows NT übergeben, auch wenn ein LINUX-Rechner der wichtigste Datei- und Druck-Server ist.

Auch wenn Window NT diese drei Aufgaben miteinander verbindet, sind sie konzeptionell voneinander verschieden. NBNS dient der Namensauflösung und verbindet Computernamen mit IP-Adressen. Ein PDC dient als zentraler Rechner für die Authentifizierung und kann oft spezielle Shares beheimaten, wie die wandernden Benutzerprofile, die in *Kapitel 8: Automatisierung* beschrieben wurden. Der Master-Browser pflegt eine Namensliste von Computern, die im Netz verfügbar sind, so dass der Anwender von einem zum anderen Computer browsen kann, ähnlich dem Browsen der Verzeichnisstruktur einer Festplatte. Um aber auf einen speziellen Computer aus einer solchen Browse-Liste zugreifen zu können, muss der browsende Computer eine Namensauflösung veranlassen.

NBNS und DNS

Wie früher bemerkt, sind NBNS und DNS ähnliche Protokolle, da beide Computer mit den IP-Adressen versorgen, die mit spezifischen Namen verbunden sind. Die beiden Protokolle unterscheiden sich jedoch auch in einigen entscheidenden Punkten:

- DNS ist ein von TCP/IP-Netzwerken und dem Internet insgesamt verwen- detes Protokoll. Es wird in Verbindung mit einer Vielzahl unterschiedlicher TCP/IP-Netzwerkprotokolle benutzt. Im Gegensatz dazu wird NBNS nur mit NetBIOS auf TCP/IP-Netzwerken eingesetzt und ausschließlich von SMB/CIFS benutzt.
- DNS unterstützt mehrstufige Host-Namen, wie etwa `garth.eclan.mway.org`. NBNS dagegen kennt nur zwei Ebenen der Namenvergabe – Maschinenennamen und Namen von Arbeitsgruppen. Der Name der Arbeitsgruppe ist dabei allerdings ohne Bedeutung für die Feststellung von Namenskonflikten. Zwei Computer eines einzelnen Netzwerkes können nicht denselben NetBIOS-Namen haben, auch wenn Sie in unterschiedlichen Arbeitsgruppen sind.
- DNS wird zentral administriert. Will man eine Maschine einer Domäne hinzufügen, für die ein bestimmter DNS-Server zuständig ist, dann muss der DNS-Server manuell umkonfiguriert werden, zumindest muss man ein Skript oder etwas Ähnliches anstoßen, das diese Arbeit erledigt. NBNS dagegen besitzt eine Art Selbstverwaltung; ein NBNS-Server ergänzt Maschinennamen oder löscht sie, wenn die jeweiligen Clients anfragen. Fügt man also einem NetBIOS-Netzwerk einen Computer hinzu, braucht der NBNS-Server nicht angepasst zu werden.
- DNS ist eine weitverbreitete Lösung für die Namensvergabe an Computer. Bestimmte Rechner sind verantwortlich für den gesamten Zweig eines Namensraumes (Namespace), auch wenn sie nicht alle Einzelheiten der Domäne kennen müssen, für die sie verantwortlich sind. DNS funktioniert, weil ein Namens-Server eine Anfrage an einen anderen Server weiterleiten oder aber den ursprünglich nachfragenden Rechner an einen anderen Namens-Server verweisen kann.

> Im Gegensatz dazu arbeitet NBNS in einem flachen Namensraum ohne übergreifende Verbindungen. Ein einzelner NBNS-Server kennt die Maschinen in seinem eigenen Netzwerk und sonst keine. Solange man keinen Client so umkonfiguriert, dass er Anfragen an einen entfernten NBNS-Server richten kann, kann man über NBNS auch keine Informationen aus Netzwerken außerhalb des lokalen erhalten.

DNS und NBNS sind inkompatible Protokolle, aber ein vorhandenes Netzwerk kann beide unterstützen. Dies ist in der Tat üblicherweise der Fall, wenn NBNS in einem Netzwerk eingesetzt wird. Falls möglich, sollte man bezüglich beider Protokolle, DNS und NBNS, die gleichen Host-Namen verwenden, unter Auslassung des Namnsanteils im DNS-Namen, der nicht zu NBNS passt. Zum Beispiel sollte ein Computer, der in der DNS-Terminologie `garth.eclan.mway.org` genannt wurde, der Rechner `GARTH` der Arbeitsgruppe `ECLAN` bzw. `MWAY` in der NBNS-Terminologie sein.

Samba, Windows NT und Windows 2000 unterstützen alle den Einsatz von DNS anstelle von oder zusammen mit NBNS, Rundrufen oder der Datei `lmhosts` zur Auflösung von NetBIOS-Namen. Aus der Sicht von Windows *9x* ist eine solche Konfiguration kein Standard aber bisweilen sehr nützlich. Dies gilt insbesondere dann, wenn die DNS- und die NetBIOS-Namen gleich sind und es keinen NBNS-Server gibt oder dieser nicht zuverlässig arbeitet.

NBNS und `lmhosts`

Kleine NetBIOS-Netzwerke können eine Datei namens `lmhosts` anstelle von Rundrufen oder NBNS benutzen. Diese Datei ist im Format nahezu identisch mit der Datei `/etc/hosts`, wie sie unter LINUX (oder UNIX) benutzt wird. Wie `/etc/hosts` auch, enthält `lmhosts` eine Liste von Maschinennamen und zugehörigen IP-Adressen. Weiter wird `lmhosts` entsprechend`/etc/hosts` benutzt, um nach Namen zu suchen, ohne auf das Netzwerk zuzugreifen, was diesen Vorgang beschleunigt und Netzwerklast reduziert.

Nach der Installation gibt es in Windows-Systemen eine Datei namens `LMHOST.SAM`, normalerweise im Verzeichnis `C:\WINDOWS`. Diese Datei enthält Kommentare, die die genauen Parameter beschreiben, die akzeptiert werden. Eine einfache Beispieldatei `lmhosts` könnte wie folgt aussehen:

```
192.168.33.3 garth
192.168.33.4 jijo
192.168.33.5 kithrup
```

HINWEIS

Windows-Maschinen können in ihrer Datei `lmhosts` *eine Reihe spezieller Kennzeichnungen verwenden, von denen die meisten von Samba nicht erkannt werden. Eine grundlegende Date, wie die oben dargestellte kann jedoch für beide Systemen benutzt werden.*

In einem Windows 9*x*-System sollte diese Datei (`LMHOSTS`, ohne Erweiterung) im Windows-Hauptverzeichnis (normalerweise `C:\Windows`) gespeichert werden. Windows benutzt dann diese Datei automatisch. Unter Windows NT muss der Gebrauch dieser Datei über die folgenden Schritte, auszuführen als `Administrator`, angemeldet werden:

1. Kopieren Sie die Datei `LMHOSTS` in das Verzeichnis `C:\WINNT\SYSTEM32\DRIVERS\ETC` (in einigen Systemen müssen der Laufwerksbuchstabe und/oder der Name des Verzeichnisses `WINNT` angepasst werden).
2. Öffnen Sie die *Systemsteuerung*.
3. Doppelklicken Sie das Icon *Netzwerk*. Es öffnet sich der Dialog *Netzwerk*.
4. Klicken Sie die Registerkarte *Protokolle* an und wählen Sie aus der Liste *TCP/IP-Protokoll*.
5. Klicken Sie den Button *Eigenschaften* an, es öffnet sich der Dialog Eigenschaften von *Microsoft TCP/IP*.
6. Klicken Sie die Registerkarte *WINS-Adresse* an, der Dialog sollte nun dem in *Abbildung 9.3* gezeigten gleichen.

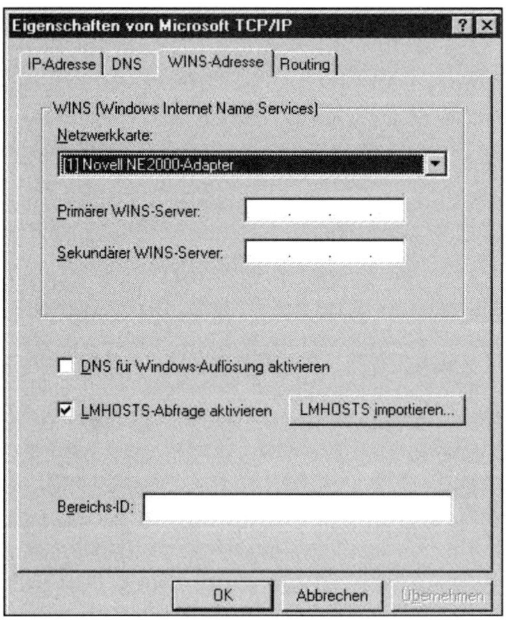

Abbildung 9.3: Windows NT erlaubt die Verwendung von `LMHOSTS`, DNS oder WINS(NBNS) zur Namensauflösung

7. Vergewissern Sie sich, dass das Kontrollkästchen *LMHOSTS-Abfrage aktivieren* ausgewählt ist (Häkchen). Dies sollte es im Standardfall auch sein.

8. Bestätigen Sie den Dialog durch Anklicken des Buttons *OK* und schließen Sie noch den Dialog *Netzwerk* ebenfalls über den Button *OK*.

HINWEIS

Windows 2000 ermöglicht den Gebrauch von `LMHOSTS` *standardgemäß. Man kann dies bei Bedarf in ähnlicher Weise wie unter Windows NT 4 abändern, muss aber den Dialog* Erweiterte TCP/IP-Einstellungen *über den Dialog* Eigenschaften von Internetprotokoll (TCP/IP) *öffnen.*

Unter LINUX kann man eine Datei `lmhosts` erstellen und im Hauptverzeichnis für die Samba-Konfiguration (üblicherweise `/etc`, `/etc/samba` oder ähnlich) ablegen. Zu beachten ist, dass unter LINUX der Dateiname komplett in Kleinbuchstaben zu schreiben ist.

Der Gebrauch dieser Datei wird unter LINUX mit dem in Kürze vorgestellten Parameter `name resolve order` in der Datei `smb.conf` angemeldet.

NBNS und `lmhosts` arbeiten nicht besonders intensiv zusammen. Abhängig von der Konfiguration des Rechners kann dieser die Datei `lmhosts` überprüfen, bevor er einen Rundruf abschickt oder den NBNS-Server befragt. Änderungen am NBNS-Server wirken sich aber nicht auf den Inhalt der Datei `lmhosts` auf Client-Seite aus, andrerseits berühren Ergänzungen dieser Dateien den NBNS-Server nicht.

Allgemein kann `lmhosts` bei der Konfiguration von Namensauflösungen in kleinen Netzwerken nützlich sein, aber auch in solchen Netzwerken, in denen Namensauflösung mit Rundruf akzeptable Resultate zeigt. Ein anderer möglicher Einsatz von `lmhosts` ist der, eine begrenzte Anzahl von Einträgen für Geräte in einem vom Client separaten Netzwerksegment vorzunehmen. Angenommen, eine NetBIOS-Domäne oder -Arbeitsgruppe besteht aus einer Reihe von Systemen in einem Netzwerksegment und zwei zusätzlichen Rechnern in einem anderen. Die Namen dieser beiden separaten Maschinen können dann in den Dateien `lmhosts` der Rechner im Hauptsegment des Netzes und die Namen der Rechner des Hauptsegmentes in den Dateien `lmhosts` auf den beiden Extra-Rechnern eingefügt werden. Der einheitliche Gebrauch von NBNS ist aber höchstwahrscheinlich die bessere Lösung in dieser Situation.

Festlegen des Knotentyps

Benutzt man NetBIOS mit TCP/IP, dann muss für jeden Client festgelegt sein, welche Methoden der Namensauflösung er verwendet und in welcher Reihenfolge er sie zu benutzen versucht. Diese Eigenschaft wird auch *Knotentyp* (*node type*) genannt, wovon es vier verschiedene gibt.

b-Knoten (b-node) Ein b-Knoten (broadcast) benutzt Rundrufe zur Registrierung von Namen und für Namensauflösungen. Der DHCP-Code für einen b-Knoten ist 1.

p-Knoten (p-node) Ein p-Knoten benutzt Punkt-zu-Punkt Kommunikation (also NBNS) zur Registrierung von Namen und für Namensauflösungen. Der DHCP-Code für einen p-Knoten ist 2.

m-Knoten (m-node) Ein m-Knoten (mulTIPPle methods) versucht zuerst, Rundrufe zu benutzen; wenn diese Methode versagt, benutzt er NBNS. Der DHCP-Code für einen m-Knoten ist 4.

h-Knoten (h-node) Ein h-Knoten, auch als *Hybridknoten* bekannt, versucht zunächst, über NBNS Namensauflösungen zu erhalten, und zieht sich, wenn das nicht funktioniert, auf Rundrufe zurück. Der DHCP-Code für einen h-Knoten ist 8.

In Windows-Systemen kann man den Knotentyp durch Eingabe des Befehls

```
IPCONFIG /ALL
```

herausfinden. Die resultierende Ausgabe sollte eine Zeile ähnlich der folgenden beinhalten:

Node Type . . . . : Hybrid

Ist der Computer als h-, p- oder n-Knoten konfiguriert, sollten Folgezeilen die IP-Adresse des primären und (falls konfiguriert) des sekundären NBNS-Servers etwa wie folgt anzeigen:

```
Primary WINS Server . . . . . . . : 192.168.34.100
Secondary WINS Server . . . . : 192.168.34.200
```

Der einfachste Weg zur Konfiguration des Knotentyps eines Windows-Rechners führt über einen DHCP-Server. Entspricht dieser dem weitverbreiteten Paket BIND, dann kann der Knotentyp aller Windows-DHCP-Clients durch die folgenden Zeilen in der Datei `/etc/dhcp.conf` festgelegt werden:

```
option netbios-name-servers 192.168.34.200;
option netbios-node-type 8;
```

Diese zwei Zeilen legen die IP-Adresse des NBNS-Server und den Knotentyp der Clients fest. Nach diesen Änderungen sollte jeder Computer unter Windows 9*x*, NT oder 2000 diese Einstellungen benutzen, es sei denn, andere lokale Einstellungen überschreiben sie. (Einige dieser überschreibenden Einstellungen werden im Abschnitt *NBNS unter verschiedenen Betriebssystemen* beschrieben.)

Samba benutzt nicht die Knotentypen eines DHCP-Server; stattdessen wird die Reihenfolge für die Namensauflösung über den Paramter `name resolve order` festgelegt. Dieser Parameter wird in Kürze im Abschnitt *Reihenfolge bei der Namensauflösung* beschrieben.

Samba und NBNS

Die NBNS-bezogenen Parameter von Samba sind, ziemlich einfach. Auf der Server-Seite kann ein Samba-Rechner so konfiguriert werden, dass er als NBNS-Server fungiert. Man kann zusätzlich einige wenige Optionen zur Anpassung dieses NBNS-Servers benutzen. Auf der Seite der Clients kann die Reihenfolge bestimmt werden, in der Samba die Auflösung von NetBIOS-Namen durchführen soll.

HINWEIS

Ein Samba-Server kann durchaus ein Client bezüglich NBNS-Anfragen sein. Ein Netzwerk kann etwa einen NBNS-Server unter Windows NT enthalten. In diesem Falle kann der Samba-Server den Windows-Rechner für Anfragen zur Namensauflösung benutzen. Entsprechend sollte man, wenn mehrere Samba-Server zur Verfügung stehen, nur einen als NBNS-Server konfigurieren.

Samba als NBNS-Server konfigurieren

Die grundlegende Samba-Konfiguration für NBNS-Unterstützung beinhaltet lediglich das Setzen eines Parameters in der Sektion `[global]` in der Datei `smb.conf`:

```
wins support = Yes
```

Dieser Parameter teilt Samba mit, dass es als NBNS-Server zu arbeiten soll. Da NBNS ein Protokoll ist, das sich selbst verwaltet, müssen keine zusätzliche Optionen festgelegt oder Konfigurationsdateien benannt werden. Wenn er einmal seine Arbeit aufgenommen hat, sammelt der NBNS-Server NetBIOS-Namen und IP-Adressen und gibt seine Informationen an die Clients weiter.

WARNUNG

Benutzen Sie nicht den Parameter `wins server` *(der in Kürze erläutert wird), wenn Sie gleichzeitig* `wins support = Yes` *setzen. Dies könnte Samba dazu veranlassen, sich merkwürdig zu verhalten.*

WARNUNG

Konfigurieren Sie nicht mehr als einen primären NBNS-Server in irgendeinem Netzwerk. Samba unterstützt keinen sekundären NBNS-Server (sei es ein Windows-basierter oder ein Samba-Server). Benutzt man also Samba-Server als NBNS-Server, dann sollte es auch nur einen NBNS-Server im Netz geben. Hat man in dieser Situation zwei NBNS-Server im Netz, wird die Namensauflösung für einige Clients möglicherweise nicht funktionieren.

Samba unterstützt einige globale Parameter, die die NBNS-Funktionalität in nützlicher Weise beeinflussen können:

wins proxy Wenn dieser Parameter auf `Yes` gesetzt ist, wird Samba auf Rundrufe anderer Rechner zur Auflösung von NetBIOS-Namen reagieren. Sendet zum Beispiel ein Client einen Rundruf und will die IP-Adresse des Rechners `JIJO` wissen und hat sich `JIJO` beim Samba-NBNS-Server registrieren lassen, dann kann Samba die korrekte IP-Adresse von `JIJO` zurückgeben. Dieser Parameter kann nützlich sein, wenn man ein Netzwerk von Rundruf auf die Benutzung von NBNS umstellt. Die Standardeinstellung für diesen Parameter ist seit Samba Version 2.0 `No`, war aber davor `Yes`.

dns proxy Wenn dieser Parameter auf `Yes` gesetzt ist, zeigt er Samba an, dass eine Namensauflösung via DNS erfolgen soll, falls die NBNS-Datenbank von Samba keinen entsprechenden Namen zur Auflösung der Anfrage enthält. Dieses Feature mag sinnvoll sein, wenn Clients ihre Namen nicht zuverlässig bei Samba eintragen, aber über eine feste IP-Adresse und einen korrekten DNS-Namen verfügen der ihrem NetBIOS-Namen entspricht. Voreinstellung für diesen Parameter ist `Yes`.

wins hook Dieser Parameter erlaubt die Angabe eines externen Programms, das Samba immer dann aufruft, wenn es eine Änderung an seiner internen NBNS-Datenbank vornimmt. Dieses Feature kann dazu benutzt werden, um über ein Skript etwa die DNS-Einträge auf dem Laufenden zu halten. Das externe Programm muss fünf Paramater akzeptieren können:

- `Operation` Die durchzuführende Operation. Diese kann sein `add`, `delete` oder `refresh`, um Einträge hinzuzufügen, zu löschen oder auf den neuesten Stand zu bringen.
- `Name` Der NetBIOS-Name, der hinzuzufügen, zu löschen oder auf den neuesten Stand zu bringen ist.
- `Nameenstyp` Der Typ des NetBIOS-Namens als zweiziffriger Hexadezimal-Code.
- `Time-to-live` Die Zeit, gemessen in Sekunden, für die der neue Eintrag gültig sein soll.
- `IP-Adressliste` Die IP-Adresse(n) die mit diesem Namen verbunden ist (sind).

Der Parameter `wins hook` wird selten benutzt, kann aber in einigen Situationen sehr hilfreich sein. Wer mehr Informationen braucht, der sollte das Beispielskript `dns_update` studieren, das dem Samba-Quellcode beiliegt, aber auch vielen binären Samba-Distributionen und zwar im Verzeichnis mit den Beispielen zur Dokumentation. Dieses Skript fügt DNS-Einträge hinzu oder löscht sie für die Namen, die durch NBNS-Aktionen hinzugefügt oder gelöscht werden.

Reihenfolge bei der Namensauflösung

LINUX-Systeme benutzen nicht die von DHCP bereitgestellten Knotentypen. Stattdessen werden die Prioritäten der NetBIOS-Namensauflösung für ein LINUX-System über den globalen Parameter `name resolve order` in der Datei `smb.conf` konfiguriert. Dieser Parameter kann als Wert eine beliebige, durch Leerzeichen getrennte Kombination der folgenden vier Optionen haben:

lmhosts Diese Option veranlasst Samba, auf die Datei `lmhosts` zuzugreifen, sofern sie vorhanden ist.

host Diese Option veranlasst Samba, die üblichen Feature der TCP/IP-Namensauflösung des Host-Rechners zu benutzen. Ist der Computer zum Beispiel so eingerichtet, dass er die Datei `/etc/hosts` und DNS-Suche benutzt, dann tut dies auch Samba. Man beachte, dass Samba bei dieser Option DNS-Host-Namen wie NetBIOS-Maschinennamen verwendet, was für die meisten Windows-Clients kein Standard ist. In den meisten Netzwerkumgebungen funktioniert diese Option ganz gut und erzeugt weniger Netzwerklast als NetBIOS-Rundrufe.

wins Diese Option veranlasst Samba, NBNS (WINS) zur Suche zu benutzen, fast genauso wie es ein Windows-Client macht. Der Einsatz dieser Option setzt voraus, dass entweder der Parameter `wins support = Yes` gesetzt ist (was Samba wie einen NBNS-Server arbeiten lässt) oder der Parameter `wins server` genutzt wird (der als Wert die IP-Adressen eines oder mehrerer NBNS-Server haben kann).

bcast Diese Option veranlasst Samba, Rundrufe zum Suchen zu verwenden, fast genauso wie es ein Windows-Client kann.

Die Reihenfolge, in der diese Optionen aufgeführt werden, ist signifikant; Samba versucht jede der Methoden zur Namensauflösung in der Reihenfolge, in der sie in der Zeile `name resolve order` auftreten. Die Reihenfolge ist wie folgt voreingestellt:

```
name resolve order = lmhosts host wins bcast
```

Diese Konfiguration führt üblicherweise zu einer effizienten NetBIOS-Namenssuche. Man kann die Reihenfolge jedoch für besondere Netzwerksituationen ändern. Stimmen etwa die DNS- und die NetBIOS-Namen nicht überein, kann man auf die Option `host` verzichten oder sie zumindest hinter die Option `wins` oder vielleicht sogar hinter `bcast` stellen. Samba versucht, eine Adresse für einen Maschinennamen zu finden, indem es eine Methode nach der anderen anwendet, bis schließlich eine zum Ziel führt. Enthält zum Beispiel die Datei `lmhosts` einen Eintrag für den nachgefragten Namen, versucht Samba, *nicht* DNS, NBNS oder Rundrufe für seine Nachforschungen einzusetzen, sofern über den Parameter die voreingestellte Reihenfolge festgelegt ist.

Wenn ein LINUX-Rechner einen NBNS-Server nutzen soll, muss ihm die IP-Adresse oder der DNS-Name des Servers bekannt gemacht werden. Wie schon vorher bemerkt, geschieht dies mithilfe des Parameters `wins server`. Eingesetzt sieht dieser Parameter etwa wie folgt aus:

```
wins server = 192.168.34.100
```

Wer will, der kann den DNS-Namen des Servers anstelle seiner IP-Adresse verwenden. Man beachte aber, dass zwar der DNS-Name, nicht jedoch der NetBIOS-Name verwendet werden kann. Die beiden Namen können selbstverständlich identisch sein, in diesem Falle funktioniert auch der NetBIOS-Name; sind sie aber verschieden, geht es nur mit dem DNS-Namen.

WARNUNG

Benutzen Sie nicht den Parameter `wins server` *zusammen mit der Einstellung* `wins support = Yes`. *Der erste Parameter sagt Samba, irgendwo anders nach einem NBNS-Server zu suchen, aber der zweite sagt dem Samba-Rechner, dass er selbst der NBNS-Server* ist. *Setzt man also beide Optionen, kann das dazu führen, dass der Samba-Rechner als Server und als Client versagt. Ist der Samba-Server ein NBNS-Server, dann kann man zusätzlich* `wins support = Yes` *benutzen. In diesem Fall benutzt der Samba-Server sich selbst für das Suchen mittels NBNS; es gibt aber keinen Grund den Parameter* `wins server` *zu setzen.*

NBNS unter verschiedenen Betriebssystemen

Die Regeln zur Auflösung von NetBIOS-Namen varieren unter den verschiedenen Betriebssystemen. Die meisten Windows-Systeme nutzen die von einem DHCP-Server gelieferten Einstellungen der Knotentypen, falls das Netzwerk DHCP für die Zuweisung von IP-Adressen verwendet. Dies ist daher eine effiziente Methode zur Konfiguration von NBNS-Informationen; diese können einmal, am DHCP-Server, gesetzt werden and brauchen dann nicht wieder angefasst zu werden. Ändert sich der NBNS-Server, erfolgt diese Änderung einmal anstelle einer Neukonfiguration von Dutzenden oder Hunderten von Clients.

Gelegentlich muss man jedoch Computer einzeln konfigurieren oder nicht standardmäßige Optionen verwenden, die nur für bestimmte Betriebssysteme verfügbar sind. Eine solche ungewöhnliche Konfiguration mithilfe des Samba-Parameters `name resolve order` wurde weiter oben in diesem Kapitel beschrieben. Insbesondere Windwos NT und 2000 unterstützen unübliche Optionen für die Namensauflösung.

Windows 9x

Windows 95 und 98 bieten unter den herkömmlichen Betriebssystemen mit SMB/CIFS die wenigsten Optionen zur Namensauflösung. Sind in einem Netzwerk feste IP-Adressen vergeben oder verzichtet man auf DHCP zur Einrichtung der Knotentypen von Rechnern und NBNS-Server-Adressen, dann kann dies über die folgenden Schritte eingerichtet werden:

1. Öffnen der *Systemsteuerung*.
2. Doppelklick auf das Icon *Netzwerk*, um den Dialog *Netzwerk* zu öffnen.
3. Auswahl der Komponente *TCP/IP* und Klick auf den Button *Eigenschaften*. Der Dialog *Eigenschaften von TCP/IP* öffnet sich.
4. Klick auf das *Register WINS-Konfiguration*, was die zugehörige Registerkarte anzeigt, ähnlich wie in *Abbildung 9.4*.

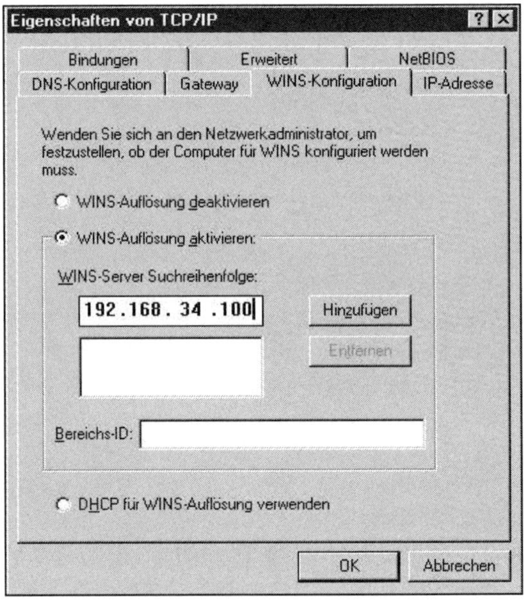

Abbildung 9.4: Unter Windows 9x kann ein NBNS-Server manuell hinzugefügt werden, indem man das Feld *WINS-Server Suchreihenfolge* verwendet

5. Soll die Namensauflösung über DHCP aktiviert werden, muss das Optionsfeld *DHCP für WINS-Auflösung verwenden* ausgewählt sein (dies ist die Voreinstellung). Die Schritte 6 bis 8 können dann übergangen werden.
6. Soll Namensauflösung manuell konfiguriert werden, muss das Optionsfeld *WINS-Auflösung aktivieren* ausgewählt sein.
7. Im Feld *WINS-Server Suchreihenfolge* ist die IP-Adresse des primären NBNS-Servers einzutragen und dieser Eintrag muss durch Anklicxken des Buttons *Hinzufügen* bestätigt werden.
8. Schritt 7 ist für jeden NBNS-Server im Netz zu wiederholen.
9. Die Einstellungen sind durch Anklicken des Buttons *OK* im Dialog *Eigenschaften von TCP/IP* und abschließend durch Anklicken des Buttons *OK* im Dialog *Netzwerk* zu bestätigen.

Windows 9*x* richtet sich automatisch als h-Knoten ein, wenn man NBNS-Informationen wie oben beschrieben hinzufügt, andernfalls als b-Knoten. Im Gegensatz zu fortschrittlicheren Betriebssystemen kann Windows 9*x* nicht so konfiguriert werden, dass es DNS benutzt, falls eine Suche nicht zum Erfolg führt. In jedem Fall wird Windows 9*x* aber die Datei `LMHOSTS` benutzen, sofern sie sich im Verzeichnis `C:\Windows` befindet (bzw. in dem Verzeichnis, in dem Windows installiert ist).

Windows NT4

Nach der Erstinstallation arbeitet die Auflösung von NetBIOS-Namen unter Windows NT 4 ähnlich der unter Windows 9*x*. Windows NT stellt jedoch einige zusätzliche Optionen für die Konfiguration bereit. Diese Optionen findet man in der Registerkarte *WINS-Adresse* des Dialogs *Eigenschaften von Microsoft TCP/IP*, der in *Abbildung 9.3* zu sehen ist. Um zu diesem Dialog zu gelangen, muss man zunächst auf das Icon *Netzwerk* in der *Systemsteuerung* doppelt klicken, dann *TCP/IP-Protokoll* in der Registerkarte *Protokolle* wählen und schließlich den Button *Eigenschaften* anklicken.

Standardmäßig akzeptiert Windows NT durch DHCP bereitgestellte Optionen für die NBNS-Konfiguration, man kann also DHCP verwenden, um die grundlegende Namensauflösung von Windows NT zu konfigurieren. Zusätzlich stellt der Dialog *Eigenschaften von Microsoft TCP/IP* noch die folgenden Möglichkeiten bereit:

WINS Server Hier können bis zu zwei IP-Adressen für NBNS-Server in die Felder *Primärer WINS-Server* und *Sekundärer WINS-Server* eingegeben werden.

DNS Namensauflösung Wie LINUX kann auch Windows NT so eingerichtet werden, dass es DNS für die Auflösung von NetBIOS-Namen verwendet. Dazu muss das Kontrollkästchen *DNS für Windows-Auflösung aktivieren* ausgewählt sein

LMHOSTS-Abfrage aktivieren Dieses Kontrollkästchen muss ausgewählt sein, wenn die Datei `LMHOSTS` benutzt werden soll, wie weiter oben beschrieben. Zusätzlich kann der Inhalt einer anderen `lmhosts`-Datei genutzt werden, wenn man den Button *LMHOSTS importieren* anklickt.

Die Möglichkeit, DNS zur Namensauflösung zu verwenden, macht Windows NT flexibler als Windows 9*x*. Man kann Auflösung über DNS aktivieren, wenn die benutzte Auflösung von NetBIOS-Namen unzuverlässig arbeitet. Natürlich kann man auch einen Rechner mit Samba oder Windows NT als NBNS-Server konfigurieren, um eine hohe Zuverlässigkeit zu erlangen.

Windows 2000

Windows 2000 setzt die Entwicklung von Windows SMB/CIFS-Netzwerken weg von NBNS fort. Als Standard verwendet Windows 2000 DNS anstelle von NBNS für die Suche nach NetBIOS-Namen. Man kann aber auch einen NBNS-Server aktivieren und die Einstellungen von Windows

2000 etwa so anpassen wie die von Windows NT 4. Die entsprechende Dialogbox ist etwas schwerer zu finden – um sie zu öffnen muss man als `Administrator` die folgenden Schritte unternehmen:

1. Öffnen der Start-Menüs *Einstellungen*. Dort wählt man den Punkt *Netzwerk- und DFÜ-Verbindungen*.
2. Ein Rechtsklick auf *LAN-Verbindung* öffnet ein Popup-Menü, aus dem man den Punkt *Eigenschaften* wählt. Windows öffnet den Dialog *Eigenschaften von LAN-Verbindung*.
3. Man wählt die Komponente *Internetprotokoll (TCP/IP)* und klickt auf den Button *Eigenschaften*. Windows zeigt den Dialog *Eigenschaften von Internetprotokoll (TCP/IP)*.
4. Hier klickt man auf den Button *Erweitert*. Windows zeigt dann den Dialog *Erweiterte TCP/IP-Einstellungen*.
5. Ein Klick auf das Register *WINS* zeigt die zugehörige Registerkarte etwa wie in *Abbildung 9.5*.

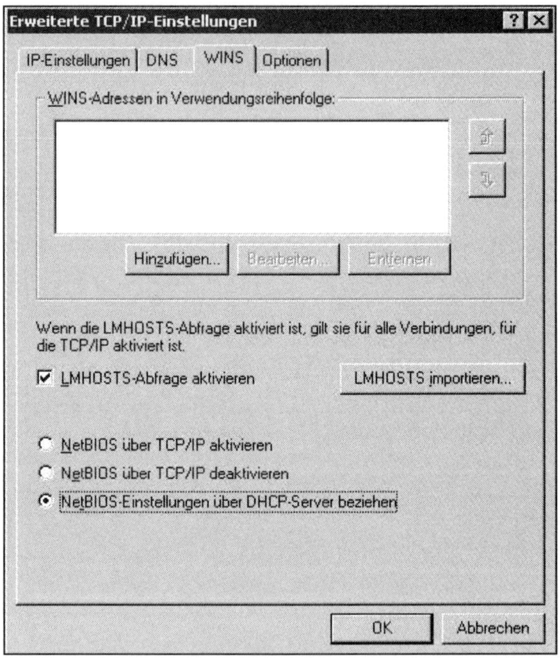

Abbildung 9.5: Windows 2000 benutzt im Standardfall DNS anstelle von NBNS, erlaubt es aber, dieser Konstellation NBNS- (WINS-) Server hinzuzufügen

Wie Windows *9x* und Windows NT 4 benutzt auch Windows 2000 standardgemäß die von DHCP bereitgestellten Optionen zur Namensauflösung, sofern das System so konfiguriert ist, dass es DHCP für die Vergabe von IP-Adressen benutzt. Man kann die Auflösung von NetBIOS-Namen über die Optionen dieses Dialogs anpassen. Insbesondere:

NBNS-Server Man kann NBNS-Server manuell ergänzen, indem man den Button *Hinzufügen* anklickt. Es öffnet sich eine kleine Dialogbox, in der man die IP-Adresse eingibt.

LMHOSTS-Abfrage aktivieren Hier sollte man prüfen, ob das entsprechende Kontrollkästchen ausgewählt ist (das ist die Voreinstellung).

NetBIOS-Optionen Windows 2000 erlaubt drei unterschiedliche Möglichkeiten für den Einsatz von NetBIOS über TCP/IP, was auch gewöhnlich für den Einsatz von Samba Voraussetzung ist:

- *NetBIOS über TCP/IP aktivieren* Erlaubt Windows, NetBIOS im Protokollstack über TCP/IP zu verwenden, mit manueller Konfiguration der Namensauflösung
- *NetBIOS über TCP/IP deaktivieren* In dieser Einstellung kann Windows 2000 nicht zusammen mit Samba benutzt werden, es sei denn, man ergänzt Samba und den LINUX-Kernel um die NetBEUI-Unterstützung der Firma *Procom Technology* (`http://www.procom.com`)
- *NetBIOS-Einstellungen über DHCP-Server beziehen* Voreingestellt. Veranlasst Windows 2000 dazu, Informationen zu NBNS-Servern und Einstellungen der Knotentypen durch den DHCP-Server zu beziehen.

Zusammenfassung

Samba kann so konfiguriert werden, dass es wie ein NBNS-Server für ein Netzwerk von Windows-Computern arbeitet. Diese NetBIOS-Konfiguration entspricht einem DNS-Server, ist aber wesentlich einfacher einzurichten, weil die Konfiguration weitestgehend durch Clients gelenkt wird, die im Netz erscheinen und es wieder verlassen. Man kann Samba auch darin anpassen, wie es das Netzwerk benutzt, wenn es einen anderen NetBIOS-Computer ausfindig machen muss. Der voreingestellte Ansatz ist der, nacheinander alle vier zur Verfügung stehenden Methoden der Namensauflösung zu versuchen, somit wird Samba fast sicher etwas finden, vorausgesetzt, der genannte Computer befindet sich im lokalen Netzwerk.

Konfiguration von Domänen

KAPITEL 10

NetBIOS-Domänen sind für viele Windows-Netzwerk-Neulinge zunächst einmal verwirrend. Dieses gilt insbesondere dann, wenn man NetBIOS-Domänen mit Arbeitsgruppen vergleicht. Diese beiden Konzepte gleichen sich, und sind auch in gleicher Weise implementiert, aber Domänen beinhalten Features zur zentralen Verwaltung, die es für Arbeitsgruppen nicht gibt. In gewissem Sinne ähneln NetBIOS-Domänen den Internet-Domänen, aber diese Ähnlichkeit ist weitgehend oberflächlicher Natur.

Dieses Kapitel beschreibt NetBIOS-Domänen und erläutert, wie Samba in einer Domänen-Umgebung arbeitet. Samba beinhaltet Merkmale, die es ihm erlauben, viele mit der Kontrolle von Domänen verbundene Aufgaben zu übernehmen. So kann man in vielen Fällen einen Domänen-Controller unter Windows NT oder 2000 durch einen LINUX-Rechner ersetzen. Das Kapitel beginnt mit einem theoretischen Überblick über Domänen, beschreibt, was sie sind, und vergleicht sie mit NetBIOS-Arbeitsgruppen und Internet-Domänen. Der Rest des Kapitels diskutiert Details der Samba-Konfiguration für Domänen, die auf subtile Weise unterschiedlich sind für Clients unter Windows 9*x*, Windows NT oder 2000.

HINWEIS

Einige Merkmale bezüglich der Kontrolle von Domänen sind in den Ausgaben von Samba 2.0.x bis einschließlich 2.0.7 nicht enthalten, wohl aber im TNG-Release (The Next Generation) von Samba, das zur Zeit aber noch als experimentell eingestuft wird. Früher oder später werden diese Features Eingang finden in die Hauptentwicklungsrichtung von Samba. Immer dann, wenn in diesem Text Merkmale von TNG beschrieben werden, sind sie mit einem Hinweis auf ihren experimentellen Status versehen, und dass sie zur Zeit nur unter Samba TNG verfügbar sind. Versuchsweise ist eine Samba Version 2.2.alpha3, die sich im fortgeschrittenen Alphastadium befindet, die einige der Erweiterungen von Samba TNG enthält verfügbar.

Domänen verstehen

Für wen Windows-Netzwerke neu sind, für den mögen Domänen und Arbeitsgruppen fremd sein, sie sind aber relativ leicht zu verstehen. Der erste Schritt, um diese Konzepte zu begreifen, besteht darin, die Tatsache zu ignorieren, dass das Wort Domäne auch benutzt wird, um eine Gruppe von Computern im Internet zu beschreiben. Eine NetBIOS-Domänen und eine Internet-Domäne sind zwei grundverschiedene Dinge, auch wenn beide Hilfsmittel sind, um Computer in einem Netzwerk zu einer Einheit zusamenzufassen. Bevor hier NetBIOS- und Internet-Domänen miteinander verglichen werden, erfolgt eine Untersuchung von NetBIOS-Domänen „von Grund auf".

Was ist eine NetBIOS-Domäne?

Eine NetBIOS-Domäne ist eine Zusammenfassung von Computern, die sich einen gemeinsamen Domänennamen und einen oder mehrere *Domänen-Controller* teilen – Maschinen, die es den Anwendern erlauben, sich beim Netzwerk anzumelden. Auch wenn Domänen oft auf ein einzelnes Netzwerksegment beschränkt sind, muss dies nicht zwangsläufig der Fall sein. Umgekehrt können eine oder mehrere Domänen in einem einzelnen Netzwerksegment vorhanden sein. *Abbildung 10.1* zeigt ein einfaches Netzwerk bestehend aus zwei Segmenten, das zwei Domänen enthält, eine davon dehnt sich über beide Netzwerksegmente aus. In diesem Beispiel ist die Domäne `TROUT` auf das oben dargestellte Netzwerksegment beschränkt, die Domäne `TMBG` erstreckt sich über beide Netzwerksegmente.

Abbildung 10.1: Eine Domäne kann sich über zwei oder mehr Netzwerksegmente ausdehnen und ein einzelnes Netzwerksegment kann zwei oder mehr Domänen beherbergen

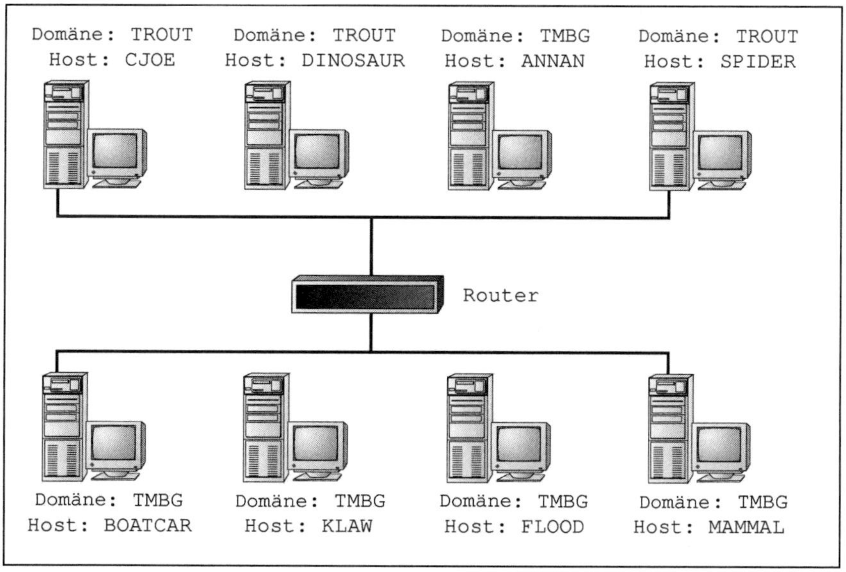

Oft ist es angebracht, eine Eins-zu-Eins-Beziehung zwischen Domänen und Netzwerksegmenten herzustellen, weil dies sicherstellt, dass Rundrufe für eine Domäne alle betroffenen Computer erreichen und nicht die Aktivitäten in einer anderen Domäne stören. Es mag auch sicherheitsrelevante Gründe dafür geben, Zugriffe über Domänengrenzen hinweg zu verhindern. Etwa dann, wenn Domänen den funktionalen Einheiten eines Betriebes oder einer Organisation entsprechen. Die Mitglieder der einen Domäne sind dann möglicherweise nicht befugt die Ressourcen, die in der anderen Domäne zur Verfügung stehen, zu nutzen. Konfiguriert man einen Router so, dass er NetBIOS-Pakete nicht an das jeweils andere Netzwerksegment weitergibt, schränkt dies die Möglichkeiten zur unerlaubten Verwendung von Netzwerkressourcen ein. Dehnt sich eine Domäne über mehrere Netzwerksegmente aus, dann ist es besonders wichtig, dass das Netzwerk passend eingerichtet wird. Man kann zum Beispiel nicht auf Rundrufe in einer Domäne bauen, die sich über mehrere Segmente erstreckt, auch muss man geeignete Schritte unternehmen, um sicherzustellen, dass das Browsen in der Domäne glatt läuft.

(Namensauflösung über Rundruf wird in *Kapitel 9: Samba als NBS-Server* diskutiert, Browsen in *Kapitel 11: Lokales und geroutetes Browsen*.)

Ein entscheidendes Merkmal einer Domäne ist das Vorhandensein eines oder mehrerer Domänen-Controller. Einer davon, der *primäre Domänen-Controller* (*PDC*), ist offiziell mit einigen Schlüsselfunktionen der Domäne betraut – die wichtigste davon ist die Passwort-Authentifizierung. Eine Domäne kann einen oder mehrere *Backup-Domänen-Controller* (*BDC*) haben, der Anfragen zur Authentifizierung beantworten oder andere Aufgaben in der Kontrolle einer Domäne erledigen kann, für den Fall, dass der PDC ausfällt oder überlastet ist. Samba kann viele Aufgaben eines PDC erfüllen, kann aber bisher nicht als BDC dienen. Viele der Merkmale von Samba, die den PDC betreffen, speziell die auf Windows NT-Domänen bezogenen (im Gegensatz zu den für Windows 9*x*-Domänen vorhandenen), befinden sich noch in einem experimentellen Stadium, werden aber von einer rührigen Entwicklergemeinde zügig weiterentwickelt.

Die Redewendung *Anmelden am Netz* (*Netzwerklogin*) mag denjenigen, denen UNIX-verwandte Netzwerke bekannt sind, merkwürdig erscheinen; denn dort meldet man sich bei einem einzelnen Computer an. Dieser mag dann Netzwerkressourcen bereitstellen, aber das grundlegende Login erfolgt an einer einzelnen Maschine im Netz, nicht beim Netzwerk als solchem. Einer der entscheidenden Punkte in einer NetBIOS-Domäne ist die zentrale Authentifizierung der Anwender. Dies erlaubt die Verwaltung von Benutzern und Gruppen in einem NetBIOS-Netzwerk in fast derselben Weise wie bei einem einzelnen LINUX- oder UNIX-Rechner – daher die Redewendung *Anmeldung am Netz*. Jeder durch den Domänen-Controller zugelassene Benutzer hat wenigstens minimalen Zugang zu allen Servern in der Domäne.

In der Praxis funktioniert die Authentifizierung in einer Windows-Domäne sehr ähnlich wie die Verwaltung eines UNIX-gemäßen *NIS* oder *NIS+* Authentifizierungs-Schemas. Natürlich kann man ausgewählte Sicherheitsfeatures einzelnen Servern im Netzwerk zuordnen, so wie es einem passend erscheint, um die Sicherheit gegenüber der vom Domänen-Controller bereitgestellten weiter zu erhöhen. Im Falle von Samba kann man dem System mitteilen, dass es seine eigenen Passwörter benutzen soll (indem man den Parameter `security` auf den Wert `User` oder `Share` setzt) oder die Authentifizierung des Domänen-Controllers zu akzeptieren (indem man den Parameter `security` auf den Wert `Server` oder `Domain` setzt; man vergleiche dazu auch den Abschnitt *Samba in einer Do-*

mäne einsetzen weiter unten in diesem Kapitel). Man kann auch die Dateirechte von LINUX verwenden sowie ausgewählte Sicherheitsmerkmale für Shares, wie `hosts allow` oder `valid users`, wie sie in *Kapitel 5: Konfiguration zur Freigabe (Share) von Dateien* und *14: Sicherheitserwägungen* beschrieben werden.

Die Verwendung des Browsers *Netzwerkumgebung* gewährt den einfachsten Zugang zu den Ressourcen, die in der Domäne des Rechners vorhanden sind (oder in der Arbeitsgruppe, falls das Netzwerk nicht für Domänen eingerichtet ist). Der Zugang zu den Ressourcen in anderen Domänen verlangt, dass man sich innerhalb der Hierarchie nach oben bewegt, dies geschieht typischerweise durch einen Doppelklick auf das Icon *Gesamtes Netzwerk*. Dann kann man die anderen Domänen und Arbeitsgruppen sehen, die im Netzwerk zugänglich sind.

Anders als bei Internet-Domänen ist der Namensraum bei NetBIOS flach, was bedeutet, dass auch die zweistufige Hierarchie, die in der *Netzwerkumgebung* zu sehen ist, etwas von einem Trugbild hat. Der Name eines jeden Computers beinhaltet als einen Teil den Namen seiner Domäne, aber die Host-Namen (wie `ANNA` und `SPIDER` in *Abbildung 10.1*) können sich in einem Netzwerk nicht wiederholen, auch nicht für zwei Hosts, die verschiedenen Domänen angehören.

Domänen und Arbeitsgruppen

NetBIOS-Domänen sind eng verwandt mit den NetBIOS-Arbeitsgruppen. In der Tat sind beide im Kern das Gleiche, ausgenommen, dass Domänen zentrale Dienste unterstützen – am wichtigsten zentrale Anmelde-Authentifizierung und Heimatverzeichnisse – die in Arbeitsgruppen nicht vorhanden sind. In einer Arbeitsgruppe ist jeder Server verantwortlich für die Entscheidung, ob ein bestimmter Client auf einen vorhandenen Share zugreifen darf. Der Client muss daher ein Passwort (und oft auch einen Benutzernamen) an den Server senden, um Zugang zu erhalten. Diese Art der Authentifizierung kann faktisch einige zusätzliche Netzwerkaktivität bedeuten, speziell dann, wenn verschlüsselte Passwörter benutzt werden. In einer Domäne dagegen meldet sich der Client bei der Domäne an, indem er sich beim Domänen-Controller registrieren lässt. Dieser gibt ein verschlüsseltes Token zurück, mit dem der Client auf einfachere Weise Zugang zu den Servern erhält. *Abbildung 10.2* zeigt diesen Unterschied.

Auch wenn der Zugang zu einem Share in einer Domäne, wie in *Abbildung 10.2* dargestellt, viermal eine Datenübertragung verlangt, können Domänen tatsächlich zur Verringerung des Datenverkehrs in einem Netzwerk beitragen. Dieser offensichtliche Widerspruch wird durch die Tatsache aufgelöst, dass die Prozedur der Authentifizierung tatsächlich mehrfache Datenübertragung nach sich zieht, wohingegen die Versendung eines Tokens mit einer initialen Anfrage für einen Server-Zugriff weniger Datenübertragungen bedeutet. Daher wird der zusätzliche Aufwand beim ersten Anmelden bei einer Domäne wettgemacht durch das vereinfachte Anmelden bei einzelnen Servern.

Ein entscheidender Punkt für das Verständnis von Domänen und Arbeitsgruppen ist, dass sie ein Netzwerk als Ganzes beschreiben, aber von der Konfiguration einzelner Rechner im Netz abhängen. Es ist möglich, ein Netzwerk mit einem PDC und anderen Netzwerkextras zu konfigurieren, wenn aber die Hälfte der Clients für Arbeitsgruppen eingerichtet ist, ist das Netzwerk als Ganzes zur Hälfte Arbeitsgruppe und zur Hälfte Domäne.

Abbildung 10.2: In einer Arbeitsgruppe (oben) pflegt jeder Server seine eigene Datenbank zur Authentifizierung, in Domänen (unten) ist eine Datenbank zentral beim Domänen-Controller gespeichert

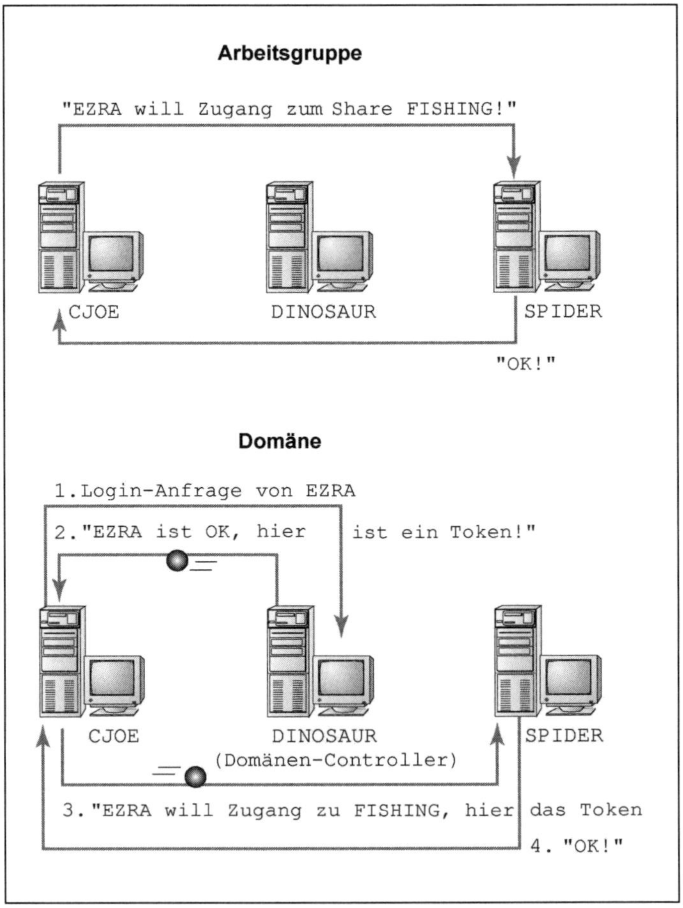

Zusätzlich zu dieser Möglichkeit einer zentral durchgeführten Anmeldung bieten Domänen weitere Features, von denen einige bereits in den vorhergehenden Kapiteln beschrieben wurden:

Anmeldeskripte für das Netzwerk Ein Netzwerk-Anmeldeskript ist eine DOS/Windows-Batchdatei, die ein Client ausführt, wann immer sich einer seiner Benutzer beim Netzwerk anmeldet. Man kann diese Skripte dazu verwenden, einen festgelegten Satz an Befehlen auf allen Clients automatisch ausführen zu lassen. Benutzt man Samba als Domänen-Controller, kann man diese Skripte für bestimmte Betriebssysteme, Benutzer oder Benutzergruppen anpassen. Mehr Informationen zu diesem Punkt findet man in *Kapitel 8: Automatisierung* im Abschnitt *Skripte für Netzwerk-Clients*.

Wandernde Benutzerprofile Man kann Platz auf einem Server frei halten (das kann der PDC sein, muss es aber nicht), um dort Windows-*Benutzerprofile* zu speichern – Konfigurationsdateien, über die die Platzierung von Icons auf dem Desktop festgelegt wird, Hintergrundbilder etc. Benutzt man wandernde Benutzerprofile (die in *Kapitel 9: Samba als NBNS-Server* diskutiert werden), können Anwender immer über den gleichen Desktop verfügen, unabhängig davon, an welchem Computer sie gerade arbeiten (daher der Name, der bisweilen auch in der Form *Server-gespeicherte Benutzerprofile* gebraucht wird).

HINWEIS

In Samba 2.0.6 und späteren Versionen kann auch der Parameter `logon home` *benutzt werden, um den Speicherort für wandernde Benutzerprofile festzulegen. Windows-Clients verwerfen den Namensanteil, der der Wurzel des Share, beim Mounten des Heimatverzeichnisses folgt, benutzen aber den gesamten String für wandernde Benutzerprofile. Daher kann der Parameter in der Form* `logon home = \\%L\%U\profile` *verwandt werden, um sowohl das Verzeichnis* `/HOME` *als auch den Speicherort für das Benutzerprofil geeignet festzulegen.*

Heimatverzeichnisse (Homedirectories) So wie jeder Benutzer eines LINUX-Rechners ein Heimatverzeichnis besitzt, kann ein Benutzer in einer Windows-Domäne ein Netzwerk-Heimatverzeichnis haben, was ein diesem Benutzer zugewiesenes Share ist. Dieses Feature kann benutzt werden, indem man unter Samba den globalen Parameter `logon home` benutzt, etwa in der Form `logon home = \\%L\%U`. Damit kann man dann das Heimatverzeichnis eines Anwenders für einen Windows-Client mit dem Befehl `NET USE X: \HOME` mounten. Dieser Befehl stellt eine Verbindung (Map) zwischen dem Heimatverzeichnis (wo immer es sein mag) mit dem Laufwerk *X:* des Clients her.

TIPP

Man kann den Samba-Parameter `include` *in Verbindung mit Variablen (man vergleiche dazu* Tabelle 8.1 *in* Kapitel 8*:* Automatisierung*) verwenden, um Heimatverzeichnisse von Anwendern auf verschiedenen Servern einzurichten. Anstelle des globalen Parameters* `logon home` *sollte man dann den Parameter* `include` *in der Form* `include = smb.conf.logon.%g` *benutzen, um für jede LINUX-Gruppe angepasste Parameter* `logon home` *festzulegen. In jeder der Dateien* `smb.conf.logon.gruppenname` *kann dann ein* *gruppenspezifischer Parameter* `logon home` *definiert werden, um gruppenspezifische Heimatverzeichnisse auf bestimmten Servern zu platzieren. Nehmen wir als Beispiel eine Schule:* `smb.conf.logon.lehrer` *mag dann die Zeile* `logon home = \\FLEISSIG\%U\profile` *enthalten und* `smb.conf.logon.schoeler` *die Zeile* `logon home = \\FAUL\%U\ profile`*. Mitglieder der Gruppe* `lehrer` *haben dann ihr Heimatverzeichnis auf dem Server* `FLEISSIG`*, während sich diejenigen der Gruppe* `schoeler` *auf dem Server* `FAUL` *befinden.*

Warum benutzt man Domänen?

Windows-Netzwerke sind um Domänen und Arbeitsgruppen herum aufgebaut, man *muss* die einen oder die anderen benutzen und in den meisten Beziehungen ist die Einrichtung von Domänen identisch mit der Einrichtung von Arbeitsgruppen. So wird zum Beispiel sowohl der Domänen- als auch Arbeitsgruppenname in der Samba-Konfigurationsdatei `smb.conf` über den Parameter `workgroup` festgelegt. Die Frage, wann eine Domäne zu benutzen ist, ist daher in Wahrheit die Frage, wann eine Domäne einer Arbeitsgruppe vorzuziehen ist.

Wie bei so vielen Dingen in SMB/CIFS-Netzwerken ist es oft einfacher, ein Netzwerk einzurichten, das auf einer schlichteren Technologie beruht (Arbeitsgruppen) als ein komplexeres (Domänen). Auf lange Sicht sind Domänen jedoch einfacher zu verwalten und sie bieten handfeste Vorteile gegenüber den Arbeitsgruppen vor allem in umfangreichen Netzwerken. Dies sind speziell:

Zentrale Pflege der Passwörter In einer Arbeitsgruppe muss ein Server seine eigenen Passwörtern pflegen. Hat die Arbeitsgruppe viele Server, kann dies zu einem Alptraum für Systemverwalter werden. Zentral verwaltete Passwörter an einem einzelnen Server ersparen eine Menge Arbeit.

Vermeidung verteilt gespeicherter Passwortdateien Speziell Clients von Windows 9*x* speichern Passwörter lokal, damit diese auf einfache Weise an die Server gesandt werden können. Dies kann eine Sicherheitslücke darstellen. Auch wenn der Wechsel von einem Netzwerk auf Basis von Arbeitsgruppen zu einem solchen mit Domänen die Passwortdateien von Wondows 9*x* nicht unterbindet, *kann* dies durch einen zusätzlichen Schritt bei der Konfiguration erreicht und somit die Netzwerksicherheit erhöht werden. Diese zusätzliche Maßnahme wird später unter *Windows* `.PWL`*-Dateien löschen* abgehandelt.

Automatisierung im Netzwerk Netzwerk-Anmeldeskripte, wandernde Benutzerprofile und Netzwerk-Heimatverzeichnisse können nur in Zusammenhang mit Domänen verwendet werden. Wer die Vorteile dieser Features nutzen will, der kann dies nur zusammen mit Domänen.

Die Kehrseite der Medaille ist die, dass die ursprüngliche Einrichtung einer Domäne mehr Verwaltungsaufwand erfordert, speziell in kleinen Netzwerken. Insbesondere muss ein Rechner als PDC konfiguriert werden; in einigen Fällen wird man zusätzlich einen BDC haben wollen. Um alle Vorteile der Domänen nutzen zu können, muss sichergestellt sein, dass alle Clients für Domänen konfiguriert sind. Hat man Clients unter Windows NT oder 2000 und Samba-Server, muss möglicherweise eine aktuellere Samba-Version beschafft un eingerichtet werden, wahrscheinlich das experimetelle Samba TNG. Dies hängt davon ab, welche Features für Domänen konkret benötigt werden.

Insgesamt gesehen sind Arbeitsgruppen wahrscheinlich für die meisten kleineren Netzwerke angemessen. Für große Netzwerke aber (um eine Zahl zu nennen: solche Netzwerke mit mehr als einem Dutzend Computern oder mehr als zwei oder drei Servern) ist es für gewöhnlich vorteilhafter, eine Domäne einzurichten. Der zusätzliche Aufwand bei der ursprünglichen Konfiguration wird sich auf die Dauer auszahlen durch die zentral durchführbare Pflege des Netzwerks und die gewonnenen Möglichkeiten zur Automatisierung.

NetBIOS- und Internet-Domänen

Es wurde schon weiter oben festgestellt, dass NetBIOS-Domänen und Internet-Domänen weit voneinander abweichende Konzepte sind. Namen für Internet-Domänen werden über autorisierte zentrale Stellen vergeben (eine Liste der akkreditierten Vergabestellen findet man unter der Adresse `http://www.internic.net/regist.html`). Ist einmal ein Domänenname für das Internet registriert, steht man als deren Verwalter in der Pflicht, eine DNS-Namensliste für diese Domäne zu pflegen, damit andere Computer im Internet Kontakt zu den Rechnern in der Domäne aufnehmen können. Zur einfacheren Verwaltung kann man eine Domäne auch in Subdomänen aufteilen. Viele große Organisationen tun genau dies; an vielen Universitäten werden etwa Subdomänen für die einzelnen Fakultäten eingerichtet, wie etwa `physik.allewelt.edu`. In den Fakultäten werden dann Namen für die einzelnen Rechner festgelegt, zum Beispiel `bohr.physik.allewelt.edu` oder `hawking.physik.allewelt.edu`.

NetBIOS-Domänen werden dagegen bei keiner zentralen autorisierten Stelle registriert. Diese Tatsache führt nicht zum Chaos, da NetBIOS-Domänen von lokaler Natur sind; die NetBIOS-Domänen von `allewelt.edu` sind für außenstehende Netzwerke wie etwa `threeroomco.com` nicht sichtbar – zumindest nicht ohne erhebliche Anstrengung darauf zu verwenden, diese Lücke zu schließen. Daher können in `allewelt.edu` und in `threerommco.com` jeweils NetBIOS-Domänen mit dem Namen `TROUT` bestehen, ohne dass daraus Konflikte erwachsen.

Um Verwirrung bei den Anwendern des Netzwerks zu vermeiden, sei angeraten, NetBIOS-Domänen (oder Arbeitsgruppen) wann immer möglich nach den Internet-Domänen oder Subdomänen zu benennen. Zur Verwaltung der Computer in `allewelt.edu` könnte man den NetBIOS-Domänen die Namen `PHYSIK`, `PSYCHOLOGIE`, `ENGLISCH` und so weiter geben, eben nach dem gewählten Namen der Internet-Subdomäne. Ist `allewelt.edu` besonders klein, könnte man ihr eine einzelene NetBIOS-Domänen mit Namen `ALLEWELT` zuordnen. Der Gebrauch eines davon völlig unabhängigen Namens (etwa `TROUT`) wird nicht zu einer Katastrophe führen, es könnte aber Verwirrung entstehen, speziell dann, wenn sich NetBIOS-Domänen und Internet-Domänen oder Subdomänen überschneiden. Im obigen Beispiel wäre es etwa denkbar, dass die NetBIOS-Domäne `TROUT` die Internet-Subdomänen `physik.allewelt.edu` und `psychologie.allewelt.edu` umfasst, was beim Anwender möglicherweise Verwirrung stiftet.

Windows 9x und Domänen

Sambas Unterstützung für Windows *9x* ist recht gut. Wenn also ein Netzwerk hauptsächlich aus Clients unter Windows *9x* besteht, dann sollte es bei der Einrichtung von Samba für die Durchführung von Aufgaben als Domänen-Controller in den meisten Bereichen wenig Probleme geben. Einige dieser Aufgaben (namentlich Anmeldeskripte und wandernde Profile) werden vollständig in *Kapitel 8: Automatisierung* erklärt. Es folgt eine Beschreibung der grundlegenden Samba-Konfiguration für Domänen.

Samba als Domänen-Controller einrichten

Um Samba als Domänen-Controller einzurichten, müssen die folgenden globalen Parameter in der Datei `smb.conf` gesetzt sein:

`security = User` Legt man Sicherheit auf Benutzerebene (*user-level security*) für den Samba-Domänen-Controller fest, dann kann Samba zur Authentifizierung der Benutzer seine eigene Passwortdatei `smbpasswd` verwenden.

`encrypt passwords = Yes` Da Windows-Domänen mit verschlüsselten Passwörtern (encrypted passwords) arbeiten, sollte dieser Parameter den Wert `Yes` haben.

`domain logons = Yes` Dieser Parameter legt allgemein fest, ob Samba Anfragen zum Anmelden bei der Domäne akzeptieren soll oder nicht. Setzt man ihn auf den Wert `No`, kann Samba nicht als Domänen-Controller arbeiten.

Die vorstehend genannten Parameter sind für eine Konfiguration als Windows *9x* Domänen-Controller zwingend notwendig. Sind sie einmal gesetzt, ist Samba darauf vorbereitet, als Domänen-Controller in einer Domäne zu arbeiten, die über den Parameter `workgroup` festgelegt wird. (Man erinnere sich daran, dass Domänen im Wesentlichen nichts anderes sind als Arbeitsgruppen mit einem Domänen-Controller.) Natürlich können auch noch andere Parameter das Funktionieren einer Domäne beeinflussen. Einige diesbezüglich wichtige globale Parameter sind die folgenden:

`domain master = Yes` Dieser Parameter ist einer von vielen, die Samba darin unterstützen, den Status eines Domänen-Master-Browsers zu erlangen (oder auch nicht), was in größerer Ausführlichkeit in *Kapitel 11: Lokales und geroutetes Browsen* diskutiert werden wird.

`os level = 32` Dies ist ein anderer Parameter, der sich auf den Status als Master-Browser bezieht, der teilweise dadurch bestimmt wird, welche Betriebssysteme auf den einzelnen Computern im Netzwerk eingesetzt werden. Der Level 32 überbietet die meisten anderen Betriebssysteme bei der Erlangung des Status als Master-Browser.

`wins support = Yes` So wie es im Allgemeinen günstig ist, die Funktionen als Domänen-Controller und als Master-Browser in einem Rechner zu vereinen, ist es auch sinnvoll, die Unterstützung für die NetBIOS Namensdienste (NetBIOS Name Services, kurz NBNS; oder auch Windows Internet Name Service oder kurz WINS) in die Konfiguration einzubeziehen. Setzt man `win support = Yes`, dann weiß Samba, dass es als NBNS-Server dienen soll. *Kapitel 9: Samba als NBNS-Server* behandelt diesen Punkt in größerer Ausführlichkeit.

WARNUNG

Windows NT bindet sehr oft die Funktinonalität eines Domänen-Controllers, eines Master-Browsers und eines NBNS-Server an einen einzigen Server. Auch wenn die Aufteilung dieser Aufgaben an verschiedene Computer technisch möglich ist, führt dies häufig zu Problemen; ein Windows-Server mag versuchen, eine dieser Funktionen an sich zu ziehen, aber daran scheitern, dass er die anderen Funktionen nicht ebenfalls übernehmen kann. Daher ist es im Allgemeinen eine gute Idee, einen Computer für alle drei Aufgaben bereitzustellen. Dies kann ein Computer unter Windows NT oder 2000 sein oder ein LINUX-Rechner auf dem Samba läuft.

`time server = Yes` Dieser Parameter teilt Samba mit, dass es auf NetBIOS-Zeit-Server-Anfragen reagieren soll. Man kann die Startskripte der Windows-Rechner um den Befehl `NET TIME \\SERVER /SET /YES` ergänzen, um sicher zustellen, dass alle Computer im Netz die gleiche Zeit verwenden. Das Einstellen der Systemzeit kann für manche Domänen-bezogene Aktionen sehr wichtig sein, wie etwa der Einsatz von wandernden Benutzerprofilen. Die korrekt gestellte Zeit betrifft auch eine Reihe von Anwendungen wie etwa die *Makefiles* in der Software-Entwicklung.

TIPP

Ein idealer Ort für den Befehl `NET TIME` *ist ein Netzwerk-Anmeldeskript, wie in* Kapitel 8: Automatisierung *beschrieben. Da volle Netzwerkfunktionalität zum Zeitpunkt der Ausführung der Datei* `AUTOEXEC.BAT` *auf einem Computer unter Windows 9x noch nicht gegeben ist, ist dieses Skript ein denkbar schlechter Ort für* `NET TIME`.

Sind diese Parameter einmal gesetzt, sollte man den Samba-Server neu starten, um sie in Kraft zu setzen; danach sind noch die Clients zu konfigurieren. Es ist anzuraten, mit einem einzelnen Client zu beginnen – idealerweise mit einem unwichtigen –, um die Grundfunktionalitäten zu testen. Dann kann man mit dem Einrichten oder Umkonfigurieren des restlichen Netzwerks fortfahren, um die Vorteile des neuen Domänen-Controller genießen zu können

Clients für Domänen einrichten

Im Standardfall versuchen Rechner, unter Windows 9*x* nicht eine Domäne zu benutzen sondern stattdessen eine Arbeitsgruppe. Dies funktioniert gewöhnlich auch in einer Netzwerkumgebung, die Features für Domänen unterstützt; denn eine Domäne ist im Kern eine Arbeitsgruppe mit zentraler Passwort-Datenbank. Wenn ein Client, der für Arbeitsgruppen eingerichtet ist, Zugang zu einem der Server einer Domäne sucht, authentifiziert dieser den Zugriff, indem er die Anfrage an den Domänen-Controller weiterleitet. Am Ende wird ein Client, der fälschlich für Arbeitsgruppen konfiguriert wurde, einem unbedarften Benutzer nicht auffallen.

Einer der auffälligsten Hinweise für eine solche fehlerhafte Konfiguration ergibt sich unmittelbar nach dem Start von Windows. Ein Windows-Client, der mit den Merkmalen eines SMB/CIFS-Netzwerks eingerichtet wurde, präsentiert typischerweise einen Dialog zur Eingabe des Netzwerk-Passwortes, der zwei Eingabefelder hat (*Abbildung 10.3*). Gewöhnlich geben Benutzer hier ihren Benutzernamen und ihr Passwort ein und Windows merkt sich diese Angaben, um sie beim Versuch, auf Netzwerk-Ressourcen zuzugreifen verwenden zu können.

WARNUNG

*Die übliche Anmeldung bei Windows 9*x *gewährt* keine *Sicherheit, wie das übliche LINUX- oder UNIX-Login. Ein Anwender kann den Button* Abbrechen *im Dialog* Netzwerkkennwort eingeben *anklicken und trotzdem vollen Zugriff auf den Windows-Rechner erhalten. Dieser Dialog dient vornehmlich der Bequemlichkeit, so dass der Computer die Benutzerprofile des Anwenders lokal speichern (falls er entsprechend konfiguriert ist) und das Passwort erinnern kann für den Zugriff auf die Ressourcen eines anderen Computers.*

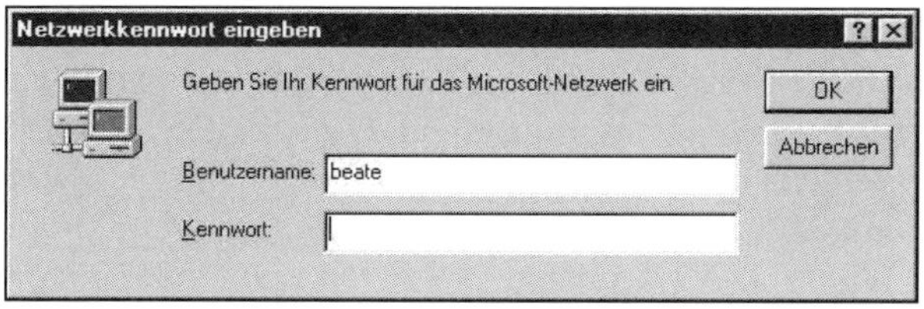

Abbildung 10.3: Wenn ein Client unter Windows 9x als Mitglied einer Arbeitsgruppe konfiguriert ist, zeigt Windows diesen Login-Dialog mit zwei Eingabefeldern

Um den Computer zu veranlassen, die Authentifizierung über den Domänen-Controller zu verwenden, müssen die folgenden Schritte durchgeführt werden:

1. Öffnen der Systemsteuerung.
2. Doppelklick auf das Icon *Netzwerk*, was den Dialog *Netzwerk* öffnet.
3. Auswahl der Komponente *Client für Microsoft-Netzwerke* und Anklicken des Buttons *Eigenschaften*. Windows öffnet danach den Dialog *Eigenschaften von Client für Microsoft-Netzwerke* (*Abbildung 10.4*).

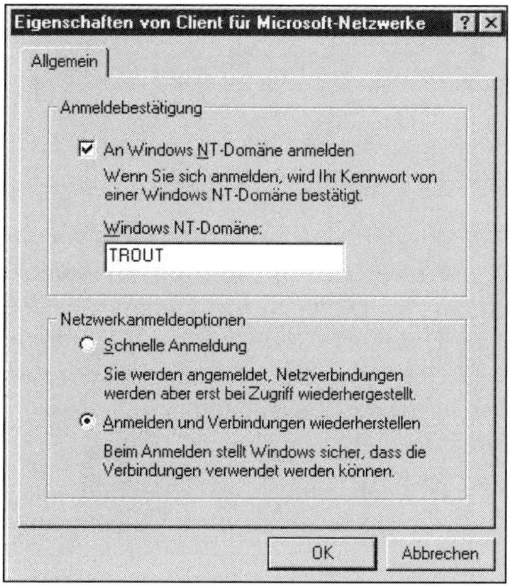

Abbildung 10.4: Umkonfigurieren von Windows für die Verwendung von Domänen-Logins und Festlegen der Domäne, bei der diese Anmeldung erfolgen soll

4. Prüfen, ob das Kontrollkästchen *An Windows NT-Domäne anmelden* ausgewählt ist und Eingabe des Domänen-Namens.

Windows 9x und Windows NT können sich denselben Domänen-Controller und andere Ressourcen der Domäne teilen. In Windows 9x werden Domänen Windows NT-Domänen *genannt. Kritische Aspekte des Anmeldens bei einer Domäne werden für Clients unter Windows 9x und Windows NT unterschiedlich gehandhabt, aber Domänen-Controller unter Windows NT können beide Arten von Domänen bedienen, wie auch Samba in seinen aktuellen Versionen. (Samba-Versionen vor 2.0.5 behandeln nur Domänen-Anmeldungen von Windows 9x.)*

5. Anklicken des Buttons *OK* im Dialog *Eigenschaften von Client für Microsoft-Netzwerke* und dann im Dialog *Netzwerk*. Der Aufforderung zum Neustart des Rechners sollte man dann folgen.

Wenn das System erneut gestartet ist, wird man einen neuen Dialog zur Eingabe des Netzwerk-Passwortes vorfinden, der drei Eingabefelder enthält (*Abbildung 10.5*). Dieser sieht genauso aus wird der in *Abbildung 10.3*, abgesehen davon, dass er ein Feld für die Eingabe des Domänennamens enthält. Die Standard-Domäne sollte bereits voreingestellt sein.

Abbildung 10.5: Ein Rechner unter Windows 9x zeigt einen Dialog mit drei Feldern für die Anmeldung, wenn er eine Domäne benutzt

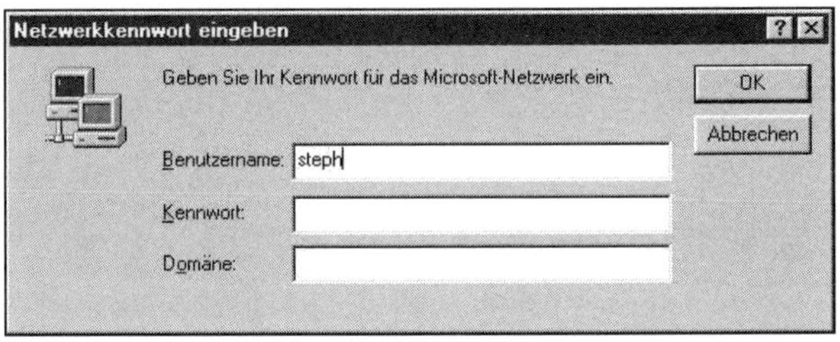

Man muss Windows 9x die Identität des Domänen-Controllers nicht notwendigerweise mitteilen. Es ist so konzipiert, dass es einen Domänen-Controller automatisch erkennen kann, obwohl es dies bisweilen nicht schafft, wenn der Domänen-Controller wechselt. Wem zum Beispiel der PDC abstürzt, kann es sein, dass Windows seine Informationen über die Domänen-Controller nicht aktualisiert, was zu einem Fehler bei der Anmeldung führen kann.

Windows `.PWL`*-Dateien löschen*

Wenn man versucht, sich von einem Windows 9*x*-Rechner aus bei einer Windows-Domäne anzumelden, aber das falsche Passwort oder einen fehlerhaften Benutzernamen eingibt, gewährt einem Windows keinen

Zugang zum Rechner. Dies ist nützlich für den Fall, dass man sich bei der Eingabe des Passwortes verschreibt, da das System es nicht versuchen wird, mit einem falschen Passwort Zugang zu einem Server zu erhalten. Dies bedeutet aber keinen Fortschritt bezogen auf die lokale Sicherheit für Anmeldungen bei Arbeitsgruppen, da der Button *Abbrechen* nach wie vor Zugang zum Client gewährt. (Windows verweigert immerhin den Zugang zu den Ressourcen der Domäne.)

Zusätzlich zu der Tatsache, dass Windows *9x* einen Zugriff auf den Client ohne Passwortangabe erlaubt, speichert es Passwörter lokal. Diese tauchen in Dateien mit der Erweiterung `.PWL` im Verzeichnis `C:\WINDOWS` auf, auch wenn man Anmeldungen bei Domänen verwendet. Daher sollte man das System so umkonfigurieren, dass lokale Passwortdateien gelöscht werden. Das Löschen der lokalen `.PWL`-Dateien hat zwei hauptsächliche Vorteile: Es reduziert die Gefahr eines Passwortdiebstahls und vereinfacht die Verwaltung von Netzwerk-Passwörtern.

Auch wenn der Inhalt einer `.PWL`-Datei unter Windows verschlüsselt ist, so ist doch der Algorithmus für diese Verschlüsselung überaus schwach. Wenn ein böswilliges Individuum die `.PWL`-Dateien eines Systems wie auch immer erwerben kann, können diese Passwörter ohne großen Aufwand geknackt werden. Dies kann ein vordringliches Problem in einem Netzwerk werden, in dem Anwender eine Vielzahl unterschiedlicher Computer benutzen.

Meldet man sich bei einem Rechner, der für den Zugriff auf Domänen konfigurier unter Windows *9x* an, überprüft dieser Computer das eingegebene Passwort zunächst über den Domänen-Controller und danach anhand der lokal gespeicherten Passwörter. Entscheidet man sich dazu, das Passwort an einem der beiden Systeme zu ändern, muss man es gleichzeitig an beiden ändern oder aber darauf gefasst sein, eine zweite Passwortabfrage über sich ergehen lassen zu müssen. Dies kann lästig werden, besonders dann, wenn man üblicherweise verschiedene Clients unter Windows *9x* benutzt.

Um lokale `.PWL`-Dateien zu löschen, sollten die folgenden Schritte mit dem *Registrierungseditor* ausgeführt werden:

1. Öffnen Sie ein Fenster *MS-DOS-Eingabeaufforderung* und geben Sie am Prompt `REGEDIT ein`, um den Registrierungseditor zu starten (oder wählen Sie im Start-Menü den Punkt *Ausführen* und geben Sie in dem sich öffnenden Dialog ebenfalls `REGEDIT` ein). Es öffnet sich ein Fenster, das dem in *Abbildung 10.6* gezeigten ähnelt, abgesehen davon, dass es aktuell den Eintrag nicht zeigt, der bearbeitet werden soll (in der rechten Hälfte des Beispiel-Fensters markiert dargestellt).

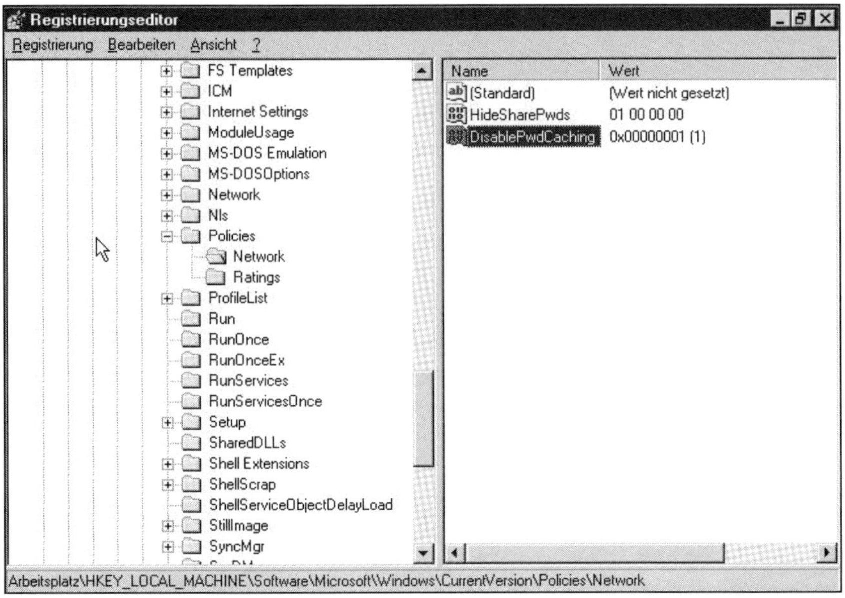

Abbildung 10.6: Der Registrierungseditor erlaubt die Bearbeitung kritischer Informationen zur Windows-Konfiguration

2. *Sichern Sie Ihre Registrierdatenbank*! Ein Fehler in einem der folgenden Schritte kann schwerwiegende Probleme heraufbeschwören. Ein Backup der Registry ermöglicht eine Wiederherstellung dieser sensiblen Informationen. Zur Sicherung wählt man die Menüfolge *Registrierung> Registrationsdatei exportieren*. Man vergibt einen Dateinamen, unter dem die Sicherungskopie gespeichert wird. Stellt man nach vollzogener Änderung und dem Neustart des Computers fest, dass das Netzwerk nicht ordentlich funktioniert, sollte man `REGEDIT` erneut starten und über die Menüfolge *Registrierung> Registrationsdatei importieren* die ursprüngliche Situation wieder herstellen.
3. In dem weitverzweigten Baum auf der linken Seite des Editor wählt man nacheinander *HKEY_LOCAL_MACHINE>Software2> Microsoft>Windows>CurrentVersion>Policies>Network*.
4. Im Hauptmenü wählt man dann *Bearbeiten>Neu>DWORD-Wert* (versuchen Sie das einmal fehlerfrei auszusprechen!). Der Registrierungseditor reagiert, indem er einen neuen Eintrag in der rechten Hälfte des Dialoges erstellt.
5. Solange dieser neue Eintrag ausgewählt und damit bearbeitbar ist, kann ein neuer Name dafür eingegeben werden. In unserem Falle `DisablePwdCaching`. Vergewissern Sie sich, dass Sie diesen Namen korrekt eingegeben haben. Sind Sie sicher, klicken Sie den Button *OK* an.

6. Doppelklicken Sie auf den neuen Eintrag `DisablePwdCaching`. Dies öffnet einen Dialog zur Bearbeitung dieses Eintrages. Geben Sie im Feld `Wert` eine `1` ein und klicken Sie den Button *OK* an. Ihr Registrierungseditor-Fenster sollte nun dem in Abbildung *10.6* gezeigten gleichen, eingeschlossen den Eintrag `DisablePwdCaching`.
7. Schließen Sie den Registrierungseditor durch Wahl von *Registrierung>Beenden*. So wie er nun konfiguriert ist, wird Ihr Rechner keine `.PWL`-Dateien mehr erstellen oder auffrischen, aber das System kann noch alte `.PWL`-Dateien enthalten.
8. Um diese nun zu löschen, gibt man auf der Windows-Befehlszeile `DEL C:\WINDOWS\*.PWL` ein. (Falls notwendig, ist der Anteil `C:\WINDOWS` in dieser Befehlszeile den Gegebenheiten des konkret vorliegenden Systems anzupassen.)

TIPP

Nach dem Abmelden oder einem Neustart des Systems sollte man sich vergewissern, dass Windows keine neuen `.PWL`*-Dateien angelegt hat. Falls doch, dann hat man möglicherweise den Namen* `DisablePwdCaching` *falsch eingeTIPPpt oder an der falschen Stelle eingefügt oder vergessen, seinen Wert auf* `1` *zu setzen.*

Sind die vorhergehenden Schritte fehlerlos ausgeführt worden, dann wird Windows keine `.PWL`-Dateien mehr auf der lokalen Festplatte speichern und auch nicht mehr versuchen, eine Anmeldung mithilfe einer lokalen `.PWL`-Datei zu überprüfen. Diese Einstellung kann die Sicherheit in einem Netzwerk erhöhen und gleichzeitig die Kopfschmerzen eines Systemverwalters bezüglich des gesamten Netzwerkes vermindern.

Windows NT und Domänen

Die Konfiguration von Domänen für Windows NT gleicht derjenigen für Windows 9*x*, weist aber Unterschiede auf. Windows NT (und heutzutage Windows 2000) beinhaltet Merkmale von Domänen, die in Windows 9*x* einfach nicht vorhanden sind. Viele dieser Merkmale werden dem Samba der Versions-Folge 2.0.*x* noch immer hinzugefügt – tatsächlich unterstützte Samba bis einschließlich Version 2.0.5 keine Domänen-Anmeldungen von Windows NT-Systemen. Als Folge davon muss man, wenn man fortgeschrittene Domänen-Features nutzen will, eine der folgenden Lösungen verwenden:

- Samba TNG: Dieser experimentelle Zweig der Samba-Entwicklung enthält fortgeschrittene Unterstützung für Windows NT-Domänen. Da er aber *experimentell* ist, ist davon abzuraten, ihn in kritischen Umgebungen einzusetzen.

- Eine aktuellere Samba-Version: Möglicherweise gibt es zu dem Zeitpunkt, an dem Sie diese Zeilen lesen, bereits eine stabilere Unterstützung von NT-Domänen durch Samba.
- Ein Domänen-Controller unter Windows NT: Man kann einen Windows NT-Rechner als Domänen-Controller einsetzen, auch wenn der Samba-Rechner als Haupt-Server dienen soll. Mehr Informationen darüber, wie Samba eingerichtet werden muss, damit es Mitglied einer Domäne sein kann, ohne deren Domänen-Controller zu sein, findet man im Abschnitt *Samba in einer Domäne einsetzen* weiter unten in diesem Kapitel.

Windows 2000 ist letzlich eine Update-Version von Windows NT und verwendet daher die gleichen Strukturen wie NT für Domänen, obwohl 2000 einige wenige Neuerungen einführt. Will man Samba in einem Netzwerk mit Windows 2000-Clients als Domänen-Controller einsetzen, wird keine der Samba-Versionen bis einschließlich 2.0.7 funktionieren, man muss Samba TNG verwenden. Es ist möglich, dass das in Kürze erwartete Release 2.2 Domänen-Anmeldungen für Windows 2000 behandeln wird.

Unterschiede zwischen Domänen unter Windows 9x und Windows NT

Die Unterschiede in der Handhabung von Domänen, die es zwischen Windows 9*x* und Windows NT gibt, liegen weitestgehend unter der Oberfläche. Für einen Benutzer, der seine alltäglichen Aufgaben erledigt, handhaben beide Systeme die Dinge im Wesentlichen gleich. Dies sind die Unterschiede:

Methoden der Authentifizierung beim Anmelden Die beiden Betriebssysteme verwenden zur Authentifizierung bei der Anmeldung unterschiedliche Methoden. Das ist der Grund dafür, dass Samba-Versionen bis einschließlich 2.0.5 keine Anmeldungen für Windows NT-Domänen unterstützen.

Trust Accounts Windows NT-Domänen beinhalten das Konzept der *Trust Accounts* (Vertrauenskonten oder Vertrauensstellungen) – dies sind spezielle Konten für Computer statt für Benutzer. Solche Trust Accounts müssen für einzelne Computer an einem Samba-Server eingerichtet werden, damit er als Domänen-Controller für Windows NT fungieren kann.

Remote-Verwaltung Windows NT-Systeme ermöglichen die (ferngesteuerte – remote) Änderung von Merkmalen einer Domäne wie Netzwerkbenutzer, Passwörter oder zugelassene Computer, etwa via DFÜ. Die meisten dieser Features werden von Samba 2.0.*x* nicht unterstützt, einige davon aber von Samba TNG.

Zusätzlich zu diesen Unterschieden auf Client-Ebene gibt es einen wichtigen Unterschied, der die Server betrifft: Rechner unter Windows NT und 2000 können Domänen-Controller sein, solche unter Windows 9*x* können das nicht.

Sambas PDC-Unterstützung

Als PDC unterstützt Samba grundlegende Features der Domänen-Anmeldung für Clients unter Windows 9*x*, Windows NT und (bei Verwendung von Samba TNG) Windows 2000. Der Einsatz eines Windows NT-Clients erfordert einige zusätzliche Arbeiten bei der Konfiguration oder aber man kann Samba für diese Rolle nicht einsetzen. Diese Arbeiten werden in den folgenden Abschnitten beschrieben. Die Samba-Versionen bis einschließlich 2.0.7 stellen aber nur die Möglichkeit zur Anmeldung bei einer Domäne zur Verfügung, nicht aber die fortgeschritteneren Features der Domänen-Verwaltung von Windows NT. Samba TNG unterstützt einige dieser zusätzlichen Features, einschließlich:

- Benutzer-Manager für Domänen
- Server-Manager für Domänen
- Ereignisanzeige
- Dienste-Kontroll-Manager
- Registrierungseditor

Unglücklicherweise befindet sich Samba TNG zur Zeit noch im Alpha-Stadium und mag nicht vernünftig mit Windows 9*x*-Clients zusammenarbeiten; sein Einsatz ist daher begrenzt. Früher oder später jedoch werden einige dieser Merkmale Eingang finden in die Samba-Versionen der Hauptentwicklungslinie – vielleicht schon in Version 2.2, das in diesen Tagen erscheinen könnte.

Samba als PDC für NT einrichten

Um Samba als Domänen-Controller für Windows NT-Clients zu konfigurieren, sind die folgenden Schritte auszuführen:

1. Konfigurieren Sie Samba für eine Windows 9*x*-gemäße Domänen-Verwaltung und legen Sie die globalen Parameter in der Datei `smb.conf` wie weiter oben beschrieben.

2. Erzeugen Sie eine Vertrauensgruppe für die Samba-Vertrauenskonten; die Eingabe von `groupadd - r trust` wird zum Ziel führen. (Dieser Schritt ist nicht zwingend notwendig, man kann ein vorhandenes Gruppenkonto nutzen, wenn man will.)

3. Erzeugen Sie ein Vertrauenskonto für jeden Windows NT-Client im Netz. Dieses Konto sollte nach dem NetBIOS-Namen des Computers benannt sein, gefolgt von einem Dollarzeichen ($), wie etwa `cjoe$` für den Client `CJOE`. Dieses Konto kann durch einen Befehl wie den folgenden angelegt werden:

   ```
   useradd -r -g trust -d /dev/null -s /dev/null cjoe$
   ```

   Alternativ kann man für diese Aufgabe andere Tools einsetzen (z.B. `yast` in der Suse-Distribution) oder die relevanten Systemdateien per Hand editieren, wenn man das vorzieht. Dieses Konto wird *niemals* für Logins benutzt, es kann also ein Systemkonto sein (was durch den Schalter `-r` im Befehl `useradd` angezeigt wird), obwohl die Konfiguration als Systemkonto nicht zwingend nötig ist. In jedem Fall gibt es keinen Grund dafür, das dieses Konto ein LINUX Login-Passwort haben sollte und aus Sicherheitsgründen sollte es auch kein Passwort haben.

4. Benutzen Sie `smbpasswd`, um einen verschlüsselten Samba-Passworteintrag für jedes Vertrauenskonto zu erzeugen. Benutzen Sie dabei den Schalter `-m`, um festzulegen, dass es sich um ein Vertrauenskonto handelt. Dann verlangt `smbpasswd` keine Passworteingabe, sondern setzt es automatisch auf den Namen des Computers. Das Dollarzeichen braucht nicht als Bestandteil des Rechnernamens angegeben zu werden. So wird zum Beispiel `smbpasswd -a -m cjoe` einen geeigneten Passworteintrag für den Computer `CJOE` erzeugen.

HINWEIS

Wenn man den Client erstmalig für den Einsatz in einer Domäne konfiguriert, wird er das Passwort automatisch ändern. Ändern Sie es daher nicht von Hand.

5. Starten Sie Samba neu. (Dieser Schritt ist nicht notwendig, wenn ein Neustart bereits im Anschluss an Schritt 1 ausgeführt wurde.) Samba ist nun für Domänen-Anmeldungen konfiguriert.

Wenn ein Windows NT-Client zu einer Domäne dazukommt, lässt er sich beim PDC unter Verwendung des Vertrauenskontos und seines Passwortes registrieren. Der PDC vertraut dann diesem Client und vergibt ein Authorisierungs-Token, wie es weiter oben in *Abbildung 10.2* gezeigt wird. Diese Token gewähren durchgängigen Zugriff auf die Ressourcen anderer Server im Netz.

Clients hinzufügen

Um einen Windows NT-Client so zu konfigurieren, dass er einen Domänen-Controller anspricht, sind ähnliche Schritte wie unter Windows 9*x* auszuführen, sie unterscheiden sich aber in Details:

1. Melden Sie sich als `Administrator` an.
2. Öffnen Sie die *Systemsteuerung* und doppelklicken Sie auf dem Objekt *Netzwerk*. Windows öffnet den Dialog *Netzwerk*.
3. In der Registerkarte *Identifikation* klicken Sie den Button *Ändern* an. Windows antwortet, indem es den Dialog *Identifikationsänderungen* anzeigt (*Abbildung 10.7*).

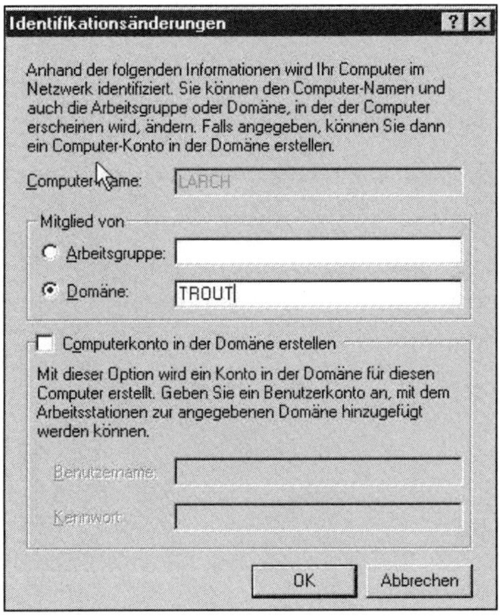

Abbildung 10.7: Konfiguration eines Windows NT-Clients als Mitglied einer Domäne unter Verwendung des Dialogs *Identifikationsänderungen*

4. Klicken Sie das Optionsfeld *Domäne* unter *Mitglied von* an und geben Sie den Namen der Domäne ein.
5. Klicken Sie auf den Button *OK*. Windows versucht, mit dem Domänen-Controller zu kommunizieren, und authentifiziert sich. Geht alles gut, dann sehen Sie eine Meldung, die Sie in der Domäne begrüßt.
6. Schließen Sie den Dialog *Netzwerk* über den Button *Close*. Windows informiert Sie darüber, dass Sie den Computer neu starten müssen, tun Sie das.

Ist der Computer neu gestartet, sollte er einen neuen Anmelde-Dialog mit drei Eingabefeldern anzeigen, wie er in *Abbildung 10.8* zu sehen ist. Meldet man sich nun bei der Domäne an, benutzt Windows das Domänen-Passwort (das vom Domänen-Controller verwaltet wird) anstelle des lokalen Passwortes. Man kann dies dadurch prüfen, dass man das verschlüsselte Samba-Passwort für das Benutzerkonto an dieser Domäne ändert und dann versucht, sich beim Windows NT-Client anzumelden, einmal mit dem alten und einmal mit dem neuen Passwort. Nur das neue (am Samba-Server geänderte Passwort) sollte funktionieren. Außerdem sollte nun jedes eingerichtete Netzwerk-Anmeldeskript laufen.

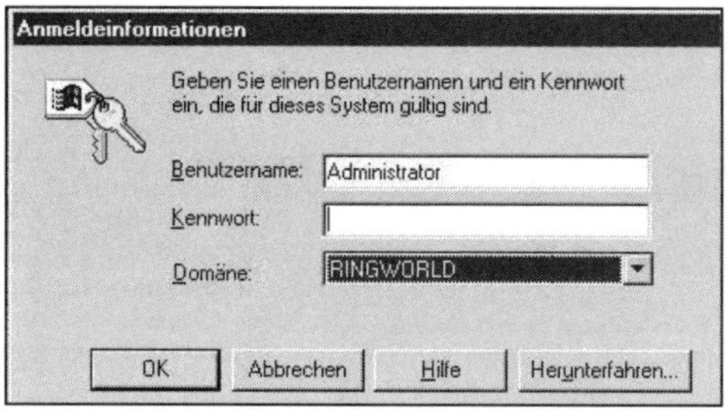

Abbildung 10.8: Der Windows NT-Dialog *Anmeldeinformationen* enthält eine Liste der Domänen, wenn der Rechner für Domänen-Anmeldungen eingerichtet ist

Ein Vorteil von Windows NT gegenüber Windows 9*x* ist der, dass NT tatsächlich Login-Sicherheit bietet. Auch wenn der Windows NT-Dialog *Anmeldeinformationen* (*Abbildung 10.8*) einen Button *Abbrechen* enthält, kann man damit diesen Dialog *nicht* übergehen, wie sein Pendant unter Windows 9*x*. Klickt man den Button *Abbrechen* im Windows NT-Dialog an, führt das zu einem anderen Dialog, der einen darüber informiert, die tastenkombination [Strg]+[Alt]+[Entf] zu drücken, um sich beim Computer anzumelden.

Wechsel zwischen Konfigurationen für Domänen und für Arbeitsgruppen

Der Dialog *Anmeldeinformationen* beinhaltet ein Kombinationsfeld mit der Liste der Domänen. Ein Eintrag in dieser Liste ist allerdings gar keine Domäne, es ist vielmehr der lokale Rechner. Diese Besonderheit erlaubt den Zugriff auf den Computer, wenn der Domänen-Controller versagt. Ist kein `Administrator`-Konto für den lokalen Rechner am PDC eingerichtet, dann muss diese besondere „Domäne" benutzt werden, um die Möglichkeiten eines Systemverwalters am Windows-Client zur Verfügung zu haben. Eine weitere Konsequenz dieser Tatsache ist die, dass Windows NT Benutzerprofile für Domänen-Anmeldungen beim PDC speichert (oder auf der Maschine, die der PDC dafür vorgesehen hat), wenn er den für das

Speichern von wandernden Profilen eingerichtet ist. Daher kann es passieren, dass, wenn man von einer Arbeitsgruppen-Anmeldung zur einer Domänen-Anmeldung wechselt, die Einstellungen des Desktops plötzlich verschwunden sind. Windows NT speichert die Benutzerprofile in anderen Dateien als Windows 98, so dass ein Anwender, der zwischen Windows 98- und Windows NT-Clients wechselt, zwei wandernde Profile haben muss, eins für jedes Betriebssystem.
Seien Sie in diesem Zusammenhang noch gewarnt: Konfiguriert man eine Windows NT-Arbeitsstation für eine Domäne, ändert dann die Konfiguration der Arbeitsstation für eine Arbeitsgruppe und schließlich wieder zurück für eine Domäne, dann kann es passieren, dass man keinen Zugang zu dieser Domäne mehr erhält. Dies liegt daran, dass der Windows NT-Client das ursprüngliche durch `smbpasswd` für das Vertrauenskonto gesetzte Passwort abändert. Wenn der Client wieder zur Domäne zurückkehren will, hat er das neue Passwort vergessen. Die Lösung für dieses Problem besteht darin, die Zeile mit dem Vertrauenskonto für diesen Client in der Samba-Passwortdatei zu löschen und dann wieder einzufügen durch Eingabe von `smbpasswd -a -m clientname` am Samba-Server.

Besonderheiten bei Windows 2000

Windows 2000 ist faktisch die nächste Version der Windows NT-Linie nach Windows NT 4. Die Art und Weise, wie nun SMB/CIFS-Netzwerke behandelt werden, hat sich aber wesentlich geändert. Und diese Unterschiede sind bezüglich der Aktionen in und zwischen den Domänen groß genug, dass Samba - zumindestens bis zur Version 2.0.7 - nicht sehr gut mit Windows 2000 umgehen kann. Hat man also Windows 2000-Clients muss man das im Alpha-Stadium befindliche Samba TNG oder eine bisher noch nicht veröffentlichte Version von Samba benutzen. In diesem Falle sind die Punkte der Konfiguration van Samba weitestgehend dieselben, bis auf die Tatsache, dass in Samba TNG die Funktionalitäten der traditionellen Dämonen `smbd` und `nmbd` aufgeteilt worden sind, wie in *Kapitel 2: Einbinden von SMB/CIFS in LINUX* unter *Samba TNG* beschrieben.

TIPP

Will man in ein vorhandenes Netzwerk mit Domänen und Samba als Domänen-Controller einige Windows 2000-Clients integrieren, muss man nicht unbedingt Samba TNG einsetzen. Man kann die Windows 2000-Clients auch so konfigurieren, dass sie die Domäne wie eine Arbeitsgruppe behandeln, und sie sollten dennoch in der Lage sein, auf alle Ressourcen des Netzwerkes zuzugreifen. Man gibt allerdings für diese Windows 2000-Systeme die Vorteile von Domänen auf, einschließlich der zentralen Verwaltung. Wenn die Unterstützung von Samba für Domänen mit Windows 2000-Rechnern gereift ist, kann man die dann aktuelle Samba-Version verwenden und die Windows 2000-Rechner so umstellen, dass sie Domänen benutzen. Oder man benutzt einen Windows NT oder 2000-Rechner als Domänen-Controller, falls es notwendig werden sollte.

Setzt man Samba TNG oder ein neueres Release von Samba ein, kann Windows 2000 für den Einsatz von Domänen in fast der gleichen Weise konfiguriert werden wie ein Rechner unter Windows NT 4. Es gibt aber zwei prinzipielle Unterschiede:

- Anstelle des Dialoges *Netzwerk* (Schritt 2 von *Clients hinzufügen*) öffnet man den Dialog *Systemeigenschaften* durch einen Rechtsklick auf das Icon *Arbeitsplatz* auf dem Desktop. Aus dem sich öffnenden Popup-Menü wählt man *Eigenschaften*. Die Registerkarte im Dialog *Systemeigenschaften*, die unter Windows NT *Identifikation* heißt, wird unter Windows 2000 *Netzwerkidentifikation* genannt. Hier klickt man den Button *Eigenschaften* an, um die Konfiguration zu ändern.
- Wechselt man zur Domänen-Konfiguration (Schritt 5 von *Clients hinzufügen*), fragt Windows 2000 nach einem administrativen Benutzernamen und einem Passwort. Man gibt hier einen üblichen Benutzernamen und ein Passwort ein. (Die vorhergehende Samba-Konfiguration berücksichtigt bereits die Schritte, für die dieser Benutzername und dieses Passwort gebraucht werden.)

Alle nachfolgenden Anmeldungen nutzen den Domänen-Controller zur Authentifizierung der Anwender, vorausgesetzt, man hat das Anmelden bei einer Domäne aktiviert (im Gegensatz zum voreingestellten Anmelden beim Rechner). Mit Samba TNG kann man sich auch einige Samba-Konfigurationseinstellungen von einem Windows 2000-Rechner aus anzeigen lassen. Dazu muss man die *Systemsteuerung* und dort den Ordner *Verwaltung* öffnen, hier startet man das Tool *Computerverwaltung*. Bis heute unterstützt Samba TNG nur einige wenige administrative Maßnahmen, die man mit diesem Werkzeug durchführen kann, aber diese Situation wird sich bestimmt in naher Zukunft ändern.

Samba in einer Domäne einsetzen

Neben der Möglichkeit, Samba zur *Verwaltung* einer Domäne (als Domänen-Controller) einzusetzen, kann man einen Samba-Server auch so konfigurieren, dass er *Teil* einer Domäne wird. Er mag dann einer von mehreren Samba-Servern sein; in dieser Situation sollte nur einer der Domänen-Controller sein. Man mag vielleicht auch einen Rechner unter Windows NT 4 oder 2000 als Domänen-Controller konfigurieren und die Samba-Server für das Datei- und

Drucker-Sharing verwenden. Was immer der Fall sein mag, für solch eine Konfiguration müssen nur wenige Parameter in der Datei `smb.conf` gesetzt werden:

`password server` Dieser Parameter muss als Wert die IP-Adresse oder den DNS-Host-Namen des Domänen-Controllers erhalten. Beispiel: `password server = 192.168.34.192`.

`domain logons = No` Dies ist die Voreinstellung dieses Parameters, es stört aber nicht, ihn ausdrücklich auf diesen Wert zu setzen, um sicher zu gehen, dass alles glatt läuft. Soll Samba als irgend ein weiteres System an der Domäne teil haben, sollte es *keine* Domänen-Anmeldungen annehmen.

`security` Dieser Parameter sollte den Wert `Server` oder `Domain` erhalten. Der erste der beiden Werte führt dazu, dass alle Authentifizierungs-Anfragen an das System, das im Parameter `password server` festgelegt wurde weitergeleitet werden. In diesem Modus ist Samba nicht wirklich ein vollwertiges Mitglied der Domäne, auch wenn es den Domänen-Controller für Authentifizierungen benutzt. Setzt man andererseits `security = Domain`, handelt Samba wie ein vollwertiges Mitglied der Domäne; es akzeptiert die Token, die der Domänen-Controller den Clients für einen Server-Zugriff mitgibt, vorausgesetzt das entsprechende Benutzerkonto existiert beim Samba-Server.

Damit Samba mit der Einstellung `security = Domain` ordentlich funktioniert, muss der Samba-Server bei der fraglichen Domäne angemeldet werden. Dies geschieht etwa mithilfe des folgenden Befehls:

```
smbpasswd -j DOMAENENNAME
```

Wenn man den Parameter `security` auf den Wert `Domain` setzt, ist es zusätzlich notwendig, den Gebrauch von verschlüsselten Passwörtern festzulegen (über den Parameter `encrypt passwords = Yes`). Sowohl in der Einstellung `security = Domain` (*domain-level security*) als auch in `security = Sever` (*server-level security*) wird sich Samba auf seine eigenen Login-Methoden zurückziehen, falls eine Anmeldung nicht erfolgreich war. Ist Samba für den Gebrauch verschlüsselter Passwörter konfiguriert, bedeutet das, dass eine gültige Samba-Passwortdatei `smbpasswd` vorhanden ist. In jedem Fall müssen die Anwender Konten beim LINUX-Rechner haben, entweder unter demselben Benutzernamen wie in der Domäne oder unter Verwendung einer entsprechenden *Mapping-Option* (etwa Zuordnungsvorschrift) von Samba, wie sie in *Kapitel 15: Account-Verwaltung* beschrieben werden.

Zusammenfassung

Die Umstellung eines Windows-Netzwerkes von Arbeitsgruppen auf Domänen bringt eine Reihe von Vorteilen bezogen auf die Netzwerkverwaltung, Sicherheit und Flexibilität. Domänen erlauben eine einzelne zentrale Datenbank für Passwörter und eliminieren so die Risiken, die mit den `.PWL`-Dateien von Windows *9x* verbunden sind, und ermöglichen den Einsatz der Features zur Client-seitigen Automatisierung wie Anmeldeskripte und wandernde Profile. Die Konfiguration von Samba als primärer Domänen-Controller für Rechner unter Windows *9x* ist ziemlich einfach und verlangt nur einige wenige Änderungen an der Datei `smb.conf`. Will man auch Unterstützung für Windows NT, verlangt dies einige zusätzliche Anstrengungen und bisher enthält Samba nur eine minimale Anzahl Features zur Unterstützung von Windows NT-Domänen. Windows 2000-Domänen werden bisher in stabilen Samba-Versionen nicht vollständig unterstützt, dies wird sich aber wohl in diesem Jahr ändern. Man kann einen Samba-Server in einem Domänen-basierten Netzwerk einsetzen, auch wenn ein anderer Rechner als Domänen-Controller fungiert.

Lokales und geroutetes Browsen

KAPITEL 11

Die meisten Windows-Benutzer gehen davon aus, dass sie Netzwerkressourcen – insbesondere Dateifreigaben – durch *Browsen* in einem Dialog wie etwa *Datei öffnen*, oder mithilfe eines Fensters, das aus der *Netzwerkumgebung* heraus geöffnet wurde finden können. Wie viele andere Dinge in einem NetBIOS-Netzwerk auch, findet Browsen nicht vollautomatisch statt, auch wenn es für den durchschnittlichen Endanwender so aussieht. Browsen hängt von der korrekten Arbeitsweise eines oder mehrerer *Master-Browser* einer Arbeitsgruppe ab.

Öffnet ein Windows-Benutzer über das Icon *Netzwerkumgebung* den gleichnamigen Dialog, befragt der Windows-Rechner den Master-Browser um die Anzeige der Computer im Netzwerk erstellen zu können. Funktioniert der Master-Browser fehlerhaft oder liegen ihm unvollständige oder ungenaue Informationen vor, dann wird der Anwender nicht in der Lage sein, die gewünschte Netzwerkressource zu finden. Es ist also wichtig, dass das Browsen in einem Windows-Netzwerk ordentlich funktioniert.

HINWEIS

Browsen kann man in Arbeitsgruppen und Domänen. Was das Browsen betrifft, sind diese beiden Strukturen nahezu identisch. Zur Abkürzung wird daher in diesem Kapitel Arbeitsgruppe *anstelle von* Arbeitsgruppe oder Domäne *benutzt. Wenn es aber von Bedeutung ist, wird eine Arbeitsgruppe von einer Domäne ausdrücklich unterschieden.*

Samba beinhaltet alle Merkmale, die notwendig sind, um es als Master-Browser benutzen zu können. Die Konfiguration von Samba als Master-Browser kann verwirrend sein und das Resultat einer Konfiguration hängt vom Kontext ab, in dem sie erfolgte – das heißt, dass zwei identisch konfigurierte Samba-Server in unterschiedlichen Netzwerken auch unterschiedlich funktionieren können. Dieses Kapitel beschreibt das Wesen des NetBIOS-Browsens, die Konfigurationsmöglichkeiten von Samba für das Browsen und Beispiele von Samba-Konfigurationen, die für eine Vielzahl herkömmlicher Netzwerk-Konfigurationen geeignet sind.

Browsen verstehen

Bevor man Samba so konfiguriert, dass es in irgend einer Form als Master-Browser arbeiten kann, ist es nützlich, etwas über das dem Browsen zugrunde liegende Protokoll zu wissen.

DNS stellt die beste Analogie zum Browsen in einer normalen TCP/IP-Umgebung dar. Man kann ein Hilfsprogramm wie `nslookup` verwenden, um die Namen aller Computer einer bestimmten Internet-Domäne festzustellen. Gewöhnlich gibt es jedoch wenig Bedarf dafür, dieses zu tun, und so ist DNS besser dafür bekannt, dass es dabei hilft, eine IP-Adresse eines gegebenen Host-Namens zu finden (oder umgekehrt).

Die entsprechende Aufgabe erfüllt in einem SMB/CIFS-Netzwerk der NetBIOS Name Service (NBNS, beschrieben in *Kapitel 9: Samba als NBNS-Server*), der tatsächlich für viele Netzwerke nur ein optionaler Dienst ist. Ein Master-Browser dagegen wird von den meisten NetBIOS-Netzwerken gefordert. (Eine Ausnahme stellen die Netzwerke für OS/2-Systeme dar, die stattdessen die Durchsagen (*announce messages*) des LAN-Managers verwenden, die später in diesem Kapitel und in *Anhang B: Betriebsystemspezifische Fragen* erwähnt werden.)

Was ist Browsen?

Browsen kann man wohl am besten anhand eines Bildes verstehen. *Abbildung 11.1* zeigt eine Hierarchie von NetBIOS-Netzwerken und Systemen, wie sie unter Windows angezeigt werden. (Man erhält eine entsprechende Anzeige für sein Netzwerk, indem man auf dem Icon *Netzwerkumgebung* rechts klickt, und dann im sich öffnenden Popup-Menü *Explorer* wählt.) Der linke Bereich der *Abbildung 11.1* zeigt die Ressourcen, speziell Netzwerkressourcen, die über den Desktop erreichbar sind.

HINWEIS

Eine andere Möglichkeit, im Netzwerk zu browsen, steht einem über einen Doppelklick auf das Icon Netzwerkumgebung *auf dem Desktop zur Verfügung. Dies öffnet ein Fenster mit einer einspaltigen Sicht des Netzwerkes, die im Wesentlichen dem rechten Bereich im Explorer-Fenster in* Abbildung 11.1 *entspricht. Dieses Explorer-Fenster hat den Vorteil, dass es in seiner linken Spalte eine Baumstruktur anzeigt, die die Organisation der Elemente darstellt, auf die Windows zugreifen kann.*

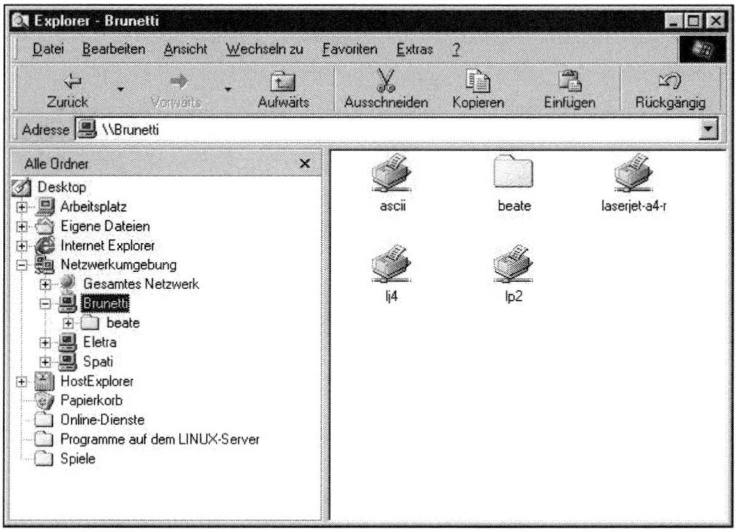

Abbildung 11.1: Man kann die Umgebung seines Computers erkunden, indem man das Icon *Netzwerkumgebung* seines Desktops doppelt anklickt

Unter Windows 9x und Windows NT 4 beinhaltet die Netzwerkumgebung zwei Klassen von Objekten:

Inhalte von Arbeitsgruppen und Domänen Die Server der Arbeitsgruppe, der der Computer angehört, erscheinen alle unmittelbar unter *Netzwerkumgebung*. In *Abbildung 11.1* sind dies die Computer BRUNETTI, ELETRA und SPATI. Man erhält schnell und einfach Zugang zu den Ressourcen dieser Rechner.

Gesamtes Netzwerk Das Icon *Gesamtes Netzwerk* bietet Zugang zu allen Arbeitsgruppen, auf die der Computer unmittelbar Zugang hat (RINGWORLD und STARTIDE in *Abbildung 11.1*). Diese Liste beinhaltet die aktuelle Arbeitsgruppe des Computers, damit hat man Zugang auf die Computer dieser Arbeitsgruppe über die Einträge unter *Netzwerkumgebung* wie auch auf eine der Arbeitsgruppen unter *Gesamtes Netzwerk*.

Diese Organisationsstruktur täuscht zunächst einmal. So könnte die Anordnung der Computer aus der Arbeitsgruppe des Clients an der Spitze der Hierarchie der *Netzwerkumgebung* den Eindruck erwecken, als ob diese eine privilegierte Stellung in der Netzwerkstruktur haben, so wie die mittelalterlichen Europäer glaubten, dass die Erde der Mittelpunkt des Universums sei. Dies ist beileibe nicht so; die Computer, die unmittelbar unter *Netzwerkumgebung* erscheinen, sind einfach „nah" beim Client, in dem Sinne, dass sie mit dem Client in einer gemeinsamen Arbeitsgruppe sind.

Das Layout für Arbeitsgruppen und Computer ist unter Windows 2000 davon etwas verschieden. Das Fenster *Netzwerkumgebung* ist im Wesentlichen identisch mit dem soeben Besprochenen, ausgenommen dass die Computer der Arbeitsgruppe des Clients in einer eigenen Untergruppe namens *Benachbarte Computer* erscheinen. Das Fenster enthält unter anderem auch noch ein Icon *Gesamtes Netzwerk*, über das man auf andere Arbeitsgruppen zugreifen kann.

Wichtig für das Verständnis ist, dass die Informationen des Fensters *Explorer – Brunetti*, wie es in *Abbildung 11.1* gezeigt wird, von einer ganzen Reihe von Computern zusammengetragen wurden. Zum Beispiel:

- Icons in der linken Spalte des Explorer-Fensters wie *Arbeitsplatz* oder *Papierkorb*, beziehen sich auf den lokalen Computer. Diese Informationen stammen also vom lokalen Computer, wenn man aber eine NetBIOS-Domäne für den Einsatz von wandernden Profilen einrichtet, speichert der lokale Computer diese Informationen auf einem anderen Computer und auch lokal. (Siehe auch *Einrichten von wandernden Benutzerprofilen* in *Kapitel 8: Automatisierung* für mehr Details zu diesem Thema.)
- Arbeitsgruppen- und Computernamen wie sie in der linken Spalte zu finden sind, etwa RINGWORLD oder SPATI, werden vom Master-Browser der Arbeitsgruppe bereitgestellt. Wenn man die *Netzwerkumgebung*,

einen Dialog zum Öffnen oder Speichern von Dateien oder ein anderes Hilfsmittel für die Darstellung des lokalen Netzwerks, benutzt, wendet man sich faktisch an den Master-Browser der Arbeitsgruppe.

- Informationen über Shares und Dateien, die auf bestimmten Servern zur Verfügung stehen, etwa der Ordner unterhalb von `BRUNETTI` oder der Inhalt der rechten Spalte in *Abbildung 11.1*, werden vom betreffenden Server zur Verfügung gestellt. Das Browsen eines bestimmten Computers bedeutet in der Tat, dass man sich an ihn wendet, um seine Shares kennen zu lernen und gegebenenfalls darauf zuzugreifen.

Browsen ist eine Netzwerkaktivität, die von Menschen unternommen wird. Jemand, der in einem Netzwerk browst, nutzt die *Netzwerkumgebung* und die darin enthaltenen Icons, einen Dialog *Datei öffnen* oder ein ähnliches Tool, um zu sehen, welche Netzwerkressourcen verfügbar sind, und eine davon letztendlich zu nutzen – etwa um eine Datei zu bearbeiten, die auf einem Server gespeichert ist. Browsen in einem Netzwerk bedeutet Zugang zu Daten, die von mehreren Computer bereitgestellt werden – dem lokalen Computer, dem Master-Browser der Arbeitsgruppe und letztlich einem Server. In einigen Fällen mögen zwei oder drei davon ein und derselbe Rechner sein; zum Beispiel könnte der Server, auf den man zugreift, als Master-Browser arbeiten. In anderen Fällen kann es sein, dass man auf mehr als drei Computer zugreift, etwa wenn man eine Datei von einem Computer auf einen anderen kopiert, was zwei verschiedene Server berühren könnte.

Browsen dient im Wesentlichen der Bequemlichkeit. Es ist streng genommen nicht notwendig dafür, dass ein NetBIOS-Netzwerk funktioniert. In der Tat, wenn man unter LINUX einen SMB/CIFS-Client wie `smbclient` oder `smbmount` (beschrieben in *Kapitel 7: LINUX als SMB/CIFS-Client*) benutzt, ist die Wahrscheinlichkeit groß, dass man den Master-Browser nicht benötigt. Stattdessen wird man den Namen des Client direkt aus dem Gedächtnis eintippen wie in `smbclient //brunetti/beate`. Grafische Benutzeroberflächen unter LINUX (wie das in *Kapitel 7* diskutierte *LinNeighborhood* zum Beispiel) verwenden den Master-Browser genauso wie Windows.

Merkmale des SMB/CIFS-Browsings

Weil Windows-Clients bestimmte Eigenschaften eines Master-Browsers voraussetzen, die die Windows-Anwender erwarten, ist es nützlich für Samba, Funktionalitäten eines Master-Browsers zu unterstützen. Wie jedoch im Rest dieses Kapitels beschrieben wird, sind diese Funktionalitäten gewöhnlich nicht lebensnotwendig, weil selbst ein einfacher Windows 95-Rechner als Master-Browser fungieren kann. In Windows-Netzwerken wird in regelmäßigen Abständen eine *Auswahl* durchgeführt (wird später im Abschnitt *Auswahl eines lokalen Master-Browsers beschrieben)*, um zu bestimmen, welcher Computer als Master-Browser dienen soll. Im Allgemeinen gilt, je zuverlässiger der Computer ist, der als Master-Browser dient, desto zuverlässiger arbeitet das Browsen. Die Regeln zur Auswahl bevorzugen daher Windows NT-Rechner als Master-Browser, weil diese Computer gewöhnlich eine längere *Uptime* (die Zeit, die ein Rechner ohne Unterbrechung läuft) haben als Windows 9*x*-Rechner. Man kann die Wahl eines Master-Browsers so manipulieren, dass ein Samba-Server sie immer gewinnt oder verliert.

Der Namensraum von NetBIOS kennt nur zwei Ebenen: Comuptername und Namen von Arbeitsgruppen. Jeder Computer gehört genau einer Arbeitsgruppe an und es gibt keine Netzwerkstrukturen oberhalb der Arbeitsgruppen (auch wenn Windows seinen Desktop so präsentiert, als ob es höhere Ebenen als die der Arbeitsgruppen gäbe). Das bedeutet, dass man für das Browsen keine Gruppe aus Arbeitsgruppen bilden kann, einmal abgesehen von der Verschleierung der wahren Netzwerkstruktur durch die *Netzwerkumgebung*.

Eines der Probleme beim Browsen ist, dass die *Netzwerkumgebung* die verfügbaren Computer nicht immer korrekt anzeigt. Ungenauigkeiten schleichen sich in die Darstellung aus verschiedenen Gründen ein, einschließlich Abstürze von Computern (die ungültige Einträge hinterlassen), Verzögerungen bei der Weitergabe von Änderungen an den Master-Browser, fehlerhafte Browser-Konfiguration bezogen auf Router und Probleme, die mit Änderungen beim Master-Browser verbunden sind. In einem großen Netzwerk ist es schwierig, vorherzusagen, welche Computer Master-Browser werden, und die Arbeit dieser Computer zu koordinieren. Hat man sich entschlossen, einen Samba-Server als Master-Browser zu nutzen, können einige spezielle Details der Konfiguration festgelegt werden, die dabei helfen, dass das Netz reibungslos läuft. Diese Optionen werden im Rest dieses Kapitels untersucht.

Rechner unter Windows NT und 2000 erwarten häufig, entweder in Kombination Master-Browser, primärer Domänen-Controller (PDC) und NBNS- (WINS-) Server zu sein oder keine der drei Funktionen zu übernehmen. Der Versuch, nur eine dieser drei Funktionen einem Windows NT- oder 2000-Rechner zu entreißen, kann bizarre Probleme nach sich ziehen. Wer daher fortgeschrittene Features des PDC benötigt, die bisher in Samba noch nicht implementiert sind, sollte Samba so konfigurieren, dass es die Browser-Wahl *nicht* gewinnt. Diese Bindung ist besonders stark zwischen PDC und Master-Browser für Domänen (wird im folgenden Abschnitt beschrieben), man sollte also sicherstellen, dass ein Computer, wann immer möglich, *beide* Funktionen übernimmt, die als PDC und als Master-Browser für Domänen. Samba kann immer noch als *lokaler* Master-Browser in einem Subnetz ohne PDC dienen.

Lokales oder geroutetes Browsen

Bisher wurde über *den* Master-Browser gesprochen, so als ob es in einem Netzwerk nur einen gäbe. Das mag für kleine Netzwerke zutreffen, die nur aus einem Netzwerksegment bestehen, enthält aber ein Netzwerk mehrere Segmente, dann wird die Situation komplexer.

Netzwerke können in Segmente aufgeteilt werden, entweder *physikalisch* (durch den Einsatz von Routern, Bridges und so weiter) oder *logisch* (durch den Einsatz von Rechnern mit IP-Adressen eines anderen Bereichs). Der logische Adressraum eines Netzwerkes wird durch den Einsatz von *Subnetz-Masken* (*netmasks*) festgelegt. Diese können eine von zwei Formen haben:

- Eine Folge von vier 8-Bit-Werten (Bytes), die gewöhnlich in dezimaler Schreibweise dargestellt werden, in der jedes Bit anzeigt, ob sich das entsprechende Bit einer IP-Adresse auf dasselbe lokale Netzwerk bezieht wie das entsprechende Bit in der IP-Adresse des Clients. Zum Beispiel sind in der Subnetz-Maske `255.255.255.0` alle Bits der ersten drei Bytes auf 1 gesetzt, die des letzten Bytes auf 0. Das zeigt an, dass die ersten drei Bytes das Netzwerksegment adressieren, das letzte Byte den einzelnen Rechner.
- Eine einzelne dezimale Zahl, die gewöhnlich der Netzwerkadresse angehängt wird, wobei ein Slash (`/`) als Trennzeichen dient. Diese Zahl nennt die Anzahl der Bits in der Adresse, die das Netzwerksegment adressieren. Die Adresse `192.168.23.0/24` zeigt eine Subnetz-Maske von 24 Bit an – dies ist dasselbe wie die Angabe von `192.168.23.0` zusammen mit der Maske `255.255.255.0`.

Stimmen zwei IP-Adressen in allen Netzwerk-Bits (dem Teil also der das Netzwerksegment adressiert), dann gehören die beiden Adressen zum selben *Subnetz* oder *Netzwerksegment*. Unterscheiden sich zwei IP-Adressen in irgendeinem der Bits, die den Netzwerkanteil der Adresse ausmachen, dann gehören sie zu verschiedenen Subnetzen. Beide Begriffe (*Subnetz* und *Netzwerksegment*) werden bisweilen auch in Zusammenhang mit physikalischer Trennung von Netzwerken gebraucht, wie etwa bei Subnetzen, die durch Router verbunden sind.

TIPP

Wenn möglich, sollte ein Netzwerk so ausgelegt sein, dass logische und physikalische Netzwerksegmente genau übereinstimmen. Diese Konfiguration kann Probleme beim Browsen und bei der Namensauflösung mit Samba vermeiden helfen und ist gewöhnlich weniger verwirrend als der Versuch, Router so einzurichten, dass sie Segmente verbinden, die nicht sauber im Sinne von Subnetz-Masken definiert sind.

Die Festlegung lokaler Netzwerke ist außerordentlich wichtig für das Browsen, weil der lokale Master-Browser normalerweise nur die Informationen im lokalen Netzwerksegment sammelt. Dieses Netzwerksegment wird prinzipiell in Bezug auf logische (auf IP-Adressen basierende) Netzwerksegmente festgelegt. Wird mithilfe von Routern oder anderer Netzwerkhardware ein logisches Netzwerksegment in zwei oder mehr physikalische Netzwerksegmente aufgebrochen, kann jedoch ein lokaler Master-Browser, ausschließlich für die Computer in seinem physikalisch isolierten Netzwerksegment, von Nutzen sein.

Es ist nicht immer möglich, ein Windows-Netzwerk so zu konfigurieren, dass es auf ein einzelnes Subnetz beschränkt bleibt. In solchen Fällen benutzt ein Windows-Netzwerk zwei Typen von Master-Browsern:

Lokale Master-Browser Der lokale Master-Browser dient als Master-Browser für das Netzwerksegment, in dem er sich befindet. Computer, die sich in einem gegebenen Subnetz befinden, führen periodisch Wahlen durch, um zu bestimmen, welcher Rechner als Master-Browser dienen soll. Daher kann ein lokaler Master-Browser von einem zum anderen Moment wechseln. Solche Wechsel können zu Behinderungen führen. Es ist also von Vorteil, die Rechner so zu konfigurieren, dass nur der zuverlässigste Computer als lokaler Master-Browser ausgewählt wird. Ein großes Netzwerk kann viele lokale Master-Browser haben, einen für jedes Netzwerk-Segment.

Domänen-Master-Browser Ein Domänen-Master-Browser steht eine Stufe höher als ein lokaler Master-Browser. Er koordiniert die Browse-Listen aller lokalen Master-Browser einer Arbeitsgruppe, unabhängig von Netzwerksegmenten. Normalerweise muss ein Computer manuell als Domänen-Master-Browser eingerichtet werden.

HINWEIS

Domänen-Master-Browser sind oft an Domänen gebunden und ein Netzwerk, das aus mehreren Segmenten besteht und ausschließlich Windows-Rechner beherbergt, kann in der Tat nur dann als Einheit funktionieren, wenn es als Domäne konfiguriert ist. Man kann einen Samba-Rechner als Domänen-Master-Browser einrichten, auch wenn das Netzwerk als Arbeitsgruppe konfiguriert wird, aber dann arbeitet der Domänen-Master-Browser faktisch nur als ein lokaler Master-Browser. Ein Domänen-Master-Browser in einem Netzwerk mit nur einem Segment koordiniert ebenfalls keine Browse-Listen und arbeitet ebenfalls nur als lokaler Master-Browser.

Ist eine Arbeitsgruppe auf ein einzelnes Subnetz beschränkt, dann genügt dafür ein lokaler Master-Browser. Man kann einige Features von Samba nutzen, um eine Arbeitsgruppe (anders als eine Domäne) auf mehrere Subnetze auszudehnen, was später in diesem Kapitel unter *Kommunikation mit anderen Master-Browsern* beschrieben wird. Diese Konfiguration benutzt mehrere lokale Master-Browser aber keinen Domänen-Master-

Browser. Diese Einstellung kann auch nicht mit Windows-Master-Browsern erreicht werden, sie stützt sich auf spezielle Merkmale von Samba. Eine solche Domäne kann aber Windows-Clients enthalten.

Erstreckt sich eine Domäne über mehr als ein Subnetz, werden alle Subnetze bis auf eines einen lokalen Master-Browser enthalten. Dieses eine Subnetz wird einen Domänen-Master-Browser haben, der gleichzeitig als lokaler Master-Browser seines Subnetzes fungiert. Diese Situation wird in *Abbildung 11.2* dargestellt, in der drei Subnetze existieren (`192.168.1.0/24`, `192.168.5.0/24` und `192.168.10.0/24`). Die ersten beiden Subnetze haben einen lokalen Master-Browser und das dritte beherbergt einen Domänen-Master-Browser. `ARTEMIS` (der Domänen-Master-Browser) muss in regelmäßigen Abständen Browse-Listen mit `ZEUS` und `HADES` (den lokalen Master-Browsern) austauschen. Laufen `ZEUS` und `HADES` unter Samba, kann man sie so konfiguriert, dass sie auch direkt miteinander kommunizieren können. Will ein Computer die Namen der Netzwerkressourcen wissen, wendet er sich an den Rechner, der für ihn der lokale Master-Browser ist – so wendet sich `ATHENA` an `ZEUS` und `APOLLO` an `ARTEMIS`. Wenn alles nach Plan läuft, jeder der Computer über Shares verfügt und alle Rechner lange genug laufen, sollten als Ergebnis alle sechs Computer in der Browse-Liste des Netzwerks erscheinen.

Abbildung 11.2: Erstreckt sich eine Domäne über mehrere Subnetze, dann koordiniert ein Domänen-Master-Browser die Browse-Listen der lokalen Master-Browser

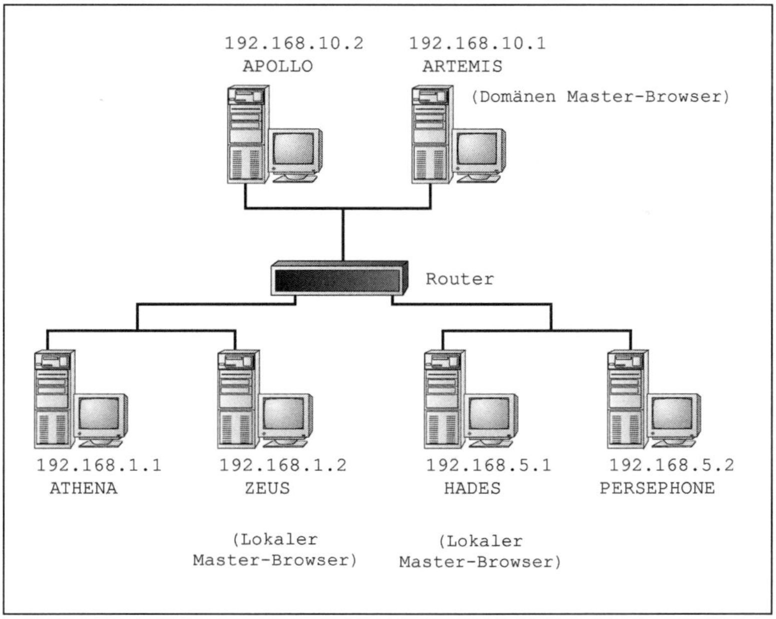

Auswahl eines lokalen Master-Browsers

Die Auswahl eines lokalen Master-Browsers ist ziemlich wichtig. Aus diesem Grunde gibt einem Samba die Kontrolle darüber, wie es sich im Netzwerk während einer solchen Wahl präsentiert. Man kann so festlegen, ob Samba lokaler Master-Browser wird oder nicht – vorausgesetzt, es gibt keinen anderen Samba-Rechner, der so konfiguriert ist, dass ihm höhere Ehren zuteil werden als dem auserkorenen Champion! Bevor man daran geht, einen Samba-Rechner so zu konfigurieren, dass er die Wahl gewinnt oder aber verliert, sollte man jedoch den Prozess der Auswahl verstehen.

Im Prinzip kann jeder Computer zu jeder Zeit die Wahl eines lokalen Master-Browsers veranstalten. In der Praxis werden diese Wahlen jedoch nicht sehr oft abgehalten. Typische Umstände, unter denen ein Computer eine Wahl durchführen lässt, beinhalten den Start eines Computers (oder des Samba-Dämons `nmbd`), der so konfiguriert ist, dass er als Master-Browser arbeiten möchte, und den Fall, dass ein Computer keinen lokalen Master-Browser im Netzwerk findet. Browsen funktioniert während des Wahlvorgangs nicht (der typischerweise ca. 30 Sekunden dauert), daher sollte man versuchen, die Anzahl der Wahlen im Netzwerk möglichst gering zu halten.

Verlangt ein Computer die Wahl eines lokalen Master-Browsers, sendet es einen entsprechenden Rundruf und präsentiert seinen Satz an *Auswahlkriterien*, die gebraucht werden, um den Master-Browser letztlich zu bestimmen. Erhält ein anderer Computer diese Wahlbenachrichtigung, vergleicht er die Auswahlkriterien mit seinen eigenen. Hat er gleiche oder bessere Werte zu bieten, antwortet er mit einem Rundruf, der seine Kriterien enthält. Jeder beteiligte Computer lauscht dann im Netz nach weiteren solchen Auswahlpaketen und wiederholt seinen Rundruf alle 200 bis 800 Millisekunden, falls seine Kriterien bisher nicht übertroffen wurden. Wenn Computer mit besseren Auswahlkriterien ihre Auswahlpakete per Rundruf versenden, beenden die mit den schlechteren Kriterien das Rundsenden ihrer Unterlagen. Computer mit schlechten Voraussetzungen senden typischerweise ihre Rundrufe wenn überhaupt nur einoder zweimal. Hat ein Computer seinen Rundruf viermal durchgeführt, beansprucht er den Sieg für sich (obwohl es zu einem Stechen kommen kann, wie in Kürze beschrieben wird).

Die Kriterien, die in einer Browser-Auswahl benutzt werden, sind in der Reihenfolge ihrer Gewichtung:

1. *Version des Auswahlprotokolls*. Der Computer mit der höchsten Version gewinnt. Da zur Zeit alle SMB/CIFS-Implementierungen nur die Version 1 des Auswahlprotokolls benutzen, führt dieses Kriterium zu keiner Entscheidung.

2. *Einstufung des Betriebssystem* (*Operating System Level*, kurz *OS-Level*). Der OS-Level wird in einem Byte kodiert. Die folgende

Tabelle fasst die üblichen Werte für den OS-Level zusammen. Ein höherer Level gewinnt die Wahl. Man kann den Parameter `os level` in der Datei `smb.conf` benutzen, um den OS-Level von Samba seinen Bedürfnissen anzupassen.

3. *PDC-Status.* Der Computer, der als PDC dient, gewinnt die Auswahl gegen andere Computer mit dem gleichen OS-Level und der gleichen Version des Auswahlprotokolls.
4. *NBNS-Status.* Ist ein Computer als NBNS-Server konfiguriert, gewinnt er die Wahl, vorausgesetzt, keines der bisher genannten Kriterien hat zu einer Entscheidung geführt.
5. *Bevorzugter Master-Browser* (*preferred master browser*). Dieses Feature gibt es allein für diese Auswahl; es hat keine andere Bedeutung in einem SMB/CIFS-Netzwerk. Ein Computer, der als bevorzugter Master-Browser bestimmt ist, hat einen Vorteil gegenüber anderen Computern, aber wie man an der Position des Kriteriums in dieser Hierarchie feststellt, kann ein bevorzugter Master-Browser aufgrund anderer Kriterien die Wahl leicht verlieren. Diese Option wird über den Parameter `preferred master` in der Datei `smb.conf` durch `preferred master = Yes` gesetzt.
6. *Aktueller Master-Browser.* Läuft ein Computer bereits als Master-Browser, gewinnt er die Wahl, wenn höherwertige Kriterien zu keiner Entscheidung führen.
7. *Führen von Browse-Listen.* Ein Rechner, der dafür eingerichtet ist, Browse-Listen zu führen, gewinnt die Wahl, wenn die bisherigen Faktoren zu keiner Entscheidung führen. Diese Option ist voreingestellt, kann aber durch Bearbeitung der Windows Registrierdatenbank oder über den Eintrag `browse list = No` in der Datei `smb.conf` geändert werden.
8. *Aktueller Backup-Browser.* Ein Computer, der aktuell als Backup-Browser dient, gewinnt vor den anderen Rechnern, wenn alle anderen Kriterien zu keiner Entscheidung führen.

Tabelle 11.1: OS-Level der bekannten Microsoft-Produkte und von Samba

BETRIEBSSYSTEM	OS-LEVEL
Samba 2.0.5a und früher	0
Windows für Workgroups 3.11	1
Windows 9*x*	1
Windows NT Workstation 3.51 und 4.0	16
Windows 2000 Professional	16
Samba 2.0.6-2.0.7	20
Samba TNG	32
Windows NT Server 3.51 und 4.0	32
Windows 2000 Server	32

Jedes Auswahlkriterium für sich genügt, um die Folgenden zu überstimmen. Das bedeutet für einen Rechner, der als bevorzugter Master-Browser konfiguriert ist, dass keine Kombination untergeordneter Kriterien (aktueller Master-Browser, Führen von Browse-Listen und aktueller Backup-Browser) seine Wahl verhindern kann.

Diese Kriterien reichen normalerweise aus, um eine Wahl des Master-Browser zu entscheiden, insbesondere dann, wenn man für klare Verhältnisse sorgt, indem man dem Samba-Server eine hohen OS-Level zuweist. In seltenen Situationen kann eine Browser-Wahl ohne Sieger enden. In solchen Fällen kommt es zu einem Stechen (einem Tie-Break, durch den der Knoten gelöst wird), indem zwei zusätzliche Kriterien zur Bestimmung des Gewinners herangezogen werden.

1. **Uptime**. Der Computer, der am längsten läuft gewinnt die Wahl. Sambas Antwortverhalten zu diesem Punkt lässt sich nicht beeinflussen, ausgenommen natürlich, man lässt den Samba-Server (und die Samba-Dämonen) für lange Zeit laufen.
2. **NetBIOS-Name**. Der in alphabetischer Ordnung erste Name bestimmt den Gewinner; `HADES` gewinnt vor `ZEUS`.

Der zweitplazierte Computer dieses Auswahlprozesses kann die Rolle eines Backup-Master-Browsers einnehmen. Als solcher pflegt er Browse-Listen und übernimmt die Rolle des lokalen Master-Browsers, falls dieser ausfällt. Samba unterstützt diese Funktion jedoch nicht, somit wird ein Samba-Server nie die Rolle eines Backup-Master-Browsers übernehmen. Will man einen Windows-Rechner die Auswahl des lokalen Master-Browsers gewinnen lassen, ist es aus diesem Grunde nützlich, durch entsprechende Konfiguration des Samba-Server sicherzustellen, dass er bei der Wahl nicht die Nummer 2 wird. Man sollte einem anderen Rechner (selbst einer schlichten Maschine mit Windows für Workgroups) den zweiten Platz überlassen, damit das Browsen im Netzwerk zuverlässig läuft.

HINWEIS

Praktische Ratschläge für die Konfiguration von Samba, um eine Wahl zu gewinnen oder zu verlieren, findet man im Abschnitt Eine Auswahl gewinnen oder verlieren *weiter unten in diesem Kapitel.*

Man kann feststellen, ob ein bestimmter Computer Master-Browser ist, wenn man die Ausgabe des Befehls `nmblookup -SR name` unter LINUX oder `NBTSTAT -a NAME` unter Windows analysiert. Ein Beispiel:

```
$ nmblookup -SR brunetti
querying speaker on 192.168.1.255
192.168.1.1 speaker<00>
Looking up status of 192.168.1.1
received 9 names
 BRUNETTI     <00> - M <ACTIVE>
```

```
BRUNETTI      <03> - M <ACTIVE>
BRUNETTI      <20> - M <ACTIVE>
..__MSBROWSE__.<00> -     M <ACTIVE>
RINGWORLD     <00> - <GROUP>     M <ACTIVE>
RINGWORLD     <1b> - M <ACTIVE>
RINGWORLD     <1c> - <GROUP>     M <ACTIVE>
RINGWORLD     <1d> - M <ACTIVE>
RINGWORLD     <1e> - <GROUP>     M <ACTIVE>
num_good_sends=0 num_good_receives=0
```

Die zwei entscheidenden Zeilen sind hier:

- Die Zeile mit `..__MBROWSE__.` zeigt an, dass `BRUNETTI` lokaler Master-Browser in diesem Netzwerk ist.
- Die Zeile, in der `RINGWORLD` zusammen mit dem Code `1b` zu finden ist, zeigt an, dass der Rechner `BRUNETTI` Domänen-Master-Browser für die Domäne `RINGWORLD` ist.

Dieser Befehl kommt in Betracht, wenn man die Samba-Konfiguration so anpassen will, dass man den Status als Master-Browser erhält oder aber nicht. Man macht seine Änderungen, startet Samba neu und gibt den Befehl `nmblookup` bzw. `NBTSTAT` am Samba-Server und an jedem anderen Rechner ein, von dem man annimmt, dass er von dieser Änderung betroffen ist. Da eine Browser-Wahl mehrere Sekunden dauern kann, muss man eventuell eine halbe Minute oder länger warten, bevor man gültige Resultate erhält.

Die Rolle von NBNS beim Browsen

Damit Browsen nach Plan funktioniert, muss es im Netzwerk eine zuverlässige Namensauflösung geben. In einem einfachen Netz ohne Router und mit nur einem Segment und einer Domäne ist dies wahrlich kein Problem. Das könnte es aber in einem komplexeren Netzwerk werden. Aus diesem Grunde ist es eine *sehr* gute Idee, NBNS für solche komplexen Netzwerke zu konfigurieren. Ohne NBNS ist es möglich, dass Browsen zumindest für einige Computer nicht funktioniert. Typischerweise äußert sich ein solcher Fehler darin, dass ein Rechner in der Browse-Liste auftaucht, auf ihn aber nicht zugegriffen werden kann. Solche Probleme sind typisch für Netzwerke, die aus zwei oder mehr Subnetzen zusammengesetzt sind. (Mehr über NBNS findet man in *Kapitel 9: Samba als NBNS-Server*.)

Browsen zeigt den NetBIOS-Namen des Computers – der Name also, der beim NBNS-Server registriert ist, wenn das Netzwerk einen solchen hat. Um Verwirrung zu vermeiden, die durch verschiedene Namen ein und desselben Rechners entstehen könnten, ist es ratsam, jeweils denselben DNS- und NetBIOS-Namen für alle Computer im Netz zu vergeben, sofern das möglich ist. Einige Optionen von Samba (in Kürze unter *Optionen für NetBIOS-Namen* beschrieben) erlauben es, unterschiedliche NetBIOS- und DNS-Namen für Computer zu vergeben. Falls das nötig ist, kann man es tun, ratsam ist es aber nicht. Am besten meidet man diese Optionen oder benutzt den Parameter `netbios name` nur, um den DNS-Namen als NetBIOS-Namen zu bestätigen.

Samba für das Browsen konfigurieren

Wie weiter oben in diesem Kapitel beschrieben, berührt ein vollständig durchgeführtes Browsen sowohl den Master-Browser als auch den Server, auf den ein Client zugreifen will. Beginnt ein Benutzer an `ATHENA` in *Abbildung 11.2* mit dem Browsen, kommt die Browse-Liste von `ZEUS`. Führt der Anwender aber einen Doppelklick auf dem Icon für `APOLLO` aus, tritt `ATHENA` direkt mit `APOLLO` in Kontakt. Es gibt daher zwei Aspekte bei der Konfigurierung von Samba für das Browsen: zum einen Samba so einzurichten, dass Clients seine Shares browsen können; zum anderen Samba als Master-Browser konfigurieren (lokal oder für die Domäne).

Clients erlauben, nach Shares zu browsen

Den Clients eine Liste mit den lokalen Ressourcen zur Verfügung zu stellen, ist grundlegend für die Samba-Konfiguration. In der Tat sind diese Optionen bereits anderswo in diesem Buch aufgetaucht – hauptsächlich in *Kapitel 5: Konfiguration zur Freigabe (Share) von Dateien*. Wegen ihrer Bedeutung für das Browsen werden sie hier noch einmal kurz beschrieben.

Optionen für NetBIOS-Namen

Standardmäßig benutzt Samba den DNS-Namen des Hosts (ohne den Namen der Domäne) auch als NetBIOS-Namen. Wie in *Kapitel 9: Samba als NBNS-Server* beschrieben, benutzt ein einzelner Client entweder Rundrufe, um sich anzumelden, und versucht dabei, seinen Namen zu behaupten, oder er lässt seinen Namen beim NBNS-Server registrieren.

Man kann den Namen des Samba-Server durch den Einsatz von einem oder beiden von zwei verfügbaren globalen Parametern der Datei `smb.conf` ändern:

`netbios name` Dieser Parameter wird benutzt, wenn der Computer in Browse-Listen unter einem anderen Namen erscheinen soll als unter seinem DNS-Namen. Soll etwa der Rechner `schwaechling.legende.org` in der *Netzwerkumgebung* als `HERKULES` erscheinen, dann setzt man `netbios name = HERKULES`.

`netbios aliases` Dieser Parameter kann benutzt werden, wenn der Computer in Browse-Listen unter mehreren Namen erscheinen soll. Ist zum Beispiel der erste Name des Computers (gesetzt entweder standardgemäß durch den DNS-Namen oder über den Parameter `netbios name`) `ZEUS`, dann sorgt `netbios aliases = JUPITER IUPITER` dafür, dass der Computer auch unter diesen beiden zusätzlichen Namen aufgelistet wird. Der erste Name (wie hier `ZEUS`) sollte *nicht* als Aliasname benutzt werden:

Man kann die Variable `%L` *in Verbindung mit dem Parameter* `include` *zur Anpassung von Servern und Shares an bestimmte Gegebenheiten benutzen, und zwar auf Basis von Aliasnamen. Zum Beispiel erlaubt es der Parameter* `include = smb.conf.%L` *zusammen mit den Konfigurationsdateien* `smb.conf.zeus`, `smb.conf.jupiter` *und* `smb.conf.iupiter`, *unterschiedliche Einstellungen und Shares abhängig vom Aliasnamen bereitzustellen. Man kann dies dafür gebrauchen, mehrere ältere Server zu einem neuen, schnelleren Server zusammenzuführen, ohne dabei die Netzwerkaktivitäten unterbrechen zu müssen.*

Samba hält auch einige wenige Möglichkeiten bereit, die beeinflussen, wie Samba sich anderen Computern gegenüber identifiziert. Diese Optionen haben höchstwahrscheinlich keinen wesentlichen Einfluss darauf, wie Samba in einem Netzwerk arbeitet, man kann sie aber bei Bedarf einsetzen.

`announce as` Dieser globale Parameter nennt den Betriebssystemtyp, den Samba für sich in Anspruch nimmt. Gültige Werte sind `NT`, `NT Server` (gleichbedeutend mit `NT`), `NT Workstation`, `Win95` und `WfW` (Windows für Workgroups). Voreingestellt ist der wert `NT`. Da Samba versucht, Windows NT soweit wie möglich zu emulieren, ist dies die beste Einstellung für fast alle Fälle.

`announce version` Dieser globale Parameter legt die Versionsnummer des Betriebssystems fest und wird zusammen mit dem über `announce as` festgelegten Code für Betriebssysteme benutzt. Voreingestellt ist der Wert `4.2`, was in den meisten Netzwerken gut funktioniert.

Benutzen Sie nicht `announce version = 5.0`, *auch wenn Sie Clients unter Windows 2000 (also Windows NT 5.0) in Ihrem Netzwerk einsetzen. Samba emuliert Windows NT 4.0 in seinen meisten Merkmalen, setzt man* `announce version = 5.0` *hat das in der Regel Probleme im Netz zur Folge.*

Die Samba-Parameter `announce version` *und* `os level` *hängen nicht zusammen. Die Betriebssystemversion, die durch den Parameter* `announce version` *gesetzt wird, beeinflusst einige Details bei der Kommunikation zwischen zwei Rechnern, nicht aber die Browser-Wahl. Dieser Parameter hat ebenfalls keine Beziehung zu* `remote announce`, *durch den Samba in den Browse-Listen entfernter (remote) Subnetze eingetragen wird, was später in diesem Kapitel unter* Kommunikation mit anderen Master-Browsern *beschrieben wird.*

Sichtbarkeit von Servern und Freigaben

Die Optionen zu NetBIOS-Namen können bei der Feinabstimmung der im Netzwerk verwendeten Namen hilfreich sein, besonders dann, wenn man gezwungen ist, schnelle Änderungen oder Ersetzungen vorzunehmen, ohne den Arbeitsablauf zu unterbrechen. Diese Optionen erlauben es aber nicht, einen Server oder ein Share unsichtbar zu machen; egal, welchen Namen er hat, der Computer erscheint in der *Netzwerkumgebung*. Es gibt aber Parameter für die Datei `smb.conf`, die Freigaben (Share) von Browse-Listen verschwinden lassen können, und andere, die bestimmte Systeme veranlassen, den Server zu übersehen. Der Einsatz dieser Parameter verhindert aber *nicht* den Zugriff auf diese Ressourcen. Weiß ein Anwender, dass ein Share existiert, dann kann er dessen Namen direkt in das Adress- oder Namensfeld eines Windows-Browsers eingeben oder er kann `smbclient` oder `smbmount` für den Zugriff auf der Share von LINUX aus benutzen.

Die folgenden Parameter berühren *ausschließlich* das Auftauchen eines Servers oder eines Share in der *Netzwerkumgebung* oder einem ähnlichen Netzwerk-Browser.

`server string` Dieser globale Parameter definiert einen String, der einem Server zugeordnet ist, wenn er in der Detail-Ansicht des Browsers angezeigt wird. Dies kann man benutzen, um ein Share ausführlicher zu beschreiben, als es der Dateiname alleine erlaubt.

`lm announce` Einige Computer (speziell solche unter OS/2) verlangen, dass Server ihre Anwesenheit in regelmäßigen Abständen bestätigen, andernfalls sind diese Server in den Netzwerk-Browsern von OS/2 nicht sichtbar. Der globale Samba-Parameter `lm announce` legt fest, ob Samba diese periodischen Durchsagen (*announcements*) macht oder nicht (`Yes` veranlasst Samba, diese Durchsagen zu machen, und `No`, die Durchsagen zu unterlassen). Dieser Parameter akzeptiert auch den wert `Auto` und veranlasst Samba, diese Durchsagen nur dann zu machen, nachdem es solche Durchsagen von einem anderen Rechners festgestellt hat. `Auto` ist der voreingestellte Wert und führt gewöhnlich zu optimaler Leistung.

`lm interval` Dieser globale Parameter bestimmt die Zeit in Sekunden, die zwischen je zwei Durchsagen liegt, die durch den entsprechenden Wert des Parameters `lm announce` veranlasst werden. Voreinstellung ist `60`. `lm interval = 0` unterbindet die Durchsagen, selbst wenn `lm announce = Yes` gesetzt ist. Sehr wahrscheinlich braucht man diesen Wert nicht zu ändern, man kann es aber versuchen, wenn das Browsen von OS/2-Clients unzuverlässig abläuft.

`auto services` Dieser globale Parameter legt eine Liste von Diensten fest, die dann in den Browse-Listen erscheint, auch wenn sie dort für gewöhnlich nicht auftauchet. Angenommen alle Anwender sollen problemlos Zugang zum Heimatverzeichnis des Benutzers `homer` erhalten. Dazu setzt man dann einfach `auto services = homer`. (Gewöhnlich sieht jeder Anwender sein eigenes Heimat-Share in der Browse-Liste, nicht jedoch das der anderen Benutzer.) Ein Synonym dieses Parameters ist `preload`.

`load printers` Dieser boolesche globale Parameter teilt Samba mit, die Namen aller Drucker aus der Datei `/etc/printcap` für die Anzeige in Browse-Listen bereitzuhalten. Voreinstellung ist `Yes`. Diese Einstellung funktioniert jedoch nur, wenn man eine Sektion `[printers]` in der Datei `smb.conf` angelegt hat, wie in *Kapitel 6: Druckerfreigaben konfigurieren* beschrieben.

`comment` Dieser Parameter auf Share-Ebene ist das Äquivalent zum globalen Parameter `server string`. Er definiert einen kurzen (einzeiligen) Kommentar, der sichtbar wird, wenn ein Anwender die Freigaben eines Servers in Detail-Ansicht betrachtet.

`browseable` Dieser boolesche Parameter auf Share-Ebene bestimmt, ob ein Share in einer Browse-Liste erscheint oder nicht. Der voreingestellte Wert ist `Yes`. Setzt man diesen Wert auf `No`, wird der Share dadurch nicht unzugänglich; er ist schlicht in der Browse-Liste nicht sichtbar. Ein Synonym für diesen Parameter ist `browsable`.

`default service` Man kann einen Share bestimmen, der Samba öffnet, falls ein Anwender versucht, auf einen nicht vorhandenen Share zuzugreifen. Beispielsweise könnte man einen Share namens `[help]` definieren und dann `default service = help` setzen. Einige Hilfedateien könnten noch zusätzlich im Share `[help]` abgelegt werden. Versucht nun ein Anwender, auf einen Share zuzugreifen, den es bei diesem Server nicht gibt, zeigt Samba stattdessen den Inhalt des Share `[help]`. Dieser Parameter sorgt streng genommen nicht dafür, dass ein Share in einer Browse-Liste sichtbar ist oder nicht, kann aber nützlich sein, wenn Benutzer des Öfteren ohne Browser auf einen Share zugreifen. Ein Synonym für `default service` ist `default`.

Jeder dieser Parameter kann benutzt werden, um die Art und Weise zu beeinflussen, in der ein Server und seine Freigaben im Netzwerk erscheinen, egal ob der Server als Master-Browser konfiguriert ist oder nicht.

Samba als lokaler oder als Domänen-Master-Browser

Samba stellt feine Kontrollmechanismen zur Verfügung, über die gesteuert werden kann, ob ein Samba-Server Master-Browser wird oder nicht und wie er mit anderen Master-Browsern im Netz kommuniziert. Da der lokale Master-Browser ausgewählt wird, müssen die Wahlunterlagen des Samba-Servers geändert werden, wenn er eine solche Wahl gewinnen oder verlieren soll, in der Hoffnung, dass kein anderer Computer den auserkorenen Kandidaten in dieser Hinsicht übertrifft. Der Status als Domänen-Master-Browser wird nicht durch Wahl vergeben, sondern durch explizite Konfiguration. Man kann jedoch ein Netzwerk fehlerhaft mit mehr als einem Domänen-Master-Browser konfigurieren, was zu unvollständigen Browse-Listen oder anderen Problemen beim Browsen führen kann.

HINWEIS

Hat man die Kontrolle über alle Samba-Server des Netzwerkes, dann lässt sich im Wesentlichen durch Planung eines in sich stimmigen Satzes von Auswahlkriterien für alle Samba-Server Ärger bei der Wahl vermeiden, wobei die Kriterien der Windows-Systeme (speziell deren OS-Level, man vergleiche die obige Tabelle) beachtet werden müssen. Hat man über einen oder mehrere Samba-Server im Netz keine direkte Kontrolle, sollten die Planungen mit dem Verwalter dieser Samba-Server abgestimmt werden. Ein unerfahrener Samba-Administrator wird sehr wahrscheinlich die Voreinstellungen für die zur Auswahl wichtigen Parameter benutzen, was leicht in den Griff zu bekommen ist. Ein Systemverwalter mit geringen Kenntnissen könnte aber der Meinung sein, dass es eine gute Idee ist, wenn ein ihm unterstellter Samba-Server Master-Browser wird. Das könnte die eigenen Planungen zunichte machen und das Browsen stark beeinträchtigen.

Eine Auswahl gewinnen oder verlieren

Wie schon beschrieben, ist das wichtigste Auswahlkriterium die Version des Auswahlprotokolls. Diese Versionsnummer ist derzeit jedoch für alle SMB/CIFS-Clients gleich, es gibt keine Möglichkeit in Samba, dieses Kriterium zu beeinflussen. Von den verbleibenden Kriterien ist die Einstufung des Betriebssystems, der OS-Level, das wichtigste. Daher kann man gewöhnlich die Wahl durch Setzen des gewünschten OS-Levels für den Samba-Server von vornherein festlegen. Samba bietet auch noch einige zusätzliche Optionen bezüglich der Browser-Wahl, so dass man es dem Samba-Server gestatten kann, in einer Weise mit den anderen Servern um die Position des Master-Browsers zu konkurrieren, wie es von Microsoft eigentlich vorgesehen ist. Es folgen die wesentlichen Parameter für die Datei `smb.conf`:

`browse list` Dieser globale Parameter veranlasst Samba, eine Browse-Liste zu erstellen, zu pflegen und anderen Computern zugänglich zu machen. Die Voreinstellung ist `Yes`. Der Wert des Parameters ist aber ohne Bedeutung, wenn der Computer nicht Master-Browser wird. Wenn er aber auf `No` gesetzt ist und der Samba-Server Master-Browser *ist*, wird die Arbeitsgruppe beim Browsen für jedermann leer erscheinen.

`local master` Dieser globale Parameter bestimmt, ob Samba versuchen soll, lokaler Master-Browser zu werden oder nicht. Der voreingestellte Wert (`Yes`) veranlasst Samba, an solchen Wahlen teilzunehmen, garantiert aber *nicht* den Sieg. Er gibt noch nicht einmal einen Vorteil bei einer Wahl, er garantiert nur, dass Samba teilnimmt. Um sicherzustellen, dass ein Samba-Server *nicht* lokaler Master-Browser wird, setzt man einfach `local master = No`. Samba wird dann jede Browser-Wahl verlieren, egal welche Werte für andere Parameter festgelegt sind.

`os level` Dieser globale Parameter repräsentiert den Betriebssystemlevel (OS-Level) des Samba-Servers. Man kann ihn auf einen ganzzahligen dezimalen Wert zwischen 0 und 255 setzen. Die Voreinstellung ist abhängig von der eingesetzten Samba-Version, wie in *Tabelle 11.1* gezeigt. Soll Samba die Wahl gegen einen beliebigen Windows-Server gewinnen, dann setzt man `os level = 33` oder höher – viele Quellen raten zu `os level = 65` oder höher, für den Fall, dass eine künftige Windows-Version den Level `64` beansprucht. Ein Wert von `255` führt zum Sieg über jeden Konkurrenten, ausgenommen einen Samba-Server, der auf gleiche Weise konfiguriert ist. Mithilfe der *Tabelle 11.1* kann man einen geeigneten Wert für `os level` wählen, wenn nur gegen bestimmte Typen von Windows-Rechnern gewonnen werden soll. Setzt man den Wert für `os level` hoch oder niedrig genug an, dann hat kein anderer Parameter Einfluss darauf, ob Samba die Wahl gewinnt oder nicht, weil sie erst dann eine Rolle spielen, wenn der OS-Level bei der Wahl zu keiner Entscheidung führt.

WARNUNG

Verwalten Sie einen Samba-Server, aber nicht alle Computer des Netzwerks, dann sprechen Sie sich entweder mit dem hauptverantwortlichen Systemadministrator ab oder setzen Sie `os level = 0`, *um Konflikte mit einer geplanten Konfiguration für die Master-Browser zu vermeiden.*

`preferred master` Dieser globale Parameter hat zwei Effekte. Zum einen veranlasst er Samba, eine Wahl zu verlangen, wenn es startet. Ist `preferred master = No` gesetzt (die Voreinstellung), wird Samba nach seinem Start keine Wahl verlangen. Der aktuelle lokale Master-Browser behält seinen Status also noch eine Weile, auch wenn Samba für den Gewinn von Wahlen konfiguriert ist. Zum Zweiten wird mit `preferred master = Yes` das *preferred master-bit* für Browser-Wahlen gesetzt. Dies gibt Samba einen kleinen Vorteil bei diesen Wahlen, garantiert aber nicht den Sieg. Ein Synonym für diesen Parameter ist `prefered master`.

WARNUNG

Stellen Sie sicher, dass jedes Netzwerksegment nur einen bevorzugten Master-Browser enthält. Setzt man für mehrere Computer `preferred master =Yes` *(oder eine ähnliche Option zusätzlich für einen Windows-Rechner), werden die bei der Wahl unterlegenen Computer häufig Neuwahlen verlangen, was dann immer wieder zu zeitlich begrenzten Fehlern beim Browsen im Netz führen kann. Sind Sie nur für einen der Samba-Server im Netz verantwortlich, sollten Sie daher* `preferred master = No` *setzen; denn ein anderes System im Netzwerksegment ist wahrscheinlich schon als bevorzugter Master-Browser konfiguriert.*

Diese letzten drei Parameter bestimmen, wie nachhaltig Samba die Rolle als lokaler Master-Browser anstrebt. Soll also Samba diese Rolle übernehmen, sollten diese Optionen wie folgt gesetzt sein:

```
local master = Yes
preferred master = Yes
os level = 65
```

In den meisten Netzwerken wird ein OS-Level von 33 mehr als ausreichend sein. Hat man ausschließlich Clients unter Windows *9x* im Netz, dann reicht in der Tat die Angabe von `os level = 1`. Will man so sicher wie möglich sein, dass Samba die Wahl gewinnt, dann setzt man `os level = 255`.

WARNUNG

Befindet sich in einem Netzwerksegment ein Windows NT-PDC, dann sollte man ihn als lokalen und als Domänen-Master-Browser arbeiten lassen. Man sollte also in solchen Subnetzen für alle Samba-Server `local master = No` *setzen.*

Um sich zu vergewissern, dass die Änderungen den gewünschten Effekt hatten, gibt man nach Änderung der Samba-Konfiguration und Neustart des Samba-Servers am alten und am neuen Master-Browser den Befehl `nmblookup -SR name` (LINUX) bzw. `NBTSTAT -a NAME` (Windows) ein. Die Ausgabe des neuen Master-Browsers sollte eine Zeile mit dem Eintrag `..__MSBROWSE__.` Enthalten, nicht jedoch die des alten Master-Browsers (der die Wahl verloren haben sollte). Ist das nicht der Fall, hatten die Änderungen nicht den gewünschten Effekt, den Status des Master-Browsers auf den Zielrechner zu übertragen. Da Browser-Wahlen etwa 30 Sekunden andauern, muss man eventuell so lange warten, bevor der Status des neuen Master-Browsers offenbar wird.

Wie ein Samba-Server Domänen-Master wird

Ein Domänen-Master-Browser arbeitet fast genauso, wie ein lokaler Master-Browser, abgesehen davon, dass ein Domänen-Master-Browser den Austausch von Browse-Listen zwischen lokalen Master-Browsern koordiniert. Dies sind die Parameter der Datei `smb.conf`, die sich auf Domänen-Master-Browser beziehen:

Optionen für lokale Master-Browser Der erste Schritt zur Konfiguration eines Rechners als Domänen-Master-Browser besteht darin, ihn so einzurichten, dass er die Wahl zum lokalen Master-Browser seines Subnetzes gewinnt. Auch wenn dies nicht zwingend notwendig ist, erleichtert solch eine Einstellung die Netzwerkkonfiguration.

PDC-Konfiguration Windows NT-Systeme, die Domänen-Master-Browser sind, sind nahezu ausnahmslos auch PDC in ihrer Domäne. Um Probleme beim Browsen und bei der Verwaltung von Domänen zu vermeiden, ist es das Einfachste, Samba in der gleichen Weise zu konfigurieren. (Lesen Sie bitte *Kapitel 10*: *Konfiguration von Domänen*, um mehr über diesen Punkt zu erfahren.) Verfügt ein Netzwerk bereits über einen Domänen-Controller unter Windows NT, dann sollte man diesem auch erlauben, die Rolle als Domänen-Master-Browser zu übernehmen, wenn man nicht unbedingt zu einem Samba-PDC übergehen will.

HINWEIS

Man mag sich über die Möglichkeit wundern, einen Domänen-Master-Browser konfigurieren zu können, wenn man eine Arbeitsgruppe statt einer Domäne benutzt. Solch eine Konfiguration ist in einer reinen Windows-Umgebung normalerweise auch nicht möglich, weil die Funktionen als PDC und als Domänen-Master-Browser so eng miteinander verbunden sind. Man kann Samba in diesem Sinne konfigurieren, aber die Verwendung der Parameter zur Kommunikation über Subnetzgrenzen hinweg, die im nächsten Abschnitt Kommunikation mit anderen Master-Browsern *beschrieben werden, ist der einfachere Weg, eine Arbeitsgruppe über mehrere Subnetze zu verteilen.*

`domain master` Setzt man `domain master = Yes`, wird Samba dazu angehalten, die Rolle als Domänen-Master-Browser zu übernehmen.

Optionen zur Kommunikation In einem normalen Windows-Netzwerk tauschen die lokalen Master-Browser Daten mit dem PDC aus, der auch als Domänen-Master-Browser fungiert. Daher müssen die Rechner und Subnetze, mit denen der Domänen-Master-Browser kommunizieren muss, nicht angegeben werden. Sind die lokalen Master-Browser aber Samba-Rechner, dann kann es nicht schaden, den Parameter `remote browse sync` (der im folgenden Abschnitt beschrieben wird) zu benutzen, um diese Kommunikation zu erleichtern.

Nach dem Neustart von Samba kann man sich vergewissern, ob der Server Domänen-Master-Browser geworden ist, indem man unter LINUX den Befehl `nmblookup -SR name` eingibt oder unter Windows `NBTSTAT -a NAME`, wobei `name` der Name des Samba-Servers ist. (Es müssen einige Sekunden nach dem Neustart von Samba abgewartet werden, bis die Änderungen erfolgt sind.) Man sollte nach einer Ausgabezeile wie der folgenden suchen:

```
RINGWORLD    <1b> -M <ACTIVE>
```

Dem Namen der Arbeitsgruppe (in diesem Beispiel **RINGWORLD**) folgt der Code **1b**, der den Domänen-Master-Browser kennzeichnet. Den Namen des Rechners, der diesen Code trägt, kennt man daher, dass man ihn in der Befehlszeile eingetippt hat.

Nachdem man einen neuen Domänen-Master-Browser eingerichtet hat, kann es eine Weile – einige Minuten – dauern, bis Browse-Listen weitergereicht werden und sich die Situation stabilisiert. Änderungen in den einzelnen Subnetzen können ebenfalls ihre Zeit brauchen, um sich im Netz zu verbreiten. Schaltet zum Beispiel ein Benutzer seinen Rechner ein, dann mag dieser für einige Minuten nicht in den Browse-Listen erscheinen, speziell bei den Computern in anderen Subnetzen.

Kommunikation mit anderen Master-Browsern

Damit ein Domänen-Master-Browser seine Arbeit erledigen kann, muss er in der Lage sein, Browse-Listen mit den lokalen Master-Browsern im Netz auszutauschen. In einem reinen Windows-Netzwerk ergibt sich dies als Nebeneffekt aus dem PDC-Status des Domänen-Master-Browsers. Jeder lokale Master-Browser kennt die Adresse des PDC (über den NBNS-Server) und tauscht so Browse-Listen mit dem PDC/Domänen-Master-Browser. Ist Samba PDC und Domänen-Master-Browser und sind einer oder mehrere der lokalen Master-Browser Windows-Geräte, funktioniert derselbe Mechanismus.

Für besondere Situationen hält Samba einige spezielle Optionen bereit, die dann helfen können:

`remote browse sync` Mit diesem Parameter listet man die IP-Adressen eines oder mehrerer Remote-Master-Browser. Angenommen man will die Browse-Listen zwischen dem zu konfigurierenden Rechner und entfernten (remote) Samba-Servern mit den Adressen 192.168.29.34 und 192.168.129.103 synchronisieren, dann kann man dies tun mit:

```
remote browse sync = 192.168.29.34 192.168.129.103
```

Ist die genaue IP-Adresse des Remote-Servers unbekannt, dann kann man zielgerichtete Rundrufe (*directed broadcasts*) benutzen, IP-Adressen, bei denen der Maschinenanteil durch eine Folge binärer Ziffern ersetzt (und zwar jeweils die **1**) ist, wie etwa bei `192.168.29.255`.

Der Parameter erlaubt die Kommunikation *nur* mit anderen Samba-Servern. Ist der Remote-Master-Browser ein Windows-Rechner, dann wird `remote browse sync` nicht dabei helfen, Browse-Listen zu synchronisieren. Man kann diesen Parameter benutzen, um ausdrücklich Browse-Listen zwischen einem Domänen-Master-Browser und einem lokalen Master-Browser oder zwischen zwei lokalen Master-Browsern auszutauschen. Diese letzte Möglichkeit ist es, die es erlaubt, eine mit einem Samba-Server ausgestattete Arbeitsgruppe über mehrere Subnetze auszudehnen – eine Option, die nicht verfügbar ist, wenn der Master-Browser ein Windows-Rechner ist. (Der Abschnitt *Arbeitsgruppe über mehrere Subnetze verteilt* später in diesem Kapitel beschreibt eine solche Konfiguration im Detail.)

`remote announce` Dieser Parameter ist erheblich eingeschränkter in seiner Wirkung als `remote browse sync`. Statt des Austausches von Browse-Listen erlaubt es `remote announce` einem einzelnen Samba-Server nur, seine Anwesenheit in einem anderen Subnetz als dem eigenen kund zu tun. Man kann dieses Feature einsetzen, wenn man ein oder zwei isolierte Samba-Server in eine Arbeitsgruppe einbinden will, die ansonsten auf ein Subnetz beschränkt ist; man braucht `remote announce` dann bei den Isolanies, um sie mit dem größeren Subnetz zu verbinden.

Wie bei remote `browse announce` kann man die IP-Adressen der Master-Browser auflisten oder, wenn man die nicht genau kennt, einen zielgerichteten Rundruf. Hat die Arbeitsgruppe im Subnetz einen anderen Namen als die Arbeitsgruppe des Servers, dann muss der Name der Arbeitsgruppe des Servers mit angegeben werden. Das folgende Beispiel fügt den Browse-Listen der Subnetze 192.168.29.255 und 192.168.129.255 einen Rechner hinzu.

```
remote announce = 192.168.29.255/LEGEND 192.168.129.255/LEGEND
```

Wie `remote browse sync` kann auch `remote announce` benutzt werden, um mit einem lokalen oder einem Domänen-Master-Browser zu kommunizieren. Der Parameter ist nicht beschränkt auf die Kommunikation mit Samba-Master-Browsern. Der Abschnitt *Kleines Netz mit isolierten Samba-Servern* später in diesem Kapitel stellt eine detaillierte Beispielkonfiguration vor, die diesen Parameter nutzt.

Benutzt man im Zusammenhang mit `remote browse sync` oder `remote announce` zielgerichtete Rundrufe, dann muss die Konfiguration eines jeden Routers oder jeder anderen Netzwerkhardware, die diese Subnetze miteinander verbindet, diese zielgerichteten Rundrufe auch zulassen. Viele Router verhindern zielgerichtete Rundrufe. Bei Problemen sollte man die Dokumentation der Hardware zu Rate ziehen oder die konkreten IP-Adressen verwenden.

Auch wenn streng genommen `remote browse sync` und `remote announce` für die Konfiguration einer Domäne nicht notwendig sind, so ist es doch ratsam, `remote browse sync` zu verwenden, wenn sowohl der Domänen-Master-Browser als auch der lokale Master-Browser ein Samba-Server ist.

Man sollte die Parameter an Domänen-Master-Browser und lokalem Master-Browser entsprechend setzen, um sicherzustellen, dass sie ihre Browse-Listen regelmäßig austauschen. Dies gibt auch Sicherheit gegenüber Fehlern, die der normale, Windows-mäßige Austauschmechanismus für Browse-Listen mit sich bringt. (`remote browse sync` benutzt ein Samba-eigenes Protokoll, und da ausdrücklich IP-Adressen benutzt werden, hängt dieser Mechanismus nicht von der automatischen Erkennung des Master-Browsers ab.)

Allgemeine Konfigurationsbeispiele

Die vorhergehende Beschreibung des Browsens sollte helfen, die das Browsen betreffenden Punkte und Konfigurationsoptionen zu verstehen. Nichts desto trotz sind diese Ausführungen doch reichlich abstrakt; die folgenden Beispiele sollten einen besseren Blick dafür geben, wie und wann diese Optionen eingesetzt werden können. Die vier in diesem Abschnitt vorgestellten Beispiele reichen vom einfachen bis zum komplexen Netzwerk. Mit etwas Glück wird der Leser eines finden, das seiner Netzwerk-Konfiguration entspricht.

Kleines Netz ohne Router

Der einfachste Fall ist ein kleines Netzwerk, in dem Routing nicht stattfindet, wie es in *Abbildung 11.3* gezeigt wird. Diese Konfiguration ist so einfach, dass es keinen Unterschied macht, ob das Netz als Arbeitsgruppe oder als Domäne strukturiert ist. Hier wird die Domänen-Konfiguration benutzt. Die Konfiguration als Arbeitsgruppe würde genauso aussehen, aber ohne den Parameter `domain master = Yes`.

Abbildung 11.3: Ein kleines Netzwerk ohne Router braucht nur einen einzelnen lokalen Master-Browser

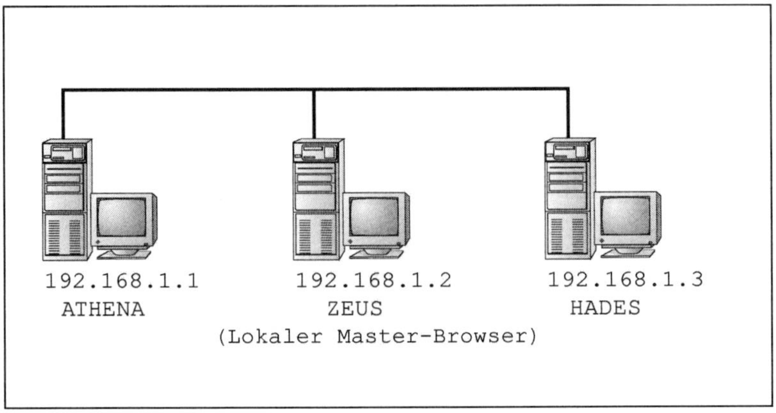

Das in *Abbildung 11.3* dargestellte kleine Netzwerk kann einen NBNS-Server oder Rundrufe zur Namensauflösung benutzen und es spielt wirklich keine Rolle, welche Methode die einzelnen Rechner verwenden. `ZEUS`, der lokale Master-Browser, kann durchaus Client sein, obwohl die Idee von Microsoft bei der Vergabe von Betriebssystem-Codes, wie sie in *Tabelle 11.1* aufgelistet sind, die war, dass ein Server eher den Status als lokaler Master-Browser erlangen sollte. Ist `ZEUS` ein Samba-Server, von dem man möchte, dass er den Status als lokaler Master-Browser erwirbt und behält, dann sollten in der Datei `smb.conf` von `ZEUS` in der Sektion `[global]` folgende Zeilen enthalten sein:

```
os level = 65
local master = Yes
preferred master = Yes
domain master = Yes
```

Die abschließende Option (`domain master`) ist in einer Arbeitsgruppe harmlos. In einer Domäne jedoch sollte sie nur beim PDC enthalten sein, der mit dem Domänen-Master-Browser übereinstimmen sollte. Der Parameter `os level = 65` wird jeden Konkurrenten mit einer aktuellen und wahrscheinlich auch künftigen Windows-Version bei der Wahl zum lokalen Master-Browser schlagen.

Falls `ZEUS` aus irgendeinem Grunde abstürzt, wird wahrscheinlich ein anderer Rechner die Rolle des Master-Browsers übernehmen. Soll ein bestimmtes Samba-System diese Aufgabe übernehmen, dann sollte es mit den folgenden Parametern in seiner Datei `smb.conf` konfiguriert werden:

```
os level = 64
local master = Yes
preferred master = No
domain master = No
```

Diese Konfiguration benutzt einen OS-Level, der um eins niedriger ist als der des bevorzugten Master-Browsers. In der Praxis sollte es die Zeile `os level = 65` genauso tun, wenn die anderen Parameter entsprechend gesetzt sind; `os level = 64` ist einfach eine redundante Methode, um sicher zu gehen, dass der gewünschte Computer tatsächlich Master-Browser wird. Auf der anderen Seite sind die Parameter `preferred master = No` und `domain master = No` ziemlich wichtig. Werden sie falsch gesetzt, wird das Netzwerk weiter arbeiten – aber es wird fast sicher zu Ausfällen beim Browsen kommen, bei denen alle Computer für eine Zeit aus den Listen verschwinden, und möglicherweise noch zu anderen Problemen. Da für beide Parameter der Wert `No` voreingestellt ist, können diese beiden Zeilen auch entfallen. Sie ausdrücklich zu setzen, stört nicht und mag bei der Dokumentation dessen, was man mit dieser Konfiguration beabsichtigte, hilfreich sein.

Kleines Netz mit isolierten Samba-Servern

Gelegentlich hat man ein kleines Netzwerk wie das in *Abbildung 11.3* gezeigte und will diesem einen oder zwei Computer eines anderen Subnetzes hinzufügen. Das Ergebnis sieht dann etwa so aus, wie es *Abbildung 11.4* darstellt. In dieser Konfiguration sind die isolierten Computer dafür vorgesehen, Mitglieder der Haupt-Arbeitsgruppe zu werden. Sind sie Samba-Server, ist diese Konfiguration ziemlich offensichtlich. Sind sie aber Windows-Server oder -Clients, dann erfordert dies eine eher komplexe Konfiguration, etwa für eine vollständige Domäne, wie sie im Beispiel des Abschnitts *Domäne über mehrere Subnetze verteilt* beschrieben wird.

Abbildung 11.4: Man kann die Parameter der Datei `smb.conf` nutzen, um isolierte Samba-Server in eine Arbeitsgruppe oder Domäne einzubinden

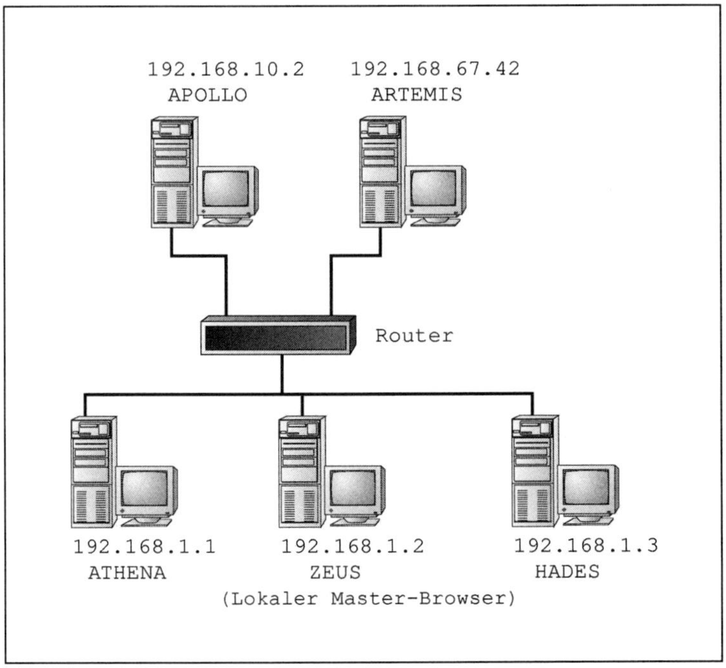

Der entscheidende Master-Browser, `ZEUS`, kann in genau der gleichen Weise konfiguriert werden wie sie im Beispiel *Kleines Netz ohne Router* beschrieben wurde. `ZEUS` kann aber durchaus auch ein Windows-Rechner sein. Die kritischen Konfigurationsparameter tauchen in der Datei `smb.conf` für die beiden in *Abbildung 11.4* gerouteten Computer, `ARTEMIS` und `APOLLO`, auf. In den Dateien `smb.conf` der beiden Computer sollte *eine* der beiden folgenden Zeilen auftauchen:

```
remote announce = 192.168.1.255/LEGEND
```

oder

```
remote announce = 192.168.1.2/LEGEND
```

Die erste Variante kann benutzt werden, wenn man die IP-Adresse des Master-Browsers nicht genau kennt oder wenn man Grund zu der Annahme hat, dass er sie von Zeit zu Zeit wechselt. Kennt man die genaue IP-Adresse des Master-Browsers und ist man sich sicher, dass sie sich nicht ändert, dann wählt man die zweite Form. Im ersten Fall muss der Router so konfiguriert sein, dass er zielgerichtete Rundrufe weiterleitet, somit mag diese Variante nicht in allen Netzwerk einwandfrei funktionieren. Beide Beispiel nennen den Namen der Arbeitsgruppe (`LEGEND`), aber dies ist nicht zwingend notwendig, wenn alle Rechner so konfiguriert sind, dass sie zur gleichen Arbeitsgruppe gehören.

Zusätzlich zum Einsatz des Parameters `remote announce` muss man dafür sorgen, dass einer der Rechner als NBNS-Server konfiguriert ist, oder man verwendet die Datei `lmhosts` zur Namensauflösung bei allen Computern, die auf die isolierten Systeme zugreifen könnten. Ohne dieses zusätzliche Detail werden die Server in den Browse-Listen erscheinen, aber die Clients können sie zum weiteren Browsen nicht benutzen, weil eine Namensauflösung über Rundruf fehlschlagen wird. Zur Konfiguration von Samba für diesen Fall vergleiche man *Kapitel 9: Samba als NBNS-Server*.

HINWEIS

Sowohl `APOLLO` *als auch* `ARTEMIS` *könnten Teil eines eigenen lokalen Netzwerkes sein und dort als Samba-Server dienen oder auch nicht. (Eingeschränkter Zugriff auf Samba-Server von einem lokalen Subnetz aus könnte den Einsatz fortgeschrittener Sicherheitstechniken verlangen, wie sie in* Kapitel 14: Sicherheitserwägungen *beschrieben werden.) Man kann den Parameter* `remote announce` *in der Art benutzen, dass ein einzelner Samba-Server für zwei separate Subnetze zur Verfügung steht, ohne eine eher komplexe Domäne konfigurieren zu müssen. Dies kann man zu Beispiel nutzen, wenn man zwei oder mehr Subnetze hat, die normalerweise nur lose miteinander verbunden sein müssten, die sich aber Netzwerkdrucker oder andere Ressourcen teilen sollen. Sind etwa* `APOLLO` *und* `ARTEMIS` *Druckserver, dann könnten sie sich über* `remote announce` *bei mehreren Subnetzen bekannt machen und so ohne großen Aufwand für all diese Subnetze Drucker verfügbar machen.*

Arbeitsgruppe über mehrere Subnetze verteilt

Die Konfiguration einer Arbeitsgruppe ist (im Gegensatz zur Konfiguration einer Domäne) normalerweise eine einfache Sache – aber nur in einem isolierten Netzwerk wie es in *Abbildung 11.3* dargestellt ist. Wenn man die Funktionalität von Domänen nicht benötigt, aber mehrere Subnetze auslegen muss, ist man gezwungen, eine Domäne einzurichten, wenn der Master-Browser ein Windows-Rechner ist. Samba stellt aber einige nützliche Techniken für das Browsen über Subnetzgrenzen hinweg zur Verfügung, mit deren Hilfe auf Domänen verzichtet werden kann.

Betrachtet man die in *Abbildung 11.5* gezeigte Netzwerkkonfiguration, dann enthält dieses Netzwerk drei Subnetze: `192.168.1.0/24`, `192.168.5.0/24` und `192.168.10.0/24`. Jedes Subnetz hat seinen eigenen lokalen Master-Browser. Konfiguriert man jedes Subnetz als Arbeitsgruppe, dann stellt eine normale Konfiguration kein Browsen von dem einen ins andere Subnetz zur Verfügung, auch wenn man in allen Subnetzen den gleichen Namen für die Arbeitsgruppe vergibt. Diese Konfiguration bedeutet effektiv drei getrennte Subnetze.

Abbildung 11.5: Mehrere Subnetze führen zu getrennten Arbeitsgruppen – es sei denn, man konfiguriert Samba so, dass damit diese Schranke überwunden wird

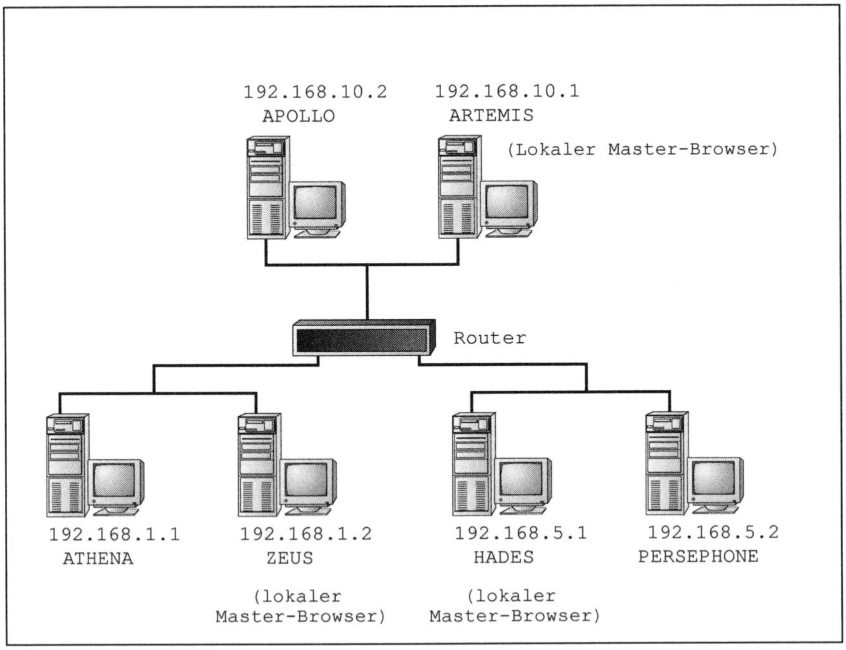

Man kann den Samba-Parameter `remote browse sync` benutzen, um diese drei getrennten Subnetze zu einem zusammenzuschweißen. Alternativ kann jedes Subnetz eine eigene Arbeitsgruppe bilden – aber der Einsatz des Parameters `remote browse sync` sorgt dafür, dass alle drei Arbeitsgruppen in der Netzwerkumgebung eines jeden Clients erscheinen. Beide Anordnungen verlangen jedoch, dass alle beteiligten Master-Browser Samba-Server sind; ist einer der Master-Browser ein Windows-Rechner, wird dessen Subnetz, bezogen auf das Browsen, isoliert sein.

Zusätzlich zum Einsatz des Parameters `remote browse sync` muss einer der Computer als NBNS-Server konfiguriert werden, wie in *Kapitel 9: Samba als NBNS-Server* beschrieben. In der Theorie kann man Einträge in der Datei `lmhosts` nutzen, um die gestellten Anforderungen zu erfüllen, das ist aber bestenfalls ungünstig. Laufen alle Clients mit Samba, Windows NT oder Windows 2000, kann man anstelle von NBNS auch DNS verwenden, man muss aber sicherstellen, dass jeder Client richtig für den Einsatz von DNS zur Namensauflösung für SMB/CIFS konfiguriert ist.

Alles in allem, wenn man einen Computer (sagen wir `ARTEMIS` in *Abbildung 11.5*) als lokalen Master-Browser und als NBNS-Server konfiguriert, müsste dessen Datei `smb.conf` die folgenden globalen Parameter enthalten:

```
os level = 65
local master = Yes
preferred master = Yes
remote browse sync = 192.168.1.2 192.168.5.255
wins support = Yes
wins proxy = Yes
dns proxy = Yes
```

Diese Parameter erfüllen die folgenden Aufgaben:

Konfiguration des lokalen Master-Browsers Die Parameter `os level`, `local master` und `preferred master` machen den Rechner zum lokalen Master-Browser (unter der Annahme, dass kein anderer Rechner im Subnetz von `ARTEMIS` einen höheren OS-Level aufweist).

Austausch von Browse-Listen Der Parameter `remote browse sync` veranlasst `ARTEMIS`, seine Browse-Listen mit `ZEUS` und `HADES` auszutauschen. Man beachte, dass die benutzten Parameterwerte direkt auf `ZEUS` (`192.168.1.2`) verweisen, nicht aber auf `HADES` – statt dessen auf das Subnetz, in dem sich Hades befindet. Wenn in dieser Situation `HADES` nicht eingeschaltet ist, aber ein anderer Samba-Server als lokaler Master-Browser von `192.168.5.0/24` läuft, bleibt der Austausch von Browse-Listen bestehen. Allerdings muss in diesem Netzwerk der Router die Weitergabe von zielgerichteten Rundrufen erlauben, damit es arbeiten kann.

Konfiguration des NBNS-Servers Der Parameter `wins support` ist der kritische Punkt in der Konfiguration von `ARTEMIS` als NBNS-Server des Netzwerks. Der Parameter `wins proxy` lässt `ARTEMIS` auf offene Rundruf-Anfragen zur Namensauflösung antworten und `dns proxy` lässt `ARTEMIS` ersatzweise eine DNS-Suche durchführen, falls die Suche via NBNS kein Ergebnis hat. Diese beiden letzten Parameter sind optional, um aber die Stabilität zu erhöhen ist ihr Einsatz ratsam. Alle Parameter werden detailliert in *Kapitel 9: Samba als NBNS-Server* beschrieben.

Zusätzlich zu ARTEMIS müssen ZEUS und HADES in ähnlicher Weise eingerichtet werden. Für diese Computer unterbleiben aber die oben gebrauchten NBNS-Optionen, die durch eine Angabe zu ersetzen sind, durch die diese beiden Computer ARTEMIS als NBNS-Server benutzen. Natürlich müssen auch die IP-Adressen des Parameters `remote browse sync` angeglichen werden. Die Konfiguration von Zeus sollte die folgenden Zeilen beinhalten:

```
os level = 65
local master = Yes
preferred master = Yes
remote browse sync = 192.168.10.1 192.168.5.255
wins server = 192.168.10.1
```

Man beachte, dass die Werte für `os level` und die anderen Browser-bezogenen Parameter identisch sind, abgesehen von den Anpassungen bei den IP-Adressen. Dass ZEUS und ARTEMIS beide versuchen, den Status des lokalen Masters-Browsers zu erlangen, verursacht keinen Konflikt, da diese beiden Computer an unterschiedlichen Wahlen teilnehmen, ZEUS im Subnetz 192.168.1.0/24 und ARTEMIS in 192.168.10.0/24.

In einer Konfiguration wie dieser ist es gewöhnlich am einfachsten und sichersten, ein System als lokalen Master-Browser und als NBNS-Server zu konfigurieren. Falls jedoch notwendig, kann die Rolle des NBNS-Servers an einen anderen Computer, etwa ATHENA, übertragen werden. In diesem Fall würde die Konfiguration von ARTEMIS der von ZEUS und HADES gleichen, die Konfiguration von ATHENA würde die Parameter zur Einrichtung eines NBNS-Servers einschließen.

Anders als eine Konfiguration für einen Domänen-Master-Browser nutzt eine Konfiguration für verteilte Arbeitsgruppen keinen Master-Browser mit einer speziellen Bedeutung, abgesehen von der Tatsache, dass wahrscheinlich einer davon zusätzlich zu seiner Aufgabe als Master-Browser auch als NBNS-Server eingerichtet ist. Solche Einstellungen sind in einem überschaubaren Netzwerk nicht schwer zu durchzuführen. In Netzwerken jedoch, die schnellen Änderungen unterworfen sind, kann es häufig notwendig werden, die Konfiguration aller Master-Browser zu überarbeiten, wann immer sich ein Master-Browser ändert. Große Netzwerke profitieren auch meist von den Eigenschaften, die Domänen zur Verfügung stellen, daher mag man solche Netzwerke eher auf der Basis eines Domänen-Modells einrichten als auf der eines Abeitsgruppen-Modells.

Domäne über mehrere Subnetze verteilt

Oberflächlich betrachtet sieht eine Domäne, die sich über mehrere Subnetze erstreckt, fast so aus wie eine entsprechende Arbeitsgruppe. *Abbildung 11.5* beschreibt dieses Modell beinahe vollständig, ausgenommen, dass ein lokaler Master-Browser auch Domänen-Master-Browser ist. *Abbildung 11.2* zeigt die wirkliche Konfiguration eines Domänen-Netzwerks, dass sich über mehrere Subnetze erstreckt.

Wie eine Arbeitsgruppe, die über Subnetze aufgeteilt ist, verlangt eine ebenso aufgeteilte Domäne mehr oder weniger nach einem NBNS-Server. Wie eine einfache Domäne verlangt dieses Netzwerk auch einen PDC. Konventionell werden alle drei Funktionen von einem Rechner wahrgenommen. Windows-Rechner sind nicht in der Lage, die Funktion des PDC von der des Domänen-Master-Browsers zu trennen, und einige Clients erwarten, dass der NBNS-Server auch der PDC ist. Hat man also keine handfesten Gründe, die dagegen sprechen, ist es ratsam, alle drei Funktionen einem Computer zuzuweisen. Auch wenn man zwingende Gründe dafür sieht, die Funktionen aufzuteilen, sollte man seinen ursprünglichen Plan noch einmal überdenken und eine Ersatzlösung suchen. Falls notwendig, kann man einen Rechner unter Windows NT oder 2000 als PDC/NBNS-Server/Domänen-Master-Browser-System einsetzen und LINUX- oder Windows-Rechner als lokale Master-Browser.

Ist ein LINUX-Rechner für all dies Aufgaben vorgesehen, dann würde die Konfigurationsdatei des Domänen-Master-Browsers (`ARTEMIS` in *Abbildung 11.2*) die folgenden globalen Parameter enthalten:

```
os level = 65
local master = Yes
preferred master = Yes
domain master = Yes
wins support = Yes
wins proxy = Yes
dns proxy = Yes
security = User
encrypt passwords = Yes
domain logons = Yes
```

Diese Parameter bestimmen einige Aspekte im Verhalten von Samba:

Lokaler Master-Browser Die Parameter `os level`, `local master` und `preferred master` stellen sicher, dass Samba die Wahl zum lokalen Master-Browser gewinnt, solange kein anderer Samba-Server mit einem höheren Wert für `os level` konfiguriert ist.

Domänen-Master-Browser Der Parameter `domain master = Yes` richtet Samba für die Funktion als Domänen-Master-Browser ein.

NBNS-Server Der Parameter `wins support = Yes` erlaubt es Samba, als NBNS-Server für diese Domäne zu arbeiten. Die Parameter `wins proxy` und `dns proxy` sind optionale Extras. *Kapitel 9: Samba als NBNS-Server* behandelt diese Parameter in größerer Ausführlichkeit.

Sicherheitseinstellungen Der Parameter `security = User` konfiguriert Samba so, dass es die Sicherheit auf Benutzer-Level behandelt. Dies ist typisch für einen PDC. (Man kann, wenn man will einen entfernten Passwort-Server benutzen, aber der PDC führt normalerweise seine eigene Authentifizierung durch. Setzt man einen solchen Passwort-Server ein, muss der Parameter `security` geändert werden in `security = Server`, und der Parameter `password server` muss auf eben diesen Server verweisen.) Der Parameter `encrypt passwords` veranlasst Samba, verschlüsselte Passwörter zu benutzen, wie sie für Domänen verbindlich vorgeschrieben sind. Diese Optionen erfordern es außerdem, dass eine Datei `smbpasswd` existiert, wie in *Kapitel 14: Sicherheitserwägungen* beschrieben.

PDC-Konfiguration Der Parameter `domain logons = Yes` ist der Schlüssel zur PDC-Konfiguration, auch wenn er von den beiden zuvor beschriebenen Sicherheitsoptionen abhängt. *Kapitel 10: Konfiguration von Domänen* behandelt diesen Punkt einschließlich notwendiger Details zur Erzeugung von Accounts für die Zusammenarbeit mit Windows-Clients.

Die Konfiguration der lokalen Master-Browser ist etwas einfacher als die des Domänen-Master-Browsers. Eine geeignete Konfiguration enthält die folgenden globalen Parameter:

```
os level = 65
local master = Yes
preferred master = Yes
wins server = 192.168.10.1
domain logons = No
security = Domain
encrypt passwords = Yes
password server = 192.168.10.1
```

Die letzten drei Zeilen dieser Konfiguration sind quasi optional. In Bezug auf Master-Browser-Konfiguration wird dieser Computer ordentlich funktionieren auch wenn er keine Sicherheit auf Domänen-Level benutzt. (Man kann auch `security = Server` mit fast dem gleichen Effekt benutzen; es reicht auch Sicherheit auf Benutzer- oder Share-Level, wenn man einen Grund hat, den Server aus der Domäne herauszuhalten; *Kapitel 10: Konfiguration von Domänen* enthält weitere Informationen.)

Wie schon das Beispiel *Arbeitsgruppe über mehrere Subnetze verteilt* benutzt auch diese Konfiguration denselben Wert für den Parameter `os level` aller bevorzugten Master-Browser. Es gibt keine Konflikte, da die Browser-Wahlen für jedes Subnetz lokal stattfinden.

In den letzten Beispielen wurde auf den Parameter `remote browse sync` verzichtet, da er *theoretisch* unnötig ist und auch nicht funktioniert, wenn ein Remote-Master-Browser ein Windows-Rechner ist. In der Praxis jedoch wird das Hinzufügen des Parameters `remote browse sync` beim Domänen- und beim lokalen Master-Browser im Netz keinen Schaden anrichten, dafür aber für mehr Stabilität beim Browsen sorgen, wenn die meisten oder gar alle Master-Browser Samba-Systeme sind. Es ist daher ratsam, diese Parameter zu benutzen, so wie im Beispiel *Arbeitsgruppe über mehrere Subnetze verteilt* geschehen.

Zusammenfassung

In einem einfachen Netzwerk erfolgt das Browsen automatisch. Es lässt sich kaum falsch konfigurieren, da SMB/CIFS-Systeme ein Protokoll beinhalten, um einen Master-Browser festzulegen, der diesen kleinen aber bedeutenden Dienst übernimmt. Es kann jedoch Gründe dafür geben, unbedingt einen bestimmten Rechner zum Master-Browser zu machen, und die Konfiguration kann etwas schwierig werden, wenn sie perfekt zu einem komplexen Netzwerk mit mehreren Subnetzen passen soll. Glücklicherweise stellt Samba eine Reihe von Parametern bereit, die helfen, Sambas Verhalten bei einer Browser-Wahl und der Erledigung von Browser-Aufgaben festzulegen, wie etwa dem Austausch von Browse-Listen mit anderen Samba-Rechnern. Wer die Topologie seines Netzwerks gut kennt und entsprechend den Einsatz von Servern und Clients plant, der kann mit einer vernünftigen Mischung aus Samba- und Windows-Master-Browsern ein zuverlässiges Browse-Verhalten für alle Anwender gewährleisten.

Tuning von Samba

KAPITEL 12

Die Konfiguration von Samba für grundlegende Arbeiten des Datei- und Drucksharings kann ein ziemlich einfacher, da in sich schlüssiger Prozess sein, wie in *Teil 2: Grundlegende Konfiguration* beschrieben. Der Großteil der voreingestellten Werte für die Samba-Parameter führt in den meisten Netzwerken zu recht guten Ergebnissen; damit erfordert ein einfacher Datei- oder Druck-Server nur die Anpassung einer Handvoll von Parametern in der Datei `smb.conf`, um zu funktionieren. Unglücklicherweise müssen einige Systemadministratoren feststellen, dass ihre Samba-Server nicht das erwartete Leistungsniveau erreichen, wenn diese sich mit Windows-Clients Dateien teilen. Es kann eine Reihe leistungsmindernder Störfaktoren in einem SMB/CIFS-Netzwerk geben, von denen einige nur schwer aufzuspüren sind. Dieses Kapitel enthält Informationen und Anregungen, die helfen sollen, solche Probleme zu finden und zu beheben.

Das Kapitel beginnt mit einer Diskussion von Performance-Tests. Bevor man sich darauf einlässt, die Leistung seines Netzwerks zu steigern, sollte man sich zunächst einmal darüber im Klaren sein, wie man die Vorgänge in einem Netzwerk auswerten kann. Ein falsch ausgelegter Geschwindigkeitstest kann zu einer langen, zwecklosen Fehlersuche führen. Hat man erst einmal vernünftige Grundlagen zum Messen der Performance zur Hand, muss man in der Lage sein, die Quelle eines Problems zu lokalisieren, sei es durch Hardware oder durch Software verursacht. Eine Diskussion der gängigen Engpässe in einem Netzwerk wird dem Leser bei dieser Aufgabe helfen. Man wird ebenfalls eine Beschreibung spezifischer Tuning-Möglichkeiten von LINUX, Samba und Windows finden, die dabei helfen können, die Netzwerk- Performance zu steigern.

Testen der Netzwerk-Performance

Der erste Schritt zur Lösung von Performance-Problemen ist, sie in Zahlen auszudrücken. Bemerkt ein Anwender: „Das Netz scheint langsam zu sein!“, dann ist das keine ausreichende Information dafür, das Problem anzugehen, selbst wenn man über fundierte Netzwerkkenntnisse verfügt. Der übliche Weg, mehr Informationen zu erlangen, ist der, einen oder mehrere *Benchmark*tests laufen zu lassen, die Geschwindigkeitsmessungen des Systems durchführen. Bezogen auf Samba messen Benchmarktests typischerweise die Dauer von Datentransfers, auch wenn man in ausgesuchten Fällen etwas anderes messen muss als die Zeit, die ein PDC braucht, um die Anmeldung eines Benutzers bei einer Domäne durchzuführen.

Hat man einmal einen Benchmarktest laufen lassen und die Ergebnisse mit einigen Standardwerten verglichen, kann man beginnen, nach dem Engpass (bottleneck) in der Netzwerkkonfiguration zu suchen. Dieser mag in der Hard- oder Software begründet sein. Das Auffinden von Engpässen besteht manchmal darin, das Letzte aus der Konfiguration herauszuholen und im Durchführen von Experimenten, manchmal kann man aber auch die Musterergebnisse von Benchmarktests einiger Systeme nutzen, um die Suchkriterien einzugrenzen. Ist die Ursache des Problems einmal erkannt, kann man die Konfiguration so anpassen, dass das Problem umgangen oder beseitigt wird.

Samba beinhaltet eine Reihe von Parametern für die Datei `smb.conf`, die die Performance des Pakets beeinflussen können. Mit den voreingestellten Werten arbeitet Samba in den meisten Netzwerken tendenziell gut, aber gelegentlich kann ein Standardwert die Performance eines speziellen Netzwerkes mindern. Es lohnt sich daher, wenigstens etwas über diese Parameter gelesen zu haben (die später im Abschnitt *Konfigurationsoptionen von Samba* beschrieben werden), auch wenn man keine schlechte Performance seitens Samba beobachtet hat.

Benchmarktests für Netzwerke

Es gibt eine Reihe von Benchmark-Programmen, die für das Verständnis der Samba-Performance relevant sind. Die beiden Folgenden sind die für diese Aufgabe am häufigsten gebrauchten Benchmark-Programme:

Vergleich Samba/FTP Man kann die Performance von Samba mit der von FTP vergleichen. Diese Gegenüberstellung ist vergleichsweise einfach durchzuführen, da sie keine spezielle Software verlangt. Weil FTP ein ziemlich einfaches Protokoll ist, läuft es gewöhnlich so gut wie es unter den Hardware-Bedingungen zu erwarten steht. Samba sollte näherungsweise eine Leistung von 70 bis 80 Prozent im Vergleich zu FTP bringen.

NetBench* von *Ziff-Davis Die *Ziff-Davis Publishing, Inc.* benutzt für Testberichte in ihren Magazinen einen als *NetBench* bekannten Benchmarktest, den sie auch zum Download zur Verfügung stellt. (Die aktuelle Version 7.0 ist erhältlich unter der Adresse `http://www.zdnet.com/etestinglabs/stories/benchmarks/0,8829,2326318,00.html`.) NetBench erlaubt es, mehrere Clients so einzustellen, dass sie gleichzeitig auf einen Server zugreifen, um so dessen Verhalten bei Hochlast zu testen.

Zusätzlich zu solchen Netzwerk-Benchmarktests können weitere Hardware-Benchmarktests wichtig sein. Viele Hardware-Komponenten spielen eine Rolle für die Performance von Samba, so dass man dem Leistungsabfall auf verschiedenen Wegen nachspüren kann (man vergleiche dazu den Abschnitt *Hardware-bedingte Engpässe*). Für diese spezifischen Hardware-Komponenten braucht man möglicherweise Benchmark-Hilfsprogramme wie Festplatten-Benchmarktests.

Messungen mit Benchmarktests

Welchen Benchmarktest genau man einsetzt und welche Daten man benutzt, hängt von der jeweiligen Natur des Problems ab, das man untersucht. Wenn man beispielsweise den Verdacht hegt, dass der Datentransfer vom Server zu Clients unter Windows 2000 langsam ist im Vergleich zum Datentransfer zu Clients unter Windows 98, sollten die Vergleichstests natürlich mit einem kontrollierten Datentransfer und Clients unter Windows 2000 und Windows 98 durchgeführt werden. Idealerweise benutzt man einen einzelnen Client-Computer mit einer Option zum Dual-Boot beider Betriebssysteme. Ist dass nicht möglich, sollte man zumindestens sicherstellen, dass die beiden Clients dem elben Netzwerksegment angehören. Ihre Hardware sollte so weit wie möglich gleich sein, speziell was die Netzwerk-Hardware und die Festplatten angeht. Glaubt man auf der anderen Seite, dass der Datentransfer *vom* Server langsam ist verglichen mit dem *zum* Server, genügt es, einen Client einzusetzen und die Transferraten in beide Richtungen miteinander zu vergleichen.

Im Allgemeinen ist es ratsam, die folgenden grundlegenden Messungen durchzuführen, wobei in allen Fällen der Client den Datentransfer initiiert:

- FTP-Datentransfer vom Client zum Server.
- FTP-Datentransfer vom Server zum Client.
- Samba-Datentransfer vom Client zum Server.
- Samba-Datentransfer vom Server zum Client.

Falls es für das Netzwerk angemessen erscheint, sollten diese Tests unter Einbeziehung aller verfügbaren Client-Betriebssysteme durchgeführt werden; zum Beispiel muss dann mit Clients unter Windows 98, Windows 2000 und LINUX getestet werden. Führt man einen Samba-Datentransfer von Windows aus durch, dann braucht man eine große Datei (mindestens 5 MByte, idealerweise 20 MByte oder größer) und eine Stoppuhr, weil Windows keine genauen Statistiken für Datenübertragungen zur Verfügung stellt. Alternativ kann man ein Skript oder ein einfaches Programm benutzen, das die Daten überträgt und die Zeit misst, die dabei verbraucht wird. Viele FTP-Clients und `smbclient` stellen solche Statistiken für den Datentransfer zur Verfügung.

WARNUNG

In Computerkreisen wird b *als Abkürzung für* Bit *benutzt,* B *dagegen für* Byte. *Daher steht* kb *für* Kilobit *und* kB *für* Kilobyte. *Unglücklicherweise folgt* `smbclient` *dieser Konvention nicht; es gibt die Werte verbunden mit der Abkürzung* kb *aus und meint* Kilobyte. *Auch unabhängig von* `smbclient` *muss man bei Maßeinheiten Vorsicht walten lassen, weil verschiedene Hard- und Software eine Mischung aus unterschiedlichen Maß-*

einheiten für die Datentransferrate benutzt – kb/s, kB/s, Mb/s, MB/s und mehr. Wenn man diese Maßeinheiten nicht sorgfältig festhält und entsprechend umwandelt, kann man sich hoffnungslos bei der Bemessung der Netzwerk-Performance verkalkulieren.

Ergebnisse der Benchmarktests

Faktoren, die man mit den Tests nicht messen will, wie etwa Festplattencache oder kurze Spitzen in der Netzwerklast, können Abweichungen bei einzelnen Benchmarktests nach sich ziehen. Es ist daher das Beste, solche Netzwerk-Benchmarks mehrfach durchzuführen, um sich von solchen Einflüssen nicht hinters Licht führen zu lassen. Wenn alle Tests vergleichbare Resultate liefern, kann man diese mitteln und den Durchschnitt als tatsächliches Maß für die Performance benutzen.

Der Cache eines lokalen oder entfernten Dateisystems kann einem beim Messen des Datentransfers übel mitspielen. Insbesondere dann, wenn man das erste Mal eine Datei vom Fileserver aus überträgt, muss dieser die Daten von der Festplatte lesen. Ist die Datentransferrate der Platte niedrig, wird man auch eine schlechte Datenübertragungsrate des Netzwerkes feststellen müssen. Überträgt man die Daten unmittelbar danach noch einmal, dann kann ein Teil der Daten oder es können auch alle Daten noch im von LINUX zur Verfügung gestellten Datei-Cache vorhanden sein, was die Performance erhöht und ein realistischeres Maß für die Netzwerk-Performance liefert, losgelöst von der Performance der Festplatte des Servers. Ähnliche Argumente gelten für den Datentransfer von der Festplatte eines Clients zum Server. Aus dem gleichen Grund ist es möglich, dass die Kompression von Dateien Probleme bereitet. Benutzt ein Betriebssystem ein Dateisystem mit Datenkompression, kann deren Einsatz die Performance zunächst reduzieren. Sind auf der anderen Seite die Daten hoch komprimierbar, dann kann dies bei langsamen Festplatten ein Segen für die Netzwerkleistung bedeuten. (Diese Effekte beziehen sich auf Dateisysteme, die ihre Dateien automatisch komprimieren, nicht auf Dateien wie zum Beispiel Tarballs, die sich selbst komprimieren und ohne anschließendes Dekomprimieren transferiert werden.)

Es ist weiter wichtig, die Benchmarktests dann durchzuführen, wenn das Netz wenig belastest ist, idealerweise dann, wenn der Test den gesamten Datenverkehr im Netz verursacht. Werden die Tests bei normaler Netzwerkauslastung gefahren, dann kann das zu verfälschten Ergebnissen führen, da die Datenpakete des Tests mit anderen Datenpaketen kollidieren können oder der Server den Transfer für den Test zugunsten anderer zurückstellt.

Die Benchmarktests können außerdem nicht nur durch die benutzte Server-Software sondern auch durch die des Clients beeinflusst werden. Insbesondere wird man für denselben Server unterschiedliche Ergebnisse feststellen können, wenn man `smbclient` von Samba und daneben Windows benutzt. Diesbezüglich können sogar verschiedene Windows-Versionen zu vollkommen verschiedenen Ergebnissen führen. Es ist daher das Beste, wenn man für die Tests das Betriebssystem beim Client zugrunde legt, das man in der Regel auch einsetzen will. Auch wenn erste Tests mit Clients unter unterschiedlichen Betriebssystemen vergleichbare Ergebnisse liefern, kann man sich nicht sicher sein, ob dies so bleiben wird, nachdem man irgendeine Anpassung durchgeführt hat, die ausfindig gemacht wurde.

Auswertung der Ergebnisse von Benchmarktests

Hat man einmal die Benchmarktests durchgeführt, müssen sie ausgewertet werden, um herauszufinden, ob man ein Problem hat oder die Performance steigern kann, um ein bestimmtes Ziel zu erreichen. Wie man dies genau macht, hängt vom Typ des Benchmarktests und dem Vergleich der Performance ab, die man verwendet hat. Einige Anregungen dazu:

- Will man herausfinden, ob Samba auf der gegebenen Hardware angemessene Ergebnisse liefert, so sollte man die Performance-Werte von Samba mit Ergebnissen von FTP-Tests am selben Server vergleichen oder möglicherweise mit der Performance eines *identisch ausgestatteten* Windows NT-oder Windows 2000-Systems.
- Ändert sich die Performance von einem Client oder Subnetz zum anderen, dann sollte man verschiedene Client-Typen ausprobieren (Betriebssystem, kritische Hardware-Komponenten, Subnetz und so weiter) und diese Werte miteinander vergleichen. Kann man einen bestimmten Systemtyp ausfindig machen, dessen Performance niedrig ist, kann man sich bei der Fehlersuche auf diesen Typ beschränken.

HINWEIS

Auch wenn die Probleme auf einen speziellen Client-Typ beschränkt sind, ist es möglich, dass eine Konfigurationsoption von Samba die Performance steigern kann. Der Parameter `nt smb support` *zum Beispiel mag die Performance von Computern unter Windows NT beeinflussen, nicht aber die von Clients unter Windows* 9x.*(Ironischerweise ist der Einfluss von* `nt smb support = Yes` *üblicherweise negativ).*

- NetBench kann nützlich sein, wenn ein Anwachsen des Netzwerks zu erwarten ist und die Kapazitäten des Servers im Hinblick auf diese Erweiterung ausgewertet werden soll. Man kann das Programm so konfigurieren, dass der Server einer größeren Belastung als normal ausgesetzt wird, um zu sehen, wie die Leistung absinkt. Alternativ kann man versuchen, vorhandene Engpässe bei der Hardware ausfindig zu machen und die Kapazitäten in diesen Fällen so erweitern, dass die Hardware mit der zusätzlichen Last fertig wird.

- Um bestimmen zu können, ob eine Software-Konfiguration oder eine Anpassung der Hardware die Performance steigern wird, kann man mit einigen grundlegenden Messungen im Netzwerk beginnen. Sticht dabei aber kein Problemkreis heraus, muss man tiefer forschen, um heraus zu finden, wo im System die Engpässe von Hard- oder Software vorhanden sind. Diese werden bei einer Handvoll von Ergebnissen breit angelegter Benchmarktests nicht unmittelbar zutage treten. Daher müssen eventuell Benchmarktests für bestimmte Hardware-Komponenten durchgeführt und diese vielleicht gegen andere ausgetauscht werden, um den Effekt eines Hardware-Upgrades zu testen.

Man erinnere sich daran, dass man mit diesen Tests im Wesentlichen ein wissenschaftliches Experiment durchführt. Man will herausfinden, was die Performance im Netzwerk beeinträchtigt, und muss dazu unabhängig voneinander eine Reihe von Variablen, mit dem Ziel überprüfen, eine bestimmte Hypothese zu verifizieren. Ursprünglich mag diese Hypothese sehr allgemein gewesen sein (wie etwa „Die Performance von Windows 2000 ist schlechter als die von Windows 98“), wenn man aber beginnt, mit den Einstellungen des Systems zu experimentieren, wird die Hypothese verfeinert werden (wie etwa zu „Der Parameter `nt smb support` beeinträchtigt die Performance von Windows 2000“).

Wann immer man einen Test zur Diagnose von Netzwerkproblemen durchführt, sollte dieser so entworfen sein, dass von Fall zu Fall immer nur ein Faktor geändert wird, oder, wenn man mehrere Faktoren gleichzeitig ändert, alle möglichen Kombinationen durchgetestet werden. Man will beispielsweise die Performance von Windows 98 gegen die von Windows 2000 testen. Dabei sollte man zunächst sicherstellen, dass die beiden Systeme so weit wie möglich identisch sind. Idealerweise benutzt man einen Computer mit der Option zum Dual-Boot der beiden Betriebssysteme. Will man ergänzend testen, wie diese Betriebssysteme mit einem Router interagieren, der sich zwischen ihnen und dem Samba-Server befindet, müssen Daten für vier verschiedene Situationen gesammelt werden, wie es in *Abbildung 12.1* gezeigt wird. In diesem hypothetischen Beispiel beeinträchtigt der Router die Performance beider Clients, aber der Effekt ist deutlich ausgeprägter beim Client unter Windows 2000. Daher sollte man hier damit beginnen, die Punkte der Router-Konfiguration zu untersuchen und die Einstellungen in Windows 2000, die für das Zusammenspiel mit dem Router verantwortlich sind, etwa die Größe der *Maximum Tansport Unit* (*MTU* – Maximale Transporteinheit) oder Standardeinstellungen für Gateways.

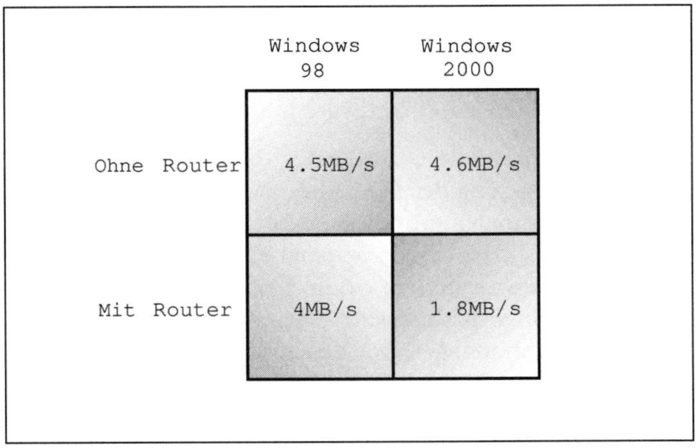

Abbildung 12.1: Plant man die Testbedingungen sorgfältig, dann lassen sich die Ergebnisse leichter deuten

Engpässe feststellen

In den meisten Fällen schließen Systeme zur Datenverarbeitung und Kommunikation einen oder auch mehrere Engpässe (im Amerikanischen *bottleneck* – Flaschenhals – genannt) ein. Das sind solche Komponenten oder Prozesse, die die Menge der Daten nicht bewältigen können, die vorhergehende Komponenten oder Prozesse erzeugt haben. Diese Engpässe begrenzen daher die Rate des Informationsflusses, so wie ein tatsächlicher Flaschenhals die Menge Flüssigkeit begrenzt, die aus einer Flasche fließt. Solche Engpässe sind der Grund für viele Performance- Probleme im Zusammenhang mit Computern und Samba-Server stellen hier keine Ausnahme von der Regel dar. Das Beheben von Performance-Problemen besteht daher oft darin, solche Engpässen zu finden und zu „weiten“. (Manche Leute sprechen davon, dass „Engpässe beseitigt“ werden, aber sie können selten wirklich beseitigt werden. Sie werden eher so stark ausgeweitet, bis ein anderer Engpass zum bestimmenden Faktor für die Begrenzung der Performance wird.)

Sowohl Hard- als auch Software kann Engpässe verursachen. Durch Hardware bedingte Engpässe sind manchmal einfacher zu fassen, da sie in Verbindung mit bestimmten Geräten stehen, für die Leistungsbeschreibungen verfügbar sind. Angenommen man hat für eine 10 Mbps Ethernet-Karte (10 Megabits pro Sekunde) eine Datentransferrate von 1,2 MB/s (Megabyte pro Sekunde), dann ist es wahrscheinlich, dass der Engpass nicht in der Netzwerkkarte begründet ist. (Denn 1 MB = 8 Mb, 1,2 MB/s = 9,6 Mbps – das ist nahe genug an er theoretischen Grenze von 10 Mbps, so dass dieser Unterschied nicht der Rede wert ist.) Durch Software bedingte Engpässe können auch sehr ausgeprägt sein. Features zum Tuning der Performance, wie sie Samba, LINUX und Windows zur

Verfügung stellen, können helfen, diese Engstellen zu weiten, wie es in den Abschnitten *Konfigurationsoptionen von LINUX* und *Konfigurationsoptionen von Windows* später in diesem Kapitel beschrieben wird.

Hardware-bedingte Engpässe

Diese Engpässe sind, wie man sich vorstellen kann, mit bestimmten Hardware-Komponenten verknüpft. In vielen Fällen, in denen man feststellt, dass das Performance-Problem des Netzwerks durch eine Hardwarekomponente verursacht wird, bleibt einem nur die Möglichkeit, diese zu ersetzen oder aufzubessern. Dies zieht gelegentlich Upgrades weiterer Hardware nach sich – läuft zum Beispiel ein Netzwerk auf der Basis eines 10 Mbit Ethernets mit Koaxialkabeln, bedeutet ein Wechsel zu 100 Mbit Ethernet-Kartenmodellen auch, dass die Verkabelung durch twisted-pair Kabel der Kategorie 5 ersetzt werden muss, und es bedeutet den zusätzlichen Einsatz von Hubs und Switches. In einigen wenigen Fällen kann es eine Software-Lösung geben, zum Beispiel für langsame Festplatten, die als *RAID-System* (*redundant array of independent disks* – redundantes Feld unabhängiger Festplatten) konfiguriert werden können, um die Leistung zu steigern.

Viele Hardware-Komponenten gibt es sowohl beim Client als auch beim Server. In den meisten Fällen treten Engpässe bei den Servern auf, da sie typischerweise mehr belastet sind als einer der Clients. Gelegentlich aber kann die Client-Hardware Ursache des Engpasses sein, besonders dann, wenn die Clients schon sehr alt sind. Einige der Komponenten, wie etwa die Netzwerkkabel, sind weder den Clients noch den Servern zuzuordnen.

Der Zentralprozessor

Der Zentralprozessor (Central Process Unit – kurz CPU) führt alle notwendigen Berechnungen des Computers aus (*computare* ist das lateinische Wort für rechnen). Für die meisten Fälle sind die Ansprüche von Samba an die CPU eher gering, so dass diese sehr wahrscheinlich nicht die Quelle für einen Engpass in kleineren oder mittelgroßen Netzwerken ist. Eine unterdimensionierte CPU könnte aber Probleme in einem großen Netzwerk verursachen, in dem eine Menge mehr an Zugriffen stattfindet. Darüber hinaus kann eine CPU zu einem Engpass bei Druck-Servern werden, die nicht PostScript-fähige Drucker wie PostScript-Modelle zur Verfügung stellen, weil dieser Zentralprozessor die Konvertierung von PostScript in ein anderes vom Drucker benutztes Format durchführen muss (man vergleiche dazu *Kapitel 6:Druckerfreigaben konfigurieren*).

Um herauszufinden, ob eine CPU in einem System einen Engpass darstellt, versucht man, Performance-Tests durchzuführen, wenn der Server wenig und wenn er stark belastet wird. Dies kann mithilfe eines einfachen „Däumchen-Drehen“ Programms geschehen, wie dem im folgenden Listing gezeigten.

Man gibt das Programm in seinen Lieblingseditor ein, speichert es als `tunix.c` und kompiliert es mit einem Befehl wie `gcc -o tunix tunix.c`. (Das Kompilieren sollte aber ohne Optimierungsoptionen geschehen, weil diese das süße Nichtstun verhindern wollen.) Man kann dann das Programm in Verbindung mit dem Befehl `nice` starten, um festzulegen, wieviel CPU-Zeit LINUX dem Programm zur Verfügung stellen soll. Man startet es dann (als Benutzer `root`) mit dem folgenden Aufruf:

```
nice -n wert tunix
```

wobei *wert* eine Zahl zwischen -20 und +19 ist. Negative Werte bedeuten eine höhere, positive Werte eine niedrigere Priorität als die normalerweise benutzte. Um negative `nice`-Werte verwenden zu können, muss man als `root` eingeloggt sein, aber jeder Benutzer kann positive Werte eingeben.

```
#include <stdio.h>
int main(void)
{
  int i;
  long j;

  for (i = 0; i < 101; i++)
  {
    printf("Pass %d\n", i);
    for (j = 0L; j < 1000000000L; j++);

  }
  printf("FERTIG!");
  return 0;
}
```

Das vorstehende Beispielprogramm verbraucht CPU-Zyklen zu Testzwecken.

Um die Bedeutung der CPU bei Samba betreffenden Engpässen abschätzen zu können, sollte man einen Benchmarktest ohne `tunix` laufen lassen und einen unter Einbeziehung des Programms bei einem `nice`-Wert von `-20`. Gibt es keine Änderung bei den Werten des Tests, dann kann man sicher sein, dass die CPU leistungsfähig genug ist, die Netzwerklast zu bewältigen, die man ihr zu der Zeit aufgebürdet hat und wahrscheinlich auch entscheidend mehr. Wenn die Ergebnisse des Benchmarktests aber abfallen, wenn man `tunix` verwendet, sollte man ihn mit anderen `nice`-Werten wiederholen, um ein Gefühl dafür zu bekommen, wieviel Last man der CPU aufbürden kann, bevor die Performance spürbar sinkt.

Der Speicher

Speicher ist wahrscheinlich in einem kleinen Netzwerk kein Engpass, ausgenommen der Server ist bedeutend zu gering ausgestattet (weniger als etwa 16 MByte für ein Netzwerk mit einer Handvoll Anwender, die wenig Datenverkehr verursachen). Große Netzwerke mit vielen Anwendern jedoch können eine Belastung des Speichers bedeuten, die dazu führt, dass der Server während normaler Netzwerkaktivität beginnt, übermäßig zu swappen, was die Performance nahezu unverzüglich drückt. Realistisch gesehen sollten die meisten Samba-Server einen Arbeitsspeicher von mindestens 64 MByte haben und oft auch mehr, um eine optimale Leistung zu erreichen.

Als Daumenregel kann man sagen verbraucht der Dämon `nmbd` etwa 0,5 MByte Speicher bei den *x86*-Versionen von LINUX, `smbd` etwa 1,5 MB je Verbindung. Speicherbedarf bei anderen als den *x86*-Versionen von LINUX kann davon abweichen (auf RISC-Rechnern ist er normalerweise größer). Das lokale Caching von Dateien verbraucht ebenfalls Speicher, aber dieser Bedarf hängt von den fraglichen Dateien ab. (LINUX gibt dem Caching von Dateien im Rahmen der Speicherverwaltung eine geringe Priorität, wird aber Speicher für diesen Zweck benutzen, falls er verfügbar ist. Führt man Speicher einer Nutzung als Festplatten-Cache zu, kann dies die Performance von Samba steigern, speziell dann, wenn Anwender regelmäßig auf dieselben Dateien zugreifen.)

Man kann den Befehl `ps` in der Form `ps aux` benutzen, um sich den Speicherbedarf der Samba-Dämonen anzeigen zu lassen wie hier gezeigt:

```
$ ps aux | grep „(USER|mbd)“
USER   PID %CPU %MEM  VSZ  RSS TTY STAT START TIME COMMAND
root  1939  0.0  0.1 3340  172  ?  S    Feb 17 0:00 [smbd]
root  1941  0.0  0.5 1552  524  ?  S    Feb 17 0:08 /usr/sbin/nmbd -D
root  1943  0.0  0.0 1468    0  ?  SW   Feb 17 0:00 [nmbd]
root 12490  0.0  1.5 3704 1444  ?  S    Feb 21 0.04 /usr/sbin/smbd -D
```

Die Spalte `RSS` zeigt die *resident set size* (etwa feste Gesamtgröße) – der Speicherbedarf, den der Prozess verbraucht. Samba erzeugt (spawn) einen neuen Prozess für jede Verbindung, wenn also viele Benutzer zu einem Samba-Server Verbindung aufnehmen, wird man auch viele Instanzen des Samba-Dämonen in der Liste finden.

Der gesamte Speicherverbrauch kann mit dem Befehl `free` abgefragt werden, der eine Ausgabe wie die folgende erzeugt:

```
$ free
             total       used       free     shared    buffers     cached
Mem:        257616     230872      26744      56128       8548     182648
-/+ buffers/cache:      39676     217940
Swap:       409536       1220     408316
```

Hier zeigt die Spalte `total` den vorhandenen Speicherplatz am Rechner in Kilobytes an – sowohl den physikalischen vorhandenen RAM (Zeile `Mem`) als auch den Swap-Bereich (Zeile `Swap`). Die Spalte `used` zeigt den Speicher, der zur Zeit gebraucht wird, und `free` den zur Zeit freien Speicher. Auch wenn es scheint, dass in diesem System nur noch sehr wenig RAM zur Verfügung steht (ca. 4 MByte), wird tatsächlich sehr viel Speicher für den Festplatten-Cache verwendet. (Dies wird für fast alle LINUX-Rechner wenige Minuten nach dem Systemstart zutreffen.) Der Inhalt der Zeile `-/+ buffers/cache` rückt die Maßstäbe zurecht und offenbart, dass tatsächlich respektable 57 MByte RAM zur Verfügung stehen.

Der einfachste Weg, um festzustellen, ob der RAM die Engstelle ist, führt über den Gebrauch des Befehls `free` (oder anderer Befehle, die den Speicher prüfen, wie etwa `vmstat`), um die Speicherauslastung des Rechners zu beobachten, wenn viele Benutzer verbunden sind oder wenn man annehmen muss, dass der Speicherbedarf durch andere Faktoren sehr hoch liegt. Will man den künftigen Bedarf von Samba-Erweiterungen abschätzen, sollte man einen Verbrauch von 1,5 MByte je Verbindung einplanen – sollen also zehn Benutzer zum System neu zugelassen werden, die das System die meiste Zeit in Anspruch nehmen werden, dann wird man etwa 15 MByte zusätzlich benötigen.

HINWEIS

Jede Verbindung *verbraucht 1,5 MByte. Falls ein Anwender auf zwei Freigaben zugreift, werden dadurch 3 MByte verbraucht. Diese Tatsache legt eine Strategie nahe, um den Speicherbedarf zu reduzieren: Zusammenlegen von Freigaben. Falls Benutzer regelmäßig eine Vielzahl von Freigaben mounten, kann das Zusammenführen einiger davon den Speicherbedarf von Samba senken.*

Der Systembus

Der Typ des Systembusses (sei er PCI, ISA oder ein veraltetes oder exotisches Design) kann ein einschränkender Faktor für das Arbeitstempo von Samba sein, wenn der Server auf Hochleistungskomponenten zurückgreift. Angenommen, man hat mehrere Hochgeschwindigkeits-SCSI-Festplatten, einen exotischen Netzwerkadapter der obersten Leistungsklasse, eine hochwertige CPU und genügend Speicher, um dies alles handhaben zu können, sowie geeignete Netzwerkverbindungen außerhalb des Computers. In dieser Umgebung kann der Systembus zum Engpass werden. Unglücklicherweise kann man nicht viel tun, wenn man auf dieses Problem stößt, abgesehen vielleicht davon, dass man aus dem einen Samba-Server zwei macht, um die Last aufzuteilen, oder dass man den Computer ersetzt durch einen mit einem leistungsfähigeren Bus.

Ist in dem Rechner ein veralteter ISA-Bus, kann sogar eine einzelne kritische Komponente die Beschränkung durch den Systembus zu einer wirklich realen werden lassen. Der ISA-Bus verarbeitet maximal 8 MByte/s was deutlich unterhalb der 100 Mbps eines modernen Ethernets liegt. Falls das Motherboard auch PCI unterstützt, kann man vielleicht eine ISA-Komponente durch eine PCI-Karte ersetzen und so die Dinge in den Griff bekommen. Falls nicht, muss man vielleicht das Motherboard austauschen – und damit eine Reihe weiterer Hardware-Komponenten wie RAM, CPU, Grafikkarte und so weiter. Der Kauf eines komplett neuen Computers ist dann wahrscheinlich die billigere Lösung.

HINWEIS

Der Systembus ist für die meisten durch Samba-Aktionen angesprochenen Komponenten kein meßbarer Faktor. Hat man beispielsweise eine ISA-Soundkarte, wird dieser Umstand die Performance von Samba nicht beeinträchtigen (es sei denn, man benutzt die Soundkarte in Verbindung mit CPU-intensiven Aufgaben wie etwa Spracherkennung). ISA-Parallel-Ports sind üblich für Samba-Druck-Server. Da der Druckeranschluss langsamer arbeitet als der ISA-Bus, stellt dies kein Problem dar – aber die langsame Geschwindigkeit des Parallel-Ports selbst kann beim Drucken von Dateien zum Engpass werden. Dies wird die Druckzeiten betreffen, aber keine anderen Samba-Aktionen beeinträchtigen, wie z.B. die Zeit, die benötigt wird, um einen Druckjob des Clients zu akzeptieren.

Festplatten

Moderne Festplatten haben Datentransferraten von mindestens 10 bis 20 MByte/s bei anhaltendem Durchsatz. Diese Performance ist vergleichbar den 100Mbps (das sind 12,5 MByte/S) der Ethernet-Hardware oder ihr sogar überlegen. Daher mag man annehmen, dass die Leistungsfähigkeit von Festplatten nicht für einen Engpass in Bezug auf Samba in Frage kommt. Unglücklicherweise erfordern Festplattenzugriffe im Normalfall Bewegungen des Schreib-/Lesekopfes, was die Performance einer Festplatte beeinträchtigt. Daher ist es möglich, dass Festplatten-Performance ein Punkt ist.

Man kann sie für einen LINUX-Rechner mithilfe des Befehls `hdparm` wie folgt testen:

```
# hdparm -tT /dev/sda
/dev/sda:
 Timing buffer-cache reads:   64 MB in  0.51 seconds =125.49 MB/sec
 Timing buffered disk reads:  32 MB in  2.49 seconds =12.85 MB/sec
```

Dabei muss eventuell der Dateiname für das Gerät (hier `/dev/sda`) an die jeweilige Situation angepasst werden. Das erste Ergebnis (`125.49 MB/Sec`) misst Lesezugriffe vom und zum Cache und spiegelt daher eher die Leistung des Speichers als die der Festplatte wieder. Der zweite Wert (`12,85 MB/Sec`) ist die reine Festplatten-Performance.

Hat man zwei oder mehr ältere Festplatten, deren Leistung nicht befriedigt, mag man sie zu einem RAID-System zusammenbinden. Diese Konfiguration erfordert einiges an Arbeit bei der Einrichtung, kann aber die Leistung erheblich steigern. Man lese dazu das RAID-HOWTO (das allen LINUX-Distributionen beiliegt), um mehr darüber zu erfahren.

Ein anderer Faktor neben den Festplatten selbst sind die entsprechenden Festplatten-Controller. Die meisten der heute verkauften Intel-Rechner benutzen *Enhanced Integrated Device Electronics* (*EIDE*), aber einige auch das *Small Computer System Interface* (*SCSI*). Beide Typen sind bezüglich der Geschwindigkeit in einer großen Vielfalt verfügbar, die von weniger als 5 MByte/s bis zu mehr als 160 MByte/s reicht. Erlaubt eine Festplatte eine höheren Datentransferrate, als sie der Controller bereitstellt, ist das Ergebnis die niedrigere Geschwindigkeit des Controllers. Dies ist glücklicherweise in Normalfall kein Problem, falls die Hardware zum Zeitpunkt des Kaufs gut zusammengestellt war, der Unterschied in der Geschwindigkeit kann aber zu einem Thema werden, wenn man eine neuere Festplatte mit einem alten Controller zusammen verwendet. Außerdem ist der EIDE-Bus so entworfen, dass nur ein Gerät zur Zeit einen Datentransfer durchführen kann. Hat man zwei EIDE-Festplatten, sollte man sie daher, wenn eben möglich, auch an zwei separate Controller anschließen. SCSI-Geräte sind von diesem Problem allerdings nicht betroffen. Abhängig von der Geschwindigkeit des SCSI-Hostadapters und der Festplatten ist man ohne Schwierigkeiten in der Lage, zwei, drei oder mehr SCSI-Laufwerke an einen einzelnen Hostadapter anzuschließen.

WARNUNG

Die meisten Festplattenhersteller stellen die Geschwindigkeit der Controller *für ihre Festplatten anstelle der* Festplattengeschwindigkeit *heraus (auch als* interne Transferrate *bekannt). Den Engpass stellt gewöhnlich die Plattengeschwindigkeit dar, vorausgesetzt die Festplatte ist mit einem hinreichend schnellen Controller verbunden.*

Einige ältere Interface-Boards, speziell des EIDE-Boards, verbrauchen einen großen Teil CPU-Zeit. Faktisch können auch moderne Schnittstellenkarten in diesem *programmed input/output*-(*PIO*-programmierte Ein-/Ausgabe) Modus arbeiten. Dieser Modus senkt die Performance und erhöht die CPU-Last, was wiederum weitere Probleme verursachen kann. SCSI-Hostadapter arbeiten wenn eben möglich automatisch im wesentlich effektiveren *direct memory access*- (*DMA* – direkter Speicherzugriff) Modus, man kann aber eventuell auch den LINUX-Befehl `hdparm` verwenden, um eine EIDE-Platte in den DMA-Modus zu zwingen. Die Eingabe von

```
hdparm -d1 -X34 /dev/hda
```

als Benutzer `root` sollte dies für die jeweils ersten EIDE-Festplatten der meisten Systeme leisten, man beachte aber auch die Man-Pages von `hdparm` wegen weiterer Details. Zusätzlich muss der Kernel mit Unterstützung des speziellen EIDE-Controllers compiliert sein, um dafür den DMA-Modus nutzen zu können.

WARNUNG

In seltenen Fällen kann `hdparm` *zum Absturz des Systems führen, wenn man es benutzt, um den DMA-Modus zu aktivieren. Bei einigen Systemen – speziell solchen mit experimentellem EIDE-DMA-Support – mag der DMA-Modus unzuverlässig arbeiten. Aus diesen Gründen sollte man vorsichtig sein, wenn man den DMA-Modus erstmals für eine EIDE-Platte verwendet.*

TIPP

SCSI bietet genug Vorteile, einschließlich des gleichzeitig möglichen Zugriffs auf mehrere Geräte an einem Controller und der Verfügbarkeit der leistungsfähigeren SCSI-Laufwerke, dass man für die meisten Server SCSI gegenüber EIDE bevorzugen sollte. Unglücklicherweise ist SCSI auch deutlich teurer. Wenn aber ein Netzwerk eine Client-Server-Architektur aufweist, kommen diese Extrakosten einer großen Anzahl von Clients zugute.

Netzwerkadapter und Kabel

Ethernet ist heute die am weitesten verbreitete Netzwerk-Hardware für kleine Netzwerke. Bis in die späten 90er Jahre hinein war das 10-Mbps-Ethernet die geläufige Variante, aber für die meisten Neuinstallationen wird heute 100 Mbps-Hardware benutzt und 1Gpbs-Hardware ist auf dem Sprung. Einige große Server sind mit exotischen Netzwerkschnittstellen hoher Kapazität ausgestattet, die dann mit den verschiedenen Ethernet-Strängen über einen Router verbunden sind. Dies gibt dem Server einen Datendurchsatz von weit über 100 Mbps, während für die Clients billigere 100 Mbps-Hardware eingesetzt wird. Hat man keine solche High-End-Konfiguration, sind die Netzwerkkarten und die zugehörigen Kabel wahrscheinlich die bedeutendsten Engpässe im Hardware-Bereich und auch diejenigen, die am schwierigsten zu überwinden sind.

Die Unterstützung von LINUX für Ethernet-Karten ist exzellent aber nicht perfekt. Man erzielt wohl den besten Datendurchsatz mit Ethernet-Adaptern von *Intel* und *3Com* oder solchen, die den populären *Tulip*-Chipsatz oder einen Clone davon verwenden. Diese Produkte werden alle von LINUX gut unterstützt und die LINUX-Treiber sind ausgereift und werden gut gepflegt. Einige Karten, die weniger bekannte Chipsätze benutzen, verursachen gelegentlich Probleme, haben weniger Datendurchsatz oder bewirken eine höhere CPU-Last beim Host-Rechner. Allgemein verursachen PCI-Karten weniger CPU-Last als ISA-Karten. (ISA-Karten erreichen auch nicht die 100 Mbps moderner Ethernet-Netzwerke, da der ISA-Bus selbst unterhalb dieses Wertes arbeitet.) Ethernet-Adapter für PC-Karten (auch als *PCMCIA* bekannt) erreichen gewöhnlich nicht die vollen 100 Mbps. Diese Hardware ist üblich für Notebooks, und man mag feststellen, dass solche Computer als Clients schlechter geeignet sind. Aus diesem Grunde (und vielen anderen wie hohe Kosten und schlechte Möglichkeiten zur Erweiterung) sollte man solche Computer als Server nicht einsetzen.

Kabel können zu einem geschwindigkeitshemmenden Faktor werden, wenn sie nicht den Qualitätsstandards genügen oder beschädigt sind. Bei einem Ethernet vom Typ 10BaseT oder 100BaseT kann leicht ein einzelnes Kabel ausgetauscht werden, von dem man annimmt, dass es beschädigt ist. (Dies ist etwas, was man schon früh beim Troubleshooting probieren sollte, wenn nur ein Client langsam zu reagieren scheint.) Bei einer Koaxial-Verkabelung sind Diagnose und Problemlösung weitaus aufwendiger, da ein einzelner Kabelstrang mit allen Computern des Netzwerksegments verbunden ist. Aber auch dann kann der Ort, an dem sich das Problem einstellt einen Hinweis auf die Ursache geben – wenn alle Rechner ab einer bestimmten Stelle in einem Koax-verkabelten Netzwerk langsam reagieren, mag das Kabel daran schuld sein.

Switches, Hubs und Router

Ein Ethernet des Typs 10BaseT oder 100BaseT arbeitet mit Hubs und Switches, um Computer miteinander zu verbinden. Jeder Computer in einem physikalischen Subnetz ist mit einem dieser zentralen Geräte verbunden, die es allen angeschlossenen Geräten erlauben, miteinander zu kommunizieren. Hubs und Switches erfüllen praktisch in einem Netzwerk die gleiche Rolle, aber sie arbeiten unterschiedlich. Hubs geben lediglich die Datenpakete von einem Computer an alle anderen Computer des Netzwerks weiter. Switches dagegen versuchen, nur Pakete, die an einen bestimmten Computer gerichtet sind, auch an diesen zu senden. Switches unterbinden also unnötige Übertragung von Paketen und mindern damit nebenbei die Anzahl an Kollisionen, was die Geschwindigkeit erhöht. Anstelle einer *totalen* Bandbreite von 100 Mbps in einem 100BaseT-Netzwerk erlaubt ein Switch eine Bandbreite von 100 Mbps für *jedes Paar* miteinander kommunizierender Computer.

Ein anderer Geschwindigkeitsvorteil der Switches ist der, dass sie eine *Vollduplex*-Kommunikation zwischen Computern erlauben, in der beide Computer gleichzeitig ihre Daten übertragen können. Mit einem Hub führt gleichzeitige Datenübertragung zu Kollisionen, was zur Folge hat, dass beide Übertragungen wiederholt werden müssen. Schließlich erlauben es Switches, 10-Mbps- und 100-Mbps-Ethernets in einem Netzwerk ohne Geschwindigkeitsverlust zu mischen. Benutzt man einen Hub, bedeutet das Hinzufügen eines einzelnen Gerätes mit einer 10-Mbps-Karte, dass alle Computer auf der Basis von 10 Mbps arbeiten müssen, auch wenn den beiden an der Aktion beteiligten Rechnern eine höhere Geschwindigkeit zur Verfügung steht. Alles in allem kann also ein 100-Mbps-Netzwerk wesentlich vom Einsatz eines Switches anstelle eines Hubs profitieren. Beobachtet man Datentransferraten von 50 Mbps oder weniger in einem Netzwerk mit Hubs, bestehen gute Aussichten, dass der Übergang zu Switches die Situation bessern wird.

Alle Switches sind aber nicht gleich gebaut. Die Werte für ihre totale Bandbreite können zu einem Engpass werden. Man stelle sich ein Netzwerk bestehend aus zehn Computern vor. Wenn diese Computer zu fünf Paaren zusammengeschlossen werden, und theoretisch uneingeschränkt mit 100 Mbps kommunizieren, braucht dieses zehn Computer umfassende Netzwerk eine Bandbreite von 1000 Mbps (1Gbps). Hat ein Switch jedoch nur eine Bandbreite von 500 Mbps, dann wird man im Durchschnitt maximale Transferraten von nur 50 Mbps feststellen, vorausgesetzt, kein anderer Engpass spielt eine Rolle. Abhängig von der Netzwerktopologie und deren Nutzung mag es daher wünschenswert sein, die Qualität eines Switches zu untersuchen, wenn man Probleme feststellt, die mit Computern zusammenhängen, die durch einzelne Switches verbunden sind.

Wenn ein Netzwerk aus mehreren physikalischen Subnetzen besteht, sind diese wahrscheinlich durch einen oder mehrere Router miteinander verbunden. Ein Router verbindet Netzwerke und kann in der Lage sein, Daten zwischen Netzwerken mit unterschiedlicher Hardware zu übertragen (etwa zwischen Ethernet und Token Ring). Verglichen mit Hubs oder Switches verarbeiten Router Datenpakete des Netzwerks auf einer höheren Schicht und können so neue Engpässe mit sich bringen. Zumindest sollte man sicherstellen, dass der Router mit der Datenmenge fertig wird, die durch ihn hindurch geht. Er mag mit Diagnose-Werkzeugen ausgestattet sein, die dabei helfen, eben dies festzustellen. Einige Router arbeiten am besten mit Paketen einer bestimmten Größe. Sind Pakete zu groß, wird der Router sie aufteilen, und so die Effektivität mindern; sind sie zu klein, werden die Fähigkeiten des Routers nicht ausgenutzt. Man kann unter LINUX, wie im Abschnitt *TCP/IP-Performance unter LINUX* beschrieben, die MTU-Größe anpassen, falls dies ein Problem zu sein scheint und sich die MTU-Größe des Routers nicht ändern lässt.

Netzwerkprobleme, die sich durch Hubs, Switches oder Router ergeben, äußern sich fast immer auf die gleiche Weise über die unterschiedlichen Protokolle hinweg. Daher wird ein Vergleich der Performance von Samba mit der Performance von FTP keine dramatischen Unterschiede zeigen, wenn sich die Probleme ausschließlich wegen dieser Geräte ergeben. Probleme mit diesen Geräten können jedoch geortet werden oder sie beziehen sich vielleicht nur auf die Kommunikation zwischen *Gruppen* von Geräten. Man mag eine ausgezeichnete Performance zwischen den Rechnern einer Gruppe auf der einen Seite eines Routers haben, aber Performance kann sinken, wenn die Pakete über den Router weitergeleitet werden müssen. Bei Hubs und Switches wird man die Probleme wahrscheinlich nur beschränkt auf die Computer feststellen können, die mit dem Hub oder Switch direkt verbunden sind.

Software-bedingte Engpässe

Diese Engpässe treten in Software-Paketen selbst oder bei der Kommunikation zwischen Programmpaketen auf. Die meisten der später in den Abschnitten *Konfigurationsoptionen von LINUX* und *Konfigurationsoptionen von Windows* beschriebenen Optionen zur Konfiguration wurden zur Behebung solcher softwarebedingten Engpässe entworfen. Einige mit der Hardware verbundene Engpässe mögen faktisch eine Art softwarebedingter Engpass sein. Schlechte Treiber oder Firmware kann zum Beispiel schlechtere Performance hervorrufen, auch wenn die Hardware zu besserer Leistung fähig ist.

Treiber

Eine häufige Quelle softwarebedingter Engpässe sind schlecht programmierte Treiber. Unter LINUX sind leistungsschwache Treiber besonders oft mit neuester Hardware verknüpft. Zum Beispiel besaßen die Kernel der Versionen 2.2.*x* nur eine sehr eingeschränkte Unterstützung für die ATA/66 EIDE-Festplatten-Controller. Diese Unterstützung hat sich für die Kernel 2.4.*x* gewaltig verbessert, aber nicht alle derartigen Controller werden bisher unterstützt. Hat ein Rechner einen solchen nicht unterstützten ATA/66 EIDE-Controller, kann es sein, dass dieser nicht im DMA-Modus nutzbar ist, was die Performance des System merklich senken kann. Die beste Wahl, die man in dieser Situation hat, ist es, die Hardware zu ersetzen. Alternativ lassen sich eigene Treiber entwickeln, wenn man ein hinreichend geschickter Programmierer ist oder einen solchen anheuern kann, um die leistungsschwachen oder fehlenden Treiber durch diese zu ersetzen.

Auch wenn die meiste Hardware von Windows 9*x* gut unterstützt wird, gilt das nicht in gleichem Maße für Windows NT und Windows 2000 oder für andere als Microsoft-Betriebssysteme wie OS/2. Man braucht daher gelegentlich Treiber-Updates oder muss die Hardware ersetzen, wenn man diese Betriebssysteme nutzt, will man zuverlässige und schnelle Treiber verwenden. Selbst unter Windows 9*x*, das nahezu alle

Hardware unterstützt, sind einige Treiber schneller oder stabiler als andere. Ein Blick auf *Deja News* (`http://www.deja.com/usenet`) zeigt die Erfahrungen anderer Leute mit Treibern für bestimmte Hardware.

Der zuverlässigste Weg, um Treiber-Probleme ausfindig zu machen, ist der Austausch des fraglichen Treibers. Unglücklicherweise kann dies ein ermüdender Vorgang sein. Oft wird dadurch auch der Austausch der Hardware-Komponente zusammen mit dem Treiber notwendig, so dass man nicht wirklich weiß, ob das Problem dem Treiber oder der Hardware zuzuordnen war. Einige Geräte arbeiten mit verschiedenen Treibern. Unter Windows mag das Betriebssystem einen Treiber enthalten der sich von dem unterscheidet, der vom Hersteller geliefert wurde. Es mag von Wert sein, beide zu testen. Einige Geräte brüsten sich mit mehreren Treibern unter LINUX. Am bemerkenswertesten darunter sind verschiedene EIDE-Controller, die sowohl mit generischen EIDE-Treibern arbeiten als auch mit Varianten, die DMA-Modus für spezielle Chipsätze ermöglichen. Weiterhin arbeiten der weit verbreiteteTulip-Chipsatz für Ethernet-Karten und seine Clones mit den Treibern `de4x5` und `tulip` wie auch mit einer modifizierten Version von `tulip` für einige aktuelle Clones.

Netzwerkstacks

Wie in *Kapitel 1: Eine Einführung in SMB/CIFS* und *2: Einbinden von SMB/CIFS in LINUX* beschrieben, arbeitet Samba gewöhnlich auf dem TCP/IP-Netzwerk-Stack. SMB/CIFS kann im Allgemeinen jedoch auch auf NetBEUI oder dem IPX-Stack aufsetzen und *Procom Technology* (`http://www.procom.com`) hat im Jahr 2000 einen NetBEUI-Stack für LINUX herausgegeben. Glücklicherweise haben die meisten Betriebssysteme heutzutage einen ausgereiften und effizienten TCP/IP-Stack, so dass diese Implementierungen wahrscheinlich nicht der Grund für einen bedeutenden Engpass sind. Gelegentlich können jedoch TCP/IP-Optionen zu einer schlechten Performance des Netzwerks führen, etwa wenn zwei Computer so konfiguriert sind, dass sie unpassende Paketgrößen verwenden. Einige dieser Punkte werden in den Abschnitten *TCP/IP-Performance unter LINUX* und *Konfigurationsoptionen von Windows* später in diesem Kapitel beschrieben.

Computer mit besonderer Aufgabe im Netz können gelegentlich Performance-Probleme verursachen. Dies ist zum Beispiel der Fall, wenn ein Router die Performance beeinträchtigt. Andere mögliche Quellen für solche Störungen sind etwa ein:

langsamer DNS-Server Wenn die DNS-Namensauflösung langsam abgewickelt wird, kann es zu Verzögerungen bei der Suche nach Host-Namen kommen, aber darauf aufbauende Operation laufen weiterhin gut. Dies ist sehr wahrscheinlich nur dann der Fall, wenn Samba so konfiguriert ist, dass es DNS vor allen anderen Formen der Namensauflösung nutzen soll (über den Parameter `name resolve order`), oder wenn vergleichbare Optionen für Clients unter Windows NT oder Windows 2000 benutzt werden. Standardmäßig verwendet Windows 2000 DNS vor NBNS oder Namensauflösung über Rundruf. Verzögerungen bei der Suche nach Host-Namen wird man dann auch für andere Netzwerkprotokolle als SMB/CIFS feststellen können.

falsch konfigurieter DHCP-Server Falls das Netzwerk einen DHCP-Server zur Konfiguration anderer Systeme nutzt, kann eine fehlerhafte Einstellung dieses Servers schwerwiegende negative Konsequenzen haben. Weil man DHCP benutzen kann, um damit die NetBIOS-Namensauflösung für Windows-Rechner einzustellen, kann eine fehlerhafte Konfiguration von DHCP die Namensauflösung verlangsamen. (Mehr Informationen dazu findet man unter *Festlegen des Knotentyps* im *Kapitel 9: Samba als NBNS-Server*.) Eine falsche Netzwerk-Maske, manuell oder via DHCP gesetzt, kann zu Verzögerungen führen oder die Verbindung zu speziellen Computern verhindern.

überladener PDC, NBSN-Server oder Master-Browser Die kritischen Computer mit Sonderaufgaben in einem Windows-Netzwerk können Probleme verursachen, wenn sie überladen sind. Glücklicherweise bindet weder die Funktion eines NBNS-Servers noch die eines Master-Browsers viele Ressourcen, somit sind diese als Ursache von Engpässen nahezu auszuschließen. PDC beherbergen jedoch häufig Heimat-Shares und in einigen Fällen kann die Authentifizierung in bescheidenem Maße die CPU belasten. Computer mit zu geringer Ausstattung, die aber mit diesen Aufgaben betraut sind, neigen zu Verzögerungen beim Browsen und bei der Verbindungsaufnahme zu anderen Rechnern.

Client-Software

Eine andere potenzielle Quelle für eine schlechte Netzwerk-Performance ist schlecht geschriebene Client-Software. Da ein Datenaustausch über das Netz gewöhnlich mehr Zeit in Anspruch nimmt als der Zugriff auf eine lokale Platte, kann ein Programm, das wiederholt oder unnötig Dateien liest, einen negativen Einfluss auf die Performance haben. Dies betrifft den Client, auf dem diese Software läuft, aber auch andere Computer im Netzwerk (da der Client Bandbreite und Server-Ressourcen verschwendet, die ansonsten anderen Anwendern zugute kommen würden). Die meisten Office- und Produktivitätsanwendungen wurden vor dem Hintergrund entwickelt, dass sie auf ein Netzwerk zugreifen müssen, und brauchen in dieser Hinsicht nicht näher untersucht zu werden. Bei Auswertungs-Software sollte man allerdings deren Bedarf an Plattenzugriffen (und damit möglichen Netzwerkzugriffen) in Erwägung ziehen. Sind zwei Pakete ansonsten gleich, aber eines liest und schreibt öfter Dateien, sollte man das Paket bevorzugen, das bei den Platten-/Netzwerkzugriffen sparsamer ist.

Die bekannte Office-Anwendung *Microsoft Word* beinhaltet ein Feature namens *Schnellspeicherung*, das die Zeit zum Speichern einer Datei reduziert. Dies wird dadurch erreicht, dass die neuen Daten an die Datei angehängt (append) werden, anstatt diese komplett neu zu speichern. Man kann dieses Feature aktivieren oder deaktivieren, indem man im Dialog *Optionen*, der in *Abbildung 12.2* zu sehen ist und den man über *Extras>Optionen* öffnet, das Register *Speichern* auswählt. Um dieses Feature zu aktivieren, muss das Kontrollkästchen *Schnellspeicherung zulassen* ausgewählt sein.

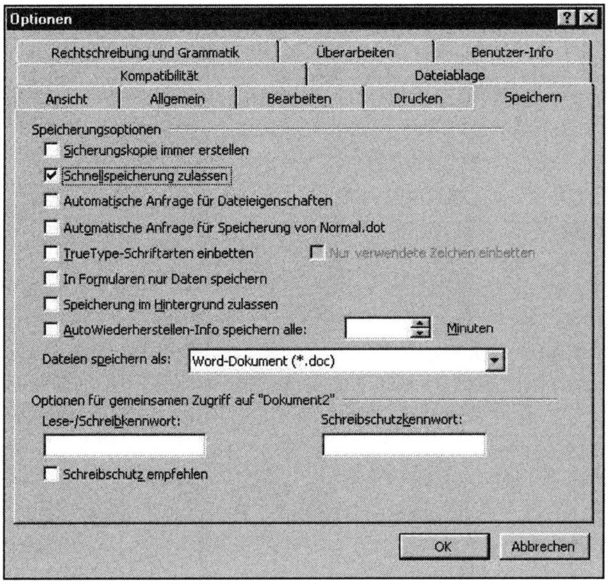

Abbildung 12.2: Die Schnellspeicherung von *Microsoft Word* beeinflusst die Datenmenge, die das Programm beim Lesen und Schreiben einer Datei übertragen muss

WARNUNG

Obwohl diese Schnellspeicherung den Verbrauch an Netzwerkbandbreite verringern kann, wenn Netzwerkverkehr im Wesentlichen durch das Speichern *von Word-Dateien entsteht, so hat diese Option auch zwei schwerwiegende Nachteile. Zum einen sind die entstandenen Dateien unverhältnismäßig größer als üblich und* erhöhen *so den Netzwerkverkehr, wenn sie wieder gelesen werden. Zum anderen können solche schnell gespeicherten Dateien von anderen Programmen sehr viel schlechter gelesen werden. Sollen solche Dateien unter LINUX mit Programmen wie StarOfffice, Applix Words oder WordPerfect gelesen werden, dann nutzt man diese Option besser nicht.*

Server-Sofware

Im Zusammenhang mit diesem Buch ist mit Server-Software gewöhnlich Samba gemeint, obwohl man in einigen Fällen LINUX als Client und Windows-Rechner als Server benutzen will. Der Abschnitt *Konfigurationsoptionen von Samba* beschreibt viele der Samba-Parameter, die die Performance betreffen. Leider kann die Optimierung von Samba für einen Client den Effekt haben, dass einem anderen Leistung genommen wird.

Wer hinreichend am Tuning von Samba interessiert ist, um in den Code einzusteigen, der ist herzlich willkommen. Sie erfahren auf der Samba-Homepage `http://www.samba.org`, wie man etwas zum Samba-Projekt beitragen kann.

Engpässe umgehen

In einigen Fällen mag es nicht lohnen oder nicht möglich sein, den Flaschenhals zur Zufriedenheit zu erweitern. Man muss vielleicht einen Weg finden, den Engpass zu umgehen, anstatt ihn direkt anzufassen. Dieser Abschnitt zeigt einige generelle Ansätze, die man benutzen kann.

Anforderungen an das Netzwerk reduzieren

Man kann die Ansprüche an die Netzwerk-Ressourcen zurückfahren, indem man die Software für die Clients austauscht oder die Anwender dazu bewegt, ihre persönlichen Einstellungen anzupassen. Man kann vielleicht auch einige der allgemein benutzten, unveränderlichen Teile des Software-Pakets wie etwa die wichtigen Programmdateien auf den einzelnen Clients statt auf dem Server installieren. Dummerweise neigen diese Ansätze dazu, den Nutzen eines Netzwerk-Servers zu mindern.

HINWEIS

Insgesamt ist das Umgehen von Engpässen nicht das, was man gewöhnlich will. Es ist am besten, die Ursache des Problems benennen zu können. Manchmal ist das aber nicht möglich und ein solcher Workaround *ist das einzige, was einem zu tun bleibt. In anderen Fällen mag eine solche Ersatzlösung Vorteile offenbaren, die man vorher nicht bedacht hat. Mag sein, dass man herausfindet, dass der Wechsel zu einem PostScript-Drucker zu einer besseren Druckqualität führt oder eine neue Anordnung des Netzwerks auf längere Sicht mit weniger Verwaltungsaufwand verbunden ist.*

Computer neu anordnen

Einige Engpässe ergeben sich aus dem Netzwerkverkehr über große Distanzen in einem Netzwerk mit vielen Subnetzen. Nehmen wir als Beispiel das in *Abbildung 12.3* dargestellte Netzwerk. Wenn `PIERCE` ein stark benutzter Server ist, dann ist seine Platzierung im Netzwerk alles andere als optimal, weil für `PIERCE` bestimmte Pakete von einigen Systemen aus (namentlich `TYLER` und `POLK`) alle drei Subnetze durchlaufen müssen, um `PIERCE` zu erreichen. Ein besserer Platz für `PIERCE` ist in diesem Szenario das mittlere Subnetz zusammen mit `TAYLOR` und `FILLMORE`. Wird `PIERCE` hauptsächlich von `TYLER` und `POLK` genutzt, dann wäre dieser Server in deren Subnetz am besten aufgehoben. Eine andere Möglichkeit wäre es, einen Router zu entfernen und alle drei Subnetze über einen Router direkt zu verbinden. In diesem Fall beansprucht keine Kommunikation zwischen zwei Computern mehr als zwei Subnetze. Man kann den Einfluss solchen Subnetz-übergreifenden Datenverkehrs auch dadurch einschränken, dass man anstelle von Hubs Switches für jedes Subnetz einsetzt.

Abbildung 12.3: Ein ineffizientes Layout für ein Netzwerk kann zu schlechter Performance führen

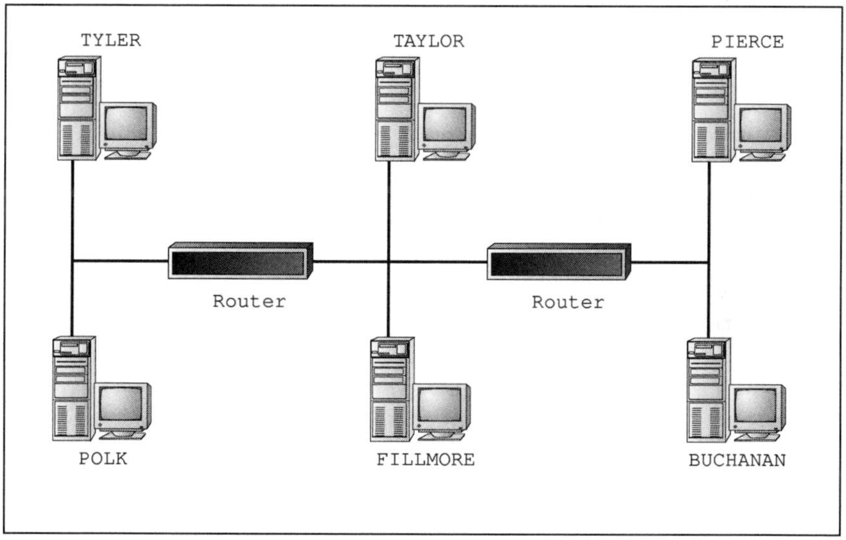

Druck-Protokolle wechseln

Kapitel 6: Druckerfreigaben konfigurieren beschreibt zwei Möglichkeiten, wie man Drucker, die PostScript nicht verstehen, über Samba ansprechen kann. Man kann den Drucker im „raw"-Modus betreiben oder einen aus Sicht des Clients angestammten Treiber verwenden. Man kann den

Drucker aber auch als PostScript-Drucker bereitstellen, indem man die Druckdateien vor dem eigentlichen Druck noch durch Ghostscript bearbeiten lässt. In den meisten Fällen führt die zweite Variante zu kleineren Druckdateien und verringert so den Netzwerkverkehr. Wird der Flaschenhals andererseits jedoch durch eine schwache CPU-Leistung des Printservers verursacht, wird ein Wechsel zum „raw"-Modus ohne Verwendung von Ghostscript zu einem schnelleren Druck führen, aber zum Preis eines höheren Netzwerkverkehrs.

Problematische Aktionen vermeiden

In einigen Fällen lässt sich die Nutzung eines Features verhindern, dessen Verwendung bremst. Dieser Rat ist wahrscheinlich wenig hilfreich in Fällen, in denen Datenübertragung im Netz allgemein langsam ist. Man kann jedoch Verzögerungen beim Browsen dadurch vermeiden, dass man über ein Netzwerk-Anmeldeskript Freigaben mountet und einem Laufwerksbuchstaben zuweist oder dies mithilfe eines entsprechenden Icons für ausgewählte Freigaben auf dem Windows-Desktop erwirkt. Die Verwendung der Datei `lmhosts` oder eines NBNS-Servers kann durch Rundrufe bei der Namenssuche verursachte Probleme reduzieren.

Konfigurationsoptionen von LINUX

Will man die Performance von LINUX steigern, stehen einem drei Ebenen zur Konfigurationen zur Verfügung: Samba, allgemeine Netzwerkkonfiguration und sonstige Konfigurationen wie das Optimieren des Festplattenzugriffs. In diesem Zusammenhang werden die Konfigurationsoptionen von Samba herausgestellt, da die anderen Möglichkeiten zu breit gestreut sind und nicht unbedingt Samba betreffen – dieses Buch ist aber letztlich ein Buch über Samba.

Die meisten dieser Konfigurationsoptionen hängen sehr stark von der jeweiligen Situation ab (sie sind kontext-sensitiv) - das bedeutet, dass eine Einstellung, die an dem einen Server oder in dem einen Subnetz gut funktioniert für einen anderen Server oder ein anderes Netzwerk unbrauchbar ist. Glücklicherweise sind die Voreinstellungen von Samba und LINUX für die Mehrzahl der Netzwerke vernünftig, man kann aber auch einige Bereiche finden, die der Verbesserung bedürfen.

Konfigurationsoptionen von Samba

Sambas Optionen zur Performance, fallen in zwei deutlich unterscheidbare Kategorien:

- Optionen, die nur zu dem Zweck entworfen wurden, die Performance-Charakterisken von Samba zu ändern.
- Optionen, die zusätzliche Funktionalität bringen, aber einen negativen Einfluss auf die Performance von Samba haben.

In den meisten Fällen haben die Optionen, die zum Optimieren der Performance entworfen wurden, geeignete Voreinstellungen, man kann aber mit diesen Werten experimentieren, um zu sehen, ob einige davon für die spezielle Netzwerksituation verbessert werden können. Viele der Parameter, die zusätzliche Funktionalität bringen sollen, tun dies gemäß ihrer Voreinstellung - sie mindern dadurch aber die Performance. Man mag versuchen, sie anzupassen, stelle sich dann aber darauf ein, sie auf die alten Werte zurücksetzen zu müssen, wenn es Probleme mit Client-Programmen gibt.

Optionen zur Leistungssteigerung

Die Samba-Optionen zur Leistungssteigerung arbeiten gewöhnlich so, dass sie die SMB-CIFS-Protokolle der unteren Schichten anpassen. Einige dieser Optionen ergänzen oder entfernen Features aus dem Repertoire von Samba oder ändern die Form des Datenaustausches.

`socket options` Dieser globale Parameter erlaubt es, Optionen festzulegen, die LINUX für eine einzelne Verbindung verwendet. Man gibt einen oder mehrere Optionen als Wert des Parameters an wie etwa in `socket options = SO_SNDBUF=8192 TCP_NODELAY`. Bei solchen LINUX-Optionen, die einen Wert erfordern, trennt ein Gleichheitszeichen Option und Wert. Ein Leerzeichen vor oder nach solchen Gleichheitszeichen ist *nicht* erlaubt, wogegen Leerzeichen vor oder nach dem Gleichheitszeichen, das dem Parameternamen `socket options` folgt, gesetzt werden *dürfen*. Die spezifischen Optionen, die man setzen kann sind:

`SO_KEEPALIVE` Samba prüft alle vier Stunden, ob der Client noch reagiert. Wenn nicht, beendet Samba die Verbindung und spart so Server-Ressourcen. Die Parameter **keepalive** und **deadtime** erfüllen denselben Zweck, aber auf unterschiedlichen Wegen.

`SO_REUSEADDR` Aktiviert die Wiederverwendung lokaler Adressen. Diese Option sollte nicht benötigt werden (LINUX sollte sie standardgemäß setzen).

`SO_BROADCAST` Aktiviert den Gebrauch von Rundruf-Paketen. Diese Option sollte nicht benötigt werden (LINUX sollte sie standardgemäß setzen). Man kann sie aktivieren, wenn man Grund zu der Annahme hat, dass Samba keine Namensauflösung über Broadcasts ausführt oder den Master-Browser nicht findet.

`TCP_NODELAY` Veranlasst Samba, mehrere Pakete bei einer Übertragung zu versenden, um so Zeit beim Warten auf Bestätigungen einzusparen. Diese Option ist voreingestellt für Samba 2.0.4 und später.

`IPTOS_LOWDELAY` Eine andere Option, die die Wartezeit zwischen Paketen berührt. Sie ist aber abgestimmt auf Netzwerke mit Routern. Man kann sie zusammen mit `TCP_NODELAY` benutzen.

`IPTOS_THROUGHPUT` Eine weitere Option, die die Performance in Netzen mit Routern beeinflussen kann.

`SO_SNDBUF=wert` Legt den Sende-Puffer für rausgehende Pakete fest. Ein `wert` von `8192` oder auch höher kann die Performance in manchen Netzen steigern.

`SO_RCVBUF=wert` Der Empfangs-Puffer, Gegenstück zu `SO_SNDBUF`. Eine Anpassung auf `8192` oder höher verbessert manchmal die Performance.

`read raw` und `write raw` Diese globalen booleschen Parameter ermöglichen es Samba, SMB/CIFS-Pakete bis zu 64 KByte zu senden und zu empfangen. Ist der jeweilige Wert auf `No` gesetzt, ist Samba gezwungen, kleinere Pakete zu bilden, was die Performance beeinträchtigt. Man sollte es bei den voreingestellten Werten `Yes` belassen, außer ein sehr alter Client arbeitet merklich unzuverlässig mit Samba zusammen.

`max xmit` Dieser globale Parameter legt die maximale Paketgröße in Byte fest, die Samba beim Datenaustausch mit Clients verwendet. Voreingestellt ist `65535`, was in den meisten Netzwerken eine optimale Performance bewirkt. In seltenen Fällen wird ein kleinerer Wert bessere Resultate bringen, aber Werte unter `2048` führen mit hoher Wahrscheinlichkeit zu Problemen.

`nt smb_support` Dieser globale Parameter bestimmt, ob Samba Windows NT-spezifische SMB/CIFS-Befehle benutzt oder nicht. In der Theorie sollte die Verwendung dieser Befehle die Performance steigern oder zumindest keinen diesbezüglichen Effekt haben, aber für Samba 2.0.7 ist bisweilen das Gegenteil der Fall. Diese Option sollte auf `No` gesetzt werden, wenn man Performance-Probleme mit Clients unter Windows NT oder 2000 feststellt.

`change notify timeout` Ein NT-spezifischer SMB/CIFS-Befehl ist `ChangeNotify`, den ein Client ausgeben kann, damit ein Server nur dann reagiert, wenn sich der Inhalt eines Verzeichnisses geändert hat. Der Parameter `change notify timeout` legt das Intervall in Sekunden fest, in dem Samba diese Änderungen prüfen soll. Setzt man diesen Wert herauf, erhöht sich die Performance von Samba zu dem Preis, dass die Rückmeldungen weniger häufig kommen. Voreingestellt sind `60` Sekunden.

`deadtime` Dieser globale Parameter legt die Zeit in Minuten fest, die Samba warten soll, bevor es die Verbindung zu einem inaktiven Client löst. Setzt man diesen Parameter auf einen kleinen Wert, können dadurch Ressourcen freigesetzt und die Performance erhöht werden, dies führt aber auch zu kleinen Verzögerungen, wenn ein Client sich automatisch wieder bei einem Dienst anmeldet, nachdem die Verbindung unterbrochen wurde. Die Voreinstellung ist `0`, was das Feature des automatischen Verbindungsabbruchs außer Kraft setzt.

`keepalive` Dieser globale Parameter legt die Anzahl der Sekunden zwischen dem Versenden von `keep-alive`-Paketen an den Client fest, mit denen geprüft wird, ob der Client noch lebt. Dieser Parameter ist dem Parameter `socket options = SO_KEEPALIVE` ähnlich. Wie auch `deadtime` kann `keepalive` dazu beitragen, dass Ressourcen beim Server freigemacht werden, wenn Clients häufig ans Netz gehen und sich wieder von ihm trennen. Die Voreinstellung ist 0, was den Gebrauch der `keep-alive`-Pakete unterbindet.

`oplocks` *Opportunistic Locks* (kurz *oplocks* - etwa *günstige Sperren*) sind ein Weg, den Clients einen Cache für Dateizugriffe über das Netz zu ermöglichen, und erhöhen sie so die Performance um bis zu 30 Prozent. Nutzt man dieses Feature, setzt das eine gewisse Koordination am Server voraus, damit nicht ein Client die Änderungen eines anderen überschreibt. Die Voreinstellung für diesen Parameter auf Share-Level ist `Yes`, es mag aber Fälle geben, in denen man diese Locks deaktivieren will. Als Beispiele seien hier die meisten Datenbank-Dateien genannt und solche Dateien, die höchstwahrscheinlich sowohl durch Samba-Clients als auch auf anderem Wege geändert werden (lokal und durch Fileserver, die nicht mit Samba laufen, wie NFS oder Netatalk). Man kann entweder `oplocks = No` setzen, um diese Locks für einen gesamten Share zu deaktivieren, oder den Parameter `veto oplock files`, um sie für einzelne Dateien eines Share aufzuheben. *Kapitel 5: Konfiguration zur Freigabe (Share) von Dateien* beschreibt diese und verwandte Optionen ausführlicher.

`strict locking` Dieser Parameter auf Share-Level hat einen voreingestellten Wert von `No`, was Samba dazu veranlasst, File-Locking nur durchzuführen, wenn ein Client danach fragt. Einige fehlerhafte Clients arbeiten besser mit `strict locking = Yes`, aber die Zugriffe brauchen mehr Zeit.

`blocking locks` Falls ein Client versucht, eine Datei zu öffnen, dies aber wegen eines Locks nicht kann, kann es sein, dass er versucht, den Server durch *Polling* immer wieder mit dem Öffnen der Datei zu beauftragen. Ein *Blocking Lock* ist ein Weg, diese Performance raubende Praxis zu unterbinden, indem der Server Kontakt zum Client aufnimmt, wenn die Datei wieder verfügbar ist. Dieser Parameter auf Share-Level hat daher die Voreinstellung Yes, was die Performance in einigen Fällen heben kann.

`strict sync` Dieser Parameter auf Share-Level veranlasst Samba, wenn er wie voreingestellt auf `No` gesetzt ist, Anfragen der Clients zur Synchronisation von Platten zu ignorieren. Viele Windows-Programme, darunter auch der Explorer, geben solche Anfragen häufiger aus, als es notwendig ist, und beeinträchtigen damit ernsthaft die Performance, wenn `strict sync = Yes` gesetzt ist. Der Nachteil, wenn man den Wert dieses Parameters auf `No` setzt, ist der, dass Daten verloren gehen können, wenn der Server abstürzt. In den meisten Netzwerken mit stabilen LINUX-Systemen ist `No` die angemessene Wahl, man kann aber auch `Yes` benutzen, wenn Datensicherheit wichtiger ist als Geschwindigkeit.

`sync always` Setzt man `strict sync = Yes`, kann man noch einen Schritt weiter gehen, indem man `sync always = Yes` setzt, was die Synchronisation der Platten bei *jedem* Zugriff bewirkt, ob der Client danach fragt oder nicht. Der Gebrauch dieser Option mindert die Performance von Samba *beträchtlich*, so dass man sie nur verwenden sollte, wenn der Samba-Server nicht stabil genug läuft. Ist das aber so, dann hat man größere Probleme, die man mit anderen Mitteln angehen sollte, wie dem Austausch instabiler Hardware, dem Aufspüren und gegebenenfalls Austausch eines fehlerhaften Kernel-Moduls.

`getwd cache` Dieser globale Parameter bewirkt, dass sich Samba den Pfad zum aktuellen Verzeichnis merkt. Gesetzt auf `Yes`, kann er die Performance leicht anheben, die Voreinstellung ist `No`.

`read size` Wenn Samba Daten von der Platte liest und sie dann über das Netz überträgt, gibt es eine Verzögerung zwischen dem Beginn des Lesevorgangs und dem Senden der Daten. Angesammelt über mehrere Pakete hinweg, kann dies eine Minderung des Datendurchgangs bewirken. Der globale Parameter `read size` kann diese Reduzierung minimieren, indem er den Beginn der Netzwerkübertragung veranlasst, bevor das Lesen von der Platte abgeschlossen ist. Stattdessen beginnt die Datenübertragung, wenn eine festgelegte Anzahl Bytes von der Platte gelesen worden ist. Beim voreingestellten Wert von `16384` muss Samba, wenn es 64 KByte Daten senden muss, mit der Übertragung nach 16 KByte an gelesenen Daten beginnen. Erlaubte Werte für `read size` liegen zwischen `1024` und `65536`, wobei der optimale Wert stark von der Geschwindigkeit des Netzwerks und der Platte des Servers abhängt.

`lpq cache time` Dieser globale Parameter ist mit 10 voreingestellt, was Samba dazu veranlasst, die Ergebnisse eines Druckbefehls (der über einen Parameter `print command` veranlasst wurde) für zehn Sekunden im Cache zu halten. Dauert die Ausführung des Druckbefehls relativ lange, sollte man diesen Wert eventuell erhöhen, damit Samba ihn nicht mehrfach aufrufen muss.

`shared mem size` Dieser globale Parameter ist streng genommen kein Parameter zur Steigerung der Performance, aber er berührt den Speicherverbrauch und die Stabilität. Standardmäßig beansprucht Samba 1 MByte an RAM, das sich alle `smbd`-Prozesse teilen. Für sehr große Server mag dieser Wert unzureichend sein, so dass man ihn über den Parameter `shared mem size` erhöhen kann. So setzt `shared mem size = 2097152` diesen Wert auf 2 MByte fest.

Stellt man Performance-Probleme bei Samba fest, kann man versuchen, einen der vorstehenden Parameter anzupassen, wenn er in Verdacht steht, die Quelle für die Probleme zu sein. Es ist dabei das Beste, immer nur einen Parameter zur Zeit zu ändern, um so herauszufinden, welche Parameter die wichtigsten für ein gegebenes Netzwerk sind. Besonderes Augenmerk sollte auf die Parameter `socket options`, `nt smb support`, `oplocks` und `read size` gelegt werden, weil diese am ehesten für Probleme sorgen können. Besonders im Fall des Parameters `read size` mag der optimale Wert, der für einen Server gilt, nicht auf einen anderen übertragbar sein. Diese Möglichkeiten zur Steigerung der Performance sind jedoch nicht die einzigen, die die Leistung beeinflussen können. Andere Parameter wurden entworfen, um wesentliche Funktionalitäten zu ergänzen, sie können aber in einigen Situationen die Performance beeinträchtigen. Sie sollen als Nächstes untersucht werden.

Optionen zur Bequemlichkeit, die die Performance berühren

Samba kennt einige Optionen, die zusätzliche Funktionalität gewähren, aber zu Lasten der Performance gehen. Will man einen blitzschnellen Server, kann man die Einstellungen dieser Optionen ändern – muss dann aber vielleicht feststellen, dass einige Clients oder Client-Anwendungen nicht mehr gut oder auch überhaupt nicht mehr funktionieren. Viele dieser Optionen wurden bereits anderswo in diesem Buch besprochen, hier aber steht ihr Einfluss auf die Performance von Samba zur Diskussion.

`log level` Samba unterstützt Log-Level zwischen `0` (kein Logging) und `10`. Da Logging das Schreiben von Daten auf Platte verlangt, bedeutet eine Erhöhung dieses Wertes vermehrten Plattenzugriff je Datenübertragung und somit verminderte Performance. Eine Erhöhung des Parameterwertes `log level` von `0` auf `3` wird die Leistung wahrscheinlich um rund fünf Prozent senken und höhere Werte können noch dramatischere Geschwindigkeitseinbußen nach sich ziehen. Ein Synonym für diesen globalen Parameter ist `debug level`.

hide files Dieser Parameter auf Share-Level bewirkt, dass Samba das Hidden-Bit für Dateien setzt, deren Name einem festzulegenden Muster entspricht. Zum Besipiel wird Samba durch hide files = Mail/News/*.rpm veranlasst, Dateien oder Verzeichnisse namens Mail oder News zu verbergen, genauso wie Dateien (oder Verzeichnisse), deren Name auf .rpm endet. Dieser Parameter verlangsamt das Auflisten von Dateien.

veto files Ein anderer Parameter auf Share-Level, der sehr ähnlich wie hide files arbeitet, aber anstatt das Hidden-Bit zu setzen, werden dem Client die Dateien einfach nicht angezeigt. Wie auch hide files verlangsamt veto files das Auflisten von Dateien.

case sensitive Dieser Parameter auf Share-Level ist voreingestellt auf den Wert No, was bewirkt, dass Samba Dateinamen unabhängig von Groß-/Kleinschreibung behandelt. Da LINUX bei Dateinamen Groß- und Kleinschreibung unterscheidet, bringt diese Option eine bessere Performance beim Öffnen von Dateien. Daher mag man versuchen, den Wert dieses Parameters auf Yes zu setzen, muss dann aber in Kauf nehmen, dass einige Programme bestimmte Dateien nicht mehr öffnen.

TIPP

Man kann den Parameter case sensitive = Yes *in eine ergänzende Konfigurationsdatei schreiben und ihn dann über den Parameter* include *und geeignete Variablen in* smb.conf *einbinden. Beispielsweise könnte man diese Datei* samba.conf.samba *nennen und über* include = smb.conf.%a *ausschließlich für Samba-Clients einbinden. Eine solche Konfiguration erlaubt die Optimierung der Performance von Samba für einige Clients, auch wenn diese Option für andere das genaue Gegenteil bewirken würde.*

wide links Dieser Parameter auf Share-Level legt fest, ob Samba Links folgen soll, die auf Dateien verweisen, die außerhalb des normalen Bereichs der Freigabe liegen. Angenommen die Wurzel eines Share ist /home/samba/freigabezeugs und den Share enthält einen Link nach /etc. Mit wide links = Yes (die Voreinstellung), kann der Anwender diesen Link nutzen und auf Dateien in /etc zugreifen. Setzt man wide links = No, werden solche Zugriffe unterbunden, was die Sicherheit erhöht, aber vielleicht einige Unbequemlichkeit mit sich bringt. Außerdem wird durch wide links = No die Performance beeinträchtigt, weil Samba bei jedem Link nachprüfen muss, ob er benutzt werden darf.

follow symlinks Wie wide links berührt auch follow symlinks das Verhalten von Samba bezüglich Links. follow symlinks erlaubt oder blockiert aber Zugriffe auf *jeden* symbolischen Link, nicht nur auf solche, die auf Dateien verweisen, die außerhalb des normalen Bereichs der Freigabe liegen. Voreingestellt für diesen Parameter auf Share-Level ist der Wert Yes, setzt man ihn aber auf No, wird dadurch die Performance leicht gesenkt.

username level **und** password level SMB/CIFS verwendet im Gegensatz zu LINUX Benutzernamen und Passwörter ohne Unterscheidung von Groß- und Kleinschreibung. Daher ist es für Samba bisweilen notwendig, Name und Passwort anzupassen, wenn sich ein Benutzer beim

Server anmeldet. Beide Parameter legen die maximale Anzahl von Zeichen fest, die Samba für diese Anpassung in Großbuchstaben umzuwandeln versucht. (Im Falle von `password level` versucht Samba vorab, zuerst das Passwort, so wie es übergeben wurde, zu verwenden, und konvertiert es dann, falls nötig, komplett in Kleinbuchstaben. Bei Benutzernamen versucht Samba vorab den in Kleinbuchstaben umgewandelten Namen und dann den Namen mit dem ersten Buchstaben als Großbuchstaben.) Ist zum Beispiel `password level = 1` und gibt der Benutzer als Passwort `GDA11AS` ein, dann probiert Samba zuerts `GDA11AS`, dann `gdallas` und schließlich alle Varianten, in denenj eweils ein Zeichen ein Großbuchstabe ist wie `Gdallas`, `gDallas` und so weiter.

Diese Parameter werden gelegentlich gebraucht, weil einige Clients Benutzernamen oder Passwörter komplett in Groß- oder in Kleinbuchstaben umformen. Unglücklicherweise können durch die Verwendung dieser Parameter die Anmeldeversuche länger dauern. Außerdem beeinträchtigen sie die Sicherheit. Sind die Werte hoch genug gesetzt, braucht sich ein Möchtegern-Cracker nicht um die Groß- und Kleinschreibung von Benutzernamen und Passwort zu kümmern. Voreingestellt ist für beide Parameter der Wert `0` und es ist ratsam, dies so zu lassen, solange man sie nicht notwendigerweise ändern muss.

Man muss es selbst entscheiden, ob der Einsatz eines Features zu Lasten der Performance lohnt. Man sollte vielleicht einige Experimente durchführen, um zu bestimmen, was man mit bestimmten Einstellungen der Parameter von Samba gewinnt. Die Tests sollten in jedem Fall unter realen oder annähernd realen Bedingungen durchgeführt werden. Features wie `case sensitive` können bei Freigaben mit wenigen Dateien einen anderen Einfluss auf die Performance haben als bei einem Share mit vielen Dateien.

TCP/IP-Performance unter LINUX

Benutzt man nicht ausdrücklich den NetBEUI-Stack von *Procom* für LINUX, baut Samba auf das TCP/IP von LINUX für die unteren Netzwerkschichten auf. In den meisten Fällen setzt LINUX Standardwerte, die die Performance optimieren, wenn man aber eine schlechte Netzwerk-Performance generell für LINUX-Rechner feststellt, sollten die Einstellungen für den TCP/IP-Netzwerk-Stack überprüft werden. Dies schließ ein:

MTU-Größe Die Größe der maximalen Transfereinheit (*Maximum Transfer Unit* – kurz *MTU*) ist die Anzahl der Bytes, die zu einem einzelnen Datenpaket zusammengefasst werden, um sie über das Netzwerkkabel zu schicken. Für Ethernet ist dieser Wert generell 1.500 Byte, kann aber bei anderen Medien abweichen. Man kann die MTU-Größe durch Eingabe von `ifconfig eth0` bestimmen (wobei `eth0`, falls nötig, der tatsächlichen Schnittstelle angepasst werden muss). Eine der Ausgabezeilen zeigt den Wert für MTU an. Um die MTU anzupassen, gibt man (als Benutzer `root`) den Befehl `ifconfig` in Verbindung mit der Option `mtu wert` ein. Mit dem Befehl `ifconfig eth0 mtu 1400` wird der Wert für die MTU der Schnittstelle `eth0` auf `1400` festgelegt. Viele Router benutzen eine MTU von 576, so dass man bei Performance-Problemen, die mit dem Router zusammenzuhängen scheinen, durch Festlegen der MTU-Größe auf den Wert 576 die Situation verbessern kann. Für eine optimale Performance sollte der Samba-Parameter `max xmit` auf einen Wert gesetzt sein, der die MTU-Größe übersteigt. (Voreingestellt ist für `max xmit` der Wert `65536`.)

Fenstergröße Die *Fenstergröße* (*window size*) ist die Datenmenge, die ein Computer an einen anderen senden kann, bevor der Absender prüft, ob die Daten sicher angekommen sind. Unter LINUX ist der Standardwert für die Fenstergröße 32 KByte, aber einige ältere Ethernet-Karten arbeiten nicht gut mit solch hohen Werten. Man kann diesen Parameter anpassen, wenn man den Befehl `route` benutzt, um eine Netzwerkschnittstelle an ein bestimmtes Netzwerk zu binden. Normalerweise sieht dieser Befehl etwa wie folgt aus `route add 192.168.23.0`, man kann aber `window wert` ergänzen, um die Fenstergröße auf den Wert *wert* in Byte festzulegen. (Bei den meisten LINUX-Distributionen erscheint der Befehl `route` in einem Netzwerkstartskript.) Normalerweise braucht man die Option `window` des Befehls `route` nur für das lokale Netzwerksegment, nicht für das, das das Gateway-System festlegt oder andere. Es ist ratsam, diese Option nur zu nutzen, wenn `ifconfig ethn` einen großen Anteil an Paketen zeigt, die fallen gelassen wurden (*dropped*) oder zu lange gelaufen sind (*overrun*).

Duplex-Betrieb Werden in einem Ethernet ein Switch oder ein gekreuztes Kabel zwischen zwei Rechnern eingesetzt, dann kann man beide Systeme für einen *Vollduplex-Betrieb* konfigurieren, in dem zwei Computer gleichzeitig Daten senden und empfangen können. In einem Ethernet, in dem Hubs oder Koaxialkabel eingesetzt werden, *muss* auf der anderen Seite Halbduplex-Betrieb verwendet werden, in dem nur ein Computer zurzeit Daten übertragen kann. (Im Halbduplex-Modus treten Kollisionen dann auf, wenn zwei Computer gleichzeitig übertragen wollen. Beide Systeme müssen für eine zufällig festgelegte Zeitspanne warten, bevor sie erneut versuchen können, zu übertragen.) Vollduplex-Betrieb ist schneller, muss aber von der Hardware unterstützt werden. Im Allgemeinen arbeitet LINUX mit dem Vollduplex-Modus, wenn Netzwerk, Karte und Treiber diesen unterstützen. Hat man Grund zu der Annahme, dass LINUX den Vollduplex-Modus *nicht* nutzt, obwohl er möglich wäre, dann kann man die Option `full_duplex = 1` des Befehls `insmod` benutzen, der zum Laden eines Treiber-Moduls verwendet wird, wie etwa in `insmod 3c59x.o full_duplex=1`.

WARNUNG

Falls man versucht, Vollduplex-Betrieb unpassend einzusetzen, erhält man im besten Falle eine miserable Netzwerk-Performance. Im schlimmsten Fall wird das Netzwerk gar nicht mehr funktionieren. Bevor man versucht, diese Option zu verwenden, sollte man sich vergewissern, dass der betreffende Computer keine Netzwerkverbindung für grundlegende Operationen braucht (etwa für über NFS gemountete Heimatverzeichnisse oder für entfernte(remote)- Fontserver, wenn das System direkt im X-Modus startet).

Natürlich kann eine Vielzahl von Problemen zu einer schlechten Netzwerk-Performance unter LINUX führen, von fehlerhafter Hardware bis zu falsch konfigurierten Standard-Routen. Ist LINUX in dieser Weise falsch konfiguriert, dann wird auch Samba mit großer Sicherheit nur zögerlich arbeiten. Bevor man aber LINUX verantwortlich macht, sollte man zunächst die Konfiguration der Systeme prüfen, mit denen man die Performance von LINUX zu testen pflegt. Wenn man nur ein anderes System zur Prüfung der Geschwindigkeit von LINUX verwendet, kann es sein, dass sich das andere System als Quelle des Netzwerk-Problems herausstellt.

Zusätzliche LINUX-Optionen

Eine große Vielfalt von Konfigurtionsoptionen unter LINUX können neben den für das Netzwerk spezifschen Optionen Samba und allgemein die Netzwerk-Performance beeinflussen. Man sollte eine oder mehrere der folgenden Möglichkeiten untersuchen, wenn man Probleme hat oder den Samba-Server unter LINUX auf das höchste Leistungsniveau heben will:

Festplatten-Performance Wie weiter oben im Abschnitt *Festplatten* beschrieben, hängt Samba stark von Festplatten und deren Host-Adapter oder Controller ab. Wenn diese Komponenten nicht ordentlich arbeiten, wird Samba dies auch nicht tun. Man kann den Befehl `hdparm -tT /dev/hda` benutzen, um die Performance von `/dev/hda` zu testen. Wenn die Ausgabezeile `buffered disk reads` eine Performance zeigt, die unter 75 Prozent der vom Hersteller angegebenen liegt, muss möglicherweise der DMA-Modus oder eine andere Festplattenoption angepasst werden, von denen viele entscheidend davon abhängen, welchen bestimmten Host-Adapter oder Controller man verwendet.

Swap Space Wie andere moderne Betriebssysteme inzwischen auch, kann LINUX einen Swap-Bereich als Ergänzung zum RAM benutzen. In einigen Fällen kann dieser Swap-Bereich die Performance bremsen, in anderen dagegen wieder steigern, indem Prozessen mehr RAM zur Verfügung gestellt wird, die diesen auch stark benutzen, zu Lasten ruhender Prozesse. Als allgemeine Daumenregel sollte der Swap-Bereich eineinhalb- bis zweimal so groß sein wie der RAM, wobei diese Regel weniger streng auszulegen ist bei Servern, die ungewöhnlich gut mit RAM ausgestattet sind.

TIPP

Man kann temporär (oder auch permanent) zusätzlichen Swap-Bereich anlegen, indem man eine leere Datei (nennen wir sie `swapfile`*) anlegt, den Befehl* mkswap *darauf anwendet und schließlich mit* `swapon swapfile` *den zusätzliche Swap-Bereich aktiviert.*

Wahl des Dateisystems Zur Zeit ist das populärste native LINUX-Dateisystem *ext2fs*. Dieses führt unter LINUX üblicherweise zur bestmöglichen Performance. In einigen Fällen mag man versucht sein, ein anderes Dateisystem für den Samba-Server einzusetzen. Dies kann zum Beispiel der Fall sein, wenn man ein System von Windows auf LINUX umstellt und eine als FAT deklarierte Partition einfach übernehmen will, weil LINUX darauf Daten lesen und schreiben kann. Dies führt jedoch mit großer Wahrscheinlichkeit zur Beeinträchtigung der Perfomance. Im Falle von FAT sind Schreibzugriffe wirklich schnell, aber Leseoperationen ungewöhnlich langsam. In Zukunft werden wahrscheinlich neue Dateisysteme wie *ext3fs*, *Reiserfs* oder *XFS* unter LINUX eine größere Verbreitung finden. Es ist gut möglich, dass diese Dateisysteme eine ähnliche Performance zeigen wie ext2fs und zusätzlich die Zeit verringern, die für eine Prüfung des Dateisystems (*filesystem check*) nach einem Absturz gebraucht wird. Einige neuere Dateisysteme, die nicht für LINUX entworfen wurden, einschließlich *NTFS* von Windows NT, werden schon jetzt unterstützt oder werden in naher Zukunft unterstützt werden, aber ihre Performance wird unter LINUX nicht an die der nativen Dateisysteme heranreichen. Man sollte mit dieser Materie sehr vertraut sein oder einige Experimente durchführen, bevor man solch ein Dateisystem einsetzt.

WARNUNG

NTFS-Treiber enthalten sowohl im LINUX-Kernel der Versionen 2.2.x als auch 2.4.x Unterstützung für Lesen und Schreiben, aber die Unterstützung für das Schreiben ist offiziell experimentell. Es ist daher nicht ratsam, von LINUX aus auf eine NTFS-Partition zu schreiben. Muss man einen Server zwischen LINUX und Windows NT oder 2000 mit der Dual-Boot-Option starten und will man dieselben Dateien von beiden Betriebssystemen aus nutzen, sollte man eine zusätzliche FAT-Partition für diesen Zweck einsetzen. Diese Vorsicht ist nicht nötig, wenn LINUX als Client eines Windows NT-Servers mit NTFS-Dateisystem verwendet wird, in diesem Falle ist es Windows NT, das auf die NTFS-Partition schreibt.

Festplattenpartitionen Ein sorgfältiges Layout der Partitionen für die Festplatte kann die Performance positiv beeinflussen. Im Allgemeinen sollte man versuchen, Partitionen, auf die häufig zugegriffen wird, zusammenzufassen, um die Suchzeiten des Schreib-/Lesekopfes zu reduzieren. Hat man zwei oder mehr Platten, dann sollten die häufig benutzten Partitionen auf unterschiedliche Platten verteilt werden, um eine große Lastverteilung zu haben und die Bewegungen des Schreib-/Lesekopfes beim Zugriff auf unterschiedliche Partitionen zu mindern. Falls man die Herausforderung annehmen will, kann man das System auch als RAID-System konfigurieren.

Optimierungsoptionen des Compilers Die Performance von LINUX-Programmen kann oft dadurch verbessert werden, dass man sie für die spezielle Hardware-Architektur neu kompiliert – für eine CPU vom Typ Pentium statt 386 zum Beispiel. Dies gilt insbesondere für den LINUX-Kernel. Es ist daher ratsam, den LINUX-Kernel für den korrekten CPU-Typ neu zu compilieren, verbunden mit anderen Optimierungen, die für das Netzwerk in Frage kommen könnten. Einige LINUX-Distributionen wie *Mandrake* und *Stampede* optimieren einen Großteil ihrer Pakete für CPUs der Pentium-Reihe. Die meisten *x*86-Distributionen optimieren aber für die 386-Reihe. Man kann einen bescheidenen Performance-Schub bei Samba beobachten, wenn man es neu kompiliert und geeignete Compiler-Schalter für die CPU setzt oder einen experimentellen Pentium-optimierten Compiler wie PGCC verwendet (`http://www.acnatsci.otg/~gnielsen/pgcc/`). Performance-Gewinne durch Neu-Kompilieren von Samba in dieser Weise sind aber eher bescheiden, Neu-Kompilieren ist also nur dann anzuraten, wenn man versessen darauf ist, das letzte Bit an Geschwindigkeit aus dem Server herauszuholen.

Die meisten LINUX-Distributionen verwenden vernünftige Voreinstellungen für Dinge wie die Optimierung der Performance von Festplatten oder den Gebrauch von Dateisystemen, es schadet aber nicht, dies zu überprüfen. Da die günstigste DMA-Einstellung von einem EIDE-Controller zum anderen unterschiedlich ist, zahlt sich die Zeit, die man mit der Analyse von Details verbringt, besonders dann aus, wenn man ein System mit EIDE-Platten benutzt.

Konfigurationsoptionen von Windows

Wie LINUX enthält auch Windows eine Reihe von Konfigurationsmöglichkeiten, die die Performance des Windows-Clients oder -Servers beeinflussen. Tatsächlich sind viele dieser Optionen dieselben, wie einige der Samba- oder LINUX-Optionen, man stellt sie aber anders ein – gewöhnlich über Konfigurationsdialoge.

WARNUNG

Zahlreiche Internet-Seiten bieten Tipps zur Optimierung von Windows-Systemen für den Gebrauch mit PPP Einwahl-Verbindungen. Viele dieser Optimierungen sind beim Gebrauch in einem lokalen Netzwerk eher schädlich.

TCP/IP-Optionen unter Windows 9x

Unter Windows *9x* gibt es nur wenige Möglichkeiten, die Leistungsfähigkeit des Netzwerks zu steigern. Die meisten der verfügbaren Optionen kann man über den Dialog für den Netzwerkadapter ändern, den man wie folgt öffnet:

1. Öffnen Sie die *Systemsteuerung*.
2. Doppelklicken Sie das Icon *Netzwerk*. Windows reagiert, indem es den Dialog *Netzwerk* öffnet.
3. Wählen Sie Ihren Netzwerkadapter in diesem Dialog und klicken Sie den Button *Eigenschaften* an. Windows zeigt nun einen Dialog für diesen Adapter.
4. Fortgeschrittene Optionen zum Tuning sind auf der Registerkarte *Erweitert* zu finden, die in *Abbildung 12.4* für eine Karte des Typs *Thomas-Conrad TC6042* gezeigt wird.

Abbildung 12.4: Die verfügbaren Optionen zum Tuning variieren von einem Netzwerkadapter zum anderen

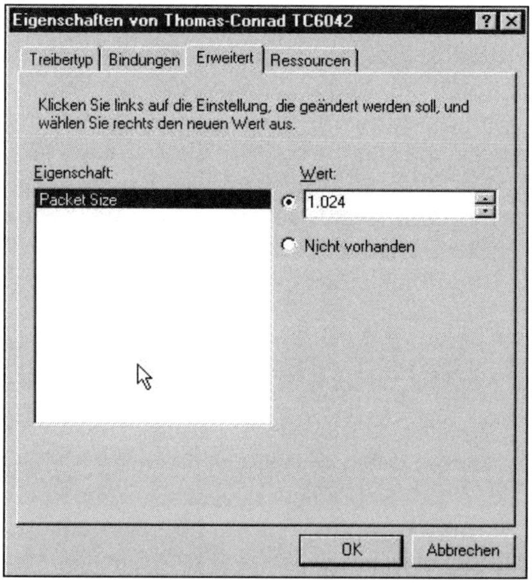

Im Falle der *Thomas-Conrad*-Karte in *Abbildung 12.4* kann nur eine fortgeschrittene Option angepasst werden: die Paketgröße. Voreingestellt ist ein Wert von 1024. Andere Netzwerkkarten unterstützen andere Optionen, die die Performance verbessern können oder auch nicht oder sie mögen sie sogar verschlechtern.

Man kann unter Windows auch die Größe der MTU anpassen, falls nötig. Die Voreinstellung ist auch hier `1500`, was für die meisten Netzwerke passt, aber möglicherweise erwartet ein Router eine kleinere MTU. Um den Wert nach unten anzupassen, erzeuge man eine Datei namens `MTUADJ.REG` mit folgendem Inhalt:

```
REGEDIT4

[HKEY_LOCAL_MACHINE\System\CurrentControlSet\Services\Class\NetTrans\0000]
“MaxMTU”=”576"
```

WARNUNG

Der Text, der mit`[HKEY_LOCAL_MACHINE` *beginnt und mit* `NetTrans\0000]` *endet, ist aus technischen Gründen im Listing auf zwei Zeilen umbrochen worden,* muss *aber in der erzeugten Datei in einer Zeile erfasst werden.*

Zwei Punkte sind möglicherweise der jeweiligen Situation anzupassen:

- Der Wert `0000` am Ende der überlangen Zeile setzt voraus, dass der Computer nur eine Netzwerkschnittstelle hat. Hat er aber zwei oder mehr (einschließlich einer PPP-Schnittstelle), muss dieser Wert auf `0001` oder höher geändert werden. Mit dem Programm `REGEDIT` kann man diesen Pfad untersuchen und notfalls manuelle Änderungen vornehmen.
- Der Wert für `MaxMTU` mag auf einen anderen als den hier angegebenen (`576`) geändert werden. Die Dokumentation des Routers sollte den zu verwendenden MTU-Wert enthalten.

Hat man die Datei erstellt, dann werden durch einen Doppelklick darauf (etwa im Explorer) die notwendigen Änderungen an der Registrierdatenbank vorgenommen. Um die Änderungen wirksam werden zu lassen, muss der Rechner neu gestartet werden.

WARNUNG

Die Datei `MTUADJ.REG`, *wie sie hier vorgestellt wurde, weist Windows an, die Registrierdatenbank zu bearbeiten. Dies ist eine potenziell äußerst gefährliche Prozedur, seien Sie sich also absolut sicher, dass Sie die Informationen korrekt übernommen haben, bevor Sie den Doppelklick auf diese Datei ausführen. Falls Sie Bedenken wegen dieser Änderung haben, unterlassen Sie sie besser.*

Die Änderung einer anderen Option mag die Netzwerk-Performance von Windows *9x* leicht verbessern, und zwar die Änderung der Größe des Empfangsfensters (weiter oben unter *TCP/IP-Performance unter LINUX* beschrieben) auf 32 KByte. Um diesen Wert zu setzen, startet man einen Editor und gibt den folgenden Text *genauso* ein, wie hier gezeigt:

```
REGEDIT4
[HKEY_LOCAL_MACHINE\System\CurrentControlSet\Services\VxD\MSTCP]
"DefaultRcvWindow"="32767"
```

WARNUNG

Der Text, der mit `[HKEY_LOCAL_MACHINE` *beginnt und mit* `MSTCP]` *endet, ist aus technischen Gründen im Listing auf zwei Zeilen umbrochen worden,* muss *aber in der erzeugten Datei in einer Zeile erfasst werden.*

Ist man damit fertig, speichert man den Text unter dem Namen `TCPRW32K.REG` ab. Ein Doppelklick auf den Dateinamen ändert den voreingestellten Wert für das Empfangsfenster auf 32 KByte und ein Neustart des Rechners setzt die Änderung in Kraft.

Wie auch im Falle der MTU ist diese Änderung der Registrierdatenbank potenziell äußerst gefährlich und so ist es ratsam, die Änderung nur vorzunehmen, wenn man ganz sicher ist, alles korrekt vorbereitet zu haben.

TCP/IP-Optionen unter Windows NT

Windows NT und 2000 halten einige TCI/IP-Optionen bereit, ähnlich wie sie unter Windows *9x* verfügbar sind. Um sie zu bearbeiten, müssen unter Windows NT 4.0 die folgenden Schritte ausgeführt werden:

1. Anmelden als `Administrator`.
2. Öffnen der *Systemsteuerung*.
3. Doppelklick auf das Icon *Netzwerk*. Windows öffnet den Dialog *Netzwerk*.
4. Anklicken des Registers *Netzwerkkarte* und Auswahl des zutreffenden Netzwerkadapters. Ein Klick auf den Button *Eigenschaften* lässt Windows einen Dialog anzeigen, in dem man die Eigenschaften anpassen kann:

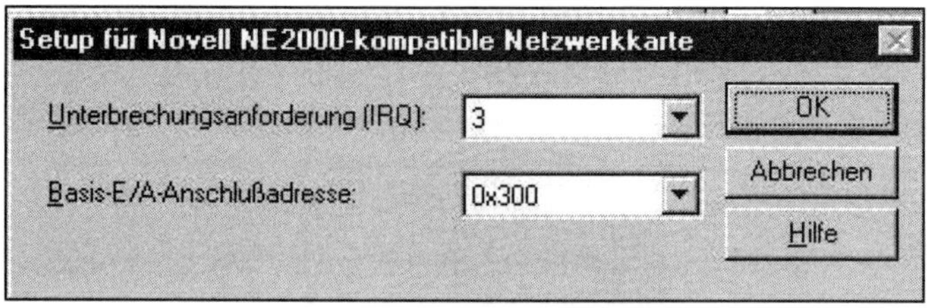

Unter Windows 2000 sind die notwendigen Schritte etwas anders:

1. Anmelden als `Administrator`.
2. Öffnen des Menüs *Start*. Wahl des Menüpunktes *Einstellungen*.
3. Wahl des Untermenüpunktes *Netzwerk und DFÜ-Verbindungen*. Windows öffnet den Dialog *Netzwerk und DFÜ-Verbindungen*.
4. Ein Rechtsklick auf das Icon *LAN-Verbindung* öffnet ein Popup-Menü, aus dem man den Punkt *Eigenschaften* wählt. Windows zeigt den Dialog *Eigenschaften* von *LAN-Verbindung*.
5. Man versichert sich, dass der richtige Netzwerkadapter im Feld *Verbindung herstellen unter Verwendung von:* eingetragen ist und klickt den Button *Konfigurieren* an. Windows zeigt einen Dialog zur Konfiguration der Karte an.
6. Anklicken des Registers *Erweitert* zeigt die zugehörige Registerkarte an, die ähnlich der von Windows 98 für die Konfiguration des Netzwerkadapters ist (*Abbildung 12.4*). Man kann alle verfügbaren Eigenschaften für dieses Gerät anpassen.

Wahrscheinlich gibt es nur eine Handvoll Möglichkeiten, wenn man die erweiterten Konfigurationsoptionen für die Netzwerkkarte unter Windows NT oder 2000 ändern will. Eventuell kann man Duplex- oder Geschwindigkeitsoptionen setzen. Die Dokumentation zum Adapter enthält womöglich weitere Informationen.

Die MTU-Größe kann unter Windows NT oder 2000 durch Bearbeitung der Registrierdatenbank angepasst werden, fast genauso wie man dies unter Windows 9*x* macht. Man erstellt eine Textdatei namens `MTUADJ.REG`, die folgenden Inhalt hat:

```
REGEDIT4

[HKEY_LOCAL_MACHINE\SYSTEM\CurrentControlSet\Services\Tcpip\Parameters]
"MaxMTU"="576"
```

WARNUNG

Der Text, der mit `[HKEY_LOCAL_MACHINE` *beginnt und mit* `Parameters]` *endet, ist im Listing aus technischen Gründen auf zwei Zeilen umbrochen worden,* muss *aber in der erzeugten Datei in einer Zeile erfasst werden.*

Hat man die Datei erstellt (oder eine entsprechende mit einem abweichenden Wert für `MaxMTU`), führt man als `Administrator` einen Doppelklick auf ihren Dateinamen aus, um den neuen MTU-Wert zu setzen.

WARNUNG

Wie unter Windows 9x ist das Bearbeiten der Registrierdatenbank unter Windows NT/2000 potenziell gefährlich. Es ist ratsam, den Text dreimal zu kontrollieren, bevor man fortfährt. Hat man irgendeinen Zweifel, sollte man diese Änderung nicht versuchen.

Man kann die Größe des TCP/IP-Empfangsfensters wie unter Windows 9*x* durch Bearbeiten der Windows NT/2000-Registrierdatenbank setzen. Um eine Datei zu erstellen, die dies leistet, gibt man den folgenden Text in einen Editor ein und speichert ihn unter dem Namen `NTTCP32K.REG`:

```
REGEDIT4

[HKEY_LOCAL_MACHINE\SYSTEM\CurrentControlSet\Services\Tcpip\Parameters]
"TcpWindowSize"=dword:00007fff
```

WARNUNG

Und noch einmal: Der Text, der mit `[HKEY_LOCAL_MACHINE` *beginnt, ist im Listing aus technischen Gründen auf zwei Zeilen umbrochen worden, stellen Sie sicher, dass er in der Datei nur in einer Zeile steht.*

Ein Doppelklick auf diese Datei als `Administrator` setzt die Fenstergröße auf `32.767` (`0x7fff`) Byte. Und noch einmal: Diese Prozedur ist riskant, führen Sie sie nur aus, wenn Sie sicher sind, alle Angaben korrekt eingegeben zu haben.

Zusammenfassung

Samba arbeitet nach der Erstinstallation für gewöhnlich recht gut, aber ein paar Experimente können oft eine, wenn auch bescheidene, Leistungssteigerung bewirken. Unter seltenen Umständen verhält sich Samba in seiner Standardeinstellung nicht zufriedenstellend. Oft sind solche ernsthaften Probleme das Ergebnis von falsch konfigurierter Netzwerk-Hardware, nicht optimalen Treibern oder schlechter Einstellung von Hardware, die nicht das Netz betrifft, etwa EIDE-Festplatten, die im langsamen PIO-Modus betrieben werden. Die Durchführung von Benchmarktests für das Netzwerk aber auch für andere Hardware-Komponenten und Konfigurationen hilft, solche Probleme aufzuspüren. In einigen Fällen lässt sich die Performance von Samba durch ein Tuning der Clients steigern. Anpassungen der Kartentreiber und TCP/IP-Einstellung unter Windows können dessen Zusammenarbeit mit LINUX und Samba verbessern.

Integration von Samba in ein größeres Netzwerk

KAPITEL 13

LINUX ist ein sehr flexibles Netzwerk-Betriebssystem. Man kann Samba unter LINUX laufen lassen, um Dateien oder Drucker für Windows-Computer und andere Rechner, die das Protokoll SMB/CIFS verwenden, bereitzustellen. Man kann auch eine Fülle anderer Netzwerk-Server unter LINUX laufen lassen – und man kann das auf *demselben* Computer auf dem auch Samba läuft. In einigen Netzwerken ist diese Flexibilität von grundsätzlicher Bedeutung. Man muss vielleicht dieselben Dateien sowohl Windows- als auch Macintosh- oder UNIX-Anwendern zur Verfügung stellen. Möglicherweise will man Samba auch Web-Designern als Mittel an die Hand geben, neue Web-Seiten auf einem Web-Server abzulegen. Was immer der Grund sein mag, oft ist es nötig, Samba nicht nur in Koexistenz mit Windows-Clients sondern auch mit anderen Server-Programmen auf demselben Server-Computer laufen zu lassen.

Samba verursacht bisweilen Probleme für andere Server, die dieselben Dateien benutzen müssen, weil Samba so viele Optionen zur Verfügung hat, um die Unterschiede zwischen LINUX und Windows zu überbrücken und Features bereitzustellen, die in einer Umgebung zusammen mit Windows nützlich sind. Entsprechend können andere Protokolle manchmal Lücken in ein sorgfältig entworfenes Sicherheitsschema für Samba reißen. Dieses Kapitel spricht diese Punkte an, um dabei zu helfen, unangenehme Überraschungen zu vermeiden oder Probleme bei einer Rechner-Konfiguration, bei der neben Samba auch noch weitere Server eingerichtet werden müssen. Dieses Kapitel beginnt mit einer Diskussion von drei verbreiteten File- und Druck-Server-Paketen: das UNIX-Paket NFS, die `lpd`-Programme und Netatalk für Datei-Sharing unter Macintosh. Dann folgt ein Blick auf andere Protokolle, die aber weniger der Idee folgen, ein Netzwerk wie eine gemeinsame Festplatte zu nutzen. Dies schließt FTP, Web, mail und Protokolle zum entfernten Einloggen (*remote logon*) ein. Ob man Samba mit einem oder mehreren dieser Protokolle zusammenführen will, um den Anwendern die daraus erwachsenden Vorteile zugute kommen zu lassen, oder einfach einen einzelnen Computer als zentralen, gut ausgestatteten Server für verschiedene Protokolle einsetzen will, wichtig ist, dass man versteht, wie sich Samba mit diesen Protokollen verträgt (oder auch nicht).

Das Zusammenspiel von Samba mit NFS und lpd

Netzwerke mit einer Mischung verschiedener Client-Betriebssysteme – Windows, OS/2, Macintosh, UNIX und so fort – sind nichts Ungewöhnliches. Samba kann als Server für viele dieser Systeme eingesetzt werden, aber einige arbeiten besser mit anderen Protokollen zusammen, namentlich UNIX und seine Varianten wie LINUX und FreeBSD. Diese arbeiten am besten mit NFS (*Network File System*) zusammen, das von *Sun* für seine eigenen UNIX-Versionen entwickelt wurde und nun allgemein von allen UNIX-artigen Betriebssystemen unterstützt wird, einschließlich LINUX. Entsprechend arbeiten Drucker-Sharing-Protokolle, die rund um den traditionellen Dämonen `lpd` erstellt wurden, typischerweise sehr gut mit UNIX- und LINUX-Clients zusammen. Es gibt aber auch einige Fälle, in denen man Samba für das Drucker-Sharing einsetzen will, auch zwischen UNIX-Systemen (wie später im Abschnitt *Drucker-Sharing* beschrieben).

Konfiguriert man einen LINUX-Fileserver für Samba und NFS, sollte man sorgfältig die Einstellungen für Samba und NFS planen, damit sie keine Probleme füreinander bereiten. Als eine erste Annäherung denke man sich die NFS-Client-Systeme als Erweiterungen des LINUX-Systems – diese Computer sehen Dateibesitzer und Rechte, die von Samba verwendet werden, wie sie ein lokaler Benutzer sehen würde. Die Mechanismen des File-Lockings sind in Samba und NFS unterschiedlich ausgeführt, so kann es hierbei zu Schwierigkeiten kommen, wenn man nicht aufpasst. Man kann einen Samba-Server unter LINUX auch als Brücke zwischen den Protokollen SMB/CIFS und NFS einsetzen, dies ist aber eher weniger effizient.

Der folgende Abschnitt beschreibt einige Optionen zur NFS-Konfiguration. Zu Einzelheiten befrage man die einschlägige Literatur zum Thema NFS, etwa *LINUX NFS and AMD Administration* von Erez Zadok (Sybex, 2001).

Dateibesitz, Rechte und Dateinamen

Exportiert man ein LINUX-Verzeichnis via NFS, teilt LINUX Dateibesitzer und Rechte mit den Clients. Hat eine LINUX-Datei zum Beispiel die Rechte 0640 dann sieht auch ein Client für diese Datei die Rechte 0640. Es gibt aber trotz dieser Gleichsetzung einige Fallstricke:

- Der Besitz an einer Datei wird über die Benutzernummer (User Id, kurz uid) geteilt, nicht über den Benutzernamen. Man muss daher auf gleiche Benutzernummern an Client und Server achten. Wenn ein Benutzer bei den beteiligten Rechnern unterschiedliche Benutzernummern hat, muss man Vorsichtsmaßnahmen treffen, um sicherzustellen, dass der Anwender auch Besitzer der richtigen Dateien wird. Dies sind NFS-spezifische Überlegungen und werden daher nicht in diesem Buch behandelt.
- Exportiert man ein Dateisystem read-only, dann sind die Schreibrechte an einzelnen Dateien bedeutungslos. Auch wenn der Client versucht, das Dateisystem für Lese- und Schreibzugriffe zu mounten, ist ein Schreiben auf den Export nicht möglich.
- Standardmäßig *unterdrücken* (*squash*) NFS-Server Zugriffe des Benutzers `root` - das heißt, Zugriffe des Benutzers `root` vom Client aus werden so behandelt, als wären es Zugriffe des Benutzers `nobody` am Server. Das ist eine geschickte Sicherheitsvorkehrung , um Schaden gering zu halten, wenn der Client offen ist.
- Ist eine Datei unter LINUX als ausführbar gekennzeichnet, wird sie auch so am Client gesehen, auch wenn die meisten Clients Optionen bereitstellen, die die Ausführung von ausführbaren Dateien des Servers verhindern. Besitzt der Client eine andere Hardware-Architektur als der Server oder arbeitet er unter einem anderen Betriebssystem, werden höchstwahrscheinlich die Binärdateien auf ihm nicht laufen. Ausführbare Skripte könnten dagegen über die Plattformen hinweg funktionieren.

Für sich haben diese Faktoren wenig Bedeutung, wenn man ein Verzeichnis über Samba und NFS freigibt (bzw. exportiert). Man sollte aber die Wirkung eines Samba-Share auf Dateibesitz und Rechte im Auge behalten genauso wie die Wirkung eines normalen LINUX-Zugriffs auf die Sicherheitsvorkehrungen von Samba. Diese Dinge können in einer Art zusammenwirken, die zu Problemen führt. Zum Beispiel:

- Verwendet man die Samba-Parameter `force user` und `force group`, um konsistente Benutzer- und Gruppennamen für unter Samba erstellte Dateien zu generieren, findet man nichtsdestoweniger eine breite Palette von Besitzernamen für Dateien, die über NFS erstellt wurden. Man kann möglicherweise das Mapping von Benutzernamen unter NFS verwenden, um einen ähnlichen Effekt zu erzielen wie mit den Parametern `force user` und `force group` unter Samba.
- Weil SMB/CFIS das Konzept eines Bits zur Kennzeichnung der Ausführbarkeit (executable bit) nicht kennt, verwendet Samba dieses Bit anders als NFS. Insbesondere kann Samba es nutzen, um Hidden-Bit, System-Bit oder Archiv-Bit des FAT-Dateisystems zu speichern. Voreingestellt ist die Unterstützung des Archiv Bits, und in dieser

Standardeinstellung erzeugt Samba Dateien, die aus Sicht eines NFS-Clients wegen des gesetzten Archiv Bits wie ausführbare Dateien aussehen. Man kann Samba durch Setzen von `map archive = No` so anpassen, dass das Bit nicht gesetzt wird, oder muss mit falschen executable bits für die NFS-Clients leben.
Wenn umgekehrt ein NFS-Client eine ausführbare Datei erzeugt (oder das executable bit für die Datei per Befehl setzt) mag diese bei einem Samba-Client wie eine versteckte Datei oder eine Systemdatei erscheinen, wenn man die Samba-Parameter `map system = Yes` oder `map hidden = Yes` benutzt. Man sollte die Voreinstellung (`No`) dieser Parameter bestehen lassen oder man muss die Benutzer der NFS-Clients anweisen, keine ausführbaren Dateien in NFS-Exporten zu erzeugen, die gleichzeitig Samba-Shares sind.

- NFS-Clients haben die Freiheit, Dateien mit jeder gewünschten Rechtetabelle zu erzeugen. Ein Anwender an einem NFS-Client kann einen Befehl wie `chmod 0600 irgendwas.txt` eingeben, um den Zugang zur Datei `irgendwas.txt` einzuschränken. Das kann unter Samba zum Problem werden, wenn andere Anwender als derjenige, der den Befehl eingegeben hat, auf den Share zugreifen können. Um solche Zugriffe zu ermöglichen, mag man es vorziehen, dass die Dateien eine Rechtetabelle wie zum Beispiel 0640 erhalten. Welche Änderungen der Rechte problematisch sein kann, hängt von der genauen Konfiguration und den genauen Nutzungsverhältnissen ab. Das beste Mittel, um solchen Ärger zu vermeiden, ist die Erziehung der Anwender.

Allgemein ist es ratsam, bei wirklich einfachen Konfigurationen zu bleiben, wenn man plant, ein Verzeichnis zwischen NFS und Samba zu teilen. komplizierte Spielereien mit den Samba-Parametern wie `force user` und `create mode` neigen dazu, NFS zu stören. Kann man einen Sicherheitsplan für Benutzer und Gruppen entwickeln, der unter NFS funktioniert, dann bestehen gute Aussichten, dass er auch unter Samba funktionieren wird, wenn man Samba erlaubt, für jeden Benutzer die Voreinstellungen zum Dateibesitz und zu den Rechten zu verwenden.

Ergänzend zu Dateibesitz und Rechten gibt es noch einen eher subtilen Unterschied zwischen Samba und NFS bei der Behandlung von Dateinamen. Voreingestellt behandelt Samba Dateinamen case-rentative (die Schreibweise erhaltend, aber ohne Unterscheidung von Groß/Kleinschreibung bei der Identifizierung der Datei), damit beziehen sich etwa die Namen `irgendwas.txt`, `Irgendwas.TXT`, `IRGENDWAS.TXT` und andere Varianten dieser Schreibweise auf ein und dieselbe Datei. NFS arbeitet nach einer anderen Methode: Für einen NFS-Client gehören alle diese Namen zu verschiedenen Dateien und Dateien mit diesen Namen können im ein und demselben Verzeichnis vorhanden sein. Erzeugt ein NFS-Client zwei oder mehrere Dateien, deren Namen sich nur durch Groß- und Kleinschreibung unterscheiden, werden Samba-Clients nur in der Lage sein, auf eine dieser Dateien zuzugreifen. Ein Client unter Windows mag dann zwar beide (alle) Dateinamen sehen, aber sie verweisen auf dieselbe Datei. Man kann das Verhalten von Samba dem von NFS anpassen, indem man den Parameter `case sensitive = Yes` benutzt, aber dies kann einige Anwendungen beeinträchtigen, die Dateinamen ohne Unterscheidung der Groß- und Kleinschreibung verwenden.

Bei der Zusammenarbeit mit einigen Clients, darunter DOS, passt Samba Dateinamen so an (*to mangle* bzw. *to munge*), dass der Client auch auf Dateien mit langen Dateinamen zugreifen kann. Abhängig von Einstellungen wie der von `short preserve case` kann man merkwürdige Ergebnisse feststellen, wenn ein NFS-Client eine Datei mit kurzem Namen in einem Samba-Share erzeugt. Zum Beispiel könnte ein kurzer Name wie `kurz.txt` in etwas anderes umgewandelt werden, wenn der Name nicht der Schreibweise (Groß-/Kleinschreibbung), die mit `default case` festgelegt wurde, entspricht und wenn `mangle case = Yes` gesetzt ist. *Kapitel 5: Konfiguration zur Freigabe (Share) von Dateien* beschreibt diese Optionen in ihren Konsequenzen ausführlicher.

Arbeiten mit Dateiinhalten

UNIX und LINUX benutzen einen Zeilenvorschub (Line Feed – kurz *LF*), um das Ende einer Textzeile zu kennzeichnen. Windows und die meisten SMB/CIFS-Clients verwenden stattdessen eine Kombination aus Wagenrücklauf (Carriage Return – kurz *CR*) und Zeilenvorschub. Dieser Unterschied kann eine Menge Frustration beim Austausch einfacher Texte zwischen diesen Systemen erzeugen. Glücklicherweise können viele Editoren eine automatische Konvertierung von dem einen ins andere Format durchführen und die LINUX-Werkzeuge dos2unix und unix2dos können ebenfalls eine Konvertierung der Formate bewerkstelligen.

Viele Anwendungen benutzen ein proprietäres Dateiformat, so dass deren Dateien nur dann gemeinsam genutzt werden können, wenn die Anwendung auf beiden Clients verfügbar ist oder auf diesen Anwendungen vorhanden sind, die das entsprechende Dateiformat lesen können. Plattformübergreifende Programme wie *WordPerfect* oder *StarOffice* sind in einer solche Umgebung eine große Hilfe, ebenso Dateiformate wie JPEG, die unter allen Betriebssystemen gleich behandelt werden.

File-Locking, Samba und NFS

Einer der lästigsten Aspekte einer Integration von Samba und NFS ist das File-Locking. Wie in *Kapitel 5: Konfiguration zur Freigabe (Share) von Dateien* beschrieben, beinhaltet Samba eine Reihe von Optionen, um die fortschrittlichen Mechanismen des File-Lockings von SMB/CIFS zu implementieren, speziell die Opportunistic Locks (oplocks). Diese Mittel erlauben es einem SMB/CIFS-Clients eine Datei zu sperren (*lock*), was es dem Client dann ermöglicht, Dateien auf die er zugreift, im lokalen Cache zu halten, was die Performance verbessert. Unglücklicherweise lässt sich dieser Mechanismus nicht gut in die Struktur eines LINUX-Dateisystems integrieren. Daher kann es geschehen, dass ein lokales Programm – oder ein NFS-Client – Änderungen an einer so gesperrten Datei vornimmt mit dem Ergebnis, dass die Datei zerstört wird oder dass man am Client zumindest einen falschen Dateiinhalt zu sehen bekommt.

Um für größtmögliche Stabilität zu sorgen, sollte man daher `oplocks = No` setzen oder die Opportunistic Locks für alle Share, die mit einem NFS-Export zusammenfallen deaktivieren. Dies wird aber die Performance bei den SMB/CIFS-Clients (vielleicht um bis zu 30 Prozent) verschlechtern. Ist dieser Abfall der Performance nicht hinnehmbar, kann man die Dateien, auf die über beide Protokolle zugegriffen werden muss, in einem speziellen Verzeichnis isolieren und dafür einen eigenen Samba-Share einrichten. Man könnte schließlich noch den Parameter `veto oplock files` benutzen, um für bestimmte Dateien die Opportunistic Locks zu deaktivieren.

In Zukunft mag der LINUX-Kernel die Opportunistic Locks unterstützen. Wenn das dann der Fall ist, kann der Samba-Parameter `kernel oplocks` nützlich werden. Auf Systemen, die es unterstützen, erlaubt `kernel oplocks = Yes` Samba die Kernel-Unterstützung dafür zu nutzen, Opportunistic Locks zu implementieren, so dass sie effektiv zwischen Samba und LINUX geteilt werden.

Re-Export von Shares

Bei Gelegenheit will man Samba dafür einsetzen, die Share eines Computers für einen anderen verfügbar zu machen, der die Protokolle für den gemeinsamen Zugriff auf Dateien, wie sie der erste verwendet, nicht versteht. Bezogen auf Samba und NFS gibt es zwei besondere Gegebenheiten:

- Das Netzwerk enthält einen NFS-Server, der nicht mit Samba ausgestattet ist, dessen Freigaben (Exporte) aber Clients unter DOS, Windows oder OS/2 zur Verfügung gestellt werden sollen. Man kann den NFS-Export am LINUX-Rechner mounten und dieses Verzeichnis über ein Samba-Share zugänglich machen.
- Das Netzwerk enthält einen Rechner, der in der Lage ist, einen Share via SMB/CIFS zu exportieren, aber nicht über NFS (etwa einen Computer unter Windows oder OS/2, auf dem kein NFS-Server

installiert ist). Will man einen solchen Share einem LINUX- oder UNIX-Rechner zugänglich machen, auf dem Samba nicht installiert ist, dann kann man mit dem Befehl `smbmount` den SMB/CIFS-Share mounten. Danach exportiert man das Verzeichnis via NFS, indem man es in der Datei `/etc/exports` ergänzt.

HINWEIS

Für diesen Fall und die folgende Diskussion muss man sich den „übersetzenden" LINUX-Rechner als Vermittler denken, die Begriffe Client und Server werden nur bezogen auf die Computern gebraucht, für die der Vermittler dann als Server oder entsprechend als Client dient.

Einen LINUX-Rechner als Vermittler zu benutzen kann gelegentlich sehr bequem sein, es ist aber fast immer effizienter, geeignete Client- oder Server-Software (wie Samba) am Client- oder Server-Computer zu installieren. Sind Client, Vermittler und Server im selben Netzwerksegment, bringt der Einsatz eines Vermittlers einen doppelt so hohen Netzwerkverkehr mit sich und eine deutliche Geschwindigkeitseinbuße. Arbeitet der Vermittler mit zwei Subnetzen zusammen, wobei der Client in dem einen und der Server in dem anderen Netzwerk beheimatet ist, dann ist der Geschwindigkeitsverlust bei einem solchen Arrangement geringer – man kann ihn aber immer noch feststellen (vorausgesetzt, die beiden Subnetze sind auf eher konventionellem Weg miteinander verbunden und LINUX kann, falls notwendig, als herkömmlicher Router zwischen den Subnetzen fungieren).

Falls sie nicht sorgfältig geplant ist, kann die Vermittler-Lösung leicht eine unerwünschte Bresche in die Sicherheit des Servers reißen. Ein Fehler in der Konfiguration des vermittelnden Rechners kann zu einer Lücke in der Sicherheit des Servers führen. Dies insbesondere deshalb, weil Samba-Features wie der Parameter `force user` auch eine sorgfältig entworfene Sicherheitsstruktur beim Server umgehen können. Als letzte Möglichkeit sollte man sich mit dem Administrator des Servers beraten, bevor man LINUX als vermittelndes System konfiguriert.

Verbindet man einen Client über einen Vermittler mit einem Server, wird dadurch die Wahrscheinlichkeit größer, dass es wegen der Übersetzung von Dateinamen, Rechten und so weiter zu Verwirrungen kommt. Im Falle von NFS und SMB/CIFS sind diese Punkte weitestgehend dieselben wie für Samba als einzelnem Server oder Client; die Samba-Parameter wie `force user` und `case sensitive` haben dieselbe Wirkung auf der Festplatte des Servers wie ein von Samba bereitgestellter lokaler Share. Entsprechend äußern sich Optionen von `smbmount` bezüglich Dateibesitz, Rechten usw. auf einem NFS-Export genauso wie auf einem vermittelnden System.

Ein LINUX-Computer kann als vermittelnder Druck-Server genauso benutzt werden wie als vermittelnder Fileserver. Dazu muss normalerweise ein Eintrag in der Datei `/etc/printcap` für den Drucker des Servers vorgenommen und dieser Eintrag dann über die Datei `smb.conf` oder `/etc/hosts/lpd` (für `lpd`-Clients) exportiert werden. Weil der gemeinsame

Zugriff auf Drucker wenig mit Dateiattributen und Namenskonventionen zu tun hat, ist solch eine Einstellung eher recht einfach und leicht zu konfigurieren und zu warten. Sie verursacht aber doppelten Netzwerkverkehr wie auch das Datei-Sharing über einen Vermittler.

Wann sollte man daran denken, einen solchen Vermittler einzusetzen? Die vorhergehende Erörterung impliziert ja, dass man diese Konfiguration meiden sollte, und in den meisten Fällen sollte man das auch tun. Weil Samba auf allen wichtigen UNIX-Varianten und UNIX-ähnlichen Betriebssystemen läuft (das heißt also auf fast allen Systemen, für die NFS das natürliche Protokoll für das File-Sharing ist), ist es fast immer eine logische Konsequenz, dass man Samba auf dem NFS-Server installiert und dieselben Dateien direkt über beide Protokolle bereitstellt. Es gibt aber auch Ausnahmen:

Fehlerhaftes oder fehlendes Samba Vielleicht benutzt man eine der exotischeren Varianten von UNIX oder gar ein Betriebssystem, das nicht der UNIX-Familie angehört und für das Samba nicht verfügbar ist oder nicht stabil genug läuft. Dies kann auch zutreffen für Samba-Versionen, die nicht unter LINUX laufen und die `smbwrapper` statt `smbmount` für Operationen des Clients verwenden. In diesem Fall mag man einen Performance-Verlust hinnehmen, um dafür ein stabiles Datei-Sharing zu erhalten.

LINUX als Router Falls der LINUX-Rechner es mit zwei Netzwerken zu tun hat, kann es einfacher sein, einen Vermittler einzurichten, als eine SMB-Arbeitsgruppe oder -Domäne über zwei Netzwerke auszudehnen. Solche Konfigurationen beinhalten gewöhnlich einen NBNS-Server (*Kapitel 9: Samba als NBNS-Server*),verlangen mehr Aufmerksamkeit bezüglich des Browsens (*Kapitel 11: Lokales und geroutetes Browsen*) und wahrscheinlich die Einrichtung einer Domäne anstelle einer Arbeitsgruppe (*Kapitel 10: Konfiguration von Domänen*). Daher mag eine Lösung mit einem Vermittler bei der Konfiguration anfangs leichter sein, aber Samba auf dem UNIX-Server oder -Client zu installieren, ist wahrscheinlich die bessere Lösung.

Minimaler Konfigurationsaufwand Hat man ein Netzwerk, das im Wesentlichen aus UNIX-Rechnern und zusätzlich ein oder zwei Windows-Server besteht, kann die Installation von Samba auf allen UNIX-Clients eine große Last sein. Einen einzelnen LINUX-Rechner als Vermittler einzurichten, der allen UNIX-Computern Zugang zu den SMB/CIFS-Ressourcen gewährt, mag weniger administrativen Aufwand bedeuten, jedenfalls auf kurze Sicht. Man kann dies daher als Notbehelf andenken. Man sollte aber, sobald es die Zeit erlaubt, darangehen und Samba auf den UNIX-Clients installieren, um die Netzwerklast zu mindern und Probleme zu vermeiden. Alternativ kann man NFS- oder `lpq`-Server auf den Windows-Computern installieren.

Bequeme Platzierung von Ghostscript Hat man einen Printserver unter Windows, der einen Zugriff auf Drucker gewährt, die nicht PostScript-fähig sind, mag man den Einsatz eines LINUX-Vermittlers bevorzugen, auf dem Ghostscript läuft, um PostScript-Dateien von UNIX-Clients zu bearbeiten, anstatt Ghostscript auf den UNIX-Clients selbst einzusetzen. Dies mag angehen, wenn der LINUX-Vermittler besonders schnell ist oder wenn man die CPU-Zeiten der Clients nicht mit der PostScript-Bearbeitung belasten will.

WARNUNG

Die vorhergehende Liste mit Ausnahmen enthält keine *Anleitung, die Sicherheitspolitik an einem Server zu umgehen. Auch wenn man einen Server benutzen* kann, *um die Zahl der Rechner zu erweitern, die auf einen anderen Server zugreifen können, sind solche Praktiken potenziell gefährlich. Gibt es auf einem Server strenge Sicherheitsrichtlinien, dann wird das seine Gründe haben. Das Umgehen einer solchen Sicherheitspolitik provoziert Katastrophen. Es gibt Arbeitgeber, die in solchen Aktionen einen Grund für eine Kündigung sehen.*

Entscheidet man sich dafür, den Export eines anderen Systems als Share zur Verfügung zu stellen, muss man auf eine schlechte Performance vorbereitet sein, weil eine solche Konfiguration einen verdoppelten Datentransfer nach sich ziehen kann. Es ist ratsam, eine solche Verbindung auf direkterem Weg herzustellen.

Drucker-Sharing

Die gemeinsame Nutzung eines Druckers über SMB/CIFS und `lpd` erzeugt wahrscheinlich keine Schwierigkeiten, mit Ausnahme der Tatsache, dass die beiden Protokolle das Sicherheitsrisiko am Druck-Server erhöhen. In einer normalen Konfiguration verlangen beide Arten des Drucker-Sharings einen Eintrag für den Drucker in der Datei `/etc/printcap` (oder einer entsprechenden Konfigurationsdatei).

Man kann Samba auch für das Drucker-Sharing von UNIX- oder LINUX-Clients benutzen. Wie in *Kapitel 6: Druckerfreigaben konfigurieren* beschrieben, lassen sich die üblichen Samba-Parameter für Zugriffe auf einen Share auch für einen Drucker-Share verwenden. Es ist daher möglich, den Zugriff auf Drucker über das Paar Benutzername/Passwort zu regeln, anstatt über die Methode trusted-hosts, wie sie von `lpq` verwendet wird. Diese Konfiguration mag wünschenswert sein, wenn man sich vor dem *Spoofing* von IP-Adressen schützen will. In der Praxis hat aber der Einsatz von Samba als Printserver für UNIX- oder LINUX-Systeme einen ernsthaften Nachteil: Das Speichern des Passworts in unverschlüsselter Form auf dem Client ist eine praktische Notwendigkeit. Diese Tatsache führt zu einer potenziell schwerwiegenden Sicherheitslücke, wenn das Client-System offen ist.

Das Zusammenspiel von Samba mit Netatalk

Netatalk versetzt LINUX in die Lage, als AppleTalk-Fileserver für Macintosh-Netzwerke zu dienen. Auf den Punkt gebracht: Netatalk ist für Macintosh-Rechner das, was Samba für Windows-Rechner ist – aber Netatalk ist nicht so ausgefeilt wie Samba. Dieser Abschnitt beschreibt keine Netatalk-Konfiguration. Wer mehr Informationen dazu braucht, der kann die folgenden Netatalk-Web-Sites prüfen:

`http://www.umich.edu/~rsug/netatalk/`

`http://thehamptons.com/anders/netatalk/`

oder mein Buch *LINUX: Networking for Your Office* (Sams, 2000).

TIPP

Eine Alternative zum gemeinsamen Einsatz von Samba und Netatalk auf einem LINUX-Rechner ist es, die Macintosh-Rechner mit DAVE auszurüsten, einem SMB/CIFS-Client und -Server für Macintosh-Maschinen. Mehr Information ist auf der Homepage des Herausgebers von DAVE, Thursby Software Systems, *zu finden:* `http://www.thursby.com`. *(*Anhang A: Referenzführer zur Konfiguration *gibt eine kurze Beschreibung von DAVE).*

Viele der Punkte, die in diesem Abschnitt beschrieben werden, gleichen denen zum Datei-Sharing unter Verwendung von Samba und NFS, daher sollte man zunächst den Abschnitt *Das Zusammenspiel von Samba mit NFS und* `lpd` weiter oben in diesem Kapitel lesen.

Dateibesitz, Rechte und Dateinamen

MacOS unterstützt Dateinamen mit einer Länge von bis zu 31 Zeichen und nicht länger. Anstelle einer Anpassung von Dateinamen wie sie Samba durchführt (mangle), ignoriert Netatalk Dateien mit einem Namen, der mehr als 31 Zeichen hat. Erwartet man den Austausch von Dateien zwischen Windows- und Macintosh-Anwendern, muss man die Windows-Benutzer dazu erziehen, keine Dateien zu erstellen, deren Name aus mehr als 31 Zeichen besteht.

Samba und Netatalk benutzen am Server dieselbe Codierung für Dateinamen, die nur die Buchstaben des römischen Alphabets, Ziffern und einige gewöhnliche Sonderzeichen wie `-` und `$` benutzen; aber sie unterscheiden sich in der Codierung von Sonderzeichen, wie sie für Dateinamen eher ungewöhnlichen sind, einschließlich der bei uns in Europa üblichen Sonderbuchstaben. Auch Macintosh-Anwender in den USA verwenden in ihren Dateinamen eher ungebräuchliche Zeichen, wie etwa das Copyright-Symbol oder Aufzählungspunkte. Solche Dateinamen können zu sehr fremdartigen und hässlichen Zeichenfolgen für die Windows-Welt übersetzt werden.

Die einfachste Lösung ist es meist, solche merkwürdigen Dateinamen zu vermeiden, aber es ist in manchen Fällen keine praktische Lösung. Stößt man auf dieses Problem, kann man mit dem Samba-Parameter `client code page` experimentieren, mit dem man die Codepage zum Kodieren der Dateinamen festlegen kann. Eine solche Codepage spezifiziert einen Standardcode für die Symbole der unterschiedlichen Sprachgruppen. Der voreingestellte Wert ist `850`. Er funktioniert gut für Englisch und die meisten europäischen Sprachen, aber Samba akzeptiert auch die in der folgenden Tabelle zusammengestellten Werte.

Tabelle 13.1: Von Samba benutzte Codepages

CODEPAGE-NUMMER	CODEPAGE
437	USA
737	Griechisch
850	Mehrsprachig (Latin 1)
852	Mehrsprachig (Latin 2)
861	Isländisch
866	Kyrillisch
932	Japanisch (SJIS)
936	Vereinfachtes Chinesisch
949	Koreanisch (Hangul)
950	Traditionelles Chinesisch

Die unter Netatalk voreingestellte Handhabung von Dateibesitz und Rechten entspricht im Wesentlichen der von Samba: Netatalk setzt den Benutzer als Dateibesitzer ein, der sich via Netatalk mit dem Rechner verbunden hat, und der Server benutzt die unter LINUX verwendeten Rechte, um zu bestimmen, ob ein Benutzer eine Datei lesen oder ändern darf. Netatalk ignoriert das Ausführbarkeits-Bit (executable bit) von LINUX und versteckt die LINUX-Punktdateien .vor den Macintosh-Anwendern. Unglücklicherweise enthält Netatalk nur sehr wenige Features zur Anpassung von Dateibesitz und Rechten vergleichbar etwa den Samba-Parametern `create mask` und `force user`, um nur zwei zu nennen. Das bedeutet, dass man sich auf die darunter liegenden Sicherheitsmechanismen von LINUX verlassen muss, will man ein Verzeichnis erstellen, das sich Samba- und Netatalk-Anwender in geeigneter Weise teilen können.

Belässt man es bei den Voreinstellungen, pflegen Samba und Netatalk, Dateien mit den Rechten 0644 oder 0744 zu erstellen (aber die Details unterscheiden sich von einer LINUX-Distribution zur nächsten). In jedem Fall kann zunächst nur derjenige, der die Datei erstellt hat, die Datei auch ändern. Will man in Samba festlegen, dass alle Anwender die Datei nach ihrer Erstellung ändern können, kann man den Parameter `force user` verwenden, damit Samba alle Anwender in einen spezifischen Benutzer "umwandelt". Da Netatalk dieses Feature jedoch nicht kennt, muss man, wenn beide Server verwendet nach einer LINUX-Lösung suchen, etwa indem man die Rechte auf 0664 festlegt (oder noch mehr Rechte vergibt). Dies kann man unter Samba mit den Parametern `create mask` und `force create mask`, aber noch einmal: Netatalk kennt solch eine Möglichkeit nicht. Stattdessen benutzt es die Rechtetabelle des Elternverzeichnisses, um die Rechte zu bestimmen, die für neu erstellte Dateien und Verzeichnisse in diesem Verzeichnis zu vergeben sind. Wenn man also will, dass Netatalk in einem Share Dateien mit den Rechten 0664 erstellt, sollte man sicherstellen, dass das Wurzelverzeichnis des Share und alle darin enthaltenen Unterverzeichnisse die Rechtetabelle 0755 haben. (Das Recht x – das executable bit – ist eine zwingende Notwendigkeit, um an den Inhalt eines Verzeichnisses gelangen zu können, aber Netatalk lässt es unter den Tisch fallen, wenn es gewöhnliche Dateien erstellt und reduziert damit für diese Dateien eine Rechtetabelle, 0755 zu 0644).

HINWEIS

Die voreingestellte Konfigurationen für Samba und auch Netatalk führen zu keinem Konflikt, wenn man den gemeinsamen Zugriff auf Dateien im Heimatverzeichnis eines Benutzers plant. Man braucht die voreingestellten Parameterwerte in diesem Fall also nicht weiter zu beachten. Diese Werte müssen aber angepasst werden für einen Share, auf den viele Anwender zugreifen können sollen.

Da Netatalk das executive bit für gewöhnliche Dateien ignoriert und keine solche Dateien mit gesetztem executive bit erzeugt, erscheinen alle via Netatalk erstellten Dateien unter Samba *ohne* gesetztes Archiv-Bit, System-Bit oder Hidden-Bit. Aktiviert man geeignete Samba-Optionen, kann man diese Bits manipulieren; Netatalk wird auf der anderen Seite davon nicht berührt werden, es wird diese Bits aber auch nicht nutzen. Eine unter Samba versteckte Datei wird *nicht* unter Netatalk versteckt sein. (Versteckt man aber eine Datei, indem man sie zu einer LINUX-Punktdatei macht, wird Netatalk diese Datei gegenüber seinen Clients nicht anzeigen.)

Netatalk erstellt einige wenige spezielle Verzeichnisse in allen seinen Shares. Zwei davon, `.AppleDouble` und `.AppleDesktop`, sind Punktdateien und werden in den Dateilisten eines Samba-Clients bei normaler Konfiguration nicht angezeigt. Ein drittes Verzeichnis, `Network Trash Folder`, kann von einem Anwender an einem Windows-Client gesehen werden. Um sie zu verbergen, kann man den Parameter `hide files` verwenden, etwa in der Form `hide files = /.AppleD*/Network Trash Folder/`. (Man kann diese Methode auch dann zum Verbergen von `.AppleDouble` und `.AppleDesktop` verwenden, wenn `hide dot files = No` gesetzt ist.) Wer das lieber mag, der kann den Parameter `veto files` in fast der gleichen Weise einsetzen. `veto files` setzt nicht das Hidden-Bit für diese Verzeichnisse, es macht sie für einen Windows-Client gänzlich unzugänglich. Das kann eine nützliche Vorsichtsmaßnahme sein, speziell für die Verzeichnisse `.AppleDouble` und `.AppleDesktop`, die einige kritische Macintosh-spezifische Informationen enthalten, wie später im Abschnitt *Umgang mit Ressourcenzweigen von Netatalk* beschrieben wird.

Arbeiten mit Dateiinhalten

Windows-Computer nutzen Paare CR/LF (Carriage Return/Line Feed), um das Zeilenende in Textdateien anzuzeigen, LINUX und UNIX nehmen dazu ein einzelnes LF. MacOS verwendet im Gegensatz dazu ein einzelnes CR. Mischt man Windows- und Macintosh-Clients, dann kann man also Schwierigkeiten mit der Kennzeichnung des Zeilenendes bei Textdateien erwarten, auf die gemeinsam zugegriffen wird. Glücklicherweise können viele Texteditoren, speziell solche unter Macintosh, mit diesen unterschiedlichen Textdateien umgehen. Einige Experimente sollten dabei helfen, geeignete plattformübergreifende Texteditoren zu finden.

Netatalk enthält eine Konfigurationsoption die man in der Konfigurationsdatei `AppleVolumes.default` setzen kann: `clrf`. Diese Option sorgt dafür, dass ein CR am Zeilenende einer Textdatei (MacOS) umgewandelt wird in ein LF (UNIX). Diese Option zieht jedoch gelegentlich Probleme nach sich, wenn ein Dateityp nicht richtig erkannt wird. Darüber hinaus verbessert diese Option die Dinge aus Sicht von Windows nicht, da beide Kennzeichnungen des Zeilenendes für Windows-Programme gleich fremd sind.

So wie es Dateiformate gibt, die sich Windows- und UNIX- oder LINUX-Clients teilen, gibt es eine Fülle von Dateiformaten, die sowohl unter Windows als auch unter Macintosh üblich sind. Das weit verbreitete Office-Paket von Microsoft ist für beide Plattformen verfügbar, so kann man unmittelbar solche Office-Dokumente über einen Samba/Netatalk-Server austauschen. Viele generische Dokument-Formate wie JPEG für Grafikdateien sind ebenfalls auf beiden Plattformen benutzbar.

File-Locking, Samba und Netatalk

Die Punkte zum File-Locking zwischen Samba und Netatalk entsprechen beinahe genau den (früher beschriebenen) für Samba und NFS. Kurz gesagt, man kann nicht darauf bauen, dass die Samba-Features zu Opportunistic Locks in Zusammenarbeit mit den beiden Servern richtig funktionieren. Die sicherste Methode ist es, diese Locks zu deaktivieren, indem man den Parameter `oplocks = No` setzt für jedes Samba-Share, das einem Netatalk-Share entspricht. Braucht man diesen Schutz nur für einige wenige Dateien oder Dateitypen, dann kann man den Parameter `veto oplock files` verwenden, um Samba davon abzuhalten, solche Locks an spezielle Dateien zu vergeben.

Re-Export von Shares

Netatalk ist ein Fileserver, beinhaltet aber kein Client-Paket. Daher kann man einen LINUX-Computer zwar als Bindeglied zwischen einem Macintosh-Client und einem Windows-Server einsetzen, LINUX kann aber nicht als Verbindung in der umgekehrten Richtung dienen – zumindest dann nicht, wenn die Protokolle SMB/CIFS bzw. AppleTalk benutzt werden.

Die meisten Punkte, die beim Einsatz von LINUX als Vermittler in einer Windows/Macintosh-Verbindung eine Rolle spielen, sind dieselben wie bei der Vermittlung zwischen Windows- und UNIX-Rechnern. In beiden Situationen kommt es zum Beispiel zu Geschwindigkeitseinbußen und die Sicherheitsrisiken werden größer. Die beste Lösung für den Fall, dass man Windows- und Macintosh-Rechner direkt miteinander verbinden muss, ist die Installation von DAVE auf einem Macintosh. DAVE arbeitet besser als die für Windows NT und 2000 verfügbare Unterstützung von AppleTalk. In einer Situation kann LINUX als Vermittler von Vorteil sein – wenn der LINUX-Rechner als Verbindung dient zwischen einem TCP/IP-Netzwerk mit SMB/CIFS-Clients und -Server auf der einen Seite und einem LocalTalk-Netzwerk mit Macintosh-Rechnern auf der anderen Seite. *LocalTalk* ist der Name für die originale Netzwerk-Hardware von Apple. Sie ist heute eigentlich veraltet, es gibt aber immer noch eine bedeutende Menge installierter LocalTalk-Hardware. LINUX kann ein paar LocalTalk-Karten nutzen, die für *x86*-Computer entwickelt wurden, und kann somit als Brücke zwischen diesen beiden Netzwerken dienen. LocalTalk-to-Ethernet-Adapter können diese Verbindung auch herstellen. Ein LocalTalk-Netzwerk kann ohne TCP/IP arbeiten, daher kann es ein kniffliges Problem sein, den Zugriff auf die Ressourcen des einen Netzwerks vom anderen aus zu gewährleisten, ein Problem, bei dessen Lösung ein LINUX-Rechner mit Samba- und Netatalk-Server helfen kann.

Obwohl Netatalk keinen Client für den gemeinsamen Dateizugriff enthält, gibt es im Paket einen Client für das Drucker-Sharing. Kern dieser Unterstützung ist das Programm `pap`, das eine Queue für Druckjobs an einem AppleTalk-Drucker bereitstellt, fast so wie `lpd` Druckjobs über eine lokale Queue abwickelt. Der Abschnitt *Re-Export eines entfernten Druckers* in *Kapitel 6: Druckerfreigaben konfigurieren* beschreibt den Gebrauch von `pap` in der Datei `smb.conf`, um einem Windows-Client den Zugriff auf einen AppleTalk-Drucker zu geben. Kurz und knapp: Man muss den Parameter `print command` in die Datei `smb.conf` in etwa folgender Form einfügen:

```
print command = pap -p lw630 %s
```

Dieser Befehl veranlasst den Druck der Datei `lw630`. Dies ist eine sehr bequeme Lösung für einen Drucker, der das AppleTalk-Netzwerkprotokoll versteht, nicht aber SMB/CIFS oder `lpd`.

Umgang mit Ressourcenzweigen von Netatalk

MacOS basiert sehr stark auf einem unüblichen Konzept in seinem Dateisystem, das als *Zweig* (*fork*) bekannt ist. Jede Datei hat zwei solcher Zweige, einen *Datenzweig* (*data fork*) und einen Ressourcenzweig (*resource fork*). Der Datenzweig enthält die gewöhnliche Datendatei, z.B. Texte, Kalkulationstabellen oder Bilddaten. Der Ressourcenzweig enthält dateispezifische Informationen, einschließlich der Bilder für die Icons und Binärdaten für ausführbare Programme. Da der Ressourcenzweig für viele Macintosh-Dateien von überragender Bedeutung ist, speichert Netatalk die Ressourcenzweige in einem Unterverzeichnis namens `.AppleDouble`. Angenommen, ein Apple-Benutzer erzeugt eine Datei namens `MacDatei` auf dem Netatalk-Server. `MacDatei` wird dann den Daten zweig enthalten und der Netatalk-Server wird unter der Hand eine weitere Datei mit dem Namen `.AppleDouble/Macdatei` erstellen, die den Ressourcenzweig enthält. Da der Name des Verzeichnisses `.AppleDouble` mit einem Punkt beginnt, ist es bei einer normalen Auflistung von LINUX-Dateien nicht zu sehen, und Samba verbirgt es daher normalerweise. Nichtsdestoweniger kann man für zusätzliche Sicherheit sorgen und den Samba-Parameter `veto files` benutzen, um zu gewährleisten, dass Windows-Anwender dieses wichtige Verzeichnis nicht versehentlich löschen.

Ressourcenzweige sind besonders wichtig für Programmdateien von Macintosh. Die meisten Dateien jedoch, die Windows- und Macintosh-Anwender wahrscheinlich teilen werden, haben entweder keinen Ressourcenzweig oder dieser ist im Wesentlichen unwichtig für die Macintosh-Programme, die die Dateien verwenden. Man kann die zugehörigen Datenzweige problemlos von Windows aus ändern. Man muss sich zum Beispiel nicht um Anwender kümmern, die die Informationen des Ressourcenzweigs verloren haben, weil sie Word-Dateien bearbeitet haben, die auf einem Macintosh erstellt wurden. Man schließe daraus aber nicht, dass die Daten des Ressourcenzweiges gänzlich unwichtig sind – sie sind wesentlich für Programm- und Font-Dateien. Netatalk speichert im Verzeichnis `.AppleDouble` auch Daten über Dateiverbindungen. MacOS nutzt diese Informationen, um Daten mit den Programmen zu verknüpfen, durch die sie erstellt wurden.

Netatalk benutzt ein anderes Verzeichnis, dessen Name mit einem Punkt beginnt, `.AppleDesktop`, um Informationen über die Platzierung von Icons im Wurzelverzeichnis des Fensters eines Share abzulegen. Auch wenn dieses Verzeichnis nicht so bedeutend ist, wie es die Daten des Ressourcenzweiges sind, sollten diese Informationen geschützt werden, wenn man eine konsistente Sicht der Daten im Startfenster eines Share präsentieren will.

Samba und weitere Protokolle

Neben der Möglichkeit der Integration von Samba mit anderen Servern für das Datei-Sharing wie NFS oder Netatalk kann man Samba auf einem Rechner laufen lassen, der andere Netzwerkprotokolle bedient. Bei einigen Gelegenheiten können sich diese Server gegenseitig beeinflussen, gewöhnlich indirekt über Dateien, auf die beide zugreifen. In solchen Situationen kann es wichtig sein, sicherzustellen, dass beide Server in einer Weise konfiguriert sind, die es beiden erlaubt, auf angemessene Weise auf Dateien zuzugreifen, die der andere Server erstellt hat.

Für die folgende Diskussion werden die Protokolle (außer Samba) in verschiedene Gruppen von Dateidienst-Protokollen eingeteilt (solche, die ausdrücklich zum Versenden und Empfangen von Dateien vorhanden sind): Protokolle, die Dateien verändern können, und Protokolle die Dateien weitgehend unberührt lassen, aber sich gegenseitig mit Samba in der ein oder anderen Weise beeinflussen. Jede dieser Gruppen wird der Reihe nach beschrieben, daran schließt sich eine Zusammenstellung der Vorteile an, die ein Betrieb aller Server auf einem Rechner einerseits und eine Verteilung der Server auf mehrere Rechner andererseits mit sich bringen.

Samba und Dateidienste

Die folgende Beschreibung macht einen kleinen aber feinen Unterschied zwischen zwei Arten von Protokollen zum Datentransfer:

Protokolle für das File-Sharing Diese Protokolle, für die SMB/CIFS ein Beispiel ist, bieten den Anwendern eine Schnittstelle, die der für eine lokale Festplatte sehr ähnlich ist. Sie können Dateien einfach zwischen Server und Client hin und her übertragen. Außerdem lassen sich, unter Verwendung von Programmen auf dem Client, die die Dateien auf dem Server direkt modifizieren entfernte Dateien (remote files) zur Bearbeitung öffnen.

Protokolle für den Dateiaustausch Diese Protokolle ähneln in gewisser Weise den Protokollen für das File-Sharing, sind aber einfacher. Sie erlauben die Übertragung von Dateien zwischen Client und Server (manchmal nur in einer Richtung, manchmal in beiden). Ein Anwender kann jedoch keine entfernte Datei mit irgendeiner Anwendung auf dem Client öffnen. Um eine Datei zu bearbeiten, muss er die Datei in die eine Richtung übertragen, dann modifizieren und sie schließlich zurücksenden.

Diese Unterscheidung ist hier etwas willkürlich, weil die Unterschiede zwischen diesen Protokollen, was deren Definitionen angeht, minimal sind. Die Unterschiede werden sichtbar in der Art und Weise, wie die Client-Software geschrieben ist, und daher in der Art und Weise, wie Anwender diese Software benutzen.

HINWEIS

Das Samba-Programm `smbclient` *behandelt einen Share von SMB/CIFS in einer Form, die der Definition eines Protokolls für den Dateiaustausch entspricht. Die meisten anderen SMB/CIFS-Clients jedoch, einschließlich* `smbmount`, *bieten eine Schnittstelle zum Protokoll, wie es für File-Sharing üblich ist.*

FTP

Das *File Transfer Protocol* (*FTP*) ist eines der ältesten Protokolle des Internets für den Austausch von Dateien. FTP-Client-Programme können einfache, textorientierte Werkzeuge sein aber auch benutzerfreundliche Anwendungen mit einer grafischen Oberfläche wie das in *Abbildung 13.1* gezeigte Programm `xmftp`. Wie auch immer man FTP benutzt, entworfen wurde es für die Übertragung kompletter Dateien von einem System in ein anderes. Auch wenn FTP einen unterbrochenen Datentransfer wieder aufnehmen kann, es wurde nicht dafür entwickelt, einen völlig wahlfreien Zugriff auf die Dateien des Servers zu ermöglichen. Einige FTP-

Clients versuchen, den FTP-Server in der Art eines Dateisystems darzustellen, man kann aber normalerweise nicht direkt auf Dateien über die Client-Anwendung zugreifen.

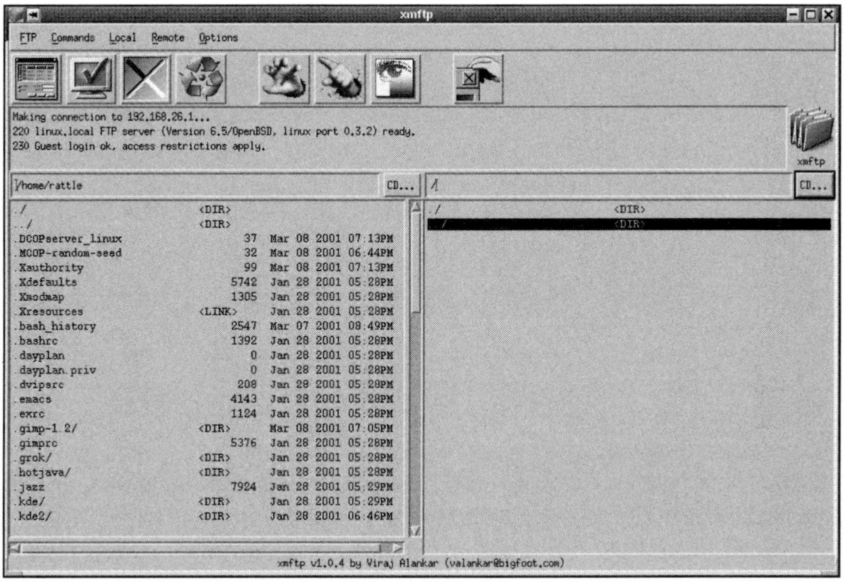

Abbildung 13.1: FTP-Programme mit grafischer Benutzeroberfläche ähneln Dateimanagern, bieten aber keinen direkten Zugriff auf den FTP-Server

LINUX unterstützt verschieden FTP-Server. Die beiden am weitesten verbreiteten sind das *Washington University FTP* (`WU-FTP`, erhältlich über `http://www.wu-ftpd.org`) und ProFTP (`http://www.proftpd.net`). Die meisten LINUX-Distributionen enthalten einen oder gar beide Server. Abhängig von der benutzten Distribution und den gewählten Installationsoptionen kann der Server bereits installiert sein oder auch nicht. Die meisten LINUX-Distributionen starten den FTP-Server über `inetd`. Daher kann man prüfen, ob LINUX so konfiguriert ist, dass es den FTP-Server startet, indem man die Datei `/etc/inetd.conf` untersucht. Diese sollte folgende oder eine vergleichbare Zeile enthalten:

```
ftp  stream tcp    nowait root    /usr/sbin/tcpd proftpd
```

Der Server-Name kann natürlich verschieden sein, abhängig vom Server, den man benutzt. Ist diese Zeile durch ein Nummernzeichen (#) am Beginn der Zeile auskommentiert, dann ist LINUX *nicht* dafür konfiguriert, den FTP-Server zu starten. Bei einigen Distributionen enthält die Datei `inetd.conf` zwei oder mehr solcher auf FTP bezogenen Zeilen, eine für jeden möglichen FTP-Server oder eine Konfiguration. Hat man also eine Zeile gefunden, in der ein FTP-Server deaktiviert wurde, sollte man ruhig nach weiteren FTP bezogenen Zeilen suchen.

Anwender können sich beim FTP-Server anmelden, indem sie eine der beiden folgenden Sicherheitsmodi verwenden:

Benutzername und Passwort Die voreingestellte Methode für den Zugang beim FTP-Server ist der Gebrauch eines üblichen Paares bestehend aus Benutzername und Passwort. Diese Methode gewährt dem Anwender vollen Zugang zum Server mit den für den Benutzer geltenden Rechten. Der Benutzer kann dieselben Dateien lesen oder ändern, für die er das auch vom Prompt aus dürfte. Dateien, die der Benutzer *auf* den Server kopiert (uploaded), besitzt anschließend der Benutzer, der sich beim Server angemeldet hat.

Anonymer Zugang Ein FTP-Administrator kann den Server so konfigurieren, dass er anonyme Anmeldungen akzeptiert (Anmeldungen von *anonymus*), wobei der Anwender als Benutzernamen `anonymus` und als Passwort einen beliebigen Text eingibt. Typischerweise gewähren solche Anonymus-Logins nur sehr beschränkten Zugang zum Server – ein Upload von Dateien ist normalerweise nicht erlaubt und es können nur solche Dateien gelesen werden, auf die Benutzer mit eingeschränkten Rechten Zugriff haben. Die Voreinstellung der meisten FTP-Server erlaubt kein Anonymus-Login, da es ein potenzielles Sicherheitsrisiko darstellt.

Der Trick, um ein fröhliches Nebeneinander von Samba und FTP sicherzustellen ist der, zu verhindern, dass einer der Server Dateien erstellt, auf die der andere zugreifen oder die er gar ändern kann, *sollte* der Anwender die Möglichkeit dazu haben. Benutzt man Samba-Parameter wie `force user` oder `create mode`, um einen Share so zu konfigurieren, dass die Anzahl von Dateibesitzern begrenzt wird und die Datei-Rechte auf bestimmte Werte gesetzt werden, sollte man einige Einschränkungen für den Zugriff auf Dateien festlegen. Man sollte entweder sicherstellen, dass ein FTP-Zugriff auf den Share nicht möglich ist (etwa dadurch, dass die Rechte den realen Benutzern einen Zugriff verweigern) oder dass jeder mögliche Zugriff das Sicherheitsschema von Samba nicht durchbricht. Um die letztere der beiden Möglichkeiten zu realisieren, kann man für den Share ausschließlich lesende Zugriffe erlauben oder den FTP-Prozess mit einer Rechtemaske für das Erstellen von Dateien (umask) ausstatten, die es allen Samba-Anwendern erlaubt, Dateien, die via FTP erstellt wurden, zu überschreiben oder zu löschen.

Um die Rechte festzulegen, die einer via FTP erzeugten Datei gegeben werden, bearbeitet man die Konfigurationsdatei des FTP-Servers. Für WU-FTP ist dies normalerweise `/etc/ftpaccess`, und man benutzt den Parameter `defumask umaskwert` für die Einstellung dieser Option. Für ProFTP macht man das Gleiche, indem man die Datei `/etc/proftp.conf` editiert und dabei den Parameter `Umask umaskwert` anpasst. In beiden Fällen stellt `umaskwert` die Rechtemaske dar, über die die Dateirechte vergeben werden. Bits, die in `umaskwert` gesetzt sind, werden für jede vom FTP-Dämonen erstellte Datei aus der Rechtetabelle 0777 (für Verzeichnisse) bzw. 0666 (für sonstige Dateien) entfernt. Ist `umaskwert` zum Beispiel

027, dann erhalten gewöhnliche Dateien die Rechte 0640 und Verzeichnisse 0750. Diesen Wert kann man anpassen, damit Dateien, die von FTP-Benutzern erstellt wurden, von Samba-Benutzern gelesen oder falls gewünscht auch gelöscht werden können.

Wo Samba eine feine Kontrolle über die Sicherheit eines einzelnen Share erlaubt, ermöglichen FTP-Server dies unglücklicherweise nicht. Ein FTP-Benutzer hat Zugang zum gesamten Verzeichnisbaum eines LINUX-Rechners, solange es ihm die Benutzerrechte erlauben. Diese Tatsache kann erhebliche Kopfschmerzen bereiten, wenn man an Sicherheit und Zugangskontrolle denkt. Die beste Absicherung dagegen ist oft der Einsatz des Samba-Parameters `force user` in Verbindung mit einer Rechtetabelle für Samba-Freigaben, die einen Zugriff von FTP-Benutzern verhindern, zumindest für die Freigaben, auf die viele Benutzer zugreifen können. FTP-Benutzer haben normalerweise vollen Zugang zu ihren Heimatverzeichnissen, was auch keine Probleme für Samba nach sich zieht, weil beide Server Dateien mit ähnlichen Rechtetabellen erzeugen.

Wie bei der Integration von Samba mit NFS oder Netatalk kann auch die gemeinsame Verwendung von Samba und FTP wegen der Unterstützung von Opportunistic Locks durch Samba ein Problem aufwerfen. Steht eine gemeinsame Benutzung von Dateien durch FTP und Samba zu erwarten, sollte man für die betroffenen Shares den Parameter `oplocks = No` setzen oder zumindest über den Parameter `veto oplock files` die Opportunistic Locks für solche Dateien abblocken, auf die wahrscheinlich beide Server simultan zugreifen werden.

Lässt man Samba auf einem System laufen, sollte man sich zumindest die Frage stellen, ob man an diesem Rechner noch einen FTP-Zugang *braucht*. Sehr oft kann man diese Frage verneinen. SMB/CIFS ist typischerweise das bessere Protokoll für Windows-Clients. Ein zusätzlicher Zugang über FTP bedeutet eigentlich nur ein zusätzliches potenzielles Sicherheitsproblem. In einigen Fällen möchte man einen FTP-Zugang für Anwender bereitstellen, die kein Windows benutzen und keinen Zugang zu anderen Protokollen für das File-Sharing haben oder brauchen, oder für Benutzer außer Haus, die keinen leichten Zugriff via SMB/CIFS haben.

TIPP

Auch ein Benutzer von außerhalb kann oft Zugang zu einem Server über SMB/CIFS erhalten. Unter Windows kann er einen Eintrag in der Datei `C:\WINDOWS\LMHOSTS` *für entfernte (remote) Server anlegen. Angenommen, ein Benutzer von* `tampa.threeroomco.com` *will Zugang zu* `seattle.pangea.edu` *(mit der IP-Adresse* `172.29.34.122`*) in einem Netzwerk am anderen Ende der Welt. Fügt er am Rechner* `TAMPA` *in der Datei* `C:\WINDOWS\LMHOSTS` *einen Eintrag wie* `172.29.34.122 seattle` *hinzu, erhält er diesen Zugang. Danach kann er etwa* `NET USE L: \\SEATLLE\BIGSHARE`eingeben, *um auf* `BIGSHARE` *am Server* `SEATTLE` *zuzugreifen. Dies setzt voraus, dass keine Firewalls zwischen den beiden Systemen den SMB/CIFS-Datenverkehr verhindern. Wenn der Client dann verschlüsselte Passwörter benutzt (wie* *es Standard ist für Windows 95 OSRelease2, Windows NT 4.0 Service Pack 3, Windows 98 und Windows 2000), dann kann diese Praxis in der Tat sicherer sein als der Einsatz von FTP, da FTP unverschlüsselte Passwörter verwendet.*

HTTP

Das *Hypertext Transfer Protocol* (*HTTP*) ist das Protokoll, das von World Wide Web-Servern benutzt wird. Als solches ist es weitgehend ein Einbahnstrassen-Protokoll, zumindest was die meisten Datenübertragungen angeht. Ein Anwender verbindet sich mit einem Web-Server über einen Web-Browser wie *Netscape Navigator* oder *Internet Explorer*, fordert einige Dateien an und der Server übergibt sie dem Browser. Auch wenn man Web-Server so einrichten kann, dass sie einen Benutzernamen und ein Passwort verlangen, sind sie meist als öffentliche Server konfiguriert und somit von jedermann ohne Authentifizierung erreichbar.

Unter LINUX (wahrscheinlich sogar allgemein) ist *Apache* der am häufigsten benutzte Web-Server. Er liegt allen wichtigen LINUX-Distributionen bei und wird meist standardmäßig installiert. Apache kann über `inetd` gestartet werden und sollte daher einen Eintrag in der Datei `/etc/inetd.conf` haben, der etwa wie folgt aussieht:

```
http   stream tcp   nowait nobody /usr/sbin/tcpd     httpd
```

Ist eine Zeile wie diese in der Datei `/etc/inetd.conf` auskommentiert, heißt das *nicht* unbedingt, dass Apache auf diesem Rechner nicht läuft. Oft wird Apache nämlich als Standalone-Server unabhängig von `inetd` betrieben, wie auch Samba. Um zu prüfen, ob diese Konfiguration gewählt wurde, gibt man am Prompt ein:

```
ps ax | grep httpd
```

Antwortet LINUX mit einer oder mit mehreren Zeilen, die `httpd`-Prozesse auflisten, dann läuft Apache auf diesem System. Falls nicht und falls es keinen Eintrag in der Datei `/etc/inetd.conf` gibt, läuft Apache sehr wahrscheinlich nicht. Man kann auch versuchen, das System von einem anderen Rechner aus über einen Web-Browser zu erreichen, um herauszufinden, ob Apache läuft.

Die meisten Installationen von Apache stellen ihren Clients standardmäßig Dateien aus Unterverzeichnissen von `/home/httpd` zur Verfügung. Das Verzeichnis `/home/httpd/html` ist häufig das Heimatverzeichnis der Site, die man über den Web-Browser eines anderen Rechners erreicht, bei dem man im Adressfeld einfach `http://servername` eingibt. Man kann diese Vorgabe natürlich über die Konfigurationsdateien von Apache den lokalen Gegebenheiten anpassen. Man kann auch Links zu Verzeichnissen anlegen, die ihrerseits Dateien für den Web-Server enthalten.

In einer normalen Konfiguration erlaubt Apache im Gegensatz zu FTP nicht den totalen Zugriff auf einen Server, auch wenn man Apache falsch konfigurieren kann und dieses zulässt. Um Samba und Apache zu einer friedlichen Koexistenz zu bewegen, muss man einfach sicherstellen, dass sie keine gemeinsamen Verzeichnisse verwenden, oder, falls doch, dafür sorgen, dass Samba Dateien erstellt, die Apache seinen Clients auch bereitstellen kann.

Ein denkbarer Einsatz von Apache und Samba auf ein und demselben Server ist es, Windows-Anwendern die Möglichkeit zu geben, Dateien auf dem Web-Server zu aktualisieren. Dazu muss man einen Samba-Share ähnlich dem folgenden einrichten:

```
[apache]
        path = /home/httpd
        writeable = Yes
        force user = apache
        valid users = scott, emily
        create mask = 0644
        directory mask = 0755
        hide dot files = No
```

Hier sind einige der wesentlichen Punkte, die es für diesen Share zu bedenken gilt:

- Das Wurzelverzeichnis für diesen Share ist `/home/httpd`. Die wichtigen HTML-Dateien werden im Unterverzeichnis `html` abgelegt und die Benutzer können andere Dateien des Web-Servers, etwa Perl-Skripte, aus anderen Unterverzeichnissen bearbeiten. Wer *nur* einen Zugriff zum Bearbeiten der HTML-Dateien gewähren will, der kann stattdessen `path = /home/httpd/html` setzen. Man muss das Wurzelverzeichnis eventuell auch dann anpassen, wenn man nicht die Standard-Konfiguration des Apache-Servers benutzt.
- Für den Share wird `force user = apache` benutzt, um alle Anwender, die sich anmelden, zum Benutzer `apache` werden zu lassen. Dieser Account muss am Server eingerichtet sein. Außerdem muss sichergestellt sein, dass dieser Benutzer volle Lese- und Schreibrechte im gesamten Verzeichnisbaum `/home/httpd` hat. Bei den meisten Systemen erlaubt die Standard-Installation des Apache-Servers hier nur dem Benutzer `root` Schreibrechte.
- Als Sicherheitsmaßnahme verhindert `valid users = scott, emily`, dass sich andere Benutzern als `scott` und `emily` Zugang zu diesem Share verschaffen können. Andere Parameter, die den Zugriff auf den Share einschränken, lassen sich ebenfalls einsetzen; man vergleiche dazu *Kapitel 14: Sicherheitserwägungen*.

- Die Parameter `create mask` und `directory mask` konfigurieren den Share so, dass alle Dateien von allen Anwendern gelesen werden können. Dies ist notwendig, da Apache normalerweise Kind-Prozesse unter dem Benutzernamen `nobody` erzeugt, ein Benutzer mit wenig Rechten, um das Risiko einer ernsthaften Bedrohung zu mindern, die durch einen sicherheitsrelevanten Bug im Programm entstehen könnte. Als Konsequenz müssen alle Benutzer in der Lage sein, die Dateien in einem Verzeichnis des Apache-Servers zu lesen.

Verwendet man Samba, um damit Web-Seiten auf einen Web-Server stellen zu können, muss man sicherstellen, dass Anwender, die das mit anderen Mitteln (wie FTP oder Netatalk) tun, keine Dateien erzeugen, die Samba-Benutzer nicht ändern oder löschen können. Daher muss man eventuell die Konfiguration über mehrere Server verteilen.

WARNUNG

Der Apache-Server behandelt Dateinamen wie LINUX auch mit Unterscheidung von Groß- und Kleinschreibung. Die meisten Samba-Clients dagegen treffen diese Unterscheidung nicht. Ein Anwender könnte daher Web-Seiten erstellen und testen, die sich gegenseitig durch Dateinamen referenzieren, bei denen diese Unterscheidung nicht berücksichtigt wurde. So könnte zum Beispiel die Startseite (`index.html`*) auf eine Seite* `somepage .html` *verweisen, aber die entsprechende Datei beim Apache-Server als* `SomePage.html` *abgelegt sein. In diesem Fall wird der Web-Server die Seite nicht finden, wenn der Client sie anfordert. Es ist wichtig für jedermann, der an einem Windows-System Web-Seiten erstellt, dass er dies verstanden hat und alle Links auf einer Seite* nach *dem Upload der Seite auf den Web-Server testet.*

Protokolle, die das Datei-Sharing beeinflussen können

Alle Netzwerkprotokolle wurden entwickelt, um Daten von einem System zu einem anderen zu übertragen, aber nicht alle Protokolle übertragen *von sich aus*. Nichtsdestoweniger können einige dieser Protokolle Dateien eines Samba-Share berühren, daher sollte man verstehen, welche Folgen es hat, wenn man diese Protokolle auf einem Samba-Server einsetzt.

Mail-Protokolle

Viele LINUX-Systeme laufen als E-Mail-Server. Es gibt zwei Typen von E-Mail-Protokollen: *Push* und *Pull*. Push-Protokolle erlauben es einem Sender, eine Netzwerkverbindung aufzubauen, um Mail zu senden, Pull-Protokolle dagegen verlangen, dass der Empfänger die Verbindung initiiert, um Mail zu erhalten. Die meisten Server im Internet benutzen ein

Push-Protokoll, das als *Simple Mail Transfer Protocol* (*SMTP*) bekannt ist und in Servern wie *sendmail* (`http://www.sendmail.org`) und *Postfix* (`http://www.postfix.org`) implementiert ist. Typischerweise spricht ein SMTP-Server mit einem anderen, aber auch *E-Mail-Reader* wie `pine` und *Netscape Messenger* können ebenfalls eine SMTP-Verbindung herstellen, um eine E-Mail zu senden.

Zu den Pull-Protokollen gehören *Post Office Protocol* (*POP*) und *Internet Message Access Protocol* (*IMAP*), die beide in einer Vielzahl von Servern implementiert sind wie etwa *Qpopper* (`http://www.eudora.com/qpopper`) und `imap`. Diese Server antworten auf Anfragen, Mail abzuholen (pull), stellen aber selbst keine solche Anfragen. Mail-Clients für Endanwender wie `pine` und *Netscape Messenger* können eine solche Mail-Verbindungen initiieren, um eine E-Mail abzuholen. Das LINUX-Programm `fetchmail` (`http://www.tuxedo.org/~esr/fetchmail`) kann solch eine Mail-Session starten und die erhaltenen E-Mail-Sendungen in die lokale Mail-Queue des LINUX-Rechners einreihen.

Unabhängig davon, wie eine Mail ihren Bestimmungsort erreicht, wird sie zu guter Letzt in einer Datei gespeichert und zu dieser Datei hat Samba potenziell Zugang. Die meisten LINUX-Systeme verwenden standardmäßig `sendmail`. `sendmail` speichert eingehende Post in einer *Mail-Queue* – eine Datei, in der eine oder mehrere Mail-Messages abgelegt werden. Diese Mail-Queues werden gewöhnlich im Verzeichnis `/var/spool/mail` angelegt und erhalten den Namen ihres Besitzers. Die meisten anderen Push-Mail-Server speichern Mail in ähnlicher Weise. Diese Dateien werden wahrscheinlich nicht durch Samba berührt, weil man wohl nicht das Verzeichnis mit den Mail-Queues exportieren will (auch wenn das möglich ist). In den meisten Fällen macht es mehr Sinn, auf einem LINUX-Rechner einen POP- oder IMAP-Server einzurichten. Diese Server können die Mail-Queues lesen und deren Inhalt den Client-Computern über das Pull-Protokoll zur Verfügung stellen.

Einige wenige Push-Mail-Server, einschließlich `qmail` (`http://www.qmail.org`) speichern die Mail-Queues in den Heimatverzeichnissen der Anwender. Das Gleiche gilt für die meisten Endanwenderprogramme, die eine Pull-Mail-Session initiieren, und solche, die die Mail von der lokalen Mail-Queue beziehen. Wurde eine Nachricht auf einem LINUX-System gelesen, kann sie in der Mail-Queue bleiben, gelöscht oder in einen *Mail-Ordner* verschoben werden, der eine Datei (oder ein Verzeichnis) im Heimatverzeichnis des jeweiligen Benutzers ist und typischerweise `Mail`, `mail` oder `mbox` heißt.

Wenn ein Anwender in einem von ihm benutzten Share unerwarteter weise eine Datei oder ein Verzeichnis findet, dann könnte er versuchen, diese zu löschen. Es kann daher passieren, dass ein Anwender versehentlich seinen Mail-Ordner löscht. Man kann sich dagegen schützen, indem man einen der Samba-Parameter `hide files` oder `veto files` benutzt, um das Hidden-Bit für den Mail-Ordner zu setzen oder diesen Ordner für Samba unerreichbar zu machen. Diese Parameter sollte man für den

Share `[home]` des Servers setzen oder für irgend einen anderen Share, über den die Anwender auf ihre Heimatverzeichnisse zugreifen können. Zum Beispiel lässt `veto files = \Mail\mbox` die entsprechenden Dateien im Heimatverzeichnis des Anwenders aus dem Blickfeld von Samba verschwinden.

Auf der anderen Seite will man vielleicht einen gemeinsamen Zugang zu den Mail-Dateien ermöglichen. Wenn ein Anwender immer wieder LINUX und Windows benutzt, um auf seine Mail zuzugreifen, und die Programme auf beiden Plattformen ein identisches Format für die Mailboxen verwenden, dann kann man diese Systeme so konfigurieren, dass sie beide auf dieselben Dateien zugreifen. Das ist am einfachsten, wenn der Anwender auf beiden Plattformen das gleiche Programm für diesen Zweck verwendet. *Netscape Messenger* kann in dieser Weise benutzt werden. Der Trick im Falle von Netscape ist es, die LINUX- und die Windows-Version des Programms auf dieselben Mailbox-Dateien zu verweisen. Unter LINUX befinden sich diese standardmäßig in einem Unterverzeichnis von `~/.netscape`. Unter Windows kann man festlegen, wo *Netscape* diese Informationen ablegt, indem man das Hilfsprogramm *Benutzerprofil-Manager* benutzt, das zusammen mit *Netscape* installiert ist. Erzeugt man ein Benutzerprofil, gibt einem dieses Programm die Chance, den Ort festzulegen, an dem *Netscape* die Informationen zum Profil ablegt, wie in *Abbildung 13.2* gezeigt. Nennt man das Verzeichnis `.netscape` im Heimat-Share des Benutzers, werden beide Versionen von *Netscape* dieses verwenden.

Abbildung 13.2: Über ein Benutzerprofil kann man festlegen, dass unterschiedliche Versionen von *Netscape* dasselbe Verzeichnis benutzen

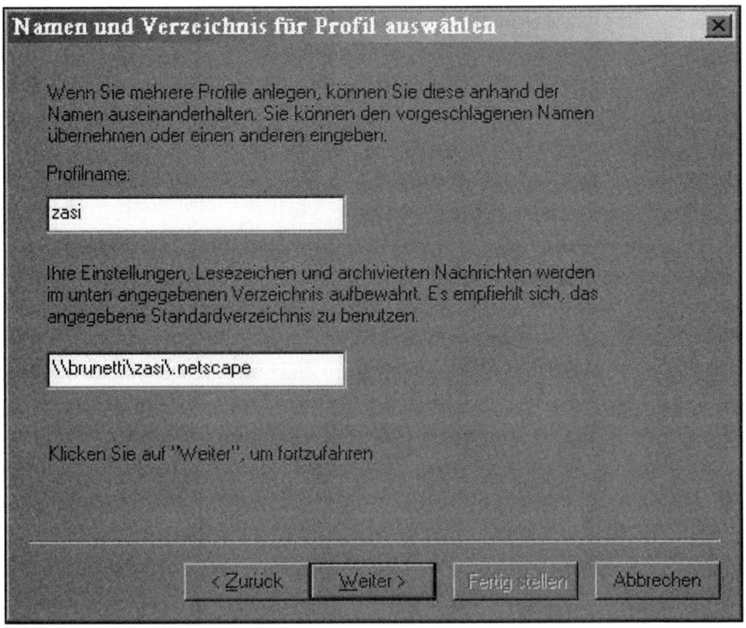

TIPP

Netscape für Windows speichert Lesezeichen in einer Datei mit Namen `bookmark.htm`, *Netscape für LINUX dagegen benutzt dafür die Datei* `bookmark.html`. *Man kann einen Link von einer Datei auf die andere verwenden, um Lesezeichen für beide Versionen von Netscape zu teilen.*

Oft ist es leichter, einen IMAP-Server zu verwenden, wenn man E-Mails zwischen den Betriebssystemen teilen will. IMAP enthält Methoden, die dazu entwickelt wurden, eine E-Mail auf dem E-Mail-Server zu belassen, so können zwei oder mehr Clients auf dieselbe Nachricht mehr oder weniger problemlos zugreifen. Dies ist gewöhnlich die sicherere Methode gegenüber einer gemeinsamen Nutzung von E-Mail-Dateien über Samba.

Login-Protokolle

Login-Protokolle erlauben in einem Netzwerk den Zugang zu einem Computer von einem anderen aus. Man kann dann Programme des entfernten Computers starten als säße man an ihm. Die am meisten verbreiteten Login-Protokolle sind *Telnet* und *Secure Shell* (*SSH*). Clients für Telnet sind enorm stark verbreitet, die meisten wichtigen Betriebssysteme stellen sie zur Verfügung, darunter auch LINUX und Windows. Clients für SSH haben diese Verbreitung nicht, sind aber auch leicht erhältlich, oft als Add-Ons für Telnet-Pakete wie *Zap-O-Com* (`http://www.emtec.com/zoc`).

Fast alle wichtigen LINUX-Distributionen sind mit einem Telnet-Server ausgestattet. Dieses Programm wird normalerweise durch `inetd` gestartet. Die Datei `/etc/inetd.conf` sollte eine Zeile wie die folgende enthalten:

```
telnet streamtcp   nowaitroot   /usr/sbin/tcpd     in.telnetd
```

Ist diese Zeile auskommentiert, kann man das Nummernzeichen (#) vom Zeilenanfang entfernen und anschließend `inetd` neu starten, um dadurch ein Login über Telnet am System zuzulassen.

SSH ist zur Zeit in den meisten LINUX-Distributionen aus rechtlichen Gründen nicht enthalten; für einige der im Programm enthaltenen Algorithmen bestand bis zum September 2000 ein durch die USA beantragter Patentschutz. Einige Länder schränken ebenfalls den Gebrauch oder den Export von Software ein, die cryptografische Algorithmen nutzen, und SSH fällt unter diese Rubrik. Vorausgesetzt die Software ist in Ihrem Land zugelassen, dann können Sie sowohl das Client- als auch das Server-Paket für LINUX unter `http://www.openssh.com` erhalten. SSH verschlüsselt Passwörter und alle Daten, die es versendet, und ist somit sicherer als Telnet, das Daten und Passwort unverschlüsselt versendet.

Telnet und SSH sind beide textbasierte Protokolle, es ist aber auch möglich, mit ihrer Hilfe entfernte X Window-Programme zu nutzen. X Window ist ursprünglich eine grafische Benutzerschnittstelle für eine

Netzwerkumgebung. Wenn also geeignete Software auf beiden Seiten der Verbindung vorhanden ist, kann man ein X Window-Programm starten, nachdem man sich über Telnet oder SSH angemeldet hat. Man kann aber auch reine X-basierte Login-Protokolle verwenden.

Wie auch immer man sich beim entfernten System anmeldet, solch ein Login öffnet, auch was Samba angeht, die sprichwörtliche Büchse der Pandora. Ein Benutzer mit entsprechenden Privilegien kann nach der Anmeldung Befehle wie `chown` oder `chmod` ausführen, um den Besitz an einer Datei oder die Rechtetabelle zu ändern. Abhängig von der Sicherheitsstruktur des Gesamtsystems kann er Dateien an unpassenden Orten erstellen. Diese Möglichkeiten erlauben es ihm, auch ein Samba-System mit einem sorgfältig entworfenen Sicherheitsschema an die Wand zu fahren. Benutzt man die Samba-Parameter `force user` und `valid users`, um Dateirechte zu setzen, kann ein gewöhnlicher Benutzer ein Remote-Login benutzen, um diese Sicherheitskontrollen zu umgehen, abhängig vom jeweiligen Benutzer und seinen Rechten. Aus diesem Grunde ist es ratsam, in Zusammenhang mit `force user` auch `force create mode = 0600` zu verwenden und die Rechte des Share-Verzeichnisses auf 0700 zu setzen, um die meisten Anwender an einem Zugriff auf den Share über ein Remote-Login zu hindern.

Ist ein Computer ausschließlich für den Einsatz als Samba-Server vorgesehen, ist es trotzdem ratsam, die Verwendung von Login-Protokollen generell zu unterbinden, oder man setzt alle Login-Shells der Anwender, bis auf eine auserlesene Handvoll, auf etwas Unnützes wie `/dev/null`, um sie daran zu hindern, remote einzuloggen und auf diesem Wege Schaden anzurichten. Zumindest sollte man sich überlegen, welche Aktionen ein gewöhnlicher Anwender ausführen darf, dem nach dem Anmelden eine Shell zur Verfügung steht, und welche Konsequenzen diese Aktionen für den zu erstellende Share haben. Können die Samba-Benutzer des Share Dateien lesen, bearbeiten oder löschen, die ein gewöhnlicher Benutzer erstellt hat? Kann ein Benutzer mit einem Shell-Zugang Dateien lesen, bearbeiten oder löschen, die ein Samba-Benutzer erstellt hat? Jede dieser Möglichkeiten kann wünschenswert oder unerwünscht sein, abhängig von den Notwendigkeiten und der Startegie, die man fährt.

Sonstige Protokolle

Die meisten anderen Server haben wenig oder keinen Einfluss auf Samba. Eine kleine (radikale) Minderheit von Servern jedoch überträgt und erstellt keine Dateien, kann aber Samba in der ein oder anderen Weise beeinflussen oder durch Samba beeinflusst werden. In einigen Fällen müssen diese Server nicht notwendigerweise auf dem Samba-Server laufen, um mit Samba zu interagieren, obwohl sie das *können*. Dies schließt DNS-Sevrer, DHCP-Server und Zeit-Server ein.

HINWEIS

Die meisten Server benutzen Konfigurationsdateien. Exportiert Samba diese, kann es passieren, dass man die Konfiguration eines Server ruiniert, indem man dessen Konfurationsdatei von einem Samba-Client aus bearbeitet. Es besteht jedoch höchst selten Grund dazu, die entsprechenden Verzeichnisse zu exportieren. (Die meisten dieser Dateien befinden sich im Verzeichnis `/etc`.*)*

DNS-Server

Wie in *Kapitel 9: Samba als NBNS-Server* beschrieben, kann Samba so konfiguriert werden, dass es das Domain Name System (DNS) benutzt, um NetBIOS-Namensauflösungen durchzuführen. In der Tat ist die Voreinstellung so, dass DNS *vor* dem NetBIOS Name Service (NBNS) und den Broadcasts benutzt wird. Sind die Rechnernamen für das Netzwerk bei einem DNS-Server registriert, der auf einem anderen Computer läuft als der Samba-Server, muss man sich um diesen Punkt nicht weiter kümmern, es sei denn, man will den Parameter `name resolve order` optimieren, wie in *Kapitel 9* beschrieben.

In einigen Fällen muss man seinen eigenen DNS-Server konfigurieren, möglicherweise auf einem Samba-Server. Diese Situationen findet man in kleinen privaten Netzen, die entweder nicht mit dem Internet verbunden sind oder sich hinter einer sehr restriktiven Firewall oder einem Router mit IP-Masquerading befinden, so dass auswärtige Computer die Rechner im Netz nicht sehen. In einem solchen Netzwerk hat ein DNS-Server keine Veranlassung, die Computer aufzulisten.

Die Beschreibung der Konfiguration eines DNS-Servers würde die Grenzen dieses Buches sprengen, aber falls es nötig ist, kann man einen DNS- und einen Samba-Server auf demselben Rechner laufen lassen. Um mehr darüber zu erfahren, kann man ein spezielles DNS-Buch lesen wie das von Craig Hunt: *LINUX DNS Server Administration* (Sybex, 2000). Ob der DNS-Server auf dem Samba-Rechner läuft oder nicht, man kann den Parameter `wins hook` benutzen, um bestimmte Aktivitäten auszulösen, wann immer der NBNS-Server seine Datensätze aktualisiert. Übergibt man diesem Parameter das Skript `dns_update`, das den Samba-Quellen und einigen Samba-Programmpaketen beiliegt, dann kann Samba den DNS-Server im Netzwerk aktualisieren, wann immer der NBNS-Server feststellt, dass eine Maschine im Netzwerk neu gestartet oder heruntergefahren wurde. (Man muss das Skript editieren, um den Namen der Domäne bekannt zu machen und es ausführbar machen. Für mehr Informationen lese man die README-Datei, die dem Skript beiliegt.)

DHCP-Server

Man kann das *Dynamic Host Configuration Protocol* (*DHCP*) benutzen, um grundlegende TCP/IP-Optionen sowohl für LINUX- als auch für Windows-Clients festzulegen. Über DHCP können grundlegende TCP/IP-Informationen an Clients weitergereicht werden, aber auch einige SMB/CIFS-Informationen wie NBNS-Server des Netzwerks oder die Knotentypen von NetBIOS. (*Kapitel 9* behandelt diese Punkte.) Die Standardausgabe der Samba-Dokumentation enthält auch eine Datei namens `DHCP-Server-Configuration.txt`, die das Einrichten eines DHCP-Servers im Allgemeinen behandelt. Wie auch bei der DNS-Konfiguration ist dieser Punkt sehr umfangreich und würde den Rahmen dieses Buches sprengen. Man lese ein Buch speziell über DHCP, wie etwa *The DHCP Handbook* (Macmillan, 1999) von Droms und Lemon, um mehr darüber zu erfahren.

Samba benutzt die SMB/CIFS spezifischen Informationen des DHCP-Servers nicht. Auch ist keiner der DHCP-Server unter LINUX so ausgelegt, dass er Knotentypen oder Ort des NBNS-Servers vom Samba-Server auf demselben System übernimmt. Daher müssen diese Informationen unabhängig voneinander unter Samba (für den lokalen Server) und in DHCP (für die Windows-Systeme) konfiguriert werden. Wenn das Netzwerk natürlich kein DHCP verwendet, ist all das uninteressant, man gibt die fraglichen Informationen manuell an jedem einzelnen Rechner ein.

Zeit-Server

Vereinfacht ausgedrückt implementiert ein *Zeit-Server* ein Protokoll, das die aktuelle Zeit über ein Netzwerk zur Verfügung stellt. Das am weitesten verbreitete und im Internet benutzte Zeit-Server-Protokoll ist *Network Time Protokoll* (*NTP*). Eine Reihe von Computern, die es auf dieser Welt gibt, benutzen eine Atomuhr und NTP-Server, um andere Systeme mit einer zuverlässigen Zeit zu versorgen. Computer, die direkt mit einer Atomuhr kommunizieren, werden auch *stratum 1* Zeit-Server genannt. Computer, die sich mit stratum 1 Zeit-Servern synchronisieren und es wiederum anderen Systemen erlauben, sich mit ihnen zu synchronisieren, werden auch *stratum 2* Zeit-Server genannt und so fort. Jede stratum-Zeit ist ein wenig ungenauer als die im Level darüber verfügbare - aber diese Abweichung ist gewöhnlich sehr gering, allgemein weniger als eine Sekunde bei mehreren übereinanderliegenden Schichten.

Die Web-Site für NTP ist `http://www.eecis.udel.edu/~ntp/`. Von dort kann man weitere Informationen und Zeit-Server für eine Reihe von verschiedenen Betriebssystemen beziehen. Die meisten LINUX-Distributionen enthalten einen Zeit-Server namens `xntpd`. Wenn es ordentlich eingerichtet ist, synchronisiert `xntpd` die Systemuhr des LINUX-Rechners mit einem Zeit-Server im weiten Internet und erlaubt es dann anderen Rechnern, ihre Uhr mit der des LINUX-Rechners zu synchronisieren. Diese Pakete arbeiten als sowohl als Client als auch als Server.

WARNUNG

Die NTP Web-Site enthält eine Reihe öffentlich zugänglicher Zeit-Server. Um einen stratum 1 Zeit-Server nicht zu überlasten, sollte man seine Rechner nicht *direkt mit diesem synchronisieren, ausgenommen der eigene Rechner dient seinerseits einer Vielzahl von anderen Rechnern als Zeit-Server, oder man hat einen außergewöhnlichen Grund dafür, dass die Systemuhr sehr genau gehen muss (wie bei wissenschaftlichen Untersuchungen, die eine exakte Zeit voraussetzen). Viele strautm 2 oder stratum 3 Zeit-Server akzeptieren anonymen Zugang, so dass man sich mit einem von diesen Rechnern synchronisieren und dabei eine ziemlich genaue Zeit auf seinem System haben kann.*

TIPP

Viele große Organisationen wie Universitäten oder Aktiengesellschaften verfügen über einen internen Zeit-Server. Diese erscheinen vielleicht nicht auf der NTP-Liste, aber wenn man sie nutzt, kann das zu einer genaueren Zeitangabe führen, als wenn man auf Server außer Haus zugreift, weil dies die Netzwerklast weniger beeinflusst. Prüfen Sie, ob in Ihrer Firma oder Organisation ein solcher Zeit-Server zur Verfügung steht, bevor Sie die Verbindung zu einem Zeit-Server außer Haus aufbauen.

Oft ist es hilfreich, alle SMB/CIFS-Clients und -Server synchronisiert zu haben. Eine der Möglichkeiten, um dies zu erreichen, ist die, ein NTP-Client-Paket auf jedem Windows-Computer laufen zu lassen, wie auch auf jedem Samba-System. Man kann einen Samba-Server zusammen mit `xntp` einrichten und dann alle anderen Rechner des Systems an diesen Server verweisen, damit sie sich dort die richtige Zeit beschaffen. Eine einfachere Lösung für Windows-Systeme ist die Benutzung des in SMB/CIFS eingebauten Zeit-Protokolls. Man ergänze die Zeile `time server = Yes` in der Sektion `[global]` der Konfigurationsdatei `smb.conf` des Samba-Servers und Samba wird sich selbst als Zeit-Server verstehen und entsprechende Dienste bereitstellen.

Man kann die Zeit an einem Windows-Client dadurch setzen, dass man den Befehl `NET TIME \\SERVER /SET /YES` eingibt. Dieser Befehl ändert die Systemzeit des Client auf den Wert, der von `SERVER` gepflegt wird, setzt aber nicht voraus, dass auf dem Client NTP-Software läuft. Man kann eine Batch-Datei erstellen, die diesen Befehl enthält, und sie im Ordner *Autostart* platzieren, damit sie bei jedem Systemstart automatisch ausgeführt wird. Alternativ kann man den Befehl bei einer Domänen-Konfiguration in das Anmeldeskript einfügen. Der Befehl sollte jedoch *nicht* in der Datei `AUTOEXEC.BAT` verwandt werden. Die Netzwerk-Features von Windows sind noch nicht aktiviert, wenn diese Datei ausgeführt wird, daher wird der Versuch scheitern, Zeitdienste von SMB/CIFS über `AUTOEXEC.BAT` zu starten.

Hat man einmal die Systemuhr eines Windows-Rechners gestellt, wird sie über kurz oder lang vor- oder nachgehen. Da die meisten Windows-Systeme häufig gebootet werden, ist dies kein wesentliches Problem. Hat man aber Server unter Windows NT oder Windows 2000, die längere Uptimes haben mag man ein NTP-Paket auf diesen Servern installieren. (NTP-Programme prüfen die Zeit üblicherweise in periodischen Abständen und protokollieren Informationen über Vor- oder Nachgehen einer Systemuhr, um eine automatische Korrektur durchzuführen, auch wenn der Zeit-Server nicht mehr erreichbar ist.)
Auch wenn Samba die Funktion eines SMB/CIFS-Zeit-Servers unterstützt, gilt dies nicht für die Funktion als entsprechender *Client*. Will man also die Systemzeit eines Samba-Servers von außerhalb stellen, muss man `xntpd` oder eine noch exotischere Lösung nutzen.

Dedicated Server oder Single-Server-Netzwerke

Oft ist es verlockend, eine große Zahl von Servern auf einem einzigen Computer laufen zu lassen. Sicherlich ist LINUX in der Lage, Dutzende von Servern gleichzeitig zu verwalten. Wie in diesem Kapitel jedoch beschrieben, ist es oft problematisch, zu viele Server nebeneinander laufen zu lassen, weil diese Server Dateien unterschiedlich behandeln und so in eine Konfliktsituation kommen können. Es gibt ebenfalls Rückwirkungen auf Sicherheit und Performance, wenn mehrere Server auf einem einzelnen Computer eingesetzt werden.

Sicherlich ist es bequem und manchmal sogar notwendig, mehrere Server für das File-Sharing auf einem Rechner laufen zu lassen, wenn dieselben Dateien unterschiedlichen Gruppen von Computern zur Verfügung gestellt werden muss. In diesem Fall sollte man die Rechtevergabe für Dateien sorgfältig planen, um Probleme zu vermeiden, die sich dadurch äußern, dass Dateien, die der eine Server erstellt, über den anderen nicht gelesen werden können.

Hat ein Computer genügend Bandbreite und Prozessor-Power übrig, wenn man auf ihm Samba und irgendwelche anderen Server für das File-Sharing laufen lässt, könnte man den Rechner mit weiteren Aufgaben betrauen, etwa als kleiner lokaler DNS- oder DHCP-Server. In einem kleinen Netzwerk kann das dazu beitragen, dass man keine zusätzlichen Computer kaufen, einrichten und pflegen muss. In großen Netzwerken ist es jedoch aus zwei grundsätzlichen Erwägungen heraus besser, solche Aufgaben an andere Computer zu übertragen:

Performance Sie wollen die bestmögliche Performance aus einem Fileserver für ein großes Netzwerk herausholen. Unnötige Dienste auf einem kostspieligen Server laufen zu lassen, wird dessen Performance beeinträchtigen. Man kann sehr wahrscheinlich einen unbedeutenderen

Computer ausfindig machen, der die zusätzlichen Dienste recht ordentlich erfüllt, ohne dabei die fein austarierte Performance und die beschränkte Bandbreite des Fileservers zu beschneiden.

Sicherheit Ständig werden Bugs bei einer Vielzahl von Servern entdeckt. Jeder laufende Server ist eine zusätzliche Chance für einen Cracker, an die wichtigen Dateien eines Systems heranzukommen. Sehr wahrscheinlich brauchen die Dateien auf einem Samba-Server nicht für die Außenwelt zugänglich zu sein, daher liegt der beste Platz eines Samba-Servers in der Netzwerktopologie geschützt hinter einer Firewall. Viele Netzwerkdienste einschließlich Mail-Server, Web-Server und oft auch DNS-Server müssen auf öffentlich zugänglichen Computern laufen und geben so den Server dem Internet insgesamt preis. Auch wenn diese Server nur für das interne Netzwerk benutzt werden, ist es möglich, dass etwa ein missgünstiger Angestellter über einen solchen Server in das System eindringt und dessen Ressourcen missbraucht.

Natürlich ist *Samba* manchmal der zusätzliche Server. Man kann zum Beispiel Samba auf einem Web-Server installieren, um den Benutzern des hausinternen Netzes ein Upload von Web-Seiten auf den Server zu erlauben. Aber auch hier spielt der Sicherheitsaspekt eine gewisse Rolle – ein externer Cracker mag in der Lage sein, einen Bug oder einen Fehler in der Konfiguration von Samba zu entdecken, und so in den Web-Server eindringen. Auf der anderen Seite braucht man *irgendeinen* Mechanismus, um Web-Seiten auf den Web-Server zu kopieren, und da ist Samba sicherlich sehr viel bequemer als das Kodieren einer jeden Web-Seite von Hand an der Console des Web-Servers.

Insgesamt ist festzuhalten: Wenn ein Computer zuallererst als Samba-Server eingeplant ist, ist es wahrscheinlich das Beste, sowenig andere Dienste wie möglich an diesem Rechner zur Verfügung zu stellen. Speziell Zugänge über eine Shell oder ein Remote-Login können in dieser Situation zu heftigen Kopfschmerzen führen, obwohl sie vielleicht zwingend notwendig ist. Arbeitet der Rechner in erster Linie als Server irgend eines anderen Typs, sollte man Samba darauf nicht laufen lassen, außer man braucht Zugang zu den Dateien des Systems über ein unabhängiges Protokoll (wie es bei einem Web-Server der fall sein mag).

Zusammenfassung

In vielen Netzwerken wird eine Vielzahl von Betriebssystemen eingesetzt, die ihrerseits eine breite Auswahl von Protokollen für den gemeinsamen Zugriff auf Dateien verwenden. LINUX kann eine ausgezeichnete Lösung für die Integration dieser diversen Netzwerke sein, da es so viele Protokolle für das Datei-Sharing unterstützt. Samba ist Teil dieser Vielfalt, man sollte sich jedoch darüber im Klaren sein, wie Samba mit anderen Servern zusammenarbeitet, bevor man versucht, ein solches System zu konfigurieren. Dateibesitz und Rechte sind besonders prädestiniert dafür, Schwierigkeiten zu verursachen, insbesondere dann, wenn Freigaben einzurichten sind, die für alle Benutzer sowohl lesbar als auch änderbar sein müssen. File-Locking ist ein anderer potenzieller Stolperstein.

Abgesehen vom Datei-Sharing kann Samba mit anderen Servern auf unterschiedlichste Art zusammenarbeiten. Dateidienste wie FTP oder HTTP bringen ähnliche Probleme bezüglich Dateibesitz oder Rechte mit sich, wie Protokolle für das Datei-Sharing. Bisweilen muss Samba mit ganz anderen Protokollen zusammenarbeiten, wie DNS, DHCP oder Zeit-Server-Protokollen. In den meisten von diesen Fällen kann man die Protokolle in der ein oder anderen Weise koordinieren, um die Konfiguration von Samba oder Windows zu erleichtern und die gesamte Funktionalität des Netzwerks zu steigern. Auch wenn es manchmal recht bequem sein kann, mehrere Protokolle auf einem einzelnen Rechner laufen zu lassen, führt dies zu Sicherheitsrisiken und beeinträchtigt die Performance. Allgemein ist es am besten, Samba getrennt von den Protokollen laufen zu lassen, die nicht auf dieselben Daten zugreifen müssen.

Teil 4

Wartung und Pflege

- Verschlüsselte und Klartext-Passwörter
- Besitzverhältnisse und Rechte
- Samba und SSL
- Weitere Tools zur Verbesserung der Sicherheit
- Passwörter synchronisieren
- Nicht Samba-basierte Zugriffe auf LINUX steuern
- Backup-Optionen
- Lokales Backup eines Samba-Servers
- Entferntes Backup eines Samba-Servers
- Samba für das Backup von Clients
- Probleme mit Domain Controllern
- Probleme beim Browsing
- Probleme beim Zugriff auf Freigaben
- Probleme beim Zugriff auf Dateien

Sicherheits-erwägungen

KAPITEL 14

Samba ist ein äußerst mächtiger Server und kann somit ein extrem nützliches Netzwerk-Werkzeug sein. Unglücklicherweise macht die Leistungsfähigkeit von Samba dieses auch zu einem potenziell gefährlichen Tool, speziell dann wenn eine unerwünschte Person von außerhalb (oder selbst ein unautorisierter Insider) Zugriff auf den Server nehmen kann. Ein Bösewicht, der mithilfe eines Samba-Logons in einen Computer einbricht, kann von gar keinen bis zu substanziellen Schäden alles Mögliche anrichten, abhängig von der Konfiguration von Samba und der anderen Server auf dem Computer. Dieses Kapitel beschreibt Sambas Sicherheitsmerkmale und bietet Ihnen Informationen, wie Sie ein Samba-Sicherheitssystem gestalten können, das Ihnen dabei hilft, diejenigen draußen zu halten, die draußen bleiben sollten.

Wir beginnen mit einem Überblick über Sambas erste Verteidigungslinie: System-bedingte Zugangskontrolle, Passwörter und Passwortverschlüsselung. Dieses Kapitel fährt dann fort, Sambas Zusammenarbeit mit den dateibezogenen Sicherheitsmerkmalen von LINUX – Besitzverhältnisse und Rechte – zu beschreiben. In besonders sicherheitssensiblen Umgebungen ziehen Sie es vielleicht vor, den *Secure Socket Layer* (*SSL*) für die Verschlüsselung aller Daten, die zwischen dem Samba-Server und den Clients fließen, zu verwenden, so dass diese Option ebenfalls besprochen werden soll. Am Ende beschreibt das Kapitel eine Auswahl von Charakteristiken und Methoden von Samba, die Sie verwenden können, um Samba mithilfe anderer Programme und Netzwerk-Leistungsmerkmalen sicherer zu machen.

Den anfänglichen Zugang zu Samba steuern

Samba bietet eine große Bandbreite Optionen für die Zugangskontrolle. Sie können einen Samba-Server mit extrem laxer Sicherheit konfigurieren, so dass jeder Zugriff auf diesen nehmen kann, ohne überhaupt ein Passwort senden zu müssen; oder Sie konfigurieren Samba sehr pingelig bezüglich der Systeme und Personen, die Zugriff auf ihn nehmen dürfen. Im Wesentlichen gibt es zwei verschiedene Arten der Zugriffskontrolle: Einschränkungen, die auf den Client-Computern basieren und solche, die auf User-Namen und Passwörtern, die durch das aufrufende System gesendet werden, basieren. Microsoft Windows wendet letztere Methode an und dies ist die Methode, auf die in einem Großteil dieses Kapitels Bezug genommen werden soll. Eine System-abhängige Zugangsmethode kann jedoch äußerst mächtig und nützlich sein, und wenn Sie einen sicheren Server betreiben wollen, ist es generell eine gute Idee, zusätzlich zu der Passwort-basierten Zugangskontrolle eine Systemabhängige Zugangskontrolle zu verwenden.

Unabhängig davon, welche Art der Zugangskontrolle Sie vorziehen, sie haben Auswirkungen und Einsatzmöglichkeiten, die beide mehr oder weniger in bestimmten Situationen angebracht sind. Es ist wichtig, dass Sie diese Zugangsbeschränkungen verstehen und wie sie miteinander zusammenarbeiten, so dass Sie ein für Ihr Netzwerk angebrachtes Sicherheitssystem entwickeln können.

Samba an bestimmte Netzwerk-Schnittstellen binden

Einige Server verfügen über mehr als eine Netzwerk-Schnittstelle (*Interface*) – eine, die die Verbindung zu einem Netzwerk herstellt, von dem aus Samba erreichbar sein muss, und eine, von der aus Samba nicht erreichbar sein muss. Dies kann beispielsweise dann der Fall sein, wenn Ihr Samba-Server sowohl in einem Netzwerk mit Windows-Computern als auch in einem Netzwerk mit UNIX- oder Macintosh- Systemen läuft. Sie können für beide Netzwerke entsprechende Server anbieten, womit einem breiten Spektrum verschiedener Computer dieselben Dateien angeboten werden können. In solchen Situationen ist es ideal, Server nur an Schnittstellen zu binden, die sie erfordern. Glücklicherweise bietet Samba zwei globale Parameter, die genau eine solche Konfiguration ermöglichen:

`interfaces` Dieser Parameter ermöglicht es Ihnen, Schnittstellen zu benennen, an die Samba sich binden soll. Bedenken Sie hierbei, dass es notwendig ist, die lokale Adresse (`127.0.0.1`) in dieser Zeile hinzuzufügen, wenn Sie sie verwenden wollen. Wenn Sie dies nicht tun, kann dies dazu führen, dass `SWAT` und `smbpasswd` nicht richtig funktionieren, da diese intern auf dieses Interface zugreifen. Sie können Schnittstellen in verschiedenen Formaten angeben:

- Den Interface-Namen, wie `eth0`. Sie können hier Wildcards verwenden, wie zum Beispiel `eth*`, um alle Ethernet-Interfaces zu binden.
- Die IP-Adresse, unter der der Server im Netzwerk bekannt ist, wie z.B. `192.168.56.9`. Samba lokalisiert dann das Interface, das mit der Adresse verbunden ist.
- Die Netzwerk-Adresse mit der Netzmaske, wie in `192.168.56.0/24` oder `192.168.56.0/255.255.255.0`.

`bind interfaces only` Für sich allein genommen hat der Parameter `interfaces` nur wenig Effekt. Sie müssen ebenfalls `bind interface only = Yes` setzen, um den Zugriff auf den Server zu beschränken. Dieser Parameter hat einen geringfügig anderen Effekt auf den Namens-Server-dämon `nmbd` als auf den Datei-Serverdämon `smbd`. Im Einzelnen bedeutet dies, dass `nmbd` die Informationen des Interface dazu verwendet, den Zugriff von Clients, der auf deren vorgegebener IP-Adresse basiert, zu zurückweist, wohingegen `smbd` Zugriffe basierend auf dem Netzwerk-Interface beschränkt. Dies bedeutet, dass `nmbd` gegenüber IP-Spoofing empfänglich sein könnte, selbst wenn `bind interface only = Yes` gesetzt ist; `smbd` ist auf der anderen Seite nur durch solche Attacken verletzlich, bei denen die reale und die gefälschte IP-Adresse beide über dasselbe physikalische Interface hereinkommen.

Wenn Sie Samba-Dienste nur über ein physikalisches Interface anbieten wollen, ist die Verwendung der Parameter `interfaces` und `bind interfaces only` eine sehr gute Lösung. Wenn Samba nicht auf Pakete achtet, die aus einem weniger vertrauensvollen Netzwerk kommen, kann kein Passwortdiebstahl oder Ähnliches durch einen Eindringling in das System erfolgen.

Es gibt andere Methoden, ähnliche Barrieren zu errichten, zum Beispiel mithilfe externer Hilfsprogramme wie `ipchains` und `xinetd`. Als Faustregel kann empfohlen werden, mehrere Verteidigungswälle zu errichten; wenn einer fehlschlägt, kann der Nächste dazu dienen, Eindringlinge draußen zu halten. Einige externe Tools, die dazu dienen können, Samba abzusichern, werden später in diesem Kapitel im Abschnitt *Samba in der weiteren Welt der Sicherheit* vorgestellt.

Zugriffsbeschränkungen auf Computer-Ebene

Immer wenn ein Client eine Verbindung zu einem Samba-Server herstellt, muss der Client eine Methode für den Server zur Verfügung stellen, Informationen zurückzugeben, wie zum Beispiel Dateien, die gelesen werden können. Wenn ein TCP/IP-Netzwerk verwendet wird, wie dies normalerweise der Fall bei Samba ist, handelt es sich bei dieser „Rückgabeinformation" um eine IP-Adresse. Diese Tatsache bietet eine Möglichkeit, den Zugriff auf den Server zu beschränken: Der Server kann dahingehend eingestellt werden, Zugriffsversuche von nicht autorisierten IP-Adressen zu unterbinden.

Zugriffsbeschränkungen, die auf IP-Adressen basieren, können in einer von zwei Formen erfolgen: absolute Beschränkungen, die die mehr traditionellen SMB/CIFS-User-Namen und Passwörter ersetzen, oder Eröffnungsbildschirme, die den Zugriff von unautorisierten Quellen blockieren, aber die erforderlichen User-Namen und Passwörter intakt lassen. Wenn Samba mit absoluten Beschränkungen konfiguriert wird, arbeitet das System sehr ähnlich wie ein NFS-Server; Samba überlässt die Verantwortlichkeit zur Authentifizierung dem Client. Die Konfiguration des initialen Bildschirms ist normalerweise sicherer, weil ein vermeintlicher Client zunächst diverse Tests durchlaufen muss, bevor er Zugriff erhält.

Die Samba-Optionen für den Zugang pro einzelnem Computer beinhalten Folgendes:

`allow trusted domains` Dieser globale Parameter arbeitet nur mit den Optionen `Server` oder `Domain`, die weiter unten im Abschnitt *Authentifizierung der Benutzer durch Benutzernamen und Passwort* beschrieben sind. Samba akzeptiert das Einloggen von allen Domänen denen in der Domain-Kontrolle vertraut wird. Wenn dieses auf `No` gesetzt ist, so wird nur das Einloggen von Computern erlaubt, die zu der eigenen Domain gehören.

`hosts equiv` Falls Samba bestimmten Rechnern oder Benutzern vertrauen soll, ohne sie nach einem Passwort zu fragen, können die Namen dieser Rechner und Benutzer in einer Datei gelistet werden; der Name dieser Datei wird dann mit dem globalen Parameter `hosts equiv` übergeben. Das benutzte Dateiformat ist das gleiche wie in der Datei `/etc/hosts.equiv`, falls diese auf dem Rechner vorhanden ist. Insbesondere enthält jede Zeile ein optionales Pluszeichen (+), um den Zugriff zu erlauben, und ein Minuszeichen (-), um ihn zu verbieten, gefolgt von einem Host-Namen und einem optionalen Benutzernamen (der Benutzername ist nicht effektiv für die meisten Samba-Clients). Die Aktivierung dieser Option kann allerdings ein größeres Sicherheitsloch erzeugen.

`use rhosts` Falls `use rhosts = Yes` gesetzt wird, kann der jeweilige Benutzer eine Datei mit Namen `.rhosts` in seinem Home-Verzeichnis erzeugen, und Samba erlaubt von allen Rechnern, die in dieser Datei aufgeführt sind, Zugang ohne weitere Authentifizierung. Die Datei `.rhosts` ist die gleiche, die für `rlogin` und vergleichbare Protokolle benutzt wird, und sie besitzt das gleiche Format wie die Datei, die für `hosts equiv` benutzt wird. Wie auch die Parameter `rlogin` und `hosts equiv` ist ein globales `uses rhosts` potenziell sehr gefährlich und so ist die Standardeinstellung `No`.

Anmerkung: Der Parameter `hosts equiv` kann auf eine andere Datei als `/etc/hosts.equiv` verweisen, so dass die gleichberechtigten Hosts nicht für andere Werkzeuge, die diese Datei benutzen, aktiviert werden muss, wie z.B. `rlogin` und `rsh`. Im Gegensatz dazu benutzt der Parameter `use rhosts` die Datei `~/.rhosts` und keine an1dere. Darum ist jedes andere Dienstleistungsprogramm, das diese Datei benutzt, davon betroffen, wenn man `rhost = Yes` setzt und die Benutzer ihre jeweiligen Dateien für die Benutzung von Samba erzeugen.

`hosts allow` Dieser Parameter kann entweder global oder für individuelle Freigaben benutzt werden. Man kann einen oder mehrere Computer oder Netzwerke spezifizieren. Samba erlaubt dann den Zugriff von allen Rechnern, die unter `hosts allow` aufgeführt sind, und verbietet den Zugriff von allen anderen. In der Standardeinstellung ist der Zugriff von allen Rechnern erlaubt. Dieser Parameter übergeht nicht die normale Samba-Passwort-Authenifizierung. Falls hier Rechner aufgeführt sind, wird

127.0.0.1, also dem lokalen Computer, Zugriff gewährt, bevor nicht der Zugriff explizit mit dem Parameter `hosts deny` verwehrt wird. Ein Synonym für den Parameter `hosts allow` ist `allow hosts`.

`hosts deny` Dieser Parameter definiert das Gegenteil von `hosts allow` – er spezifiziert eine „schwarze Liste" von Rechnern, die keinen Zugriff auf den Server erhalten sollen. Die Standardeinstellung ist eine leere Zeichenkette – keinem Computer wird der Zugang zum Server verwehrt. Ein Synonym für diesen Parameter ist `deny hosts`.

Die Parameter `hosts allow` und `hosts deny` können beide eine sehr umfangreiche Liste von Hosts enthalten. Man kann einzelne Rechner, Netzwerke und Ausnahmen spezifizieren. Die von Samba erlaubten Regeln entsprechen denen, die von TCP-Wrappern in `/etc/hosts.allow` und `/etc/hosts.deny` benutzt werden. Insbesondere kann man Folgendes definieren:

- Einen individuellen Rechner mittels IP-Adresse, wie z.B. `hosts deny 192.168.66.6`
- Einen individuellen Rechner mittels seines DNS-Namens, wie z.B. `hosts allow = dreyfus.panther.edu`. Man kann den Netzwerknamen weglassen, wenn der Samba-Server sich im gleichen Netzwerk befindet.
- Ein Computer-Netzwerk mittels IP-Adresse, indem nur die Netzwerkadresse mit einem abschließenden Punkt angegeben wird, z.B. `hosts allow = 192.168.65.` (*Anm. d. Übers.: Beachten Sie das Weglassen des Knoten- [Node-] Teils der IP-Adresse!*)
- Ein Computer-Netzwerk mittels IP-Adresse, indem ein Paar von IP-Adresse und Netzmaske angegeben wird, wie z.B. `hosts allow = 192.168.65.0/255.255.255.0`.
- Ein Computer-Netzwerk mittels DNS-Name mit einem vorangestellten Punkt, wie z.B. `hosts deny =.panther.edu`. Dieses Beispiel würde auf `dreyfus.panther.edu`, `closeau.panther.edu` und `olga.diamond.panther.edu` zutreffen.
- Ein Computer-Netzwerk mittels NIS-Name mit einem vorangestellten @ wie z.B. `hosts deny = @panther`. Um diese Option aktivieren zu können, muss man Zugriff auf einen NIS-Server besitzen.
- Jede Kombination dieser Optionen, abgetrennt durch Leerzeichen. Z.B. ermöglicht `hosts allow = closeau.panther.edu 192.168.34.` Zugriff von allen Rechnern auf dem Netzwerk `192.168.34` und dem Rechner `closeau.panther.edu`.
- Eine Ausnahme, die jedes Muster sein kann und der das Schlüsselwort `EXCEPT` vorangestellt ist. `hosts deny = 10.34. EXCEPT .diamond.panther.edu` verbietet allen Rechnern im Netzwerk `10.34.0.0` den Zugang mit Ausnahme der Computer in der Subdomain `diamond.panther`.

TIPP

Als generelle Regel sollte man `hosts allow` *auf einen Wert setzen, der nur den Rechnern im eigenen Netzwerk Zugang ermöglicht. So wird die Möglichkeit, dass jemand von außerhalb in den Rechner eindringt und Schaden anrichtet, stark reduziert.*

Man kann `hosts allow` und `hosts deny` zusammen und mit anderen sicherheitsrelevanten Parametern benutzen. Falls ein Rechner sowohl in `hosts allow` als auch in `hosts deny` aufgeführt ist, so besitzt der Eintrag unter `hosts allow` Vorrang. Falls fast alle Rechner in dem Netzwerk Zugriff haben sollen, sollte man also `hosts allow` zusammen mit `EXCEPT` benutzen, um den wenigen auszuschließenden Rechnern den Zugang zu verwehren. Verlassen Sie sich nicht darauf, dass `hosts deny` die Einstellung von `hosts allow` überschreibt!

Authentifizierung der Benutzer durch Benutzernamen und Passwort

Die übliche Methode für die Authentifizierung bei Samba ist, dass Benutzername und Passwort vom Client entgegengenommen werden und die Authentifizierung des Benutzers auf Grundlage dieser Information geschieht. In Samba kann eine Vielzahl von Parametern angegeben werden, die das Verhalten an dieser Stelle beeinflussen. Es ist wichtig, dass die Parameter verstanden werden, um eine sichere Authentifizierung für ihr Netzwerk durchführen zu können.

HINWEIS

Besonders ein Leistungsmerkmal der Authentifizierung, nämlich die Benutzung von verschlüsselten Passwörtern, ist in der Praxis wichtig. Die Details über dieses sicherheitskritische Leistungsmerkmal werden später in diesem Kapitel unter Passwörter-verschlüsselt oder Klartext? *besprochen*

Das Sicherheitsmodell

Der globale Parameter `security` bestimmt das vom Server benutzte Sicherheitsmodell. Es gibt zwei grundlegende Sicherheitsmodelle: *Share* und *User*. Auf der Sicherheitsebene *Share* versucht Samba, jeden Share unabhängig von anderen zu schützen, und hier benötigt Samba keinen expliziten Benutzernamen, um eine Verbindung zu ermöglichen. Auf der Sicherheitsebene User benutzt Samba das traditionelle Paar von Benutzernamen und Passwort, um dem Benutzer Zugang zu allen Shares zu ermöglichen. Samba unterstützt drei Sicherheitsvarianten auf der Ebene *User*: eine für die lokale Authentifizierung und zwei, die den Domain-Controller für die Authentifizierung benutzen. Insgesamt besitzt der Parameter `security` also vier mögliche Werte: `Share`, `User`, `Server` und `Domain`.

HINWEIS

Sambas Sicherheitsmodell betrifft nicht SWAT. Um SWAT zu benutzen, muss ein gültiger Benutzername mit zugehörigem Passwort auf dem LINUX-System eingegeben werden. Die Authentifizierung von SWAT wird niemals an den Domain Controller übergeben.

Die Sicherheitsebene Share

Wenn `security = Share` gesetzt ist, versucht Samba, die Benutzer zu überprüfen, so wie dies in Windows 9x geschieht. In der Grundeinstellung von Windows 9x wird jedem Share ein Passwort zugewiesen was so dem Client den Zugang zum jeweiligen Share ermöglicht, wenn er das richtige Passwort eingibt. In der Standardeinstellung benutzt Windows 9x keine Benutzernamen und jeder Share kann ein eigenes Passwort besitzen. Dieses Sicherheitsmodell in Samba zu übertragen ist kompliziert, weil unter LINUX jede Aktion eines Server-Programms wie z.B. auch Samba mit einem Benutzer gekoppelt sein muss. Es ist deshalb nicht möglich, ein Passwort zu erzeugen, das direkt an einen Share gebunden ist. Trotzdem versucht Samba, ein jeweiliges Passwort mit verschiedenen Benutzernamen zu verbinden. Dieses funktioniert wie folgt:

1. Falls im Share `guest only = Yes` spezifiziert ist, versucht Samba, das Passwort mit den Benutzernamen unter dem Parameter `guest account` zu vergleichen. Wenn dieser Test misslingt, weist Samba die Authentifizierungsanforderung zurück.
2. Falls der Client zusammen mit dem Benutzernamen ein Passwort schickt, versucht Samba, mittels des Abgleichs von Benutzernamen und Passwort die Authentifizierung vorzunehmen.
3. Falls der Client sich erfolgreich in einen anderen Share eingeloggt hat, versucht Samba, die Authentifizierung mittels des derzeitigen Passworts gegenüber dem Benutzernamen, der erfolgreich mit dem vorangegangenen Share gearbeitet hat.
4. Samba versucht, den Namen des Share als Benutzernamen. Wenn z.B. der Name des Share `[bigdrive]` lautet, dann versucht Samba, sich als Benutzer `bigdrive` anzumelden.
5. Samba versucht den NetBIOS-Namen des Clients als Benutzername.
6. Falls ein Share explizit den Parameter `User-Name` angibt, so benutzt Samba die Benutzernamen, die unter diesem Parameter aufgeführt sind.

Um die Sicherheitsoperationen von Windows 9x bestmöglich nachzuahmen, sollte man den Parameter `guest only = Yes` für jeden Share setzen. Außerdem sollte der Parameter `guest account` auf einen *Dummy-*

Account, die Atrappe eines Benutzerkontos, setzen, möglicherweise jeweils einen verschiedenen Account für jeden Share. Samba überspringt dann die folgenden Authentifizierungsschritte.

Es ist selten vorteilhaft, die Authentifizierung `security = Share` zu setzen. Falls man nicht `guest only = Yes` setzt, eröffnet das Sicherheitsmodell Share zahlreiche Möglichkeiten, ein richtiges Passwort zu ergattern. Es eröffnet also größere Angriffsmöglichkeiten als die anderen Sicherheitsmodelle. Diese drei anderen Sicherheitsmodelle (*User*, *Server* und *Domain*) sind sehr viel passender für das native Sicherheitsmodell von LINUX und alle modernen SMB/CIFS-Clients arbeiten problemlos mit diesen Sicherheitsmodellen zusammen, die LINUX mehr entgegenkommen. Die Sicherheitsebene Share ist nur dort sinnvoll, wo ein vorhandener Windows 9x-Server mit minimaler Unterbrechung für die Benutzer ersetzt werden soll, oder wenn mit sehr alten Clients gearbeitet werden muss, die kein Passwort an den Server übergeben.

Die Sicherheitsebene User

Wenn `security = User` gesetzt wir, so ist es für Samba notwendig, dass ein Benutzername und ein Passwort übergeben werden. Ohne einen Benutzernamen erhält kein Benutzer Zugriff auf den Server (der Gastzugang – beschrieben in *Kapitel 5 Konfiguration zur Freigabe (Share) von Dateien* – ist eine Ausnahme von dieser Regel). Solange nicht der Parameter `force user` gesetzt ist, benutzt Samba den ihm übergebenen Benutzernamen und das zugehörige Passwort (oder eine Ableitung, die auf dem Parameter `User-Name map` basiert, wie im Abschnitt *Andere Authentifizierungs-Parameter* beschrieben), um die Berechtigung des Benutzers zu ermitteln. Falls sich `Hein` bei einem Share anmeldet, der nur Leserechte – basierend auf den LINUX-Rechten auf dem Server – besitzt, dann kann `Hein` weder Dateien auf diesem Share erzeugen noch verändern, sogar dann nicht, wenn dieser Share Schreibrechte für andere Benutzer enthält.

Die Sicherheitsebene User erzwingt, dass jeder Samba-Benutzer einen Account auf dem Server besitzen muss, es sei denn, man aktiviert den Gast-Zugang. Mit der Sicherheitsebene Share kann ein Benutzer Zugang zu dem Server erhalten, sogar ohne einen LINUX-Account zu besitzen. Auf der Sicherheitsebene User benutzt Samba das normale Passwort. Falls spezielle Passwort-Verschlüsselungsoptionen gesetzt sind, kann auch ein spezielles, nur für Samba gültiges, verschlüsseltes Passwort benutzt werden.

Die Sicherheitsebene Server

Falls `security = Server` gesetzt ist, arbeitet Samba entsprechend der Sicherheitsebene *User*. Außerdem übergibt Samba die Authentifizierungs-Anfragen an einen Domain-Controller. Der Domain-Controller muss mit dem Parameter `password server` spezifiziert werden, dem entweder der NetBIOS-Name oder die IP-Adresse als Wert übergeben werden; z.B. `password server = DREYFUS`. Der Passwort-Server kann auch ein anderer Computer sein, der entsprechend konfiguriert ist, mittels des Parameters `domain logons = Yes` derartige Anfragen anzunehmen. Als Alternative kann der Passwort-Server auch ein Domain-Controller unter Windows NT/00 sein.

WARNUNG

Egal welches System sie als Passwort-Server verwenden, stellen Sie sicher, dass diesem Rechner vertraut werden kann! Wenn dieser Rechner nicht ausreichenden Zugriffsschutz besitzt, dann kann ein Einbrecher Zugriff auf die Shares aller Benutzer erhalten. Außerdem stellen sie sicher, dass der `passwort server` *nicht der Server ist, den sie gerade konfigurieren. Der Eintrag darf auf einen anderen Samba-Server verweisen, aber niemals auf sich selbst zeigen, weil das Resultat eine Endlosschleife wäre, in der pausenlos versucht wird, Passwörter zu authentifizieren, wast Probleme und einen eventuellen Server-Crash verursachen kann.*

Das Benutzen von `security = Server` entbindet nicht von der Vergabe von lokalen Accounts für jeden Benutzer. Der Samba-Server benötigt immer noch diese Accounts – nur dass jetzt ein anderer Rechner die Authentifizierung bearbeitet. Man kann den Parameter `add user script` in Verbindung mit `security = Server` benutzen, um die Notwendigkeit der Pflege der Benutzer-Accounts zu umgehen. Geben sie hier den Namen des Skripts mit dem absoluten Pfad an, das als einzigen Parameter einen Benutzernamen annimmt. Dieses Skript sollte der LINUX-Benutzer seinem System hinzufügen. Falls Samba nicht den übergebenen Benutzernamen findet, aber der Passwort-Server den Benutzernamen und das Passwort authentifiziert, ruft Samba das Skript auf, das unter `add user script` aufgeführt ist.

TIPP

Der Parameter `add user script` *ist ein bequemer Weg, um Benutzer-Accounts auf einem LINUX-Rechner hinzuzufügen, der an einem Netzwerk von Windows-Rechnern angeschlossen wird.*

WARNUNG

Falls der Parameter `add user script` *benutzt wird, stellen Sie sicher, dass dieses Skript nicht das Passwort für neue Accounts auf einen konstanten oder offensichtlichen Wert setzt. Idealerweise sollte dieser Account keinen Zugriff auf die LINUX-Shell besitzen. Falls Sie automatisches Einloggen von LINUX aus erreichen möchten, lassen Sie das Skript einen Zufallswert für das Passwort errechnen und liefern Sie es auf sicherem Weg an den Benutzer.*

Falls sie als Passwort-Server Windows NT benutzen, muss der Samba-Server dort einen *Trust Account* besitzen. Dieses ist hingegen nicht notwendig, wenn sie einen Samba-Server als Passwort-Server benutzen.

Die Sicherheitsebene Domain

Die Sicherheitsebene *Domain* kann ein nützlicher Weg sein, um die Authentifizierung zu zentralisieren. Anstatt die Passwörter auf vielen Servern zu speichern und verändern zu müssen, kann ein Domain-Controller die gesamte Aufgabe übernehmen. Ein Samba-Server, der auf der Sicherheitsebene *Server* arbeitet, kann nicht ausreichend diese Aufgabe übernehmen. Wie im *Kapitel 10: Konfiguration von Domänen* beschrieben, ist eine NetBIOS-Domain eine Workgroup, die viele spezielle Leistungsmerkmale enthält. Eines dieser Leistungsmerkmale ist, dass der Passwort-Server so genannte *Tokens* (dt. etwa *Wertmarken* oder *Gutscheine*) an die Clients vergibt. Diese Tokens unterstützen den schnellen Zugang zu allen Servern in der Domain. Wenn `security = Domain` gesetzt wird, hat Samba mehr Möglichkeiten, innerhalb der Domain zu agieren, als wenn nur `security = Server` gesetzt ist. In beiden Fällen muss aber ein Domain-Controller mit dem Parameter `passwort server` spezifiziert werden. Die Sicherheitsebene *Domain* erfordert außerdem die Benutzung von verschlüsselten Passwörtern, welches auf der Ebene *Server* nicht nötig ist.

Wenn der Server auf der Sicherheitsebene Domain betriebenwird, muss er einen Trust Account auf dem Domain-Controller besitzen. Das *Kapitel 10: Konfiguration von Domänen beschreibt wie soclch ein a*ccount eingerichtet wird, wenn der Samba-Server als Domain-Controller arbeiten soll. Der Samba-Server muss außerdem der entsprechenden Domain angehören. Man kann dieses mit dem Befehl `smbpasswd` wie folgt bewerkstelligen:

```
# smbpasswd -j PANTHER -r DREYFUS
```

Dieser Befehl verbindet den Samba-Server mit der Domain `PANTHER` unter Benutzung des Domain-Controllers `DREYFUS`. Der Domain-Controller, der hier angegeben wird, ist normalerweise derjenige, der in der Datei `smb.conf` unter dem Parameter `password server` eingetragen ist, obwohl man auch beide Möglichkeiten als primärer und sekundärer Domain-Controller nutzen kann.

Letztlich arbeiten die Sicherheitsebenen *Server* und *Domain* sehr ähnlich soweit es den Samba-Server betrifft. Im Endeffekt sehen diese beiden von der Client-Seite identisch wie die Ebene *User* aus. Welches Modell benutzt wird, hängt letztlich davon ab, ob die Authentifizierung zentralisiert werden soll oder nicht.

Derzeit ist die Nutzung der Möglichkeiten einer Domain begrenzt, sogar wenn die Sicherheitsebene *Domain* aktiviert ist. Der experimentelle Zweig *TNG* der Samba-Entwicklung enthält zusätzliche Domain-Unterstützung. Zukünftige Versionen von Samba werden ohne Zweifel weitere Möglichkeiten an der Domain erhalten, wie z.B. entfernte Administration des Samba-Servers von Windows-Systemen unter der Benutzung von Windows-Werkzeugen anstatt der lokalen Administration durch Samba-spezifische Dienstprogramme wie SWAT, die identisch arbeiten ohne die Sicherheitsebene zu beachten.

Andere Authentifizierungs-Parameter

Zusätzlich zu dem Parameter `security` enthält Samba eine Anzahl von anderen Parametern, die die Ausführung der Authentifizierung betreffen.

`min password length` Dieser Parameter setzt die minimale Anzahl an Zeichen, die ein Passwort enthalten muss, damit Samba es als unverschlüsseltes Passwort annimmt. Die Standardeinstellung beträgt 5. Für verschlüsselte Passwörter hingegen gibt es keine Möglichkeit, die Mindestlänge des Passworts zu setzen.

`null passwords` Die Standardeinstellung dieses Parameters lautet No, wodurch es nicht möglich ist, Accounts ohne Passwort anzulegen. Wenn dieser Parameter auf `Yes` gesetzt wird, kann sich der Benutzer ohne Passwort einloggen, falls der Account kein Passwort besitzt. Dieses stellt ein großes Sicherheitsloch dar.

`password level` SMB/CIFS unterscheiden nicht zwischen Groß- und Kleinschreibung bei Passwörtern, so dass `m1nkey` und `M1NKEY` gleich behandelt werden. LINUX auf der anderen Seite unterscheidet hier bei Groß- und Kleinschreibung – und Samba benutzt den Parameter `password level`, um eine Brücke über diese Schlucht zu bauen. Wie auch immer dieser Parameter gesetzt ist, zuerst versucht es Samba mit dem Passwort, wie es vom Client übergeben wurde, danach konvertiert Samba das Passwort in Kleinbuchstaben. `Falls password level` auf einen höheren Wert als die Standardeinstellung 0 gesetzt wurde, konvertiert Samba eine bestimmte Anzahl von Zeichen in Großbuchstaben (von 1 bis zu dem Wert von `passwort level`). falls z.B. der Client das Passwort `m1nkey` übergibt und der `password level = 2` gesetzt ist, so versucht Samba `M1nkey, m1Nkey` bis hin zu `M1nkeY`, dann `M1Nkey, M1nKey` bis hin zu `m1nkEY`.

Der Parameter `password level` ist kritisch, wenn die Benutzer gemischte Passwörter benutzen und der Client die Passwörter in Großbuchstaben wandelt, bevor er sie übergibt. Dieses ist manchmal bei *Windows for Workgroups* der Fall. Dieser Parameter ist nur dann sinnvoll, wenn Samba unverschlüsselte Passwörter benutzt; verschlüsselte Passwörter sind nicht betroffen von diesem Unterschied zwischen Samba und LINUX.

`User-Name level` Dieser Parameter arbeitet wie `password level`, nur dass hier der Benutzername statt des Passworts betroffen ist. Zuerst versucht Samba den Benutzernamen, wie er übergeben wurde, dann wird er in Kleinbuchstaben gewandelt, dann mit dem ersten Zeichen als Großbuchstaben. Wenn z.B. der Client `JAQUES` übergibt, versucht Samba `jaques` und `Jaques`. Wenn der `User-Name level` höher als der Standard 0 eingestellt ist, konvertiert Samba einige Buchstaben in Großbuchstaben, wie unter `password level` beschrieben.

Der Parameter `User-Name level` ist z.B. nützlich mit DOS-Clients, welche automatisch den Benutzernamen in Großbuchstaben wandeln. Im Gegensatz zu `password level` arbeitet dieser Parameter sowohl mit verschlüsselten als auch mit unverschlüsselten Benutzernamen.

`restrict anonymous` Wenn dieser Parameter auf `Yes` gesetzt wird, weist Samba alle anonymen Verbindungen zu dem Server zurück. Normalerweise verlassen sich einige Clients, wie z.B. Windows NT 4.0, auf anonyme Verbindungen für einige Aufgaben – wie z.B. das Auffrischen von Browse-Listen. Die Grundeinstellung ist deshalb `No`, weil `Yes` Probleme mit der Browse-Liste bereiten kann, besonders nachdem sich ein Benutzer eines Windows NT-Clients abgemeldet hat.

`revalidate` Dieser Parameter hat nur Auswirkungen, wenn `security = User` gesetzt ist. Normalerweise ist `revalidate` auf `No` gesetzt, wodurch ermöglicht wird, dass ein Client sich mit neuen Shares verbinden kann, ohne dass die Authentifizierung ein weiteres Mal durchgeführt werden muss. Falls dieser Parameter auf `Yes` gesetzt wird, wird die Sicherheit etwas erhöht bei nur marginal vergrößertem Netzwerkverkehr. Falls der Client das Passwort nicht cachet (puffert), müssen die Benutzer das Passwort mehrfach eingeben.

Alle diese Parameter sind global und betreffen den Zugriff auf den Server. Außerdem besitzt Samba noch viele zusätzliche Parameter, die im Abschnitt *Besitzverhältnisse und Rechte an Dateien* später in diesem Kapitel besprochen werden. Andere werden im Zusammenhang mit Dateifreigaben in *Kapitel 5: Konfiguration zur Freigabe (Share) von Dateien* besprochen.

Passwörter – verschlüsselt oder Klartext?

Ein Punkt, der bereits mehrfach in diesem Kapitel erwähnt wurde, ist der Unterschied zwischen unverschlüsselten und verschlüsselten Passwörtern. Dieses ist ein kritischer, wichtiger Aspekt der Behandlung von Sambas Passwörtern und in der Tat wohl die allgemein größte Herausforderung für neue Samba-Administratoren; dies deshalb, weil das Standard-Verschlüsselungsverfahren von Samba mit den neuesten Versionen von Windows nicht mehr zusammenarbeitet, wie kurz beschrieben im Abschnitt *Standard-Verschlüsselung für die verschiedenen Windows-Versionen* (s.u.).

Wenn etwas als einfacher Text übertragen wird, so wird dieses auch Klartext genannt. Ein Klartext-Passwort ist also ein Passwort, das als reiner (ASCII-)Text verschickt wird. Wenn der Client `m1nky` als Klartext-Passwort übergibt, erscheint die Zeichenkette *m1nkey* irgendwo in den Datenpaketen, die vom Client zum Server reisen.

Verschlüsselte Information, auf der anderen Seite, wird in irgendeiner Weise durcheinandergewürfelt. Das Ziel einer typischen Verschlüsselung ist es, dass nur der gewünschte Empfänger die verschlüsselten Daten lesen kann. Typischer Weise werden zwei Schlüssel benutzt – einer, um den Text zu verschlüsseln, und einer, um den Text zu entschlüsseln. Für das Übertragen des Passworts kann der Server den Schlüssel für das Verschlüsseln an den Client schicken, der behält den passenden Schlüssel zum Entschlüsseln lokal auf dem Server; oder das entsprechende Passwort wird bereits verschlüsselt auf dem Server abgelegt. Wenn der Client dann das verschlüsselte Passwort übergibt, hat nur der Server den zugehörigen passenden Schlüssel. Wenn der Client also das Passwort `m1nkey` in verschlüsselter Form übergibt, taucht diese Zeichenkette in keinem der Datenpakete auf; das Passwort reist durch die Leitung als etwas komplett anderes.

Vor- und Nachteile von verschlüsselten und unverschlüsselten Passwörtern

Sowohl unverschlüsselte als auch verschlüsselte Passwörter haben ihre Vor– und Nachteile. Bevor wir uns diesen zuwenden, sollte man verstehen, dass TCP/IP-Netzwerke prinzipiell unsicher sind. Betrachten wir das Netzwerk wie in *Abbildung 14.1* dargestellt. Wenn `CLOUSEAU` ein Server ist und `DALA` stellt eine Verbindung zu `CLOSEAU` her, sind verschiedene Rechner in der Lage, jedes Datenpaket zu inspizieren, das zwischen den beiden Rechner reist, einschließlich der Pakete, die sensible Passwörter enthalten. Insbesondere:

- `LITTON`, auf dem lokalen Netzwerk von `DALA`, kann jeglichen Verkehr von und nach `DALA` inspizieren, falls das lokale Netzwerk durch Ethernet über Koaxialkabel, Twisted-Pair-Kabel mit einem Hub oder über die verschiedensten anderen Hardware-Typen verbunden ist. Eine Möglichkeit wäre ein Switch, der `LITTON` daran hindert, `DALA`s Verkehr zu untersuchen.
- `DREYFUS`, auf `CLOSEAU`s lokalem Netzwerk, kann allen Verkehr von und nach `CLOUSEAU`, unter den gleichen Umständen untersuchen, wie sie auf der anderen Seite der Verbindung vorliegen.

- Die *Abbildung 14.1* stellt das Internet als eine Wolke dar. In der Tat ist das Internet eine Masse von Computern. Obwohl die große Mehrzahl dieser Computer nicht die Pakete zwischen den Systemen untersuchen kann, verbleiben viele Rechner, die dieses können. Insbesondere die Router, die zwischen den beiden Endpunkten des Netzwerks liegen, können dieses; außerdem eventuell die Computer, die in ihrem lokalen Netzwerk mit diesen Routern verbunden sind.

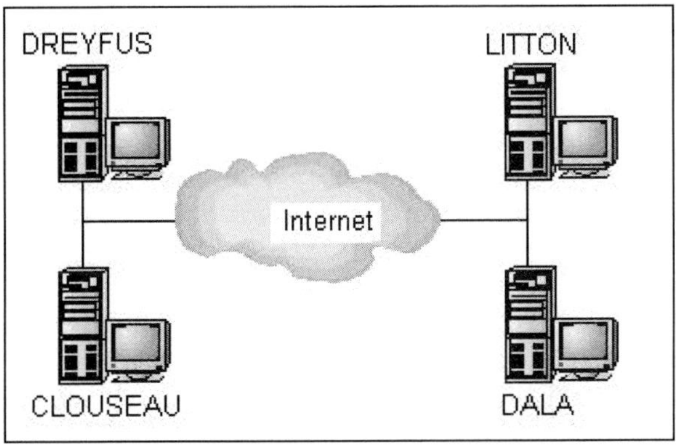

Abbildung 14.1: Der Netzwerkverkehr von einem Computer zu einem anderen passiert eine potenziell große Anzahl von Zwischenstationen

Der Hauptpunkt bleibt, dass bei den meisten Netzwerkzugriffen, die das Routen von einem Netzwerk zu dem nächsten erledigen, eine große Anzahl von Rechnern betroffen ist, über die man keine Kontrolle besitzt und die auf die Daten zugreifen können, inklusive des Passworts. Sogar auf dem lokalen Netzwerk können mittels eines so genannten *Sniffers* (*Schnüffelprogramms*) Passwörter geholt werden. Falls einer der Rechner im lokalen Netz von außen geknackt wurde, so kann der Eindringling alle Passwörter mit einem Paket-Sniffer auf dem eigenen Computer erhalten.

Betreffs Samba hat die Passwort-Verschlüsselung viele Vor- und Nachteile. Auf der Haben-Seite bietet die Verschlüsselung diese wichtigen Vorteile:

Erhöhte Sicherheit Wenn man verschlüsselte Passwörter benutzt, so erschwert es einem Eindringling die Passwörter zu „erschnüffeln". Dieser Vorteil ist insbesondere dann sehr wichtig wenn man den Zugriff auf Samba von außerhalb des lokalen Netzwerks erlauben muss.

Kein Ärger mit dem `password level` Der Parameter `password level`, beschrieben im Abschnitt *Andere Authentifikations-Parameter* (s.o.) findet nur Anwendung auf unverschlüsselte Passwörter, nicht auf verschlüsselte. Diese Tatsache macht die Behandlung von verschlüsselten Passwörtern einfacher als die Behandlung von unverschlüsselten Passwörtern, weil man sich nicht mit der Art und Weise, wie die Clients die Passwörter übergeben, beschäftigen muss.

Unterschiedliche LINUX- und Samba-Passwörter Wenn man verschlüsselte Passwörter benutzt, erhält man unterschiedliche Passwörter für LINUX und Samba. Die Benutzer können also verschiedene Passwörter für die Shell und für Samba verwenden. Alternativ dazu kann man den Zugriff auf Passwortebene zu dem LINUX-Rechner sperren und nur Zugriff über Samba zulassen.

Standardeinstellungen aktueller Windows-Versionen Wie später detailliert unter *Standard-Verschlüsselung für die verschiedenen Windows-Versionen* beschrieben, benutzen alle derzeitig erhältlichen Versionen von Windows als Standardeinstellung ein verschlüsseltes Passwort. Wenn man nicht die Verschlüsselung in Samba aktiviert, können diese Clients nicht auf die Freigaben des Samba-Servers zugreifen, zumindest nicht, bevor sie modifiziert worden sind, um Klartext-Passwörter zu übertragen.

Erforderlich für Domains Die Funktion von Domains basiert auf verschlüsselten Passwörtern. Dieses ist eine Regel, die nicht gebrochen werden kann. Falls man also eine Domain benutzt, *muss* das verschlüsselte Passwort benutzt werden.

Die Vorteile der verschlüsselten Passwörter bringen sich durch mächtige Argumente in eine vorteilhafte Position. Nichtsdestotrotz gibt es aber auch Nachteile, wie z.B.:

Unterschiedliche LINUX- und Samba-Passwörter Dieses ist sowohl ein Vorteil als auch ein Nachteil für verschlüsselte Passwörter. Eine weitere Datenbank mit verschlüsselten Passwörtern zu pflegen, erfordert zusätzliche administrative Arbeit. Glücklicherweise enthält Samba einige Werkzeuge, die einem dabei helfen, die LINUX- und die Samba-Passwort-Datenbank zu synchronisieren, falls dieses gewünscht wird. Trotzdem ist das Erstellen einer neuen verschlüsselten Passwort-Datenbank ein Ärgernis, insbesondere dann, wenn der Server viele Benutzer beherbergt.

Die Anforderungen von älteren Clients Ältere Clients benutzten Klartext-Passwörter. Obwohl Samba auf die Benutzung von Klartext-Passwörtern zurückgreifen kann, wenn es für verschlüsselte Passwörter konfiguriert ist, so kann dieses zur Überprüfung des Klartext-Passworts in der Standard-LINUX-Passwort-Datenbank führen und zur Überprüfung von verschlüsselten Passwörtern in der verschlüsselten Samba-Passwort-Datenbank. Wenn diese zwei nicht übereinstimmen, kann dieses den Benutzer verwirren.

HINWEIS

Die Passwörter von LINUX in `/etc/passwd` *oder* `/etc/shadow` *sind verschlüsselt. LINUX benutzt ein anderes Verschlüsselungs-Schema als NetBIOS und die beiden können nicht passend von dem einen Format in das andere umgewandelt werden. Wenn LINUX ein Klartextpasswort – von Samba oder für andere Zwecke – erhält, entschlüsselt LINUX dieses Passwort und überprüft das Resultat in seiner eigenen Datenbank.*

Insgesamt betrachtet überwiegen die Vorteile der verschlüsselten Passwörter gegenüber den Klartext-Passwörtern für die meisten Netzwerke. Falls man allerdings ein isoliertes, bereits konfiguriertes Netzwerk besitzt, kann das Konvertieren in verschlüsselte Passwörter mehr Arbeit und Ärger verursachen, als es Wert ist. Man könnte planen, neue Rechner mit Windows 98, Windows NT, Windows 2000 oder Windows ME hinzuzufügen, und sich dafür vorbereiten, auf verschlüsselte Passwörter umzustellen. Auch wenn man den Zugriff vom Internet für sein Netzwerk ermöglichen will, sollte man sich über verschlüsselte Passwörter ernsthafte Gedanken machen. Falls ein Cracker in einen der Rechner einbricht, selbst wenn es nur ein Client ist, können die Passwörter einfach „erschnüffelt“ werden und man öffnet die Tür zum Samba-Server.

Standard-Verschlüsselung für die verschiedenen Windows-Versionen

Die Versionen von Windows benutzen per Voreinstellung verschiedene Verschlüsselungs-Strategien:

- Klartext wird von *Windows for Workgroups*, *Windows 95* und *Windows NT 3.1-4.0* benutzt.
- Verschlüsselung wird von *Windows 95 OEM Service Release 2 (OST2)*, *Windows 98*, *Windows ME*, *Windows NT 4.0 Service Pack 3* und *Windows 2000* benutzt.

Es ist so gut wie sicher, dass die zukünftigen Versionen von Windows verschlüsselte Passwörter als Standardeinstellung benutzen werden. Sambas Grundeinstellung ist es, Klartext-Passwörter zu erwarten. Wenn die Windows-Rechner für verschlüsselte Passwörter konfiguriert sind, fallen sie nicht automatisch zurück, um Klartext-Passwörter zu benutzen. Wenn beide Seiten, sowohl Samba als auch Windows, mit ihren Grundeinstellungen eingesetzt werden, kann Samba die neueren Windows-Versionen nicht authentifizieren. Also muss entweder die Konfiguration von Samba oder die von Windows verändert werden, um mit den neueren Windows-Versionen Samba benutzen zu können. Die nächsten zwei Abschnitte beschreiben, wie dieses bewältigt wird.

Benutzung von Sambas Verschlüsselungspolitik

Samba enthält eine große Anzahl von Leistungsmerkmalen, die die Behandlung der Passwort-Verschlüsselung kontrollieren. Viele dieser Parameter werden in der Datei `smb.conf` eingestellt. Andere bieten Unterstützung für Programme, die die Veränderung an verschlüsselten Passwörtern ermöglichen oder das System vorbereiten, um mit verschlüsselten Passwörtern zu arbeiten.

Verschlüsselungsparameter in der `smb.conf`

Eine Hand voll globaler Parameter in der Datei `smb.conf` kontrolliert Sambas Passwort-Verschlüsselungspolitik.

`encrypt passwords` Dieser boolesche Parameter hat die Grundeinstellung `No`, die Samba dazu bringt, die normale LINUX-Authentifikation und Klartext-Passwörter zu benutzen. Falls man diesen Wert in `Yes` ändert, benutzt Samba die verschlüsselten Passwörter, die in der Datei `smbpasswd` abgelegt sind, oder aber einen externen Passwort-Server anstatt der normalen Authentifikations-Methode von LINUX. Der Parameter `security` kontrolliert, ob Samba die Datei `smbpasswd` benutzt oder einen externen Passwort-Server.

`smb passwd file` Mit diesem Parameter wird der Name der Datei `smbpasswd` inklusives des absoluten Pfads gesetzt. Die Standardeinstellung ist in Samba einkompiliert, aber normalerweise lautet der Name der Datei `smbpasswd` und befindet sich im gleichen Verzeichnis wie die Datei `smb.conf`, eventuell auch in einem Unterverzeichnis, das der Sicherheit wegen mit geringeren Zugriffsrechten versehen ist.

WARNUNG

Mit der Datei `smbpasswd` *sollte sorgfältig umgegangen werden. Obwohl alle Passwörter in dieser Datei verschlüsselt sind, können Cracker die Verschlüsselung der Datei auf verschiedenste Weise angreifen, wie z.B. jedes Wort eines Wörterbuches zu verschlüsseln und das Resultat mit dem Inhalt von* `smbpasswd` *zu vergleichen, um schwache Passwörter zu entdecken. Man sollte daher sicherstellen, dass die Datei* `smbpasswd` *sehr eingeschränkte Dateirechte besitzt –* `0600` *für den Benutzer* `root` *sollte in den meisten Fällen ausreichend sein. Man kann außerdem diese Datei in einem Unterverzeichnis ablegen, dieses Verzeichnis mit* `0700` *für den Benutzer* `root` *ausstatten und es so für den normalen Benutzer unsichtbar zu machen.*

`update encrypted` Dieser Parameter ist gedacht als Werkzeug, wenn man ein Netzwerk von Klartext-Passwörtern auf verschlüsselte umstellt. Die Standardeinstellung ist `No`; aber wenn man den Wert auf `Yes` ändert, startet Samba jedes Mal, wenn ein Benutzer ein Klartext-Passwort eingibt `smbpasswd`, um die Datenbank mit den verschlüsselten Passwörtern zu aktualisieren. Die Idee hinter diesem Parameter ist Folgende: Man erzeugt eine verschlüsselte Passwort-Datei mit leerem Passwort für alle Benutzer. Dann setzt man `update encrypted = Yes` und lässt für einige Zeit `encrypt passwords = No`. Die Benutzer können den Server in gewohnter Weise gebrauchen und nach nur einigen Tagen haben so gut wie alle verschlüsselten Passwörter den gleichen Wert wie die entsprechenden normalen LINUX-Passwörter. Man setzt dann `update encrypted = No` und `encrypt passwords = Yes` und fügt die Clients hinzu, die ein verschlüsseltes Passwort erfordern; oder man konvertiert alle Clients für die Benutzung von verschlüsselten Passwörtern. Vom Standpunkt des Benutzers erfolgt der Übergang nahtlos. Die Alternative wäre, dass alle Benutzer `smbpasswd` in einer LINUX-Shell ausführen, oder man vergibt zufällige Passwörter und zwingt die Benutzer, die Passwörter zu verwenden. Der Abschnitt *Unterstützende Programme für Sambas Passwörter* beschreibt die Migration von Klartext- zu verschlüsselten Passwörter im Detail.

`UNIX password sync` Dieser Parameter steuert, ob Samba auch das LINUX-Passwort für einen Benutzer verändert, wenn das verschlüsselte Samba-Passwort geändert wird. Die Standardeinstellung ist `No`, wodurch die Arbeit der Synchronisation der Passwort-Datenbanken dem Benutzer oder Administrator überlassen bleibt, falls dieses erwünscht ist.

`passwd program` Dieser Parameter spezifiziert den absoluten Pfad zu dem Programm, welches LINUX benutzt, um das Passwort zu ändern. Auf den meisten Systemen ist die Standardeinstellung `/bin/passwd`, aber dieses kann geändert werden, falls nötig. Samba benutzt diesen Wert nur, wenn das verschlüsselte Passwort geändert wird und wenn `UNIX password sync = Yes` gesetzt ist.

`passwd chat` Ein typisches LINUX-Programm `passwd` zeigt Information an, nimmt eine Eingabe an, zeigt weitere Information an und so weiter, bis das Passwort geändert worden ist. Samba benutzt den Parameter `passwd chat`, um die Ausgaben von `passwd` zu steuern, um das Passwort zu ändern. Die Grundeinstellungen variieren bei den verschiedenen Installationen, aber eine sieht wie folgt aus:

```
*new*password* %n\n new*password* %n\n *changed*
```

Die Bestandteiles dieses Parameters beinhalten Folgendes:

Asterisks (*) Diese sind Platzhalter für jedes Zeichen oder eine Menge von Zeichen.

Normaler Text Dieser Text repräsentiert sich selbst. Er wird meistens für die erwartete Zeichenkette benutzt – also das, was Samba von dem Programm `passwd` erhalten möchte.

Variablen (`%o` und `%n`) Diese können in der Zeichenkette benutzt werden, um das alte und das neue Passwort darzustellen. Abhängig davon, wie das Programm aufgerufen wird, kann es möglich sein, dass Samba das alte Passwort nicht kennt. Insbesondere wenn man das Programm `smbpasswd` als Benutzer `root` ausführt, fragt `smbpasswd` nicht nach dem alten Passwort und da die Verschlüsselung, mit der das Passwort gespeichert ist, nicht rückgängig gemacht werden kann, kann Samba in dieser Situation kein altes Passwort bereithalten.

Escape-Zeichen Man kann die Escape-Sequenzen für Wagenrücklauf, Zeilenschaltung, Tabulator oder Leerzeichen benutzten: `\r`, `\n`, `\t` oder `\s`.

Doppelte Anführungszeichen („“) Man muss die doppelten Anführungszeichen benutzen, um Zeichenketten zu umschließen, die Leerzeichen enthalten, damit diese richtig interpretiert werden können.

Punkt (.) Innerhalb des Parameters von `passwd chat` bedeutet der Punkt, dass keine Eingabe bzw. keine Ausgabe erfolgt.

Viele LINUX-Distributionen werden mit einer Datei `smb.conf` geliefert, in der die Parameter für `passwd chat` und die zugehörigen Parameter bereits passend für die jeweilige Distribution gesetzt sind. Falls dieses nicht der Fall sein sollte und man eine automatische Aktualisierung der Passwörter wünscht, so sollte man einfach `UNIX password sync = Yes` setzen, um die Passwort-Synchronisation zu aktivieren. Wenn dann ein Samba-Passwort geändert wird, wie im Abschnitt *Unterstützende Programme für Sambas Passwörter* beschrieben, überprüft man, ob das entsprechende LINUX-Passwort sich auch geändert hat. Falls dieses nicht der Fall ist, sollte man `passwd` direkt benutzen, um die Ausgabe daraufhin zu überprüfen, was die Parameter von `passwd chat` erfordern und eventuell die Parameter neueinzustellen. Falls man diese Parameter verändert, sollte man die Aufmerksamkeit auf auch die Details legen, denn Chat-Skripts wie dieses sind notorisch pingelig bezüglich Feinheiten, die ein Mensch leicht übersehen kann, wie z.B. die Existenz oder Abwesenheit von Leerzeichen oder Tabulatoren.

Ein weiterer kritischer Punkt, der beachtet werden muss, wenn man ein Skript für die Änderungen von Passwörtern schreibt, ist, dass Samba `passwd` als `root` startet.

Unterstützende Programme für Sambas Passwörter

Samba beinhaltet mehrere unterstützende Programme, die es ermöglichen, eine verschlüsselte Passwort-Datei zu erzeugen oder zu pflegen. Das Programm `smbpasswd` ist das wichtigste für den täglichen Gebrauch, aber weitere Werkzeuge sind kritisch, wenn man den Server neu aufsetzen muss oder von Klartext- zu verschlüsselten Passwörtern migriert.

Die Benutzung von `smbpasswd`

Das wichtigste unterstützende Werkzeug ist `smbpasswd`; es ist Sambas Gegenstück zu dem Programm `passwd` – es ermöglicht das Verändern von verschlüsselten Samba-Passwörtern. Das Programm `smbpasswd` verwendet folgende Syntax:

```
smbpasswd [-a] [-d] [-e] [-D Debuglevel] [-n]
[-r Machinenname] [-U Benutzername]
[-h] [-s] [Benutzername]
```

HINWEIS

Verwechseln Sie nicht das Programm `smbpasswd` *mit der Datei* `smbpasswd`. *Beide besitzen den gleichen Namen, aber es sind sehr verschiedene Dinge. Da sie so verschieden sind, sollte man aber dem Zusammenhang entnehmen können, welche der beiden jeweils in der jeweilige Diskussion innerhalb dieses Buchs gemeint ist. Falls notwendig werden die Worte* Programm *oder* Datei *benutzt, um die beiden voneinander zu unterscheiden.*

Die zahlreichen optionalen Parameter von `smbpasswd` beinhalten Folgendes:

`-a` Dieser Parameter fügt einen Benutzer zu der Datei `smbpasswd` hinzu. Diese Option wird nur ausgeführt, wenn der Benutzer `root` das Programm `smbpasswd` ausführt.

`-d` Dieser Parameter deaktiviert den spezifizierten Benutzernamen. Danach werden Versuche, sich mit diesem Benutzernamen einzuloggen, abgewiesen. Nur `root` kann diese Option ausführen.

`-e` Als Gegensatz zu `-d` aktiviert dieser Parameter den spezifizierten Benutzernamen. Nur `root` kann diese Option ausführen.

`-D Debuglevel` Dieser Parameter setzt den *Debuglevel* auf einen Wert zwischen 0 und 10, die Standardeinstellung ist 0. Höhere Werte schreiben zusätzliche Informationen in die Samba-Log-Dateien. Setzen Sie `-D 1`, falls sie ein Problem haben. Level über 3 sind meistens nur für Samba-Entwickler hilfreich.

`-n` Auch dieser Parameter steht nur `root` zur Verfügung und setzt ein leeres Passwort für den spezifizierten Benutzer. Falls man `null password = Yes` benutzt, wie im Abschnitt *Andere Authentifizierungs-Parameter* (s.o.) beschrieben, kann sich jeder in ein Share einloggen. Falls diese Option nicht gesetzt ist, ist das Resultat dieses Parameters das gleiche wie die Deaktivierung mit `-d`.

`-r Maschinenname` Dieser Parameter ermöglicht die Pflege von Passwörtern auf entfernten Computern, die sowohl ein Samba-Server als auch ein System unter Windows NT oder 2000 sein können.

`-U Benutzername` Dieser Parameter muss in Verbindung mit dem Parameter `-r` benutzt werden, um den Benutzer zu spezifizieren, dessen Passwort geändert werden soll.

`-h` Dieser Parameter kann benutzt werden, um sich eine Zusammenfassung aller möglichen Optionen von `smbpasswd` anzeigen zu lassen.

`-s` Dieser Parameter veranlasst, dass `smbpasswd` die Standard-Ein- und Ausgabe benutzt anstatt `/dev/tty`. Falls man ein Skript schreibt, das `smbpasswd` aufruft, mag diese Option notwendig sein. Man kann sie auch mit Umleitungsoperatoren (wie > und <) benutzen, um `smbpasswd` zu veranlassen, die Eingabe und Ausgabe von oder an Dateien oder anderen Programmen anzunehmen oder abzugeben.

`Benutzername` Wenn der Benutzer `root smbpasswd` ausführt, muss der Benutzer spezifiziert werden, dessen Passwort geändert werden soll.

Die zwei gebräuchlichsten Anwendungen von smbpasswd sind ein Benutzer, der das eigene Passwort ändert, oder ein Administrator, der das Passwort eines Benutzers ändert. Im ersten Fall sieht die Änderung wie folgt aus:

```
$ smbpasswd
        Old SMB password:
        New SMB password:
        Retype new SMB password:
        Password changed for user jacques
```

Wenn smbpasswd derart betrieben wird, benötigt es keinen Benutzernamen, aber das Programm fordert das alte Passwort des Benutzers an. Aus Sicherheitsgründen wird weder das alte noch das neue Passwort auf dem Bildschirm angezeigt.

Wenn root smbpasswd ausführt, ist das Verhalten etwas anders:

```
# smbpasswd jacques
        New SMB password:
        Retype new SMB password:
        Password changed for user jacques.
```

In diesem Fall muss root den Benutzernamen spezifizieren, aber die Eingabe des alten Passworts ist nicht erforderlich.

Das Aktivieren von verschlüsselten Passwörtern

Wenn man erstmalig einen Samba-Server konfiguriert, um verschlüsselte Passwörter zu benutzen, muss man zahlreiche Schritte erledigen:

1. Erzeugen Sie eine Datei smbpasswd. Es gibt eine Anzahl von Optionen, wie soeben beschrieben.
2. „Füllen“ Sie Ihre Datei smbpasswd mit gültigen Passwörtern. Dieses kann auf verschiedenen Wegen erfolgen, wie soeben beschrieben.
3. Rekonfigurieren sie Samba, um smbpasswd zu benutzen. Dazu muss encrypt passwords = Yes in der smb.conf gesetzt werden.
4. Fügen sie die Clients, die verschlüsselte Passwörter benutzen, hinzu oder konvertieren sie existierende Clients für den Gebrauch mit verschlüsselten Passwörtern.

Eine Möglichkeit für die Erzeugung der Datei smbpasswd ist das Ausführen von smbpasswd als root mit dem Parameter -a. Obwohl smbpasswd sich beschwert, dass es nicht in der Lage ist, die Datei zu öffnen, erzeugt es eine neue und fügt die spezifizierten Benutzer hinzu. Danach kann man wieder `smbpasswd -a` ausführen, um weitere Benutzer zu der Liste hinzuzufügen. Dieses Verfahren kann nützlich sein, wenn man nur wenige Benutzer hat oder man den Benutzern die Passwörter zuweisen will, anstatt sie selbst sich welche auswählen zu lassen. Obwohl man diesen Vorgang mittels eines Skripts automatisieren kann, kann dieses Verfahren Probleme mit sich bringen.

Eine andere Möglichkeit, um eine Datei `smbpasswd` zu erzeugen, ist die Benutzung des Hilfsprogramms `mksmbpasswd` – ein Skript, das den meisten LINUX Samba-Distributionen beiliegt (bei manchen Distributionen heißt dieses Skript `mksmbpassswd.sh`). Dieses Programm nimmt als Eingabe die Datei `/etc/passwd` und erzeugt eine Datei `smbpasswd` mit leeren Passwörtern. Man kann es benutzen wie folgt:

```
# cat /etc/passwd | mksmbpasswd > smbpasswd
```

Nachdem man die Datei `smbpasswd` erzeugt hat, sollte man sie bearbeiten, um Benutzer zu entfernen, die keinen Zugang zu Samba erhalten sollen. Wahrscheinlich enthält die Datei, die von `mksmbpassswd` erzeugt wurde, viele unnötige Benutzer meistens am Anfang der Datei, wie z.B. `ftp` oder `daemon`. Stellen sie sicher, dass außerdem auch `root` von dieser Liste entfernt wird. Nach der Bearbeitung verschieben sie die Datei `nach /etc`, `/etc/samba.d` oder wo auch immer ihre Samba-Installation die Datei `smbpasswd` erwartet. Danach gibt es drei Vorgehensweisen.

Man kann `smbpasswd` als `root` ausführen, um Passwörter für alle Benutzer zuzuweisen. Falls man diese Vorgehensweise wählt, gibt es keinen Anlass, `mksmbpassswd` auszuführen; man kann einfach `smbpasswd` mit dem Parameter `-a` ausführen und die Arbeit ist in einem Schritt erledigt worden.

Eine andere Möglichkeit ist, dass die Benutzer ihre Samba-Passwörter setzen. Hier gibt es verschiedene Wege, wie dieses bewerkstelligt werden kann:

- Der Benutzer loggt sich in seinem Shell-Account ein und führt den Befehl `smbpasswd` aus. Dieses ist ein gangbarer Weg, wenn der Benutzer Zugriff auf die Shell hat.
- Man setzt `smbpasswd` als die Logon-Shell des Benutzers. Falls die Benutzer Telnet oder SSH ausführen, um sich einzuloggen, erhalten sie das Programm `smbpasswd` und können ihr Passwort setzen; danach beendet das System die Verbindung. Dieses kann eine gute Möglichkeit darstellen, wenn die Benutzer keinen Zugriff auf die Shell haben sollen. Es kann außerdem für zukünftige Änderungen des Samba-Passworts nützlich sein.
- Man benutzt SWAT (beschrieben in *Kapitel 4: Die Tools der GUI-Konfiguration und die Datei smb.conf*), um Benutzer zu aktivieren, damit sie ihr Passwort ändern können.

- Vom Benutzer-Ansatz kommend wird individuell `smbpasswd` ausgeführt. Dieser Ansatz ermöglicht die Überwachung des Vorgangs, kann aber sehr zeitaufwendig sein, falls man viele Benutzer verwaltet.

Die dritte Möglichkeit ist, dass man `update encrypted = Yes` in der `smb.conf` setzt, wodurch Samba automatisch die verschlüsselten Passwörter, basierend auf den Klartext-Passwörtern von LINUX aktualisiert. Diese Option kann sinnvoll sein, wenn man derzeit Klartext-Passwörter in seinem Netzwerk benutzt, aber man zu verschlüsselten Passwörtern wechseln möchte. Es ist allerdings nicht sinnvoll, wenn man bereits verschlüsselte Passwörter benutzt. Diese Option wurde bereits im Abschnitt *Verschlüsselungs-Parameter in der smb.conf* beschrieben. Nachdem das System eine Zeit mit dieser Option gelaufen ist, besitzen alle oder die meisten Benutzer einen Eintrag in der `smbpasswd`, der dem LINUX-Passwort entspricht.

Wie sich gezeigt hat, kann das Aktivieren der verschlüsselten Passwörter auf einem neuen Server umfangreiche Arbeit bedeuten, insbesondere wenn man von einer anderen Plattform mit einer vorhandenen großen Benutzerdatenbank migriert. Trotzdem kann man durch sorgfältige Planung den Aufwand minimieren, indem man die Benutzer die Eingabe der Passwörter ausführen lässt, entweder mittels `smbpasswd` oder durch den Parameter `update encrypted`. Falls in dem Netzwerk bereits ein entsprechender Server vorhanden ist, kann man Samba wesentlich einfacher aufsetzen, indem man die Benutzer- und die Passwortliste lokal kopiert.

Das Einstellen der Windows-Verschlüsselungspolitik

Wie im Abschnitt *Standard-Verschlüsselung für die verschiedenen Windows-Versionen* beschrieben, veränderte Microsoft in den späten 90ern seine Standard-Verschlüsselungs-Politik von Klartextpasswörtern hin zu verschlüsselten Passwörtern als Standardeinstellung. Falls man ein älteres Netzwerk mit Klartext-Passwörtern betreibt, so ist es oft einfacher, die neuen Clients derart umzukonfigurieren, dass auch sie Klartext-Passwörter benutzen, als die verschlüsselten Passwörter auf dem Server zu aktivieren – zumindest kurzfristig.

Um weiterhin Klartext-Passwörter zu benutzen, aktivieren Sie diese auf dem Windows-Client mittels folgender Schritte:

1. Suchen Sie auf dem Samba-Server die Dateien `WinVer_PlainPassword.reg`, wobei `WinVer` die Version von Windows ist, wie z.B. *Win98*. Diese Dateien sollten im Samba-Dokumentations-Verzeichnis liegen, wie z.B. `/usr/doc/samba-2.0.7` oder `/usr/doc/packages/samba`.

2. Kopieren Sie die Datei `WinVer_PlainPassword.reg` mit einem FAT-Dateisystem auf eine Diskette. Es müssen nur die Dateien für die Clients mit den Windows-Versionen, die im Netzwerk benutzt werden, kopiert werden.
3. Entfernen Sie die Diskette von Schritt 2 aus dem LINUX-Server und führen Sie die Diskette in das Laufwerk des Clients ein, der für das Klartext-Passwort rekonfiguriert werden soll.
4. Öffnen Sie die Diskette auf dem Client, doppelklicken Sie die entsprechende Datei `WinVer_PlainPassword.reg`. Diese Aktion erzeugt einen neuen Eintrag in der Windows *Registry*, welcher die Benutzung von verschlüsselten Passwörter deaktiviert. Auf Windows NT und 2000 Clients muss dieser Schritt als `Administrator` ausgeführt werden.
5. Starten Sie den Client-Rechner neu. Nun sollte die Benutzung von Klartext-Passwörtern möglich sein.

HINWEIS

Man kann natürlich auch andere Methoden statt der Diskette benutzen, um die Datei zu dem Client zu transportieren, z.B. FTP. Man kann zu diesem Zeitpunkt aber noch nicht Samba benutzen, da die Windows-Clients mit verschlüsselten Passwörtern nicht den Klartext-Passwort-Samba-Server benutzen können.

Um diesen Vorgang rückgängig zu machen, muss man die Datei `WinVer_PlainPassword.reg` editieren. Die Datei enthält eine Zeile wie folgt:

```
"EnablePlainTextPassword"=dword:00000001
```

Ändern sie diese Zeile in:

```
"EnablePlainTextPassword"=dword:00000000
```

Besitzverhältnisse und Rechte an Dateien

Ein wichtiger Sicherheitsaspekt bei Samba ist die Konfiguration von Besitzverhältnissen und Rechten der individuellen Shares und Dateien. Samba enthält eine Anzahl von Parametern, einschließlich force `user`, `create mask` und `directory mask`, die beeinflussen, wer auf einen Share zugreifen darf, welche LINUX-Rechte Samba an eine Datei vergibt, die erzeugt wird etc. *Kapitel 5 Konfiguration zur Freigabe (Share) von Dateien* beschreibt eine Reihe dieser Parameter und es sei Ihnen empfohlen, dieses Kapitel zu lesen, falls Sie nicht vertraut mit diesen Leistungsmerkmalen sind. Dieser Abschnitt beschreibt einige der Konsequenzen der Benutzung der Parameter für das File-Sharing im Detail.

Entwerfen von Besitzverhältnissen und Rechten für Shares

Jeder Share wird mit einer bestimmten Sicherheits-Charakteristik ausgestattet. Z.B. kann man einen Share nur zum Lesen oder mit Rechten zum Schreiben und Lesen über den Parameter `writable` versehen. Man kann die Rechte setzen, die Samba dann benutzt, wenn Dateien in einem Share mit `create mask`, `force create mode` und ähnlichen Parametern erzeugt werden. Und man kann die Besitzverhältnisse von Dateien in einem Share mit `force user` ändern.

Kapitel 5: Konfiguration zur Freigabe (Share) von Dateien behandelt die Parameter im Detail, einschließlich der Sicherheitsaspekte. Es kann nicht oft genug betont werden, dass man genügend Gedanken auf die Sicherheitsaspekte und ihre Konsequenzen, die aus der Konfiguration entstehen verwendet. Hier sind einige Fragen, die Sie sich selbst stellen sollten:

- Wenn ein Benutzer auf den Rechner von einer Shell zugreift, hat der Benutzer dann irgendeine Möglichkeit des speziellen Zugriffs auf einen Share? Kann der Benutzer einen Link erzeugen, der nach außerhalb des Shares führt? Kann der Benutzer innerhalb der Shell Dateien in einem nur lesbaren Share erzeugen oder löschen? Kann der Benutzer die Rechte ändern, so dass es zu Problemen kommen könnte?
- Wenn der Benutzer auf einen Share durch Samba zugreift, welche Rechte sind vergeben? Falls ein Link in einem Share existiert, der nach außerhalb des Shares zeigt, kann der Benutzer Schaden anrichten, indem er diesen Link benutzt? Kann der Benutzer Dateien von anderen Benutzern überschreiben? Falls ja, ist dieses erwünscht?
- Falls man `force user` benutzt, mit welchen LINUX-Rechten wird Samba auf diesen Computer zugreifen? Hat der Account unübliche Rechte? Gehört er einem realen Benutzer (was normalerweise keine gute Idee ist)? Wird der gleiche „Dummy"-Account für mehrere Shares benutzt? (Nochmals: Dieses kann ein Schritt zur Problemlösung in manchen Fällen sein!)
- Verlässt man sich auf bestimmte Rechte oder Besitzverhältnisse in einem Share? Falls ja, gibt es eine Möglichkeit, dass Dateien mit anderen Besitzverhältnissen oder Rechten in diesem Share erscheinen? Dieses kann geschehen bei Benutzern mit Shell-Zugriff oder anderen Servern und dadurch können Dateien für Samba unsichtbar oder nicht löschbar sein.

Die Antworten auf viele dieser Fragen können gut, schlecht oder indifferent sein, abhängig von dem Gebrauch der Shares und der Konfiguration des Servers. Zum Beispiel kann die Fähigkeit der Benutzer, Dateien mit bestimmten Besitzverhältnissen innerhalb eines Shares zu erzeugen, in einigen Fällen Probleme verursachen, aber diese Fähigkeit mag erwünscht oder sogar notwendig sein. Man sollte also bei der Bewertung der Antworten immer den Bezug zu der *eigenen spezifischen Umgebung* berücksichtigen.

Wenn man vorsichtig die Sicherheits-Konsequenzen der Zugangs-Steuerung der Share-Ebene betrachtet, während man den Samba-Server konfiguriert, sollte man keine Probleme mit den Ergebnissen dieser Leistungsmerkmale haben. Das Fehlen der Betrachtung von Sicherheits-Konsquenzen einer Konfiguration kann den Server in ein Netz von Dateizugriffs-Problemen stürzen. Falls man zum ersten Mal mit einem Samba- Server arbeitet, sollte man am besten mit einer einfachen Konfiguration beginnen, falls dieses möglich ist. Zugriff auf die Home-Shares der Benutzer und vielleicht auf ein oder zwei nur lesbare Share-Bereiche einzurichten, ist normalerweise keine zu große Herausforderung. Auf der anderen Seite kann das Jonglieren mit zahlreichen Benutzergruppen und komplexen Anforderungen an Gruppen die gemeinsame Benutzung und Sicherheit zu einem hirnerweichenden Logik-Puzzle auswachsen.

Entwerfen der Zugriffs-Kontrolle pro Benutzer

Viele der Zugriffskontrollen von Samba arbeiten auf der Ebene des individuellen Benutzers. Diese Parameter sind normalerweise Share-Parameter, so dass man die Leistungsmerkmale zur Sicherheit eines Shares sehr verschieden von denen eines anderen Shares auf dem gleichen Server setzen kann. *Kapitel 5: Konfiguration zur Freigabe (Share) von Dateien* behandelt diese Parameter im Detail, wir fassen kurz zusammen:

`read list` Mit diesem Parameter kann man eine Liste von Benutzern spezifizieren, die nur Lesezugriff auf einen Share erhalten, der normalerweise zum Lesen und Schreiben freigegeben ist. Z.B verhindert. `read list = jaques, simone`, dass diese beiden Benutzer auf dem Share schreiben können.

`write list` Dieser Parameter arbeitet entgegengesetzt zu `read list`. Benutzer, die in der `write list` aufgeführt sind, können in einen Share schreiben, der für die anderen Benutzer nur zum Lesen freigegeben ist. Falls ein Share sowohl die `read list` als auch die `write list` enthält und ein Benutzer auf beiden Listen erscheint, so hat der Eintrag in der `write list` den Vorrang.

`valid users` Wenn man den Zugriff auf einen Share nur für eine geringe Anzahl von Benutzern zulassen will, so ist dieses der richtige Parameter. Z.B. konfiguriert `valid users = jaques, simone` Samba derart, dass nur `jaques` und `simone` auf den Share zugreifen können. Alle anderen Benutzer sehen den Share zwar in der Browse-Liste, aber sie haben keinen Zugang.

`invalid users` Dieser Parameter ist das Gegenteil von `valid users`. Benutzer, die in diesem Parameter aufgeführt werden, haben keinen Zugriff auf diesen Share, während die anderen Benutzer auf ihn zugreifen können. Falls ein Share sowohl `valid users` als auch `invalid users` enthält und ein Benutzer auf beiden Listen erscheint, so besitzt `invalid users` den Vorrang, der Benutzer erhält keinen Zugriff.

Die Zugriffssteuerung pro Benutzer kann äußerst nützlich sein, um die Sicherheit des Samba-Servers zu festigen. Innerhalb des Samba-Sicherheits-Modells geben diese Parameter die feine und gezielte Kontrolle über den Zugriff der Benutzer auf Shares. Man kann den Zugriff derart beschränken, dass z.B. `simone` nicht einen Share lesen darf oder lesen, aber nicht schreiben darf, obwohl `simeone` zu den gleichen LINUX-Gruppen wie die anderen Benutzer gehört, die Zugriff auf diesen Share besitzen. Diese gezielte Kontrolle kann sehr hilfreich sein, wenn man den Zugriff einschränken will. Auch kann diese Kontrolle angewendet werden, wenn man aus bestimmten Gründen die Beschränkungen *lockern* möchte. Man kann sich z.B. einen nur lesbaren Share vorstellen, der nur Programm-Dateien enthält. Falls man ein Update dieser Dateien erzeugen möchte, so ist es notwendig, dass jemand Schreibzugriff auf diesem Share besitzt. Mit `write list` kann man den Share öffnen, so dass ein Account Schreibrechte zur Pflege der Dateien besitzt, während alle anderen nur Leserechte besitzen.

Seien Sie sich bewusst, dass dieses Hilfsmittel der Zugriffssteuerung pro Benutzer nicht mehr greift, wenn der Benutzer Zugriff von der LINUX-Shell besitzt. Wenn der Benutzer von dem Shell-Account Zugriffsrechte auf ein Verzeichnis besitzt, werden die Zugriffsbeschränkungen von Samba plötzlich bedeutungslos – zumindest wenn Sicherheit das Ziel ist. Falls man sich gegen Unfälle schützen möchte, können die Samba-Leistungsmerkmale ausreichend sein. Wenn die Benutzer LINUX-Shell-Accounts besitzen, so muss man betrachten, wie die Zugriffsberechtigungen der Verzeichnisse mit den Standard-Sicherheits-Maßnahmen von LINUX zusammenarbeiten, und eventuell die Leistungsmerkmale von Samba umgehen.

Die Integration von ACLs in Samba

Windows NT und 2000 unterstützen ein Sicherheitsmodell, das auf so genannten *Access Control Lists* (*Zugriffssteuerungslisten*, ACLs) beruht. ACLs verwenden Benutzer, Gruppen und sowohl Schreib- als auch Leseberechtigungen für Dateien wie in dem nativen Sicherheitsmodell von LINUX. ACLs gehen aber weiter, indem sie *Listen* von Benutzen und Gruppen verwenden, um den Zugriff zu steuern. Man kann also spezielle Listen von Benutzern oder Gruppen spezifizieren, die einen bestimmten Typ von Zugriffsrechten für eine Datei oder ein Verzeichnis besitzen.

Obwohl es oft möglich ist, die Effekte von ACLs in LINUX nachzuahmen, indem man eine große Anzahl von Gruppen, eine für jede bestimmte Gruppe von Benutzern, anlegt, kann dieses sehr mühevoll zu implementieren sein. Da ACLs flexibler als das native Datei-Besitz- und -Rechte-Modell ist, implementiert Samba die ACLs nicht komplett. Trotzdem hält Samba Windows NT- und 2000-Clients mit Zugriff auf die LINUX-Sicherheitsoptionen durch den ACL-Mechanismus von Windows bereit. Samba enthält zahlreiche Parameter, die die ACL-Unterstützung betreffen:

`nt acl support` Dieser globale Parameter entscheidet, ob Samba den Windows NT-Clients Zugriff auf die LINUX-Sicherheisinformationen gibt. Die Standardeinstellung ist `Yes`.

`security mask` Dieser Parameter setzt das Ausführungsrecht, auf das ein Windows NT-Client zugreifen möchte. Die Standardeinstellung ist die gleiche wie in dem Parameter `create mask`. Um den Windows NT-Clients den vollen Zugriff auf das LINUX-Ausführungsrecht zu geben, setzen Sie `security mask = 0777`.

`directory security mask` Dieser Parameter arbeitet analog zu `security mask`, wird aber auf Verzeichnisse statt auf Dateien angewendet. Die Standardeinstellung ist die gleiche wie in dem Parameter `directory mask`.

`force security mode` Die Option `security mask` setzt das Ausführungsrecht, das ein Windows NT-Client setzten *kann*. Im Gegensatz dazu setzt der Parameter `force security mode` das Ausführungsrecht automatisch, wenn ein Client versucht, die Rechte zu verändern. Die Grundeinstellung entspricht dem Parameter `force create mode`, der die Standardeinstellung von `0000` besitzt.

`force directory security mode` Dieser Parameter arbeitet wie `force security mode`, wird aber auf Verzeichnisse statt auf Dateien angewendet. Die Grundeinstellung ist der Wert in dem Parameter `force directory mode`.

HINWEIS

*Die Zugriffsberechtigungen von Windows NT beinhalten den Zugriff auf das LINUX Ausführungs-Bit. Samba benutzt dieses Bit, um die Bits in dem FAT-Stil (*archiv, system, hidden*) zu duplizieren. Falls man das Ausführungs-Bit unter LINUX verändert, verändert man gleichzeitig den Status von* archiv, system *und* hidden. *Diese Zuweisung ist im Detail in* Kapitel 5: Konfiguration zur Freigabe (Share) von Dateien *beschrieben.*

Innerhalb der meisten Netzwerke reichen die Standardeinstellungen der ACL-Integrationsparameter aus. Die Windows NT Clients können die Zugriffsberechtigungen von Dateien und Verzeichnissen auf dem LINUX-Server bis zu der Grenze verändern, die durch die Parameter `create mask` und `directory mask` gesetzt worden ist.

Von Windows NT 4.0 kann man auf die LINUX-Zugriffsberechtigungen wie folgt zugreifen:

1. Öffnen Sie ein Fenster mit dem Verzeichnis, das die Datei oder das Verzeichnis enthält, das Sie modifizieren möchten.
2. Klicken Sie mit der rechten Maustaste auf die Datei oder das Verzeichnis, das modifiziert werden soll. Im Popup-Menü wählen sie *Eigenschaften* aus. Windows öffnet den Dialog *Eigenschaften*.
3. Klicken Sie im Dialog *Eigenschaften* auf das Register *Sicherheit*. Der Dialog *Eigenschaften* sollte nun so aussehen, wie in *Abbildung 14.2* dargestellt. Windows bietet drei Sicherheitsmerkmale: *Berechtigungen*, *Überwachung* und *Besitzer*. *Überwachung* funktioniert nicht zusammen mit einem Samba-Server. Bei den Berechtigungen kann man sehen, wer der Eigentümer der Datei ist. Die Rechte arbeiten innerhalb der Grenzen des LINUX-Zugriffsrecht-Modells, wie in den folgenden Schritten beschrieben.

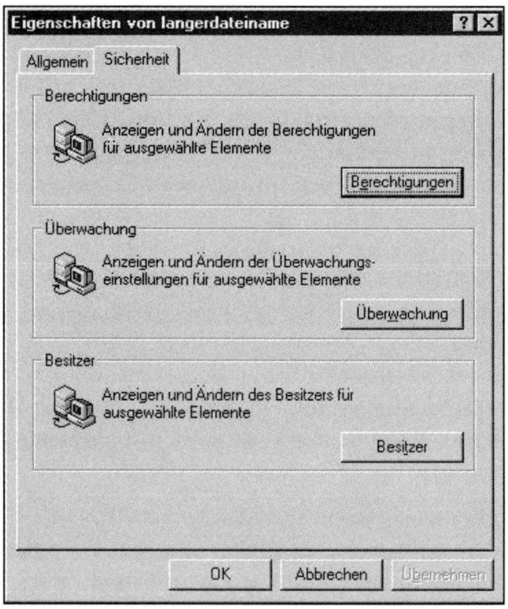

Abbildung 14.2: Von den drei Sicherheitsmerkmalen können nur die *Berechtigungen für* Dateien, die auf einem Samba-Server gespeichert sind, verändert werden

4. Klicken Sie die Schaltfläche *Berechtigung*. Windows zeigt die zugehörige Dialogbox an, wie in *Abbildung 14.3* dargestellt. In diesem Fall gibt es drei verschiedenen Zugriffsgruppen: Jeder (die Zugriffsrechte der LINUX-Welt), der Besitzer (`rattle`) und die Gruppe (`Benutzer`).

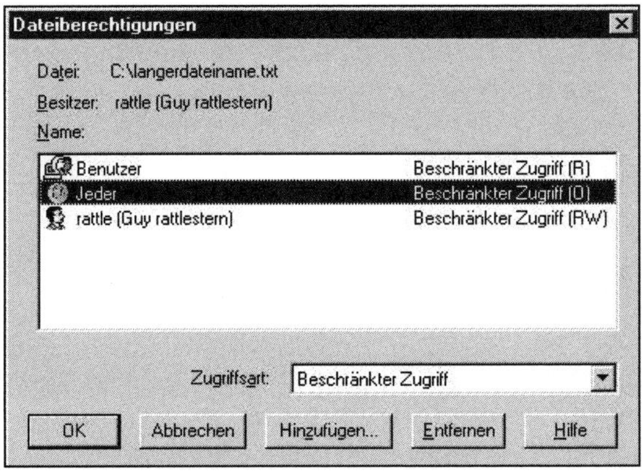

Abbildung 14.3: Dateien, die auf einem Samba-Server gespeichert sind, besitzen immer drei Sätze von Berechtigungen: *Jeder, Besitzer* und die *Gruppe*

5. Klicken Sie auf eine der drei Berechtigungsgruppen und klicken Sie dann auf *Beschränkter Zugriff* im Feld *Zugriffsart*. Windows zeigt den zugehörigen Dialog, wie in *Abbildung 14.4* dargestellt.

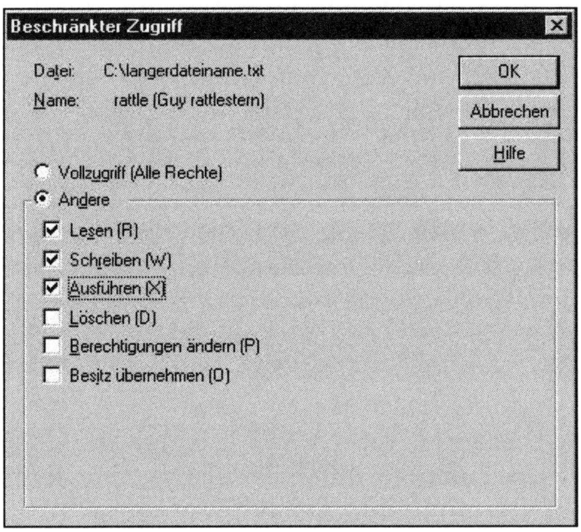

Abbildung 14.4: Man kann die Attribute in der Dialogbox *Beschränkter Zugriff* ändern, aber nicht alle Möglichkeiten sind sinnvoll

6. Im Dialog *Beschränkter Zugriff* kann man Lesen (R) Schreiben (W) und Ausführen (X) auf gewünschte Werte setzen, wenn die `security mask` oder `directory securirty mask` dieses erlaubet. Falls andere Optionen aktiviert werden, die in der `smb.conf` deaktiviert worden sind, ignoriert Samba diese.
7. Klicken Sie *OK*. Windows zeigt die geänderten Zugriffsrechte in Klammern sowie die Information *Beschränkter Zugriff* im Dialog *Dateiberechtigungen* an. Falls alle Berechtigungen entfernt worden

sind, zeigt Windows ein (O) an, wie man es in der Zeile *Jeder* in *Abbildung 14.3* sehen kann. Zu diesem Zeitpunkt zeigt Windows die geänderten Zugriffsrechte an, wie sie eingegeben worden sind, auch wenn diese von Samba nicht unterstützt oder erlaubt werden.

8. Klicken Sie im Dialog *Dateiberechtigungen* und nochmals im Dialog *Berechtigungen* die Schaltfläche *OK*.

Das Ergebnis dieser Aktivitäten ist eine Änderung der Rechte auf dem Samba-Server. Da Samba die Benutzerrechte vom Besitzer, der Gruppe und vom „Rest der Welt" auf Konstrukten abbildet, mit denen Windows umgehen kann, ist der Zugriff auf diese Rechte von Windows aus recht geradlinig.

Als Alternative zu den unter 5 bis 7 beschriebenen Schritten könnten Sie einen vorkonfigurierten Satz an Rechten aus dem Dialog *Dateiberechtigungen* wählen. Samba akzeptiert eine solche Auswahl, aber wenn Sie Optionen wählen, die für Samba keine Bedeutung haben, ignoriert Samba diese genauso, als würden Sie sie im Dialog *Beschränkter Zugriff* wählen (*Abbildung 14.4*).

Das Setzen von Rechten ist unter Windows 2000 im Vergleich zu Windows NT einfacher. In Windows 2000 haben Sie im Register *Sicherheitseinstellungen* im Dialog *Eigenschaften* (siehe *Abbildung 14.5*) eine direkte Kontrolle über die Rechtesituation. Sie müssen keine spezielle Berechtigung im Dialog *Eigenschaften* anklicken oder einen Dialog *Beschränkter Zugriff* öffnen, um Rechte zu ändern.

HINWEIS

Wenn auf dem Server Samba 2.0.6 oder eine frühere Version läuft, zeigt Windows 2000 den Besitzer oder den Gruppennamen nicht korrekt an; stattdessen wird ein langer numerischer Code angezeigt. Mit Samba 2.0.7 und späteren Versionen gibt Windows 2000 den Besitzer der Datei und den Namen der Gruppe jedoch korrekt wieder.

Wenn Sie Dateien auf einer NTFS-Partition eines Windows-Computers manipulieren, können Sie die Schaltfläche *Hinzufügen* des (*in Abbildung 14.3* dargestellten) Dialogs *Dateiberechtigungen* dazu verwenden, Rechte für eine beliebige Anzahl Usern oder Benutzergruppen zu ändern. Dies können Sie nicht mit Dateien tun, die auf einem Samba-Server gespeichert sind. Wenn Sie dies versuchen, erhalten Sie eine Fehlermeldung, wenn Sie entweder die Gruppe wählen oder die Schaltfläche *OK* im Dialog *Benutzer und Gruppen hinzufügen* anklicken.

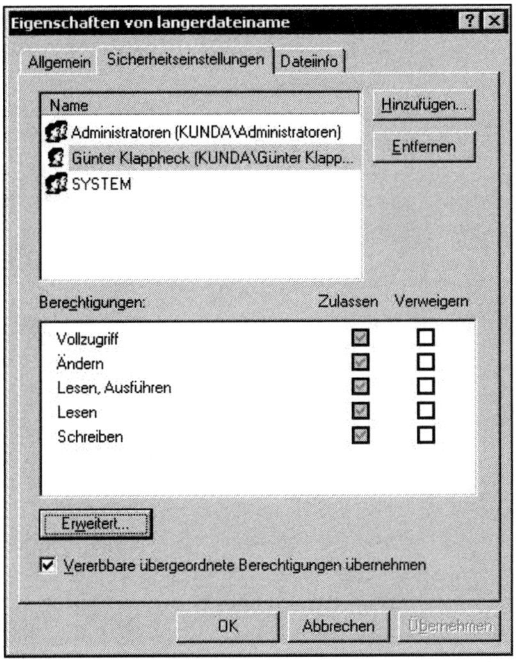

Abbildung 14.5: Windows 2000 bietet mehr Möglichkeiten des direkten Zugriffs auf LINUX-Rechte, als Windows NT 4.0 dies tut

Samba über SSL

SMB/CIFS wurde zu einer Zeit entwickelt, als Bedenken bezüglich der Sicherheit innerhalb von Computernetzen noch nicht sonderlich ausgeprägt waren. Mit Ausnahme von Passwörtern verschlüsselt SMB/CIFS keinerlei weitere Daten, die es über das Netz versendet. Als Folge hiervon könnten alle mittels SMB/CIFS verschickten Dateien von jemandem mithilfe eines *Packet Sniffers* innerhalb Ihres Netzes, eines verbindenden Netzes oder des Zielnetzes gelesen werden. Diese Tatsache kann als entscheidender Nachteil für dieses Protokoll in manchen Situationen betrachtet werden – zum Beispiel wenn Sie Daten über das Internet verschicken wollen oder wenn Sie SMB/CIFS innerhalb einer sehr sicherheitssensiblen Umgebung verwenden, innerhalb derer eine Verschlüsselung der Daten sogar bei lokalen Netzwerkverbindungen erforderlich ist. In solchen Fällen ist es nützlich, dazu in der Lage zu sein, ein weiteres Paket zum Einsatz zu bringen, um SMB/CIFS-Pakete zu verschlüsseln. Samba beinhaltet die Unterstützung für ein solches Protokoll, den *Secure Socket Layer* (*SSL*), welches auch von vielen sicheren Web-Sites verwendet wird. Leider ist die Konfiguration von Samba und seinen Clients für den Gebrauch von SSL ein wenig mühsam, sie ist jedoch machbar und verbessert die Sicherheit erheblich, wenn Sie Clients und Server verwenden müssen, die über Netzwerke miteinander verbunden sind, denen Sie kein Vertrauen schenken.

HINWEIS

Eine andere Option ist, Samba in Verbindung mit der Secure Shell (dt. sichere Shell, kurz SSH*) zu verwenden, die weit verbreitet als Ersatz für Telnet verwendet wird. Wie SSL kann die* `ssh` *dazu verwendet werden, Daten, die von einer großen Zahl Programme geliefert werden, zu verschlüsseln. Samba bietet jedoch keine explizite Unterstützung der* `ssh`.

Die Sicherheit, die von SSL und SSH gewährleistet wird, betrifft die Lesbarkeit von *Dateien*. Eine SSL-Verbindung verschlüsselt zwar ebenfalls automatisch Ihre Passwörter, wenn Sie jedoch „nur" an der Sicherheit der Passwörter interessiert sind, ist die Verwendung des Parameters `encrypt passwords = Yes` eine wesentlich einfachere (wenn auch weniger effektive) Methode. Sie sollten die Verwendung von SSL nur dann in Betracht ziehen, wenn Ihre gemeinsam genutzten Dateien als extrem sensibel einzuordnende Daten enthalten, wie zum Beispiel Geschäftsgeheimnisse oder vertrauliche medizinische Informationen.

WARNUNG

Bevor Sie fortfahren, überprüfen Sie, ob der Einsatz von SSL in Ihrer Umgebung legal ist. Russland beispielsweise und einige weitere Länder beschränken die Verwendung kryptografischer Software wie SSL und SSH. In der Vergangenheit schränkten die USA den Export von Verschlüsselungssoftware ein, selbst wenn diese problemlos außerhalb der USA erhältlich war. Aus diesen Gründen wurde SSL nicht enger in Samba oder LINUX integriert. Die USA haben jedoch ihre Ausfuhrbestimmungen in der Zwischenzeit gelockert, was die Verfügbarkeit von SSL und ähnlichen Paketen vereinfacht.

SSL konfigurieren

Der erste Schritt, SSL mit Samba verwenden zu können, ist, die Software zu installieren und zu konfigurieren. Die hierfür notwendigen Maßnahmen können recht einschüchternd wirken, wenn Sie nicht gewohnt sind, mit Verschlüsselungssoftware, Zertifikaten und so weiter umzugehen, es ist jedoch nicht zu schwer, wenn Sie den hier beschriebenen Schritten folgen.

Installation von SSL unter LINUX

Für LINUX stehen zwei hauptsächliche Implementierungen von SSL zur Verfügung:

- *SSLeay* (`http://www2.psy.uq.edu.au/~ftp/Cryto/ssleay/`)
- *OpenSSL* (`http://www.openssl.org/`)

Zusätzlich finden Sie unter `http://www.openssh.com/portable.html` Links zu vielen Spiegel-Servern, von denen RPM-Pakete mit OpenSSL erhältlich sind, und die Web-Site von *Debian* (`http://www.debian.org`) führt SSL-Pakete für Debian-basierte Distributionen auf.

HINWEIS

Red Hat wird mit einer sowohl OpenSSL- als auch SSL-fähigen Version von Samba ausgeliefert. Zukünftige Versionen anderer Distributoren werden vermutlich nachziehen. Die Wahrscheinlichkeit ist damit groß, dass Sie auf solchen Systemen SSL nicht installieren müssen, Sie müssen jedoch auch hier SSL-Zertifikate erzeugen.

Die folgenden Abschnitte beschreiben die Konfiguration von OpenSSL, die Konfiguration von SSLeay ist jedoch recht ähnlich; nur die Speicherorte einiger Konfigurationsdateien weichen voneinander ab.

Vorausgesetzt, Sie verwenden eine RPM-basierte LINUX-Distribution, können Sie OpenSSL-RPMs genauso wie jedes andere RPM-Paket auch installieren. Geben Sie hierzu zunächst ein:

```
# rpm -Uvh openssl-0.9.5a-1.i386.rpm
  openssl-devel-0.9.5a-1.i386.rpm
```

Wenn Sie SSL aus seinen Quellen kompilieren müssen, folgen Sie den mit dem Paket erhältlichen Anweisungen. Typischerweise müssen Sie zunächst ein Skript ./`configure` aufrufen, gefolgt von `make` und `make install`.

TIPP

Während der Vorarbeiten zu diesem Kapitel wurde der Autor mit einem Binärpaket von SSLeay konfrontiert, das nicht sonderlich gut mit Samba lief. Während der Konfigurationsphase von Samb, beschwerte sich das Skript, es könne keine Summary *(Zusammenfassung) erzeugen. Das Problem konnte gelöst werden, indem das Paket durch ein OpenSLL-Binary überschrieben wurde; auch das eigenständige Kompilieren von SSLeay löste das Problem. Wenn Sie also Probleme damit haben, Samba mit SSL zu kompilieren, ersetzen Sie das von Ihnen verwendete Software-Paket.*

Grundlegende SSL-Konfiguration

Die grundlegende SSL-Konfiguration beinhaltet eine Mitteilung an SSL, wo bestimmte Schlüsseldateien zu finden sind, und die Einrichtung des Programms dahingehend, dass es ohne größere Klimmzüge eingesetzt werden kann. Führen Sie als Benutzer `root` folgende Konfigurationsschritte aus:

1. Richten Sie das SSL-Binary so ein, dass es im Zugriffspfad ist. Wenn Sie das Programm als RPM- oder als Debian-Paket installiert haben, ist dies vermutlich bereits der Fall. Wenn Sie das Programm selber kompiliert haben, kann es notwendig sein, den Speicherort des SSL-Binarys Ihrer Umgebungsvariablen `PATH` hinzuzufügen. Sie können diese Variable systemweit anpassen, indem Sie sie in `/etc/profile` setzen. Alternativ hierzu können Sie einen Link auf das SSL-Binary (`ssleay` oder `openssh`) mit beispielsweise dem Namen `ssleay` in einem Verzeichnis erzeugen, das sich bereits in Ihrem Zugriffspfad befindet (wie z.B. `/usr/local/bin`).

2. Die Sicherheit von SSL basiert zum Teil auf Zufallszahlen. Um den Zufallszahlengenerator von SSL vorzubereiten, müssen Sie eine Datei erzeugen, die zufällige Zeichen enthält. Geben Sie hierzu ein:

   ```
   # cat > /tmp/privat.txt
   ```

   und betätigen Sie für ungefähr eine Minute oder länger verschiedene Tasten Ihre Tastatur. Beenden Sie Ihre Zufallseingabe durch Drücken der Tastenkombination [Strg] + [D]. Als Ergebnis erhalten Sie eine Datei `/tmp/privat.txt`, die nichts als Unsinn enthält.

3. Konvertieren Sie die Datei `/tmp/privat.txt`, die Sie gerade erstellt haben, in eine für SSL nutzbare Form. Geben Sie hierzu ein:

   ```
   # ssleay genrsa -rand /tmp/privat.txt > /dev/null
   ```

   Das Resultat ist eine 1024 Byte große Datei `/root/.rnd`. Sie können und sollten nun die Datei `/tmp/privat.txt` löschen.

4. Erstellen Sie ein Verzeichnis, in dem SSL Zertifikate abspeichern wird. Eine gute Wahl wäre das Verzeichnis `/etc/certificates`. Beschneiden Sie auf jeden Fall den Zugriff auf dieses Verzeichnis, indem Sie eingeben:

   ```
   chmod 700 /etc/certificates
   ```

5. Bearbeiten Sie die Datei `/var/ssl/misc/CA.sh` (die Sie unter Umständen in einem anderen Verzeichnis finden, wenn Sie SSH selber kompiliert haben oder SSLeay statt OpenSSH verwenden). Suchen

Sie die Zeile, die `CATOP` definiert; aller Wahrscheinlichkeit nach lautet diese `ATOP=./demoCA`. Ändern Sie diese Zeile in

`CATOP=/etc/certificates.`

6. Bearbeiten Sie die Datei `/var/ssl/openssl.cnf`. Diese Datei könnte sich an einem anderen Speicherort befinden, wenn Sie SSL selber kompiliert haben; wenn Sie SSLeay verwenden, heißt diese Datei `ssleay.cnf`. Suchen Sie die Zeile, die `dir = ./demoCA` lautet und ändern Sie diese wie folgt ab: `dir = /etc/certificates`.

Diese Schritte bilden die Grundlage dafür, Zertifikate zu erzeugen, wie als Nächstes beschrieben. Diese Zertifikate dienen dazu, dass sich Computer gegeneinander authentifizieren, sie ersetzen jedoch nicht den normalen SMB/CIFS-Passwortmechanismus.

Zertifikate erzeugen

Normalerweise wird SSL in Zusammenarbeit mit einem *Certificate* (*Zertifikat*) verwendet, das von einer *Certificate Authority* (autorsierten Zertifzierungsstelle, kurz *CA*) vergeben wurde. Der „Gütestempel" des CA garantiert, dass beispielsweise ein Händler im Web tatsächlich derjenige ist, der er vorgibt zu sein und nicht etwa ein Betrüger. Bei den meisten Samba-SSL-Konfigurationen benötigen Sie keinen externen CA, um diese Art Garantie zu bieten; Sie können Ihre eigenen Zertifikate generieren und somit als Ihr eigener CA agieren. Dieses Verfahren ist mit Sicherheit ausreichend für den internen Gebrauch von Samba und SSL. Wenn Sie jedoch eine *secure Web site* (eine *sichere Web-Site*) betreiben, sollten Sie sich bei einem CA registrieren lassen. Sie können diese Registrierungen dann mit Samba über SSL verwenden.

Web-Server benötigen normalerweise keine Zertifikate auf ihren Clients, da das Hauptanliegen in der Web-Ökonomie ist, dass der Server vertrauenswürdig ist. Bei der gemeinsamen Nutzung von Dateien ist die Identität jedoch genauso wichtig wie die Identität des Servers; Sie möchten es schließlich vermeiden, dass nicht autorisierte Clients Zugriff auf Ihren Server nehmen. Die Generierung von Zertifikaten für Ihre Clients hilft zu gewährleisten, dass Ihre Clients tatsächlich diejenigen sind, die sie vorgeben zu sein.

Erstellen einer CA-Konfiguration

Der erste Schritt, ein Zertifikat zu erzeugen, besteht darin, das Setup-Skript für den CA zu starten, das den Namen `CA.sh` trägt. Wenn Sie SSL aus OpenSSL-RPM-Dateien installiert haben, finden Sie dieses Skript im Verzeichnis `/var/ssl/misc`. Das folgende Listing zeigt das Ergebnis eines

Durchlaufs dieses Skripts. Sie werden aufgefordert, Informationen anzugeben, die Sie und Ihre Organisation identifizieren. Die *pass phrase*, die Sie zuvor eingegeben haben, ist wie ein Passwort, sollte jedoch entschieden länger als ein normales Passwort sein. Aus Sicherheitsgründen wird die Eingabe dieser *pass phrase* nicht auf dem Bildschirm angezeigt.

```
# /var/ssl/misc/CA.sh -newca

mkdir: cannot make directory '/etc/certificates': File exists

CA certificate filename (or enter to create)


Making CA certificate ...

Using configuration from /var/ssl/openssl.cnf

Generating a 1024 bit RSA private key

...........................................++++++

........++++++

writing new private key to '/etc/certificates/private/./cakey.pem'

Enter PEM pass phrase:

Verifying password - Enter PEM pass phrase:

—

You are about to be asked to enter information that will be incorporated

into your certificate request.

What you are about to enter is what is called a Distinguished Name or a DN.

There are quite a few fields but you can leave some blank

For some fields there will be a default value,

If you enter '.', the field will be left blank.

—

Country Name (2 letter code) [AU]:US

State or Province Name (full name) [Some-State]:Massachusetts

Locality Name (eg, city) [ ]:Malden

Organization Name (eg, company) [Internet Widgits Pty Ltd]:The Panther School

Organizational Unit Name (eg, section) [ ]:None

Common Name (eg, YOUR name) [ ]:clouseau.panther.edu

Email Address []:jacques@panther.edu
```

Die meisten Angaben, die Sie hier machen, wie z.B. den Namen der Organisation, für die Sie tätig sind, sind eigentlich unwichtig. Standardmäßig müssen jedoch Client und Server dieselben Angaben betreffs Ländercode, Bundesstaat und Name der Organisation enthalten (der folgende Abschnitt *Client-Zertifikate erzeugen* beschreibt, wie diese Angaben auf Client-Seite vorzunehmen sind).

Wie am Anfang angezeigt, erzeugt das Skript eine Datei `/etc/certificates/private/cakey.pem`. Hierbei handelt es sich um eine Datei, deren Inhalt hochsensibel behandelt werden sollte – kopieren Sie diese somit beispielsweise *nicht* auf andere Systeme.

Client-Zertifikate erzeugen

Der nächste Schritt besteht darin, Zertifikat-Dateien für den Gebrauch durch Ihre Clients zu erzeugen. Sie können diesen Schritt jedoch übergehen, wenn Sie nicht planen, Client-Zertifikate zu verwenden. Die Verwendung von Client-Zertifikaten sei Ihnen jedoch ausdrücklich empfohlen, da diese eine zusätzliche Sicherheitskomponente sind. Angenommen, der Client, den Sie verwenden wollen, um eine Verbindung zum Server herzustellen, heißt `SIMONE`. Um Verwirrungen vorzubeugen, können Sie Zertifikate erzeugen, deren Dateinamen auf den Namen Ihrer Clients aufbauen. Zunächst erzeugen Sie mithilfe des Programms `ssleay` eine Datei `simone.key`:

```
# ssleay genrsa -des3 1024 > simone.key

Generating RSA private key, 1024 bit long modulus

...............++++++

....................++++++

e is 65537 (0x10001)

Enter PEM pass phrase:

Verifying password - Enter PEM pass phrase:
```

Beachten Sie, dass Sie für die Erzeugung der Datei `simone.key` eine *pass phrase* eingeben müssen, wie Sie dies bei der Erzeugung der Datei `cakey.pem` auch getan haben. Diese *pass phrase* sollte nicht dieselbe sein wie diejenige, die Sie für den Server verwendet haben.

Erzeugen Sie nun eine temporäre Datei für den Client:

```
# ssleay req -new -key simone.key -out simone-csr

Using configuration from /var/ssl/openssl.cnf

Enter PEM pass phrase:
```

Die *pass phrase*, die Sie hier eingeben, ist diejenige für den Client, nicht diejenige für den Server. Sie müssen diese nur einmal eingeben, da sie an dieser Stelle für Authentifizierungzwecke verwendet wird, nicht um die *pass phrase* zu ändern oder eine neue zu definieren. An dieser Stelle müssen Sie den Namen der Organisation, den Sie weiter oben verwendet haben, nochmals eingeben, nur in einer für den Client angemessenen Form.

Verwenden Sie nun Ihre CA-Konfiguration, um das Client-Zertifikat zu „signieren". Dies erlaubt es dem Server sicherzustellen, dass dem Client gestattet ist, eine Verbindung mit dem Server herzustellen. Verwenden Sie huerzu erneut das Programm `ssleay`:

```
# ssleay ca -days 1000 -infiles simone-csr > simone.pem

Using configuration from /var/ssl/openssl.cnf

Enter PEM pass phrase:

Check that the request matches the signature

Signature ok
```

Um das Client-Zertifikat zu signieren, geben Sie die *pass phrase des Servers* ein. Wie auch bei den anderen Eingaben der *pass phrase* wird diese Eingabe nicht am Bildschirm angezeigt. Das Programm fährt fort, die Informationen, die Sie zum Client-Zertifikat angegeben haben, anzuzeigen. Wenn alles glatt gegangen ist, fragt Sie das Programm, ob Sie das Zertifikat signieren möchten. Tippen Sie [Y] ein. Bevor die Änderungen an der Datenbank des Servers (in `/etc/certificate`) durchgeführt werden, verlangt das Programm nach einer erneuten Bestätigung. Tippen Sie erneut [Y]. Das Programm endet mit einer Bestätigung, dass die Änderungen geschrieben wurden.

Wenn das Programm angibt, dass die eingegebenen Daten (beispielsweise der für Client und Server angegebene Bundesstaat) nicht übereinstimmen, sollten Sie die Konfigurationen Ihres Clients und Servers überprüfen und entsprechende Änderungen vornehmen.

HINWEIS

Beim Erzeugen eines Zertifikats geben Sie an, wie lange dieses Gültigkeit haben soll. Im vorigen Beispiel wurde dies mithilfe des Parameters `-days 1000` *getan, das Zertifikat besitzt also über zweieinhalb Jahre Gültigkeit. Nach Ablauf dieser Zeit müssen Sie ein neues Zertifikat generieren.*

Das Ergebnis dieses Zertifizierungsprozesses ist Folgendes:

- Die Zertifikat-Datenbank im Verzeichnis `/etc/certificates` wird um einen neuen Eintrag ergänzt. Sie müssen sich nicht weiter um die diesen Eintrag betreffenden Details kümmern, außer sicherzustellen, dass diese Datenbank vor Schäden, Änderungen oder einem nicht autorisierten Zugriff geschützt ist.
- Zwei Dateien (`simone.key` und `simone.pem` in diesem Beispiel) werden erzeugt, die Sie am Ende dem Client übergeben. Diese Dateien sind äußerst sensibel; mit diesen und der *pass phrase* des Clients könnte ein gewissenloses Individuum Zugriff auf den Server nehmen und somit Schaden verursachen. Sie sollten diese Dateien also nur auf sichere Weise auf den Client übertragen – beispielsweise per Diskette, die Sie persönlich liefern.

Es sei Ihnen ausdrücklich empfohlen, Client-Zertifikate für den Server zu generieren. Dies erlaubt es Ihnen, die Server-Konfiguration zu testen, indem Sie `smbclient` verwenden, um lokal eine Verbindung mit dem Server herzustellen.

Mit diesen Zertifikaten können Sie nun Samba dahingehend konfigurieren, SSL zu verwenden und SSL auf Ihren Clients einzurichten.

Samba für den Gebrauch von SSL konfigurieren

Bevor Sie SSL mit Samba verwenden können, müssen Sie eine SSL-fähige Version des Servers kompilieren. Leider werden Samba-Server in den meisten Distributionen ohne diese Unterstützung ausgeliefert (*Red Hat 7.0* stellt eine Ausnahme von dieser Regel dar, zu der sich mit Sicherheit in der Zukunft weitere hinzugesellen werden). Nachdem Sie Samba mit SSL-Unterstützung neu kompiliert haben (und ein SSL-Paket installiert haben), ist die Nutzung grundlegender SSL-Funktionalitäten eine reine Frage einiger Parameter, die in der Datei `smb.conf` gesetzt werden müssen. Sie können diese Funktionalitäten zunächst testen, indem Sie lokal mithilfe von `smbclient` eine Verbindung mit dem Server herstellen.

Ein SSL-fähiges Samba erzeugen

Die Wahrscheinlichkeit ist recht hoch, dass Sie Samba mit SSL-Unterstützung selber kompilieren müssen. Wenn Sie bezüglich der Anforderungen hierfür unsicher sind, fahren Sie mit dem Abschnitt *Setzen der SSL-Parameter für Samba* fort. Erzeugen Sie eine Datei `smb.conf`, in der SSL-Unterstützung enthalten ist, und geben Sie ein:

```
# testparm
```

Wenn `testparm` meldet, dass es die von Ihnen verwendeten SSL-Parameter nicht deuten kann, müssen Sie Ihre aktuelle Samba-Installation entfernen und durch eine neue mit SSL-Unterstützung ersetzen.

Lesen Sie *Kapitel 3: Installation von Samba*, um zu lernen, wie man Samba aus den Quelldateien kompiliert. Der hierfür kritische Konfigurationsparameter lautet `--with-ssl`. Sie *müssen* diesen Parameter setzen, um Samba mit SSL-Unterstützung zu kompilieren. Damit dieses gelingt, müssen *sowohl* SSL *als auch* die SSL-Entwicklerbibliotheken in Ihrem System installiert sein. Diese *Bibliotheken* (*Libraries*) sind oftmals nur in einem eigenständigen Paket erhältlich, das einen ähnlichen Namen trägt wie `openssl-devel-0.9.5a-1.i386.rpm`.

Beachten Sie hierbei, dass Sambas SSL-Unterstützung das Vorhandensein bestimmter SSL-Entwicklerdateien (in erster Linie die Datei `ssl.h`) an bestimmten Speicherorten voraussetzt. Dies gilt jedoch nicht für alle SSL-Pakete, einschließlich OpenSSL. Theoretisch sollte jedoch der Parameter `--with-sslinc=/pfad/zu/den/ssl/bibliothen` das Problem beheben. In der Praxis könnte es so aussehen, dass Sie einen symbolischen Link von einem Verzeichnis innerhalb Ihres *Include*-Pfads auf die Datei `ssl.h` setzen müssen, wo auch immer diese sich innerhalb des Dateisystems befinden mag. Alternativ hierzu könnten Sie versuchen, ein Verzeichnis `/usr/local/ssl` zu erzeugen; erzeugen Sie dann innerhalb dieses Verzeichnisses einen symbolischen Link mit dem Namen `include`, der darauf zeigt, wo sich Ihre *Include*-Dateien tatsächlich befinden; verwenden Sie bei dieser Methode *nicht* den Parameter `--with-sslinc` mit dem Skript `configure`.

Setzen der SSL-Parameter für Samba

Samba bietet eine recht umfangreiche Auswahl von globalen Parametern im Zusammenhang mit SSL. Sie können jedoch einen Samba-Server mit grundlegenden SSL-Funktionalitäten unter Zuhilfenahme nur einer Hand voll dieser Parameter konfigurieren. Zu diesen gehören:

`ssl` Dieser Boolesche Parameter schaltet die Verwendung von SSL ein oder aus. Der Standardwert lautet No, so dass Sie den Parameter auf Yes setzen müssen, um SSL-Verbindungen zu ermöglichen.

`ssl server cert` Dieser Parameter nimmt den vollständigen Pfad zu der Zertifizierungsdatei des SSL-Servers entgegen. Wenn Sie als Verzeichnis für die SSL-Zertifizierung `/etc/certificates` gewählt haben, sollten Sie hier angeben: `ssl server cert = /etc/certificates/cacert.pem`. Für diesen Parameter gibt es keine Voreinstellung.

`ssl server key` Übergeben Sie diesem Parameter den Speicherort der Schlüsseldatei des Servers. Wenn Sie den Server wie weiter oben konfiguriert haben, wäre die entsprechende Einstellung `ssl server key = /etc/certificates/private/cakey.pem`. Für diesen Parameter gibt es keine Voreinstellung.

Diese drei Parameter reichen aus, um eine grundlegende SSL-Server-Konfiguration vorzunehmen, jedoch unterstützt diese nur eine Verschlüsselung, jedoch *keine* Zertifikate. Um Zertifikate verwenden zu können, müssen Sie folgende weitere Optionen setzen:

`ssl ca certfile` Dieser Parameter gibt den Speicherort aller Zertifikate aller *trusted CAs* an. Auf einem kleinen Server enthält diese Datei unter Umständen nur die Informationen über einen CA. Um Zertifikate verwenden zu können, *müssen* Sie entweder *diesen* Parameter setzen *oder* den Parameter `ssl ca certdir` (jedoch *nicht* beide). Wenn Sie SSL wie zuvor beschrieben konfiguriert haben, sollte dieser Parameter auf `/etc/certificates/cacert.pem` gesetzt werden. Für diesen Parameter gibt es keine Voreinstellung.

`ssl ca certdir` Dieser Parameter gibt den Speicherort für das SSL-CA-Zertifikatsverzeichnis an. Dieses Verzeichnis funktioniert wie eine SSL-Zertifikatsdatei, jedoch befindet sich für jeden einzelnen CA eine eigene Datei in diesem Verzeichnis. Diese Art der Konfiguration ist vorzuziehen, wenn Sie über eine große Zahl an CAs verfügen, obwohl Sie mehr Arbeit bedeutet, wenn Sie nur einige wenige CAs verwenden. Für diesen Parameter gibt es keine Voreinstellung.

`ssl client cert` Dieser Parameter spezifiziert den Speicherort einer SSL-Client-Zertifikatsdatei, wie z.B. der Datei `simone.pem` im Abschnitt *Client-Zertifikate erzeugen* weiter oben in diesem Kapitel. Das Programm `smbclient` verwendet diese Client-Datei, wenn eine Verbindung zu einem SSL-fähigen Server hergestellt wird. Diese Datei muss von jedem lesbar sein, der `smbclient` verwenden können soll. Wenn Sie als Client Zertifikate verwenden wollen, müssen Sie diese Option verwenden.

WARNUNG

Obwohl die SSL-Client-Zertifikatsdatei von jedem lesbar sein muss, der SSL-fähige Verbindungen nutzt, ist diese Datei dennoch kritisch, so dass Sie sie so gut wie möglich schützen sollten. Sie könnten hierzu beispielsweise eine Benutzergruppe SSL *definieren, deren Mitglieder diese Datei lesen können, jedoch den Zugriff durch andere User auf diese Datei mithilfe dieser Maßnahme verhindern.*

`ssl client key` Übergeben Sie diesem Parameter den Speicherort der Schlüsseldatei des Clients, wie die Datei `simone.key`, die im Abschnitt *Client-Zertifikate erzeugen* beschrieben wird. Diese Option ist notwendig, wenn Sie den Computer als Client mit einer Zertifizierung verwenden wollen. Dieser Schlüssel sollte dadurch geschützt werden, dass er in einem Verzeichnis abgespeichert ist, auf das nur `root` Zugriff hat.

`ssl require clientcert` Dieser boolesche Parameter legt fest, ob Samba als Server Verbindungsversuche von Clients entgegennimmt, die über keine Zertifizierung verfügen. Der Standardwert hierfür ist `No`, was bedeutet, dass der Server keine Client-Zertifikate benötigt. Solche Verbindungen sind verschlüsselt, aber die Möglichkeit besteht immer noch, dass eine Verbindung mit einer nicht autorisierten Quelle entsteht.

`ssl require servercert` Dieser boolesche Parameter legt fest, ob `smbclient` eine Verbindung zu einem Server aufnimmt, der über keine Zertifizierung verfügt. Wie bei `ssl require clientcert` ist der Standardwert hierfür `No`, was zwar die Verbindung verschlüsselt, jedoch nicht die wahre Identität des Servers gewährleistet.

Samba unterstützt eine Reihe weiterer SSL-Leistungsmerkmale von denen einige Konfigurationsoptionen erfordern. Verwenden Sie weitere der im Folgenden aufgeführten Optionen, um Ihre Konfiguration zu erweitern oder um eine Feinanpassung vorzunehmen.

`ssl hosts` Dieser Parameter erlaubt es Ihnen, Clients zu spezifizieren, die SSL verwenden müssen, um eine Verbindung mit dem Server herstellen zu können. Er nimmt eine Reihe von Computernamen oder IP-Adressen entgegen, wobei die hierbei verwendete Syntax derjenigen der Parameter `hosts allow` und `hosts deny` entspricht, wie am Anfang dieses Kapitels beschrieben. Wenn weder dieser Parameter noch der im Folgenden beschriebene Parameter `ssl hosts resign` verwendet wird und der Parameter `ssl = Yes` gesetzt ist, fordert Samba, dass alle Verbindungen über SSL laufen.

`ssl hosts resign` Dieser Parameter ist das Gegenstück zu `ssl hosts`; er gibt eine Reihe von Clients an, die nicht SSL nutzen müssen, um eine Verbindung mit dem SSL-fähigen Server herstellen zu können. Sie könnten diesen Parameter beispielsweise dann verwenden, wenn nur Verbindungsanfragen, die über einen Router hereinkommen einer SSL-Authentifizierung bedürfen. Sie könnten die IP-Adressen Ihres lokalen Netzwerks mit `ssl hosts resign` verwenden, um diese von der Notwendigkeit, SSL nutzen zu müssen, auszuschließen.

`ssl ciphers` Sie können festlegen, welche *ciphers* (welche Formen der Chiffrierung) Samba beim „Verhandeln“ von Verbindungsanfragen verwenden soll. Mögliche Werte hierfür sind: DEFAULT, DES-CFB-M1, NULL-MD5, RC4-MD5, EXP-RC4-MD5, RC2-CBC-MD5, EXP-RC2-CBC-MD5, IDEA-CBC-MD5, DES-CBC-MD5, DES-CBC-SHA, DES-CBC3-MD5, DES-CBC3-SHA, RC4-64-MD5 und NULL. Wenn Sie kein SSL-Experte sind, sollten Sie diesen Parameter nicht anpassen.

`ssl version` Dieser Parameter legt fest, welche Versionen des SSL-Protokolls Samba zu verwenden versuchen soll. Der Standardwert hierfür lautet `ssl2or3`, der festlegt, dass sowohl *Version 2* als auch *Version 3* akzeptiert werden. Wenn nötig, können Sie diesen Parameter auf t1s1, ssl2 oder ssl3 setzen.

`ssl compatibility` Dieser Parameter konfiguriert Samba dahingehend, einige ältere SSL-Implementierungen zu akzeptieren. Der Standardwert hierfür, den Sie vermutlich auch nicht ändern müssen, ist `No`.

Wenn Ihr Server sowohl SSL-verschlüsselte als auch unverschlüselte Verbindungen unterstützt, müssen Sie gegebenenfalls die Parameter `ssl hosts` oder `ssl hosts require` verwenden. Letzterer ist im Allgemeinen sicherer, da er Ausnahmen für die SSL-Anforderungen definiert, statt SSL nur für einige Verbindungen zu fordern. Die restlichen dieser Parameter bieten weitergehende Leistungsmerkmale, die Sie vermutlich nicht anpassen müssen.

Sambas SSL-Funktionalität prüfen

Die einfachste Methode, Sambas SSL-Funktionalität zu prüfen, ist die, SSL mit den drei notwendigen SSL-Parametern zu konfigurieren (wie im Abschnitt *Setzen der SSL-Parameter für Samba* beschrieben) sowie eventuelle Zertifizierungsparameter zu setzen. Starten Sie danach die Samba-Dämonen neu. Wenn `smbd` gestartet wird, müssen Sie die *pass phrase* Ihres Servers eingeben. Erfolgt diese Abfrage nach der *pass phrase* nicht, verwenden Sie *keine* SSL-fähige Version mit eingeschalteten SSL-Merkmalen.

Nach dem Neustart von Samba verwenden Sie das Programm `smbclient` aus dem SSL-fähigen Samba-Paket, um eine Verbindung mit Ihrem lokalen Computer herzustellen. Wenn Samba beispielsweise auf dem Server `clouseau` läuft, geben Sie ein:

```
smbclient //clouseau/shares
```

Wenn alles läuft wie erwartet, fordert Sie `smbclient` auf, die *pass phrase* des Clients einzugeben. Danach werden Sie aufgefordert, das normale Samba-Passwort Ihres Users einzugeben. Während dieses Vorgangs meldet SSL, welche Verschlüsselungsmethode (*cipher*) „ausgehandelt" wurde, wie zum Beispiel `DES-CBC3-SHA`.

WARNUNG

Wenn SSL meldet, dass NULL als Verschlüsselungsmethode verwendet wird, bedeutet dies, dass Ihre Daten nicht verschlüsselt werden. Sie sollten in diesem Falle Ihre Einstellungen überprüfen, speziell in Hinblick auf den von Ihnen verwendeten Parameter `ssl ciphers`.

Wenn SSL einen Fehler meldet, wie zum Beispiel `unknown error 18` (dt. *unbekannter Fehler 18*), überprüfen Sie Ihre Zertifizierungseinstellungen. Obwohl Sie die Verbindung ohne Zertifizierung herstellen und diese Fehlermeldung ignorieren können, führt jeder Versuch, Client- oder Server-Zertifikate ohne korrekte Zertifizierungsparameter zu verwenden, dazu, dass das System nichts tut.

Einen Client für den Gebrauch von SSL konfigurieren

Einige der im Abschnitt *Setzen der SSL-Parameter für Samba* diskutierten Samba-Konfigurationsoptionen regeln ebenfalls die Client-Konfiguration. Sie können diese Optionen dazu verwenden, `smbclient` als SSL-fähigen Client zu konfigurieren. Seit Samba 2.0.7 unterstützt `smbmount` keine SSL-Funktionalitäten, Sie können `smbmount` jedoch durch einen SSL-Proxy verwenden. Windows unterstützt SSL nicht auf native Weise. Aus diesem Grunde besteht die einzige Möglichkeit, Windows-Systeme als SSL-fähige Clients zu verwenden, nur mithilfe eines Proxys. Hierfür gibt es zwei Möglichkeiten: Entweder Sie bringen einen eigenständigen Proxy-Server zum Einsatz oder Sie lassen auf dem Client selber einen SSL-Proxy laufen. Beide Optionen werden in den folgenden Abschnitten dargestellt.

Verwendung eines SSL-Proxy-Servers

Wenn Sie Windows-Clients verwenden, ist es wesentlich schwieriger SSL-Funktionalitäten zu implementieren als bei der Verwendung von `smbclient`. Die Standardmethode, SSL mit Windows-Clients zu verwenden, ist der Einsatz eines SSL-Proxy-Servers. Dies ist ein Computer, der sich als ein anderer Computer ausgibt. Im Falle einer SSL-Verbindung zu einem Samba-Server funktioniert dies, wie in *Abbildung 14.6* dargestellt. Der Client stellt eine Verbindung zum Proxy-Server her, der die Kommunikation verschlüsselt, die über das unsichere Netz an den Server gesendet wird.

Abbildung 14.6: Ein SSL-Proxy-Server verwendet unverschlüsselte Kommunikation mit dem Client, aber eine verschlüsselte Kommunikation mit dem Server

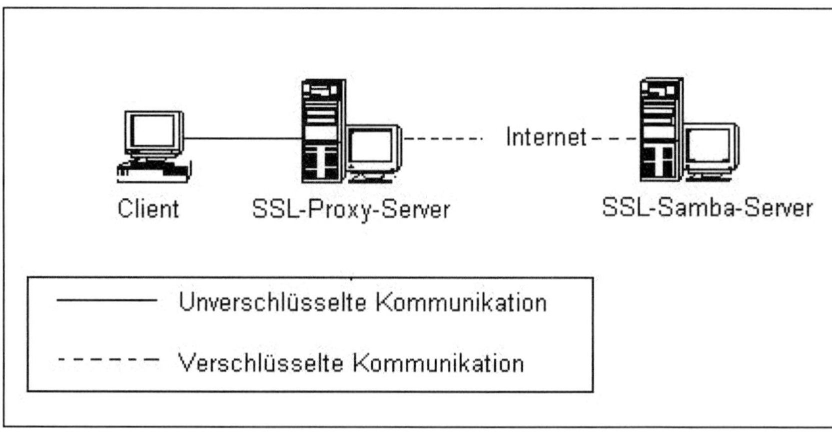

Mehrere SSL-Proxy-Server unterstützen SMB/CIFS-Netzwerke. Zwei beliebte Produkte sind *SSL Proxy* (`http://obdev.at/Products/sslproxy.html`) und *Stunnel* (`http://www.stunnel.org`). Beide dieser Pakete stehen sowohl für Windows als auch für UNIX zur Verfügung. Für LIINUX können Sie den UNIX-Quellcode kompilieren. Sie benötigen dieselben SSL-Bibliotheken, die ebenfalls für das Kompilieren der SSL-fähigen Version von Samba notwendig sind.

WARNUNG

Die Binärversionen für Windows, die für SSL Proxy *auf der SSL Proxy Web-Site erhältlich sind, bestehen aus getrennten* `.EXE`*- und* `.DLL`*-Dateien. Leider beschädigt Netscape* `.DLL`*-Dateien beim Download, so dass Sie diese mit dem Internet Explorer oder der LINUX-Version von Netscape herunter laden sollten.*

Lassen Sie uns als Beispiel *SSL Proxy* betrachten. Wenn Sie über eine Binärversion dieser Software und Zertifikatdateien für Ihren Client verfügen, können Sie diese wie folgt verwenden:

```
# sslproxy -l 139 -R server -r 139 -n
  -c certif.pem -k certif.key
```

Sie können dieses Programm mit derselben Methode sowohl auf dem Windows- als auch auf dem LINUX-Proxy-Server verwenden. Das Programm fragt die *pass phrase* des Clients ab. Daraufhin sollte es folgende Meldung ausgeben:

```
SSL: No verify locations, trying default
```

```
Proxy ready, listening for connections
```

Die erste Zeile informiert Sie nur darüber, dass das Programm einige Standarddateien ausliest. Die zweite Ausgabezeile zeigt an, dass das Programm korrekt läuft. Sie können nun versuchen, eine unverschlüsselte Verbindung von einem Client aus auf das lokale Netzwerk des Proxys zu nehmen. Der Proxy sollte es erlauben, Verbindungen zu Shares auf dem SSL-fähigen Samba-Server herzustellen.

Ein Nachteil, einen SSL-Proxy in der gerade dargestellten Weise zu verwenden, ist der, dass das Programm ausschließlich Verkehr über einen TCP-Port ermöglicht. Dies bedeutet, dass der Proxy-Server (und somit auch das entfernte System) nicht in der *Netzwerkumgebung* angezeigt wird. Sie können den Server jedoch direkt ansprechen, indem Sie den Namen des Proxy-Servers im Adressfeld des Windows-Datei-Browsers eingeben, wie zum Beispiel durch Eingabe von `\\PROXY`. Dies sollte eine Liste der zur Verfügung stehenden Shares, auf die durch den Proxy zugegriffen werden kann, anzeigen. Wenn der Proxy-Server auf einem LINUX-System läuft, können Sie `nmbd` ohne `smbd` auf dem Proxy verwenden, um dieses Problem zu umgehen.

Einen Proxy-Server direkt auf dem Client verwenden

Wie gerade beschrieben, bemächtigt sich der Proxy-Server des TCP-Ports 139, der normalerweise von `smbd` oder der Windows-Implementierung von SMB/CIFS genutzt wird. Dies bedeutet, dass Sie keine normalen SMB/CIFS-Tools auf dem Proxy-Server verwenden können. Wenn Sie Samba auf einem LINUX SSL-Proxy verwenden müssen, können Sie die Option `-p` für die Samba-Dämonen verwenden, um sie an Nicht-Standardports zu binden – was allerdings bedeutet, dass nur Clients, die ähnliche Optionen unterstützen, wie z.B. `smbclient`, den Samba-Server verwenden können. Eine Alternative sowohl für LINUX- als auch für Windows-Clients besteht darin, den Proxy-Server nur an die lokale Adresse (`127.0.0.1`) zu binden. Sie erreichen dies, indem Sie einen Befehl wie folgt eingeben:

```
# sslproxy -L 127.0.0.1 -l 139 -R server
-r 139 -n -c certif.pem -k certif.key
```

Wenn Sie diese Technik verwenden, ist es hilfreich, die Datei `lmhosts` zu ergänzen. Sie finden diese als `C:\WINDOWS\LMHOSTS` unter Windows 9x, `C:\WINNT\SYSTEM32\DRIVERS\ETC\LMHOSTS` unter Windows NT oder als `lmhosts` im Samba-Konfigurationsverzeichnis unter LINUX. Der Eintrag in dieser Datei sollte die IP-Adresse `127.0.0.1` an `localhost` oder einen ähnlich nützlichen Namen binden. Solch ein Eintrag sieht wie folgt aus:

```
127.0.0.1    localhost
```

Wenn Sie *SSL Proxy* auf diese Art ausführen, können Sie auf den SSL-fähigen Samba-Server zugreifen, indem Sie eine Verbindung mit dem Rechner namens `LOCALHOST` herstellen. Unter Windows könnten Sie beispielsweise einen Share mit einem Befehl wie folgt mounten:

```
C:> NET USE G: \\LOCALHOST\JAQUES
```

Wenn der Server, den Sie für den Befehl `sslproxy` angegeben haben, über einen Share `JAQUES` verfügt, mountet dieser Befehl diesen Share als Laufwerk `G:`. Vom Blickpunkt SMB/CIFS-basierter Windows-Netzwerke aus stellt Windows eine verschlüsselte Verbindung zu sich selber her.
Da diese Verbindung ausschließlich intern ist, geraten keine unverschlüsselten Daten ins Netzwerk. SSL Proxy verschlüsselt die Daten und sendet sie über das Netzwerk. Diese Art der Konfiguration kann äußerst nützlich sein, wenn Sie die höchstmögliche Sicherheitsstufe selbst innerhalb Ihres lokalen Netzwerks haben wollen.

Windows bindet seine SMB/CIFS-Server nur an tatsächliche Netzwerkkarten, nicht an die Schnittstelle *localhost*. Samba hingegen bindet die Server sowohl an diese Schnittstelle als auch an weitere. Sie können die Parameter `interfaces` und `bind interfaces only`, wie bereits im Abschnitt *Samba an bestimmte Netzwerk-Schnittstellen binden* beschrieben, dazu verwenden, Samba davon abzuhalten, diese Schnittstellen zu benutzen, so dass SSL Proxy dies tun kann. Leider hat dies zur Folge, dass SWAT und `smbpasswd` nicht mehr richtig funktionieren, da sie die Schnittstelle *localhost* intern verwenden.

Samba in der weiteren Welt der Sicherheit

Dieses Kapitel hat bisher beschrieben, dass Samba über eine Reihe von Leistungsmerkmalen verfügt, die die Sicherheit Ihres Servers erhöhen. Die Möglichkeit, den Zugang basierend auf dem genutzten Port oder der IP-Adresse zu sperren, kann bereits eine hohe Eingangshürde für potenzielle Störer darstellen. Die angemessene Anwendung von Passwörtern und die Verschlüsselung der Passwörter können weiterhelfen. Die Verschlüsselung ganzer Sitzungen mithilfe von SSL ist eine weitere Sicherheitsstufe.

Alle diese Leistungsmerkmale sind jedoch in Samba „eingebaut“ oder sie verwenden Samba in Verbindung mit SSL oder einem anderen Werkzeug. Ein kritischer Fehler, der sich auf einer tieferen Ebene von Samba befinden könnte, könnte jedoch diese Sicherheitsmerkmale in Frage stellen. Aus diesem Grunde ist es ratsam, sich externer Mechanismen zu bedienen, um den Zugriff auf Samba von zumindest einigen unerwünschten Quellen aus zu verhindern. Dieser Abschnitt beschreibt einige dieser Tools: externe Firewalls, das LINUX-Programm `ipchains` und `xinetd`.

Von SMB/CIFS verwendete Ports

Externe Sicherheitswerkzeuge arbeiten normalerweise so, dass sie den Zugang zu bestimmten *Ports* eines Computers verwehren. In diesem Zusammenhang stellt ein Port eine Methode dar, ein bestimmtes Programm zu erreichen, das auf dem Server läuft. Ein Port ist eine Telefonnummer zu betrachten. Wenn ein Client einen Server kontaktiert, tut er dies, indem er die Port-Nummer, die mit dem Server assoziiert ist, kontaktiert, genauso wie Sie eine Person kontaktieren können, indem Sie deren Telefonnummer eingeben. In einigen Fällen, wie auch Windows SMB/CIFS-Clients, erfolgt der Aufruf durch den Client über eine feste Port-Adresse; in den meisten Fällen jedoch, einschließlich bei Samba-Clients, ist die Port-Adresse variabel.

Der TCP/IP-Stack unterstützt mehrere unterschiedliche Port-Typen. Die zwei, die in diesem Zusammenhang wichtig sind, sind das *User Datagram Protocol* (*UDP*) und das *Transmission Control Protocol* (TCP). UDP-Ports werden für schnelle und bisweilen unzuverlässige Übertragungen verwendet, wohingegen TCP für erweiterte und zuverlässige Verbindungen Verwendung findet. Eine spezielle Port-Adresse kann von einem

Protokoll für UDP, eine andere vom gleichen für TCP verwendet werden, obwohl in den meisten Fällen ein einzelnes Protokoll beide Ports in Anspruch nimmt, selbst wenn sie nicht beide verwendet werden.

SMB/CIFS verwendet die Port-Adressen 137 und 138 als UDP-Ports und 139 als TCP-Port, aber der gesamte Bereich von 137 bis 139 ist für SMB/CIFS sowohl über UDP als auch TCP reserviert. Sie können diese Festlegung dazu verwenden, den Zugang von Clients abzublocken, die nicht auf den Server zugreifen sollten – Sie müssen hierzu nur sowohl die TCP- als auch die UDP-Ports von 137 bis 139 sperren.

Die Verwendung von `ipchains` *oder einer Firewall, um Zugriffe auf Samba zu sperren*

Eine *Firewall* (dt. *Brandschutzmauer*) ist ein Computer, der zwischen ein geschütztes Netzwerk und ein nicht vertrauenswürdiges Netzwerk (wie dem Internet) geschaltet ist, um unerwünschten Zugang von außerhalb, oder um einen nicht-autorisierten Zugang nach draußen aus dem internen Netzwerk heraus zu unterbinden. *Abbildung 14.7* illustriert dieses Verfahren. Wie Sie in dieser Abbildung erkennen können, besteht der einzige Weg, Verkehr zwischen dem internen Netzwerk und dem Internet durchzulassen, darin über die Firewall zu gehen.

Abbildung 14.7: Ein Firewall-Computer dient wie eine physikalische Brandschutzbarriere dazu, einen geschützten Bereich vor unerwünschten Dingen zu bewahren

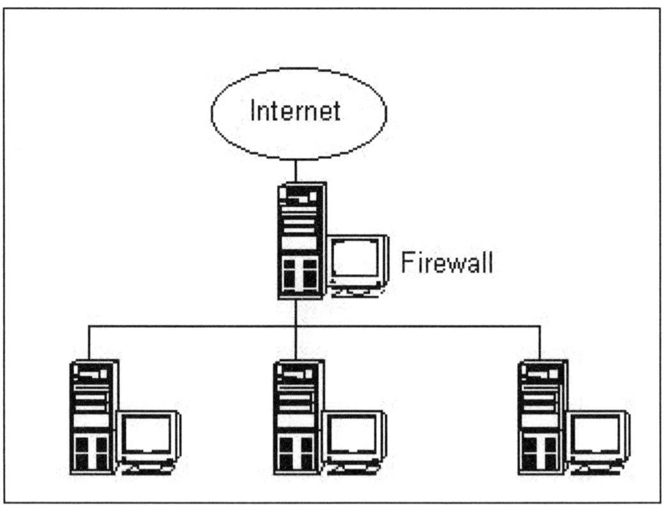

Bei Firewalls kann es sich um speziell hierfür entwickelte Hardware oder aber um einfache Computer handeln, die unter einem ordinären Betriebssystem laufen, jedoch mit minimalen, aber spezialisierten Tools ausgestattet sind. Wenn Sie über eine eigenständige Firewall verfügen, sollten Sie deren Dokumentation hinzuziehen, um in Erfahrung zu bringen, wie die Ports 137 bis 139 gesperrt werden können. Vorausgesetzt, dass die Firewall richtig funktioniert, schützt diese Konfiguration Ihr Netzwerk vor Angriffen über SMB/CIFS.

LINUX-Computer können als Firewall eingesetzt werden. Das Kernstück hierbei ist ein Tool namens `ipchains`. Mithilfe von `ipchains` können Sie LINUX dahingehend konfigurieren, Pakete basierend auf Merkmalen wie der Netzwerkschnittstelle, der Ursprungsadresse, der Zieladresse, dem Ursprungs-Port und dem Ziel-Port anzunehmen oder abzuweisen. Sie können `ipchains` entweder dazu verwenden, eine einfache eigenständige Firewall wie in *Abbildung 14.7* dargestellt zu schaffen oder einen einzelnen Computer damit zu schützen. Obwohl die Leistungsmerkmale von `ipchains` bei weitem den Rahmen dieses Buches sprengen würden, soll das folgende Listing einen Satz an Beispielregeln für den Gebrauch auf einem Samba-Server demonstrieren:

```
ipchains -A input -p tcp -s 192.168.34.0/24 137 -j ACCEPT
ipchains -A input -p udp -s 192.168.34.0/24 137 -j ACCEPT
ipchains -A input -p tcp -s 192.168.34.0/24 138 -j ACCEPT
ipchains -A input -p udp -s 192.168.34.0/24 138 -j ACCEPT
ipchains -A input -p tcp -s 192.168.34.0/24 139 -j ACCEPT
ipchains -A input -p udp -s 192.168.34.0/24 139 -j ACCEPT
ipchains -A input -p tcp -s 0/0 137 -l -j DENY
ipchains -A input -p udp -s 0/0 137 -l -j DENY
ipchains -A input -p tcp -s 0/0 138 -l -j DENY
ipchains -A input -p udp -s 0/0 138 -l -j DENY
ipchains -A input -p tcp -s 0/0 139 -l -j DENY
ipchains -A input -p udp -s 0/0 139 -l -j DENY
ipchains -A output -p tcp -d 192.168.34.0/24 137 -j ACCEPT
ipchains -A output -p udp -d 192.168.34.0/24 137 -j ACCEPT
ipchains -A output -p tcp -d 192.168.34.0/24 138 -j ACCEPT
ipchains -A output -p udp -d 192.168.34.0/24 138 -j ACCEPT
ipchains -A output -p tcp -d 192.168.34.0/24 139 -j ACCEPT
ipchains -A output -p udp -d 192.168.34.0/24 139 -j ACCEPT
```

```
ipchains -A output -p tcp -d 0/0 137 -l -j DENY
ipchains -A output -p udp -d 0/0 137 -l -j DENY
ipchains -A output -p tcp -d 0/0 138 -l -j DENY
ipchains -A output -p udp -d 0/0 138 -l -j DENY
ipchains -A output -p tcp -d 0/0 139 -l -j DENY
ipchains -A output -p udp -d 0/0 139 -l -j DENY
```

Obwohl es 24 Zeilen mit 24 Regeln enthält, ist das vorherige Beispiel noch recht einfach. Es besteht aus vier Abschnitten, von denen jeder sechs Varianten eines Befehls enthält, jeweils eine für jeden der drei UDP-und TCP-Ports. Die vier Hauptabschnitte kontrollieren folgende Zugriffsarten:

- Der Zugang auf die Samba-Ports aus dem Netzwerk 192.168.34.0/24 ist ausdrücklich erlaubt. Dieser Satz an Regeln erlaubt es Computern aus dem lokalen Netzwerk, den Server zu nutzen (selbstverständlich müssen Sie die Adressen Ihrer Netzwerksituation anpassen).
- Ein Zugang über die Samba-Ports ist allen anderen IP-Adressen ausdrücklich untersagt. Aus diesem Grunde können fremde Computer den Samba-Server nicht nutzen.
- Ausgaben, die über die SMB/CIFS-Ports auf das Netzwerk 192.168.34.0/24 zielen sind ausdrücklich erlaubt. Dieser Satz an Regeln erlaubt es Samba, Anfragen, die über die SMB/CIFS-Ports hereinkommen, zu beantworten; auf diese Weise funktionieren die meisten Windows-Systeme. Dies erlaubt es Ihrem Computer ebenfalls, als Client zu operieren.
- Ausgaben über die SMB/CIFS-Ports an alle anderen IP-Adressen sind ausdrücklich untersagt. Dieser Satz an Regeln sperrt Ausgabeversuche an fremde SMB/CIFS-Server oder Antworten an fremde SMB/CIFS-Clients, die unter Windows laufen. Diese Regeln bewahren lokale User davor, fremde Computer zu missbrauchen.

Obwohl im Zusammenhang mit `ipchains` häufig von einem Firewall-Tool gesprochen wird, kann es sehr nützlich sein, den Zugriff auf Server-Programme oder einzelne Server-Computer einzuschränken. Tatsächlich sind die im vorhergehenden Listing konstruierten Regeln für eine solche Konfiguration ausgelegt. Wenn diese als Basis für eine Sicherheitsstrategie auf einer eigenständigen Firewall verwendet würden, müssten Sie weitere Optionen hinzufügen, um die Anwendung der Regeln auf bestimmte Netzwerkschnittstellen einzuschränken.

HINWEIS

`ipchains` *ist das für Paketfilterungen verwendete Tool der Kernel-Serie 2.2.x. Die älteren 2.0.x-Kernel verwendeten ein ähnliches Tool mit Namen* `ipfwadm` *und die neueren 2.4.x-Kernel verwenden ein ebenfalls neueres Utility mit Namen* `iptables`. *Konfigurationsdetails dieser Paketfilter unterscheiden sich zwar, aber die hier beschriebenen Grundlagen gelten für alle: Sie können einen Zugang zu Sambas Ports basierend auf IP-Adressen, Netzwerkschnittstellen und so weiter unterbinden.*

Ob Sie nun eine eigenständige Firewall oder einen Satz an `ipchains`-Regeln auf Ihren Samba-Servern verwenden – den Zugang zu Samba mithilfe anderer Werkzeuge als Samba selbst zu unterbinden, ist grundsätzlich eine gute Idee. Tatsächlich kann es nicht schaden, *sowohl* eine externe Firewall *als auch* einen Satz an `ipchains`-Regeln auf Ihren Samba-Servern zu verwenden.

Samba durch TCP Wrapper oder `xinetd` *laufen lassen*

Die meisten ernsthaft betriebenen Samba-Server starten die Samba-Dämonen direkt. Es ist jedoch möglich, Samba durch `inetd`, den so genannten Superserver, laufen zu lassen. Dies kann die Speicherlast auf dem Server zwar minimieren helfen, jedoch zu dem Preis verlangsamter Antwortzeiten bei Zugriffsversuchen und ernsthafter Einschränkungen bezüglich der Möglichkeiten zum Einsatz als Domain Controller, NBNS-Server oder Masterbrowser. Diese Nachteile lassen den Betrieb von Samba durch `inetd` als eine schlechte Wahl für die meisten Server erscheinen. Sie könnten diese Option in Betracht ziehen, wenn Ihr Server nur selten verwendet wird (beispielsweise wenn Ihr Computer prinzipiell als Client verwendet wird, zu dem andere Computer nur äußerst selten Verbindungen herstellen).

Wenn die Nachteile, durch den Betrieb von Samba mithilfe von `inetd` nicht überwältigend sind, können Sie verschiedene Zugriffskontrollmöglichkeiten verwenden, um Sambas Sicherheit zu erhöhen. Eine dieser Möglichkeiten ist beispielsweise die Verwendung von *TCP Wrappers*, um den Zugang zu Samba basierend auf der IP-Adresse des Clients oder weitere Merkmale zu unterbinden. Diese Funktionalität ist ähnlich derjenigen, die durch die Samba-Parameter `hosts allow` und `hosts deny` zur Verfügung gestellt wird. Da sie jedoch in einem separaten Programm zur Verfügung gestellt wird, könnten leichte Sicherheitsvorteile gewonnen werden, sollte ein Fehler in Sambas Implementierung dieser Features aufgedeckt werden. *Kapitel 3: Installation von Samba* stellt den Aufruf von Samba durch `inetd` dar, einschließlich TCP Wrappers als Bestandteil dieser Konfiguration.

Eine Alternative zu inetd und TCP Wrappers ist ein Paket mit Namen xinetd (http://www.xinetd.org). Dieses Programm verbessert inetd mit TCP Wrappers, da xinetd es erlaubt, einen Server an eine bestimmte Netzwerkschnittstelle zu binden. Diese Tatsache kann die Anfälligkeit des Servers gegenüber Angriffen mittels IP-Spoofing herabsetzen. Leider läuft Sambas nmbd nicht vernünftig mittels xinetd, obwohl dies bei smbd der Fall ist. Wenn Ihr Samba-Server über zwei oder mehr Netzwerkschnittstellen verfügt und Sie nicht über alle auf Samba zugreifen müssen, könnten Sie in Erwägung ziehen, nmbd getrennt aufzurufen und smbd via xinetd laufen zu lassen.

Nicht-Samba-Server

Als Faustregel gilt, so wenig Server wie möglich auf einem Computer laufen zu lassen. Viele LINUX-Distributionen werden standardmäßig mit einer beunruhigend großen Zahl an aktiven Servern ausgeliefert. Dies macht das System gegenüber Angriffen von außen verwundbar. Bugs oder Fehlkonfigurationen in jedem dieser Server könnten es Außenstehenden erlauben, Zugriff auf den Server zu nehmen, oder es böswilligen lokalen Usern erlauben, das System zu missbrauchen. Idealerweise sollte ein Samba-Server *ausschließlich* Samba laufen haben. In der Praxis ist dies jedoch häufig unmöglich; Sie benötigen eventuell SSH oder Telnet, um Zugriff auf das System nehmen zu können, um es zu administrieren, oder Sie müssen eventuell NFS, Netatalk oder einen anderen File Server laufen lassen, um das System als nützlichen plattformübergreifenden Server verwenden zu können. Nichtsdestotrotz ist es ein weiser Entschluss, die Konfiguration Ihres Servers in genaueren Augenschein zu nehmen, um nach Möglichkeiten zu suchen, unnötige Server zu deaktivieren.

Die Datei /etc/inetd.conf ist ein guter Anfang, sich auf die Suche nach unnötigen Servern zu begeben. In dieser Datei finden Sie auf einem typischen LINUX-Computer Zeilen wie die folgenden:

```
ftp    stream  tcp  nowait  root  /usr/sbin/tcpd  proftpd

telnet stream  tcp  nowait  root  /usr/sbin/tcpd  in.telnetd

# nntp stream  tcp  nowait  news  /usr/sbin/tcpd  /usr/sbin/leafnode

pop3   stream  tcp  nowait  root  /usr/sbin/tcpd  /usr/sbin/popper -s
```

Diese vier Zeilen aktivieren drei Server – FTP, Telnet und POP3. Die Zeile, die den NNTP-Server betrifft, ist auskommentiert, so dass dieser deaktiviert ist.

TIPP

Als Faustregel gilt: Deaktivieren Sie einen Server, wenn Sie nicht wissen, was dieser tut. Besser ist es natürlich, zu lernen, was ein Server tut und ihn dann zu deaktivieren, wenn Sie festgestellt haben, dass Sie ihn nicht benötigen. Das Voranstellen eines Doppelkreuzes (#) an den Anfang der den entsprechenden Server betreffenden Zeile in der Datei `/etc/inetd.conf` *deaktiviert ihn.*

Einige Server laufen unabhängig von `inetd`. Typischerweise werden diese mithilfe von Startup-Skripts innerhalb des Verzeichnisbaums `/etc/rc.d` gestartet. Sie können diese Server deaktivieren, indem Sie deren Startup-Skripts von `/etc/rc.d` oder `/etc/rc.d/init.d` in ein anderes Verzeichnis verschieben. Der Abschnitt *Starten von Samba* in *Kapitel 3: Installtion von Samba* beschreibt verschiedene Möglichkeiten, wie man Samba starten kann, einschließlich Startup-Skripts. Dieselben Möglichkeiten gelten auch für die meisten anderen Server.

Zusätzliche Sicherheit bietet das vollständige Entfernen von Servern, die Sie nicht auf Ihrem System benötigen. Wenn Sie eine RPM- oder Debian-basierte Distribution verwenden, können Sie diese Aufgabe recht einfach mithilfe der Tools `rpm` oder dpkg bewerkstelligen. Zum Beispiel: Die Eingabe von `rpm -e proftpd` entfernt das Paket des FTP-Servers `proftpd`.

Nachdem Sie nicht benötigte Server aus Ihrem System entfernt haben, wird Samba sicherer sein, da es besser vor Angriffen unter Zuhilfenahme zwischengeschalteter Netzwerk-Server geschützt ist.

Zusammenfassung

Standardmäßig bietet Samba eine bescheidene Sicherheitsstufe basierend auf Passwort-Authentifizierungen. Die meisten Konfigurationen erfordern Anpassungen, da neuere Windows-Clients verschlüsselte Passwörter verwenden; hierzu gehören das Setzen von Samba-Optionen und die Bereitstellung einer speziellen Passwort-Datei. Wenn Sie sicherheitsbewusst eingestellt sind, bietet Ihnen Samba eine große Zahl an Optionen, die die Sicherheit Ihres Servers auf eine höhere Stufe bringen können. Diese reichen von der Sperrung bestimmter IP-Adressen über die Straffung der Zugriffsrechte auf Dateien innerhalb eines Shares bis hin zur vollständigen Verschlüsselung aller Daten, die über Ihr Netzwerk fließen. Sie können ebenfalls nicht Samba-basierte Sicherheitsmerkmale wie externe Firewalls, `ipchains` und `xinetd` verwenden, um Samba vor Schäden zu bewahren.

Wie weit Sie Maßnahmen ergreifen, hängt von dem Maß an Sicherheit ab, das Sie benötigen. Da sie so einfach zu konfigurieren sind und substanzielle, potenzielle Vorteile bieten, fahren viele Standorte gut damit, den Parameter `hosts allow` und externe Tools wie `ipchains` zu verwenden, um den Zugang durch alle außer einer engen Auswahl anerkannter Host-Rechner zu sperren. Sie sollten ebenfalls das interne Sicherheitskonzept Ihres Servers überprüfen und sicherstellen, dass keine unnötigen Server-Dienste auf ihm laufen. Manche Umgebungen machen die Ergreifung weiterer Maßnahmen notwendig, wenn Sie beispielsweise sicherheitsrelevante Daten über das Netzwerk verschicken oder wenn Sie SMB/CIFS über das Internet verwenden wollen.

Account-Verwaltung

KAPITEL 15

Solange Sie keine *Share Level Security* (*Sicherheit auf Freigabeebene*) wie in *Kapitel 14: Sicherheitserwägungen* im Abschnitt *Sicherheitserwägungen* beschrieben, verwenden oder umfangreichen Gebrauch von Gäste-Accounts machen (wie im Abschnitt *Die Verwaltung von Gäste-Accounts* in diesem Kapitel beschrieben), müssen Samba-Nutzer ein reguläres *Benutzerkonto* (*User Account*) unter LINUX besitzen. Dies trifft auch dann zu, wenn Sie ein anderes System als Passwort-Server für Samba verwenden. In den meisten Konfigurationen arbeitet Samba zufriedenstellend mit der normalen Einrichtung von Benutzerkonten unter LINUX zusammen, zumindest dann, wenn diese dazu verwendet werden, Zugriff auf die Dateien der einzelnen Benutzer zu gewähren. In einigen Fällen müssen Sie besondere Leitungsmerkmale von Samba verwenden, um Unterschiede zwischen LINUX und Windows in der Handhabung von Konten und Benutzern zu umgehen. Ein Großteil dieser Optionen wurde bereits in *Kapitel 14: Sicherheitserwägungen* (und hier speziell im Abschnitt *Verschlüsselte gegenüber Klartext-Passwörter*) beschrieben. Dieses Kapitel beschäftigt sich mit den zusätzlichen Eigenschaften von Samba für die Account-Verwaltung und den Wechselwirkungen zwischen dem Umgang von LINUX und von Samba mit Benutzerkonten.

Zunächst sollen Benutzernamen und Gruppen sowohl unter LINUX als auch unter Windows betrachtet werden, einschließlich der Abbildungsmöglichkeiten, wenn diese beiden nicht übereinstimmen. Gäste-Accounts sollen ebenfalls Inhalt dieser Betrachtungen sein. Die zweite Hälfte des Kapitels beschäftigt sich mit dem Thema Passwörter, einschließlich der Synchronisation von Passwörtern unter Windows, Samba und LINUX und Strategien für das Ändern von Passwörtern.

Die Verwendung von LINUX-Benutzernamen und Gruppen

Grundlage für die Benutzeridentifikation unter LINUX sind Benutzernamen. Jeder Benutzername verfügt über einen mit ihm assoziierten Account (dt. *Konto*) und jeder dieser Accounts hat spezifische Rechte. Diese Rechte betreffen die Möglichkeit, Dateien und Verzeichnisse zu lesen, zu schreiben und auszuführen. Da LINUX die Verwendung von Hardware-Ressourcen mittels Dateien (wie den Gerätedateien im Verzeichnis `/dev`, die den Zugriff auf Hardware-Komponenten wie Laufwerken und seriellen Schnittstellen erlauben) regelt, sind Benutzernamen und die ihnen zugeordneten Accounts extrem wichtig unter LINUX.

LINUX verwendet ebenfalls Gruppen, um Zugriffsrechte zuzuweisen. Jede Datei verfügt zusätzlich zu den Benutzerrechten über eine ihr zugeordnete Gruppe und Gruppenrechte. Sie können beliebig Benutzergruppen hinzufügen, wie im Abschnitt *Erstellen von Gruppen zur Emulierung von ACLs* beschrieben, und Sie können entsprechende Rechte an Dateien festlegen, um den Zugriff der Mitglieder der Gruppen auf diese Dateien anzupassen.

Übereinstimmende Windows- und LINUX-Benutzernamen

Eine der Herausforderungen bei der Integration von Windows und von LINUX liegt darin, dass es nicht immer möglich ist, dieselben Benutzernamen unter LINUX zu verwenden, mit denen Sie in einem Windows-Netzwerk arbeiten. Wenn Sie ein neues Netzwerk aufsetzen, ist dies normalerweise kein Problem, da Sie dann Umsichtigerweise dieselben Benutzernamen sowohl im LINUX- als auch im Windows-Netzwerk einführen werden. Wenn Sie jedoch mit der Aufgabe konfrontiert werden, einen Samba-Server einem bereits bestehenden Winodws-Netzwerk hinzuzufügen, können Sie jedoch mit der Tatsache konfrontiert werden, dass NetBIOS bezüglich der Vergabe von Benutzernamen eine größere Flexibilität bietet als LINUX. So können Benutzernamen unter NetBIOS beispielsweise Leerzeichen enthalten oder länger sein, als es unter LINUX erlaubt ist. Ihr vorhandenes Windows-Netzwerk könnte Benutzernamen wie `Marie Curie` und `Niels Bohr` beinhalten. Da LINUX solche Benutzernamen nicht meistert, müssten Sie Ersetzungen wie `mcurie` oder `nbohr` verwenden. Die Herausforderung besteht dann darin, die LINUX-Benutzernamen auf denen von NetBIOS abzubilden (zu *mappen* oder ein *Mapping* vorzunehmen).

Die Mapping-Datei für Benutzernamen

Sambas globaler Parameter `username map` bietet die Möglichkeiten, Windows- auf LINUX-Benutzernamen zu mappen. Verwenden Sie diesen Parameter, um auf eine Textdatei zu verweisen, die die Mappings enthält, die Sie pflegen wollen. Geben Sie beispielsweise an:

```
username map = /etc/samba/usermap.conf
```

Legen Sie dann eine Datei `usermap.conf` an, die Einträge wie im Folgenden Listing enthält:

```
# Mapping-Datei für Benutzernamen
!nbohr = "Niels Bohr"
!curie = "Pierre Curie"
!mcurie = "Marie Curie" curie
!nobel = @preis
!mplanck = Planck
amateur = *
```

Eine Mapping-Datei für Benutzernamen enthält eine Reihe von Zeilen, von denen jede einen LINUX-Benutzernamen gefolgt von einem Gleichheitszeichen und einem oder mehreren Windows-Benutzernamen oder LINUX-Benutzernamengruppen enthält. Im Folgenden finden Sie einige Ausführungen zu dem zuvor abgebildeten Beispiel-Listing:

- Zeilen, die mit einem Doppelkreuz (#) oder einem Semikolon (;) beginnen, werden von Samba als Kommentarzeilen ignoriert.
- Wenn ein Windows-Benutzername Leerzeichen enthält, müssen diese in doppelte Anführungszeichen (") gesetzt werden, wie mit den Benutzernamen `Niels Bohr` und `Marie Curie` im Beispiel geschehen.
- Zwei oder mehr Windows-Benutzernamen können durch Auflistung hinter dem Gleichheitszeichen auf einen LINUX-Benutzernamen gemappt werden. In dem obigen Beispiel wurde dieses bei der LINUX-Benutzerin `mcurie` praktiziert.
- Alle Mitglieder einer NIS-Netzwerkgruppe oder einer LINUX-Gruppe können auf einen einzelnen LINUX-Anwender gemappt werden, indem dem Gruppennamen ein `@` vorangestellt wird, wie in dem obigen Beispiel mit dem LINUX-Benutzer `nobel` geschehen, auf den alle Mitglie der Gruppe `preis` gemappt wurden.
- Wenn eine Zeile mit einem Ausrufezeichen (`!`) beginnt, beendet Samba den Versuch der Zuordnung, wenn eine Zuordnung innerhalb der Zeile erfolgreich war. Dieses Verfahren ist äußerst nützlich, wenn Sie ein Jokerzeichen verwenden wollen, das unbekannte Benutzer auf einen bestimmten LINUX-Benutzer mappt, wie in der letzten Zeile des Listings weiter oben geschehen. Sie können dieses Zeichen auch dann verwenden, wenn innerhalb Ihrer Windows- und LINUX-Systeme dieselben Benutzernamen für unterschiedliche Anwender verwendet werden. Betrachten Sie im Beispiel weiter oben die beiden Benutzer `curie` und `mcurie`. Unter LINUX bezieht sich der Benutzername `curie` auf `Pierre Curie`; derselbe Benutzername (`curie`) wird jedoch unter Windows für `Marie Curie` verwendet. Enthielten die beiden `curie` enthaltenden Zeilen am Anfang kein Ausrufezeichen, würde LINUX `Pierre Curie` auf `curie` mappen und dann fortfahren,

curie auf mcurie zu mappen. Das Ergebnis wäre, dass Pierre keinen Zugriff auf seinen Account hätte, wenn er sich einloggen würde, da Samba das Passwort von Marie erwarten würde.

- Sie können einen Asterisk (*) als Jokerzeichen dafür verwenden, dass alle Benutzernamen als Entsprechung interpretiert werden (beachten Sie hierzu jedoch die Warnung weiter unten). Die letzte Zeile des oben angegebenen Beispiels ordnet alle Benutzernamen dem LINUX-Benutzer amateur zu. Wenn Sie ein Jokerzeichen verwenden, stellen Sie den vorhergehenden Zeilen ein Ausrufezeichen voran, um die Verarbeitung abzubrechen, wenn eine Entsprechung gefunden wurde, wie in dem Beispiel oben demonstriert; andernfalls enden alle Benutzer mit einem Mapping auf dem mit dem Jokerzeichen verwendeten Benutzernamen.

WARNUNG

In der Version 2.0.7 ist der Umgang mit Jokerzeichen fehlerhaft. Samba erwartet das Passwort des dem Jokerzeichen zugeordneten Users für alle Zugriffsversuche, selbst wenn vorhergehende Zeilen wie in dem Beispiel weiter oben mit einem Ausrufezeichen versehen wurden. Wenn ein Benutzer das Passwort des auf dem Jokerzeichen gemappten Users eingibt, erhält er Zugang mit den Rechten dieses Anwenders, es wird jedoch das Heimatverzeichnis des aufrufenden Users verwendet (wenn machbar). Auf Grund dieses Bugs sollten in der User-Map keine Jokerzeichen eingesetzt werden. Verwenden Sie vorzugsweise einen Gäste-Account (welcher kein Passwort benötigt) oder den Parameter force user *(der einen gültigen Benutzernamen und ein Passwort benötigt).*

Zusätzlich zur Mapping-Datei für Benutzernamen unterstützen Samba 2.0.7 und spätere Versionen ein ähnliches Mapping von LINUX-Gruppen auf Windows NT-Gruppen. Der Parameter, der auf die Verwendung dieser Datei hinweist, lautet map groupname; das Dateiformat ist dem für das Mapping von Benutzernamen vergleichbar.

Der Mapping-Vorgang

Wenn ein Benutzer versucht, sich an einem Samba-Server unter Verwendung eines Windows-Benutzernamens, der in der Mapping-Datei enthalten ist, einzuloggen, versucht Samba, den Benutzer zu authentifizieren, als sei der entsprechende LINUX-Benutzername angegeben worden. Auf das vorige Beispiel bezogen bedeutet dies: Wenn eine Userin als Benutzernamen Marie Curie angibt, versucht Samba, eine Authentifizierung gegen das Passwort, welches für mcurie gespeichert ist, vorzunehmen. Wenn diese Benutzerin nun Zugriff auf ihr Heimatverzeichnis nehmen möchte, wird von LINUX der Inhalt des Heimatverzeichnisses von mcurie angezeigt (wahrscheinlich /home/mcurie).

Das Vorhandensein einer Mapping-Datei für Benutzernamen schließt normalerweise die Verwendung normaler LINUX-Benutzernamen nicht aus. In dem vorhergehenden Beispiel könnte man sowohl `Marie Curie`, `curie` oder `mcurie` als Benutzernamen eingeben, um Zugriff zu erhalten. Pierre Curie hingegen ist nicht in so einer glücklichen Lage; seines „rechtmäßigen" Benutzernamens `curie` bemächtigte sich Maries Benutzername unter Windows. Benutzer, die nicht in der Mapping-Liste der Benutzernamen aufgeführt sind, können mit ihrem normalen Benutzernamen Zugriff auf das System nehmen. Befände sich beispielsweise der Eintrag `nbohr` nicht in dem weiter oben dargestellten Beispiel, könnte der Benutzer dennoch mit seiner Kennung `nbohr` Zugriff auf den Server nehmen.

Das durch den Parameter `username map` gebotene Mapping ist eine Einbahnstraße; Samba interpretiert den Windows-Benutzernamen, als handele es sich bei ihm um den entsprechenden LINUX-Benutzernamen, aber Samba bildet die LINUX-Benutzernamen *nicht* auf deren entsprechenden Windows-Benutzernamen ab. In den meisten Fällen verursacht dieses keine Probleme. Bieten Sie jedoch einen `[home]`-Share, sehen die Anwender ihre Heimatbereiche unter ihrem LINUX-Benutzernamen an Stelle ihres Windows-Benutzernamens. Weiterhin kann der Fall eintreten, dass Windows-Clients es Benutzern nicht erlauben, ihre eigenen Druckaufträge zu löschen, da vom Standpunkt des Windows-Clients aus die Aufträge nicht dem richtigen Benutzer zuzuordnen sind.

Sicherheitsaspekte

Der Parameter `username map` mag – speziell in Verbindung mit der Benutzung von Jokerzeichen – auf den ersten Blick als eine potenziell bedeutende Sicherheitslücke erscheinen, die er aber nicht ist. Anders als der Parameter `force user` erlaubt es `username map` nicht, dass ein User Zugriff auf die Dateien eines anderen Anwenders nehmen kann, ohne über das Passwort des Zielanwenders zu verfügen. Im Beispiel weiter oben mappt zwar das Jokerzeichen alle unbekannten Benutzernamen auf den des Benutzers `amateur`, Samba verlangt aber weiterhin das Passwort dieses Anwenders, bevor es Zugriff auf dessen Account gewährt. Daraus folgt: Ein Benutzer könnte den Usernamen `Velikovsky` eingeben, aber so lange nicht auch das Passwort des Benutzers `amateur` eingegeben wird, gewährt Samba keinen Zugang. Dieser Benutzer könnte genauso einfach den Benutzernamen `amateur` eingeben, das einzige Risiko besteht also darin, dass jeder Benutzername Gültigkeit besitzt und somit den Zugang zu einem bestimmten Account besitzt. Selbst dieses bescheidene Risiko wird auf annähernd Null reduziert, wenn keine Jokerzeichen in der Mapping-Datei für Benutzernamen vorhanden sind.

Oberflächlich betrachtet erscheint der Parameter `username map` dem Parameter `force user` sehr ähnlich, doch die beiden sind äußerst verschieden. Das Erstellen einer Mapping-Datei für Benutzernamen erlaubt es Samba, einen oder mehrere verschiedene Benutzernamen als Benutzernamen für LINUX zu akzeptieren. Das Zielpasswort für LINUX wird weiterhin für den Zugang benötigt. Im Unterschied hierzu erzwingt `force user`, dass Samba dazu gezwungen wird, einem LINUX-Anwender die Zugangsrechte eines anderen zuzuweisen, was in Konsequenz dazu führt, dass zwei oder mehrere Anwender, die gleichzeitig auf dem Samba-Server eingeloggt sind, nicht voneinander zu unterscheiden sind. Der Unterschied zwischen den beiden Parametern wird in *Abbildung 15.1* illustriert.

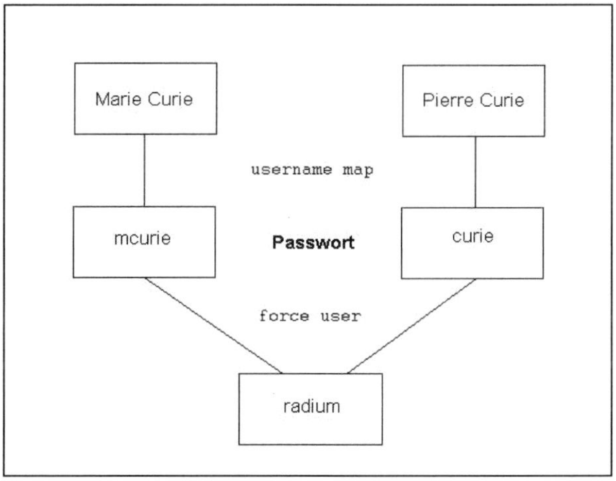

Abbildung 15.1: Der Parameter `username map` jongliert mit Benutzernamen, *bevor* ein Passwort eingegeben wird, wohingegen `force user` dies *nach* der Authentifizierung tut

Die Verwaltung von Gäste-Accounts

Es gibt Fälle, in denen Sie beschränkten oder auch unbeschränkten Zugriff auf einen oder mehrere Samba-Shares gewähren wollen, ohne sich um Accounts und Passwörter kümmern zu müssen. Dies kann zum Beispiel der Fall sein, wenn Sie einen Computer einrichten, dessen Funktion einzig darin besteht, als Drucker-Server in einem internen Netzwerk zu dienen. Vorausgesetzt, dass alle Anwender innerhalb des internen Netzes Zugriff auf den oder die Drucker haben sollen, wird eine hohe Sicherheit für die Drucker-Shares vermutlich nicht erforderlich sein. Ähnlich wird es im Falle eines File Servers aussehen, auf den alle Benutzer speziell lesenden Zugriff auf bestimmte Dateien haben sollen, für die Sie Gäste-Accounts einrichten würden, um keinen benutzerbasierten Zugriff regeln zu müssen.

WARNUNG

Obwohl es nicht notwendig ist, einige Shares gegenüber unautorisiertem Zugriff von lokalen Usern zu schützen, kann dieser Schutz vor einem unautorisierten Zugriff durch entfernte *Benutzer dennoch notwendig sein. Mit Sicherheit möchten Sie nicht, dass beispielsweise ein Drucker-Server ungeschützt vor Bösewichten auf der anderen Seite des Erdballs ist, die auf die Idee kommen, einen ganzen Stapel Papier völlig schwarz auf einem teuren Farb-Sublimationsdrucker zu bedrucken. Ziehen Sie als Mindestschutzmaßnahme in Betracht, den Samba-Parameter* `hosts allow` *zu verwenden, um Zugriffe von nicht autorisierten Hosts abzublocken. Die Verwendung einer Firewall oder eine Regelfestlegung durch* `ipchains` *sollte aus ähnlichen Gründen in Erwägung gezogen werden.*

Kapitel 5: Konfiguration zur Freigabe (Share) von Dateien diskutiert die für Gäste-Accounts zur Verfügung stehenden Optionen im Abschnitt *Gästezugriffe*. Als kurze Zusammenfassung hier noch einmal die vier von Samba für die Regelung von Gästezugriffen bereitgestellten Parameter:

`map to guest` Dieser globale Parameter legt fest, wann Samba einen Gästezugriff erlaubt. Der Standardwert lautet `Never`, mit dem Samba jegliche Gästezugriffe verbietet. Andere Optionen sind: `Bad User` (Samba erlaubt nur dann einen Gästezugriff, wenn ein Benutzername angegeben wird, den Samba nicht erkennt) und `Bad Password` (Samba erlaubt immer dann einen Gästezugriff, wenn ein Benutzername *oder* ein Passwort angegeben wird, die von Samba nicht erkennt werden).

`guest account` Sie spezifizieren den LINUX-Benutzernamen, der mit dem Gästezugriff assoziiert ist durch Verwendung des Share-Level-Parameters. Dieser Account sollte normalerweise einer mit nur wenigen Privilegien sein, da ein Gästezugriff jeden in das System lässt.

`guest ok` Dieser Boolesche Share-Level-Parameter legt fest, ob Samba Gästezugriffe auf einen Share erlaubt. Der Standardwert hierfür ist `No`. Ein Synonym für diesen Parameter ist `public`.

`guest only` Wenn auf `Yes` gesetzt, legt dieser Parameter fest, dass alle Zugriffe auf einen Share als Gästezugriffe bewertet werden, selbst dann, wenn der User einen gültigen Benutzernamen und ein gültiges Passwort angegeben hat. Der Standardwert lautet `No`. Ein Synonym für diesen Parameter ist `only guest`.

Gästezugriffe können eine äußerst bequeme Angelegenheit sein, wenn Sie keine umfangreiche Liste mit Benutzernamen und Passwörtern auf einem Server vorhalten wollen und Sie nur eine geringe oder überhaupt keine Regelung bezüglich der Sicherheit benötigen. Eine der wichtigsten Fragen im Zusammenhang mit Gästezugriffen ist die des Benutzernamens, der für den Zugriff verwendet wird, das heißt also des Wertes, den der Parameter `map to guest` haben soll. Eine weit verbreitete Option für den Wert dieses Parameters ist `nobody`, der ein Benutzer mit extrem wenigen Privilegien in den meisten LINUX-Installationen ist. Mit dem Eintrag

```
map to guest = nobody
```

wird ein ungewünschter Zugang über einen Gäste-Sharedarauf beschränkt, ein Minimum an Problemen zu verursachen, da der Benutzer `nobody` nur über wenig Macht verfügt, die Dateien anderer Benutzer zu beeinflussen. Eine weitere Option liegt darin, einen speziellen Account für Gäste anzulegen. Typischerweise verfügt dieser Account über eine eigene, ihm zugeordnete Gruppe, so dass er keinen Zugriff auf die Dateien anderer Benutzer auf Gruppenebene nehmen kann. Wenn Gästebenutzer einen solchen Zugriff jedoch benötigen, müssten Sie den Gäste-Account als Mitglied der Zielgruppe festlegen.

Anders als Windows unterstützt Samba mehrere Gäste-Accounts, wobei einzelne Shares einzelnen Gäste-Accounts zugewiesen werden können. Von diesem Merkmal werden Sie von Seiten der Windows-Clients nichts weiter bemerken, aber Sie können es Server-seitig dazu verwenden, die Sicherheit zu erhöhen, sogar wenn Sie einen Gästezugang anbieten. Verwenden Sie einen Gäste-Account für einen Drucker-Share, einen weiteren für ein Share, auf den nur lesend zugegriffen werden darf, und einen dritten für einen Share, in dem gelesen und geschrieben werden darf. Jeder dieser Gäste-Accounts kann über geringfügig voneinander abweichende Minimalrechte verfügen. Zum Beispiel: Der Gäste-Account für den Share mit Nur-Lese-Rechten kann es erforderlich machen, Dateien einer bestimmten Gruppenzugehörigkeit lesen zu dürfen, auf die die anderen keinen Zugriff haben sollen. Die Verwendung mehrerer Gäste-Accounts erlaubt es Ihnen also, eine weitere Sicherheitsebene für den Fall einer Misskonfiguration oder eines Samba-Fehlers, die beispielsweise den Einbruch über einen Drucker-Share ermöglichen, einzuführen. Wenn der dem Drucker-Share zugeordnete Account eingeschränkte Rechte besitzt, reduzieren Sie den möglichen Schaden durch diesen Share.

Erstellen von Gruppen zur Emulierung von ACLs

Viele erfahrene Windows NT-Administratoren empfinden das Rechteschema von LINUX als einschränkend. Sicherlich sind Windows NTs Zugriffskontrolllisten (*access control lists* – kurz ACLs) flexibel, aber Windows NT-Administratoren unterschätzen häufig die Flexibilität, die LINUX' eigene Gruppen bieten. Häufig ist es möglich, LINUX-Gruppen dazu zu verwenden, ähnliche Effekte wie die mithilfe von ACLs zu erreichen, auch wenn dies mühsam sein kann.

LINUX pflegt eine Liste mit Benutzergruppen in der Datei `/etc/group`. Diese Datei besteht aus einer Reihe von Zeilen, die jeweils eine durch Doppelpunkte getrennte Liste mit vier Komponenten enthält:

- Den Gruppennamen.
- Ein verschlüsseltes Gruppenpasswort. In den meisten Fällen finden Sie hier ein `x`, welches ein Hinweis darauf ist, dass das System so genannte Shadow-Passwörter verwendet. Samba verwendet keine Gruppenpasswörter.
- Eine numerische ID für die Gruppe. Die meisten LINUX-Systeme verwenden die Zahl 100 und darüber liegende Werte für Benutzergruppen.
- Eine Komma-separierte Liste mit den Namen der Benutzer, die Mitglied der Gruppe sind.

Im Folgenden finden Sie ein Beispiel für eine Zeile aus der Datei `/etc/group`:

```
physik:x:102:mcurie,nbohr,mplanck
```

Diese Zeile fügt die Benutzer `mcurie`, `nbohr` und `mplanck` der Gruppe `physik` hinzu. Wenn eine Datei dieser Gruppe zugeordnet wird, können diese User die Datei lesen, schreiben oder ausführen, abhängig von den Gruppenrechten, die die Datei besitzt. (Wenn die Datei dem User gehört, oder wenn die Datei auf seltsame Weise allen anderen mehr Rechte zugesteht als den Mitgliedern der Gruppe, hat der User in Hinblick auf diese Datei mehr Rechte.)

Der Schlüssel in der Emulierung der Flexibilität von ACL liegt darin, *mehrere, sich überschneidende* Gruppen zu bilden. Um die drei User des vorhergehenden Beispiels zu handhaben, könnten Sie acht verschiedene Gruppen bilden: Eine mit allen drei Usern, drei, die jeweils einen Benutzer ausschließen, drei, die nicht mehr als jeweils einen User enthalten, und eine mit keinem der User. Natürlich wird das Erstellen von Gruppen für jede mögliche Kombination von Benutzern umso unpraktischer, je größer die Anzahl der User ist. Ein praktischerer Ansatz ist das Erstellen von Gruppen, die aufgabenbasiert sind. Je nach Bedarf können Sie Gruppen Benutzer hinzufügen oder diese wieder entfernen, und wenn Sie eine neue Gruppe benötigen, können Sie diese komplett neu anlegen und sie mit Usern „bevölkern", die bisher noch keiner weiteren Gruppe angehörten, aber auch mit solchen, die bereits einer oder mehreren anderen Gruppen angehören.

Nach dem Neuanlegen von Gruppen können Sie diesen Gruppen Dateien abhängig davon zuordnen, welche Benutzer Zugriff auf diese Dateien haben sollen; setzen Sie dann die entsprechenden Gruppenrechte. Der Nachteil dieses Verfahrens liegt darin, dass es unter Umständen einer riesigen Menge an Gruppen bedarf, wenn Sie eine echte Flexibilität in Bezug auf die individuellen Zugriffsmöglichkeiten auf Dateien benötigen. Sie können die Besitzrechte einer Gruppe nicht von Windows aus ändern, so dass es unmöglich ist, von Windows-Clients aus den Zugriff auf einzelne Dateien zu regeln.

Trotz dieser Nachteile kann der begrenzte Einsatz von maßgeschneiderten Gruppen ein guter Ansatz für die Steuerung des Dateizugriffs sein. Angenommen, Sie haben ein halbes Dutzend Arbeitsgruppen und einige User gehören mehreren Gruppen an. Sie würden LINUX-Gruppen erstellen, deren Mitglieder die entsprechenden Mitglieder der einzelnen Arbeitsgruppen sind, und diese Gruppen dann verwenden, wenn Sie Samba-Shares für die einzelnen Gruppen freigeben.

Verwenden der Parameter `valid users` *und* `invalid users`, *um Pseudo-Gruppen zu erstellen*

Ein weiterer Ansatz für den Umgang mit Gruppen von Anwendern ist es, die Samba-Parameter `valid users` und `invalid users` zu verwenden, die in *Kapitel 5: Konfiguration zur Freigabe (Share) von Dateien* beschrieben werden. Diese Parameter erlauben es, einer beliebigen Reihe von Usern Zugriff auf einen Share zu geben. Angenommen, Ihr LINUX-System verfügt über die folgenden beiden Gruppen:

```
physik: nbohr,mcurie,mplanck

biologie: cdarwin,dfossey,gmendel
```

Sie können den Zugriff auf bestimmte Shares an Untergruppen oder an Zusammenfassungen bieten,die mehrere Gruppen umfassen, wie im Folgenden Listing demonstriert. Im Folgenden Listing wird festgelegt, dass auf den Share `[subgroup]` nur von einigen Mitgliedern der Gruppe `physik` zugegriffen werden kann, wohingegen der Share `[crossgroup]` von einem oder mehreren Mitgliedern beider LINUX-Gruppen genutzt werden kann.

```
[subgroup]

        valid users = nbohr, mcurie

        path = /home/samba/subgroup

[crossgroup]

        valid users = mcurie, dfossey, gmendel

        path = /home/samba/crossgroup
```

HINWEIS

In der Praxis mag sich vorhergehendes Beispiel als unzureichend erweisen. Speziell dann, wenn Sie Shares definieren müssen, auf die sowohl ein lesender als auch ein schreibender Zugriff möglich sein soll, könnten Sie Parameter wie `force user` *oder* `create mask` *verwenden müssen, um es Usern von verschiedenartigen Gruppen zu erlauben, deren Dateien im Wechsel problemlos modifizieren zu können.*

Die Verwendung der Parameter `valid users` und `invalid users` für die Definition von Pseudo-Gruppen ist jedoch auch nicht ohne Nachteile. Hierzu gehören:

- Das Hinzufügen oder Entfernen von Mitgliedern der Pseudo-Gruppen erfordert, dass die Datei `smb.conf` editiert wird – ein mühsamer Vorgang, wenn die Gruppen häufig geändert werden.
- Diese Pseudo-Gruppen sind nur innerhalb von Samba wirksam. Wenn User einen Shell-Account auf dem Server besitzen, kann dies dazu führen, dass sie Zugriff auf Shares erlangen, zu denen sie eigentlich keinen Zugang haben sollten. Sie könnten Dummy-User-Accounts verwenden, den Parameter `force user` in `smb.conf` zum Einsatz bringen und restriktive Rechte konfigurieren, um nicht autorisierte Shell-Zugänge abzublocken, aber diese Maßnahmen werden ebenfalls den Zugang autorisierter User abweisen.
- Pseudo-Gruppen können dazu verwendet werden, den Zugriff auf Shares zu steuern, aber nicht den Zugriff auf einzelne Dateien innerhalb von Shares.

Im Grossen und Ganzen gilt, das wenn Sie den Zugriff einzelner Benutzergruppen einschränken müssen, die Verwendung des Parameters `valid users` eine schnelle und einfache Methode sein kann, um dieses Ziel zu erreichen. Sie können diesen Parameter mit weiterem Parametern wie `read users` und `write users` kombinieren, um eine Feinabstimmung des zugestandenen Zugriffs vorzunehmen. Um eine engmaschigere Kontrolle bezüglich des Zugriffs auf einzelne Dateien zu gewährleisten, sind LINUX-Gruppen wohl die bessere Lösung.

Die Verwaltung von Passwörtern

Ein kritischer Aspekt bei der Verwaltung von Accounts ist die Verwaltung von Passwörtern. In einem Netzwerk mit vielen Servern ist es vorstellbar, dass ein User über mehrere verschiedene Passwörter verfügt – oder aber auch über nur ein Passwort, welches in den Passwortdatenbanken vieler Server dupliziert vorliegt. *Kapitel 14: Sicherheitserwägungen* – und hier speziell der Abschnitt *Verschlüsselte gegenüber unverschlüsselte Passwörter* – diskutiert einen Großteil der Punkte, die in Zusammenhang mit der Verwaltung von Benutzerpasswörter auftreten können. Einige dieser Punkte bedürfen jedoch an dieser Stelle einer genaueren Ausführung. Speziell die Bedeutung des Verständnisses für die Verwendung eines einzelnen Domain Controllers oder Passwort-Servers zur Verminderung administrativ bedingter Kopfschmerzen sei hervorgehoben – wie können Benutzer Passwörter auf solchen Servern ändern und welche Strategien sollte man bezüglich der Änderung von Passwörtern entwickeln?

Passwörter in Arbeitsgruppen und Domains

Einer der prinzipiellen Unterschiede zwischen einer *Arbeitsgruppe* (*Workgroup*) und einer *Domäne* (*Domain* – siehe *Kapitel 10: Konfiguration von Domänen*) ist der, dass jeder Server in einer Workgroup im Wesentlichen eine Insel ist, die ihren eigenen Authentifizierungsmechanismus bietet. In einer Domain hingegen verweisen alle Server auf einen Domain Controller, der die Aufgabe der Authentifizierung von Usern übernimmt. Diese Tatsache macht die Verwaltung von Domains wesentlich einfacher als die von Workgroups, wenn ein und dieselbe Gruppe von Usern Zugriff auf verschieden Servere nehmen muss. Wenn Sie über fünf Server verfügen, ist es wesentlich einfacher, einen einzelnen Satz an Passwörtern auf einem einzelnen Domain Controller als fünf voneinander unabhängige Sätze von Passwörtern zu verwalten.

Samba kann die Grenze zwischen Workgroups und Domains in Hinblick auf Passwörter verwischen. Selbst in einer Workgroup können Sie den Parameter `security = Server` und entsprechend `password server` setzen, damit sich Samba auf einen Passwort-Server bezieht. Diese Option könnte einer vollständigen Domain-Konfiguration vorzuziehen sein, wenn Sie keine weiteren Leistungsmerkmale von Domänen benötigen wie Netzwerk-Loginskripte, da sie einfacher zu konfigurieren ist als eine vollständige Domain.

Auch wenn die Verwendung eines zentralen Passwort-Servers hilfreich sein kann, die Kopfschmerzen, die die Verwaltung von Passwörtern einem Administrator verursachen, zu reduzieren, erspart dieser ihm nicht die Notwendigkeit, die Benutzer-Accounts auf allen Servern pflegen zu müssen. Wenn zum Beispiel die Benutzer `mcurie` und `nbohr` Zugriff auf fünf verschiedene Servers-Ssteme haben müssen, ist es weiterhin notwendig, für beide User auf allen fünf Systemen Benutzer-Accounts anzulegen. Der Einsatz eines zentralen Passwort-Servers erlaubt es den Usern, ihre Samba-Passwörter für alle Systeme in einem Vorgang zu ändern, aber Sie als Administrator müssen weiterhin individuell die einzelnen Accounts hinzufügen oder entfernen. Wenn alle Ihre Server dieselben User beherbergen, können Sie ein Netzwerkverwaltungssystem wie *NIS* (*Network Information System*) oder NIS+ verwenden. Diese erlauben es Ihnen, zentralisierte Datenbanken mit User-Accounts zu pflegen. Wenn Sie unverschlüsselte Passwörter verwenden, kann Samba ebenfalls NIS oder NIS+ zur Authentifizierung verwenden; diese Konfiguration ist genauso wie die bei der Verwendung lokaler Passwörter. Verschlüsselte Passwörter müssen jedoch entweder auf einer lokalen Passwort-Datenbank oder einem SMB/CIFS-Server basieren. Der NIS- oder NIS+-Server kann als SMB/CIFS-Server doppeln.

Normalerweise speichern Windows 9x-Rechner ihre Passwörter lokal in Dateien mit der Endung `.PWL`. Diese Dateien stellen potenzielle Sicherheitsrisiken dar, da ein Möchtegern-Cracker mit Zugriff auf diese Dateien ein Passwort-Crack-Programm über diese laufen lassen kann, um schlecht gewählte Passwörter auszuspionieren. Aus diesem Grunde stellt es einen weisen Entschluss dar, diese Dateien zu entfernen, wenn dieses möglich ist. *Kapitel 10: Konfiguration von Domänen* diskutiert dieses Thema im Abschnitt *Windows .PWL-Dateien löschen*. Das Löschen von `.PWL`-Dateien auf Windows-Clients ist einfacher zu praktizieren, wenn Sie Ihr Netzwerk als Domäne konfiguriert haben.

Passwörter ändern

Die Pflege von Passwörtern ist eine Aufgabe, die zum Großteil von den Benutzern selber durchgeführt wird. Dennoch sollten Sie die Methoden, wie dieses zu tun ist, kennen, so dass Sie Ihren Samba-Server entsprechend einrichten und die User einweisen können, wie sie vorzugehen haben. Zwei Seiten sind hierbei zu betrachten: die Änderung des Samba- oder LINUX-Passworts und die Änderung des Windows-Passworts. Wenn Sie sich für die Konfiguration einer Domäne entschieden haben, ist letztere Aufgabe nicht notwendig, da Windows das Domain-Passwort lokal verwendet.

Samba-Passwörter ändern

Im Kern gibt es zwei Methoden, Passwörter, die von Samba genutzt werden, zu ändern:

`passwd` Der Befehl `passwd` ist der normale LINUX-Befehl für das Ändern von Passwörtern. Wenn Samba dahingehend konfiguriert wurde, Klartext-Passwörter zu verwenden, ändert `passwd` das Passwort, welches Samba verwendet, da Samba in diesem Fall das normale LINUX-Passwort gebraucht.

`smbpasswd` Dieser Befehl funktioniert weitestgehend wie der Befehl `passwd`, ändert jedoch die verschlüsselten Benutzer-Passwörter.

Wenn Ihre User Shell-Accounts auf dem LINUX-Server haben, können Sie diese Programme verwenden, um ihre Samba-Passwörter zu ändern. Wie jedoch bereits in verschiedenen anderen Kapiteln angedeutet, können Shell-Accounts Probleme im Zusammenhang mit Samba verursachen, da diese den Usern eine Form des Zugriffs auf den Server erlauben, die Samba-spezifische Sicherheitsmaßnahmen unterminieren könnte. Aus diesem Grunde möchten Sie es vielleicht vermeiden, den Usern einen vollen Shell-Zugriff auf dem Server zu gewähren. In solchen Fällen gibt es andere Methoden, die es den Usern erlauben, ihre Passwörter zu ändern.

Die Verwendung von `passwd` oder `smbpasswd` als Login-Shell Mit dieser Methode konfigurieren Sie die Benutzer-Accounts dahingehend, dass ihre Login-Shell auf das Programm `passwd` oder `smbpasswd` verweist, abhängig davon, ob Klartext-Passwörter oder verschlüsselte Passwörter auf Ihrem Server Verwendung finden. Die Anpassung der Login-Shell geschieht in der Datei `/etc/passwd`. Jede Zeile dieser Datei entspricht einem User, wobei jede Zeile aus mehreren, durch Doppelpunkte getrennten Einträgen besteht, deren letzter die Login-Shell spezifiziert. Hierbei handelt es sich in der Regel um eine normale Shell wie `/bin/bash` oder `/bin/tcsh`. Ändern Sie diesen Eintrag dahingehend, dass er auf das Programm `passwd` oder `smbpasswd` verweist. Jedes Mal, wenn sich jetzt der entsprechende User an der Konsole anmeldet oder sich mit Telnet, SSH oder einer anderen Methode einzuloggen versucht, sieht er nur das Programm für die Passwort-Änderung. Nach Änderung des Passworts erscheint wieder der Login-Prompt oder die Verbindung wird geschlossen.

Ändern des Passworts von einem anderen LINUX-System aus Wenn Ihre User nur einen Shell-Zugriff auf einen einzigen Computer haben, der Samba verwendet, können Sie das Programm `smbpasswd` mit seinem Parameter `-r Computername` verwenden, um das Passwort auf einem entfernten Computer (mit dem Namen `Computername`) zu ändern. Diese Option funktioniert nur mit verschlüsselten Passwörtern.

Ändern des Passworts von einem Windows 9x-System aus Sie können Windows' Funktion für die Änderung von Passwörtern auf einem Domain Controller verwenden; dies schließt auch einen Samba-Server als Domain Controller ein. Doppelklicken Sie in der Systemsteuerung das Icon *Kennwörter* und klicken Sie dann die Schaltfläche *Andere Kennwörter ändern*. Wählen Sie im Dialog *Kennwort auswählen* den Eintrag *Microsoft-Netzwerk* (siehe *Abbildung 15.2*) und klicken Sie die Schaltfläche *Ändern*. Windows zeigt einen Dialog für die Änderung des Passworts an, der es Ihnen erlaubt, das Passwort auf dem Domain Controller zu ändern.

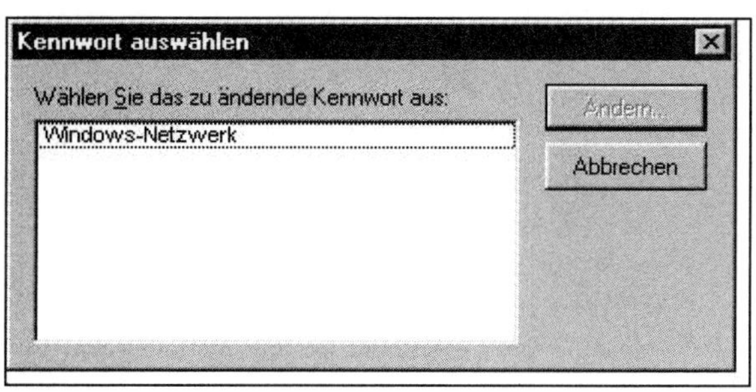

Abbildung 15.2: Der Eintrag *Microsoft-Netzwerk* repräsentiert einen Domain-Controller bei der Änderung von Passwörtern unter Windows 9x

Ändern des Passworts von einem Windows NT-System aus Der Vorgang, ein Passwort auf einem Windows NT-System zu ändern unterscheidet sich von dem auf Windows 9x-Systemen. Drücken Sie die Tastenkombination Strg+Alt+Entf, woraufhin ein Dialog mit einem halben Dutzend Schaltflächen geöffnet wird, von denen eine mit *Passwort ändern* beschriftet ist. Klicken Sie diese Schaltfläche, um einen Dialog für die Änderung des Passworts zu öffnen. Wählen Sie die Domain und den Namen des Users, dessen Passwort Sie ändern möchten und geben Sie das alte und die neuen Passwörter in die entsprechenden Felder ein. Klicken Sie *OK*, um die Änderung auszuführen.

Die Verwendung von SWAT für die Änderung von Passwörtern SWAT, das GUI-basierte *Samba Web Administration Tool* (siehe hierzu auch *Kapitel 4: Die Tools der GUI-Konfiguration und die Datei* `smb.conf`), kann dazu verwendet werden, verschlüsselte Passwörter zu ändern. In der Standardkonfiguration haben auch einfache User Zugriff auf SWAT, wobei sie die meisten Merkmale jedoch nicht modifizieren können. Sie haben jedoch Zugriff auf die Funktionalität, persönliche Passwörter zu ändern, wie in *Abbildung 15.3* dargestellt. Durch die Eingabe von `http://servername:901` in einem Web-Browser können sie ihr Passwort von einem beliebigen Rechner innerhalb des Netzes aus ändern, wobei es sich bei der Angabe von `servername` entweder um den symbolischen Namen des Servers oder um seine IP-Adresse handeln kann. SWAT erlaubt es, das Passwort entweder auf dem Server zu ändern, auf dem SWAT selber läuft, indem Sie die Änderung im Bereich *Server Password Management* vornehmen, oder auf einem anderen Server, indem Sie die Änderung im Bereich *Client/Server Password Management* vornehmen.

Abbildung 15.3: SWAT erlaubt die Änderung entweder eines lokalen oder eines entfernten Passworts

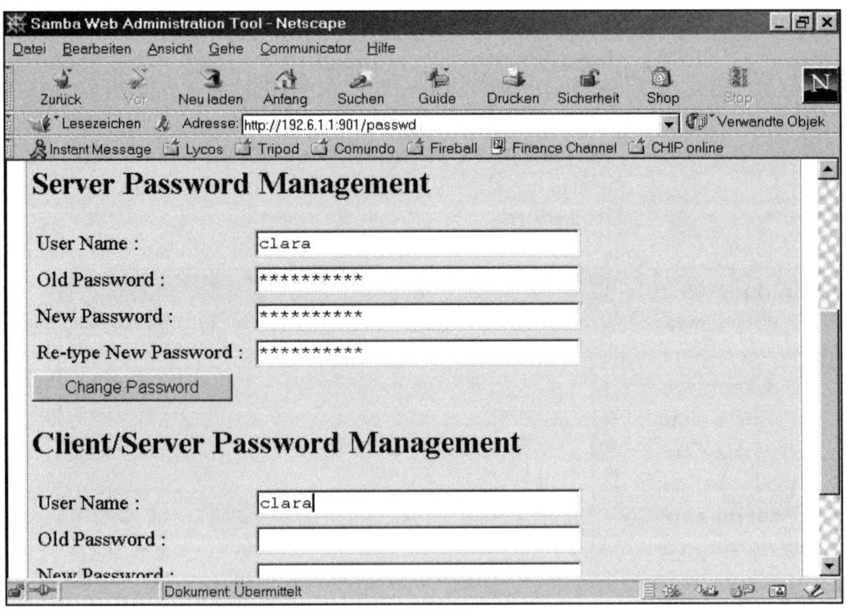

WARNUNG

Die meisten dieser Methoden für die Änderung von Passwörtern haben den Nachteil, dass sie das Passwort unverschlüsselt über das Netzwerk schicken. Sie sollten deshalb niemals verwendet werden, wenn die Daten unsichere Netze durchqueren. Selbst in einem internen Netzwerk ist das Versenden unverschlüsselter Passwörter kritisch, wenn eines der Systeme bereits kompromittiert sein sollte. Aus diesem Grund die Empfehlung, dass man es nur erlauben sollte, Passwortänderungen direkt an der Konsole des Samba-Servers oder im Rahmen einer sicheren (verschlüsselten) Verbindung vorzunehmen, wie sie bei einem SSH-Login gegeben ist, bei dem `smbpasswd` *als Login-Shell verwendet wird. Wenn in Ihrem Netzwerk verschlüsselte Passwörter verwendet werden, bedeutet die Übertragung unverschlüsselter Passwörter während der Passwortänderung natürlich kein zusätzliches Risiko.*

Wenn Sie einen einzelnen Passwort-Server verwenden (entweder als Teil einer Domain oder als Teil einer Workgroup mit der Einstellung `security = Server`), müssen die User ihre Passwörter nur auf dem Computer ändern, der als Passwort-Server dient. Sie müssen keine weiteren Mechanismen für die Änderung von Passwörtern auf weiteren Servern zur Verfügung stellen.

Windows-Passwörter ändern

Wenn Sie eine Workgroup-Konfiguration verwenden oder die `.PWL`-Dateien nicht entfernen, werden die User mit an Sicherheit grenzender Wahrscheinlichkeit ihre *lokalen* Windows-Passwörter ebenso ändern wollen wie ihr Samba-Passwort. Wird dieses unerledigt gelassen, resultieren daraus lästige Nachfragen, das neue Passwort einzugeben, wenn Zugriff auf Netzwerkressourcen genommen wird. In Windows 9x ändern Sie das lokale Passwort wie folgt:

1. Öffnen Sie die *Systemsteuerung*.
2. Doppelklicken Sie das Icon *Benutzer*. Wenn Ihr System bereits für den Mehrbenutzerbetrieb konfiguriert ist, erscheint ein Dialog ähnlich dem in *Abbildung 15.4*. Andernfalls werden Sie durch den Vorgang geführt, Accounts anzulegen, und sich dann auszuloggen, und sind dann gezwungen, neu zu starten.
3. Klicken Sie den Namen des Users, dessen Passwort geändert werden soll.
4. Klicken Sie die Schaltfläche *Kennwort ändern*. Windows zeigt den Dialog *Kennwort für Windows ändern* an.

5. Geben Sie das alte und das neue Passwort (dieses zweimal) ein und klicken dann *OK*. Windows zeigt an, dass das Passwort geändert wurde.

6. Schließen Sie das Fenster *Benutzereinstellungen*.

Abbildung 15.4: Windows 9x bietet ein einfaches GUI-basiertes Werkzeug für die Verwaltung lokaler User

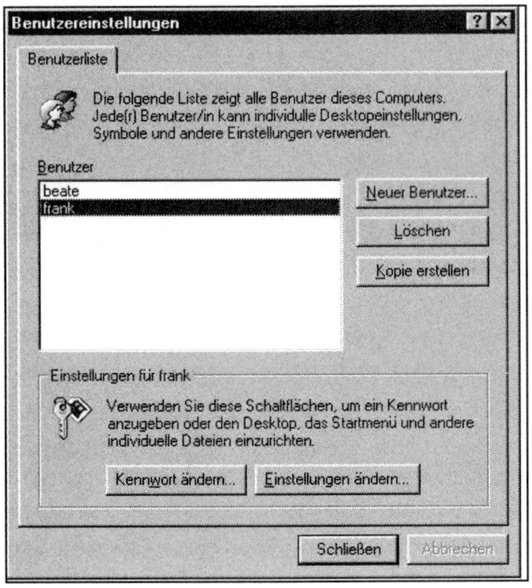

HINWEIS

Um das Domain-Passwort zu ändern, können Sie ein Verfahren verwenden, das ähnlich dem im Abschnitt Samba-Passwörter ändern *beschriebenen ist. Statt jedoch die Schaltfläche* Andere Kennwörter ändern *anzuklicken, wählen Sie die Schaltfläche* WIndows-Kennwort ändern. *Dieser Vorgang erlaubt es Usern, nur das Passwort zu ändern, mit dem sie Zugang zu ihrem Computer erlangen. Die geringfügig weniger einfache Methode, bei der das Objekt* Benutzer *in der* Systemsteuerung *involviert ist, erlaubt es Ihnen, das Passwort eines beliebigen Users zu ändern.*

Eine Änderung des lokalen Passworts ist nicht notwendig, wenn Sie eine Domain verwenden und Windows dahingehend konfigurieren, Passwörter nicht lokal in `.PWL`-Dateien abzuspeichern. Bei Windows NT-Clients ist der Vorgang ähnlich dem der Änderung des Passwortes für Domänen, mit der Ausnahme, dass Sie den Namen des Computers statt den Namen der Domain im Feld *Domäne* des Dialogs *Passwort ändern* wählen.

Strategien für die Änderung von Passwörtern

Als Systemadministrator müssen Sie Richtlinien bezüglich der Änderung von Passwörtern festlegen. Im Idealfall sollten alle User ihre Passwörter regelmäßig ändern. Unglücklicherweise bietet Samba keine Hilfsmittel, um die Einhaltung solcher Richtlinien in Bezug auf verschlüsselte Passwörter zu erzwingen. Wenn Sie Klartext-Passwörter verwenden, bietet das Konzept der Shadow-Passwörter von LINUX (welches von den meisten LINUX-Distributionen verwendet wird, mit Corel LINUX als namhafte Ausnahme) die Möglichkeit, festzulegen, wann ein Passwort verfällt, und damit zu erzwingen, dass Passwörter geändert werden. Wenn ein User jedoch nie eine Login-Shell verwendet, erhält er auch keine Vorwarnung bezüglich des bevorstehenden Verfalls seines Passworts; es wird für ihn plötzlich eines Tages keine Gültigkeit mehr besitzen.

Eine mögliche Lösung wäre es, dass Sie alle User auf die Anforderung der regelmäßigen Passwortänderung hinweisen, was jedoch einen aktiven Eingriff durch Sie erforderlich macht. Um beispielsweise eine monatliche Passwortänderung durchzusetzen, könnten Sie den Usern mitteilen, dass Sie ihre Passwörter an jedem Monatsersten ändern *müssen*. Sie könnten die Datei `smbpasswd` vor diesem Datum sichern und am Zweiten jeden Monats mithilfe des Befehls `diff` den Inhalt der aktuellen Datei mit dem der gesicherten vergleichen. Auf diese Weise können Sie jedem User, der sein Passwort *nicht* geändert hat, auf die Spur kommen.

Zusätzlich zur Durchsetzung dessen, dass regelmäßig die Passwörter geändert werden, sollten Sie die User darüber aufklären, was ein gutes Passwort ausmacht. Das ideale Passwort ist eine zufällige Zusammenstellung von Buchstaben, Ziffern und Symbolen. Unglücklicherweise finden die meisten Menschen es schwer, sich solche zufälligen Passwörter zu merken und wählen somit leicht zu merkende aber dafür schwache Passwörter. Zu solchen schwachen Passwörtern gehören insbesondere:

Jedes real existierende Wort in irgendeiner Sprache Unmodifizierte real vorkommende Wörter stellen eine sehr schwache Wahl für ein Passwort dar, da Wörterbuch-basierte Passwortangriffe üblich sind. Wenn ein Eindringling sich eine Passwortdatei beschaffen kann (wie die Datei `smbpasswd` oder eine `.PWL`-Datei unter Windows), kann dieser Eindringling versuchen, alle Wörter eines Wörterbuches zu codieren, und überprüfen, ob irgendeines dieser Wörter mit einem Eintrag innerhalb der Passwortdatei übereinstimmt.

Der Benutzername des Users Dieses ist eines der ersten Passwörter, das die meisten Cracker versuchen, und der Erfolg tritt häufiger ein, als er sollte.

Echte Namen Namen von Familienmitgliedern, Freunden, Haustieren, Städten und so weiter können in Wörterbuch-basierten Angriffen verwendet werden.

Persönlich relevante Daten Geburtstage, Sozialversicherungsnummern, Straßenanschriften und so weiter können leicht herausgefunden und somit von einem Cracker verwendet werden, um in den Account einer bestimmten Person einzubrechen.

Geringfügige Variationen aller zuvor genannten Schwachpunkte Eine Kombination aus Groß- und Kleinschreibung ist insbesondere bei verschlüsselten Passwörtern ohne Effekt, da Windows 9x die Passwörter unabhängig von der Schreibweise überträgt. Das willkürliche Einstreuen von ein oder zwei Buchstaben in ein real existierendes Wort macht in den seltensten Fällen Sinn, da Cracker dasselbe nach dem Zufallsprinzip tun können. Ein Wort rückwärts zu buchstabieren, ist ebenso wenig effektiv.

Ein gutes und leicht zu merkendes Passwort können Sie wie folgt bilden:

1. Verwenden Sie als Grundlage zwei kurze Begriffe, die nichts miteinander zu tun haben, wie zum Beispiel die beiden Wörter *gut* und *fit*. Alternativ können Sie auch eine Abkürzung verwenden, die nur für Sie eine Bedeutung hat, so wie *mgizz* für *Mittwoch ging ich zum Zahnarzt*.

2. Wenn die zu Grunde liegenden Wörter länger sind (*Anm. d. Übers.*: Was im Deutschen meist schneller passiert, als im Englischen. Der Autor hat im Original die Beispiele *bun* und *pen* gebracht, wobei dahingestellt bleibt, ob er bei ersterem an ein *Brötchen* oder einen *Dutt* gedacht haben mag. Jedenfalls gibt es nicht so viele kurze Wörter – speziell leichter zu merkende Hauptwörter – im Deutschen wie im Englischen...) kann es notwendig sein, diese zu kürzen, da normale LINUX-Passwörter in den meisten Distributionen auf acht Zeichen Länge begrenzt sind. Samba-verschlüsselte Passwörter können zwar länger sein, aber wenn Sie dieselben Passwörter für Samba und LINUX verwenden wollen, dürfen Ihre Samba-Passwörter ebenfalls nicht länger sein als acht Zeichen (*Anm. d. Übers.*: Oder Sie verwenden eine Distribution, bei der das LINUX-Passwortprogramm „überzählige" Zeichen einfach abschneidet – dies ist beispielsweise bei der SuSE-Distribution der Fall).

3. Fügen Sie dem zusammengesetzten „Basiswort" zufällig gewählte Ziffern oder Symbole hinzu. Das Basiswort *gutfit* könnte beispielsweise zu *gu3tf&it* ergänzt werden.

Sie könnten weitere Schritte zur Verschleierung durchführen, wie das Umdrehen in der Anordnung der Elemente des Basisworts, eine Mischung aus Groß- und Kleinschreibung, die Verwendung von Basiswörtern aus unterschiedlichen Sprachen und so weiter (eine Mischung aus Groß- und Kleinschreibung bringt zwar wenig bei verschlüsselten Samba-Passwörtern, kann aber bei LINUX-Passwörtern nützlich sein). Ziel des Ganzen ist es, ein Passwort zu generieren, das sich auf der einen

Seite einfach merken lässt, das auf der anderen Seite jedoch durch einen Wörterbuch-basierten Angriff nicht so einfach herausgefunden werden kann.

Einige Programme, die eine Änderung des Passworts unter LINUX ermöglichen, können dahingehend konfiguriert werden, dass das eingegebene Passwort gewissen Mindestanforderungen entsprechen muss, zum Beispiel, dass es länger sein muss, als eine bestimmte Anzahl von Zeichen oder dass es eine Mindestanzahl an Ziffern enthalten muss. Wenn Sie `unix password sync` und damit verwandte Parameter in `smb.conf` verwenden, wie im Abschnitt *Verschlüsselungsparameter in smb.conf* in *Kapitel 14: Sicherheitserwägungen* beschrieben, haben diese Kriterien Auswirkungen auf das Verhalten von `smbpasswd`. Dies ist dadurch bedingt, dass `smbpasswd` das Samba-verschlüsselte Passwort nicht ändert, bevor das Skript `passwd chat` erfolgreich abgearbeitet werden konnte.

Zusammenfassung

Die meisten Samba-Server haben mehrere User und einige beherbergen Hunderte von ihnen. Da Samba sich auf die darunter liegenden LINUX-Accounts stützt, müssen Sie normalerweise diese Accounts auf einem Samba-Server genau so anlegen und pflegen wie auf einem System, das für einen Shell-Zugriff unter LINUX verwendet wird. Samba bietet jedoch seine eigenen Merkmale und Herausforderungen für die Verwaltung von Accounts. Die Integration von Samba- und Windows-Accounts ist eine diese Herausforderungen, wenn auch eine, die recht einfach durch die Verwendung einer Datei für das Mapping von Usernamen gehandhabt werden kann. Sie können Gäste-Accounts definieren, die es Benutzern erlauben, einen anonymen Zugriff auf Ihren Samba-Server zu erlangen. Sowohl LINUX-Gruppen als auch einige der Share-Level-Parameter von Samba lassen Sie an die Funktionalität von Windows NTs ACLs herankommen.

Die Verwaltung von Accounts ist ein immerwährender Prozess, da User gehalten sein sollten, ihre Passwörter regelmäßig zu ändern. Die Änderung eines Samba-Passworts geschieht entweder mithilfe des Programm `passwd` oder des Programms `smbpasswd` (abhängig davon, ob Samba Klartext- oder verschlüsselte Passwörter verwendet). Sie können diese Programme auf unterschiedliche Weisen einsetzen oder eine Schnittstelle wie SWAT verwenden, die es Usern erlaubt, ihre Passwörter sogar von normalen Client-Rechnern aus zu ändern. In jedem Falle sollten Sie Ihre User dazu ermuntern, Ihre Passwörter auf einer regelmäßigen Grundlage zu ändern, um das Risiko zu minimieren, dass diese gestohlen werden und in die verkehrten Hände fallen.

Backup

KAPITEL 16

In Ihrem Netzwerk verfügen Sie vermutlich über große Datenmengen. Ein Teil dieser Informationen könnte unersetzlich sein – Dokumente, die über Monate und Jahre erstellt wurden, die Informationen enthalten, die für Sie selber, Ihre Firma oder die Organisation, für die Sie arbeiten, von vitalem Interesse sind. Ihre Entscheidung dafür, LINUX als Server-Betriebssystem zu verwenden, liegt wahrscheinlich in dem Ruf begründet, den LINUX für seine Zuverlässigkeit hat, so dass Ihre wertvollen Daten geschützt sind. Es gibt jedoch Katastrophensituationen, vor denen selbst LINUX Sie nicht schützen kann. Hierzu gehören das irrtümliche Löschen von wichtigen Dateien oder deren Überschreiben mit nutzlosen Informationen durch Anwender oder ein Verlust durch den Ausfall von Festplatten. Ganze Computer-Systeme können beispielsweise durch Diebstahl verloren gehen. Um sich vor solchen Eventualitäten zu schützen, ist es wichtig, über eine gute Strategie zur Datensicherung (zum *Backup*) zu verfügen. Regelmäßige Backups bewahren Sie davor, dass solche Unglücksfälle in Katastrophen ausarten.

Zwei verschiedene Aspekte für Backups sind im Zusammenhang mit Samba wichtig. Der erste ist der, den Samba-Server selbst zu sichern. Im Idealfall sichern Sie diesen mithilfe eines Backup-Geräts, das direkt an den Server angeschlossen ist. Wenn notwendig, können Sie jedoch auch Backup-Möglichkeiten des Netzwerks dazu verwenden, diese Aufgabe zu erledigen. Die zweite Aufgabe liegt darin, die Daten von Client-Rechnern zu sichern. Samba unterstützt Sie hierbei, indem es die Möglichkeit bietet, einen einzelnen zentralen Computer dazu zu verwenden, das gesamte Netzwerk zu sichern. Wenn erst einmal alles eingerichtet ist, sind Sie vorbereitet, wenn das Unglück zuschlägt. Sie können Hardware ersetzen, wenn dieses notwendig ist, ziehen Ihr Backup „ganz locker aus der Tasche" und stellen die verlorenen Daten wieder her.

Dieses Kapitel befasst sich zunächst damit, was für die Durchführung von Datensicherungen notwendig ist, einschließlich der dafür notwendigen Hardware und Software, der Zeitplanung und der Verwahrung von Backup-Medien. Es folgt die Darstellung der Sicherung eines Samba-Servers unter Verwendung von sowohl lokaler Hardware als auch über das Netzwerk. Das Kapitel endet mit der Beschreibung, wie man Clients mithilfe von Samba sichern kann.

Ein Überblick über verschiedene Backup-Optionen

Wenn Sie einen Samba-Server in ein bereits vorhandenes Netzwerk integrieren, ist die Wahrscheinlichkeit hoch, dass bereits ein irgendwie geartetes Backup-System vorhanden ist. In diesem Falle besteht Ihre Aufgabe darin, den Samba-Server in die vorhandene Konfiguration zu integrieren. Wenn Sie jedoch ein komplett neues Netzwerk aufbauen, müssen Sie Ihr Backup-System von Grund auf neu konzipieren. In beiden Fällen gibt es bezüglich der zu verwendenden Hard- und Software eine große Zahl an Konfigurationsmöglichkeiten.

Im Falle von Netzwerk-Backups müssen Sie sich zwischen Backups entscheiden, die entweder Client-seitig oder die Server-seitig initiiert werden. Darüber hinaus müssen Sie einen Zeitplan und einen Verwahrungsort für die Backup-Medien festlegen.

Hardware-Optionen für Backups

Für die Erstellung von Backups steht eine Reihe verschiedener Hardware-Lösungen zur Verfügung. Jede dieser Lösungen hat für sich genommen ihre eigenen Vor- und Nachteile. In manchen Netzwerkumgebungen ist es daher von Vorteil, zwei oder mehrere verschiedene Backup-Medien einzusetzen, um das jeweils Beste, was diese zu bieten haben, nutzen zu können.

Bänder

Das traditionell am häufigsten für die Datensicherung verwendete Medium ist das *Magnetband*. Im Prinzip sind solche Magnetbänder Kassetten oder Videobändern recht ähnlich, wobei die tatsächlichen Datenträger in den seltensten Fällen bezüglich ihrer Aufgaben kompatibel sind. Im Folgenden finden Sie einen Überblick über die Charakteristiken von Magnetbändern:

Kosten Magnetbänder sind in Bezug auf die anfallenden Kosten pro gesichertem Gigabyte vergleichsweise günstig. Mitte 2000 lagen diese zwischen € 1,00 und € 4,00 pro Gigabyte, doch gibt es hier erhebliche Preisdifferenzen. Bandlaufwerke kosten inzwischen wenig mehr als

€ einhundert und mehreren Tausend Euro; Anforderungen die bezüglich eines Netzwerk-Backups gestellt werden, sind meist mit einer teureren Einheit mit großer Kapazität besser zu erfüllen.

Zuverlässigkeit Magnetbänder sind nicht die am höchsten zuverlässigen Backup-Medien, die zur Verfügung stehen, obwohl höherpreisige professionelle Bandarten wie DLT-Bänder vertretbar zuverlässig sind. Medien am unteren Ende der Preisskala, wie Travan-Bänder, werden vermutlich eher Probleme verursachen.

Sequenzieller Zugriff Der Zugriff auf Bänder erfolgt sequenziell, d.h. dass es notwendig ist, zwischen dem Anfang des Bandes und den von Ihnen gesuchten Daten zunächst einen Teil oder den gesamten Datenbestand zu lesen, bevor die gewünschten Daten tatsächlich ausgelesen werden können. Dies ist kein Problem, wenn ein neues Backup auf ein Band geschrieben werden soll, kann aber lästig werden, wenn Sie nur einige bestimmte Dateien wiederherstellen wollen.

Geschwindigkeit Magnetbänder sind vertretbar schnell, jedoch nicht so schnell wie die meisten Festplatten. Ihre typische Geschwindigkeit liegt im Bereich zwischen 100 bis 900 MByte/Minute (im Vergleich: Ein 100 MBit-Ethernet hat einen theoretischen Datendurchsatz von bis zu 750 MByte/Minute).

Kapazität Unkomprimiert speichern moderne Bänder Datenmengen zwischen 4 GByte und über 100 GByte (eine Kompression verdoppelt diese Werte typischerweise).

Magnetbänder sind als Backup-Medium durchaus wünschenswert, da sie bei einer vertretbaren Geschwindigkeit große Speicherkapazität bei geringen Kosten pro Megabyte bieten. Die nicht ganz perfekte Zuverlässigkeit und die sequenzielle Art des Zugriffs sind ihre hauptsächlichen Nachteile. Die potenziell hohen Anschaffungskosten für das Bandlaufwerk (im Gegensatz zu dessen Medien) können ebenfalls als Nachteil bewertet werden. Wenn Sie aber nur einen Rechner mit einem solchen ausstatten und diesen dazu verwenden, das gesamte Netzwerk zu sichern, verteilen sich diese Kosten effektiv in Bezug auf das Gesamtnetz.

Einige Bandlaufwerke bieten intern die Möglichkeit zur Datenkompression. Diese Laufwerke wenden automatisch Kompressionsalgorithmen an, die es ermöglichen, mehr Daten auf einem Band zu speichern, als im unkomprimierten Zustand (typischerweise die doppelte Datenmenge). Da die meisten Backup-Programme eine Software-seitige Kompression unterstützen, ist eine Hardware-seitige Kompression nicht unbedingt notwendig. Sie ist aber nützlich, um die CPU-Belastung des Backup-Servers zu reduzieren. Eine Hardware-seitige Kompression ist ebenfalls dann von großem Vorteil, wenn Sie den Befehl `tar` als Backup-Programm verwenden, da `tar` in Kombination mit `gzip` als Komprimierungsprogramm Archive erstellt, die äußerst fehleranfällig sind. Wenn ein Fehler beim Lesen eines mit `gzip` erstellten `tar`-Archivs auftritt, führt dies dazu, dass auf den Rest des Archivs nicht länger zugegriffen werden kann. Berücksichtigt man die nicht 100%ige Zuverlässigkeit von Bändern für Sicherungszwecke, macht diese Tatsache das Vorhandensein einer Hardware-seitigen Kompression in jedem Bandlaufwerk, welches Sie mit dem Befehl `tar` nutzen wollen, wünschenswert.

Heutzutage gibt es eine Reihe unterschiedlicher Bandtypen, die im verbreiteten Gebrauch sind. Ihre Formate sind wechselseitig unkompatibel – wie z.B. 8-Spur Tonbänder und Audiokassetten oder Beta- und VHS-Videobänder ebenfalls nicht zueinander kompatibel sind. Im Gegensatz zu veralteten Videoformaten sind folgende Magnetbandformate jedoch alle im normalen Handel erhältlich.

Travan Das Travan-Format ist eine Schöpfung der Firma *Imation* (`http://www.imation.com`), dem führenden Hersteller von Travan-Bändern. Diese Bänder sind eine Weiterentwicklung des nunmehr seltener gewordenen *Quarter-Inch Cartridge*-Formats (*QIC*). Travan-Geräte sind meist im unteren Bereich des Band-Spektrums zu finden; sie sind beliebt als Geräte für die Sicherung von Desktop-Systemen. Es gibt jedoch einige Travan-*Wechsler*. Diese Geräte verwenden mehrere Bänder, um eine größere Speicherkapazität zu erreichen. In ihrer einfachen Ausführung als Gerät mit nur einem Band sind Travan-Laufwerke nicht sonderlich teuer, jedoch kosten die Bänder im Vergleich zu einigen anderen Formaten relativ viel. Die Speicherkapazität reicht von 400 MByte bei der nun obsoleten Subvariante TR-1 bis hin zu 10 GByte bei den Laufwerken vom Typ TR-5 und NS-20 (letzteres verfügt über eine interne Kompression und kann bis zu 20 GByte typischer Daten auf einem TR-5/NS-20-Datenträger speichern).

DAT Das *Digital Audio Tape* (*DAT*) wurde ursprünglich als Medium für Audio-Aufnahmen entwickelt und wurde in der Zwischenzeit als Backup-Format für Daten angepasst. Die unterschiedlichen Subvarianten, die als DDS-1 bis DDS-4 bezeichnet werden, sind Verbesserungen bezüglich ihrer Speicherkapazität, die von 2 GByte bis zu 20 GByte im unkomprimierten Zustand reichen, und bezüglich ihrer Geschwindigkeit. DAT-Geräte zeichnen sich gegenüber Travan-Geräten durch eine geringfügig größeren Zuverlässigkeit aus. Die Laufwerke sind zwar teurer als Travan-Geräte, dafür sind die DAT-Bänder kostengünstiger. Die meisten DAT-Laufwerke unterstützen eine Hardware-Kompression und Wechsler stehen für größere Netzwerke zur Verfügung.

DLT Das Format *Digital Line Tape* (*DLT*) findet Verwendung in einigen mittleren und in hochwertigen Backup-Systemen. Diese Technologie hat den Ruf, recht zuverlässig zu sein und große Speicherkapazitäten zu bieten; Bänder mit einer Kapazität zwischen 20 und 35 GByte sind üblich. DLT-Laufwerke tendieren dazu, recht teuer zu sein, mit einem Preis, der oftmals € 3.000,-- für ein Laufwerk, welches nur ein Band aufnehmen kann, überschreitet.

8mm Es gibt eine Reihe von Bandsicherungslaufwerken, die auf dem 8mm-Format basieren, welches in einigen Video-Camcordern Verwendung findet. Diese Art Laufwerke wird normalerweise im Markt für kleine Server verkauft, wie DLT- und höherwertige DAT-Laufwerke. Die Firma *Exabyte* (`http://www.exabyte.com`) ist heutzutage der einzige nennenswerte Hersteller dieses Formats.

ADR Eines der neueren verfügbaren Bandformate heißt *Advanced Digital Recording* (*ADR*). Es bietet unkomprimierte Kapazitäten zwischen 15 und 25 GByte mit einer Hardware-Kompression, die eine Verdoppelung dieser Werte ermöglicht. Erste Erfahrungen zeigen, dass ADR-Laufwerke zuverlässiger arbeiten als die meisten Bandlaufwerke, jedoch ist die Technologie noch zu neu, um Aussagen über deren längerfristige Zuverlässigkeit zu machen. ADR-Laufwerke sind kostengünstiger als vergleichbare DAT-Laufwerke bei ähnlichem Kostenaufwand für die zu verwendenden Medien.

Weitere Neben den genannten Formaten gibt es ein breites Angebot an eigenen Formaten, die auf die Verwendung in zum Teil Desktop-, zum Teil aber auch in Server-Systemen abzielen.

Für einen Netzwerk-Server sollten Sie ein hochwertiges DAT-, DLT-, 8mm-, ADR- oder sogar eines der weiteren, nicht so verbreiteten Systeme in Erwägung ziehen. Travan-Laufwerke neigen dazu, zu langsam und zu klein in ihrer Speicherkapazität zu sein, um mit ihnen Netzwerk-Backups durchzuführen, wobei ein solches Backup-System in hochwertiger Ausstattung unter Umständen durchaus ausreichend sein könnte, wenn Sie die Bänder nur für die Sicherung des Servers verwenden oder wenn das Netzwerk sehr klein ist.

Unabhängig von der Auswahl des Band-Mediums ist die Wahl der Schnittstelle. Es gibt sowohl Geräte mit Parallelport-Anschluss, USB-, ATAPI- oder SCSI-Schnittstelle. Für ein Netzwerk-Backup-Gerät ist SCSI die beste Wahl, da dieses die höchste Durchsatzrate gewährleistet. Ein Netzwerk-Backup-Gerät mit einer ATAPI-Schnittstelle kann in einem kleineren Netzwerk ausreichend sein. Die meisten hochwertigen Backup-Geräte sind ausschließlich als SCSI-Geräte ausgelegt, obwohl es auch ADR-Laufwerke mit einer ATAPI- oder USB-Schnittstelle (die allerdings langsamer als ATAPI ist) gibt. In der Vergangenheit verfügten viele Low-End Bandlaufwerke (einschließlich einiger Travan-Modelle) über einen Anschluss an den Disketten-Port. Diese Art Laufwerke sind in der Regel langsam und unzuverlässig, so dass sie für einen Netzwerk-Backupserver ungeeignet sind.

Optische Medien

Optische Backup-Geräte schließen *CD Recordable* (*CD-R*, CD-Brenner) und *CD Rewritable* (*CD-RW*, wiederbeschreibbare CDs) ein. Diese Art von Geräten erlauben es, Daten auf Datenträger zu schreiben, die die Größe und das Aussehen normaler CD-ROMs haben. Die meisten CD-ROM-Laufwerke können CD-R-Datenträger, viele neuere Laufwerke auch CD-RW-Datenträger lesen. Optische Medien bieten auf Grund dieser Tatsache einen großen Vorteil: Sie können auf fast jedem Computer-System zurückgelesen werden, das mit einem CD-ROM-Laufwerk ausgestattet sind. Dieses Leistungsmerkmal kann eine große Vereinfachung bei der Wiederherstellung von Client-Systemen sein.

Die Möglichkeit der optischen Speicherung, die auf dem neueren Format *Digital Versatile Disc* (*DVD*) basiert, findet in zunehmendem Masse Verbreitung und mag für kleinere Netzwerke verlockend erscheinen, ist jedoch noch eine recht junge Technologie und schnellen Änderungen unterworfen.

Im Folgenden finden Sie einen Überblick über die Charakteristiken optischer Speichermedien:

Kosten Die Kosten für CD-R-Medien bewegen sich zur Zeit um die ? 1,00/GByte, also in einer Größenordnung wie die weniger teuren Magnetbandformate. CD-Rs sind jedoch nicht wieder verwendbar. CD-RW-Medien sind geringfügig teurer und wieder verwendbar. DVD-basierte Medien sind wesentlich teurer, wobei die Preise in naher Zukunft rasch fallen werden.

Zuverlässigkeit Optische Medien sind extrem zuverlässig. Aktuelle Schätzungen besagen, dass diese Medien eine Lebensdauer von 50 bis 100 Jahren haben, wenn sie entsprechend gelagert werden. Dies macht sie zu einer idealen Lösung für langfristige Archivierungsansprüche.

Wahlfreier Zugriff Anders als bei Bändern handelt es sich bei optischen Speichermedien um solche mit sogenanntem wahlfreien Zugriff, was bedeutet, dass der Computer direkten Zugriff auf beliebige Bereiche des Datenträgers nehmen kann, ohne dazwischen liegende Daten lesen zu müssen. Dies bietet die Möglichkeit einer schnellen Wiederherstellung zufällig verteilter Dateien.

Geschwindigkeit Verglichen mit anderen Backup-Medien sind optische Medien langsam. Im Jahr 2000 hatten CD-R- und CD-RW-Laufwerke typischerweise eine “8x-Geschwindigkeit”, was bedeutet, dass sie achtmal so schnell wie ein CD-ROM-Laufwerk mit einer Lesegeschwindigkeit von 150 KByte/Sek. Daten aufnehmen können (oder in der Terminologie, die typischerweise von Magnetbandherstellern verwendet wird: mit 70 MByte/Min.). Dies bringt optische Speichermedien im besten Falle in den Geschwindigkeitsbereich der langsamsten Bandlaufwerke.

Kapazität Die Speicherkapazität ist die „Archillesferse" von CD-R- und CD-RW-Medien, die beide im Falle von Standard-Datenträgern auf 650 MByte beschränkt sind (es gibt spezielle Datenträger, die diese Obergrenze auf ungefähr 700 MByte ausdehnen). DVD-basierte Medien verfügen über ein mehrfaches dieser Kapazität, reichen aber in keinerlei Weise an die mehr als 100 GByte hochwertiger Bandlaufwerke heran.

Wenn die Ansprüche, die Sie an das von Ihnen durchzuführende Backup stellen nicht sehr bescheiden sind, verfügen optische Medien nicht über die notwendige Speicherkapazität, um regelmäßige und vollständige Sicherungen eines Servers durchzuführen. Diese Geräte können jedoch dann äußerst nützlich sein, wenn sie für die Sicherung von Clients verwendet werden, die über eine nur geringe Speicherkapazität verfügen und die selten Änderungen unterworfen sind. Wenn sich beispielsweise eine große Zahl an Clients in Ihrem Netzwerk befindet, die nur über wenig installierte Software und lokale Daten verfügen, ist es möglich, ein Komplett-Backup solcher Maschinen auf eine einzelne Standard-CD-R zu kopieren, die bei Verwendung von Kompression immerhin bis zu 1,3 GByte an Daten speichern kann. Wenn es zu einem Festplatten-Crash kommt oder das Betriebssystem beschädigt wird, können Sie das Backup mithilfe der CD-R direkt auf die Maschine zurückspielen, ohne dass hierzu Netzwerkzugriffe notwendig sind.

Wechselmedien

Es gibt eine Auswahl an Wechselmedien, beginnend mit *Zip*-Laufwerken der Firma *Iomega* (`http://www.iomega.com`) mit 100 MByte bis zu *Orb*-Laufwerken der Firma *Castlewood* (`http://www.castlewood.com`) mit 2,2 GByte Speicher und ähnlichen Laufwerken mit darüber hinaus gehender Speicherkapazität. Diese Laufwerke verwenden typischerweise eine Technologie, die mit der von Floppy-Disketten oder Festplatten vergleichbar ist, es gibt aber auch welche, die auf magneto-optische Technologien oder andere Varianten aufbauen. In jedem Falle stellen diese Geräte eine praktische Möglichkeit dar, Datensicherungen durchzuführen oder Daten von einigen zehn Megabyte bis hin zu mehreren Gigabyte zu transportieren.

Es stehen ebenfalls verschiedene Typen transportabler Festplatten zur Verfügung, von EIDE-Laufwerken, die in spezielle Wechselrahmen geschoben werden können, bis zu externen SCSI-Laufwerken. Sie können diese Geräte dazu verwenden, vollständige Backups Ihrer normalen Festplatte vorzunehmen, um diese dann an einem sicheren Ort aufbewahren zu können.

Im Folgenden erhalten Sie einen Überblick über die Charakteristiken von Wechselmedien:

Kosten Die meisten Platten-basierten Lösungen sind recht teuer, mit € 10,00 bis € 50,00 pro Gigabyte. Die Kosten einiger Lösungen, speziell derjenigen, die auf der Verwendung normaler Festplatten basieren, mögen auf den ersten Blick attraktiv erscheinen, da sie nichts weiter kosten als ein weiteres separates Laufwerk, anders als dies bei Band- oder CD-RW-Geräten der Fall ist. Da dieser Gerätetyp jedoch Laufwerk und Medium in einem darstellt, sind die Kosten recht hoch, wenn mehrere Medien angeschafft werden sollen.

Zuverlässigkeit Wechselplattengeräte sind typischerweise sehr zuverlässig – mit Sicherheit zuverlässiger als Bänder. Sie sind jedoch oftmals empfindlicher gegen Stöße als Bänder, so dass bei ihrem Transport Sorgfalt gewahrt werden sollte.

Wahlfreier Zugriff Wechsellaufwerke sind wie optische Laufwerke Geräte mit wahlfreiem Zugriff, was die Wiederherstellung zufällig verteilter Dateien beschleunigt.

Geschwindigkeit Es gibt substanzielle Unterschiede in der Geschwindigkeit dieser Geräteklasse, beginnend mit behäbigen 0,8 MByte/Sek. (48 MByte/Min.) im Falle einfacher *Zip*-Laufwerke, bis hin zu 30 MByte/sek. (1.800 MByte/Min.) oder mehr im Falle von Wechselplatten.

Kapazität Die Kapazität variiert zwischen 100 Megabyte im Falle von *Zip*-Laufwerken bis hin zu Dutzenden an Gigabyte bei Wechselplatten.

Alles in allem sind Wechselmedien eine schlechte Wahl für die Durchführung von Netzwerk-Backups. Die meisten dieser Geräte sind bezüglich ihrer Kapazität so klein und bezüglich ihrer Geschwindigkeit so langsam, dass sie für Komplett-Backups ungeeignet sind. Andere, insbesondere auf Standard-Festplattenbasis basierende, mögen über entsprechende Leistungsmerkmale verfügen, jedoch verbieten die entstehenden Kosten vermutlich deren Einsatz – speziell dann, wenn Sie mehrere Backups eines Systems vorhalten wollen, was in Hinblick darauf, dass ein Backup einmal schief laufen könnte, eine weise Voraussicht wäre. Dennoch können Wechselmedien eine wichtige Rolle in der Durchführung von Backups spielen. Da die Lese- und Schreibzugriffe auf diese wahlfrei erfolgen, ermöglichen sie die sehr schnelle Erstellung eines Backups oder eine sehr schnelle Wiederherstellung verloren gegangener Daten einzelner aktueller Projekte. Wechselmedien bieten eine einfache Möglichkeit, Daten zwischen dem Arbeitsplatz und zu Hause auszutauschen. Wenn für die hier dargestellten Aufgaben verwendet, sollten Wechselmedien am besten in Client-Computern verwendet werden, wobei einem Einsatz von Wechselmedium-Geräten in einem Samba-Server nichts im Wege steht. Definieren Sie einen Share, der dem Mountpoint eines Laufwerks entspricht, und geben Sie den Anwendern eine Möglichkeit, die Geräte zu mounten.

Wechselmedien können ebenfalls eine wichtige Rolle in „Katastrophen-Wiederherstellungsplänen“ (*desaster recovery plans – DRPs*) spielen. Sie können abgespeckte LINUX- oder Windows-Installationen auf diesen Medien vorhalten, die als eine minimale aber lauffähige Umgebung für die Wiederherstellung des Originalsystems dienen können. Diese Optionen werden später in diesem Kapitel in den Abschnitten *Katastrophenvorbereitung: Entwicklung eines Plans für die Wiederherstellung* und *Optionen für die Wiederherstellung im Notfall* beschrieben.

Server- gegenüber Client-initiierte Backups

Bei der Erstellung eines Backups über das Netzwerk müssen Sie die grundlegende Entscheidung dafür treffen, welcher Computer das Backup initiieren soll – derjenige, dessen Daten gesichert werden sollen (der Client), oder derjenige, der über das Backup-Gerät verfügt (der Server). Die von Ihnen getroffene Wahl legt fest, welche Software Sie einsetzen und wie Sie das Backup durchführen können. Wenn Sie beispielsweise ein Server-initiiertes Backup durchführen wollen, müssen die zu sichernden Clients dahingehend konfiguriert sein, dass auf ihre Laufwerke zugegriffen werden kann (sie dienen in diesem Fall als File Sharing Servers). Auf der anderen Seite, wenn der Backup-Client den Vorgang initiieren soll, muss eine Methode dafür zur Verfügung stehen, dass die Backup-Hardware des Servers von anderen genutzt werden kann.

HINWEIS

In diesem Kapitel werden die Begriffe Client *und* Server *zum Teil etwas verbogen. Mit dem Begriff* Backup-Server *ist derjenige Computer gemeint, der über die Hardware für die Datensicherung verfügt. Der* Backup-Client *ist im Gegensatz hierzu der Computer, dessen Daten gesichert werden sollen. Wie gerade beschrieben, kann dies bedeuten, dass der Backup-Client einer Konfiguration als File Server bedarf und der Backup-Server als Client mit freigegebenen Shares fungiert. Dieser Sprachgebrauch beschreibt am besten die Funktionen der hieran beteiligten Systeme, obwohl die typische Bedeutung der Begriffe* Client *und* Server *hier in etwas ungewohnter Form zum Einsatz kommt.*

Als Faustregel kann bemerkt werden, dass es Sinn macht, Samba als Server-initiierten Backup-Server in Netzwerken zu verwenden, in denen die Sicherung automatisiert ablaufen soll. Sie können LINUX dahingehend konfigurieren, ein Backup-Skript in regelmäßigen Intervallen auszuführen, und dann sicherstellen, dass das Backup-Gerät mit dem entsprechenden Medium geladen ist, wenn das Skript zur Ausführung geplant ist. Wenn alle Clients zum geplanten Zeitpunkt hochgefahren sind und laufen, sollte die Durchführung des Backups reibungslos erfolgen. Sie können eine solche Anordnung dazu verwenden, ein gesamtes Netzwerk (oder einen vernünftig großen Teil eines Netzwerks) jede Nacht, wöchentlich oder monatlich zu sichern.

Client-initiierte Backups funktionieren auf der anderen Seite besser in kleinen Netzwerken, in denen die Personen, die sich für die jeweiligen Client-Rechner verantwortlich zeigen, entscheiden, wann ein Backup am besten durchzuführen ist. Automatisierte Backups funktionieren mit diesem System nicht so gut, da der Versuch der Datensicherung durch einen Client zu Problemen bei einem anderen Client führen kann. Sie können immer noch zeitgeplante, automatische Backups durchführen, wenn Sie die Möglichkeit besitzen, die Backups zeitlich zu staffeln – zum Beispiel könnten Sie in einem kleinen Netzwerk mit weniger als fünf Computern jeden Client dahingehend konfigurieren, dass er das automatisierte Backup in einer anderen Nacht in jeder Woche durchführt.

Client- und Server-initiierte Backups unterscheiden sich neben der Zeitplanung noch in der verwendeten Software. Mit Samba als Backup-Server können Sie Hilfsprogramme verwenden, die zum Lieferumfang von Samba gehören, wenn Sie eine Server-initiierte Strategie verfolgen (siehe den Abschnitt *Samba für das Backup von Client-Computern verwenden*). Obwohl es Software-Pakete für Client-initiierte Backups gibt, um Windows-Systeme auf einem Backup-Server unter LINUX zu sichern, werden diese nicht in diesem Buch besprochen, da sie nicht zum Umfang von Samba gehören. Bei ARKEIA (`http://www.arkeia.com`) handelt es sich um solch ein Programmpaket.

Software-Auswahl für die Durchführung von Backups

Es existiert eine breite Auswahl an Backup-Software für LINUX, von der die meiste kompatibel mit Samba ist. Samba selber wird mit Software ausgeliefert, die darauf spezialisiert ist, Windows-Computer zu sichern. Im Folgenden sind einige der populärsten Backup-Programme für LINUX aufgeführt:

`tar` Das Programm `tar` ist ein flexibles Hilfsprogramm für die Archivierung unter LINUX. Obwohl es auf Grund eines Fehler-intoleranten Kompressionssystems und verschiedener weiterer Defizite oftmals nicht die erste Wahl für die Erstellung von Backups ist, hat es den Vorteil, dass es auf allen außer vielleicht den kleinsten LINUX-Systemen vorhanden ist und in der Regel souverän von LINUX-Administratoren eingesetzt werden kann. Aus diesem Grund wird `tar` als Beispielprogramm im verbleibenden Rest des Kapitels verwendet.

`smbtar` Dieses Programm ist Teil des Samba-Pakets. Es handelt sich herbei um eine modifizierte Version von `tar`, die `smbclient` dazu verwendet, Zugriff auf Shares von Backup-Clients zu nehmen. Da `smbtar` an Stelle eines eingehängten SMB/CIFS-Dateisystems `smbclient` verwendet, kann `smbtar` Zugriff auf SMB/CIFS-Backup-Leistungsmerkmale nehmen und diese nutzen – das namhafteste dieser Merkmale ist das *Archivbit*, welches SMB/CIFS dazu verwendet, um anzuzeigen, dass eine Datei seit der letzten Sicherung verändert wurde. Dieses Merkmal lässt `smbtar` in einfacher Weise inkrementelle Backups erzeugen (die weiter unten im Abschnitt *Zeitpläne für Backups* beschrieben werden). Im Großen und Ganzen ist `smbtar` ein äußerst nützliches Hilfsmittel für die Erstellung von Backups in Samba-Netzwerken.

`dump` Das Programm `dump` ist ein weiteres Hilfsmittel unter LINUX für die Erstellung von Backups, welches einen Standard darstellt. Es hat die Aufgabe, die Kopie eines Dateisystems auf ein Band zu schreiben und wird von vielen Administratoren bevorzugt bei Bandsicherungen verwendet. Die Wiederherstellung einer Sicherung, die mit `dump` erzeugt wurde, macht den Einsatz eines weiteren Programms erforderlich, nämlich `restore`.

`cpio` Wie bei `tar` handelt es sich bei `cpio` um ein Programm für die Erzeugung von Archiven, dass aber von vielen Administratoren bevorzugt wird, da es robuster gegenüber Fehlern ist als `tar`.

AMANDA Der *Advanced Maryland Automatic Network Disk Archiver* (*AMANDA*) besteht aus einem Satz von Hilfsprogrammen, die das Backup eines Netzwerks mithilfe von `tar` oder `dump` automatisieren. Das Programm beinhaltet die Unterstützung von NFS-Backups für UNIX- und LINUX-Clients sowie von Samba-Backups für Windows-Clients. Besuchen Sie die Seite `http://www.cs.umd.edu/projects/amanda/`, um mehr Informationen zu erhalten.

CD-R Hilfsprogramme Wenn Sie ein CD-R- oder ein CD-RW-Laufwerk für die Erstellung Ihrer Backups verwenden, benötigen Sie entsprechende Hilfsprogramme für das Beschreiben der CDs. zumindest benötigen Sie das Programm `cdrecord` oder ein Programm mit ähnlicher Funktionalität, um Daten schreiben zu können. Der Einsatz von `mkisofs` könnte ebenfalls von Ihnen gewünscht sein, um ISO-9660 Dateisystem-Images der Dateien erstellen zu können, die Sie sichern wollen. Allerdings werden einige kritische Informationen von `mkisofs` verworfen (so werden beispielsweise alle Dateien auf "Nur-Lesen" gesetzt). Aus diesem Grunde sollten Sie zur Erstellung vollständiger Systembackups lieber auf ein Hilfsmittel wie `tar` zurückgreifen statt auf `mkisofs`. Eine typische Sitzung zur Erstellung eines Backups auf CD-R macht also den Einsatz folgender drei Hilfsprogramme erforderlich: `tar` (oder ein anderes Tool zur Archivierung), `mkisofs` und `cdrecord` – und zwar in dieser Reihenfolge. Die meisten Beispiele in diesem Kapitel gehen davon aus, dass Sie die Datensicherung auf einem Magnetbandmedium vornehmen, so dass Sie selber entsprechende Anpassungen vornehmen müssten, wenn Sie ein optisches Speichermedium verwenden wollen.

BRU Das *Backup and Recovery Utility* (*BRU*) der Firma *Enhanced Software Technologies* (`http://www.estinc.com`) ist ein kommerzielles Backup-Programm, das über ein gutes GUI-basiertes Konfigurationssystem verfügt. Die „Personal Version" ist in einigen LINUX-Distributionen enthalten, für die Erstellung von Netzwerk-Backups benötigen Sie jedoch die teurere kommerzielle Variante. BRU enthält keine explizite Unterstützung von Windows-Clients, kann aber Shares sichern, die per `smbmount` in das lokale Dateisystem eingehängt sind.

ARKEIA ARKEIA (`http://www.arkeia.com`) ist ein kommerzielles Backup-Paket, das in vielerlei Hinsicht mit BRU zu vergleichen ist. ARKEIA enthält jedoch eine explizite Unterstützung für das Backup von Windows-Clients ohne den Einsatz von Samba (*Anm. d. Übers.*: Für den privaten aber auch für den kommerziellen Einsatz kann eine „Free Version" von o.a. Webseite heruntergeladen werden, die den Einsatz eines Servers und zweier Clients unterstützt. Diese ist im Übrigen auch Bestandteil der *SuSE*-Distribution).

Welche Backup-Software Sie verwenden, hängt zum Großteil von Ihren persönlichen Vorlieben und von den spezifischen Netzwerkansprüchen ab. Samba-Clients können hervorragend mit `smbtar` gesichert werden, so dass dessen Gebrauch in diesem Kapitel im Vordergrund stehen soll. Das Programm `tar` wird ebenfalls als Beispiel verwendet, da es allgemein verfügbar ist und viele bereits sehr sicher im Umgang mit ihm sind. Sie sollten wenig Probleme damit haben, die Beispiele zu `tar` auf ein anderes Paket zu übertragen, sollten Sie ein anderes bevorzugen.

Zeitvorgaben für Backups

Zeitvorgaben sind ein wichtiger Faktor beim Aufstellen von Backup-Plänen. Zwei Aspekte sind hierbei zu beachten: die Häufigkeit, mit der bestimmte Systeme oder Dateien auf bestimmten Systemen gesichert werden sollen und die Aufstellung von Zeitplänen, wann das Backup automatisch erfolgen soll. Beide Themenbereiche sind als kritisch in jeder größeren Installation zu betrachten – wenn Sie ein wichtiges Backup vergessen oder zeitlich falsch planen, müssen Sie den Preis zahlen, wenn es darum geht, verloren gegangene Daten wiederherzustellen.

Zeitpläne für Backups

Einer der wichtigsten Aspekte bei der Konfiguration eines Computers oder Netzwerks für Backups ist die Frage des Zeitplans. Im Idealfall sollten Sie Backups regelmäßig und in solch kurz aufeinander folgenden Intervallen durchführen, dass ein katastrophaler Fehler auf einer Festplatte nicht zum Verlust von zu vielen Daten führt, die in der Zwischenzeit erfasst wurden. Die Entscheidung, was „zu viel" ist, kann eine subjektive sein, die Sie an Hand Ihrer eigenen und der Bedürfnisse Ihrer Mitarbeiter klären müssen. Es gibt Umgebungen, in denen der Verlust auch nur eines Tageswerks schon zu viel sein kann. In anderen kann es der Fall sein, dass Systeme sich langsam genug verändern, dass eine monatliche oder sogar jährliche Sicherung akzeptabel ist. In der Realität wird es jedoch meist so aussehen, dass Sie innerhalb eines Netzwerks eine Mischung unterschiedlicher Anforderungen für unterschiedliche Computer vorfinden werden. Eine häufig angetroffene Situation finden Sie in einem Netzwerk, in dem die anfallenden Daten zentral gespeichert werden. In solch einem Netzwerk ist es erforderlich, Backups des Servers in nur sehr kurzen Abständen aufeinander folgen zu lassen, wohingegen eine Sicherung der Clients nur einmal monatlich notwendig ist, da bei diesen nur sehr langsam Veränderungen eintreten.

Selbst wenn die Daten eines System regelmäßig gesichert werden müssen, ist es nicht immer notwendig, jede einzelne Datei zu sichern. Die meisten dem Betriebssystem zugehörigen und die meisten Programmdateien ändern sich nicht sehr häufig, aber bei vielen Datendateien ist dieses der Fall. Aus diesem Grunde schlüsseln Sie Ihre Backups am besten nach unterschiedlichen Dateitypen auf und sichern diejenigen, die häufigeren Änderungen unterliegen, öfter als die anderen. In LINUX-Systemen ist diese Unterscheidung relativ einfach durch die vorgegebenen Verzeichnisbäume. Typischerweise enthalten die Verzeichnisbäume `/home` und `/var` Dateien, die einer häufigen Änderung unterliegen, wohingegen `/usr`, `/opt` und die meisten anderen Verzeichnisbäume Dateien enthalten, die weniger häufig geändert werden. Aus diesem Grund könnten Sie versuchen, von den Verzeichnisbäumen `/home` und `/var` ein tägliches Backup zu ziehen, wohingegen ein komplettes Systembackup nur einmal im Monat erfolgt. Ein solcher Ansatz minimiert den Verschleiß Ihrer Backup-Hardware und reduziert die Zeit, die das System für die Durchführung eines Backups benötigt. Er kann ebenfalls dazu führen, dass die für die von Ihnen verwendeten Backup-Medien erforderliche Speicherkapazität reduziert wird; Sie werden aber dennoch genügend Kapazitäten benötigen, um periodisch volle Systembackups ausführen zu können.

Eine andere Methode, den effizientesten Gebrauch Ihrer Zeit und Ihrer Hardware zu gewährleisten, ist es, den Computer präzise feststellen zu lassen, welche Dateien seit dem letzten Backup verändert wurden und somit nur die in der Zwischenzeit veränderten Dateien zu sichern. Innerhalb dieses Rahmens gibt es zwei prinzipielle Formen des Backups.

Gesamt-Backup Ein Gesamt-Backup schließt alle Dateien eines Computers oder eines Netzwerks ein, unabhängig davon, ob sie seit des letzten Backups verändert wurden oder nicht. Gesamt-Backups sind dann von Nutzen, wenn Sie ein komplettes System mithilfe eines Backups wiederherstellen müssen – dies kann der Fall sein, wenn eine Festplatte komplett ausgefallen ist. Gesamt-Backups nehmen jedoch die meiste Zeit in Anspruch. Wenn das von Ihnen verwendete Backup-Medium nicht über genügend Speicherkapazität verfügt, um ein Gesamt-Backup aufzunehmen, müssen Sie dieses über mehrere Medien verteilen, was den Aufwand und die Wahrscheinlichkeit auftretender Probleme erhöht.

Inkrementelles Backup Ein inkrementelles Backup sichert nur Dateien, die neu hinzugekommen sind oder seit der letzten Sicherung verändert wurden. Hierbei gibt es wiederum zwei Haupt-Varianten: Bei der einen werden alle Dateien gesichert, die seit dem letzten Gesamt-Backup verändert wurden; bei der anderen Variante werden alle Dateien gesichert, die seit dem letzten Gesamt-Backup oder seit dem letzten inkrementellen Backup gesichert wurden. Die erste Variante gewährleistet, dass eine Gesamt-Wiederherstellung nicht mehr als zwei Bänder benötigt; jedoch wächst der Umfang des inkrementellen Backups umso mehr, je mehr Zeit seit dem letzten Gesamt-Backup vergangen ist. Die zweite Variante macht unter Umständen ein halbes Dutzend oder mehr Bänder erforderlich, um ein System komplett wiederherzustellen, abhängig vom verwendeten Zeitplan für Backups, aber jedes inkrementelle Backup hat in etwa dieselbe Größe.

Eines der Leistungsmerkmale der von Microsoft-Betriebssystemen verwendeten Dateisysteme ist, dass sie ein *Archivbit* bieten, um die Ausführung inkrementeller Backups zu unterstützen. Dieses Bit wird gesetzt, wenn eine Datei neu angelegt oder modifiziert wird, und wieder entfernt, wenn ein Backup-Programm die entsprechende Datei sichert. Als Folge können inkrementelle Backups ausgeführt werden, indem sie ausschließlich Dateien sichern, die über ein gesetztes Archivbit verfügen. SMB/CIFS unterstützt dieses Archivbit. Da LINUX-Dateisysteme jedoch ein Archivbit nicht unterstützen, können die meisten LINUX-Backup-Programme dieses auch nicht nutzen; um ein inkrementelles Backup vornehmen zu können, müssen sie eine Liste derjenigen Dateien pflegen, die bereits gesichert wurden. Das Samba-Programm `smbtar` ist eine Ausnahme zu dieser Regel; es „versteht" das Archivbit und kann es dazu verwenden, inkrementelle Backups auszuführen, ohne eine Liste zuvor gesicherter Dateien führen zu müssen.

HINWEIS

Wie in Kapitel 5: Konfiguration zur Freigabe (Share) von Dateien *beschrieben, unterstützt Samba die Emulation des Archivbits innerhalb seiner freigegebenen Dateisysteme. Dies ist normalerweise nur dann von Interesse, wenn Sie vorhaben, Samba-Shares unter Verwendung einer Windows-basierten Backup-Software zu sichern. In den meisten Fällen ist die Verwendung einer LINUX-basierten Backup-Software die bessere Idee. LINUX Backup-Software sichert das Ausführungsbit, das von Samba verwendet wird, um Merkmale von Windows-Dateisystemen zu emulieren, und sie kann zusätzlich zu den Shares die LINUX Server-Software selber speichern. Mithilfe von SMB/CIFS können Sie den Samba-Server nicht verlässlich und direkt sichern, so dass Sie LINUX-Tools verwenden müssen, um diese Aufgabe zu erledigen, oder das Betriebssystem ungeschützt lassen.*

Wenn Sie ein großes Netzwerk sichern müssen, können Sie mit Problemen bezüglich des Netzwerks und der Kapazität der von Ihnen verwendeten Backup-Medien konfrontiert werden. Stellen Sie sich beispielsweise ein Netzwerk mit 40 Computern vor, von denen jeder 20 GByte an Daten vorhält. Die für eine Datensicherung notwendige Gesamtspeicherkapazität beträgt somit 800 GByte, wodurch alle bis auf die allergrößten Bandspeichereinheiten überfordert wären. Darüber hinaus lassen Sie uns von einem 100 Mbps-Netzwerk ausgehen, das mit seiner theoretischen Maximalgeschwindigkeit arbeitet (eine unrealistische Annahme) – die Sicherung von 800 GByte Daten würde über dieses Netzwerk über 18 Stunden in Anspruch nehmen. In der Praxis würde dies bedeuten, dass die Sicherung eines solchen Netzwerks die Netzwerkkapazität eines vollen Tages in Anspruch nehmen würde. Sie könnten vielleicht damit davonkommen, wenn Sie das Backup an Wochenenden durchführen würden, aber auch dann könnte sich das Backup als störend erweisen, wenn Ihr Betrieb sieben Tage die Woche operiert. Eine andere Option wäre es, das Backup über mehrere Tage zu staffeln. Statt alle 40 Computer auf einmal zu sichern, könnten Sie jeweils acht Computer in fünf verschiedenen Nächten sichern. Das Resultat wären handhabbarere 160 MByte pro Nacht, für die etwas mehr als vier Stunden in Anspruch genommen würden, annährend optimale Bedingungen vorausgesetzt (in der Praxis würde dieses Backup bei Vorhandensein typischer Engpässe vermutlich doppelt so lange benötigen).

Um weitere Besonderheiten Ihres Betriebes zu berücksichtigen, werden Sie vermutlich noch komplexere Planungen für Ihre Backups ausarbeiten müssen. Wenn Sie beispielsweise über mehrere Server verfügen, werden Sie diese eventuell jeweils einen Server pro Nacht sichern müssen und die Clients einmal pro Monat mit verschiedenen Clients pro Nacht.

Die Verwendung von `cron`

Eine übliche Backup-Strategie ist es, Backups automatisiert spät in der Nacht oder zu anderen Stunden außerhalb der üblichen Betriebszeiten laufen zu lassen. Viele kommerzielle Pakete beinhalten Hilfsmittel, die es erlauben, Backups zeitgesteuert auszuführen; beachten Sie hierzu die Dokumentation Ihrer Software, wenn Sie mit einem solchen kommerziellen Produkt arbeiten.

Wenn Sie mit Programmen wie `tar` oder `smbtar` arbeiten, um Backups durchzuführen, wollen Sie vermutlich `cron` dazu verwenden, Ihre Backups automatisch auszuführen. Bei cron handelt es sich um ein Hilfsprogramm, welches Skripte zeitgesteuert ausführt. Sie können somit einen `cron`-Job erzeugen, der ein Backup-Skript zu einer passenden Zeit startet, wie zum Beispiel an Wochentagen jeweils um Mitternacht. Es gibt zwei Methoden, einen `cron`-Job zu erzeugen, der in regelmäßigen Intervallen ausgeführt wird:

- Erstellen Sie das auszuführende Skript in einem der Verzeichnisse `/etc/hourly`, `/etc/daily`, `/etc/weekly` oder `/etc/monthly`. LINUX führt die in ihnen enthaltenen Skripte zu den designierten Zeiten (`hourly` = *stündlich*, `daily` = *täglich*, `weekly` = *wöchentlich*, `monthly` = *monatlich*) aus, wobei die genaue Ausführungszeit distributionsabhängig ist. Skripte, die täglich ausgeführt werden sollen, können beispielsweise irgendwann zwischen Mitternacht und 05:00 Uhr gestartet werden.
- Erstellen Sie einen Ihren individuellen Ansprüchen angepassten `cron`-Job, dessen zeitliche Ausführung Sie frei definieren können.

Erzeugen von `cron`-Jobs Um einen `cron`-Job zu erzeugen, erzeugen Sie eine spezielle Datei (oftmals als `crontab`-Datei bezeichnet), in der Sie festlegen, was wann ausgeführt werden soll. Diese `crontab`-Datei enthält drei unterschiedliche Typen von Zeilen: Kommentare (die mit einer Raute [#] beginnen), Umgebungsvariablen, die hier gesetzt werden, und `cron`-Befehlen.

Die Definition von Umgebungsvariablen hat folgende Form:

```
VARIABLE = Wert
```

Sie können häufig genutzte Variablen setzen, die es dem System ermöglichen, Programmdateien zu lokalisieren, z.B. wie folgt:

```
SHELL=/bin/bash

PATH=/sbin:/bin:/usr/sbin:/usr/bin
```

Die `cron`-Befehle haben folgende Form:

```
Minute Stunde Tag-des-Monats Monat Tag-der-Woche Befehl
```

Die ersten fünf Felder des `cron`-Befehls spezifizieren die Zeit(en), wann der Befehl, der im letzten Feld zu finden ist, ausgeführt werden soll. Jedes dieser Felder kann spezielle Werte aufnahmen:

Minute	Akzeptable Werte sind von 0 – 59.
Stunde	Akzeptable Werte sind 0 – 23.
Tag-des-Monats	Akzeptable Werte sind 0 – 31.
Monat	Akzeptable Werte sind 0 – 12 oder die ersten drei Buchstaben des (englischen) Monatsnamens.

Tag-der-Woche Akzeptable Werte sind 0 – 7 oder die ersten drei Buchstaben des (englischen) Wochentages (0 und 7 beziehen sich beide auf den Sonntag).

Sie können in jedem dieser Felder mehrere Werte angeben, wobei folgende Varianten zur Verfügung stehen:

- Ein Asterisk (*) repräsentiert jeden möglichen Wert.
- Um eine Liste möglicher Werte zu bilden, trennen Sie diese durch Kommata wie in `1,8,15,22,29`.

- Um einen Zeitraum anzugeben, verwenden Sie einen Bindestrich (-) wie in `Mon-Fri`, womit ein Lauf an jedem Wochentag spezifiziert wird, wenn im Feld *Tag-der-Woche* angegeben.
- Um “Zeitsprünge” anzugeben, verwenden Sie einen Schrägstrich (`/`) und eine Zahl für die Angabe des Intervalls. Die Angabe von `*/10` spezifiziert beispielsweise einen Lauf bei jedem zehnten Auftreten (10, 20 und so weiter); `Jan-Dec/2` spezifiziert, dass der Job jeden zweiten Monat ausgeführt werden soll.

Das Feld *Befehl* kann jeden beliebigen Befehl oder die Angabe eines Skriptnamens enthalten. Im Falle von Backup-Jobs liegt die Wahrscheinlichkeit nahe, dass Sie hierfür ein spezielles Skript erstellen. Dieses kann Backup-Befehle enthalten, wie sie im weiteren Verlauf dieses Kapitels beschrieben werden.

Eine `crontab`-Datei Als Beispiel finden Sie eine vollständige `crontab`-Datei im folgenden Listing. Diese einfache Datei führt ein wöchentliches Backup am Dienstag (Tag `2` der Woche) um 03:15 Uhr und ein tägliches Backup an jedem weiteren Wochentag um 03:15 Uhr aus. Beide Backups werden durch Skripte, die unter `/root/backup-skripte` zu finden sind, durchgeführt.

```
SHELL=/bin/bash
#
15 3 * * 2    /root/backup-skripte/woechentliches-backup
15 3 * * 1,3-5     /root/backup-skripte/taegliches-backup
```

Nach dem Erstellen einer `crontab`-Datei müssen Sie den `cron`-Dämon von LINUX über diesen informieren. Geben Sie hierzu den Befehl `crontab` wie folgt ein:

```
# crontab -u root crontab-datei
```

Sie können diese Befehlszeile ohne Angabe des Parameters `-u root` formulieren, wenn Sie sie als Benutzer `root` ausführen, oder Sie können einen anderen User angeben (oder den Befehl unter der Kennung des anderen Users ausführen), wenn Sie möchten, dass der Befehl mit den Rechten dieses Users ausgeführt wird. Wahrscheinlich möchten Sie ein Backup jedoch mit den Rechten des Benutzers `root` durchführen.

WARNUNG

Bevor Sie festlegen, dass ein Job als `cron`*-Job ausgeführt wird, stellen Sie absolut sicher, dass die durch ihn aufgerufenen Skripte keine Probleme verursachen werden. Testen Sie diese Skripte zunächst selbst und legen Sie zunächst einen* `cron`*-Job an, der abläuft, während Sie anwesend sind. Tun Sie dies,* bevor *Sie den Job zu einer Zeit ausführen lassen, zu der Sie nicht anwesend sein werden, um ihn gegebenenfalls zu killen und den Schlamassel, den er angerichtet hat, aufräumen zu können. Prüfen Sie ebenfalls die Reaktion des Jobs auf Fehlerbedingungen. Ein möglicher Fehler ist,* *dass im Falle eines Netzwerk-Backups ein zu sichernder Client nicht eingeschaltet ist. Idealerweise sollte ein Backup-Skript Ihnen eine entsprechende Meldung zukommen lassen (beispielsweise per E-Mail), so dass Sie nicht in der irrigen Annahme sind, dass das Backup fehlerfrei durchgelaufen ist.*

Verwahrung von Backup-Medien

Es ist verlockend, zu denken, dass man auf der sicheren Seite sei, sobald man ein Backup erzeugt hat. Dies ist jedoch nicht immer der Fall. Wenn Ihr Büro ausgeraubt oder durch einen Unglücksfall wie einem Feuerausbruch oder durch ein Erdbeben zerstört wird, könnte Ihre Datensicherung genauso verloren gehen wie Ihre Originaldaten. Aus diesem Grunde ist es wichtig, dafür zu sorgen, dass Ihre Backup-Daten extern gelagert werden können. Im Folgenden bekommen Sie einige Beispiele für Auslagerungsmöglichkeiten:

- Lassen Sie Backup-Medien in einem Bankschließfach lagern.
- Tauschen Sie die Backup-Medien mit einem anderen Büro Ihrer Organisation, welches sich in einem anderen Betriebsgebäude befindet zur Lagerung aus.
- Nehmen Sie die Backup-Medien mit nach Hause (oder mit auf die Arbeit, wenn Sie Ihr Netzwerk zu Hause sichern).
- Geben Sie die Backup-Medien einem Freund oder einem Nachbarn zur Aufbewahrung.

Wenn die von Ihnen gesicherten Daten ungewöhnlich sensibel sind, fallen natürlich einige dieser Optionen als unakzeptabel weg; in diesem Falle müssen Sie sich um einen sicheren Aufbewahrungsort außer Hauses bemühen oder eine Backup-Software verwenden, die eine Datenverschlüsselung unterstützt.

Eine verbreitete Methode bei der außerhäusigen Lagerung ist es, mehrere Sets Backup-Medien rotieren zu lassen. Das jeweils aktuellste Backup verbleibt im Hause, für den Fall, dass Sie sehr schnell Daten wiederherstellen müssen. Sie können dann ein älteres Backup extern lagern. Wenn es an der Zeit ist, ein neues Backup durchzuführen, holen Sie das ältere Backup wieder ins Haus, überschreiben es mit einem neuen Backup und schicken das bisher aktuelle Backup zur externen Lagerung.

Wenn Sie Backup-Medien vor Ort verwahren, sollten Sie dieses in einem feuerfesten Safe tun. Dieses schützt die Backup-Medien vor Beschädigung durch Feuer und schützt sie vor neugierigen Augen.

Backup-Bänder enthalten oftmals sensible Daten wie Passwort-Dateien und könnten somit von Interesse für potenzielle Cracker sein. Sofern die Bänder nicht verschlüsselt sind, bieten Sie keinen Schutz vor unauthorisiertem Zugriff, wenn sie in die falschen Hände fallen sollten. Das Gleiche gilt im übrigen für Original-Festplatten.

Lokales Backup eines Samba-Servers

In einem kleinen Netzwerk oder in einem Netzwerk, in dem mehrere Server mit sehr großer Speicherkapazität vorhanden sind, möchten Sie vielleicht direkt an jeden Server ein Backup-Gerät anschließen. Die Durchführung des Backups ist dann ein vollständig lokal ablaufender Vorgang, der kaum Einfluss auf die Netzwerk-Performance hat. Da lokale Backups meist schneller als Netzwerk-Backups sind, können diese Zeit sparen.

Ein Beispiel mit `tar`

Die Details, die bei der Sicherung eines Servers zu beachten sind, unterscheiden sich von einem Programm zum anderen, Sie sollten also auf jeden Fall die Dokumentation des von Ihnen bevorzugten Programms beachten. Das Beispiel in diesem Abschnitt bedient sich des Befehls `tar`, um die Daten eines Servers auf Band zu sichern. Sie können es als Grundlage für weitere Diskussionen von Netzwerk-Backups auf Band verwenden.

Das Sichern von Daten auf optischen Speichermedien ist typischerweise komplexer, als das hier dargestellte Beispiel, da Sie zunächst eine temporäre `tar`*-Datei erstellen müssen, die Sie dann unter Zuhilfenahme von* `cdrecord` *auf den Datenträger schreiben, oder indem Sie mit einer Pipeline das Ergebnis des* `tar`*-Prozesses direkt an* `cdrecord` *weitergeben. Unter Umständen möchten Sie auch das Programm* `mkisofs` *hinzuziehen, um die* `tar`*-Dateien innerhalb konventioneller ISO-9660-Dateisysteme für CD-ROMs zu speichern.*

Das Programm `tar` und seine Optionen

Um `tar` nutzen zu können, müssen Sie genau eine Anweisung in Kombination mit einer oder mehreren Optionen verwenden. *Tabelle 16.1* listet die zur Verfügung stehenden Anweisungen des Befehls `tar` auf und *Tabelle 16.2* fasst die üblichsten Kennzeichner zusammen. Um genauere Details zu erhalten, konsultieren Sie bitte die `man`-Seiten zu `tar`.

Tab. 16.1: `tar`-Anweisungen

ANWEISUNG	ABKÜRZUNG	FUNKTION
`--create`	`c`	Erstellt ein neues Archiv.
`--concatenate`	`A`	Hängt `tar`-Dateien an ein bestehendes Archiv an.
`--append`	`r`	Hängt Dateien an ein bestehendes Archiv an.
`--update`	`u`	Hängt Dateien an ein bestehendes Archiv an, wenn diese neuer als diejenigen im Archiv sind.
`--diff`	`d`	Vergleicht ein Archiv mit Dateien auf der Festplatte.
`--compare`	`d`	wie `--diff`
`--list`	`t`	Zeigt den Inhalt eines Archivs an.
`--extract`	`x`	Extrahiert Dateien aus einem Archiv.
`--get`	`x`	wie `--extract`

Tab. 16.2: Kennzeichner von `tar`

OPTION	ABKÜRZUNG	ZWECK
`--directory verz`	`C`	Wechselt in das Verzeichnis `verz`, bevor weitere Operationen folgen.
`--file [host:]datei`	`f`	Verwendet die Datei mit dem Namen `datei` auf dem Computer mit dem Namen `host` als Archivdatei.
`--listed-incremental datei`	`g`	Führt ein inkrementelles Backup oder Restore (eine Wiederherstellung oder Restaurierung) aus, wobei `datei` als Liste der zuvor archivierten Dateien herangezogen wird.
`--one-file-system`	`l`	Macht nur ein Backup oder Restore eines einzelnen Dateisystems (einer einzelnen Partition).

OPTION	ABKÜRZUNG	ZWECK
`--multi-volume`	`M`	Erzeugt ein Archiv, welches sich über mehrere Bänder erstreckt, oder restauriert dieses wieder.
`--tape-length N`	`L`	Wechselt Bänder nach `N` KByte.
`--same-permissions`	`p`	Bewahrt alle Schutzinformationen.
`--absolute-paths`	`p`	Behält den führenden / bei Pfadangaben bei.
`--verbose`	`v`	Zeigt die Namen aller Dateien an, die gerade gesichert/wiederhergestellt werden.
`--verify`	`W`	Verifiziert das Archiv nach seiner Erstellung.
`--exclude datei`	(keine)	Schließt `datei` von der Archivierung aus.
`--exclude-from datei`	`X`	Schließt die in `datei` aufgelisteten Dateien von der Archivierung aus.
`--gzip`	`z`	Verarbeitet das Archiv mit `gzip` oder `gunzip`

Von den in *Tabelle 16.1* aufgeführten Anweisungen sind die am häufigsten verwendeten die Anweisungen `--create`, `--extract` und `--list`. Die nützlichsten Optionen sind `--file`, `--listed-incremetal`, `--one-file-system`, `--same-permissions`, `--gzip` und `--verbose`.

WARNUNG

Die Option `--one-file-system` *ist von besonderer Bedeutung für Backups. Normalerweise sichert* `tar` *alles, was unterhalb des angegebenen Verzeichnisses liegt. Obwohl dies problemlos funktioniert, wenn Sie* `tar` *den Namen eines Verzeichnisses übergeben, auf das nichts gemountet ist, kann dies dennoch bei bestimmten Arten von Mounts zu Problemen führen. Wenn Sie* `tar` *beispielsweise dazu anweisen, das Wurzelverzeichnis (/) zu sichern, sichert* `tar` *alles, was auf dieses Verzeichnis und seine Unterverzeichnisse gemountet ist, einschließlich NFS- oder Samba-Shares, die von anderen Maschinen zur Verfügung gestellt werden. Was noch schlimmer ist:* `tar` *sichert ebenfalls den Inhalt des Dateisystems* `/proc`, *was vermutlich zu Problemen wenn nicht sogar zu einem System-Crash führen wird. Aus diesem Grund ist es ratsam, immer die Option* `--one-file-system` *zu verwenden und* `tar` *den Namen jeder einzelnen Partition, die gesichert werden soll, anzugeben.*

Der Befehl `tar` sichert Dateien in oder aus *Dateien*. Da LINUX Geräte wie Dateien behandelt, können Sie `tar` anweisen, in eine entsprechende Gerätedatei zu schreiben oder aus ihr zu lesen, um dieses Gerät direkt nutzen zu können (dieser Ansatz funktioniert am besten mit Bandgeräten. Für CD-R- und CD-RW-Geräte ist es notwendig, die Ausgabe von tar durch eine Steuerungssoftware wie cdrecord zu leiten. In Hinblick auf Festplatten ist es ratsam, das Archiv als reguläre Datei innerhalb eines Dateisystems zu speichern, obwohl es durchaus möglich ist, das Archiv direkt auf das Gerät zu schreiben – man spricht hier auch von einem "rohen" [*raw*] Schreibvorgang).

HINWEIS

Sicherungen auf Bändern sind logischerweise gleich zu setzen mit Tarballs, die häufig für den Vertrieb von Software verwendet werden, wie in Kapitel 3: Installation von Samba *beschrieben. Sie können sich ein Bandgerät als eine* .tar- *oder* .tgz-*Datei vorstellen.*

Band-Gerätedateien unter LINUX

Tabelle 16.3 fasst die Namen verschiedener gebräuchlicher Bandgeräte unter LINUX zusammen. Sie können auf bestimmte Bandgeräte durch die Verwendung dieser Gerätedateien Zugriff nehmen. Ein wichtiger Unterschied besteht zwischen solchen, die nach jeder Operation zurückspulen, (*rewinding*) und solchen, die dieses nicht tun (*nonrewinding*), so dass letztere ihnen erlauben, mehr als ein Backup auf ein Band zu spielen.

Typischerweise unterstützt jedes physikalische Bandgerät sowohl eine Gerätedatei vom Typ *rewinding* als auch vom Typ *nonrewinding*. Sie können das Hilfsprogramm mt verwenden, um Zugriff auf mehrere tar-Archive auf einem Band zu erhalten; beachten Sie hierzu die man-Seiten zu mt.

Tab. 16.3: Gebräuchliche Dateinamen für Bandgeräte unter LINUX

NAME DER GERÄTEDATEI	REWINDING	HARDWARE-TYP
/dev/stn	ja	SCSI-Bandgerät Nummer n mit möglichen Werten zwischen 0 und 7.
/dev/nstn	nein	SCSI-Bandgerät Nummer n mit möglichen Werten zwischen 0 und 7.
/dev/htn	ja	EIDE-Bandgerät Nummer n mit möglichen Werten zwischen 0 und 7.
/dev/nhtn	nein	EIDE-Bandgerät Nummer n mit möglichen Werten zwischen 0 und 7.

HINWEIS

Die Unterstützung von USB ist relativ neu unter LINUX. Wenn Sie ein USB-Bandgerät verwenden, benötigen Sie einen aktuellen Kernel der Version 2.3.x oder 2.4.x oder zumindest einen Kernel der Version 2.2.x mit einem Patch für USB-Unterstützung. Wenn sie korrekt konfiguriert wurden, verwenden USB-Geräte dieselben Gerätedateinamen, wie SCSI-Geräte.

Beispiele

Das zuvor Beschriebene resümierend, sieht ein typischer `tar`-Befehl für die Sicherung eines Computers wie folgt aus:

```
tar - -create - -verbose - -gzip - -one-file-system \
- -same-permissions - -file /dev/st0 / /home /usr/local
```

Diese Befehlszeile kann durch die Verwendung der für die Anweisungen zur Verfügung stehenden Abkürzungen auch etwas knapper formuliert werden:

```
tar cvzlpf /dev/st0 / /home /usr/local
```

In beiden Formen sichert dieser `tar`-Befehl die Dateisysteme unterhalb der Wurzel(/) von `/home` und von `/usr/local` auf `/dev/st0` (dem ersten SCSI-Bandgerät); es wird an dieser Stelle davon ausgegangen, dass der Computer über drei LINUX-Partitionen verfügt, die den drei angegebenen Verzeichnissen entsprechen. Ein System mit einer anderen Partitionierung müsste durch entsprechend angepasste Angaben gesichert werden.
Um ein inkrementelles Backup vorzunehmen, können Sie die Option `--listed-incremental` wie in folgendem Beispiel verwenden:

```
tar cvzlpf /dev/st0 - -listed-incremental \
/root/inkrement / /home /usr/local
```

Dieser Befehl speichert Informationen zu dem inkrementellen Backup in der Datei `/root/inkrement` und verwendet deren Inhalt, um festzulegen, welche Dateien gesichert werden müssen.

Katastrophenvorbereitung: Entwicklung eines Plans für die Wiederherstellung

Einer der schwierigsten Aspekte bei der Planung einer Backup-Strategie liegt darin, festzulegen, wie ein kompletter Server im Falle eines schwerwiegenden Unglücks, wie dem Totalausfall sämtlicher Festplatten, wieder herzustellen ist (selbst dann, wenn Sie eine RAID-Konfiguration verwenden, kann dieser Fall eintreten, zum Beispiel durch einen Fehler in der Stromversorgung des Servers, durch Diebstahl und so weiter). Die Herausforderung im Falle einer solcher Katastrophe liegt darin, ein mit dem wiederherzustellenden System identisches System in so kurzer Zeit und mit so wenig Aufwand wie möglich zum Laufen zu bringen. Typischerweise möchten Sie es vermeiden, hierzu LINUX von einer Installations-CD neu installieren und anschließend neu konfigurieren zu müssen. Im Idealfall sollten Sie dazu in der Lage sein, von einem Notfall-Wiederherstellungsmedium booten zu können und das System mit einer Handvoll von Befehlen in seinen originalen, lauffähigen Zustand zurück zu versetzen. Glücklicherweise ist dieses Ziel erreichbar, wenn es auch einiger Planungen bedarf.

Ihr LINUX-Notfallsystem

Als ersten Schritt im Hinblick auf zukünftige Wiederherstellungsbemühungen sollten Sie ein LINUX-Notfallsystem erstellen. Hierbei kann es sich um eine simple Angelegenheit wie eine Diskette, auf der sich eine LINUX-Mikrodistribution befindet, oder um etwas so komplexes wie eine kleine Festplatte, auf der sich eine komplette LINUX-Distribution befindet und die Sie für den Notfall beiseite gelegt haben, handeln. Einige Möglichkeiten, die Sie bei der Erstellung eines solchen Aufbaus berücksichtigen sollten, sind:

Diskettenbasierte Mikrodistributionen Viele LINUX-Distributionen werden bereits mit einer Notfall-Wiederherstellungsdiskette in der einen oder anderen Form ausgeliefert. Typischerweise handelt es sich hierbei um eine bis zu drei Disketten, mit denen Sie booten und dann ein minimales, wieder funktionsfähiges LINUX-System herstellen können. Sie können dann Text-basierte Hilfsprogramme verwenden, um eine neue Festplatte zu partitionieren, Dateisysteme auf ihr zu erstellen und die Daten von Ihrem Backup-Medium wieder einzulesen. Der Trick hierbei ist es, sicherzustellen, dass diese Hilfsprogramme tatsächlich alle erforderlichen Schritte ausführen können, speziell die Wiederherstellung der Daten von Ihrem Backup-Medium. Wenn die Mikro-Distribution über keine Treiber für das von Ihnen verwendete Bandlaufwerk verfügt, ist sie in einer Notfallsituation nutzlos.Neben der Überprüfung, was Ihre reguläre Distribution in dieser Hinsicht bietet, sollten Sie sich einmal m*LINUX* (`http://sunsite.auc.dk/muLINUX/`) und *ThinLINUX* (`http://www.ThinLINUX.org`) als mögliche Basis für eine Disketten-basierte Minimalkonfiguration von LINUX anschauen.

Mini-Installation auf Wechselmedien mit hoher Kapazität Eine zweite Option ist es, eine kleine LINUX-Installation auf einem Wechselmedium wie einem *Iomega Zip*-Laufwerk oder einem *LS-120*-Laufwerk zu erstellen. Beide können um die 100 MByte speichern und verfügen somit über eine ausreichende Kapazität, um eine reguläre Installation zumindest einiger LINUX-Distributionen aufzunehmen. In der Tat, *Slackware LINUX* enthält eine Variante mit Namen *ZipSlack*, die speziell für diesen Zweck bestimmt ist. *Debian* hat sich in diesem Zusammenhang ebenfalls als sehr nützliche Distribution erwiesen. Wenn Sie sorgfältig planen, sind Sie unter Umständen sogar dazu in der Lage, XFree86 und GUI-basierte Hilfsprogramme in solche einem System einzuschließen. Einige Wechselmedien mit großer Speicherkapazität sind vom BIOS aus bootfähig, so dass Sie sie wie normale LINUX-Partitionen verwenden können. Einige können jedoch nicht vom BIOS aus gebootet werden, so dass Sie die Hilfe einer DOS-Startdiskette benötigen, auf der sich `LOALIN.EXE` befindet, ähnlich wie bei den zuvor beschriebenen Notfalldisketten.

CD-ROM mit einem „LINUX Live-System" Einige LINUX-Distributionen (einschließlich *Slackware*) werden mit einem „LINUX Live-Dateisystem" ausgeliefert. Dies bedeutet, dass die CD-ROM bootfähig ist und ein funktionsfähiges LINUX starten kann, das sich zum Großteil auf dieser CD-ROM befindet. Diese Systeme können äußerst umfangreich sein und unter anderem XFree86 und ein breites Sortiment an Hilfsprogrammen enthalten. *Finnix* (`http://www.finnix.org`) ist eine spezialisierte, CD-ROM-basierte LINUX-Distribution.

Welches System auch immer Sie für die Wiederherstellung verwenden wollen – es ist in jedem Fall zwingend erforderlich, dass Sie es gründlich darauf testen, ob es für eine Wiederherstellung geeignet ist. Im Idealfall sollten Sie es dazu verwenden, ein lauffähiges LINUX-System auf einem freien Rechner zu „restaurieren". Wenn dies nicht möglich ist, überprüfen Sie zumindest, ob Sie ein kleines Test-Backup mithilfe dieses Systems auf Ihren Haupt-Server zurückspielen können. Wenn Sie das Notfallsystem auf mehreren Computern verwenden wollen, stellen Sie sicher, dass es mit allen potenziellen Zielsystemen läuft.

Booten eines wiederhergestellten Computers

Zusätzlich zu der Wiederherstellung der Daten werden Sie mit einer weiteren Hürde konfrontiert, wenn Sie ein wiederhergestelltes System das erste Mal neu starten. Typischerweise stützt sich ein LINUX-Server auf den *LINUX Loader* (*LILO*), um zu booten. Alle größeren LINUX-Distributionen installieren LILO im Verlauf der Installation; eine installierte Kopie des LILO ist jedoch keine einfache Datei. Aus diesem Grund kann er nicht durch `tar` oder andere Backup-Programme wiederhergestellt werden. Sie können LILO aber neu installieren, wenn Sie nach dem Booten `lilo` eingeben.

Eine der einfacheren Methoden aus diesem Teufelskreis ist das Verwenden einer anderen Start-Methode, um Ihr wiederhergestelltes System das erste Mal zu booten. Eine DOS-Boot-Diskette, das Programm

LOADLIN.EXE, welches Bestandteil aller wichtigen LINUX-Distributionen ist und eine Kopie Ihres LINUX-Kernels stellen eine solche Lösung dar. Um diese Lösung vorzubereiten, halten Sie sich an folgende Schritte:

1. Erstellen Sie eine DOS-Boot-Diskette. Wenn Sie über keine geeignete Kopie von DOS verfügen, verwenden Sie *FreeDOS* (http://www.freedos.org).
2. Kopieren Sie LOADLIN.EXE von Ihrer LINUX Installations-CD auf die DOS-Boot-Diskette.
3. Kopieren Sie Ihren LINUX-Kernel von Ihrem LINUX-System auf die DOS-Boot-Diskette.

TIPP

Sowohl LOADLIN.EXE *als auch Ihre LINUX Kernel-Dateien müssen auf der gleichen Diskette vorhanden sein. Wenn sie nicht gemeinsam auf die Diskette passen, versuchen Sie, unnötige Dateien von dieser Diskette zu löschen oder verwenden Sie eine zweite Diskette für* LOADLIN.EXE *und den LINUX-Kernel.*

4. *Testen Sie die Notfalldiskette!* Fahren Sie den Server herunter und booten Sie dann mit der DOS-Diskette. Sie sollten dann dazu in der Lage sein, den Server mit einem Befehl wie

   ```
   LOADLIN ZIMAGE root=/dev/sda ro
   ```

   zu booten. Passen Sie diese Befehlszeile gegebenenfalls dem Namen der von Ihnen verwendeten Kernel-Datei (ZIMAGE in diesem Beispiel) und dem der LINUX-Rootpartition (/dev/sda2 in diesem Beispiel) an.
5. Wenn Sie in der Zukunft den von Ihnen verwendeten Kernel neu kompilieren, kopieren Sie diesen auf die Notfalldiskette und testen Sie sie erneut.

Um noch einmal zusammenzufassen: Erzeugen und testen Sie *zwei* Notfalldisketten: eine für die Wiederherstellung der Dateien auf dem Server und die andere, um den Server nach der Wiederherstellung neu zu booten. Beide Disketten sind für die Wiederherstellung eines lauffähigen Systems von kritischer Wichtigkeit. Nach dem Booten des wiederhergestellten Systems mit der Notfall-Bootdiskette können Sie lilo eingeben, um Ihre LILO-Konfiguration wiederherzustellen. Wenn Sie ein anderes Partitionsschema gewählt haben, müssen Sie jedoch noch die Datei /etc/lilo.conf im Hinblick auf diese Änderungen editieren.

Das entfernte Sichern eines Samba-Servers

Manche Netzwerke beherbergen mehrere Samba-Server, verwenden aber nur einen zentralen Backup-Server, um alle Netzwerk-Backups durchzuführen. In solchen Netzwerken ist es notwendig, die Samba-Server unter Zuhilfenahme von Netzwerkverbindungen zu sichern. Wie im Falle einfacher Clients gibt es auch hier zwei Methoden, ein solches Backup zu initiieren: von Seiten der Backup-Clients (das heißt von Seiten der Samba-Server) oder von Seiten des Backup-Servers aus.

Für die Sicherung von Client-Systemen unter Windows dient Samba als ein gutes Netzwerkprotokoll. Dies trifft jedoch nicht zu, wenn Samba-Server gesichert werden sollen. Samba lässt die notwendige Unterstützung bestimmter Leistungsmerkmale von LINUX-Dateisystemen, wie Besitzverhältnisse, Rechte und die Unterstützung von sog. *Special Files* (*spezielle Dateien*) wie den Gerätedateien vermissen. Aus diesem Grunde werden üblicherweise andere Protokolle für die Durchführung dieser Aufgabe verwendet. Wenn der Backup-Server für die Initialisierung des Backups verwendet wird, ist die am häufigsten verwendete Methode, das *Network Filesystem* (*Netzwerk-Dateisystem*, kurz *NFS*), zu verwenden, um die Dateisysteme des Samba-Servers in das lokale Dateisystem des Backup-Servers einzuhängen (zu *mounten*) und dann alle Dateien zu kopieren. Wenn der Samba-Server dazu verwendet wird, Backups zu initiieren, ist die übliche Methode, direkt das Bandlaufwerk des Backup-Servers über das Netzwerk anzusprechen. Es ist jedoch auch möglich, ein Client-initiiertes Backup mittels Samba zu erzwingen, indem man Samba dazu verwendet, eine durch den Backup-Client vorbereitete `tar`-Datei zu empfangen.

Die Verwendung von NFS zum Sichern eines Servers

NFS wurde dafür konzipiert, eine Lösung für die gemeinsame Nutzung von Dateien über ein Netzwerk für UNIX zu bieten. Aus diesem Grunde beinhaltet es die Unterstützung der wichtigsten Leistungsmerkmale von LINUX-Dateisystemen, wie Besitzverhältnisse, Rechte und die Unterstützung von sog. *Special Files* (*spezielle Dateien*). Obwohl deren Konfiguration einfacher ist als die von Samba, birgt die NFS-Konfiguration doch so viele Feinheiten, dass deren Darstellung sowohl den möglichen Umfang als auch den Anspruch dieses Buches weit übersteigen würde. Dieser Abschnitt gibt allenfalls einen kurzen Überblick – genug, um es Ihnen zu ermöglichen, Ihren Samba-Server mittels NFS zu sichern.

Die Konfiguration eines File Servers für NFS

Die NFS Server-Konfiguration ist eine Frage des Hinzufügens von Verzeichnissen, die für den gemeinsamen Zugriff freigegeben werden sollen, in der Datei `/etc/exports`. Jede Zeile in dieser Datei gibt ein freizugebendes (zu *exportierendes*) Verzeichnis an. Das Format dieser Datei lautet wie folgt:

```
Verzeichnis Client(Optionen) ]Client(Optionen)]...]]
```

NFS unterstützt eine ganze Reihe von Optionen. Im Folgenden finden Sie die wichtigsten dieser Optionen, die für die augenblickliche Darstellung notwendig sind:

`ro` Dieser Parameter exportiert das Verzeichnis als nur-lesbar. Clients sind nicht dazu in der Lage, auf das System zu schreiben. Dies genügt für NFS-basierte Backups, wenn Sie jedoch Daten wiederherstellen müssen, benötigen Sie sowohl einen Lese- als auch einen Schreibzugriff.

`rw` Dieser Parameter exportiert das Verzeichnis sowohl les- als auch beschreibbar. Vorausgesetzt die User haben entsprechende Rechte, haben Sie einen Schreibzugriff.

`noaccess` Verwenden Sie diesen Parameter, um Zugriffe auf den spezifizierten Verzeichnisbaum zu verwehren. Dies ist nützlich, um den Zugriff auf das `/proc`-Dateisystem des Samba-Servers zu blockieren.

`root_squash` Dieser Parameter bewirkt, dass Zugriffe vom Client-System durch dessen Benutzer `root` behandelt werden, als würden sie durch den Benutzer
`nobody` erfolgen, Dies ist die Standardeinstellung, die aber nicht wünschenswert ist, wenn die Zugriffe von einem Backup-Server erfolgen, da hierdurch ein vollständiges Backup des Systems verhindert wird.

`no_root_squash` Schaltet die Funktion von `root_squash` aus; der Benutzer `root` des Clients hat Zugriff auf alle Dateien, genauso wie der Benutzer `root` des Servers. Auch wenn diese Option eine praktische Notwendigkeit für den Backup-Server ist, so stellt sie doch ein ernsthaftes Sicherheitsproblem dar, sollte sich ein unerwünschtes System erfolgreich als Backup-Server maskieren.

Folgendes Listing zeigt typische Einträge einer Datei `/etc/exports` eines Samba-Servers, der durch einen anderen Server gesichert werden soll. Es werden explizit das Root-Dateisystem (`/`) und das Dateisystem `/usr` exportiert, der Zugriff auf `/proc` wird jedoch ausdrücklich verwehrt. Die genannten Dateisysteme werden nur-lesbar exportiert, um die sich durch die Option `no_root_squash` ergebenden Risiken zu minimieren.

```
/       backup(ro,no_root_squash)

/usr    backup(ro,no_root_squash)

/proc   backup(noaccess)
```

Eine wichtige Überlegung beim Export von Dateisystemen ist die Option zur Kernel-Konfiguration mit dem Namen *Emulate SUN NFS server* (die in dem Dialog *Network File Systems* in *Abbildung 16.1* dargestellt ist). Wenn diese Option auf `y` gesetzt ist, bewirkt dies, dass ein Server automatisch alle Dateisysteme exportiert, die unterhalb eines exportierten Dateisystems gemountet sind. Zum Beispiel: Wenn sich das Dateisystem `/usr` auf einer eigenen Partition befindet, wird es durch den Export von `/` automatisch mit exportiert. Wenn diese Option jedoch auf `n` gesetzt wird, müssen alle Dateisysteme getrennt voneinander exportiert werden; daraus folgt: `/usr` müsste explizit exportiert – und gemountet – werden, selbst wenn `/` exportiert wird.

Das weiter oben dargestellte Listing ist von daher besonders, da es beide Welten umspannt. Wenn die Option *Emulate SUN NFS server* auf `y` gesetzt ist, ist der Export des Dateisystems `/usr` nicht notwendig; seine Inhalte können durch den Export des Wurzelverzeichnisses (`/`) erreicht werden. Wenn *Emulate SUN NFS server* hingegen auf `n` gesetzt ist, ist der Eintrag `/proc` mit der Option `noaccess` unnötig, da `/proc` als eigenes Dateisystem nicht exportiert werden würde. Überprüfen Sie Ihre Kernel-Konfiguration oder kontrollieren Sie die Export-Datei, um zu sehen, wie Ihr System konfiguriert ist.

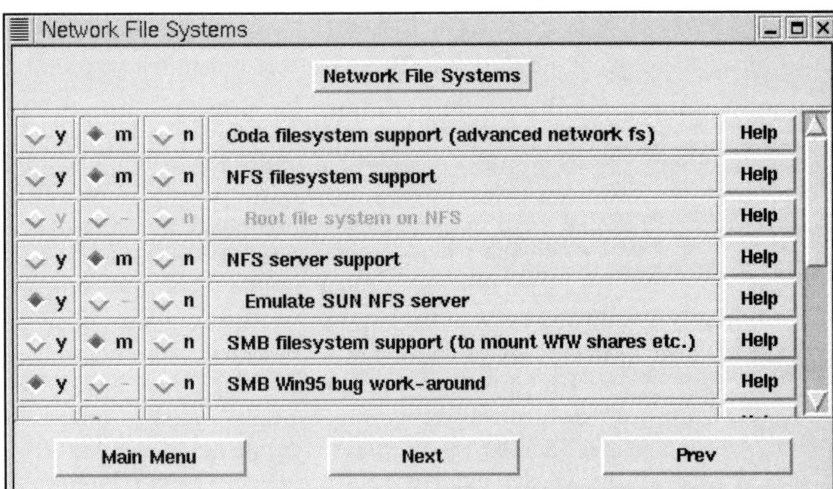

Abbildung 16.1: Der LINUX-Kernel enthält verschiedene Unterstützungen von Client- (Dateisystem) und Server-Optionen für NFS

Nach der Konfiguration der Datei /etc/exports müssen Sie sicherstellen, dass der NFS-Server läuft. Für LINUX stehen eine Reihe verschiedener NFS Server-Pakete zur Verfügung. Diese heißen typischerweise nfsd, knfsd, nfsserver oder ähnlich. Stellen Sie sicher, dass der Server installiert ist und läuft. Aktuelle Server verfügen über eine Unterstützung durch den Kernel, ältere nicht.

Konfiguration eines Backup-Servers für das Mounten von NFS-Exports

Das Mounten eines NFS-Shares erfolgt durch einfache Verwendung des Befehls mount, wobei jedoch ein NFS-Server mit seinem exportierten Verzeichnis statt einer Gerätedatei angegeben wird. Zum Beispiel:

```
# mount buclient:/ /buclient

# mount buclient:/home     /buclient/home
```

Diese beiden Befehle mounten das Wurzel- (/) und das Heimatverzeichnis (/home) des Backup-Clients auf /buclient bzw. /buclient/home. Wenn Sie mehrere Server sichern müssen, schreiben Sie ähnliche Befehlsfolgen wie die zuvor dargestellten am besten in ein Backup-Skript. Sie können dann entsprechende umount-Befehle verwenden, um die Dateisysteme der Clients nach dem Backup wieder aus dem lokalen Dateisystem auszuhängen.

Sie könnten die zu sichernden Dateisysteme der Clients auch in die Datei /etc/fstab des Backup-Servers aufnehmen, damit diese bei einem Neustart des Servers automatisch gemountet werden oder um es einfachen Usern zu erlauben, diese Dateisysteme zu mounten. Die Wahrscheinlichkeit, dass dies für einen Backup-Server notwendig ist, ist zwar gering, aber wenn Sie dies dennoch tun wollen – hier sind die entsprechenden Einträge für die Datei /etc/fstab:

```
buclient:/          /buclient       nfs     \
                    user,noauto     0       0
buclient:/home      /buclient/home  nfs     \
                    user,noauto     0       0
```

Es stehen eine ganze Reihe von Optionen zur Verfügung, die Sie statt der Optionen user und noauto (von denen es die Erste erlaubt, dass normale User die Dateisysteme mounten können, und die zweite festlegt, dass dies nicht automatisch bei einem Neustart des Systems geschieht) verwenden können. Beachten Sie hierzu die man-Seiten zu dem Befehl mount, um mehr über die möglichen Optionen für diesen Befehl in Erfahrung zu bringen.

Durchführung des Backups

Nach dem Einhängen der NFS-exportierten Dateisysteme in das lokale Dateisystem können Sie diese sichern wie jedes andere normale Dateisystem auch. Zum Beispiel:

```
# tar cvplf /dev/st0 /buclient /buclient/home
```

Diese Befehlszeile führt zu einer Sicherung der NFS-exportierten Verzeichnisse `/buclient` und `/buclient/home`.

Wie hier dargestellt, bewirkt der Befehl, dass der Präfix `buclient` vor alle gesicherten Dateien gestellt wird – so wird zum Beispiel die Datei `/etc/fstab` des gesicherten Clients als `buclient/etc/fstab` gesichert. Dies bedeutet, dass Sie bei der Wiederherstellung der Daten denselben Mount-Point verwenden *müssen* wie zum Zeitpunkt des Backups – was für manche Schemata zur Wiederherstellung unpraktisch sein könnte. In diesem Fall könnten Sie die Option `--directory` des Befehls `tar` verwenden oder in das Zielverzeichnis wechseln, bevor Sie das Backup ausführen, wie in folgendem Beispiel:

```
# tar cvplf /dev/st0 - -directory /buclient ./ ./home
```

Wenn Sie dies tun, müssen Sie daran denken, die entsprechenden Optionen wieder zu verwenden, wenn es um die Wiederherstellung der Daten aus dem Backup geht.

WARNUNG

Wenn Ihr zu sichernder Client NFS-Exporte im SUN-Stil verwendet, der alle gemounteten Unterverzeichnisse automatisch mit exportiert, und wenn das System nicht ausdrücklich den Export des `/proc`*-Dateisystems ausschließt, sollten Sie die Option* `- -exclude` *des Befehls* `tar` *verwenden. Wenn Sie dieses nicht tun, können schwerwiegende Probleme bei der Wiederherstellung des Systems auftreten, da die Wiederherstellung kritische Konfigurationselemente in* `/proc` *zerstören würde.*

Daten wiederherstellen

Die Wiederherstellung von Daten geschieht genauso, wie das Erstellen des Backups, allerdings mit einigen unterschieden, die zu beachten sind:

- Während des Backups kann der Client dahingehend konfiguriert sein, dass seine exportierten Dateisysteme nur gelesen werden können. Während der Wiederherstellung kann dies nicht der Fall sein. Aus diesem Grunde kann es notwendig sein, dass Sie den Backup-Client temporär umkonfigurieren müssen, um die Dateien wiederherstellen zu können.

- Im Falle einer Notfall-Wiederherstellung kann es notwendig sein, dass Sie für den Client über ein Notfall-Bootsystem verfügen müssen, ähnlich wie im Abschnitt *Katastrophenvorbereitung: Entwicklung eines Plans für die Wiederherstellung* beschrieben. Dieses Notfall-Bootsystem muss dazu in der Lage sein, NFS-Exports vorzunehmen.

Durchführung eines Client-initiierten Backups

Es ist möglich, den Backup-Vorgang von einem LINUX-Client aus zu initiieren, wenn ein anderes als Backup-Server verwendet wird.. Indem man dieses tut, verlagert man die Verantwortlichkeit für die Handhabung des Bandlaufwerks vom Backup-Server hin zu den Backup-Clients, was zu einem Chaos führen kann, wenn sich mehr als eine Hand voll Clients im Netz befinden. Nichtsdestotrotz könnten Sie Gründe dafür haben, ein solches Verfahren zu verwenden, speziell in einem kleinen Netzwerk. Ein Vorteil, das Backup vom Client initiieren zu lassen, liegt in der Sicherheit; Sie müssen nicht alle Dateien auf einem Samba-Server einem Zugriff durch den Backup-Server und somit möglicherweise durch Cracker, die deren Maschine als Ihren Backup-Server maskieren, aussetzen. Die Kehrseite ist natürlich, dass Sie den Backup-Server verletzlicher für einen Missbrauch machen.

Es gibt zwei wesentliche Ansätze, ein Client-initiiertes Netzwerk-Backup durchzuführen. Der eine erlaubt es, mehr oder weniger direkt Zugriff auf das Bandlaufwerk des Backup-Servers zu nehmen. Grundsätzlich funktioniert diese Technik, indem Sie eine `tar`-Datei vom Backup-Client auf die Bandgerätedatei des Backup-Servers kopieren. Der zweite Ansatz ist, Dateien auf die Festplatte des Backup-Servers zu kopieren und diese von dort durch weitere Prozesse entweder auf ein Band oder ein anderes Medium schreiben zu lassen und sie anschließend wieder zu löschen. Für beide Ansätze gibt es im Folgenden jeweils ein Beispiel – doch sind diese wirklich nur Beispiele. Sie könnten auch das Hilfsprogramm `scp` aus dem SSH-Paket dazu verwenden, eine `tar`-Datei auf ein entferntes Bandlaufwerk zu kopieren, oder Sie könnten NFS und einen `cron`-Job nutzen, um Dateien auf vergleichsweise Art verarbeiten zu lassen, wie für den Samba-Share `[backup]` weiter unten beschrieben.

Direktzugriff auf ein entferntes Bandlaufwerk

Die einfachste Methode, entfernt auf ein Bandlaufwerk zuzugreifen, ist es, bei der Verwendung des Befehls `tar` den Namen des Backup-Servers in der Befehlszeile mit zu übergeben. Im Abschnitt *Ein Beispiel mit* `tar` verwendeten wir folgenden Befehl:

```
# tar cvtlpf /dev/st0 / /home /usr/local
```

Diese Befehlszeile führt ein Backup der Verzeichnisse `/`, `/home` und `/usr/local` auf das Gerät `/dev/st0` durch.

Annähernd dieselbe Befehlszeile funktioniert, wenn sich das Bandlaufwerk in einem anderen Computer befindet:

```
# tar cvzlpf buserver:/dev/st0 / /home /usr/local
```

Diese Befehlszeile sendet die zu sichernden Daten statt an die Gerätedatei `/dev/st0` des lokalen Computers an die Gerätedatei `/dev/st0` eines Computers mit dem Namen `buserver`.

Unglücklicherweise muss man vor einigen Dingen warnen, soll ein entferntes Bandlaufwerk angesprochen werden können:

- Auf dem Backup-Server muss der Server-Dämon `rshd` laufen (dieser wird häufig durch `in.rshd` aufgerufen). Unglücklicherweise handelt es sich bei diesem Server-Dämon um ein notorisches Sicherheitsloch, da er sich für eine Authentifizierung ausschließlich auf die IP-Adresse des Clients verlässt. Aus diesem Grunde ist es relativ einfach, in ein solches System einzubrechen.
- Um ein adäquates Backup des Clients ausführen zu können, muss `tar` normalerweise mit `root`-Rechten gestartet werden. Standardmäßig verwehrt `rshd` jedoch aus Sicherheitserwägungen Verbindungsanfragen von `root`. Sie könnten dieses Problem zwar dadurch umgehen, indem Sie `rshd` mit dem Parameter `-h` aufrufen, dies vergrößert jedoch die `rshd` anhaftenden Sicherheitsprobleme.
- Wenn Sie das Backup als ein anderer User als `root` durchführen, kann der Backup-Server den Zugriff auf die Backup-Gerätedatei verwehren, da deren Rechte meist auf `0700` gesetzt sind. Sie könnten die Rechtesituation für diese Datei lockern, so dass auch andere User als `root` Zugriff auf sie haben. Dieses würde jedoch wiederum Sicherheitsrisiken in sich bergen.

Im Großen und Ganzen sind die Sicherheitsrisiken, die einer Freigabe des Bandlaufwerks im Backup-Server für einen Zugriff durch Clients innewohnen, gewaltig. Aus diesem Grunde kann nur empfohlen werden, ein System auf diese Art und Weise zu betreiben, wenn es sich geschützt hinter einer Firewall befindet und es sorgfältig von allen Tools befreit wurde, die nützlich für Cracker sein könnten, wie Compiler, `telnet` und andere Netzwerk-Hilfsprogramme.

Samba-Shares als Zwischenlager

Wenn Ihr Backup-Server über eine große Festplatte verfügt, können Sie einen Samba-Share als „Zwischenlager" zwischen dem Backup-Client und dem Band oder anderen Medium verwenden. Der Schlüssel für diese Art der Konfiguration liegt in Sambas Automatisierungs-Feature, welches in *Kapitel 8 Automatisierung* beschrieben wurde. Tatsächlich ist es so, dass in *Kapitel 8* Beispiele gezeigt werden, wie man Samba-Shares als Mittel für die Erstellung von CD-R-Imagedateien verwenden kann. Diese Beispiele können dahingehend modifiziert werden, dass eine voll ausgebildete Backup-Technik entwickelt werden kann.

Das folgende Listing zeigt, wie ein Samba Backup-Share in seinen Grundlagen zu definieren ist. Der Share erscheint gegenüber Clients wie jeder andere Share auch. Clients können ihn mounten, Dateien auf ihn kopieren usw. Der Schlüssel liegt hierbei in der Verwendung des Parameters `postexec`, der die Datei `backup.tar`, die in dem Share gespeichert ist, auf das Bandlaufwerk kopiert und im Anschluss alle Dateien, die in dem Share vorhanden sind, löscht, so dass diese nicht die Festplatte „zumüllen":

```
[backup]
        path = /home/samba/backup
        writable = Yes
        create mask = 0666
        directory mask = 0777
        max connections = 1
        postexec = cp /home/samba/backup/backup.tar /dev/st0; \
        rm -r /home/samba/backup/*
```

Um diesen Share von LINUX auszunutzen, können Sie Befehlszeilen wie die folgenden eingeben:

```
# smbmount //buserver/backup /mnt/buserver
# tar cvplf /mnt/buserver/backup.tar / /home /usr/local
# smbumount /mnt/buserver
```

Diese Befehlszeilen erstellen ein Backup des Clients, welches in einer Datei mit Namen `backup.tar` auf dem Backup-Server gespeichert wird. Der Parameter `postexec` des Shares `[backup]` bewirkt, dass Samba die Datei auf dem Backup-Server auf das Bandlaufwerk kopiert, sobald der Share ungemountet wird. Das Ergebnis ist dasselbe, als wenn `tar` die Datei direkt auf das Bandlaufwerk geschrieben hätte, wie im vorigen Abschnitt *Direktzugriff auf ein entferntes Bandlaufwerk* beschrieben.

Wie beim Direktzugriff auch, muss man für die Verwendung eines zwischenspeichernden Shares ebenfalls einige Warnungen zum Ausdruck bringen:

- Das vorhergehende Listing setzt voraus, dass alle User auf das Gerät `/dev/st0` zugreifen können. Sie könnten den Parameter `force user` verwenden, umsicherzu stellen, dass Samba den Befehl `postexec` nur mit den Rechten eines einzelnen Users ausführt, und `/dev/st0` entsprechend konfigurieren, dass von diesem User Zugriff auf das Gerät genommen werden kann. Alternativ hierzu könnten Sie den Parameter `root postexec` statt `postexec` verwenden, um den Befehl als `root` auszuführen.
- Der Backup-Server muss über genügend freien Plattenspeicher verfügen, um temporär alle Dateien des größten Servers Ihres Netzwerks halten zu können.
- Wenn der Backup-User einen verkehrten Namen für die Daten verwendet, würden diese nicht gesichert werden.
- Versuche, zweifach in rascher Folge Zugriff auf den Share zu nehmen, könnten Probleme verursachen, da das System versuchen würde, eine Datei zu sichern, bevor die erste entfernt wurde.

Die im vorhergehenden Listing beschriebene Verwendung eines Backup-Shares bietet sowohl Vorteile als auch Einschränkungen. Zum einen ist diese Methode vom Netzwerk-Sicherheitsstandpunkt aus betrachtet wesentlich sicherer, als ein direkter Zugriff auf das Bandlaufwerk durch `rshd`. Es ist ebenfalls möglich, den Share dafür zu verwenden, Client-initiierte Backups von Windows-Systemen aus durchzuführen, indem man eine Version des Befehls `tar` für Windows verwendet oder den Befehl entsprechend modifiziert. Sie können ein wesentlich raffinierteres Skript erstellen, um zusätzliche Routinen für die Überprüfung der Daten durchzuführen, um auf einem CD-R- oder CD-RW-Laufwerk zu sichern, um Backup-Daten für mehrere Clients auf einem Band zu sammeln, oder um weitere Aufgaben durchzuführen.

Im Großen und Ganzen ist die Nutzung eines Backup-Shares, wie im vorhergehenden Listing dargestellt, sicherer als der direkte Zugriff auf das Bandlaufwerk durch `rshd`. Die Ansprüche, die an den notwendigen Festplattenspeicherplatz gestellt werden, könnten jedoch den Einsatz dieser Methode verhindern. Das Listing sollte in jedem Fall nur als Ausgangsgrundlage für weitere von Ihnen vorgesehene Konfigurationsmöglichkeiten dienen. Bewerten Sie es im Hinblick auf die Sicherheitsanforderungen Ihres Backup-Servers und erstellen Sie ein System-spezifisches Skript, welches die Übertragung auf das Band intelligenter löst als hier dargestellt.

Samba für das Backup von Client-Computern

Die regelmäßige Sicherung Ihres Samba-Servers ist eine empfehlenswerte Praxis, aber Samba kann eine wesentlich aktivere Rolle in der Erstellung von Backups spielen, als die vorhergehenden Beispiele ahnen lassen. Samba kann speziell als Kern für eine Backup-Strategie für Ihre SMB/CIFS-Clients, aber auch für Windows NT- oder 2000-Server dienen.

Um Ihr Netzwerk auf diese Art zu nutzen, setzen Sie LINUX als SMB/CIFS-*Client* statt als Server ein (obwohl das LINUX-System immer noch der Backup-Server sein wird, wenn Sie ihn auf diese Weise für das Erstellen von Backups nutzen). Sie können das Spezialprogramm `smbtar` verwenden, um ein Backup ziemlich direkt auszuführen, oder Sie können andere Backup-Programme verwenden, nachdem Sie die Dateisysteme der Backup-Clients mit `smbmount` in das lokale Dateisystem eingehängt haben. Dieser Abschnitt zeigt Beispiele für beide Techniken.

Vorbereitung der Windows-Clients

Um LINUX und Samba als Backup-Server für Windows-Clients zu nutzen, müssen Sie zunächst diese Clients vorbereiten. Hierzu gehört speziell, dass Sie *Server*-Software für die Dateifreigabe auf den Backup-Clients installieren. *Kapitel 2: Einbinden von SMB/CIFD in LINUX* bietet eine kurze Beschreibung, wie *Client*-Software für den gemeinsamen Dateizugriff unter Windows installiert wird. Der Vorgang, Server-Software zu installieren ist recht ähnlich. Unter Windows 9x führen Sie hierzu folgende Schritte durch:

1. Doppelklicken Sie das Icon *Netzwerk* in der *Systemsteuerung*. Windows öffnet den in *Abbildung 16.2* dargestellten Dialog *Netzwerk*. Wenn der Eintrag *Datei- und Drucker-Freigabe für Microsoft-Netzwerke* bereits vorhanden ist, müssen Sie die Server-Software nicht mehr installieren, da sie bereits installiert ist. Fahren Sie mit Schritt 5 fort. Wenn die Server-Software noch nicht installiert ist, fahren Sie mit Schritt 2 fort.

Abbildung 16.2: Datei- und Druckerfreigabe für die Nutzung eines Windows-Clients als Backup-Client mit Samba als Backup-Server

2. Klicken Sie die Schaltfläche *Hinzufügen*. Windows öffnet einen Dialog mit dem Titel *Netzwerkkomponententyp auswählen*.

3. Wählen im Dialog *Netzwerkkomponententyp auswählen* den Eintrag *Dienst* und klicken Sie auf *Hinzufügen*. Als Nächstes wird der Dialog *Netzwerkdienst auswählen* geöffnet (*Abbildung 16.3*).

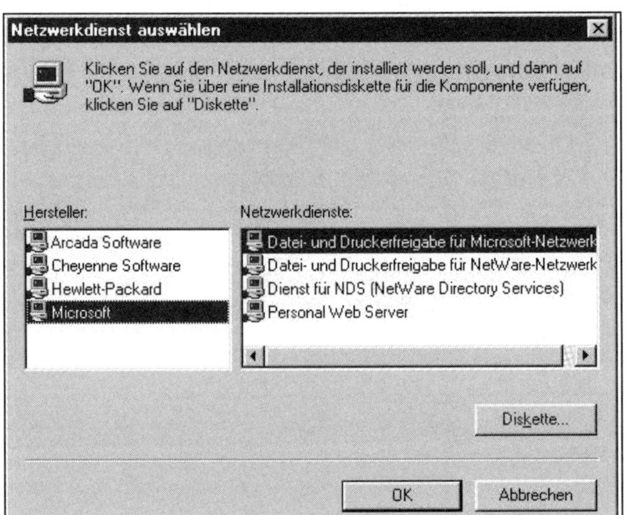

Abbildung 16.3: Wenn noch nicht vorhanden, installieren Sie die Datei und Druckerfreigabe für Microsoft-Netzwerke

4. Wählen Sie *Datei und Druckerfreigabe für Microsoft-Netzwerke* und klicken Sie *OK*. Es ist möglich, dass Windows nun Ihre Installations-CD anfordert. Nach der Installation der Server-Software müssen Sie das System neu booten.
5. Nach dem Neustart des Systems öffnen Sie das Fenster *Arbeitsplatz*.
6. Klicken Sie mit der rechten Maustaste auf das Icon, welches das Laufwerk repräsentiert, das Sie sichern wollen.
7. Wählen Sie aus dem nun geöffneten Popup-Menü den Eintrag *Freigabe*. Windows öffnet den Dialog *Eigenschaften* mit dem aktiven Registerblatt *Freigabe*, wie in *Abbildung 16.4* dargestellt.

Abbildung 16.4: Sie verwenden den *Freigabenamen*, um einen Share in LINUX für die Datensicherung zu mounten

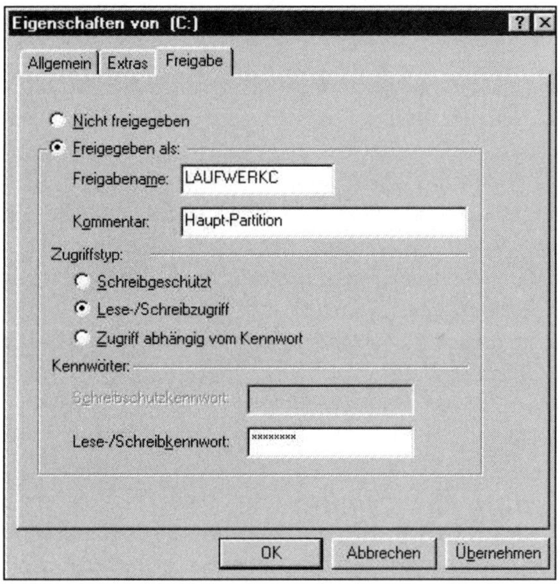

8. Klicken Sie das Optionsfeld *Freigegeben als:* im oberen Bereich des Dialogs *Eigenschaften*.
9. Geben Sie einen Namen in das Eingabefeld *Freigabename:* und – je nach Wunsch – einen Kommentar in das Eingabefeld *Kommentar:* ein.
10. Windows erlaubt es festzulegen, ob der Zugriff auf einen Share *Schreibgeschützt* (d.h. nur lesbar) oder mit *Lese-/Schreibzugriff* erfolgen darf, abhängig vom Zugriffspasswort für den Share. Wählen Sie die Art des Zugriffs durch Anklicken des entsprechenden Optionsfelds *Zugriffstyp:*. Je nach von der von Ihnen gewählten Option müssen Sie weiterhin ein *Schreibschutzkennwort*, ein *Lese-/Schreibkennwort* oder beide eingeben.

11. Klicken Sie die Schaltfläche *OK* im Dialog *Eigenschaften*.

12. Wenn der Computer über mehr als ein lokales Laufwerk verfügt, die Sie sichern wollen, wiederholen Sie die Schritte 6 bis 11 für jedes dieser Laufwerke. Geben Sie jedoch keine Laufwerke frei, die Shares von anderen Computern sind, die Sie auf Ihren lokalen Rechner gemountet haben; auf diese Shares können Sie direkt von Ihrem Backup-Server aus zugreifen.

An dieser Stelle sind die Windows-Clients dafür vorbereitet, gesichert zu werden. Sie können dieses überprüfen, indem Sie von einem anderen Windows-Client aus versuchen, Zugriff auf den ersten Computer zu nehmen, als sei er ein Server. Alternativ hierzu können Sie versuchen, mit `smbclient` von LINUX aus Zugriff auf den Share zu nehmen. *Kapitel 7: LINUX als SMB/CIFS-Client* beschreibt `smbclient` im größeren Detail.

TIPP

Obwohl ein schreibgeschützter Zugriff für die Ausführung eines vollen Backups ausreichend ist, ist es unter Umständen von Vorteil für Sie,, einen vollen Lese-/Schreibzugriff zu gewähren, wenn Sie beabsichtigen, `smbtar` *zu verwenden und inkrementelle Backups durchzuführen. Das Programm* `smbtar` *kann das Archivbit, das SMB/CIFS bietet, als Hilfe dafür verwenden, inkrementelle Backups zur erstellen, doch* `smbtar` *benötigt hierzu den vollen Lese-/Schreibzugriff auf den Share. Wenn Sie nicht beabsichtigen, ein inkrementelles Backup durchzuführen, ist der schreibgeschützte Zugriff ausreichend für Backup-Zwecke, solange bis es darum geht, Dateien wieder herzustellen.*

`smbtar` *für die Sicherung von Clients*

Das Programm `smbtar` gehört zum Lieferumfang von Samba; es funktioniert als Hilfsmittel, das die Leistungsmerkmale von `smbclient` und `tar` miteinander verschmelzt (tatsächlich ist es so, dass es sich bei `smbtar` um ein Shell-Skript handelt, welches die beiden anderen Programme aufruft). Nachdem Sie die Backup-Clients als SMB/CIFS-Server konfiguriert haben, können Sie `smbtar` dazu verwenden, eine Sicherung direkt vom Client auf ein Bandlaufwerk oder in eine `tar`-Datei zu schreiben. Das Skript `smbtar` unterstützt eine Reihe von Optionen, zu denen unter anderem folgende gehören:

`-s SERVER` Diese Option spezifiziert den Namen des NetBIOS-Servers, zu dem `smbtar` eine Verbindung erstellen soll, so wie der weiter oben verwendete Name `BUCLIENT`.

`-x FREIGABENAME` Geben Sie den in Schritt 9 weiter oben definierten Freigabenamen an. Wenn Sie diesen Parameter auslassen, versucht `smbtar` einen Share mit dem Namen `BACKUP` zu verwenden.

`-X` Verwenden Sie diese Option, um `smbtar` im Ausschluss-Modus zu betreiben. Dateinamen, die anderen Parametern in der Befehlszeile folgen, werden *nicht* gesichert. Im Normalfall handelt es sich bei ihnen um die Dateien, die gesichert *werden*.

`-d Verzeichnis` Verwenden Sie diese Option, um das zu sichernde Verzeichnis auf dem Backup-Client zu ändern, bevor Dateien übertragen werden.

`-v` Diese Option aktiviert den "wortreichen Modus" (engl. *verbose mode*), der bewirkt, dass alle Dateinamen während der Sicherung oder der Wiederherstellung angezeigt werden.

`-u User` Verwenden Sie diesen Parameter, um den User-Namen festzulegen, der beim Zugriff auf einen Share verwendet werden soll. Sie können diesen Parameter auslassen, wenn Sie eine Sicherung eines Windows 9x-Clients vornehmen.

`-p Passwort` Dieser Parameter spezifiziert das für den Zugriff auf den Share zu verwendende Passwort.

`-t Gerät` Dieser Parameter spezifiziert den Dateinamen des Bandlaufwerks, zum Beispiel `/dev/st0`.

`-N Dateiname` Verwenden Sie diesen Parameter, um nur Dateien zu sichern, die neuer sind als `Dateiname`. Sie können diese Option verwenden, um inkrementelle Backups zu erzeugen.

`-i` Diese Option aktiviert den inkrementellen Modus, in dem nur Dateien gesichert werden, die über ein gesetztes Archivbit verfügen. Dieses Bit wird entfernt, wenn `smbtar` die Datei liest.

`-r` Diese Option aktiviert den Wiederherstellungsmodus. Das Programm `smbtar` kopiert Dateien aus dem lokalen Archiv auf das entfernte System statt in die andere Richtung (was die Standardeinstellung ist).

`-l Loglevel` Verwenden Sie diesen Parameter zum Setzen des Protokollierungslevels (entspricht der Option `-d` von `smbclient`).

Die folgende Befehlszeile sichert ein komplettes Windows-System, welches als *LAUFWERKC* exportiert wird:

```
# smbtar -s BUCLIENT -x LAUFWERKC -p passwort \
  -v -t /dev/st0
```

Diese Befehlszeile zeigt laufend eine Liste der aktuell gesicherten Dateien an, so dass Sie den Fortschritt verfolgen können. Nach Abschluss des Befehls ist das Resultat ein ordinäres `tar`-Archiv auf dem Band, welches Sie mithilfe des Befehls `tar` wieder auslesen können (es ist jedoch empfehlenswert, mit `smbtar` erzeuge Archive ebenfalls mithilfe dieses Programms wieder zurückzuspielen, da dieses am ehesten gewährleistet, dass `smbtar`-spezifische Optionen des Befehls `tar` auch eingehalten werden).

Wenn Sie `smbtar` *(oder* `smbmount` *oder andere Programme, die die Angabe eines Passworts erforderlich machen) in Skripten oder* `cron`*-Jobs verwenden, bedenken Sie, dass das Passwort in Form eines lesbaren Textes im Skript enthalten ist. Sicherheit ist von daher auf dem Backup-Server von kritischer Bedeutung. Einfache User sollten keinen Zugriff auf den Backup-Server, und das System sollte keine unnötigen Server-Prozesse laufen haben. Wenn überhaupt möglich, sollten Siesicher stellen, dass jede Datei oder jedes Skript, welche Passwörter im Klartest enthalten, dem Benutzer* `root` *gehören und dass deren Rechte auf* `0600` *oder* `0700` *gesetzt sind.*

`smbmount` *für die Sicherung von Clients*

Die Verwendung von `smbtar` ist nicht in jedem Fall die beste Wahl für die Sicherung von Clients. Hier einige Gründe, warum man etwas anderes verwenden sollte:

- Sie möchten ein einzelnes Archiv erstellen, das den Inhalt mehrerer Shares enthält. `smbtar` sichert jeweils einen einzelnen Share in einer einzelnen `tar`-Datei/in einem einzelnen Archiv. Wenn Sie mehrere Shares mounten und mit einer anderen Methode sichern, können Sie mehrere Shares in einem Backup zusammenfassen (Sie können jedoch auch mehrere `smbtar`-Archive auf einem einzelnen Band zusammenfassen, wenn Sie ein Laufwerk vom Typ *non-rewinding* [s.o.] verwenden).
- Unter Umständen möchten oder müssen Sie spezielle `tar`-Optionen verwenden, die von `smbtar` nicht unterstützt werden, wie die Möglichkeit, Backups über mehrere Medien zu schreiben oder eine Kompression vom Typ `gzip` zu verwenden.
- Vielleicht ziehen Sie es auch vor, ein anderes Backup-Hilfsprogramm wie `cpio` oder `BRU` an Stelle von `tar` zu verwenden.

Glücklicherweise kann das Sichern eines Clients eine recht geradlinige Kombination aus dem Mounten eines Shares mit `smbmount` und der Sicherung mit `tar`, `cpio`, `BRU` oder irgend einem anderem Backup-Programm Ihrer Wahl sein. Dieser Vorgang ist im Kern derselbe wie im Abschnitt *Konfiguration eines Backup-Servers für das Mounten von NFS-Exports* beschrieben, mit der Ausnahme, dass es sich bei den gemounteten Shares um Samba- statt um NFS-Shares handelt.

Betrachten Sie folgende Befehlszeilen als Beispiel:

```
# smbmount //BUCLIENT/LAUFWERKC /mntbuclient/laufwerkc

# smbmount //BUCLIENT/LAUFWERKD /mnt/buclient/laufwerkd
```

```
# cd /mnt/buclient
# tar cvlpf /dev/st0 ./laufwerkc ./laufwerkd
# smbumount /mnt/buclient/laufwerkc
# smbumount /mnt/buclient/laufwerkd
```

Diese Befehlszeilenfolge mountet zwei Shares (`LAUFWERKC` und `LAUFWERKD`) von einem Windows-Client mit Namen `BUCLIENT`, sichert diese und unmountet die Shares wieder. Das Ergebnis ist ein Archiv mit zwei Verzeichnissen, die `laufwerkc` und `laufwerkd` heißen, entsprechend der beiden Mount-Points. Bei der Widerherstellung ist es wichtig zu beachten, dass die wiederherzustellenden Shares wieder unter denselben Namen gemountet werden.

HINWEIS

Einige kommerzielle Backup-Programme werden in verschiedenen Versionen verkauft, von denen einige nicht dazu in der Lage sind, Netzwerk-Backups vorzunehmen. Hierbei handelt es sich um eine willkürliche Verkrüppelung der Programmeigenschaften, um potenziell verschiedene Marktsegmente abdecken zu können. Wenn Sie auf Probleme stoßen, ein Backup wie dieses mit `smbmount` *vorzunehmen, wenn Sie ein kommerzielles Programm verwenden, jedoch keine Probleme damit haben, ein lokales Backup auszuführen, prüfen Sie die Dokumentation Ihrer Software dahingehend, ob diese entsprechende Beschränkungen enthält. Wenn dies der Fall sein sollte, sollte das Update auf eine netzwerkfähige Version der Software das Problem beheben.*

Ein Nachteil bei der Durchführung von Backups mithilfe von `smbmount` liegt darin, dass das Backup nur Dateiattribute speichern kann, die `smbmount` auf LINUX-Attribute abbildet. Speziell die Attribute *versteckt* (engl. *hidden*) und *System* (engl. *system*) werden verloren gehen. Glücklicherweise sind diese Attribute für die meisten Dateien nicht kritisch und diejenigen, für die sie kritisch sind, werden nach einer vollständigen Wiederherstellung wieder ersetzt (siehe *Optionen für die Wiederherstellung im Notfall* am Ende dieses Kapitels).

Vorsichtsmaßnahmen in Bezug auf entfernte Backups

Die Verwendung von LINUX für die Sicherung von Windows-Systemen funktioniert normalerweise recht gut, aber gelegentlich treten Probleme auf. Einige spezifische Dinge, die in Betracht zu ziehen sind, sind die Erhaltung dreier Windows-Elemente: kurze Dateinamen, die Windows-Registry und spezielle Leistungsmerkmale des Dateisystems.

Erhaltung kurzer Dateinamen

Windows speichert kurze Dateinamen zusammen mit langen Dateinamen ab. In einigen Fällen verlässt sich Windows auf diese kurzen statt auf die langen Dateinamen. Dies gilt speziell für einige Einträge in der Registry, die manchmal kurze statt langer Dateinamen verwenden. Wenn Sie Windows von LINUX aus sichern, werden die kurzen Dateinamen *nicht* gespeichert. Wahrscheinlich können sie bei einer Wiederherstellung richtig rekonstruiert werden. Zum Beispiel: Der dem Dateinamen `langerdateiname.txt` entsprechende kurze Dateiname mag `LANGDA~1.TXT` gelautet haben und lautet auch wieder so nach der Wiederherstellung. In manchen Fällen kann der kurze Dateiname jedoch nicht wieder korrekt hergestellt werden. Wenn ein Programm oder eine Datenbank bezüglich ihrer Funktionsfähigkeit von dem kurzen statt vom langen Dateinamen abhängen, werden das Programm oder die Datenbank nicht mehr richtig funktionieren. Da die Registry-Datei von Windows manchmal kurze Dateinamen verwendet, können Sie mit ernsthaften und schwierig zu lokalisierenden Problemen konfrontiert werden.

Die beste Methode, kurze Dateinamen zu erhalten, ist es, ein Windows-Backup-Programm zu verwenden, das für diese Aufgabe bestimmt ist. Unglücklicherweise kann dies zu logistischen Albträumen bei der Zeitplanung bezüglich des Zugriffs auf den LINUX Backup-Server führen. Plattformübergreifende Netzwerk-Backup-Programme wie ARKEIA umgehen diese Probleme manchmal. Selbst dann kann die Wiederherstellung sich jedoch als problematisch erweisen. Einige Leute glauben, dass es vorzuziehen ist, sich tapfer den Schwierigkeiten bei der Erhaltung kurzer Dateinamen zu stellen, statt native Windows-Werkzeuge für die Erstellung des Backups zu verwenden; andere denken das Gegenteil. Probieren Sie beides aus und entscheiden Sie selbst.

Es gibt einige Schritte, die Sie vornehmen können, um die Wahrscheinlichkeit von Problemen, verursacht durch die Unfähigkeit von LINUX, kurze Windows-Dateinamen zu speichern, zu reduzieren:

Vergeben Sie kurze Dateinamen. Wenn Sie Dateien und Verzeichnisse auf Clients mit kurzen Dateinamen versehen, besteht keine Notwendigkeit, separate lange Dateinamen zu speichern, wodurch keine Konflikte entstehen können. Dies ist speziell eine konstruktive Lösung für Verzeichnisse, die viele Dateien und Unterverzeichnisse enthalten. So könnte man ein Verzeichnis `APPS` anlegen, das statt des Windows-Verzeichnisses `PROGRAMME`, welches standardmäßig für die Speicherung von Applikationen (engl *applications*) verwendet wird, diese aufnimmt. Da die Verfälschung kurzer Dateinamen selten Probleme bei Datendateien verursacht, gibt es keinerlei Veranlassung, bezüglich dieser Vorsichtsmaßnahmen treffen zu müssen; im schlimmsten Falle verlieren Sie einige Verknüpfungen im Menü *Dokumente* im Windows-Start-Menü. Da lange Dateinamen bei

Datendateien äußerst nützlich sein können, ist die Beschränkung der Länge der Namen einiger Programmverzeichnisse bereits ein großer Schritt, Ihre Clients nach der Wiederherstellung von Daten weiterhin funktionsfähig zu halten.

Speichern Sie Dateien auf dem LINUX-Server. Samba verwendet einen Algorithmus, um kurze Dateinamen zu generieren, so dass dessen kurze Dateinamen sich bei einer Wiederherstellung genauso wenig ändern wie vorher.

Vermeiden Sie ähnlich lautende lange Dateinamen. Windows verwendet die ersten sechs Zeichen eines Dateinamens als Grundlage für seinen kurzen Dateinamen – `LANGDA` aus `langerdateiname.txt` zum Beispiel. Der erste lange Dateiname erhält als siebentes und als achtes Zeichen die Zeichen `~1`, der zweite (sagen wir: `langerdateibetrachter.txt`) erhält die Zeichen `~2` und so weiter. Wenn Sie Ihre langen Datei- und Verzeichnisnamen eindeutig in ihren ersten sechs Zeichen voneinander unterscheiden, vermeiden Sie hiermit das Erzeugen vieler Dateinamen mit `~2` usw. und damit die Wahrscheinlichkeit einer Verwechslung bei der Wiederherstellung. Die Verwendung unterschiedlicher Dateinamenserweiterungen kann ähnliche Vorteile mit sich bringen; zwischen den kurzen Dateinamen, die aus `langerdateiname.txt` und `langerdateiname.exe` gebildet werden, kommt es zu keinerlei Konflikten. Unglücklicherweise kann die willkürliche Verwendung von Dateinamenserweiterungen zu Fehlern bei der Zuordnung dieser Dateien zu ihren jeweiligen Applikationen, mit denen sie erstellt wurden, führen, so dass die Änderung einer Erweiterung normalerweise kein so nützlicher Trick ist.

Verwenden Sie lange Dateien in Dateinamenslisten. Wenn Ihre Dateien unter Verwendung langer Dateinamen (oder langer Verzeichnisnamen) gespeichert werden, verwenden Sie immer diese Namen statt ihrer kurzen Entsprechungen, wann immer Sie dazu aufgefordert werden, Dateinamen abzuspeichern. Geben Sie beispielsweise lange Dateinamen für die Umgebungsvariable `PATH` in der Datei `AUTOEXEC.BAT` oder in Dialogen für die Definition der *Dateiablage* wie in *Abbildung 16.5* (die aus Microsoft Word97 stammt) dargestellt an.

Verwenden Sie dasselbe Hilfsprogramm für die Erstellung des Backups und die Wiederherstellung. LINUX und Windows bedienen sich geringfügig verschiedener Methoden im Umgang mit FAT-Partitionen. Aus diesem Grunde ist es am besten, Dateien die von Windows aus gesichert wurden, mit Windows wiederherzustellen. Obwohl Sie LINUX auf dem Client laufen lassen können, um Dateien wieder herzustellen, erhöht dies die Wahrscheinlichkeit für das Auftreten von Problemen mit kurzen Dateinamen. Dies ist speziell dann der Fall, wenn Sie die Mount-Option `nonumtail` verwendet haben, die die Methode verändert, wie LINUX kurze Dateinamen erzeugt, wenn Dateien auf einer FAT-Partition abgespeichert werden sollen.

Abbildung 16.5: Die Angabe langer Dateinamen statt ihrer kurzen Entsprechung kann Problemen bei der Wiederherstellung vorbeugen

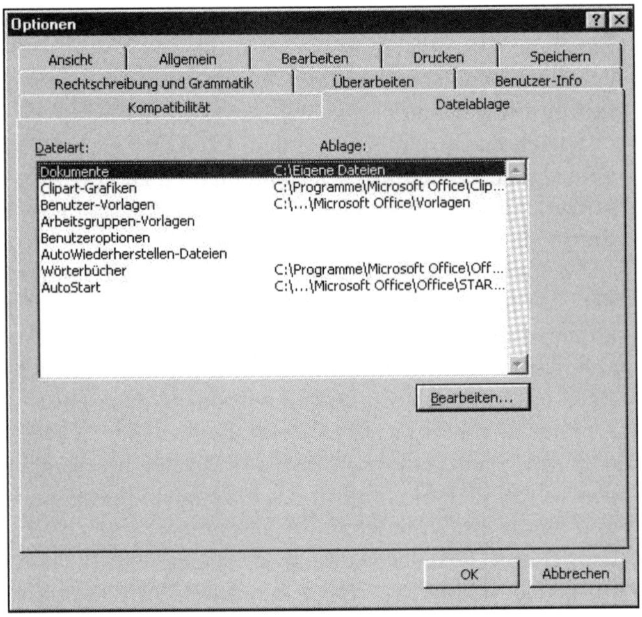

Wenn Sie den hier gemachten Vorschlägen folgen und wenn Ihre Clients nur wenige Dateien vorhalten, stehen die Chancen recht gut, dass Sie sich um die Erhaltung kurzer Dateinamen keine Gedanken machen müssen. Sollten Sie mit einem eigenartigen Verhalten eines wiederhergestellten Clients konfrontiert werden, bleibt Ihnen vermutlich keine andere Wahl, als alle betroffenen Programme neu zu installieren.

Erhalten der Registry

Windows hängt in vielen Funktionen von seiner Registry-Datei ab, einschließlich der Informationen zum Speicherort von Treibern, Desktop-Einstellungen und so weiter. Aus diesem Grunde ist eine Sicherung der Registry und die Möglichkeit der korrekten Wiederherstellung äußerst kritisch. Unglücklicherweise besteht die Möglichkeit, dass eine Sicherung dieser Datei im laufenden Betrieb von Windows nicht korrekt erfolgt, da Windows ständig die Registry verwendet – die Datei könnte für den Zeitraum, den Ihre Backup-Software für die Sicherung benötigt, gerade nicht zur Verfügung stehen. Normalerweise wird die Registry zwar korrekt gesichert, Sie sollten aber einige Vorsichtsmaßnahmen bezüglich dieser kritischen Datei ergreifen.

Eine recht ansehnliche Reihe von Windows-Programmen ist für den Umgang mit der Registry entworfen worden. Windows selber wird mit einem solchen ausgeliefert, das `REGEDIT.EXE` heißt. Ein breites Sortiment von Produkten von Drittherstellern steht zur Verfügung, wie zum Beispiel *Registry Configuration Pro* (`http://www.triadnet.net/`

products.shtml) und *RegMedic* (http://www.easydesksoftware.com), die die Leistungsmerkmale von REGEDIT ergänzen. Sie bieten verbesserte Backup-Optionen, Maßnahmen für die Reparatur der Registry-Datei und mehr. Sie können ein solches Hilfsprogramm dazu verwenden, eine Sicherungskopie der Registry-Datei zu erstellen, bevor Sie ein Backup eines Clients erzeugen. Unglücklicherweise machen diese Hilfsprogramme ihren Einsatz am Client-System selber erforderlich, was zu einem Problem führen könnte, wenn Sie regelmäßig Backups für eine große Zahl Clients erstellen müssen. Wenn Ihr System sich merkwürdig verhält oder nach einer Wiederherstellung überhaupt nicht mehr bootet, ziehen Sie die Dokumentation Ihrer Registry-Backup-Software hinzu, um herauszufinden, wie Sie eine gesicherte Backup-Datei wiederherstellen.

HINWEIS

Sicherungen der Registry sind ordinäre Dateien im Windows-Dateisystem; es besteht keine Notwendigkeit, dass das Programm für die Sicherung der Registry mit Samba oder LINUX interagieren können muss. Mit der Wiederherstellung des Client-Systems wird die Sicherung der Registry-Datei ebenfalls wiede hergestellt und kann somit von der Registry-Software verwendet werden.

Eine Methode, Probleme mit der Registry zu umgehen, ist die Sicherung durchzuführen, wenn der Backup-Client nicht im normalen Windows-Modus läuft. Wenn es sich bei dem System um ein Dual-Boot-System handelt, könnten Sie den Client sichern, wenn er gerade unter LINUX läuft. Um getrennte LINUX- und Windows-Backups zu erstellen, können Sie das Windows-Backup erzeugen, indem ein Samba-Server auf dem Backup-Client läuft. Eine andere Wahl wäre die Verwendung eines NFS-Servers, wie im Abschnitt *Die Verwendung von NFS zum Sichern eines Servers* beschrieben. Selbst wenn der Computer normalerweise nicht unter LINUX läuft, können Sie eine kleine LINUX-Distribution für diesen Zweck verwenden; diese Option wurde im Abschnitt *Katastrophenvorbereitung: Entwicklung eines Plans für die Wiederherstellung* diskutiert. Schließlich können Sie eine sekundäre oder Zip-Disketten-basierte Windows-Installation verwenden; diese Alternative wird kurz im Abschnitt *Windows für eine Komplett-Wiederherstellung verwenden* beschrieben.

Erhalten von Dateisystems-Leistungsmerkmalen

Dateisysteme beinhalten Leistungsmerkmale, die von LINUX nicht unterstützt werden. Das Speichern von kurzen Dateinamen durch FAT und NTFS ist ein solches Leistungsmerkmal, weshalb ihm ein eigener Abschnitt gegönnt wurde. Andere Merkmale sind subtiler, einige entscheidender, wie die folgende Aufstellung zeigt:

System-, Hidden- und Archivierungs-Bits Das *System-Bit* und das *Hidden-* (*versteckt*) *Bit* sind bei der Verwendung LINUX-basierter Backup-Software zur Tilgung verdammt. Glücklicherweise verursacht der Verlust dieser Bits in der Regel keine ernsthaften Probleme. Das Programm `smbtar` kann das Archiv-Bit für die Steuerung inkrementeller Backups verwenden, andere LINUX-Software kann diese Information (in der Regel) nicht nutzen.

NTFS-Besitzrechte und ACLs Obwohl SMB/CIFS Besitzrechte und Zugriffskontrolllisten (*access control lists – ACLs*) im Stil von NTFS beherrscht, bewahren weder `smbmount` noch `smbtar` diese Informationen. Aus diesem Grund werden Sie diese Informationen verlieren, wenn Sie Samba dazu verwenden, ein Windows NT- oder ein Windows 2000-System zu sichern, das NTFS verwendet. Ein System, das mithilfe eines solchen Backups wiederhergestellt wurde, kann weiterhin bootfähig gemacht werden, aber diese NTFS-Sicherheitsmerkmale müssten nach der Wiederherstellung manuell neu erstellt werden.

OS/2 EAs OS/2 verwendet so genannte *erweiterte Attribute* (*Extended Attributes* – kurz *EAs*), um Informationen wie Programm-Icons und *WorkPlace Shell-* (*WPS-*) Objekte zu speichern. Aus diesem Grund sind EAs kritisch für OS/2-Systeme, aber sie können leider nicht direkt durch Samba gesichert werden. Sie haben zwei Möglichkeiten, OS/2-Systeme zu sichern:

- Führen Sie ein Client-initiiertes Backup aus, indem Sie ein Hilfsprogramm wie `tar` unter OS/2 und ein Bandlaufwerk verwenden, auf das ein entfernter Zugriff möglich ist, oder verwenden Sie einen Samba-Backup-Share (beide Optionen werden im Abschnitt *Durchführung eines Client-initiierten Backups* erklärt). Backup-Programmpakete für OS/2, einschließlich einer Portierung von `tar` (erhältlich als Open Source-Paket mit dem Namen `GTAK`) „verstehen" EAs und sichern diese somit korrekt.
- Lassen Sie zunächst das Hilfsprogramm `EABACKUP` auf OS/2-Clients laufen, bevor Sie diese sichern. Dieses Hilfsprogramm, das auf allen größeren OS/2-Archiv-Sites zu finden ist, sichert die EAs in einer regulären Datei. Nach der Wiederherstellung der Dateien führen Sie das entsprechende Restore-Hilfsprogramm aus, um die EAs wieder an ihre Dateien zu binden.

Macintosh Ressourcenzweige Wenn Sie einen Macintosh mit einem DAVE-Server (http://www.thursby.com) verwenden, können Sie Samba für die Sicherung des Macintosh verwenden. Dieses Backup kann jedoch auf Grund der Macintosh-typischen Ressourcenzweige unvollständig sein. Daher ist es vorzuziehen, ein Client-initiiertes Backup durchzuführen oder einen Samba-Backup-Share zu verwenden, wie in dem Abschnitt *Samba-Shares als Zwischenlager* beschrieben. Da diese Methode eine native Backup-Software für den Macintosh verwendet, können Sie sicher sein, dass das Macintosh-Dateisystem vollständig und korrekt gesichert wird.

UNIX-Backup-Clients SMB/CIFS unterstützt nicht alle Leistungsmerkmale eines UNIX-Dateisystems und eignet sich somit nicht, diese Dateisysteme für ein direktes Backup zu mounten. Die Ausnahme ist, wenn Sie den Client dazu verwenden, Dateien zu packen und das Archiv dann an den Server zu senden (siehe hierzu den Abschnitt *Samba-Shares als Zwischenlager* weiter oben in diesem Kapitel).

Als Faustregel kann festgestellt werden, dass Samba alle wichtigen Informationen derjenigen Dateisysteme sichern kann, mit denen es kommunizieren kann. Wenn Sie Zweifel haben, führen Sie ein Test-Backup und eine vollständige Restaurierung auf einer neuen Festplatte durch. Untersuchen Sie das Betriebssystem des Clients und sein Dateisystem auf eventuell auftauchende Probleme. Finden Sie heraus, welche Leistungsmerkmale diese nicht unterstützen.

TIPP

Eine Methode, alle wichtigen Informationen eines Dateisystems zu sichern, ist die Verwendung eines Low-Level Backup-Hilfsprogramms, das "raw data" (etwa: rohe, unformatierte Daten) schreiben kann, wie LINUX' Programm `dd` *oder die Verwendung kommerzieller Tools wie* PowerQuests *(*`http://www.powerquest.com`*)* DriveImage *oder* Symantecs *(*`http://www.symantec.com`*)* Ghost. *Diese Tools erzeugen Image-Kopien der Partition, einschließlich aller Dateisystem-Informationen. Die weniger technisch ausgereiften von Ihnen (wie LINUX' dd) erlauben nur die Restaurierung auf eine Partition, die exakt dieselbe Größe hat wie das Original. Andere sind flexibler und könnten somit Ihr sicherster Trumpf bei der Erstellung eines Backups und beim Restaurieren von NTFS-Partitionen darstellen.*

Optionen für die Wiederherstellung im Notfall

Ein Backup ist nutzlos, wenn Sie die mit ihm gesicherten Daten nicht wiederherstellen können. Die Vorbereitung Ihrer Wiederherstellungsoptionen ist kritisch, sowohl bei der routinemäßigen Wiederherstellung einer Hand voll von Dateien als auch bei der vollständigen Wiederherstellung im Falle eines Festplattenausfalls oder einem anderen Fall, in dem eine komplette Wiederherstellung notwendig ist. Im Falle einer vollständigen Wiederherstellung sind einige zusätzliche Schritte notwendig, um einen Windows-Computer wieder bootfähig zu machen. Wie für die eigentliche Wiederherstellung auch, sollten Sie darauf vorbereitet sein, diese Schritte zu vollziehen, wenn es darum geht, ein System wieder „voll lebensfähig" zu machen.

Partielle Wiederherstellung

In einigen Fällen ist eine vollständige Wiederherstellung nicht notwendig; unter Umständen müssen Sie nur einige Dateien oder Verzeichnisse wiederherstellen. Wenn dies der Fall ist, können Sie den Backup-Prozess einfach umkehren. Dies geht am einfachsten, wenn Sie den Backup-Server als Client verwenden, der vom Backup-Client exportierte Shares mountet. Mounten Sie die exportierten Shares erneut und verwenden Sie Ihre Backup-Software, um eine selektive Wiederherstellung vorzunehmen.

Wenn Sie beispielsweise `smbtar` verwenden, bringen Sie folgende Befehlszeile auf dem Samba-Server zum Einsatz:

```
# smbtar -s BUCLIENT -x LAUFWERKC -p passwort \
  -v -t /dev/st0 \
  -r IrgendeinVerzeichnis/IrgendeinUnterverzeichnis
```

Dieser Befehl restauriert den Inhalt von `IrgendeinVerzeichnis/IrgendeinUnterverzeichnis` vom Band an den originalen Speicherplatz auf `Laufwerk C:` von `BUCLIENT`. In ähnlicher Form können Sie einen Share mounten und ein einfaches `tar` oder ein anderes Backup-Programm für die Wiederherstellung der Dateien verwenden. Wenn Ihr Backup-Client normalerweise seine Shares schreibgeschützt exportiert, müssen Sie diese Konfiguration übergangsweise ändern, um die Wiederherstellung zu ermöglichen.

Partielle Wiederherstellungen sind komplexer, wenn Sie einen Zwischenspeicher wie den Share `[backup]` verwenden, der im Abschnitt *Samba-Shares als Zwischenlager* beschrieben wurde. Wenn die Backup-Konfiguration Dateien in konventioneller Form auf einem Backup-Medium speichert, ist es möglich, diese mithilfe von `smbtar` oder `smbmount` auf einem entfernten Dateisystem wiederherzustellen, auch wenn das Backup ursprünglich auf andere Art und Weise erstellt wurde. Die Alternative wäre, die gesamte Backup-Datei vom Band wiederherzustellen und dann vom Client in einer Umkehrung des Prozesses, durch den Sie erstellt wurde, auf diese Datei zuzugreifen. Ein solcher zweistufiger Wiederherstellungsvorgang kann lästig sein.

Windows für eine Komplett-Wiederherstellung verwenden

Ein GAU tritt dann ein, wenn die Festplatte eines Systems komplett verloren ist, entweder durch Diebstahl, eine Fehlfunktion oder ein anderes Missgeschick. Speziell im Falle einer Wiederherstellung über ein Netzwerk stellt sich hier die Frage danach, was zuerst da war: Das Huhn oder das Ei? – Sie haben keinen Zugriff auf das Backup-Medium, ohne das Betriebssystem installiert zu haben, aber Sie können das Betriebssystem nicht wiederherstellen, wenn Sie keinen Zugriff auf das Backup-Medium haben. Im Falle einer netzwerkbasierten Wiederherstellung gibt es mehrere Möglichkeiten zur Beantwortung dieser Scherzfrage. Die nächsten beiden Abschnitte (*LINUX für eine Komplett-Wiederherstellung verwenden* und *Direkten Zugriff auf das Backup-Medium verwenden*) beschreiben zwei dieser Lösungen.

Eine andere Lösung ist die Verwendung von Windows selbst, um auf das Netzwerk-Backup-Medium in der einen oder anderen Form Zugriff zu nehmen. Es gibt zwei grundsätzliche Marschrichtungen für diesen Typ des Zugriffs:

Eine anteilige Installation für die Wiederherstellung vornehmen Von einer leeren Festplatte ausgehend können Sie Windows zumindest in Minimalform installieren – nur so weit, dass die Festplatte des Zielsystems erreichbar für den Backup-Server ist. Sie können dann das gesamte System wiederherstellen, indem Sie die Umkehrung des Vorgangs, den Sie für die Sicherung des Rechners ausgeführt haben, durchführen. Die Schwierigkeit bei dieser Form der Wiederherstellung liegt darin, dass sich die Minimalinstallation störend auf die Wiederherstellung auswirken könnte, da die wiederherzustellenden Dateien die Dateien der Minimalinstallation überschreiben müssen. Wenn Sie diesen Weg einschlagen wollen, sollten Sie Windows auf einer kleinen primären Partition installieren und das alte System auf einer weiteren primären Partition wiederherstellen. Sie können dann das wiederhergestellte System booten und die temporäre Teilinstallation wieder löschen (oder für den weiteren Gebrauch in der Zukunft auf dem System belassen).

Verwenden einer Notfall-Bootdiskette Wenn es sich bei Ihren Clients um DOS- oder OS/2-Systeme handelt, können Sie Boot-Disketten für diese erstellen, die über die notwendigen Netzwerk-Tools verfügen, die einen Zugriff auf das beschädigte System durch den Backup-Server ermöglichen und damit die Möglichkeit eröffnen, es zu restaurieren. Dieser Ansatz funktioniert nicht mit Windows, aber es gibt ein Tool für *Iomega Zip*-Disketten, das weitestgehend dem gleichen Zweck dient. Es nennt sich *Norton Zip Rescue* (*NZR*); dieses ist sowohl von *Iomega* (`http://www.iomega.com/software/featured/nzr.html`) als auch von Norton selber (als Bestandteil der *Norton Utilities*) erhältlich. NZR erstellt ein Paar bestehend aus einer Zip- und aus einer normalen Diskette, das ein komplettes, bootfähiges Windows 9x-System enthält, von dem aus Sie eine frisch formatierte Festplatte für die Wiederherstellung durch den Backup-Server exportieren können. Wenn notwendig, können Sie ebenfalls Backup-Client-Software auf der Diskette installieren, vorausgesetzt, das Paket ist klein genug, dass es noch mit draufpasst. Unglücklicherweise können Sie dieses Verfahren nicht mit Windows NT oder Windows 2000 verwenden.

TIPP

Auch wenn Sie normalerweise nicht mit Zip-Disketten arbeiten, könnten Sie sich ein oder zwei Zip-Laufwerke, die an die parallele Schnittstelle angeschlossen werden, anschaffen, um die NZR-Software nutzen zu können. Sie können eines dieser Laufwerke bequem mit zu dem wieder herzustellenden System nehmen und nach Abschluss der Wiederherstellung des Betriebssystems wieder entfernen.

Die Verwendung von Windows als für die Wiederherstellung zu Grunde liegendes Betriebssystem hat gewisse Vorteile. Speziell wenn Sie Windows sowohl als Grundlage für Ihr Backup als auch für die Wiederherstellung verwenden, müssen Sie sich keine Gedanken über subtile Veränderungen von Dateinamen bedingt durch den Unterschied im Umgang mit FAT-Dateisystemen durch Windows und LINUX machen. Eine partielle Installation kann auch der einzig praktizierbare Weg für die Wiederherstellung eines Windows NT- oder eines Windows 2000-Systems sein. Die Konfiguration und das Testen eines Notfall-Wiederherstellungssystems kann jedoch eine Menge Mühe in Anspruch nehmen. Darüber hinaus: Wenn Sie ein Büro voll mit Clients haben, müssen Sie ein *einmaliges* Wiederherstellungssystem für jeden der Computer erstellen, es sei denn, die Computer verfügen über eine annähernd identische Hardware-Ausstattung. Windows ist sehr pingelig bezüglich seiner Hardware – wenn auch nur eine Karte unterschiedlich ist, kann es sein, dass das Notfall-Wiederherstellungssystem eines Computers schon nicht mehr mit einem anderen funktioniert.

LINUX für eine Komplett-Wiederherstellung verwenden

LINUX ist es wert als übergangsmäßiger Client für eine Notfall-Wiederherstellung in Betracht gezogen zu werden. Sie können eine minimale Wiederherstellungs-Diskette unter LINUX erstellen oder ein LINUX-System auf einem Zip- oder auf einem anderem Wechselmedium installieren, wie im Abschnitt *Katastrophenvorbereitung: Entwicklung eines Plans für die Wiederherstellung* beschrieben. Dieses System kann dann auf Rechnern verwendet werden, die normalerweise ordinäre Windows-Systeme sind, um diese wiederherzustellen. Dieses Vorgehen setzt eine minimale Samba-Konfiguration für das Notfall-Wiederherstellungssystem voraus (es sei denn, Sie sind dazu in der Lage, NFS statt Samba für die Wiederherstellung zu nutzen, was zum Beispiel dann nicht der Fall ist, wenn Sie `smbtar` für die Erstellung des Backups verwendet haben). Nach der Vorbereitung der Festplatte durch das Erstellen eines FAT-Dateisystems können Sie dieses Dateisystem als Typ `vfat` mounten, es unter einem passenden Namen exportieren und dann die Daten vom Backup-Server wiederherstellen.

Die Verwendung von LINUX auf diese Art und Weise hat verschiedene Vorteile:

Einmalige Wiederherstellungskonfiguration Im Prinzip können Sie eine einzige Notfall-Wiederherstellungskonfiguration sowohl für LINUX- als auch für Windows-Systeme verwenden. Dies kann den erforderlichen Zeit- und Planungsaufwand für die Notfallvorbereitung erheblich minimieren. Anders als die Methode mit NZR kann eine LINUX-Notfall-Diskette für eine breite Spanne verschiedenartiger Hardware verwendet werden.

Größere Medien Obwohl NZR ein sehr nützliches Tool ist, hat es den Nachteil, auf die Verwendung mit Iomega-Zip-Disketten beschränkt zu sein. Sie können dieses Programm nicht mit anderen Laufwerkstypen wie zum Beispiel LS-120, magneto-optischen Disks oder ähnlichen Medien verwenden. LINUX ist nicht so eingeschränkt; Sie können ein LINUX Notfall-Wiederherstellungssystem auf jedem hinreichend großem Medium erstellen – selbst auf einer einfachen Floppy-Diskette.

Flexible Konfigurationsoptionen Sie können ein LINUX Notfall-Wiederherstellungssystem mit allen Samba-Optionen, die in diesem Buch beschrieben sind, konfigurieren. Sie können beispielsweise die Einstellung für `netbios name` auf einen anderen Namen setzen als denjenigen, der durch DHCP angeboten wird.

Trotz der Flexibilität, die durch eine LINUX Notfall-Wiederherstellungsdiskette gegeben ist, kann dieser Ansatz auch seine Nachteile haben:

Schlechte Wiederherstellungsfähigkeit für Windows NT und 2000 Die Wahrscheinlichkeit ist groß, dass Sie ein Windows NT- oder Windows 2000-System nicht wiederherstellen können. LINUX beinhaltet zwar eine NTFS-Unterstützung, diese ist jedoch noch sehr schwach. Mit einem Tool wie *Partition Magic* könnten Sie dazu in der Lage sein, ein Windows NT-System auf einer FAT-Partition wiederherzustellen und dann die FAT-Partition nach NTFS zu konvertieren. Es gibt jedoch keine Garantie dafür, dass ein solcher Ansatz funktioniert.

Kleine Unterschiede bei der Vergabe von Dateinamen Windows behandelt alle Dateinamen, als lägen sie in Großschreibung vor (z.B. `LIESMICH.TXT`), wohingegen LINUX diese als klein geschrieben behandelt (`liesmich.txt`). Diese Unterschiede führen zu Diskrepanzen, wenn Sie ein Betriebssystem für die Wiederherstellung von Daten verwenden, die mit dem anderen gesichert wurden. Ein unter Windows durchgeführtes Backup wird ausschließlich groß geschriebene kurze Dateinamen enthalten, wenn LINUX diese jedoch wiederherstellt, wird ein entsprechender langer Dateiname gebildet, um die Schreibweise zu erhalten. Für die meisten Dateinamen bedeutet diese Umwandlung keine Beeinträchtigung, aber Sie werden einige subtile Unterschiede feststellen, wenn Sie Windows neu booten. Zum Beispiel: Windows konvertiert kurze Dateinamen ohne entsprechende vorhandene lange Dateinamen dahingehend, dass sie in einem Fensters des Datei-Managers mit einem Großbuchstaben am Anfang angezeigt werden (z.B. `Liesmich.txt`). Nach einer Wiederherstellung durch ein LINUX-System erscheinen diese Dateinamen ausschließlich in Großbuchstaben. Es kann auch subtile Unterschiede in den kurzen Dateinamen, die langen Dateinamen zugewiesen werden, geben, wie bereits weiter oben im Abschnitt *Erhaltung kurzer Dateinamen* dargestellt.

Unterschiede bei den Hilfsprogrammen LINUX verfügt nicht über dieselben Low-Level-Laufwerks-Hilfsprogramme, die Windows kennt (so wie `FDISK`, `CHDSK` und `FORMAT`). LINUX enthält zwar eigene Versionen für viele dieser Programme (zum Beispiel `fdisk` und `mkdosfs`), die jedoch nicht genau gleich sind. Partitionen, die mit LINUX erstellt wurden, verursachen gelegentlich Probleme beim Gebrauch mit Windows. Als Workaround sei deshalb die Erstellung einer Windows-Notfalldiskette empfohlen, mit der Windows-Partitionen erstellt und formatiert werden können, um erst dann mithilfe von LINUX-Tools die Wiederherstellung auf diese unter Windows erstellten Partitionen vorzunehmen.

Im Großen und Ganzen ist festzustellen, dass die Verwendung von LINUX für die Wiederherstellung von Windows-Systemen am besten in großen Netzwerken funktioniert, in denen eine breite Spanne verschiedenartiger Hardware eingesetzt wird. In solchen Netzwerk wiegt die Flexibilität einer im Textmodus funktionierenden LINUX Notfall-Bootdiskette schwerer als die Nachteile, die durch die Unterschiede in der Handhabung von Dateisystemen durch LINUX und Windows entstehen.

Wenn Sie über Windows NT- oder Windows 2000-Clients verfügen, kann nicht empfohlen werden, dass Sie sich auf eine LINUX Notfall-Wiederherstellungsdiskette verlassen. Schmerzlich wie es sein mag, können solche Systeme am verlässlichsten wiederhergestellt werden, indem eine Minimalinstallation des Betriebssystems auf einer kleinen Notfall-Partition erfolgt und das alte Betriebssystem dann auf der Hauptpartition wiederhergestellt wird. Wenn Sie nur über einige Windows 9x-Clients verfügen oder wenn alle Clients identische Hardware verwenden, werden diese Systeme am besten mit einer NZR-Diskette wiederhergestellt.

Direkten Zugriff auf das Backup-Medium verwenden

Eine letzte Methode für die Wiederherstellung ist es, einen direkten Zugriff auf das Backup-Medium zu schaffen. In der Realität kann dieser Ansatz in Verbindung mit entweder einer Windows- oder einer LINUX-Notfall-Bootdiskette verwendet werden. Der Unterschied im Gegensatz zu den netzwerkbasierten Ansätzen liegt darin, dass die Clients einen direkten Zugriff auf das Backup-Medium haben, statt den Zugriff über das Netzwerk nehmen zu müssen. Solch ein Ansatz kann die Konfiguration der Notfall-Wiederherstellungsdiskette erheblich vereinfachen.

Es gibt verschiedene Ansätze, die es Ihnen ermöglichen, dass Backup-Medium direkt für das wiederherzustellende Ziellaufwerk zugänglich zu machen:

Installation der Zielfestplatte im Backup-Server Ein radikaler Ansatz ist es, eine leere Festplatte in den Backup-Server einzubauen. Sie können diese dann partitionieren und LINUX-Tools auf dem Backup-Server dazu verwenden, die Client-Dateien auf der Zielfestplatte wiederherzustellen. Danach können Sie die Festplatte wieder aus dem Backup-Server aus- und in den Client-Rechner einbauen. Diese Technik hat den Vorteil, dass sie sehr wenig in Bezug auf die Wiederherstellungskonfiguration benötigt. Sie benötigen nur die bereits vorhandene Konfiguration des Backup-Servers und eine Windows Notfall-Diskette, um die Festplatte bootfähig zu machen, wie kurz im Abschnitt *Windows wieder bootfähig machen* weiter unten in diesem Kapitel beschrieben. Die Methode ist jedoch unbequem, da sie den übergangsweisen Einbau einer Festplatte in den Backup-Server erforderlich macht – dies bedeutet, der Server muss zweimal heruntergefahren und eventuell muss das Gehäuse aufgeschraubt werden. Vermeiden Sie diesen Ansatz, es sei denn Sie werden unvorbereitet von einem System-Crash überrascht.

Anschließen des Backup-Laufwerks an den Client Wenn Sie über ein extern angeschlossenes Backup-Gerät verfügen, könnten Sie dieses übergangsmäßig an den Client-Rechner anschließen und dann direkt auf die Medien zugreifen. Es ist sehr wahrscheinlich, dass dieser Ansatz am besten mit LINUX als Betriebssystemgrundlage für die Wiederherstellung funktioniert, wenn die Bänder mit einem LINUX-Hilfsprogramm wie `tar` geschrieben wurden. Sie haben den Vorteil eines direkten Zugriffs auf das Backup-Medium, und wenn Ihre Clients entsprechend ausgerüstet sind, die Schnittstelle für das Backup-Gerät (vermutlich SCSI) anzusprechen, könnte es sich hierbei um eine halbwegs bequeme Lösung handeln. Wenn Sie jedoch nicht über ein zusätzliches Backup-Laufwerk verfügen, müssten Sie den Backup-Server herunterfahren, was nicht wünschenswert wäre.

Verwenden von CD-R- oder CD-RW-Medien Wenn Sie CD-Rs oder CD-RWs als Backup-Medium verwenden, können Sie das Backup-Medium in das Standard CD-ROM-Laufwerk des Clients einlegen und das Medium direkt einlesen, ohne irgendein Laufwerk von einem System zum anderen transportieren zu müssen (um CD-RWs lesen zu können, benötigen Sie ein relativ neues CD-ROM-Laufwerk). Dieser Ansatz kann extrem bequem sein, wenn ein Backup auf ein bis zwei Datenträger passt. In den meisten Fällen ist die einzig lohnende Methode des Direktzugriffs diejenige auf CD-R-Medien. Dieser Ansatz kann extrem bequem sein, da er keinen Netzwerkzugriff für eine Wiederherstellung benötigt. Wenn die Dateien Ihrer Clients auf einen oder zwei CD-R-Datenträger passen, könnten Sie die Wiederherstellung Ihrer Clients um diesen Ansatz herum planen. Die anderen Methoden bringen normalerweise mit sich, dass Hardware von einem Computer zum anderen bewegt werden muss, was äußerst unpraktisch ist und immer die Gefahr in sich birgt, dass die hieran beteiligte Hardware dabei beschädigt wird.

Windows wieder bootfähig machen

Nachdem Sie alle Dateien auf einem Computer wiederhergestellt haben, könnten Sie glauben, dass Ihre Arbeit beendet ist. Schalten Sie den Rechner jedoch wieder neu ein, werden Sie vermutlich mit einer Meldung begrüßt, dass der Computer nicht dazu in der Lage ist, zu booten. Obwohl Sie alle Dateien an ihren richtigen Speicherorten abgelegt haben, gibt es zwei weitere Aspekte für das Booten, die von einer Windows Notfall-Bootdiskette aus erledigt werden sollten:

- Das Setzen der entsprechenden Partition als *aktive* oder *bootfähige* Partition.
- Die Konfiguration von Boot-Dateien in der Windows Boot-Partition.

Windows 9x Um diese beiden Aufgaben für ein Windows 9x-System zu erledigen, benötigen Sie zunächst eine Windows Notfall-Bootdiskette. Es muss sich hierbei noch nicht einmal um eine großartig ausgefeilte Systemdiskette mit Netzwerk- oder Backup-Hilfsprogrammen handeln. Sie können diese einfache Diskette aus einem laufenden Windows-System heraus durch die Ausführung folgender Schritte erstellen:

1. Öffnen Sie die *Systemsteuerung* und doppelklicken Sie das Icon *Software*. Windows öffnet den Dialog *Eigenschaften von Software*.
2. Klicken Sie das Register *Startdiskette* im Dialog *Eigenschaften von Software*. Sie erhalten eine Anzeige ähnlich der in *Abbildung 16.6* dargestellten.
3. Klicken Sie die Schaltfläche *Diskette erstellen*. Unter Umständen verlangt Windows danach, dass die Installations-CD-ROM eingelegt wird. Wenn dies der Fall ist, legen Sie die CD ein und klicken *OK*. Ein Fortschrittsbalken erscheint, während Windows die für die Diskette benötigten Dateien zusammensucht.
4. Legen Sie eine leere Diskette ein und klicken im Dialog *Datenträger einlegen* die Schaltfläche OK. Der Fortschrittsbalken im Dialog *Eigenschaften von Software* wandert weiter nach rechts, während die Kontrolllampe Ihres Diskettenlaufwerks Aktivitäten anzeigt.
5. Wenn Windows die Bootdiskette erzeugt hat, klicken Sie *OK* oder *Abbrechen*, um den Dialog *Eigenschaften von Software* zu schließen.

Abbildung 16.6: Sie können eine Textmodus-basierte Windows-Bootdiskette im Dialog *Eigenschaften von Software* erzeugen

Nachdem Sie die Windows-Bootdiskette erzeugt haben, können Sie diese zum Starten eines Rechners verwenden. Bei dem System, welches gestartet wird, handelt es sich *nicht* um ein voll ausgebautes Windows-System mit grafischer Benutzeroberfläche (*graphical user interface – GUI*); es handelt sich hierbei um nichts weiter als DOS, aber diejenige Version von DOS, die die Grundlage für Windows bildet. Um sicherzustellen, dass die Windows-Bootpartition aktiv ist, führen Sie folgende Schritte durch:

1. Geben Sie `FDISK` ein, um das Programm `FDISK` zu starten, welches es Ihnen erlaubt, Partitionen zu modifizieren (Sie können dieses Tool auch dazu verwenden, Partitionen anzulegen, wenn Sie dieses nicht bereits vorher getan haben).
2. Wählen Sie die Option `2` (*Aktive Partition festlegen*). `FDISK` reagiert mit einer Anzeige aller primären Partitionen.

3. Geben Sie die Zahl ein, die mit Ihrer Windows-Partition assoziiert ist. Für den Fall, dass nur eine primäre Partition vorhanden ist, sollte Windows diese an dieser Stelle aktivieren.

4. Drücken Sie die Taste Esc bis zum Verlassen von `FDISK`.

TIPP

Sie können eine Windows 9x-Bootdiskette selbst auf einem DOS-, einem Windows NT, oder einem OS/2-System zum Setzen der aktiven Partition verwenden. Die Notfalldisketten von OS/2 sollten dessen Version von `FDISK` *beinhalten, mit dem dieselben Resultate erreicht werden können, obwohl OS/2s* `FDISK` *recht unterschiedlich zu dem von Windows funktioniert.*

Schlussendlich ist es noch notwendig, sicherzustellen, dass der Bootsektor der Windows-Partition auf die benötigten Windows-Bootdateien zeigt. Um dies zu erreichen, geben Sie ein:

```
SYS C:
```

Nach kurzem Zugriff auf das Disketten- und auf das Festplattenlaufwerk sollte die Meldung *Systemdateien übertragen* angezeigt werden. Nun können Sie den Computer von der Festplatte aus booten.

WARNUNG

Obwohl es sich bei der Windows 9x-Notfalldiskette essenziell um eine Version von DOS handelt, verwenden Sie nicht *den Befehl* `SYS` *von einer DOS-Bootdiskette auf einem Windows 9x-System. Die Systemdateien, die dieser Befehl von der Diskette kopieren soll, müssen denen der auf der Festplatte installierten Betriebssystemversion entsprechen. Entsprechend verwenden Sie keine Windows 95-Notfall-Bootdiskette auf einem Windows 98-System oder umgekehrt. Versuchen Sie diesen Vorgang nicht auf einem Windows NT- oder OS/2-System.*

DOS, Windows NT, OS/2 und andere Wenn Sie ein DOS-, Windows NT- oder OS/2-System wiederherstellen, sind die hierfür erforderlichen Schritte ähnlich aber nicht immer identisch mit denen, die Sie für Windows 9x durchführen. Speziell folgende Unterschiede sind zu beachten:

- Sie machen ein DOS-System wieder bootfähig, wie zuvor beschrieben, aber Sie müssen eine DOS-Notfall-Bootdiskette verwenden, um den Befehl `SYS` auszuführen.
- Erstellen Sie eine Windows NT- oder Windows 2000-Notfalldiskette wie für die Windows 9x-Diskette beschrieben; diese NT/2000-Diskette ist jedoch *nicht* bootfähig. Stattdessen verwenden Sie diese Diskette in Kombination mit den NT/2000-Installationsdisketten, um automatisch eine beschädigte Installation zu überprüfen und wiederherzustellen.

- OS/2 bietet eine Möglichkeit, einen Satz Notfalldisketten zu erstellen. Diese Disketten sind bootfähig und enthalten das OS/2-Programm `FDISK`. Nach der Wiederherstellung einer HPFS-Partition sollte das System wieder bootfähig sein. Wenn Sie ein OS/2-System auf einer FAT-Partition wiederherstellen, müssen Sie die Entsprechung von OS/2 für den Befehl `SYS` verwenden, die hier `SYSINSTX` heißt. Dieses Hilfsprogramm befindet sich auf der Installations-CD-ROM im Verzeichnis `OS2IMAGE/DISK_0`.

Wenn Sie ein Image-Backup erstellt haben, wie dies mit `dd`, *DriveImage* oder *Ghost* möglich ist, sollte für die Verwendung von `SYS` oder eines ähnliche Hilfsprogramms kein Bedarf bestehen. Sie müssen jedoch wahrscheinlich immer noch die aktive Partition festlegen.

Zusammenfassung

Die Datensicherung ist ein kritischer Aspekt im Betrieb eines Netzwerks. In hoch-zentralisierten Client-/Server-Netzwerken ist die Sicherung der Server die wichtigste Backup-Aufgabe, so dass Sie sich ausreichend mit LINUX‘ nativen Backup-Techniken vertraut machen sollten. In weniger zentralisierten Netzwerkumgebungen, oder wenn Clients in ihrer Konfiguration stark individuellen Bedürfnissen entsprechend angepasst sind oder wichtige Daten beherbergen, sollten Sie die Clients ebenfalls sichern. Glücklicherweise bietet Samba Features, die diese Aufgabe ziemlich schmerzfrei erledigen. Die Wiederherstellung geringer Datenmengen ist ebenfalls normalerweise nicht schwierig, aber es kann mühsam sein, wenn ein System einer kompletten Wiederherstellung bedarf, weil eine Festplatte ausgefallen oder eine andere Katastrophe eingetreten ist. In den meisten Fällen sind solche Wiederherstellungen einfacher als die komplette Neuinstallation des Betriebssystems, was Backups selbst in Umgebungen mit vielen Clients zu einer lohnenden Vorsichtsmaßnahme macht.

Troubleshooting

KAPITEL 17

Samba ist ein robustes Software-Paket, das zuverlässig monatelang mit nur wenig Überwachung laufen kann. Auf der anderen Seite ist Samba eine knifflige Sammlung von Programmen, die haareraufende Sitzungen verursachen können, wenn Sie herauszufinden versuchen, warum etwas nicht funktioniert. Dieser anscheinende Wiederspruch ist das Ergebnis von Flexibilität – sowohl von Samba als auch von SMB/CIFS. Wie anhand der vielen in diesem Buch beschriebenen Konfigurationsoptionen demonstriert, können sowohl Samba als auch ein SMB/CIFS-Netzwerk auf verschiedene Weise eingerichtet werden. Viele dieser Konfigurationsoptionen können auf einen zurückschlagen, wenn sie falsch eingesetzt werden, mit dem Resultat, dass man ein Netzwerk hat, das langsam, nur sporadisch oder überhaupt nicht funktioniert. Dieses Kapitel enthält verschiedene Hinweise gegen die Konfiguration von Samba auf bestimmte Art und Weise und Warnungen zu möglichen negativen Konsequenzen bedingt durch bestimmte Konfigurationen oder Aktionen. Sie sollten aus diesem Grunde, wenn Sie Probleme mit einem bestimmten Merkmal haben, die entsprechend relevanten Abschnitte dieses Buches hierzu lesen. Wenn Ihr Druck-Server beispielsweise nicht richtig funktioniert, können Sie hierzu *Kapitel 6: Druckerfreigaben konfigurieren* beachten. In diesem 17. Kapitel finden Sie weitere Informationen für eine mögliche Problembehebung (oder Neuhochdeutsch: Das *Troubleshooting*). Es enthält Hinweise, die auf spezifische Aufgaben abzielen, aber auch allgemeine Problemdarstellungen und wie diese zu lösen sind.

Das Kapitel beginnt mit einigen allgemeinen Problemlösungs-Ansätzen im Umgang mit Samba. Dann wendet es sich spezifischen Problemen zu. Einer der Problembereiche, mit denen viele neue Samba-Administratoren konfrontiert werden, ist der anfängliche Zugang zum Samba-Server. Manchmal sind diese Hindernisse ein Resultat der Domänen-Konfiguration; manchmal jedoch auch nicht. Diese Probleme im Hinblick auf den initialen Zugang werden im zweiten und im dritten Abschnitt dieses Kapitels behandelt. Nachdem Sie einen Samba-Share von einem Client aus lokalisiert haben, können weitere Probleme auftauchen, wenn Sie versuchen, Zugriff auf diesen bestimmten Share zu nehmen. Schlussendlich können Sie mit der Schwierigkeit konfrontiert werden, Zugriff auf bestimmte Dateien zu nehmen oder Druckaufträge an einen Drucker-Share zu senden. Dieses Kapitel deckt diese beiden Themenbereiche ebenfalls ab.

Allgemeines Troubleshooting

Es gibt einige Troubleshooting-Techniken, deren Kenntnis nützlich ist, um einen breiten Bereich an Samba-Problemen untersuchen zu können – viele Probleme, die nichts mit Samba zu tun haben im Übrigen auch. Sie sollten mit diesen Techniken vertraut sein und sie als vorausgehende Tests für die Funktionalität Ihres Netzwerks im Allgemeinen verwenden, bevor Sie bei der Fehlersuche bei Samba in die Tiefe gehen.

Grundfunktionen des Netzwerks prüfen

Samba kann nicht funktionieren, wenn das darunter liegende TCP/IP-Netzwerk nicht funktioniert. Neue Administratoren gelangen häufig zu der Schlussfolgerung, dass Samba nicht korrekt funktioniert, obwohl es tatsächlich die grundlegenden Netzwerkfunktionen sind, die fehlerhaft sind. Obwohl die Konfiguration dieser Basisfunktionen außerhalb der Ansprüche dieses Buches liegen, möchte Ihnen dieser Abschnitt dennoch einige Tests zeigen, die Sie durchführen können, um zu sehen, ob diese grundlegenden Leistungsmerkmale fehlerfrei auf dem LINUX-Server laufen. Wenn dies nicht der Fall sein sollte, konsultieren Sie möglichst das *LINUX Networking HOWTO* (`http://www.LINUXdoc.org/HOWTO/Net-HOWTO/`). Sie können ebenfalls ein allgemeines Buch zu LINUX-Netzwerken wie *Craig Hunts LINUX Network Servers 24seven* (Sybex, 1999) oder das Buch *LINUX: Networking for Your Office* (Sams, 2000) des Autors dieses Buches zu Rate ziehen. Darüber hinaus können die `man`-Seiten zu den in diesem Kapitel beschriebenen Hilfsprogrammen sehr nützlich sein, da Sie diese Tools dazu verwenden können, Netzwerk-Optionen sowohl mit ihnen zu setzen als auch, sie zu überprüfen.

Überprüfen der Netzwerkkarte und der Routing-Tabelle

Sie können sicherstellen, dass die Netzwerkkarte Ihres Systems korrekt funktioniert, indem Sie eingeben:

```
/sbin/ifconfig
```

Dieser Befehl bewirkt eine Ausgabe, die in etwa der folgenden entspricht:

```
eth0      Link encap:Ethernet  HWaddr 00:80:48:EE:27:24
          inet addr:192.168.1.3  Bcast:192.168.1.255  Mask:255.255.255.0
          UP BROADCAST RUNNING MULTICAST  MTU:1500  Metric:1
          RX packets:2803635 errors:1 dropped:0 overruns:0 frame:56
          TX packets:4158514 errors:21 dropped:0 overruns:0 carrier:33
          collisions:19919 txqueuelen:100
          Interrupt:11 Base address:0x1000
```

Die Ausgabe von `ifconfig` bietet ähnliche Angaben wie die zuvor dargestellten für ein Interface mit dem Namen `lo`, welche Sie ignorieren können, und möglicherweise weitere. Das Interface für den ersten Netzwerkadapter heißt `eth0`; der Name weicht hiervon jedoch ab, wenn Ihr Netzwerk nicht Ethernet-basiert ist. Folgende kritische Informationen können Sie dem zuvor dargestellten Listing entnehmen:

Hardware-Adresse Das mit `HWaddr` bezeichnete Feld gibt Ihnen die Hardware-Adresse des Ethernet-Adapters. Sie können diese mit der auf einem Aufkleber auf der Karte gedruckten Adresse vergleichen. Es gibt Fälle, in denen Fehler auf der Karte oder in Treibern dazu führen, dass alle Karten einer Serie sich mit derselben Hardware-Adresse identifizieren, was dazu führt, dass das Netzwerk nicht richtig funktioniert. Ein aktualisierter Treiber oder das Setzen spezieller Treiberparameter könnten dieses Problem beheben.

TCP/IP-Adresse Die TCP/IP-Adresse, die Sie im Feld `inet addr` finden, wird dem Computer entweder von Ihnen oder durch DHCP zugewiesen. Die assoziierte Broadcast-Adresse und Netzwerkmaske finden Sie in den weiteren Feldern dieser Zeile. Stellen Sie sicher, dass die hier angegebenen Adressen korrekt sind.

Verschiedene Einstellungen Die Zeile, die mit `UP BROADCAST` beginnt, zeigt verschiedene Netzwerkeinstellungen. In den meisten Fällen finden Sie in dieser Zeile keine Verdachtserregenden Informationen.

Fehler Die mit `RX packets` und `TX packets` beginnenden Zeilen zeigen jeweils Statistiken bezüglich empfangener und übertragener Netzwerkpakete an. Die folgende Zeile enthält Informationen über Kollisionen. Es ist durchaus normal, eine geringe Anzahl an Fehlern und Kollisionen zu erhalten, wie im vorhergehenden Listing dargestellt. Wenn Sie jedoch mehr als ein paar Prozente Kollisionen oder Fehler erhalten, ist ernsthaft etwas falsch an Ihrer Netzwerkkonfiguration – möglicherweise ein defektes Netzwerkkabel oder eine verkehrte Duplex- oder Geschwindigkeitseinstellung. Eine große Zahl an Kollisionen kann auch einfach nur bedeuten, dass Ihr Netzwerk überlastet ist; ersetzen Sie gegebenenfalls Hubs durch Switches oder unterteilen Sie Ihr Netzwerk in mehrere Segmente, um die Dinge wieder zu beschleunigen.

Hardware-Einstellungen Die letzte Zeile in der oben dargestellten Ausgabe zeigt die Hardware-Einstellungen des Netzwerkadapters. Diese sollten nicht in Konflikt mit den Einstellungen anderer Hardware-Komponenten, wie z.B. Soundkarten oder SCSI-Hostadaptern stehen. Solche Konflikte können Systemausfälle oder sogar Abstürze verursachen (PCI-Geräte können Interrupts gemeinsam nutzen – man spricht hier von *Shared Interrupts* – was ISA-Geräte nicht können. Shared Interrupts können jedoch ein System in seiner Geschwindigkeit verlangsamen, auch wenn beide Geräte PCI-Karten sind).

Wenn Ihr Netzwerk-Interface korrekt zu arbeiten scheint, überprüfen Sie als Nächstes die *Routing-Tabelle* Ihres Systems. Eine Routing-Tabelle steuert, wie LINUX herausgehende Datenpakete weiterleitet. TCP/IP lässt LINUX automatisch die Hardware-Adressen, die lokalen IP-Adressen zugeordnet sind, finden, so dass LINUX diese Pakete direkt an den jeweils richtigen Computer senden kann. Entfernte IP-Adressen müssen durch einen Router (allgemein bekannt als Gateway) gehandhabt werden. Um Ihre Routing-Tabelle zu überprüfen, geben Sie ein:

```
/sbin/route -n
```

Sie sollten ein Ergebnis folgender Art erhalten:

```
Kernel IP routing table
Destination    Gateway       Genmask        Flags  Metric  Ref  Use  Iface
192.168.1.0    0.0.0.0       255.255.255.0  U      0       0    0    eth0
127.0.0.0      0.0.0.0       55.0.0.0       U      0       0    0    lo
0.0.0.0        192.168.1.1   0.0.0.0        UG     0       0    0    eth0
```

Die Spalten `Destination` und `Genmask` legen einen Zieladressraum fest; die Angaben `192.168.1.0` und `255.255.255.0` in diesem Beispiel legen gemeinsam das Netzwerk `192.168.1.0/24` fest. Jeglicher Netzwerkverkehr, der für dieses Netzwerk bestimmt ist, wird über das Interface `eth0` abgewickelt (welches in der letzten Spalte angegeben ist). Die Zieladresse `0.0.0.0` (die als `default` – *Standard* – angegeben wird, wenn Sie den Parameter `-n` nicht verwenden) repräsentiert jede Adresse, die nicht den vorhergehenden Einträgen entspricht. Die Tatsache, dass diese Zeile einen Eintrag in der Spalte *Gateway* enthält, zeigt an, dass es sich hierbei um die *Gateway-Adresse* handelt – Datenpakete werden an den hier angegebenen Gateway-Computer geleitet, der die Pakete dann weiterleitet (*routet*). Computer mit mehreren Netzwerkadaptern können komplexere Routing-Tabellen enthalten, die die Weiterleitung von Paketen für das eine Netzwerk (zum Beispiel `192.168.1.0/24`) auf das andere und das Routing anderer Pakete (zum Beispiel für das Netzwerk `10.0.0.0/8`) auf ein anderes Interface vornehmen.

Als Minimum sollte Ihre Routing-Tabelle den IP-Adressraum Ihres lokalen Netzwerks enthalten. Ein Gateway-System, welches einer Standardzieladresse zugeordnet ist, ist für jedes System notwendig, das mit dem Internet verbunden ist oder sogar mit einem kleinen Netzwerk, welches Router verwendet. Wenn diese Merkmale nicht gegeben sind, beachten Sie die Verwendung des Befehls `route`, um Ihre Netzwerk-Konfiguration in Ordnung zu bringen oder verwenden Sie die Netzwerk-Konfigurationstools Ihrer Distribution, um diese Dinge dauerhaft in Ordnung zu bringen.

HINWEIS

Auch Windows verfügt über einen Befehl `ROUTE`*, der jedoch in seinem Gebrauch von dem von LINUX abweicht. Die Eingabe von* `ROUTE PRINT` *unter Windows ergibt ähnliche Ergebnisse wie diejenigen durch* `route -n`*, aber es gibt Unterschiede in den Details. Nichtsdestotrotz möchten Sie gegebenenfalls dennoch die Routing-Tabelle auf Windows-Clients in Ihrem Netzwerk überprüfen, wenn diese ein Fehlverhalten zeigen.*

Der Befehl `ping` als grundlegender Test für Verbindungen

Der Befehl `ping` ist äußerst nützlich, wenn es darum geht, Netzwerkverbindungen grundlegend zu testen. Die Syntax des Befehls lautet:

```
ping Adresse
```

wobei es sich bei `Adresse` entweder um die numerische IP oder den TCP/IP-Host-Namen handeln kann. Wenn es sich bei ihr um letztere Angabe handeln soll, setzt dieses voraus, dass die Namensauflösung in Ihrem Netzwerk korrekt funktioniert. Für grundlegendste Tests sollten Sie daher numerische IP-Adressen verwenden. Im Folgenden erhalten Sie einige IP-Adressen, die Sie versuchen sollten:

1.1.1.1 Dies ist die so genannte *Loopback*- oder *Localhost*-Adresse, die dem Interface `lo` entspricht (siehe das vorhergehende Listing). Das „Anpingen" dieser Adresse sollte auf allen Systemen funktionieren.

Ihre IP-Adresse Sie sollten versuchen, die IP-Adresse, die mit dem Haupt-Netzwerkinterface Ihres eigenen Computers assoziiert ist, anzupingen. Dies wäre für oben dargestelltes Beispiel die Adresse `192.168.1.3`.

Ihr Gateway Versuchen Sie, die IP-Adresse, die mit Ihrem Gateway assoziiert ist, anzupingen; die Ausgabe von route –n im Beispiel weiter oben gab die Adresse des Gateways als `192.168.1.1` aus, die Sie an dieser Stelle versuchen sollten.

Externe Netzwerkadressen Wenn Sie die IP-Adressen geeigneter externer Systeme kennen, versuchen Sie, ein oder zwei dieser Systeme anzupingen um sicherzustellen, dass das Gateway so funktioniert, wie von Ihnen erwartet (wenn Sie eine falsche Gateway-Adresse in Ihrer

Routing-Tabelle haben, können Sie zwar Ihr lokales Netz nutzen, haben aber keinen Zugriff auf externe Systeme). Einige Systeme sind so konfiguriert, dass sie nicht auf externe Pings reagieren oder sie sind selber vielleicht zur Zeit nicht online. Wenn ein externer Ping also nicht funktioniert, versuchen Sie eine andere externe Adresse.

Named Systems (*benannte Systeme*) Versuchen Sie die zuvor beschriebenen Tests, indem Sie Namen statt IP-Adressen verwenden. Wenn die IP-Adressen funktionieren, die Namen jedoch nicht, ist dies ein Zeichen dafür, dass Ihre DNS-Konfiguration nicht funktioniert.

Ein grundlegender Test sieht wie folgt aus:

```
$ ping 192.168.1.1
PING 192.168.1.1 (192.168.1.1): 56 data bytes
64 bytes from 192.168.1.1: icmp_seq=0 ttl=32 time=1.051 ms
64 bytes from 192.168.1.1: icmp_seq=1 ttl=32 time=0.778 ms
64 bytes from 192.168.1.1: icmp_seq=2 ttl=32 time=0.872 ms
64 bytes from 192.168.1.1: icmp_seq=3 ttl=32 time=0.767 ms
64 bytes from 192.168.1.1: icmp_seq=4 ttl=32 time=0.962 ms
– 192.168.1.1 ping statistics –
5 packets transmitted, 5 packets received, 0% packet loss
round-trip min/avg/max = 0.767/0.886/1.051 ms
```

Dieser Befehl sendet wiederholt einfache Datenpakete an die Zieladresse, die Antworten sollte. Das lokale Programm `ping` überprüft dann die Übertragungszeit und stellt verloren gegangene Pakete heraus. Ihre lokale Netzwerkkommunikation sollte kurze Ping-Zeiten liefern (10 Millisekunden oder weniger) und nur wenige oder keine Paketverluste aufweisen. Wenn dies nicht der Fall sein sollte, suchen Sie nach Hardware-Fehlern wie defekte Kabel oder Switches. Es ist ebenfalls möglich, dass eine Überlastung des Netzwerks Probleme verursacht; in diesem Fall sollten Sie in Erwägung ziehen, schnellere Netzwerk-Hardware anzuschaffen.

LINUX‘ Version des Programms `ping` sendet (standardmäßig) so lange Datenpakete, bis Sie [Strg]+[C] drücken. Windows bietet ebenfalls den Befehl PING (*Anm. d. Übers.*: Voraussetzung ist die Installation des TCP/IP-Protokolls), der jedoch nur fünf Datenpakete sendet und dann standardmäßig abbricht.

Komplexere Verbindungen testen

Wenn grundlegende Tests (einschließlich `ping`) die Verbindung zwischen zwei Clients ergeben, aber Samba nicht funktioniert, sollten Sie weitere Tests vornehmen, die andere Netzwerk-Protokolle außer Samba verwenden. Als Möglichkeiten bieten sich FTP, HTTP (Web-Server/Browser), SMTP (E-Mail), POP (E-Mail), Telnet und viele andere. Die meisten LINUX-Distributionen werden mit Servern für zumindest einige dieser Protokolle ausgeliefert, die standardmäßig geschaltet sind. Obwohl Sie vermutlich nicht alle dieser Server-Funktionen auf einem produktiven Samba-Server laufen lassen wollen, ist es ein guter Gedanke, zumindest einen von ihnen für Testzwecke auf einem System mit Fehlfunktionen einzusetzen. Um Telnet zu testen, führen Sie folgende Schritte durch:

1. Stellen Sie sicher, dass das Telnet Server-Paket auf dem Server installiert ist. Dieses heißt `netkit`-telnet, `nkitb`, telnet oder anders. Die relevante Server-Datei heißt normalerweise `/usr/bin/in.telnetd`.
2. Stellen Sie auf dem Server sicher, dass das Telnet Server-Paket aktiviert ist. Dies geschieht entweder in `/etc/inetd.conf` oder in `/etc/xinetd.conf`. Die hierfür relevante Zeile beginnt mit `telnet` und sollte nicht auskommentiert sein – das heißt, sie sollte *nicht* mit einem Doppelkreuz (#) beginnen.
3. Wenn `Sie /etc/inetd.conf` modifizieren mussten, starten Sie den `inetd`-Dämon neu.
4. Stellen Sie sicher, dass der Telnet-Server läuft, indem Sie die Client-Applikation dazu verwenden, eine Verbindung zum lokalen Server herzustellen, indem Sie eingeben: `telnet 127.0.0.1`. Dieser Befehl sollte einen Login-Prompt hervorbringen.
5. Versuchen Sie, den Telnet-Befehl auf einem anderen Computer dazu zu verwenden, Zugriff auf den Server zu erlangen, wie zum Beispiel durch Eingabe des Befehls `telnet chica`, um sich auf dem Server `chica` einzuloggen. Die meisten Betriebssysteme, einschließlich Windows (*Anm. d. Übers.*: Voraussetzung ist die Installation des TCP/IP-Protokolls), bieten Telnet-Clients, so dass Sie dieses von einem Client-Betriebssystem Ihrer Wahl aus durchführen können.

Wenn die zuvor beschriebenen Schritte einen Login-Prompt in der Telnet Client-Applikation anbieten, bedeutet dies, dass Ihr Netzwerk richtig funktioniert, und Sie können mit der mehr Samba-spezifischen Suche fortfahren. Wenn Sie jedoch keine Telnet-Verbindung aufbauen können, sollten Sie weiter forschen. Was auch immer die Probleme für Telnet verursacht, könnte auch Samba-Probleme verursachen. Glücklicherweise ist diese Art der Schwierigkeit ziemlich selten, zumindest wenn grundlegende Tests mit `ping` funktionieren.

Log-Dateien prüfen

Wie in *Kapitel 4: Die Tools der GUI-Konfiguraton und die Datei* smb.conf beschrieben, speichert Samba bestimmte Informationen in *Log Files* (*Protokolldateien* oder *Log-Dateien*). Die in solchen Log-Dateien protokollierte Detailgenauigkeit legen Sie durch Verwendung des Parameters debug level in der Datei smb.conf fest. Die möglichen Werte für diesen Parameter können zwischen 0 (keine Protokollierung) und 10 (eine Detailtiefe, die weit über dem liegt, was ein Systemadministrator benötigen wird) liegen. Auf den meisten funktionsfähigen Samba-Servern ist die Einstellung debug level = 1 ausreichend. Wenn Sie jedoch mit Problemen konfrontiert werden, sollten Sie diesen Wert auf eine Höhe bis zu 3 setzen. Überprüfen Sie die Log-Dateien dann auf Hinweise. Ein höherer Wert als 3 ist normalerweise nicht hilfreich, besonders nicht auf lauffähigen Systemen. Die Detailtiefe wäre vielt zu groß, außer für Samba-Programmierer; darüber hinaus verlangsamt eine Erhöhung des Debug Levels die Funktionsweise von Samba und benötigt mehr Festplattenplatz für Protokolldateien.

Bereits in Ebene 1 enthalten die Log-Dateien wertvolle Informationen über Login-Versuche und -Fehlversuche. Wenn Sie Probleme haben, sich in einen Samba-Server einzuloggen, kann eine Log-Datei offen legen, dass Samba diesen Versuch entgegennimmt – oder auch nicht – und vielleicht einen Hinweis darauf geben, warum er fehlschlägt.

Samba-Hilfsprogramme verwenden

Samba wird mit einer Reihe von Hilfsprogrammen ausgeliefert, die bei der Fehlersuche hilfreich sein können. Die wichtigsten dieser sind nmblookup und smbclient. *Kapitel 7: LINUX als SMB/CIFS-Client* beschreibt smbclient in detaillierter Form. Der Befehl nmblookup wurde bereits in früheren Kapiteln angesprochen, jedoch nicht im Detail. Dieses Programm wird wie folgt verwendet:

```
nmblookup [Parameter] Name
```

wobei Name der NetBIOS-Name des Zielsystems ist, wie zum Beispiel chica. Zu den möglichen Parametern gehören die folgenden:

-M Dieser Parameter, der nach einem Masterbrowser sucht, wird normalerweise in Kombination mit einem Bindestrich (-) als Name verwendet um anzuzeigen, dass das System das Netzwerk nach einem Masterbrowser durchsuchen soll statt einen bestimmten Computer abzufragen.

-R Verwenden Sie diesen Parameter, um eine rekursive Suche durchzuführen. Diese Art der Suche verwendet – wenn möglich – einen NBNS-Server zum Auffinden der gesuchten Information, statt ein System direkt anzufragen.

-S Mit diesem Parameter führt nmblookup eine Node Status-Abfrage durch, die die Namen aller Shares, die mit einem Server assoziiert sind, zurückgibt.

-r Mit diesem Parameter versucht nmblookup, Anfragen über Port 137 zu versenden. Dies ist ein Workaround für einen Fehler in Windows 95, der bewirkt, dass Anfragen durch
nmblookup, die über einen anderen Port als 137 erfolgen, ignoriert werden. Sie müssen der Benutzer root sein, um diesen Parameter verwenden zu können.

-A Dieser Parameter weist nmblookup an, den Parameter Name als IP-Adresse zu interpretieren, statt als NetBIOS-Name.

-B Broadcast-Adresse Weist nmblookup an, die spezifizierte Broadcast-Adresse anzufragen. Die Standardeinstellung ist, Anfragen über die primäre Broadcast-Adresse eines Computers zu versenden.

-d Debug-Level Dieser Parameter setzt den Debug-Level des Hilfsprogramms. Wie die meisten Samba-Programme protokolliert nmblookup seine Aktivitäten in Abhängigkeit des gesetzten Debug-Levels. Sie können diesen Wert auf einen entsprechenden Level setzen, der Ihnen hilft, Probleme zu isolieren, die durch die Standardprotokollierung alleine nicht identifizierbar wären.

-s smb.conf nmblookup verwendet einige der in smb.conf gesetzten Parameter, um seine Operationen zu steuern. Verwenden Sie diesen Parameter, um dem Programm mitzuteilen, welche Datei smb.conf verwendet werden soll.

Der Befehl nmblookup ist äußerst hilfreich bei der Diagnose von Problemen mit dem Browsing und der Namensauflösung; Sie können dieses Hilfsprogramm dazu verwenden, sich von Servern freigegebene Shares anzeigen zu lassen, um herauszufinden, welche Systeme auf welche Namen reagieren und so weiter. Das Programm smbclient ist nützlich für die Überprüfung von Share-Funktionen. Sie können Tests eines Shares auf dem Server selber oder von einem anderen LINUX-Computer aus vornehmen. Da beide Befehle Informationen an Log-Dateien senden, können Sie dieses Log-Dateien bezüglich weiterer Informationen auswerten, die einfach nicht zur Verfügung stehen, wenn Sie SMB/CIFS-Clients unter Windows laufen lassen.

Probleme mit Domain-Controllern

Eine breite Klasse potenziellen Fehlverhaltens von Samba tritt deshalb auf, weil es zusammen mit Computern in einer Windows-Domain verwendet wird. Wie in *Kapitel 10: Konfiguration von Domänen* beschrieben, handelt es sich bei einer Domain um eine Gruppe von Windows-Computern, die sich einen Authentifizierungsmechanismus teilen, der von einem Computer geboten wird, der als Domain-Controller bezeichnet wird. Wenn ein User sich an einem Client-Computer in einer Domain anmeldet, schickt dieser Client den Benutzernamen und das Passwort zur Überprüfung an den Domain-Controller, der einen Netzwerkzugang des Benutzers dann entweder gestattet oder verbietet. Weitere Zugriffe auf andere Server benötigen keine zusätzliche Authentifizierung, vorausgesetzt die Server sind dahingehend konfiguriert, alle dieselbe Domain zu nutzen.

Unglücklicherweise funktionieren Domain-Konfigurationen nicht immer so, wie es von ihnen erwartet wird. Einzelne Clients oder Server könnten falsch konfiguriert sein und es ist einfach, einen Samba-Server dahingehend zu verkonfigurieren, dass er die normalen Funktionalitäten einer Domain störend beeinflusst. Wenn Sie einen Samba-Server hinzufügen und bemerken, dass Ihre existierende Domain nicht länger funktioniert, oder wenn Sie versuchen, einen Samba-Server als Domain-Controller einzusetzen, aber hiermit nicht vorankommen, sollten Sie diesen Abschnitt und *Kapitel 10: Konfiguration von Domänen* lesen.

Konflikte mit Windows-Computern

Eine Problemklasse, mit der Sie konfrontiert werden könnten, ist ein Konflikt zwischen Samba- und Windows-Computern. Diese Konflikte können in zwei Grundformen auftreten: Samba kann den Betrieb eines Domain-Controllers stören oder Samba kann als Domain-Controller die Anfragen eines Clients nicht verstehen. Der Erste verursacht wahrscheinlich netzwerkweite Schwierigkeiten, wohingegen der Zweite nur spezielle Client-Typen beeinflusst, zum Beispiel Windows 2000-Computer.

Sich der Funktion des rechtmäßigen Domain-Controllers bemächtigen

Samba beinhaltet eine Reihe globaler Parameter für `smb.conf` die beeinflussen, ob es versucht, die Funktion des Domain-Controllers zu übernehmen oder nicht, oder ob es versucht, weitere Aufgaben zu übernehmen, die ein Windows NT- oder Windows 2000-Domain-Controller normalerweise auszuführen erwarten. Im Folgenden die relevanten Parameter:

`domain logons` Wenn auf `Yes` gesetzt, kündigt sich Samba als *Domain-Controller* an. *Dieser Parameter sollte auf* `No` *gesetzt sein, wenn Samba nicht der rechtmäßige Domain-Controller ist!*

`domain master` Diese Option steuert, ob Samba den Versuch unternehmen soll, der *Domain-Masterbrowser* zu werden. Obwohl Domain-Masterbrowser und Domain-Controller unterschiedliche Computer sein können, erwartet Windows NT normalerweise, dass beide Aufgaben von derselben Maschine erledigt werden. Aus diesem Grunde sollten Sie `domain master = No` setzen, wenn ein anderes System der Domain-Controller ist.

`local master` Diese Option steuert, ob Samba den Versucht unternehmen soll, der *Lokale Masterbrowser* zu werden. Wenn sich der Domain-Controller im gleichen Subnetz befindet, wie der Samba-Computer, sollten Sie diese Option auf `No` setzen, da der Domain-Controller erwartet, der Lokale Masterbrowser zu sein.

`wins support` Große Netzwerke verfügen häufig über einen *NBNS-Server*, auch als *WINS-Server* bekannt. NBNS funktioniert ähnlich wie DNS für TCP/IP-Netzwerke; das Verfahren wird ausführlich in *Kapitel 9: Samba als NBNS-Server* dargelegt. Wie mit der Masterbrowser-Funktion auch, erwarten Domain-Controller häufig, auch die Funktion des NBNS-Servers zu übernehmen, so dass Sie `wins support = No` auf allen anderen Computern setzen sollten.

Wenn Sie unangebrachter weise eine dieser Optionen in `smb.conf` auf `Yes` setzen sollten, kann dies zu merkwürdigem Verhalten führen, das von Lücken in Browsing-Listen bis hin zur völligen Unmöglichkeit, sich bei Ihrer Domain anmelden zu können, reichen kann. Manchmal treten diese Vorkommnisse überhaupt nicht auf oder sie treten nur sporadisch auf, weil es Interaktionen mit weiteren Parametern gibt. Das Setzen all dieser Parameter auf `No` sollte Schwierigkeiten abwehren – es sei denn, Sie wollen das Samba-System als Domain-Controller einsetzen; in diesem Falle sollten Sie natürlich alle Parameter auf `Yes` setzen.

Samba als Domain-Controller für Windows

Wenn Sie Samba als Domain-Controller innerhalb eines Windows-Netzwerk einzusetzen wünschen, sollten Sie *Kapitel 10: Konfiguration von Domänen* lesen. Hierbei sollten Sie jedoch die Tatsache beachten, dass Domains für unterschiedliche Windows-Versionen unterschiedlich arbeiten.

Windows 9x Sambas Unterstützung für den Domain Support ist für Windows 9x am besten, hauptsächlich weil diese Clients am wenigsten von einer Domain erwarten. Um Windows 9x-Clients in einer Samba-gesteuerten Domain einzusetzen, müssen Sie nur eine Handvoll Parameter in `smb.conf` setzen und die Clients dahingehend konfigurieren, dass sie als Teil dieser Domain arbeiten.

Windows NT 4.0 Um Windows NT 4.0-Clients in einer Samba-gesteuerten Domain verwenden zu können, müssen Sie Samba 2.0.5 oder ein noch aktuelleres Release einsetzen (frühere Versionen verfügen noch nicht über eine Unterstützung von NT-Domains). Sie müssen darüber hinaus spezielle *Trust Accounts* auf dem Samba-Server erstellen, um NT-Domain-Clients zu unterstützen.

Windows 2000 Ähnlich wie Windows NT 4.0-Clients, verlassen sich Windows 2000-Clients auf Trust Accounts. Samba unterstützt bis zur Version 2.0.7 keine Windows 2000 Domain-Clients, aber das experimentelle *Samba TNG* tut dieses. Diese Unterstützung wird aller Wahrscheinlichkeit nach in Samba Release 2.2 oder 3.0 oder in 2.0.X-Folgeversionen von Samba 2.0.7 einfließen.

Wenn Ihre Windows 9x-Clients eine Samba-gesteuerte Domain verwenden können, Ihre Windows NT- oder Windows 2000-Clients jedoch nicht, müssen Sie entweder Trust Accounts hinzufügen oder die von Ihnen verwendete Samba-Version aktualisieren. *Kapitel 10: Konfiguration von Domänen* diskutiert diesen Themenkomplex im Detail.

Ein Problem, von dem häufig von Leuten, die versuchen, Samba als Domain-Controller einzusetzen, berichtet wird, ist, dass Clients behaupten, dass sie nicht dazu in der Lage sind, einen Domain-Controller zu lokalisieren. Bei Windows NT- oder Windows 2000-Clients ist der Grund hierfür häufig ein fehlender oder falsch konfigurierter Trust Account. Sie können überprüfen, ob Samba sich selbst als Domain-Controller ankündigt, indem Sie unter LINUX den Befehl

```
nmblookup -SR NAME
```

oder unter Windows den Befehl

```
NBSTAT -a NAME
```

eingeben, wobei `NAME` der NetBIOS-Name des Domain-Controllers ist. Diese Befehle bewirken eine Ausgabe, die in etwa der folgenden entspricht:

```
nmblookup -SR sultan
querying sultan on 192.168.1.255
192.168.1.1 sultan<00>
Looking up status of 192.168.1.1
received 9 names
        SULTAN                    <00> -                        M <ACTIVE>
        SULTAN                    <03> -                        M <ACTIVE>
        SULTAN                    <20> -                        M <ACTIVE>
        ..__MSBROWSE__. <01> - <GROUP> M <ACTIVE>
        GESTALT                  <00> - <GROUP>  M <ACTIVE>
        GESTALT                  <1b> -                        M <ACTIVE>
        GESTALT                  <1c> - <GROUP>  M <ACTIVE>
        GESTALT                  <1d> -                        M <ACTIVE>
        GESTALT                  <1e> - <GROUP>  M <ACTIVE>
num_good_sends=0  num_good_receives=0
```

Die kritische Zeile dafür, den Domain-Controller Status festzulegen, ist diejenige Zeile, die den Code `<1b>` enthält. Dieser Code annonciert den Computer als den Domain-Controller für die Domain `GESTALT` und als den Domain-Masterbrowser. Wenn diese Zeile fehlt, überarbeiten Sie die Konfigurationsoptionen Ihres Domain-Controllers und starten Sie die Samba-Dämonen neu. Wenn die Zeile vorhanden sein sollte, überprüfen Sie, dass kein anderer Computer in Ihrem Netzwerk denselben Code `<1b>` zurückliefert – zwei konkurrierende Domain-Controller können das Chaos in Ihrem Netzwerk ausbrechen lassen.

Zurückgewiesene Passwörter

Domains operieren mit verschlüsselten Passwörtern. Aus diesem Grunde müssen Sie in der Datei `smb.conf` auf Ihrem Domain-Controller den Parameter `encrypt passwords = Yes` setzen; das Gleiche gilt für alle Samba-Server, die innerhalb der Domain vorhanden sind. Darüber hinaus müssen Sie eine entsprechende verschlüsselte Passwortdatei (die normalerweise den Namen `smbpasswd` trägt) erzeugen und verwenden. *Kapitel 14: Sicherheitserwägungen* diskutiert verschlüsselte Passwörter, und wie diese Optionen entsprechend auf einem Samba-Server konfiguriert werden.

Wenn Ihr Samba-Server Passwörter ablehnt aber als Teil einer Domain angesehen wird, überprüfen Sie, ob der Server eine *Server-* oder eine *Domain Level Security* verwendet (d.h. welcher der beiden Parameter `security = Server` oder `security = Domain` gesetzt ist). Wenn der Parameter `security` falsch gesetzt ist, versucht Samba, Benutzernamen und Passwörter am Domain-Controller vorbei lokal zu authentifizieren. Selbst wenn der Parameter `security` korrekt gesetzt ist, müssen Sie auf dem LINUX-Computer Accounts erzeugen, die den Usern, die Zugriff auf den Computer nehmen wollen, entsprechen. Wenn die Usernamen unter Windows und LINUX verschieden sein sollten, müssen Sie den Parameter `username map` verwenden, um Samba auf eine Mapping-Datei zu verweisen, die Windows-Benutzernamen mit ihren entsprechenden LINUX-Benutzernamen verknüpft. *Kapitel 15: Account-Verwaltung* beschreibt den Parameter `username map` und Mapping-Dateien im Detail.

Wenn Sie *Domain Level Security* verwenden, müssen Sie Samba mitteilen, der Domain „beizutreten". Um dies zu tun, erzeugen Sie einen entsprechenden Trust Account auf dem Domain-Controller und geben auf dem Samba-Server den folgenden Befehl

```
smbpasswd -j DOMAIN
```

ein, um der Domain mit dem Namen `Domain` beizutreten (Sie müssen diesen Befehl nur einmal ausführen). *Kapitel 10: Konfiguration von Domänen* und hier speziell der Abschnitt *Einsatz von Samba in einer Domäne* enthält mehr Informationen zu diesem Thema.

Probleme bei der Lokalisierung eines Samba-Servers

Selbst wenn Ihr Netzwerk als *Arbeitsgruppe* (*Workgroup*) statt als *Domain* funktioniert, können Sie mit merkwürdigen Zugangsproblemen zum Netzwerk konfrontiert werden. Ihre Clients sehen unter Umständen einen Computer nicht in ihrer Netzwerkumgebung oder sie können ihn sehen, jedoch keinen Zugriff auf ihn nehmen. In den meisten Fällen ist ein solches Verhalten auf einen der folgenden drei Gründe zurückzuführen: Der Bindung von SMB/CIFS an TCP/IP, dem Netzwerk-Browsing oder der Namensauflösung.

Überprüfung der SMB/CIFS-Bindung an TCP/IP

Kapitel 1: Eine Einführung in SMB/CIFS und *2: Einbinden von SMB/CIFS in LINUX* beschreiben die verschiedenen Netzwerk-Stacks, die üblicherweise heutzutage verwendet werden. Ein Netzwerk-Stack ist ein Satz ineinander greifender Protokolle, die ein Netzwerk auf verschiedenen Abstraktionsebenen kontrollieren, beginnend mit Treibern für Netzwerkkarten bis hin zu Tools auf oberster Ebene, die für die Übertragung von Dateien und anderen Daten von einem System zum anderen verwendet werden. Traditionell verwendeten Windows-Systeme den NetBEUI-Stack, wohingegen LINUX kein NetBEUI unterstützt, es sei denn Sie fügen diesen in einer vom Drittanbieter *Procom Technologies* (`http://www.procom.com`) angebotenen Version (die im Übrigen Open Source ist) hinzu. Glücklicherweise ist Microsoft schon vor Jahren von NetBEUI abgekommen und hat sich hin bewegt zu TCP/IP, auf dem das Internet basiert. Alle – außer den ältesten SMB/CIFS-Implementierungen – arbeiten mit TCP/IP und dies ist der einzige Modus, den Samba unterstützt, es sei denn, man verwendet den NetBEUI-Patch von *Procom.*

In einigen Netzwerken ist NetBEUI jedoch immer noch in Gebrauch. Wenn Sie versuchen würden, Samba in einem existierenden NetBEUI-basierten Netzwerk einzusetzen, könnten Sie mit Verzögerungen im Laufzeitverhalten konfrontiert werden oder einige der Clients sind unter Umständen nicht dazu in der Lage, den Samba-Server zu nutzen. Der Abschnitt *Wie man TCP/IP unter Windows an SMB/CIFS bindet* in *Kapitel 2: Einbinden von SMB/CIFS in LINUX* beschreibt, wie Sie sicherstellen können, dass Ihre Windows-Systeme TCP/IP statt NetBEUI verwenden.

Probleme beim Browsing

Wie in den *Kapiteln 1: Eine Einführung in SMB/CIFS* und *11: Lokales und geroutetes Browsen* beschrieben, handelt es sich beim *Browsing* um den Vorgang, Computer und Shares in einem Netzwerk zu durchsuchen, um benötigte Informationen zu lokalisieren. In Windows wird das Browsing mithilfe des Icons *Netzwerkumgebung* initiiert. Das Doppelklicken dieses Icons öffnet ein Fenster ähnlich dem in *Abbildung 17.1* dargestellten, das alle Computer anzeigt, die innerhalb eines NetBIOS-Netzwerks zur Verfügung stehen.

Browsing beinhaltet eine delikate Interaktion verschiedener Operationen und kann somit leicht gestört werden. Unregelmäßigkeiten beim Browsing können recht eigenartig auftreten – zum Beispiel mag ein Client andere zur Verfügung stehende Computer anzeigen als ein anderer. Um Probleme beim Browsing zu diagnostizieren, ist es manchmal hilfreich, so viele Computer wie möglich auszuschalten, um die Netzwerkkonfiguration hierdurch zu vereinfachen. Sie sollten *Kapitel*

11: Lokales und geroutetes Browsen lesen, in dem beschrieben wird, wie Sie Samba-Systeme als Masterbrowser einsetzen – oder wie Sie festlegen, solche Aufgaben *nicht* wahrzunehmen, was ebenso wichtig für die Gesamtfunktionsfähigkeit eines Netzes sein kann.

Abbildung 17.1: Windows bietet ein grafisches Frontend für die Anzeige aller in einem Netzwerk verfügbaren Computer und Shares

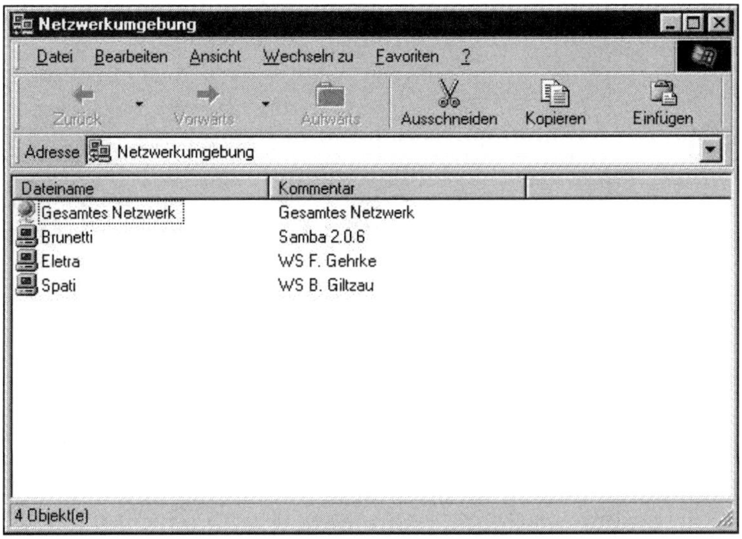

Vorbereitende Diagnosen

Für die Diagnose von Problemen beim Browsing ist es nützlich, zunächst einige kritische Informationen zu sammeln. Manchmal werden Sie den Grund für die Probleme bereits finden, während Sie diese Informationen zusammentragen. In anderen Fällen benötigen Sie diese Informationen, um die wahre Quelle für das Problem herausfinden zu können. In jedem Fall sollten Sie folgende Schritte durchführen, um die benötigten Daten zu sammeln:

Identifizieren Sie den lokalen Masterbrowser Sie können das LINUX-Hilfsprogramm `nmblookup` dazu verwenden, den lokalen Masterbrowser zu identifizieren. Führen Sie hierzu folgenden Befehl aus:

```
$ nmblookup -M -
```

Die Ausgabe dieses Befehls ist die IP-Adresse des lokalen Masterbrowsers, wie zum Beispiel `192.168.89.202`. Wiederholen Sie diesen Test über eine gewisse Zeitspanne. Wenn der lokale Masterbrowser sich mit der Zeit ändert, kann dies zu Störungen beim Browsing führen, wenn diese Änderungen auftreten. *Kapitel 11: Lokales und geroutetes Browsen* beschreibt, wie sicherzustellen ist, dass ein bestimmter Samba-Server immer als lokaler Masterbrowser auftritt.

Identifizieren Sie den Domain-Masterbrowser In einem Netzwerk, das mehrere Subnetze umspannt, fungiert ein Computer als Domain-Masterbrowser, der die Browsing-Listen der verschiedenen Subnetze koordiniert. Dieser Computer ist normalerweise der primäre Domain-Controller (*PDC*), aber Sie sollten sicher stellen, dass Sie nicht einen Samba-Server, der nicht ein PDC ist, fälschlicherweise als Domain-Masterbrowser konfiguriert haben. Verwenden Sie hierzu `nmblookup`, indem Sie `nmblookup -SR Hostname` eingeben, um den Computer `Hostname` zu überprüfen. Wenn die Ausgabe eine Zeile mit dem Code `<1b>` enthält, ist das System als Domain-Masterbrowser konfiguriert.

Identifizieren Sie den NBNS-Server NBNS ist weder ein Merkmal, welches für alle Netzwerke notwendig ist, noch ist es für eine Browsing-Liste notwendig. Wenn NBNS-Funktionen jedoch falsch konfiguriert sind, ist es möglich, dass Sie nicht in Computer *hinein* browsen können, obwohl diese in der *Netzwerkumgebung* erscheinen.

Vergleichen Sie die Probleme Wenn einige Computer nicht in der Browsing-Liste erscheinen – welche fehlen? Fehlen alle nicht vorhandenen Computer in der Netzwerkumgebung sämtlicher Clients oder sind die Lücken zufällig? Ist eine Zuordnung zu den verwendeten Server-Betriebssystemen, Client-Betriebssystemen oder der Netzwerk-Topologie möglich? Wenn Sie eine Regelmäßigkeit bei auftretenden Problemen feststellen können, könnte dies bereits ein erster Schritt zur Lösung sein. Wenn Sie diese Probleme überprüfen, finden Sie gegebenenfalls einen Fehler in der Konfiguration eines Computers, dessen Behebung die Probleme im gesamten Netzwerk beseitigt. Andererseits möchten Sie vielleicht verschiedene spezifische Probleme in Betracht ziehen, die in den folgenden Abschnitten beschrieben werden.

In der Netzwerkumgebung sind keine Server zu finden

Komplettausfälle beim Browsing sind selten. Wie in *Kapitel 11: Lokales und geroutetes Browsen* beschrieben, „wählen" NetBIOS-Netzwerke automatisch einen Masterbrowser. Dieser Masterbrowser pflegt Browsing-Listen für das Netzwerk und Clients können automatisch ihre lokalen Masterbrowser lokalisieren. Nachdem ein Client einen lokalen Masterbrowser gefunden hat, kann er die Browsing-Liste vom Masterbrowser beziehen und somit Computer in der *Netzwerkumgebung* anzeigen.

Ein Komplettausfall bei der Anzeige von Computern in der *Netzwerkumgebung* ist normalerweise durch einen von zwei möglichen Fehlern bedingt:

Falsche Netzwerkbindung Samba operiert durch den Einsatz von NetBIOS über TCP/IP (allgemein bekannt unter *NBT*), aber einige ältere Clients nutzen stattdessen NetBEUI und selbst modernere Windows-Systeme können dahingehend konfiguriert werden, NetBEUI statt NBT zu verwenden. Lesen Sie den Abschnitt *Überprüfung der SMB/CIFS-Bindung an TCP/IP* weiter oben in diesem Kapitel, in dem diese Problematik diskutiert wird.

Falsche Workgroup-Einstellungen Normalerweise gehören alle Computer eines NetBIOS-Netzwerks einer einzelnen *Arbeitsgruppe* (*Workgroup*) oder *Domäne* (*Domain*) an. Die zu verwendende Workgroup wird unter LINUX mithilfe des Parameters `workgroup` gesetzt. Auf Windows-Computern nehmen Sie die Workgroup-Einstellungen im Dialog *Netzwerk* im Registerblatt *Identifikation* vor (*Abbildung 17.2*). Selbst wenn Sie sich hier nur um einen Buchstaben vertippen sollten, führt dies dazu, dass der betroffene Computer nicht länger Mitglied der entsprechenden Workgroup ist, seien Sie also sehr gewissenhaft an dieser Stelle!

Abbildung 17.2: Eine falsche Workgroup-Einstellung kann einen Windows-Computer von seiner geplanten Arbeitsgruppe isolieren

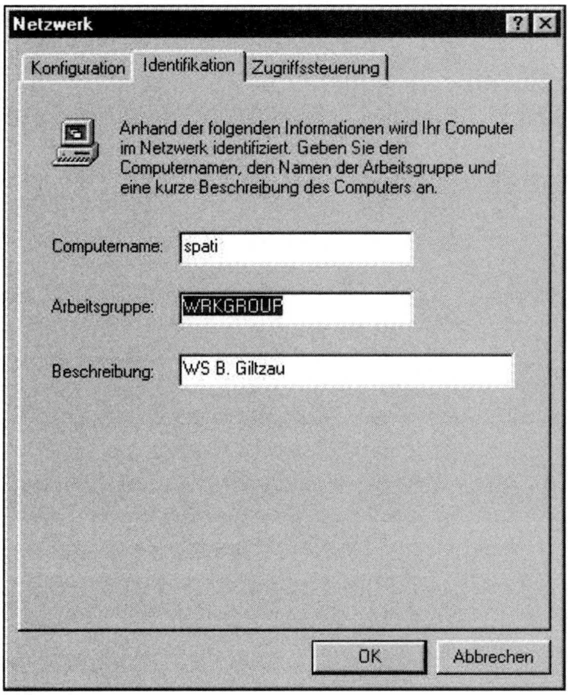

Stellen Sie neben der Überprüfung dieser SMB/CIFS-spezifischen Konfigurationspunkte sicher, dass die grundlegenden Netzwerkfunktionen korrekt funktionieren. Versuchen Sie, von einem Client aus einen `ping` abzusetzen und versuchen Sie ebenfalls, diesen von einem anderen Computer aus anzupingen, um die Netzwerkverbindung zu prüfen. Sie sollten ebenfalls die Funktionsfähigkeit von Netzwerkprotokollen höherer Ebenen testen, indem Sie versuchen, mit einem Web-Browser oder mit Telnet zu arbeiten.

Unvollständige Browsing-Listen

Ein weit verbreitetes und sehr frustrierendes Problem sind unvollständige Browsing-Listen – einer oder mehrere Computer erscheinen in der Netzwerkumgebung, andere jedoch nicht. Sie sollten folgende Faktoren überprüfen, wenn Sie mit dieser Diskrepanz konfrontiert werden:

Überprüfen des Domain- und lokalen Masterbrowsers Wenn Ihr Netzwerk verschiedene Subnetze beinhaltet, müssen Sie entweder einen Domain-Masterbrowser (auf dem gleichen Computer, der als PDC fungiert) konfigurieren oder Sambas Parameter `remote browse sync` verwenden, um Browsing-Listen verschiedener lokaler Masterbrowser einer Workgroup zu synchronisieren. Wenn Sie dieses nicht tun, führt dies zu unvollständigen Browsing-Listen in einem oder mehreren Subnetzen. Browsing funktioniert dann am reibungslosesten, wenn alle Masterbrowser vom selben Typen sind – entweder sind alle Samba oder alle Windows NT.

Verbessern Sie die Stabilität des Masterbrowsers Immer wenn Änderungen an einem Masterbrowser vorgenommen werden, gibt es eine kurze Störung des Browsings auf allen Systemen des betroffenen Subnetzes und die neuen Browsing-Listen des Masterbrowsers können hinterher für eine unbestimmte Zeit unvollständig sein. Aus diesem Grunde sollten Sie die in *Kapitel 11: Lokales und geroutetes Browsen* dargestellten Methoden verwenden, um ausschließlich einen Samba-Server so zu konfigurieren, dass er immer als Masterbrowser auftritt, oder Sie sollten alle Samba-Server außen vor lassen und Ihr höchstwertigstes Windows NT- oder Windows 2000-System die Aufgaben des Masterbrowsers übernehmen lassen. Wenn ein Netzwerk mehrere bevorzugte Masterbrowser enthält oder wenn Masterbrowser regelmäßig aus- und wieder eingeschaltet werden, leidet die Stabilität der Browsing-Listen hierunter.

Verwenden Sie `remote annouce`, wo immer nötig Der Samba-Parameter `remote announce` erlaubt es einem isolierten Server, seine Gegenwart einem Masterbrowser eines anderen Subnetzes mitzuteilen. Wenn ein Server sich in einem Subnetz befindet, welches getrennt vom Rest der Workgroup oder Domain ist, und das entfernte Subnetz nicht über einen eigenen Masterbrowser verfügt, der mit den anderen Masterbrowsern kommuniziert, ist es zwingend notwendig, dass Sie diesen Parameter verwenden, wenn Sie wünschen, dass der Server in der Browsing-Liste der Workgroup oder der Domain erscheint.

Sambas Browsing-Optionen erlauben eine flexible Konfiguration, aber das unkorrekte Setzen von Optionen wie `preferred master` and `os level` kann zu chaotischen und verwirrenden Zuständen im Netzwerk führen. Wie bereits in *Kapitel 11: Lokales und geroutetes Browsen* beschrieben: Achten Sie darauf, nur exakt einen Computer als Domain-Masterbrowser und jeweils einen Computer pro Subnetz als bevorzugten Masterbrowser zu konfigurieren. Stellen Sie sicher, dass der bevorzugte Masterbrowser die Berechtigung hat, alle „Browser-Wahlen“ zu gewinnen. Wenn Ihr Netzwerk Samba-Systeme als Masterbrowser in mehreren Subnetzen verwendet, ist es eine gute Idee, die Browsing-Listen dieser Systeme mit `remote browse sync` zu synchronisieren. Die Einhaltung dieser Schritte kann viele mysteriöse Probleme mit Browsing-Listen eliminieren.

Sie sollten ebenfalls bedenken, dass eine Verzögerung eintreten kann, bis die Browsing-Liste des Masterbrowsers aktualisiert wird, wenn eine Veränderung am Masterbrowser vorgenommen wurde oder wenn ein Computer neu im Netzwerk erscheint oder aus dem Netzwerk verschwindet. Dies trifft besonders dann zu, wenn Subnetze und mehrere Masterbrowser beteiligt sind. In diesem Falle könnten Sie Inkonsistenzen zwischen den einzelnen Computern beobachten, die jedoch verschwinden sollten, wenn für einige Minuten keine weiteren Änderungen im Netzwerk auftreten.

Shares auf einem Server nicht browsen können

Sie könnten einer Situation begegnen, in der die *Netzwerkumgebung* zwar einen Server anzeigt, Sie jedoch keinen Zugriff auf den Server nehmen können, wenn Sie ihn doppelklicken. Hierfür gibt es viele mögliche Gründe, die sich jedoch grob in zwei Klassen einteilen lassen:

Fragen des Netzwerkzugriffs Der Server könnte abgestürzt sein, sein Name wurde jedoch noch nicht aus der Browsing-Liste des Masterbrowsers entfernt, oder es gibt Probleme bei der Namensauflösung. Probleme mit Namenauflösungen werden weiter unten in diesem Kapitel besprochen.

Fragen des Server-Zugriffs Die Shares des Servers könnten aus Gründen, die im Abschnitt *Probleme beim Zugriff auf Samba-Shares* weiter unten in diesem Kapitel beschrieben werden, außerhalb des Zugriffs für den User liegen.

Bei Schwierigkeiten, Shares zu nutzen, sollten Sie zunächst sichergehen, dass der entsprechende Server auch tatsächlich läuft, indem Sie von einer Reihe anderer Clients aus Zugriff auf ihn zu nehmen versuchen. Wenn die Zugriffsprobleme sich von einem System zum anderen unterscheiden, überprüfen Sie Einstellungen wie die Netzwerk-Maske der entsprechenden Clients und ob der Samba-Server einen der Parameter `hosts allow` oder `valid users` verwendet (die den Zugriff durch bestimmte Clients oder User sperren können).

Probleme bei der Namensauflösung

Wie in *Kapitel 9: Samba als NBNS-Server* beschrieben, kann SMB/CIFS eine oder mehrere verschiedene Methoden dazu verwenden, Namen (wie z.B. `GRANDE`) in IP-Adressen (so wie `192.168.208.34`) umzuwandeln. Abhängig davon, welche Betriebssysteme beteiligt sind, können folgende vier Methoden verwendet werden:

Broadcasts Ein Computer, der einen Namen, aber nicht die dazugehörige Adresse kennt, kann einen *Broadcast* (*Rundruf*) versenden, der eine Anfrage an alle im Netzwerk vorhandenen Computer stellt, um das benötigte Zielsystem zu finden. Die entsprechende Maschine sollte antworten, wenn ihr Name angefragt wird.

NBNS-Server Ein NBNS-Server funktioniert weitestgehend wie ein DNS-Server innerhalb eines TCP/IP-Netzwerks, der ebenfalls der Namensauflösung dient.

`lmhosts` Eine spezielle Datei, die eine Abbildung von Namen auf ihre dazugehörigen IP-Adressen auf einem einzelnen Computer bietet.

DNS-Auflösung Ein Computer kann TCP/IP-Namensauflösungssysteme – und hier in erster Linie DNS – dazu verwenden, einen Computer zu finden. Diese Option steht für Samba, Windows NT und Windows 2000, jedoch nicht für Windows 9x-Systeme zur Verfügung (es sei denn, auf indirektem Wege, wenn ein Samba-Server als NBNS-Server fungiert, der auf DNS zurückgreifen kann).

Wenn die Namensauflösung fehlschlägt, sind Sie nicht in der Lage, durch Angabe seines Namens Zugriff auf einen Server zu nehmen. Der Server mag zwar in der *Netzwerkumgebung* erscheinen, man hat aber keinen Zugriff auf ihn, wenn man seinen Namen bei der Verwendung von `smbclient` unter LINUX oder `NET USE` unter Windows angibt. Es gibt mehrere mögliche Gründe für ein Fehlverhalten bei der Namensauflösung:

Falscher Knotentyp Der Knotentyp ist ein Code, der festlegt, in welcher Reihenfolge ein Computer verschiedene Methoden zur Namensauflösung verwendet. Einige Knotentypen schließen die Verwendung bestimmter Methoden für die Namensauflösung aus und können somit zu Problemen führen, wenn diese ausgeschlossenen Methoden diejenigen sind, die eigentlich funktionieren. Der Abschnitt *Festlegen des Knotentyps* in *Kapitel 9: Samba als NBNS-Server* beschreibt, wie der Knotentyp für einen Client oder für ein Netzwerk zu setzen ist.

Subnetze mit Broadcast-Auflösung Wenn Sie keine ausgefuchsten Konfigurationseinstellungen für den Parameter `wins proxy` und die Layouts des Netzwerks ausarbeiten, kann ein Netzwerk, das zwei oder mehr Subnetze verwendet, nicht funktionieren, wenn es ausschließlich eine Namensauflösung über Broadcasts bietet. Die beste Methode, solch ein Netzwerk zu handhaben, ist normalerweise, einen NBNS-Server zu konfigurieren, wie in *Kapitel 9* beschrieben.

Falsche Adresse für NBNS-Server Wenn Ihr Netzwerk einen NBNS-Server verwendet, muss jedem Client die korrekte Adresse dieses Servers mitgeteilt werden. Die einfachste Methode, dies zu tun, ist einen DHCP-Server mit dieser Information zu programmieren und Ihre Systeme durch *DHCP* konfigurieren zu lassen. Samba kann die Adresse mithilfe des Parameters `wins server` übergeben werden. Wenn Sie DHCP nicht verwenden, kann man Windows-Clients die Adresse des NBNS-Servers als Bestandteil der TCP/IP-Konfiguration übergeben, wie in *Abbildung 17.3* dargestellt. Geben Sie den NBNS-Server im Eingabefeld *WINS-Server Suchreihenfolge* ein, klicken Sie *Hinzufügen* und die IP-Adresse erscheint in der Liste.

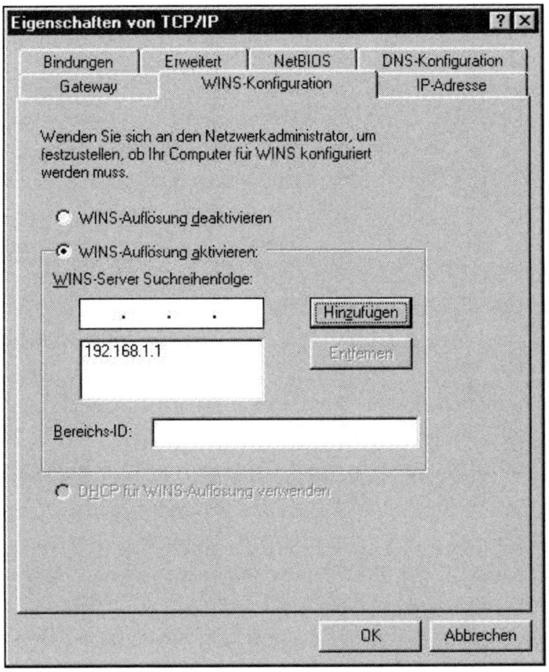

Abbildung 17.3: Sie können Windows dahingehend konfigurieren, NBNS *nicht* zu verwenden, bestimmte Server zu verwenden oder die NBNS-Informationen von einem DHCP-Server zu beziehen

Versagen des NBNS-Servers NBNS-Server können nicht nur versagen, sie tun es auch – sie können abstürzen oder unvollständige Informationen enthalten. Wenn es sich bei Ihrem NBNS-Server um ein Samba-System handelt, können Sie es dahingehend konfigurieren, DNS als Rückfalllösung zu verwenden, indem Sie den Parameter `proxy = Yes` setzen. Wenn dieser gesetzt wurde und Ihre Computer über dieselben NBNS- und DNS-Namen verfügen, ist ein Versuch der Namensauflösung durch einen Samba NBNS-Server erfolgreich, so lange der DNS-Eintrag des Zielsystems korrekt ist.

Auf den meisten Systemen können Sie eine lokale Namensauflösung erzwingen, indem Sie ein Datei `lmhosts` erstellen, welche betriebssystemabhängig an einem bestimmten Speicherort zu finden sein muss. Typischerweise geht die Verwendung von Einträgen in der Datei `lmhosts` vor andere Arten der Namensauflösung; es ist jedoch außer in speziellen Fällen nicht ratsam, diese Methode zu verwenden, da es schwierig ist, separate `lmhosts`-Dateien auf jedem Computer zu pflegen.

Probleme beim Zugriff auf Samba-Shares

Angenommen, Sie können Ihren Samba-Server in Ihrer *Netzwerkumgebung* sehen und zumindest anfängliche SMB/CIFS-Verbindungen zu diesem herstellen; Sie können jedoch immer noch in Schwierigkeiten geraten, wenn es darum geht, Zugriff auf Shares zu nehmen. Hierzu können Passwort-Probleme gehören oder der Server verweigert das Login von einigen Maschinen, von anderen aber nicht. Abgesehen von Problemen, die in Zusammenhang mit verschlüsselten Passwörtern stehen, ist diese Art von Problemen eher selten. Dies liegt daran, dass Leistungsmerkmale von Samba, die wahrscheinlich zu Problemen führen könnten, optional sind und nicht verwendet werden, so lange Sie diese nicht ausdrücklich konfigurieren. Nichtsdestotrotz: Wenn Sie mit Ihrer Konfiguration von Samba experimentieren, schaffen Sie vielleicht unwissentlich Zugriffsprobleme.

HINWEIS

Einige Probleme in Zusammenhang mit Passwörtern können auftreten, wenn Sie die anfängliche Verbindung zum Server aufzubauen versuchen. Diese Art von Problemen ist speziell dann wahrscheinlich, wenn Sie Windows NT- oder Windows 2000-Clients in einer Domain-Konfiguration nutzen. Diese Anordnung erfordert Client Trust Accounts, *wie bereits zuvor im Abschnitt* Samba als Domain-Controller für Windows *beschrieben.*

Einleitende Maßnahmen zur Fehlerbehandlung

Bevor Sie in die Tiefen der Datei `smb.conf` einsteigen, um einen problemverursachenden Parameter zu lokalisieren, können Sie einige Schritte durchführen, die Ihnen helfen, die Wurzel des Übels zu isolieren:

Lassen Sie sich den Server mit sich selbst verbinden Sie können das Programm `smbclient` dazu verwenden, sich den Server mit sich selbst verbinden zu lassen – zum Beispiel durch Eingabe des Befehls `smbclient //localhost/luetje`, um eine Verbindung mit dem Share `[luetje]` herzustellen. Diese Aktion schließt potenzielle Netzwerkprobleme aus und ermöglicht es Ihnen, die grundlegende Samba-Konfiguration zu testen.

Verwenden Sie `smbclient` auf einem anderen System Die Verwendung von `smbclient` anstatt der normalen Netzwerk-Tools von Windows kann eine nützliche Maßnahme bei der Fehlersuche sein. Der Befehl `smbclient` gibt in einigen Fällen hilfreichere Fehlermeldungen zurück als Windows Netzwerk-Client und Sie können Sambas Log-Dateien (sowohl auf Client- als auch auf Server-Seite) auf Meldungen überprüfen, die Licht auf das Netzwerkproblem werfen könnten.

Überprüfen Sie Log-Dateien Selbst wenn Sie einen Windows-Client verwenden, sollten Sie die Log-Dateien des Servers auf relevante Informationen überprüfen. Hierzu könnten Sie den Wert des Parameters `debug level` in der Datei `smb.conf` erhöhen, um detailliertere Informationen, die wertvoll bei der Fehlersuche sein könnten, zu erhalten.

Verifizieren Sie ein Problem von mehreren Clients aus Finden Sie heraus, ob ein Problem bei mehr als einem Client auftritt. Fehler, die isoliert bei nur einem Client auftreten, lassen vermuten, dass die Netzwerkkonfiguration des Clients auf irgendeine Art und Weise fehlerhaft sein könnte. Er könnte beispielsweise die verkehrte Netzwerkmaske oder ein falsches Gateway verwenden.

Es ist durchaus möglich, dass Sie die Quelle des Problems bereits durch Ausführung dieser einfachen Prüfmethoden finden. Wenn nicht, verfügen Sie zumindest über mehr Grundlageninformationen, die es Ihnen ermöglichen, mögliche Ursachen auszuschließen.

Host-by-Host-Sicherheitsmerkmale

Wie in Kapitel *14: Sicherheitserwägungen* beschrieben, beinhaltet Samba viele Sicherheitsmerkmale, die als Ergebnis haben können, dass bestimmten Clients einzelne Dienste versagt werden. Die zwei wichtigsten hiervon sind `hosts allow` und `hosts deny`, die Listen von Computern bilden, denen erlaubt bzw. nicht erlaubt wird, Zugriff auf den Server zu nehmen. Wenn Sie die Option `hosts allow` verwenden, können *ausschließlich* die hier angegebenen Hosts das System verwenden; wenn Sie `hosts deny` verwenden, darf jeder *außer* den angegebenen Computern das System verwenden. In Konfliktfällen übersteuert `hosts allow` die Angaben zu `hosts deny`. Beide Parameter können global verwendet werden (in der Sektion `[global]` der Datei `smb.conf`) oder für einzelne Shares. Sie sollten daher beide Sektionen überprüfen, wenn Sie Zugriffsschwierigkeiten auf Shares haben.

Viele Probleme bei der Verwendung dieser beiden Parameter entstammen Fehlern bei der Spezifikation von Computern. Der Abschnitt *Zugriffsbeschränkungen auf Basis von Computern* in *Kapitel 14: Sicherheitserwägungen* beschreibt die Regeln für den Gebrauch dieser Parameter im Detail. Folgende Beispiele können mögliche Übeltäter für die Verursachung von Problemen sein:

Schreibfehler in Namen Ein Schreibfehler im Namen einer einzelnen Maschine oder eines Netzwerks kann schwer aufzuspürende Probleme verursachen. Die Namen sind jedoch nicht *case-sensitive* (es liegt keine Unterscheidung zwischen Groß- und Kleinschreibung vor).

Ausgelassene Punkte Punkte (.) haben eine bestimmte Bedeutung, wenn sie einem Namen vorangestellt werden oder einer partiellen IP-Adresse angehängt sind. In diesem Zusammenhang spezifizieren Punkte Netzwerkadressen. Zum Beispiel: `.threeroomco.com` spezifiziert jeden Computer in der Domain `threeroomco.com`, wie z.B.

```
chica.threeroomco.com
```

oder

```
sultan.room3.threeroomco.com.
```

Bei IP-Adressen wird der Punkt am Ende des Netzwerk-Teils verwendet, wie zum Beispiel in **192.168.104.**, wodurch das Netzwerk **192.168.104.0/24** spezifiziert wird. Das Auslassen eines Punktes oder das versehentliche Hinzufügen eines zusätzlichen Punktes kann ernsthafte Schwierigkeiten verursachen. Wenn Sie beispielsweise den führenden Punkt bei **.threeroomco.com** wegließen, würde Samba einen einzelnen Computer mit dem Namen **threeroomco.com** hiermit assoziieren, nicht die gesamte Domain.

NetBIOS vs. DNS-Namen Die Parameter `hosts allow` und `hosts deny` erfordern DNS-Namen. Wenn die Computer in Ihrem Netzwerk unterschiedliche DNS- und NetBIOS-Namen haben, funktioniert die Angabe letzterer nicht korrekt.

Suchumfang für Netzwerknamen Samba verwendet normale DNS-Namensauflösungsprozeduren auf die Namen, die als Parameter zu `hosts allow` und `hosts deny` angegeben werden. Aus diesem Grunde ist es anfällig gegenüber Problemen wie einer Störung des DNS-Servers und Besonderheiten, die sich aus der in `/etc/resolv.conf` zu suchenden Liste von Domains ergeben. Zum Beispiel: Angenommen `/etc/resolv.conf` bestimmt, dass der Server sowohl `room1.threeroomco.com` und `room2.threeroomco.com` durchsuchen soll. Wenn in beiden Subdomains ein Computer mit dem Namen `GRANDE` vorhanden ist, bewirkt der Eintrag `hosts deny = grande`, dass ein Zugang auf beide Computer verwehrt wird. Wenn Sie nur den Zugang zu einem der beiden Systeme verwehren wollen, verwenden Sie den vollständigen Domain-Namen, wie zum Beispiel `grande.room2.threeroomco.com`. Wenn der Computer über eine feste IP-Adresse verfügt, ist die Verwendung dieser Adresse der Verwendung des Host-Namens vorzuziehen, da hiermit Probleme i Zusammenhang mit dem DNS-Server vermieden werden.

Wenn Sie *Server-* oder *Domain Level Security* verwenden, könnte es Sinn machen, den Status des Parameters `allow trusted domains` zu überprüfen. Wenn er auf `Yes` gesetzt ist, erlaubt dieser Parameter Samba, Logons aus allen Domains, die als vertrauenswürdig durch den Domain-Controller angesehen werden, zu akzeptieren. Wenn der Parameter auf `No` gesetzt ist, werden Zugangsversuche aus allen außer der Domain, der der Server angehört, verwehrt. Die Standardeinstellung ist `Yes`, aber wenn Sie diesen Wert auf `No` setzen, könnte dies zu Folge haben, dass einige Clients nicht dazu in der Lage sein werden, Zugriff auf den Server zu nehmen.

Benutzerbasierte Sicherheitsmerkmale

Wie in *Kapitel 14: Sicherheitserwägungen* beschrieben, beinhaltet Samba eine Reihe von Zugriffskontrollverfahren, die auf bestimmte User abzielen. Von diesen Verfahren sind Passwörter normalerweise die am mühseligsten zu handhabenden, da SMB/CIFS-Clients Passwörter auf verschiedene Arten verschlüsseln. Andere Zugriffskontrollverfahren können ebenfalls von Zeit zu Zeit problematisch sein, speziell dann, wenn Sie versuchen, ein komplexes Sicherheitsschema für den Server zu entwerfen.

In einer breiten Mehrheit der Fälle muss Ihr Samba-Server über Accounts für die ihn nutzenden User verfügen, selbst wenn Sie ein anderes Verfahren für die Authentifizierung verwenden (wie zum Beispiel einen Domain-Controller). Wenn beispielsweise die Benutzerin `ute` *keinen Zugriff auf einen Server nehmen kann, sollten Sie zunächst sicherstellen, dass sie über einen Account auf dem Server verfügt. Der Parameter* `add user script` *(siehe* Kapitel 14: Sicherheitserwägungen*) bietet die Möglichkeit, diese Anforderung zu umgehen, wenn der Server Mitglied einer Domain ist. Dieser Parameter ermöglicht es Samba, Accounts für User, die durch den Domain-Controller akzeptiert wurden, hinzuzufügen. Ein Gästezugriff (siehe* Kapitel 15: Account-Verwaltung*) ist eine weitere Möglichkeit, Benutzern Zugriff auf einen Server nehmen zu lassen, ohne dass diese über individuelle Accounts verfügen.*

Passwörter

Die einzige, jedoch äußerst beschwerliche Frage, die in Bezug auf Passwörter aufkommen kann, ist die, ob sie verschlüsselt oder unverschlüsselt vorliegen, wie im Abschnitt *Passwörter – verschlüsselt oder Klartext* in *Kapitel 14: Sicherheitserwägungen* beschrieben. Seit Windows 95, zweite Ausgabe, und Windows NT 4.0, Service Pack 3, verschlüsseln alle Windows-Versionen die übermittelten Passwörter standardmäßig und bieten *keine* Rückfallmöglichkeit auf unverschlüsselte Passwörter. Aus diesem Grund haben Sie keinen Zugriff auf die Shares eines Samba-Servers, wenn dieser keine verschlüsselten Passwörter unterstützt (tatsächlich können Sie die Shares dann noch nicht einmal browsen). Unter Windows 9x ist das gängige Symptom für ein solches Problem eine Fehlermeldung, die besagt, dass ein IPC$-Share mangels gültigen Passworts nicht zur Verfügung steht. Der gleichen Fehlermeldung begegnet man, wenn auf dem Samba-Server kein Account vorhanden ist, der dem von Ihnen angegebenen Benutzernamen zugeordnet werden kann. Unter Windows NT ist die Fehlermeldung zwar wenig mysteriös aber dennoch nicht hilfreicher; sie bezieht sich auf ein falsches Passwort oder einen unbekannten Benutzernamen und fordert Sie auf, einen neuen Benutzernamen und ein neues Passwort einzugeben. Nichts von dem, was Sie eingeben, wird Ihnen jedoch Zugriff gewähren.

Kapitel 14: Sicherheitserwägungen beschreibt, wie Sie Samba konfigurieren müssen, um verschlüsselte Passwörter zu akzeptieren, oder wie Sie Windows konfigurieren müssen, um Passwörter im Klartext zu versenden. Beide Methode überwinden den Passwort-Konflikt; welche Methode Sie jedoch verwenden, hängt von Ihrer bestehenden Netzwerkkonfiguration und von Ihren Ansprüchen ab, wie in *Kapitel 14* beschrieben.

Standardmäßig verwendet Samba ein auf Benutzern basierendes Sicherheitskonzept, das heißt, dass es die User selber authentifiziert und den Zugriff auf Shares basierend auf dieser Authentifizierung gewährt. Es ist möglich, die Verantwortlichkeit hierfür an andere Computer weiterzureichen, indem der Parameter `security` auf `Server` oder `Domain` gesetzt wird. Wenn Sie dieses tun, sollten Sie überprüfen, dass der User ein gültiger User auf dem Passwort-Server (normalerweise dem Domain-Controller) ist.

Benutzernamen-basierte Zugriffsbeschränkungen

Sie können die Samba-Parameter `valid users` und `invalid users` dazu verwenden, bestimmten Benutzern den Zugriff auf einen Server oder einen Share zu verwehren. Wenn diese Parameter in der Sektion `[global]` verwendet werden, hat dieses denselben Effekt, als würden Sie den Benutzernamen aus der Benutzerliste des Servers oder aus der Datei `smbpasswd` entfernen, abhängig von der von Ihnen verwendeten Authentifizierungsmethode. Wenn sie jedoch für einzelne Shares verwendet werden, können diese dazu dienen, die Zugriffe auf einzelne Shares für einzelne User individuell zu regeln. Aus diesem Grunde sollten Sie diese Parameter überprüfen, wenn ein User Probleme damit hat, auf einzelne Shares zuzugreifen, auf andere aber nicht.

Neben dieser grundlegenden Zugriffsregelung auf Shares erlauben Sambas Parameter `read list` und `write list` einerseits die Einschränkung auf einen nur schreibgeschützten Zugriff auf Shares, die sonst einen Lese-/Schreibzugriff gewähren, andererseits einen Schreibzugriff auf Shares, die sonst nur einen schreibgeschützten Zugriff gestatten, zu gewähren. Wenn ein User keinen Schreibzugriff auf einen Share hat, auf den andere User jedoch schreiben können, überprüfen Sie, ob kein Parameter `read list` in Gebrauch ist; oder wenn ein Parameter `write list` in Gebrauch ist, stellen Sie sicher, dass der Name des betroffenen Users in der Liste erscheint (die Rechte, die für ein Verzeichnis eines Shares vergeben sind, wie weiter unten im Abschnitt *Rechte überprüfen* beschrieben, können ähnliche Symptome verursachen).

Natürlich können komplette Shares schreibgeschützt oder mit einem Lese-/Schreibzugriff ausgestattet sein. Sambas Standardeinstellung für Shares ist schreibgeschützt. Um einen Lese-/Schreibzugriff zuzulassen, können Sie zwischen verschiedenen Parametern wählen (`writeable = Yes`, `writable = Yes`, `write ok = Yes` oder `read only = No`).

Probleme beim Dateizugriff

Selbst wenn Sie Zugriff auf einen Share nehmen können, haben Sie unter Umständen keinen Zugriff auf die Dateien, die in diesem Share liegen. Solche Zugriffsbarrieren sind besonders üblich auf Shares, die vielen Usern zur Verfügung stehen, da die in diesem Share vorhandenen Dateien typischerweise eine Vielzahl von verschiedenen Besitzern und Zugriffsrechten haben. Darüber hinaus können weitere Faktoren Probleme verursachen – speziell Samba-spezifische Leistungsmerkmale, die das Verstecken von Dateien ermöglichen oder die die Dateinamensumsetzung betreffen.

Rechte überprüfen

Der Abschnitt *Festlegen von Eigentumsverhältnissen und Berechtigungen* in *Kapitel 5: Konfiguration zur Freigabe (Share) von Dateien* stellt Sambas Optionen in Zusammenhang mit Rechten detailliert dar. Im Folgenden finden Sie die wichtigsten Optionen, die Samba zum Erzwingen von Rechtesituationen bietet:

`force user` Dieser Parameter bewirkt, dass Samba die Benutzerrechte des entsprechenden Users für einen Dateizugriff verwendet. Die Verwendung dieses Parameters ist äußerst hilfreich, wenn viele User Zugriff auf einen Share nehmen, um die Wahrscheinlichkeit zu reduzieren, dass Besitz- oder Rechtekonflikte entstehen.

`force group` Dieser Parameter entspricht in seiner Funktion dem Parameter `force user`, mit der Ausnahme, dass er die Gruppen-Besitzverhältnisse und -Rechte beim Erstellen von und Zugriff auf Dateien festlegt.

`create mask` Dieser Parameter legt die Rechtesituation für neu erstellte einfache Dateien in Verzeichnissen fest. Die Angabe von `create mask = 600` beispielsweise bewirkt, dass Samba alle Rechte für jeden bis auf den Besitzer der Datei entfernt.

`directory mask` Dieser Parameter entspricht in seiner Funktion dem Parameter `create mask`, nur bezieht er sich auf Verzeichnisse statt auf Dateien.

Kapitel 5: Konfiguration zur Freigabe (Share) von Dateien beschreibt diese und hiermit im Zusammenhang stehende Parameter im Detail. Sie können dazu verwendet werden, Unregelmäßigkeiten beim Dateizugriff zu korrigieren – sie können aber auch Probleme *verursachen*, wenn sie verkehrt eingesetzt werden. Einige Beispiele hierfür:

- Wenn Sie den Parameter `force user` zusammen mit `create mask` und `directory mask` für einen allgemein zugänglichen Share verwenden und wenn ein User eine Datei unter Verwendung eines anderen Servers (so wie *Netatalk* oder *NFS*) oder in einem Shell-Account erzeugt, kann dies dazu führen, dass Samba-User nicht dazu in der Lage sind, die Datei zu modifizieren, da die Datei nicht unter Samba erstellt wurde. Die beste Lösung, wenn dieser Fall häufiger eintritt, ist es, die `umask` auf dem betroffenen System oder die Einstellungen des anderen Servers dahingehend zu verändern, dass der durch `force user` spezifizierte User die Dateien modifizieren kann.
- Wenn Sie sehr restriktive Einstellungen für `create mask` und `directory mask` vorgenommen haben, sind andere User als der Erzeuger der Dateien, die nicht Samba-User sind, nicht dazu in der Lage, Zugriff auf die Dateien zu nehmen. Dies kann als positives oder negatives Sicherheitsmerkmal gedeutet werden, abhängig von Ihren persönlichen Vorstellungen. Bei Bedarf können Sie die Einstellungen lockern.

- Lokale User oder diejenigen, die Windows NT-Clients verwenden, können die Samba-Rechte an ihren eigenen Dateien ändern – zum Beispiel, indem sie die Rechtesituation einer Datei von `0644` auf `0600` setzen. Dies kann eine nützliche Eigenschaft sein, wenn Ihre User die Auswirkungen solcher Änderungen durchschauen; wenn dies aber nicht der Fall sein sollte, können sie versehentlich den Zugriff anderer User auf die Dateien einschränken. Sie können die in *Kapitel 14: Sicherheitserwägungen* beschriebenen Parameter `force security mode` und `force directory security mode` verwenden, um Windows NT-User daran zu hindern, LINUX-spezifizierte Rechte-Bits zu verändern.

Am Ende ist die beste Methode, die Rechte für den Dateizugriff zu konfigurieren, diejenige, sich die Rechtesituation unter LINUX anzuschauen. Nachdem Sie herausgefunden haben, was problemverursachende Dateien von anderen unterscheidet, versuchen Sie herauszufinden, wie diese Dateien erstellt oder wie ihre Rechte verändert wurden. Sie können dann Schritte unternehmen, die verhindern, dass diese Probleme erneut auftauchen, oder Sambas Sicherheitseinstellungen dahingehend modifizieren, dass diese Probleme umgangen werden.

Optionen für das Verstecken von Dateien

Samba kann Dateien vor Clients auf zwei verschiedene Arten verstecken:

- Durch Setzen des SMB/CIFS-spezifischen *Hidden-Bit*, welches dem Client-Betriebssystem anzeigt, die Datei in einem Verzeichnislisting zu verstecken. Verschiedene Optionen vieler Clients. Einschließlich Windows, können diese Einstellung jedoch übersteuern. Wenn ein User Maßnahmen ergreift, das Hidden-Bit zu übersteuern, kann weiterhin auf solche Dateien zugegriffen werden.
- Durch vollständiges Eliminieren der Datei aus dem Blickfeld des Clients. Jeder Versuch, Zugriff auf die Datei zu nehmen, wird verwehrt, selbst wenn der User den genauen Dateinamen kennen sollte. Für den Client wäre es, als würde die Datei nicht existieren.

Wenn Ihr Client bestimmte Dateien nicht sehen kann, versuchen Sie zunächst festzustellen, welche dieser beiden Arten des Versteckens daran beteiligt ist. Sie können dies, indem Sie folgende Schritte in Windows unternehmen:

1. Öffnen Sie das Verzeichnis, in dem Dateien „fehlen“ in einem neuen Fenster und wählen Sie im Menü *Ansicht> Ordneroptionen* oder *Ansicht>Optionen*. Windows öffnet den Dialog *Ordneroptionen* oder *Optionen*.

2. Wählen Sie das Register *Ansicht*.
3. In Windows NT wählen Sie *Alle Dateien anzeigen* unter *Versteckte Dateien*. In Windows 98 wählen Sie das Optionsfeld *Alle Dateien anzeigen* im Bereich *Erweiterte Einstellungen*, wie in *Abbildung 17.4* dargestellt.
4. Klicken Sie *OK*. Windows zeigt nun alle versteckten Dateien in allen Fenstern.

Abbildung 17.4: Wenn Sie *Alle Dateien anzeigen* auswählen, ignoriert Windows das *Hidden Bit* von Dateien

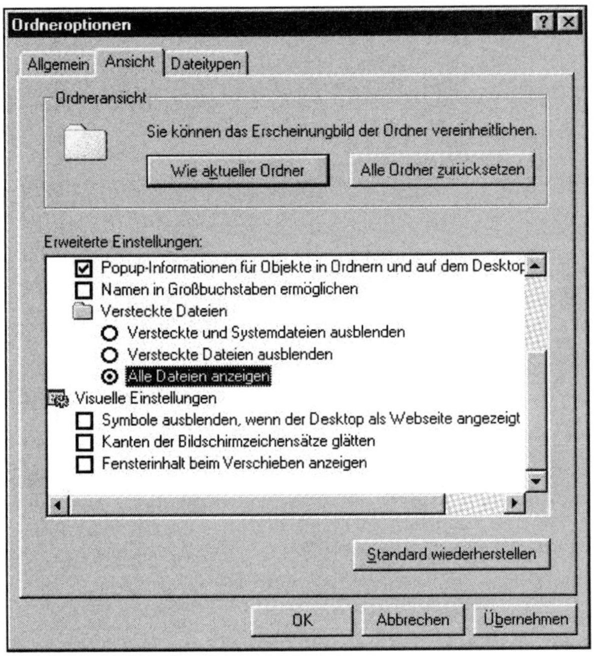

Sie können nun nach den Dateien, die zuvor nicht angezeigt wurden, suchen. Wenn immer noch welche „fehlen“, besteht die Wahrscheinlichkeit, dass sie durch den Parameter `veto files` versteckt werden. Dieser Parameter der Datei `smb.conf`, der in *Kapitel 5: Konfiguration zur Freigabe (Share) von Dateien* umfassend diskutiert wird, veranlasst Samba, bestimmte Dateien komplett zu ignorieren. Wenn die zuvor beschriebenen Schritte dazu führen, dass eine Datei angezeigt wird, handelt es sich hierbei um eine *Dot*-Datei (eine Datei, deren Name mit einem Punkt – engl. *dot* – beginnt); oder sie wurde durch den Parameter `hide files` versteckt; oder das Ausführungsrecht wurde unter LINUX gesetzt und Sambas Parameter `map hidden` ist auf `Yes` gesetzt. Wenn Sie möchten, dass Dot-Dateien für Clients sichtbar sind, können Sie den Parameter `hide dot files = No` setzen. Dieser Parameter betrifft jedoch alle Dot-Dateien – wenn Sie also nur eine oder zwei solcher Dateien sichtbar machen wollen, wäre das Setzen dieses Parameters etwas zu viel des Guten.

TIP

Wenn Sie einen einfachen Zugriff auf nur ein oder zwei Dot-Dateien ermöglichen wollen, ziehen Sie in Erwägung, Links unter einem anderen Namen zu diesen Dateien zu erstellen. Sie könnten beispielsweise, um Zugriff auf die Datei `.bashrc` *nehmen zu können, auf Shell-Ebene den Befehl* `ln -s .bashrc bashrc` *eingeben, um von den Samba-Clients aus unter dem Namen* `bashrc` *auf diese Datei zugreifen zu können.*

Ausgenommen Dateien, die versteckt sind, weil Sie das Ausführungsrecht für den Rest der Welt besitzen, und denen, die durch den Parameter `map hidden = Yes` versteckt sind, können Sie das Versteckt-Attribut nicht von Seiten des Client-Betriebssystems entfernen. Die Standardeinstellung für `map hidden` ist `No`, so dass Ihre Clients normalerweise diejenigen Dateien, die unter LINUX ausführbar sind, sehen können. Wenn ein Share keine ausführbaren Dateien aufnehmen muss, können Sie den Parameter `map hidden = Yes` setzen und die *Hidden-Bits* der Dateien von Windows aus setzen oder entfernen; dies würde allerdings nicht die Dot-Dateien beeinflussen oder Dateien, die durch den Parameter `hide files` versteckt sind.

Dateinamensoptionen

Das Potenzial von LINUX bezüglich Dateinamen ist im Großen und Ganzen flexibler als das von Windows und erst recht von DOS. Aus diesem Grunde ist es möglich, dass ein unter LINUX gültiger Dateiname unter dem Client-Betriebssystem unzulässig ist. Sambas übliche Antwort auf diese Situation ist es, den Dateinamen in ein für den Client verständliches Format zu bringen (zu kürzen oder, verzeihen Sie den Ausdruck, zu verstümmeln – im Englischen spricht man hier vom *name mangling*). So formt Samba beispielsweise den Dateinamen `langerdateiname.txt` in `LANGER~1.TXT` für DOS-Clients um, die nur bis zu acht Zeichen lange Dateinamen mit einer optionalen Erweiterung von bis zu drei Zeichen Länge verwalten können (die so genannte *8+3-Konvention*).

Ein Nachteil bei der Umformung von Dateinamen ist der, dass ein Dateiname so verstümmelt wird, dass er nicht mehr länger verständlich ist, da er nicht den Erwartungen des Users entspricht. Clients mit unterschiedlichen Fähigkeiten sehen die Datei unter verschiedenen Dateinamen, was es schwer macht, über mehrere Clients hinweg nach Dateien suchen zu lassen. Zum Beispiel: `langerdateiname.txt` ist ein unter Windows 9x, Windows NT, Windows 2000, OS/2 und unter LINUX Samba-Clients absolut legitimer Dateiname; DOS-Clients hingegen sehen nur eine verstümmelte Version des Dateinamens.. Gäbe es eine Datei namens `langergesichtszieher.txt`, wüsste ein DOS-User nicht, welche Datei die gewünschte ist, ohne die Dateiinhalte zu überprüfen, da beide Dateien nach dem gleichen Muster gekürzt würden.

HINWEIS

In sehr seltenen Fällen können zwei lange Dateinamen zu demselben kurzen Dateinamen gekürzt werden. In solchen Fällen wäre eine der Dateien für Clients, die 8+3-Konvention verwenden, unzugänglich. Die einzige Lösung hierfür wäre es, einen der langen Dateinamen umzubenennen.

Die beste Methode, Probleme mit langen Dateinamen zu umgehen, ist es, die User aufzuklären. Wenn Ihre User unter anderem Clients verwenden, die nicht mit langen Dateinamen umgehen können (so wie DOS), empfehlen Sie ihnen, kurze Dateinamen zu verwenden, selbst wenn Sie Windows oder ein anderes differenzierenderes Betriebssystem verwenden.

Samba beinhaltet eine Anzahl Optionen, die seine Handhabung beim Kürzen von Dateinamen beeinflussen. Einige führen dazu, dass Dateien vor zumindest einigen Clients „verschwinden", so dass Sie vorsichtig mit diesen Optionen umgehen sollten. Wenn Dateien mit langen Namen auf einigen Clients (speziell DOS-Clients) nicht sichtbar sein sollten, sollten Sie folgende Parameter beachten:

`mangle case` Normalerweise `mangle case = No`, was bedeutet, dass Samba nicht versucht, Dateinamen, in denen eine gemischte Klein-/Großschreibung verwendet wird, umzuformen, wenn diese ansonsten den Möglichkeiten des Ziel-Betriessystems entsprechen. Wenn `mangle case = Yes` gesetzt wird, verändert Samba eine größere Anzahl an Dateinamen, einschließlich einiger derer, die der 8+3-Konvention entsprechen. Dies kann dazu führen, dass Dateien schwerer aufzufinden sind, kann aber für einige Clients oder Client-Programme, die pingelig bei der Schreibweise von Dateinamen in Verzeichniseinträgen sind, notwendig sein.

`mangled names` Wenn auf `Yes` gesetzt (was die Standardeinstellung ist), führt diese dazu, dass Samba Dateinamen modifiziert. Wenn auf `No` gesetzt, formt Samba lange Dateinamen nicht um, was dazu führt, dass die Dateien auf Clients wie DOS, die solche Namen nicht verarbeiten können, unzugänglich sind.

`mangled map` Sie können Sambas Möglichkeiten der Namensumformung anpassen, indem Sie Musterpaare bilden. Zum Beispiel: Der Parameter `mangled map = (*.html *.htm) (.*.jpeg .*.jpg)` ersetzt die Erweiterungen `.html` durch `.htm` und `.jpeg` durch `.jpg`. In einigen Fällen kann dieses Leistungsmerkmal die Namenumformung verbessern, kann aber auch zu Problemen führen, wenn ein Fehler in der Spezifikation des Parameters `mangled map` gemacht wird. Betrachten Sie das Beispiel `mangled map (*.html .htm)`. Das Weglassen des Asterisks in der „Umformungs-Komponente" führt dazu, dass alle Dateien, die die Erweiterung `.html` besitzen auf den Dateinamen `.htm` umgeformt werden, was wahrscheinlich nicht beabsichtigt ist und dazu führen wird, dass einige Dateien unzugänglich werden.

Wenn einige Dateien – speziell von DOS-Clients aus – auf mysteriöse Weise nicht zur Verfügung stehen, sollten Sie diese Parameter daraufhin überprüfen, ob sie nicht für die Verursachung dieser Probleme verantwortlich sind. Wenn möglich, erstellen Sie einen kleinen Test-Share oder ein Unterverzeichnis im betroffenen Share und versuchen Sie, das Problem mit so wenigen Dateien wie möglich zu reproduzieren. Sie können dann mit den hier dargestellten Optionen experimentieren, um zu sehen, was passiert.

Neben dem *name mangling* (der verkürzenden Umformung) sollten Sie auch die *case sensivity* (die Unterscheidung zwischen Klein- und Großschreibung) in Betracht ziehen. LINUX behandelt Dateisysteme schreibweisen-abhängig, was bedeutet, dass zwei Dateinamen, die sich nur bezüglich Klein-/Großschreibung unterscheiden, ansonsten aber identisch sind, als zwei eindeutige Namen unterschieden werden. Die Namen

```
Durcheinandergebra.cht
```

und

```
durcheinandergebra.CHT
```

bezeichnen also zwei verschiedene Dateien. Die meisten SMB/CIFS-Clients sind jedoch auf der anderen Seite entweder *case-retentive* (sie behalten die Schreibweise unverändert bei) oder *case-insensitive* (die Schreibweise wird nicht beachtet) – sie ignorieren die Schreibweise oder sie konvertieren alle Dateinamen in eine einheitliche Schreibweise. Samba versucht, diese Unterschiede zu umgehen, indem es nach allen Schreibvarianten einer Datei sucht, wenn ein Client versucht, eine Datei zu öffnen.

Probleme können jedoch speziell dann entstehen, wenn User entweder über einen Shell-Account oder eine andere Methode, wie zum Beispiel einen NFS-Server, Zugriff auf den Server haben. Wenn dies der Fall ist, können User Dateien erzeugen, die sich nur in der Schreibweise des Namens unterscheiden. Samba-User haben nur Zugriff auf eine Datei – nur `Durcheinandergebra.cht` oder `durcheinandergebra.CHT`, nicht aber auf beide. Das Setzen des Parameters `case sensitive = Yes` umgeht dies dadurch, dass Samba gezwungen wird, die Schreibweise zu unterscheiden. Der Nachteil dieser Option ist, dass einige Client-Programme nicht sonderlich gut mit einem Server umgehen können, der *case-sensitive* ist, da sie die Schreibweise von Dateinamen beim Öffnen von Dateien verändern, woraus Fehlermeldungen der Art *Datei nicht gefunden* resultieren. Wenn Sie Schwierigkeiten haben, von bestimmten Clients oder Programmen Zugriff auf einige Dateien zu nehmen, stellen Sie sicher, dass diese Option *nicht* gesetzt ist.

TIP

Der Parameter `include` *in Verbindung mit einer Variablen, die das Client-Betriebssystem bezeichnet, kann ein nützliches Werkzeug sein. Sie können Parameter wie* `case sensitive` *in betriebssystemspezifischen Konfigurationsdateien verwenden und diese durch* `include` *aufrufen. Zum Beispiel:* `include = smb.conf.%a` *schließt die Konfigurationsdatei* `smb.conf.won95` *für Windows 95-Clients,* `smb.conf.samba` *für Samba-Clients und so weiter ein.*

Probleme beim Drucken

Druckprobleme sind ein Fluch für viele Samba-Administratoren. Da Samba ein sehr flexibler Druck-Server ist – oder vielleicht, weil er so flexibel ist – , ist es einfach, ihn dahingehend falsch zu konfigurieren, dass Druckaufträge verloren gehen oder entstellt werden. Bevor Sie mit dem Troubleshooting beginnen, sollten Sie zunächst *Kapitel 6: Druckerfreigaben konfigurieren* lesen, in dem beschrieben wird, wie Drucker-Shares eingerichtet werden. *Kapitel* 6 beschreibt viele wichtige Konzepte, wie zum Beispiel den Unterschied zwischen einer „*raw*"- und einer *PostScript*-Druckerwarteschlange.

Generelle Ratschläge

Bevor Sei beginnen, die Behebung bestimmter Fehlertypen in Angriff zu nehmen, sollten Sie einige generelle Maßnahmen ergreifen, um den Verursacher eines Druckproblems zu isolieren. Was Sie als einen durch Samba bedingten Störimpuls interpretieren, kann nämlich tatsächlich durch etwas völlig anderes bedingt sein. Es ist wichtig, dass Sie das Problem auf eine so eng wie mögliche Bandbreite reduzieren. Unternehmen Sie hierzu Folgendes:

Lokales Drucken von PostScript Wenn Sie lokal PostScript-Dateien drucken können, indem Sie einen Befehl eingeben, wie

```
lpr -Psupderduperlaserdrucker testdatei.ps,
```

können Sie sicher sein, dass ein Problem in einer PostScript-Warteschlange nicht durch ein fundamentales Problem in einer LINUX-Warteschlange bedingt ist. Erfolgreiches lokales Drucken bedeutet, dass der Drucker funktioniert, dass Ghostscript funktioniert und so weiter. Dieser Test macht natürlich nur dann Sinn, wenn es sich bei Ihrem Drucker um einen PostScript-Drucker handelt oder wenn Sie unter Zuhilfenahme von Ghostscript drucken. Wenn Sie einen Drucker der nicht PostScript ist, als *raw*-Warteschlange freigeben, funktioniert dieser Test *nicht*.

Lokales Drucken von Nicht-PostScript Wenn Sie einen Nicht-PostScript-Drucker als *raw*-Warteschlange verwenden, versuchen Sie, eine Nicht-PostScript-Datei lokal auf diesem zu drucken, indem Sie `lpr` oder den von Ihnen mit dem Parameter `print command` in der Datei `smb.conf` bevorzugt genutzten Befehl verwenden. Vermutlich können Sie nur eine einfache Textdatei auf diese Art drucken. Wenn Sie diese Nicht-PostScript-Datei drucken können, ist es wahrscheinlich, dass das Problem bei Samba oder beim Client liegt.

Drucken Sie von mehreren Clients aus Versuchen Sie, von mehr als einem Client aus zu drucken. Wenn das Problem nur auf einem Client auftritt, konzentrieren Sie Ihr Troubleshooting auf dieses System. Wenn keiner der Clients drucken kann, konzentrieren Sie sich auf den Server. Das Programm `smbclient` ist ein nützliches Tool, da Sie mit diesem exakt steuern können, was an den Server geschickt wird, und Sie können Sambas Log-Dateien sowohl auf Seiten des Servers als auch des Clients überprüfen.

Überprüfen Sie die Log-Dateien Wie für die Behebung anderer Probleme bereits empfohlen, überprüfen Sie Sambas Log-Dateien nach Hinweisen. Wenn nötig, erhöhen Sie den Parameter `debug level` bis auf `3`, um zu sehen, was passiert.

„Drucken" Sie in eine Warteschlange ohne Ausgabe Sie können Sambas Parameter `print command` dazu verwenden, eine Warteschlange zu erzeugen, die nichts weiter tut, als die Druckerausgabe abzufangen, wobei die Datei an einem von Ihnen gewünschten Speicherplatz abgelegt werden kann. Zum Beispiel: Die Zeile `print command = mv %s %H/debug.prn` kopiert den Druckauftrag in das Heimatverzeichnis des Users in eine Datei mit dem Namen `deburg.prn`. Daraufhin können Sie versuchen, die Datei mit `lpr` auszudrucken, Sie mit einem Ghostscript-basierten PostScript-Viewer zu betrachten, sie mit einem Texteditor zu untersuchen, sie mit der Originaldatei zu vergleichen und so weiter. Dieser Vorgang mag eine Dateikorrumpierung aufdecken oder eine Eigenart in Ihrer LINUX Druckerwarteschlange mit Hinblick auf die Datei, wie sie vom Client aus geliefert wird.

Stellen Sie den Drucker um Sie könnten versuchen, den Drucker direkt am Client anzuschließen und die Druckerwarteschlange des Clients dahingehend anzupassen, direkt zu drucken. Wenn das Problem weiterhin besteht, wissen Sie, dass es nicht mit Samba zusammenhängt. Andererseits können Sie sich ziemlich sicher sein, dass die Netzwerkverbindung oder die LINUX-Druckerwarteschlange die Schwierigkeit verursacht. Dieses Verfahren funktioniert nur dann, wenn es sich bei dem entsprechenden Drucker um einen PostScript-Drucker handelt oder wenn Sie die Daten *raw* an ihn schicken. Wenn Sie auf dem Client PostScript mithilfe von Ghostscript erzeugen, ist dieses Verfahren nutzlos.

Druckaufträge verschwinden

Eine besonders frustrierende Anomalie ist es, wenn Druckaufträge einfach *verschwinden*. Sie drucken aus Windows und nichts passiert. Die Überprüfung der Druckerwarteschlangen sowohl auf dem Windows- wie auch auf dem LINUX-System zeigt nichts in der jeweiligen Warteschlange. Dies kann folgende mögliche Ursachen haben:

Fehlgeleitete Warteschlangen Die Druckerwarteschlange könnte auf irgendeine Art und Weise fehlgeleitet sein. Sie drucken eventuell in die Warteschlange eines anderen Computers oder Sie haben eine falsche Warteschlange in entweder der Druckerdefinition des Clients oder der Druckerdefinition in `smb.conf` angegeben.

Fehlerhafte oder falsche Treiber Sie können auf Client-Seite den falschen Treiber installiert haben oder die Treiber sind fehlerhaft.

Ghostscript-Fehler Manchmal verschluckt sich Ghostscript an PostScript-Dateien, die auf die eine oder andere Art deformiert sind. Wie in *Kapitel 6: Druckerfreigaben konfigurieren* beschrieben, können Dateien, die mit dem Zeichen Strg+D beginnen, Probleme verursachen – obwohl diese Konfiguration normalerweise den Ausdruck von PostScript-Befehlen anstatt der gewünschten Dateien bewirkt und nicht den Totalausfall des Drucks. Nichtsdestotrotz könnten Sie einen anderen PostScript-Druckertreiber oder eine aktualisierte Version von Ghostscript versuchen.

Falscher Ghostscript-Treiber Ihre LINUX Druckerwarteschlange könnte mit dem falschen Ghostscript-Treiber konfiguriert sein – Sie können beispielsweise die LINUX-Warteschlange für einen Drucker der Hewlett-Packard LaserJet 4-Serie konfiguriert haben, obwohl Sie über einen LaserJet IIP verfügen.

Mehr „weltliche" Probleme Dutzende Dinge können beim Drucken schief gehen, von denen viele nach ihrer Lösung ach so offensichtlich waren. Vergessen Sie nicht, sicherzustellen, dass der Drucker eingeschaltet ist, dass der Papierschacht Papier enthält, und so weiter.

Die Erfahrung zeigt, dass „verschwindende Druckaufträge" meist durch einfache Konfigurationsprobleme verursacht werden – wenn die Ausgabe an eine falsche Warteschlange gesendet wird (während Sie sich die Haare raufen, weil nichts aus dem Drucker kommt, quillt der Ausgabeschacht eines anderen Druckers über). Ghostscript-Konfigurationsfehler führen bei Zeiten ebenfalls zu solchen Irregularitäten.

Entstellte Druckausgaben

Eine der Hauptquellen, die Schwierigkeiten bei der Verwendung von Samba als Druck-Server verursachen, ist es, wenn der Drucker nichts weiter als Unsinn ausspuckt. Die typische Ursache für entstellte Ausgaben ist ein falsch gewählter Druckertreiber – wenn Sie beispielsweise versuchen, einen Treiber, der für einen *Canon*-Tintenstrahldrucker bestimmt ist, für einen *Epson*-Tintenstrahldrucker zu verwenden, werden Sie mit an Sicherheit grenzender Wahrscheinlichkeit ein fürchterliches Ausgabeergebnis erhalten, wenn Sie überhaupt eines erhalten werden. Ihr erster Diagnoseschritt sollte somit sein, zu bestätigen, dass Sie den richtigen Druckertreiber verwenden.

Ein weiterer Faktor, der zu entstellten Ausgaben führen kann, liegt in dem Problem, wie LINUX Druckerwarteschlangen handhabt, oder in LINUX' Fähigkeit, entweder *raw*- oder Ghostscipt- basierte Warteschlangen zu erzeugen. Hierzu gehören speziell:

- Wenn eine Warteschlange einen Smart Filter verwendet, ist er entweder dazu in der Lage oder nicht, den Inhalt eines Druckauftrags korrekt für einen Nicht-PostScript-Drucker zu interpretieren. Mit Glück handhabt der Filter den Auftrag korrekt. Wenn Sie ein bisschen weniger Glück haben, wird der Filter den Auftrag verwerfen. Wenn Sie richtig Pech haben, korrumpiert der Filter den Druckauftrag mit dem Resultat, dass Seite um Seite mit irgendwelchem Kauderwelsch ausgedruckt wird.
- Wenn eine Warteschlange einen Smart Filter verwendet und Sie Ihre Ausdrucke mit einem PostScript-Treiber unter Windows vornehmen, ist es möglich, dass Sie als Ausgabe reinen PostScript-Code erhalten. Normalerweise können Sie dieses Problem korrigieren, wenn Sie den Eintrag `postscript = yes` in der Datei `smb.conf` für den entsprechenden Drucker-Share setzen, oder indem Sie Windows dahingehend konfigurieren, kein Strg+D am Anfang der Datei zu setzen, wie in *Kapitel 6: Druckerfreigaben konfigurieren* im Abschnitt *Manuelle Treiberinstallation* beschrieben.
- Wenn eine Samba-Druckerwarteschlange in eine LINUX-Warteschlange vom Typ *raw* druckt, sollten Sie unter Windows keinen PostScript-Treiber verwenden, es sei denn, der Drucker versteht von Haus aus PostScript. Verwenden Sie entsprechend den Parameter `postscript = yes` *nicht*.
- Wenn die LINUX-Warteschlange ihre Resultate direkt durch Ghostscript ausgibt, ohne einen Smart Filter zu verwenden, stellen Sie sicher, diese Warteschlange von den Clients aus ausschließlich mit PostScript-Druckertreibern zu verwenden, Ghostscript druckt andernfalls eine Fehlermeldung aus, wenn es keine PostScript-Daten empfängt.

Eine falsche Konfiguration von Samba, der LINUX-Druckerwarteschlange oder der Druckerwarteschlange des Clients, die dazu führt, dass die Voraussetzungen, die für eine nachgeordnete Warteschlange erfüllt sein müssen, durch eine vorgeordnete verletzt werden, ist die häufigste

Quelle für Korruptionsprobleme. Sie müssen durchdenken, was jede Komponente (der Windows-Druckertreiber, Samba, der Smart Filter, Ghostscript und der Drucker) jeweils von ihrem jeweiligen Vorgänger als Eingabe erwartet und was sie als Ausgabe liefert.

Schlechte Druckqualität

Manchmal sind Druckausgaben zwar lesbar, aber in sehr schlechter Qualität. Textpassagen können grob ausgedruckt sein oder die Farben eines Tintenstrahldruckers wirken sehr schwach. Wenn Sie eine Warteschlange vom Typ *raw* verwenden, sind solche Probleme ausnahmslos das Ergebnis von Schwierigkeiten mit Treibern auf der Client-Seite, so dass Sie die Druckereinstellungen des Clients auf Dinge wie *Auflösung* und *Farbtiefe* überprüfen sollten. Wenn Sie jedoch einen Nicht-PostScript-Drucker mit einem Windows-PostScript-Treiber und Ghostscript auf dem Server verwenden, sind solche Probleme durch eine schlechte Konfiguration der Druckerwarteschlange unter LINUX bedingt.

Im Folgenden finden Sie einige Konfigurationspunkte, die Sie im Falle einer schlechten Druckqualität bezüglich Ihrer LINUX-Druckerwarteschlange überprüfen sollten:

Überprüfen Sie die Auflösungseinstellungen Überprüfen Sie die Auflösungseinstellungen, die Sie normalerweise mithilfe der Konfigurationswerkzeuge für die Druckerwarteschlange oder durch Gebrauch des Parameters `-r` mit Ghostscript festlegen.

Ziehen Sie die Verwendung von Optionen zur Rasterung in Betracht Wenn Ihre Farbausdrucke von sehr schlechter Qualität sind, schauen Sie sich die Rasterfunktionen von Ghostscript an. Diese Optionen steuern, wie Ghostscript eine gewünschte Farbe aus dem halben Dutzend oder weniger Farben, die die meisten Farbdrucker zur Verfügung stellen, erzeugt. Einige Rasterfunktionen sind anderen überlegen. Unglücklicherweise variieren diese Optionen jedoch erheblich von Drucker zu Drucker, so dass Sie die für Ihren speziellen Drucker zur Verfügung stehenden Optionen selber herausfinden müssen. Die Ghostscript-Dokumentationsdatei `devices.txt` enthält die hierfür nötigen Informationen.

Versuchen Sie andere Ghostscript-Treiber Einige Drucker, wie zum Beispiel die Produktlinie *Stylus Color* von *Epson*, arbeiten mit mehr als einem Ghostscript-Treiber zusammen. Manchmal liefert der eine Treiber bessere Ergebnisse als der andere.

Wechseln Sie Fonts Ghostscript-Versionen höher als Version 5.0 werden mit einer grundlegenden Sammlung PostScript-kompatibler Fonts ausgeliefert, die recht gut sind, so dass Sie eine gute Druckqualität erhalten sollten, wenn Sie Standard-Postscript-Fonts verwenden. Frühere Versionen von Ghostscript enthielten jedoch nur *Bitmapped Fonts* in sehr schlechter Qualität, so dass diese Versionen erheblich durch eine Aktualisierung ihrer Font-Pakete gewinnen würden, wenn Sie nicht sogar eine komplette Aktualisierung von Ghostscript in Erwägung ziehen wollen. Die Druckqualität kann ebenfalls erheblich unter schlechten Fonts, die auf dem Client-System Verwendung finden, leiden, speziell dann, wenn diese Fonts in Bitmaps mit ungenügender Auflösung konvertiert werden. OS/2-PostScript-Treiber konvertieren beispielsweise alle Fonts in Bitmaps, so dass die Druckqualität bei Texten sehr schlecht ist, wenn der entsprechende OS/2-Treiber auf eine zu geringe Auflösung gesetzt wurde.

Fügen Sie Fonts hinzu Ghostscripts Font-Sammlung ist halbwegs vollständig, doch kann sie nicht alle Möglichkeiten abdecken. Einige Drucker werden mit Fonts ausgeliefert, die in einer Standard-Ghostskript-Installation nicht enthalten sind, so dass Sie, wenn Sie einen Treiber für einen solchen Drucker verwenden, wahrscheinlich `Courier` als Schriftart erhalten werden, wenn Sie versuchen, einen Font zu drucken, der nicht in Ghostscript enthalten ist. Sie sollten dazu in der Lage sein, einen entsprechenden Font für Ghostscript hinzuzufügen (beachten Sie die Dokumentation für Details) oder einen Druckertreiber zu verwenden, der nicht davon ausgeht, dass der Font im Drucker vorhanden ist. Wenn Sie Letzteres tun und der Font auf dem Client vorhanden ist, erfolgt der Ausdruck in korrekter Weise, da der Client den Font zusammen mit dem Druckauftrag herunterlädt.

Wenn Sie einen Nicht-Postscript-Drucker verwenden, ist es nützlich, im Gedächtnis zu behalten, dass der Ausdruck durch einen PostScript-Treiber und Ghostscript nicht identisch mit Ausdrucken durch einen nativen Druckertreiber und eine Warteschlange vom Typ *raw* sein wird. Manchmal erbringt die eine Lösung eine bessere Druckqualität, manchmal die andere. Sie sollten herumexperimentieren, um herauszufinden, welcher Ansatz der beste für die von Ihnen verwendete Hardware und für Ihre Ansprüche ist. Vielleicht behalten Sie auch beide Druckerwarteschlangen-Typen, da die eine Warteschlange besser für die eine, die andere Wartschlange besser für andere Aufgaben geeignet ist. Es ist zum Beispiel möglich, dass Ghostscript eine bessere Textqualität, eine Druckerwarteschlange vom Typ *raw* bessere Grafikausdrucke zustandebringt.

Probleme mit der letzten Seite

Eine letzte Klasse in Bezug auf Druckschwierigkeiten sind Probleme bei der letzten Seite eines Ausdrucks:

Fehlende letzte Seite Wenn die letzte Seite überhaupt nicht oder nur zum Teil ausgedruckt wird, ist es sehr wahrscheinlich, dass auf dieser Seite der Seitenvorschub fehlt. Sie können dieses Problem meist dadurch lösen, indem Sie die Option `sf` für den Eintrag des betroffenen Druckers in der Datei /etc/printcap auf dem Server-System entfernen. Unglücklicherweise kann dies zu einer Umkehrung dieses Problems bei lokalen Benutzern des Druckers führen. Wenn dies der Fall sein sollte, sind Sie dazu gezwungen, zwei Warteschlangen bereitzustellen – eine für Samba und eine für lokale Anwender.

Zusätzliche letzte Seite Manchmal erfolgen Ausdrucke korrekt, doch werden sie von einer zusätzlichen leeren Seite gefolgt. Diese Seite ist normalerweise das Resultat einer *fehlenden* Option sf für den Eintrag des betroffenen Druckers in der Datei /etc/printcap. Sie können diese Option hinzufügen, um das Problem zu beseitigen. Manchmal führt dieses dazu, dass die letzte Seite für lokale User nicht gedruckt wird. Wenn dies der Fall sein sollte, sind Sie dazu gezwungen, zwei Warteschlangen bereitzustellen – eine für Samba und eine für lokale Anwender.

Ghostscript-Meldungen oder Fehlerausgaben auf der letzten Seite Manchmal druckt Ghostscript ein komplettes Dokument korrekt aus und druckt dann eine Zusammenfassung oder Fehlermeldung auf der letzten Seite aus (in manchen Fällen sogar auf der *ersten* Seite). Diese ungewünschte Seite enthält häufig Meldungen wie %%[LastPage]%%. Dies ist durch Windows-Druckertreiber bedingt, die häufig versuchen, Informationen über den Fortgang an den Druckauftrag weiterzugeben, die für eine Anzeige auf dem Display des Druckers bestimmt sind. Wenn der Ausdruck mittels Ghostscript erfolgt, landet diese Information jedoch auf der letzten Seite. Sie beheben dies, indem Sie die Datei die Ghostscript aufruft, lokalisieren und dem Befehl gs den Eintrag >/dev/null hinzufügen. Unter *Red Hat* und ähnlichen Distributionen ist dies die Datei /usr/lib/rhs/rhs-printfilters/ps-to-printer.fpi und unter *Caldera* die Datei /var/spool/lpd/warteschlangenname/printfilter (wobei warteschlangenname der Name der entsprechenden Druckerwarteschlange ist). Versuchen Sie auch einen anderen Windows-Druckertreiber.

Zusammenfassung

Der Schlüssel für eine erfolgreiche Fehlerbehebung liegt in einer sorgfältigen Analyse der auftretenden Unregelmäßigkeit. Die Verwendung verschiedener Clients, User-Accounts und anderer Variablen ermöglicht es Ihnen, ein Problem auf einen bestimmten Satz von Clients, Benutzer oder andere wichtige Teilmengen Ihrer Netzwerkkonfiguration zu beschränken. Dieses erlaubt es Ihnen, Ihre Anstrengungen auf Aspekte Ihrer Konfiguration zu konzentrieren, die die größte Wahrscheinlichkeit bieten, die Quelle des Problems zu sein, sei es, dass es sich hierbei um Parameter der Datei smb.conf, um Client-Konfigurationen, Treiber oder etwas anderes handelt.

Wie dies auch bei anderen Formen der Problembehebung der Fall ist, erfordert das Troubleshooting unter Samba einen bestimmten Wissensstand. Dieses Kapitel bezieht sich auf viele frühere Kapitel in diesem Buch, da diese Kapitel die Informationen enthalten, die für die Lösung vieler Probleme notwendig sind. Tatsächlich wurde jedes Kapitel mit einem Blick darauf geschrieben, Sie auf mögliche Probleme, die in Verbindung mit den verschiedenen Leistungsmerkmalen von Samba auftreten können, hinzuweisen, so dass das Lesen dieser Kapitel Ihnen helfen sollte, möglichen Ärger bereits im Vorfeld zu vermeiden.

Samba kann ein extrem nützliches Tool sein, entweder als Server für ein reines Windows-Netzwerk oder als einer von mehreren Servern innerhalb eines Multiplattform-Netzwerks. Die Konfiguration von Samba kann manchmal durchaus schwierig sein und Sie können hierbei durchaus auch mit Problemen konfrontiert werden, wobei Ihnen dieses Buch hoffentlich hilfreich zur Seite stehen wird.

Anhang A: Referenzführer zur Konfiguration

Tab. A.1: Die Konfigurationsoptionen der Datei smb.conf

In diesem Anhang werden die Dateiparameter der Datei smb.conf von Samba aufgelistet. In *Kapitel 4: Die Tools der GUI-Konfiguration und die Datei* smb.conf erfahren Sie, wie diese Datei strukturiert ist und wie sie verwendet werden kann.

Parameter	Bereich	Werte	Standard	Beschreibung
add user script	Global	Befehl	(Kein)	Ein Befehl, den Samba ausführen kann, um dynamisch LINUX-Accounts für autorisierte Domänen-Benutzer hinzuzufügen.
admin users	Share	Benutzernamen	(Kein)	Benutzern zugewiesene root-Privilegien auf dem Share.
allow hosts	Share	Host-Namen	(Kein)	Synonym für hosts allow.
allow trusted domains	Global	Boolescher Wert	Yes	Wenn Yes und security auf Server oder Domain gesetzt ist, akzeptiert Samba Logons auch von Domänen, denen durch den Domänen-Controller vertraut wird, d.h. die als „trusted" eingestuft wurden. Wenn nicht, verweigert Samba solche Logons.
alternate permissions	Share	Boolescher Wert	No	Überholt; hat keine Auswirkung in Samba 2.0 und höheren Versionen.
announce as	Global	NT, NT Server, NT Workstation, WfW, Win95	NT	Das Betriebssystem, mit dem sich Samba selbst in der Netzwerkumgebung darstellt.
announce version	Global	Nummer	4.2	Die von Samba benutzte Versionsnummer des dargestellten Betriebssystem.
auto services	Global	Share	(Kein)	Die Freigaben (Shares), die immer in der Browse-Liste angezeigt werden. Ein Synonym ist preload.
available	Share	Boolescher Wert	Yes	Legt fest, ob auf eine Freigabe (Share) zugegriffen werden kann oder nicht.
bind interfaces only	Global	Boolescher Wert	No	Wenn der Parameter auf Yes gesetzt ist, ermöglicht Samba nur einen Zugriff auf die Interfaces, die durch den Parameter interfaces festgelegt sind.
blocking locks	Share	Boolescher Wert	Yes	Die Einstellung Yes ermöglicht es Samba, einen anfragenden Client zu benachrichtigen, sobald eine Sperre (*lock*) durch einen anderen Client aufgehoben wird.
browsable	Share	Boolescher Wert	Yes	Ein Synonym für browseable.

Parameter	Bereich	Werte	Standard	Beschreibung
`browse list`	Global	Boolescher Wert	`Yes`	Wenn der Parameter auf `Yes` gesetzt ist, stellt Samba eine Liste von Freigaben für Clients bereit, die diese anfordern.
`browseable`	Share	Boolescher Wert	`Yes`	Legt fest, ob eine Freigabe (Share) in Browse-Listen angezeigt wird oder nicht. Ein Synonym dafür ist `browsable`.
`case sensitive`	Global	Boolescher Wert	`No`	Legt fest, ob Samba bei Dateinamen auf Groß-/Kleinschreibung achten soll.
`casesignames`	Global	Boolescher Wert	`No`	Ein Synonym für `case sensitive`.
`change notify timeout`	Global	Positive Zahl	`60`	Setzt den Zeitraum in Sekunden, der zwischen den Überprüfungen auf Änderungen eines Verzeichnisses liegen soll.
`character set`	Global	ISO8859-1, ISO8859-2, ISO8859-5, ISO8859-7, KOI8-R	(Kein)	Der LINUX-Zeichensatz, in den DOS-Dateinamen übersetzt werden.
`client code page`	Global	437, 737, 850, 852, 861, 866, 932, 936, 949, 950	`850`	Die von Clients verwendete DOS-Code-Seite.
`coding system`	Global	euc, cap, hex, hexN, sjis, j8bb, j8bj, jis8, j8bh, j8@b, j8@j, j8@h, j7bb, j7bj, jis7, j7bh, j7@b, j7@j, j7@h, jubb, jubj, junet, jubh, ju@b, ju@j, ju@h	(Kein)	Das Kanji-Kodiersystem, das in Verbindung mit `client code page = 932` verwendet wird.
`comment`	Share	Text	(Kein)	Legt fest, welcher Beschreibungstext neben einer Freigabe in den Browse-Listen erscheint.
`config file`	Global	Dateiname	(Kein)	Lädt und verwendet eine andere Konfigurationsdatei und legt die Optionen in der aktuellen Datei ab.
`copy`	Share	Share-Name	(Kein)	Kopiert Konfigurationsparameter von einem anderen Share.
`create mask`	Share	Oktal-Wert	`0744`	Kontrolliert die maximalen Berechtigungen, die bei der Erstellung von Dateien vergeben werden können.
`create mode`	Share	Oktal-Wert	`0744`	Ein Synonym für `create mask`.
`deadtime`	Global	Minuten	`0`	Legt fest, wie lange eine Verbindung inaktiv sein darf, bevor sie als beendet angesehen wird. Die Standardvorgabe 0 bedeutet: kein Zeitlimit.

Parameter	Bereich	Werte	Standard	Beschreibung
`debug hires timestamp`	Global	Boolescher Wert	`No`	Wenn der Parameter auf `Yes` gesetzt ist, speichert Samba alle Zeitangaben mit Millisekunden-genauer Präzision; mit der Einstellung `No` werden die Zeitwerte auf Sekunden aufgerundet gespeichert.
`debug level`	Global	0-10	`0`	Damit kann der maximale Level der Detailgenauigkeit der Protokolle eingestellt werden, die in den Log-Dateien von Samba gespeichert werden. Ein Synonym für diesen Parameter ist `log level`.
`debug pid`	Global	Boolescher Wert	`No`	Speichert die Prozess-ID des Programms, indem ein Eintrag in der aufzeichnenden Log-Datei vorgenommen wird. Damit diese Option arbeiten kann, muss der Parameter `debug timestamp` auf `Yes` gesetzt sein.
`debug uid`	Global	Boolescher Wert	`No`	Speichert die user ID und die group ID, unter denen ein Programm abläuft, als Protokolldatei-Einträge in der aufzeichnenden Log-Datei. Damit diese Option arbeiten kann, muss der Parameter `debug timestamp` auf `Yes` gesetzt sein.
`debug timestamp`	Global	Boolescher Wert	`Yes`	Wenn der Parameter auf `Yes` gesetzt ist, speichert Samba die Zeiten für alle protokollierten Operationen.
`default`	Global	Share-Name	(Kein)	Der zu verwendende Share, wenn vom Client nichts anderes festgelegt wurde. Ein Synonym dafür ist `default service`.
`default case`	Share	`Lower`, `Upper`	`Lower`	Die Schreibweise, in der Dateinamen standardmäßig gespeichert werden, wenn der Parameter `preserve case` auf `No` gesetzt ist.
`default service`	Global	Share-Name	(Kein)	Synonym für `default`.
`delete readonly`	Share	Boolescher Wert	`No`	Wenn der Parameter auf `Yes` gesetzt ist, kann Samba Dateien löschen, die als schreibgeschützt (read only) markiert sind. Das ist üblich bei LINUX, jedoch nicht bei DOS oder Windows.
`delete user script`	Global	Befehl	(Kein)	Dieser Parameter legt einen Befehl fest, der ausgeführt werden soll, sobald vom Domänen-Controller die Meldung kommt, dass ein Benutzer nicht mehr existiert. Voraussetzung dafür ist, dass für den Parameter `security` der Wert `Domain` festgelegt ist.

Parameter	Bereich	Werte	Standard	Beschreibung
delete veto files	Share	Boolescher Wert	No	Wenn der Parameter auf Yes gesetzt ist, löscht Samba auch die Dateien, auf die der Client auf Grund des gesetzten Parameters veto files nicht zugreifen kann, wenn der Benutzer ein Verzeichnis löscht, das solche Dateien enthält.
deny hosts	Share	Host-Namen	(Kein)	Ein Synonym für hosts deny.
dfree command	Global	Shell-Befehl	(Kein)	Ein Befehl, der ausgeführt wird, um freien Festplattenspeicher zu bestimmen; wird unter LINUX nicht benötigt.
directory	Share	Pfadname	/tmp	Ein Verzeichnis, das freigegeben wird. Ein Synonym dafür ist path.
directory mask	Share	Oktal-Wert	0755	Kontrolliert die maximale Anzahl an Berechtigungen für Verzeichnisse, die in einer Freigabe erstellt wurden.
directory mode	Share	Oktal-Wert	0755	Synonym für directory mask.
directory security mask	Share	Oktal-Wert	Dasselbe wie bei directory mask	Berechtigungsbits von LINUX, die Windows NT/2000-Clients modifizieren können, wenn nt acl support = Yes.
domain logons	Global	Boolescher Wert	No	Wenn der Parameter auf Yes gesetzt ist, akzeptiert Samba domain logons.
domain master	Global	Boolescher Wert	No	Wenn der Parameter auf Yes gesetzt ist, arbeitet Samba als Master-Browser der Domäne.
dont descend	Share	Eine durch Kommas getrennte Verzeichnisliste	(Kein)	Eine Liste von Verzeichnissen, auf die kein Zugriff von einem Share aus erfolgen kann.
dos filetime resolution	Share	Boolescher Wert	No	Wenn der Parameter auf Yes gesetzt ist, rundet Samba Erstellungszeitangaben für Dateien auf die nächste gerade Sekunde auf. Der Einsatz dieser Option ist in Zusammenhang mit bestimmten Software-Entwicklungstools von DOS und Windows sinnvoll.
dos filetimes	Share	Boolescher Wert	No	Ermöglicht es Nicht-Besitzern, die angezeigte Erstellungszeit einer Datei zu ändern.
encrypt passwords	Global	Boolescher Wert	No	Wenn der Parameter auf Yes gesetzt ist, akzeptiert Samba verschlüsselte Passwörter, die in der Datei smbpasswd.conf gespeichert sind.
exec	Share	Shell-Befehl	(Kein)	Synonym für preexec.

Parameter	Bereich	Werte	Standard	Beschreibung
`fake directory create times`	Share	Boolescher Wert	`No`	Wenn der Parameter auf `Yes` gesetzt ist, stellt Samba die Erstellungszeiten von Verzeichnissen auf den 1. Januar 1980, Mitternacht, entsprechend einer Standardeinstellung für bestimmte Software-Entwicklungstools von Windows.
`fake oplocks`	Share	Boolescher Wert	`No`	Erlaubt den Clients das Erstellen von oplocks, ohne bereits selbst welche zu erstellen.
`follow symlinks`	Share	Boolescher Wert	`Yes`	Legt fest, ob Samba symbolische Links verfolgt oder nicht.
`force create mode`	Share	Oktal-Wert	`0000`	Berechtigungsbits, die Samba erzwingen kann, wenn Dateien in einer Freigabe erstellt werden.
`force directory mode`	Share	Oktal-Wert	`0000`	Berechtigungsbits, die Samba erzwingen kann, wenn Verzeichnisse in einer Freigabe erstellt werden.
`force directory security mode`	Share	Oktal-Wert	Dasselbe wie bei `force directory mode`	Berechtigungsbits, die Samba erzwingen kann, wenn ein Benutzer Verzeichnis-berechtigungen von Windows NT/2000 ändert.
`force group`	Share	Linux-Gruppe	Normale Benutzergruppe	Spezifiziert einen Benutzer-Gruppen namen, den Samba verwendet, wenn auf eine Freigabe zugegriffen wird.
`force security mode`	Share	Oktal-Wert	Dasselbe wie bei `force create mode`	Berechtigungsbits, die Samba erzwingen kann, wenn ein Benutzer Berechtigungen von Windows NT/2000 ändert.
`force user`	Share	Benutzername	Normaler Benutzername	Spezifiziert einen Benutzernamen, den Samba verwendet, wenn auf eine Freigabe zugegriffen wird. In 2.0.5 und höher wird auch die Gruppe festgelegt, die als primäre Gruppe des Benutzers agieren soll.
`fstype`	Share	String	`NTFS`	Der Dateisystemtyp, den Samba angibt zu verwenden, wenn ein Client anfragt.
`getwd cache`	Global	Boolescher Wert	`No`	Wenn der Parameter auf `Yes` gesetzt ist, speichert Samba den Namen des aktuellen Arbeitsverzeichnisses gesondert zwischen.
`group`	Share	Linux-Gruppe	(Kein)	Veraltetes Synonym für `force group`.
`guest account`	Share	Benutzername	Eingestellte Option zur Kompilierzeit (standardmäßig `nobody`)	Der LINUX-Account für einen verbundenen SMB/CIFS-Gast.

Parameter	Bereich	Werte	Standard	Beschreibung
guest ok	Share	Boolescher Wert	No	Samba akzeptiert Gast-Logons (kein Passwort erforderlich).
guest only	Share	Boolescher Wert	No	Samba akzeptiert nur Gast-Logons.
hide dot files	Share	Boolescher Wert	Yes	Setzt das Hidden-Bit für alle Dateien, die mit einem Punkt (.) beginnen.
hide files	Share	Durch einen Slash voneinander getrennte Liste	(Kein)	Liste von Dateinamen, die Samba verbirgt, wenn das Hidden-Bit gesetzt wird.
homedir map	Global	Dateiname	auto.home	Wenn nis homedir = Yes, verwendet Samba das Home-Verzeichnis von NIS, das durch diesen Parameter als Home-Verzeichnis des Benutzers festgelegt wird.
hosts allow	Share	Host-Namen	(Kein)	Eine Liste von Maschinen, die auf den Share zugreifen könnten. Wenn kein Rechnername in hosts allow und hosts deny aufgeführt wird, ist generell der Zugriff erlaubt. Ein Synonym ist allow hosts.
hosts deny	Share	Host-Namen	(Kein)	Die hier aufgeführten Rechnernamen dürfen nicht auf den Share zugreifen. Ein Synonym ist deny hosts.
hosts equiv	Global	Dateiname	(Kein)	Spezifiziert eine Datei, die eine Liste von Rechnernamen enthält (mit optional verbundenen Benutzernamen), denen ein Zugriff auf die Shares ohne Verwendung von Passwörtern gewährt wird.
include	Share	Dateiname	(Kein)	Bezieht die spezifizierte Datei in die Haupt-Konfigurationsdatei mit ein.
inherit permissions	Share	Boolescher Wert	No	Wenn der Parameter auf Yes gesetzt ist, basieren Berechtigungen auf neue Dateien und Verzeichnisse auf denen ihrer Benutzer. Wenn als Einstellung No gewählt wird, verwendet Samba create mask und ähnliche Parameter, um Berechtigungen auf neue Dateien und Verzeichnisse zu bestimmen.
interfaces	Global	Interface-Liste	(Kein)	Die Interfaces, die Samba selbst einbindet.
invalid users	Share	Benutzernamen	(Kein)	Liste von Benutzern, denen kein Zugriff auf ein Share gewährt wird.
keepalive	Global	Sekunden	0	Der Zeitraum in Sekunden zwischen dem jeweiligen Überprüfen der Verbindung zu einem Client.

Parameter	Bereich	Werte	Standard	Beschreibung
`kernel oplocks`	Global	Boolescher Wert	Automatisch	Verwendet das `oplock`-Feature des Host, um Samba-`oplocks` zu implementieren. LINUX unterstützt keine `oplocks` in den 2.2.x Kernel-Serien.
`ldap filter`	Global	String	(Kein)	LDAP-spezifischer Suchstring des Benutzernamens, falls Samba in Verbindung mit einer LDAP-Passwortdatenbank abläuft.
`ldap port`	Global	Port-Nummer	`389`	Die TCP/IP-Port-Nummer des LDAP-Servers.
`ldap root`	Global	LDAP-Benutzername	(Kein)	Der LDAP-Benutzername, der von Samba für LDAP-Zugriffe verwendet wird.
`ldap root password`	Global	LDAP-Passwort	(Kein)	Das LDAP-Passwort, das von Samba für LDAP-Zugriffe verwendet wird.
`ldap server`	Global	Host-Name	`localhost`	Der DNS-Name des LDAP-Servers.
`ldap suffix`	Global	Name	(Kein)	Der bevorzugte LDAP-Name, der als Ausgangspunkt für LDAP-Zugriffe verwendet werden soll.
`level2 oplocks`	Share	Boolescher Wert	`No`	Implementiert Level 2-`oplocks` (read-only).
`lm announce`	Global	`Auto`, `Yes` oder `No`	`Auto`	Mit der Einstellung `Yes` legt dieser Parameter fest, ob Samba periodische Host-Announcements wie die, die von OS/2 und anderen Clients benötigt werden, ausgeben soll, damit der Samba-Server in den Browser-Listen erscheinen kann. Die Einstellung `Auto` produziert keine Ausgabe dieser Ankündigungen, bis ein solches im Netzwerk gesehen wird.
`lm interval`	Global	Sekunden	`60`	Das Intervall, das zwischen den Announcements des Parameters `lm announce` liegt.
`load printers`	Global	Boolescher Wert	`Yes`	Lädt Druckernamen in die Datei `/etc/printcap` oder eine äquivalente Datei zur Generierung von verfügbaren Druckern in dem Share `[printers]`.
`local master`	Global	Boolescher Wert	`Yes`	Mit der Einstellung `Yes` partizipiert Samba an Auswahlverfahren für den lokalen Master-Browser.
`lock directory`	Global	Pfadname	Option zur Kompilierzeit	Verzeichnis, in das Samba die benötigten Dateien zur Verwaltung für Dateisperrungen speichert.

Parameter	Bereich	Werte	Standard	Beschreibung
`locking`	Share	Boolescher Wert	`Yes`	Mit der Einstellung `Yes` unterstützt Samba die Funktion zur Dateisperrung durchgängig. Wenn der Parameter auf `No` gesetzt ist, akzeptiert Samba zwar Lock-Anforderungen, setzt sie jedoch nicht um.
`log file`	Global	Dateiname	Option zur Kompilierzeit	Datei, in der Samba wichtige Systemereignisse protokolliert.
`log level`	Global	0-10	`0`	Ein Synonym für `debug level`.
`logon drive`	Global	DOS-Laufwerks-buchstabe	(Kein)	Bezeichnet den Laufwerksbuchstaben, der mit dem Home-Verzeichnis des Servers verbunden wird; wird nur von NT-Rechnern benutzt.
`logon home`	Global	UNC-Pfad	`\\%N\%U`	Das Home-Verzeichnis eines Benutzers innerhalb einer Domäne.
`logon path`	Global	UNC-Pfad	`\\%N\%U\profile`	Gibt den Pfad an, in dem das Domänen-Benutzerprofil (*wanderndes Benutzerprofil*) gespeichert ist. In Samba 2.0.6 und späteren Versionen wird dieser Parameter nicht mehr unterstützt. Stattdessen wird das `profile`-Verzeichnis in `logon home` verwendet.
`logon script`	Global	Dateiname	(Kein)	Die Datei in dem `[netlogon]`-Dienst, die ausgeführt wird, sobald sich ein Client bei einer Samba-kontrollierten Domäne anmeldet.
`lppause command`	Share	Befehl	Variiert	Ein Befehl, den Samba ausführt, um das Drucken eines Druckauftrags aufzuhalten.
`lpresume command`	Share	Befehl	Variiert	Ein Befehl, den Samba ausführt, um einen angehaltenen Druckauftrag wieder aufzunehmen.
`lpq cache time`	Global	Sekunden	`10`	Kontrolliert, wie lange Samba `lpq`-Informationen zwischenspeichert.
`lprm command`	Share	Befehl	Variiert	Befehl, den Samba ausführt, um einen Druckauftrag zu löschen.
`machine password timeout`	Global	Sekunden	`604800`	Legt die Anzahl an Sekunden fest, bevor Samba versucht, sein NT-Domänenpasswort zu ändern, wenn `security = domain`.
`magic output`	Share	Dateiname	Skript-Name, gefolgt von `.out`	Output-Dateiname für den Parameter `magic script`.
`magic script`	Share	Dateiname	(Kein)	Datei, die als Skript ausgeführt wird, sobald der Client sie schließt.

Parameter	Bereich	Werte	Standard	Beschreibung
`mangle case`	Share	Boolescher Wert	`No`	Passt Dateinamen so an, dass sie mit der durch `default case` definierten Schreibweise übereinstimmen.
`mangle locks`	Share	Boolescher Wert	`Yes`	Bug-Workaround für Anforderungen zur Dateisperrung von Windows NT-Clients an Samba, das auf 32-Bit-Betriebssystemen abläuft (inklusive LINUX auf x86-Systemen).
`mangled map`	Share	To-from pairs	(Kein)	Erstellt paarweise Dateinamenvorlagen für den Dateinamenabgleich wie bei (`.jpeg .jpg`).
`mangled names`	Share	Boolescher Wert	`Yes`	Wenn der Parameter auf `Yes` gesetzt ist, erstellt Samba 8+3-konforme Dateinamen für DOS-Clients und -Programme. Dieser Zusatz ersetzt jedoch nicht normal lange Dateinamen für die Clients, die dazu in der Lage sind, lange Dateinamen zu verwenden.
`mangling char`	Share	Zeichen	~ (Tilde)	Definiert das Zeichen, das Samba bei der Umsetzung von Namen als *Mangling*-Zeichen verwendet.
`mangled stack`	Global	Zahl	`50`	Die Größe des Cache-Speichers, der für die Namensumsetzung verwendet wird.
`map aliasname`	Share	Dateiname	(Kein)	Ein Synonym für `map groupname`.
`map archive`	Share	Boolescher Wert	`Yes`	Wenn der Parameter auf `Yes` gesetzt ist, verwendet Samba zur Speicherung der Dateiattribute einer DOS-Datei das Ausführungsrecht.
`map hidden`	Share	Boolescher Wert	`No`	Wenn der Parameter auf `Yes` gesetzt ist, verwendet Samba zur Speicherung des Hidden-Bits einer DOS-Datei das Ausführungsbit für „den Rest der Welt".
`map groupname`	Share	Dateiname	(Kein)	Zeigt auf eine Datei, die Verbindungen zwischen LINUX-Gruppen und Windows NT-Gruppen enthält.
`map system`	Share	Boolescher Wert	`No`	If Wenn der Parameter auf `Yes` gesetzt ist, verwendet Samba zur Speicherung des System-Bits einer DOS-Datei das Ausführungsbit für die Gruppe
`map to guest`	Global	`Never`, `Bad User`, `Bad Password`	`Never`	Legt fest, wann Logons von Gästen akzeptiert werden.
`max connections`	Share	Zahl	`0`	Legt die maximale Anzahl an Clients fest, die sich mit der Freigabe verbinden können. Die Zahl `0` bedeutet, dass kein Limit gesetzt ist.

Parameter	Bereich	Werte	Standard	Beschreibung
max disk size	Global	Megabytes	0	Legt die maximal für den Client zur Verfügung stehende Plattenspeichergröße fest. Einige Clients haben Schwierigkeiten, einen Speicherbereich von mehr als 2.048 MByte zu verwalten. Die Zahl 0 bedeutet, dass kein Limit gesetzt ist.
max log size	Global	Kilobytes	5000	Die maximale Größe der Log-Datei in Kilobytes.
max mux	Global	Zahl	50	Die maximale Anzahl an ausstehenden Operationen, die Samba von einem Client akzeptiert.
max packet	Global	Zahl	(Kein)	Veraltetes Synonym für packet size.
max open files	Global	Zahl	10000	Die maximale Anzahl an Dateien, die Samba zu öffnen versuchen wird.
max ttl	Global	Sekunden	259200	Der maximale Zeitumfang, in dem Samba NetBIOS-Namen und verbundene IP-Adressen speichert.
max wins ttl	Global	Sekunden	518400	Die maximale Zeitspanne, in der ein Samba-NBNS-Server Paarkombinationen von NetBIOS-Name und IP-Adresse beibehält.
max xmit	Global	Bytes	65535	Die maximale Paketgröße, die von Samba vermittelt werden kann.
message command	Global	Befehl	(Kein)	Legt den Befehl fest, den der Server ausführt, wenn er einen WinPopup-Befehl erhält.
min print space	Share	Kilobytes	0	Der Speicherplatz, der mindestens auf der Festplatte zur Verfügung stehen muss, damit Samba einen Druckauftrag akzeptiert.
min passwd length	Global	Zahl	5	Synonym für min password length.
min password length	Global	Zahl	5	Die minimale Passwortlänge, die Samba akzeptiert, wenn Passwörter geändert werden.
min wins ttl	Global	Sekunden	21600	Die kleinste Zeitspanne, in der ein Samba-NBNS-Server zusammengehörende Informationen von NetBIOS-Name und IP-Adresse beibehält.
name resolve order	Global	Liste von lmhosts, host, wins, bcast	lmhosts host wins bcast	Legt die Reihenfolge fest, in der versucht wird, Namen aufzulösen.

Parameter	Bereich	Werte	Standard	Beschreibung
`netbios aliases`	Global	Liste von Namen	(Kein)	Eine Liste von NetBIOS-Namen, auf die der Server antworten wird (zusätzlich zu seinem Hauptnamen, der durch den Host-Namen oder den Parameter `netbios name` gesetzt wird).
`netbios name`	Global	NetBIOS-Name	Host-Name	Der NetBIOS-Name, auf den der Computer antwortet; der Parameter hat als Standardwert den Host-Namen des Servers.
`netbios scope`	Global	String	(Kein)	Stellt den NetBIOS-Bereich (*Scope*) für ein System ein; unter Umständen wird dabei dieses System und andere mit demselben Scope von anderen Systemen auf Ihrem Netzwerk abgetrennt.
`networkstation user login`	Global	Boolescher Wert	`Yes`	Veraltetes Workaround für einen Windows NT Domain-Bug.
`nis homedir`	Global	Boolescher Wert	`No`	Wenn der Parameter auf `Yes` gesetzt ist, wird `homedir map` dazu verwendet, das Home-Verzeichnis des Benutzers aufzusuchen.
`nt acl support`	Global	Boolescher Wert	`Yes`	Wenn der Parameter auf `Yes` gesetzt ist, bildet Samba LINUX-Berechtigungen und Besitzverhältnisse auf dem ACL-Sicherheitssystem von Windows NT ab.
`nt pipe support`	Global	Boolescher Wert	`Yes`	Eine Option für Entwickler, die es Windows NT-Clients ermöglicht, sich über IPC-Pipes (*Inter Process Communication*) zu verbinden.
`nt smb support`	Global	Boolescher Wert	`Yes`	Ermöglicht das Aktivieren oder Deaktivieren von NT-spezifischen SMB/CIFS-Features.
`null passwords`	Global	Boolescher Wert	`No`	Wenn der Parameter auf `Yes` gesetzt ist, erlaubt Samba Benutzern, auf Accounts zuzugreifen, die keine (leere) Passwörter haben.
`ole locking compatibility`	Share	Boolescher Wert	`Yes`	Dieser Parameter ermöglicht es, die OLE-Kompatibilität für Bereichslocks zu aktivieren.
`only guest`	Share	Boolescher Wert	`No`	Ein Synonym für `guest only`.
`only user`	Share	Boolescher Wert	`No`	Wenn der Parameter auf `Yes` gesetzt ist, müssen die Benutzer des Share in einer Benutzernamenliste aufgeführt sein.
`oplock break wait time`	Global	Millisekunden	`10`	Die Verzögerung, nach der Samba auf eine Anforderung nach einer `oplock`-Unterbrechung antwortet.

Parameter	Bereich	Werte	Standard	Beschreibung
`oplock contention limit`	Share	Zahl	`2`	Die Anzahl an `oplocks` (*opportunistisches Locking*), die pro Datei erlaubt sind.
`oplocks`	Share	Boolescher Wert	`Yes`	Legt fest, ob Samba `oplocks` unterstützt, was zu einer Verbesserung der Performance führen kann.
`os level`	Global	Zahl	`0` für Samba 2.0.5a und frühere Versionen; `20` für Samba 2.0.6 bis 2.0.7; `32` für Samba TNG	Legt die Betriebssystem-Version fest, mit der Samba sich bei der Browser-Wahl melden soll.
`packet size`	Global	Bytes	`65535`	Ein veraltetes Synonym für `max packet`.
`panic action`	Global	Befehl	(Kein)	Befehl, den Samba ausführt, wenn entweder `smbd` oder `nmbd` abstürzt.
`passwd chat`	Global	Befehl	Option zur Kompilierzeit	Befehl, den Samba ausführt, sobald ein Benutzer ein Passwort ändert.
`passwd chat debug`	Global	Boolescher Wert	`No`	Wenn der Parameter auf `Yes` gesetzt ist, protokolliert Samba die gesamte Bearbeitungssequenz des Passworts, während ein Benutzer das Passwort ändert.
`passwd program`	Global	Programm	`/bin/passwd`	Programm, das Samba ausführt, um das LINUX-Passwort für einen Benutzer zu ändern.
`password level`	Global	Zahl	`0`	Die Anzahl von Zeichen in einem Passwort, die Samba versucht, in Großbuchstaben zu konvertieren, um ein übermitteltes Passwort in Klartextform an ein lokales Passwort anzupassen.
`password server`	Global	NetBIOS-Name	(Kein)	Der NetBIOS-Name des Passwort-Servers (typischerweise der primäre Domänen-Controller).
`path`	Share	Pfadname	`/tmp`	Ein Synonym für `directory`.
`postexec`	Share	Befehl	(Kein)	Befehl, der ausgeführt wird, wenn ein Client eine Verbindung zu einem Share schließt.
`postscript`	Share	Boolescher Wert	`No`	Wenn der Parameter auf `Yes` gesetzt ist, wird festgelegt, dass Samba Druckdateien als PostScript interpretieren soll. Samba fügt dazu einen PostScript-Kommentar (`%!`) an den Anfang des Druckauftrags ein.

Parameter	Bereich	Werte	Standard	Beschreibung
preexec	Share	Befehl	(Kein)	Befehl, der ausgeführt wird, wenn ein Client eine Verbindung zu einem Share öffnet. Ein Synonym dafür ist exec.
preexec close	Share	Boolescher Wert	No	Wenn der Parameter auf Yes gesetzt ist, bewirkt jeder Rückgabewert von einem *preexec script*, der nicht Null ist (was einem Fehler gleichkommt), dass Samba die Verbindung beendet.
prefered master	Global	Boolescher Wert	No	Ein Synonym für preferred master.
preferred master	Global	Boolescher Wert	No	Wenn der Parameter auf Yes gesetzt ist, erzwingt Samba eine Wahl zum Master-Browser; die Chancen, einer zu werden, hängen von den Werten anderer Parameter ab.
preload	Global	Shares	(Kein)	Ein Synonym für auto services.
preserve case	Share	Boolescher Wert	Yes	Mit diesem Parameter wird das Verhalten von Samba beim Erstellen neuer Dateien kontrolliert. Wenn der Parameter auf Yes gesetzt ist, wird die Schreibweise beibehalten, die der Client verwendet hat; mit der Einstellung No konvertiert Samba die Dateinamen zu der Schreibweise, die durch den Parameter default case definiert ist.
print command	Share	Befehl	Variiert	Ein Befehl, der von Samba zum Ausführen eines Druckauftrags verwendet wird.
print ok	Share	Boolescher Wert	No	Ein Synonym für printable.
printable	Share	Boolescher Wert	No	Identifiziert eine Druckerfreigabe.
printcap	Global	Dateiname	/etc/printcap	Ein Synonym für printcap name.
printcap name	Global	Dateiname	/etc/printcap	Der komplette Pfad zu der Datei, die lokale Druckerwarteschlangen definiert.
printer	Share	String	Üblicherweise lp	Der Name der LINUX-Druckerwarteschlange, die mit einer Druckerfreigabe verbunden ist. Ein Synonym dafür ist printer name.
printer driver	Share	String	(Kein)	String zur Identifizierung des Windows-Druckertreibers, der mit einem Share verwendet wird.
printer driver file	Global	Dateiname	Option zur Kompilierzeit	Datei, die Informationen über Druckertreiberdateien enthält, die mit einer Druckerfreigabe verbunden sind.
printer driver location	Share	UNC-Pfad	(Kein)	Teilt Samba mit, welchen Share es übergeben soll, wenn Clients nach dem Standort der Treiberdateien fragen.

Parameter	Bereich	Werte	Standard	Beschreibung
`printer name`	Share	String	Üblicherweise `lp`	Synonym für `printer`.
`printing`	Share	`Bsd`, `Aix`, `Lprng`, `Plp`, `Sysv`, `Hpux`, `Qnx`, `Softq`, `Cups`	Option zur Kompilierzeit	Teilt Samba das Drucksystem mit, das auf dem Host-Computer verwendet wird.
`protocol`	Global	`NT1`, `CORE`, `COREPLUS`, `LANMAN1`, `LANMAN2`	`NT1`	Die von Samba verwendete SMB/CIFS-Protokollversion.
`public`	Share	Boolescher Wert	`No`	Synonym für `guest ok`.
`queuepause command`	Share	Befehl	Variiert	Befehl, den Samba verwendet, um eine Druckerwarteschlange anzuhalten.
`queueresume command`	Share	Befehl	Variiert	Befehl, den Samba verwendet, um Druckerwarteschlangen wieder aufzunehmen.
`read bmpx`	Share	Boolescher Wert	`No`	Ein veralteter Parameter, der den SMB-Befehl *read block multiplex* ermöglicht.
`read list`	Share	Liste von Benutzernamen	(Kein)	Definiert eine Liste von Benutzern, denen ein schreibgeschützter Zugriff auf den Share gewährt wird; die Benutzer haben keinen Schreibzugriff, auch wenn die Freigabe sonst beschrieben werden kann.
`read only`	Share	Boolescher Wert	`Yes`	Wenn der Parameter auf `Yes` gesetzt ist, gewährt Samba nur einen Lesezugriff (*read access*) auf den Share. Ein Antonym für `write ok` und `writeable`.
`read prediction`	Global	Boolescher Wert	`No`	Veraltet.
`read raw`	Global	Boolescher Wert	`Yes`	Erlaubt schnelle 64-KByte-Lesezugriffe über TCP/IP.
`read size`	Global	Bytes	`16384`	Die Anzahl an Bytes, die empfangen werden müssen, bevor Samba damit beginnt, Daten auf einen Träger zu schreiben oder über das Netzwerk zu senden.
`remote announce`	Global	Netzwerkadressen	(Kein)	Veranlasst Samba, sich selbst als Master-Browser auf den festgelegten entfernten Adressen anzukündigen.
`remote browse sync`	Global	Netzwerkadressen	(Kein)	Veranlasst einen Samba-Master-Browser, mit den festgelegten entfernten Adressen Browse-Listen auszutauschen.
`restrict anonymous`	Global	Boolescher Wert	`No`	Wenn der Parameter auf `Yes` gesetzt ist, sperrt Samba alle anonymen Zugriffe. Windows NT-Clients verwenden bisweilen einen anonymen Zugriff, um Browse-Listen zu sammeln, so dass dieser Parameter auf einigen Netzwerken Probleme verursachen kann.

Parameter	Bereich	Werte	Standard	Beschreibung
`revalidate`	Share	Boolescher Wert	`No`	Wenn der Parameter auf `Yes` gesetzt ist, müssen Clients Passwörter für *jeden* Share-Zugriff senden, nicht nur für den ersten.
`root`	Global	Verzeichnis	(Kein)	Synonym für `root directory`.
`root dir`	Global	Verzeichnis	(Kein)	Synonym für `root directory`.
`root directory`	Global	Verzeichnis	(Kein)	Weist Samba an, ein `chroot()` zu dem angegebenen Verzeichnis auszuführen.
`root postexec`	Share	Befehl	(Kein)	Befehl, den Samba als `root` ausführt, wenn ein Benutzer die Verbindung zu einer Freigabe aufhebt.
`root preexec`	Share	Befehl	(Kein)	Befehl, den Samba als `root` ausführt, wenn ein Benutzer die Verbindung zu einer Freigabe herstellt.
`root preexec close`	Share	Boolescher Wert	`No`	Wenn der Parameter auf `Yes` gesetzt ist, bewirkt jeder Rückgabewert von einem *root-preexec script*, der nicht Null ist (was einem Fehler gleichkommt), dass Samba die Verbindung beendet.
`security`	Global	`Share`, `User`, `Server`, `Domain`	`User`	Setzt das Passwort-Sicherheitsmodell.
`security mask`	Share	Oktal-Wert	Dasselbe wie `create mask`	Setzt die Berechtigungs-Bits, über die es Samba-Benutzern erlaubt wird, von Windows NT/2000-Clients zu wechseln.
`server string`	Global	String	`Samba %v`	Ein String, den Samba mit dem Server verbindet, zum Nutzen von Browse-Listen.
`set directory`	Share	Boolescher Wert	`No`	Ermöglicht es *Digital Pathworks*-Benutzern, den Befehl `set directory` zu verwenden.
`share modes`	Share	Boolescher Wert	`Yes`	Ermöglicht die Verwendung von bestimmten DOS-Optionen zur Dateiöffnung. Diesen Parameter sollte man niemals auf `No` setzen.
`shared file entries`	Global	Zahl	`113`	Veraltet.
`shared mem size`	Global	Bytes	`1048576`	Gemeinsam genutzter Speicher zwischen `smbd`-Prozessen.
`short preserve case`	Global	Boolescher Wert	`Yes`	Wenn der Parameter auf `Yes` gesetzt ist, behält Samba die kurzen (8+3) Dateinamen bei; mit der Einstellung `No` konvertiert Samba die Dateinamen entsprechend den Festlegungen durch `default case`.
`smb passwd file`	Global	Dateiname	Option zur Kompilierzeit	Datei, in der die verschlüsselten Passwörter in Samba gespeichert sind.

Parameter	Bereich	Werte	Standard	Beschreibung
`smbrun`	Global	Befehl	Option zur Kompilierzeit	Der Pfad zu dem `smbrun`-Binär; es sollte nicht erforderlich sein, diese Vorgaben zu ändern.
`socket address`	Global	IP-Adresse	(Kein)	Die Adresse, die Sie über diesen Parameter spezifizieren, muss der für den Parameter `interfaces` entsprechen.
`socket options`	Global	Socket-Optionen	Option zur Kompilierzeit (gewöhnlich Kein)	Richtet Socket-Optionen auf TCP-Ebene für Samba ein.
`source environment`	Global	Dateiname	(Kein)	Eine Datei, aus der Samba Umgebungsvariablen liest.
`ssl`	Global	Boolescher Wert	`No`	Wenn der Parameter auf `Yes` gesetzt ist, akzeptiert Samba SSL-verschlüsselte Verbindungen.
`ssl ca certdir`	Global	Pfadname	(Kein)	Verzeichnis, in dem SSL CA Server-Zertifikate gespeichert sind.
`ssl ca certfile`	Global	Dateiname	(Kein)	Datei, in der SSL CA Server-Zertifikate gespeichert sind.
`ssl ciphers`	Global	`DEFAULT, DES-CFB-M1, NULL-MD5, RC4-MD5, EXP-RC4-MD5, RC2-CBC-MD5, EXP-RC2-CBC-MD5, IDEA-CBC-MD5, DES-CBC-MD5, DES-CBC-SHA, DES-CB3-MD5, DES-CB3-SHA, RC4-64-MD5, NULL`	(Kein)	Verschlüsselungsmethoden, die Samba benutzen kann.
`ssl client cert`	Global	Dateiname	(Kein)	Das von `smbclient` verwendete SSL-Client-Zertifikat.
`ssl client key`	Global	Dateiname	(Kein)	Der von `smbclient` verwendete SSL-Client-Key.
`ssl compatibility`	Global	Boolescher Wert	`No`	Bug-Kompatibilität für ältere Versionen von SSL.
`ssl hosts`	Global	Host-Namen	(Kein)	Computer, denen nur eine Verbindungsherstellung über SSL erlaubt ist. Wenn der Parameter nicht spezifiziert ist und der Parameter `ssl` auf `Yes` gesetzt ist, müssen sich alle Computer über SSL verbinden.

Parameter	Bereich	Werte	Standard	Beschreibung
`ssl hosts resign`	Global	Host-Namen	(Kein)	Computer, für die keine SSL-Verbindungen verlangt werden.
`ssl require clientcert`	Global	Boolescher Wert	`No`	Samba verweigert eine SSL-Verbindung, wenn der Client kein Zertifikat aufweisen kann.
`ssl require servercert`	Global	Boolescher Wert	`No`	`smbclient` verweigert eine SSL-Verbindung, wenn dem Server ein Zertifikat fehlt.
`ssl server cert`	Global	Dateiname	(Kein)	Das SSL-Server-Zertifikat, das von Samba verwendet wird.
`ssl server key`	Global	Dateiname	(Kein)	Legt den Standort des *Private Key* für den Samba-Server fest.
`ssl version`	Global	`ssl2oder3`, `ssl2`, `ssl3`, `tls1`	`ssl2oder3`	Die Version von SSL, die Samba benutzt.
`stat cache`	Global	Boolescher Wert	`Yes`	Wenn der Parameter auf `Yes` gesetzt ist, verwendet Samba einen Cache-Speicher, um die Abgleichung von Dateinamen zu beschleunigen.
`stat cache size`	Global	Zahl	`50`	Die Anzahl an Einträgen in dem Cache-Speicher, um die Abgleichung von Dateinamen zu beschleunigen.
`status`	Global	Boolescher Wert	`Yes`	Wenn der Parameter auf `Yes` gesetzt ist, protokolliert Samba Verbindungen in einer Datei, die `smbstatus` lesen kann.
`strict locking`	Share	Boolescher Wert	`No`	Wenn der Parameter auf `Yes` gesetzt ist, überprüft Samba bei jedem Zugriff auf eine Datei den Datei-Lock; mit der Einstellung `No` prüft Samba nur dann, wenn der Client eine Datei-Lock-Überprüfung verlangt.
`strict sync`	Share	Boolescher Wert	`No`	Wenn der Parameter auf `Yes` gesetzt ist, überprüft Samba bei jedem Zugriff auf eine Datei den Datei-Lock, statt dies nur dann zu tun, wenn ein Client eine Datei-Lock-Überprüfung verlangt.
`strip dot`	Global	Boolescher Wert	`No`	Mit der Einstellung `Yes` schneidet Samba abschließende Punkte von Dateinamen ab.
`sync always`	Share	Boolescher Wert	`No`	Mit der Einstellung `Yes` synchronisiert Samba auf Datenträger, sobald eine Schreiboperation auftritt.
`syslog`	Global	Zahl	`1`	Debug-Level für Meldungen, die an das System-Log gesendet werden.

Parameter	Bereich	Werte	Standard	Beschreibung
`syslog only`	Global	Boolescher Wert	`No`	Mit der Einstellung `Yes` sendet Samba seine Log-Meldungen nur an die System-Protokolldateien; wenn der Parameter auf `No` gesetzt ist, verwendet Samba zusätzlich seine eigenen Protokolldateien.
`time offset`	Global	Minuten	`0`	Stellt die Minuten ein, die der Systemzeit hinzugefügt werden sollen, um einem Bug in der Berechnung der Sommerzeit vorzubeugen.
`time server`	Global	Boolescher Wert	`No`	Wenn der Parameter auf `Yes` gesetzt ist, kündigt sich `nmbd` als Zeit-Server für Clients an.
`timestamp logs`	Global	Boolescher Wert	`Yes`	Ein Synonym für `debug timestamp`.
`unix passwort sync`	Global	Boolescher Wert	`No`	Wenn der Parameter auf `Yes` gesetzt ist, versucht Samba, das LINUX-Passwort zu ändern, sobald das verschlüsselte Passwort von Samba verändert wird.
`unix realname`	Global	Boolescher Wert	`No`	Wenn der Parameter auf `Yes` gesetzt ist, stellt Samba auf Anfrage des Clients den echten Namen des Benutzers zur Verfügung (aus der Datei `/etc/passwd`).
`update encrypted`	Global	Boolescher Wert	`No`	Ist der Parameter auf `Yes` gesetzt, ändert Samba das verschlüsselte Passwort, sobald sich ein Benutzer unter Verwendung eines Klartextpasswortes anmeldet. Dieser Parameter vereinfacht den Umstieg von UNIX-Passwörtern auf NT-Passwörter.
`use rhosts`	Share	Boolescher Wert	`No`	Wenn der Parameter auf `Yes` gesetzt ist, liest Samba die Datei `~/.rhosts` des Benutzers und erlaubt einen Zugriff von hier aufgelisteten Hosts ohne die Unterstützung durch ein Passwort.
`user`	Share	Benutzernamen	(Kein)	Synonym für `username`.
`users`	Share	Benutzernamen	(Kein)	Synonym für `username`.
`username`	Share	Benutzernamen	(Kein)	Samba verwendet jeden der spezifizierten Benutzernamen, wenn der Client keinen Benutzernamen zur Verfügung stellt.
`username level`	Share	Zahl	`0`	Über diesen Parameter kann die maximale Anzahl an Großbuchstaben in einem Benutzernamen festgelegt werden. Samba probiert dann alle Abwandlungen von Großbuchstaben von 1 bis zum definierten Wert aus.

Parameter	Bereich	Werte	Standard	Beschreibung
username map	Global	Dateiname	(Kein)	Spezifiziert eine Datei, die eine Abgleichung von Windows- auf LINUX-Benutzernamen enthält.
valid chars	Share	Zeichenliste	(Kein)	Fügt Zeichen der Gruppe der gültigen Zeichen hinzu, die in Dateinamen verwendet werden können.
valid users	Share	Benutzernamen	(Kein)	Eine Liste von Benutzern, die autorisiert sind, den Share zu verwenden. Standardmäßig ist der Parameter leer, d.h. alle Benutzer mit gültigen Benutzernamen und Passwörtern können auf die Freigabe zugreifen.
veto files	Share	Durch einen Slash voneinander getrennte Liste	(Kein)	Dateien, die Samba aus dem Share „verschwinden" lässt (von der Sichtweise des Client aus gesehen).
veto oplock files	Share	Durch einen Slash voneinander getrennte Liste	(Kein)	Über diesen Parameter können oplocks für einzelne Dateien deaktiviert werden.
volume	Share	String	Share-Name	Mit diesem Parameter kann man die Volume-Labels von Freigaben setzen.
wide links	Share	Boolescher Wert	Yes	Wenn der Parameter auf Yes gesetzt ist, führt dies dazu, dass Samba auch Links außerhalb des freigegebenen Verzeichnisses verfolgen kann.
wins hook	Global	Befehl	(Kein)	Befehl, den Samba ausführt, sobald es seine interne NBNS-Datenbank ändert und Samba als NBNS-Server operiert.
wins proxy	Global	Boolescher Wert	No	Mit der Einstellung Yes antwortet nmbd für andere Clients auf Broadcast-Anfragen.
wins server	Global	Host-Name	(Kein)	TCP/IP-Host-Name oder IP-Adresse eines NBNS-Servers.
wins support	Global	Boolescher Wert	No	Wenn der Parameter auf Yes gesetzt ist, agiert Samba als NBNS-Server.
workgroup	Global	Name der Arbeitsgruppe	Eingestellte Option zur Kompilierzeit	Entscheidet, zu welcher Arbeitsgruppe der Server gehört; standardmäßig ist dies WORKGROUP.
writable	Share	Boolescher Wert	No	Synonym für writeable.
write cache size	Share	Bytes	0	Die Größe des Schreibcaches für oplock-Dateien; diese Funktion ist neu in Samba 2.0.7.

Parameter	Bereich	Werte	Standard	Beschreibung
`write list`	Share	Eine durch Kommas getrennte Liste	(Kein)	Definiert eine Liste von Benutzern, denen Schreibzugriff auf eine Freigabe gewährt wird, auch wenn sie auf schreibgeschützt gesetzt ist.
`write ok`	Share	Boolescher Wert	`No`	Synonym für `writeable`.
`write raw`	Global	Boolescher Wert	`Yes`	Erlaubt schnelle 64 KByte große Schreiboperationen
`writeable`	Share	Boolescher Wert	`No`	Ermöglicht es Benutzern, auf eine Freigabe zu schreiben. Synonyme dafür sind `write ok` und `writable`; ein Antonym ist `read only`.

Anhang B: Betriebs-spezifische Fragen

Samba wird überwiegend dazu verwendet, Windows-Clients zu bedienen – präziser formuliert: Windows 95-, 98-, NT- und 2000-Clients. Der Großteil dieses Buches hat den Schwerpunkt auf diese Clients gelegt, es gibt jedoch weitere mögliche Samba-Clients:

DOS Das Original-Betriebssystem für x86-Computer wird mit nur minimalen Netzwerk-Tools ausgeliefert, leistungsfähigere stehen jedoch zur Verfügung – einschließlich SMB/CIFS-Clients.

Windows 3.1 Diese ältere Version von Windows ist immer noch an einigen Plätzen im Einsatz, speziell dort, wo die Hardware-Ausstattung nach heutigen Standards sehr schwach ist. Es ist möglich, solche Systeme in SMB/CIFS-Netzwerken zu verwenden.

OS/2 Warp 4.0 *IBM*s OS/2 besitzt eine breite Basis an Installationen, auch wenn es heutzutage keine größeren Wellen mehr in den Medien schlägt. Dieses Betriebssystem enthält SMB/CIFS-Funktionalitäten.

BeOS Das Betriebssystem des Herstellers *Be* verfügt über eine kleine aber ständig wachsende Gefolgschaft. Die SMB/CIFS-Funktionalität von *Be* ist noch sehr neu und daher noch nicht so zuverlässig, wie die anderer Betriebssysteme.

MacOS Das für Macintosh-Computer wichtigste Betriebssystem, MacOS, verwendet sein eigenes Protokoll für die Freigabe von Dateien und Druckern, *AppleTalk*. Für LINUX-Server gibt es eine native Unterstützung dieses Protokolls, welche als *Netatalk* bekannt ist. Sie könnten Samba jedoch als Client für MacOS einsetzen wollen, speziell wenn Ihr Netzwerk von Windows-Systemen dominiert wird. Glücklicherweise steht ein SMB/CIFS-Client-/Server-Paket für MacOS zur Verfügung, das unter dem Namen *DAVE* bekannt ist (`http://www.thursby.com`).

Dieser Anhang ist der Verwendung solcher alternativen Clients für Samba gewidmet, einschließlich Beschreibungen zur Einrichtung und betriebssystemsspezifischer Eigenarten von Dateisystemen. Er schließt mit einer Betrachtung, wie Samba zu konfigurieren ist, wenn in Ihrem Netzwerk eine breite Palette an Betriebssystemen mit unterschiedlichen Anforderungen an die Optimierung Verwendung findet.

HINWEIS

Dieser Anhang beschäftigt sich nicht mit der Verwendung von Samba als Client. Beachten Sie hierzu Kapitel 7: LINUX als SMB/CIFS-Client.

Samba und DOS

DOS war das Betriebssystem, welches IBM mit seinem Original-PC 1984 auslieferte, und es ist heute immer noch erhältlich. Tatsächlich baut Windows 9x auf einer modifizierten Version von DOS auf, so dass Windows 9x in gewissem Sinne DOS *ist*. Andere Versionen von DOS sind:

MS-DOS *Microsofts* DOS wird nicht länger als eigenständiges Produkt verkauft, Millionen von Kopien von MS-DOS sind jedoch im Umlauf. Einige setzen vielleicht schon Staub in irgendwelchen Abstellkammern an, andere sind weiterhin in Gebrauch.

PC-DOS *IBMs* Variante von DOS basiert auf demselben Quellcode wie MS-DOS. Dieses Produkt ist weiterhin erhältlich unter dem Spitznamen *PC-DOS 2000.*

DR-DOS Diese DOS-Version wurde verschiedenen Namensänderungen unterzogen (es war als *DR-DOS* bekannt, dann als *OpenDOS* und nun wieder als *DR-DOS*). Sie wird von *Calderas* Tochterfirma *Lineo* vertrieben (`http://www.drdos.com`).

FreeDOS Hierbei handelt es sich um einen OpenSource-Klon von MS-DOS. Sie können es unter `http://www.freedos.org` erhalten. Zum Zeitpunkt der Drucklegung der deutschen Übersetzung dieses Buches war die Version Beta5 aktuell, was bedeutet, dass sie alles andere als perfekt ist.

DR-DOS enthält eine Netzwerkunterstützung für Novell-Netze, die anderen DOS-Versionen enthalten standardmäßig keine Netzwerkunterstützung. Selbst die Unterstützung von Novell-Netzwerken durch DR-DOS ist jedoch nutzlos, um DOS mit einem Samba-Server zu verbinden. Aus diesem Grunde müssen Sie einen TCP/IP-Stack und SMB/CIFS-Client-Software installieren, um DOS als Client für einen Samba-Server nutzen zu können.

Bezugsquellen

Microsoft stellt die notwendige Netzwerk-Software, einschließlich SMB/CIFS-Client-Tools auf deren FTP-Site zum Download zur Verfügung. Laden Sie von `ftp://ftp.microsoft.com/bussys/Clients/MSCLIENT` die Dateien `DSK3-1.EXE` und `DSK3-2.EXE` herunter. Wenn Sie über eine Windows NT 4.0 Server Installations-CD verfügen, finden Sie diese Dateien unter `CLIENTS\MSCLIENT\DISKS`.

HINWEIS

Theoretisch kann Microsofts SMB/CIFS-Client-Software mit jeder DOS-Version verwendet werden. Beim Schreiben dieses Anhangs testete der Autor sie sowohl mit DR-DOS 7.0.3 als auch mit MS-DOS 6.0. FreeDOS in der Version Beta4 versagte jedoch, vermutlich auf Grund eines Handling-Problems bei FAT-Dateisystemen (mitten während des Installationsvorgangs behauptete das System plötzlich, alle Disketten seien leer). Zukünftige Versionen von FreeDOS mögen Verbesserungen erfahren.

Nach ihrer Beschaffung müssen die `.EXE`-Dateien dekomprimiert werden. Sie können dies durch einen Programmaufruf unter DOS oder Windows bewerkstelligen, oder indem Sie das Programm `unzip` unter LINUX verwenden, welches Bestandteil aller wichtigen LINUX-Distributionen ist. Unabhängig von der Methode sollten Sie dies in einem ansonsten leeren Verzeichnis tun. Das Ergebnis ist eine große Anzahl von Dateien, die Sie auf zwei Disketten kopieren sollten, eine Diskette für jede der beiden Originaldateien. Diese Disketten sind die *Microsoft Network Client*-Disketten.

Zusätzlich zu den *Microsoft Network Client*-Disketten benötigen Sie vermutlich einen DOS-Treiber, der vom Hersteller der von Ihnen verwendeten Netzwerkkarte angeboten wird. Die *Microsoft Network Client*-Disketten enthalten bereits eine kleine Anzahl von Treibern für Netzwerkkarten, die jedoch nur für ältere Modelle geeignet sind. Wenn Sie keine entsprechenden Treiber finden können, fahren Sie mit der Installation fort und wiederholen Sie die Suche nur, wenn Sie Ihre Karte nicht aufgelistet finden.

HINWEIS

Es stehen weitere SMB/CIFS-Clients für DOS zur Verfügung. Die meisten sind jedoch in wichtigen Teilen beschränkt; häufig arbeiten sie nur mit einer begrenzten Auswahl an Netzwerkkarten zusammen. Unter `http://huizen.dds.nl/~jacco2/samba/dos.html` *können Sie mehr über diese Alternativen sowie weitere Informationen zum* Microsoft Network Client *lesen.*

Software-Konfiguration

Die *Microsoft Network Client*-Disketten enthalten die Software, die notwendig dafür ist, ein DOS-System als Client für einem Samba-Server zu konfigurieren. Führen Sie folgende Schritte aus, um die Software zu installieren:

1. Booten Sie DOS.
2. Führen Sie Diskette 1 der *Microsoft Network Client*-Disketten in Ihr Diskettenlaufwerk ein.
3. Geben Sie an der DOS-Eingabeaufforderung ein: `A:\SETUP`. Dies startet das Setup-Programm, welches Sie in einem einführenden Bildschirm darüber informiert, dass das Programm die *Microsoft Network Client*-Software installiert.
4. Drücken Sie [↵], um mit dem Setup fortzufahren. Das Programm fragt nach einem Installationsverzeichnis für die Netzwerk-Software.
5. Drücken Sie [↵], um das Standardverzeichnis C:\NET zu bestätigen oder geben Sie einen anderen Speicherort an. Das Setup-Programm überprüft zunächst die Grundkonfiguration und zeigt dann eine Liste der zur Verfügung stehenden Netzwerkkarten an (*Abbildung B.1*).

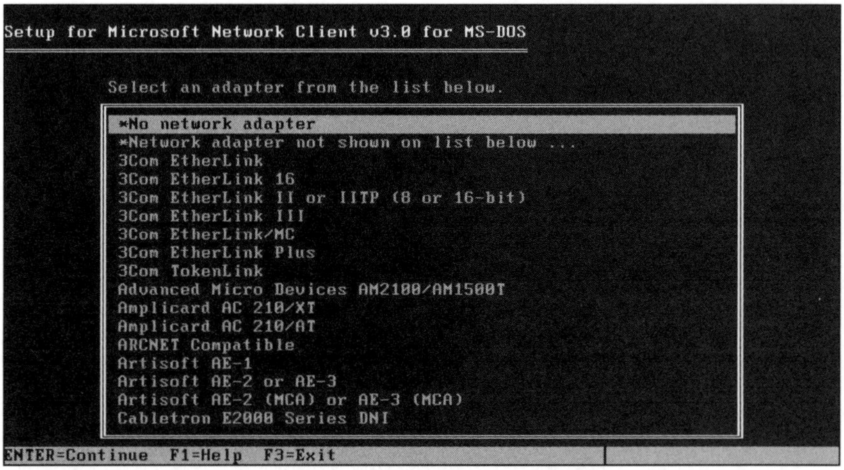

Abbildung B.1: Microsofts SMB-Client-Paket enthält eine Reihe von (meist älteren) Netzwerkkarten

6. Wenn sich der von Ihnen verwendete Netzwerkadapter in dieser Liste befindet, wählen Sie diesen, Wenn nicht, wählen Sie den zweiten Eintrag *Network adapter not shown on the list below* (dt. *Netzwerkadapter, der sich nicht in der unten dargestellten Liste befindet*). Da die meisten sich in dieser Liste befindenden Adapter ziemlich alt sind, soll davon ausgegangen werden, dass Sie diese Wahl getroffen haben. Wenn die *Microsoft Network Client*-Disketten Unterstützung für den von Ihnen verwendeten Netzwerkadapter beinhalten, wird die Installation geringfügig einfacher.
7. Das Setup-Programm fragt nach der Treiberdiskette des Herstellers (*original equipment manufacturer – OEM*). Geben Sie dessen Speicherort an. Wenn Ihre Laufwerksangabe korrekt war, zeigt das Programm den Namen Ihrer Netzwerkkarte an (in einigen Fällen erhalten Sie eine Auswahl verschiedener Treiber von derselben Diskette).

TIP

Die entsprechenden Treiber finden sich für die meisten Netzwerkadapter meist in einem Verzeichnis NDIS oder NDIS2 auf der Treiberdiskette. Wenn Sie sich nicht sicher sind, welches Verzeichnis Sie wählen sollen, versuchen Sie dasjenige, welches vielversprechender für Sie aussieht. Die Installation wird nicht fortfahren, bevor Sie eine sinnvolle Wahl getroffen haben.

8. Wählen Sie den von Ihnen gewünschten Treiber und drücken Sie [↵]. Das Programm informiert Sie, dass der Treiber Speicher für Netzwerkbuffer reserviert und dass Sie diese Parameter anpassen können, um eine optimale Performance zu erhalten.

9. Wenn Sie möchten, können Sie die Taste C drücken, um Ihre Netzwerkbuffer-Parameter anzupassen. Das Drücken der Eingabetaste setzt die Standardparameter, die für die meisten Installationen ausreicht.

10. Das Programm fragt nach einem Benutzernamen. Geben Sie den LINUX-User-Namen des Hauptbenutzers des Computers ein und drücken ↵.

11. Das Programm zeigt nun eine Zusammenfassung der bisherigen Auswahl an, wie in *Abbildung B.2* dargestellt. Unglücklicherweise sind nicht alle Standardeinstellungen sinnreich, so dass Sie einige von Ihnen ändern müssen.

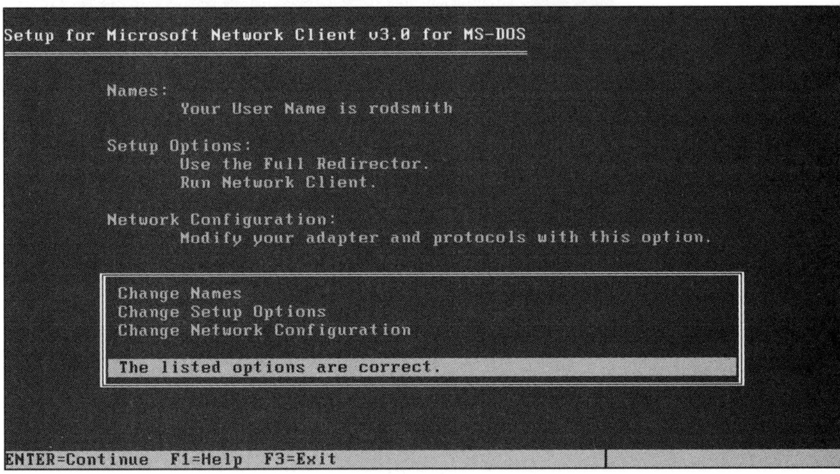

Abbildung B.2: Ändern Sie die Standardeinstellungen aus dem Hauptbildschirm des Microsoft Network Client

12. Verwenden Sie die Taste ↑, um den Eintrag *Change Names* zu ändern, und drücken Sie ↵.

13. Das Installationsprogramm zeigt Nameneinstellungen wie in *Abbildung B.3* dargestellt an. Verwenden Sie die Tasten ↓ und ↑, um den Namen des Computers (*Change Computer Name*), der Arbeitsgruppe (*Change Workgroup Name*) und der Domäne (*Change Domain Name*) zu wählen, und ändern Sie diese Ihren Anforderungen entsprechend ab (Sie müssen jedoch nur den Namen entweder der Arbeitsgruppe oder der Domäne ändern). Wenn Sie hiermit fertig sind, bewegen Sie den Cursor auf die Zeile *The listed names are correct* (dt. *Die aufgeführten Namen sind korrekt*) und drücken ↵. Das Programm kehrt zu dem in *Abbildung B.2* dargestellten Bildschirm zurück.

Abbildung B.3: Damit das Netzwerk korrekt funktioniert, müssen Sie unter Umständen den Namen der Standard-Arbeitsgruppe oder den Domänen-Namen ändern

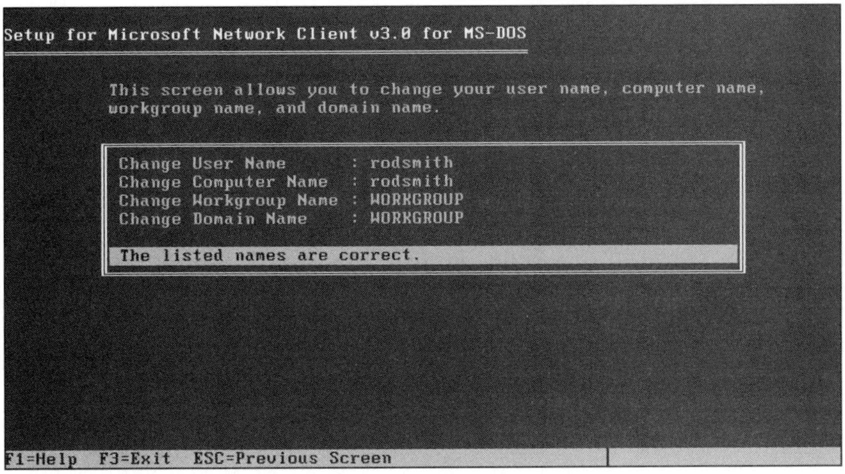

14. Wählen Sie *Change Setup Options* (dt. *Setup.Optionen ändern*). Wenn Sie einen 8088- oder einen 8086-Computer verwenden, müssen Sie eine Änderung von *full redirector* auf *basic redirector* vornehmen. Wenn Sie möchten, dass sich das System bei einer Domäne anmeldet, müssen Sie die Option *logon validation* ändern. Nach Beendigung dieser Einstellungen wählen Sie *The listed options are correct*. Das Programm kehrt zu dem in *Abbildung B.2* dargestellten Bildschirm zurück.
15. Wählen Sie *Change Network Configuration* (dt. *Netzwerk-Konfiguration ändern*). Ein Bildschirm wie in der folgenden Abbildung dargestellt wird geöffnet:

Abbildung B.4: Standardmäßig verwendet der Microsoft Network Client den IPX-Netzwerk-Stack, Samba verwendet jedoch TCP/IP

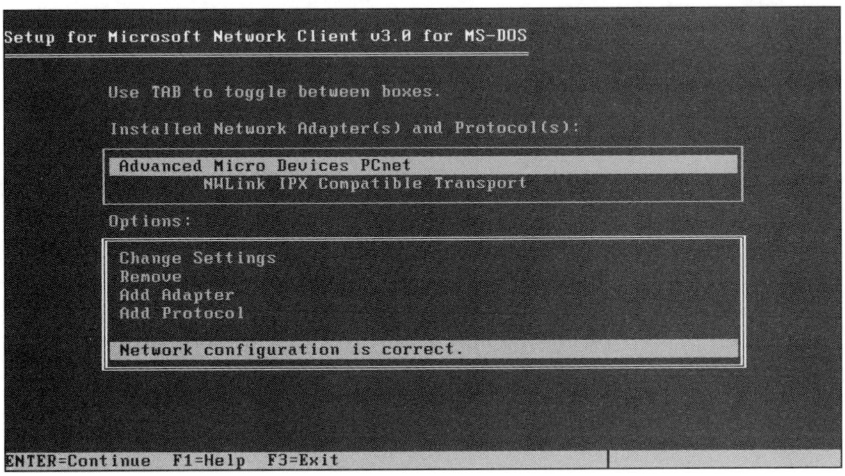

16. Drücken Sie die Taste [↹], um den oberen Kasten zu aktivieren, drücken Sie dann [↓], um den Eintrag *NWLink IPX Compatible Transport* zu wählen (Ihre Konfiguration zeigt den Namen des von Ihnen eingestellten Netzwerkadapters an Stelle von *Advanced Micro Devices PCnet* an).
17. Drücken Sie die Taste [↹], um den unteren Kasten zu aktivieren. Verwenden Sie die Taste [↑], um *Remove* (dt. *entfernen*) zu wählen und drücken Sie [↵]. Das Programm zeigt eine Liste der möglichen Protokoll-Stacks an.
18. Verwenden Sie die Pfeiltasten, um *Microsoft TCP/IP* zu wählen. Drücken Sie [↵] und das Programm kehrt zu dem Bildschirm mit den Netzwerkadaptern und Protokollen zurück (*Abbildung B.4*). Hier sollte nun an Stelle von *NWLink IPX Compatible Transport* der Eintrag *Microsoft TCP/IP* zu finden sein.
19. Stellen Sie sicher, dass der Menüpunkt *Network configuration is correct* gewählt ist und drücken Sie [↵]. Das Programm kehrt zu dem in *Abbildung B.2* dargestellten Bildschirm zurück..
20. Stellen Sie sicher, dass der Menüpunkt *The listed options are correct* gewählt ist und drücken Sie [↵].
21. Das Programm greift nun auf die Diskette zu. Unter Umständen müssen Sie die Diskette mehrmals wechseln.

TIP

Das Installationsprogramm enthält einen Fehler bei der Benennung der Disketten. Wenn es nach der OEM driver disk *fragt und nicht reagiert, wenn Sie die Diskette mit den Netzwerkkarten-Treibern einlegen, legen Sie die* Microsoft Network Client-Diskette 2 *ein.*

22. Nach Beendigung des Programms werden Sie aufgefordert, den Computer neu zu starten. Drücken Sie [↵], um dies zu tun.

An diesem Punkt angelangt ist Ihr Computer mit einem einfachen TCP/IP-Stack und SMB/CIFS-Cllient-Software ausgestattet. Diese Basisversion des TCP/IP-Stacks enthält ausschließlich den SMB/CIFS-Client; Hilfsprogramme wie Telnet oder FTP sind hier nicht enthalten.

HINWEIS

Standardmäßig verwendet der Microsoft Network Client *DHCP zur Erlangung einer IP-Adresse. Wenn Ihr Netzwerk statische IP-Adressen verwendet und über keinen DHCP-Server verfügt, müssen Sie die Datei* `C:\NET\PROTOCOL.INI` *editieren. Suchen Sie die Zeile die mit dem Eintrag* `IPAddress0` *beginnt und geben Sie die IP-Adresse des Computers ein, wobei Sie jedoch Leerzeichen an Stelle von Punkten verwenden müssen. Ändern Sie ebenfalls die Zeile* `DisableDHCP=0` *auf* `DisableDHCP=1`.

Samba von DOS aus nutzen

Nach dem Neustart des Computers können Sie Samba-Shares verwenden, indem Sie den Befehl NET zum Einsatz bringen. Zum Beispiel:

1. Geben Sie ein NET USE N: \\SERVER\SHARE, wobei es sich bei [Num] um die Laufwerkskennung, die Sie dem Share zuweisen möchten, bei SERVER um den NetBIOS-Namen des Servers und bei SHARE um den Namen der Freigabe handelt.
2. DOS fragt, ob es in Ordnung ist, den *workstation service* (den *Arbeitsstationendienst*) zu starten. Antworten Sie mit [Y].
3. Sie werden aufgefordert, den User-Namen (der in Schritt 10 weiter oben angegebene Name ist derjenige, der standardmäßig verwendet wird) und Ihr Passwort einzugeben. Tun Sie dies.

DOS reagiert mit einer Nachricht nach dem Muster *N: connected to \\SERVER\SHARE*. Sie können nun mithilfe normaler DOS-Befehle wie DIR oder COPY Zugriff auf den Server nehmen. Sie können ebenfalls auf dem Server liegende Dateien mit DOS-Programmen wie WordPerfect für DOS bearbeiten.

Der DOS-Befehl NET funktioniert weitestgehend wie der Befehl NET unter Windows 9x. Um mehr über diesen Befehl in Erfahrung zu bringen, geben Sie ein NET /? | MORE. Das Ergebnis ist eine Reihe von Unterbefehlen und von Kurzbeschreibungen. Wenn Sie detailliertere Informationen über einen Unterbefehl erhalten wollen, geben Sie diesen zwischen dem Befehl NET und dem Fragezeichen an, wie in NET USE /? | MORE. Im Folgenden finden Sie einige „Highlights" der zur Verfügung stehenden Unterbefehle:

LOGOFF Dieser Unterbefehl schließt alle SMB/CIFS-Netzwerkverbindungen.

PRINT \\SERVER\NAME Dieser Unterbefehl gibt Informationen über Druckaufträge, die sich auf \\SERVER\SHARE in einer Warteschlange befinden.

TIME [\\TSERVER] [/SET] [/YES] Dieser Unterbefehl zeigt die aktuelle Uhrzeit auf dem Netzwerk-Zeitserver oder auf dem angegebenen \\TSERVER. Wenn /SET verwendet wird, wird die Uhrzeit des Servers dazu benutzt, die Uhrzeit des Clients einzustellen. Die Angabe von /YES bewirkt dieses ohne weitere Abfrage.

USE [N:] [\\SERVER\SHARE] Dieser Unterbefehl verbindet einen Share mit einem lokalen Laufwerkwerksbuchstaben. Sie können ihn auch in Verbindung mit einer Druckerfreigabe verwenden, um diese an eine lokale Pseudo-Druckerschnittstelle zu binden, wie in NET USE PRN: \\SERVER\EPSON, was die Druckerfreigabe EPSON an die lokale Druckerschnittstelle PRN: bindet.

Nach dem Binden eines Share an das DOS-System können Sie diesen fast genauso verwenden, als würde es sich bei ihm um ein lokales Laufwerk oder einen lokalen Drucker handeln. Sie können Dateien und Verzeichnisse kopieren, löschen oder andere Formen des Zugriffs auf diese nehmen und Sie können Dateien drucken. Die Haupteinschränkung ist, dass Sie das entfernte Laufwerk nicht vom Client aus formatieren können.

TIP

Da DOS ein solch kleines Betriebssystem ist, ist es möglich, dieses komplett von einer Diskette zu booten. Geben Sie `SYS A:` *ein, um eine DOS-Bootdiskette zu erhalten, und kopieren Sie modifizierte Versionen Ihrer Dateien* `CONFIG.SYS` *und* `AUTOEXEC.BAT` *zusammen mit den „Herzstücken" des Verzeichnisses* `\NET` *auf die Diskette. Das Ergebnis ist eine bootfähige Diskette, die eine SMB/CIFS-Netzwerkunterstützung einschließt. Diese Diskette kann sehr nützlich in einem Netzwerk älterer Computer sein, die über keine eigene Festplatte verfügen; Sie können an Stelle von Festplatten in diesen Computern einen Samba-Server verwenden.*

Dateinamen-Optionen

Im Zusammenhang mit der Samba-Konfiguration sind Dateinamen-Optionen die Hauptfrage im Umgang mit DOS-Clients. Die Parameter der Datei `smb.conf`, die besonders wichtig für DOS-Clients sind, sind die folgenden:

`case sensitive` In LINUX Dateisystemen wird Klein-/Großschreibung unterschieden, bei DOS jedoch nicht. Daher ist Sambas Standardeinstellung hierfür `No`. Als Resultat hiervon versucht Samba, alle Varianten eines Dateinamens auf Entsprechung zu überprüfen, die sich nur in der Schreibweise unterscheiden. Aus diesem Grunde öffnet Samba alle Varianten eines Dateinamens `MIXED.UP`, `MiXeD.uP`, `mixed.UP` und so weiter. Dieses Verhalten ist für DOS-Clients äußerst wünschenswert. Sie sollten den Parameter also nicht ändern.

`default case` (dt. *Standardschreibweise*) Die Standardeinstellung für diesen Parameter ist `Lower` (dt. im Sinne von *Kleinschreibung*), was normalerweise keine Bedeutung hat, es sei denn der Parameter `preserve case` (s.u.) oder `short preserve case` (s.u.) ist auf `No` gesetzt. Unter DOS ist der Effekt gleich Null. Stattdessen beeinflusst `default case` die Weise, in der unter DOS erstellte Dateien *in LINUX* und für Clients, die *nicht DOS-Clients* sind, erscheinen. Wenn Sie möchten, dass unter DOS erzeugte Dateien ausschließlich in Kleinschreibung (wie zum Beispiel `mixed.up`) erscheinen, ändern Sie diesen Parameter nicht. Wenn Sie es vorziehen, dass unter DOS erzeugte Dateien wie unter DOS erscheinen (wie zum Beispiel `MIXED.UP`), setzen Sie den Parameter auf `Upper` (dt. im Sinne von *Großschreibung*).

`preserve case` Wenn dieser Parameter auf `No` gesetzt ist, wird die Schreibweise aller durch Clients erzeugten Dateien in diejenige Schreibweise geändert, die durch `default case` spezifiziert wurde. Die meisten DOS-Programme erzeugen Dateien ausschließlich in Großschreibung, so dass alle Dateien in Großschreibung unter Samba angezeigt werden, wenn die Standardeinstellung nicht geändert wurde; die explizite Angabe dieses Parameters lautet `preserve case = Yes`.

`short preserve case` Die Verwendung dieses Parameters erlaubt es, die Schreibweise langer Dateinamen beizubehalten und kurze Dateinamen in die durch `default case` spezifizierte Schreibweise zu setzen. Dies könnte ein geeigneter Kompromiss in einer gemischten Netzwerkumgebung sein, in der sowohl DOS- als auch Nicht-DOS-Clients gemeinsam einen Server nutzen.

`mangled names` Der Standardwert für diesen Parameter ist `Yes`, was bewirkt, dass Samba DOS-Clients Dateinamen bietet, die der 8+3-Konvention entsprechen, selbst wenn der originale Dateiname länger sein sollte. Wenn in Ihrem Netzwerk sowohl DOS-Clients als auch Nicht-DOS-Clients vorhanden sein sollten oder wenn User Dateien in einem Share auf Shell-Account-Ebene unter LINUX anlegen können, sollten Sie diesen Parameter unberührt lassen. Sie können ihn auf `No` setzen, wenn sich ausschließlich DOS-Clients in Ihrem Netzwerk befinden, obwohl dies kaum Vorteile bringt. Wenn Sie dazu in der Lage sein wollen, auf einfache Weise Dateien vor DOS-Clients zu verstecken, indem Sie lange Dateinamen verwenden, können Sie diesen Parameter auf `No` setzen. Wenn Sie `mangled names = Yes` setzen, führt dies nicht zu abgeschnittenen Dateinamen für Nicht-DOS-Clients; stattdessen bietet Samba *zwei* Dateinamen für Dateien mit langen Namen.

`mangle case` Der Standardwert für diesen Parameter lautet `No`, was bedeutet, dass Samba Dateinamen für die Clients in ihrer ursprünglichen Schreibweise bietet, selbst wenn diese in einer Mischung aus Klein-/Großschreibung vorliegen. Wenn dieser Parameter auf Yes gesetzt wird, wendet Samba seine Regeln zur Dateinamensanpassung für kurze Dateinamen, die gemischt geschrieben vorliegen, an. Das Resultat kann manchmal recht eigentümlich sein. Die Datei `MiXEd.Up` kann beispielsweise in `MIXED~AJ.UP` geändert werden. Wenn dieser Parameter auf `No` gelassen wird, führt dies in den seltensten Fällen zu Problemen für DOS-Clients; viele Versionen von DOS nehmen in der Tat selbstständig eine Dateinamenskonversion vor, so dass gemischt geschriebene Dateinamen durchgehend in Großschreibung in Dateilisten erscheinen.

`mangled map` Sambas Regeln für die Anpassung von Dateinamen sind sehr nützlich, führen jedoch manchmal zu unerwünschten Ergebnissen. So passt Samba unter Umständen den Dateinamen `kurz.html` als `KURZ~RH.HTM` an. Obwohl der erste Teil des Dateinamens weniger als acht Zeichen lang ist, verursacht die Erweiterung `.html`, dass Samba den Dateinamen „anpasst“ (*Anm. d. Übers.*: An dieser Stelle ist eine wörtlichere Übersetzung von *to mangle* als *verstümmeln* oder *verunstalten* nicht ganz unangebracht...). Sie können den Parameter `mangled map` verwenden, um dieses Problem in den Griff zu bekommen, wenn Sie regelmäßig Dateien mit längeren Erweiterungen oder mit anderen Regelmäßigkeiten in Dateinamen verwenden, die Sie anders behandelt wissen möchten. Dieser Parameter nimmt eine Serie geklammerter Paare entgegen, wie zum Beispiel:

```
mangled map = (*.html .htm) (.jpeg *.jpg)
```

Dies konvertiert Dateinamen, die mit `.html` enden in deren Entsprechung mit der Erweiterung `.htm`; dasselbe geschieht mit `.jpeg` zu `.jpg`. Wenn dieser Parameter wie hier beschrieben verwendet wird, erscheint die Datei `kurz.html` für DOS-Clients als `KURZ.HTM`.

`mangled stack` Samba puffert zuvor angepasste Dateinamen, um den Zugriff zu beschleunigen und die Wahrscheinlichkeit zu verbessern, dass eine Anfrage zum Öffnen einer Datei die korrekte Datei zurückerhält. Standardmäßig ist dieser *Stack* (dt. *Stapel* oder *Pufferspeicher*) auf `50` gesetzt, was Sie jedoch mit der Option `mangled stack` ändern können. In einem Netzwerk, in dem überwiegend DOS-Clients bedient werden, möchten Sie diesen Wert vielleicht erhöhen. Wenn Sie dies tun, kann dies jedoch in einem Netzwerk, in dem überwiegend Clients bedient werden, die nicht unter DOS laufen, zu Geschwindigkeitsbeeinträchtigungen beim Zugriff kommen.

WARNUNG

Client-Programme speichern manchmal Dateien, indem Sie das Original verschieben und an dessen Stelle eine neue Datei erzeugen. Dieses Verfahren erlaubt es Programmen, eine Sicherungskopie der Datei zu erhalten, und schützt vor Stromausfällen, Systemabstürzen und ähnlichen Problemen, die während eines Speichervorgangs auftreten können. Wenn eine Namensanpassung ins Spiel kommt, wird die neue Datei den angepassten Dateinamen selbst für Clients, die nicht unter DOS laufen, bieten. Zum Beispiel: Ein Windows-User erzeugt eine Datei `kurz.html`*, die für DOS als* `KURZ.HTM` *sichtbar sein wird. Wenn ein DOS-Anwender die Datei editiert, wird diese selbst für Windows-Clients in Zukunft als* `KURZ.HTM` *erscheinen. Nicht alle Programme arbeiten jedoch auf diese Weise; wenn Sie mit Problemen dieser Art konfrontiert werden, versuchen Sie, einen anderen Editor zu verwenden.*

Im Großen und Ganzen sind Sambas Standardeinstellungen für den Umgang mit Dateinamen sowohl für DOS-Clients als auch für Clients, die nicht unter DOS laufen, angemessen. Wenn Ihr Netzwerk jedoch überwiegend über DOS-Clients verfügt, möchten Sie eventuell den Parameter `short preserve case = No` und `mangled stack = 200` setzen. Die Verwendung des Parameters `mangled stack` kann ebenfalls in heterogenen Netzwerkumgebungen Sinn machen.

Samba und Windows 3.11

Windows 3.11 und frühere Versionen waren technisch gesehen keine Betriebssysteme. Stattdessen handelt es sich bei ihnen um grafische Benutzerumgebungen, die auf DOS aufsetzen. Daher können Windows 3.11 und frühere Versionen Samba auf dieselbe Weise verwenden, wenn Sie DOS für die Benutzung eines Samba-Servers konfigurieren, wie gerade beschrieben. Der Windows-Dateimanager kann dazu verwendet werden, Shares zu browsen, Dateien zu kopieren, und so weiter. Das Problem dieses Ansatzes ist es, dass er auf darunter liegenden DOS-Befehlen aufbaut, statt auf der Windows-GUI-Umgebung, um die Verbindung herzustellen. Viele Benutzer ziehen es vor, eine GUI-Umgebung für die Eingabe von Passwörtern zu verwenden.

HINWEIS

Microsoft vermarktete eine Version von Windows 3.11, die SMB/CIFS-Netzwerkfunktionalitäten in die Windows-Umgebung integrierte. Diese war unter dem Namen Windows for Workgroups *bekannt. Die hier zur Verfügung stehenden Leistungsmerkmale sind ähnlichen denen des* Microsoft Network Client *für DOS, verwendet aber GUI-basierte Tools für die Konfiguration und die Eingabe kritischer Informationen wie User-Namen und Passwörter. Um* Windows for Workgroups *mit Samba nutzen zu können, müssen Sie den frei erhältlichen TCP/IP-Stack für dieses System herunterladen und installieren. (*`ftp://ftp.microsoft.com/bussys/Clients/WFW/TCP32B.exe`*).* Windows for Workgroups *ist nicht länger als eigenständiges neues Produkt erhältlich, sondern wurde durch* Windows 95 *ersetzt, welches wiederum selber in der Zwischenzeit durch aktuellere Versionen von Windows ersetzt wurde. Da Windows 9x erhebliche Verbesserungen bezüglich der Benutzerschnittstelle und der Netzwerkfähigkeit erfahren hat, sollten Sie wenn möglich* Windows 9x *statt* Windows for Workgroups 3.11 *verwenden.*

Ob Sie Zugriff auf Samba-Shares durch Windows mit DOS, unter dem der *Windows Network Client* läuft, oder durch *Windows for Workgroups* nehmen: Windows 3.11 und frühere Versionen leiden alle unter denselben Einschränkungen bezüglich der Vergabe von Dateinamen wie DOS. Aus diesem Grund sollten Sie Ihren Samba-Server so konfigurieren, als sei er für DOS-Clients.

Samba und OS/2

OS/2 Warp 4.0 enthält wie alle aktuell ausgelieferten Windows-Versionen, eine Unterstützung für SMB/CIFS. Sie können daher Samba dazu verwenden, ein Netzwerk mit OS/2-Computern zu bedienen oder ein Netzwerk, in dem OS/2-Rechner neben anderen Clients zu finden sind. Wie alle Betriebssysteme verfügt OS/2 über einige Eigenarten, die Sie beachten sollten, wenn Sie Samba für OS/2-Clients konfigurieren.

OS/2 für SMB/CIFS konfigurieren

OS/2 Warp 4.0 wird mit SMB/CIFS-Unterstützung ausgeliefert, ist aber so installiert, dass es nicht mit Samba zusammenarbeitet, da OS/2 standardmäßig NetBEUI statt NetBIOS verwendet. Aus diesem Grunde müssen Sie geringfügige Konfigurationsänderungen an Ihrer OS/2-Installation vornehmen, um dieses mit Samba nutzen zu können. Die folgende Beschreibung geht davon aus, dass Sie OS/2 Warp 4.0 und seine Netzwerk-Tools installiert haben und dass die grundlegende Netzwerkunterstützung funktioniert (dass Sie beispielsweise andere Computer von OS/2 aus anpingen können).

HINWEIS

OS/2 Warp 3.0 *und frühere Versionen enthielten nicht die notwendige SMB/CIFS-Software, die jedoch bei Microsoft unter der Adresse* `ftp://ftp.microsoft.com/busses/Clients/lanman.os2` *erhältlich ist. Laden Sie alle vier Dateien aus diesem Verzeichnis herunter und installieren diese. Detaillierte Informationen für den Gebrauch dieses Pakets finden Sie unter* `http://huizen.dds.nl/~jacco2/samba/lanman.html`.

Um OS/2 dahingehend zu konfigurieren, SMB/CIFS über TCP/IP zu nutzen, führen Sie folgende Schritte aus:

1. Öffnen Sie den Ordner *System Setup*.
2. Doppelklicken Sie das Icon *MPTS Network Adapters and Protocol Services*. Es wird kurz ein Logo angezeigt und dann der Dialog *Multi-Protocol Transport Services* geöffnet (ein einfacher Dialog, der es Ihnen erlaubt, Adapter und Protokolle zu konfigurieren, zu installieren oder zu entfernen).
3. Klicken Sie die Schaltfläche *Configure*, um den in *Abbildung B.5* dargestellten Dialog *Configure* zu öffnen.

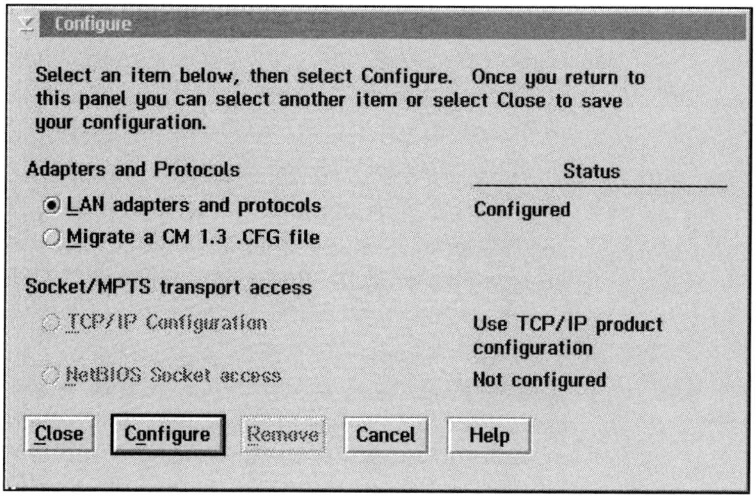

Abbildung B.5: Der Dialog *Configure* ermöglicht die Auswahl von MPTS-Optionen

4. Stellen Sie sicher, dass die Option *LAN Adapters and Protocols* ausgewählt ist und klicken Sie *Configure*. Das MPTS-Utility öffnet den Dialog *Adapter and Protocol Configuration* (*Abbildung B.6*).

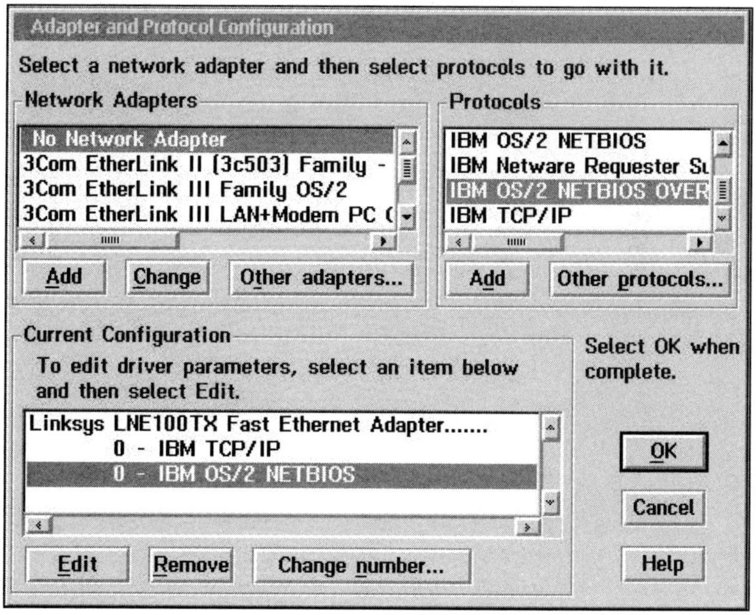

Abbildung B.6: Ändern Sie die Einstellungen für Ihren Netzwerkadapter und die verwendeten Protokolle im Dialog *Adapter and Protocol Configuration*

5. Wählen Sie unter *Current Configuration* den Eintrag *IBM OS/2 NETBIOS* und klicken Sie *Remove*.

6. Klicken Sie im Dialog *Remove Protocol Driver* die Schaltfläche *Yes*. Das Protokoll *IBM OS/2 NETBIOS* verschwindet aus der Liste der aktuell konfigurierten Protokolle.
7. Wählen Sie in der Sektion *Protocols* den Eintrag *IBM OS/2 NETBIOS OVER TCP/IP* (siehe *Abbildung B.6*).
8. Klicken Sie *Add*. Das MPTS-Utility fügt das Protokoll der Liste der aktuell konfigurierten Protokolle hinzu. Diese enthält nun sowohl den Eintrag *IBM TCP/IP* als auch *IBM OS/2 NETBIOS OVER TCP/IP* unter dem Namen des von Ihnen verwendeten Netzwerkadapters.
9. Einige der NetBIOS-Parameter können angepasst werden, was Ihnen empfohlen sei, wenn Sie über einen NBNS-Server in Ihrem Netzwerk verfügen (wenn Sie dies nicht wollen, fahren Sie mit Schritt 18 fort). Um diese Anpassungen an dieser Stelle vorzunehmen, wählen Sie *IBM OS/2 NETBIOS OVER TCP/IP* und klicken *Edit*. Das MPTS-Utility öffnet den Dialog *NetBIOS Over TCP/IP*, in dem eine Liste mit drei Einstellungstypen, die angepasst werden können, angezeigt wird.
10. Wählen Sie *Driver parameters* und klicken *Configure*. Der in *Abbildung B.7* dargestellte Dialog *Parameters for IBM OS/2 NetBIOS Over TCP/IP* wird geöffnet.

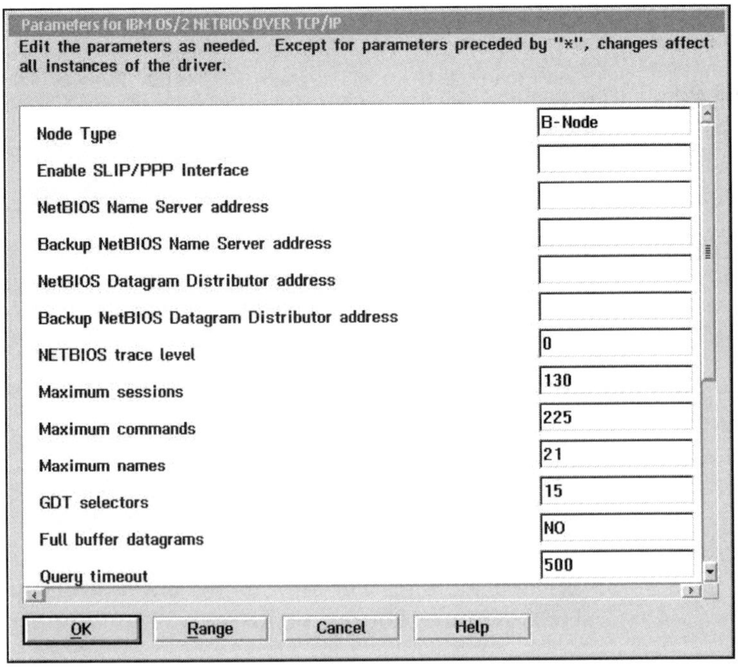

Abbildung B.7: Die SMB/CIFS-Operationen von OS/2 können detailliert angepasst werden

11. Folgende NetBIOS-Parameter werden vermutlich von Ihnen angepasst werden wollen:

    - *Node Type*. Sie können den Knotentyp (in *Kapitel 9: Samba als NBNS-Server* im Abschnitt *Festlegen des Knotentyps* beschrieben) auf *B-Node*, *P-Node* oder *H-Node* setzen. Wenn in Ihrem Netzwerk ein NBNS-Server vorhanden ist, sollten Sie den Typ *H-Node* verwenden.
    - *NetBIOS Name Server Address*. Geben Sie den Namen oder die IP-Adresse des NetBIOS-Nameservers ein.

12. Klicken Sie im Dialog *Parameters for IBM OS/2 NetBIOS Over TCP/IP* die Schaltfläche *OK*. Sie sollten wieder den Dialog *NetBIOS Over TCP/IP* sehen.
13. Wählen Sie *Names List* und klicken *Configure*, um eine Zuordnung von NetBIOS-Namen zu IP-Adressen vorzunehmen (OS/2s Entsprechung der Datei `lmhosts`). Das MPTS-Utility öffnet den Dialog *Names List* (Siehe *Abbildung B.8*).
14. Klicken Sie *Add*, um ein Maschinennamen-/IP-Adress-Mapping hinzuzufügen. Ein Dialog mit einem Eingabefeld für den Namen und einem anderen für die IP-Adresse wird geöffnet.
15. Geben Sie den Namen und die IP-Adresse ein und klicken OK. Das Paar wird der Liste im Dialog *Names List* hinzugefügt.

Abbildung B.8: OS/2 bietet einen Dialog für die Änderung seiner Enstprechung der Datei `lmhosts`

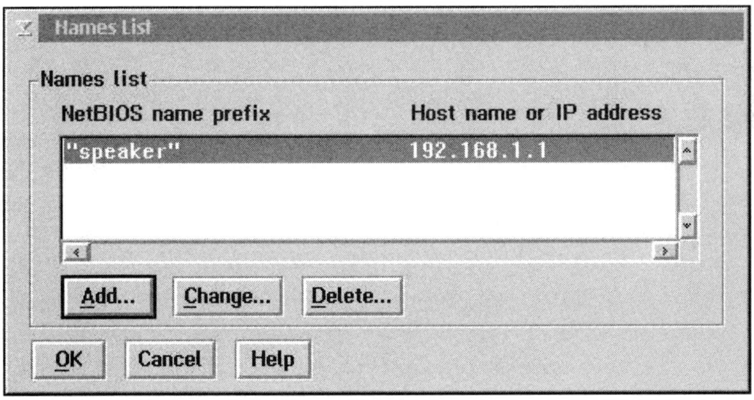

16. Wiederholen Sie die Schritte 14 und 15 für alle Computer, die Sie hinzufügen wollen.
17. Klicken Sie im Dialog *Names List* die Schaltfläche *OK* und dann im Dialog *NetBIOS Over TCP/IP* die Schaltfläche *Close*.
18. Klicken Sie *OK* im Dialog *Adapter and Protocol Configurtaion* (siehe *Abbildung B.6*), dann *Close* im Dialog *Configure* und dann *Exit* im

Dialog *Multi-Protocol Transport Services*. OS/2 stellt unter Umständen eine Sicherheitsabfrage, ob die Datei `CONFIG.SYS` geändert werden soll, und fragt gegebenenfalls nach der Installations-CD.

19. MPTS informiert Sie, dass Sie Ihren Computer neu starten müssen, damit die Änderungen wirksam werden. Tun Sie dies.

Nach dem Neustart sollte Ihr OS/2-System für den Gebrauch von NetBIOS über TCP/IP konfiguriert sein. Wenn Sie keinen entsprechenden Eintrag in Ihrem Ordner *Startup* vornehmen, startet OS/2 das NetBIOS-basierte Netzwerk jedoch nicht automatisch, so dass Sie dies manuell tun müssen, wie im nächsten Abschnitt beschrieben.

HINWEIS

Normalerweise geben Sie den NetBIOS-Namen des Computers und den Namen der Workgroup oder Domain bei der Grundinstallation der Netzwerkkomponenten an. Wenn Sie Änderungen für diese vornehmen müssen, können Sie dies in der Datei `\IBMLAN\IBMLAN.INI` *auf dem Boot-Laufwerk tun. Durchsuchen Sie diese Dateien nach Zeilen, die mit den Einträgen* Computername *und* Domain *beginnen. Ändern Sie die Einträge, die sich hinter den Gleichheitszeichen befinden entsprechend der von Ihnen gewünschten Werte für den NetBIOS-Namen und die Workgroup oder Domain.*

Samba-Shares von OS/2 aus nutzen

Die SMB/CIFS-Netzwerkfunktionen von OS/2 ähneln stark denjenigen von Windows, wobei sich jedoch viele Details unterscheiden. Um Netzwerkressourcen von OS/2 aus zu nutzen, führen Sie folgende Schritte aus:

1. Öffnen Sie das Icon *Connections* auf dem OS/2-Desktop.
2. Klicken Sie das Icon *Logons* im Dialog *Connections*. Eine Auswahl verschiedener Login-Programme steht zur Verfügung.
3. Doppelklicken Sie das Icon *File and Printer Client Workstation Logon*, um sich bei einer *Workgoup* anzumelden, oder das Icon *LAN Server Logon*, um sich bei einer Domain anzumelden. OS/2 öffnet den in *Abbildung B.9* dargestellten Dialog *LAN Logon* (wenn Sie sich bei einer Workgroup anmelden, wird das Feld *Domain Name* nicht angezeigt).

TIP

Sie können eine Verknüpfung mit dem File and Print Client Workstation Logon *oder dem* LAN Server Logon *im Ordner* Startup *erstellen, um den Anmeldevorgang bei einem Neustart des Computers automatisch aufzurufen.*

Abbildung B.9: Der Login-Dialog von OS/2 konvertiert Benutzernamen in Großbuchstaben

4. Geben Sie Ihren User-Namen und Ihr Passwort ein und klicken Sie OK. Nach einigen Sekunden Wartezeit gibt OS/2 die Meldung *Logon was successful* aus. Im Falle einer Domain-Anmeldung kann auch eine Fehlermeldung ausgegeben werden, dass OS/2 Ihr Heimatverzeichnis nicht einrichten konnte, was Sie aber ignorieren können.
5. Expandieren oder Doppelklicken Sie das Icon *File and Print Client Resource Brwoser* im Fenster *Connections*, um die innerhalb des Netzwerks zur Verfügung stehenden Computer anzeigen zu lassen.

HINWEIS

Es kann eine Zeitverzögerung zwischen der Anmeldung beim Netzwerk und dem ersten Erscheinen von Servern in der Browsing-Liste von OS/2 auftreten. Wenn Sie nicht alle Server sofort sehen können, warten Sie ein oder zwei Minuten. Wenn Sie die Server dann immer noch nicht sehen können, lesen Sie den Abschnitt Besonderheiten von OS/2 mit SMB/CIFS.

Nachdem Sie sich im Netzwerk angemeldet haben, können Sie Netzwerkressourcen fast genauso nutzen, wie lokale Ressourcen. Dateifreigaben sind einfach zu nutzen; Sie können diese einfach vom Icon *Connections* aus erreichen, so wie Sie Shares in der *Netzwerkumgebung* von Windows browsen können. Sie können auch den Befehl `NET` verwenden, der wie der Befehl NET unter DOS oder Windows funktioniert. Zum Beispiel: `NET USE N: //SERVER/SHARE` mountet den angegebenen Share auf den Laufwerksbuchstaben `N:` unter OS/2.

Druckerfreigaben

Die Nutzung von Druckerfreigaben ist nicht ganz so einfach wie die von Dateifreigaben. Dies liegt zum Teil daran, dass OS/2 die Verwendung von Druckertreibern verlangt und zum Teil an Inkompatibilitäten zwischen der SMB/CIFS-Implementation für Samba und für OS/2. Um einen durch Samba freigegebenen Drucker von einem OS/2-Client aus nutzen zu können, führen sie folgende Schritte aus:

1. Erstellen Sie eine Stapeldatei (*Batch*-Datei), mit deren Hilfe Sie einen entfernten Drucker an eine lokale Schnittstelle binden, so wie `LPT1:` oder `COM4:`. Stellen Sie sicher, dass Sie eine Schnittstelle angeben, die nicht lokal verwendet wird. Nennen Sie diese Batch-Datei `LNKPRINT.CMD` oder ähnlich. Sie sollte eine Zeile ähnlich der folgenden enthalten:

```
NET USE LPT1: //SERVER/DRUCKER
```

2. Rufen Sie die Batch-Datei auf.
3. Öffnen Sie den Ordner *Templates* im Systemordner. Finden Sie die WPS-Vorlage mit dem Namen *Printer*.
4. Klicken Sie die Druckervorlage mit der rechten Maustaste an und ziehen Sie sie auf den WSP-Desktop. Wenn Sie das Icon loslassen, öffnet OS/2 den in *Abbildung B.10* dargestellten Dialog *Create a Printer*.

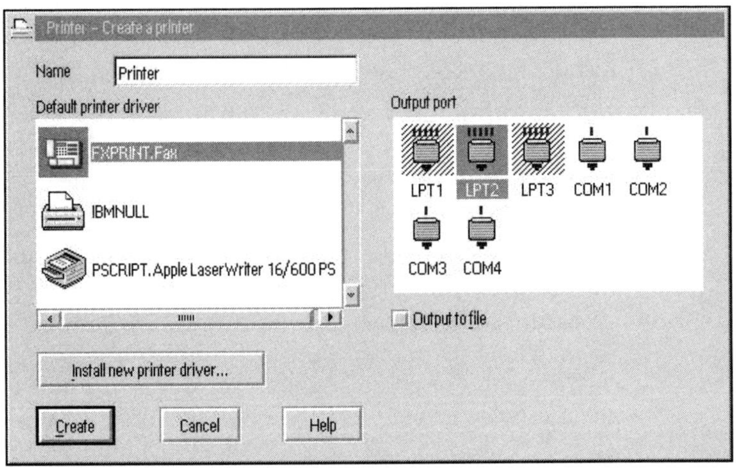

Abbildung B.10: Das Einrichten von OS/2-Druckern erfolgt im Dialog *Create a Printer*

5. Fahren Sie mit Schritt 7 fort, wenn sich Ihr Drucker bereits in der Liste der Standarddrucker befindet. Wenn Sie keinen entsprechenden Drucker finden können, klicken Sie *Install New Printer Driver*. OS/2 zeigt eine Liste mit den auf der Installations-CD enthaltenen Druckertreibern an.
6. Suchen Sie einen entsprechenden Drucker aus der Liste aus. Wenn Sie über einen Treiber vom Druckerhersteller verfügen, klicken Sie *Other OS/2 Printer Driver* und geben Sie den Pfad zu den Treibern im Feld *Directory* ein. Nach dem Lokalisieren des von Ihnen gewünschten Treibers klicken Sie *Install*. Unter Umständen verlangt OS/2 nach der Installations-CD und installiert dann die Treiber.

Wenn Sie eine Warteschlange für einen Drucker einrichten, der über Ghostscript angesteuert wird, verwenden Sie den Treiber des Apple LaserWriter 16/600 PS, *der mit den meisten monochromen Druckern gute Ergebnisse hervorbringt.*

7. Wählen Sie den von Ihnen gewünschten Treiber im Feld *Default Printer Driver* (*Abbildung B.10*) aus. Wählen Sie die Schnittstelle, die Sie in dem in Schritt 1 erstellten Skript verwendet haben, im Bereich *Output Port* aus.
8. Wenn gewünscht, ändern Sie den Namen des Druckers im Feld *Name* im oberen Bereich des Dialogs. Unter diesem Namen wird der Drucker von OS/2-Programmen aus ansprechbar sein.

OS/2 erzeugt nun ein neues WPS-Objekt für die Druckerwarteschlange. Sie können Dateien auf dieses Objekt ziehen, um sie zu drucken; die Warteschlange erscheint ebenfalls in der Druckerliste von OS/2-Programmen. Sie können die Warteschlange ebenfalls von DOS- oder Windows-Programmen aus nutzen, indem Sie die entsprechende Druckerschnittstelle verwenden (Sie müssen jedoch Windows-Druckertreiber installieren, wenn Sie von Windows-Programmen unter OS/2 aus drucken wollen).

Das vorausgegangene Verfahren für die Nutzung von Druckerfrei-Samba und OS/2gaben hat jedoch unglücklicherweise einige Nachteile:

- Sie können nur so viele Druckerobjekte erzeugen, wie im Dialog *Create a Printer* Ziele zur Verfügung stehen – normalerweise sieben.
- Sie müssen daran denken, das in Schritt 1 erzeugte Skript vor dem Ausdrucken aufzurufen.

Glücklicherweise gibt es für die zweite Anforderung einen Workaround. Sie können dem Skript für die Druckerverbindung *am Anfang* einen Aufruf des Tools für die Netzwerkanmeldung hinzufügen. Normalerweise findet sich das Tool für die Netzwerkanmeldung als `X:\MUGLIB\LOGON.EXE`, wobei X: das Bootlaufwerk ist. Fügen Sie den Parameter `/v:local` für eine Anmeldung bei einer Workgroup oder `/v:domain` für eine Anmeldung bei einer Domain hinzu. Starten Sie Ihre Netzwerkdienste mithilfe Ihres modifizierten Initialisierungsskripts. Dieses könnte nun wie folgt aussehen:

```
C:\MUGLIB\LOGON /v:domain /d
NET USE LPT1: //PSERVER/EPSON
```

Theoretisch können Sie eine Verbindung zu einem Drucker herstellen, ohne eine lokale Schnittstelle zu verwenden, indem Sie die Vorlage *Network Printer* statt der Vorlage *Printer* verwenden. Unglücklicherweise ist dieser Vorgang jedoch fehlerbehaftet – er verursacht Fehler vom Typ

SYS0234, wenn er in Verbindung mit Samba-Servern verwendet wird, was zu unbrauchbaren Druckerwarteschlangen führt. Es ist möglich, dass zukünftige Versionen von Samba diesen Fehler umgehen werden, oder ein zukünftiges OS/2-Fixpack oder eine aktualisierte Version von OS/2 wird das Problem beheben. In der Zwischenzeit: Das Drucken über umgeleitete lokale Schnittstellen funktioniert und hat den Vorteil, dass dieses Verfahren sowohl von DOS-, Windows- als auch OS/2-Programmen aus genutzt werden kann.

Besonderheiten von OS/2 mit SMB/CIFS

OS/2 hat, wie die meisten Betriebssysteme, einige Besonderheiten im Zusammenhang mit SMB/CIFS-basierten Netzwerken. Es ist wichtig, dass Sie diese verstehen, wenn Sie Samba konfigurieren und OS/2-Clients verwenden. Obwohl die Standard-Konfigurationsoptionen von Samba gut mit OS/2 funktionieren, sollten Sie wissen, welche Optionen Sie *nicht* ändern sollten, und Ihre User sollten wissen, was von Samba-Shares in OS/2 zu erwarten ist.

Dateinamen und EAs in OS/2 verwenden

OS/2 „versteht" lange Dateinamen in gemischter Klein-/Großschreibung. Es behandelt diese Dateinamen auf eine schreibweisenerhaltende (*case retentive*) Weise, so wie Windows 9x und Windows NT/2000 dies auch tun. Dies bedeutet, OS/2 zeigt Dateien in Klein- und Großbuchstaben an und erhält auch diese Schreibweise, aber in Bezug auf Namensbildung werden diese als gleich betrachtet. OS/2 verwendet lange Dateinamen normalerweise nur auf *High-Performance Filesystem*-Partitionen (*HPFS*) und für solche, für die Dateisystemtreiber durch Drittanbieter zur Verfügung stehen. Aus diesem Grund wird, wenn sich auf einer OS/2-HPFS-Partition eine Datei MiXEd.Up befindet, diese von OS/2 geöffnet, egal ob Sie diesen Namen als MiXEd.Up, mixED.uP oder in jeder anderen beliebigen Schreibweise eingeben. Samba emuliert dieses Verhalten mit seinen Standardeinstellungen. Einige wenige OS/2-Programme konvertieren die Schreibweise von Dateinamen komplett in Groß- oder in Kleinbuchstaben. Aus diesem Grund ist es wichtig, dass Sie den Samba-Parameter case-sensitive unverändert auf seinem Standardwert No lassen.

OS/2 enthält einen exzellenten DOS-Emulationssupport und ist ebenfalls dazu in der Lage, 16-Bit-Windows-Programme laufen zu lassen, indem es Windows 3.1 auf dieses DOS aufsetzt. Wenn diese auf einer HPFS-Partition laufen, „sehen" DOS- und Windows-Programme nur diejenigen Dateien, die der 8+3-Namenskonvention entsprechen. Dies liegt daran, dass HPFS keine Unterstützung zur Abspeicherung 8+3-fähiger Dateinamen als Enstprechung für lange Dateinamen kennt; OS/2 generiert auch nicht dynamisch 8+3-Dateinamen. Aus diesem Grund erstellen OS/2-Benutzer häufig selbst auf HPFS-Partitionen nur Dateien mit kurzen Namen, so dass auch DOS- und Windows-Programme Zugriff auf diese Dateien nehmen können. Samba-Shares beinhalten jedoch dynamisch generierte kurze Dateinamen und OS/2 macht diese Dateinamen seinen DOS- und Windows-Subsystemen verfügbar. Aus diesem Grund können OS/2-User mithilfe von OS/2-Programmen lange Dateinamen auf Samba-Shares erzeugen, auf die dennoch von DOS- und Windows-Programmen, die unter OS/2 laufen, zugegriffen werden kann, indem sie die von Samba erzeugten kurzen Dateinamen verwenden. Diese Praxis hat jedoch auch ihre Nachteile. Das DOS- oder Windows-Programm könnte einen Dateinamen dauerhaft in seiner verstümmelten Form abspeichern. Ebenfalls ist es nicht immer eindeutig, welcher kurze Dateiname mit welchem langen Dateinamen korrespondiert. Diese Nachteile sind dieselben wie diejenigen, die man unter Windows hat, wenn man 32-Bit-Programme zusammen mit DOS-Programmen einsetzt. Trotz allem: Die Tatsache, dass DOS- und Windows-Programme, die unter OS/2 laufen, Dateien erkennen, die ursprünglich lange Dateinamen besaßen, kann ein Segen für OS/2-Anwender sein, die es gewohnt sind, mit HPFS zu arbeiten.

Eine Besonderheit von OS/2 ist, dass es *erweiterte Attribute* (Extended Attributes, kurz EAs) verwendet, um bestimmte Informationen zu speichern. OS/2 speichert Programm-Icons, Informationen darüber, wo die Icons liegen, erweiterte Zeitstempel-Informationen und Ähnliches in so genannten EAs. HPFS enthält nativen Support für EAs und OS/2 speichert EAs in einer speziellen Datei auf FAT-Partitionen ab. Unglücklicherweise unterstützt SMB/CIFS solche EAs nicht, so dass OS/2-Dateien, die auf Samba-Servern gespeichert werden, EAs vermissen lassen. Für die meisten Applikationen ist dies kein größeres Problem, für einige schon. Wenn Sie einen Samba-Server verwenden, um Grafiken mit angepassten daumennagelgroßen Icons zu speichern, verlieren Sie diese angepassten Icons, die als EAs auftreten.

OS/2 erzeugt eine spezielle Datei mit dem Namen `WP ROOT. SF` im Wurzelverzeichnis jedes Laufwerks. Diese Datei speichert Informationen über den bevorzugten Anzeigemodus für ein Laufwerk und ähnliche Informationen (ähnlich wie EAs für Verzeichnisse). Sie werden feststellen, dass diese Datei in jedem Samba-Share mit Schreibzugriff auftaucht, nachdem ein OS/2-System auf diesen zugegriffen hat. Verwenden Sie den Samba-Parameter `hide files`, um diese Datei gegebenenfalls zu verstecken (OS/2 kann weiterhin auf sie zugreifen, auch wenn sie versteckt ist).

Browsing

Wie in *Kapitel 11: Lokales und geroutetes Browsen* dargestellt, findet sich in NetBIOS-Netzwerken normalerweise ein Masterbrowser-Computer, der überprüft, welche anderen Systeme sich noch im Netzwerk befinden, um Browsing zu ermöglichen. Wenn ein Client eine Browsing-Liste anzeigen muss, kontaktiert er den Masterbrowser. OS/2 arbeitet jedoch nicht genau nach dieser Methode. Stattdessen verlässt es sich darauf, dass jeder Server regelmäßig ein *LAN Manager Announce-* (*LM Announce-*, ein „Ankündigungs-") Paket sendet (typischerweise einmal die Minute). Jeder OS/2-Client fügt hiermit seine eigene Browse-Liste zusammen und entfernt Computer aus dieser Liste, wenn diese aufhören, LM Announce-Pakete zu versenden. Dieser Ansatz ist in mancherlei Hinsicht einfacher als der, einen Masterbrowser zu verwenden, generiert jedoch eine Menge grundlegend unnötigen Netzwerkverkehrs, was zu Problemen in großen Netzwerken führen kann.

Sambas Parameter `lm announce` und `lm interval` (die Sie in *Kapitel 11: Lokales und geroutetes Browsen* beschrieben finden) wurden entwickelt, um den Anspruch von OS/2, LM Announce-Nachrichten von Servern zu erhalten, entgegenzukommen. Die Standardwerte sind `lm announce = Auto` und `lm interval = 60`, welche für die meisten Netzwerke ausreichend sind. Samba versendet LM Announce-Pakete nur dann, wenn es auch welche im Netz findet, was der Fall ist, wenn sich OS/2-Clients im Netzwerk befinden. Sie können Samba dazu zwingen, LM Announce-Pakete zu senden, indem Sie `lm announce = Yes` setzen, was jedoch in einem Netzwerk ohne OS/2-Clients nicht viel Sinn machen würde. Sie sollten *nicht* `lm announce = No` setzen, wenn Sie möchten, dass Ihre OS/2-Clients Ihren Samba-Server in ihrem Fenster *Connections* sehen können.

Samba und BeOS

Eines der neueren wichtigen Betriebssysteme ist BeOS, welches sowohl für Intel x86- als auch für Motorola PowerPC- (PPC) Computer zur Verfügung steht. Version 5.0 dieses Betriebssystems steht in einer beschränkten (jedoch freien) Version unter `http://www.be.com` zum Download zur Verfügung und kann auch als „Professional Edition" auf CD-ROM bezogen werden. Letztere enthält SMB/CIFS-Client und -Server-Software mit dem Namen *World O' Networking* (*WON*), welche jedoch nicht standardmäßig installiert wird. Sie können WON ebenfalls unter der Adresse `ftp://ftp.be.com/pub/experimental/r5/apps/WON/` beziehen. Der Rest dieses Abschnitts geht davon aus, dass Sie die Professional Version von BeOS 5.0 verwenden.

WARNUNG

WON wird als Experimental-Software *betrachtet. Das bedeutet, dass sie im Wesentlichen Beta- oder sogar nur Alpha-Qualität besitzt. Daher ist es nicht ungewöhnlich, wenn diese Software nur schwerfällig funktioniert, wenn sie es denn überhaupt tut. Es sei Ihnen empfohlen, jedes BeOS-System, auf dem Sie WON zu installieren gedenken, zunächst komplett zu sichern und sich gedanklich auf einige frustrierende Erlebnisse vorzubereiten.*

SMB/CIFS in BeOS installieren

Unglücklicherweise ist WON alles andere als ein abgerundetes Produkt. In einer frischen Standardinstallation von BeOS 5.0 funktioniert das WON-Installationsprogramm nicht richtig und hinterlässt das System ohne jegliche Netzwerkunterstützung. Die beste Methode, SMB/CIFS-Netzwerkunterstützung in BeOS zum Laufen zu bringen, ist die, sie während der Systeminstallation vorzunehmen, indem Sie wie folgt verfahren:

1. Starten Sie den BeOS-Installationsprozess.
2. Direkt nach Bestätigung der BeOS-Lizenzbedingungen fragt BeOS nach den Partitionen, die es verwenden kann. Klicken Sie in diesem Dialog die Schaltfläche *More Options*. Das Ergebnis ist eine Liste optionaler BeOS-Komponenten.
3. Wählen Sie den Eintrag *Experimental* und fahren Sie mit der Installation fort.
4. Nach der Installation von BeOS aktivieren Sie das Netzwerk, wie in Kapitel 3 des BeOS-Handbuchs beschrieben.
5. Starten Sie das Programm `WONSetup`; es befindet sich im Verzeichnis / `BeOS 5 Pro Edition/_packages_/Experimental/optional/experimental/World O‘ Networking` (Ihre BeOS-Installations-CD muss sich in Ihrem CD-Laufwerk befinden, damit dieses funktioniert). Es wird der in *Abbildung B.11* dargestellte Dialog *World O‘ Networking* geöffnet.

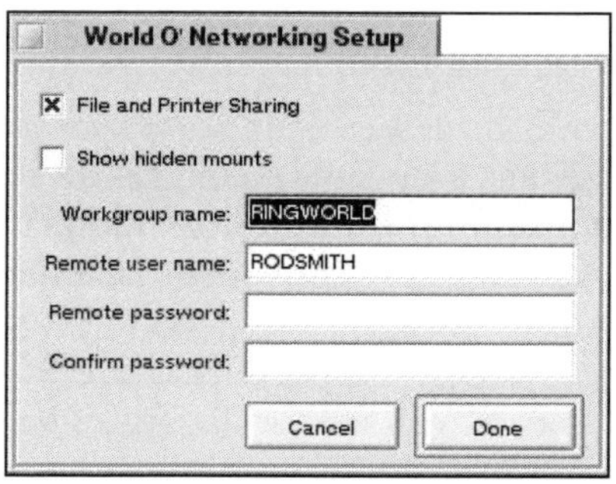

Abbildung B.11: Der Dialog *WON Setup* ermöglicht es Ihnen, die grundlegenden SMB/CIFS-Parameter anzugeben

6. Geben Sie den Namen der von Ihnen verwendeten Domain oder Workgroup, den User-Namen und das Passwort anund klicken Sie *OK*. BeOS informiert Sie darüber, dass das Netzwerk neu gestartet werden muss. Bestätigen Sie diese Aktion.
7. Kopieren Sie die Datei `Netscript.CIFS` aus dem `WON`-Verzeichnis der CD-ROM in das Verzeichnis `/boot/beos/system/boot directory` und benennen es in `Netscript` um (dieses Vorgehen umgeht Fehler im Programm `WONSetup`).
8. Starten Sie BEOS neu.

Mit etwas Glück erhalten Sie ein weiterhin lauffähiges BeOS-System, komplett mit einem *World O' Networking*-Icon auf dem Desktop (es kann einige Sekunden dauern, bis dieses Icon nach dem Neustart des Rechners auf dem Desktop erscheint). Sie können Netzwerkressourcen mithilfe dieses Icons browsen und nutzen oder Sie können befehlszeilenorientierte Tools dazu verwenden, entfernte Dateisysteme zu mounten.

Einen Samba-Server von BeOS aus nutzen

Der einfachste Weg einen Samba-Server von BeOS aus zu nutzen ist, das Icon *World O' Networking* zu verwenden. Wenn Sie dieses doppelklicken, wird eine Netzwerkansicht gezeigt, die ähnlich derjenigen der Windows *Netzwerkumgebung* oder von *Connections* unter OS/2 ist. Sie können mit seiner Hilfe Workgoups, Server und Shares browsen. Anders als DOS-, Windows und OS/2-Clients benötigt die *World O' Networking* von BeOS jedoch nicht die Angabe eines User-Namens und Passworts, bevor auf das Netzwerk zugegriffen wird. Dies hat zwei wichtige Konsequenzen:

- Die Abfrage nach User-Namen und Passwort kann häufiger als beim Gebrauch anderer Clients geschehen, und zu anderen Zeitpunkten.
- Da es keinen Usernamen gibt, der mit dem Client in Zusammenhang steht, sehen Sie keinen Heimatbereich mit Ihrem User-Namen. Wenn Sie jedoch den Parameter `browsable = No` im Share `[homes]` weglassen, sehen Sie einen Share *Homes* in der Browsing-Liste von *World O' Networking*.

Wenn Sie dieses vorziehen, können Sie ein befehlszeilenorientiertes Tool verwenden, das dem Befehl `NET` von DOS, Windows und OS/2 oder dem Befehl `smbmount` von Samba entspricht. Dieser Befehl heißt `cifsmount`; seine Syntax lautet wie folgt:

```
cifsmount \\\\SERVER\\SHARE USERNAME PASSWORT mountpoint
```

TIP

Achten Sie darauf, die korrekte Anzahl an Backslashs (\) mit dem Befehl `cifsmount` *zu verwenden. Wenn Sie dies nicht tun, erhalten Sie einen Hinweis, wie dieses Programm korrekt zu verwenden ist.*

Die Bedeutungen der Parameter zu `cifsmount` sollten relativ selbsterklärend sein. Der Parameter `mountpoint` funktioniert genauso wie bei der Verwendung von Mountpoints unter LINUX – es muss sich hierbei um ein Verzeichnis (typischerweise um ein leeres) im Dateisystem des Clients handeln, wie zum Beispiel `/cifs/meinkram`.

Um einen Samba-Drucker von BeOS aus zu verwenden, verfahren Sie wie folgt:

1. Wählen Sie *BeOS>Preferences>Printers* aus der *Deskbar*. Dies öffnet den in *Abbildung B.12* dargestellten Dialog *Printers* (obwohl dieser bereits um einige Einträge im Bereich *Printers* beraubt sein könnte).

Abbildung B.12: Im Dialog *Printers* können Sie Drucker verwalten

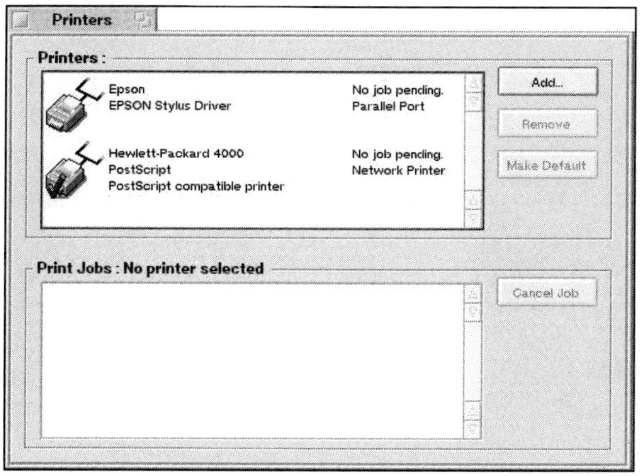

2. Klicken Sie die Schaltfläche *Add* im Dialog *Printers*. BeOS fragt nach, ob Sie einen lokalen oder einen Netzwerkdrucker hinzufügen wollen.

3. Wählen Sie die Option *Network Printer* und klicken Sie *Continue*. BeOS öffnet den in *Abbildung B.13* dargestellten Dialog *Add a Network Printer*.

Abbildung B.13: Der Dialog *Add a Network printer* erlaubt es, einen Druckernamen und seinen Platz im Netz anzugeben

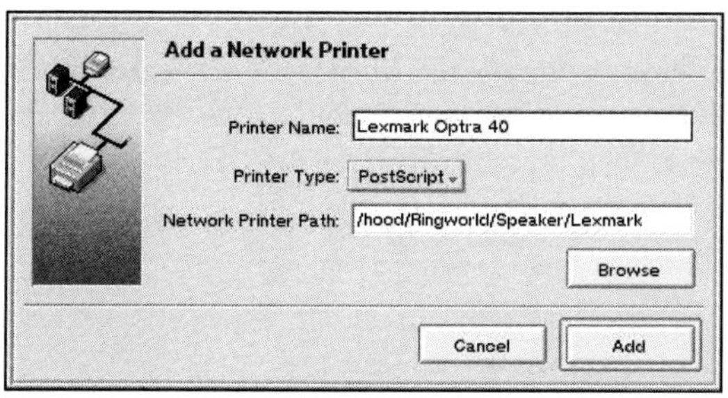

4. Geben Sie im Feld *Printer Name* einen Druckernamen ein.
5. Wählen Sie in der Auswahlliste *Printer Type* die generelle Art des Druckers, den Sie definieren wollen (*PostScript*, *PCL* und so weiter). Wenn Sie planen, einen Drucker zu verwenden, der mithilfe von Ghostscript angesteuert wird, wählen Sie *PostScript*.
6. Klicken Sie die Schaltfläche *Browse*, um den gewünschten Drucker zu lokalisieren. Der in *Abbildung B.14* dargestellte Dialog wird geöffnet.

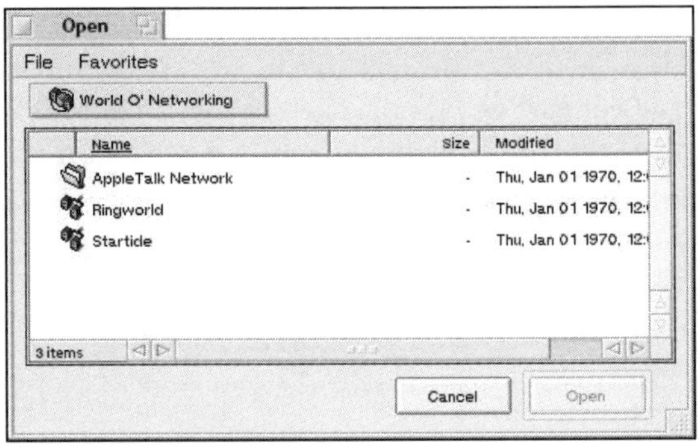

Abbildung B.14: Sie können zwischen Samba- und AppleTalk-Druckern wählen, wenn BeOS mit einer Unterstützung von AppleTalk-Druckern konfiguriert wurde

7. Browsen Sie durch die Netzwerke und Shares, finden Sie den gewünschten Drucker, wählen Sie ihn und klicken Sie die Schaltfläche *Optionen*. Der Pfad zum gewählten Drucker erscheint im Feld *Network Printer Path* des Dialogs *Add a Network Printer* (*Abbildung B.13*).
8. Klicken Sie im Dialog *Add a Network Printer* die Schaltfläche *Add*. BeOS zeigt eine Liste mit den Namen von Druckerherstellern an.
9. Wenn Sie einen Druckerhersteller auswählen, expandiert die Liste dahingehend, dass die einzelnen Modelle dieses Herstellers angezeigt werden. Tun Sie dies, um einen entsprechenden Drucker zu finden und klicken Sie *OK*.

TIP

Wenn Sie planen, einen Drucker zu verwenden, der mithilfe von Ghostscript angesteuert wird, wählen Sie einen Drucker der Serie Apple LaserWriter, da sich diese als sehr geeignet erwiesen haben.

10. BeOS fragt nach, ob Sie wünschen, dass dieser Drucker als Standarddrucker verwendet wird. Wählen Sie hier je nach Bedarf *Yes* oder *No*.

Der Drucker taucht nun in der Liste der zur Verfügung stehenden Drucker auf (*Abbildung B.12*). Testen Sie nach Möglichkeit die Konfiguration, indem Sie mithilfe einer Applikation wie *NetPositive* (der Web-Browser von BeOS) ein Dokument drucken. Vermutlich werden Sie nach einem User-Namen und nach einem Passwort gefragt, wenn Sie dieses tun.

Eigenheiten des Dateisystems von BeOS

Wie alle Betriebssysteme verfügt BeOS über einige Eigenarten in Hinblick auf Dateisysteme. Anders als die meisten SMB/CIFS-Clients unterscheidet BeOS zwischen Klein- und Großschreibung (BeOS ist also *case-sensitive*). In der Tat zwingen die meisten BeOS-Utilities, einschließlich der BeOS-eigenen Version der `bash`-Shell, diese Art der Dateinamensbehandlung Sambas normalem Verhalten, Klein- und Großschreibung nicht zu unterscheiden, auf. Um zu gewährleisten, dass keine Probleme entstehen (etwa in der Art, aus Versehen eine „neue" Datei über eine bereits bestehende zu schreiben, deren Name sich ausschließlich in der Schreibweise unterscheidet) könnten Sie Sambas Parameter `case sensitive = Yes` setzen, was nicht die Standardeinstellung ist.

BeOS verwendet wie OS/2 Extra-Dateisysteminformationen, die mit einfachen Dateien verbunden sind. OS/2 nennt diese Informationen *Extended Attributes* (*erweiterte Attribute*), BeOS verwendet nur den Ausdruck *Attributes* (*Attribute*). Da SMB/CIFS solche zusätzlichen Dateiinformationen nicht bietet, können sie auch nicht auf einem Samba-Server gespeichert werden. Aus diesem Grunde verlieren Sie BeOS-Attribute, wenn Sie Dateien auf einem Samba-Server speichern. Im Falle der meisten Dateien ist dieser Verlust unwichtig. Einige BeOS-eigene Dateien jedoch, einschließlich BeOS-Mail-Dateien, verlassen sich auf das Vorhandensein von Attributen; sie können somit beim Abspeichern auf einem Samba-Server beschädigt werden.

Wie viele andere Betriebssysteme auch bietet BeOS einen „Mülleimer" für Dokumente, die ein User löscht. Leider funktioniert dieses Leistungsmerkmal nicht mit Samba-Shares. Sie können hierdurch also keine Dateien aus Samba-Shares löschen, indem Sie sie in den Mülleimer verschieben. Wenn Sie die entsprechende Datei jedoch mit der rechten Maustaste anklicken und den Eintrag *Move to Trash* aus dem Popup-Menü wählen, gibt BeOS Ihnen die Option, die Datei direkt zu löschen. Sie können Dateien ebenfalls mithilfe des Befehls `rm` innerhalb der bash-Shell löschen.

Das Dateisystem von BeOS entspricht eher dem von LINUX als traditionellen DOS-, Windows- und OS/2-Dateisystemen. Aus diesem Grund haben die Samba-Einstellungen bezüglich der Bits *Archive*, *System* und *Hidden* (das Archivierungsbit, das Systembit und das Bit zum Schreibschutz einer Datei) keine Bedeutung für BeOS-Clients. Obwohl das BeOS-Dateisystem eine Unterstützung für Besitzverhältnisse und Rechte im UNIX-Stil enthält, wird dieses Sicherheitsmerkmal bis einschließlich BeOS Version 5.0 nicht verwendet. Aus diesem Grunde versucht BeOS nicht, ACLs im Windows NT-Stil zu verwenden, um auf durch Samba genutzte LINUX-Sicherheitsmerkmale Zugriff zu nehmen.

Samba und MacOS

Apples MacOS bietet sein eigenes Protokoll für Datei- und Druckerfreigaben mit dem Namen *AppleTalk*. LINUX unterstützt AppleTalk direkt durch seinen Server Netatalk. Aus diesem Grunde könnten Sie es vorziehen, Netatalk für die Bedienung von Macintosh-Clients vorzuziehen. Der Einsatz von SMB/CIFS für Macintosh-Systeme ist jedoch vorzuziehen, wenn Sie

- die Anzahl der auf Ihrem LINUX-Computer laufenden Server auf ein Minimum begrenzen wollen,
- ein Peer-to-Peer-Netzwerkmodell sowohl mit Ihren Macintosh- als auch Ihren x86-Computern verwenden wollen,
- einen Macintosh verwenden wollen, um Dateien bereitzustellen, auf die von LINUX aus Zugriff genommen werden kann (Netatalk unterstützt den Zugriff auf Macintosh-Drucker von LINUX aus, nicht auf Dateien),
- beabsichtigen, Server-Leistungsmerkmale zu verwenden, die in Samba vorhanden sind, jedoch nicht in Netatalk, so wie Automatisierungswerkzeuge (siehe *Kapitel 8: Automatisierung*).

MacOS unterstützt SMB/CIFS nicht direkt, so dass Sie sich Client-Software beschaffen müssen, wie im folgenden Abschnitt beschrieben. Nachdem diese Hürde überwunden wurde, ist der Einsatz von Samba von Macintosh-Rechnern aus eine recht geradlinige Angelegenheit, wobei MacOS natürlich seine eigenen Eigenheiten bietet. Die folgenden Darstellungen beschreiben Samba im Gebrauch mit einem SMB/CIFS-Client-/Server-Paket mit Namen DAVE, Version 2.5.

HINWEIS

Dieser Anhang beschreibt den Gebrauch von Samba mit MacOS 9 und früheren Versionen (das vom Autor verwendete Referenzsystem lief unter MacOS 8.6). MacOS X, welches Ende 2000 erscheinen soll (Anm. d. Übers.: Dieses ist geschehen!*) basiert auf UNIX und arbeitet somit nicht mit DAVE 2.5 zusammen. Die Wahrscheinlichkeit ist jedoch recht hoch, dass Samba relativ schnell für dieses System portiert wird; ansonsten verwenden Sie NFS oder ein anderes Protokoll für die gemeinsame Nutzung von Dateien. Eventuell wird auch DAVE nach MacOS X portiert.*

MacOS-Clientsoftware beschaffen und installieren

DAVE kann von *Thursby Software Systems* bezogen werden (`http://www.thursby.com`). Es handelt sich hierbei um ein kommerzielles Programm; es steht jedoch auch eine Demo-Version zum Download bereit, so dass Sie diese zunächst ausprobieren können, bevor Sie sie kaufen.

WARNUNG

Thursby vermarktet ebenfalls ein Produkt mit dem Namen MacSOHO. *MacSOHO verwendet wie DAVE SMB/CIFS, es verwendet jedoch ausschließlich NetBEUI an Stelle von NetBIOS über TCP/IP, was normalerweise von Samba benötigt wird.*

Wenn Sie DAVE von *Thursbys* Web-Site mithilfe eines Macintosh-Tools wie den *Netscape Navigator* oder *Internet Explorer* herunterladen, sollte der Web-Browser die Archivdatei automatisch expandieren. Dieses führt zu einem Ordner `DAVE Installation Folder`, der wiederum einen Ordner `DAVE 2.5.1` (oder welche Version auch immer die zur Zeit des Downloads aktuelle ist) enthält. Öffnen Sie diese Ordner und beachten Sie die folgende Hinweise für die Installation der Software:

1. Schließen Sie alle anderen Programme.
2. Doppelklicken Sie das Programm-Icon *Install DAVE*. Dieses startet den *Installer*, der zunächst eine kurze Dokumentation anzeigt.
3. Klicken Sie *Continue*, nachdem Sie die Beschreibung gelesen haben. Der *Installer* bietet eine Lizenzvereinbarung an.
4. Wenn Sie den Lizenzbedingungen zustimmen, klicken Sie *Continue*. Das Programm öffnet einen *weiteren* Dialog, in dem Sie um Zustimmung zu den Lizenzvereinbarungen aufgefodert werden.
5. Klicken Sie *Agree*. Sie werden aufgefordert, das Laufwerk anzugeben, auf dem die Software installiert werden soll.
6. Wählen Sie aus der angebotenen Liste ein Boot-Laufwerk aus und klicken Sie *Select*. Der *Installer* fragt nun, welche Form der Installation ausgeführt werden soll – Standard oder benutzerdefiniert. Wählen Sie Letztere, wenn Sie nur einen Teil der Komponenten von DAVE installieren wollen.
7. Klicken Sie *Start*. Der *Installer* warnt Sie, dass Sie den Computer nach der Installation neu starten müssen und dass keine weiteren Programme laufen dürfen.
8. Klicken Sie *Continue*, um mit der Installation zu beginnen. Ein Fortschrittsbalken zeigt den Fortschritt des Installationsvorgangs an.
9. Nach Abschluss der Installation fordert der *Installer* Sie auf, den Computer neu zu starten. Klicken Sie *Restart*, um dies zu tun.

Nach dem Neustart ist DAVE zwar installiert jedoch noch nicht konfiguriert. DAVE startet sein Konfigurations-Utility automatisch, um diese Aufgabe zu erledigen. Führen Sie hierzu folgende Schritte durch:

1. Das erste Fenster zeigt einführende Textinformationen an. Um sich durch das Konfigurations-Utility durchzuarbeiten, klicken Sie die Schaltfläche mit dem nach rechts weisenden Pfeil in der rechten unteren Ecke des Fensters.
2. Das Utility bietet eine Option, um TCP/IP für ein Heimnetz oder ein Firmennetz zu konfigurieren. Es soll davon ausgegangen werden, dass TCP/IP bereits läuft, wählen Sie also die Option *TCP/IP Is Already Configured*. Wenn Sie jedoch TCP/IP noch konfigurieren müssen, wählen Sie die für Ihre Umgebung gültige Option.
3. Klicken Sie die Schaltfläche mit dem nach rechts weisenden Pfeil; der „Seitenzähler" springt von Seite 2 auf Seite 14, wenn Sie die TCP/IP-Konfiguration nicht vornehmen mussten.
4. DAVE fragt nach Ihrem Namen, dem Namen Ihrer Organisation und dem Lizenzschlüssel. Wenn Sie DAVE heruntergeladen haben, geben Sie hier den Demo-Lizenzschlüssel ein, der Ihnen von Thursby per E-Mail zugeschickt wurde; andererseits geben Sie den auf dem Produktpaket abgedruckten Lizenzschlüssel ein.
5. Im nächsten Schritt fragt DAVE, ob in Ihrem Netzwerk Windows NT-Server vorhanden sind. Da Samba in vielerlei Hinsicht eher Windows NT statt Windows 9x emuliert, sollten Sie diese Frage mit *Yes* beantworten.
6. Überprüfen Sie im nächsten Satz der zur Verfügung stehenden Optionen die Schaltfläche *Use DHCP to Configure NetBIOS*, wenn innerhalb Ihres Netzwerks DHCP verwendet wird und Ihre DHCP-Server Konfigurationsdetails für NetBIOS-Netzwerke beinhaltet, wie im Abschnitt *Festlegen des Knotentyps* in *Kapitel 9: Samba als NBNS-Server* beschrieben.
7. DAVE fragt nun die folgenden Informationen ab:
   - einen NetBIOS-Namen,
   - einen Workgroup-Namen,
   - eine Kurzbeschreibung des Computers (ähnlich dem Parameter `comment` in der Datei `smb.conf`).
8. DAVE bietet die Option, sich beim Neustart des Rechners einmalig beim Netzwerk anmelden zu können. Aktivieren Sie das Feld entsprechend Ihren persönlichen Vorstellungen.
9. Klicken Sie erneut den nach rechts weisenden Pfeil, woraufhin DAVE die von Ihnen vorgenommenen Einstellungen zusammenfasst.

10. Setzen Sie den Vorgang fort, woraufhin DAVE Ihnen die Möglichkeit bietet, Ihre lokalen Dateien über SMB/CIFS freizugeben. Wenn Sie dieses tun wollen, fragt DAVE danach, welche Volumes Sie freigeben wollen. An dieser Stelle soll davon ausgegangen werden, dass Sie Ihre Macintosh-Dateien *nicht* freigeben wollen.
11. Wenn das Utility Sie darüber informiert, dass das Setup abgeschlossen ist, klicken Sie *OK*. Sie kehren nun zum Desktop Ihres Macintoshs zurück.

Ihr Macintosh ist nun dahingehend eingerichtet, innerhalb Ihres NetBIOS-Netzwerks teilzunehmen. Wie dies in der Praxis aussieht, wird im Folgenden beschrieben.

Samba-Ressourcen vom Macintosh aus nutzen

DAVE folgt dem Netzwerk-Modell, welches durch AppleTalk in seiner Benutzerschnittstelle vorgegeben ist. Die Verwendung von Samba-Ressourcen sollten also für jemanden, der mit AppleTalk-Netzwerken vertraut ist, ein Leichtes sein. Um Samba-Dateifreigaben von einem Macintosh aus zu nutzen, gehen Sie wie folgt vor:

1. Öffnen Sie im Apple-Menü den *Chooser*. Sie finden hier den in *Abbildung B.15* dargestellten Eintrag *DAVE Client*.

Abbildung B.15: Neben *AppleShare* finden Sie auch den *DAVE Client* im Chooser

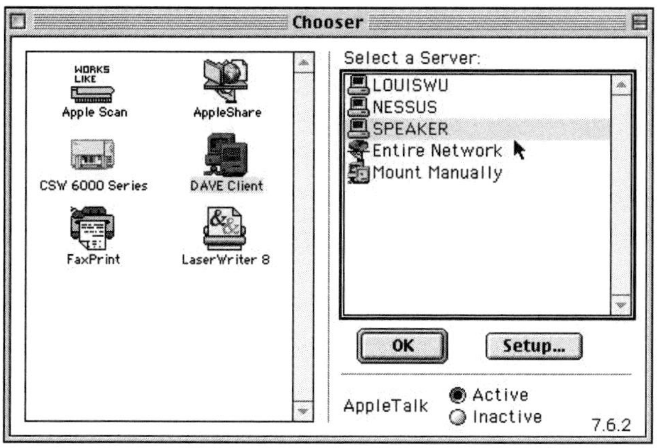

2. Klicken Sie *DAVE Client*, um eine Aufstellung der in Ihrer Workgroup oder Domain vorhandenen Server anzeigen zu lassen.
3. Wählen Sie einen Server und klicken dann *OK*. Wenn Sie sich nicht bereits vorher bei diesem Server angemeldet haben, öffnet DAVE einen Dialog, in dem Sie den User-Namen und das Passwort eingeben

können. Geben Sie diese Informationen ein und klicken *OK*. DAVE zeigt nun die auf dem Server freigegebenen Shares an, wie in *Abbildung B.16* dargestellt.

4. Wählen Sie eine Freigabe und klicken Sie *OK*. Nach einer kurzen Pause erscheint ein neues Icon für den Share auf dem Desktop.
5. Wenn Sie weitere Shares nutzen wollen, wählen Sie diese im *Chooser*, wie in den Schritten 3 und 4 dargestellt.

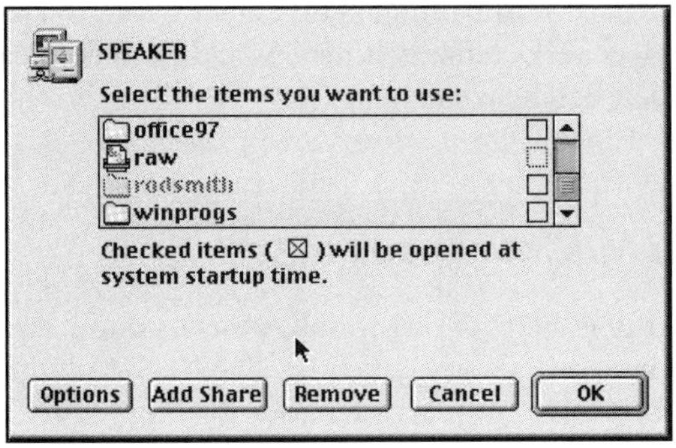

Abbildung B.16: Wenn Sie direkt nach dem Neustart Shares nutzen wollen, klicken Sie das Kontrollfeld rechts vom Namen des Shares

Sie können weitestgehend Samba-Shares auf dem Macintosh nutzen, als wären Sie lokale Laufwerke oder AppleTalk-Shares. Es gibt natürlich einige Eigenarten, die im nächsten Abschnitt *Macintosh Datei-Eigenarten* beschrieben werden.

Die Konfiguration eines Druckers gestaltet sich als recht einfach, wenn Ihr Macintosh über einen Treiber vom Typ *LaserWriter 8 Version 8.6.5* oder einen aktuelleren PostScript-Treiber verfügt. Um einen Drucker zu konfigurieren, gehen Sie wie folgt vor:

1. Führen Sie die Schritte 1 bis 3, die im Zusammenhang mit Dateifreigaben weiter oben dargestellt wurden, aus.
2. Wählen Sie eine PostScript- oder Ghostscript-Druckerfreigabe und klicken *OK*. DAVE informiert Sie darüber, dass ein Desktop-Drucker erzeugt wird.
3. Klicken Sie *Continue*. Als Ergebnis erhalten Sie ein neues Drucker-Icon auf Ihrem Desktop.

HINWEIS

DAVE beinhaltet ein älteres Druckmodell, das mit älteren Versionen des Apple LaserWriter-*Treibers zusammen verwendet werden kann. Beachten Sie die Dokumentation zu DAVE, um Details über die Verwendung dieses alternativen Drucksystems in Erfahrung zu bringen.*

Sie können auf diesem Drucker ausdrucken wie auf jedem anderen Drucker auch – durch *Drag and Drop*-Operationen oder durch Wählen des Druckdialogs aus einer Applikation heraus. Macintosh PostScript-Druckerdefinitionen basieren auf *Printer Page Desciption*-Dateien (*PPD*). Wenn Sie die von Ihrem Drucker verwendete `.PPD`-Datei ändern wollen, wählen Sie diese und öffnen Sie den Dialog *Printing* > *Change Setup* im Menü des *Finder*. Sie können hier eine neue `.PPD`-Datei wählen wie für jeden anderen Drucker auch.

DAVE wurde dahingehend gestaltet, auf PostScript-Druckern zu drucken. Nur wenige Nicht-PostScript Macintosh-Druckertreiber arbeiten mit DAVE zusammen, wenn überhaupt. Aus diesem Grunde *müssen* Sie Ihre Samba-Druckerfreigabe so konfigurieren, dass sie mit PostScript umgehen kann. Wenn Sie tatsächlich einen PostScript-Drucker verwenden, reicht eine Warteschlange vom Typ *raw*; andererseits müssen Sie Ihre Warteschlange dahingehend konfigurieren, dass sie ihre Daten von Ghostscript verarbeiten lassen, wie in *Kapitel 6: Druckerfreigaben konfigurieren* beschrieben.

Macintosh Datei-Eigenarten

DAVE arbeitet innerhalb der meisten Netzwerke recht annehmbar, ist jedoch nicht ohne Eigenarten. Denken Sie an diese, wenn Sie diese Software verwenden und wenn Sie Samba für DAVE-Clients konfigurieren.

Dateinamenscharakteristiken

MacOS ist auf 31 Zeichen lange Dateinamen beschränkt. Obwohl es sich hierbei nicht um eine solch krasse Einschränkung handelt, wie bei der 8+3-Namenskonvention bei DOS, sind 31 Zeichen deutlich weniger, als LINUX – oder SMB/CIFS – erlaubt. Wenn Sie ein LINUX-Dateisystem mit Netatalk freigeben, lässt der Server alle Dateinamen wegfallen, die länger als 31 Zeichen lang sind.. Mit Samba und DAVE werden die Dateinamen im Gegensatz hierzu gekürzt, wenn der Parameter `mangled names` auf `Yes` gesetzt ist (was die Standardeinstellung ist). Leider werden solche Namen nicht auf 31 Zeichen Länge gekürzt, sondern entsprechend der 8+3-Konvention im DOS-Stil. Typische Vorbehalte liegen für solche Dateien vor – wenn ein Macintosh-Programm Änderungen sichert, indem es das Original verschiebt und eine neue Datei erzeugt, wird der originale lange Dateiname auf dem Samba-Server verloren gehen.

Macintosh-User verwenden manchmal seltsame Zeichen, so wie das Copyright-Symbol (©) in Dateinamen. Diese werden normalerweise nicht vernünftig für Windows-Clients oder für den darunter liegenden Samba-Server umgesetzt. Dasselbe gilt für einige nicht lateinische Alphabete.

Macintosh-Programme vertragen es manchmal nicht richtig, wenn Dateinamen unerwarteten Änderungen unterworfen wurden. Aus diesem Grunde sollten Sie die Parameter `preserve case = Yes` und `short preserve case = Yes` (auf ihren Standardwerten) belassen. Das Setzen anderer Werte kann dazu führen, dass die Schreibweise von Dateinamen sich auf merkwürdige Art und Weise verändert.

Anders als die meisten anderen Client-Betriebssysteme kann MacOS sowohl mit Dateisystemen umgehen, die *case-sensitive* sind (eine Unterscheidung zwischen Klein-/Großschreibung vornehmen), als auch mit solchen, die *case-rentitive* sind (die Schreibweise beibehalten). Sie könnten von daher den Parameter `case sensitive = Yes` setzen, jedoch ist die Standard-Einstellung `case sensitive = No` sinnvoller für die meisten anderen Clients. Da MacOS problemlos mit dieser Einstellung klarkommt, sollten Sie sie nur ändern, wenn wirklich zwingende Gründe hierfür vorliegen.

Forks

Native MacOS-Dateisysteme unterstützen zwei Forks (dt. eigentlich *Gabeln*, man findet manchmal die Bezeichnung *Zweige*) für ihre Dateien: einen *Data Fork* (*Datenzweig*) und einen *Resource Fork* (*Ressourcenzweig*). Der Data Fork enthält ordinäre Dateidaten, wie z.B. ASCII-Text, grafische Inhalte und so weiter. Der Resource Fork enthält spezielle, für den Macintosh wichtige Informationen, einschließlich individueller Icons, ausführbaren Programmcode und so weiter. Die wahrscheinlich wichtigste Eigenart im Umgang mit MacOS ist die Frage, wie mit diesen Resource Forks verfahren werden soll. Im Zusammenspiel zwischen Samba und DAVE ist es die Aufgabe von DAVE, sich um die Speicherung der Resource Forks zu kümmern. Um dies zu bewerkstelligen, erzeugt DAVE einen speziellen Ordner mit dem Namen `resource.frk`, in dem Macintosh Resource Forks abgespeichert werden. Die Inhalte dieses Ordners sind nicht kompatibel mit denen des Netatalk-Ordners `.AppleDouble`, der die gleiche Aufgabe hat, doch sind die beiden konzeptionell ähnlich.

Um Verwirrungen in anderen Betriebssystemen zu vermeiden, können Sie die Datei `resource.frk` *für jeden Share, von dem Sie erwarten, dass er von Macintosh-Clients verwendet werden könnte, als Parameter an* `hide files` *übergeben.*

Macintosh-Rechner verwenden ein Paar an jeweils vier Byte langen Codesegmenten, um Informationen über einen Dateityp und den Erzeuger der Datei abzuspeichern. MacOS verwendet diese Codes dazu, ein entsprechendes Programm aufzurufen, wenn Sie eine Datendatei doppelklicken. Bei den meisten anderen Betriebssystemen dient hierzu die drei oder vier Zeichen lange Dateinamenserweiterung. DAVE beinhaltet deshalb ein Mapping üblicher Windows-Dateinamenserweiterungen auf die entsprechenden Codetypen von Macintosh. Als Resultat erscheint ein Samba-Share mit Dateien, die mit bekannten Icons versehen sind, „bevölkert" – wenn die entsprechenden Dateinamenserweiterungen in der Liste von DAVE enthalten sind. Wenn Ihr Netzwerk sowohl über Windows- als auch Macintosh-Clients verfügt, bitten Sie Ihre Macintosh-User, Dateinamen mit Erweiterungen zu erzeugen, die den Windows-Anwendern entgegenkommen.

Samba in heterogenen Betriebssystemumgebungen

In einem Netzwerk, in dem verschiedene Client-Betriebssysteme zum Einsatz kommen, besteht unter Umständen die Notwendigkeit, Ihre Samba-Konfiguration dahingehend anzupassen, dass sie für Betriebssysteme mit unterschiedlichen Ansprüchen gleich funktioniert. LINUX- und UNIX-Samba-Clients beispielsweise funktionieren am besten mit der Einstellung `case sensitive = Yes`; DOS- und Windows-Clients arbeiten jedoch besser mit der Einstellung `case sensitive = No` zusammen. Es kann eine ziemliche Herausforderung sein, eine Konfiguration zu erstellen, die für alle Client-Betriebssysteme gleich gut funktioniert. Es gibt zwei wesentliche Ansätze, dieses Problem in den Griff zu bekommen: Verwenden Sie den Parameter `include`, um mehrere Varianten erstellen zu können oder nehmen Sie eine Konfiguration vor, die den „besten Kompromiss" darstellt. Beide Möglichkeiten sollen hier kurz dargestellt werden.

Den Parameter `include` *verwenden*

Der Parameter `include` kann dazu verwendet werden, eine Behelfs-Konfigurationsdatei zu laden, die in Zusammenarbeit mit der Originaldatei verwendet wird. Dieser Parameter wäre nahezu nutzlos, gäbe es nicht eine wichtige Tatsache: Dateinamen können Variablen enthalten.

Tabelle B.1 enthält die wichtigsten Variablen, die als Werte für den Parameter `include` verwendet werden können, um betriebssystemabhängige Anpassungen vorzunehmen.

Tabelle B.1: Variablen für den Gebrauch mit dem Parameter `include`

VARIABLE	AUFGABE
%a	Architekturcode des Clients; dieser kann lauten: Samba, WfWg, Win95, WinNT, Win2k, OS2 oder UNKNOWN
%R	Protokoll-Ebene; mögliche Angaben sind: CORE, COREPLUS, LANMAN1, LANMAN2 oder NT1
%m	NetBIOS-Name des Clients
%M	TCP/IP-Name des Clients
%I	IP-Adresse des Clients

WARNUNG

Weder Sambas GUI-basiertes Konfigurationstool SWAT *noch das Tool* `linuxconf`*, das mit vielen Distributionen ausgeliefert wird, versteht Variablen im Zusammenhang mit dem Parameter* `include`*. Wenn Sie diesen Ansatz verwenden wollen, müssen Sie davon absehen, GUI-basierte Konfigurationstools zu benutzen.*

Der nützlichste der in *Tabelle B.1* dargestellten Parameter ist `%a`, der es erlaubt, Ihre Konfiguration auf eine betriebssystemabhängige Basis zu stellen. Sie können beispielsweise den Parameter `include = smb.conf.%a` in der Sektion `[global]` Ihrer Datei `smb.conf` verwenden. Dieses bewirkt, dass Samba an dieser Stelle der Konfigurationsdatei den Inhalt der Datei `smb.conf.Samba` für Samba-Clients, `smb.conf.Win95` für Windows-9x-Clients und so weiter einfügt. Im Folgenden finden Sie einige mögliche Optionen für diese Mini-Konfigurationsdateien:

`smb.conf.Samba`

```
case sensitive = Yes
hide dot files = No
strict sync = Yes
```

`smb.conf.WfWg`

```
preserve case = No
mangled map = (*.html *.htm) (*.jpeg *.jpg)
```

`smb.conf.WinNT`

```
dos filetime resolution = Yes
dos filetimes = Yes
```

Diese Modifikationen haben einige wichtige Effekte. Samba-Clients können mit Dateinamen arbeiten, die nach Klein-/Großschreibung unterschieden werden, und die Bürde, Dateien, die mit einem Punkt beginnen, vor den Usern zu verstecken, wird dem Client-Betriebssystem aufgelastet. Der Parameter `strict sync = Yes` ist nicht unbedingt erforderlich, könnte aber zu einer geringfügigen Verbesserung in der Zuverlässigkeit führen. Die Datei `smb.conf.WfWg` hat sowohl für DOS- als auch für Windows for Workgroups-Clients Auswirkungen. Sie stellt sicher, dass kurze Dateinamen, die vom Client erzeugt werden, zum Vorteil des Users durchgehend in Kleinbuchstaben konvertiert werden. Sie nimmt ebenfalls eine Dateinamensanpassung für einige Dateitypen vor, deren Dateinamenserweiterung vier Zeichen lang ist. Die Datei `smb.conf.WinNT` enthält einige Samba-Parameter, die für Software-Entwickler interessant sind – einige Entwicklungswerkzeuge erwarten, dass sie die Erstellungszeit von Dateien ändern können (`dos filetimes = Yes`) und sie kommen besser damit klar, wenn die Erstellungszeit nicht sekundengenau dargestellt ist (Sambas Standardeinstellung), sondern in Abständen von zwei Sekunden (`dos filetime resolution = Yes`).

In einigen Fällen liefern zwei Betriebssysteme identische `%a`-Codes (*Tabelle B.2* fasst diese Betriebssysteme und die von Ihnen bereitgestellten Codes zusammen). Sollte dies der Fall sein, müssen Sie andere Verfahren für die Identifikation des jeweiligen Betriebssystems verwenden. In diesem Zusammenhang kann der Parameter `%R` nützlich sein. Wenn auch dies nicht den gewünschten Effekt bringt, können Sie Codes verwenden, die in Relation zu bestimmten Client-Computern stehen – `%m`, `%M` oder `%I` –, um individualisierte Anpassungen in Abhängigkeit von der jeweiligen Maschine vorzunehmen. Sie können Verknüpfungen zwischen Gruppen solcher Dateien vornehmen, um eine einfache betriebssystembasierte Wartung vornehmen zu können.

Tabelle B.2: Betriebssysteme, die mit verschiedenen `%a`-Codes assoziiert werden

CODE	BETRIEBSSYSTEM
`OS2`	IBM OS/2
`Samba`	Samba-Clients (`smbclient`, `smbmount`)
`UNKNOWN`	BeOS (*WON*), MacOS (*DAVE*)
`WfWg`	DOS (mithilfe der *Microsoft Network Client*-Software), Windows for Workgroups
`Win2k`	Windows 2000
`Win95`	Windows 95, Windows 98
`WinNT`	Windows NT 3.1 – 4.0

TIP

Sie können herausfinden, welchen Code die Variable `%a` produziert, wenn Sie den Parameter `postexec = touch %H/%a` in einem Test-Share mit einem Client Ihrer Wahl verwenden (ersetzen Sie die Variable `%a` durch eine Variable Ihrer Wahl). Nachdem ein Benutzer die Verbindung getrennt hat, wird im Heimatverzeichnis des Users eine Datei erzeugt. Diese Datei hat als Namen den `%a`-Code, wie beispielsweise `WfWg` im Falle von DOS- oder Windows for Workgroup-Clients.

Eine einfache Datei `smb.conf` kann mehrere `include`-Parameter enthalten. Sie können diese dazu verwenden, verschiedene Anpassungen einzubeziehen, beispielsweise Maschinen-basiert und User-basiert (mit den Variablen `%u` und `%U`). Sie könnten dieses Verfahren auch dazu verwenden, unterschiedliche Anpassungen für die Sektion `[global]` und für einen oder mehrere verschiedene Shares vorzunehmen.

Konfigurationskompromisse

Wie der Begriff *Konfigurationskompromisse* schon besagt, handelt es sich hierbei um einen Kompromiss zwischen entgegengesetzten Anforderungen. Angenommen, Sie ziehen es vor, für DOS-Clients den Parameter `preserve case = No` zu setzen, so dass unter DOS erzeugte Dateinamen immer in der gleichen Schreibweise vorliegen (abhängig vom Parameter `default case`), wenn sie unter LINUX oder von anderen Betriebssystemen angezeigt werden. Diese Einstellung wirkt sich jedoch störend auf das Verhalten der meisten fortgeschritteneren Betriebssysteme aus, die Schreibweise zu erhalten. Ein Kompromiss wäre, den Parameter `short preserve case = No` zu setzen, der bewirkt, dass eine einheitliche Schreibweise nur bei Dateien verwendet wird, die der 8+3-Konvention entsprechen.

In den meisten Situationen sind Kompromisse bei der Konfiguration nicht erstrebenswert, zumal Ihnen der Parameter `include` ermöglicht, für alle Betriebssysteme entsprechende Einstellungen vorzunehmen. Wenn ein Setup auf die Schnelle durchgeführt werden soll oder wenn Sie ein GUI-basiertes Konfigurationstool wie SWAT verwenden wollen, das keine Variablen als Bestandteil von `include`-Parametern versteht, können sie ganz nützlich sein. Einige Parameter, wie z.B. `mangled stack`, haben systemweite Auswirkungen, so dass deren Verwendung in Konfigurationsdateien, die mithilfe von `include` eingebunden werden, keinen Sinn machen.

Zusammenfassung

Samba wird häufig als Werkzeug für die Integration von LINUX und Windows betrachtet. Es ist jedoch wesentlich mehr als das. Obwohl es nicht ideal für die Verwendung mit allen Betriebssystemen ist, gibt es SMB/CIFS-Clients für DOS, Windows 3.x, OS/2, BeOS und MacOS. Samba selbst kann als Client eingesetzt werden, NFS ist jedoch die bessere Wahl bei der gemeinsamen Nutzung von Dateien zwischen UNIX- und LINUX-Computern.

Da jedes Betriebssystem Dateisysteme auf jeweils eigene Art und Weise behandelt, ist es wichtig, die wichtigsten betriebssystemspezifischen Eigenarten zu kennen, wenn man einen Samba-Server konfiguriert. Obwohl die Standardeinstellungen verhältnismäßig gut mit den meisten Betriebssystemen zusammenarbeiten (und speziell mit Windows-Clients), könnten Sie eine Hand voll Parameter anpassen wollen, wenn in Ihrem Netzwerk Clients vorhanden sind, die nicht unter Windows laufen. In einer heterogenen Umgebung kann der Parameter `include` extrem hilfreich sein, um es Samba zu ermöglichen, Verbindungen mit Clients derart zu verwalten, dass diese optimal auf das jeweilige Betriebssystem abgestimmt sind.

Anhang C: The Gnu GPL

Most software ships under the terms of one or another *license agreement*, which is a legal document detailing the rights granted the user by the software's copyright holder. This is true even of open source software. Unlike commercial licenses, however, open source licenses are designed to give the user unusually broad rights to use, modify, and copy the software. There are several open source licenses in common use today, and in fact all Linux distributions ship with software that's licensed under several different licenses. Samba and the Linux kernel are both covered by the terms of a license developed by the Free Software Foundation (FSF) for its GNU's Not Unix (GNU) project. This license is known as the GNU *General Public License (GPL)*, and it's reproduced here.

GNU General Public License

Version 2, June 1991
Copyright 1989, 1991 Free Software Foundation, Inc.
59 Temple Place, Suite 330, Boston, MA 02111-1307 USA
Everyone is permitted to copy and distribute verbatim copies of this license document, but changing it is not allowed.

Preamble

The licenses for most software are designed to take away your freedom to share and change it. By contrast, the GNU General Public License is intended to guarantee your freedom to share and change free software—to make sure the software is free for all its users. This General Public License applies to most of the Free Software Foundation's software and to any other program whose authors commit to using it. (Some other Free Software Foundation software is covered by the GNU Library General Public License instead.) You can apply it to your programs, too.

When we speak of free software, we are referring to freedom, not price. Our General Public Licenses are designed to make sure that you have the freedom to distribute copies of free software (and charge for this service if you wish), that you receive source code or can get it if you want it, that you can change the software or use pieces of it in new free programs; and that you know you can do these things.

To protect your rights, we need to make restrictions that forbid anyone to deny you these rights or to ask you to surrender the rights. These restrictions translate to certain responsibilities for you if you distribute copies of the software, or if you modify it.

For example, if you distribute copies of such a program, whether gratis or for a fee, you must give the recipients all the rights that you have. You must make sure that they, too, receive or can get the source code. And you must show them these terms so they know their rights.

We protect your rights with two steps: (1) copyright the software, and (2) offer you this license which gives you legal permission to copy, distribute and/or modify the software.

Also, for each author's protection and ours, we want to make certain that everyone understands that there is no warranty for this free software. If the software is modified by someone else and passed on, we want its recipients to know that what they have is not the original, so that any problems introduced by others will not reflect on the original authors' reputations.

Finally, any free program is threatened constantly by software patents. We wish to avoid the danger that redistributors of a free program will individually obtain patent licenses, in effect making the program proprietary. To prevent this, we have made it clear that any patent must be licensed for everyone's free use or not licensed at all.

The precise terms and conditions for copying, distribution and modification follow.

GNU General Public License

Terms and Conditions for Copying, Distribution and Modification

0. This License applies to any program or other work which contains a notice placed by the copyright holder saying it may be distributed under the terms of this General Public License. The "Program", below, refers to any such program or work, and a "work based on the Program" means either the Program or any derivative work under copyright law: that is to say, a work containing the Program or a portion of it, either verbatim or with modifications and/or translated into another language. (Hereinafter, translation is included without limitation in the term "modification".) Each licensee is addressed as "you".

   Activities other than copying, distribution and modification are not covered by this License; they are outside its scope. The act of running the Program is not restricted, and the output from the Program is covered only if its contents constitute a work based on the

Program (independent of having been made by running the Program). Whether that is true depends on what the Program does.

1. You may copy and distribute verbatim copies of the Program's source code as you receive it, in any medium, provided that you conspicuously and appropriately publish on each copy an appropriate copyright notice and disclaimer of warranty; keep intact all the notices that refer to this License and to the absence of any warranty; and give any other recipients of the Program a copy of this License along with the Program.

   You may charge a fee for the physical act of transferring a copy, and you may at your option offer warranty protection in exchange for a fee.

2. You may modify your copy or copies of the Program or any portion of it, thus forming a work based on the Program, and copy and distribute such modifications or work under the terms of Section 1 above, provided that you also meet all of these conditions:

a) You must cause the modified files to carry prominent notices stating that you changed the files and the date of any change.

b) You must cause any work that you distribute or publish, that in whole or in part contains or is derived from the Program or any part thereof, to be licensed as a whole at no charge to all third parties under the terms of this License.

c) If the modified program normally reads commands interactively when run, you must cause it, when started running for such interactive use in the most ordinary way, to print or display an announcement including an appropriate copyright notice and a notice that there is no warranty (or else, saying that you provide a warranty) and that users may redistribute the program under these conditions, and telling the user how to view a copy of this License. (Exception: if the Program itself is interactive but does c)not normally print such an announcement, your work based on the Program is not required to print an announcement.)

   These requirements apply to the modified work as a whole. If identifiable sections of that work are not derived from the Program, and can be reasonably considered independent and separate works in themselves, then this License, and its terms, do not apply to those sections when you distribute them as separate works. But when you distribute the same sections as part of a whole which is a work based on the Program, the distribution of the whole must be on the terms of this License, whose permissions for other licensees extend to the entire whole, and thus to each and every part regardless of who wrote it.

Thus, it is not the intent of this section to claim rights or contest your rights to work written entirely by you; rather, the intent is to exercise the right to control the distribution of derivative or collective works based on the Program.

In addition, mere aggregation of another work not based on the Program with the Program (or with a work based on the Program) on a volume of a storage or distribution medium does not bring the other work under the scope of this License.

3. You may copy and distribute the Program (or a work based on it, under Section 2) in object code or executable form under the terms of Sections 1 and 2 above provided that you also do one of the following:

a) Accompany it with the complete corresponding machine-readable source code, which must be distributed under the terms of Sections 1 and 2 above on a medium customarily used for software interchange; or,

b) Accompany it with a written offer, valid for at least three years, to give any third party, for a charge no more than your cost of physically performing source distribution, a complete machine-readable copy of the corresponding source code, to be distributed under the terms of Sections 1 and 2 above on a medium customarily used for software interchange; or,

c) Accompany it with the information you received as to the offer to distribute corresponding source code. (This alternative is allowed only for noncommercial distribution and only if you received the program in object code or executable form with such an offer, in accord with Subsection b above.)

The source code for a work means the preferred form of the work for making modifications to it. For an executable work, complete source code means all the source code for all modules it contains, plus any associated interface definition files, plus the scripts used to control compilation and installation of the executable. However, as a special exception, the source code distributed need not include anything that is normally distributed (in either source or binary form) with the major components (compiler, kernel, and so on) of the operating system on which the executable runs, unless that component itself accompanies the executable.

If distribution of executable or object code is made by offering access to copy from a designated place, then offering equivalent access to copy the source code from the same place counts as distribution of the source code, even though third parties are not compelled to copy the source along with the object code.

4. You may not copy, modify, sublicense, or distribute the Program except as expressly provided under this License. Any attempt otherwise to copy, modify, sublicense or distribute the Program is void, and will automatically terminate your rights under this License. However, parties who have received copies, or rights, from you under this License will not have their licenses terminated so long as such parties remain in full compliance.

5. You are not required to accept this License, since you have not signed it. However, nothing else grants you permission to modify or distribute the Program or its derivative works. These actions are prohibited by law if you do not accept this License. Therefore, by modifying or distributing the Program (or any work based on the Program), you indicate your acceptance of this License to do so, and all its terms and conditions for copying, distributing or modifying the Program or works based on it.

6. Each time you redistribute the Program (or any work based on the Program), the recipient automatically receives a license from the original licensor to copy, distribute or modify the Program subject to these terms and conditions. You may not impose any further restrictions on the recipients' exercise of the rights granted herein. You are not responsible for enforcing compliance by third parties to this License.

7. If, as a consequence of a court judgment or allegation of patent infringement or for any other reason (not limited to patent issues), conditions are imposed on you (whether by court order, agreement or otherwise) that contradict the conditions of this License, they do not excuse you from the conditions of this License. If you cannot distribute so as to satisfy simultaneously your obligations under this License and any other pertinent obligations, then as a consequence you may not distribute the Program at all. For example, if a patent license would not permit royalty-free redistribution of the Program by all those who receive copies directly or indirectly through you, then the only way you could satisfy both it and this License would be to refrain entirely from distribution of the Program.

   If any portion of this section is held invalid or unenforceable under any particular circumstance, the balance of the section is intended to apply and the section as a whole is intended to apply in other circumstances.

   It is not the purpose of this section to induce you to infringe any patents or other property right claims or to contest validity of any such claims; this section has the sole purpose of protecting the integrity of the free software distribution system, which is implemented by public license practices. Many people have made generous contributions to the wide range of software distributed through that system in reliance on consistent application of that system; it is up to the author/donor to decide if he or she is willing to distribute software through any other system and a licensee cannot impose that choice.

This section is intended to make thoroughly clear what is believed to be a consequence of the rest of this License.

8. If the distribution and/or use of the Program is restricted in certain countries either by patents or by copyrighted interfaces, the original copyright holder who places the Program under this License may add an explicit geographical distribution limitation excluding those countries, so that distribution is permitted only in or among countries not thus excluded. In such case, this License incorporates the limitation as if written in the body of this License.

9. The Free Software Foundation may publish revised and/or new versions of the General Public License from time to time. Such new versions will be similar in spirit to the present version, but may differ in detail to address new problems or concerns.

   Each version is given a distinguishing version number. If the Program specifies a version number of this License which applies to it and "any later version", you have the option of following the terms and conditions either of that version or of any later version published by the Free Software Foundation. If the Program does not specify a version number of this License, you may choose any version ever published by the Free Software Foundation.

10. If you wish to incorporate parts of the Program into other free programs whose distribution conditions are different, write to the author to ask for permission. For software which is copyrighted by the Free Software Foundation, write to the Free Software Foundation; we sometimes make exceptions for this. Our decision will be guided by the two goals of preserving the free status of all derivatives of our free software and of promoting the sharing and reuse of software generally.

NO WARRANTY

BECAUSE THE PROGRAM IS LICENSED FREE OF CHARGE, THERE IS NO WARRANTY FOR THE PROGRAM, TO THE EXTENT PERMITTED BY APPLICABLE LAW. EXCEPT WHEN OTHERWISE STATED IN WRITING THE COPYRIGHT HOLDERS

AND/OR OTHER PARTIES PROVIDE THE PROGRAM "AS IS" WITHOUT WARRANTY OF ANY KIND, EITHER EXPRESSED OR IMPLIED, INCLUDING, BUT NOT LIMITED TO, THE IMPLIED WARRANTIES OF MERCHANTABILITY AND FITNESS FOR A PARTICULAR PURPOSE. THE ENTIRE RISK AS TO THE QUALITY AND PERFORMANCE OF THE PROGRAM IS WITH YOU. SHOULD THE PROGRAM PROVE DEFECTIVE, YOU ASSUME THE COST OF ALL NECESSARY SERVICING, REPAIR OR CORRECTION.

IN NO EVENT UNLESS REQUIRED BY APPLICABLE LAW OR AGREED TO IN WRITING WILL ANY COPYRIGHT HOLDER, OR ANY OTHER PARTY WHO MAY MODIFY AND/OR REDISTRIBUTE THE PROGRAM AS PERMITTED ABOVE, BE LIABLE TO YOU FOR DAMAGES, INCLUDING ANY GENERAL, SPECIAL, INCIDENTAL OR CONSEQUENTIAL DAMAGES ARISING OUT OF THE USE OR INABILITY TO USE THE PROGRAM (INCLUDING BUT NOT LIMITED TO LOSS OF DATA OR DATA BEING RENDERED INACCURATE OR LOSSES SUSTAINED BY YOU OR THIRD PARTIES OR A FAILURE OF THE PROGRAM TO OPERATE WITH ANY OTHER PROGRAMS), EVEN IF SUCH HOLDER OR OTHER PARTY HAS BEEN ADVISED OF THE POSSIBILITY OF SUCH DAMAGES.

END OF TERMS AND CONDITIONS

How to Apply These Terms to Your New Programs

If you develop a new program, and you want it to be of the greatest possible use to the public, the best way to achieve this is to make it free software which everyone can re-
distribute and change under these terms.

To do so, attach the following notices to the program. It is safest to attach them to the start of each source file to most effectively convey the exclusion of warranty; and each file should have at least the "copyright" line and a pointer to where the full notice is found.

<one line to give the program's name and a brief idea of what it does.>

Copyright (C) <year> <name of author>

This program is free software; you can redistribute it and/or modify it under the terms of the GNU General Public License as published by the Free Software Foundation; either version 2 of the License, or (at your option) any later version.

This program is distributed in the hope that it will be useful, but WITHOUT ANY WARRANTY; without even the implied warranty of MERCHANTABILITY or FITNESS FOR A PARTICULAR PURPOSE. See the GNU General Public License for more details.

You should have received a copy of the GNU General Public License along with this program; if not, write to the Free Software Foundation, Inc., 59 Temple Place, Suite 330, Boston, MA 02111-1307 USA

Also add information on how to contact you by electronic and paper mail.

If the program is interactive, make it output a short notice like this when it starts in an interactive mode:

Gnomovision version 69, Copyright (C) year name of author

Gnomovision comes with ABSOLUTELY NO WARRANTY; for details type 'show w'. This is free software, and you are welcome to redistribute it under certain conditions; type 'show c' for details.

The hypothetical commands 'show w' and 'show c' should show the appropriate parts of the General Public License. Of course, the commands you use may be called something other than 'show w' and 'show c'; they could even be mouse-clicks or menu items—whatever suits your program.

You should also get your employer (if you work as a programmer) or your school, if any, to sign a "copyright disclaimer" for the program, if necessary. Here is a sample; alter the names:

Yoyodyne, Inc., hereby disclaims all copyright interest in the program 'Gnomo-
vision' (which makes passes at compilers) written by James Hacker.

<signature of Ty Coon>, 1 April 1989

Ty Coon, President of Vice

This General Public License does not permit incorporating your program into proprietary programs. If your program is a subroutine library, you may consider it more useful to permit linking proprietary applications with the library. If this is what you want to do, use the GNU Library General Public License instead of this License.

Stichwortverzeichnis

A

B

C

E

N

T

X

Y

Z

SYBEX

Fordern Sie ein Gesamtverzeichnis unserer Verlagsproduktion an:

SYBEX-Verlag GmbH
Erkrather Str. 345-349
D-40231 Düsseldorf
Tel.: (02 11) 97 39-0
Fax: (02 11) 97 39-1 99

So erreichen Sie uns online:
Internet: www.sybex.de